NJW Praxis

Im Einvernehmen mit den Herausgebern der NJW
herausgegeben von
Rechtsanwalt Felix Busse

Band 9

Produkthaftung

von

Prof. Dr. Tobias Lenz
Rechtsanwalt in Köln
Direktor des Instituts für Haftungs- und Versicherungsrecht an der
Rheinischen Fachhochschule Köln

bearbeitet von

Dr. Ellen Janßen
Richterin am Oberlandesgericht Koblenz

Prof. Dr. Thomas Klindt
Rechtsanwalt und Fachanwalt für Verwaltungsrecht in München

Prof. Dr. Tobias Lenz
Rechtsanwalt in Köln

Stefanie Lenz
Richterin am Amtsgericht Daun

Mike Weitzel
Rechtsanwalt und Fachanwalt für Versicherungsrecht in Köln

Verlag C. H. Beck München 2014

Zitiervorschlag: Lenz/Bearbeiter Produkthaftung § … Rn. …

www.beck.de

ISBN 978 3 406 48161 1

Wilhelmstraße 9, 80801 München
Druck und Bindung: Druckhaus Nomos
In den Lissen 12, 76547 Sinzheim

Satz: Druckerei C. H. Beck, Nördlingen
(Adresse wie Verlag)

Gedruckt auf säurefreiem, alterungsbeständigem Papier
(hergestellt aus chlorfrei gebleichtem Zellstoff)

Vorwort

Weltweit werden Produkthaftungsfälle seit Jahrzehnten erörtert. Viele der in den Nachkriegsjahren zahlreich in der Öffentlichkeit diskutierten Fälle basieren vor allem auf dem US-amerikanischen Produkthaftungsrecht. Mit dem Erlass der EG-Richtlinie über die Haftung für fehlerhafte Produkte im Jahre 1985 und der Erweiterung der EU auf inzwischen 28 Mitgliedstaaten, und der Ausstrahlung über bilaterale Vertragswerke auch auf die Schweiz, spielt die Produkthaftung auch eine gewichtige Rolle in Europa. Staaten, die sich jahrelang dieses Themas gar nicht wirklich bewusst waren, ziehen nach. So hat die vielbeschworene „Globalisierung", beginnend mit der Auslagerung der Produktionen auf östliche, und schließlich auf asiatische Märkte, schützende Hilfe geleistet. Staaten wie China haben inzwischen ein modernes Produkthaftungsrecht. In der Öffentlichkeit bekannt werdende Rückrufszenarien betreffen heutzutage im Regelfall gleich mehrere nationale Märkte. Zu denken ist insbesondere an die Automobil- und Elektroindustrie, aber auch an die chemisch-pharmazeutische Industrie sowie an die Nahrungs- und Getränkemittelbranche. Zu verweisen ist aber auch auf die bekannten Tabak- und Genussmittelverfahren. Letztendlich ist von etwaigen Rückrufen keine Branche verschont.

Dies führt – materiell-rechtlich betrachtet – zu schwierigen Fragestellungen, greift doch nur in den seltensten Fällen bei einer Abwicklung eines Produkthaftungsrückrufs nur noch klar und eindeutig eine nationale Rechtsordnung. Zudem wird die „Produktsicherheit" größer geschrieben. Ausgehend von den Erfahrungen mit der sogenannten „alten" Produktsicherheitsrichtlinie 92/59/EWG aus dem Jahre 1992 haben das Europäische Parlament und der Rat der Europäischen Union schließlich im Jahre 2001 eine überarbeitete Richtlinie zur allgemeinen Produktsicherheit (Richtlinie 2001/95/EG) erlassen. Bedingt durch den Beschluss 768/2008/EG (New legislative framework) und durch die EU-Verordnung 765/2008/EG gewinnt das Produktsicherheitsrecht mehr und mehr Einfluss auf das (präventive) Verhalten des Herstellers und wirkt damit mittelbar auch auf das zivile Produkthaftungsrecht ein. Hier gibt es – bisher wenig betrachtete – Schnittstellen und Berührungspunkte zwischen der eigentlichen Haftung und dem Sicherheitsbereich.

Schließlich besteht ein Bedürfnis der Hersteller und auch des Handels, sich gegen die gestiegenen Haftungsrisiken angemessen zu versichern. Die (erweiterte) Produkthaftpflichtversicherung (ggf. mit einer Rückrufkostendeckung kombiniert) gehört damit wohl unbestreitbar auch zu einem der wichtigeren Verträge überhaupt. Gerade die Globalisierung, die Internationalisierung und die damit verbundenen Produktionen in Fernost und die jeweils unterschiedlich greifenden Rechtsordnungen, denken Sie etwa an den Zuliefererregress in der Kette und weltweit umspannende versicherungsrechtliche Deckungskonzepte, legen es nahe, sich des Themas „Produkthaftung" im weitesten Sinne anzunehmen. Herausgeber und Verlag sind sich darüber einig, dass mit dem gewählten Titel „Produkthaftung", der eigentlichen Haftung nach dem deutschen ProdHaftG, der Kern gar nicht richtig erfasst würde und erfasst werden kann. Andererseits werden die wesentlichen Fallkonstellationen und Fallgestaltungen sowohl von der deutschen Rechtsprechung als auch von ausländischen Gerichten unter dem (auch) weit verstandenen Begriff „product liability" oder auch dem der „Produkthaftung" erörtert, zum Teil in unscharfer Abgrenzung zur „Produzentenhaftung". Exakterweise wäre die Thematik möglicherweise umschrieben mit dem Titel „Produkthaftung und Produktsicherheit", doch dies würde wiederum dem Werk eine allzu hohe Bürde auferlegen. Nach langen Erörterungen haben sich deshalb Verlag und Herausgeber dazu entschlossen, es – um diese Unschärfe wissend – bei dem Titel „Produkthaftung" zu belassen. Dies jedoch verstanden in dem Sinne, dass Industrie und Versicherungswirtschaft und deren Berater all die Themenkomplexe auffinden mögen, die dem heutigen globalisierten Verständnis von Produkthaftung und -sicherheit entsprechen. Noch immer sind zahlreiche Fragen – selbst nach deutschem Recht – ungeklärt, und Zuliefererregresse – zum Teil im Ausland geführt – werfen neue Fragen auf.

Mit diesem Werk wollen wir einen kleinen Beitrag leisten, die verschiedenen Aspekte zusammenzuführen und Experten auf dem Gebiet der Produkthaftung, Rechtsanwälten, Richtern, Vertretern der Versicherungswirtschaft, Industrieversicherungsmaklern, Justiziaren und den zahlreichen Mitarbeitern in den jeweiligen Unternehmen einen Leitfaden an die Hand geben.

Schließlich haben wir uns bemüht, die Anwendung für den Nutzer möglichst freundlich zu gestalten. Um – angesichts der Stofffülle – das Schwergewicht einigermaßen setzen zu können, haben wir uns – soweit zu den einzelnen Themenkomplexen vorhanden – im Wesentlichen auf die Auswertung der entsprechenden Rechtsprechung konzentriert.

Mein ganz besonderer Dank gilt dabei vor allem meinen Co-Autoren, Frau Dr. Ellen Janßen, Richterin am OLG Koblenz im 10. Zivilsenat – Versicherungsrecht –, die sich mit der internationalen Produkthaftung und den prozessualen Besonderheiten im Produkthaftungsrecht befasst hat, meiner Frau Stefanie Lenz, Richterin am Amtsgericht Daun, für ihren Beitrag zum Recht der Verjährung und zum Handelsrecht, Herrn Prof. Dr. Thomas Klindt, Rechtsanwalt, Fachanwalt für Verwaltungsrecht und Honorarprofessor für europäisches Produkt- und Technikrecht an der Universität Kassel, der das Marktüberwachungsrecht in Schlagworten umrissen hat, und meinem Kollegen Herrn Mike Weitzel, Rechtsanwalt und Fachanwalt für Versicherungsrecht, der die Grundzüge der Produkthaftpflichtversicherung und der Rückrufkostendeckung thematisiert.

Gerne möchte ich mich zudem bei Diplom-Bibliothekarin Claudia Boscheinen bedanken, die unermüdlich und unverzagt bereit war, das Manuskript zu überarbeiten.

Schließlich danke ich dem Beck-Verlag, an erster Stelle Herrn Dr. Christian Rosner, für die reibungslose und angenehme Zusammenarbeit mit dem Lektorat sowie Herrn Rechtsanwalt Felix Busse für die freundliche Aufnahme des Werks in die Reihe NJW Praxis.

Für Kritik und Anregung bin ich stets dankbar.

Köln, im November 2013 *Tobias Lenz*

Bearbeiterübersicht

Bearbeiter(in)	**Beitrag/Kapitel**
Dr. Ellen Janßen	§ 6 I. bis III., § 10 (ganz)
Prof. Dr. Thomas Klindt	§ 8 I. bis III.
Stefanie Lenz	§ 3 I. 4. bis 6.
Prof. Dr. Tobias Lenz	§ 1, § 2, § 3 I. 1. bis 3. und 7. bis 8., § 3 II. und III., § 4, § 5, § 6 IV. und V., § 8 IV. und V. sowie § 9 und § 11 bis § 13.
Mike Weitzel	§ 7 I. bis III.

Inhaltsübersicht

Inhaltsverzeichnis

Abkürzungsverzeichnis

a. A.	anderer Ansicht, anderer Auffassung
a. a. O.	am angegebenen Ort
Abs.	Absatz
AcP	Archiv für die civilistische Praxis (Fachzeitschrift)
AEUV	Vertrag über die Arbeitsweise der Europäischen Union
a. F.	alte Fassung
AG	Amtsgericht
AGB	Allgemeine Geschäftsbedingungen
Anh.	Anhang
Anm.	Anmerkung
AMG	Gesetz über den Verkehr mit Arzneimitteln (Arzneimittelgesetz)
Art.	Artikel
Artt.	Artikeln
AtomG	Atomgesetz
Aufl.	Auflage
AuR	Arbeit und Recht – Zeitschrift für Arbeitsrechtspraxis
AVBGasV	Verordnung über Allgemeine Bedingungen für die Gasversorgung von Tarifkunden
AVBWasserV	Verordnung über Allgemeine Bedingungen für die Versorgung mit Wasser
AVBEltV	Verordnung über Allgemeine Bedingungen für die Elektrizitätsversorgung von Tarifkunden
Az.	Aktenzeichen
BauGB	Baugesetzbuch
BauPG	Bauproduktengesetz
BauR	Baurecht (Fachzeitschrift)
BayObLG	Bayerisches Oberstes Landesgericht
BB	Der Betriebsberater (Fachzeitschrift)
Bd.	Band
Beschl.	Beschluss
BfArM	Bundesinstitut für Arzneimittel und Medizinprodukte
BGB	Bürgerliches Gesetzbuch
BGBl	Bundesgesetzblatt
BGH	Bundesgerichtshof
BGHZ	Entscheidungen des BGH in Zivilsachen (amtliche Sammlung)
BGHSt	Entscheidungssammlung des BGH in Strafsachen
BlmSchG	Bundesimmissionsschutzgesetz
BMJ	Bundesministerium der Justiz
BR	Bundesrat
BR-Drs.	Bundesrats-Drucksache
BT-Drs.	Bundestags-Drucksache
BVerfG	Bundesverfassungsgericht
BVerfGE	Entscheidungen des BVerfG (amtliche Sammlung)
bzw.	beziehungsweise
CR	Computer und Recht (Fachzeitschrift)
DB	Der Betrieb (Fachzeitschrift)
Diss.	Dissertation
DNotZ	Deutsche Notar-Zeitung
DRiZ	Deutsche Richter Zeitung
SDtR	Deutsches Steuerrecht
E	Entwurf
ECHA	European Chemicals Agency
EEG	Erneuerbare-Energien-Gesetz

EGBGB .... Einführungsgesetz zum Bürgerlichen Gesetzbuch
EMRK .... Europäische Menschenrechtskonvention
EMVG .... Gesetz über die elektromagnetischen Verträglichkeiten von Betriebsmitteln
EPA .... United States Environmetal Protection Agency
EuGH .... Europäischer Gerichtshof
EuGVVO .... EG-Verordnung 44/2001, Verordnung des Rates über die gerichtliche Zuständigkeit und die Anerkennung und Vollstreckung von Entscheidungen in Zivil- und Handelssachen
EuZW .... Europäische Zeitschrift für Wirtschaftsrecht
ff. .... folgende
Fn. .... Fußnote
FS .... FS
GA .... Goltdammer's Archiv für Strafrecht (Fachzeitschrift)
gem. .... gemäß
GG .... Grundgesetz
ggf. .... gegebenenfalls
GPSG .... Geräte- und Produktsicherheitsgesetz
grds. .... grundsätzlich
GS .... Gedächtnisschrift
GVG .... Gerichtsverfassungsgesetz
h. L. .... herrschende Lehre
h. M. .... herrschende Meinung
Halbs. .... Halbsatz
HpflG .... Haftpflichtgesetz
Hrsg. .... Herausgeber
hrsg. .... Herausgegeben
i. d. F. .... in der Fassung
i. d. R. .... in der Regel
insbes. .... insbesondere
IPR .... Internationales Privatrecht
IPRax .... Praxis des Internationalen Privat- und Verfahrensrechts (Fachzeitschrift)
i. S. d. .... im Sinne des
i. S. v. .... im Sinne von
i. V. m. .... in Verbindung mit
JuS .... Juristische Schulung (Fachzeitschrift)
JZ .... Juristenzeitung
Kap. .... Kapitel
KG .... Kammergericht
KOM .... Mitteilung der Kommission an das Europäische Parlament, den Rat, den Europäischen Wirtschafts- und Sozialausschuss und den Ausschuss der Regionen
KrW-/AbfG ...... Kreislaufwirtschafts- und Abfallgesetz
KVV .... Konzeptverantwortungsvereinbarung
LG .... Landgericht
Lit. .... Literatur
LM .... Lindenmaier-Möhring, Nachschlagewerk des BGH
LMRR .... Lebensmittelrecht Rechtsprechung (Zeitschrift)
LS .... Leitsatz
Lsbl. .... Loseblattsammlung
LuftVG .... Luftverkehrsgesetz
MDR .... Monatszeitschrift für Deutsches Recht
MedGV .... Medizingeräteverordnung
MPG .... Medizinproduktegesetz
mtl. .... monatlich
MüKo/*Bearbeiter* Münchener Kommentar zum BGB, Bände 1–9, 6. Aufl. 2012 f.; Bände 10, 11, 5. Aufl. 2009 ff.
m. w. N. .... mit weiteren Nachweisen
Nachw. .... Nachweise
n. F. .... neue Fassung

NJW .... Neue Juristische Wochenschrift
NJW-RR .... NJW Rechtsprechungsreport Zivilrecht
n. M. v. .... nach Meinung von
Nr(n). .... Nummer(n)
NStE .... Neue Entscheidungssammlung für Strafrecht
NStZ .... Neue Zeitschrift für Strafrecht
NVwZ .... Neue Zeitschrift für Verwaltungsrecht
NZV .... Neue Zeitschrift für Verkehrsrecht
OFD .... Oberfinanzdirektion
OGH .... Oberster Gerichtshof (Österreich)
OLG .... Oberlandesgericht
OLGR .... OLG-Report
OLGZ .... Entscheidungen der Oberlandesgerichte in Zivilsachen
Palandt/
Bearbeiter .... Bürgerliches Gesetzbuch, 72. Aufl. 2013
PatG .... Patentgesetz
ProdHaftG .... Produkthaftungsgesetz
ProdSG .... Produktsicherheitsgesetz
RabelsZ .... The Rabel Journal of Comparative and International Private Law
RdM .... Recht der Medizin
RG .... Reichsgericht
RGZ .... Entscheidungen des Reichsgerichts in Zivilsachen (amtliche Sammlung)
RIW .... Recht der internationalen Wirtschaft (Fachzeitschrift)
ROG .... Raumordnungsgesetz
RoV .... Raumordnungsverordnung
RS .... Rechtssache
Rspr. .... Rechtsprechung
RVO .... Reichsversicherungsordnung
Rn. .... Randnummer
S. .... Seite
s. .... siehe
schweizerUWG . Schweizerisches Gesetz gegen den unlauteren Wettbewerb
schweizerOR .... Schweizerisches Obligationenrecht
schweizerZGB ... Schweizerisches Zivilgesetzbuch
SGB .... Sozialgesetzbuch
Soergel .... Bürgerliches Gesetzbuch, Kommentar, 13. Aufl. 2000 ff.
sog. .... sogenannt
StA .... Staatsanwaltschaft
Stichw. .... Stichwort
StoffR .... Zeitschrift für Stoffrecht
StVertrG .... Staatsvertragsgesetz
StVO .... Straßenverkehrsordnung
StVZO .... Straßenverkehrs-Zulassungsordnung
Tz. .... Teilziffer
u. a. .... und andere
UmwHG .... Umwelthaftungsgesetz
Urt. .... Urteil
USt. .... Umsatzsteuer
usw. .... und so weiter
UVG .... Gesetz über die Umweltverträglichkeitsprüfung
UWG .... Gesetz gegen den unlauteren Wettbewerb
v. .... von, vom
VAG .... Versicherungsaufsichtsgesetz
VersR .... Versicherungsrecht (Fachzeitschrift)
VDA .... Verband der Automobilindustrie
VGH .... Verwaltungsgerichtshof
vgl. .... vergleiche
VO .... Verordnung
Vorbem. .... Vorbemerkung

WHG .... Wasserhaushaltsgesetz
WM .... Zeitschrift für Wirtschafts- und Bankrecht, Wertpapier-Mitteilungen Teil IV
WRP .... Wettbewerb in Recht und Praxis (Zeitschrift)
z. B. .... zum Beispiel
ZEuP .... Zeitschrift für Europäisches Privatrecht
ZfRV .... Zeitschrift für Rechtsvergleichung, Internationales Privatrecht und Europarecht
ZGR .... Zeitschrift für Unternehmens- und Gesellschaftsrecht
Ziff. .... Ziffer
ZLR .... Zeitschrift für das gesamte Lebensmittelrecht
ZPO .... Zivilprozessordnung
ZPR .... Zivilprozessrecht
z. T. .... zum Teil
ZGS .... Zeitschrift für das gesamte Schuldrecht
ZStW .... Zeitschrift für die gesamte Strafrechtswissenschaft
zust. .... zustimmend
ZVG .... Gesetz über die Zwangsversteigerung und Zwangsverwaltung
ZVgIRWiss .... Zeitschrift für vergleichende Rechtswissenschaften

Literaturverzeichnis

I. Literatur zur Produkthaftungsrichtlinie und zum nationalen Produkthaftungsrecht (Produkthaftungsgesetz/Deliktsrecht)

Abel, Der Millenium-Bug und der lange Arm der Produzentenhaftung, CR 1999, 680 ff.;
Ackermann, Die Nacherfüllungspflicht des Stückverkäufers, JZ 2002, 378 ff.;
Adams, Produkthaftung – Wohltat oder Plage – : Eine ökonomische Analyse, BB 1987, Beilage 20 zu Heft 31, 1 ff.;
Adams/Kraas-Littger, Produkthaftung für Colagetränke, in: Koller/Honsell/Bucher/Canaris (Hrsg.), FS für Wolfgang Wiegand zum 65. Geburtstag, Bern 2005, 1 ff.;
Albrecht, Die rechtlichen Rahmenbedingungen bei der Implementierung von Fahrerassistenzsystemen zur Geschwindigkeitsbeeinflussung, DAR 2005, 186 ff.;
Anders, Die berechtigte Sicherheitserwartung – Zum produkthaftungsrechtlichen Fehlerbegriff am Beispiel von Fahrerassistenzsystemen in Kraftfahrzeugen, PHi 2009, 230 ff.;
Anhalt, Handbuch der Produzentenhaftung, ab 1980, Teil 23/3.6;
Anhalt/Dieners, Handbuch des Medizinprodukterechts; München 2003;
AnwaltKommentar Schuldrecht, Hrsg.: Dauner-Lieb/Heidel/Ring, 2. Aufl., Baden-Baden 2012 (zit. Dauner-Lieb/*Bearbeiter*);
Arens, Zur Beweislastproblematik im heutigen deutschen Produkthaftungsprozeß, ZZP 104 (1991), 123 ff.;
Arnold, Beklagtenwechsel im Produkthaftungsprozess nach Verjährung, IPRax 2011, 346 ff.;
Augenhofer, Nacherfüllungsort und Aus- und Einbaukosten, JuS 2011, 680 ff.;
Backmann, Produkthaftung bei Medizinprodukten, MPR 2012, 37 ff.;
Backmann/Wager, Sicherheitsinformationen zu Herzschrittmachern und implantierbaren Defibrillatoren im Lichte der Produzenten- und Produkthaftung, KHR 2007, 57 ff.;
Bamberger/Roth, Kommentar zum Bürgerlichen Gesetzbuch, 3. Aufl., München 2012;
von Bar, Produktverantwortung und Risikoakzeptanz – Kriterien der Risikoverteilung (Schriftenreihe der Bayer-Stiftung für deutsches und internationales Arbeits- und Wirtschaftsrecht; Bd. 3), 1998, 29 ff.;
ders., Probleme der Haftpflicht für deliktsrechtliche Eigentumsverletzungen, Mannheimer Vorträge zur Versicherungswissenschaft, Heft 55, 1992, 31;
ders., Vorbeugender Rechtsschutz vor Verkehrspflichtverletzungen, in: 25 Jahre Karlsruher Forum (Beil. VersR, II Teil 1) 1983, 80 ff.;
Bartsch, Computerviren und Produkthaftung, CR 2000, 721 ff.;
Bechberger/Reiche, Ökologische Transformation der Energiewirtschaft – Erfolgsbedingungen und Restriktionen, Berlin 2006;
Beckmann, Versicherungsschutz für Rückrufkosten – unter besonderer Berücksichtigung eines Anspruchs auf Ersatz von Rettungskosten gem. §§ 62, 63 VVG, r+s 1997, 265 ff.;
Beckmann/Matusche-Beckmann, Versicherungsrechts-Handbuch, 2. Aufl., München 2009;
Beckmann/Müller, Online übermittelte Informationen: Produkte i. S. d. Produkthaftungsgesetzes?, MMR 1999, 14 ff.;
Benicke, Rügeobliegenheit und Beweislast für Vertragswidrigkeit im UN-Kaufrecht, in: FS des Fachbereichs Rechtswissenschaft Gießen, 2007, 373 ff.;
Berger, Der Beschaffenheitsbegriff des § 434 Abs. 1 BGB, JZ 2004, 276 ff.;
Berger-Delhey, Presse und Produkthaftung, BB 1990, 1501 ff.;
Bericht über das Symposium vom 7.3.1986 zur EG-Produkthaftungsrichtlinie in Paris, PHi 1986, 60;
Beuck, Hat das Gesetz zur Modernisierung des Schuldrechts Auswirkungen auf den Deckungsumfang der AHB?, VersR 2003, 1097 ff.;
Bewersdorf, Zulassung und Haftung bei Fahrerassistenzsystemen im Straßenverkehr, Berlin 2005;
Birkmann, Produktbeobachtungspflicht bei Kraftfahrzeugen – Entwicklung und Weiterentwicklung der Produktbeobachtungspflicht durch die Rechtsprechung des Bundesgerichtshofs, DAR 1990, 124 ff.;
Bodewig, Der Rückruf fehlerhafter Produkte, Tübingen 1999;
ders., Alternative Kausalität bei Massenschäden, AcP 185 (1985), 505 ff.;

Böckstiegel, Die Schiedsgerichtsbarkeit in Deutschland – Standort und Stellenwert, SchiedsVZ 2009, 3 ff.;
Böhle, Teleologische Reduktionen beim Rückgriff in der Lieferkette, NJW 2003, 3680 ff.;
Böhneke-Tillmann, Konstruktions- und Instruktionsfehler – Haftung für Entwicklungsrisiken, Diss., Marburg 1992;
Boerner, Kaufrechtliche Sachmängelhaftung und Schuldrechtsreform, ZIP 2001, 2264 ff.;
Braun, E., Produktpiraterie, Köln 1993;
Braun, K., Deutschland – DIN EN ISO 9000 ff. – schon wieder überholt?, PHi 1997, 134;
Braunschmidt/Vesper, Die Garantiebegriffe des Kaufrechts, JuS 2011, 393 ff.;
Bredemeyer, Zur Abgrenzung der Schadensarten bei § 280 BGB, ZGS 2010, 71 ff.;
Bredow/Seiffert, Incoterms 2000, Heidelberg 2000;
Brors, Die Falschlieferung in der Schuldrechtsreform, JR 2002, 133 ff.;
Brox/Walker, Besonderes Schuldrecht, 35. Aufl., München 2011;
Bruck/Möller/Johannsen, Kommentar zum VVG, Vierter Bd., Allgemeine Haftpflichtversicherung (§§ 149–158a VVG), 8. Aufl., Berlin 1970;
Brüggemann, Windkraftanlagen auf landwirtschaftlichen Flächen: Chancen und Risiken für Landwirte, Bauen für die Landwirtschaft 2002, 3 ff.;
Brüggemeier, Buchbesprechung zu „Der Rückruf fehlerhafter Produkte" von Theo Bodewig, RabelsZ 66 (2002), 193 ff.;
ders., Zur Beweislast bei der Produzentenhaftung, VuR 1988, 345 ff.;
ders., Produkthaftung und Produktsicherheit, ZHR 152 (1988), 511 ff.;
ders., Deliktsrechts, Baden-Baden 1986;
ders., Der BGH und das Problem der „Vermögensfunktionsstörung" – Das ungeklärte dogmatische Verhältnis von deliktischem Eigentum- und Gewerbebetriebsschutz in den Fällen der Betriebsstörung, VersR 1984, 902 ff.;
ders., Die vertragsrechtliche Haftung für fehlerhafte Produkte und der deliktsrechtliche Eigentumsschutz nach § 823 BGB, VersR 1983, 501 ff.;
Brüggemeier/Reich, Die EG-Produkthaftungs-Richtlinie 1985, WM 1986, 149 ff.;
Bruns/Ohlhorst/Wenzel/Köppel, Erneuerbare Energien in Deutschland, Berlin 2010;
Buchner, Neuorientierung des Produkthaftungsrechtes? Auswirkungen der EG-Richtlinie auf das deutsche Recht, DB 1988, 32 ff.;
Buchwaldt, Der Hersteller landwirtschaftlicher Naturprodukte und Jagderzeugnisse, AgrarR 2001, 139 ff.;
ders., Die künftige Produkthaftung für landwirtschaftliche Naturprodukte und Jagderzeugnisse, ZLR 1999, 417 ff.;
Büsken/Kampmann, Der Produktbegriff nach der deliktischen Produzentenhaftung und dem Produkthaftungsgesetz, r+s 1991, 73 ff.;
Burckhardt, Das Ende kostenloser Nachrüstung beim Rückruf von Produkten?, VersR 2007, 1601 ff.;
Burckhardt/Küppers, Zur Haftung eines Herstellers von Frischbeton wegen bei dessen Verarbeitung eingetretenen Verätzungen, PHi 2010, 28 ff.;
Cahn, Produkthaftung für verkörperte geistige Leistungen, NJW 1996, 2899 ff.;
ders., Das neue Produkthaftungsgesetz – ein Fortschritt?, ZIP 1990, 482 ff.;
Canaris, Begriff und Tatbestand des Verzögerungsschadens im neuen Leistungsstörungsrecht, ZIP 2003, 321 ff.;
ders., Die Reform des Rechts der Leistungsstörungen, JZ 2001, 499 ff.;
ders., Die Produzentenhaftpflicht in dogmatischer und rechtspolitischer Sicht, JZ 1968, 494 ff.;
Dahm-Loraing/Folkersma, US-Exportrisiken für europäische Unternehmen, PHi 2011, 234 ff.;
Dahm-Loraing/Koyuncu, Deutschland: Haftung für Medizinprodukte Teil 1: Haftung des Herstellers nach dem ProdHaftG, PHi 2010, 108 ff.;
dies., Deutschland: Haftung für Medizinprodukte Teil 2: Die deliktische Produzentenhaftung gem. § 823 BGB, PHi 2010, 142 ff.;
Danilin, Haftpflichtversicherung für Windenergieprojekte, PHi 2012, 200 ff.;
De Lousanoff, „Market Share" Liability – Die neueste Entwicklung im amerikanischen Recht der Produzentenhaftung, RIW 1983, 145 ff.;
Derleder, Der Wechsel zwischen den Gläubigerrechten bei Leistungsstörungen und Mängeln, NJW 2003, 998 ff.;
Deutsch, Doping als pharmarechtliches und zivilrechtliches Problem, VersR 2008, 145 ff.;
ders., Die Aufklärung bei Medizinprodukten, VersR 2006, 1145 ff.;
ders., Schutzgesetze aus dem Strafrecht in § 823 Abs. 2 BGB, VersR 2004, 137 ff.;

ders., Das Gesetz über die humanitäre Hilfe für durch Blutprodukte HIV-infizierte, NJW 1996, 755 ff.;
ders., Allgemeines Haftungsrecht Bd. 1, 2. Aufl., Köln 1995;
ders., Fahrlässigkeit und erforderliche Sorgfalt, 2. Aufl., Köln 1995;
ders., Das neue System der Gefährdungshaftungen, NJW 1992, 73 ff.;
ders., Fallgruppen der Produkthaftung, gelöste und ungelöste Probleme, VersR 1992, 521 ff.;
ders., Die neue Entscheidung des BGH zur Aids-Haftung, NJW 1991, 1937 ff.;
ders., Der Schutzbereich der Produzentenhaftung nach dem BGB und dem PHG, JZ 1989, 465 ff.;
ders., Die Gesundheit als Rechtsgut im Haftungsrecht und Staatshaftungsrecht, in: 25 Jahre Karlsruher Forum (Beil. VersR, II Teil 1), 1983, 93 ff.;
ders., Anm. zu BGH, Urt. vom 26.11.1968, VI ZR 212/66 – Impfung gegen Hühnerpest, JZ 1969, 387 (391);
Diederichsen, A., Angehörigenschmerzensgeld „Für und Wider", DAR 2011, 122 ff.;
Diederichsen, U., Die Entwicklung der Produzentenhaftung, VersR 1984, 797 ff.;
ders., Wohin treibt die Produzentenhaftung?, NJW 1978, 1281 ff.;
ders., Die Deckung des Produkthaftpflichtrisikos im Rahmen der Betriebshaftpflichtversicherung, VersR 1971, 1077 ff.;
Dieners/Oeben, Die 4. MPG-Novelle, MPR 2009, 121 ff.;
Dietborn/Müller, Beschränkung der deliktischen Herstellerpflichten: Kein Produktrückruf und kostenloser Austausch, BB 2007, 2358 ff.;
Dietrich, L., Verschärfte Anforderungen an Fracking-Vorhaben, PHi 2013, 152 ff.;
Dietrich, M., Produktbeobachtungspflicht und Schadenverhütungspflicht der Produzenten, Berlin 1994;
Di Fabio, Information als hoheitliches Gestaltungsmittel, JuS 1997, 1 ff.;
ders., Richtlinienkonformität als ranghöchstes Normauslegungsprinzip? – Überlegungen zum Einfluß des indirekten Gemeinschaftsrechts auf die nationale Rechtsordnung, NJW 1990, 947 ff.;
Dihlmann/Karcher/Schmidt/Gildeggen, Die persönliche Haftung des Entwicklungsingenieurs für Produktfehler, PHi 2012, 148 ff.;
Dinzen, Rückrufkostendeckung und Haftpflicht aus einer Hand?, VW 2006, 1185;
Drettmann, Handelsbranche und AGB, in: Genzow/Grunewald/Schulte-Nölke (Hrsg.), FS für Friedrich Graf von Westphalen zum 70. Geburtstag, Köln 2010, 73 ff.;
Droste, Der Regress des Herstellers gegen den Zulieferanten, Diss., Bonn 1994;
Dunz, Anm. zu BGH, Urteil v. 12.2.1992 – VIII ZR 276/90, JR 1992, 470 ff.;
ders., Der Sinn der Haftungseinheiten in der Schadensaufteilung, NJW 1968, 679 ff.;
Ebke, Massenschäden – Kausalität – Haftung nach Marktanteilen, in: Basedow u. a. (Hrsg.), FS für Ulrich Drobnig zum 70. Geburtstag, Tübingen 1998, 507 ff.;
Eichholz, Die Bedeutung der arzneimittelrechtlichen Produkthaftung für das Blutspenden und den Vertrieb von Blutkonserven, NJW 1991, 732 ff.;
Eidam, Regierungsentwürfe zum Fracking und EU-Online-Konsultation, PHi 2013, 73;
ders., USA/Deutschland – Bundesverfassungsgericht: US-amerikanische Klage auf Punitive Damages darf in Deutschland zugestellt werden, PHi 2013, 136 f.;
Eidenmüller, Die Auswirkung der Einleitung eines ADR-Verfahrens auf die Verjährung, SchiedsVZ 2003, 163 ff.;
Eidenmüller/Faust/Grigoleit/Jansen/Wagner/Zimmermann, Der gemeinsame Referenzrahmen für das europäische Privatrecht, JZ 2008, 529 ff.;
Eisenberger/Gildeggen/Reuter/Willburger, Produkthaftung, München 2008;
Elsing, Zur Auslegung von Schiedsvereinbarungen, in: Genzow/Grunewald/Schulte-Nölke (Hrsg.), FS für Friedrich Graf von Westphalen zum 70. Geburtstag, Köln 2010, 109 ff.;
Emmerich, Produkthaftung auch bei sog. Ausreißern, JuS 1995, 935 f.;
Engel, Produzentenhaftung für Software, CR 1986, 702 ff.;
Ensthaler (Hrsg.), Gemeinschaftskommentar zum Handelsgesetzbuch (HGB) mit UN-Kaufrecht, 8. Aufl., Köln 2013;
ders., Technikrecht: Einige Anmerkungen zum Verhältnis von juristischem und technischem Wissen, InTeR 2013, 34 ff.;
ders., Haftungsrechtliche Bedeutung von Qualitätssicherungsvereinbarungen, NJW 1994, 817 ff.;
Ermert, Produkthaftpflicht, Haftung und Versicherungsschutz, 5. Aufl., Köln 2002;
Ernst, Der „Common Frame of Reference" aus juristischer Sicht, AcP 208 (2008), 248 ff.;
Fahrenhorst, Instruktionspflicht des Herstellers eines Kindertees – BGHZ 116, 60, JuS 1994, 288 ff.;

Fairgrieve, Product Liability in Comparative Perspective, British Institute of International and Comparative Law, Cambridge 2005;
Farber/Werner, Hemmung der Verjährung durch werkvertragliche Nacherfüllung, NJW 2008, 1910 ff.;
Faust, Kaufrecht: Erfüllungsort der Nacherfüllung, JuS 2011, 748 ff.;
Fausten, Zur Modifizierung der Experimentierklausel im Rahmen von Produkthaftpflichtversicherungen, VersR 1996, 411 ff.;
Ferrari, Zum vertraglichen Ausschluss des UN-Kaufrechts, ZEuP 2002, 737 ff.;
Ferrari/Kieninger/Mankowski/Otte/Saenger/Schulze/Staudinger, Internationales Vertragsrecht, 2. Aufl., München 2012;
Finger, Die Verpflichtung des Herstellers zur Lieferung von Ersatzteilen, NJW 1970, 2049 ff.;
Fischer, Zur Durchsetzbarkeit des gemeinschaftsrechtlichen Diskriminierungsverbots vor nationalen Gerichten, EuZW 2009, 208 ff.;
Foerste, Weiterfresser- und Produktionsschäden im neuen Licht, in: Genzow/Grunewald/Schulte-Nölke (Hrsg.), FS für Friedrich Graf von Westphalen zum 70. Geburtstag, Köln 2010, 161 ff.;
ders., Deliktische Haftung für Fehlinvestitionen, NJW 1998, 2877 ff.;
ders., Anmerkung zu BGH, Urt. vom 9.5.1995, JZ 1995, 1063;
ders., Neues zur Produkthaftung – Passive Beobachtungspflicht und Äquivalenzinteresse, NJW 1994, 909;
ders., Die Produkthaftung für Druckwerke, NJW 1991, 1433 ff.;
ders., Anm. zum Urteil des BGH vom 7.6.1988, VI ZR 91/87 – Beweis, dass der Produktfehler im Verantwortungsbereich des Herstellers entstanden ist, VersR 1988, 958;
Foerste/Graf von Westphalen, Produkthaftungshandbuch, 3. Aufl., München 2012;
Förster, Die Pflicht des Verkäufers zur Ersatzlieferung in den sog. Einbaufällen, ZIP 2011, 1493 ff.;
Franz, Qualitätssicherungsvereinbarung und Produkthaftung, Baden-Baden 1995;
Franzen, Privatrechtsangleichung durch die Europäische Gemeinschaft, Berlin 1999;
Frick/Kluth, Produktbeobachtung – Umfang, Reaktion und Kostentragung, PHi 2006, 206 ff.;
Frietsch, Das Gesetz über die Haftung für fehlerhafte Produkte und seine Konsequenzen für den Hersteller, DB 1990, 29 ff.;
ders., Die Produkthaftungs-Richtlinie der Europäischen Gemeinschaft und der Luftverkehr, ZLW 1987, 170 ff.;
Fuchs, Arbeitsteilung und Haftung, JZ 1994, 533 ff.;
Fuchs/Baumgärtner, Ansprüche aus Produzentenhaftung und Produkthaftung, JuS 2011, 1057 ff.;
Gassner, U., Das Zweite Gesetz zur Änderung des Medizinproduktegesetzes, NJW 2002, 863 ff.;
Gaßner, M./Reich-Malter, Die Haftung bei fehlerhaften Medizinprodukten und Arzneimitteln, MedR 2006, 147 ff.;
Geimer/Schütze, Europäisches Zivilverfahrensrecht, 3. Aufl., München 2010;
Geistfeld, Principles of Products Liability, 2. Aufl., New York 2011;
Gernhuber, Haftung des Warenherstellers nach deutschem Recht, Karlsruher Forum 1963, 1 ff.;
Godt, Rückabwicklung von Inverkehrbringensgenehmigungen und Haftung für gentechnische Produkte, NJW 2001, 1167 ff.;
Grell, Rechtsfragen der Windkraft zu Lande und zur See, EWS 2013, 284 ff.;
Grigoleit/Riehm, Die Kategorien des Schadensersatzes im Leistungsstörungsrecht, AcP 203 (2003), 727 ff.;
Grote, Aushebelung der dreijährigen Verjährungsfrist bei Forderungen aus unerlaubter Handlung durch den BGH?, NJW 2011, 1121 ff.;
ders., Der Herstellerregress beim Produktrückruf, VersR 1994, 1269 ff.;
ders., Ein- und Ausblicke bei Aus- und Einbaukosten, VersR 1995, 508 ff.;
Grote/Seidl, Wofür muss der Lieferant wirklich geradestehen?, VW 2009, 756 ff.;
Grube, Montagefehler und fehlerhafte Montageanleitung im neuen Kaufrecht, VuR 2002, 120 ff.;
Grunewald, Just-in-time-Geschäfte – Qualitätssicherungsvereinbarungen und Rügelast, NJW 1995, 1777 ff.;
Gsell, Substanzverletzung und Herstellung – Deliktsrechtlicher Eigentumschutz für Material und Produkt, Tübingen 2003;
Gsell/Schellhase, Vollharmonisiertes Verbraucherkreditrecht – Ein Vorbild für die europäische Angleichung des Verbrauchervertragsrechts?, JZ 2009, 20 ff.;

Günter, Sorgfaltspflichten bei Neuentwicklung und Vertrieb pharmazeutischer Präparate, NJW 1972, 309 ff.;
Haedicke, Die Mängelbeseitigungspflicht des Verkäufers bei fehlerhafter Montageanleitung, ZGS 2006, 55 ff.;
Häublein, Der Beschaffenheitsbegriff und seine Bedeutung für das Verhältnis der Haftung aus culpa in contrahendo zum Kaufrecht, NJW 2003, 388 ff.;
Hagena/Freeman/Volz, Die behördliche Meldung unsicherer Verbraucherprodukte nach dem neuen Geräte- und Produktsicherheitsgesetz und ihre europäische Dimension, PHi 2006, 10 ff.;
Hager, Die Kausalität bei Massenschäden, in: Heldrich/Koller/Prölss (Hrsg.), FS für Claus-Wilhelm Canaris zum 70. Geburtstag, Bd. I, München 2007, 403 ff.;
ders., Fehlerbegriff, Entwicklungsrisiko und Produktbeobachtungspflicht bei der Produkthaftung, PHi 1991, 2 ff.;
ders., Umwelthaftung und Produkthaftung, JZ 1990, 397 ff.;
ders., Einstandspflicht des Produzenten für das Äquivalenz- und Nutzungsinteresse des Produkterwerbers, BB 1987, 1748 ff.;
ders., Zum Schutzbereich der Produzentenhaftung, AcP 184 (1984), 413;
ders., Die Kostentragung bei Rückruf fehlerhafter Produkte, VersR 1984, 799 ff.;
Haindl/Helle, Die Unzulässigkeit der Wiederverwendung von Einmal-Medizinprodukten, MedR 2001, 411 ff.;
Halm/Engelbrecht/Krahe, Handbuch des Fachanwalts Versicherungsrecht, 4. Aufl., München 2011;
Hammen, Zum Verhältnis der Garantie zu den Mängelrechten aus § 437 BGB, NJW 2003, 2588 ff.;
Handorn, Produkthaftung bei bloßem Fehlerverdacht, PHi 2011, 206 ff.;
Handorn/Holzapfel, Eternit-Urteil in Italien: Haftung für Umweltschäden und internationale Vollstreckbarkeit, CCZ 2013, 28 ff.;
Harer, Deliktische Haftung für Schäden an der Sache bei „weiterfressenden" Mängeln, JURA 1984, 80 ff.;
Harris, An Introduction to Law, 7. Aufl., Cambridge 2007;
Hart, HIV-Infektionen durch Blut und Blutprodukte: Die 5. AMG-Novelle und die rechtspolitischen Vorschläge zur Änderung des Arzneimittelrechts im Schlussbericht des gleichnamigen 3. Untersuchungsausschusses des Deutschen Bundestages, MedR 1995, 61 ff.;
Hartmann, Der Kfz-Hersteller im Spannungsfeld zwischen Produkthaftungsrecht und UWG, BB 2012, 267 ff.;
Hartmannsberger/Wagner, Höhere Produkthaftungsrisiken für Hersteller – Die Folgen der Novellierung des Verbraucherinformationsgesetzes, InTeR 2013, 37 ff.;
Hauschka, Corporate Compliance: Handbuch der Haftungsvermeidung im Unternehmen, 2. Aufl., München 2010;
Hauschka/Klindt, Eine Rechtspflicht zur Compliance im Reklamationsmanagement, NJW 2007, 2726 ff.;
von Hein, Die Produkthaftung des Zulieferers im Europäischen Internationalen Zivilprozessrecht, IPRax 2010, 330 ff.;
ders., Europäisches Internationales Deliktsrecht nach der ROM II – Verordnung, ZEuP 2009, 6;
ders., Die Kodifikation des europäischen IPR der außervertraglichen Schuldverhältnisse vor dem Abschluss?, VersR 2007, 440 ff.;
Helmig, ISO 26262 Funktionale Sicherheit in Personenfahrzeugen: Zur Verantwortlichkeit der Funktionalen Sicherheitsmanager, InTeR 2013, 28;
ders., Zur Versicherbarkeit von Risiken aus der KVV, VW 2010, 1190 ff.;
ders., Fahrzeugsicherheit versus Fahrerverunsicherung – Kritische Überlegungen zur KVV und zur ISO 26262, PHi 2010, 194 ff.;
ders., Die Airbag-Entscheidung im Kontext zum Gemeinschaftsrecht – Vertragsrelevanz für die Automobilindustrie, PHi 2009, 190 ff.;
ders., Die Konzeptverantwortungsvereinbarung von VW im Konflikt mit Angemessenheit und Transparenz, PHi 2009, 30 ff.;
Hellwig/Allkemper, Produktverantwortung und Schutz betrieblicher Daten, CR 1993, 500 ff.;
Helmig/Regula, Qualitätssicherungsvereinbarungen unter der ISO/TS 16949 – Haftungsrisiken und Vermeidungsstrategien, PHi 2012, 184 ff.;
Hermes, Wechselwirkungen zwischen Produktsicherheitsrecht und Produkthaftungsrecht, Hamburg 2009, 1 ff.;
Herresthal, Das Gemeinsame Europäische Kaufrecht – Gefahr einer vergebenen Chance, NJW-aktuell 2012, 14 ff.;

Herrmann, Die Rückrufhaftung des Produzenten, BB 1985, 1801 ff.;
Hertel, Rechtsgeschäfte im Vorfeld eines Projekts, BB 1983, 1824 ff.;
Heymann, Haftung des Softwareimporteurs, CR 1990, 176 ff.;
Hilger, Medizinprodukte im Schadensfall, Teil I: Machen gesetzliche Regelungen einen speziellen Umgang notwendig?, DS 2006, 103 ff. und Teil II: Dürfen sterile Einmalartikel erneut sterilisiert werden, um sie wieder nutzen zu können?, DS 2006, 136 ff.;
Hintsch, Ausweitung der deliktsrechtlichen Zuliefererhaftung durch das Transistor-Urteil?, VersR 1998, 1353 ff.;
ders., Eigentumsverletzungen an neu hergestellten und an vorbestehenden Sachen durch mangelhafte Einzelteile, VersR 1992, 1053 ff.;
Hirsch/Schmidt-Didczuhn, Die Haftung für das gentechnische Restrisiko, VersR 1990, 1193 ff.;
Hölzlwimmer, Produkthaftungsrechtliche Risiken des Technologietransfers durch Lizenzverträge, München 1995;
Hörl, Die unvertretbare Gefahr im deutschen Produkthaftungsrecht, Diss., Münster 1999;
Hoffmann, Produktrückruf – ein Haftpflichtrisiko? (Teil 1), PHi 1999, 35 ff.;
Hohmann, Rechtsfragen zur E-Zigarette: Welches Recht ist hier anwendbar?, StoffR 2013, 90 ff.;
ders., Haftung der Softwarehersteller für das „Jahr 2000"-Problem, NJW 1999, 521 ff.;
Hollmann, Die EG-Produkthaftungsrichtlinie (I), DB 1985, 2389 ff.;
ders., Rechtliche Aspekte der Qualitätssicherung in der Großserienfertigung im Automobilbau, QZ 1984, 23 ff.;
Hommelhoff, Teilkodifikationen im Privatrecht – Bemerkungen zum Produkthaftungsgesetz, in: Löwisch (Hrsg.), Beiträge zum Handels- und Wirtschaftsrecht – FS für Fritz Rittner zum 70. Geburtstag, München 1991, 165 ff.;
ders., Produkthaftung im Konzern, ZIP 1990, 761ff;
Honsell (Hrsg.), Berliner Kommentar zum VVG – Kommentar zum deutschen und österreichischen VVG, Heidelberg 1999;
ders., Produkthaftungsgesetz und allgemeine Deliktshaftung, JuS 1995, 211 ff.;
Hopt, Nichtvertragliche Haftung außerhalb von Schadens- und Bereicherungsausgleich – Zur Theorie und Dogmatik des Berufsrechts und der Berufshaftung, AcP 183 (1983), 608ff;
Howard/Fast, Hydraulic Fracturing, Vol. 2 of the Henry Doherthy Series, Society of Petroleum Engineers, New York 1970;
Hubbard, In Honor of Walter O. Weyrauch: Substantive Due Process Limits on Punitive Damages Awards: „Morals With Technique?", 60 Fla. L Rev. 349, 352 (2008);
Huber, Kein Angehörigenschmerzensgeld de lege lata – Deutschland auch künftig der letzte Mohikaner in Europa oder ein Befreiungsschlag aus der Isolation, NZV 2012, 5 ff.;
ders., Zur Haftung des Verkäufers wegen positiver Vertragsverletzung, AcP 177 (1977), 281 ff.;
Huber, G./Schwaiger, Produkthaftung und Produktbeobachtungspflicht bei der „stoßempfindlichen Mineralwasserflasche", PHi 2013, 51 ff.;
Huber, P./Bach, Die ROM II-VO: Kommissionsentwurf und aktuelle Entwicklungen, IPRax 2005, 73 ff.;
von Hülsen, Produkthaftpflicht USA 1978/79, RIW 1979, 365 ff.;
Iliev, Flexibilität in Rahmenverträgen, Zürich 2007;
Jacobs, Der Rückgriff des Unternehmers nach § 478 BGB, JZ 2004, 225 ff.;
Jagenburg, Deliktshaftung auf dem Vormarsch – Haftung des Werkunternehmers wegen Eigentumsverletzung durch Baumängel, in: Löffelmann/Korbion (Hrsg.), FS für Horst Locher, Düsseldorf 1990, 93 ff.;
Jahr, Schadensersatz wegen deliktischer Nutzungsentziehung, AcP 183 (1983), 725;
Junker, Die ROM II-Verordnung: Neues Internationales Deliktsrecht auf europäischer Grundlage, NJW 2007, 3675 ff.;
ders., Vom Brüsseler Übereinkommen zur Brüsseler Verordnung – Wandlungen des Internationalen Zivilprozessrechts, RIW 2002, 569 ff.;
ders., Ist Software Ware? – Die Behandlung von Computerprogrammen im Steuer- und im Bilanzrecht, beim Leasing, im Warenzeichenrecht, im Schuldvertragsrecht und in der Produkthaftung, WM 1988, 1217 ff.;
ders., Discovery im deutsch-amerikanischen Rechtsverkehr, RIW 1987, 1 ff.;
Juretzek, Verschuldensunabhängige Haftung des Importeurs von fehlerhaften Produkten für Austauschkosten im Rahmen der Gefahrabwendungspflicht?, PHi 2011, 68 ff.;
Kage, Das Medizinproduktegesetz – Staatliche Risikosteuerung unter dem Einfluss europäischer Harmonisierung, Heidelberg 2004;

Kaiser, Pflichtwidriges Mangelbeseitigungsverlangen, NJW 2008, 1709 ff.;
Katzenmeier, Haftung für HIV-kontaminierte Blutprodukte, NJW 2005, 3391 ff.;
ders., Entwicklungen des Produkthaftungsrechts, JuS 2003, 943 ff.;
ders., Produkthaftung und Gewährleistung des Herstellers teilmangelhafter Sachen, NJW 1997, 486 ff.;
Keilholz, Die Bedeutung der EG-Produkthaftpflichtrichtlinie für das private Baurecht, BauR 1987, 259 ff.;
Kellam/Nottage, Produkthaftung in Asienpazifik, Teil 1, PHi 2007, 22 ff.;
dies., Produkthaftung in Asienpazifik, Teil 2, PHi 2007, 77 ff.;
Kettler, Renaissance der Rückrufkostendiskussion: Ist die Rückrufpflicht mit kostenloser Reparatur ein – teurer – Irrtum?, PHi 2008, 52 ff.;
Kettler/Visser, Die Neufassung der GDV-Modelle zur Rückrufkostenversicherung Teil 1, PHi 2004, 213 ff.;
dies., Die Neufassung der GDV-Modelle zur Rückrufkostenversicherung, Teil 2, PHi 2005, 2 ff.;
Kettler/Waldner, Die Struktur der Erprobungsklausel im Produkthaftpflicht-Modell, VersR 2004, 213 ff.;
Kingdollar, Die weltweite Jagd nach Schiefergas, PHi 2013, 16 ff.;
Klaue, Zur Wirksamkeit von Gefahrenhinweisen bei Kinderspielzeug, Baden-Baden 2002;
Klees, Der Hersteller als Erfüllungsgehilfe des Verkäufers, MDR 2010, 305 ff.;
Klein, Die Haftung von Versorgungsunternehmen nach dem ProdHaftG, BB 1991, 917 ff.;
ders., Die Haftung der Versorgungsunternehmen für Störungen in der Versorgungszufuhr, Reihe Umwelt- und Technikrecht, Bd. 6, 1990;
Klindt, Abstrakte Ausfallwahrscheinlichkeit als Produktfehler, MPJ 2011, 218 ff.;
ders., Geräte- und Produktsicherheitsgesetz, München 2007;
ders., Das novellierte Gesetz über die elektromagnetische Verträglichkeit von Geräten (EMVG), NJW 1999, 175 ff.;
Klindt/Handorn, Haftung eines Herstellers für Konstruktions- und Instruktionsfehler, NJW 2010, 1105 ff.;
Klingmüller, Wie weit reicht die Produkthaftung?, VersR 1989, 1226 ff.;
Klöber, Erneuerbare Energien und alles wird gut? – Das Beispiel Geothermie, PHi 2012, 161 ff.;
Kloepfer/Grunwald, Zur rechtlichen Bedeutung von Herstellerinstruktionen, DB 2007, 1342 ff.;
Kluth/Nikolakudi, Fehlerhafte Prüfbescheinigungen und Herstellerhaftung, ZGS 2007, 102 ff.;
Knoche, Die produktbezogene Befundsicherungspflicht – ein Irrweg, in: Lorenz u. a. (Hrsg.), FS für Andreas Heldrich zum 70. Geburtstag, München 2005, 247 ff.;
ders., Haftung für Medizinprodukte: Beweisrechtliche Fragen, VersR 2005, 1614 ff.;
Knops, Rügepflicht beim Handelskauf und Leasingvertrag, JuS 1994, 106 ff.;
Koch, D., Produkthaftung, Zur Konkurrenz von Kaufrecht und Deliktsrecht, Berlin 1995;
Koch, H., Sammel- und Gruppenklage zur effektiven Durchsetzung europäischen Produkthaftungsrechts?, PHi 2001, 2 ff.;
ders., Internationale Produkthaftung und Grenzen der Rechtsangleichung durch die EG-Richtlinie, ZHR 152 (1988), 537 ff.;
Koch, R., »Mängelbeseitigungsansprüche« nach den Grundsätzen der Produzenten-/Produkthaftung, AcP 203 (2003), 603 ff.;
ders., Produkthaftung aus der Sicht des Verbrauchers und seines Anwalts, in: Produkthaftung, Bonn 2001, 111 ff.;
ders., Prüfstand AGB-Gesetz: Die Experimentierklausel gem. Ziff. 6.5 des Produkthaftpflicht-Modells, DB 2001, 1599 ff.;
Köhler, Die haftungsrechtliche Bedeutung technischer Regeln, BB-Beilage 4/85, 10 ff.;
Kötz, Ist die Produkthaftung eine vom Verschulden unabhängige Haftung?, in: FS für Werner Lorenz, Tübingen 1991, 109 ff.;
Kötz/Wagner, Deliktsrecht, 12. Aufl., München 2013;
Kollmer, Zivilrechtliche und arbeitsrechtliche Wirkungen des Gerätesicherheitsgesetzes (heute ProdSG 2011), NJW 1997, 2015 ff.;
Kort, „Stand der Wissenschaft und Technik“ im neuen deutschen und „state of the art“ im amerikanischen Produkthaftungsrecht, VersR 1989, 1113 ff.;
Koyuncu, Das Mitverschulden am Beispiel des Patientenmitverschuldens in der Arzneimittelhaftung, PHi 2007, 42 ff.;
Kreuzer/Klötgen, Die Shevill-Entscheidung des EuGH, IPRax 1996, 90;
Krings, Haftung und Versicherung in der Kontraktlogistik, TranspR 2007, 269;

Krüger, Die Haftung des Quasiherstellers, Diss., Münster 1998;
Küppersbusch, Ersatzansprüche bei Personenschäden, 11. Aufl., München 2013;
Kullmann, Produkthaftungsgesetz, 6. Aufl., Berlin 2010;
ders., Produkthaftungsrecht – Höchstrichterliche Rechtsprechung, 5. Aufl., Köln 2002;
ders., Produkthaftung für Verkehrsmittel – Die Rechtsprechung des BGH, NZV 2002, 1 ff.;
ders., Die Rechtsprechung des BGH zum Produkthaftpflichtrecht in den Jahren 2003 – 2005, NJW 2005, 1907 ff.;
ders., Die Rechtsprechung des BGH zum Produkthaftpflichtrecht in den Jahren 2000 und 2001, NJW 2002, 30 ff.;
ders., Die Rechtsprechung des BGH zum Produkthaftpflichtrecht in den Jahren 1998 – 2000, NJW 2000, 1912 ff.;
ders., Die Rechtsprechung des Bundesgerichtshofs zum Produkthaftpflichtrecht in den Jahren 1997 – 1998, NJW 1999, 96 ff.;
ders., Die Rechtsprechung des BGH zum Produkthaftpflichtrecht in den Jahren 1994 – 1995, NJW 1996, 18 ff.;
ders., Die Rechtsprechung des BGH zum Produkthaftpflichtrecht in den Jahren 1992 – 1994, NJW 1994, 1698 ff.;
ders., Aktuelle Rechtsfragen zur Produkthaftung bei Baustoffen, BauR 1993, 153 ff.;
ders., Das Risiko in der Produzentenhaftung, VersR 1988, 655 ff.;
ders., Die Produktbeobachtungspflicht des Kraftfahrzeugherstellers im Hinblick auf Zubehör, BB 1987, 1957 ff.;
ders., Die Rechtsprechung des BGH zur deliktischen Haftung des Herstellers für Schäden an der von ihm hergestellten Sache, BB 1985, 409 ff.;
ders., Produzentenhaftung in der Rechtsprechung des BGH, BB 1976, 1085 ff.;
Kullmann/Pfister/Stöhr/Spindler, Produzentenhaftung, Ordner I – IV, Loseblattsammlung, Berlin 2013 (zitiert: Kullmann/Pfister);
Kunz, Die Produktbeobachtungs- und die Befundsicherungspflicht als Verkehrssicherungspflichten des Warenherstellers, BB 1994, 450 ff.;
Kuwert, Allgemeine Haftpflichtversicherung, Leitfaden durch die AHB, 4. Aufl., Wiesbaden 1992;
Lach/Burckhardt, Produkthaftungsrechtliche Aspekte für Chemikalien nach REACH in Europa und weltweit, StoffR 2013, 96 ff.;
Landscheidt, Das neue Produkthaftungsrecht, 2. Aufl., Herne 1999;
Lange, Pflichten des Zwischenhändlers bei der Just-in-Time-Belieferung, ZGS 2011, 393 ff.;
ders., Das Recht der Netzwerke, Frankfurt/Main 1998;
Langheid/Grote, Droht die rote Karte? Internationale Versicherungsprogramme und die Versicherung des finanziellen Interesses, VW 2008, 631 ff.;
Langner/Klindt, in: Dauses (Hrsg.), Handbuch des EU-Wirtschaftsrechts, Loseblattsammlung, 31. Aufl., München Stand 07/2012;
Lehmann, Die Haftung für Werbeangaben nach neuem Schuldrecht, DB 2002, 1090 ff.;
ders., Just in time: Handels- und AGB-rechtliche Probleme, BB 1990, 1849 ff.;
ders., Handelsrechtliche Bedeutung einer vertraglichen Garantiehaftung des Herstellers „für den es angeht", BB 1980, 964 ff.;
Lehmann/Neumann/Reischl/Tolle, Neuregelung des Rechts der klinischen Prüfung für Medizinprodukte und Leistungsbewertung von In-vitro-Diagnostika in Deutschland, MPJ 2010, 172 ff.;
Leible, Europäisches Privatrecht am Scheideweg, NJW 2008, 2558 ff.;
ders., Was tun mit dem Gemeinsamen Referenzrahmen für das Europäische Vertragsrecht?, BB 2008, 1469 ff.;
ders., Außenhandel und Rechtssicherheit, ZVglRWiss 97 (1998), 286 ff.;
Leible/Lehmann, Die Verordnung über das auf vertragliche Schuldverhältnisse anzuwendende Recht («ROM I»), RIW 2008, 528 ff.;
dies., Die neue EG-Verordnung über das auf außervertragliche Schuldverhältnisse anzuwendende Recht („ROM II"), RIW 2007, 721 ff.;
Leichsenring, Produkttests – Notwendigkeit und Haftung des Herstellers, PHi 2011, 130 ff.;
Lemor, Verschärfung der Regeln über die Haftung für fehlerhafte Produkte in der EG, VW 1986, 108 ff.;
Lenz, Die Schutzgesetze des Produktsicherheitsgesetzes, in: Kullmann/Pfister/Stöhr/Spindler, Produzentenhaftung, Loseblattsammlung, Berlin 2013, Kza 2440;

ders., Das neue Produktsicherheitsgesetz und seine Auswirkungen auf die Produkthaftung, in: Gedächtnisschrift für Ulrich Hübner, Weitsicht in Versicherung und Wirtschaft, Heidelberg 2012, 531 ff.;
ders., Produkthaftpflichtversicherung, in: van Bühren (Hrsg.), Handbuch Versicherungsrecht, Bonn 2012;
ders., D&O-Versicherung, in: van Bühren (Hrsg.), Handbuch Versicherungsrecht, Bonn 2012;
ders., (Hrsg.), Die Rechtsabteilung, Wiesbaden 2012;
ders., Die versicherungsrechtlichen Auswirkungen auf die Pauschalierungs- und Quotierungsnovationen (Konzeptverantwortungsvereinbarung und Referenzmarkt) in der Zuliefererindustrie, in: Binnewies/Spatscheck (Hrsg.), FS für Michael Streck zum 70. Geburtstag, Köln 2011, 859 ff.;
ders., Produkthaftpflichtversicherung, in: Looschelders/Pohlmann (Hrsg.), Kommentar zum VVG, Anhang E, 2. Aufl., Köln 2011, 2394 ff.;
ders., EuGH sorgt für radikale Einschnitte im deutschen Kaufrecht, PHi 2011, 184 ff.;
ders., Wirtschaftskrise: Bankvorstände und D&O Versicherungen – zugleich ein Beitrag zu „Spekulationsgeschäften" und zu „versicherten Tätigkeiten", in: Genzow/Grunewald/Schulte-Nölke (Hrsg.), FS für Friedrich Graf von Westphalen zum 70. Geburtstag, Köln 2010, 469 ff.;
ders., Die Auswirkungen der Rechtsprechung zum „Rückruf", insbesondere für den Zuliefererregress auch unter Berücksichtigung internationaler Aspekte, in: Herlinghaus (Hrsg.), FS für Wienand Meilicke, Baden-Baden 2010, 417 ff.;
ders., Zwischen Rückruf und Regress – Im Blickpunkt: Die Praxis des internationalen Produkthaftungsrechts, Deutscher AnwaltSpiegel, Ausgabe 16, August 2010, 10 ff.;
ders., Aktuelle Rechtsprechung zur Produkthaftung, Euroforum Newsletter 1/2010, 3 ff.;
ders., Zur Herstellerhaftung für Fehlauslösung von Airbags, PHi 2009, 196 ff.;
ders., Die Konzeptverantwortungsvereinbarung, PHi 2008, 164 ff.;
ders., Das Ende von Rückrufen?, Euroforum Newsletter 2/2008, 12;
ders., Zum Aufwendungsersatz für die Nachrüstungskosten bei Pflegebetten, PHi 2007, 135 ff.;
ders., Kein Aufwendungsersatz bei Nachrüstung von Pflegebetten, PHi 2006, 17 ff.;
ders., Anmerkung zu BGH, Urteil vom 28.3.2006, Tapetenkleistermaschine, BGH-Report 2006, 843 ff.;
ders., Instruktionshaftung und Tabakprozesse, StoffR 2004, 13 ff.;
ders., Das neue Geräte- und Produktsicherheitsgesetz, StoffR 2004, 116 ff.;
ders., Das neue Geräte- und Produktsicherheitsgesetz, MDR 2004, 918 ff.;
ders., Anmerkung zu BGH, Urteil vom 11.2.2004, Ferrari, BGH-Report 2004, 583;
ders., „Brennende Pflegebetten" – Sichere Medizinprodukte, PHi 2003, 142 ff.;
ders., Der Berater bei der AGB-Gestaltung nach der Schuldrechtsreform, in: Verantwortlichkeit im Wirtschaftsrecht – Beiträge zum Versicherungs- und Wirtschaftsrecht der Schüler von Ulrich Hübner, SFS für Ulrich Hübner, Karlsruhe 2002, 365 ff.;
ders., Anmerkung zur Transistor-Entscheidung, MDR 1998, 842;
ders., Anmerkung zu OLG Oldenburg, Urteil vom 24.5.1996 – 6 U 31/96, Hinweispflichten des Herstellers von Rohrreinigungsmitteln, WiB 1997, 1159 ff.;
ders., Anmerkung zu LG Berlin, Urteil vom 3.4.1996 – 20 O 387/94, Verletzung der Beratungspflicht beim Abschluss eines Fertighauses, WiB 1997, 657 ff.;
ders., Die Kulanzleistung des Versicherers, Diss., Köln 1993;
Lenz/Hammer, Die Mangelhaftigkeit von persönlicher Schutzausrüstung i. S. der 8. Verordnung zum GPSG, PHi 2010, 204 ff.;
Lenz/Laschet, Das neue Geräte- und Produktsicherheitsgesetz, Loseblattsammlung, Merching, Stand: November 2010;
dies., Das neue Elektrogesetz – Schnittpunkt zwischen Umweltrecht und Produktverantwortung, StoffR 2005, 142 ff.;
dies., Leitfaden zum Geräte- und Produktsicherheitsgesetz, Berlin 2004;
Lenz/Otto, Praxisratgeber Maschinensicherheit, Loseblattsammlung, Merching, Stand: Juni 2012;
Lettl, Die Falschlieferung durch den Verkäufer nach der Schuldrechtsreform, JuS 2002, 866 ff.;
Lieb, Das Leitbild des Finanzierungs-Leasing im Spannungsfeld von Vertragsfreiheit und Inhaltskontrolle, DB 1988, 946 ff.;
Lindemeyer, Die Entwürfe des Europarats und der Europäischen Gemeinschaften zur Vereinheitlichung des Rechts der Produkthaftung, WRP 1975, 420 ff.;

Link, Gesetzliche Regressansprüche bei Produzentenhaftung gegenüber dem Zulieferer, BB 1985, 1424 ff.;
Littbarski, AHB – Allgemeine Versicherungsbedingungen für die Haftpflichtversicherung, München 2000;
ders., Herstellerhaftung ohne Ende – ein Segen für den Verbraucher?, NJW 1995, 217 ff.;
ders., Produkthaftpflichtversicherung, 2. Aufl., München 2013;
ders., Zum Stand der internationalen Produkthaftung, JZ 1996, 231 ff.;
ders., Die AHB-Reform von 2004, Teil 1, PHi 2005, 97 ff.;
ders., Die AHB-Reform von 2004 in Gestalt der Überarbeitung von 2006, Teil 2, PHi 2006, 82 ff.;
ders., Auswirkungen der VVG-Reform auf die Haftpflichtsparte, Teil 1, PHi 2007, 126 ff.
ders., Auswirkungen der VVG-Reform auf die Haftpflichtsparte, Teil 2, PHi 2007, 176 ff.;
Löschner, Mehrere Produkthaftpflichtige und Mitverschulden des Geschädigten – Eine Untersuchung nach deutschem und US-amerikanischen Produkthaftungsrecht, Karlsruhe 2004;
ders., Haftungs- und Schadensverteilung bei mehreren Produkthaftpflichtigen, PHi 2002, 62 ff.;
Löwe, Rückrufpflicht des Warenherstellers, DAR 1979, 288 ff.;
ders., Erhebliche Erhöhung des Produzentenhaftungsrisikos durch den Bundesgerichtshof, BB 1978, 1495 ff.;
Looschelders, Neuere Entwicklungen des Produkthaftungsrechts, JR 2003, 309 ff.;
Looschelders/Pohlmann (Hrsg.), VVG Kommentar, 2. Aufl., Köln 2011;
Lorenz, Ein- und Ausbauverpflichtung des Verkäufers bei der kaufrechtlichen Nacherfüllung, NJW 2011, 3341 ff.;
ders., Die Reichweite der kaufrechtlichen Nacherfüllungspflicht durch Neulieferung, NJW 2009, 1633 ff.;
ders., Schuldrechtsreform 2002: Problemschwerpunkte drei Jahre danach, NJW 2005, 1889 ff.;
ders., Schadenersatz statt der Leistung, Rentabilitätsvermutung und Aufwendungsersatz im Gewährleistungsrecht, NJW 2004, 26 ff.;
ders., Zur Abgrenzung von Teilleistung, teilweiser Unmöglichkeit und teilweiser Schlechtleistung im neuen Schuldrecht, NJW 2003, 3097 ff.;
ders., Europäische Rechtsangleichung auf dem Gebiet der Produzentenhaftung, ZHR 151 (1987), 1 ff.;
Ludwig, Der fehlende Mitverschuldenseinwand, NJW 2006, 3759 ff.;
Luttermann, Gentechnik und zivilrechtliches Haftungssystem, JZ 1998, 174 ff.;
Magnus, UN-Kaufrecht und neues Verjährungsrecht des BGB – Wechselwirkungen und Praxisfolgen, RIW 2002, 577 ff.;
ders., Vergleich der Vorschläge zum Europäischen Deliktsrecht, ZEuP 2004, 562 ff.;
ders., Wesentliche Fragen des UN-Kaufrechts, ZEuP 1999, 642 ff.;
ders., Zweispurigkeit im Binnenmarkt – Probleme des neuen Produkthaftungsrechts, JZ 1990, 1100 ff.;
Magnus/Mankowski (Hrsg.), Brussels I Regulation (Vol. I der Reihe „European Commentaries on Private International Law"), München 2007;
Majima, JIT, Kostensenkung durch Just-in-Time-Produktion, München 1994;
Mankowski, Die Anspruchsgrundlage für den Ersatz von „Mangelfolgeschäden" (Integritätsschäden), JuS 2006, 481 ff.;
ders., Überlegungen zur sach- und interessengerechten Rechtswahl in Verträgen des internationalen Wirtschaftsverkehrs, RIW 2003, 2 ff.;
Marburger, Produktsicherheit und Produkthaftung, in: Ahrens (Hrsg.), FS für Erwin Deutsch, Köln 1999, 271 ff.;
ders., Europäische Normung und Umweltrecht, in: Czajka/Hansmann/Rebentisch (Hrsg.), FS für Gerhard Feldhaus zum 70. Geburtstag, Heidelberg 1999, 387 ff.;
ders., Herstellung nach zwingenden Rechtsvorschriften als Haftungsausschließungsgrund im neuen Produkthaftungsrecht, in: Leßmann/Großfeld/Vollmer (Hrsg.), FS für Rudolf Lukes zum 65. Geburtstag, Köln 1989, 97 ff.;
ders., Technische Normen im Recht der technischen Sicherheit, BB-Beilage 4/1985, 16 ff.;
ders., Die Regeln der Technik im Recht, Köln 1979;
Marschall von Bieberstein, Schadensersatz für Gewinnentgang bei Eigentumsverletzung, in: Ficker/König/Kreuzer (Hrsg.), FS für Ernst von Caemmerer zum 70. Geburtstag, Tübingen 1978, 411 ff.;
Martinek, Moderne Vertragstypen, Bd. III: Computerverträge, Kreditkartenverträge sowie sonstige moderne Vertragstypen, München 1993;

ders., Zuliefererverträge und Qualitätssicherung, Köln 1991;
Marx, C., Handlingkosten im Unternehmerrückgriff, BB 2002, 2566 ff.;
Marx, N., Fallstricke in Pferderechtsprozessen seit Abschaffung des Viehgewährleistungsrechts, NJW 2010, 2839 ff.;
Mayer, Das neue Produkthaftungsrecht, VersR 1990, 691 ff.;
ders., Produkthaftung und Gefahrenbeseitigungsanspruch, DB 1985, 319 ff.;
Mayer-Figge, Qualität von Sicherheitsdatenblättern – Anspruch und Wirklichkeit: Ergebnisse aus dem Vollzug, StoffR 2013, 52 ff.;
Medicus, Die Leistungsstörungen im neuen Schuldrecht, JuS 2003, 521 ff.;
Meermann, Entwicklungsrisiko und State-of-the-Art, Diss., Baden-Baden 2013;
Meier, Sind Rückrufrisiken noch versicherbar? VW 2009, 1111;
Meier/Wehlau, Produzentenhaftung des Softwareherstellers, CR 1990, 95 ff.;
Meili, Mit der Nano-Informations-Pyramide gegen den Blindflug, PHi 2010, 31 ff.;
Meixner/Steinbeck, Allgemeines Versicherungsvertragsrecht, 2. Aufl., München 2011;
Merkel, „Weiterfressende Mängel" ohne Ende? – Zur Kritik an der Rechtsprechung des BGH, NJW 1987, 358 ff.;
Merten, Zigaretten – ein fehlerhaftes Produkt, VersR 2005, 465 ff.;
Mertens, Verkehrspflichten und Deliktsrecht – Gedanken zu einer Dogmatik der Verkehrspflichtverletzung, VersR 1980, 397 ff.;
Merz, Qualitätssicherungsvereinbarungen – Zulieferverträge, Vertragstypologie, Risikoverteilung, AGB-Kontrolle, Köln 1992;
Meyer, J., Instruktionshaftung – Eine Analyse aus der Sicht der Rechts-, Wirtschafts- und Verhaltenswissenschaften, Band 135 von Schriften zum Deutschen und Europäischen Zivil-, Handels-, und Prozessrecht, Bielefeld 1992;
ders., ProdHaftG und Arzneimittelhaftung, ZRP 1989, 207 ff.;
Meyer, M., Nanomaterialien im Produkthaftungsrecht, VersR 2010, 869 ff.;
ders., Nanomaterialien im Produkthaftungsrecht: Die Haftung des Herstellers für neuartige, ungewisse Risiken, Berlin 2010;
Meyer, O./Harland, Haftung für softwarebezogene Fehlfunktionen technischer Geräte am Beispiel von Fahrerassistenzsystemen, CR 2007, 689 ff.;
Meyer, R., Wenn Rückruf-Szenarien die Kfz-Zulieferindustrie herausfordern, VW 2008, 854 ff.;
Meyer-Sparenberg, Rechtswahlvereinbarungen in Allgemeinen Geschäftsbedingungen, RIW 1989, 347 ff.;
Michalski, Produktbeobachtung und Rückrufpflicht des Produzenten, BB 1998, 961 ff.;
ders., Die Bestimmtheit der Rüge bei § 377 HGB, DB 1997, 81 ff.;
Michalski/Riemenschneider, Die zivilrechtliche Bedeutung des Mindesthaltbarkeitsdatums für den Verbraucher, BB 1993, 2097 ff.;
Minwegen, Passivrauchen und Schadensersatz, VersR 2010, 1296 ff.;
Möffert, Der Forschungs- und Entwicklungsvertrag als kommentierter Mustervertrag, 3. Aufl., München 2008;
Möllers, Nationale Produzentenhaftung oder europäische Produkthaftung?, VersR 2000, 1177 ff.;
ders., Verkehrspflichten des Händlers beim Vertrieb von gefährlichen Produkten, JZ 1999, 24 ff.;
ders., Verkehrspflichten gegenüber Kindern, VersR 1996, 158 ff.;
Mörsdorf-Schulte, Strafschadenersatz – eine deutsche Hassliebe? NJW 2006, 1184 ff.;
Molitoris, „Kehrtwende" des BGH bei Produktrückrufen?, NJW 2009, 1049 ff.;
ders., Brennende Krankenhaus-Betten, VW 2007, 1175 ff.;
ders., Praktische Erfahrungen und rechtliche Überlegungen zur Produktbeobachtungspflicht, Teil 1, PHi 1999, 214 ff.;
ders., in: Büchting, Beck´sches Rechtsanwaltshandbuch, München 2011, C. 14;
Molitoris/Klindt, Die Entwicklung im Produkthaftungs- und Produktsicherheitsrecht, NJW 2012, 1489 ff.;
dies., Produkthaftung und Produktsicherheit – Ein aktueller Rechtsprechungsüberblick für 2008/2009, NJW 2010, 1569 ff.;
dies., Produkthaftung und Produktsicherheit – Ein aktueller Rechtsprechungsüberblick, NJW 2008, 1203 ff.;
Müller, Gerda, Produkthaftung im Schatten der ZPO-Reform, VersR 2004, 1073 ff.;
dies., Besonderheiten der Gefährdungshaftung nach dem StVG, VersR 1995, 489 ff.;
Müller, Gerd, Zu den Folgen des Rügeversäumnisses i. S. d. § 377 HGB, ZIP 2002, 1178 ff.;

Müller, W./Dörre, Regreßansprüche des Endherstellers gegen den Zulieferer wegen Rückrufkosten, VersR 1999, 1333 ff.;
Nadler/Müsgen, Neue Produkthaftungsgesetze in Österreich und der BRD – ein Rechtsvergleich, WBl 1989, 101 ff.;
Nagel, Die Produkt- und Umwelthaftung im Verhältnis von Herstellern und Zulieferern, DB 1993, 2469 ff.;
ders., Schuldrechtliche Probleme bei Just-in-Time-Lieferbeziehungen, DB 1991, 319 ff.;
Neuner, Das Schmerzensgeld, JuS 2013, 577 ff.;
ders., Das nachbarrechtliche Haftungssystem, JuS 2005, 487;
Nickel, Streit um den Rückruffall – Deckung in keinem Vertrag?, VW 2006, 820;
ders., Die neuen Grundlagen der Produkthaftpflichtversicherung, VW 2005, 1652 ff.;
ders., Der Tätigkeitsschaden in der Betriebshaftpflichtversicherung, VersR 1987, 965 ff.;
ders., Deliktsrechtliche Haftung und kaufrechtliche Gewährleistung des Herstellers teilmangelbehafteter Sachen, VersR 1983, 344 ff.;
Nickel/Ganz, Produktsicherheitsschäden in der Betriebshaftpflichtversicherung, VersR 1999, 151 ff.;
Nickel/Nickel-Fiedler, Produkthaftpflichtversicherungsrecht, Berlin 2010;
Nickel/Schade, Konzept-Verantwortung in der Automobilindustrie, VW 2009, 1100 ff.;
Oeben, Produkthaftung für potenziell funktionsuntüchtige Herzschrittmacher, MPR 2010, 211 ff.;
Ostendorf, Die Abgrenzung zwischen Schadensersatz statt und neben der Leistung – Versuch einer Neubetrachtung, NJW 2010, 2833 ff.;
Otte, UN-Kaufrecht und Käuferrechte bei Weiterverarbeitung der Kaufsache bzw. unterlassener Untersuchung und Mängelanzeige, IPRax 1999, 352 ff.;
Otto, UN-Kaufrecht und EG-Produkthaftungsrichtlinie, MDR 1993, 306;
ders., Produkthaftung nach dem UN-Kaufrecht, MDR 1992, 533 ff.;
Padeck, Rechtsprobleme des sog. Streckengeschäfts, JURA 1987, 454 ff.;
Paefgen, Kollisionsrechtlicher Verbraucherschutz im internationalen Vertragsrecht und europäisches Gemeinschaftsrecht, ZEuP 2006, 266;
ders., Kollisionsrechtlicher Verbraucherschutz im internationalen Vertragsrecht und europäischen Gemeinschaftsrecht, ZEuP 2003, 266 ff.;
Palandt, Bürgerliches Gesetzbuch, 72. Aufl., München 2013;
Pannenbecker, Produktrückrufpflicht und Kostenersatz in der Haftpflichtversicherung, Karlsruhe 1998;
Pape, Zur Produkthaftung von Hersteller, Quasihersteller und Lieferant wegen eines fehlerhaften Grillanzünders, PHi 2006, 22 ff.;
Pauli, Das zukünftige deutsche Produkthaftungs-Gesetz, PHi 1987, 138 ff.;
ders., Die EG-Produkthaftpflicht-Richtlinie und ihre Umsetzung in der Bundesrepublik Deutschland, PHi 1986, 153 ff.;
ders., Die Produktbeobachtungspflichten in der verbraucherpolitischen Auseinandersetzung, PHi 1985, 134 ff.;
Peine, Zum Verhältnis von Produkt- und Stoffrecht, StoffR 2011, 188 ff.;
Peters, Die Erfüllungsgehilfen des Verkäufers neu hergestellter Sachen, ZGS 2010, 24 ff.;
ders., Windkraftanlagen und §§ 93 ff. BGB, WM 2007, 2003 ff.;
ders., Zum Anwendungsbereich des § 377 HGB, JZ 2006, 230 ff.;
ders., Wem gehören die Windkraftanlagen auf fremdem Grund und Boden?, WM 2002, 110 ff.;
Pfeiffer, Flucht ins schweizerische Recht?, in: Genzow/Grunewald/Schulte-Nölke (Hrsg.), FS für Friedrich Graf von Westphalen zum 70. Geburtstag, Köln 2010, 555 ff.;
ders., Neues Internationales Vertragsrecht – Zur ROM I-Verordnung, EuZW 2008, 622 ff.;
Picker, Deliktsrechtlicher Eigentumsschutz bei Störungen der Sach-Umwelt-Beziehung, JZ 2010, 541 ff.;
Piltz, Neue Entwicklungen im UN-Kaufrecht, NJW 2011, 2261 ff.;
ders., Neue Entwicklungen im UN-Kaufrecht, NJW 2007, 2159 ff.;
ders., Neue Entwicklungen im UN-Kaufrecht, NJW 2005, 2126 ff.;
ders., Neue Entwicklungen im UN-Kaufrecht, NJW 2003, 2056 ff.;
Pieper, Verbraucherschutz durch Pflicht zum „Rückruf" fehlerhafter Produkte?, BB 1991, 985 ff.;
Plum, Zur Abgrenzung des Eigentums- vom Vermögensschaden, AcP 181 (1981), 68 ff.;
ders., Zur Auswahlhaftung von Behörden, Prüfern, Sachverständigen und Betreibern/Anwendern gegenüber dem Produktgeschädigten, VersR 1979, 603 ff.;

Polly, ECE – Produkt-Compliance als Schlüssel zur Minimierung von Produkthaftungs- und Produktsicherheitsrisiken in der zunehmend global tätigen Automobilindustrie, PHi 2013, 150 ff.;
Pott/Frieling, Produkthaftungsgesetz – Kommentar, Wingen 1992;
Prudentino, Kassationsgerichtshof bestätigt Schädlichkeit von Mobilfunkstrahlen, PHi 2013, 23 ff.;
Raab, Die Bedeutung der Verkehrspflichten und ihre systematische Stellung im Deliktsrecht, JuS 2002, 1041 ff.;
Rabl, Die Haftung des Händlers nach dem ProdHaftG, JBl 1999, 490;
Ratzel/Luxenburger (Hrsg.), Handbuch Medizinrecht, 2. Aufl., Bonn 2011;
Raue, Der mangelhafte Ladenhüter beim Verbrauchsgüterkauf – Zur Funktionsweise der Ablaufhemmung im § 479 II BGB, JURA 2007, 427 ff.;
Rauscher, Deliktshaftung des Herstellers für Beschädigung der Kaufsache BGH (NJW 1985, 2420), JuS 1987, 14 ff.;
Rehbinder, Zur Haftung des Warenherstellers gegenüber dem Verbraucher ohne Verschulden, BB 1965, 439 ff.;
ders., Fortschritte in der Produkthaftung, ZHR 129 (1967), 171 ff.;
Reich, Von der Minimal- zur Voll- zur „Halbharmonisierung" – Ein europäisches Privatrechtsdrama in fünf Akten, ZEuP 2010, 7 ff.;
Reich/Micklitz, Europäisches Verbraucherrecht, 4. Aufl., Baden-Baden 2003;
Reif/Kapteina, Versicherbarkeit von punitive damages, PHi 2000, 193 ff.;
Reinicke, Anmerkung zu BGH, Urt. vom 13.5.1987 (Profilbleche und Profilteile), JZ 1987, 1030 ff.;
Reinicke/Tiedtke, Stoffgleichheit zwischen Mangelunwert und Schäden im Rahmen der Produzentenhaftung, NJW 1986, 10 ff.;
Reithmann/Martiny/Hausmann, Internationales Vertragsrecht: Das internationale Privatrecht der Schuldverträge, 7. Aufl., Köln 2010;
Rettenbeck, Die Rückrufpflicht in der Produkthaftung, Baden-Baden 1992;
Reusch, Der Pflegebettenfall des BGH und die Auswirkungen auf das Geräte- und Produktsicherheitsgesetz, StoffR 2009, 205 ff.;
Rieckers, Die Konzernmutter als Quasihersteller – Haftung für enttäuschtes „Konzernvertrauen"?, VersR 2004, 706 ff.;
Riehm, 25 Jahre Produkthaftungsrichtlinie – Ein Lehrstück zur Vollharmonisierung, EuZW 2010, 567 ff.;
Rodemann/Schwenker, Gibt es im Kauf- und Werkvertragsrecht einen verschuldensunabhängigen Anspruch auf Ersatz der Aus- und Einbaukosten mangelhafter Baustoffe?, ZfBR 2011, 634 ff.;
Rödig, Die Erfüllung des Tatbestandes des § 823 Abs. 1 BGB durch Schutzgesetzverstoß, Bielefeld 1973;
Röhl, Fehler in Druckwerken, JZ 1979, 369 ff.;
Röhricht/Graf von Westphalen/Lenz, HGB Kommentar, 4. Aufl., Köln 2013 (Zitate und Rn. Entstammen noch der 3. Aufl.);
Römer, Zu den Informationspflichten der Versicherer und ihrer Vermittler, VersR 1998, 1313 ff.;
Rohe, Netzverträge – Rechtsprobleme komplexer Vertragsverbindungen, Tübingen 1998;
Rolla/Franke, Italienisches Gericht entscheidet über Kausalzusammenhang zwischen dauerhafter Nutzung von Mobiltelefonen und Krebserkrankungen, Anm. zum Urteil des Berufungsgerichts in Brescia, PHi 2011, 6 ff.;
Rolland, Zur Sonderstellung des Arzneimittelherstellers im System des Produkthaftungsrechts, in: Pfister/Will (Hrsg.), FS für Werner Lorenz, Tübingen 1991, 193 ff.;
ders., Produkthaftungsrecht, Kommentar, Heidelberg 1997;
Roth, Standzeit von Kraftfahrzeugen als Sachmangel, NJW 2004, 330 ff.;
Rotmüller, Zur Anwendung der „Tätigkeitsklausel" in § 4 I Nr. 6b AHB, VersR 1986, 843 ff.;
Rott, Die neue Verbraucherkredit-Richtlinie 2008/48/EG und ihre Auswirkungen auf das deutsche Recht, WM 2008, 1104 ff.;
Rüfner, Der US-Supreme Court stärkt die Zuständigkeit der US-Bundesgerichte für Sammelklagen, RIW 2013, 337 ff.;
Rusch/Bornhauser, Korrektiv zur Freizeichnung von der Hilfspersonenhaftung, AJP/PJA 10/2010, 1228 ff.;
Sack, Produkthaftung für reine Vermögensschäden von Endabnehmern, VersR 2006, 582 ff.;
ders., Die Subsidiarität des Rechts am Gewerbebetrieb, VersR 2006, 1001 ff.;

ders., Der subjektive Tatbestand des § 826 BGB, NJW 2006, 945 ff.;
ders., Die wettbewerbsrechtliche Klagebefugnis des „unmittelbar Verletzten“ nach der Neufassung des § 13 Abs. 2 Nr. 1 UWG, BB 1995, 813 ff.;
ders., Das Verhältnis der Produkthaftungsrichtlinie der EG zum nationalen Produkthaftungsrecht, VersR 1988, 439 ff.;
ders., Produzentenhaftung und Produktbeobachtungspflicht, BB 1985, 813 ff.;
ders., Die wettbewerbsrechtliche Haftung für das Anbieten mangelhafter und gefährlicher Produkte, GRUR Int. 1983, 565 ff.;
Schäfer/Ott, Schmerzensgeld bei Körperverletzungen, JZ 1990, 563 ff.;
Schaub, „Weiterfresserschäden“ bei Bauwerken, VersR 2001, 940 ff.;
Scheu, Deliktische Produktverantwortung für Hepatitis-C-Infektionen hämophiler Patienten, 1999, 95 ff.;
Schlechtriem, Rechtzeitige Rüge nach UN-Kaufrecht auch sieben Wochen nach Eintritt eines Totalschadens an Produktionsmaschine durch verborgenen Mangel eines hierfür gelieferten Mahlwerks, EWiR 2000, 125 ff.;
ders., Zur deliktischen Haftung des Verkäufers nach Lieferung einer mangelhaften Sache, welche beim Ausbau Schäden an den bisher mangelfreien Sachen des Käufers verursacht, EWiR 1992, 347 ff.;
ders., Angleichung der Produktehaftung in der EG – Zur Richtlinie des Rates der Europäischen Gemeinschaft vom 25.7.1985, VersR 1986, 1033 ff.;
ders., Haftung bei »weiterfressendem« Mangel, JA 1983, 255 ff.;
Schlegelmilch, Die Absicherung der Produkthaftpflicht, 2. Aufl., Landsberg 1982;
Schmatz/Nöthlichs, Produktsicherheit – Kommentar und Textsammlung, Loseblatt, Berlin, Stand 2013;
Schmeißer/Zirkel, Forschungs- und Entwicklungsverträge – Rechtliche Einordnung und vertragliche Gestaltung, MDR 2003, 849 ff.;
Schmidt, D., Qualitätssicherungsvereinbarungen und ihr rechtlicher Rahmen, NJW 1991, 144 ff.;
Schmidt, K., Handelsrecht, 6. Aufl., Köln 2011;
Schmidt, M., Sachmängelhaftung für Hersteller- und Händlerangaben über den Kraftstoffverbrauch und die CO2-Emission neuer Personenkraftwagen, NJW 2005, 329 ff.;
Schmidt, P., Die Haftung des Produzenten für Schäden Dritter, JURA 2007, 572 ff.;
Schmidt-Räntsch, Die Umsetzung der Produkthaftungsrichtlinie des Rats der EG vom 25.7.1985, ZRP 1987, 437;
Schmidt-Salzer, Der Fehler-Begriff der EG-Richtlinie Produkthaftung, BB 1988, 349 ff.;
ders., EG-Richtlinie Produkthaftung: Der Entwurf für das deutsche Transformationsgesetz (ProdHaftG), BB 1987, 1407 ff.;
ders., Deliktshaftung des Herstellers für Schäden an der gelieferten Sache, BB 1983, 534 ff.;
ders., Rechtliche und tatsächliche Aspekte der Produktbeobachtungshaftung, BB 1981, 1041 ff.;
ders., Die Bedeutung der Entsorgung- und der Schwimmschalter-Entscheidung des BGH für das Produkthaftungsrecht, BB 1979, 1 ff.;
ders., Produkthaftung, Produkthaftpflichtversicherung, Betriebsorganisation und risk management, BB 1972, 1430 ff.;
Schmidt-Salzer/Hinsch/Thürmann, Produkthaftung, Bd. IV, Produkthaftpflichtversicherung, Teil 1, 2. Aufl., Frankfurt/Main 1990;
Schmitte, Die zivilrechtliche Ausgestaltung von Windenergie-Nutzungsverträgen, Agrarrecht 2002, 270 ff.;
Schneider/Katerndahl, Ein- und Ausbaukosten mangelhafter Kaufsachen im unternehmerischen Rechtsverkehr – Vertragliche Vereinbarung einer Selbstvornahme durch den Käufer, NJW 2007, 2215 ff.;
Schorn/Baumann, Medizinprodukterecht, Kommentar, 25. Ergänzungslieferung, August 2009;
Schröder, Offshore-Windkraftanlagen – Haftung und Haftpflichtversicherung, VersR 2010, 585 ff.;
Schroeter, Untersuchungspflicht und Vertretenmüssen des Händlers bei der Lieferung sachmangelhafter Ware, JZ 2010, 495 ff.;
Schubert, BR Deutschland/EG: Verschuldenselemente im Fehlerbegriff des neuen Produkthaftungsrechts, PHi 1989, 74 ff.;
Schünemann, Das Gesetz über die elektromagnetische Verträglichkeit von Geräten als Schutzgesetz i. S. von § 823 Abs. 2 BGB, NJW 1996, 81 ff.;

Schüßler/Feurer, Gewährleistungsrecht: Der Leistungsort der Nacherfüllung zwischen Karlsruhe und Luxemburg, MDR 2011, 1077 ff.;
Schulte-Beckhausen, Internationale Zuständigkeit durch rügelose Einlassung im Europäischen Zivilprozessrecht, Bielefeld 1994;
Schulte-Noelke, Der EuGH gestaltet das Kaufrecht radikal um, Anm. zu EuGH C-65/09, ZGS 2011, 289 ff.;
ders., Bausteine aus der Wissenschaft für die englische Vertragssprache – der gemeinsame Referenzrahmen als Tool-Box für die Vertragsgestaltung, in: Genzow/Grunewald/Schulte-Nölke (Hrsg.), FS für Friedrich Graf von Westphalen zum 70. Geburtstag, Köln 2010, 609 ff.;
ders., Arbeiten an einem europäischen Vertragsrecht, NJW 2009, 2161 ff.;
Schulze-Hagen, Windenergieanlagen in der bauplanungsrechtlichen Rechtsprechung, AUR 2003, 138 ff.;
Schumann, Bauelemente des europäischen Produktsicherheitsrechts – Gefahrenabwehr durch Zusammenwirken von Europäischer Gemeinschaft, Mitgliedstaaten und Privaten, Diss., Baden-Baden 2007;
Schwarz, Rückbaukosten von Windenergieanlagen, Erneuerbare Energien, August 2000;
Schwarz/Wandt, Gesetzliche Schuldverhältnisse, 4. Aufl., München 2011;
Schwenzer, Rückruf- und Warnpflichten des Warenherstellers, JZ 1987, 1059 ff.;
von Seht, Windkraftnutzung im Aufwind, RuR2003, 43 ff.;
Seibt, Rechtssicherheit beim Unternehmens-, Beteiligungs- und Anlagenverkauf: Analyse der Änderungen bei §§ 444, 639 BGB, NZG 2004, 801 ff.;
Selb (Hrsg.), Mehrheiten von Gläubigern und Schuldnern, Tübingen 1984;
Sendmeyer, Die Ablaufhemmung der Verjährung im Unternehmerregress, NJW 2008, 1914 ff.;
Skamel, Leistungsort der Nacherfüllung, ZGS 2006, 227 ff.;
Söbbing, Rechtsfragen der Robotik, InTeR 2013, 43 ff.;
Späte, Die Produkthaftpflichtversicherung, in: Brendl (Hrsg.), Produkt- und Produzentenhaftung, Loseblattsammlung, Freiburg, Stand 1984, 1 ff.;
Späte, Haftpflichtversicherung – Kommentar zu den Allgemeinen Versicherungsbedingungen für die Haftpflichtversicherung (AHB), München 1993;
Spickhoff, Die Produkthaftung im Europäischen Kollisions- und Zivilverfahrensrecht, in: Baetge/von Hein/von Hinden (Hrsg.), FS für Jan Kropholler zum 70. Geburtstag, Tübingen 2008, 671 ff.;
ders., Die Auskunftspflicht des Lieferanten, Voraussetzungen und Folgen der Nichterteilung einer Auskunft, NJW 1992, 2055 ff.;
ders., Zur Haftung für HIV-kontaminierte Blutkonserven, JZ 1991, 756 ff.;
Spindler, IT-Sicherheit und Produkthaftung – Sicherheitslücken, Pflichten der Hersteller und der Softwarenutzer, NJW 2004, 3145 ff.;
ders., Verschuldensunabhängige Produkthaftung im Internet, MMR 1998, 119 ff.;
Spindler/Klöhn, Fehlerhafte Informationen und Software – Die Auswirkungen der Schuld- und Schadensrechtsreform, VersR 2003, 410 ff.;
Staudinger, Wenig Erbauliches aus Luxemburg, Anm. zu EuGH Rs. C-65/09 und C-87/09, DAR 2011, 502 ff.;
Staudinger/Czaplinski, Rückruf- und Kostentragungspflicht des Produzenten bei In- wie Auslandssachverhalten, JA 2008, 401 ff.;
Steffen, Probleme der Produzentenhaftung, Heft 6 der Schriftenreihe der ARGE der Verkehrsrechtsanwälte, 90 ff.;
Steffen, E., Beweislasten für den Arzt und den Produzenten aus ihren Aufgaben zur Befundsicherung, in: FS für Hans-Erich Brandner, Köln 1996, 327 ff.;
ders., Verschuldenshaftung und Gefährdungshaftung für Umweltschäden, NJW 1990, 1817 ff.;
ders., Die Verteilung des Schadens bei Beteiligung mehrerer Schädiger am Verkehrsunfall, DAR 1990, 41 ff.;
ders., Die Bedeutung der „Stoffgleichheit" mit dem „Mangelunwert" für die Herstellerhaftung aus Weiterfresserschäden, VersR 1988, 977 ff.;
ders., Verkehrspflichten im Spannungsfeld von Bestandsschutz und Handlungsfreiheit, VersR 1980, 409 ff.;
Steindorff, Repräsentanten- und Gehilfenversagen und Qualitätsregelungen in der Industrie, AcP 170 (1970), 93 ff.;
Steinkühler, Die zunehmende Bedeutung der Erprobungsklausel in der Schadenabwicklung, VP 2010, 73 ff.;

Steinmann, Abdingbarkeit der Wareneingangskontrolle in Qualitätssicherungsvereinbarungen, BB 1993, 873 ff.;
ders., Qualitätssicherungsvereinbarungen zwischen Endproduktherstellern und Zulieferern, Heidelberg 1993;
Steinmeyer, Der Vertrag mit Schutzwirkung für Dritte und die Produzentenhaftung, DB 1988, 1049 ff.;
Stiller, Fahrerassistenzsysteme, Schwerpunkt-Themenheft der Zeitschrift IT – Information Technology, München 2007;
Stockmeier, Haftungs- und versicherungsrechtliche Folgen der Einbeziehung landwirtschaftlicher Grunderzeugnisse in den Anwendungsbereich der EG-Produkthaftungsrichtlinie, VersR 2001, 271 ff.;
Stöhr, Haftung trotz perfekten Rückrufs?, in: FS für Gerda Müller, Köln 2009, 173 ff.;
Stoll, Haftungsrechtlicher Schutz gegen drohendes Unrecht, in: Medicus/Mertens/Nörr/Zöllner (Hrsg.), FS für Hermann Lange zum 70. Geburtstag, Stuttgart 1992, 729 ff.;
Streit, Das Abkommen über den Europäischen Wirtschaftsraum, NJW 1994, 555 ff.;
Stürner, Die Qual der (Ab-)Wahl: Der Ausschluss des UN-Kaufrechts aus der Sicht des deutschen Importeurs, BB 2006, 2029 ff.;
Taeger, Produkt- und Produzentenhaftung bei Schäden durch fehlerhafte Computerprogramme, CR 1996, 257 ff.;
Tamme, Rückrufkosten, Haftung und Versicherung, 1996;
Taschner, Internationale Entwicklung in der Produkthaftung, PHi 1997, 68 ff.;
ders., Die künftige Produzentenhaftung in Deutschland, NJW 1986, 611 ff.;
ders., Begrenzung der Gefährdungshaftung auf Haftungshöchstsummen, in: Schlechtriem/Leser (Hrsg.), Kolloquium aus Anlaß des 75. Geburtstag von Ernst von Caemmerer, Tübingen 1983;
Taschner/Frietsch, Produkthaftungsgesetz und EG-Produkthaftungsrichtlinie, 2. Aufl., München 1990;
Terrahe, Haftungs- und Deckungssituation für Aus- und Einbaukosten nach dem neuen Kaufrecht, VersR 2004, 680 ff.;
Thamm/Möffert, Die Mängelrüge im Handelsverkehr im Lichte jüngster Rechtsprechung, NJW 2004, 2710 ff.;
Thiele, Die zivilrechtliche Haftung der Tabakindustrie, Tübingen 2003;
Thürmann, Rückruf und Haftpflichtversicherung nach AHB und ProdHB, NVersZ 1999, 145 ff.;
dies., Das neue Produkthaftpflichtmodell, PHi 2000, 163 ff.;
dies., Der Ersatzanspruch des Käufers für Aus- und Einbaukosten einer mangelhaften Kaufsache, NJW 2006, 3457 ff.;
Thürmann/Kettler, Produkthaftpflichtversicherung, 6. Aufl., Karlsruhe 2009;
Tiedtke, Deutschland: Die Beweislast bei Instruktionsfehlern, PHi 1992, 138 ff.;
Tiedtke/Schmitt, Der Händlerregress im Rahmen des Verbrauchsgüterkaufs, ZIP 2005, 681 ff.;
Tillmanns, Arzneimittelfälschungen – regulatorische Rahmenbedingungen und Haftungsfragen, PharmaR 2009, 66 ff.;
Tröger, Arbeitsteilung und Vertrag: Verantwortlichkeit für das Fehlverhalten Dritter in Vertragsbeziehungen, Tübingen 2012;
ders., Voraussetzungen des Verkäuferregresses im BGB, AcP 204 (2004), 115 ff.;
Ulbrich, Die Abgrenzung des privaten Gebrauchs im Verhältnis zum gewerblichen oder sonstigen Gebrauch nach dem Entwurf des Produkthaftungsgesetzes, ZRP 1988, 251 ff.;
Ullrich/Ulbrich, Das Bevorraten von Ersatzteilen, BB 1995, 371 ff.;
Ulmer, Produktbeobachtungs-, Prüfungs- und Warnpflichten eines Warenherstellers in Bezug auf Fremdprodukte, Anm. zu BGHZ 99, 167 (Honda-Urteil), ZHR 152 (1988), 564 ff.;
Veltins, Produkthaftung des Lieferanten mangelhafter Bauteile: Ausbau durch den Käufer unter Beschädigung bisher mangelfreier Teile („Kondensatoren"), DB 1992, 1134 ff.;
Vismara, Ersatzleistung für Personenschäden in Europa im Vergleich, PHi 2013, 138 ff.;
Visser, Sache oder Körperteil? Rechtliche Überlegungen zu Implantaten am Beispiel von Herzschrittmachern, PHi 2008, 32 ff.;
ders., Rücknahme, Rückruf und der Sicherheitsbegriff im neuen Lebensmittelrecht, PHi 2006, 184 ff.;
Visser/Dettmer/Gottwald/Serdiuk, Haftung des Originalherstellers für Schäden durch Produktfälschungen? PHi 2013, 2 ff.;
Visser/Dettmer/Gottwald, Haftung des Originalherstellers für Schäden Dritter durch Produktfälschungen?, Teil 1, PHi 2010, 118 ff.;

dies., Haftung des Originalherstellers für Schäden Dritter durch Produktfälschungen?, Teil 2, PHi 2010, 170 ff.;
Waas, Zum Anwendungsbereich des § 278 BGB im Verhältnis von Werkunternehmer und Besteller, VersR 1999, 1202 ff.;
Wältermann/Kluth, Verantwortung des Assemblers im Spannungsfeld arbeitsteiliger Produktionsprozesse, ZGS 2006, 296 ff.;
Wagener, Produkthaftung Deutschland/USA von A – Z, 2. Aufl., München 2010;
Wagener/Wahle, Hersteller, Quasi-Hersteller und Lieferant im Produkthaftungsgesetz, NJW 2005, 3179 ff.;
Wagner, G., Münchener Kommentar zum BGB, Kommentierung zu § 823, 6. Aufl., München 2013;
ders., Haftung für gefährliche Lebens- und Futtermittel: Dioxin, EHEC und die Folgen, PHi 2012, 2 ff.;
ders., Prävention und Verhaltenssteuerung durch Privatrecht – Anmaßung oder legitime Aufgabe?, AcP 206 (2006), 352 ff.;
ders., Das Zweite Schadensersatzrechtsänderungsgesetz, NJW 2002, 2049 ff.;
ders., Das neue Verjährungsrecht – Ein Segen für die außergerichtliche Streitbeilegung, ZKM 2002, 103 ff.;
ders., Persönliche Haftung der Unternehmensleitung: die zweite Spur der Produkthaftung?, VersR 2001, 1057 ff.;
ders., Das neue Produktsicherheitsgesetz – Öffentlich-rechtliche Produktverantwortung und zivilrechtliche Folgen, BB 1997, 2489 ff.;
Wagner, G./Witte, Tabakklagen, ZEuP 2005, 895 ff.;
Wagner, R., Normenkonflikte zwischen den EG-Verordnungen Brüssel I, ROM I und ROM II und transportrechtlichen Rechtsinstrumenten, TranspR 2009, 103 ff.;
ders., Der Grundsatz der Rechtswahl und das mangels Rechtswahl anwendbare Recht (ROM I-VO), IPRax 2008, 377 ff.;
ders., Zum zeitlichen Anwendungsbereich des LugÜ, ZIP 1994, 81 ff.;
Walter, Just-in-Time-Lieferungen: Chancen und Risiken aus Sicht der Lieferanten, München 2010;
Wandt, Deutsche Arzneimittelhaftung und EG-Produkthaftung, VersR 1998, 1059 ff.;
ders., Produkthaftung mehrerer und Regreß, BB 1994, 1437 ff.;
Weber, Deutsche Norm, quo vadis? – Stellungnahme zum deutschen Normwesen, in: DIN-Mitteilungen, 2008, 4 ff.;
Weitnauer, Literaturbesprechung zu Grundfragen der Produzentenhaftung, AcP 167 (1967), 286 ff.;
Weitzel, Kein Ersatz von Aus- und Einbaukosten im unternehmerischen Verkehr (b2b), PHi 2013, 14 ff.;
ders., Vorsatz-Fahrlässigkeits-Kombinationen im Rahmen des § 103 VVG-2008, zugleich Anmerkung zu OLG Koblenz, Urteil vom 6.7.2007-10 U 1748/06, VersR 2008, 955 ff.;
ders., Beweislast für vorsätzliches und rechtswidriges Handeln des Versicherungsnehmers, Anmerkung zu OLG Hamm, Urteil vom 18.1.2006 – 20 U 159/05, VersR 2006, 783 ff., *Wellenhofer-Klein*, Zulieferverträge im Privat- und Wirtschaftsrecht, München, 1999;
Weller, Die Verantwortlichkeit des Händlers für Herstellerfehler, NJW 2012, 2312 ff.;
ders., Die Struktur des Erfüllungsanspruchs im BGB, Common Law und DCFR – ein kritischer Vergleich, JZ 2008, 764 ff.;
Wertenbruch, Die eingeschränkte Bindung des Käufers an Rücktritt und Minderung, JZ 2002, 862 ff.;
Westermann, Das neue Kaufrecht, NJW 2002, 241 ff.;
Graf von Westphalen, Drei Jahre Schuldrechtsreform – Versuch einer (vorläufigen) Bilanz, BB 2005, 1 ff.;
ders., Produkthaftpflicht-Bedingungen (2002) für gesetzliche und/oder vertragliche Schadenersatzansprüche, PHi 2004, 172 ff.;
ders., Beschaffungsrisiko – Vertretenmüssen – Haftung des Verkäufers auf Schadensersatz, ZGS 2002, 154 ff.;
ders., Änderungsbedarf in der Haftpflichtversicherung (AHB) auf Grund des Gesetzes zur Modernisierung des Schuldrechts?, NVersZ 2002, 241 ff.;
ders., Die Neuregelungen des Entwurfs eines Schuldrechtsmodernisierungsgesetzes für das Kauf- und Werkvertragsrecht, DB 2001, 799 ff.;

ders., Warn- oder Rückrufaktion bei nicht sicheren Produkten: §§ 8, 9 ProdSG als Schutzgesetz i. S. v. § 823 Abs. 2 BGB – rechtliche und versicherungsrechtliche Konsequenzen, DB 1999, 1369 ff.;
ders., Neue Aspekte der Produzentenhaftung, MDR 1998, 805 ff.;
ders., Das Milupa-Urteil – eine beträchtliche Verschärfung der Produkthaftung, ZIP 1992, 18 ff.;
ders., Das Kondensator-Urteil des BGH – Mangelbeseitigungsaufwendungen und Versicherungsschutz, ZIP 1992, 532 ff.;
ders., Weiterfressende Schäden und kein Ende? Anmerkung zur Interpretation § 1 Abs. 1 Satz 2 ProdHaftG, JURA 1992, 511 ff.;
ders., Das neue Produkthaftungsgesetz, NJW 1990, 83 ff.;
ders., Qualitätssicherungsvereinbarung: Rechtsprobleme des „Just-in-Time-Delivery“, in: FS 40 Jahre Der Betrieb, Stuttgart 1988, 223 ff.;
ders., Produkthaftung oder Produzentenhaftung?, ZIP 1986, 139;
ders., Die Produkthaftpflichtversicherung des HUK Modells, BB 1974, 625 ff.;
Widmer, Nano-Produkteregister in der Diskussion, PHi 2011, 119 ff.;
ders., Nano-Versicherungspolicen: Große Chance oder Tanz auf dem Vulkan?, PHi 2010, 88 ff.;
Wieck, Die Regulierung von Produkten der In-vitro-Diagnostik im Wandel, InTeR 2013, 92 ff.;
Wieckhorst, Vom Produzentenfehler zum Produktfehler des § 3 ProdHaftG, VersR 1995, 1005 ff.;
ders., Bisherige Produzentenhaftung, EG-Produkthaftungsrichtlinie und das neue Produkthaftungsgesetz, JuS 1990, 86 ff.;
Wildemann, Das Just-in-Time-Konzept, Frankfurt 1988;
Wilmowski, Die Haftung des Abfallerzeugers, NuR 1991, 253 ff.;
Wilske/Ponterlitschek, Epochenwechsel oder Verschnaufpause?, PHi 2011, 180 ff.;
Winkelmann, Die Befundsicherungspflicht des Herstellers – Ein erster Schritt zur Beweislastumkehr beim Kausalitätsnachweis im Produzentenhaftungsrecht, MDR 1989, 16 ff.;
Witter, Scheinbestandteilseigenschaft von Windkraftanlagen, ZflR 2006, 41 ff.;
Wittig, Das Just-in-Time-Prinzip, Norderstedt 2011;
Wolf, Die Haftung des Werkunternehmers für Lieferantenverschulden, ZIP 1998, 1657 ff.;
Zichner/Rauschmann/Thomann, Die Contergankatastrophe – Eine Bilanz nach 40 Jahren, Darmstadt 2005;
Zimmer, Die Haftung des Verkäufers bei Versendung einer mangelhaft verpackten Sache, BB 1988, 2192 ff.;
Zinkann, Die Reduzierung der Produkthaftungsrisiken, Berlin 1989;
Zirkel, Das Verhältnis zwischen Zulieferer und Assembler – eine Vertragsart sui generis?, NJW 1990, 345;
Zölch, Die Versicherung der Haftung für vereinbarte Eigenschaften nach dem Produkthaftpflichtmodell 2002, PHi 2005, 16 ff.;
ders., Die Überarbeitung des Produkthaftpflicht-Modells im Jahre 2002,Teil 1, PHi 2002, 166 ff.;
ders., Die Überarbeitung des Produkthaftpflicht-Modells im Jahre 2002, Teil 2, PHi 2002, 236 ff.;
Zoller, Die Produkthaftung des Importeurs, Baden-Baden 1992.

II. Empfehlungen zum (produkthaftungsrechtlichen) Auslandsrecht

von Bar, Gemeineuropäisches Deliktsrecht, 1999, Bd. II, 417 ff.;
ders., Neues Haftungsrecht durch Europäisches Gemeinschaftsrecht, in: Medicus/Mertens/Nörr/Zöllner (Hrsg.), FS für Hermann Lange zum 70. Geburtstag, Stuttgart 1992, 373 ff.;
Basedow, Der kollisionsrechtliche Gehalt der Produktfreiheiten im europäischen Binnenmarkt: favor offerentis, RabelsZ 59 (1995), 1 ff.;
Bischof, Produkthaftung und Vertrag in der EU, Bern 1994;
Brömmelmeyer, Die EU-Sammelklage, Baden-Baden 2013;
Finke, Die Auswirkungen der europäischen technischen Normen und des Sicherheitsrechts auf das europäische Haftungsrecht, München 2001;
Freitag, Der Einfluß des Europäischen Gemeinschaftsrechts auf das internationale Produkthaftungsrecht, Tübingen 2000;
Geistfeld, Principles of Products Liability, 2. Aufl., New York 2011;
Gildeggen/Willburger, Internationale Handelsgeschäfte – Das Recht des grenzüberschreitenden Handels, 3. Aufl., München 2010;
Herber, UN-Kaufrechtsübereinkommen: Produkthaftung – Verjährung, MDR 1993, 105 ff.;
Hill-Arning/Hoffmann, Produkthaftung in Europa, Heidelberg 1995;

Hohloch, Produkthaftung in Europa, ZEuP 1994, 400 ff.;
v. Hoffmann, Produkthaftung des Importeurs und Freihandel, in: Mélanges en l'honneur d'Alfred E. v. Overbeck, Freiburg 1990, 769 ff. (zitiert: FS v. Overbeck);
Illmer, The new European Private International Law of Product Liability – Steering through troubled waters, RabelsZ 73 (2009), 269 ff.;
Joerges, Die Verwirklichung des Binnenmarktes und die Europäisierung des Produktsicherheitsrechts, in: FS für Steindorff, Berlin 1990, 1247 ff.;
ders., Rationalisierungsprozesse im Recht der Produktsicherheit: Öffentliches Recht und Haftungsrecht unter dem Einfluß der Europäischen Integration, UTR 27 (1994), 141 ff.;
Koch, H., Sammel- oder Gruppenklagen zur effektiven Durchsetzung europäischen Produkthaftungsrechts?, PHi 2001, 2 ff.;
Kullmann/Pfister/Stöhr/Spindler, Produzentenhaftung, Ordner III, Produkthaftung im Ausland, Loseblattsammlung, Berlin 2013;
Meermann, Entwicklungsrisiko und State-of-the-Art, Diss., Baden-Baden 2013;
Nagel, Internationales Produkthaftungsrecht im transatlantischen Konflikt der Rechtsordnungen, DB 2001, 1075 ff.;
Reich/Micklitz, Europäisches Verbraucherrecht, 4. Aufl., Baden-Baden 2003;
Rödl & Partner, Handbuch Internationale Produkthaftung, Berlin 2009;
Roth, Der Einfluß des Europäischen Gemeinschaftsrechts auf das Internationale Privatrecht, RabelsZ 55 (1991), 623 ff.;
ders., Generalklauseln im Europäischen Privatrecht, in: Basedow u. a. (Hrsg.), FS für Ulrich Drobnig zum 70. Geburtstag, Tübingen1998, 135 ff.;
ders., Die Grundfreiheiten und das Internationale Privatrecht – Das Beispiel Produkthaftung –, GS für Alexander Lüderitz, München 2000, 635 ff.;
Schlechtriem/Schwenzer (Hrsg.), Kommentar zum Einheitlichen UN-Kaufrecht – CISG –, 5. Aufl., München 2008;
Schmidt-Salzer/Hollmann, Kommentar EG-Richtlinie Produkthaftung, Bd. 2: Produkthaftungsgesetze Ausland, Heidelberg 1990;
Siehr, Internationales Recht der Produkthaftung, in: Schnyder u. a. (Hrsg.), Internationales Verbraucherschutzrecht, Tübingen 1995, 111 ff.;
Steindorff, Unvollkommener Binnenmarkt, ZHR 158 (1994), 149 ff.;
Taupitz, Das internationale Produkthaftungsrecht im Zugriff der europäischen Warenverkehrsfreiheit: Abschied vom favor laesi?, ZEuP 1997, 986 ff.;
Tebbens, International Product Liability – A Study of comparative and international legal aspects of Product Liability, Den Haag 1979;
Travers, Products Liability, in: Assmann/Bungert (Hrsg.), Handbuch des US-amerikanischen Handels-, Gesellschafts- und Wirtschaftsrechts, Bd. 1, München 2001;
Wagner, Grundstrukturen des Europäischen Deliktsrechts, in: Zimmermann (Hrsg.), Grundstrukturen des Europäischen Deliktsrechts, Baden-Baden 2003, 189 ff.;
Wandt, Internationale Produkthaftung, Heidelberg 1995;
Graf von Westphalen, Produkthaftungshandbuch, Bd. 2 (Länderberichte zum Produkthaftungsrecht), 2. Aufl., München 1999;
Whittaker, S., Form and Substance in the Harmonisation of Product Liability in Europe, Judgement of the European Court of Justice of 10 January 2006, ZEuP 2007, 858 ff.;
ders., Liability for Products: English Law, French Law, and European Harmonization, Oxford 2005.

Ausgewählte Literatur einzelner Länder:

Australien:

Kellam, Die Reform der Produkthaftung in Australien, PHi 1990, 118 ff.

Belgien:

Kocks, Grundzüge des belgischen Produkthaftungs- und Gewährleistungsrechts, PHi 1990, 182 ff.;
Weber, Produkthaftung im belgischen Recht, Diss., Hannover 1998.

Bulgarien:

Mindach, Bulgarien: Verbraucherschutz und Produkthaftung, PHi 2000, 211 ff.

China:

Binding/Eisenberg, Das neue Produkthaftungsrecht der VR China, RIW 2011, 511 ff.;
dies., Produkthaftung der VR China, RIW 2010, 1 ff.;
Binding/Radjuk, Die Rangordnung der Rechtsnormen in der VR China, RIW 2009, 785 ff.;

Brüggemeier, Neues Gesetz über das Deliktsrecht der VR China, PHi 2010, 92 ff.;
Chen, Produkthaftung der Volksrepublik China und Taiwan, Diss., Frankfurt 2002;
Epstein, Tortious Liablility for Defective Products, Journal of Chinese Law 2 (1988), 286 ff.;
Etgen, Chinesisches Produkthaftungs- und Verbraucherschutzrecht, PHi 1996, 42 ff.;
Folkersma/Dahm-Loraing, China – Herausforderung oder Risiko, PHi 2010, 85 ff.;
Galvan, Neues Rückrufgesetz für die Automobil- und Zuliefererindustrie in China in Kraft, PHi 2005, 184 ff.;
Gildeggen/Willburger, Internationale Handelsgeschäfte – Das Recht des grenzüberschreitenden Handels, 3. Aufl., München 2010, 97 ff.;
Huck, Neuere Entwicklungen zum Produkthaftungsrecht und zur Produktsicherheit in China, PHi 2010, 68 ff.;
ders., Grundlagen der Produkthaftung in der Volksrepublik China, PHi 2006, 98 ff.;
Midlige/Coats, Neue Welle von Produkthaftungsklagen wegen „Chinese Drywall" in der USA, PHi 2010, 2 ff.;
Qiang Ding, Produkthaftung nach deutschem und chinesischem Recht, Diss., Münster 2004;
Riley/Chan, Product Liability in the People´s Republic of China, Honkong 1993;
Rienecker, Produkthaftung der Volksrepublik China, Norderstedt 2010;
Rödl & Partner/Bank, Handbuch Internationale Produkthaftung – Volksrepublik China, Berlin 2009, 342 ff.;
Schmitz-Bauerdick, Das neue Deliktsrecht der VR China – Konsequenzen auch für das Produkthaftungsrecht, Berlin 2010;
Starck, Die Entwicklung des Wirtschaftsrechts der Volksrepublik China, NJW 1990, 610 ff.;
Stucken, Grundzüge der Produkthaftung in China, PHi 1992, 211 ff.;
Wang, Neue Entwicklungen im IPR der VR China, IPRax 2007, 365 ff.;
Wolff, Internationales Produkthaftungsrecht in der Volksrepublik China, VersR 2004, 165 ff.;
Zheng/Trempel, Das (neue) Delikthaftungsrecht der VR China – Ein aktueller Blick auf das neue chinesische Delikthaftungsgesetz (DhGCn) und die Rechtspraxis, RIW 2010, 510 ff.

Dänemark:

Hansen, Die Umsetzung der Produkthaftpflicht-Richtlinie in dänisches Recht, PHi 1987, 10 ff.;
Sinding, Grundzüge der Produkthaftung in Dänemark, PHi 1990, 112 ff.

Frankreich:

Endrös, Produkthaftpflicht im Ausland – Frankreich, in: Kullmann/Pfister/Stöhr/Spindler, Produzentenhaftung, Ordner III, Loseblattsammlung, Berlin 2013;
ders., Produkthaftung in Frankreich: Probleme bei der Harmonisierung durch Richtlinien, Frankfurt/Main 2009;
ders., Neues aus Frankreich: Aktuelle Rechtsprechung zum Haftungsrecht, PHi 2009, 116 ff.;
ders., Neue Entwicklungen im französischen Produkthaftungsrecht, PHi 2008, 212 ff.;
ders., Neue Verschärfung des Exportrisikos in Frankreich – Vertragsverletzungen indizieren deliktisches Verschulden, PHi 2007, 140 ff.;
ders., Der Rückruf und die Rücknahme von Produkten in Frankreich, PHi 2000, 222 ff.;
ders., Das französische Produkthaftungsgesetz oder des einen Hölle ist des anderen Himmelreich, PHi 1998, 122 ff.;
Fairgrieve, The French Law of Product Liability, in: Fairgrieve (Hrsg.), Product Liability in Comparative Perspective, Cambridge 2005, 84 ff.;
Flour/Albert, Les Obligations, Bd. II – Le fait juridique, 8. Aufl. 1999, No. 293 ff.;
Gardette, Produkthaftung und Versicherung in Frankreich: Quo vadis?, PHi 1998, 110ff;
Hübner, Rechtsvergleichende Anmerkungen zur Produkthaftung in Frankreich, in: Schack (Hrsg.), GS für Alexander Lüderitz, München 2000, 319 ff.;
Lach, Asbest-Haftung in Frankreich, PHi 2012, 194 ff.;
Lem, Die Haftung für fehlerhafte Produkte nach deutschem und französischem Recht, Heidelberg 1993;
Leonhard, Das neue französische Produkthaftungsrecht, ZVglRWiss. 1999, 101 ff.;
Le Tourneau/Cadiet, Droit de la responsabilité et des contrats, 2000/2001, Rn. 7350 ff.;
Lorenz, Die Anpassung des französischen Code Civil an die Richtlinie des Rates der Europäischen Gemeinschaften zur Rechtsangleichung auf dem Gebiet der Produzentenhaftung, in: FS für Murad Ferid zum 80. Geburtstag, Frankfurt/Main 1988, 289 ff.;
Schley, Das französische Produkthaftungsrecht und die bei grenzüberschreitenden Vertragsketten im deutsch-französischen Rechtsverkehr auftretenden Probleme, Berlin 2001;
Sonnenberger, Neue Wege der Produzentenhaftung im französischen Recht, in: Baur/Hopt/Mailänder (Hrsg.), FS für Ernst Steindorff, Berlin 1990, 777 ff.;

Witz/Wolter, Die Umsetzung der EG-Produkthaftungsrichtlinie in Frankreich, RIW 1998, 832 ff.;
Whittaker, Liability for Products : English Law, French Law, and European Harmonization, Oxford 2005.
Griechenland:
Eleftheriadou, Neue Produkthaftung in Griechenland, PHi 1999, 102 ff.;
Pantelidou, Die Entwicklung der Produzentenhaftung im griechischen Recht, RIW 1990, 540 ff.;
Rokas, Die Umsetzung der Produkthaftungsrichtlinie der EG – Das Beispiel Griechenland, VersR 1989, 437 ff.
Italien:
Kandut, Zur Neuordnung der Produkthaftung in Italien, PHi 1988, 114 ff.;
Petri, Produkthaftung in Italien: ein Vergleich zum deutschen Recht, Diss., Bonn 1996.
Niederlande:
Dommering-van Rongen, Neue Entwicklungen im Produkthaftungsrecht der Niederlande, PHi 1990, 2 ff.;
Jonas, Die verschuldensunabhängige außervertragliche Haftung für Sachen im Entwurf zum Nieuw Burgerlijk Wetboek der Niederlande, München 1987;
Klinge-van Rooij/Snijder, Auf dem Weg zu einem neuen Produkthaftungsrecht, EuZW 1993, 569 ff.;
Wassenaer van Catwijck, Neuregelung der Produzentenhaftung in den Niederlanden, PHi 1988, 48 ff.
Österreich:
Bydlinsky, Produzentenhaftung für Raucherschäden nach österreichischem Recht, ÖJZ 1997, 378;
Fitz/Purtscheller/Reindl, Produkthaftung, Wien 1988;
Kullmann, Zwölf Jahre österreichisches Produkthaftungsgesetz, PHi 2001, 46 ff.;
Kraft, Das neue Produkthaftungsgesetz und seine Auswirkungen auf den deutschen Hersteller, PHi 1988, 54 ff.;
Posch, … und so zahlreiche in Österreich?, ZEuS 2002, 55 ff.;
ders., Zwei Jahre Österreichisches Produkthaftungsgesetz, PHi 1990, 134 ff.;
ders., Zur Regierungsvorlage eines österreichischen Produkthaftungsgesetzes, PHi 1987, 194 ff.;
Rossmanith, Technische Sicherheit und Produkthaftung, Wien 1987;
Wandt, Das Internationale Produkthaftungsrecht Österreichs und der Schweiz, PHi 1989, 2 ff.;
Welser/Rabl, Produkthaftungsgesetz, 2. Aufl., Wien 2004.
Rumänien:
Teves, Produkthaftung in Rumänien, PHi 2003, 28 ff.
Russland:
Burian, Produkthaftung in der Russischen Föderation, PHi 2001, 60 ff.;
Mosgo, Die Reform des Produkthaftungsrechtes in Russland, PHi 1997, 183 ff.
Schweiz:
Arnstutz u. a. (Hrsg.), Handkommentar zum Schweizer Privatrecht, 2. Aufl., Zürich 2012;
Fellmann, Das neue Bundesgesetz über die Produkthaftpflicht in der Schweiz, PHi 1993, 184 ff.;
Hess, Kommentar zum Produktehaftpflichtgesetz, 2. Aufl., Bern 1996;
Honsell, Schweizerisches Haftpflichtrecht, 4. Aufl., Zürich 2005;
ders., Produkthaftung in der Schweiz, PHi 1996, 154 ff.;
Oesch, Die Freizeichnung im schweizerischen vertraglichen Schadenersatzrecht und ihre Schranken, Diss., Basel 1978;
Walter, Produktehaftung nach schweizerischem Recht, in: Medicus/Mertens/Nörr/Zöllner (Hrsg.), FS für Hermann Lange zum 70. Geburtstag, Stuttgart 1992, 749 ff.
Skandinavien:
Bloth, Aktuelle Entwicklungen der Produkthaftung in Schweden und Dänemark, PHi 2002, 32 ff.;
ders., Produkthaftung in Schweden, Norwegen und Dänemark, Heidelberg 1993;
ders., Verschuldensunabhängige Produkthaftung in Norwegen, RIW 1993, 887 ff.;
Dufwa, Schweden, Norwegen, Finnland und die EG-Richtlinie, Teil 1, PHi 1988, 106 ff.;
ders., Schweden, Norwegen, Finnland und die EG-Richtlinie, Teil 2, Phi 1988, 140 ff.;
Paanila, Das finnische Produkthaftungsgesetz, RIW 1991, 560 ff.
Slowakei:
Andorá, Produkthaftung in der Slowakei, PHi 2002, 206 ff.;

Slowenien:
Rudolf, Produkthaftung in Slowenien, PHi 1998, 206 ff.
Spanien:
Brüggemann, Die Produkthaftung im spanischen Recht, Berg. Gladbach 1988;
Buján, Die Reform des spanischen Produkthaftungsrechts, VersRAI 1993, 62 ff.;
Gil, Das neue spanische Produkthaftungsgesetz, PHi 1993, 149 ff.
Tschechische Republik:
Molitoris/Weigl, Produkthaftung in der Tschechischen Republik, PHi 1999, 22 ff.
USA:
Agneshwar/Sharpe, Twombly und Iqbal zeigen auch in Produkthaftungsfällen Schlagkraft, PHi 2012, 230 ff.;
Baumbach, Anerkennung und Vollstreckung von punitive damages-Entscheidungen amerikanischer Zivilgerichte vor dem Hintergrund des Verfahrens BMW ./.Gore, RIW 1977, 727 ff.;
Baumbach/Henkel, Systematik des us-amerikanischen Produkthaftungsrechts, PHi 1999, 144 ff.;
Bergkamp/Hunter, Product Liability Litigation in the US and Europe. Diverging Procedure and Damage Awards, Maastricht Journal of European and comparative Law 1996, 399 ff.;
Blumenwitz/Fedtke, Einführung in das anglo-amerikanische Recht, 8. Aufl., München 2013;
Brock/Statmann/Taber-Kewene, Preemption und Medizinprodukte in den USA, PHi 2011, 61 ff.;
Buchner, Die Grenzen zulässiger Strafschadensersatzurteile nach der neuesten Rechtsprechung des US Supreme Court, VersR 2003, 1203 ff.;
Cordewener, Strafschadenersatz („Punitive Damages") im US-amerikanischen Law of Torts, JA 1998, 168 ff.;
Coughlin/Midlige/Moitarty, Die US-amerikanische Prozesslandschaft: Aktuelle haftungsrechtliche Klagen und Verfahren, Teil 1, PHi 2011, 162 ff.;
dies., Die US-amerikanische Prozesslandschaft: Aktuelle haftungsrechtliche Klagen und Verfahren, Teil 2, PHi 2011, 195 ff.;
Dahm-Loraing/Folkersma, US-Exportrisiken für europäische Unternehmen, PHi 2011, 234 ff.;
Deutsch, Zum gegenwärtigen Stand der Produzentenhaftung in den USA, PHi 2005, 190 ff.;
ders., Auslandsrecht USA – „Alternative liability" theory, VersR 1982, 712;
Dobbs, The Law of Torts, 2009;
Epstein, Torts, § 16, Gaithersburg 1999;
Göthel, Verfassungsmäßigkeit von punitive damages: Der U. S. Supreme Court spricht ein Machtwort, RIW 2003, 610 ff.;
Harris, An Introduction to Law, 7. Aufl., Cambridge 2007;
Haston/Phelps/Spainhour, Multidistrict Litigation – ebenso wirksam wie Class Action? PHi 2013, 129 ff.;
Hay, US-Amerikanisches Recht, München 2011;
Henderson u. a., The Torts Process, New York 2007, 125 ff.;
Junker, Discovery im deutsch-amerikanischen Rechtsverkehr, RIW 1987, 1 ff.;
Kane Russell Coleman & Logan PC, Products Liability: Protection for the „Innocent" Seller in Texas, The National Law Review, 2010 (retrieved 2012);
Kindler, Produkthaftung und Produktsicherheit im US-amerikanischen Recht: die Entwicklung der Strict Liability in Tort, der Rückruf fehlerhafter Produkte, Reformvorschläge, Diss., Bremen 1998;
Kingdollar/Pollack, US-Notizen: Bundesregierung und Gerichte geben Orientierungshilfe für den Umgang mit Chinese Drywalls, PHi 2010, 90 ff.;
Knapp, Die US-amerikanische Produkthaftung in der Praxis der deutschen Automobilindustrie, Frankfurt/Main 1998;
Kort, „Stand der Wissenschaft und Technik" im neuen deutschen und „state of the art" im amerikanischen Produkthaftungsrecht, VersR 1989, 1113 ff.;
Klode, Punitive Damages – Ein aktueller Beitrag zum US-amerikanischen Strafschadenersatz, NJOZ 2009, 1762 ff.;
Lenz, Instruktionshaftung und Tabakprozesse, StoffR 2004, 13 ff.;
Meier, USA: Tread-Act – Ein neues Schreckensszenario, VW 2004, 6 ff.;
Midlige/Clements, U. S. Supreme Court erweitert die Zulässigkeit von Class Actions vor Bundesgerichten, PHi 2011, 30 ff.;
Midlige/Coats, Neue Welle von Produkthaftungsklagen wegen „Chinese Drywall" in der USA, PHi 2010, 2 ff.;

Midlige/Waters, Die US-amerikanische Prozesslandschaft: Neue Entwicklungen in US Class Action-Verfahren, PHi 2012, 224 ff.;
Molitoris, Tabakprozesse in den USA, Deutschland und anderen europäischen Ländern; NJW 2004, 3662 ff.;
Owen, Products Liability, 2. Aufl., St. Paul 2008;
Reif/Kapteina, Versicherbarkeit von punitive damages, PHi 2000, 193 ff.;
Reimann, Beyond Fishing – Weitreichende Neuerungen im amerikanischen Discovery-Verfahren, IPRax 1994, 152 ff.;
Reinhard, Philip Morris ./. Williams – eine neue Leitentscheidung des US-Supreme Court zu den punitive damages im US-amerikanischen Recht, IPRax 2008, 49 ff.;
Robyn, State Farm v. Campbell: Neue Richtlinien für die Verhängung von Punitive Damages, PHi 2003, 131 ff.;
Schack, Einführung in das US-amerikanische Zivilprozessrecht, München 2003;
Schwarze, „Das Ende des Schreckens?" – Beschränkung der punitive damages durch den US-Supreme Court, NZG 2003, 804 ff.;
Shapo, Basic Principles of Tort Law, 3. Aufl., 2010;
Stapleton, Bugs in Anglo-American Products Liability, Cambridge 2002;
Thomas/Wilske, Die Exxon-Valdez-Entscheidung des US Supreme Court und deren Bedeutung für die künftige Höhe von punitive damages, RIW 2008, 668 ff.;
Welker/Wilske, Keine Entwarnung bei Punitive Damages, RIW 2004, 439 ff.;
Wenglorz/Ryan, Die Katze in der Mikrowelle?, RIW 2003, 598 ff.;
Wheeler, California Supreme Court beschränkt Asbest-Haftung für Armaturen- und Pumpenhersteller, PHi 2012, 109 ff.;
Zekoll, Umkehr im US-amerikanischen Produkthaftpflichtrecht und internationaler Schadensersatzprozess, IPRax 1997, 198 ff.

Vereinigtes Königreich:
Henrich/Huber, Einführung in das englische Privatrecht, 3. Aufl., Frankfurt/Main 2003;
Jones/Dugdale, Clerk & Lindsell on Torts, Kapitel 11, 20. Aufl., London 2010;
Merkin, A Guide to the Consumer Protection Act, London 1987;
Miller/Goldberg, Product Liability, 2. Aufl., Oxford 2004;
Miller, Product Liability and Safety Encyclopaedia, Loseblattsammlung, 1979 ff.;
Smith-Hamill, Neuregelung der Produkthaftpflicht im Vereinigten Königreich: Der Consumer Protection Act 1987, PHi 1988, 82 ff.;
Stapleton, Product Liability, London 1994;
Whittaker, Liability for Products: English Law, French Law, and European Harmonization, Oxford 2005.

Zypern:
Papaefstathiou, Zypern – Haftung für fehlerhafte Produkte, PHi 2001, 142 ff.

III. Literatur zur Produktsicherheitsrichtlinie und zum alten GSG und zum Geräte- und Produktsicherheitsgesetz (GPSG) vom 1.5.2004 und zum ProdSG 2011

Akkermann, Die Harmonisierung von öffentlichen Warnungen, Regensburg 1998;
Barth/Gaertner, Das Produktsicherheitsgesetz, ZfAW 1999, 68 ff.;
Breulmann, Normung und Rechtsangleichung in der Europäischen Wirtschaftsgemeinschaft, Berlin 1993;
Brock/Hannes, Bedeutung des neuen Geräte- und Produktsicherheitsgesetzes für Arzneimittel und Medizinprodukte, PharmaR 2004, 218 ff.;
Broichmann, Das Produktsicherheitsgesetz als Vorgabe für die Produkt- und Produzentenhaftung, München 2001;
Deckenbrock/Dötsch, Das neue Geräte- und Produktsicherheitsgesetz: Entschädigungsansprüche des In-Anspruch-Genommenen analog § 8 Absatz 5 Satz 4 GPSG?, StoffR 2004, 232 ff.;
Doll/Geiß, Die neuen Pflichten für Verbraucherprodukte nach § 5 des Geräte- und Produktsicherheitsgesetzes, PHi 2005, 145 ff.;
Eckstein/Krämer, EG-Maschinenrichtlinie Gerätesicherheitsgesetz, 2. Aufl., Frankfurt/Main 1993;
Eidam, Die Straf- und Bußgeldbestimmungen des neuen Geräte- und Produktsicherheitsgesetzes, NJW 2005, 1021 ff.;
Finke, Die Auswirkungen der europäischen technischen Normen und des Sicherheitsrechts auf das nationale Haftungsrecht, München 2001;

Foerste, Zur Rückrufpflicht nach § 823 BGB und § 9 ProdSG – Wunsch und Wirklichkeit, DB 1999, 2199 ff.;
Fluck/Sechting, Öffentlich-rechtliches Verbraucherschutz- und Produktsicherheitsrecht, DVBl. 2004, 1392 ff.;
Gausepohl, Freier Warenverkehr für fehlerhafte Produkte?, Frankfurt – Berlin 2000;
Geiß/Doll, Geräte- und Produktsicherheitsgesetz, Stuttgart 2005;
dies., GPSG – 100 Fragen und Antworten, Köln 2006;
Haager, Das neue Produktsicherheitsgesetz, WiB 1997, 1176 ff.;
Hagena/Freemann/Volz, Die behördliche Meldung unsicherer Verbraucherprodukte nach dem neuen Geräte- und Produktsicherheitsgesetz und ihre europäische Dimension, PHi 2006, 10 ff.;
Hammerl, Produktsicherheit: Der Standort des Lebensmittelrechts, ZLR 1998, 299 ff.;
ders., Das Produktsicherheitsgesetz im Bereich des Lebensmittelrechts, ZLR 1997, 611 ff.;
Haussühl, Die Produktwarnung im System des Öffentlichen Rechts, Neuried 1998;
Heinz/Seltenreich, Vermeidung der Inländerdiskriminierung durch richtlinienkonforme Auslegung nationalen Rechts – Zugleich ein Beitrag zur europarechtskonformen Auslegung von §§ 13 ff. AGLMBG Bad.-Württ. im Lichte der Richtlinie 92/59/EWG v. 29.6.1992 und des Produktsicherheitsgesetzes, ZLR 1998, 611 ff.;
Helmig, Marktbeobachtungspflicht für Hersteller und Händler unter dem GPSG – Bedeutung und Folgen für die Praxis, PHi 2005, 140 ff.;
ders., Das neue Recht der Produktsicherheit in der Praxis – Darstellung am Beispiel von Ersatzteilen für Kraftfahrzeuge, PHi 2004, 92 ff.;
Heuer, Produkthaftung und Produktsicherheit, Schulungsunterlagen, Loseblatt, Kissing 2006;
Heuer/Reusch, Das neue Produktsicherheitsgesetz, Köln 2012;
Hoeren/Ernstschneider, Das neue Geräte- und Produktsicherheitsgesetz und seine Anwendung auf die IT-Branche, MMR 2004, 507 ff.;
Höpke, Die allgemeine Produktsicherheitsrichtlinie der EG und das Verhältnis ihres Sicherheitsstandards zum deutschen Produkthaftungsrecht, Osnabrück 1995;
Holliger-Hagmann, Produktrisiken im Griff, Renningen 2003;
Hüning/Kirchberg/Schulze, Die neue EG-Maschinenrichtlinie, Berlin 2006;
Hüning/Reudenbach, Sichere Maschinen in Europa Teil 1 – Rechtsgrundlagen, 10. Aufl., Bochum 2010;
Janssen, Produktbezogener Umweltschutz und technische Normen, Köln 1997;
Jeiter/Klindt, Gerätesicherheitsgesetz, 3. Aufl., München 2003;
Jeromin/Klindt (Hrsg.), Marktüberwachung & Produktsicherheit – Rechtsfragen im europäischen Binnenmarkt, München 2000;
Kapoor/Klindt, Das neue deutsche Produktsicherheitsgesetz, NVwZ 2012, 719 ff.;
dies., Die Reform des Akkreditierungswesens im Europäischen Produktsicherheitsrecht, EuZW 2009, 134 ff.;
dies., „New Legislative Framework" im EU-Produktsicherheitsrecht – Neue Marktüberwachung in Europa?, EuZW 2008, 649 ff.;
Keßler, Produktsicherheit im europäischen Binnenmarkt – Abstimmungskonflikte und Kollisionsprobleme im deutschen und europäischen Verbraucherrecht, EuZW 1993, 751 ff.;
Klindt, Auf dem Weg zum neuen deutschen Produktsicherheitsgesetz (ProdSG), PHi 2011, 42 ff.;
ders., Der Vollzug des europäischen Produktsicherheitsrechts in Deutschland, NVwZ 2008, 1073 ff.;
ders., Geräte- und Produktsicherheitsgesetz: GPSG Kommentar, München 2007;
ders., Das Recht der Produktsicherheit: Ein Überblick, VersR 2004, 296 ff.;
ders., Das neue Geräte- und Produktsicherheitsgesetz, NJW 2004, 465 ff.;
ders., Die Vorschiften der EG-Richtlinie 89/686/EWG über Persönliche Schutzausrüstungen (PSA) und ihre Auswirkungen auf Sport-Schutzausrüstungen, NVwZ 2004, 66 ff.;
ders., Der *new approach* im Produktrecht des europäischen Binnenmarkts: Vermutungswirkung technischer Normung, EuZW 2002, 133 ff.;
ders., Öffentlich-rechtliche Verträge zwischen Unternehmen und Behörden als Instrument der Marktüberwachung, NVwZ 2003, 307 ff.;
ders., Die neue EG-Produktsicherheitsrichtlinie 2001/95/EG, PHi 2002, 2 ff.;
ders., Behördliche Marktüberwachung im technischen Verbraucherschutzrecht, ThürVBl. 2002, 7 ff.;
ders., Die CE-Kennzeichnung als umweltbezogene Produktaussage – Ökologisierung des technischen Sicherheitsrechts?, ZUR 2001, 321 ff.;

ders., Der private Eigenimport unsicherer Geräte via Internet aus geräte- und produktsicherheitsrechtlicher Sicht, MMR 2001, 275 ff.;
ders., Öffentlich-rechtliches Warenvertriebsrecht im EG-Binnenmarkt am Beispiel des Maschinenhandels, IHR 2001, 103 ff.;
ders., Schutz vor Markenpiraterie – auch ein Thema der EG-Binnenmarktrichtlinien?, GRUR 2000, 973 ff.;
ders., Verbraucherschutz durch Integration sicherheitsrechtlicher Anforderungen in die Gerätekonstruktion, VuR 2001, 394 ff.;
ders., Der Vorschlag der EG-Kommission für eine Änderung der Richtlinie 92/59/EWG über die allgemeine Produktsicherheit, ZRP 2000, 419 ff.;
ders., Herstellererklärung, EG-Konformitätserklärung und CE-Kennzeichnung nach der EG-Maschinen-Richtlinie 98/37/EG, EWS 2000, 298 ff.;
ders., Der geschäftsmäßige Handel mit „Kampfhunden" als Inverkehrbringen gefährlicher Produkte i. S. des Produktsicherheitsgesetzes, NJW 2000, 2563 ff.;
ders., Das novellierte Gesetz über die elektromagnetische Verträglichkeit von Geräten (EMVG), NJW 1999, 175 ff.;
ders., 30 Jahre Gerätesicherheitsgesetz – Schieflage in der Praxis, NVwZ 1999, 1177 ff.;
ders., Herstellerpflichten zur Lärminformation in der MaschinenVO (9. GSGV) und der MaschineninformationsVO (3. GSGV), GewArch 1999, 231 ff.;
ders., „Spielzeugleuchten" an der Schnittstelle zwischen Niederspannungs-Richtlinie, Spielzeug-Richtlinie und technischer Normung, EuZW 1998, 426 ff.;
Klindt/Ostermann, Der Umbau von Maschinen und Maschinenanlagen im Spiegel des Gerätesicherheitsrechts, NZA 2001, 237 ff.;
Klindt/Popp/Rösler, Rückrufmanagement, Berlin 2006;
Klindt/Schucht, Internationales, europäisches und nationales Technikrecht, in: Ehlers/Fehling/Pünder, Besonderes Verwaltungsrecht, Bd. 1, 3. Aufl., Heidelberg 2012, § 36;
Klindt/Swoboda, Produktsicherheit als Teil der juristischen Due Diligence beim Unternehmenskauf, DB 2005, 1203 ff.;
Krause, Deckung von Rückrufkosten und Unternehmerrisiko, NVersZ 1999, 153 ff.;
Krey/Kapoor, Praxisleitfaden Produktsicherheitsrecht, München 2009;
Kullmann, Das künftige Produktsicherheitsgesetz, ZRP 1996, 436 ff.;
Laschet, Auswirkungen des Geräte- und Produktsicherheitsgesetzes (GPSG) auf die Gestaltung von Qualitätssicherungsvereinbarungen, StoffR 2004, 271 ff.;
Lehnecke/Klindt, Persönliche Schutzausrüstungen im Sport- und Freizeitbereich, Berlin 2005;
Lenz, Die Schutzgesetze des Produktsicherheitsgesetzes, in: Kullmann/Pfister/Stöhr/Spindler, Produzentenhaftung, Loseblattsammlung Berlin 2013, Kza 2440;
ders., Das neue ProdSG und seine Auswirkungen auf die Produkthaftung, in: Gedächtnisschrift für Ulrich Hübner, Heidelberg 2012, 531 ff.;
ders., Das neue Geräte- und Produktsicherheitsgesetz, StoffR 2004, 116 ff.;
ders., Editorial zum Thema „GPSG", StoffR 2004, 201 ff.;
Lenz/Laschet, Leitfaden zum Geräte- und Produktsicherheitsgesetz 2004, Berlin 2004;
Littbarski, Das neue Geräte- und Produktsicherheitsgesetz: Grundzüge und Auswirkungen auf die Haftungslandschaft, VersR 2005, 448 ff.;
Medwed/Perz (Hrsg.), Produktsicherheit: öffentliche Aufgabe und Unternehmensphilosophie, Wien 2001;
Meier, Gilt die Produktsicherheitsrichtlinie 92/59/EWG für Lebensmittel oder ist sie nur eine Mindeststandard-Regelung?, ZLR 1996, 623ff;
Micklitz, Internationales Produktsicherheitsrecht, Baden-Baden 1995;
ders., Die Richtlinie über die allgemeine Produktsicherheit vom 29.6.1992, VuR 1992, 261 ff.;
ders., Technische Normen, Produzentenhaftung und EWG-Vertrag, NJW 1983, 483 ff.;
Moelle, Zur Umsetzung der Hersteller- und Kennzeichnungspflichten nach der neuen Produktsicherheitsrichtlinie in Deutschland und in anderen EU-Mitgliedstaaten, StoffR 2004, 176 ff.;
ders., Amtshaftung der EU-Kommission wegen Meldungen über Produktgefahren im EU-Schnellwarnsystem?, StoffR 2004, 237 ff.;
Moelle/Mecklenbrauck, Verschärfung und Neuordnung des Produktsicherheitsrechts, PHi 2003, 210 ff.;
Moritz, Das Geräte- und Produktsicherheitsgesetz (GPSG), Berlin – Offenbach 2004;
Müller-Graif (Hrsg.), Technische Regeln im Binnenmarkt, Baden-Baden 1991;
Nettelbeck, Produktsicherheit Produkthaftung, Berlin 1995;

Nickel/Ganz, Produktsicherheitsschäden in der Betriebshaftpflichtversicherung, VersR 1999, 151 ff.;
Nickel/Kaufmann, Produktsicherheit und Produzentenhaftung – Das Produktsicherheitsgesetz 1997 im System des öffentlichen Rechts, des Haftungs- und Versicherungsrechts, VersR 1998, 946 ff.;
Nicolas/Repussard (Europäische Kommission), Gemeinsame Normen für die Unternehmen, Luxemburg 1994;
Peine, Gerätesicherheitsrecht, in: Schulte/Schröder, Handbuch des Technikrechts, 2. Aufl., Wiesbaden 2011, 405 ff.;
ders., Gesetz über technische Arbeitsmittel (Gerätesicherheitsgesetz), 3. Aufl., Köln 2002;
Polly/Lach, Das neue Produktsicherheitsgesetz – Empfehlungen an Wirtschaftsakteure zur Compliance in der Produktsicherheit, CCZ 2012, 59 ff.;
dies., Das neue Produktsicherheitsgesetz – Was Wirtschaftsakteure beachten sollten, BB 2012, 71 ff.;
dies., Das neue Produktsicherheitsgesetz – Behörden ohne Ermessen bei der Anordnung von Rückrufen?, PHi 2011, 170 ff.;
dies., Das neue Produktsicherheitsgesetz – Was ist neu?, PHi 2011, 220 ff.;
Potinecke, Das Geräte- und Produktsicherheitsgesetz, DB 2004, 55 ff.;
Röhl, Akkreditierung und Zertifizierung im Produktsicherheitsrecht, Berlin 2000;
Runte/Potinecke, Software und GPSG, CR 2004, 725 ff.;
Scheel, Privater Sachverstand im Verwaltungsvollzug des europäischen Rechts, Berlin 1999;
Scheibach, Die Umsetzung des neuen Geräte- und Produktsicherheitsgesetzes in der Automobilindustrie, DAR 2006, 190 ff.;
Schieble, Produktsicherheitsgesetz und europäisches Gemeinschaftsrecht, Baden-Baden 2002;
Schucht, Die Eingriffsbefugnisse der Marktüberwachungsbehörden nach dem ProdSG: Änderungen, Streitfragen und Lösungen, StoffR 2012, 115 ff.;
Schulte (Hrsg.), Handbuch des Technikrechts, Berlin – Heidelberg 2003;
Tremml/Luber, Amtshaftungsansprüche wegen rechtswidriger Produktinformationen, NJW 2005, 1745 ff.;
Tremml/Nolte, Amtshaftung wegen behördlicher Warnungen nach dem Produktsicherheitsgesetz, NJW 1997, 2265 ff.;
Vieweg/Schrenk, Produktrückruf als Instrument präventiven Verbraucherschutzes – Bisherige Rechtslage und Änderungen nach Inkrafttreten des Produktsicherheitsgesetzes, JURA 1997, 561 ff.;
Vogel, Das neue Produktsicherheitsgesetz, PHi 1997, 158 ff.;
Wagner, G., Das neue Produktsicherheitsgesetz: Öffentlich-rechtliche Produktverantwortung und zivilrechtliche Folgen, Teil 1, BB 1997, 2489 ff.;
ders., Das neue Produktsicherheitsgesetz: Öffentlich-rechtliche Produktverantwortung und zivilrechtliche Folgen, Teil 2, BB 1997, 2541 ff.;
Wank, Kommentar zum technischen Arbeitsschutz, München 1999;
Weller, Reichweite einer Untersagungsverfügung nach § 8 Abs. 4 GPSG, GewArch 2005, 107 ff.;
Graf von Westphalen, Warn- und Rückrufaktionen bei nicht sicheren Produkten: §§ 8, 9 ProdSG als Schutzgesetz i. S. v. § 823 Abs. 2 BGB – Rechtliche und versicherungsrechtliche Konsequenzen, DB 1999, 1369 ff.;
Wilrich, Das neue Produktsicherheitsgesetz (ProdSG): Leitfaden für Hersteller, Importeure und Händler, Berlin 2012;
ders., Geräte- und Produktsicherheitsgesetz, Berlin – Heidelberg 2004;
Zscherpe/Lutz, Geräte- und Produktsicherheitsgesetz: Anwendbarkeit auf Hard- und Software, K&R 2005, 499 ff.;
Zubke-von Thünen, Technische Normung in Europa, Berlin 1999.

IV. Literatur zur strafrechtlichen Produktverantwortung

Berger, Kaufrechtliche Mängelrechte und Kunsthandel, Kunstrecht und Urheberrecht, KuR 2003, 137 ff.;
Bode, Zur strafrechtlichen Produkthaftung, in: Geiß u. a. (Hrsg.), FS aus Anlass des fünfzigjährigen Bestehens des BGH, Bundesanwaltschaft und Rechtsanwaltschaft am BGH, Köln 2000, 515 ff.;
Böhm/Schulze/Kleinschmit/Spiller, Wer darf Lebensmittelkrisen managen? Einfluss der Medienberichterstattung auf die Wege aus den Gammelfleischskandalen, in: Böhm/Albersmeier/

Spiller (Hrsg.), Die Ernährungswissenschaft im Scheinwerferlicht der Öffentlichkeit, Bd. 4 der Reihe Agrarökonomie, Lohmar – Köln 2009, 273 ff.;
Böse, Die gesellschaftsrechtlichen Regeln über die Geschäftsführung als Grenze von Garantenpflichten am Beispiel der strafrechtlichen Produkthaftung, wistra 2005, 41 ff.;
ders., Die Garantenstellung des Betriebsbeauftragten, NStZ 2003, 636 ff.;
Brammsen, Kausalitäts- und Täterschaftsfragen bei Produktfehlern, JURA 1991, 533 ff.;
Dannecker, Zur Notwendigkeit der Einführung kriminalrechtlicher Sanktionen gegen Verbände, GA 2001, 110 ff.;
Deutscher/Körner, Die strafrechtliche Produktverantwortung von Mitgliedern kollegialer Geschäftsleitungsorgane (Teil 1), wistra 1996, 292 ff.;
Eichinger, Die strafrechtliche Produkthaftung im deutschen im Vergleich zum anglo-amerikanischen Recht, Bern 1997;
Eidam, Unternehmen und Strafe: Vorsorge und Krisenmanagement, 3. Aufl., München 2008;
ders., Industrie-Straf-Rechtsschutzversicherung, Köln 1994;
Endrös, Die strafrechtliche Produkthaftung des Unternehmers in Frankreich, PHi 2002, 82 ff.;
Fleischer, Zur Verantwortlichkeit einzelner Vorstandsmitglieder bei Kollegialentscheidungen im Aktienrecht, BB 2004, 2645 ff.;
Hamm, Der strafprozessuale Beweis der Kausalität und seine revisionsrechtliche Überprüfung, StV 1997, 159 ff.;
Hassemer, Produktverantwortung im modernen Strafrecht, 2. Aufl., Heidelberg 1996;
Hillmer, Dioxin – Das lange Leiden, Hamburger Abendblatt vom 14.12.2004;
Hirte, Zur Erdal-Rex bzw. Lederspray-Entscheidung, JZ 1992, 253 ff.;
Holtermann, Neue Lösungsansätze zur strafrechtlichen Produkthaftung, Baden-Baden 2007;
Horn, Strafrechtliche Haftung für die Produktion von und den Handel mit vergifteten Gegenständen, NJW 1986, 156 ff.;
Jacobs, Strafrechtliche Haftung durch Mitwirkung an Abstimmungen, in: FS für Koichi Mijazawa, Baden-Baden 1995, 419 ff.;
Jähnke, Strafrechtliche Produkthaftung, JURA 2010, 582 ff.;
Jescheck/Weigend, Lehrbuch des Strafrechts: Allgemeiner Teil, 5. Aufl., Berlin 1996;
Jescheck, Die Strafgewalt übernationaler Gemeinschaften, ZStW 65 (1953), 496 ff.;
Jungbecker, Strafrechtliche Verantwortung des Herstellers, in: Arbeitsgemeinschaft Rechtsanwälte im Medizinrecht e. V. (Hrsg.), Arzneimittel und Medizinprodukte – Neue Risiken für Arzt, Hersteller und Versicherer, Berlin 1997, 159 ff.;
Kassebohm/Malorny, Die strafrechtliche Verantwortung des Managements, BB 1994, 1361 ff.;
Kirchner, Die Unterlassungshaftung bei rechtmäßigem Vorverhalten im Umweltstrafrecht – Zugleich ein Plädoyer für eine Einschränkung der Garantenpflicht bei vorsätzlichem Dazwischentreten Dritter, (Osnabrücker Abhandlungen zum gesamten Wirtschaftsrecht 1), Göttingen 2003;
Kühlwetter, Der Prozess zum Unfall in Eschede, Eisenbahn-Revue International 2003, 13 ff.;
Kühne, Strafrechtliche Produkthaftung in Deutschland, NJW 1997, 1951 ff.;
Kuhlen, in: Achenbach/Ransiek (Hrsg.), Handbuch des Wirtschaftsstrafrechts, 3. Aufl., Heidelberg 2011;
ders., Strafrechtliche Haftung von Führungskräften, in: Maschmann (Hrsg.), Corporate Compliance und Arbeitsrecht, Baden-Baden 2009, 11 ff.;
ders., Strafrechtliche Produkthaftung, in: Hans Ackenbach, Beraterhandbuch zum Steuer- und Wirtschaftsrecht, 2. Aufl., Heidelberg 2008, 41 ff.;
ders., Die Pflicht zum Rückruf in der strafrechtlichen Produkthaftung, in: Arnold, Burkhardt u. a. (Hrsg.), Menschengerechtes Strafrecht – FS für Albin Eser zum 70. Geburtstag, München 2005, 359 ff.;
ders., Strafrechtliche Produkthaftung, in: Roxin/Widmaier (Hrsg.), 50 Jahre Bundesgerichtshof, Bd. IV: Strafrecht, München 2000, 647 ff. (zitiert: Kuhlen, FG BGH IV);
ders., Produkthaftung im internationalen Kaufrecht: Entstehungsgeschichte, Anwendungsbereich und Sperrwirkung des Art. 5 des Wiener UN-Kaufrechts (CISG), Augsburg 1997;
ders., Grundfragen der strafrechtlichen Produkthaftung, JZ 1994, 1142 ff.;
ders., Strafhaftung bei unterlassenem Rückruf gesundheitsgefährdender Produkte, NStZ 1990, 566 ff.;
Lackner/Kühl, Strafgesetzbuch : StGB, Kommentar, 27. Aufl., München 2011;
Lampe, Systemunrecht und Unrechtssysteme, ZStW 106 (1994), 734 ff.;
Löwe, 21. Deutscher Verkehrsgerichtstag, 1983, 239 ff.;
Lipperheide, Arbeitnehmerhaftung zwischen Fortschritt und Rückschritt, BB 1993, 720 ff.;

Mayer, Strafrechtliche Produktverantwortung bei Arzneimittelschäden – Ein Beitrag zur Abgrenzung der Verantwortungsbereiche im Arzneiwesen aus strafrechtlicher Sicht, Heidelberg 2007;
Meier, Verbraucherschutz durch Strafrecht?, NJW 1992, 3193 ff.;
Molitoris, Tabakprozesse in den USA, Deutschland und anderen europäischen Ländern, NJW 2004, 3662 ff.;
Müller-Gugenberger/Bieneck, Wirtschaftsstrafrecht, 5. Aufl., Köln 2011;
Niehaus, Blankettnormen und Bestimmtheitsgebot vor dem Hintergrund zunehmender europäischer Rechtsetzung, wistra 2004, 206 ff.;
Otto, Die strafrechtliche Verantwortung für die Verletzung von Sicherungspflichten im Unternehmen, in: Hoyer u. a. (Hrsg.), FS für Friedrich-Christian Schroeder, Heidelberg 2006, 339 ff.;
ders., Die strafrechtliche Haftung für die Auslieferung gefährlicher Produkte, in: Weigend/Küpper (Hrsg.), FS für Hans Joachim Hirsch, Berlin 1999, 291 ff.;
ders., Grundsätze der strafrechtlichen Produkthaftung nach dem Holzschutzmittel-Urteil, WiB 1995, 929 ff.;
Piltz, Zur strafrechtlichen Verantwortung von Krankenanstalten nach dem neuen Unternehmensstrafrecht, RdM 2006, 102 ff.;
Puppe, Anmerkung zu BGH, JR 1992, 30 ff.;
Putz, Strafrechtliche Produktverantwortlichkeit, insbesondere bei Arzneimitteln, Frankfurt/Main 2004;
Rönnau, Die Strafbarkeit des Unternehmers gemäß § 266a StGB in der Krise des Unternehmens, wistra 1994, 203 ff.;
Roxin, Strafrecht, Allgemeiner Teil, Bd. I: Grundlagen, 4. Aufl., München 2006;
Samson, Probleme strafrechtlicher Produkthaftung, StV 1991, 182 ff.;
Schaumann-Werder, Strafrechtliche Produkthaftung im europäischen Binnenmarkt, Köln 2008;
Schmidt-Salzer, Strafrecht, Bd. I, 2. Aufl., Heidelberg 1988;
Schmidt-Salzer, Produkt- und Umweltverantwortung von Unternehmensmitarbeitern; PHi 1990, 234 ff.;
Schönke/Schröder, Strafgesetzbuch (StGB), 28. Aufl., München 2010;
Schulz, E., Strenge Voraussetzungen, enge Grenzen – Nicht jeder Verstoß führt zum Rückruf eines Lebensmittels, StoffR 2010, 127 ff.;
Schulz, L., Kausalität und strafrechtliche Produkthaftung. Materiell- und prozeßrechtliche Aspekte; in: Lübbe (Hrsg.), Kausalität und Zurechnung: Über Verantwortung in komplexen kulturellen Prozessen, Berlin 1994, 41 ff.;
Schwartz, Strafrechtliche Produkthaftung, Diss., Frankfurt 1999;
Spitz, Strafrechtliche Produkthaftung, Basel, 2001;
Stübinger, Zurechnungsprobleme beim Zusammenwirken mehrerer fahrlässiger Taten. Am Beispiel der Entscheidung des BGH zum Einsturz der Eissporthalle Bad Reichenhall, ZIS-online 2011, 602 ff.;
Tiedemann, Körperverletzung und strafrechtliche Produktverantwortung – Bemerkungen zum Fall „Degussa", in: Weigend/Küpper, FS für Hans Joachim Hirsch, Berlin 1999, 765 ff.;
Tsambikakis/Flore (Hrsg.), Steuerstrafrecht Kommentar, Köln 2012;
Volk, Kausalität im Strafrecht, NStZ 1996, 105 ff.;
Waltermann, Besonderheiten der Haftung im Arbeitsverhältnis, JuS 2009, 193 ff.;
Weber, Konzeption und Grundsätze des Wirtschaftsstrafrechts (einschließlich Verbraucherschutz), Dogmatischer Teil II, ZStW 96 (1984), 376 ff.;
Wessels/Beulke, Strafrecht Allgemeiner Teil, 41. Aufl., Heidelberg 2011;
Wessing, Strafrechtliche Produkthaftung, in: Volk (Hrsg.), Münchener Anwaltshandbuch Verteidigung in Wirtschafts- und Steuerstrafsachen, München 2006;
ders., Die Strafrechtliche Produkthaftung als operatives Risiko, Der Syndikus 2002, 11 ff.;
Winkelbauer, Strafrechtliche Produktverantwortung, §§ 80 bis 82, in: Foerste/Graf von Westphalen, Produkthaftungshandbuch, 3. Aufl., München 2012, 1161 ff.

§ 1 Einleitung

Das Werk selbst hat den Schwerpunkt unmissverständlich im Bereich der zivilrechtlich 1
relevanten Haftung: Nach einer kurzen Einführung in das insoweit relevante Vertragsrecht folgt der eigentliche Schwerpunkt mit den Themenkomplexen Haftung nach § 823 BGB bzw. die Kommentierung zum Produkthaftungsgesetz. Dabei folgt das Buch – soweit dies möglich war – dem bekannten Anspruchsschema. Die aus der Praxis relevanten Gebiete runden diesen Kern ab. Dabei wird berücksichtigt, dass die strafrechtliche Produktverantwortung die Organe der Unternehmen treffen kann und – quasi wie ein Damoklesschwert – über den zivilrechtlich haftungsrelevant werdenden Themen schwebt, ebenso wie das Marktüberwachungsrecht als Besonderem Verwaltungsrecht bzw. als dem öffentlichen Recht, Einfluss auf dieses zivile Rechtsgebiet erhält und der Einfluss ständig wächst. Demzufolge stehen die Ausführungen zur strafrechtlichen Produktverantwortung – systematisch betrachtet – zu Beginn der Ausführungen. Aufgrund der Bedeutung dieser den strafrechtlichen Entscheidungen häufig zugrunde liegenden Konstellationen, die auch für das Zivilrecht von Bedeutung sind, haben sich Verlag und Herausgeber entschlossen, umfassend auf die wesentlichen Entscheidungen einzugehen und diese der zivilrechtlichen Haftung voranzustellen.

§ 2 Die strafrechtliche Produktverantwortung als Damokles-Schwert für die Geschäftsleitung

I. Abgrenzung: Allgemeines (materielles) Strafrecht und produkthaftungsrechtliches Nebenstrafrecht (Einleitung)

1 Die strafrechtliche Produktverantwortung[1] darf – stellt man auf die Praxis ab – sicher nicht überbewertet werden. Für viele unbekannt ist jedoch die Tatsache, dass diese maßgeblich auch die zivilrechtliche Produkthaftung beeinflusst hat, nicht zuletzt durch früh in der Bundesrepublik Deutschland bekannt gewordene Verfahren, wie etwa die „Contergan-Tragödie",[2] oder auch später die berühmte „Lederspray-Entscheidung".[3] Nicht selten schüren externe Berater – leider aber bisweilen auch allzu populistisch – gegenüber Vorständen von Aktiengesellschaften oder Geschäftsführern von GmbH's Ängste, die im Regelfall unbegründet sind. Genaue Zahlen, wie viele strafrechtliche Verfahren zur Produkthaftung anhängig waren, lassen sich nicht ohne weiteres übermitteln.[4] Dies mag damit zusammenhängen, dass nur im sog. **„Nebenstrafrecht"**[5] ein **„echtes Produktstrafrecht"** existiert, mit einer Vielzahl von Gesetzen, die in umfangreichen Paragraphen zum Schutze der Verbraucher Verhaltensvorschriften für den konkreten Umgang mit Produkten aufstellen und am Ende Verstöße gegen diese Verhaltensanforderungen mit Strafen oder Bußgeldern belegen[6] (vgl. dazu § 2 V.). In erster Linie sind hier das Lebensmittel und Futtermittelgesetzbuch (LBFG) und das Arzneimittelrecht (AMG) anzuführen, aber auch das Medizinproduktegesetz (MPG), das Bauproduktengesetz (BauPG) und das Gesetz über die elektromagnetischen Verträglichkeiten von Betriebsmitteln (EMVG) und auch das allgemeine Produktsicherheitsgesetz von 2011 (ProdSG) zu erwähnen. Wird gegen die dort vorgesehenen Verhaltensanforderungen verstoßen, führt dies regelmäßig zur Auslösung von Bußgeldern oder Strafen. Damit erleichtert der Gesetzgeber die ansonsten schwierig aufzuklärenden Themen nach dem Ursachenzusammenhang zwischen fehlerhaften Produkten und eingetretenen Schädigungen, oder auch Fragen nach der jeweiligen Begehungsform (Tun oder Unterlassen) und danach, wer tatsächlich strafrechtlich betrachtet die verantwortliche Person ist.

2 Daneben ergeben sich – mit dem Inverkehrbringen von fehlerhaften Produkten oder auch im Zusammenhang mit dem Unterlassen der etwaig gebotenen Produktbeobachtungspflicht – Anknüpfungspunkte an bestimmte gesetzliche Vorschriften im sog. **allgemeinen Strafrecht** – im **Kernstrafrecht**[7] – dem Strafgesetzbuch (StGB). Danach kann

---

[1] Im strafrechtlichen Schrifttum finden sich mehrere Bezeichnungen „Produktverantwortung", „Produkthaftung" und „Produzentenhaftung" für ein und denselben Sachverhalt; vgl. dazu *Mayer,* Strafrechtliche Produktverantwortung bei Arzneimittelschäden, 2008, 4 m. w. N. in Fn. 22 und Fn. 23.

[2] LG Aachen, Beschluss vom 18.12.1970, JZ 1971, 507 ff. – Contergan.

[3] BGH, Urt. vom 6.7.1990, NJW 1990, 2560 ff. – Lederspray.

[4] In der Literatur ist bisweilen die Rede von bis zu 20.000 Ermittlungsverfahren mit produktstrafrechtlichem Bezug, vgl. etwa die Nachweise in Fn. 3 bei *Winkelbauer,* § 80 Rn. 1.

[5] Vgl. dazu sub V Rn. 59 ff.

[6] *Kühne,* Strafrechtliche Produkthaftung in Deutschland, NJW 1997, 1951 ff., 1954.

[7] *Kühne,* NJW 1997, 1951; *Schönke/Schröder/Heine,* § 314 StGB, Rn. 12, 18 f., 22; *Holtermann,* Neue Lösungsansätze zur strafrechtlichen Produkthaftung, 2006, 1 ff.; *Horn,* NJW 1986, 153.

eine Straftat vorliegen, wenn ein konkretes Verhalten den gesetzlichen Straftatbestand erfüllt, das tatbestandliche Verhalten rechtswidrig ist und – wer auch immer – der sog. Täter schuldhaft gehandelt hat.

3 Straftaten können bekanntlich durch aktives Tun (Begehungsdelikte) oder durch Unterlassen (Untätigbleiben) verwirklicht werden. So könnte etwa nach § 95 AMG derjenige bestraft werden, der unsichere Medikamente in den Verkehr bringt, selbst wenn die Medikamente vom Verbraucher selbst nicht benutzt werden. Oder: Wer gesundheitsgefährdende Lebensmittel in den Verkehr bringt, wird nach § 58 Lebensmittel- und Futtermittelgesetzbuch (LBFG) bestraft, auch wenn es zu keinen Schädigungen gekommen ist. Bei Unterlassungsdelikten kann sich aus der sog. „Beschützerpflicht für bestimmte Rechtsgüter" oder aus „Überwachungspflichten für Gefahrenquellen" strafrechtliches Potential ergeben.[8] Bisweilen wird die Garantenstellung des Produktverantwortlichen auch als produktspezifische Schutzpflicht betrachtet,[9] aber auf ein vorangegangenes gefährdendes Verhalten (Ingerenz), nämlich etwa auf das Inverkehrbringen von Produkten, gestützt. Der Geschäftsführer eines herstellenden Unternehmens etwa ist aufgrund seiner Organisationsgewalt Garant dafür, dass mangelhafte Arzneimittel oder fehlerhafte PKW gar nicht erst ausgeliefert werden.[10]

4 Nicht selten stellt im Zusammenhang mit der strafrechtlichen Produktverantwortung auch der Eintritt des Erfolges ein Problem dar. Es geht um das Erfordernis der sog. **objektiven Zurechnung**[11]: Beispiel: Ein Hersteller ist aufgrund seiner Recherchen von der Gefährlichkeit des Produktes überzeugt und verzögert dennoch das Ausbringen von Warnhinweisen oder die Durchführung einer Austauschaktion. Läuft diese später an und erreicht diese den Verbraucher nicht mehr rechtzeitig, wäre strafrechtlich demzufolge zu untersuchen, ob eine rechtzeitige Warnung oder die Durchführung des zeitlich gebotenen Rückrufes den Verbraucher noch erreicht hätte und er bei pflichtgemäßem Verhalten des Herstellers dennoch verletzt worden wäre.[12] Trotz Kausalität kann dann aufgrund fehlender normativer Zurechnung der Verantwortliche dennoch straflos bleiben.

5 Und auch das **Verschulden** spielt eine Rolle in der strafrechtlichen Produktverantwortung. Dabei ist bekanntlich zu beachten, dass nur vorsätzliches Handeln strafbar ist, wenn nicht das Gesetz fahrlässiges Handeln ausdrücklich mit Strafe bedroht (§ 15 StGB). **Vorsätzlich** handeln Hersteller im Bereich der Produktverantwortung – und hier blicke ich auf fast dreißigjährige Berufspraxis zurück – im Regelfall nicht, wenngleich es schwarze Schafe natürlich überall gibt; wenn jedoch über die Produktqualität getäuscht wird, sieht dies anders aus. Dann liegt im Ernst- oder sogar im Regelfall ein „klassischer Betrug" vor.[13] Eher denkbar erscheint ein Handeln mit Vorsatz in Form des sog. dolus directus zweiten Grades mit Schwerpunkt auf dem Wissensmoment:[14] Weiß der Händler etwa, dass das von ihm vertriebene Produkt mit Sicherheit zu – von ihm zwar nicht gewünschten – Gesundheitsbeschwerden der Verbraucher führen wird, will er aber das Produkt dennoch – etwa

---

[8] *Schönke/Schröder/Stree/Bosch*, § 13 StGB Rn. 9 ff. und 53.

[9] *Schönke/Schröder/Stree/Bosch*, § 13 StGB Rn. 10 ff.

[10] *Müller-Gugenberger/Bieneck*, Wirtschaftsstrafrecht, § 30 Rn. 97.

[11] *Roxin*, Strafrecht AT, Bd. 1, 371 ff.; *Rausiek*, ZGR 1992, 206 ff., *Mayer*, 5.

[12] Vgl. etwa Korrektionalgericht Leuven, Urt. vom 26.6.2012: Ein Maschinenhersteller hatte die Austauschaktion zunächst in der Bundesrepublik durchgeführt; unterdessen war es in Belgien zu zwei Todesfällen gekommen, Geschäftsnummer 62-LE 65.97.415-06

[13] Zu erwähnen sind die Skandale der Umetikettierung, also etwa Pferde- statt Rindfleisch; vgl. dazu Spiegel online unter dem 19.2.2013: Pferdefleisch in 24 Proben entdeckt, http://www.spiegel.de/wirtschaft/service/skandal-um-pferdefleisch-24-positive-proben-entdeckt-a-884325.html; Deklarierung von Straußenfleisch als Rinderfilet, Verfalldatenmanipulationen; statt „Bio"-Produkten Zutatenverwendung von Chemikalien und dioxinverseuchtes Fleischangebot, vgl. dazu auch *Winkelbauer*, § 80 Rn. 26.

[14] *Roxin*, 371 ff.

aus Gewinnsucht – unbedingt verkaufen, wäre dies als vorsätzliches Verhalten zu werten. Aber auch diese Verhaltensweise findet sich in der alltäglichen Praxis selten.[15] Schließlich, als schwächste Ausgestaltungsform des Vorsatzes, findet sich der sog. Eventualvorsatz:[16] Der Händler hält den Eintritt einer Gesundheitsbeeinträchtigung des Verbrauchers für durchaus möglich, nimmt diese unerwünschte Folge aber in Kauf, weil er seine Ware unbedingt verkaufen möchte. Zudem wird in einigen Strafvorschriften **fahrlässiges Verhalten** ausdrücklich unter Strafe gestellt. Der Begriff der Fahrlässigkeit ist vom Gesetzgeber nicht definiert worden. Kennzeichen der Fahrlässigkeit ist die ungewollte Verwirklichung des gesetzlichen Tatbestandes infolge der Vernachlässigung der im Verkehr erforderlichen Sorgfalt.[17] Rechtsprechung und Literatur haben zwei wesentliche Formen entwickelt, nämlich die sog. „bewusste" und die „unbewusste" Fahrlässigkeit.[18] Nehmen wir als Beispiel, dass der Hersteller vor von ihm erkennbaren Gefahren die Augen verschließt und im Grunde darauf vertraut, dass die Gefahren gar nicht erst verwirklicht werden: Es wird – so hofft er – schon alles gut gehen. Dies wäre ein Fall der bewussten Fahrlässigkeit. Demgegenüber wird „unbewusste" Fahrlässigkeit angenommen, wenn derjenige, der die Sorgfalt, zu der er nach den Umständen und nach seinen persönlichen Kenntnissen und Fähigkeiten verpflichtet und imstande ist, außer Acht lässt und infolgedessen die Tatbestandsverwirklichung nicht voraussieht – obwohl er diese voraussehen könnte.[19]

Nach diesen wenigen Hinweisen auf die zusammen mit der strafrechtlichen Produktver- 6
antwortung relevanten materiellen Grundlagen des allgemeinen Strafrechts sei eine Anmerkung zum **Strafverfahrensrecht** erlaubt: Denkbar ist es, dass jemand, der eine Körperverletzung erleidet, eine Strafanzeige gegen den Händler erstattet, der das angeblich mangelhafte Produkt vertrieben hat, oder auch gegen den Verantwortlichen des Herstellers, der das angeblich mangelhafte Produkt in Verkehr gebracht hat. In Deutschland stehen Verbraucher der Einleitung strafrechtlicher Verfahren durch eine entsprechende Anzeige eher skeptisch gegenüber.[20] Zwar kann die Einleitung solcher Verfahren Sinn machen vor dem Hintergrund, dass auch durch die dann von staatlicher Seite durchgeführten aufklärenden Ermittlungen Tatsachen aufgefunden werden, die für die zivilrechtliche Geltendmachung von Ansprüchen von Bedeutung sein können, doch wird dies heute von Beratern – im Regelfall – nicht (mehr) als notwendiger Weg betrachtet. Dies hängt zum einen damit zusammen, dass Staatsanwaltschaften nicht immer mehr oder „bessere" Tatsachen herausarbeiten, die nicht auch privat ermittelbar gewesen wären, auf der anderen Seite die Ermittlungsverfahren oft lange dauern und nicht selten gar mit einer Einstellung nach § 170 Abs. 2 StPO enden, so dass die Chancen einer zivilrechtlichen Inanspruchnahme unter Umständen sogar geschmälert sein können. Insofern vergeht aus Sicht des Geschädigten oft ein langer Zeitraum, bevor er dann – fast schon entmutigt – das Zivilverfahren anstrengen muss oder kann. Und auch die Drohung mit einem solchen Verfahren verfängt beim verantwortlichen Organ des Herstellers nicht. Es gibt einen weiteren Grund: Anders als in anderen europäischen und außereuropäischen Staaten ist es in Deutschland nicht wirklich möglich, im Anschluss an ein durchgeführtes strafrechtliches Verfahren die zivilrechtlichen Ansprüche gleich mit abzuwickeln (sog. Adhäsionsverfahren).[21] Zwar gelten die §§ 403 ff. StPO, jedoch wird davon in der Praxis nur wenig Gebrauch gemacht.

---

[15] Ebenso *Mayer*, 260, 261 unter Berufung auf *Eichinger*, Die strafrechtliche Produkthaftung im deutschen Recht im Vergleich zum anglo-amerikanischen Recht, 1997, 269.

[16] *Roxin*, 372 ff.

[17] *Schönke/Schröder/Sternberg-Lieben*, § 15 StGB Rn. 121; *Mayer*, 262; *Eichinger*, 271.

[18] *Jescheck/Weigend*, AT, § 54 II 1; *Mayer*, 262.

[19] *Roxin*, 1086 ff.

[20] Ebenso *Heuer*, Produktsicherheit und Produkthaftung, Loseblatt, 2006, Bd. 2, Kap. 8/2, 1.

[21] Vgl. auch den Fall des Korrektionalgerichts Leuven, Urt. vom 26.6.2012, Geschäftsnummer 62-LE 65.97.415-06; *Heuer*, Kap. 8/2, 1.

7 Auf der anderen Seite ist zu berücksichtigen, dass mit einem eingeleiteten Strafverfahren und insbesondere dann, wenn diese Verfahren in die Öffentlichkeit geraten, für viele Hersteller auch ein **Imageschaden** einhergehen kann. Beispielhaft sei an den Fall „Humana" erinnert, bei dem festgestellt wurde, dass Mitte November 2003 in Israel zwei Säuglinge, nachdem sie die Babynahrung zu sich genommen hatten, an akutem Vitamin B1-Mangel gestorben und 15 weitere Babys erkrankt waren.[22]

8 Nach den Regelungen der StPO ist die Staatsanwaltschaft nicht gehalten, die Person zu informieren, gegen die die Ermittlungen laufen, so dass Beschuldigte nicht selten erst durch eine Vorladung von den Verfahren Kenntnis erhalten. Ob und inwieweit sich der Betroffene einlässt und/oder sich weigert, sich zur Sache einzulassen („Schweigerecht"), kann nur im Einzelfall von versierten Verteidigern entschieden werden.

Mit einem Bein im Gefängnis

Seit Jahresbeginn müssen Firmen noch stärker als bisher dafür geradestehen, wenn sie fehlerhafte Produkte auf den Markt bringen.

DER FALL HUMANA

Mitte November 2003 starben in Israel zwei Säuglinge, nachdem sie die Babynahrung »Super Soja« gegessen hatten. Das Unternehmen gestand einen Fehler in der Produktion ein: »Durch eine einmalige Verkettung unglücklicher Umstände weist das ausschließlich für den israelischen Markt hergestellte Produkt einen zu geringen Anteil an Vitamin B1 auf«, erklärte Humana-Geschäftsführer Albert Große Frie. Trotz sofortigem Produktrückruf und Entlassung der verantwortlichen Mitarbeiter drohen dem ostwestfälischen Unternehmen Schadenersatzklagen in dreistelliger Millionenhöhe.

84 Impulse | februar 2004

[Impulse, Heft Februar 2004, S. 84]

9 Nachfolgend werden einige sog. „Leading Cases" angeführt, anhand derer die juristischen Probleme des strafrechtlichen Produkthaftungsrechts vertieft werden können. Es handelt sich um die bedeutendsten Fälle in Deutschland im Zusammenhang mit der strafrechtlichen Produktverantwortung in historischer Folge sowie einige ergänzende Anmerkungen zu ausländischen strafrechtlichen Ermittlungsverfahren bzw. ausländischen Strafurteilen.

[22] Vgl. dazu § 2 II. Rn. 29: Fall 16.

II. Wesentliche Einzelfälle („Leading Cases“)

Das strafrechtliche Produkthaftungsrecht ist durch einige wenige, zum Teil auch höchstrichterliche Entscheidungen geprägt, die nachfolgend abgebildet werden: 10

Die wichtigsten Entscheidungen zur strafrechtlichen Produktverantwortung:

1. Ziegenhaarpinsel-Fall (RG, Urteil vom 23.4.1929)
2. Zwischenstecker-Entscheidung (BGH, Urteil vom 17.2.1959)
3. Contergan-Fall (LG Aachen, Beschluss vom 18.12.1970)
4. Trinkmilch-Entscheidung (BayObLG, Urteil vom 30.10.1974)
5. MonzaSteel-Entscheidung (LG München II, Urteil vom 21.4.1978)
6. Reifen-Fall 2 (OLG Karlsruhe, Urteil vom 21.11.1980)
7. Mandelbienenstich-Fall (BGH, Urteil vom 4.5.1988)
8. Lederspray-Entscheidung (BGH, Urteil vom 6.7.1990)
9. Weinverschnitt-Entscheidung (BGH, Urteil vom 19.7.1995)
10. Holzschutzmittel-Entscheidung (BGH, Urteil vom 2.8.1995)
11. Degussa-Zahnamalgam-Fall (LG Frankfurt, Einstellungsbeschluss nach § 153a StPO vom 31.5.1996)
12. Blutplasma-Entscheidung (LG Göttingen, Urteil vom 23.6.1997)
13. Blutkonserven-Entscheidung (BGH, Urteil vom 19.4.2000)
14. Ermittlungsverfahren im Fall Lipobay (ab 2001)
15. Verfahren zu den „Brennenden (Pflege-)Betten“ (2001 bis 2008)
16. Ermittlungen gegen Humana-Angestellte (ab 2003)
17. Zugunglück von Eschede (LG Lüneburg, Beschluss vom 19.5.2003)
18. Zahlreiche Ermittlungsverfahren im Zusammenhang mit „Gammelfleisch-Skandalen“ (ab 2005)
19. Klettergerüst-Entscheidung (AG Siegburg, Urteil vom 27.11.2006)
20. Eissporthalle Bad Reichenhall (BGH, Urteil vom 12.1.2010)
21. Listerien-Käsefall (AG Heilbronn, Urteil vom 15.1.2013)
22. Ausländische strafrechtliche Ermittlungsverfahren und Urteile

1. Der Ziegenhaarpinsel-Fall[23]

Der Angeklagte hatte als Inhaber einer Unternehmung zur Pinselherstellung von einem Händler chinesische Ziegenhaare bezogen und diese, trotz der Mitteilung des Händlers, dass er diese Haare desinfizieren müsse, ohne vorherige Desinfektion durch seine Mitarbeiter zu Pinseln verarbeiten lassen. Mitarbeiter, die mit der Herstellung der Pinsel beschäftigt waren, und auch solche, die mit den Haaren in Berührung kamen, wurden durch Milzbrandbazillen, mit denen die Haare behaftet waren, angesteckt. Vier Mitarbeiterinnen sind an Milzbrand gestorben. Aufgrund dieser Umstände wurde gegen den Inhaber des verarbeitenden Unternehmens (Hersteller) das Hauptverfahren wegen fahrlässiger Tötung und fahrlässiger Körperverletzung eröffnet. Das Schöffengericht als Eingangsinstanz hatte den Angeklagten für schuldig befunden; vom Berufungsgericht dagegen wurde er frei gesprochen. Den Freispruch hielt das Reichsgericht für falsch. In seinem Urteil vom 23.4.1929 erklärte der I. Strafsenat, dass die Freisprechung durch die Begründung des Urteils nicht getragen würde: Das Reichsgericht hielt bereits den äußeren Tatbestand eines Vergehens gegen die damals gültige Gewerbeordnung für objektiv erfüllt. Ferner hat es ausgeführt, dass der Angeklagte fahrlässig eine Bedingung für die Ansteckung der Arbeiter 11

[23] RGSt 63, 211 ff. – Ziegenhaarpinsel.

und die sich daraus entwickelnden Folgen gesetzt habe.[24] Nur wenn die Gewissheit oder eine an Gewissheit grenzende Wahrscheinlichkeit dafür vorläge, dass das schädigende Ereignis auch eingetreten sein würde, wenn das schuldhafte Verhalten nicht vorausgegangen wäre, würde damit der Beweis geliefert sein, dass dieses Verhalten jenen Erfolg nicht verursacht habe. Das Reichsgericht rügte, dass die Strafkammer zu strenge Anforderungen an den Nachweis des Ursachenzusammenhangs gestellt habe. Der Sachverhalt wurde daher zur weiteren Entscheidung an das Berufungsgericht zurückverwiesen.

2. Zwischenstecker-Entscheidung[25]

12 Eine Frau erlitt 1956 an einer elektrischen Waschmaschine einen tödlichen elektrischen Schlag. Ursache war eine elektrische Spannung am Gehäuse, weil die Isolierung des unsachgemäß verlängerten dreipoligen Zuleitungskabels versagte und die Erdung der Leitung dadurch ausgeschaltet war, dass die Verwenderin der Waschmaschine den Gerätestecker mit Schutzkontakt (Schuko-Stecker) des Zuleitungskabels nicht unmittelbar, sondern mittels eines zweipoligen Zwischensteckers an die in der Küche angebrachte Wandsteckdose – ebenfalls mit Schutzkontakt – angeschlossen hatte. Weil daher keine Verbindung zwischen dem Schutzleiter des Verbindungskabels und der Erdleitung der Schuko-Steckdose bestand, konnten die in dem schadhaften Kabel auftretenden und auf die – damit brachliegende – Schutzleitung überspringenden Fehlströme nicht abfließen und setzten das Gehäuse der Waschmaschine unter Strom. Der in Rede stehende Zwischenstecker, der ursächlich den Tod herbeigeführt hatte, wurde seit 1954 in dem von dem Angeklagten betriebenen Unternehmen für Elektroartikel hergestellt. Bereits zur Zeit der Aufnahme der Produktion wusste der Angeklagte, dass Zwischenstecker dieser Art jedenfalls nicht den Richtlinien des Verbandes deutscher Elektrotechniker e. V. (VDE) entsprachen. Das LG verurteilte den Angeklagten wegen fahrlässiger Tötung zu drei Monaten Gefängnis, setzte die Strafe aber zur Bewährung aus. Dessen Revision hatte nur zum Strafausspruch Erfolg. Dabei nahm schon das Landgericht an, dass der Angeklagte nicht die an einen Hersteller von elektrischen Erzeugnissen gebotene Sorgfalt beachtet habe, als er die Zwischenstecker produzierte und in Verkehr brachte. Denn es wurde seinerzeit ermöglicht, nicht nur mit zweipoligen, sondern auch mit Schuko-Steckern versehene Geräte an Steckdosen mit Schutzkontakt in der Weise anzuschließen, dass die Schutzfunktion der Erdleitung fehlen würde. Es gab schlichtweg keine Sicherung.

3. Der Contergan-Fall

13 Einer der schlimmsten, in der Öffentlichkeit bekannten Massenschäden durch fehlerhafte Produkte verbindet sich mit dem Namen „Contergan“. Die Contergan-Katastrophe hat Gerichte in aller Welt beschäftigt, auch die deutschen. Frauen, welche während der Schwangerschaft das Medikament Contergan (Thaliodomid) zu sich genommen hatten, brachten Kinder mit schwersten körperlichen Missbildungen zur Welt.[26] Die Strafkammer des LG Aachen hatte zunächst festgestellt, dass die Verursachung von Nervenschäden bei Erwachsenen tatbestandsmäßig als Körperverletzung zu werten sei. Es bestehe auch ein Kausalzusammenhang zwischen längerer Thaliodomid-Einnahme und Nervenschäden

---

[24] RGSt 63, 211, 213.

[25] BGH, Urt. vom 17.2.1959, 1 Str 618/58 mit Kommentierung von *Schmidt-Salzer,* ES Produkthaftung, Bd. IV, München 1982, 170 ff.; *Winkelbauer,* § 80 Rn. 24.

[26] LG Aachen, Beschluss vom 18.12.1970, JZ 1971, 507 ff. – Contergan (Thaliodomid). Zusätzliches Problem: Schädigung des Embryos als Körperverletzung, vgl. *Schönke/Schröder,* § 223 StGB Rn. 1a.

und Thaliodomid sei generell geeignet, körperliche Missbildungen zu verursachen. Entscheidend in diesem Verfahren nahm das Landgericht zu der Frage, wie sich ein ordentlicher und gewissenhafter Arzneimittelhersteller zu verhalten hat, wenn bei ihm Meldungen eingehen, in denen ein von ihm vertriebenes Präparat verdächtigt wird, schädliche Nebenwirkungen zu haben, ausführlich Stellung, ohne über den Begriff – der heute in diesem Zusammenhang häufig erwähnt wird – (nämlich dem) der Produktbeobachtung auch nur ansatzweise zu sprechen.[27] Der am 27.5.1968 vor der Großen Strafkammer des LG Aachen begonnene Prozess endete mit einer Einstellung. Was das Verschulden im Bereich der Nervenschäden angeht, ging die Große Strafkammer zwar von fahrlässigem Verhalten aus. Zur Frage, wann die Schuld eines Täters als „gering“ in diesem Sinne anzusehen ist, sei auch das Geschehen nach der Tat angemessen zu berücksichtigen, im konkreten Fall die ungewöhnlich lange Dauer des Ermittlungsverfahrens und insbesondere der Hauptverhandlung und die negative Beurteilung des Angeklagten in der Öffentlichkeit und dessen freiwilligen Leistungen an Bedürftige aus privaten Mitteln.[28] Chemie Grünenthal hatte sich bereit erklärt, einen Versorgungsfonds für die Geschädigten einzurichten.

4. Trinkmilch-Entscheidung[29]

Am 19. und am 20.4.1971 wurde von der Zweigstelle einer bestimmten Molkerei Trinkmilch ausgeliefert, die Penicillin enthielt. Angeklagt wurde seinerzeit ein Diplom-Landwirt, der seit 1966 als Laborleiter bei der Unternehmung M, einer Molkerei, tätig war. Dieser hatte zudem dafür zu sorgen, dass auch lebensmittelrechtliche Vorschriften in den Zweigstellen eingehalten werden mussten. Dennoch war penicillinhaltige – also arzneimittelhaltige – Milch in den Verkehr gebracht worden. Dies war nach damals geltendem Milchgesetz und LMG a. F. verboten. Beide Vorinstanzen hatten den Angeklagten frei gesprochen. Dies vor dem Hintergrund, ein schuldhaftes Handeln des Angeklagten könne nicht angenommen werden, da nicht festzustellen sei, dass dieser das Inverkehrbringen im 14

---

[27] Vgl. dazu Ausführungen sub § 3 II. 2. c. bb) (2) (d) Rn. 222 ff.; siehe auch: Sommer ./. Bayer Pharma AG (ehemals Schering AG), LG Berlin, Urt. vom 5.7.2012, Az. 1 O 60/11; das LG Berlin hat die Klage gegen die Rechtsnachfolgerin des Duogynon-Herstellers wegen Verjährung möglicher Schadensersatzansprüche abgewiesen; dazu: *Bodderas,* Ein Lehrer kämpft gegen den Pharmakonzern Bayer (5.7.2012), http://www.welt.de/vermischtes/article107910498/Ein-Lehrer-kaempft-gegen-den-Pharmakonzern-Bayer.html (Stand: 2011.2012). Mit Urt. vom 11.1.2011, Az. 7 O 271/10, hatte das LG Berlin bereits die Klage auf Auskunft wegen Verjährung abgewiesen und das Kammergericht Berlin hat die Berufung des Klägers mit Beschluss vom 11.7.2011, Az. 22 U 41/11, als unzulässig verworfen. Die Rechtsbeschwerde des Klägers hatte ebenfalls keinen Erfolg, BGH, Beschluss v. 27.3.2012, Az. VI ZB 49/11, BGH, NJW-RR 2012, 744. Strafrechtliche Ermittlungen wurden eingeleitet (Az.: 1 Wi Js 329/78) und am 19.12.1980 beim LG Berlin eingestellt.

[28] Möglicherweise würde die Entscheidung heute so nicht mehr begründet, da durch das Bundesverfassungsgericht (BVerfG, Kammerbeschluss vom 29.7.1988, NJW 1988, 2945 ff.) klargestellt worden ist, dass Einwirkungen auf die Leibesfrucht nur noch im Rahmen von § 218 StGB unter Strafe gestellt sind. Vgl. vertiefend dazu auch BGHZ 64, 30 ff.; Verhandlungen des 62. Deutschen Juristentages in Bremen, 1998, „Empfehlen sich gesetzgeberische Maßnahmen zur rechtlichen Bewältigung der Haftung für Massenschäden?“, Gutachten von *von Bar,* 57; vgl. dazu jetzt auch das Gesetz über die Contergan-Stiftung für behinderte Menschen (Conterganstiftungsgesetz vom 13.10.2005, BGBl I, 2967; zuletzt geändert durch das Zweite Gesetz zur Änderung des Conterganstiftungsgesetzes vom 25.6.2009, BGBl I, 1534). Vgl. dazu auch *Gofferje,* Verfluchter Segen, Focus, Ausgabe 45/2004, 86 ff., zur gesamten Geschichte und zu Hintergrundinformationen; *Meermann,* a. a. O., S. 40 dort insbesondere Fn. 66 zum Vergleichsschluss im Jahre 1970 über 100 Mio. DM zwischen der Firma Chemie Grünenthal und der empfangenden Stiftung „Hilfswerk für behinderte Kinder“.

[29] BayObLGSt 174, 113 ff.

April 1971 tatsächlich hätte verhindern können. Der VIII. Strafsenat des Bayerischen Obersten Landesgerichts[30] hob das Urteil auf und verwies die Angelegenheit zurück. Der Strafsenat war der Überzeugung, dass der Angeklagte die in Rede stehenden Verbotsvorschriften hätte einhalten müssen. Hinsichtlich des Umfangs der Überprüfungspflichten sei vor allem zu berücksichtigen, dass an die Sorgfaltspflichten von Herstellern und Verkäufern von Lebensmitteln im Interesse des Verbraucherschutzes „höchste Anforderungen" zu stellen seien.[31] Wirtschaftliche Belange oder betriebliche Rentabilitätserwägungen müssten demgegenüber zurücktreten.[32] Selbst aufwändigere Untersuchungen dürften nicht gescheut werden. Das Bayerische Oberste Landesgericht ließ keinen Zweifel daran, dass der Angeklagte jedenfalls fahrlässig gegen die ihm obliegenden Sorgfaltspflichten verstoßen hat, weil er seit Jahren überhaupt nichts unternommen hatte, um die von der Molkerei durch die Zweigstelle F in den Verkehr gebrachte Trinkmilch in irgendeiner Weise auf ihren Penicillingehalt überprüfen zu lassen. Dabei hätte ein sog. „Brilliant-Schwarz-Reduktionstest" auf verhältnismäßig einfache Weise und ohne nennenswerte Kosten den Gehalt an Penicillin feststellen können. Zudem hätte sich der Angeklagte über andere Untersuchungsmethoden rechtzeitig informieren und jedenfalls durch wiederholende Stichproben den Penicillingehalt feststellen müssen. Denn – entgegen der Meinung des Landgerichts – hätte auch, so der VIII. Strafsenat des BayObLG, die Möglichkeit bestanden, schon die von den einzelnen Landwirten angelieferte Milch zumindest durch regelmäßige Stichproben fortlaufend untersuchen zu lassen. Es sei in der lebensmittelrechtlichen Rechtsprechung allgemein anerkannt, dass das pflichtwidrige Unterlassen jeglicher Überprüfung der jeweils in den Verkehr gebrachten Lebensmittel auf ihre ordnungsgemäße Beschaffenheit, insbesondere auch das Unterlassen jeglicher Stichproben, nach der Lebenserfahrung letzten Endes notwendigerweise dazu führe, dass der nicht ordnungsgemäße Zustand solcher in den Verkehr gebrachten Lebensmittel eben nicht rechtzeitig erkannt und dadurch bewirkt wird, dass diese Lebensmittel in nicht vorschriftsgemäßem Zustand in Verkehr gelangen.[33]

5. MonzaSteel-Entscheidung[34]

15 1971 gelangte ein durch einen namhaften Reifenhersteller neu entwickelter sog. „Hochgeschwindigkeitsreifen" für PKW in den Handel. Defekte an diesen Reifen – sog. „Reifenplatzer" – führten zu schweren Unfällen. Insgesamt sieben Menschen starben und 22 weitere wurden verletzt. Während der Beweisaufnahme in erster Instanz stellte sich heraus, dass die Geschäftsführung die Produktion zu früh und ohne notwendige ausreichende Tests freigegeben hatte. Zudem hat sie bei den Schadensmeldungen dann auch noch verspätet reagiert. Ein Angestellter des Herstellers wurde wegen fahrlässiger Tötung verurteilt.

6. Reifen-Fall 2[35]

16 In der dem OLG Karlsruhe zugrunde liegenden Entscheidung ging es um die strafrechtliche Verantwortlichkeit des Verkäufers von mangelhaften Kfz-Reifen. Der Angeklagte betrieb einen Autozubehörhandel. Er kaufte 1972 bei einem Reifengroßhändler Reifen des

[30] BayObLG, Urt. vom 30.10.1974, RReg St 158/73, BayObLGSt 174, 113 ff.

[31] BGHSt 2, 384, 385.

[32] BGHSt 2, 384, 385.

[33] BayObLGSt 174, 113, 118.

[34] LG München II, Urt. vom 21.4.1978, Az. IV KLs 58 Js 5534/76, zit. nach *Schmidt-Salzer*, ES Produkthaftung IV, 28, 300; dazu auch *Mayer*, Strafrechtliche Produktverantwortung bei Arzneimittelschäden, 219.

[35] OLG Karlsruhe, Urt. vom 21.11.1980, NJW 1981, 1054 ff.

Herstellers P. Zwei dieser Reifen verkaufte der Angeklagte 1976 an den Nebenkläger, der damit die Vorderräder seines PKW bestückte. Zehn Tage nach dem Verkauf der Vorderreifen verkaufte der Angeklagte dem Nebenkläger zwei weitere Reifen (der Serie). Das Besondere: Bereits zehn Tage *vor* dem Verkauf der für die Vorderräder verkauften Reifen hatte der Hersteller des in Rede stehenden Reifentyps durch Rundschreiben, rund acht Tage vorher durch Ankündigungen in Presse und Rundfunk mitteilen lassen, diesen Reifen würde er zurückrufen, weil bei starker Beanspruchung durch Ablösen der Lauffläche Unfallrisiken entstehen könnten. Dem Angeklagten aber war weder das Rückrufschreiben des Herstellers, das lediglich an die Großhändler verschickt worden war, zugegangen, noch hatte er in anderer Weise erfahren, dass die Reifen von der Rückrufaktion erfasst waren.[36] 1977 sprach der Käufer (Nebenkläger) den Verkäufer an, weil sich die Lauffläche an einem Vorderreifen seines PKW etwas gelöst hatte. Da der Reifenhändler keinen Ersatzreifen auf Lager hatte und keine Reifen der Serie mehr erhielt, besorgte sich der Nebenkläger bei einem anderen Unternehmen zwei Reifen – eines anderen Typs – und ließ diese vorne montieren. Die hinzugerufene neue Unternehmung führte zwar für den Angeklagten die Reklamation bei der Herstellerfirma durch, doch auch zu diesem Zeitpunkt wurden dem Nebenkläger sowie dem Angeklagten nichts von dem Rückrufschreiben des Reifenherstellers mitgeteilt. Mehrere Monate später löste sich bei dem PKW des Nebenklägers an einem der Hinterreifen die Lauffläche während einer Fahrt auf der Autobahn. Der Fahrer des Wagens geriet ins Schleudern und überschlug sich. Der Nebenkläger sowie dessen Beifahrer erlitten erhebliche Verletzungen. Das Amtsgericht hat den Angeklagten vom Vorwurf der fahrlässigen Körperverletzung freigesprochen. Die dagegen gerichtete Revision der Nebenklage hatte jedoch Erfolg und führte zur Zurückverweisung der Sache. Im Leitsatz des Urteils des OLG Karlsruhe heißt es (wörtlich): „Wer mit Gegenständen gewerbsmäßig Handel treibt, deren Benutzung bei Serienfehlern mit Gefahren für Leib und Leben der Erwerber und Dritten verbunden ist, ist verpflichtet, diese Gefahren nach Kräften abzuwenden. Ein Händler mit Kfz-Zubehör muss mit dem Rückruf von Reifenserien rechnen, er muss deshalb als Händler bei seinen Lieferanten sicherstellen, dass er in den Bereich des Informationsflusses über einen etwaigen Rückruf mit einbezogen wird.“[37] Dies habe der Angeklagte aber unterlassen. Die Informationspflicht habe den Angeklagten umso mehr getroffen, als er später vom kostenlosen Ersatz des Schadens an den eingesandten Reifen durch den Hersteller erfuhr.

7. Mandelbienenstich-Fall[38]

Eine Vielzahl von Verbrauchern erkrankte nach dem Verzehr des sog. Mandelbienenstichs. Die erkrankten Personen litten an Übelkeit, Erbrechen und Durchfall, weil der Kuchen mit sog. Staphylokokken befallen war. Der Kuchen wurde durch ein Lebensmittelgroßhandelsunternehmen vertrieben. Die Geschäftsführer des Handelsunternehmens erlangten von diesen Erkrankungen Kenntnis, beschlossen jedoch dennoch, keine Austausch- oder Rückrufaktion einzuleiten. Sie hielten die gemeldeten Erkrankungen nicht für besonders gefährlich und glaubten, Kundenbeschwerden durch die Zuwendung von Pralinenpräsenten besänftigen zu können. Der BGH bestätigte die Verurteilungen in der Vorinstanz wegen vorsätzlicher Körperverletzung und vorsätzlichem Inverkehrbringen verdorbener Lebensmittel, da sich die Geschäftsführer der (naheliegenden) Wahr- 17

[36] Vgl. den Sachverhalt in OLG Karlsruhe, Urt. vom 21.11.1980, Az. 1 Ss 97/80, NJW 1981, 1054.

[37] Zum Rückruf auch *Löwe*, Deutscher Verkehrsgerichtstag 21, 239–243.

[38] BGH, Urt. vom 4.5.1988, BGHR, StGB, § 13 Abs. 1, Garantenstellung 5, Lebensmittel-Lieferant oder auch in LMRR 1988, 29 ff. (= BGH NStE Nr. 5 zu § 223 StGB); *Kirchner*, Die Unterlassungshaftung bei rechtmäßigem Verhalten im Umweltstrafrecht, 2003, Fn. 185 ; *Mayer*, 9.

scheinlichkeit weiterer Erkrankungen – nach den getroffenen Feststellungen – offensichtlich bewusst waren und diese sogar billigend in Kauf nahmen (Eventual-Vorsatz). Die Entscheidung beschäftigte sich vor allem mit der Frage, wann Hersteller bzw. Händler Warn- und Rückrufaktionen durchzuführen haben.[39]

8. Lederspray-Entscheidung[40]

18 Der Entscheidung des BGH vom 6.7.1990 lag folgender Sachverhalt zugrunde: Die W-GmbH (W) produzierte Schuh- und Lederpflegeartikel. Dazu gehörten u. a. Ledersprays, die in Treibgasflaschen abgefüllt zur Pflege und Imprägnierung von Lederartikeln bestimmt waren. Ab dem Spätherbst 1980 gingen bei der Firmengruppe Schadensmeldungen ein, in denen sich Verbraucher der Ledersprays über erlittene Gesundheitsschäden beklagten. Die Beeinträchtigungen äußerten sich zumeist in Atembeschwerden, Husten, Übelkeit, Schüttelfrost und Fieber. Die behandelnden Ärzte, die die Patienten stationär – auch intensiv stationär – betreuten, diagnostizierten neben ungefährlicheren Symptomen auch lebensbedrohliche Wasseransammlungen in den Lungen (Lungenödeme). Die ersten Schadensmeldungen lösten firmeninterne Untersuchungen aus. Fabrikationsfehler wurden dabei nicht ermittelt. Es wurde lediglich festgestellt, dass bei einem Spray seit Mitte 1980 der Wirkstoffanteil des Silikonöls erhöht worden war. Diese Rezepturänderung wurde Anfang 1981 rückgängig gemacht. Gleichwohl folgten weitere Schadensmeldungen. Nach einem kurzen Produktions- und Vertriebsstopp Mitte April 1981, wurde das Produkt kurze Zeit später weiter vertrieben. Am 12.5.1981 fand eine Sondersitzung der Geschäftsführung statt. Einziger Tagesordnungspunkt waren die bekannt gewordenen Schadensfälle. Teilnehmer waren sämtliche Geschäftsführer der W sowie der Leiter des Zentrallabors, der als „Chef-Chemiker" hinzugezogen worden war. In dieser Sitzung konnte man sich nicht darauf einigen, die Ledersprays zurückzurufen. Die anwesenden Geschäftsführer der W beschlossen vielmehr, die Spraydosen mit Warnhinweisen zu versehen.[41] Im Anschluss an die Sitzung wurden auch die Geschäftsführer der beiden Vertriebsfirmen, der Tochtergesellschaften S-GmbH und E-GmbH, informiert. Beide machten sich die in der Sitzung der Geschäftsführer der W getroffene Entscheidung jeweils für ihren Verantwortungsbereich zu eigen. In der Folgezeit kam es zu weiteren Gesundheitsschäden bei Personen nach der Verwendung von Ledersprays der bezeichneten Marke. Alle Angeklagten (die Geschäftsführer aller drei GmbH's und auch der Diplom-Chemiker) wurden vom LG zunächst wegen Unterlassens des rechtszeitigen Rückrufs der Produkte bei den Händlern wegen fahrlässiger (teilweise gefährlicher) Körperverletzung rechtskräftig verurteilt; die Verurteilung wurde vom BGH bestätigt, mit Ausnahme der Verurteilung des Chemikers, der – allerdings erst vom BGH – frei gesprochen wurde nach dem Grundsatz „in dubio pro reo".

19 Mit der Lederspray-Entscheidung verfestigte der BGH seine Rechtsprechungslinie wie im Contergan-Fall begonnen zur generellen Kausalität. Im zu beurteilenden Fall war es seinerzeit (noch) nicht möglich, den eigentlich schädigenden Wirkstoff wissenschaftlich exakt zu filtern. Dennoch war nach Ansicht des BGH der Ursachenzusammenhang zwischen der Produktverwendung und den Gesundheitsschäden zu bejahen, obwohl sich nicht klären ließ, welche Substanz den Schaden verursacht hatte, da alle anderen in Betracht kommenden

---

[39] *Mayer,* 9.

[40] BGH, Urt. vom 6.7.1990, NJW 1990, 2560 ff. – Lederspray (Erdal Rex) (= BGHSt 37, 106); zustimmend *Kuhlen,* in FS für Eser, 2005, 359 ff.; vgl. dazu auch den Sachverhalt bei *Mayer,* 9 ff.; *Brammsen,* Jura 1991, 533–538; *Meier,* NJW 1992, 3193; *Puppe,* JR 1992, 30; *Samson,* StV 1991, 182; *Schmidt-Salzer,* NJW 1990, 2966; *Hirte,* JZ 1992, 254; *Schönke/Schröder/Heine,* § 314 StGB Rn. 12.

[41] Vgl. dazu auch *Mayer,* 9 und 10.

Schadensursachen als rein theoretische Denkmöglichkeiten ausgeschlossen worden waren. Auch die Tatsache, dass tatsächlich nur ein geringer Prozentsatz der Benutzer Gesundheitsbeeinträchtigungen erlitten hatte, führte bei dem erkennenden Gericht nicht zu Zweifeln an dem Ursachenzusammenhang, da nach der Beweisaufnahme signifikante Übereinstimmungen zwischen Krankheits- und Heilungsverlauf vorlagen und auch ein zeitlicher Zusammenhang vorhanden war.[42] Nur en passant sei erwähnt, dass im Zusammenhang mit der Lederspray-Entscheidung auch die Frage, wer der eigentlich **strafrechtlich Verantwortliche** ist, aus dem damaligen Blickfeld beurteilt worden ist. Handelt jemand für einen anderen, also etwa als vertretungsberechtigtes Organ einer juristischen Person oder als Mitglied eines solchen Organs, kann er dafür haften. Die Frage aber war u. a., ob auch der Diplom-Chemiker, der ja nur leitender Angestellter war, heute würde man vielleicht anführen, er sei Leiter der Qualitätssicherung gewesen, strafrechtlich in Fällen dieser Art überhaupt – nach dem Gesetz – verantwortlich sein kann. Ob die Entscheidung in dieser Allgemeinheit richtig ist, ist durchaus zweifelhaft, zumal die Entscheidung – inhaltlich weiter gedacht – zu einer extremen Illoyalität des Arbeitnehmers gegenüber seinem Arbeitgeber führen könnte, wenn keine einheitliche Linie im Zusammenhang mit einem Rückrufthema gefunden werden kann (vgl. dazu Ausführungen unter § 4).[43] Meines Erachtens geht die Entscheidung inhaltlich – was den potentiell haftenden Personenkreis angeht – zu weit. Haften sollte – in strafrechtlicher Verantwortung – der Vorstand für die Aktiengesellschaft oder der Geschäftsführer für die GmbH (§ 14 StGB), nicht aber – von Ausnahmesituationen abgesehen – der leitende Angestellte.[44] Das „Damoklesschwert" der strafrechtlichen Produktverantwortung wird hier – insbesondere bei diesem Aspekt der Entscheidung – überdeutlich.

9. Weinverschnitt-Entscheidung[45]

Zur Strafbarkeit des Vertriebs von „gepanschtem" Wein: Mitarbeitern einer Unterneh- 20
mensgruppe, der zahlreiche Weingüter und Vertriebsfirmen angehörten, wurde vorgeworfen, an dem Verkauf von 633 im einzelnen bezeichneten Weinpartien beteiligt gewesen zu sein, die gegenüber den weinrechtlichen Bestimmungen verkehrsunfähig und dennoch von diesen in den Jahren zwischen 1978 und 1985 verkauft worden waren. Zum Teil waren einige Weinpartien deshalb verkehrsunfähig, weil sie nicht mit den nach den Ausfuhrdokumenten untersuchten Weinen identisch waren, im Übrigen waren den „Qualitätsweinen" deutscher Herkunft in großem Umfang gesetzeswidrig Drittlandweine, vornehmlich aus Österreich, zugesetzt worden, oder Drittlandweine waren untereinander verbotswidrig verschnitten worden. Das LG Bad Kreuznach hatte die Angeklagten, die seinerzeit wegen Vergehen gegen das Weingesetz in Tateinheit mit Betrug angeklagt worden waren, zunächst freigesprochen. Der BGH hob jedoch das Urteil auf die Revision hin mit der Begründung auf, dass bei innerbetrieblichen Vorgängen für jeden einzelnen Angeklagten ermittelt werden müsse, welches Verhalten ihm zurechenbar sei. Mitglieder der Leitungsebene eines Unternehmens seien auch dann strafrechtlich verantwortlich, wenn sie ein Produkt in Kenntnis eines Mangels weiter vertreiben würden. Der Senat machte von der Möglichkeit Gebrauch, die Sache an ein anderes Landgericht zurück zu verweisen.[46] In dem Verfahren ging es dann vor allem um Betrug nach § 263 StGB.

---

[42] *Kuhlen,* Strafhaftung bei unterlassenem Rückruf gesundheitsgefährdender Produkte, NStZ 1990, 566 ff.; vgl. auch *Kühne,* NJW 1997, 1951, 1953 und Fn. 16 und 17 m. w. N.
[43] Vgl. zur strafrechtlichen Verantwortung auch u. a. *Mayer,* 436 ff., 464 ff.
[44] Vgl. dazu § 2 III. 3. Rn. 49 ff.
[45] BGH, Urt. vom 19.7.1995, NJW 1995, 2933 ff. – Glykol-Skandal mit Anm. *Samson,* StV 1996, 983.
[46] BGH, Urt. vom 19.7.1995, NJW 1995, 2933, 2936.

10. Holzschutzmittel-Entscheidung[47]

21 Die A-GmbH befasste sich im Wesentlichen mit der Herstellung und dem Vertrieb von Holzschutzmitteln. Die Produkte enthielten zunächst u. a. die Chemikalien PCP (Penta Chlor-Phenol) sowie Lindan. Nach der Verwendung eines bestimmten Holzschutzmittels traten zunächst bei 29 Personen körperliche Schäden auf. Der vom Gericht im landgerichtlichen Verfahren bestellte Sachverständige stellte fest, dass die giftigen Stoffe aufgrund des ihnen anhaftenden Dampfdrucks über Jahre hinweg der Ausgasung im Sinne einer dynamischen Nachdiffusion unterliegen würden. Die toxischen Stoffe würden im Körper in erheblichen Mengen angesammelt und in den dort vorhandenen Lipiddepots abgelagert. Die Beschwerdeführer klagten über Atemnot, Hautausschläge, Kreislaufprobleme sowie Gedächtnis- und Sprachstörungen bis hin zu Wasseransammlungen in der Lunge.[48] Das LG Frankfurt[49] hatte daraufhin einen Ursachenzusammenhang zwischen den bioziden Inhaltsstoffen und den Gesundheitsschäden bejaht und die Angeklagten (der technische und der kaufmännische Geschäftsführer der herstellenden GmbH)[50] wegen fahrlässiger Körperverletzung in Tateinheit mit fahrlässiger Freisetzung von Giften zu Freiheitsstrafen von je einem Jahr verurteilt. Die Rechtsmittel der Angeklagten hatten Erfolg. Der BGH führte aus, dass der Ursachenzusammenhang nicht erwiesen sei; zwar gelte die „conditio sine qua non-Lehre", diese würde jedoch eingeschränkt durch die Lehre der sog. objektiven Zurechnung. Danach hätte zwar die Mitverursachung genügt, doch hielt der BGH die Darlegungen insoweit nicht für ausreichend. Zumindest die Mitverursachung eines Gesundheitsschadens – so der BGH – hätte aber nachgewiesen werden müssen. Nach Aufhebung des Urteils in der Revisionsinstanz wurde das Verfahren anschließend nach § 153a StPO eingestellt. Das Unternehmen hatte vier Millionen DM für die Errichtung einer Stiftung zur Erforschung der Körperverletzungen durch die Inhaltsstoffe des Holzschutzmittels zur Verfügung gestellt und zusätzlich eine Geldbuße in Höhe von 100.000,00 DM zu zahlen.[51]

11. Degussa-Zahnamalgam-Fall[52]

22 Ein Toxikologe erstattete im Dezember 1990 Strafanzeige gegen die Hersteller von Zahnamalgam. Gegen drei Verantwortliche der Degussa AG wurden staatsanwaltschaftliche Ermittlungen eingeleitet wegen des Verdachts der vorsätzlichen Körperverletzung.[53]

---

[47] BGH, Urt. vom 2.8.1995, BGHSt 41, 206 ff. = NJW 1995, 2930 ff. – Holzschutzmittel I (Xyladecor 200); vgl. zur zivilrechtlichen Entscheidung auf Schadenersatz: BGH, Urt. vom 10.1.1995, VI ZR 31/94; vgl. dazu auch *Deutscher/Körner,* Die strafrechtliche Produktverantwortung von Mitgliedern kollegialer Geschäftsleitungsorgane (Teil 1), wistra 1996, 292 ff.; dazu auch *Mayer,* 10 („Xylamon"); *Otto,* WiB 1995, 929 ff.; *Schönke/Schröder/Heine,* § 314 StGB, Rn. 12.

[48] *Mayer,* 10: Durch die Anwendung der Holzschutzmittel sollen mehrere tausend Menschen Gesundheitsschäden erlitten haben; *Otto,* WiB 1995, 929, 932: Die Zahl der Symptome wurde auf bis zu 80 geschätzt; vgl. auch *Schulz,* in Lübbe (Hrsg.), Kausalität und Zurechnung, 1994, 47 ff., 50 ff., 70 ff.

[49] LG Frankfurt, Urt. vom 25.5.1993, ZUR 1994, 33 ff. mit Anm. *Schulz,* ebenda; *Rönnau,* wistra 1994, 203; vgl. auch LG Frankfurt, NStZ 1990, 592, Ablehnung der Eröffnung des Hauptverfahrens (zunächst).

[50] *Otto,* WiB 1995, 929, 932; *Schulz,* JA 1996, 188.

[51] *Volk,* NStZ 1996, 105–110.

[52] Vgl. dazu auch *Hamm,* Der strafprozessuale Beweis der Kausalität und seine revisionsrechtliche Überprüfung, StV 1997, 159 ff. und *Tiedemann,* Körperverletzung und strafrechtliche Produktverantwortung, in FS für Hirsch, 1999, 765 ff.; *Mayer,* 9.

[53] StA Frankfurt, Verfügung vom 31.5.1996, Az. 65 Js 17084.4/91; Mayer, 9.

Im Anschluss und parallel zu diesen Verfahren erfolgten ca. 1.500 Strafanzeigen von angeblich betroffenen Patienten. Zum Hintergrund[54]: Der Ursachenzusammenhang zwischen der Verwendung von Amalgam[55] und Gesundheitsschäden war naturwissenschaftlich seinerzeit umstritten. Nach überwiegender Auffassung in der „Schulmedizin" und nach Auffassung der Weltgesundheitsorganisation (WHO) soll dentales Amalgam in seltenen Fällen allergische Reaktionen auslösen, im Übrigen aber unbedenklich sein, da die Quecksilberbelastung im Amalgam quantitativ (im Vergleich zu anderen Quecksilberquellen) zu vernachlässigen sei. Allerdings gab es auch seinerzeit bereits eine Mindermeinung, die annahm, dass Amalgamfüllungen zu Vergiftungserscheinungen führen könnten.[56] Das zitierte Verfahren wurde mit Zustimmung des angerufenen Landgerichts nach § 153a StPO eingestellt, nachdem sich die Degussa AG bereit erklärt hatte, ein Amalgam-Forschungsprojekt mit einem Betrag in Höhe von 1,2 Mio. DM zu finanzieren und jeder der Beschuldigten 100.000,00 DM (seinerzeit vor EUR-Einführung) bezahlt hatte.[57]

12. HIV-Blutplasma-Entscheidung[58]

Das LG Göttingen verurteilte 1997 einen Arzt wegen Körperverletzung mit Todesfolge 23
zu einer langjährigen Freiheitsstrafe, weil er Blutplasma auftragswidrig nicht untersucht und auch nicht als unbedenklich frei gegeben hatte.

13. Hepatitis-C-infizierte Blutkonserven-Entscheidung[59]

Die Entscheidung behandelt die Garantenstellung des stellvertretenden Leiters eines 24
Transfusionszentrums, eines Instituts für Blutgerinnungswesen und Transfusionsmedizin der medizinischen Einrichtungen der Universität Düsseldorf. Das Institut diente der Versorgung von Patienten mit Blutprodukten. Im Jahre 1994 gelangte von einem kontaminierten Dispenser über die im Reagenzglas befindliche Nährstofflösung ein Bakterium, das bis dahin nicht als Verursacher von Transfusionszwischenfällen und auch sonst nicht als für Menschen lebensgefährlich bekannt war, in mehrere Blutkonserven. In der Zeit von August bis Oktober 1994 wurden insgesamt sechs Patienten derartig bakteriell verseuchte Blutkonserven transfundiert. Fünf dieser Patienten verstarben daraufhin an einer durch das Endoxin des Bakteriums verursachten Sepsis und deren Komplikationen. Der Beschwerdeführer kannte die mit der sog. „Abquetschmethode" verbundenen abstrakten Verkeimungsrisiken, ohne sich jedoch insoweit einer konkreten Gefahr oder der Möglichkeit einer gesundheitlichen Schädigung von Patienten bewusst gewesen zu sein. Das LG Düsseldorf hat die Beschwerdeführer und den mitangeklagten Professor jeweils wegen fahrlässiger Tötung in Tateinheit mit fahrlässiger Körperverletzung zu einer Geldstrafe verurteilt. Das LG nahm dabei eine Täterschaft durch Unterlassen an. Der BGH hielt die getroffenen Feststellungen jedoch für nicht ausreichend, um eine Garantenstellung der

---

[54] *Hamm*, StV 1997, 159 ff.; *Mayer*, 9 m. w. N.

[55] Amalgam ist eine Mischung von Quecksilber mit anderen Metallen.

[56] Die EU-Kommission hat Amalgam 2009 für bedenklich erklärt, siehe http://www.torstenengelbrecht.com/artikel_wissenschaft/Mutter_Interview_Amalgam_Teil1_CoMed_0408.pdf.

[57] *Kuhlen*, FG BGH IV, 660 ff.; *Mayer*, 9.

[58] LG Göttingen, Urt. vom 23.6.1997, Az. 6 Ks 13/95, vgl. auch Achenbach/Ransiek/*Kuhlen*, Handbuch des Wirtschaftsstrafrechts, 3. Aufl. 2011, Kap. 2, Rn. 14; ebenso *Mayer*, 9, dort Fn. 56 unter Verweis auf LG Kassel, Urt. vom18.12.2000, Az. 800 Js 20985/99 5 Kls; dazu vertiefend *Meermann*, a. a. O., S. 38 ff. m. w. N.

[59] BGH, Urt. vom 19.4.2000, NJW 2000, 2754 ff. – Blutkonserven; vgl. dazu auch *Hart*, MedR 1995, 61 ff.

Beschwerdeführer zu begründen. Auch die Ursächlichkeit des Unterlassens für die eingetretenen Todes- bzw. Körperverletzungsfolgen waren nicht ausreichend dargelegt.[60]

14. Ermittlungsverfahren im Fall Lipobay (2001 bis 2007)[61]

25 Seit 2001 liefen Ermittlungsverfahren um das von der Bayer AG produzierte Medikament Lipobay. Die Staatsanwaltschaft Köln leitete gegen Mitarbeiter des Bayer-Konzerns Verfahren wegen des Verdachts von Verstößen gegen das Arzneimittelgesetz und wegen des Verdachts der fahrlässigen Körperverletzung bzw. Tötung ein, da der Chemie-Konzern den Cholesterin-Senker Lipobay erst im August 2001 vom Markt genommen hatte, und dies, nachdem bereits schädliche Nebenwirkungen (Muskelgewebezerfall) zumindest in Aufsätzen und Publikationen bekannt geworden waren. Zuletzt waren etwa 80 Personen beschuldigt.[62] Bereits ein Jahr nach Bekanntwerden des Problems gab es offiziell 104 Patienten, die den Blutdrucksenker angeblich eingenommen und gesundheitliche Folgen zu beklagen hatten.[63] Ein Sprecher der Staatsanwaltschaft aber hat offensichtlich mitgeteilt, es sei nicht ersichtlich gewesen, dass der Konzern und/oder die Mitarbeiter bei der Zulassung des Arzneimittels oder der Vermarktung desselben Risiken des Mittels tatsächlich ignoriert hätten. Es kam zu mehren Strafverfahren und auch zu Zivilverfahren in einer Reihe von Staaten, nicht nur in Deutschland.[64]

Wittis seltsame Milliardenklage

Von Andrea Krüger

Der Münchner Anwalt Michael Witti versucht es wieder mal. Er hat eine neue Klage deutscher Lipobay-Geschädigter angekündigt. Der Haken an der Sache: Wittis Vorhaben ist eigentlich aussichtslos.

DPA

Sammelklagen-Profi Witti: Sein Name fehlt selten

München - Nach den Worten Wittis geht es bei der neuen Sammelklage um die Rechte der Betroffenen, die in Deutschland und außerhalb der USA leben. Man lasse nicht zu, dass die Bayer AG nur in den USA entschädige und es somit Opfer erster und zweiter Klasse gebe. Die Ausweitung der bisherigen Klagen führe nun, so Witti, "zu einem Milliardenanspruch gegen Bayer".

Witti erklärte, er werde für die deutschen Geschädigten mit der US-amerikanischen Kanzlei Kenneth B. Moll zusammenarbeiten. Moll hatte schon im August eine Sammelklage von acht amerikanischen Lipobay-Benutzern eingereicht.

Unklar ist, ob Witti versuchen wird, die deutschen Opfer dieser Klage anzuschließen oder ob er eine weitere, eigene Sammelklage einreicht. Der Münchner Anwalt war am Freitag nicht zu erreichen.

Der lange Weg nach Amerika

Grundsätzlich ist Wittis Vorhaben, deutsche Geschädigte vor einem US-amerikanischen Gericht klagen zu lassen, äußerst fragwürdig. Zweierlei steht dem im Weg: Die Deutschen müssen zunächst nachweisen können, warum der Gerichtsstand ausgerechnet in den USA liegen soll. Nach Angaben des Kölner Produkthaftungs-Experten Tobias Lenz ist diese Absicht nur in den seltensten Fällen von Erfolg gekrönt. Grundsätzlich sei dies immer nur gerechtfertigt, wenn der Fall ohnehin internationale Aspekte hat. Beispiel Eschede: Außer Deutschen saßen auch andere Nationalitäten im Zug.

[Spiegel online, 11.1.2002, 17:20 Uhr]

---

[60] Vgl. zur Garantenstellung auch BGHSt 38, 388 = NJW 1993, 544; OLG Zweibrücken, Beschluss vom 24.10.1994 mit Anm., *Körner,* MedR 1995, 332 ff. und OLG Oldenburg, Urt. vom 25.4.1995, NJW 1996, 1601 mit Anm. *Schumann,* MedR 1995, 501 ff.

[61] Vgl. *Müller-Gugenberger/Bieneck,* § 56 Rn. 31; JUVE Rechtsmarkt 2007, 69; Artikel des Spiegel online vom 11.1.2002, abrufbar unter http://www.spiegel.de/wirtschaft/a-176492.html.

[62] JUVE Rechtsmarkt 2007, 69.

[63] *Mayer,* 1; vgl. dazu Die Zeit vom 1.8.2002, 27 sowie JUVE Rechtsmarkt 2007, 69.

[64] JUVE Rechtsmarkt 2007, 69.

Nach Erhebung der von den Lipobay-Opfern angestrebten US-Sammelklage zahlte der Chemie-Konzern mit Unterstützung der Versicherungswirtschaft – im Zusammenhang mit dem Zivilverfahren – ca. 1 Mrd. US-Dollar.[65] 26

15. Verfahren in den „Brennenden (Pflege-)Bettenfällen“ von 2001 bis 2008

Nach einigen Brandschadensfällen in Deutschland und in Frankreich, die vermeintlich durch elektrische Pflegebetten verursacht wurden, hatten die in Deutschland für Medizinprodukte zuständigen Behörden schon im Jahr 2001 konkrete Maßnahmen zum Schutz der Anwender angeordnet. Neben einigen anderen Ursachen wurde insbesondere fehlender Feuchtigkeitsschutz an den Elektromotoren gegen von außen eindringende Flüssigkeit als wesentliche Ursache für die Brände betrachtet. Die Hersteller der Kranken- und Pflegebetten wurden aufgefordert nachzuweisen, dass deren Produkte die Anforderungen der Medizinprodukterichtlinie und die Regelungen des Medizinproduktegesetzes (MPG) erfüllten, ihre Kunden zu informieren und, bis zu einer Nachrüstung der betroffenen Betten, diese nur noch eingeschränkt zu betreiben und falls nötig, diese ganz vom Netz zu nehmen. In den im Anschluss daran geführten (Muster-) Verfahren ging es den Kassen vor allem darum, die Kosten für die Nachrüstung von den Herstellern ersetzt zu erhalten.[66] Eines dieser Verfahren endete in der wichtigen sog. Pflegebettenentscheidung des BGH.[67] 27

Auch im Zusammenhang mit diesen Verfahren wurden gegen einige wenige Vorstände von Aktiengesellschaften (Hersteller) Ermittlungsverfahren eingeleitet, aber nach § 170 Abs. 2 StGB mangels hinreichenden Tatverdachts eingestellt. 28

16. Ermittlungen gegen Humana-Verantwortliche ab 2003[68]

Babymilch: Eltern fordern 200 Millionen

STAATSANWALT *Ermittlungen gegen „Humana“-Angestellte*

Everswinkel/Bielefeld – Der Skandal um die Babymilch, die zu wenig Vitamin B enthielt – jetzt ermittelt die Staatsanwaltschaft Bielefeld gegen eine Mitarbeiterin des Babynahrungsherstellers. Gegen die Leiterin der Produktentwicklung von „Humana“ läuft ein Ermittlungsverfahren wegen Verdachts der fahrlässigen Tötung. Der Hersteller aus Everswinkel hatte zugegeben, fehlerhafte Sojamilch nach Israel geliefert zu haben. Dort waren zwei Babys an akutem Vitamin-B-1-Mangel gestorben, 15 sind schwer erkrankt. Die Eltern der Kinder klagten auf 200 Mio € Schadenersatz.

Ein „Humana“-Vorstandssprecher räumte ein, bei der Qualitätskontrolle sei wegen „menschlichen Versagens“ vergessen worden, Vitamin B1 beizumengen. Ursache sei eine fehlerhafte Berechnung bei einer neue Rezeptur. Das Verbraucherministerium in Düsseldorf lässt nun entsprechende Proben untersuchen, mit einem Ergebnis sei aber erst in den nächsten Tagen zu rechnen, so ein Sprecher. Sollte es Beanstandungen geben, müsse das Unternehmen die vollen Konsequenzen tragen.

[Express, 13.11.2003]

---

[65] Artikel der Online-Ausgabe des Handelsblatts vom 16.6.2011, abrufbar unter http://www.handelsblatt.com/unternehmen/industrie/us-gerichtshof-laesst-klage-gegen-bayer-zu/4294214.html.

[66] *Lenz*, „Brennende Pflegebetten“ – Sichere Medizinprodukte, PHi 2003, 142 ff.; *Lenz*, Kein Aufwendungsersatz bei Nachrüstung von Pflegebetten, PHi 2006, 17 ff.; *Lenz*, OLG Hamm zum Aufwendungsersatz für die Nachrüstkosten bei Pflegebetten, PHi 2007, 135 ff.; vgl. dazu auch unveröffentlicht: AG Werl vom 8.11.2002, Az. 4 C 512/02; Verfahren vor dem LG Köln, Az. 14 O 336/02, nach § 240 ZPO unterbrochen und LG Arnsberg, Urt. vom 6.5.2003, Az. 5 S 176/02.

[67] BGH, Urt. vom 16.12.2008, VersR 2009, 272 ff.; *Lenz*, Die Auswirkungen der Rechtsprechung zum Rückruf, insbesondere für den Zuliefererregress auch unter Berücksichtigung internationaler Aspekte, in FS für Meilicke, 417 (431) m. w. N.

[68] Express vom 13.11.2003.

29 Seit Ende 2003 ermittelte die Staatsanwaltschaft Bielefeld gegen die Verantwortlichen des Babymilch-Herstellers Humana. In Israel waren zwei Babys an akutem Vitamin-B-1-Mangel gestorben und weitere 15 schwer erkrankt. Es kam zur Einleitung eines Strafverfahrens wegen fahrlässiger Tötung.[69]

17. Zugunglück von Eschede (2003)[70]

30 Gegen Mitarbeiter der Deutschen Bahn AG und Mitarbeiter des Herstellers des aller Wahrscheinlichkeit nach unglücksverursachenden Zug-Radreifens wurden nach einem Zugunglück auf der ICE-Strecke von Hannover nach Hamburg am 3.6.1998 Ermittlungsverfahren wegen fahrlässiger Tötung von 101 Menschen und wegen Körperverletzung von 88 Schwerverletzten eingeleitet. Sämtliche Verfahren wurden jedoch nach Anklageerhebung Anfang November 2001 nach § 153a StPO gegen Zahlung von 10.000,00 EUR und 54 Hauptverhandlungstagen[71] im Mai 2003 eingestellt, da den Angeklagten – trotz der Einholung von 13 Sachverständigengutachten – nicht nachgewiesen werden konnte, dass sie für das Unglück verantwortlich waren.[72]

18. Die spektakulärsten Gammelfleisch-Fälle (2005 bis 2006)[73]

31 „Gammelfleisch" – von „Gammeln", „Altwerden" – ist ein umgangssprachlicher, negativ besetzter Begriff für verdorbenes Fleisch, das in Verkehr gebracht wird.[74] Insbesondere im Zeitraum von Oktober 2005 bis März 2006 kam es zu einer Reihe von „Fleischskandalen" in Deutschland. Auch hier wurden zahlreiche Ermittlungsverfahren eingeleitet. So haben Lebensmittelkontrolleure in Berlin etwa 95 Tonnen verdorbenes Putenfleisch beschlagnahmt und die Behörden ermittelten gegen einen 59-Jährigen.[75] Noch bekannter wurden die sogenannten „Ekelfleisch-Fälle" im Zusammenhang mit Beschlagnahmen in Bayern.[76] So beschlagnahmte die Staatsanwaltschaft in Memmingen rund 20 Tonnen für den menschlichen Verzehr ungeeigneten und umetikettierten Fleisches; und auch andernorts, u. a. im Schwäbischen, wurden verschiedene ähnliche Delikte aufgedeckt. Allerdings sei hier ebenfalls erwähnt, dass zum Beispiel im Fall um die „Passauer Wildfleisch Unternehmung" Kontrolleure – selbst trotz offensichtlich vorhandener Hygienemängel – in dem konkreten Betrieb keine Handhabe für strafrechtliche Maßnahmen hatten.[77] Ein 51 Jahre alter Wildfleisch-Händler wurde im November 2006 allerdings wegen gewerbsmäßigen Betrugs und

---

[69] www.dev-betrieb.de; Ermittlungen gegen Mitarbeiter der Humana Milchunion, Handelsblatt vom 12.11.2003.

[70] LG Lüneburg, Beschluss vom 19.5.2003, Az. 17 Kls 15/01 – Ermittlungsverfahren im Zugunglück von Eschede; *Müller-Gugenberger/Bieneck,* § 56 Rn. 27.

[71] *Winkelbauer,* § 80 Rn. 9 und Fn. 18; *Volk/Wessing* II, Verteidigung in Wirtschafts- und Steuerstrafsachen, 2006, § 4 Rn. 21 ff.

[72] Eisenbahn-Revue International, Heft 10/2003, ISSN 1421–2811, 448; *Kühlwetter,* Der Prozess zum Unfall in Eschede, in Eisenbahn-Revue International, Heft 1/2003, 13 ff.

[73] Focus online: Gammelfleisch – Die spektakulärsten Fälle 2006; *Böhm/Schulze/Kleinschmit/Spiller,* Wer darf Lebensmittelkrisen managen? Einfluss der Medienberichterstattung auf die Wege aus den Gammelfleischskandalen, in: Böhm/Albersmeier/Spiller (Hrsg.), Die Ernährungswissenschaft im Scheinwerferlicht der Öffentlichkeit, Bd. 4 der Reihe Agrarökonomie, 273 ff., (275); Ministerin ohne Macht, Focus 10/2013, 55.

[74] Die Gesellschaft für die deutsche Sprache wertete das Wort als Unwort des Jahres 2005 an 5. Stelle.

[75] www.focus.de/finanzen/news/lebensmittel_aid_120723.html vom 8.12.2006.

[76] www.focus.de/finanzen/news/chronik_aid_130857.html: „Chronik der größten Skandale in Bayern", Focus Online von Dienstag, 28.8.2007.

[77] Merkur-online.de: „Gammelfleisch: Keine Handhabe fürs Strafrecht" vom 19.4.2007.

Lebensmittelverstößen zu einer zweijährigen Bewährungsstrafe verurteilt. Sein Unternehmen hatte – ausweislich von Merkur-Online – tonnenweise billiges Hirschfleisch als Elchfleisch verkauft. Nicht alle Fälle, die mit dem „Gammelfleisch-Skandal" erfasst werden, sind gleichgelagert. Vielfach ging es um reinen Betrug, weshalb die Fälle in der strafrechtlichen Produktverantwortung eher eine untergeordnete Rolle einnehmen.

Inzwischen ist im Zusammenhang mit diesen Fällen eine interessante **EuGH-Entscheidung**[78] ergangen. Der bayerische Verbrauchermininster hatte Ende Januar 2006 eine Lebensmittelwarnung vor Wildfleisch eines Unternehmens erlassen, das daraufhin Insolvenz anmelden musste. Der Inhaber klagte mit dem Argument, das von ihm gelieferte Fleisch sei nicht „gesundheitsschädlich" gewesen; deshalb hätte er in der Pressemitteilung auch nicht namentlich erwähnt werden dürfen. Dies sah der EuGH anders. Eine Information der Öffentlichkeit sei nicht nur bei tatsächlich bestehender Gesundheitsgefahr, sondern auch dann erlaubt, wenn es sich nur um für den Verzehr ungeeignete Lebensmittel handele. Art. 10 der VO Nr. 178/2002 stehe der Regelung in § 40 LBFG nicht entgegen. 32

19. Klettergerüst-Entscheidung[79]

Am 15.10.2003 spielte ein siebenjähriges Mädchen auf dem Spielplatz „Krumme Lanke" in Menden auf einem Kletterturm. Zwischen dem Seil, das als Aufstiegshilfe dort montiert war, und der hölzernen Rampe wurde die Siebenjährige stranguliert. Das Spielgerät hatte ein TÜV-Zertifikat und trug das Siegel „geprüfte Sicherheit" (GS-Zeichen). Laut Aussage des TÜV war es „geeignet für den Einsatz auf öffentlichen Spielplätzen". Wie alle Spielplätze der Stadt Menden – so gab die Stadtverwaltung Auskunft – war alle zwei Wochen der Spielplatz kontrolliert worden, zuletzt unmittelbar vor dem Unfall. 33

Angeklagt wurden schließlich[80] der Geschäftsführer der herstellenden Spielgeräte GmbH und der Kolonnenführer des Bauhofs. Beide Angeklagten wurden vom Amtsgericht Siegburg vom Vorwurf der fahrlässigen Tötung freigesprochen. Das Gericht war der Überzeugung, den beiden Angeklagten keine persönliche Verantwortung für das tragische Ereignis nachweisen zu können. Es billigte dem Geschäftsführer des Spielgeräteherstellers zu, sich auf das Zertifikat des TÜV habe verlassen zu dürfen; dies musste dann erst recht dem Bauhofmitarbeiter gegenüber gelten. Den beiden Angeklagten könne nicht abverlangt werden, was laut Aussage der TÜV-Sachverständigen nur fünf Experten in Deutschland erkannt hätten, dass durch die Anbringung des Seils eine „Kopffangstelle" entstehen könne. Kurios erscheinen dennoch die – seinerzeit offensichtlich nicht weiter aufklärbaren – Hintergründe: So wäre möglicherweise die Frage zu klären gewesen, ob und inwieweit dem Geschäftsführer dennoch ein Vorwurf deshalb hätte gemacht werden können, weil er ggf. Kenntnis von früheren Unfällen gehabt hat, bevor es zu dem tödlichen Unfall in Menden kam. Dazu hatte das Gericht Zeugen vernommen. Dabei ging es um die Frage, ob und inwieweit bereits nach einem Urteil in Darmstadt dem Geschäftsführer die Dramatik des seinerzeitigen Unfalls bekannt war. Aber auch die Zeugen brachten nicht die für das Gericht notwendige Überzeugung von einer wie auch immer gearteten Vorkenntnis.[81] Das Delikate an diesem Fall ist – auch darauf wird im Zusammen- 34

---

[78] EuGH, Urt. vom 11.4.2013, BeckRS 2013, 80747 – Warnung auch vor nur „genussuntauglichen" Lebensmitteln; vgl. dazu auch Impulse 2013, 98; sowie LG München I, LMRR 2011, 81.

[79] AG Siegburg, Urt. vom 27.11.2006; StA Bonn, Az. 23 Js 536/03; www.bo-muenstermann.de, zuletzt abgerufen am 26.10.2011; Kölnische Rundschau vom 16.3.2003, „Entsetzen nach Spielplatzunfall" (dk).

[80] StA Bonn, Az. 23 Js 536/03.

[81] Generalanzeiger vom 28.11.2006, www.bo-muenstermann.de, zuletzt abgerufen am 26.10.2011 sowie Kölnische Rundschau, www.rundschau-online.de, zuletzt abgerufen am 26.10.2011 „Entsetzen nach Spielplatzunfall" unter Verweis auf den Artikel vom 16.10.2003.

hang mit der zivilrechtlichen Produktbeobachtungspflicht noch einzugehen sein – die möglicherweise vorhandene Vorkenntnis des Geschäftsführers. Hat ein Hersteller aufgrund der ihm obliegenden Produktbeobachtungspflicht hinreichende Kenntnisse über Mängel am Produkt und beseitigt er konkrete Gefahren dennoch nicht, läuft er Gefahr, sich strafbar zu machen. Zudem drängte sich außerdem die Frage auf, inwieweit der betroffene Hersteller sich auf Zertifikate von Sachverständigen hätte verlassen dürfen.[82]

20. Eissporthalle Bad Reichenhall (2006)[83]

35 Die Eislaufhalle in Bad Reichenhall wurde in den Jahren 1971 bis 1993 erbaut. Am 2.1.2006 stürzte ihr Dach ein, wobei 15 Menschen starben und 34 weitere verletzt wurden. 2007 wurde die Halle dann endgültig abgerissen.[84] Die Schneelast lag noch unter der Belastungsgrenze, so dass eine Räumung zunächst nicht erforderlich war. Aufgrund weiterer – seinerzeit angekündigter – Schneefälle sollte das Dach jedoch vor weiterer Nutzung von Schnee befreit werden. Wenige Minuten vor der Sperrung der Eissporthalle, die zu dieser Zeit noch besucht war, kam es überraschend zum Einsturz des Daches. Die zuständige Staatsanwaltschaft in Traunstein nahm die staatsanwaltschaftlichen Ermittlungen auf. Mit der technischen Untersuchung beauftragte sie zwei Gutachter. Gegen acht Personen wurden danach konkrete Ermittlungen aufgenommen, gegen vier ehemalige Mitarbeiter der Stadt Bad Reichenhall, gegen zwei Planer und gegen zwei ehemalige Mitarbeiter des Unternehmens, die die Dachkonstruktion errichtet hatten.[85] Am 28.1.2008 begann vor dem LG Traunstein der Prozess gegen den damaligen Bauleiter und Statiker für das Dachtragwerk, den damaligen Projektleiter des Architekturbüros und den Ersteller eines Gutachtens aus dem Jahre 2003. Ihnen wurden fahrlässige Tötung und fahrlässige Körperverletzung vorgeworfen. Aus Gesundheitsgründen wurde ein weiteres Verfahren gegen einen Architekten abgetrennt und gegen einen weiteren Beschuldigten ebenfalls aus Gesundheitsgründen ein Verfahren eingestellt, der noch 2007 verstarb. Schließlich wurde am 18.11.2008 der Konstrukteur des Daches vom Landgericht wegen Verletzung der Sorgfaltspflichten der fahrlässigen Tötung für schuldig befunden und zu 18 Monaten Freiheitsstrafe auf Bewährung verurteilt. Architekt und Statiker wurden zunächst freigesprochen. Der BGH hat den Freispruch zugunsten des Statikers durch das LG Traunstein am 12.1.2010 aufgehoben und die Sache an eine andere Strafkammer des LG Traunstein zurückverwiesen.[86] Der BGH berief sich bei der Entscheidung auf Mängel in der damaligen Beweiswürdigung. Insbesondere habe das LG nicht nachvollziehbar nahegelegt, weshalb die Angestellten der Stadt Bad Reichenhall auch bei ganz deutlichen Warnhinweisen vom Gutachter 2003 nicht anders gehandelt, zum Beispiel das Dach geräumt, oder die Öffnungszeiten eingeschränkt hätten.[87] Der Statiker hatte drei Jahre vor dem Einsturz

[82] Vgl. dazu in der Öffentlichkeit diskutierte Themen, u. a. „Was ist das TÜV/GS-Zeichen wert?", so etwa www.bo-muenstermann.de.

[83] *Eidam,* Unternehmen und Strafe, Rn. 2513; http://www.br-online.de/aktuell/bad-reichenhaller-halleneinsturz-DID1204188613265/bad-reichenhall-prozess-eishalle-ID1225805533657.xml, siehe auch bereits BGH StE 53, 38 ff.

[84] http://de.wikipedia.org/wiki/Eislaufhalle_Bad_Reichenhall vom 15.10.2011.

[85] Wikipedia, siehe Fn. 83.

[86] BGH Pressestelle: Einsturz der Eissporthalle Bad Reichenhall: Freispruch aufgehoben, in Mitteilung der Pressestelle, Nr. 5/2010, BGH, 12.1.2010, abgerufen am 12.1.2010 (zum Urt. vom 12.1.2010 – 1 StR 272/09); vgl. dazu auch BGH, NJW 2010, 1987; *Stübinger,* Zurechnungsprobleme beim Zusammenwirken mehrerer fahrlässiger Taten. Am Beispiel der Entscheidung des BGH zum Einsturz der Eissporthalle Bad Reichenhall, ZIS-online 07/2011, 602.

[87] Wikipedia, siehe Fn. 83; dazu auch *Peters,* Hinterm Kreuz die Lichtung: Schatten über Bad Reichenhall, die Eishallen-Tragödie, 2007.

bescheinigt, das Gebäude sei in einem guten Zustand. Am 27.10.2011 wurde der Statiker im Revisionsprozess endgültig freigesprochen.[88]

21. Tödliche Bakterien: Listerien-Käsefall[89]

Aufgrund des Strafbefehls und Bußgeldbescheides des AG Heilbronn vom 7.1.2013 muss ein Lebensmittel-Discounter – nämlich das Unternehmen selbst – 1,5 Mio. EUR an Geldbuße zahlen. Ein in Österreich hergesteller „Harzer Käse", den der Discounter im Zeitraum von Juni 2009 bis Januar 2010 vertrieben hatte, war – so das Gericht – mit Listerien belastet. Der gesetzlich festgelegte Höchstgrenzwert von 100 keimbildenden Einheiten pro Gramm (KbE/g) war überschritten. Diese Bakterien können schwere Personenschäden hervorrufen. In der Bundesrepublik waren 2010 zahlreiche Personen erkrankt und eine Person war – nach Mitteilung der Staatsanwaltschaft – angeblich an den Folgen der Lebensmittelvergiftung gestorben.[90] Obwohl die Geschäftsleitung und auch der Leiter der Qualitätssicherung von der Überschreitung der Grenzwerte wussten, hatten sie es versäumt, unverzüglich die zuständige Behörde und die Verbraucher darüber zu informieren, dass nicht verkehrsfähige Lebensmittel in den Verkehr gebracht worden waren. Der Discounter sei – so das Gericht – seinen Informations-, Warn- und Rückrufpflichten nicht hinreichend nachgekommen. Spätestens Ende 2009 hätte ein öffentlicher Lieferstopp veranlasst werden müssen. Der erst 2010 veranlasste Rückruf sei zu spät erfolgt. Zudem habe es sich lediglich um einen stillen Rückruf gehandelt, der ebenfalls nicht ausreichend gewesen sei. Auch gegen vier Mitarbeiter des Unternehmens wurden Bußgeldbescheide in Höhe von rd. 50.000,00 EUR erlassen.[91] 36

Die Vergehen waren u. a. das fahrlässige Inverkehrbringen gesundheitsgefährdender Lebensmittel (§ 58 Abs. 2 Nr. 1, Abs. 6 LFGB i. V. m. §§ 14 Abs. 1 Nr. 1, 53 StGB) und auch Ordnungswidrigkeiten wegen fahrlässiger Versäumung von Meldepflichten und Unterlassung geeigneter Maßnahmen zur Gefahrenabwehr (§ 60 Abs. 3 Nr. 1d, e und f, Abs. 5 Nr. 3 LFGB i. V. m. Art. 19 Abs. 1 Satz 1 und Abs. 3 Satz 1 und 2 VO (EG) 178/02, §§ 9 Abs. 1 Nr. 1, 20 OWiG). Beim Unternehmen selbst – als Nebenbeteiligte – ging es um Ordnungswidrigkeiten (§§ 30 Abs 1 Nr. 1, Abs. 2, 3 und 17 Abs. 2 und 4 OWiG i. V. m. § 58 Abs. 2 Nr. 1, Abs. 6 LFGB, § 53 StGB). 37

22. Ausländische strafrechtliche Ermittlungsverfahren und Urteile

Im Hinblick auf den Schwerpunkt des Buches, dem Thema der „(zivilrechtlichen) Produkthaftung", soll die rein faktische Darstellung der vorgenannten, vor allem in Deutschland eingeleiteten Ermittlungs- und Strafverfahren genügen. Lediglich der Vollständigkeit halber soll noch auf einige wichtige „Unfälle" – bisweilen von der Boulevardpresse als „Skandal" bezeichnete Fälle – verwiesen werden: Schon im November 1953 ereignete sich 38

---

[88] LG Traunstein, Urt. vom 27.10.2011, Az. 6 KLs 200 Js 865/06 (3); Bauingenieur wird freigesprochen, Handelsblatt vom 27.10.2011; Und wo sind die Mitschuldigen?, FAZ vom 18.11.2008; dort findet sich auch eine Chronologie der Ereignisse.

[89] AG Heilbronn, Az. 41 Cs 24 Js 10497/10 – Strafbefehl und Bußgeldbescheid vom 7.1.2013; Spiegel online vom 15.1.2013: Tödliche Bakterien: Lidl muss Millionenstrafe wegen Listerien-Käse zahlen, http://www.spiegel.de/wirtschaft/service/listerien-skandal-lidl-muss-bussgeld-zahlen-a-877717.html, zuletzt abgerufen am 23.4.2013.

[90] Dies war nicht nachweisbar, so dass es im Strafbefehlsverfahren nicht zu einer Verurteilung wegen fahrlässiger Tötung bzw. fahrlässiger Körperverletzung kam.

[91] AG Heilbronn, Az. 41 Cs 24 Js 10497/10 – Strafbefehl und Bußgeldbescheid vom 7.1.2013; der Strafbefehl enthält detaillierte Ausführungen zu den Sorgfaltspflichten eines Großhändlers im Lebensmittelbereich und auch zu Rückruf-, Warn- und Kooperationspflichten.

ein erster Dioxinunfall bei der BASF: Tetrachlorbenzol war verpufft. Zahlreiche Menschen starben.[92] Auch in Hamburg ereigneten sich Dioxin-Unfälle von 1984 bis 1994.[93] Gerade im Zusammenhang mit **Dioxin,** aber auch mit **anderen Produkten** kam es nicht nur in Deutschland zu zahlreichen Unfällen, sondern auch im **Ausland:**[94]

39 Weniger spektakulär, aber auch im Zusammenhang mit Dioxin noch erwähnt sei der Unfall in Time Speech, 1983, als Dioxin-Öl die Straßen bedeckte und alle Bewohner evakuiert werden mussten. Erinnert sei auch an die Giftwolke, die 1976 30 km von Mailand entfernt aus einem Unternehmen einer Tochter eines Schweizer Arzneimittelkonzerns entwich. In kurzer Zeit verdorrte das Laub der Bäume, Tiere verendeten und hunderte von Menschen suchten Hilfe auf der Straße. Die Bilder von den gezeichneten Kindern von **Seveso** gingen ohnehin um die ganze Welt.[95] Aber nicht nur Chemiehersteller sind betroffen, letztendlich bleibt keine Branche verschont. Zu erinnern ist insoweit an die international zu bewältigenden Krisen im Zusammenhang mit **BSE**[96] oder auch dem **Vogelgrippe-Virus.**[97] Diese Fälle, aber auch zahlreiche **Asbest-Verfahren,** beschäftigen Gerichte in der ganzen Welt,[98] ebenso wie Ermittlungsverfahren in Tabakprozessen.[99] In erster Linie zu erwähnen sind gesundheitliche Folgeprobleme nach der Verwendung des „berühmten" Mittels (CAS 39277-47-9), das die Vereinigten Staaten von Amerika im Vietnamkrieg großflächig zur Entlaubung von Wäldern eingesetzt haben,[100] und den Fall, der bekannt wurde unter dem Namen **„Agent Orange".** Der mehrdeutige Name stammt von den orangefarbenen Streifen, mit denen die entsprechenden Fässer des Entlaubungsmittels seinerzeit gekennzeichnet waren. Das in Rede stehende Entlaubungsmittel wurde von Flugzeugen und Helikoptern von Januar 1965 bis April 1970 versprüht.[101] Agent Orange wurde u. a. von US-Chemieherstellern, aber auch von deutschen Herstellern, produziert und geliefert. Da das Entlaubungsmittel mit TCDD verunreinigt war, führte es zu erheblichen, zum Teil irreversiblen gesundheitlichen Schäden und Spätfolgen, die sich in Missbildungen und Immunschwächen zeigten. Auch Krebs zählt möglicherweise zu den Spätfolgen.[102] Auch zahlreiche US-Soldaten wurden geschädigt: Sie reichten Sammelklagen gegen mehrere Herstellerunternehmen ein. Am 7.5.1984 kam es zu einem vorläufigen außergerichtlichen Vergleich: Sieben Unternehmen zahlten in einen Fonds über 180 Mio. US-Dollar für Entschädigungszahlungen ein, die bis dahin höchste jemals in einem Vergleich in den USA gezahlte Summe.[103] Die Gruppe vietnamesischer Opfer, die gegen amerikanische Hersteller ebenfalls Klage eingereicht hatten, wurde im März 2005 jedoch abgewiesen, da nach Ansicht des Richters der Einsatz von

---

[92] *Czernin/Skalnik* "Umweltgifte: Dioxin", in Focus Nr. 28, 1996, http://www.focus.de/wissen/wissenschaft/umweltgifte-dioxin_aid_162549.html.

[93] *Hillmer,* Dioxin – Das lange Leiden, Hamburger Abendblatt vom 14.12.2004.

[94] Vgl. dazu *Czernin/Skalnik,* Fn. 92.

[95] *Czernin/Stalnik,* Fn. 92.

[96] Zur Chronologie der BSE-Seuche vgl. Spiegel online vom 28.11.2000, http://www.spiegel.de/politik/ausland/0,1518,105210,00.html

[97] Vgl. dazu jüngst *Wagner,* PHi 2012, 2 ff.

[98] Vgl. vor allem Verfahren in den USA, z. B. Artikel vom 11.7.2003, abrufbar unter http://www.boerse-express.com/pages/242732.

[99] *Molitoris,* Tabakprozesse in den USA, Deutschland und anderen europäischen Ländern, NJW 2004, 3662 ff.

[100] http://de.wikipedia.org/wiki/Agent_Orange.

[101] US Department of Veterans Affairs – When and where Agent Orange was used in Vietnam, http://www.publichealth.va.gov/exposures/agentorange/faqs.asp#Q2

[102] *Schnibben,* Der Tod aus Ingelheim, Der Spiegel Nr. 32, 1991, 102 ff.

[103] US Department of Veterans Affairs – Agent Orange Settlement Fund, http://www.benefits.va.gov/COMPENSATION/claims-postservice-agent_orange-settlement-settlementFund.asp.

Agent Orange keine chemische Kriegsführung und deshalb kein Verstoß gegen internationales Recht war.[104]

Rechtsvergleichend sei noch erwähnt die Entscheidung des Spanischen Obersten Gerichtshofs im **Olivenöl-Fall.**[105] 1981 starb ein achtjähriger Junge an einer mysteriösen Krankheit. Es blieb nicht bei einem Toten. Innerhalb nur weniger Tage breitete sich „die mysteriöse Krankheit“ in Spanien wie eine Epidemie aus, an der schließlich bis zu 30.000 Menschen erkrankten. Die Ursache für die Krankheit – so wurde später festgestellt – war ein als „reines Olivenöl“ verkauftes „Industrie-Rapsöl“, das für den menschlichen Verzehr unbrauchbar war und giftig auf den menschlichen Organismus wirkte. In dem größten Lebensmittelprozess in der spanischen Geschichte bis dato überhaupt wurden schließlich von 38 Angeklagten 13 „Ölpanscher“ zu Haftstrafen zwischen sechs Monaten und 20 Jahren verurteilt.[106] 40

Im Übrigen auch für die zivilrechtliche Produkthaftung nicht unbedeutend sei auf die **„Strafsache Yonemoto“**[107] verwiesen: Eine finnische Gesellschaft, welche Maschinen einführt, importierte von einem französischen Unternehmen eine Biegepresse und verkaufte sie an ein weiteres finnisches Unternehmen. Die Biegepresse war mit einer CE-Kennzeichnung (vgl. dazu heute § 7 ProdSG) versehen. Der französische Hersteller hatte zudem die erforderliche Konformitätserklärung erstellt, so dass davon auszugehen war, dass die Maschine den Regelungen der Maschinenrichtlinie entsprach. Tatsächlich war die Maschine jedoch in verschiedener Hinsicht nicht sicher, insbesondere funktionierte die Notabschaltvorrichtung nicht einwandfrei. Dies führte letztlich dazu, dass einem Mitarbeiter des finnischen Unternehmens, das die Biegepresse erworben hatte, beim Auswechseln der Klingen der Biegepresse mehrere Finger abgetrennt wurden. Die finnischen Gerichte hatten daraufhin zu prüfen, ob der Vertreter des finnischen Importunternehmens zum Schadenersatz verurteilt werden und daneben strafrechtlich zur Verantwortung gezogen werden könne. Beides sollte nach dem finnischen Arbeitsschutzgesetz und dem finnischen Strafgesetz möglich sein. Der EuGH stellte jedoch fest, dass die **Bestrafung eines innereuropäischen Maschinenhändlers** (Finne) nach nationalem Recht zu Unrecht erfolgt war.[108] 41

Erinnert sei etwa auch an die Brandkatastrophe am Kitzsteinhorn (besser bekannt unter dem Stichwort **„Kapruner Gletscherbahn“**). Die Staatsanwaltschaft hatte 16 Angeklagten konkretes Fehlverhalten vorgeworfen. Die Beschuldigten mussten sich seit dem 18.6.2002 wegen fahrlässiger Herbeiführung einer Feuersbrunst und wegen fahrlässiger Gemeingefährdung verantworten. Der Vorwurf: Sie hätten die Möglichkeit der Brandentstehung im Zug nicht ausreichend berücksichtigt. Seit Juni 2002 war vor dem Salzburger Landesgericht in Österreich verhandelt worden. Bei der Brandkatastrophe im Tunnel der österreichischen Gletscherbahn starben am 11.11.2000 155 Menschen. Die Züge waren mit Menschen aus Österreich, den USA, Japan, Slowenien, den Niederlanden und Tschechien besetzt.[109] Ursache für das Inferno war nach Meinung verschiedener Gutachter ein überhitzter Heizstrahler in einem der Waggons, der eine undichte Hydraulikleitung entzündet haben soll. Doch das Gericht war der Auffassung, dass sich die Belastungsvorwürfe gegen 42

---

104 Siehe Kap. „Juristische Aufarbeitung“ unter http://de.wikipedia.org/wiki/Agent_Orange, Wikipedia vom 23.4.2013.

105 Spanischer Oberster Gerichtshof, NStZ 1994, 37.

106 Vgl. auch NStZ 1994, 37 oder auch http://www.spanien-bilder.com/lexikon/giftoel-skandal-in-spanien.htm vom 15.10.2011.

107 EuGH, Urt. vom 8.9.2005, Az. C-40/04.

108 EuGH, Urt. vom 8.9.2005, Az. C-40/04, StoffR 2005, 227.

109 Alle Angeklagten im Kaprun-Prozess freigesprochen, in Süddeutsche Zeitung, www.sueddeutsche.de vom 19.2.2004.

die Beschuldigten im Verfahren nicht erhärtet hätten. Das Verfahren habe – so der federführende Richter – vielmehr zu einer vollständigen Entlastung geführt.[110]

43 Nicht weniger spektakulär sei erinnert an zahlreiche Flugzeugabstürze. Nicht zuletzt und vielleicht für viele an dieser Stelle stellvertretend sei gedacht an den Absturz der **Air-France Concorde** am 25.7.2000 in einem Außenbezirk von Paris[111]: Bei dem Absturz des Überschalljets waren am 25.7.2000 insgesamt 113 Menschen ums Leben gekommen; die meisten Passagiere waren Deutsche, die von New York aus zu einer Kreuzfahrt starten wollten. Rund zehn Jahre später begann in Pontoise der Prozess gegen die mutmaßlichen Verantwortlichen der Katastrophe. Das französische Gericht erster Instanz sollte klären, ob sich Techniker der US-Fluggesellschaft **Continental Airlines** der fahrlässigen Tötung schuldig gemacht hatten. Angeklagt waren auch drei ehemalige Mitarbeiter der französischen Luftfahrtbehörde DGAC und Mitarbeiter des Herstellers der Concorde. Ihnen wurde von der Staatsanwaltschaft vorgeworfen, angeblich vor möglichen Risiken des Flugzeugs nicht gewarnt zu haben.[112] Das französische Gericht erster Instanz verurteilte einen Continental-Mitarbeiter zu 15 Monaten Haft auf Bewährung wegen fahrlässiger Tötung und stellte die Mitschuld der US-Fluggesellschaft Continental Airlines fest. Das Unternehmen wurde zu einer Geldstrafe in Höhe von 200.000,00 EUR verurteilt. Zudem sollte Continental 1 Mio. EUR Schadenersatz an Air France zahlen, dem Unternehmen, dem die abgestürzte Concorde-Maschine gehörte. Die Richter stellten in erster Instanz fest, dass der Überschalljet Feuer fing, weil er beim Start über eine Titanlamelle rollte, die von einer Continental-Maschine (zuvor) abgefallen war. Dabei sei ein Reifen der Concorde geplatzt und Gummiteile hätten den Tank des Flugzeugs zerstört und der ausströmende Treibstoff sei in Flammen aufgegangen. Mit anderen Worten: Die Arbeiter (von Continental) hätten „schlampig" gearbeitet.[113] Im Berufungsprozess kam es dann „überraschenderweise" zu einer Wende. Das Berufungsgericht in Versailles verwarf den Schuldspruch gegen die damalige US-Fluggesellschaft Continental Airlines. Die Richter sprachen die Gesellschaft, zwei ihrer Mitarbeiter sowie einen ebenfalls angeklagten Vertreter der französischen Luftfahrtbehörde strafrechtlich frei.[114] Somit wurden – 12 Jahre nach der Katastrophe – alle Angeklagten freigesprochen.

44 Erwähnt werden soll an dieser Stelle – da insbesondere für die zivilrechtliche **Produktbeobachtungspflicht** ebenfalls von entscheidender Bedeutung – auch eine Entscheidung des Korrektionalgerichts Leuven aus dem Jahre 2012:[115] In diesem Verfahren wurde ein **deutscher Maschinenhersteller** zu einer Geldbuße verurteilt. Zugunsten des damaligen Geschäftsführers der herstellenden GmbH wurde ein Entschuldigungsgrund angenommen. Im März 2006 kam es zu einem tödlichen Unfall. Zwei Arbeiter waren in Belgien damit beschäftigt, mit der von der soeben zitierten GmbH hergestellten Hubarbeitsbühne Bäume zu schneiden. Aus großer Höhe schoben sich plötzlich die Teleskoparme ineinander, so dass die Arbeiter aus dem Käfig der Hubarbeitsbühne geschleudert wurden und starben. Die Arbeiter hatten kein Sicherheitsgeschirr getragen. Bei der sachverständigen Untersuchung hatte sich herausgestellt, dass der Unfall aller Voraussicht nach durch ein

---

[110] *Heider,* Die Akte Kaprun, BR-online, 10.11.2010; vgl. dazu auch *Winkelbauer,* § 81 Rn. 63.

[111] *Walsh,* Die Concorde, ihre Geschichte und ihre Tragödie, www.wsws.org vom 28.7.2000/ 8.8.2000.

[112] www.n-tv.de/panorama/concorde-prozess vom 2.10.2010: Concorde-Prozess beginnt; Flugzeugabsturz mit 113 Toten.

[113] Für alles Vorstehende vgl. www.weltpunkt.de/vermischtes/weltgeschehen/artikel 11421447/ continentalvom 6.12.2010.

[114] http://www.welt.de/vermischtes/article111660285/Gericht-kippt-Schuldspruch-im-Concorde-Prozess.html.

[115] Korrektionalgericht Leuven, Urt. vom 26.6.2012, Geschäftsnummer 62-LE65.97.415-06.

Abbrechen des Kadarnrings verursacht worden war. Dieser Kadarnring stammte von einem Zuliefererbetrieb und war von diesem auch berechnet worden. Ein wesentliches Problem, was sich im Straf- und anschließenden **Adhäsionsverfahren**[116] herausstellte, war, dass die Herstellerin ganz offensichtlich vor dem Unfall bereits wusste, dass die Teleskopzylinder nicht gänzlich in Ordnung waren und daher einige Hubarbeitsbühnen bereits stillgelegt und in Deutschland auch bereits eine Austauschaktion (aber eben auf Deutschland beschränkt) vorgenommen hatte. Warnschreiben waren zwar in Deutschland, nicht aber an ausländische Kunden versandt worden. Wegen der fahrlässigen Tötung kam es zur Verurteilung der GmbH zu einer Geldbuße.

Erwähnenswert erscheint auch das **Eternit-Urteil**[117] vom 13.2.2013 des Turiner Landgerichts. Ein ehemaliger Investor der Eternit-Gruppe sowie ein ehemaliger Manager wurden zu hohen, jeweils 16-jährigen Haftstrafen und zur Zahlung von Schadenersatz in Höhe von 250 Mio. EUR, zu zahlen an die Hinterbliebenen, verurteilt.[118] Das Gericht hielt sie für den Tod von rd. 3000 Menschen im norditalienischen Werk der Eternit-Gruppe wegen der Missachtung von Sicherheitsvorkehrungen für verantwortlich. Auch hier ging es um Asbest. Bis in die 80er Jahre hatte Eternit Wandverkleidungen und Dacheindeckungen unter Verwendung von Asbest-Fasern hergestellt. 45

III. Konsequenzen dieser Ermittlungsverfahren und Urteile

1. Zusammenfassung der wesentlichen Inhalte

Die Urteile zeigen, dass nicht selten gerade die **Feststellung der Kausalität** zwischen dem vorgefundenen oder eingetretenen Erfolg – zum Beispiel von Körperverletzungen oder Tötungen – und dem angeblich fehlerhaften Produkt einen Problemschwerpunkt bei der strafrechtlichen Produktverantwortung darstellt.[119] Dies hängt damit zusammen, dass Staatsanwaltschaften und Strafgerichte grundsätzlich eine nahezu lückenlose Kausalkette zwischen dem angeblich schadhaften Produkt und dem konkret auftretenden Gesundheitsschaden nachweisen müssen, was sich im Einzelfall als besonders schwierig erweisen kann, insbesondere wenn nicht klar ist, welcher Teil der Produktsubstanz konkret schädigend wirkt. Mit dem Contergan-Beschluss des LG Aachen,[120] mit der Lederspray-Entscheidung des BGH[121] und der Entscheidung des BGH in Sachen „Holzschutzmittel"[122] hat die Rechtsprechung entscheidende Grundsätze aufgestellt. Daraus hat sich eine Art **„generelle Kausalität"** entwickelt.[123] Zudem zeigen die Entscheidungen, dass Erfolgs- 46

[116] Vgl. dazu BGH, Urt. vom 18.12.2012, VI ZR 55/12: Eine im Adhäsionsverfahren auf Antrag des Verletzten (Geschädigten) gegen den Beschuldigten (Schädiger) ergangene Entscheidung entfaltet weder Rechtskraft gegenüber dem Haftpflichtversicherer des Schädigers noch bindet es das in einem Folgeprozess zur Entscheidung berufene Gericht.

[117] Tribunale Ordinario di Torino, N. 24265/04 R. G. notizie die reato, N. 5219/09 R. G. Tribunale; vgl. dazu auch PHi 2012, 53; *Handorn/Holzapfel,* Eternit-Urteil in Italien: Haftung für Umweltschäden und internationale Vollstreckbarkeit, CCZ 2013, 28 ff.; vgl. dazu auch § 10: Prozessuale Besonderheiten im Produkthaftungsrecht.

[118] Auch in Deutschland gibt es sog. Adhäsionsverfahren (§§ 403 ff. StPO); vgl. zu den zivilrechtlichen Folgen bei unsachgemäßer Entfernung von Vinylasbest-Platten und der Haftung für den Vermieter, LG Berlin, Urt. vom 21.12.2012, Az. 65 S 200/12 – Wohnraummiete.

[119] *Deutscher/Körner,* 294.

[120] LG Aachen, JZ 1971, 507 – Contergan.

[121] BGHSt 37, 106, 107 = BGH, NJW 1990, 2560 – Lederspray.

[122] BGH, NJW 1995, 2930; vgl. dazu auch bereits OLG Frankfurt, VuR 1992, 40.

[123] *Deutscher/Körner,* 294 ff.; *Kühne,* NJW 1997, 1951 ff.

delikte im Produktverantwortungsbereich vor allem auch durch Unterlassen verwirklicht werden können. Die Unterscheidung zwischen Begehungsdelikten und Unterlassungsdelikten ist auch und gerade im Bereich der strafrechtlichen Produktverantwortung nicht immer einfach und es kann zu Überschneidungen kommen.[124] Beispiele für strafrechtlich relevantes **aktives Tun** im Produkthaftungsbereich könnten etwa sein:

- Produktherstellung unter Missachtung der aktuellen sicherheitsrelevanten Erkenntnisse aus Wissenschaft und Technik
- fehlerhafte Konstruktion;
- fehlerhafte Fabrikation;
- verfrühte Freigabe von noch fehlerhaften Produkten;
- fehlerhafte Gebrauchsanweisungen;

oder Beispiele für strafrechtlich relevantes **Unterlassen** wären:

- unterlassene, aber gebotene Austauschaktion (Rückruf);[125]
- weiterer Vertrieb von bereits als mangelhaft erkannten Produkten;
- unterlassene Optimierung eines Zubehörteils, das bei falscher Handhabung (bereits vom Hersteller erkannte) Verletzungen verursachen kann;[126]
- unterbliebene hinreichende Warn- oder Sicherheitshinweise;[127]
- unterbliebene Informationsweiterleitung über ein fehlerhaftes Produkt an den Lieferanten;[128]
- unzureichende Auswahl und/oder unterlassene Kontrolle gegenüber dem eingesetzten Personal;[129]
- fehlerhafte Organisation: Besetzung mit nicht kompetentem Compliance-Officer;[130]

47 Allerdings gehen die strafrechtlich relevanten und zitierten Entscheidungen zum Teil **sehr weit.** So ist etwa in der Lederspray-Entscheidung die persönliche Verantwortung angesprochen, eine Art „Gesamtverantwortung" oder „Allzuständigkeit" für **alle** Mitglieder der Geschäftsleitung, waren diese Geschäftsführer der produzierenden GmbH, waren diese Vertriebsgeschäftsführer. Hier ist künftig eine Differenzierung bei den Geschäftsleitern angebracht, wenn diese unterschiedliche Ressorts bearbeiten, sicher auch zwischen denen produzierender Gesellschaften und dem Vertrieb. Unternehmensleiter tragen nach bisheriger Rechtsprechung – strafrechtlich betrachtet – zunächst einmal ein nicht hinwegdenkbares Risiko. Das Risiko besteht in erster Linie darin, überhaupt mit einem Ermittlungsverfahren überzogen werden zu können. Was die – doch begrenzte – Anzahl an publik gewordenen Strafverfahren angeht, ist das Risiko, verurteilt zu werden – rein quantitativ betrachtet – niedriger. Noch nicht abschließend von der höchstrichterlichen Rechtsprechung geklärt sind darüber hinaus die Fragen, ob und inwieweit Mitarbeiter eines Unternehmens, ggf. leitende Angestellte, Prokuristen und/oder Leiter der Qualitätssicherungsabteilung, strafrechtlich verantwortlich sein können. Im Fall Erdal-Rex („Lederspray") war der Dipl.-Chemiker, den die Geschäftsführung zur Frage, ob und inwieweit ein Rückruf notwendig war, angehört hatte, von der ersten Instanz noch mit verurteilt worden. Erst der BGH stellte das Verfahren wegen Beihilfe ein, aber nicht etwa deshalb, was man annehmen könnte, weil „leitende Unternehmensführer" – also nicht Organe der Gesellschaft – nicht zum Kreis der strafrechtlich Haftenden gehören, sondern

---

124 *Müller-Gugenberger/Bieneck,* § 56 Rn. 27.
125 Vgl. dazu vertiefend *Winkelbauer,* § 81 Rn. 26, 28 ff., 44 ff.
126 BGH, Urt. vom 27.9.2004, ZIP 1994, 1960 ff.
127 BGH, Urt. vom 24.1.1989, NJW 1989, 1542 ff.; BGH, Urt. vom 7.10.1986, NJW 1987, 372 ff.
128 OLG Karlsruhe, Urt. vom 21.11.1980, NJW 1981, 1054 ff. – Reifen-Fall 2 (s. o.).
129 *Schönke/Schröder/Sternberg-Lieben,* § 15 StGB Rn. 223.
130 Vgl. dazu BGHSt 54, 44 – obiter dictum.

weil in tatsächlicher Hinsicht die Annahme des Grundsatzes „in dubio pro reo" angebracht erschien. In diesem Zusammenhang gibt es demzufolge und gerade aufgrund dieser Rechtsprechung nach wie vor in der Praxis erhebliche Unsicherheiten und Abgrenzungsprobleme darüber, wer strafrechtlich (auch) als **Mitarbeiter** in Anspruch genommen werden kann und wer nicht.[131] Diesen Kreis gilt es künftig durch höchstrichterliche Rechtsprechung zu konkretisieren und vor allem – dies ist ein anwaltlicher Wunsch – entschieden einzuengen und im Regelfall die Einleitung von Ermittlungsverfahren – soweit nur eben möglich – auf die Organe zu begrenzen. Alles andere kann zu arbeitsrechtlichen Konsequenzen und zu einer kaum hinnehmbaren Illoyalität zwischen Arbeitgebern und Arbeitnehmern und zu Anschwärzungen gegenüber den Behörden führen.[132]

2. Bedeutung für die anwaltliche Praxis

Konsequenzen der strafrechtlichen Produktverantwortung

Präventive Empfehlungen durch den anwaltlichen Berater 48

- strafrechtlich bekannt gewordene Fälle deutlich thematisieren
- strafrechtlich mögliche Sanktionen aufzeigen
- abklären, wer in der Gesellschaft tatsächlich strafrechtlich verantwortlich ist (Geschäftsleitung) und welche Mitarbeiter Schutz genießen
- die Bedeutung und Schnittstellen zum Zivilrecht aufführen
- präventive Verhaltensmaßnahmen erörtern für die Praxis bei Durchsuchungen und Beschlagnahmen
- Absicherungsmöglichkeiten erörtern (Strafrechtsschutzpolicen): Industriestrafrechtsschutz[133] in Abgrenzung zu Rechtsschutzversicherungspolicen

3. Verantwortliche Personen

a) Verantwortung der Geschäftsleitung

Im Einzelnen ist im Zusammenhang mit der strafrechtlichen Verantwortung die Person 49
zu suchen, die für den eingetretenen Schaden – in strafrechtlicher Weise – (mit)verantwortlich ist.[134] Es gibt im deutschen Recht keine über die bußgeldrechtliche Verantwortung nach § 30 OWiG hinausgehende Unternehmensstrafe. Eine **Unternehmensstrafe,** wie sie etwa in anglo-amerikanischen oder aber auch teils in europäischen Rechtsordnungen (so im französischen, belgischen, niederländischen und nunmehr auch im österreichischen Recht[135]) Anwendung findet, kennt das deutsche Strafgesetzbuch – von strafrechtlichen Nebenfolgen wie **Einziehung** und/oder **Verfall** (§§ 73 ff. StGB) abgesehen – nicht.[136] Kern

[131] Vgl. dazu auch jüngst den Fall des AG Heilbronn unter II. Ziff. 21, Rn. 36 und 37.

[132] Vgl. dazu auch § 6 Abs. 4 ProdSG und die Ausführungen weiter unten zu den verantwortlichen Personen, § 2, III. 3. Rn. 49 ff.

[133] Vgl. dazu *Eidam,* Industrie-Straf-Rechtsschutzversicherung.

[134] *Deutscher/Körner,* 293; *Jungbecker,* Strafrechtliche Verantwortung des Herstellers, 160; *Kuhlen,* 27; *Meier,* NJW 1992, 3193 ff.; *Mayer,* 5.

[135] Am 1.1.2006 ist das Verbandsverantwortlichkeitsgesetz dort in Kraft getreten, vgl. dazu *Piltz,* RdM 2006, 102 ff., auch *Mayer,* 6.

[136] Vgl. vertiefend zu den Problemen der „negativen Publizität" etc. aber *Winkelbauer,* § 80 Rn. 12, 15 ff. und auch *ders.* zu Unternehmensgeldbußen nach § 30 OWiG, § 80 Rn. 16.

des Schuldvorwurfes ist stets eine rechtlich tadelnswerte Gesinnung,[137] also eine individualistisch geprägte Schuld,[138] so dass tatsächlich als schuldfähige Individualisten nur Einzelpersonen erachtet werden können, nicht aber Personengesamtheiten, wie etwa juristische Personen oder – allgemeiner formuliert – Wirtschaftsunternehmen.[139] Zum Teil wird die fehlende Strafbarkeit juristischer Personen dogmatisch betrachtet bereits auf die Handlungsunfähigkeit gestützt.[140] Nicht Unternehmen, vielmehr nur **Handlungsträger** können für ihr persönliches Fehlverhalten im strafrechtlichen Sinne in Anspruch genommen werden.[141] Im Zusammenhang mit der Lederspray-Entscheidung (s. o.) und auch in der sog. Mauerschützen-Entscheidung des BGH[142] ist die Haftung von Organen der Unternehmen – in strafrechtlicher Hinsicht – zudem deutlich ausgedehnt worden. Organe können sich – trotz innerbetrieblicher Arbeits- und Ressortteilung (auch) nach der sog. Rechtsfigur des „Täters hinter dem Täter" wegen eines Organisations- oder auch Aufsichtsverschuldens strafbar machen (§ 14 StGB). Die Geschäftsleitung unterliegt einer sog. **Generalverantwortung** und einer grundsätzlichen **Allzuständigkeit.**[143] Daraus ergeben sich zwei wesentliche Aspekte: Die Geschäftsleitung ist zur ordnungsgemäßen Organisation, zur ordnungsgemäßen Auswahl von Mitarbeitern und auch zur Aufsicht und Kontrolle derselben verpflichtet. Die Entscheidung darüber, ob es zu Produktionsstopps, zu Austauschaktionen oder zu „Rückrufen" oder auch zu sonstigen „Warnaktionen" im konkreten Einzelfall kommt, obliegt dieser.[144] Bei einer unzulänglichen Organisation kann § 130 OWiG greifen.

b) Verantwortung von Kollegial-Organen

50 Für Mitglieder **kollegialer Geschäftsleitungsorgane** wird die Situation noch komplexer: Nach den gesellschaftsrechtlichen Regelungen (im Aktiengesetz oder auch im GbR-Recht) hat eine mögliche Aufteilung, die bei Großkonzernen heutzutage üblich ist **(Ressortverantwortung),** keine Auswirkungen auf die Gesamtverantwortung des Unternehmens für Produktrisiken. Im Strafrecht gibt es aber – wie soeben bereits hervorgehoben – keine Unternehmensverantwortung, sondern nur die individuelle Verantwortlichkeit und damit die strafrechtliche Verantwortung beim **jeweiligen Ressortinhaber.**[145] Dies bedeutet bei etwaigen Konstruktions- oder Fabrikationsfehlern, dass der technische Geschäftsführer oder technische Vorstand zunächst die Verantwortung trägt und ggf. – Einzelheiten sind aber umstritten – bei einem Instruktionsfehler (auch) der kaufmännische Geschäftsführer. Diese, den Regelfall treffende **strafrechtliche Ressortverantwortung,** erfährt in der Krise aber eine von der Rechtsprechung entwickelte sog. **„Generalverantwortung".** Das Prinzip der Ressortverantwortung wird durchbrochen. Die **gesamte Geschäftsleitung** ist im Einzelfall zu adäquatem Handeln zur Gefahrenabwehr aufgerufen.[146] Sofern

[137] *Wessels/Beulke,* AT, Rn. 401.

[138] *Jescheck/Weigend,* AT, vor § 37.

[139] *Hassemer,* 60 ff.; *Jescheck,* ZStW 65 (1953), 213; *Köhler,* Allgemeiner Teil, 562; *Weber,* ZStW 96 (1994), 411; *Mayer,* 338, 339. Vergleiche dazu auch insbesondere die Entscheidung des BVerfGE 20, 323, 336; und zu § 30 OWiG vertieft die einschlägigen Kommentierungen.

[140] *Lackner/Kühl,* § 14 Rn. 1a; *Roxin,* § 8 Rn. 59.

[141] BVerfGE 20, 323, 336.

[142] BGHSt 40, 218 ff. = NJW 1994, 2703 ff.

[143] *Schönke/Schröder/Stree/Bosch,* § 13 StGB Rn. 53.

[144] *Deutscher/Körner,* 327, 329.

[145] *Ramsiek,* Unternehmensrecht, 42; vgl. zur Kausalitätsproblematik bei Gremienentscheidungen *Winkelbauer,* § 81 Rn. 55.

[146] *Müller-Gugenberger/Bieneck,* § 56 Rn. 27 ff.; *Mayer,* 463; *Schönke/Schröder/Stree/Bosch,* § 13 StGB Rn. 53 mit weiteren Nachweisen sowie *Schönke/Schröder/Sternberg-Lieben,* § 15 StGB Rn. 223, 223a.

Schäden insgesamt bekannt werden, etwa durch eine Vielzahl an eingegangenen Verbraucheranzeigen oder Verbraucherbeschwerden, wird damit jedes Mitglied der Geschäftsleitung – und zwar unabhängig von seiner eigenen Ressortzuständigkeit und unabhängig von der hierarchischen Stellung innerhalb der Geschäftsleitung – verpflichtet, eine Beschlussfassung des Kollegialorgans herbeizuführen. Diese hat das Ziel, den Schadeneintritt zu verhindern. Ganz deutlich verhalten sich dazu die Leitsätze in der Lederspray-Entscheidung[147]: Haben in einer GmbH mehrere Geschäftsführer gemeinsam über die Anordnung des Rückrufs zu entscheiden, so ist jeder Geschäftsführer verpflichtet, alles ihm Mögliche und Zumutbare zu tun, um diese Entscheidung herbeizuführen. Jeder Geschäftsführer, der es trotz seiner Mitwirkungskompetenz unterlässt, einen Beitrag zum Zustandekommen der gebotenen Rückrufentscheidung zu leisten, setzt damit eine Ursache für das Unterbleiben der Maßnahme. Dies begründet seine strafrechtliche Haftung auch dann, wenn er mit seinem Verlangen, die Rückrufentscheidung zu treffen, am Widerstand der anderen Geschäftsführer gescheitert wäre.

c) Restverantwortung trotz Delegation

Die „Generalverantwortung" bzw. die „Allzuständigkeit der Geschäftsführung" kann 51
auch nicht umfassend durch Delegation und/oder durch Übertragung von Garantenpflichten gänzlich entfallen. Mit der Übertragung bestimmter Pflichten auf Betriebsangehörige geht zwar die Pflicht über, die zur Vermeidung tätigkeitsbedingter Gefahren erforderlichen Maßnahmen zu ergreifen, so dass die Geschäftsleitung von eigener Verantwortung insoweit frei wird, wenn sie einzelne Mitarbeiter sorgfältig auswählt, umfassend instruiert und mit den nötigen Mitteln ausgestattet hat.[148] Indes verbleibt der Geschäftsleitung – selbst bei wirksamer Delegation – stets eine sog. **Restverantwortung** für den Fall, dass die nachgeordneten Mitarbeiter erkennbar ihren Gefahrabwendungspflichten nicht ordnungsgemäß nachkommen.[149] Mit anderen Worten: Aus der Generalverantwortung bzw. der Allzuständigkeit der Geschäftsleitung resultiert eine **umfassende Organisationsverantwortung,** die neben der Pflicht zur Etablierung eines Gefahrenabwehrregimes, was effektiv sein muss, weitergehende Pflichten umfasst, etwa qualifiziertes Personal einzusetzen und im Einzelfall gar die Pflicht zu einem persönlichen Eingreifen – jedenfalls in besonderen Gefahrensituationen.[150]

Hier ist nicht der Raum, die strafrechtliche Zurechnung beim konkreten Abstimmungs- 52
verhalten im Einzelnen nachzuzeichnen. Einzelheiten sind nach wie vor in Rechtsprechung und Literatur umstritten.[151] In der Mannesmann-Entscheidung[152] finden sich dazu ebenfalls vertiefende Anmerkungen.[153]

---

[147] BGH, Urt. vom 6.7.1990, NJW 1990, 2560 ff.

[148] Vgl. dazu im Einzelnen *Mayer,* 463.

[149] Ebenso *Mayer,* 463.

[150] *Mayer,* 464; *Spitz,* Strafrechtliche Produkthaftung, 57; *Lampe,* ZStW 106 (1994), 734. Im Einzelnen kann auf § 130 OWiG und die dortigen einschlägigen Kommentierungen verwiesen werden.

[151] *Jacobs,* Strafrechtliche Haftung durch Mitwirkung an Abstimmungen, in FS für Mijazawa, 1995, 419 ff.; *Fleischer,* Zur Verantwortlichkeit einzelner Vorstandsmitglieder bei Kollegialentscheidungen im Aktienrecht, BB 2004, 2645 ff.; LG Düsseldorf, Urt. vom 22.7.2004, Az. XIV 5/03, NJW 2004, 3275; *Samson,* StV 1991, 182 (184).

[152] LG Düsseldorf, Urt. vom 22.7.2004, Az. XIV 5/03, NJW 2004, 3275.

[153] Vgl. auch *Kuhlen,* NStZ 1990, 566 (569); *Böse,* wistra 2005, 41 ff.; *Fleischer,* BB 2004, 2645 ff.; *Wessing,* Die Strafrechtliche Produkthaftung als operatives Risiko, Der Syndikus 28, 11 ff. (2002).

d) Verantwortung der Mitarbeiter

53 Noch problematischer ist die Frage, ob und inwieweit auch **Mitarbeiter** im Unternehmen selbst **strafrechtlich zur Verantwortung gezogen** werden können. Täter kann zunächst jeder sein, der im Rahmen der Herstellung und/oder des Vertriebs mit dem Produkt im weitesten Sinne zu tun hat, sofern er die ihm obliegenden individuellen Sorgfaltspflichten im Unternehmen selbst verletzt. Anders gewendet: Obwohl an sich nur die Organe haften, kann nicht ausgeschlossen werden, dass der einzelne Mitarbeiter auch individuell für seine Pflichtverstöße einzustehen hat. Es kann nach bisheriger Rechtsprechung nicht ausgeschlossen werden, dass damit Mitarbeiter – gleich welcher Hierarchiestufe – sich in ihrem Verantwortungsbereich strafbar machen, wenn sie die ihnen übertragenen Aufgaben pflichtwidrig verletzen.[154] Betroffen sind zum Beispiel Ingenieure, die fehlerhafte statische Berechnungen durchgeführt haben,[155] aber auch Laborleiter, technische Bereichsleiter, Leiter der Qualitätssicherung, Produktionsleiter etc., sogar Mitarbeiter des Handels.[156] Der Diplomchemiker – im bereits mehrfach zitierten Lederspray-Fall[157] – hätte wegen gefährlicher Körperverletzung verurteilt werden können, etwa wenn er es unterlassen hätte, ihm bekannte wesentliche Informationen über die Gefährlichkeit des Ledersprays an die Geschäftsleitung zu übermitteln.[158] Er wurde nur deshalb vom BGH ausdrücklich freigesprochen, weil das erstinstanzliche Urteil hierzu keine ausreichenden Feststellungen getroffen hatte (in dubio pro reo). Dem Grunde nach gelten für das unterhalb der Geschäftsleitung angesiedelte „Management" die dazu herausgearbeiteten Grundsätze entsprechend.[159] Zudem haben ausführende Mitarbeiter Weisungen ordnungsgemäß umzusetzen,[160] ggf. trifft sie schon ein Übernahmeverschulden.

54 Diese Rechtsprechung (vor allem die Lederspray-Entscheidung, aber nicht ausschließlich) verstehe ich als sehr weitgehend.[161] Ich halte sie nicht mehr für systemimmanent. Dieses weit interpretierbare Verständnis einer grundsätzlichen potentiellen strafrechtlichen Haftung von Mitarbeitern führt in der Praxis zu großen Problemen. Nehmen wir an, ein Konstrukteur wusste schon lange Zeit vor dem Flugzeugabsturz, dass eine Benzinleitung ein Material enthielt, das spröde werden kann und daher Flüssigkeiten heraustreten konnten. Niemand wollte es hören, der Flugzeugbauer nicht, aber nicht einmal der eigene Vorstand des Zuliefererbetriebes, der die Benzinleitungen herstellt. Soll er – der „einfache" Mitarbeiter – in dieser Situation, die zuständigen Behörden ermitteln, diesen den Sachverhalt unterbreiten, ggf. unter Verstoß gegen die Treuepflichten aus seinem Arbeitsverhältnis? Kann er überhaupt mehr tun und kann er zu mehr verpflichtet sein, als seinen Vorgesetzten und letztendlich der Geschäftsleitung, also dem Vorstand der Aktiengesell-

---

[154] *Müller-Gugenberger/Bieneck,* § 56, 27 ff.; vgl. auch zur (zivilrechtlichen) persönlichen Haftung des **Entwicklungsingenieurs für Produktfehler** die drohende Haftung nach § 1 ProdHaftG bzw. § 823 Abs. 1 BGB, neben vertraglichen Ansprüchen; er hat aber einen Freistellungsanspruch gegen seinen (solventen) Arbeitgeber; BAG, NJW 1995, 210, 211; *Waltermann,* JuS 2009, 193; *Lipperheide,* BB 1993, 720 und *Dihlmann/Karcher/Schmidt/Gildeggen,* Die persönliche Haftung des Entwicklungsingenieurs für Produktfehler, PHi 2012, 148 ff., 150.

[155] Vgl. dazu etwa Korrektionalgericht Leuven, Urt. vom 26.6.2012, Geschäftnummer 62-LE.65.97.415-06.

[156] Vgl. dazu Listerien-Käsefall, Einzelheiten unter § 2 II. Ziff. 217 Rn. 36, 37.

[157] BGH, Urt. vom 6.7.1990, NJW 1990, 2560 ff. – Lederspray, *Mayer,* 465; *Meier,* NJW 1992, 3195.

[158] Vgl. dazu auch die Entscheidung des BGH im Mandelbienenstich-Fall, BGH NStE Nr. 5 zu § 223 StGB; *Mayer,* 465.

[159] BGH, Urt. vom 31.1.2002, Az. 4 StR 289/01, BGHSt 47, 224 (229) = NJW 2002, 1887; *Böse,* Die Garantenstellung des Betriebsbeauftragten, NStZ 2003, 639.

[160] *Dannecker,* GA 2001, 110; *Mayer,* 467; *Eidam,* Unternehmen und Strafe, 230.

[161] Ebenso *Mayer,* 634.

schaft oder dem GmbH-Geschäftsführer sein Wissen und Know-how zu übermitteln? Ein anderes Beispiel aus der Praxis: Mitarbeiter, vor allem Techniker in einem produzierenden Betrieb für Tauchsieder hatten festgestellt, dass es an den Heiz-Spiralen zu Abplatzungen kommen kann, weil das aus dem Ausland zugelieferte Produkt nicht einwandfrei war. Kombiniert mit Strom und Wasser im Tauchsiederbetrieb konnte dies zu Stromschlägen bei Nutzern führen und, da die Tauchsieder auch in Haushalten verwendet wurden, die seinerzeit noch keine Sicherheitsschalter (FI-Schalter) hatten, Todesgefahr war nicht auszuschließen. Die Techniker des Unternehmens waren davon überzeugt, dass das Unternehmen aufgrund der existierenden Produktbeobachtungspflicht dringend eine Warnung oder sogar eine Austauschaktion hätte durchführen müssen. Sie konnten sich gegenüber der Geschäftsleitung mit dieser Meinung jedoch nicht durchsetzen. Sie gingen stattdessen zu einer privaten Prüfstelle. Die Ingenieure dieser Prüfstelle schlugen die Hände über dem Kopf zusammen und rieten dringend dazu, sofort die Geschäftsleitung zu informieren und eine Anwaltskanzlei aufzusuchen, die den Sachverhalt rechtlich einschätzen würde. Die Mitarbeiter schalteten daraufhin – eigenmächtig – eine Kanzlei ein, die ebenfalls zu dem Ergebnis kam, das Produkt müsse sofort zurückgerufen werden. Die Sozietät erhielt zwar für die „Erstberatung" den Auftrag der Geschäftsleitung; als die Geschäftsleitung allerdings mit dem Ergebnis konfrontiert wurde, beendete das Unternehmen die Zusammenarbeit mit den externen Anwälten. Eine Austauschaktion wurde nicht durchgeführt. Kann man von den Mitarbeitern mehr verlangen, als diese in dieser Situation getan haben? Sie sehen an diesen – tatsächlich geschehenen, leicht verfremdeten – Sachverhalten aus der Praxis, warum ich zu der Ansicht tendiere, dass eine strafrechtliche Verantwortung der Mitarbeiter – also im mittleren Management unterhalb der Geschäftsleitungsebene – im Zusammenhang mit fehlerhaften Produkten allenfalls in äußerst seltenen – eng umrissenen – Fallkonstellationen angenommen werden sollte. Ich hoffe, dass die Rechtsprechung diese Aspekte bei künftigen Entscheidungen aufgreifen wird und im Interesse der Mitarbeiter und der bestehenden Loyalität zwischen Arbeitgebern und Arbeitnehmern zu beurteilen weiß. Das Strafrecht erscheint – gerade auch im Bereich des Inverkehrbringens fehlerhafter Produkte – nicht als probates Mittel, um das Sicherungsbedürfnis der Verbraucher oder Nutzer generell angemessen zu erfassen.[162]

IV. Grundsätzliches für die Praxis bei Durchsuchungen

Nachfolgend zwei kurze Verhaltensanweisungen[163] für Berater und deren Klienten bei Durchsuchungen: 55

1. Checkliste zu Verhaltensregeln bei Durchsuchungen

Wie verhalte ich mich richtig bei der Durchsuchung? Damit der Schaden einer Durchsuchung begrenzt bleibt, empfiehlt es sich, einige wesentliche Leitlinien zu beachten. 56

[162] Wohl ebenso *Schönke/Schröder/Sternberg-Lieben,* § 15 StGB Rn. 223; a. A.: *Mayer,* 636; vgl. aber auch 634, 1636 ff.

[163] Mit freundlicher Genehmigung meines Sozius Dr. Michael *Tsambikakis* zitiert aus Praxis Steuerstrafrecht 10/2012, 1 ff.

1. Keine Verdunkelungshandlungen vornehmen	Wenn die Polizei, Steuerfahndung oder Staatsanwaltschaft einmal da ist, wird man sie mit keinem juristischen „Kniff" wieder los. Selbst wenn die Durchsuchung rechtswidrig wäre, würde man sie durch Verdunkelungshandlungen schlimmstenfalls wieder legitimieren. Durch Verdunkelungshandlungen kann man sich strafbar machen und läuft darüber hinaus Gefahr, Haftgründe zu schaffen, die den Erlass eines Haftbefehls gegen einzelne Beschuldigte rechtfertigen.
2. Die Durchsuchung in geordnete Bahnen lenken:	Damit die Durchsuchungssituation beherrschbar wird, müssen einige organisatorische Dinge beachtet werden. Sie alle bereiten den nächsten und wichtigsten Hauptpunkt „Den Informationsfluss kontrollieren" vor.
Ansprechpartner auf beiden Seiten benennen	Unabhängig davon, mit wie vielen Personen die Durchsuchung durchgeführt wird, gibt es immer einen Durchsuchungsleiter. Er ist erster Ansprechpartner für alle Fragen. Genauso sollte dem Durchsuchungsleiter ein Ansprechpartner benannt werden. Es empfiehlt sich, dass es sich dabei um einen mit der Durchführung von Durchsuchungen vertrauten Juristen handelt. Meistens wird dies ein externer Rechtsanwalt sein, mit dem idealiter Durchsuchungsszenarien bereits vorab erörtert wurden. Der Beschuldigte hat jederzeit ein Recht darauf, einen Rechtsanwalt hinzuziehen oder anzurufen. Dem Inhaber der zu durchsuchenden Räume steht ein Anwesenheitsrecht zu. Die Ermittlungspersonen müssen identifiziert werden und jedem einzelnen wird ein vertrauenswürdiger „Begleiter" zur Seite gestellt. Dies können Anwälte oder Mitarbeiter sein. Die Mitarbeiter sollten allerdings mit den Tatvorwürfen nichts zu tun haben, um spontane Äußerungen zu vermeiden, die sich dann später in den Akten wiederfinden. Es gibt kein Recht der Ermittler auf heimliche Durchsuchungen und es ist prinzipiell nicht wünschenswert, wenn Räume unbeobachtet durchsucht werden.
Durchsuchungsbeschluss aushändigen lassen	Ermächtigungsgrundlage für eine Durchsuchung ist ein schriftlicher richterlicher Durchsuchungsbeschluss. Ausnahmsweise darf bei Gefahr im Verzug darauf verzichtet werden. Beide Maßnahmen müssen auf ihre Rechtmäßigkeit geprüft werden.

Durchsuchung räumlich und inhaltlich begrenzen	Soweit die Anordnung der Durchsuchung rechtmäßig ist, muss ihre Durchführung kontrolliert und begleitet werden. Dabei ist vor allem darauf zu achten, dass sie räumlich und inhaltlich nur so weit ausgedehnt wird, wie es der Durchsuchungsbeschluss ausdrücklich zulässt. Allen weiteren Maßnahmen ist zu widersprechen. Der Widerspruch muss dokumentiert werden. Am besten wird er im Anschluss an die Durchsuchung noch einmal unverzüglich schriftlich begründet und per Telefax zu den Akten gereicht.
Kontrolliert kooperieren	Die negativen Auswirkungen einer Durchsuchung werden durch eine kontrollierte Kooperation weiter eingeschränkt. Es empfiehlt sich, den Beamten eigene Räumlichkeiten zur Verfügung zu stellen. Dadurch wird die öffentliche Aufmerksamkeit reduziert, ungewollte Kontakte zu Mitarbeitern etc. unterbunden und ein auf den ersten Blick zielloses „Herumstöbern" in Unterlagen verhindert, die nicht Gegenstand des Durchsuchungsbeschlusses sind. Es besteht für den Betroffenen einer Durchsuchung keine Pflicht zur Mitwirkung. Dennoch empfiehlt sich stellenweise eine weitere Kooperation. Beispiel: EDV-Passwörter müssen nicht bekannt gegeben werden. Bleibt es dabei, riskiert man die Beschlagnahme der gesamten EDV. Wird das Passwort bekannt gegeben, kann man sich darauf verständigen, dass die einschlägigen Dateien kopiert werden, die EDV aber für den weiteren Geschäftsbetrieb im Unternehmen verbleibt. Auch kann die Hilfe bei der Suche nach bestimmten Dokumenten eine durchsuchungsbegrenzende Wirkung zeigen. Im Sicherstellungsprotokoll sollte gleichwohl vermerkt werden, dass der Betroffene nicht mit der Herausgabe einverstanden ist. Der Beschlagnahme sämtlicher Gegenstände sollte widersprochen werden, damit keine unnötigen Rechtsverluste erlitten werden. Der Widerspruch kann immer noch zurück genommen werden. Tatsächliche durchsuchungsbegrenzende Kooperation und rechtlicher Widerspruch schließen sich nicht aus.
3. Den Informationsfluss kontrollieren:	Das wichtigste Ziel des von der Durchsuchung Betroffenen ist es, den Informationsfluss zu kontrollieren. Wenn die Durchsuchung schon nicht verhindert werden kann, darf nachher wenigstens kein Zwei-

	fel bestehen, welche Informationen die Ermittlungsbehörden erlangt haben.
Beschlagnahmte Unterlagen kopieren	Alle sichergestellten oder beschlagnahmten Dokumente müssen exakt erfasst werden und bei Bedarf kopiert werden. Dies darf von den Ermittlungsbehörden nicht willkürlich verboten werden. Sie sind überdies verpflichtet, ein peinlich genaues Sicherstellungsprotokoll zu erstellen, das eine Identifizierung der mitgenommenen Unterlagen verwechslungsfrei ermöglicht. Widersprüche sind zu dokumentieren. Notfalls müssen Dokumente versiegelt werden, bis eine richterliche Entscheidung herbeigeführt wurde.
Keine Vernehmungen vor Ort	Die Durchsuchung dient dem Auffinden von Beweismitteln. Sie soll keine Vernehmung vor Ort ermöglichen. Das Hausrecht bleibt insoweit unangetastet. Der Durchsuchungsleiter wird zu ordnungsgemäßen Ladungen und Belehrungen angehalten. Vernehmungen sollten grundsätzlich anwaltlich begleitet werden. Vor Ort äußert sich niemand zur Sache.
Durchsuchung eigenständig dokumentieren	Ungeachtet der strengen Dokumentationspflichten der staatlichen Ermittlungsbehörden, ist die Durchsuchung nachzubereiten. Hierzu sind alle Beschuldigten zu erfassen und die Verteidigungsverhältnisse zu ordnen. Sodann ist zu prüfen, ob bei in Rede stehenden Steuerstraftaten noch Zeit und Anlass für eine Selbstanzeige besteht. Bei öffentlichkeitswirksamen Durchsuchungen ist die Außendarstellung gegenüber Presse, Kunden, Lieferanten etc. zu überprüfen und anzupassen. Schließlich muss entschieden werden, ob gegen die Durchsuchung Rechtsbehelfe eingelegt werden sollen.

2. Checkliste Rechtmäßigkeit des Durchsuchungsbeschlusses

57 Wie prüfe ich die Rechtmäßigkeit eines richterlichen Durchsuchungsbeschlusses?

58 Hier sind die formellen gesetzlichen Voraussetzungen eines Durchsuchungsbeschlusses zu prüfen.

1. Liegt ein schriftlicher Durchsuchungsbeschluss vor bzw. in welcher Form ergeht die Durchsuchungsanordnung?	Üblicherweise ergeht der richterliche Beschluss schriftlich und wird ausgehändigt. Beides ist allerdings nicht zwingend. Hat der Richter den Beschluss nur mündlich gegenüber der Staatsanwaltschaft erlas-

	sen, und diese die Anordnung an die ausführenden Beamten ebenfalls nur mündlich weitergegeben, sind die Ausführungen des Beamten wörtlich mitzuschreiben bzw. besser noch mittels Tonaufnahme aufzuzeichnen.
2. Welches Gericht hat den Beschluss angeordnet bzw. war der anordnende Richter zuständig und wer hat den Beschluss beantragt?	Zuständig ist in der Regel der Amtsrichter als Ermittlungsrichter des Gerichts, in dessen Bezirk die antragstellende Staatsanwaltschaft ihren Sitz hat. Der Richter wird nur auf Antrag der Staatsanwaltschaft tätig, die Polizei darf keinen Antrag auf Durchsuchung stellen. Gleiches gilt für die Steuer und Zollfahndung, die mit ihren Beamten nach § 404 AO den Behörden und Beamten des Polizeidienstes gleichstehen. Dies gilt indes nicht für die Straf- und Bußgeldsachenstelle der Finanzbehörde (§ 386 Abs. 1 Satz 2 AO, Hauptzoll-, Finanz- oder entsprechendes Bundesamt), sofern sie im Steuerstrafverfahren das Ermittlungsverfahren nach § 386 Abs. 2 AO selbstständig durchführt. Sie nimmt nach § 399 Abs. 1 AO die Rechte und Pflichten der Staatsanwaltschaft wahr und ist daher antragsbefugt.
3. Enthält der Beschluss ein Datum bzw. wie lange liegt die Anordnung zurück?	Die richterliche Anordnung verliert spätestens nach Ablauf eines halben Jahres ihre die Durchsuchung rechtfertigende Wirkung.
4. Spricht der Beschluss den Beschuldigten konkret an?	Grundsätzlich muss der Beschuldigte so konkret wie möglich aufgeführt werden. Nur ausnahmsweise ist bei Durchsuchungen von Unternehmen ein Beschluss gegen „namentlich nicht bekannte Mitarbeiter und Kunden" zulässig. Die Rechtsprechung stellt hier keine hohen Anforderungen. Für die Rechtmäßigkeit des Beschlusses kommt es darauf an, ob eine nähere Individualisierung der Personen mit vertretbarem Aufwand möglich gewesen wäre.
5. Wird der Tatvorwurf in rechtlicher und tatsächlicher Hinsicht hinreichend konkretisiert?	Der Beschluss muss zunächst die Straftat selbst in rechtlicher Hinsicht, deren Verfolgung die Durchsuchung dient, so genau bezeichnen, wie es ohne Gefährdung des Untersuchungszwecks und nach dem Stand der Ermittlungen möglich ist. Dieser Strafbarkeitsvorwurf ist anschließend mit aussagekräftigen Tatsachenangaben zu füllen, die konkret genug sind, um eine Subsumtion unter den aufgeworfenen Straftatbestand zu ermöglichen. Der Betroffene muss wissen, welches Verhalten ihm vorgeworfen wird. Die Tat ist so genau zu bezeichnen, wie es ohne Gefährdung des Untersuchungszwecks und

	nach dem Stand der Ermittlungen möglich ist.
6. Sind die Durchsuchungsobjekte hinreichend genau umschrieben?	Die Durchsuchungsobjekte – gegebenenfalls mehrere Räumlichkeiten in einem Beschluss – müssen so konkret aufgezählt und bezeichnet werden, wie es möglich ist, um die Grenzen auch für den die Durchsuchung durchführenden Beamten eindeutig erkennbar zu machen. Bei Wohnungen genügt in der Regel die Nennung der Wohnanschrift, bei Unternehmen die der Firmenanschrift. Bei Unternehmen, die sich mit weiteren Unternehmen Büroräumlichkeiten teilen, muss anhand des Beschlusses eine klare Abgrenzung vor Ort möglich sein. Bei mehreren zu durchsuchenden Niederlassungen eines Unternehmens sind diese genau zu bezeichnen. Insgesamt stellt die Rechtsprechung hier jedoch erneut keine hohen Anforderungen. Sofern „andere", „besondere" Räumlichkeiten (wie z. B. ein Kfz), die nicht unter den weiten Begriff der Wohnung fallen, durchsucht werden sollen, sind diese ebenfalls genau zu bezeichnen, wobei eine Verwendung salvatorischer Klauseln („und anderer Räume") hier nicht ausreicht.
7. Sind der Durchsuchungszweck und die sicherzustellenden Beweismittel angegeben?	Der Durchsuchungszweck – (in der Regel hier Auffinden von Beweismitteln und nicht Ergreifung eines Beschuldigten) – muss ersichtlich werden. Dient die Durchsuchung dem Auffinden von Beweismitteln, stellt deren Konkretisierung eine der wichtigsten Begrenzungen des Durchsuchungsbeschlusses dar. Ist eine genaue Bezeichnung nicht möglich – sodass auch kein einheitlicher Durchsuchungs- und Beschlagnahmebeschluss ergehen konnte –, sind sie zumindest nach Art- oder Gruppenmerkmalen näher zu bezeichnen. Die Verwendung salvatorischer Klauseln („sämtliche als Beweismittel in Betracht kommenden Gegenstände") ist erneut unzulässig.
8. Inwiefern muss der Beschluss Ausführungen zur Verhältnismäßigkeit enthalten?	Der Richter hat in jedem Fall eine Verhältnismäßigkeitsprüfung vor Erlass des Beschlusses vorzunehmen. Der Beschluss muss aber nur dann Ausführungen zu ihr enthalten, wenn eine Unverhältnismäßigkeit der Durchsuchung naheliegend erscheint, d. h z. B. bei geringem Gewicht der rechtlich vorgeworfenen Tat, bei nur schwachen, dem Tatvorwurf zu Grunde liegenden Tatsachenangaben, bei geringer Erfolgswahrscheinlichkeit der Durchsuchung oder bei einer Durchsuchung bei Angehörigen geschützter Berufe.

V. Produkthaftungsrechtliches Nebenstrafrecht

59 Der Vollständigkeit halber sei erwähnt, dass sich (nur) im sog. **„Nebenstrafrecht"** ein echtes Produktstrafrecht vorfindet,[164] mit einer Reihe von Gesetzen, die zum Schutze des Verbrauchers konkrete Vorschriften für den Umgang mit Produkten aufstellen und – am Ende – ggf. mit Strafregelungen, also mit Strafen oder Bußgeldern belegen. Einfach ausgedrückt: Wird gegen die jeweilige Vorschrift oder Verhaltensnorm verstoßen, sind die im Gesetz näher bezeichneten Verantwortlichen dann strafbar, ohne dass es zwingend auf einen konkreten Schadenseintritt ankommt. Die Gesetze unterstellen Gefährdungen von Rechtsgütern und der Gesetzgeber möchte – quasi schon präventiv wirkend – bestimmte Tatbestände mit Geldbußen oder Strafen versehen wissen. Schwerpunkte im nebenstrafrechtlichen Produktstrafrecht sind vor allem – aber nicht ausschließlich – das Lebensmittel-, Arzneimittel- und das Medizinprodukterecht.[165] Im Einzelnen handelt es sich um konkrete Regelungen u. a. aus folgenden Gesetzen:

- Lebensmittel- und Futtermittelgesetzbuch (LFGB);
- Arzneimittelgesetz (AMG);
- Medizinproduktegesetz (MPG);
- Bauproduktengesetz (BauPG);
- Atomgesetz (AtomG);
- Gesetz über die elektromagnetische Verträglichkeit von Geräten (EMVG);
- Weingesetz (WeinG); Weinwirtschaftsgesetz;
- Fleischhygienegesetz (FIHG);
- Geflügelfleischhygienegesetz (GFIHG);
- Chemikaliengesetz (ChemG);
- Pflanzenschutzgesetz (PflSchG);
- Waffengesetz (WaffG);
- Sprengstoffgesetz (SprengG);
- Wasch- und Reinigungsmittelgesetz (WRMG);
- Gentechnikgesetz (GenTG);
- Grundstoffüberwachungsgesetz (GÜG)[166]

60 Ergänzend sei auf das „Auffanggesetz", das allgemeine ProdSG 2011, insbesondere dort auf § 39 ProdSG verwiesen.[167]

61 Auf den ersten Blick bieten alle diese nebenstrafrechtlichen Normen den Vorteil, dass für einzelne Bereiche der Produktion und des Handels die Verhaltensanforderungen hinreichend bestimmt sind.[168] Durch die Anknüpfung an abstrakte Gefährdungssachverhalte entfällt – so der Grundgedanke – das leidige Thema des Nachweises bestehender Kausalität zwischen Verhalten und Schaden.[169] Ob aber in der Kompliziertheit der Kettenverweisungen von den jeweiligen Richtlinien und vom jeweiligen Gesetz über eine von der Verwaltung zu erlassende Verordnung tatsächlich dann auch mit hinreichender Bestimmtheit Normen im verfassungsrechtlichen Sinne vorhanden sind, die zur Strafbarkeit führen

---

[164] Siehe dazu Ausführungen unter I Rn. 1 und *Kühne,* NJW 1997, 1951, 1954.
[165] Ebenso *Kühne,* NJW 1997, 1951, 1954.
[166] *Kühne,* NJW 1997, 1951, 1954.
[167] Vgl. dazu bereits § 5 Abs. 2 GPSG a. F.
[168] *Kühne,* NJW 1997, 1954.
[169] *Kühne,* NJW 1997, 1954.

können,[170] kann an dieser Stelle dahinstehen (vgl. Art. 103 GG). Denn Hersteller und Händler sind jedenfalls gut beraten, sich präventiv bereits Rechtsrat einzuholen, um sich schon im Vorfeld gegen Risiken aus den „Nebengesetzen" hinreichend zu schützen.

[170] Vgl. *Niehaus,* Blankettnormen und Bestimmtheitsgebot vor dem Hintergrund zunehmender europäischer Rechtsetzung, wistra 2004, 206 ff.; BVerfG, Beschluss vom 6.5.1987, NJW 1987, 3175 ff. Zur Kritik an der Detailverliebtheit des Nebenstrafrechts vgl. auch *Kühne,* NJW 1997, 1952, 1954.

§ 3 Zivilrechtliche Haftung: Produzentenhaftung – Produkthaftung

Mit der Verwendung des Begriffs der „Produkthaftung“ im eigentlichen – engeren – Sinne meinen wir die Pflicht, für Schäden zivilrechtlich haften zu müssen, die aus der Benutzung bestimmter Produkte – unmittelbar oder mittelbar nach Übergabe – entstehen.[1] Die Haftung trifft vorrangig den Hersteller, weshalb sie auch (etwas unscharf) als **„Hersteller-** oder **Produzentenhaftung“** bezeichnet wird.[2] Produzentenhaftung im strengen Sinne ist an sich nur die Haftung der herstellenden Unternehmung, des **Produzenten,** sei es die einer juristischen Person oder die des Inhabers des Unternehmens.[3] Die Haftung kann aber auch Vertriebshändler[4] oder auch – ganz ausnahmsweise – sogar einen Nicht-Produzenten treffen, etwa, wenn er ein gefährliches Produkt in Verkehr bringt.[5] Wer dann im Einzelfall haftbar ist, entscheidet sich regelmäßig nach § 823 BGB oder § 1 ProdHaftG. Der Anspruchsgegner ist derjenige, der für das fehlerhafte Produkt haftet **(Produkthaftung).** Da als Haftungsgrundlagen aber auch vertragliche Ansprüche – und der Jurist weiß, oft vor allem vertragliche Ansprüche – eine wesentliche Rolle spielen, soll nachfolgend das Sachmängelhaftungsrecht (wenngleich im Rahmen dieser Abhandlung lediglich kurz) mit dargestellt werden, reduziert auf die – im Zusammenhang mit der Produkthaftung in der Praxis – wesentlichen Fallkonstellationen. Noch einmal deutlich: Das vorliegende Werk hat nicht die Aufgabe, alle denkbaren Probleme zum Sachmängelhaftungsrecht explizit darzustellen und ersetzt daher nicht die aktuellen einschlägigen Fachbücher und Kommentare. Nachfolgend werden Schnittstellen zur „Produkthaftung“ und Probleme aufgerissen, die sich aus praxisrelevanten Fällen im Zusammenspiel zwischen Sachmängelhaftung und Produkthaftung – national wie international – ergeben. Dargestellt werden deshalb nachfolgend vor allem Ansprüche aus Garantie, die Sachmängelhaftungsansprüche im Kaufrecht und im Werkvertrags- und Werklieferungsvertragsrecht. Aufgezeigt werden zudem in der Praxis relevante Themen zur Verjährung und zum vertraglichen Hersteller- bzw. Zuliefererregress. Schließlich werden die Untersuchungs- und Rügepflichten nach § 377 HGB in Produkthaftungsfällen dargestellt sowie am Ende dieses Abschnitts praxisrelevante Hinweise zu „Abwehrstrategien im Schadensfall durch den Hersteller“ gegeben. 1

I. Die vertragliche Haftung: Sachmängelhaftung

1. Einleitung

Bei der Frage, inwieweit ein Unternehmen infolge fehlerhafter Lieferung von Produkten haften kann, stößt man nach deutschem nationalen Recht auf die sog. **„zweistrahlige Betrachtungsweise“:**[6] Entscheidend ist nämlich die **Vertragshaftung** auf der einen sowie 2

[1] *Kullmann,* Höchstrichterliche Rechtsprechung, Rn. 1; *Kullmann/Pfister,* Produzentenhaftung, Kza 1310.
[2] Ebenso *Kullmann,* Höchstrichterliche Rechtsprechung, Rn. 1.
[3] Vgl. dazu *Foerste/Graf von Westphalen,* § 25 Rn. 2 sowie *Graf von Westphalen,* ZIP 1986, 139.
[4] BGH, Urt. vom 5.7.1978, Az. VIII ZR 172/77, NJW 1978, 2241, 2243.
[5] BGH, Urt. vom 26.9.1972, Az. VI ZR 82/71, VersR 1973, 30; *Kullmann,* Höchstrichterliche Rechtsprechung, Rn. 2.
[6] Vgl. als klassisches Beispiel etwa Brandenburgisches Oberlandesgericht, BauR 2013, 509 – Lieferung mangelhafter Kalksandsteine.

der Blick auf die sog. **außervertragliche Haftung** auf der anderen Seite. Entsprechend sind die nachfolgenden Ausführungen aufgebaut. Grundsätzlich haftet nach deutschem Vertragsrecht der Händler – ohne dass es auf ein Verschulden ankäme – aus Sachmängelhaftungsrecht, **i. d. R.** aber **nicht** – wegen fehlenden Verschuldens – auf Schadenersatz.[7] Die Mangelfolgeschäden hat der Geschädigte hingegen beim Hersteller geltend zu machen, zu dem er keine vertraglichen Beziehungen hat (Zweigleisigkeit).

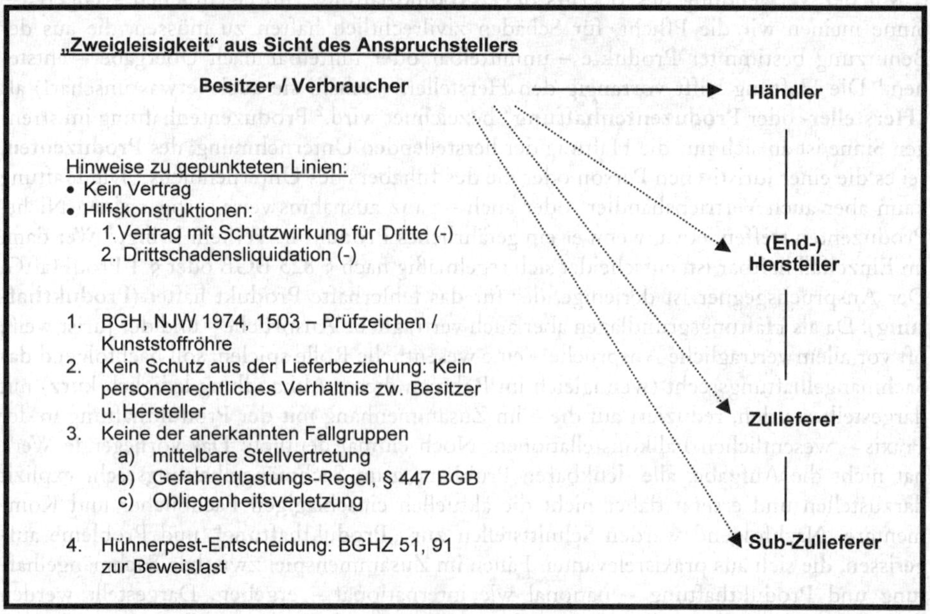

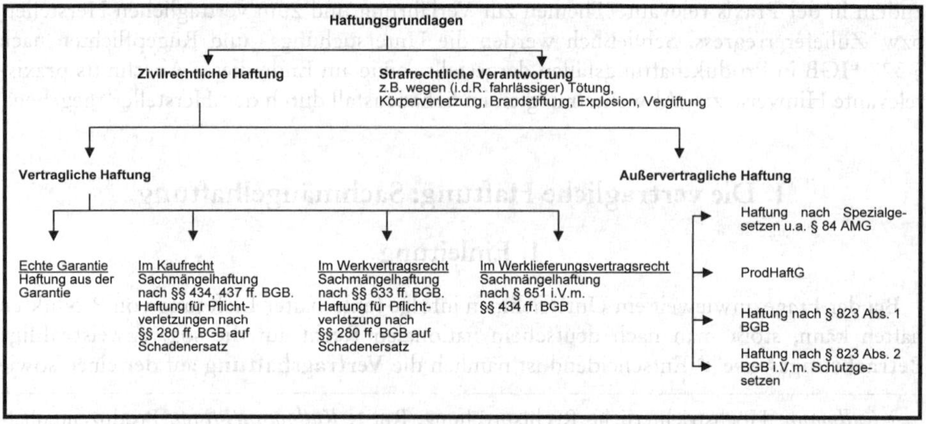

[7] Die bisherige Rechtsprechung wird – nicht zuletzt nach Einführung des § 433 Abs. 1 Satz 2 BGB – kritisiert, vor allem, weil sich diese Lösung nicht mit anderen ausländischen Rechtsordnungen decke. Händler müssten – so der jüngere Vorstoß in der Literatur – für Herstellungsfehler auch vertraglich einstehen; so explizit *Weller,* NJW 2012, 2312 ff.; *Peters,* ZGS 2010, 24, 27; *Schroeter,* JZ 2010, 495, 499; *Klees,* MDR 2010, 305; a. A. die ständige Rechtsprechung, statt vieler BGH, NJW 2008, 2837 – Parkett-Entscheidung und die h. A. in der Literatur; vgl. Nachweise bei Palandt/*Grüneberg,* § 278 Rn. 13 und Ausführungen zum Vertretenmüssen.

2. Garantien

a) Die Garantie – Begrifflichkeiten

Viele Hersteller und Händler sprechen von „Garantien", kennen jedoch häufig gar nicht den Unterschied zwischen der sog. **„echten Garantie"**, die einen **eigenen vertraglichen Anspruch**[8] begründet, und den bloßen Sachmängelhaftungs-Fristverlängerungen, oder auch den sog. Haltbarkeits- und Verfügbarkeitsgarantien (§§ 443, 477 BGB).[9] Auch wenn die Begriffe fließend sind und der Gesetzgeber auch nicht alle Garantiefälle wirklich exakt erfasst hat, ist es zunächst wichtig, den Begriff der „Garantie", der in der alltäglichen Wirtschaftspraxis häufig vorkommt und doch als eigener Anspruch kaum von Relevanz ist, zu erörtern. Bis zum 1.1.2002 war der Begriff der Garantie im BGB nicht gesetzlich geregelt: Als selbstständiger Vertrag unterlag er § 305 BGB a. F.[10] Nach Sinn und Zweck der heutigen gesetzlichen Regelungen in §§ 443, 477 BGB i. V. m. §§ 442, 444, 445 und § 276 Abs. 1 BGB soll die Garantie die **gesetzliche Mängelhaftung** (vgl. § 433 Abs. 1 Satz 2 BGB) **verstärken.**[11] Übernimmt der Verkäufer oder ein Dritter eine **Garantie für die Beschaffenheit** der Sache oder dafür, dass die Sache für eine bestimmte Dauer eine bestimmte Beschaffenheit behält (**Haltbarkeitsgarantie**[12]), so stehen dem Käufer im Garantiefall – eben **unbeschadet der gesetzlichen Ansprüche** – die Rechte aus der Garantie zu, und zwar zu den in der Garantieerklärung und der einschlägigen Werbung angegebenen Bedingungen gegenüber demjenigen, der die Garantie eingeräumt hat (§ 443 Abs. 1 BGB). Die darin nicht selten gesehene sog. **erweiterte Haftung** des Garantiegebers – so wird argumentiert – führe zum Ausgleich i. d. R. zu einem **stärkeren Verkaufserfolg.**[13] Dennoch ist in der Praxis zu erkennen, dass „echte Garantien", die über das Gesetz hinausgehen und bei denen der Verkäufer oder aber der Hersteller (ggf. im Rahmen der Vertretung über den Verkäufer oder über einen Boten) zu verstehen gibt, dass er im Schadensfalle – **über die im Gesetz verankerte Rechtsfolge hinausgehend** (dann: echte Garantie) – etwas hinzugeben will (ein sog. „add on"), doch in der Praxis durchaus selten sind. **Beispiel:** Der Verkäufer verspricht dem Käufer, der eine Taucheruhr erwirbt, die eine Tauchtiefe von 100 Metern erreichen soll, folgendes: Erreicht der Taucher mit der Uhr die „garantierte" Tauchtiefe nicht, und fällt die Uhr schon vor Erreichen der „garantierten" Tiefe aus, bekommt der Käufer nicht nur die (gesetzlich geregelten) Sachmängelhaftungsansprüche („unbeschadet der gesetzlichen Ansprüche"), sondern etwa einen Tauchurlaub auf Kuba im Wert von 3.500,00 EUR zusätzlich gezahlt. Bei diesem Fall wird schnell deutlich, dass sich der Verkäufer zu etwas verpflichtet, was er nach gesetzlicher Lage im Falle der Schlechtlieferung einer Uhr nicht schulden würde. Derartige Fälle kommen aber eben in der Praxis nur selten vor, denn welcher Verkäufer will sich schon entsprechend binden.[14] 3

Daneben kann – neben dieser **echten Garantie** – der Begriff „Garantie" auch als Einstehen des Garantiegebers für einen Erfolg verstanden werden, der über die Freiheit 4

---

[8] BGH, NJW 1999, 1542, 1543 zum alten Schuldrecht.

[9] Zum Verhältnis zur Sachmängelhaftung vgl. auch *Hammen*, NJW 2003, 2588.

[10] Zum alten Schuldrecht BGH, NJW-RR 2001, 1611, 1612; BGH, NJW 1999, 1542, 1543; BGH, NJW 1996, 2569, 2570; BGH, NJW 1965, 148; RG, JW 1919, 241 – Ring-Ofen.

[11] Palandt/*Weidenkaff,* § 443 Rn. 1.

[12] Bamberger/Roth/*Faust,* § 443 Rn. 9; die bloße Bezugnahme im Vertrag auf technische Regelwerke ist keine Beschaffenheitsgarantie, vielmehr bloße Beschaffenheitsvereinbarung, vgl. BGH, NJW 2009, 2877ff; BGH, NJW 1974, 1503, 1504 – Differenz zur alten Rechtslage.

[13] Palandt/*Weidenkaff,* § 443 Rn 1.; vgl. dazu *Braunschmidt/Vesper,* Die Garantiebegriffe des Kaufrechts, JuS 2011, 393 ff.

[14] OLG Celle, NJOZ 2009, 2995 – In der Erklärung, eine Segelyacht sei in einer Tonne getestet worden, ist keine Garantie für die Gebrauchsfähigkeit des Motors zu sehen.

von Sachmängeln hinausgeht, insbesondere dadurch, dass **verschuldensunabhängig die Haftung** für künftige Schäden übernommen wird (§ 276 BGB: „selbstständige Garantie").[15]

5 Demgegenüber sprechen Juristen nicht selten von der sog. **unselbstständigen Garantie,**[16] wenn die Rechtsfolge etwa **nur** die ist, dass die Sachmängelhaftungs-**Fristen** (also zum Beispiel die zweijährige gesetzliche Frist des § 438 BGB) durch den Verkäufer **verlängert** werden. Beispiel: Der Hersteller eines Kraftfahrzeugs verlängert die Frist, innerhalb derer es nicht zur „Durchrostung" beim PKW kommen darf, auf acht Jahre.

Die **Risikogarantie** ist eine Garantie, die ein Schadenrisiko in Folge bestimmter Umstände abdecken soll und die nicht auf die etwaige Beschaffenheit oder Haltbarkeit abstellt.[17]

Die Haftung aus der (vereinbarten) **echten Garantie** steht neben den gesetzlichen Sachmängelhaftungsrechten. Dies gilt nicht nur dann, wenn sich die Garantie gegen den Hersteller richtet, sondern auch, wenn der Garantiegeber der Verkäufer ist.[18]

6 Das LG Bonn[19] hat eine Klausel in einem Vertrag für unwirksam erklärt, wonach die Geltung einer 36-monatigen sog. **Gebrauchtwagengarantie** von der Durchführung von Inspektionen im 12., 18., 24. und 30. Monat nach dem Tag der Wiederzulassung abhängig gemacht worden war. Die Garantiebedingungen enthielten den Hinweis: „Achtung: Ohne gültige Inspektion keine gültige Garantie!". Dennoch hatte der Käufer die Inspektionen nicht durchführen lassen, so dass das Autohaus die Kostenübernahme aus dem Garantieversprechen verweigerte. Das LG Bonn erklärte die Inspektionsklausel für intransparent und damit für unwirksam nach § 307 Abs. 1 Satz 2 BGB, weil nicht hinreichend deutlich werde, dass die Garantieversicherung zunächst lediglich für zwölf Monate gelte und sich nach Maßgabe der sog. **Inspektionsklausel** verlängere, wenn der Käufer die Inspektionen nach dem 12., 18., 24. und 30. Monat ab dem Tag der Wiederzulassung durchführen würde. Ähnlich entschied das LG München[20] im Unterlassungsklageverfahren eines Verbraucherverbandes gegen ein führendes Unternehmen im Bereich der Solarenergie. Die Beklagte gewährte auf die von ihr betriebenen Photovoltaik-Module **Leistungsgarantien für Zeiträume von 10 bzw. 25 Jahren.** Sie stellte die Garantie auch als Produktvorteil dar. Das LG München nahm an, bei der streitgegenständlichen Garantie handele es sich um eine Garantieerklärung der Beklagten. Die Beklagte übernehme als Dritte – zwischen den Parteien sei dies unstreitig – eine Garantie dafür, dass ihre Module eine bestimmte Leistung erbringen. Nach § 477 Abs. 1 BGB müsse die Garantieerklärung damit einfach und verständlich – so das LG München – abgefasst sein. Da die von der Beklagten vorgenommene Einschränkung mit dem vollmundigen Inhalt der Garantieerklärung selbst nicht im Einklang stand, hielt das LG München die Klausel für unwirksam (§ 307 Abs. 1 und Abs. 2 BGB).

b) Übernahme der Garantie

7 Der Verkäufer muss – aber allzu häufig ist dies in der Praxis nicht der Fall – in tatsächlich bindender Weise, wenn er eine Garantie geben will, Gewähr für die vereinbarte Beschaffenheit und deren Dauer übernehmen und zu erkennen geben, dass er für die

---

[15] Palandt/*Weidenkaff*, § 443 Rn. 4.

[16] Palandt/*Weidenkaff*, § 443 Rn. 4; zur berechtigten Kritik an den Begriffen Bamberger/Roth/*Faust*, § 443 Rn. 12.

[17] *Strelow/Hein*, DB 2003, 1155: Insbesondere bei Unternehmenskäufen von Relevanz, nicht aber im Produkthaftungsrecht.

[18] Statt „Ansprüche" müsste es im Gesetz besser „Rechte" heißen, so zu Recht *Hammen*, NJW 2003, 2588.

[19] LG Bonn, Urt. vom 23.2.2011, Az. 5 S 255/10.

[20] LG München, Urt. vom 10.5.2012, Az. 12 O 18913/11, IBR-online v. 26.6.2012.

Folgen des Fehlens der Beschaffenheit wirklich einstehen will.[21] Es kommt nicht darauf an, dass das Wort „Garantie" verwandt wird[22] (vgl. §§ 133, 157 BGB); andere Begriffe wie **„voll einstehen"** etc. oder **„zusichern"** können zur Annahme einer Garantie genügen. Nach Auffassung des OLG Frankfurt[23] reicht sogar die im Internet veröffentlichte Werbung zur Begründung einer selbstständigen Garantie aus.[24] Echtheitszertifikate können entsprechend herangezogen werden.[25] Bloße Beschreibungen in einem Auktionskatalog sind demgegenüber i. d. R. keine Garantien.[26]

c) Rechtsfolgen

Die Rechte aus der Garantie stehen dem Käufer – bei der **echten Garantie** – unabhängig 8
von den Rechten aus § 437 BGB zu. Die Rechte aus § 437 BGB werden nicht verdrängt;[27] vielmehr stehen unabhängig von einem Verschulden des Garantiegebers dem Käufer die in der Garantie bestimmten Ansprüche zu.[28] Mit den Rechten aus § 437 BGB besteht demzufolge eine echte Konkurrenz.[29] Der Umfang der Garantie ergibt sich aus der Erklärung selbst (§§ 133,157 BGB).[30] Dabei ist aber zu berücksichtigen, dass die einzelnen Bedingungen der Garantie nicht notwendig in der Garantieerklärung selbst enthalten sein müssen.[31] Im Produkthaftungsbereich nicht selten von Relevanz sind Hinweise auf der einschlägigen Internetseite des Händlers und/oder derjenigen des Herstellers. **Beispiel:** Die Parteien haben sich über ein konkretes Aluminiumoxyd, welches der Zulieferer liefern sollte, was die Güteklasse angeht, nicht verständigt. Im Internet aber hatte der Verkäufer zum Zeitpunkt des Vertragsschlusses drei Güteklassen aufgelistet und selbst die schlechteste Güteklasse als Minimum-Beschaffenheit dann tatsächlich bei dem gelieferten Gut nicht erreicht (Diskrepanz zwischen Ist- und Sollbeschaffenheit). Unter Umständen kann sich ein Käufer dann auf den Inhalt des Internets berufen, wenn er kein gänzlich mangelfreies Aluminiumoxydpulver bekommt.[32] Daneben hat der Erwerber im Regelfall[33] dann Ansprüche aus der Sachmängelhaftung, Nacherfüllung, Minderung etc. sowie ggf. auch einen Schadenersatzanspruch.[34]

---

[21] BGH, NJW 2011, 2653; BGH, NJW 2007, 1346 – Laufleistung Motorrad; *Lehmann,* DB 2002, 1090.

[22] OLG Koblenz, BeckRS 2005, 13160 = ZGS 2006, 36; Palandt/*Weidenkaff,* § 434 Rn. 11.

[23] OLG Frankfurt, EuZW 2010, 77.

[24] A. A.: Nach Auffassung von Palandt/*Weidenkaff,* § 443 Rn. 10, ist dies Teil des betreffenden Kaufvertrages.

[25] Vgl. etwa für Kunstwerke *Berger,* KuR 2003, 137; zur Form vgl. §§ 474, 477 Abs. 2 bzw. bei Grundstücken § 311b BGB, ansonsten formfrei.

[26] OLG Brandenburg, NJW-RR 2010, 1169 ff.; ebenso wenig reicht die Erklärung „fahrbereit" für die Annahme einer Haltbarkeitsgarantie, BGH, NJW 2007, 759 ff.; vgl. auch OLG Rostock, NJW 2007, 3290 – Laufleistung; OLG Karlsruhe, NJW-RR 2007, 1210 ff. – Briefmarken.

[27] *Hammen,* NJW 2003, 2588.

[28] Palandt/*Weidenkaff,* § 443 Rn. 21.

[29] Anspruchsgrundlage könnte § 281 BGB sein, *Graf von Westphalen,* BB 2005, 1/3.

[30] OLG Zweibrücken, NJW-RR 2011, 1074; OLG Koblenz, ZGS 2006, 36.

[31] OLG Frankfurt, EuZW 2010, 77: Internet kann genügen; vgl. auch LG Rostock, NJW 2007, 3290.

[32] LG Köln, Az. 82 O 13/07 – Vergleich (unveröffentlicht).

[33] Vgl. BGH, NJW 2007, 1346, 1348 – Laufleistung beim Motorrad.

[34] BGH, NJW 2007, 1346 ff.; Bamberger/Roth/*Faust,* § 443 Rn. 28; MüKo/*Westermann,* § 443 Rn. 21.

d) Beispiele für besondere Garantien

aa) Safety System Garantie

Gegen schräge Reifenpannen haben wir ein Rezept: 12 Monate garantierte Pannensicherheit.

Wann macht Radfahren so richtig Spaß ? Vor allem dann, wenn Sie sich um Reifenpannen keine Sorgen machen müssen. Ab sofort gibt Ihnen Continental darauf eine echte Garantie:

Die Safety System Garantie.

Sollte trotz SafetySystem-Pannenschutz ein Fremdkörper Ihre Reifendecke durchstechen oder zerschneiden, ersetzen wir Ihnen Schlauch und Reifen. Kostenlos!

Die SafetySystem Garantie gibt es nur bei Continental. Sie gilt für alle City-/Trekking-Reifen mit SafetySystem-Pannenschutz. 12 Monate lang. Egal was passiert. Achten Sie auf die Garantiekarte am Reifen!

Bitte beachten Sie:

Von der Garantie ausgenommen sind Reifenschäden durch zu geringen Luftdruck oder Vandalismus, außerdem sonstige Personen- und Sachschäden, z.B. an Kleidung oder Fahrrad, sowie die Arbeitsleistung des Fachhändlers. Voraussetzung für die Garantie ist auch der Einbau eines Continental Schlauchs.

Bitte fragen Sie auch Ihren Fahrradfachhändler. Er wird Sie gerne informieren.

© 2010 Continental AG

bb) „Longlife guarantees"

cc) Mindesthaltbarkeitsgarantie[35]

11 In der Abfüll- und Getränkehersteller-Industrie kommen nicht selten sog. Mindesthaltbarkeitsgarantien vor, z. B. wie folgt formuliert:

Der Hersteller garantiert ein Mindesthaltbarkeitsdatum von 12 Monaten ab Abfüllung bei ordnungsgemäßer Lagerung. Der Kunde (Abfüller) trägt die alleinige Verantwortung für die lebensmittelrechtliche Verkehrsfähigkeit der Rezeptur und rechtlich einwandfreie Deklaration des Produktes.

[35] Dazu *Michalski/Riemenschneider,* BB 1993, 2097 m. w. N. als Beschaffenheitsangabe.

dd) Wirksamkeitsfragen

Ungeachtet der Frage, ob diese Garantien einen eigenen Anspruch begründen, was angenommen werden kann, kann sich im Einzelfall die Frage stellen, ob diese überhaupt wirksam sind,[36] was ich im Ergebnis – trotz einiger Bedenken – bejahen würde. 12

ee) Herstellergarantien

Bisweilen geben auch Hersteller verpflichtende Erklärungen (direkt) gegenüber dem Endverbraucher (Käufer) ab, die zu einem unmittelbaren vertraglichen Anspruch gegenüber dem Hersteller führen (Herstellergarantie).[37] Dann gelten an sich keine nennenswerten Besonderheiten; im Zweifel kann der Berechtigte gegen den Hersteller aus der Garantie und daneben noch aus den §§ 437 ff. BGB gegen den Verkäufer vorgehen. Vertraglich darf dieser Weg jedenfalls in AGB nicht eingeschränkt werden (§ 309 Nr. 8b BGB). 13

Im Hinblick auf die jüngere Rechtsprechung des EuGH und des BGH im Anschluss an die Schuldrechtsreform vom 1.1.2002 zu § 439 BGB und dem inzwischen entwickelten verbraucherfreundlichen Ansatz, nach dem Verbrauchern (§ 13 BGB) im Rahmen der Nacherfüllung nicht mehr nur ein mangelhaftes Produkt (nach-)geliefert werden, sondern auch Aus- und Einbaukosten bezahlt werden müssen,[38] und der Regressweg für den Händler – vor allem für den Handwerker – aber dennoch – trotz der Möglichkeit der Gestaltung und trotz der Existenz der Regelungen der §§ 478, 479 BGB – aus Sicht der Händler oder Installationsbetriebe nicht immer einfach durchsetzbar erscheint, haben einzelne Verbände inzwischen reagiert, insbesondere diejenigen, deren Mitglieder besonders von diesen „Verschärfungen zu Lasten des Handwerks und des Handels" betroffen sind[39] und bieten sog. **Haftungsübernahmevereinbarungen** an. Je nach Ausgestaltung (§§ 133, 157 BGB) handelt es sich dabei um echte **Garantieversprechen der Hersteller,** ausgestaltet als **Garantien zugunsten Dritter** (vgl. § 328 Abs. 1 BGB): Die Haftungsübernahmevereinbarung schließt der Verband (für dessen Mitglieder: z. B. einzelne Handwerksbetriebe) direkt mit dem Hersteller; Begünstigte aus diesem Vertrag sind dann dessen einzelne Mitgliedsunternehmen (also wiederum die einzelnen Handwerksbetriebe), die dann jedoch aus der Haftungsübernahmevereinbarung zwischen Verband und Hersteller einen eigenen (vertraglichen) Anspruch gegen die Hersteller erhalten, und zwar völlig ungeachtet der Frage, ob den Hersteller überhaupt ein Verschulden und damit – bei Anwendung des reinen Gesetzes – eine Schadenersatzverpflichtung im Sinne des § 280 Abs. 1 BGB trifft. Damit wird – bedingt durch solche Vereinbarungen – dem Hersteller die ihm bei Nichtabschluss einer solchen Vereinbarung zustehende juristische Möglichkeit genommen, darzulegen, dass ihn kein Verschulden trifft (vgl. § 280 Abs. 1 S. 2 BGB). 13a

---

[36] Vgl. dazu auch die wettbewerbsrechtlichen Thematiken, §§ 3, 5 UWG, § 202 Abs. 2 BGB; dazu: BGH, Urt. vom 26.6.2008, Az. I ZR 221/05, NJW 2008, 2995; BGH, NJW-RR 1994, 1327.

[37] Vor allem in der Kfz-Branche, vgl z. B. BGH, NJW 1985, 2819 – Kfz-Garantie; BGH, WM 1983, 1391 ff. – Filter; BGH, NJW 2008, 843 – Garantie gegen Durchrosten; BGH, NJW-RR 1991, 1013 – Garantie bei Verschleiß; vgl. auch OLG Stuttgart, NJW 2009, 1089 – Garantie gegen Durchrostung; OLG Saarbrücken; NJW-RR 1996, 1325 – Gebrauchtwagen-Garantiebedingungen. Der Vertrag kommt dabei i. d. R. über den Händler zustande, der dem Verbraucher die Garantieerklärung des Herstellers übergibt (= Angebot i. S. d. § 145 BGB) und Verzicht auf den Zugang der Annahmeerklärung (§ 151 BGB); BGH, BB 1981, 14, 15; ein anderer Weg ist der Vertrag zugunsten Dritter nach § 328 BGB, BB 1979, 1257; *Lehmann,* BB 1980, 964.

[38] BGH, NJW 2008, 2837 – Parkettstäbe; BGH, NJW 2009, 1660 – Fliesen; EuGH, NJW 2011, 2269 ff. – Gebrüder Weber GmbH ./. Wittmer; Einzelheiten dazu in § 3 I. 3. c) cc) (1) Rn. 28 ff.

[39] Dazu detailliert: § 3 I. 3. c) cc) (1) Rn. 31 ff. und *Lenz,* PHi 2011, 156 ff.

Zahlreiche Unternehmen auf Herstellerseite unterzeichnen inzwischen derartige Vereinbarungen, wieder andere lehnen dies – mit unterschiedlichen Argumenten – entschieden ab: Einige Hersteller haben Wirksamkeitsbedenken hinsichtlich derartiger Vereinbarungen erhoben – je nach Ausgestaltung (§§ 133, 157 BGB) –, u. a. mit der Argumentation, dass bestimmte Klauseln einer Inhaltskontrolle nach den §§ 307 Abs. 2 Nr. 1, 310 Abs. 1 i. V. m. § 309 Nr. 12 BGB nicht standhalten würden[40]. Wieder andere halten derartige Haftungsübernahmevereinbarungen für nichtig nach § 134 BGB i. V. m. § 1 GWB. Im Einzelfall kann auch ein Verstoß gegen § 21 Abs. 3 GWB anzunehmen sein – sofern kein Erlaubniskartell im Sinne der §§ 2 ff. GWB vorliegt. Dennoch ist von einer durchgreifenden Unwirksamkeit allenfalls unter engen Ausnahmegestaltungen auszugehen. Zu berücksichtigen ist jedoch, dass es bei einer vertraglichen Haftungserweiterung regelmäßig auch an fehlendem Versicherungsschutz zugunsten der Hersteller fehlen dürfte.

3. Die Sachmängelhaftungsansprüche im Kaufrecht

a) Einleitung

14 Der Kaufvertrag findet sich in diversen Regelungen, beginnend – international betrachtet – in den Bestimmungen des UN-Kaufrechts (Übereinkommen der Vereinten Nationen über Verträge über den internationalen Warenkauf) und des internationalen Privatrechts (nunmehr geregelt insbesondere in der sog. ROM I-Verordnung), in den deutschen Regelungen für Unternehmen im Handelsgesetzbuch (dort insbesondere in den §§ 373 ff. HGB) und schließlich in den §§ 433 ff. BGB. Dort finden sich auch Sonderregelungen, etwa für sog. **Verbrauchsgüterkäufe,** also bei Verkäufen zwischen einem Unternehmen i. S. d. § 14 BGB und einem Privatmann, dem Verbraucher i. S. d. § 13 BGB (§§ 474 ff. BGB) und/oder dem Kauf auf Probe. Für den Kaufvertrag nicht weniger bedeutsam sind in der Praxis auch die nach der Schuldrechtsreform vom 1.1.2002 aufgenommenen Regelungen der §§ 305 ff. BGB: Das Recht der **Allgemeinen Geschäftsbedingungen.** Wichtig noch für den Praktiker vorab: In Zweifelsfällen zur Auslegung der in Rede stehenden Regelungen in den §§ 433 ff. BGB ist es ratsam, sich über die der Schuldrechtsmodernisierung zugrunde liegenden EG-Richtlinien, also vor allem über die EG-Richtlinie für Verbrauchsgüterkauf[41] Kenntnis zu verschaffen.[42]

15 Zum herkömmlichen Begriff der sog. **Gewährleistung** noch so viel: Nach dem 1.1.2002 erscheint es korrekter, vom sog. **Sachmängelhaftungsrecht** zu sprechen. Sofern bei konkreten vertraglichen Gestaltungen nach der Schuldrechtsmodernisierung 2002 noch von dem sog. **Gewährleistungsrecht** gesprochen wird, dürfte man, streng dogmatisch betrachtet, allenfalls noch das Recht der „Minderung“ als von diesem älteren Begriff der „Gewährleistung“ umfasst verstehen. Denn: Die Minderung ist das einzige (alte Gewährleistungs-) Recht, was bei der Modernisierung bestehen geblieben ist, nunmehr allerdings unter dem Oberbegriff der „Sachmängelhaftung“. Darüber hinaus aber wurde durch die Schuldrechtsreform das alte „Gewährleistungsrecht“ völlig modernisiert, unter anderem die Wandlung (§ 459 BGB a. F.) abgeschafft, der Schadenersatz völlig neu formuliert und

---

[40] Das Verbot von Beweislastklauseln ist nach §§ 307 Abs. 2 Nr. 1, 310 Abs. 1 BGB grundsätzlich auch auf Verträge zwischen Unternehmern anzuwenden; OLG Düsseldorf, NJW-RR 2006, 1074, 1075; *Thamm,* BB 1996, 653. Dies gilt vor allem für den durch § 309 Nr. 12a BGB geschützten Grundsatz, nach dem es um die Beweislast für Umstände geht, die im Verantwortungsbereich des Verwenders liegen (BGH, NJW 2006, 47, 49 sowie *Palandt/Grüneberg,* § 309 Rn. 110).

[41] Richtlinie 1999/44/EG vom 25.5.1999, ABl. EG Nr. L 171, 12.

[42] Als pdf-Dokument abgedruckt unter http://www.lrz-muenchen.de/~Lorenz/material/vl/1999.

an die Stelle der Wandlung ist ein ähnliches Instrument, nämlich das des Rücktritts, getreten. Besser ist es daher, jetzt nur noch vom **Sachmängelhaftungsrecht** zu sprechen. Natürlich werden ganze Juristengenerationen die Begriffe nicht scharf voneinander getrennt verwenden und insbesondere auf Ingenieurebene, also im Bereich der produkthaftungsrechtlichen Praxis, wird der Begriff „Sachmängelhaftungsrecht" oft noch vermischt mit dem der „Gewährleistung" angewandt.

b) Die Quadriga von Sachmängelhaftungsansprüchen

Die externen, auf dem Gebiet der Produkthaftung spezialisierten Berater, sofern sie nicht gerade auf der Seite des Verbrauchers tätig sind, oder auch Unternehmensjuristen haben an sich erst dann mit der Sachmängelhaftung zu tun, wenn es zu Regressverfahren kommt, wenn also aufgrund gewährter Sachmängelhaftung das Produkt wieder beim Händler angelangt ist und dieser etwa über die §§ 478, 479 BGB oder aus anderweitigen Verträgen regressiert über den Fach- oder Großhandel und dieser dann seinerseits bis hin zum Endhersteller des Produkts.[43] Gerade über die Regressierung kommt der Endhersteller dann doch zu den auch ihn berührenden Themen der Sachmängelhaftung, möglicherweise hat er gar zu prüfen, ob und inwieweit der Handel dem Verbraucher gegenüber aus **reiner Kulanz**[44] gehandelt hat, oder ob der Handel verpflichtet war, dem Verbraucher tatsächlich entgegen zu kommen. Insoweit hat das Sachmängelhaftungsrecht große Auswirkungen auch für den auf dem Gebiet der Produkthaftung tätigen Juristen. Aus diesem Grunde werden Sachmängelhaftungsansprüche und die dazu ergangene Rechtsprechung – soweit dies im Zusammenhang mit der Produkthaftung von Bedeutung ist – nachfolgend dargestellt. Der Einfachheit halber wählen wir daher den Aufbau von der Inanspruchnahme des Händlers und kommen dann über dessen Regressierung über den Groß- bzw. Fachhandel bis hin zur Inanspruchnahme des Endherstellers. Seit der Schuldrechtsreform gehört es zu den typischen Pflichten des Verkäufers, dem Käufer die Sache **frei** von **Sach- und Rechtsmängeln** zu verschaffen (§ 433 Abs. 1 Satz 2 BGB). Kommt der Verkäufer diesen Pflichten nicht nach und liefert er die Ware sachmängelbehaftet, hat der Käufer die in § 437 BGB im Einzelnen unter Verweis auf die in anderen Normen genannten Rechte.[45] Ist die Sache mangelhaft, kann der Käufer, wenn die Voraussetzungen der nachfolgenden Vorschriften erfüllt sind und soweit nicht ein anderes bestimmt ist, nach § 439 BGB **Nacherfüllung** verlangen, nach den §§ 440, 323 und § 326 Abs. 5 BGB von dem Vertrag **zurücktreten** oder nach § 441 BGB den Kaufpreis **mindern** und nach den §§ 437 Nr. 3, 440, 280, 281, 283 und § 311a BGB **Schadenersatz** oder nach § 284 BGB Ersatz etwaiger vergeblicher **Aufwendungen** verlangen. 16

Rechte des Käufers bei Mängeln nach § 437 BGB: Quadriga von Rechten

1. Nacherfüllung
2. Rücktritt
3. Minderung
4. Schadenersatz/Aufwendungsersatz

[43] Vgl. dazu auch § 3 I. 2. ee. Rn. 13a.

[44] Vgl. dazu *Lenz*, Die Kulanzleistung des Versicherers, 1993, 1 ff.

[45] Zur aktuellen Diskussion, ob der Händler auch für Herstellungsfehler nach Vertrag mit seinem Kunden einzustehen hat, so *Weller*, NJW 2012, 2312 ff.; *Klees*, MDR 2010, 305 ff.; *Peters*, ZGS 2010, 24, 27; *Schroeter*, JZ 2010, 495, 499.

c) Nacherfüllung i. S. d. § 437 Nr. 1 i. V. m. §§ 439 ff. BGB

17 Seinerzeit wurde das dem Käufer eingeräumte (theoretisch vom Gesetzgeber gewährte) **Recht** in § 439 Abs. 1 BGB – nach seiner Wahl – als Nacherfüllung die Beseitigung des Mangels oder die Lieferung einer mangelfreien Sache verlangen zu können, als **verbraucherfreundliches Novum** bezeichnet.[46] Die **Voraussetzungen** sind klar – geht man lediglich vom Wortlaut der Regelung aus: Liegt ein **Kaufvertrag** vor und ist die Sache mangelhaft (**Sachmangel** i. S. d. § 434 BGB) und liegt dieser Mangel auch schon bei **Gefahrübergang** vor (§ 446 BGB: Beim Kauf – von Ausnahmen abgesehen – Ablieferung), kann der Käufer nach dem Wortlaut des § 439 Abs. 1 BGB die dort genannten Rechte geltend machen, und zwar ungeachtet jeglichen Verschuldens des Verkäufers.[47] Die gesamte Sachmängelhaftung – mit Ausnahme des Schadenersatzes – ist unabhängig vom Verschulden des Verkäufers einschlägig. Es geht ja auch i. d. R. nicht um ein Verschulden des Verkäufers, denn, da der Verkäufer im Regelfall keine Untersuchungspflichten hinsichtlich des Produkts des Herstellers hat,[48] kann ihn, wenn er den Mangel nicht kannte, regelmäßig auch keine Schuld treffen.[49]

18 Einen derartigen **Nacherfüllungsanspruch** kannte das BGB in der Fassung bis zum 1.1.2002 nicht. Allerdings war dieses Recht unter dem Begriff **„Nachbesserung"** auch bis dahin schon geläufig, weil in der Praxis in den Allgemeinen Geschäftsbedingungen auch früher bereits die Beseitigung des Mangels als primäres Recht des Käufers – dann vertraglich vereinbart – vorgesehen war (vgl. § 476a BGB a. F.). Die Nachbesserung war also insofern auch vor der Schuldrechtsreform bereits praxisrelevant. Im Wesentlichen hat sich – aus Praktiker-Sicht – durch die Kreierung des neuen Anspruchs auf „Nacherfüllung" daher nicht viel geändert. Der Nachlieferungsanspruch ist nicht auf **Gattungskäufe** beschränkt, sondern auch beim Stückkauf gegeben.[50] Danach ist die Nacherfüllung durch Lieferung einer anderen, mangelfreien Sache nicht von vornherein deshalb ausgeschlossen, weil Gegenstand des Kaufvertrages ein Stückkauf ist.[51] Schließlich ist darauf hinzuweisen, dass der Nacherfüllungsanspruch – anders als der Rücktritt, die Minderung und der Anspruch auf Schadenersatz statt der Leistung – **nicht von einer Fristsetzung** durch den Käufer abhängig ist.[52] Der Käufer hat – mit anderen Worten – nicht sämtliche Rechte, die aus der Lieferung einer mangelhaften Sache folgen, von vornherein nebeneinander zur Wahl. **Vorrang** hat der **Nacherfüllungsanspruch.** Zu den Voraussetzungen des Nacherfüllungsanspruchs im Einzelnen:

aa) Der Sachmangel

19 Soweit deutsches Recht Anwendung findet, ist – was den Begriff des Sachmangels angeht – auf § 434 BGB zu verweisen. Danach ist die Sache frei von Sachmängeln, wenn sie bei Gefahrübergang die **vereinbarte Beschaffenheit** hat. Soweit die Beschaffenheit nicht vereinbart ist, ist die Sache frei von Sachmängeln, wenn sie sich für die **nach dem**

---

[46] BR 338/01, 540, 544.

[47] BGH, NJW 2010, 1448; BGH, NJW 2008, 1147, 1148 – Parkett-Entscheidung; BGH, NJW 2006, 1195; BGH, NJW 2005, 1348.

[48] Vgl. selbst *Schroeter,* JZ 2010, 495, 496, der dies kritisiert, wie *Weller,* NJW 2012, 2312, 2314.

[49] BGH, NJW 1979, 1886, 1887; jüngst LG Düsseldorf, Urt. vom 4.11.2011, BeckRS 2012, 00726.

[50] BGH, NJW 2006, 2839.

[51] So bereits OLG Braunschweig, NJW 2003, 1053; LG Ellwangen, NJW 2003, 517.

[52] Dies folgt aus § 323 Abs. 1 BGB. Nach BGH, NJW 2009, 3153 reicht für eine Fristsetzung die „Aufforderung", der Verkäufer möge die Mängelbeseitigung „umgehend" durchführen; der Angabe einer konkreten Zeit bedarf es nicht; werden Fristen aber gesetzt, müssen diese angemessen sein, BGH, NJW 1985, 2640; BGH, NJW 2007, 835, 836; vgl. dazu auch *Klein,* Anm. zu Fristsetzung durch Aufforderung zur „umgehenden" Mangelbeseitigung, NJW 2009, 3153, 3154.

Vertrag vorausgesetzte Verwendung eignet, sonst, wenn sie sich für die **gewöhnliche Verwendung** eignet und eine Beschaffenheit aufweist, die bei Sachen der gleichen Art üblich ist und die der Käufer nach der Art der Sache erwarten kann.

Beispiel nach dem Urteil des LG Köln:[53] **Ungeeignete Konstruktion der Heckpartie:** 20
Der Ford Focus Turnier war – konstruktionsbedingt nicht notwendig (allenfalls aus Designgründen war die Lösung gewählt worden) – mit einem Stoßfänger versehen, der zu Wasseransammlungen in der Rille der Stoßstange führte, so dass sich im Winter wegen Vereisung die Heckklappe nicht öffnen ließ. Der gerichtlich bestellte Sachverständige sprach von einer „Fehlkonstruktion". Das LG folgte diesen Angaben. Es handele sich um eine Konstruktion, die dem Stand der Technik – insbesondere gemessen am Standard der fraglichen Fahrzeugklasse – nicht entspreche. Dies führte zu einem Nachbesserungsanspruch, den das LG nicht für unmöglich hielt.

Zu der Beschaffenheit nach § 434 Abs. 1 Satz 2 Nr. 2 BGB gehören auch Eigenschaften, 21
die der Käufer nach den öffentlichen Äußerungen des Verkäufers, des Herstellers (§ 4 Abs. 1 und 2 des ProdHaftG) oder seines Gehilfen, insbesondere in der Werbung oder bei der Kennzeichnung über bestimmte Eigenschaften der Sache erwarten kann, es sei denn, dass der Verkäufer die Äußerung nicht kannte und auch nicht kennen musste, sie im Zeitpunkt des Vertragsschlusses in gleichwertiger Weise berichtigt war,[54] oder dass sie die Kaufentscheidung nicht beeinflussen konnte. Ferner regelt § 434 Abs. 2 BGB, dass ein Sachmangel auch dann gegeben ist, wenn die vereinbarte **Montage**[55] durch den Verkäufer oder dessen Erfüllungsgehilfen **unsachgemäß** durchgeführt worden ist. Ein Sachmangel liegt bei einer zur Montage bestimmten Sache ferner vor, wenn die **Montageanleitung** mangelhaft ist, es sei denn, die Sache ist fehlerfrei montiert worden.[56] Zudem steht es nach § 434 Abs. 3 BGB einem Sachmangel gleich, wenn der Verkäufer eine **andere Sache** („aliud") oder eine **geringere Menge liefert.**[57]

Für den wichtigen Bereich der Sachmängelhaftung stets von Bedeutung ist der Begriff 22
der **Beschaffenheit der Sache** (§ 434 Abs. 1 Satz 1 BGB). Der zentrale Begriff der Beschaffenheit ist **weit** auszulegen (§§ 133, 157 BGB) und entspricht dem des **Zustandes der Sache.**[58] Der Gesetzgeber hat offen gelassen, ob der Begriff im Einzelfall nur Eigenschaften, die der Kaufsache unmittelbar anhaften oder auch Umstände umfasst, die außerhalb der Sache liegen.[59] Eigenschaften wären zum Beispiel ein bestimmtes Gewicht, die Größe, das Alter, ein konkret bestimmtes Herstellungsmaterial, Kraftanwendungen oder Kraftentfaltungen, Geschwindigkeiten, ein gewisser Verbrauch, Verarbeitungsmethoden, Haltbarkeiten etc.[60] Die Beschaffenheiten sind **vereinbart,** wenn der Inhalt des Kaufvertrages auf diesem konkreten Umstand beruht, oder die Eigenschaften von vornherein oder auch nachträglich (§ 311 Abs. 1 BGB) als zu liefernde Pflicht des Verkäufers bestimmt werden (die sog. Sollbeschaffenheit).[61] Dies kann auch **konkludent** oder **stillschweigend** geschehen.[62]

---

[53] LG Köln, Urt. vom 21.12.2011, BeckRS 2011, 29507.

[54] OLG Celle, DAR 2006, 269.

[55] BGH, NJW 1998, 3197 – Hauptpflicht statt Nebenpflicht.

[56] Ist montiert, kann der Käufer nicht „Neumontage" verlangen, *Haedicke,* ZGS 2006, 55; a. A. *Gruber,* VuR 2002, 120; vgl. auch *Westermann,* NJW 2002, 241, 244.

[57] OLG Schleswig, NJW-RR 2011, 1234; *Lorenz,* NJW 2003, 3097; *Lettl,* JuS 2002, 866, 870; *Brors,* JR 2002, 133.

[58] *Berger,* JZ 2004, 276–283.

[59] Palandt/*Weidenkaff,* § 434 Rn. 9; *Häublein,* NJW 2003, 388.

[60] Palandt/*Weidenkaff,* § 434 Rn. 10; BGH, NJW 1992, 2564 zur alten Fassung des § 459 BGB; ebenso wie BGHZ 114, 263, die übernommen werden kann, BGH, NJW 2011, 1217; *Roth,* NJW 2004, 330.

[61] Palandt/*Weidenkaff,* § 434 Rn. 15; vgl. dazu auch BGH, DAR 2011, 520; BGH, NJW 2008, 1517; BGH, NJW 2010, 1131.

[62] Erforderlich ist jedenfalls aber eine Zustimmung des Verkäufers, BGH, NJW 2009, 2807.

23 Die Kasuistik zur „Beschaffenheitsvereinbarung" ist nahezu unüberschaubar.[63] Nachfolgend sollen einmal die Entscheidungen angesprochen werden, die im Zusammenhang mit Produkthaftungsfällen eine Rolle gespielt haben oder zukünftig spielen könnten: Verkehrs- und Betriebssicherheit,[64] Kraftstoffmehrverbrauch gegenüber einer Herstellerangabe,[65] der Kraftstoffverbrauch und CO^2-Emission,[66] Bremsgeräusche,[67] Rostflecken und Lackschäden,[68] Farbabweichungen,[69] Dröhngeräusche eines Kleinwagens,[70] technische Konstruktionsänderungen, durch die die Betriebserlaubnis erlischt,[71] Fernbedienung einer Standheizung,[72] Neureifen, wenn keine sachgemäße Lagerung nachgewiesen wird,[73] Abweichung von Schutz- und Sicherheitsvorschriften[74] sowie von DIN-Normen,[75] Erfassungskapazitäten von Prüfgeräten,[76] Indikationsbreite eines Gerätes (Medizinprodukt).[77] Die Rechtsprechung hat das Vorliegen eines **Sachmangels verneint** bei Eindringen von Feuchtigkeit in den Innenraum bei einem acht Jahre alten Geländewagen mit mehr als 100.000 km,[78] ebenfalls bei einer wiederholt fehlerhaften Warnanzeige von zu niedrig angezeigtem Flüssigkeitsstand.[79] Die Beschaffenheitsangabe spielt ferner bei Maschinen eine große Rolle: So wird unter Umständen eine Beschaffenheitsvereinbarung **als Mangel erkannt,** wenn technische Normen nicht eingehalten werden,[80] oder die Beweglichkeit eines Mobilbaggers in Frage steht.[81] Unter Umständen reicht auch schon die unzureichende Bedienungsanleitung (Whirlpool).[82] Aber nahezu keine Branche bleibt von Sachmängeln unberührt: Wichtig – im Zusammenhang mit Produkthaftungsfällen – sind ggf. auch überschrittene Mindesthaltbarkeitsdaten.[83] Im Zusammenhang mit Lebensmitteln von Bedeutung ist die Frage, ob und inwieweit Fleisch im Handel wiederverkäuflich ist.[84] Im Hinblick auf glykolversetzten Wein hatten wir bereits zu den strafrechtlichen Ermittlungsverfahren ausgeführt:[85] Glykolversetzter Wein statt vereinbarter konkreter Auslese kann

[63] Vor allem Palandt/*Weidenkaff*, § 434 Rn. 71 ff.

[64] BGH, NJW 2010, 2426 beim Gebrauchtwagen.

[65] BGH, NJW 2007, 2111; OLG Hamm, Az. 28 U 94/12, ZUR 2013, 437 – Verbrauch bei einem Neufahrzeug höher 10 % zur Angabe = Rücktrittsrecht; vgl. dazu auch die Äußerungen des ADAC: Die Herstellerangaben bieten keine echte Orientierung, der ADAC fordert „realistische Angaben", BILD vom 20.2.2013; im Anschluss an BGH, NJW 1997, 2590; LG Ravensburg, NJW 2007, 2127 Sachmangel ab 3,03%

[66] *Schmidt*, NJW 2005, 329.

[67] OLG Schleswig, NJW-RR 2009, 1065; LG Köln, Az. 28 O 13/07 – Vergleich.

[68] BGH, BB 1967, 1268.

[69] OLG Karlsruhe, NJW-RR 2009, 777 – Dachziegelfarbe; LG Aachen, NJW 2005, 2236.

[70] LG Köln, NJW-RR 1991, 1340; OLG Köln, NJW 1993, 3143.

[71] OLG Karlsruhe, NJW 2007, 443.

[72] OLG Celle, NJW-RR 2010, 356.

[73] AG Starnberg, NJW-RR 2010, 1359.

[74] BGH, NJW 1985, 1769; vgl. dazu auch *Kollmer,* NJW 1997, 2015.

[75] Zu DIN-Normen, u. a. OLG München, NJW-RR 1992, 1523.

[76] BGH, NJW 1996, 1962 ff.

[77] BGHZ 16, 54.

[78] BGH, NJW 2009, 508; auch bei Einsatz von Teleskopmarknägeln mangels Nachweis, OLG Saarbrücken, MPR 2011, 156 ff.

[79] OLG Stuttgart, NJW-RR 2010, 412.

[80] OLG München, NJW-RR 1992, 1523.

[81] BGH, NJW-RR 1995, 364.

[82] OLG München, MDR 2006, 1338.

[83] *Michalski/Riemenschneider,* BB 1993, 2097 m. w. N.; ebenso Palandt/*Weidenkaff,* § 434 Rn. 87.

[84] BGH, NJW-RR 2005, 1218; OLG Karlsruhe, NJW-RR 2009, 134, vgl. dazu auch Palandt/*Weidenkaff,* § 434 Rn. 87, 88; und siehe dazu auch den „Pferdefleischskandal" aus dem Jahr 2013, siehe dazu § 2 I. Rn. 5 und dort Fn. 13 sowie § 2 II. Rn. 31 und 18.

[85] Siehe oben § 2 II. Rn. 20.

ein Sachmangel sein.[86] Nichts anderes gilt für die Verkorkung von Weinflaschen ohne ausreichenden Oxidationsschutz.[87] Zu Einzelheiten wird auf die einschlägigen zivilrechtlichen Kommentierungen verwiesen.

In diesem Zusammenhang soll zudem erwähnt werden, dass auch der **Mangelverdacht** selbst ein Sachmangel **sein kann.**[88] Dies jedenfalls dann, wenn er **qualitätsmindernd** ist, was weniger außergewöhnlich ist. So kann etwa der nicht ausräumbare Verdacht, es könne bei Produkten eine Verseuchung vorliegen, zu einem Beschaffenheitsmangel führen.[89] Als Beispiel sei der Salmonellenverdacht bei Lebensmitteln erwähnt.[90] Auch den Weiterverkauf gelieferten Fleisches – beim Verdacht der fehlenden Eignung lebensmittelrechtlicher Anforderungen an das Inverkehrbringen – hatten wir bereits erwähnt.[91] Um es aber zu verdeutlichen: Der Verdacht muss schon dem Grunde nach offenkundig werden. Ein **gewisses Maß an Erheblichkeit** ist ebenfalls zu fordern. Zudem darf der Mangelverdacht nicht durch dem Käufer zumutbare Maßnahmen auszuräumen sein.[92] 24

Praktiker – nicht zuletzt Ingenieure – sprechen häufig nicht von der Beschaffenheit, sondern von im Handelsverkehr üblichen sog. **Spezifikationen.** Gemeint sind damit rechtlich etwaige Beschaffenheitsvereinbarungen. In Zuliefererverträgen werden – je nach Branche – von Seiten des Endherstellers gegenüber dem Zulieferer nicht selten sehr weitgehende Vorgaben gemacht. Bisweilen werden Zeichnungen, Skizzen etc. ausgetauscht. Zudem werden konkrete Prüfpunkte in Zeichnungen fixiert. All das können Spezifikationen und damit Beschaffenheitsangaben sein. Zu Beschaffenheitsangaben bei Tieren.[93] 25

bb) Bei Gefahrübergang

Mit der Übergabe der verkauften Sache geht die Gefahr des zufälligen Untergangs und der zufälligen Verschlechterung auf den Käufer über (§ 446 S. 1 BGB). Dieser Gefahrübergang findet – beim Kauf – i. d. R. mit der **Übergabe** der verkauften Sache – also mit der Ablieferung – statt (§ 433 Abs. 1 S. 1 BGB). Die Wirkung des § 446 Satz 1 BGB ist die, dass bis zum Eintritt der im Gesetz genannten Voraussetzungen die Gefahr des zufälligen Untergangs beim Verkäufer verbleibt. Erst mit Übergabe der verkauften Sache geht diese auf den Käufer über. Gemeint sind damit alle Schäden und Beeinträchtigungen der Sache als solcher, zum Beispiel Schadensentstehungen durch Brand, Verlust etc.[94] (vgl. auch § 476 BGB beim Verbrauchsgüterkauf). 26

---

[86] BGH, NJW 1989, 218/9.

[87] BGH, NJW-RR 2010, 1329.

[88] OLG Naumburg, Urt. vom 6.11.2008, Az. 1 U 30/08, OLGR Naumburg 2009, 284 f. – untypische Geräusche im Motorraum eines Neufahrzeuges können unter bestimmten Voraussetzungen einen Sachmangel darstellen; LG Bonn, NJW 2004, 74; ebenso *Lorenz*, NJW 2004, 26, ebenso Palandt/*Weidenkaff*, § 434 Rn. 58.

[89] BGH, NJW 1972, 1462; BGH, NJW 1969, 1171; BGH, NJW 1989, 218, 220 – Glykolwein; OLG Karlsruhe, NJW-RR 2009, 134, 135 – Fleisch; *Zimmer*, BB 1988, 2192; zum Fleischskandal vgl. § 2 II. Rn. 18.

[90] BGH, NJW 1972, 1462; BGH, NJW 1969, 1171.

[91] OLG Karlsruhe, NJW-RR 2009, 134; BGH, NJW 1989, 218, 220 – Wein mit Glykolersatz; vgl. dazu auch Palandt/*Weidenkaff*, § 434 Rn. 58; *Handorn*, PHi 2011, 206, 208.

[92] *Handorn*, PHi 2011, 206, 208: Die Grundsätze zur kaufrechtlichen Mangelverdachtshaftung lassen sich nicht ohne weiteres auf den Produktfehler i. S. d. § 3 ProdHaftG übertragen; bejahend aber LG München, Urt. vom 1.12.2008, Az. 3 O 9161/08; vgl. auch BGH, NJW-RR 2003, 772; vgl. auch Verfahren vor dem LG Frankenthal, Az. 6 O 304/12 zur Frage, ob Gefahren von Gesundheitsbeschädigungen Schmerzensgeldansprüche auslösen können; vgl. dazu Ausführungen zur Gesundheitsbeeinträchtigung im Rahmen des § 823 Abs. 1 BGB sub 2. c) aa) (2), aber auch sub 2. c) aa) (3) bei der Eigentumsverletzung und zum Produktfehler sub c) bb) 2), Rn. 26.

[93] *Marx*, Rechtsprechungsübersicht, NJW 2010, 2839 und Palandt/*Weidenkaff*, § 434 Rn. 96.

[94] Palandt/*Weidenkaff*, § 446 Rn. 14.

cc) Rechtsfolgen

27 Der Käufer hat im Falle des Vorliegens eines Sachmangels i. S. d. § 434 BGB bei Gefahrübergang (§ 446 BGB) einen Anspruch auf Nacherfüllung, der mit dem an den Verkäufer gestellten berechtigten Verlangen fällig wird.[95] Der Erfüllungsort für das Verlangen auf Nacherfüllung ergibt sich grundsätzlich aus den von den Parteien **getroffenen Vereinbarungen.** Fehlen vertragliche Abreden über den Erfüllungsort, ist auf die jeweiligen Umstände, insbesondere die Natur des Schuldverhältnisses, abzustellen.[96] Lassen sich auch daraus keine abschließenden Erkenntnisse gewinnen, ist Erfüllungsort letztlich der Ort, an welchem der Verkäufer zum Zeitpunkt der Entstehung des Schuldverhältnisses seinen Wohnsitz bzw. seine gewerbliche Niederlassung hatte (§ 269 Abs. 2 i. V. m. Abs. 1 BGB).[97] Soweit die gewählte Art der Nacherfüllung (vgl. § 439 Abs. 1 BGB) – der Käufer hat das Wahlrecht – allerdings unmöglich, unverhältnismäßig oder unzumutbar ist, **reduziert** sich der Nacherfüllungsanspruch des Käufers allein auf die noch mögliche und zumutbare Art der Nacherfüllung. Schon im Vorfeld ist das Wahlrecht also eingeschränkt, ungeachtet etwaiger **Einreden** durch den Verkäufer (§ 439 Abs. 3 BGB). Der Käufer kann aber dem Grunde nach sein Wahlrecht erst einmal ausüben. Es handelt sich um eine empfangsbedürftige Willenserklärung.[98] Es genügt, dass der Käufer den beanstandeten Sachmangel bezeichnet und ggf. dem Verkäufer die Sache auch zur Überprüfung zur Verfügung stellt.[99] Dabei darf nicht verkannt werden, dass der Käufer eine gewisse Prüfungspflicht selbst zu tragen hat. So muss er sorgfältig prüfen, ob die Ursache des behaupteten Mangels tatsächlich im Verantwortungsbereich des Verkäufers liegt. Kann er dies letztendlich nicht beweisen, ist er ggf. sogar dem Verkäufer gegenüber schadenersatzverpflichtet nach § 280 BGB.[100] Ob und inwieweit § 439 BGB überhaupt – insbesondere aber was die Rechtsfolgen angeht – mit den dieser Regelung zugrunde liegenden europäischen Richtlinien in Einklang steht, ist schwierig vorherzusagen. Insbesondere Entscheidungen aus dem Jahre 2011 – auch und insbesondere des EuGH[101] – sprechen dafür, sehr konkret zu prüfen, ob und inwieweit im Einzelfall ein Umsetzungsverstoß von Seiten des deutschen Gesetzgebers anzunehmen ist.[102] Der EuGH sorgte jüngst für radikale Einschnitte im deutschen Kaufrecht, in dem er **konkrete Kostenpositionen,** die vormals nach deutschem Kaufrecht gegenüber Händlern nur über den sog. – verschuldens**abhängigen** – Schadenersatz geltend gemacht werden konnten, und damit, da Händler in der Regel nicht schuldhaft handeln, nur äußerst selten vom Handel geschuldet waren, nunmehr – nach dieser Entscheidung des EuGH – bereits **verschuldensunabhängig** vom Verkäufer im Rahmen der Sachmängelhaftung als Ersatz zugesprochen hat.[103] Insbesondere hat der Verkäufer nach § 439 Abs. 2 BGB die zum Zwecke der Nacherfüllung erforderlichen **Aufwendungen**[104] – insbesondere Transport-, Wege-, Arbeits- und Materialkosten – zu tragen. Einzelheiten sind nicht unumstritten:

---

[95] Zur Fälligkeit: Bamberger/Roth/*Faust,* § 439 Rn. 11 ff.

[96] BGH, NJW 2011, 2278 ff.

[97] BGH, NJW 2011, 2278.

[98] OLG Saarbrücken, NJW 2009, 369.

[99] BGH, NJW 2010, 1448: Ob dies in jedem Fall notwendig ist, ist fraglich und aus Sicht des Verbrauchers ist in der Praxis insoweit Vorsicht geboten.

[100] BGH, Urt. vom 23.1.2008, Az. VII ZR 246/06; NJW 2008, 1147 ff. – Lichtrufanlage: Unberechtigtes Mängelbeseitigungsbegehren; dazu auch *Kaiser,* NJW 2008, 1709; *Sutschet,* JZ 2008, 637.

[101] EuGH, Urt. vom 16.6.2011, Az. C-65/09 und C-87/09 NJW 2011, 2269 – Kosten des Aus- und Einbaus als Nacherfüllungskosten (Bodenfliesen).

[102] Der Gesetzgeber sollte für Klarheit sorgen, ebenso jetzt *Förster,* ZIP 2011, 1493 ff.

[103] *Lenz,* EuGH sorgt für radikale Einschnitte im deutschen Kaufrecht, PHi 2011, 184 ff. sowie *Schulte-Noelke,* ZGS 2011, 289.

[104] Aufwendungen sind „freiwillige Leistungen“ (vgl. §§ 670, 256 BGB) im Gegensatz zum Schaden (unfreiwillige Vermögenseinbuße); BGH, NJW 1989, 2816, 2818; BGH, NJW 1996, 389, 390.

- Die Aufwendungen müssen zum Zweck der Nacherfüllung angefallen sein
- Der Verkäufer muss seine eigenen Dienste und Sachleistungen grundsätzlich kostenlos durchführen
- Umfang: Auch der Aufwand zum Auffinden der Ursache (nach der Feststellung erster Symptome) gehört dazu[105]
- Sachverständigengutachten und Rechtsanwaltskosten[106]
- Transport- und Versandkosten[107]

(1) Umfang der geschuldeten Aufwendungen. Schwierigkeiten bereitet aber schon die Frage, was zum **Umfang** der Aufwendungen gehört, zum Beispiel auch die **Ausbaukosten** für das mangelhaft gelieferte Produkt, oder aber gar die (neuen) – erneut anfallenden – Einbaukosten. Lange Zeit waren diese Fragen umstritten.[108] 28

In die Diskussion hat sich zunächst der BGH[109] und anschließend auch der EuGH eingeschaltet.[110] Zunächst zur **Parkettentscheidung** des BGH: Der Kläger (K) kaufte von der Beklagten, einer Holzhändlerin für den Haus- und Gartenbereich, zweischichtige, nicht von der Beklagten hergestellte Buchenparkettstäbe zum Preis von 1.500,00 EUR. Er ließ die **Parkettstäbe** von einem Parkettleger im Wohn- und Essbereich seines Hauses verlegen. Es stellte sich jedoch heraus, dass sich auf etwa der Hälfte der verlegten Fläche die Buchenlamellen der Parkettstäbe von darunter liegenden Weichholzschichten ablösten. Ein Sachverständiger stellte fest, dass dies auf einen **Produktionsfehler im Werk des Herstellers** zurückzuführen sei. K forderte die Beklagte auf, den Parkettboden auszutauschen, was diese ablehnte. Der Sachverständige hatte die Kosten für die Entfernung des Parketts sowie für die Lieferung und Verlegung neuer Parkettstäbe auf 3.600,00 EUR veranschlagt. Diesen Betrag machte K, der die mangelhaften Parkettstäbe nicht bezahlt hatte, gegenüber der Beklagten geltend. Die Beklagte erstattete dem Kläger die Kosten für die Entfernung und Entsorgung des mangelhaften Parketts einschließlich der erforderlichen Nebenarbeiten in Höhe von 560,00 EUR, lehnte aber weitere Zahlungen ab. Der Kläger begehrte jedoch **auch** den **Ausgleich** der Kosten für die **Verlegung neuer,** anderweitig zu beschaffender Parkettstäbe. Der BGH[111] führte dazu aus, dass der Verkäufer mangelhafter Parkettstäbe im Zuge der Nacherfüllung in Form der Ersatzlieferung **nur** die Lieferung mangelfreier Parkettstäbe, das heißt die Verschaffung von Besitz und Eigentum an einer mangelfreien Kaufsache schulde. Zur **Verlegung** ersatzweise gelieferter Parkettstäbe sei der Verkäufer im Wege der Nacherfüllung auch dann **nicht** verpflichtet, wenn der Käufer die mangelhaften Parkettstäbe bereits verlegt habe. Der BGH führte weiter aus, dass eine Haftung des Verkäufers für die Kosten der Neuverlegung mangelfreier Parkett- 29

[105] Zur alten Rechtslage BGH, NJW 1991, 1604, 1607; so *Graf von Westphalen,* in Foerste/Graf von Westphalen, § 6 Rn. 15.

[106] BGH, NJW-RR 1999, 813.

[107] BGH, NJW 2011, 2278 Tz. 37.

[108] *Schneider/Katerndahl,* NJW 2007, 2215; *Thürmann,* NJW 2006, 3457: nur als Schadenersatz, nicht aber der Einbau, dessen Kosten eben nur nach § 280 Abs. 1 BGB zu ersetzen waren, so OLG Köln, NJW-RR 2006, 677; *Lorenz,* NJW 2009, 1633; andere Ansicht: OLG Karlsruhe, MDR 2005, 135; vgl. dazu auch *Lenz,* in van Bühren (Hrsg.), Handbuch Versicherungsrecht, 2012, 1252, 1253; vgl. dazu auch *Lenz,* in Looschelders/Pohlmann, VVG, 2394 ff., 2414, 2415 ff.; vgl. dazu auch *Weitzel,* PHi 2013, 14 ff.

[109] BGH, NJW 2008, 2837 – Parkettstäbe.

[110] EuGH, Urt. vom 16.6.2011, Az. C-65/09 und C-87/09 – Kosten des Aus- und Einbaus als Nacherfüllungskosten (Bodenfliesen); NJW 2011, 2269 auf Vorlage BGH, NJW 2009, 1660 u. AG Schorndorf, BeckRS 2009, 88603; dazu *Lenz,* PHi 2011, 184 ff.

[111] BGH, NJW 2008, 2837 – Parkettstäbe.

stäbe **allenfalls** unter dem **Gesichtspunkt des Schadenersatzes statt der Leistung** in Betracht komme. Die Neuverlegungsaufwendungen seien – mit anderen Worten –, so der BGH, nicht von § 439 Abs. 1 BGB umfasst.

30 Weiter umstritten war die Frage der Demontagekosten, also die Frage, ob der Verkäufer im Wege der Nacherfüllung durch Ersatzlieferung auch die **Kosten des Ausbaus** des vertragsgegenständlichen Verbrauchsguts aus einer Sache, in die der Verbraucher das Verbrauchsgut eingebaut hat, zu tragen hat. Diese Frage, die sich nur durch eine Auslegung des Art. 3 der Verbrauchsgüterkaufrichtlinie beantworten ließ, hat der BGH mit Beschluss vom 14.1.2009 dem EuGH schließlich zur Entscheidung vorgelegt.[112] Er hat dem EuGH vorgeschlagen, die Frage dahingehend zu beantworten, dass der Verkäufer die Demontagekosten nicht im Wege der Nacherfüllung – also verschuldensunabhängig – zu tragen habe.

31 Der **EuGH** sorgte für **radikale Einschnitte im deutschen Kaufrecht.**[113] Zum (Teil-)Fall des EuGH:[114] Der Verbraucher hatte beim Händler für ca. 14.000,00 EUR polierte Fliesen gekauft. Diese ließ er in seinem Haus verlegen. Nachdem 2/3 der Fliesen verlegt waren, stellte er auf der Oberfläche Schattierungen fest, die sich (im Rahmen eines vom Verbraucher eingeleiteten selbstständigen Beweisverfahrens) als nicht reparable, sog. Mikroschleifspuren, herausstellten. Der Verbraucher verlangte Nacherfüllung. Dabei war unstreitig, dass er einen Anspruch auf Lieferung neuer, mangelfreier Fliesen hatte. Er **verlangte** aber **mehr,** nämlich den **Ausbau** der von ihm verlegten mangelhaften Fliesen und den **Einbau** der neuen mangelfreien Fliesen, was Kosten von rund 6.000,00 EUR verursachen würde.[115] Die dem EuGH vorgelegte Frage (aus C-65/09) hat der Gerichtshof mit einem weiteren, ihm vom Amtsgericht Schondorf vorgelegten Ersuchen in einem die Frage der **Unverhältnismäßigkeit** betreffenden Verfahren über die Rückerstattung eines Kaufpreises einer **Spülmaschine** Zug um Zug gegen deren Übergabe verbunden.

32 Der EuGH hat dazu folgendes ausgeführt: Die nach deutscher Rechtsprechung bis dato gezogenen Grenzen zwischen der verschuldensunabhängigen Sachmängelhaftung und dem verschuldensabhängigen Schadenersatz werden – zu Lasten des Handels – verschoben. Inhaltlich entsprach das Urteil – durchaus unüblich – nicht den Schlussanträgen des Generalanwaltes[116] und war schon deshalb eine überraschende Entscheidung. Der EuGH hat nämlich im Rahmen des Vorabentscheidungsverfahrens nach Art. 234 EG entschieden, dass **Verkäufer** (in Europa) **verpflichtet sind, den Ausbau der mangelhaften Kaufsachen** entweder selbst vorzunehmen und (auch) die als Ersatz gelieferten **neuen Kaufsachen einzubauen,** oder aber jedenfalls die für den Aus- und Einbau **notwendig werdenden Kosten** zu tragen. Diese Verschiebung der Grenze zwischen der unverschuldeten Sachmängelhaftung und dem verschuldensabhängigen Schadenersatz, so wie ihn die deutschen Gerichte[117] unter überwiegender Zustimmung in der Literatur[118] bis zu dieser Entscheidung gezogen haben, hat durchaus nicht nur positive wirtschaftliche Auswirkungen. Speziell nachteilig wirkt es für Baumärkte und Baustoffhändler, letztlich aber für all diejenigen Verkäufer, die im Rahmen der Sachmängelhaftung neben der Neulieferung für

---

[112] BGH, NJW 2009, 1660 – Fliesen.

[113] *Lenz,* PHi 2011, 184 ff.; vgl. auch *Schulte-Noelke,* ZGS 2011, 289.

[114] EuGH, Urt. vom 16.6.2011, NJW 2011, 2269 – Gebrüder Weber GmbH ./. Wittmer; *dazu Rodemann/Schwenker,* ZfBR 2011, 634 ff.; *Lorenz,* NJW 2011, 2241 ff.

[115] EuGH, Urt. vom 16.6.2011, Az. C-65/09 und C-87/09 – Kosten des Aus- und Einbaus als Nacherfüllungskosten; NJW 2011, 2269 – Gebr. Weber GmbH ./. Wittmer.

[116] ZGS 2010, 361 und *Schulte-Noelke,* ZGS 2011, 289.

[117] Vgl. BGH, NJW 2008, 2837 – Parkettstäbe; BGHZ 87, 104 – Dachziegel; OLG Karlsruhe, MDR 2005, 135; OLG Köln, NJW-RR 2006, 677.

[118] *Lenz,* in van Bühren, § 12 Rn. 112 ff.; *ders.* in Looschelders/Pohlmann, VVG, Anhang D, Rn. 52 m. w. N.; *Thürmann,* NJW 2006, 3457.

die zurückgenommenen mangelhaften Kaufsachen noch Ausbau und (Wieder-) Einbau schulden.[119] Zwar können diese versuchen, die mit der neuen Rechtsprechung des EuGH verbundenen **Mehrkosten neu zu kalkulieren** und/oder die steigenden Kosten auf ihre Lieferanten abzuwälzen. Im Einzelfall entscheidet sich dann auch, ob die Überleitung auf den Hersteller Erfolg hat oder nicht. Insoweit sind von der EuGH-Entscheidung auch zahlreiche Zulieferer betroffen.[120]

Im Anschluss an die Rechtsprechung des EuGH[121] hat der BGH mit Urteil vom 21.12.2011 dann mit Recht klargestellt, dass § 439 Abs. 1, 2. Alt. BGB richtlinienkonform dahin auszulegen ist, dass die dort genannte Nacherfüllungsvariante „Lieferung einer mangelfreien Sache" **auch** den Ausbau und den Abtransport der mangelhaften Kaufsache erfasst.[122] 33

Mit Urteil vom 17.10.2012[123] hat der **BGH** entschieden, dass die aufgrund des Urteils des Europäischen Gerichtshofs vom 16.6.2011 gebotene richtlinienkonforme Auslegung des § 439 Abs. 1 BGB (Lieferung einer mangelfreien Sache) auf den **Verbrauchsgüterkauf** beschränkt ist und nicht für Kaufverträge zwischen Unternehmern (b2b) oder für Verträge zwischen Verbrauchern gilt.[124] 34

Zum Sachverhalt: Die Klägerin hatte bei der Beklagten Granulat eines polnischen Produzenten als Material zur Herstellung von Kunstrasenplätzen gekauft. Unmittelbar nach dem Einbau durch die Klägerin stellte sich heraus, dass das von der Beklagten gelieferte Granulat tatsächlich mangelhaft gewesen ist. Die Beklagte stellte kostenlos Ersatzgranulat zur Verfügung, lehnte es aber ab, das mangelhafte Material aus- und das Ersatzgranulat auch noch einzubauen. Die Arbeiten wurden von einem Drittunternehmen vorgenommen. 35

Der VIII. Zivilsenat des BGH führte in den Entscheidungsgründen aus, dass die Beklagte ihre kaufvertraglichen Pflichten zur Nacherfüllung dadurch erfüllt hat, dass sie kostenlos Ersatzgranulat zur Verfügung stellte. Darüber hinaus sei sie – so der VIII. Zivilsenat – nicht verpflichtet gewesen, das mangelhafte Granulat auszubauen und das Ersatzgranulat wieder einzubauen. Letzteres sei vom Nacherfüllungsanspruch auf Lieferung einer mangelfreien Sache nicht erfasst.[125] Der BGH setzt sich in diesem Zusammenhang auch mit der EuGH-Rechtsprechung auseinander. Zwar habe der EuGH entschieden, dass der Verkäufer verpflichtet sei, entweder selbst den Ausbau des Verbrauchsguts vorzunehmen und das als Ersatz gelieferte Verbrauchsgut einzubauen oder die Kosten zu tragen, die für den Aus- und Einbau notwendig sind. Diese richtlinienkonforme Auslegung nach § 439 Abs. 1 Alternative 2 BGB sei aber – so der BGH – **nicht auf Sachverhalte außerhalb des Verbrauchsgüterkaufs** übertragbar. Voraussetzung für eine richtlinienkonforme Auslegung des § 439 Abs. 1 Alternative 2 BGB über den Verbrauchs- 36

[119] Die Versuche, zu differenzieren etwa nach Verbrauchsgüterkäufen und Käufen im unternehmerischen Verkehr „zur Rettung" – so etwa *Graf von Westphalen,* in Foerste/Graf von Westphalen, § 6 Rn. 15a und 15b unter Berufung auf *Lorenz,* NJW 2011, 2241, 2244 sowie Palandt/*Weidenkaff,* § 439 Rn. 11, schien zunächst nicht zwingend dem Geist des Urteils vom 16.6.2011 des EuGH zu entsprechen; siehe dazu auch EuGH, BB 2012, 792.

[120] *Lenz,* PHi 2011, 184 ff.; die Auswirkungen sind noch nicht abzusehen, vgl. dazu *Faust,* JuS 2011, 748; *Staudinger,* DAR 2011, 502; *Augenhofer,* JuS 2011, 680; *Schulte-Noelke,* ZGS 2011, 289; *Schüßler/Feurer,* MDR 2011, 1077.

[121] EuGH, NJW 2011, 2269 – Gebrüder Weber GmbH ./. Wittmer und Ingrid Putz ./. Medianess Electronics GmbH.

[122] BGH, Urt. vom 21.12.2011, NJW 2012, 1073 – Ausbau und Abtransport der mangelhaften Kaufsache bei der Nacherfüllung.

[123] BGH, NJW 2013, 220 ff.

[124] *Weitzel* zu BGH: Kein Ersatz von Aus- und Einbaukosten im unternehmerischen Verkehr (b2b), PHi 2013, 14 ff.

[125] BGH, NJW 2013, 220 ff.; vgl. dazu auch *Weitzel,* PHi 2013, 14 ff.

güterkauf hinaus sei, dass eine Ausdehnung der Nachlieferungspflicht tatsächlich dem „Willen des deutschen Gesetzgebers“ entspreche. Davon könne aber – so der BGH – nicht ausgegangen werden.[126]

37 **(2) Unzumutbarkeitseinwand.** Das EuGH-Urteil vom 16.6.2011 hat aber auch Konsequenzen hinsichtlich der Frage des sog. Unzumutbarkeitseinwandes für Händler bei „absoluter Unverhältnismäßigkeit“ (vgl. § 439 Abs. 3 BGB). Der **Verkäufer** kann nach § 439 Abs. 3 BGB die vom Käufer gewählte Art der Nacherfüllung – unbeschadet des § 275 Abs. 2 und 3 BGB – verweigern, wenn sie nur mit **unverhältnismäßigen Kosten** möglich ist. Dabei sind nach § 439 Abs. 3 Satz 2 BGB insbesondere der Wert der Sache in mangelfreiem Zustand, die Bedeutung des Mangels und die Frage zu berücksichtigen, ob auf die „andere Art“ der Nacherfüllung ohne erhebliche Nachteile für den Käufer zurückgegriffen werden könnte. Der Anspruch des Käufers beschränkt sich in diesem Falle auf die andere Art der Nacherfüllung; das Recht des Verkäufers, auch diese unter den Voraussetzungen des Satzes 1 zu verweigern, bleibt davon unberührt. Der EuGH hat die Frage nach der Zulässigkeit des **Unzumutbarkeitseinwandes eines Händlers** bei vollständiger (absoluter) Unverhältnismäßigkeit – **anders als dies im deutschen Recht nach § 439 Abs. 3 BGB zum Ausdruck** gekommen ist – entschieden. Mit anderen Worten: Das in § 439 Abs. 3 Satz 3 BGB dem Verkäufer eingeräumte Recht, die einzig mögliche Form der Abhilfe wegen (absolut) unverhältnismäßiger Kosten zu verweigern, ist mit Art. 3 der Richtlinie nicht vereinbar. Wirkungslos wird (damit künftig) der (potentiell denkbare) Einwand von Händlern sein, es läge **absolute Unverhältnismäßigkeit** (vgl. dazu § 439 Abs. 3 Satz 1 BGB) vor.

38 Demgegenüber ist die Beschränkung auf einen **„angemessenen Betrag“**, also eine Deckelung der Kosten, nicht zwingend mit der Richtlinie unvereinbar. Artikel 3 Abs. 3 der Richtlinie schließt nämlich – so der EuGH – nicht aus, dass der Anspruch des Verbrauchers auf Erstattung der Kosten für den Ausbau des vertragswidrigen Verbrauchsguts und den Einsatz des als Ersatz gelieferten Verbrauchsguts, soweit erforderlich, auf einen Betrag „beschränkt“ wird, der dem Wert, den das Verbrauchsgut hätte, wenn es vertragsgemäß wäre, und der Bedeutung der Vertragswidrigkeit angemessen ist. Das Recht zur Verweigerung der Nachbesserung hat der Händler also schon, eben aber nur im Falle der Unmöglichkeit oder im Falle der relativen Unverhältnismäßigkeit.[127] Daher kommt es dann im Ergebnis – in Fällen der hier zu entscheidenden Art – zu einer Kostenteilung der Parteien.[128] Zu Recht spricht *Schulte-Noelke* daher von einer interessanten – wenngleich im Ergebnis von ihm gar nicht zwingend abgelehnten – **„Erfindung“** des EuGH.[129] Die Entscheidung ist insoweit eher händler- und herstellerfeindlich, denn der Verbraucher erhält mehr als er bei der Minderung oder gar beim Rücktritt in der Regel erhalten würde. Zudem stellt sich die Frage, wo die Grenze liegt: Es mag sein, dass die vom BGH bisher gezogene Grenze von 150 % des Wertes der Kaufsache angemessen bleibt. Klar ist, dass die Kostenerstattung jedenfalls beschränkt ist.[130]

39 Die Rechtsprechung des BGH[131] sucht die mit Art. 3 EGRL 44/99 unvereinbare Regelung und die dadurch entstandene Regelungslücke – bis zu einer zu erwartenden gesetzlichen Neuregelung – durch eine **teleologische Reduktion** des § 439 Abs. 3 BGB für Fälle des Verbrauchsgüterkaufs (§ 474 Abs. 1 Satz 1 BGB) zu schließen. Ein **Ver-**

---

126 BGH, NJW 2013, 222; so wörtlich *Weitzel,* PHi 2013, 15.

127 *Lenz,* PHi 2011, 184 ff.

128 *Schulte-Noelke,* ZGS 2011, 289: „Zuzugeben ist dem EuGH, dass vernünftige Parteien in der Tat diese Lösung erwägen würden.“

129 *Schulte-Noelke,* ZGS 2011, 289.

130 BGH, Urt. vom 21.12.2011, Az. VIII ZR 70/08 NJW 2012, 1073; BB 2012, 792 ff.

131 BGH, Urt. vom 21.12.2011, NJW 2012, 1073 – Ausbau und Abtransport der mangelhaften Kaufsache bei der Nacherfüllung.

weigerungsrecht des Verkäufers besteht beim Verbrauchsgüterkauf **nicht,** wenn nur eine Art der Nacherfüllung möglich ist oder der Verkäufer die andere Art der Nacherfüllung zu Recht verweigert. Im übrigen beschränkt sich das Recht des Verkäufers auf **die Kostenerstattung in Höhe eines angemessenen Betrages zu verweisen.**[132]

(3) Auswirkungen der Rechtsprechung zur kostenlosen Nacherfüllung (zumindest im b2c-Bereich) auf den Folgeschaden und die „Weiterfresser-Rechtsprechung" des BGH. Nach der Übergabe der Kaufsache kann es zu **Folgeschäden** – oder zu sog. 40
weiterfressenden Schäden – an bis dato dem Käufer gehörenden und unbeschädigt vorhandenen Gütern kommen. Der Grundgedanke der EuGH-Rechtsprechung,[133] nämlich die Nacherfüllung grundsätzlich für den Käufer **unentgeltlich** durchführen zu müssen, dem der BGH zunächst gefolgt ist,[134] sie aber auf den Verbrauchsgüterkauf jüngst beschränkt hat,[135] könnte dazu führen, den Nacherfüllungsanspruch – im Sinne des Unentgeltlichkeitskriteriums – auch auf **Folgeschäden auszudehnen.** Beispiel: Wenn der Fön wegen eines Sachmangels explodiert ist und den Verbraucher körperlich verletzt hat, er Nacherfüllung verlangt, könnte davon auch dessen **Integritätsinteresse** umfasst sein und – damit die Abwicklung des Kaufs kostenlos bleibt für den Verbraucher – auch der „Weiterfresser-Schaden".[136] **Nacherfüllungsansprüche** erfassen aber **nicht auch** die **Folgeschäden,**[137] jedenfalls nicht die an **anderen Sachen** des Käufers[138] und nicht Personenschäden. Anders mag dies unter Umständen bei solchen Schäden sein, die aufgrund der (oder bei der) Mangelbeseitigung entstehen. Beispiel: Der Ausbau der Fliesen führt zwangsläufig zu einer Zerstörung der Fußleisten.

(4) Abzüge „Neu für Alt". In diesem Zusammenhang sei ferner auf eine neu aufkei- 41
mende Diskussion verwiesen, die durch die berühmte **Quelle-Entscheidung** hervorgerufen worden ist.[139] Liefert der Verkäufer zum Zwecke der Nacherfüllung eine mangelfreie Sache, muss der Käufer die ihm zuvor gelieferte, mangelhafte Sache (selbstverständlich) dem Verkäufer zurückgeben. Dies stellt auch § 439 Abs. 4 BGB klar und bestimmt gleichzeitig, dass sich dieser Anspruch inhaltlich nach den Vorschriften über den Rücktritt vom Vertrag, nämlich den §§ 346 bis 348 BGB richtet. Daraus ergab sich die Frage, ob demzufolge der Käufer auch die **Gebrauchsvorteile herausgeben muss,** also auch die Nutzung nach § 100 BGB, und ob zum anderen – auch dies war im alten Schadensrecht anerkannt – über den Nutzungsersatz hinaus ein **Abzug „Neu für Alt"** vorgenommen werden muss. Der BGH hat mit Beschluss vom 16.8.2006[140] die Frage, ob die Regelungen des § 439 Abs. 4 i. V. m. § 346 BGB mit der sog. Verbrauchsgüterkaufrichtlinie (Artikel 3 Abs. 2–4) vereinbar sind, dem Europäischen Gerichtshof zur Vorabentscheidung vorgelegt. Der BGH hat in dieser Entscheidung festgestellt, dass die bestehende Gesetzeslage unter Berücksichtigung der Absicht des Gesetzgebers zu dieser Frage recht eindeutig dahingehend zu interpretieren sei, dass der Käufer die immanenten Nutzungen ebenfalls herauszugeben habe. Der BGH hat zwar Bedenken gesehen, aber keine Möglichkeit, bei

---

132 BGH, NJW 2012, 1073, 1079.

133 EuGH, NJW 2011, 2269; EuGH, NJW 2006, 3200, 3202 – Quelle.

134 BGH, BB 2012, 792; vgl. dazu *Lenz,* PHi 2011, 184 ff.

135 BGH, NJW 2013, 220 ff.; dazu *Weitzel,* PHi 2013, 14 ff.

136 Das würde auch Bestrebungen begünstigen, die ein Einstehenmüssen von Händlern für fehlerhafte Herstellung von Produkten fordern; siehe *Weller,* NJW 2012, 2312; *Peters,* ZGS 2010, 24, 26; *Klees,* MDR 2010, 305; *Schroeter,* JZ 2010, 495, 499.

137 So zu Recht *Erman/Grunewald,* Handkommentar zum BGB, 13. Aufl. 2011, § 439 Rn. 2; a. A. h. L. so u. a. *Bamberger/Roth/Faust,* § 439 Rn. 15; Müko/*Westermann,* § 439 Rn. 9; Staudinger/*Matuschke-Beckmann,* § 439 BGB Rn. 11.

138 Palandt/*Weidenkaff,* § 439 Rn. 12; Bamberger/Roth/*Faust,* § 439 Rn. 17.

139 EuGH, NJW 2008, 1433.

140 BGH, NJW 2006, 3200, 3202 – Quelle.

der klaren Vorschrift einzugreifen. Der EuGH hat entschieden[141], dass es in Fällen des **Verbrauchsgüterkaufs** (§ 474 Abs. 1 BGB) **einen Abzug „Neu für Alt" nicht geben kann.** Mit Urteil vom 26.11.2008 hat der BGH das Ausgangsverfahren, das dem EuGH-Urteil zugrunde lag, dann ebenfalls abschließend entschieden.[142] Hintergrund der Entscheidung war folgender Sachverhalt: Im August 2002 lieferte **Quelle** einer Kundin ein „Herd-Set" für den privaten Gebrauch. Anfang 2004 stellte die Kundin fest, dass das Gerät vertragswidrig war und gab es, da eine Reparatur nicht möglich war, zurück. Quelle lieferte ein neues Gerät, verlangte jedoch 69,76 EUR als Wertersatz für die Vorteile, die die Kundin aus der Nutzung des ursprünglich gelieferten Gerätes über 1 ½ Jahre gezogen hatte. Nach den gesetzlichen Regelungen des § 439 Abs. 4 i. V. m. § 346 BGB hätte Quelle ein solcher Nutzungsersatz zugestanden. Artikel 3 Abs. 3 der Verbrauchsgüterkaufrichtlinie stellt jedoch klar, dass nicht nur die Nachbesserung des vertragswidrigen Verbrauchsguts durch den Verkäufer, sondern ggf. auch dessen Austausch durch ein vertragsgemäßes Produkt **für den Verbraucher unentgeltlich** zu erfolgen hat. Dabei stellt das **Erfordernis der Unentgeltlichkeit** – so der EuGH – ein untrennbares Ganzes dar, das den Käufer vor finanziellen Belastungen schützen soll. Die **Unentgeltlichkeit** der Herstellung des vertragsgemäßen Zustandes – so der EuGH – ist damit ein wesentlicher Bestandteil des vom Gemeinschaftsgesetzgeber bezweckten Verbraucherschutzes. Daher entschied der EuGH, dass Artikel 3 der Verbrauchsgüterkaufrichtlinie so auszulegen sei, dass er einer nationalen Regelung entgegensteht, die dem Verkäufer, wenn er ein vertragswidriges Verbrauchsgut geliefert hat, gestattet, vom Verbraucher Wertersatz für die Nutzung des vertragswidrigen Verbrauchsguts bis zu dessen Austausch durch ein neues Verbrauchsgut zu verlangen.[143] Auch diese Entscheidung hat weitreichende Folgen für Handel und Hersteller.[144]

d) Rücktritt nach § 437 Nr. 2 i. V. m. §§ 323 ff. BGB

42 Der Rücktritt ist in § 437 Nr. 2 BGB mit dem Verweis auf die §§ 440, 323 und 326 Abs. 5 BGB nunmehr – nach der Schuldrechtsreform 2002 – klar geregelt. Hat der Verkäufer eine mangelhafte Sache i. S. d. § 434 BGB geliefert, so hat er die ihm nach dem Kaufvertrag geschuldete Leistung nicht ordnungsgemäß i. S. d. § 323 Abs. 1 BGB erbracht, weil er gegen seine vertragliche Verpflichtung nach § 433 Abs. 1 Satz 2 BGB verstoßen hat. Neben dem Vorliegen eines Kaufvertrages, dem Vorhandensein eines Sachmangels i. S. d. § 434 BGB im Zeitpunkt der Rücktrittserklärung[145] ist weitere Voraussetzung des Rücktritts demzufolge – im Regelfall – nur eine ordnungsgemäße **Fristsetzung zur Nacherfüllung** (§ 323 Abs. 1 BGB). Der Käufer kann also nach § 323 Abs. 1 BGB zurücktreten, von den Ausnahmefällen des § 323 Abs. 2 BGB und von § 440 Satz 1 BGB abgesehen, wenn er dem Verkäufer erfolglos eine angemessene Frist zur Nacherfüllung gesetzt hat. Der Sinn liegt auf der Hand: Vom Vertrag soll sich der Käufer nicht ohne weiteres lösen können. Der Verkäufer erhält ein Recht zur „zweiten Andienung", eine zweite Chance. Wann die dem Verkäufer gesetzte Frist **angemessen** ist, ist eine Frage des Einzelfalls.[146] In Eilfällen kann selbst eine 2-Tages-Frist ausreichend sein.[147] Abzustellen ist darauf, welche Frist dem Verkäufer nach den Gesamtumständen des Vertrages noch zugebilligt werden muss, um die Nacherfüllung vorzunehmen. Wenn sie durch den Käufer

---

[141] EuGH, NJW 2008, 1433 – Quelle.

[142] BGH, NJW 2009, 427 – Quelle.

[143] EuGH, NJW 2008, 1433 – Quelle.

[144] AG Solingen, Urt. vom 1.8.2012, Az. 13 C 400/11, Versicherung und Recht kompakt, 2013, 73: Kein Abzug „neu für alt" bei zerkratztem PKW in der Kfz-Kaskoversicherung.

[145] BGH, NJW 2011, 1664; BGH, NJW 2009, 508.

[146] BGH, NJW 1985, 323 ff.; BGH, NJW 1985, 857 ff.; OLG Karlsruhe, NJW-RR 2012, 504.

[147] OLG Köln, NJW-RR 1993, 949; Palandt/*Grüneberg*, § 323 Rn. 14.

zu kurz gesetzt wird, verlängert sie sich auf ein angemessenes Maß.[148] Weitere Voraussetzungen hat der Gesetzgeber für die Ausübung des Rücktritts nicht vorgesehen. Insbesondere kommt es nicht darauf an, ob der Verkäufer die Mangelhaftigkeit der Kaufsache zu vertreten hat im Sinne der §§ 276 ff. BGB. Allerdings können sich weitergehende **Schranken** aus § 323 Abs. 5 und Abs. 6 BGB ergeben. Dabei ist – in der Praxis sehr relevant – insbesondere die Regelung des § 323 Abs. 5 Satz 2 BGB hervorzuheben. Der Rücktritt ist nämlich ausgeschlossen, wenn der Mangel **unerheblich** ist.[149] Der Gesetzgeber wollte nicht, dass der Käufer schon bei einem Kleinstmangel tatsächlich das Vertragsverhältnis insgesamt rückabwickelt, so beschränkt er diesen für Kleinstmängel auf Nacherfüllung. Die Schwierigkeit der Auslegung, wann die Erheblichkeitsgrenze erreicht ist, erscheint nach wie vor nicht gänzlich geklärt. Eine umfassende Interessenabwägung wird von der Rechtsprechung bei der Erheblichkeitsprüfung gefordert.[150] So stellt sich die Frage, ob es bei dem gesetzlichen Merkmal der „Unerheblichkeit" auf eine objektive Lage ankommt oder darauf, ob der Mangel vom Käufer subjektiv als erheblich empfunden wird, oder aber, ob es darauf ankommt, ob der Mangel mit geringem Aufwand – also unerheblichem Aufwand des Verkäufers – behoben werden kann.[151] Die angesprochenen Themenkomplexe sind noch nicht allesamt entschieden. Auch hier ist zu raten, sollte es im Einzelfall auf diese Fragen ankommen, die Richtlinie zur Auslegung heranzuziehen. Jüngste Beispiele aus der Rechtsprechung:[152] Zunächst soll auf die E-Klasse-Entscheidung des BGH[153] für die Frage des Spritmehrverbrauchs verwiesen werden. Der BGH nahm einen 9,5-prozentigen Mehrverbrauch gegenüber den Äußerungen des Verkäufers als einen erheblichen Mangel an. Zudem hat das OLG Düsseldorf[154] die Erheblichkeit bejaht für einen optisch kaum wahrnehmbaren Versatz der Seitentüren eines Kleinwagens zur angrenzenden Karosserie. Der Rücktritt ist wegen **Unerheblichkeit** des Mangels demgegenüber ausgeschlossen, wenn beim verkauften PKW (lediglich) das Radio defekt ist,[155] oder die angegebene Höchstgeschwindigkeitsgrenze lediglich um 2,2 % statt um 5 % unterschritten wird.[156]

Weil durchaus praxisrelevant, soll darauf hingewiesen werden, dass der Rücktritt ein Gestaltungsrecht ist: Damit ist der Käufer an den einmal erklärten Rücktritt auch gebunden. Denn: Mit Empfang der Erklärung hat sich der ursprüngliche Vertrag in ein Rückabwicklungsschuldverhältnis umgewandelt. Der Käufer kann die Rücktrittserklärung nicht mehr nach seinem freien Willen zurücknehmen.[157] 43

e) Minderung nach § 437 Nr. 2 i. V. m. § 441 BGB

„Statt zurückzutreten" kann der Käufer auch **Minderung** verlangen. Liegt ein Kaufvertrag vor und hat die gelieferte Sache einen Sachmangel, kann der Käufer ein Interesse daran haben, sie dennoch zu behalten und den Kaufpreis entsprechend herabzusetzen. Voraussetzung der Minderung ist eben nur, dass auch die Voraussetzungen des Rücktritts 44

148 BGH, NJW 1985, 2640 – effektiv angemessene Frist wird in Gang gesetzt.
149 BGH, NJW 2011, 3708; BGH, NJW 2011, 1664.
150 BGH, NJW 2011, 1664; BGH, NJW 2011, 3708 ff.; BGH, NJW-RR 2010, 1289; BGH, NJW 2009, 508.
151 OLG Köln, NJW-RR 2011, 61; OLG Karlsruhe, NJW-RR 2009, 741.
152 OLG Köln, NJW-RR 2011, 61 – ruckelndes Automatikgetriebe; OLG Schleswig, NJW-RR 2009, 1065 – quietschende Bremsgeräusche bei PKW gehobener Kategorie.
153 BGH, NJW 2007, 2111; vgl. dazu jüngst auch OLG Hamm, Az. 28 U 94/12 OLGR NRW 11/2013, Anm. 7 – Verbrauch > 10 %.
154 OLG Düsseldorf, NJW 2005, 2235, 2236 – nicht bündig schließende Seitentüren.
155 OLG Düsseldorf, ZGS 2007, 157.
156 OLG Düsseldorf, NJW 2005, 3504 ff.
157 *Boerner*, ZIP 2001, 2264 ff.; *Derleder*, NJW 2003, 998 ff.

gegeben sind. Damit setzt das erfolgreiche Minderungsbegehren insbesondere auch den erfolglosen Ablauf einer Frist zur Nacherfüllung (im Regelfall) voraus (vgl. § 323 Abs. 2 BGB als Ausnahme). In der Praxis ist zu beachten, dass § 441 Abs. 1 Satz 2 BGB die Anwendung des § 323 Abs. 5 Satz 2 BGB ausdrücklich ausnimmt. Die Minderung ist deshalb – im Unterschied zum Rücktritt – auch bei einem **unerheblichen Mangel** möglich. Auch bei der Minderung handelt es sich um ein Gestaltungsrecht „durch Erklärung gegenüber dem Verkäufer" (vgl. den Wortlaut in § 441 Abs. 1 Satz 1 BGB).[158] Mit Zugang der Minderungserklärung gegenüber dem Verkäufer sind weitergehende Erfüllungsansprüche nach dem ursprünglichen Vertrag ebenfalls ausgeschlossen.[159] Davon wird der Schadenersatzanspruch des Käufers allerdings – wegen § 325 BGB – nicht berührt.

45 Die Frage der Höhe der Minderung – und damit die ursprünglich schwierig auszufüllende Formel in § 472 BGB a. F. – ist obsolet (§ 441 Abs. 3 BGB).[160]

f) Schadenersatz nach § 437 Nr. 3 i. V. m. § 280 BGB

aa) Die Grundkonzeption: Zwei Arten von Schadenersatz

46 § 437 Nr. 3 BGB verweist auf die Regelungen des allgemeinen Schuldrechts über die Schadenersatzansprüche bei Leistungsstörungen (§§ 440, 280, 281, 283 und § 311a BGB). Lediglich in § 440 BGB finden sich – hinsichtlich des Rücktrittsrechts – besondere Bestimmungen zur **Entbehrlichkeit der Fristsetzung,** sozusagen als Ergänzung zu den allgemeinen Vorschriften. Die Grundkonzeption besteht aus **zwei Arten von Schadenersatz:** Zum einen **Schadenersatz nach § 280 Abs. 1 BGB** und zum anderen **Schadenersatz statt der Leistung nach § 280 Abs. 3 BGB.**

47 **(1) Schadenersatz nach § 280 Abs. 1 Satz 1 BGB.** Verletzt der Schuldner eine Pflicht aus dem Schuldverhältnis, kann der Gläubiger Ersatz des hierdurch entstehenden Schadens verlangen. Dieser **neben** den **Anspruch auf Nacherfüllung** tretende Schadenersatzanspruch nach § 280 Abs. 1 BGB erfasst – in Abgrenzung zu § 280 Abs. 3 i. V. m. §§ 281 ff. BGB – alle Schäden, die durch eine Pflichtverletzung entstanden sind und die durch Nachbesserung oder auch eine Ersatzlieferung nicht beseitigt werden können,[161] wie etwa Schäden, die der Käufer an seinen Rechtsgütern (Leben, Eigentum)[162] oder auch durch den Verlust an Daten erleidet;[163] aber auch Nutzungsausfall,[164] entgangener Gewinn (§ 252 BGB) und auch Belastungen mit Schadenersatzforderungen beim Weiterverkauf;[165] ebenso Gutachterkosten.[166] Einen Anspruch auf Erstattung von Gerichts- und Verfahrenskosten eines Vorprozesses des Letztverkäufers hat das OLG Hamm[167] in einem Sonderfall verneint, in dem der Verkäufer der Kabinenroller an den Letztverkäufer zur Untersuchung des importierten Fahrzeuges auf Konstruktionsfehler hin nicht verpflichtet war.

---

[158] Palandt/*Weidenkaff,* § 437 Rn. 31.

[159] *Boerner,* ZIP 2001, 2264/2270; *Derleder,* NJW 2003, 998 ff.; *Wertenbruch,* JZ 2002, 862.

[160] BGH, NJW 2012, 2793; BGH, NJW 2011, 1271.

[161] BGH, NJW 2009, 2674; OLG Saarbrücken, NJW 2007, 3503/04; LG Krefeld, DAR 2008, 90; *Canaris,* ZIP 2003, 321; *Ostendorf,* NJW 2010, 2833 sowie Palandt/*Grüneberg,* § 280 Rn. 18 mit zahlreichen w. N. zur h. M u. a. auf MüKo/*Ernst,* § 280 Rn. 66; Staudinger/*Otto,* § 280 Rn. E34; Einzelheiten sind sehr strittig, vgl. etwa *Dauner-Lieb/Langen,* § 280 Rn. 63, *Grigoleit/Riehm,* AcP 203, 745, 747; vgl. jüngst auch *Bredemeyer,* ZGS 2010, 71.

[162] BGHZ 77, 215.

[163] BGHZ 133, 155, 166.

[164] BGH, NJW 2009, 2674.

[165] BGH, NJW-RR 1996, 951.

[166] BGH, NJW 2002, 141.

[167] OLG Hamm, Beschlusss vom 15.11.2011, NJW-RR 2012, 355 – Kabinenroller aus China.

(2) Schadenersatz statt der Leistung nach § 280 Abs. 3 BGB i. V. m. mit §§ 281 ff. BGB: Der Terminus **„Schadenersatz statt der Leistung"** betrifft die Regelung des § 280 Abs. 3 BGB. Die Regelung verweist auf die §§ 281–283 BGB. § 281 BGB erfasst **nur Schäden,** die durch Nacherfüllung ausgeglichen werden können.[168] Die Schäden, die eben nicht durch Nacherfüllung beseitigt werden können, sind nach § 280 Abs. 1 BGB zu ersetzen.[169] Als Argument für die auch hier vertretene Auffassung wird – nicht ganz zu Unrecht – auf die traditionelle Abgrenzung im Werkvertragsrecht, die nunmehr auch im Kaufrecht systematisch angepasst gelten soll, verwiesen.[170] Schadenersatz **statt der Leistung** kann der Gläubiger nach § 280 Abs. 3 BGB damit nur unter den **zusätzlichen Voraussetzungen** der §§ 281 ff. BGB verlangen.[171] Insofern ist in erster Linie die **Fristsetzung** im Falle des § 281 Abs. 1 Satz 1 BGB zu erwähnen, die nicht zuletzt durch die **Parkettstäbe-Entscheidung** des BGH zusätzliche Bedeutung erlangt hat.[172] 48

bb) Voraussetzungen für den Schadenersatzanspruch nach § 280 Abs. 1 Satz 1 BGB

(1) Schuldverhältnis. Der Begriff des **Schuldverhältnisses** ist sehr weit zu fassen. § 280 BGB gilt für **alle Verträge** und sich daraus ergebende Pflichten, auch die besonderen Verhaltens- und Rücksichtnahmepflichten nach § 241 Abs. 2 BGB.[173] Selbst **nachvertragliche Pflichten** werden von § 280 BGB erfasst.[174] Zudem gilt § 280 BGB auch für **gesetzliche Schuldverhältnisse,** wenngleich teilweise eingeschränkt; Einzelheiten sind strittig.[175] 49

(2) Pflichtverletzung. Der Begriff der **Pflichtverletzung** wird als der zentrale Anknüpfungspunkt im Schuldrecht erwähnt. Er umfasst sämtliche **Leistungs-, Nebenleistungs- und Verhaltenspflichten** im Sinne des § 241 BGB.[176] Sieht man die Verletzung einer Nebenpflicht als eigenen Tatbestand, lassen sich – grob – **drei Typen von Pflichtverletzungen** differenzieren.[177] 50

- Die **Nichterfüllung** einer vertraglichen oder gesetzlichen Leistungspflicht,
- die **Schlechterfüllung** einer vertraglichen oder gesetzlichen Leistungspflicht,
- und die **Verletzung von Nebenpflichten.**

(a) Die Nichterfüllung einer Leistungspflicht. Eine etwaige **Unmöglichkeit** der Leistung führt dazu, dass der Schuldner nach § 275 BGB von der von ihm geschuldeten Leistungspflicht befreit wird und der Gläubiger die geschuldete Leistung nicht erhält.[178] Allerdings kann der Gläubiger nach § 283 BGB – und damit nach zusätzlichen Voraus- 51

[168] Dazu explizit Palandt/*Grüneberg,* § 280 Rn. 18.

[169] Vgl. zur Abgrenzung von § 280 Abs. 1 zu § 280 Abs. 3 i. V. m. den §§ 281 ff. BGB zu den bereits unter (1) genannten auch *Medicus,* JuS 2003, 521, 528; *Canaris,* ZIP 2003, 321.

[170] Unter Berufung auf BGHZ 92, 308/310; BGH, NJW 2002, 141, 142; Palandt/*Grüneberg,* § 280 Rn. 18.

[171] Palandt/*Grüneberg,* § 280 Rn. 13.

[172] BGH, NJW 2008, 2837 – Parkettstäbe.

[173] Palandt/*Grüneberg,* § 280 Rn. 6.

[174] Ebenso Palandt/*Grüneberg,* § 280 Rn. 7 unter Berufung auf BGH, NJW-RR 1990, 141, 142.

[175] Vgl. etwa für die GoA uneingeschränkt, aber im Eigentümer-Besitzer-Verhältnis und im Bereicherungsrecht gilt § 280 Abs. 1 BGB erst, wenn der Anspruch rechtshängig geworden ist; zu allem grundlegend Palandt/*Grüneberg,* § 280 Rn. 9.

[176] Vgl. dazu BGH, NJW 2008, 2837 – Parkettstäbe; *Peters,* ZGS 2010, 24, 26; OLG Hamm, BeckRS 2006, 07007; *Canaris,* JZ 2001, 499 ff., 512; Medicus, JuS 2003, 521, 527; *Lorenz,* NJW 2005, 1889, 1890, Rn. 36.

[177] So explizit Palandt/*Grüneberg,* § 280 Rn. 12.

[178] Palandt/*Grüneberg,* § 280 Rn. 14.

setzungen – dann **Schadenersatz statt der Leistung** verlangen. Entsprechendes gilt für den **Verspätungs- oder Verzögerungsschaden,** den der Gläubiger nach § 280 Abs. 2 i. V. m. § 286 BGB ersetzt verlangen kann.[179] Damit wird nur und **allein der durch die Verzögerung der Leistung entstandene Schaden** erfasst. Darüber hinaus ist § 280 Abs. 1 BGB aber heranzuziehen, wenn der Schaden nicht durch Ausbleiben der Leistung, sondern nur durch eine weitergehende Verletzung, etwa durch eine Schlechtleistung, verursacht wurde.[180]

52 **(b) Schlechterfüllung.** Soweit bei bestimmten Vertragstypen, wie etwa Kauf-, Werk-, Miet- und Reiseverträgen. **Sondervorschriften** bestehen, gehen diese vor; fehlen bei anderen Verträgen entsprechende Regelungen, fallen diese direkt in den Anwendungsbereich des § 280 BGB.[181] Für die hier im Zusammenhang mit der Produkthaftung wesentlichen Regelungen des Kauf- und Werkvertragsrechts gilt bis zum Übergang der Gefahr (§§ 476, 640 BGB) § 280 BGB unmittelbar, danach aufgrund der Verweisungen in § 437 Nr. 3 BGB und § 434 Nr. 4 BGB. Besonderes Augenmerk ist auf die Regelung des § 433 Abs. 1 Satz 2 BGB zu legen. Der Verkäufer hat danach die Kaufsache **frei von Sach- und Rechtsmängeln** zu verschaffen. Einigkeit besteht darin, anzunehmen, dass eine Pflichtverletzung vorliegt, wenn der Verkäufer die Kaufsache eben nicht frei von Sach- und Rechtsmängeln übermittelt.[182] Der Käufer kann demnach vom Verkäufer bereits im Falle der Lieferung einer **mangelhaften Sache** ggf. Schadenersatz verlangen, wenn die sonstigen Voraussetzungen gegeben sind. Beim **Werkvertrag** besteht die Pflicht in der **Verschaffung des mangelfreien Werks** (Argumentum § 633 Abs. 1 BGB).[183]

53 **(c) Verletzung von Nebenpflichten.** Einzelheiten sind nach wie vor umstritten, eine einheitliche Terminologie hat sich nicht entwickelt.[184] Im Zusammenhang mit Produkthaftpflichtfällen aus der täglichen Praxis seien erwähnt etwa naturgemäß die Verletzung von **Aufklärungs- oder Beratungspflichten**[185] des Verkäufers. Die Rechtsprechung sieht insbesondere die einseitige **Änderung der Produktbeschaffenheit und die Nichtaufklärung darüber zulasten des Abnehmers** als Nebenpflichtverletzung.[186] Nichts anderes gilt, wenn ein – an sich jedoch zulässiger – Chlorzusatz zum Leitungswasser gegenüber einem Unternehmen nicht angezeigt wird und in dessen Konservenfabrik ein Schaden hervorgerufen wird.[187] Nebenpflichtverletzungen können auch bei Verwendung schlechter Verpackungen vorliegen.[188] Dies gilt auch bei fehlender Verpackung.[189] Weitere Nebenpflichtverletzungen können die Verletzung von **Geheimhaltungspflichten** oder auch die Verletzung von **Mitwirkungspflichten** sein.[190]

---

[179] Vgl. zu Einzelheiten *Canaris,* ZIP 2003, 321; *Medicus,* JuS 2003, 521, 528, *Mankowski,* JuS 2006, 481, 486.

[180] *Palandt/Grüneberg,* § 280 Rn. 13 m. w. N.

[181] So explizit Palandt/*Grüneberg,* § 280 Rn. 15.

[182] BGH, NJW 2008, 2837 – Parkettstäbe; vgl. dazu auch *Peters,* ZGS 2010, 24, 26; MüKo/*Westermann,* § 433 Rn. 2ff: „Zentraler Punkt der Neuordnung".

[183] Palandt/*Grüneberg,* § 280 Rn. 19.

[184] Palandt/*Grüneberg,* § 280 Rn. 24.

[185] Als Fachmann kann der Verkäufer im Einzelfall Aufklärungspflichten über Gefahren haben, von denen der Erwerber keine Kenntnis haben kann, BGHZ 36, 328; BGHZ 64, 11 ff., 19; beispielsweise muss der Stromerzeuger seine Abnehmer rechtzeitig informieren, wenn er längere Abschaltungen vornehmen muss, BGH, VersR 1971, 155.

[186] BGHZ 107, 331; BGHZ 132, 175.

[187] BGHZ 17, 130.

[188] BGHZ 87, 92.

[189] BGHZ 66, 208 bei ausgelieferten, geladenen und gefüllten Batterien ohne Verpackung.

[190] BGH, NJW 62, 2198; BGHZ 50, 179.

(3) **Verschulden.** Verletzt der Schuldner eine Pflicht aus dem Schuldverhältnis, so kann der Gläubiger – wie soeben betont – Ersatz des hierdurch entstehenden Schadens verlangen nach § 280 Abs. 1 Satz 1 BGB. Allerdings gilt dies nicht, wenn der Schuldner die Pflichtverletzung **nicht zu vertreten** hat (§ 280 Abs. 1 Satz 2 BGB i. V. m. § 276 Abs. 1, 2 BGB). 54

(a) Verschuldensvermutung nach § 280 Abs. 1 Satz 2 BGB. Der Verkäufer muss sich entlasten **(„dies gilt nicht, wenn ...")**. Der Käufer muss demzufolge im Prozess zum Vertretenmüssen nicht sehr viel vortragen. Vielmehr ist – umgekehrt – der **Verkäufer darlegungs-** und im Bestreitensfalle sogar **beweisverpflichtet** dafür, dass er als Schuldner die Pflichtverletzung nicht zu vertreten hat.[191] Der Entlastungsbeweis muss sich aber auch auf das Verschulden von **Erfüllungsgehilfen** erstrecken.[192] Der Verkäufer muss darlegen, dass er die Pflichtverletzung **nicht nach den §§ 276–278 BGB zu vertreten** hat, wobei an den Entlastungsbeweis nach Auffassung der Rechtsprechung **keine zu hohen** Anforderungen gestellt werden sollen.[193] Soweit es streitig ist, ob jemand Erfüllungsgehilfe des Verkäufers war, gehen Zweifel zulasten des Schuldners.[194] Die Geltendmachung einer Pflichtverletzung nach vier Jahren kann allerdings zu einer Umkehr der Beweislast führen.[195] 55

(b) Vertretenmüssen. Grundsätzlich hat der Schuldner **Vorsatz** und **Fahrlässigkeit** zu vertreten, wenn eine strengere oder mildere Haftung weder bestimmt noch aus dem sonstigen Inhalt des Schuldverhältnisses, insbesondere aus der Übernahme einer Garantie oder eines Beschaffungsrisikos zu entnehmen ist (§ 276 Abs. 1 Satz 1 BGB). Fahrlässig handelt dabei nach § 276 Abs. 2 BGB, wer die im Verkehr erforderliche Sorgfalt außer Acht lässt. Bereits hier soll auf zwei wesentliche Aspekte hingewiesen werden: In der Praxis wird bisweilen verkannt, dass dem Verkäufer – nach der deutschen Konstruktion im Haftungsrecht – die Lieferung der mangelhaften Sache **nicht anzulasten ist, sondern im Regelfall nur dem Hersteller** (wenn Hersteller und Verkäufer nicht identisch sind). Dies hängt zum einen damit zusammen, dass es unterschiedliche Pflichten – je nach Rechtsordnung – gibt, was etwaige – von § 377 HGB zu unterscheidende – **Untersuchungspflichten** von oder an Produkten angeht. Diese treffen in Deutschland den Verkäufer, der die Technik ja auch gar nicht beurteilen kann, im Regelfall nicht.[196] Um es deutlich zu sagen: Die Verantwortlichkeit des Händlers – auch und gerade – für etwaige Herstellerfehler ist nach – de lege lata – deutschem Recht äußerst beschränkt. Demzufolge scheitern **vertragliche Schadenersatzansprüche** gegenüber dem Händler – nach der deutschen Rechtsordnung – jedenfalls nicht selten am fehlenden Verschulden desselben. Ob und inwieweit diese – die deutsche gesetzliche Konstruktion – von ausländischen Rechtsordnungen im Einzelfall abweicht und ob und inwieweit der EuGH hier nicht möglicherweise durch weitergehende Interpretationen der europäischen Vorgabe-Richtlinien früher oder später Vorreiter wird in eine andere Richtung und die Verkäuferpflichten **weitergehend** ausgestaltet werden, ist nicht abschließend vorherzusagen. Der EuGH hat durch seine Entscheidung vom 16.6.2011[197] bereits für radikale Einschnitte im deutschen Recht gesorgt und ist für weitergehende Überraschungen möglicherweise gut.[198] Das betrifft zum einen die Frage der 56

---

[191] Dabei kommt es auf den Verschuldensgrad nicht an, BGH, NJW 2009, 2298.

[192] BGH, NJW 1987, 1938.

[193] Mot II, 48; BGH, NJW-RR 1990, 447; BGHZ 116, 334, 337; BGH, NJW 1980, 2187; BGH, NJW 1953, 59.

[194] Dies ist allerdings umstritten, vgl. Palandt/*Grüneberg*, § 280 Rn. 40 sowie § 278 BGB Rn. 41.

[195] BGH, WM 1972, 19; ebenso Palandt/*Grüneberg*, § 280 Rn. 40.

[196] BGH, NJW 2009, 2674.

[197] EuGH, Urt. vom 16.6.2011, NJW 2011, 2269 – Gebrüder Weber GmbH ./. Wittmer.

[198] Vgl. dazu bereits *Lenz*, PHi 2011, 184 ff. und Ausführungen unter Rn. 27.

bereits erwähnten „Zweistrahligkeit der Haftung“ bei Lieferungen mangelhafter Produkte, nämlich auf der einen Seite der Haftung des Herstellers aus Produkthaftung und auf der anderen Seite die Haftung des Händlers und die Frage nach der Verschärfung der Händlereinstandspflicht für etwaige Herstellungsfehler. Sehr vorsichtig hat etwa noch *Kullmann*[199] formuliert, ob auch die neue, seit 1.1.2002 geltende Sachmängelhaftung, nach der unter bestimmten Voraussetzungen auch Schadenersatz zu leisten ist, größere Bedeutung gewinnen wird, bleibe abzuwarten. Der BGH ist ähnlich zurückhaltend.[200] Die fehlende Verantwortlichkeit des Händlers für Herstellerfehler wird in jüngerer Zeit mehr und mehr kritisiert.[201] Insbesondere *Weller*[202] kritisiert die restriktive Handhabung durch höchstrichterliche Rechtsprechung. Unter Zitation ausländischer Gerichtsentscheidungen[203] zeigt er die ausländische Rechtsprechung auf und führt an, die deutsche restriktive Handhabe weiche von internationalen Standards ab. Daran richtig scheint mir die Annahme zu sein, dass andere Rechtsordnungen eben rechtsdogmatisch nicht so sehr die Zweiteilung – Vertragsrecht auf der einen und Deliktsrecht auf der anderen Seite – in den Fokus stellen, sich aber auch – historisch betrachtet –anderweitig entwickelt haben. Bei geltendem Recht kann – meines Erachtens – die Rechtsprechung gar nicht anders, als zweigleisig nach unserem Anspruchssystem über Schäden zu entscheiden. De lege ferenda mag man die Ansätze debattieren, de lege lata dürften sie – ohne gesetzgeberisches Tätigwerden – kaum – etwa durch Rechtsfortbildung durch die Gerichte – erfolgversprechend sein. Ganz ungeachtet dessen aber sollte die Frage beantwortet werden, ob der Gesetzgeber insoweit überhaupt tätig werden muss. Es klingt ein wenig wie eine rechtsdogmatische Diskussion über abstrakte Fragen, ob im Einzelfall etwas mehr oder weniger „Schutz für den Verbraucher“ vorhanden ist. Dabei wird in keiner Argumentation nachgewiesen – wie denn auch –, ob es insgesamt betrachtet nach ausländischen Rechtsordnungen, die anderweitigen Vorbildern folgen, ein Mehr an Verbraucherschutz gibt als dies nach deutschem Recht der Fall ist. Aber es ist der Beginn einer Diskussion. Hier ist nicht der Raum, diesen theoretischen Ansätzen nachzugehen, es soll ein Praktiker-Handbuch werden, doch muss ich derzeit einräumen, dass ich – betrachtet man vertragliche und deliktsrechtliche Anspruchsnormen und die jahrelange Praxis mit dem bisherigen System – in keiner Weise auf erwähnens- und nennenswerte Probleme gestoßen bin, so dass die Diskussion möglicherweise – was die praktischen Ergebnisse angeht – nicht überbewertet werden sollte.

57 Beim Vertretenmüssen sind – de lege lata – daher nach wie vor zwei **Fallgruppen auseinander zu halten,** nämlich die Einstandspflicht des Verkäufers aufgrund **eigenen Sorgfaltsmaßstabes und Sorgfaltspflichtverstoßes** sowie die Alternative der **Zurechnung fremden Verschuldens:**

58 **(aa) Der eigene Sorgfaltsverstoß des Verkäufers.** Bei den Verkäuferpflichten im Rahmen des § 276 Abs. 1 Satz 1 BGB i. V. m. § 276 Abs. 2 BGB sind wiederum einige grundlegende Konstellationen zu unterscheiden:

59 **(aaa) Garantieübernahme.** § 276 Abs. 1 Satz 1 BGB stellt klar, dass sich aus einer vom Verkäufer übernommenen **Garantie** eine **schuldunabhängige Einstandspflicht** ergeben **kann, aber nicht ergeben muss.**[204] Der Verkäufer kann – dann hat er sich ggf. selbst

---

[199] *Kullmann,* Höchstrichterliche Rechtsprechung, Einleitung, Rn. 6.

[200] Erst in der „Parkett-Entscheidung“ hat er wiederum und wiederholt entschieden, dass der Händler den aus Herstellerfehlern folgenden Mangel der Kaufsache in der Regel **nicht zu vertreten habe;** BGH, NJW 2008, 2837 – Parkettstäbe.

[201] Vgl. dazu etwa *Peters,* ZGS 2010, 24, 27; *Schroeter,* JZ 2010, 495, 499; *Klees,* MDR 2010, 305; vgl. auch *Tröger,* Arbeitsteilung und Vertrag, 2012, 431 ff.; sowie sich auf die Vorgenannten berufend *Weller,* NJW 2012, 2312.

[202] *Weller,* NJW 2012, 2312 ff.

[203] Smith ./. Johnson, 15, The Times L. R. (1899 !), 179.

[204] So explizit Palandt/*Grüneberg,* § 276 Rn. 29.

übertroffen – eine strengere Haftung konzedieren. Garantiert der Verkäufer etwa eine bestimmte Haltbarkeit der Ware während eines bestimmten Zeitraums, haftet er unter Umständen bei einer **„garantiewidrigen Mangelhaftigkeit"** der Kaufsache, auch ohne konkret weitergehende Pflichten außer Acht gelassen zu haben.[205] Die Übernahme einer Garantie setzt jedoch – wie vor der Schuldrechtsreform die **Zusicherung einer Eigenschaft** – voraus, dass der Verkäufer in vertragsmäßig bindender Weise die Gewähr für das Vorhandensein der vereinbarten Beschaffenheit auch tatsächlich übernommen hat.[206] Im genannten Urteil – welches den Verbrauchsgüterkauf eines Gebrauchtfahrzeuges betraf – hat der BGH entschieden, dass **die bloße Angabe** einer Laufleistung **nicht als Beschaffenheitsgarantie** zu verstehen ist. Dabei hat der BGH zugleich hervorgehoben, dass bei der Bejahung einer stillschweigenden Übernahme einer Beschaffenheitsgarantie besondere Zurückhaltung geboten ist.[207]

(bbb) Beschaffungsrisiko nach § 276 Abs. 1 Satz 1 BGB. Die Regelung knüpft an den 60
Rechtsgedanken der Altfassung in § 279 BGB a. F. – Unvermögen bei Gattungsschulden – an und regelt, dass auch die **Übernahme** eines **Beschaffungsrisikos** eine **schuldunabhängige Haftung** begründen kann.[208] Daraus wird gefolgert, dass bei Übernahme eines Beschaffungsrisikos der Verkäufer **verschuldensunabhängig** dafür einzustehen hat, dass er dem Käufer ein Stück **aus der Gattung** zum vereinbarten Zeitpunkt beschafft.[209] Ob es ihm gelingt, die versprochene Gattungssache zeitgerecht übermitteln zu können, kann er – der Verkäufer – besser einschätzen; deshalb wird es für interessengerecht gehalten, dem Verkäufer die Verantwortlichkeit auch für das Beschaffungsrisiko, das damit verbunden ist, verschuldensunabhängig zuzuweisen.[210] Dem BGB bis zur Schuldrechtsreform fremd – § 433 Abs. 1 Satz 2 BGB war auch noch nicht existent – war dem hingegen die Annahme, in der Risikoübernahme des Beschaffungsrisikos stecke zugleich auch die Verpflichtung, ein **erfüllungstaugliches Stück aus der Gattung** zu beschaffen.[211] Es scheint so zu sein, dass – auch wenn man dies nur rudimentär zwischen den Zeilen lesen kann – entsprechende Ansätze in der Literatur vertreten werden, jetzt nach der Implementierung des neuen § 433 Abs. 1 Satz 2 BGB.[212] Würde man dieser Ansicht folgen, so *Weller*,[213] käme man „für weite Bereiche des Kaufs zu einem Maßstab der Verantwortlichkeit, welche der Haftung des Käufers nach englischem Recht und nach UN-Kaufrecht entspräche."

Diese Auffassung – die Ansätze einmal als tatsächlich entsprechend von den Autoren 61
gewollt unterstellt – ist jedoch abzulehnen: Ich halte sie für mit dem Gesetz (§ 276 Abs. 1 Satz 1 BGB) nicht zu vereinbaren, erst recht nicht mit den systematischen Unterschieden in § 276 Abs. 1 Satz 1 BGB und § 443 Abs. 1, 1. Alt. BGB. Gerade diese Risiken, auf der einen Seite das Beschaffungsrisiko und auf der anderen Seite das Qualitätsrisiko zu verwischen, entspricht doch nicht dem Gedankengut von Verkäufern. Der Verkäufer kennt seinen Zulieferanten und weiß, wer ihn rechtzeitig beliefert, und der aus einer fehlerhaften oder verzögerten Lieferung entstandene Schaden ist für ihn anders zu kalku-

---

205 BGH, BB 2007, 573.

206 BGH, NJW 2007, 1346 und zum alten Recht BGHZ 59, 158/60; BGHZ 132, 55, 58; vgl. dazu auch *Seibt*, NZG 2004, 801 sowie Palandt/*Grüneberg*, § 276 Rn. 29.

207 BGH, BB 2007, 573.

208 Palandt/*Grüneberg*, § 276 Rn. 30 ff.

209 *Looschelders*, Schuldrecht AT, Rn. 536; MüKo/*Grundmann*, § 276 Rn. 178; *Weller*, NJW 2012, 2314.

210 Einzelheiten sind bis heute strittig, vgl. MüKo/*Grundmann*, § 276 Rn. 172 mit Verweis auf den Wortlaut „Übernahme".

211 Vgl. zu der Formulierung *Weller*, NJW 2012, 2314.

212 So ausdrücklich *Weller*, NJW 2012, 2314 insbesondere die Verweisung in Fn. 34 und damit die Bezugnahme auf *Medicus*, JuS 2003, 521, 528; ebenso *Graf von Westphalen*, ZGS 2002, 154, 159 und – dies meint *Weller* wohl – auch MüKo/*Grundmann*, § 276 Rn. 172.

213 *Weller*, NJW 2012, 2314.

lieren, als der durch einen Produktfehler hervorgerufene. Der auf etwaigen Produktfehlern beruhende potentielle Schaden ist praktisch unüberschaubar und oktroyiert dem Verkäufer möglicherweise auch noch Rückrufkosten auf, die entstehen könnten, wenn mangelhafte Produkte produktsicherheitsrechtlich betrachtet aus dem Verkehr gezogen werden müssten. In der Regel übernimmt der Verkäufer daher auch nicht das Qualitätsrisiko, sieht man von Ausnahmegestaltungen – dazu später mehr – einmal ab. Dies räumt *Weller* ein, wenn er ausführt, dass der Verkäufer das Beschaffenheitsrisiko ohnehin auch schlechter beurteilen kann als das Beschaffungsrisiko.[214]

62 Damit stellt sich dann die Frage, wann den Verkäufer ein **eigener Sorgfaltspflichtverstoß nach § 276 Abs. 2 BGB trifft.** Dabei ist zu berücksichtigen, dass **„Nurverkäufer"** und **Herstellerverkäufer** durchaus anders behandelt werden müssen (dazu sogleich).

63 **(ccc) Nurhändler – Herstellerverkäufer.** Im Rahmen des § 276 Abs. 2 BGB scheint es zutreffend zu sein, zwischen dem **„Nurhändler"** (oder dem sog. reinen Händler) einerseits und solchen Verkäufern zu unterscheiden, die zugleich auch Hersteller sind (sog. **Herstellerverkäufer**).[215]

64 Einen **Herstellerverkäufer** trifft – im Falle der Lieferung fehlerhafter Ware – eher ein Sorgfaltspflichtverstoß als den Nurhändler, da Ersterer weitergehende Pflichten hat. *Weller*[216] bildet den Fall des Töpfers, der seine Ware buchstäblich eigenhändig herstellt und danach verkauft.[217] Dabei scheint er – bei seinen Ausführungen – ohnehin eher den **Herstellerletztverkäufer,** also denjenigen, der das Produkt selbst hergestellt hat und dieses unmittelbar an Verbraucher verkauft, im Auge zu haben. Aber selbst wenn man auf den Herstellerletztverkäufer abstellt, gibt es hinreichende Beispiele in der Praxis: So hatte jemand eine vegetarische Pizza bestellt und der Verkäufer der mit Metallstücken versehenen Pizza war mit seinen Angestellten tätig sowie Verkäufer und Hersteller in einer Person. Das AG München,[218] das diesen Fall zu entscheiden hatte, hat denn auch entsprechend Schadenersatzansprüche bejaht und bei der Anspruchskette die vertraglichen neben die deliktischen Ansprüche gestellt, sich dann aber – offensichtlich weil die deliktischen Ansprüche besser zu begründen waren – auf diese, statt auf die vertraglichen kapriziert.[219] Weil aber der Herstellerverkäufer in der Tat die Kontrolle über den Herstellungsprozess hat und hier auch wie ein typischer Hersteller fungiert, trägt er auch – anders als der Nurverkäufer – die Herstellungspflichten und damit auch die Pflicht fehlerfreier Fabrikation und fehlerfreier Konstruktion der Ware.[220] Aber nur durch die bloß fehlerhafte Konstruktion hätte er noch nicht seine „Verkäuferpflichten" verletzt. Erst mit der Übergabe der von ihm fehlerhaft fabrizierten oder konstruierten Ware verletzt er die ihm kaufrechtlich abverlangten Pflichten (§ 433 Abs. 1 Satz 2 BGB). Bis zur Übergabe hätte er die Fehlproduktionen durchaus noch aussondern können, wenn er eine hinreichende Warenausgangskontrolle gemacht hätte. Aber auch dies hat – unterstellt, er übermittelt dem Käufer ein fehlerhaftes Produkt – der Herstellerletztverkäufer dann nicht

---

[214] *Weller,* NJW 2012, 2314.

[215] Den Begriff verwendet u. a. *Weller,* NJW 2012, 2314; das Brandenburgische OLG hat diesen Begriff nicht aufgenommen, BauR 2013, 509 ff. – Lieferung mangelhafter Kalksandsteine.

[216] *Weller,* NJW 2012, 2314.

[217] *Weller,* NJW 2012, 2314 hält aber sein eigenes Beispiel in modernen Industriegesellschaften für eine Randerscheinung; vgl. aber auch AG München, Urt. vom 24.10.2011, Az. 231 C 7215/11, LMuR 2012, 184.

[218] AG München, Urt. vom 24.10.2011, Az. 231 C 7215/11, LMuR 2012, 184.

[219] Auch schon dieses Beispiel zeigt allerdings wieder, dass kein Bedarf besteht, Verkäufern in jedem Regelfall auch das Qualitätsrisiko aufzubürden und die Verantwortlichkeit des Händlers nach deutschem Recht für das Eintretenmüssen von Herstellerfehlern auszudehnen, nur weil dies anderen Rechtsordnungen näher läge. Auch ohne diese Ausdehnung der Händlerhaftung gelangen deutsche Gerichte in der Praxis zu angemessenen Entscheidungen.

[220] Vgl. dazu bereits BT-Drs. 14/60/40, 2010, linke Spalte.

getan. Einerseits Produzent, andererseits letzte Instanz bei der Qualitätssicherung vor dem Endverbraucher und dennoch mangelhafte Lieferung, kann in Fällen vergleichbarer Art damit die Fahrlässigkeit für Schäden in Folge von Pflichtverletzungen im Rahmen von § 276 Abs. 2 BGB begründen.[221]

Dies wiederum dürfte beim **„Nurhändler"** anders sein. Woran etwa soll der Kfz-Händler erkennen, dass die im Lenkrad integrierte Airbag-Technik nicht ausreichend sicher ist? Erschöpft sich die Tätigkeit des Verkäufers darin, eine vom Hersteller hergestellte Ware oder ein vom Hersteller hergestelltes Produkt lediglich an den Käufer **durchzureichen,** trifft ihn – abgesehen von der Umkehr der Beweislast in § 280 Abs. 1 Satz 2 BGB – nur in seltenen Fällen der Vorwurf fahrlässigen Verhaltens. Wie – so wird in der Literatur zu Recht gefragt – soll der Baustoffhändler feststellen, dass das Mischungsverhältnis von Sand und Kalk des ihm in Großhandelschargen gelieferten Mörtels oder die Polierung der palettenweise gelieferten Bodenfliesen oder die Verleimung der einzelnen Parkettstäbe fehlerhaft ist?[222] Wird dem Käufer z. B. ein Tier verkauft, bei dem später ein Mangel sichtbar wird, und stellt sich heraus, dass der Mangel des Tieres genetisch bedingt ist, ohne dass dem Verkäufer ein Zuchtfehler unterlaufen ist und ohne dass er diesen Mangel bei Vertragsschluss hätte erkennen können, dann hat der Verkäufer die Lieferung dieses genetischen Mangels **nicht** zu vertreten.[223] Den **Nurhändler** treffen – um es kurz zu formulieren – in aller Regel **keine Untersuchungspflichten.**[224] Zu diesem Grundsatz werden – in der Literatur – **Ausnahmen** angeführt: So könne dies bei **besonders hochwertigen** oder bei besonders **fehleranfälligen Produkten** oder auch bei **besonderer Sachkunde des Verkäufers** anders zu bewerten sein.[225] Richtig ist der Ansatz dann, wenn der Händler Anhaltspunkte dafür hat, dass Probleme bestehen, etwa weil ihm ein Kunde bereits gesagt hat, dass der Airbag explodieren kann und bei diesem sogar explodiert ist, er dann aber dennoch – ohne Untersuchungen anzustellen – an andere Kunden in der Zeit danach entsprechende PKW verkauft.[226] 65

(ddd) Fahrlässige Verletzung von Nebenpflichten. Wenn der Verkäufer Ware bei sich unsorgfältig gelagert hat und es dadurch zu Schäden kommt, oder die Produkte – was im Getränkehandel und beim Dosenverkauf nicht selten der Fall ist – zu lange lagert und es deshalb an den Deckeln von Dosen zu Rostentfaltung kommt, kann er – auch als Händler – fahrlässig gehandelt haben und sich schadenersatzpflichtig machen nach den §§ 280, 276 Abs. 2 BGB. 66

(eee) Zusammenfassung. Zusammenfassend ist damit festzustellen, dass ein eigener Sorgfaltspflichtverstoß des Verkäufers im Rahmen des § 276 Abs. 2 BGB nur in Ausnahmefällen eingreifen wird, sofern sich der Verkäufer nicht weitergehend – etwa durch Garantien etc. – verpflichtet und den Sorgfaltsmaßstab nicht vertraglich verschärft hat. 67

Fraglich ist in zahlreichen Fällen jedoch, ob und inwieweit ihm nicht doch ein fremdes Verschulden zuzurechnen ist (dazu sogleich, sub (bb)). 68

---

[221] Vgl. dazu MüKo/*Westermann,* § 437 BGB Rn. 12; *Weller,* NJW 2012, 2314 spricht in Fällen vergleichbarer Art von der „regelmäßigen Verantwortlichkeit" für Schäden in Folge der Pflichtverletzung.

[222] *Weller,* NJW 2012, 2314.

[223] BGH, NJW 2005, 2852, 2853.

[224] BGH, NJW 2009, 2674, Tz. 19; BGH, NJW 2008, 2837, Tz. 29 sowie aus der Literatur Palandt/*Grüneberg,* § 280 Rn. 19.

[225] Palandt/*Grüneberg,* § 280 Rn. 19; ebenso *Weller,* NJW 2012, 2315, der etwa den Gebrauchtwarenhändler zitiert, der eine eigene Werkstatt hat, ein Beispiel, was ich nicht ohne weiteres nachvollziehen kann; denn wenn er eben nicht die Pflicht hat, die Ware zu untersuchen, bleiben wir bei dem von mir gebildeten Airbag-Beispiel oben, und keine Anhaltspunkte für das Vorliegen oder Störanfälligkeit des Airbags hat, kann er nicht anders behandelt werden als derjenige, der keine Werkstatt besitzt.

[226] Ebenso LG Düsseldorf, Urt. vom 4.11.2011, Az. 40 O 123/10, BeckRS 2012, 00726, Rn. 29; oder aus der älteren Rechtsprechung BGH, NJW 1979, 1886, 1887.

69 **(bb) Zurechnung fremden Verschuldens.** Der Verkäufer – allgemeiner der Schuldner – hat ein **Verschulden seines gesetzlichen Vertreters** und der **Personen, deren er sich zur Erfüllung einer Verbindlichkeit bedient,** im gleichen Umfang zu vertreten, wie eigenes Verschulden (§ 278 Satz 1 BGB). Sofern also der Verkäufer – je nach konkret übernommenem Pflichtenkreis – einen sog. **Erfüllungsgehilfen** beizieht und dieser dann schuldhaft im Sinne des § 276 BGB handelt, kann (auch) dem **Nurhändler** dessen Schuld, also die Verantwortlichkeit des Dritten, direkt zugerechnet werden. Erfüllungsgehilfe ist, wer nach den tatsächlichen Gegebenheiten des Falles mit dem Willen des Schuldners bei der Erfüllung einer diesem obliegenden Verbindlichkeit als dessen Hilfsperson tätig wird.[227] Durch die Rechtsprechung – aber ihr folgend auch die Literatur – wird im Regelfall, je nach den vertraglich übernommenen konkreten Pflichtenkreisen, insbesondere auch durch Art und Inhalt des jeweiligen Schuldverhältnisses, unterschieden:

70 **(aaa) Kaufvertrag. Beim Kaufvertrag** wird der **Hersteller (Lieferant)** im Verhältnis zwischen Verkäufer und Käufer **nicht als Erfüllungsgehilfe des Verkäufers,** insbesondere wegen der oben bereits angeführten fehlenden Verpflichtung des Verkäufers auf den Herstellungsprozess, betrachtet.[228] Dies entspricht auch dem Gedanken des Gesetzgebers bei Einführung des Schuldrechtsmodernisierungsgesetzes.[229] In der Literatur wird u. a. auch angeführt, dass ansonsten – würde man dies anders sehen – die Grenzen zwischen Kauf- und Werkvertrag verwischt würden.[230] Dies wird von *Weller*[231] bestritten. Er wünscht sich, den Hersteller als Erfüllungsgehilfen des Verkäufers zu verstehen. Dies insbesondere wegen des „integralen Bestandteils" der Lieferpflicht des Verkäufers nach § 433 Abs. 1 Satz 2 BGB.[232] Sein Hauptargument: Wenn der Verkäufer nach § 439 BGB zur Nacherfüllung verpflichtet sei, könne er entscheiden, ob er diese selbst durchführe oder aber auch durch fremde Hersteller. Wenn er sich zu letzterem entschließt, erscheine es überzeugender anzunehmen, dass der Händler den Hersteller in die Erfüllung seiner Pflichten gegenüber dem Endabnehmer einschalte. Damit ist aber noch nicht beantwortet, wie der Hersteller beim Erstverkauf – anders als bei der Nacherfüllung – in den Erfüllungsbereich der Händlerpflichten einbezogen werden kann. Schon weil es daran fehlt, können die **Sorgfaltspflichten des Herstellers** dem **Händler nicht zugerechnet** werden. Ohne dass dies ernsthaft diskutiert wird, kann insofern auf die ältere Rechtsprechung verwiesen werden. Liefert etwa der Hersteller auf Weisung des Verkäufers unmittelbar an den Käufer, ist er hinsichtlich der Lieferung, nicht aber im Übrigen – also nicht zwingend auf Mängel bezogen – Erfüllungsgehilfe des Verkäufers.[233] Nach Auffassung der Rechtsprechung haftet der Verkäufer auch nicht für etwaige Fehler in der Gebrauchsanweisung des Herstellers, selbst wenn der Verkäufer diese ohne eigene Untersuchung mitgeliefert hat.[234]

71 Anders als die jüngere Ansicht in der Literatur annimmt,[235] muss sich der Händler ein etwaiges Verschulden des Herstellers damit in der Praxis und nach der Rechtsprechung

---

[227] So die ständige Rechtsprechung, zuletzt BGH, NJW-RR 2011, 1350; BGHZ 98, 334; BGHZ 62, 124; Palandt/*Grüneberg*, § 278 Rn. 7.

[228] So die ständige Rechtsprechung, BGH, NJW 2008, 2837, Tz. 29; BGH, NJW 2009, 2674; OLG Köln, NJW-RR 2006, 677, OLG Düsseldorf, NJW-RR 2008, 1282; *Weller*, NJW 2012, 2315.

[229] BT-Drs. 14/60/40, 210.

[230] Staudinger/*Löwesch*/*Caspers*, § 278 BGB Rn. 36.

[231] *Weller*, NJW 2012, 2312, 2315 – linke Spalte.

[232] Vgl. dazu *Weller*, NJW 2012, 2312, 2315 unter Bezugnahme auf *Schroeter*, JZ 2010, 495, 498 ff.

[233] Vgl. dazu BGH, WM 1971, 1122.

[234] BGH, NJW 1981, 1269; vgl. dazu aber jetzt § 434 Abs. 2 Satz 3 BGB.

[235] *Peters*, ZGS 2010, 24; *Klees*, MDR 2010, 305; *Weller*, NJW 2012, 2312, 2315; a. A. aber die h. M., vgl. dazu Palandt/*Grüneberg*, § 278 Rn. 13; *Tröger*, Arbeitsteilung und Vertrag, 2012, 431 ff.

grundsätzlich (noch) **nicht zurechnen** lassen. Die jüngeren Bestrebungen, diese Grundsätze aufzuweichen, werden u. a. mit den Argumenten begründet, dass Erleichterungen durch Arbeitsteilung grundsätzlich freiheitserweiternd und zum ökonomischen Vorteil aller möglich sein sollten,[236] aber auch damit, dass ansonsten kein wirklicher Gleichklang geschaffen werde zu ausländischen Rechtsordnungen; Argumente, die ich gar nicht weiter kommentieren, vielmehr mit dem Ergebnis widersprechen möchte, dass nach geltendem Recht **kein Bedarf** für eine Veränderung und eine Zurechnung des Herstellerverschuldens auf den Nurverkäufer besteht.

Entsprechendes gilt auch für den unter § 651 BGB fallenden sog. **Werklieferungsvertrag,** auf den im Regelfall Kaufrecht angewendet wird.[237] 72

(bbb) Werkvertrag. Beim Werkvertrag ist der **Zulieferer** ebenso wenig Erfüllungsgehilfe des Werkunternehmers.[238] Aber dies gilt nicht – wie im Kaufrecht – mit der gleichen Stringenz. So wird dies – auch von der Rechtsprechung – anders gesehen, wenn der Zulieferer **in den Pflichtenkreis des Unternehmers** einbezogen ist.[239] Dies wird etwa angenommen, wenn der Unternehmer das betreffende Teil nach dem Vertragsinhalt nicht nur zu beschaffen, sondern darüber hinaus **herzustellen** hat.[240] Demzufolge sind beim Werkvertrag der Subunternehmer,[241] aber auch die in die Produktion eingeschaltete Muttergesellschaft[242] Erfüllungsgehilfen. 73

(cc) Folge: Schadenersatz. Die vom Verkäufer zu vertretene Pflichtverletzung begründet Schadenersatzansprüche, die sich auf alle **unmittelbaren und mittelbaren** Nachteile des schädigenden Verhaltens erstrecken.[243] Der Schuldner hat den Nachweis des Schadens zu erbringen (§§ 249 ff. BGB). Dieser ist z. B. erbracht, wenn nachgewiesen ist, dass bei einem Pferdepflegevertrag verdorbenes Futter verfüttert worden ist.[244] 74

g) Ersatz vergeblicher Aufwendungen nach § 284 BGB

Ersatz vergeblicher Aufwendungen kann der Gläubiger nur verlangen, wenn er bei der Abwicklung des Vertrages Vorteile erlangt hätte, die seine Aufwendungen ausgeglichen hätten.[245] Nach Auffassung des BGH[246] fallen darunter sog. **Vertragskosten,** die – nach § 467 Abs. 2 BGB a. F. vor dem 1.1.2002 – zu ersetzen waren. Aus § 284 BGB i. V. m. §§ 281, 280 Abs. 1 Satz 2 BGB folgt jetzt, dass dieser Anspruch – also der **Aufwendungsersatzanspruch** von einem Verschulden des Verkäufers abhängt, welches dann wiederum nach § 280 Abs. 1 Satz 2 BGB vermutet wird. Beispiele sind die Kosten für die Überführung, die Kosten für die Zulassung eines Neuwagens[247] und auch Versand-, Einbau-, Montage- und Finanzierungskosten.[248] 75

---

236 Vgl. dazu *Weller,* NJW 2012, 2312, 2315.

237 BGHZ, 48, 121; Palandt/*Grüneberg,* § 278 Rn. 13.

238 BGH, NJW 2002, 1565; BGH, NJW 1978, 1157; Palandt/*Grüneberg,* § 278 Rn. 14; a. A. aber *Wolf,* ZIP 1998, 1657, 1658.

239 OLG Celle, BauR 1996, 263, OLG Karlsruhe, ZIP 1998, 1689; kritisch dazu *Waas,* VersR 1999, 1202.

240 OLG Karlsruhe, NJW-RR 1997, 1240; Palandt/*Grüneberg,* § 278 Rn. 14., was dann ja auch dem „Herstellerverkäufer" wieder nahe kommt.

241 BGHZ 66, 48 – Subunternehmer.

242 OLG Nürnberg, NJW-RR 1993, 1304 ff.

243 OLG Düsseldorf, NJW-RR 1996, 729.

244 BGH, NJW 1980, 2186; vgl. aber auch BGHZ 66, 51 – Gemüseblatt; BGH, DB 1986, 1771 – Gefährlicher Bodenbelag; BGH, BB 1995, 1611 – Gesundheitsgefährdender Arbeitsplatz.

245 Zur Bedeutung des § 284 BGB vgl. Palandt/*Grüneberg,* § 284 Rn. 1 und BGHZ 143, 41, 49.

246 BGH, NJW 2005, 2848, 2850; OLG Oldenburg, NJW-RR 2011, 1498.

247 BGH, NJW 2005, 2848, 2850.

248 BGH, NJW 2006, 1198, 1199; OLG Hamm, NZV 2006, 421; BGH, NJW 2008, 2837.

4. Die Verjährung im Kaufrecht

a) Grundsatz: 2 Jahre § 438 BGB

76 Nach § 438 BGB gilt – im Kaufrecht – von den in § 438 Nr. 1 und 2 BGB genannten Ausnahmen abgesehen (z. B. fünf Jahre bei Baumängeln) grundsätzlich eine **Zweijahresfrist** ab **Ablieferung** des Kaufgegenstandes (§ 446 i. V. m. § 438 Abs. 2 BGB). Verjährungsfragen spielen im Zusammenhang mit Sachmängelhaftungsansprüchen und auch – darüber hinausgehend – bei Produkthaftungsansprüchen eine große Rolle in der Praxis.

b) Ausnahmen: Verkürzungen und Verlängerungen

77 Zudem werden vielfach Sachmängelfristen von Seiten des Verkäufers **verlängert.** Bei neuen Produkten ist es durchaus üblich, dass der Verkäufer nicht nur die gesetzliche Frist von zwei Jahren einem Käufer zubilligt, sondern drei, vier oder auch teilweise fünf Jahre entweder individualrechtlich oder aber durch Angaben in Verkaufsprospekten oder Hinweisen im Internet gewährt. Vor allem im Automobilbereich geben Händler oft schon fünfjährige, teilweise bereits siebenjährige Gewährleistungsfristen. „Verlängerungen" von Sachmängelgewährleistungsfristen sind unproblematisch wirksam.

78 Kommt es demgegenüber zu **Verkürzungen** – dem **Verbraucher** gegenüber – kann dies bei gebrauchten Produkten hingenommen werden bei der Verkürzung auf ein Jahr (vgl. § 475 Abs. 2 BGB). Darüber hinaus – insbesondere bei neuen Produkten – ist eine Verkürzung demgegenüber unterhalb von zwei Jahren rechtlich nicht wirksam. Denn: Dies würde den gesetzlichen Regelungen zuwiderlaufen und wäre weder mit § 475 BGB vereinbar, noch – sollte dies in AGB geschehen – mit den Regelungen der §§ 308 bzw. 309 BGB. Da die produkthaftungsrechtlichen Fristen – also die nach § 1 ProdHaftG und auch die nach § 823 BGB – unterschiedlich verjähren, ist stets auf die Fristen ein besonderes Augenmerk zu legen.

c) Verjährungshemmung nach § 203 BGB

79 Ganz wesentlich kommt es damit in der Praxis häufig darauf an, ob eine Hemmungswirkung eingetreten ist. Die Schuldrechtsreform hat insoweit nennenswerte Änderungen nach sich gezogen. Der Terminus „Unterbrechung" ist durch den des „Neubeginns" der Verjährung ersetzt worden.[249] Zu einem „Neubeginn der Verjährung" führen unter anderem das Anerkenntnis und die Vornahme oder Beantragung einer Vollstreckungshandlung (vgl. § 212 BGB). Im Übrigen wurden mit der Schuldrechtsreform zahlreiche neue Hemmungstatbestände geschaffen (vgl. §§ 203, 204 bis 213 BGB). Nach § 209 BGB wird der Zeitraum, währenddessen die Verjährung gehemmt ist, in die Verjährungsfrist nicht eingerechnet. Im Gesetz finden sich besondere Hemmungstatbestände, vor allem in § 204 BGB. Danach wird die Verjährung etwa gehemmt durch die Erhebung der Klage oder durch die Zustellung eines Mahnbescheids oder die Veranlassung der Bekanntgabe eines Güteantrages (§ 204 Nr. 4 BGB). Dabei ist zu beachten, dass der Katalog in § 204 Abs. 1 BGB nicht abschließend ist.[250]

80 Sehr bedeutsam in der Praxis ist der „allgemeine Hemmungstatbestand", der § 852 BGB a. F. abgelöst hat, nämlich § 203 BGB. § 203 BGB regelt die Hemmung der Verjährung **bei Verhandlungen.** Schweben zwischen dem Schuldner und dem Gläubiger Verhandlungen über den Anspruch oder die den Anspruch begründenden Umstände, so ist die Verjährung

---

[249] Palandt/*Ellenberger*, vor § 203 Rn. 1.
[250] Palandt/*Ellenberger*, § 204 Rn. 53.

gehemmt, bis der eine oder der andere Teil die Fortsetzung der Verhandlungen verweigert. Die Verjährung tritt frühestens **drei Monate** nach dem Ende der Hemmung ein (§ 203 Satz 2 BGB). Von zentraler Bedeutung ist dabei der Begriff der **Verhandlung.** Er ist nach Ansicht der Rechtsprechung weit auszulegen.[251] Der Gläubiger muss – um die Hemmungswirkung erzielen zu können – klar stellen, wie er den Anspruch begründet.[252] Wenn danach der Schuldner jegliche weitere Erörterung nicht erkennbar ablehnt,[253] sondern stattdessen mit dem Gläubiger über den Anspruch diskutiert, ist das Tatbestandsmerkmal der „Verhandlung" bereits erfüllt. Dabei muss der Schuldner nicht einmal eine wie auch immer geartete Vergleichsbereitschaft in Aussicht stellen.[254] Es genügt die Übermittlung von Umständen, die aus Sicht des Empfängerhorizontes, also beim Gläubiger, zu der Annahme führen, der Schuldner lasse sich auf Diskussionen ein. Insofern kann auch eine Erklärung des Schuldners, er wolle zur Aufklärung des Sachverhalts noch beitragen, genügen.[255] Ebenso reicht die Erklärung des Schuldners, er werde seinen Standpunkt, der Anspruch sei verjährt, in einer weiteren Besprechung erläutern.[256] Auch Mitteilungen eines Versicherers, man werde nach Abschluss des Strafverfahrens unaufgefordert auf die Angelegenheit zurückkommen,[257] und auch Verhandlungen über einen Verjährungsverzicht[258] genügen zur Annahme der Hemmung.

Schwierigkeiten bereiten etwaige Fragen, ob und inwieweit auf die **Einrede der Verjährung verzichtet** wird. Ob man bereits in „Verhandlungen" ist, wenn nach einer Anmeldung des Anspruchs – rein formularmäßig und vorübergehend – auf die Berufung der Verjährung verzichtet wird,[259] ist nur im Einzelfall zu klären. Allerdings wird durch die Erklärung, bis zu einem bestimmten Zeitpunkt auf die Verjährungseinrede zu verzichten, der Hemmungstatbestand zeitlich nicht begrenzt.[260] In jüngerer Zeit werden vermehrt Klauseln verwendet mit einer Verpflichtung, ein Mediationsverfahren durchzuführen. Dann genügt die Aufforderung zur Durchführung einer Mediation ggf. zur Hemmung.[261] Diese wirkt auf den Zeitpunkt der ersten Geltendmachung der Ansprüche zurück.[262] Wichtig im Zusammenhang mit der Produkthaftung ist ferner der Hinweis, dass § 203 BGB die früher unter den alten § 639 Abs. 2 BGB fallenden Sachverhalte ebenfalls erfasst.[263] Hinweise auf das Vorliegen von Mangelverdachtsmomenten können genügen; die eigentliche Ursache braucht nicht zwingend angegeben zu werden.[264] Um es noch einmal deutlich zu sagen: Meinungsverschiedenheiten und Austauschkorrespondenz, die über etwaige Mängel oder über Nachbesserungsarbeiten etc. geäußert werden, sind Hemmungstatbestände.[265] Im Zusammenhang mit Produkthaftpflichtversicherungen noch von Bedeutung ist der Hinweis, dass **Verhandlungen mit dem Haftpflichtversicherer** – zum Beispiel eines Krankenhausträgers als Versicherungsnehmer – auch die Verjährung des 81

[251] BGH, WM 2009, 1597; BGH, NJW 1983, 2075.
[252] BGH, WM 2009, 1597; ebenso Palandt/*Ellenberger*, § 203 Rn. 2.
[253] BGH 93, 64; BGH, NJW 2007, 65, 587; BGH, NJW 2004, 1654.
[254] BGH, WM 2009, 1597 Tz. 16.
[255] BGH, NJW-RR 2001, 1168.
[256] BGH, NJW 1997, 3447.
[257] BGH, VersR 1975, 440.
[258] OLG Karlsruhe, MDR 2006, 1392.
[259] OLG Düsseldorf, ZGS 2004, 118.
[260] BGH, NJW 2004, 1654.
[261] *Eidenmüller*, SchiedsVZ 2003, 163.
[262] BGH, NJW-RR 2005, 1044, 1046; OLG Hamm, NJW-RR 1998, 101; ebenso Palandt/*Ellenberger*, § 203 Rn. 2.
[263] BGH, NJW 2007, 587; ebenso Palandt/*Ellenberger*, § 203 Rn. 2; allerdings a. A. *Farber/Werner*, NJW 2008, 1910 – diese sind für eine Analogie.
[264] BGH, NJW 2008, 576.
[265] OLG München, NJW-RR 2007, 675.

Anspruchs gegen den Angestellten hemmen, der den Schaden letztlich verursacht hat.[266] Aber Achtung: Bei Verhandlungen mit dem Krankenhausträger ist i. d. R. keine Hemmung hinsichtlich der Ansprüche gegen den behandelnden Arzt anzunehmen.[267] **Erst mit der Verweigerung der Fortsetzung von Verhandlungen endet die Hemmung.** Insofern wird von der Rechtsprechung ein klares und unzweideutiges Verhalten einer Partei gefordert.[268] Auf sicherer Seite ist man, wenn ein klares „doppeltes Nein" geäußert wird:[269] Es besteht kein Anspruch und es gibt keine weiteren Verhandlungen (mehr).

82 Bisweilen kommt es in der Praxis vor, dass der Gläubiger die Verhandlungen **einschlafen** lässt. Dann sind die Verhandlungen in dem Zeitpunkt beendet, in dem der nächste Schritt nach § 242 BGB an sich zu erwarten war.[270] Die Hemmung endet im Zusammenhang mit **Mängelansprüchen,** wenn der Verkäufer das Prüfergebnis mitteilt, den Mangel für beseitigt erklärt oder aber die Beseitigung dann verweigert.[271] Zur Dreimonatsfrist vgl. OLG Saarbrücken.[272]

83 Was den Haftpflichtversicherungsbereich angeht, sollten die Änderungen durch die VVG-Reform 2008 berücksichtigt werden. Nach § 115 VVG kann der Dritte seinen Anspruch auf Schadenersatz auch gegen den Versicherer geltend machen, wenn es sich um eine Haftpflichtversicherung zur Erfüllung einer nach dem Pflichtversicherungsgesetz bestehenden Versicherungspflicht handelt, oder über das Vermögen des Versicherungsnehmers das Insolvenzverfahren eröffnet ist, oder wenn der Aufenthalt des Versicherungsnehmers unbekannt ist. Versicherung und ersatzpflichtiger Versicherungsnehmer haften als Gesamtschuldner (§ 115 Abs. 1 Ziffer 4 VVG). Der Anspruch unterliegt der gleichen Verjährung wie der Schadenersatzanspruch gegen den ersatzpflichtigen Versicherungsnehmer. Die Verjährung beginnt mit dem Zeitpunkt, zu dem die Verjährung des Schadenersatzanspruchs gegen den ersatzpflichtigen Versicherungsnehmer beginnt; sie endet jedoch spätestens nach zehn Jahren vom Eintritt des Schadens an (§ 115 Abs. 2 Satz 2 VVG). Und nun zur Sonderregelung: Ist der Anspruch des Dritten bei dem Versicherer angemeldet worden, ist die Verjährung **bis zu dem Zeitpunkt gehemmt,** bis die Entscheidung des Versicherers dem Anspruchssteller in Textform zugeht. Erst mit endgültiger Ablehnung des Ersatzanspruchs nach Grund und Höhe endet die Hemmungswirkung.[273]

5. Der Händlerrückgriff nach §§ 478, 479 BGB

84 Kurz soll auf die Rückgriffsansprüche des Handels beim Hersteller (dem sog. **Händlerrückgriff** nach den §§ 478, 479 BGB) eingegangen werden. Die Gesamtthematik, die sich beim Hersteller- und Zuliefererregress ergibt, insbesondere die Regressierung aus Gesamtschuldnerausgleich nach den §§ 840, 426 BGB oder aber aus vertraglichen Vereinbarungen, wie Qualitätssicherungsvereinbarungen, Konzeptverantwortungsvereinbarungen, Referenzmarktverfahren oder auch aus den aus Ein- oder Verkaufs-AGB geltenden Besonderheiten und aus vertraglichen Vorbeugemaßnahmen wie Haftungsausschlüssen oder Haftungsbegrenzungen werden ausführlich in § 5 zum Thema „Der Regress des Herstellers gegen den Zulieferer und in der Kette" mit behandelt.[274]

---

[266] OLG Rostock, OLG-NL 2001, 172; ebenso Palandt/*Ellenberger,* § 203 Rn. 3.
[267] OLG Oldenburg, VersR 2007, 1277.
[268] BGH, NJW 1998, 2819; BGH, NJW-RR 2005, 1044, 1047; OLG Karlsruhe, MDR 2006, 1392.
[269] OLG Oldenburg, MDR 2008, 311.
[270] BGH, NJW 1986, 1337; BGH, NJW 2009, 1806 Tz. 11.
[271] BGH, NJW 2008, 576 Tz. 21.
[272] OLG Saarbrücken, NJW-RR 2006, 163; Palandt/*Ellenberger,* § 203 Rn. 5.
[273] OLG Köln, VersR 1983, 959; BGH, NJW 1977, 532 noch zur alten Rechtslage.
[274] Vgl. dazu § 5 Rn. 1 ff.

a) Aufwendungsersatz nach § 478 Abs. 2 BGB

Dem gesetzlichen Wortlaut des § 478 Abs. 2 BGB lässt sich entnehmen, dass der Unternehmer beim Verkauf einer **neu hergestellten Sache** von seinem Lieferanten **Ersatz der Aufwendungen** verlangen kann, die der Unternehmer im Verhältnis zum Verbraucher nach § 439 Abs. 2 BGB zu tragen hatte, wenn der vom Verbraucher geltend gemachte Mangel bereits beim Übergang der Gefahr auf den Unternehmer vorhanden war. Es handelt sich um eine eigenständige – von §§ 437 Nr. 3, 284 BGB zu unterscheidende – Anspruchsgrundlage.[275] Zunächst muss es sich um einen Verkauf einer **neu hergestellten Sache** gehandelt haben. Für gebrauchte Sachen ist die Regelung **nicht** einmal **analogiefähig.**[276] Als weitere Voraussetzung wäre dann prüfen, ob der Verkäufer tatsächlich verpflichtet war, die Kosten nach § 439 Abs. 2 BGB zum Zwecke der Nacherfüllung zu tragen. Die rein kulanzweise Abwicklung[277] durch den Letztverkäufer genügt nicht. 85

Umfang des Anspruchs: Der Anspruch richtet sich auf Ersatzteile, Reparatur-, Fahrt- und Transportkosten zum Verbraucher, die Kosten für die Abholung und die Untersuchung.[278] Im Zusammenhang mit mangelhaften Lieferungen ist nach wie vor strittig, ob und inwieweit anteilige Verwaltungs- und Personalkosten – sog. **Handlingskosten** – ebenfalls darunter fallen.[279] Immer wieder im Zusammenhang mit Produkthaftungs- und Sachmängelhaftungsansprüchen wird versucht, Personalkosten – häufig in nicht unerheblicher Höhe – geltend zu machen. Meines Erachtens können reine Bereithaltungskosten nicht ersetzt werden. Es muss sich vielmehr um Kosten handeln, die primär und unmittelbar tatsächlich auch der Nacherfüllung gedient haben.[280] Dies gilt nach Ansicht der Rechtsprechung[281] insbesondere auch für die Geltendmachung von **Gerichts- und Verfahrenskosten.** Die Prozesskosten eines verlorenen Rechtsstreits wegen der Geltendmachung von Sachmängelhaftungsansprüchen sind keine „Aufwendungen“, die der Unternehmer nach § 439 Abs. 2 BGB gegenüber dem Verbraucher zu tragen hatte. Ergänzend sei noch erwähnt, dass der Aufwendungsersatzanspruch i. S. d. § 478 Abs. 2 BGB für die jeweiligen Vertragsparteien der ganzen Lieferkette gilt, wenn sie denn Unternehmer i. S. v. § 14 BGB sind. Dies folgt aus § 478 Abs. 5 BGB. 86

b) Alle Sachmängelhaftungsansprüche ohne Fristsetzung i. S. d. § 478 Abs. 1 BGB

Neben dem eigenständigen Anspruch nach § 478 Abs. 2 BGB kann der Händler sämtliche bereits dargelegte Sachmängelhaftungsansprüche (die gesamte Quadriga) ebenfalls dann von seinem Zulieferanten – ebenfalls Händler, Großhändler oder Fachhändler – ersetzt verlangen oder auch vom Hersteller. Der Händler hat sämtliche – beim Verbraucher bereits angesprochenen und in Richtung Händler erörterten – Ansprüche auf Nacherfüllung, Rücktritt, Minderung und auf Schadenersatz (vgl. § 437 BGB). Es gibt – und 87

---

[275] Palandt/*Weidenkaff*, § 478 Rn. 12; OLG Hamm, Beschluss vom 15.11.2011, NJW-RR 2012, 355 – Kabinenroller aus China.

[276] *Tröger*, AcP 204, 115.

[277] *Lenz*, Die Kulanzleistung des Versicherers, 1993, 1 ff.

[278] Palandt/*Weidenkaff*, § 478 Rn. 12.

[279] *Marx*, BB 2002, 2566.

[280] So auch *Böhle*, NJW 2003, 3680.

[281] OLG Hamm, Beschluss vom 15.11.2011, NJW-RR 2012, 355 – Kabinenroller aus China; Prozesskosten sind auch weder nach § 1 ProdHaftG noch nach § 823 Abs. 1 BGB zu ersetzen, da nach diesen Regelungen „reine Vermögensschäden“ nicht ersetzt werden, so das OLG Hamm; denkbar ist ein Anspruch nach § 280 Abs. 1 BGB.

dies ist der Sinn des § 478 Abs. 1 BGB[282] – nur eine Besonderheit, dass eine weitere Fristsetzung nicht mehr erforderlich ist. Dies drückt § 478 Abs. 1 BGB aus, wenn es dort heißt: Wenn der Unternehmer die verkaufte, **neu hergestellte Sache**[283] als Folge ihrer Mangelhaftigkeit zurücknehmen musste oder der Verbraucher den Kaufpreis gemindert hat, bedarf es für die in § 437 BGB bezeichneten Rechte des Unternehmers gegen den Unternehmer, der ihm die Sache verkauft hatte (Lieferant), wegen des vom Verbraucher geltend gemachten Mangels einer sonst erforderlichen Fristsetzung nicht.

88 Entscheidend ist, dass die Voraussetzungen für diese Rechte – dies alles ist dann im Rahmen des geltend gemachten Anspruchs des Verkäufers gegenüber seinem Zulieferanten inzident zu erörtern – allesamt gegeben sind. Demnach ist § 478 Abs. 1 BGB kein eigenständiger Anspruch.[284] Anspruchsgrundlage ist § 437 BGB i. V. m. § 323 BGB i. V. m. § 478 Abs. 1 BGB, der eine weitere Fristsetzung entbehrlich macht.

89 Von dem Vorhergesagten gibt es eine erwähnenswerte Ausnahme: Nach Auffassung des BGH[285] ist in **AGB des Letztverkäufers** eine Klausel, mit der die Anwendung des § 478 BGB auch für andere als Verbrauchsgüterkäufe vereinbart wird, unwirksam, weil sie gegen den Grundgedanken der gesetzlichen Regelung verstößt.

c) Die Verjährung von Rückgriffsansprüchen nach § 479 Abs. 1 BGB

90 Die Aufwendungsersatzansprüche i. S. d. § 478 Abs. 2 BGB verjähren in **zwei Jahren ab Ablieferung** der Sache. Der weitergehende Anspruch nach § 437 Nr. 3 i. V. m. § 284 BGB ist damit nicht gemeint.[286] Dieser verjährt nach der für die verkaufsrechtliche Verjährungsfrist geltenden Regelung des § 438 BGB. Soweit in der Praxis versucht wird, durch AGB die Regelung des § 479 BGB – also die Regelung zur Verjährung von Rückgriffsansprüchen – auf „alle Verkäufe" auszudehnen und zu erweitern, hält der BGH[287] dies i. d. R. für unwirksam. Es wird ein Verstoß gegen § 307 BGB im Zweifel angenommen, nicht dagegen bei der bloßen Verlängerung der Verjährungsfrist nach § 479 Abs. 1 BGB auf drei Jahre.[288]

d) Die Ablaufhemmung i. S. d. § 479 Abs. 2 BGB

91 Die Verjährung der nach den §§ 437 und 478 Abs. 2 BGB bestimmten Ansprüche des Unternehmers gegen seinen Lieferanten wegen eines Mangels einer an den Verbraucher verkauften neu hergestellten Sache tritt **frühestens zwei Monate** nach dem Zeitpunkt ein, in dem der Unternehmer die Ansprüche des Verbrauchers tatsächlich erfüllt hat. Die sog. **Ablaufhemmung** endet aber spätestens **fünf Jahre** nach dem Zeitpunkt, in dem der Lieferant die Sache dem Unternehmer abgeliefert hat. Die Regelung hielt der Gesetzgeber deshalb für notwendig, weil es vorkommen kann, dass der Verbraucher seine Rechte nach § 437 BGB – also die Quadriga an Sachmängelhaftungsansprüchen – gegenüber dem Letztverkäufer erst recht spät, mithin noch knapp vor Ablauf der zweijährigen Sachmängelhaftungsfrist nach § 438 BGB, geltend machen kann. Deshalb kann die frühere Lieferung durch den Lieferanten an den Letztverkäufer schon mehr als zwei Jahre zurückliegen und der Anspruch des Letztverkäufers bereits verjährt sein, wenn der Letztverkäufer vom

---

[282] Dem Unternehmer wird als Letztverkäufer ein Rückgaberecht eingeräumt, damit der Einzelhandel nicht das volle Risiko des Verbrauchsgüterkaufs tragen muss, vgl. Palandt/*Weidenkaff*, § 478 Rn. 12.

[283] Vgl. dazu *Jacobs*, JZ 2004, 225; *Tiedtke/Schmitt*, ZIP 2005, 681.

[284] Palandt/*Weidenkaff*, § 478 BGB Rn. 11.

[285] BGH, NJW 2006, 47, 50.

[286] Palandt/*Weidenkaff*, § 479 BGB Rn. 4.

[287] BGH, NJW 2006, 47.

[288] BGH, NJW 2006, 47.

Verbraucher in Anspruch genommen wird.[289] Die Fünf-Jahresfrist wird gerechnet seit der Ablieferung an den Letztverkäufer.[290] Für die Rechtzeitigkeit des Rücktritts kommt es auf dessen Erklärung, also auf die Ausübung des Gestaltungsrechts an sich an, und damit auf den Zugang (§ 130 BGB), nicht auf den Zeitpunkt der gerichtlichen Geltendmachung von Ansprüchen aus dem Rückgewährschuldverhältnis.[291]

6. Die Untersuchungs- und Rügepflicht nach § 377 HGB in Produkthaftungsfällen

Eine ganz wichtige und **zentrale Norm** im Zusammenhang mit der Geltendmachung von Sachmängelhaftungsansprüchen ist die Untersuchungs- und Rügepflicht nach § 377 HGB. Diese spielt – nicht zuletzt über die Regelung des § 254 BGB – aber auch in typischen produkthaftungsrechtlichen Regressfällen eine ganz wesentliche Rolle. Ist der Kauf für beide Teile ein Handelsgeschäft, so hat der Käufer die Ware unverzüglich nach der Ablieferung durch den Verkäufer, soweit dies nach ordnungsgemäßem Geschäftsgange tunlich ist, zu untersuchen und, wenn sich ein Mangel zeigt, dem Verkäufer unverzüglich Anzeige zu machen. Unterlässt der Käufer die Anzeige, so gilt die Ware als genehmigt, es sei denn, dass es sich um einen Mangel handelt, der bei der Untersuchung nicht erkennbar war (§ 377 Abs. 2 HGB). Mit anderen Worten: Der Käufer, der nicht rechtzeitig rügt, verliert alle ihm bis dato aus der Sachmängelhaftung zustehenden Ansprüche. 92

a) Zweck des § 377 HGB

Die in § 377 HBG statuierte **Rügeobliegenheit** dient dem Schutz des Verkäufers, recht früh zu erkennen, ob er mit der Lieferung das seinerseits Erforderliche getan und ordnungsgemäß erfüllt hat (vgl. § 433 Abs. 1 Satz 2 und § 362 BGB). Für den Fall, dass sich Mängel zeigen, soll er **früh** in die Lage versetzt werden, daraufhin notwendig werdende Ermittlungen, Feststellungen und Dispositionen zur Beweissicherung und zur Schadensabwendung treffen zu können und kann sich so vor unnötigen Folgeschäden schützen.[292] Letztendlich aber haben beide Parteien des Vertrages ein Interesse an einer zügigen Vertragsabwicklung und einer alsbaldigen Bereinigung etwaiger Problemlieferungen. Bei langem Zeitablauf wird es für den Verkäufer immer schwieriger zu erkennen, ob und inwieweit etwaige Beanstandungen durch den Käufer berechtigt sind oder nicht.[293] Soweit der BGH[294] noch vor einigen Jahren darauf hinwies, es gehe letztlich um eine **sachgerechte Risikoverteilung** zwischen Käufer und Verkäufer, muss dies heute mit einem Fragezeichen versehen werden, insbesondere wenn die Praxis schon jetzt von der gesetzlichen Grundregelung mehr und mehr abweicht, etwa im Rahmen von Qualitätssicherungsvereinbarungen, oder auch, wenn bei Just-in-Time-Verträgen die teilweise Abbedingung des § 377 HGB zur Regel wird (dazu später mehr). 93

[289] Vgl. dazu BGH, NJW 2006, 47, 50 und Palandt/*Weidenkaff*, § 479 BGB Rn. 1 f. und Rn. 5.

[290] Vgl. zu dem hier in Rede stehenden Thema auch BGH, NJW 2007, 674, 677.

[291] Vgl. vertiefend: *Raue*, Jura 2007, 427; *Sendmeyer*, NJW 2008, 1914.

[292] BGH, NJW 2000, 1415, 1416; BGHZ 101, 337, 345; BGH, NJW 1986, 3136, 3137; BGHZ 93, 346 sowie BGH, WM 1998, 936, 938; *Wagner*, in Röhricht/Graf von Westphalen, HGB, 3. Aufl. 2008, *§ 377* Rn. 3 u. 4; vgl. jüngst auch *Schroeter*, JZ 2010, 495, 496.

[293] BGH, NJW 2000, 1416; BGH, WM 1998, 938.

[294] BGHZ 66, 213 und jüngst auch *Roth*, in Koller/Roth/Morck, § 377 HGB Rn. 2.

94 § 377 HGB ist **keine abschließende Prüfungs- und Rügeobliegenheit.**[295] Etwaige weitergehende Pflichten können sich auch aus den §§ 242 BGB und 254 BGB ergeben.[296]

b) Anwendungsbereich

95 § 377 HGB gilt nur, wenn der Kauf für **beide Teile** ein **Handelsgeschäft** ist.

aa) Handelskauf

96 Das in § 377 HGB erfasste Geschäft muss damit ein wirksamer (Stück- oder Gattungs-) **Kaufvertrag** über Waren oder Wertpapiere (§§ 433, 453 BGB, § 381 Abs. 1 HGB),[297] ein kaufähnlicher Vertrag[298] oder, dem gleichgestellt, ein Kauf nach Probe oder auf Besichtigung (§ 454 BGB) sein. Infolge der Verweisung auf das Kaufrecht bzw. auf alle Vorschriften über den Handelskauf gilt dies aber auch für den **Tausch** (§ 480 BGB) oder auch für den **Werklieferungsvertrag** (§ 651 BGB i. V. m. § 381 Abs. 2 HGB)[299] und die Einkaufskommission (§ 391 Satz 1 HGB).[300] Demgegenüber findet § 377 HGB grundsätzlich keine Anwendung auf (reine) Werkverträge[301] oder auf Miet- und Leasingverträge.[302] Analogien werden – allerdings nur unter ganz besonderen Voraussetzungen[303] – für zulässig gehalten.

bb) Beidseitiges Handelsgeschäft

97 Erforderlich ist die Beteiligung von **Kaufleuten** auf beiden Seiten des Vertrages, wobei das Eingreifen der Vermutung des § 344 HGB zu berücksichtigen ist (§§ 377 Abs. 1, 343, 344 HGB).[304]

c) Ablieferung

98 Ist der Kauf für beide Teile ein Handelsgeschäft, hat der Käufer die Ware unverzüglich – **nach der Ablieferung,** soweit dies tunlich ist – zu untersuchen (Auszug aus § 377 Abs. 1 HGB). In **zeitlicher Hinsicht** setzt mit dem Zeitpunkt der Ablieferung der Ware die Untersuchungs- und Rügepflicht des Käufers ein, selbst wenn er – der Käufer – schon vorher die Möglichkeit zur Untersuchung gehabt hätte.[305] Zwar fällt die Ablieferung i. d. R. mit der **Übergabe der Sache** an den Käufer zusammen, ist aber weder mit der Abnahme i. S. d. § 433 Abs. 2 BGB noch mit dem Gefahrübergang im Rahmen von § 446 BGB identisch (vgl. auch § 438 Abs. 2 BGB).[306] Die Ablieferung entspricht der **Ver-**

---

295 OLG Düsseldorf, NJW-RR 2000, 1655.

296 Vgl. dazu *Peters,* JZ 2006, 230; „Mehr staatliche Kontrollen", Niedersachens Landwirtschaftsminister Christian Meyer führte im Interview mit dem Focus, Heft 10/2013, S. 20 aus, dass in den Fällen „Pferdefleisch, Eier-Betrug und Schimmelfutter" die Eigenkontrollen der Agrarindustrie nicht hinreichend funktioniert hätten.

297 Ensthaler/*Achilles* vor §§ 373 bis 382 HGB Rn. 5; *Roth,* § 377 HGB Rn. 3.

298 BGH, NJW 1985, 2417; *Wagner,* § 377 HGB Rn. 5.

299 BGH, NJW 1993, 2437; *Baumbach/Hopt,* § 377 HGB Rn. 2.

300 Ensthaler/*Achilles, § 377* HGB Rn. 4.

301 BGHZ 1, 234, 240; BGH, Urt. vom 9.10.2001, Az. X ZR 132/99 BGHR 2002, 221, 223; ebenso Ensthaler/*Achilles,* § 377 HGB Rn. 4.

302 BGHZ 110, 130, 142; vgl. zum Leasing aber auch BGH, NJW 1990, 1292 und *Wagner, § 377* HGB Rn. 6.

303 *Baumbach/Hopt,* § 377 HGB Rn. 2 unter Berufung auf BGH, NJW 1993, 2436; BGHZ 1, 240; BGH, WM 1992, 916 ff.

304 Vgl. dazu vertiefend: BGH, WM 1991, 1515, 1917; BGHZ 56, 179, 182 ff.; OLG Düsseldorf, OLGR 1996, 196.

305 BGH, NJW 1993, 2436, 2438; BGH, NJW 1993, 461, 462.

306 Siehe BGHZ 60, 6 und *Roth,* § 377 HGB Rn. 6a.

fügungsmöglichkeit, die der Käufer erhält.[307] Es geht darum, den Käufer in die Position zu setzen, die übernommene Ware auch prüfen zu können. Dafür ist es dann unerheblich, ob die Ware nach ihrer Bestimmung am Ablieferungsort verbleiben soll, oder ob es sich hierbei um eine Durchgangsstation zum Weitertransport handelt.[308] In einer Zurverfügungstellung der Ware am falschen Ort oder zur nicht rechtzeitigen Zeit oder einer unvollständigen Ablieferung ist keine rechtlich bindende Ablieferung i. S. d. § 377 HGB zu sehen.[309] Eingeschlossen in die **vertragsmäßige Ablieferung** sind umfassende und vollständige Lieferungen, auch **Bedienungsanleitungen**[310] und **Dokumentationen.**[311] Eine – nach der Verkehrsanschauung – für möglicherweise als „geringfügig ergänzungsbedürftig" gehaltene unvollständige Lieferung kann aber auch „Ablieferung" im rechtlichen Sinne sein.[312] Auf Teilprüfungen im Falle unvollständiger Lieferung muss sich ein Käufer allerdings nicht einlassen.[313] Ob letztendlich die ablieferungsrelevanten Leistungen allesamt erbracht sind, richtet sich nach den – zwischen den Parteien im Einzelnen (auch konkludent) – getroffenen Vereinbarungen und/oder auch nach der Verkehrsanschauung.[314] Sind schließlich alle „ablieferungsrelevanten" Pflichten erfüllt, ist die Lieferung beendet und rechtlich liegt eine **wirksame Ablieferung** vor;[315] dann beginnt die Untersuchungsfrist zu laufen.

Schwierigkeiten bereiten in der Praxis oft **Werklieferungsverträge** (§ 651 BGB), auf die 99
das Kaufrecht im Regelfall angewendet wird und die über § 381 Abs. 2 HGB in den Anwendungsbereich des § 377 Abs. 2 HGB einbezogen sind. Denn nicht selten kommt es bei Produkten, die diesen Verträgen unterfallen, auch zu einer fälligkeitsbegründenden **Abnahme** (§§ 640 ff., 651 BGB, im Übrigen aber Kaufrecht). Auch bei diesen Verträgen beginnt die Untersuchungsfrist bereits mit der – wirksamen – Ablieferung.[316] Im Übrigen kommt es darauf an, was die Parteien im Zusammenhang mit der Bestimmung des **Ablieferungsortes** vereinbaren.[317] Liegt ein Versendungskauf vor, geschieht die Ablieferung nicht bereits dadurch, dass der Verkäufer die Waren an den Beförderer übergibt, sondern erst dann, wenn sie dem Käufer am Bestimmungsort zur Verfügung gestellt wurden.[318] Im Einzelnen gelten aber auch insoweit die **Parteiabreden** (auch die Einbeziehung etwaiger Allgemeiner Geschäftsbedingungen oder auch der **Incoterms).**[319]

d) Die Untersuchung

Nach § 377 Abs. 1, 1. Teilsatz HGB hat der Käufer die Ware unverzüglich nach der 100
Ablieferung durch den Verkäufer, soweit dies nach ordnungsgemäßem Geschäftsgang tunlich ist, **zu untersuchen.**

---

[307] OLG Köln, NJW-RR 1999, 566; BGHZ 1993, 346; NJW 2000, 1417; *Wagner, § 377* HGB Rn. 13.

[308] OLG Köln, CR 1998, 335, 336.

[309] BGH, NJW 1961, 730, 731; BGH, NJW-RR 1990, 1465; BGH, NJW 1993, 2438.

[310] OLG Köln, NJW-RR 1999, 1288.

[311] BGH, WM 1993, 1850, 1853.

[312] Wenn die Lieferungen für die maßgeblichen Funktionen nachrangig sind: OLG München, OLGR 1998, 205; OLG Düsseldorf, NJW-RR 1999, 283.

[313] OLG Stuttgart, OLGR 2003, 458; BGH, NJW 1999, 1415; OLG Köln, OLGR 1995, 233, 234; vgl. auch OLG Hamm, OLGR 2005, 135, 136, MüKo/*Grunewald,* § 377 HGB Rn. 17, 18.

[314] OLG Hamm, OLGR 2005, 135, 136.

[315] OLG Bremen, OLGR 2002, 338.

[316] BGH, NJW 1993, 2436.

[317] Vgl. dazu im Einzelnen BGHZ 60, 5, 7; BGH, DB 1981, 1816, 1817; BGH, NJW 1986, 316, 317; OLG Nürnberg, NJW-RR 1990, 294.

[318] BGH, WM 1995, 2105, 2106.

[319] Vgl. dazu Ausführungen unter § 3 I. 7. Rn. 133.

aa) Zweck der Untersuchung

101 Dem Wortlaut nach sieht es so aus, als stünden Untersuchungspflichten und Rügeobliegenheiten – rechtlich bewertet – nebeneinander. Dabei wird aber deutlich, dass den Käufer (zunächst einmal) keine unmittelbaren Rechtsnachteile treffen, wenn er die nach Gesetz notwendig werdende Untersuchung der Ware unterlässt. Anders ausgedrückt: Die Ordnungsgemäßheit einer rechtzeitig erhobenen Mangelrüge hängt nicht davon ab, ob der Verkäufer die Ware überhaupt oder im gebotenen Umfang untersucht hat.[320] Insofern hat der Empfänger der Ware zunächst ein **Untersuchungsrecht.**[321] Darin eingeschlossen wird unter Umständen auch der **Verbrauch oder Gebrauch** – jedenfalls stichprobenartig.[322] Vielfach heißt es daher in der Literatur, dass die Untersuchung ein **rein tatsächlicher Vorgang** sei.[323] Durch die gesetzliche Konstruktion, dass die Wirksamkeit einer Mängelanzeige nicht von einer vorherigen Untersuchung abhängig ist,[324] hat die bloße Nichterfüllung der Untersuchungsobliegenheit zunächst keine Konsequenz.

102 Eine **Mängelanzeige auf Verdacht** ist somit möglich.[325] Allerdings – und dies ergibt der Sinn der Regelung – bedarf eine begründete Mängelanzeige im Regelfall einer vorhergehenden Untersuchung. Deshalb haben sich Warenempfänger nach der Ablieferung auch mit der Untersuchung grundlegend zu beschäftigen.

bb) Arten der Untersuchung

103 Im Gesetz heißt es, dass die Ware – soweit dies nach **ordnungsgemäßem Geschäftsgange** tunlich ist – zu untersuchen ist. Soweit sich aus dem Vertrag oder aus konkreten Handelsbräuchen oder konkludent auch durch die Vereinbarung eines bestimmten Untersuchungsortes und Branchengepflogenheiten[326] keine bestimmten Vorgaben ergeben, ist der „ordnungsgemäße Geschäftsgang“, der konkret zugrunde liegt, durch eine **Interessenabwägung** zu ermitteln.[327] Dabei ist zu berücksichtigen, dass die Untersuchung nicht so **intensiv** sein muss, dass alle nur erdenklichen Mängel aufgedeckt werden. Dies folgt bereits aus der Regelung des § 377 Abs. 2 HGB in Verbindung mit Abs. 3 HGB, nämlich der Trennung zwischen anfänglich erkennbaren und späteren, sogenannten verdeckten Mängeln. Welcher konkrete prüftechnische Aufwand, welcher Kostenaufwand und welcher Zeitrahmen **„tunlich** ist“, ist – wenn nichts Konkretes vereinbart ist – nicht ohne weiteres zu ermitteln, jedoch durch zahlreiche gerichtliche Entscheidungen vorgezeichnet.[328] Klar ist, dass es bei der Anforderung für Art und Umfang der Untersuchung nicht auf subjektive Fähigkeiten und Kenntnisse des Käufers, sondern nur auf die **„objektive“ Sachlage,** ankommen kann.[329] Hat der Käufer nicht die notwendige Fachkunde, muss er sich diese verschaffen – notfalls auch, indem er Sachverständige einschaltet.[330] Ob **Laboruntersuchungen** notwendig sind und/oder nur **Stichproben** gemacht werden müssen, hängt ganz entscheidend von den Branchengepflogenheiten

---

[320] OLG Koblenz, NJW-RR 2004, 1553; OLG Frankfurt, BB 1984, 177.
[321] *Baumbach/Hopt,* § 377 HGB Rn. 22.
[322] OLG Oldenburg, NJW 1998, 388.
[323] *Roth,* § 377 Rn. 7 sowie Ensthaler/*Achilles,* § 377 HGB Rn. 27.
[324] RGZ 99, 249 und OLG Düsseldorf, NJW-RR 1997, 1346: Unscharf, da keine Untersuchungspflicht besteht.
[325] OLG Koblenz, NJW-RR 2004, 1553; BGHZ 138, 336; *Roth,* § 377 HGB Rn. 7.
[326] BGH, NJW 1986, 317; *Baumbach/Hopt,* § 377 HGB Rn. 23.
[327] Ensthaler/*Achilles,* § 377 HGB Rn. 31.
[328] BGH, BGHR 2003, 285; OLG Oldenburg, NJW 1998, 388; OLG Köln, CR 1995, 218, 220; KG Berlin, NJW-RR 1996, 1162.
[329] BGH, WM 1970, 1402; *Baumbach/Hopt,* § 377 HGB Rn. 23.
[330] *Baumbach/Hopt,* § 377 HGB Rn. 28.

ab.[331] Der Einwand, man habe beim Empfang der Ware den Mangel noch nicht erkennen können, diesen vielmehr erst bei der Verarbeitung und bei der bestimmungsgemäßen Verwendung erkennen können, führt dazu, dass dann zumindest ein probeweiser Verbrauch oder auch Probeläufe in den Beobachtungsphasen angezeigt sein können.[332] Wenn der Verkäufer seinerseits – und insofern umgekehrt – ein besonderes Vertrauen in eine bestimmte Warenbeschaffenheit setzt und dies auch gegenüber dem Empfänger der Ware zum Ausdruck gebracht hat, reduzieren sich die Anforderungen an die Untersuchung. Hinweise dafür sind etwa bereits langjährige Herstellungspraxis, bei der über Jahre hinweg der Verkäufer den Anschein erweckt, dass bestimmte Beschaffenheitsstandards immer und stets verlässlich eingehalten wurden.[333] Allerdings soll nach Auffassung der Rechtsprechung allein die Vereinbarung bestimmter festgelegter Qualitätsanforderungen nicht genügen.[334]

Stets ist zwischen tatsächlichen **Gütesiegeln** (z. B. Geprüfte Sicherheit = **GS-Siegel**[335]) **104**
oder auch sonstigen Merkmalen wie der **„CE-Kennzeichnung"**[336] zu unterscheiden; ein Käufer ist jedenfalls verpflichtet, das Zertifikat selbst auf seine wirksame Ausstellung, auf seine Echtheit und auf den Inhalt zu prüfen. Dass bei Beifügung eines Gütesiegels aber bereits in jedem Fall der Empfänger der Ware auf eine Wareneingangskontrolle verzichten kann, möchte ich bezweifeln.[337] Anders wird man dies sicher sehen können, wenn tatsächlich eine Zertifizierung vorliegt und eine Drittprüfung durch ein zertifiziertes Unternehmen vorgenommen worden ist (z. B. DEKRA oder TÜV) und sich jede weitere Untersuchung als eine „Art Obergutachten" darstellen würde.[338] Nochmals deutlich: Die Übermittlung eines wie auch immer gearteten Prüfzeichens als solches genügt nicht, insbesondere wenn aus diesem nicht hervorgeht, dass gerade auch beim betreffenden Herstellungsvorgang keine Fabrikationsfehler gemacht worden sind.[339]

Nicht immer kann sich – insbesondere bei größeren Warenpartien – die Untersuchung **105**
auf alle einzelnen Stücke beziehen. Vielmehr ist bei großen Warenlieferungen ein approbates Mittel die sog. **Stichprobe.** Bei dieser ist zu verlangen, dass die gezogenen Proben in ausreichendem Maße repräsentative Ergebnisse zutage fördern können.[340] „Repräsentativ" in diesem Zusammenhang bedeutet sinnvoll auf die Gesamtmenge verteilt.[341] Einzelheiten hängen insbesondere von dem damit verbundenen Untersuchungsaufwand, vom Verbrauch oder auch von der Verkäuflichkeit und auch von der Gefahr des eventuell zu erwartenden Mangelfolgeschadens ab.[342] So hat das LG Köln entschieden,[343] dass 20

---

[331] BGH, BB 1970, 1416; BGH WM 1977, 576; BGH, NJW 1976, 625, 626 und OLG Oldenburg, NJW 1998, 388; zur Frage, ob chemische Untersuchungen tunlich sind, BGH, BB 1959, 393; ob Konserven zu erhitzen sind, BGH, BB 1977, 1019 (verneint bei *Pitzek*), BGHZ/60, 5 für Öl bejaht.

[332] OLG Düsseldorf, OLGR 1999, 100, 101; OLG Oldenburg, NJW 1998, 388; ebenso Ensthaler/*Achilles,* § 377 HGB Rn. 33.

[333] Ebenso Ensthaler/*Achilles,* § 377 HGB Rn. 33.

[334] BGH, Urt. vom 17.12.2002, BGHR 2003, 285; OGH Wien, ZfRV 1992, 447.

[335] Vgl. dazu auch BGH, Urt. vom 13.2.2013, Az. VI ZR 1/12 – Heißwasser-Untertischgerät bei fachwidriger Installation, PHi 2013, 66 ff. = VersR 2013, 469 ff.

[336] Vgl. zum Wettbewerbsverstoß bei irreführender Werbung mit „CE-geprüft" OLG Frankfurt, Urt. vom 21.6.2012, GRUR-Prax 2012, 518.

[337] Vgl. dazu auch den zweifelhaften „Freischein" für Hersteller, wenn sie auf TÜV-Zertifikate vertrauen, oben Klettergerüst-Fall des Amtsgerichts Siegburg, § 2, II. 19., Rn. 33 ff.

[338] *Staub/Brüggemann,* § 377 HGB Rn. 98 sowie Ensthaler/*Achilles,* § 377 HGB Rn. 33.

[339] OLG Köln, NJW-RR 2004, 1141, 1142.

[340] BGH, DB 1977, 1408, 1409; OLG Köln, CR 1998, 335, 336; OLG München, BB 1955, 748.

[341] *Baumbach/Hopt,* § 377 HGB Rn. 27 unter Berufung auf OLG Köln, NJW-RR 1999, 565; OLG München, BB 1955, 748 – Gemüseprüfungen nicht nur in der Nähe der Waggontür.

[342] BGH, BGHR 2003, 285; OLG Frankfurt, NJW-RR 1996, 838, 839.

[343] OLG Köln, NJW-RR 1999, 565, 566.

untersuchte Disketten von 20.000 nicht ausreichend sind. Demgegenüber seien fünf Proben aus 2.400 Pilzkonserven ausreichend, wenn sich herausstellt, dass alle fünf Dosen mangelhaft sind.[344] Im Zweifel kann der Empfänger der Ware auch mit kleineren Margen beginnen. Zeigen sich dann **Verdachtsanzeichen,** muss er ggf. aber die Untersuchungen ausweiten. Auch bei einem Verbrauch einzelner Stücke müssen regelmäßig Untersuchungen gemacht werden.[345] Selbst tiefgefrorenes Fleisch muss insoweit zum Teil aufgetaut werden.[346] Schwierigkeiten bereiten immer wieder die Themen der sog. **zerstörerischen Prüfung.** Beispiel: Ein deutscher Zulieferant liefert einen sogenannten Druckring, ein Ring von etwa 4m Durchmesser mit einem Einschluss in der Mitte, durch den später Überlandleitungen aus einem Kraftwerk herausgeführt werden. Dieser Druckring besteht aus geklebtem Holz, welches in Schichten verleimt wird. Er wird an einem Generator angebracht und dann, von dem österreichischen Generatorenhersteller in die USA geliefert und dient dort u. a. der Stromerzeugung. Erst nach der Montage in den USA wird festgestellt, dass es aufgrund eines Mangels am Druckring zu einem Brandschaden kam. Eine Wareneingangskontrolle und eine Untersuchung des Druckrings beim österreichischen Generatorenhersteller hätten nur dann den Mangel hervorgebracht, wenn der Druckring zerschnitten worden wäre. Bei dieser Sachlage war eine zerstörerische Prüfung nicht notwendig.[347]

cc) Zeit

106 Die Untersuchung hat **unverzüglich** (vgl. dazu § 377 HGB u. § 121 Abs. 1 BGB), **nach der Ablieferung zu erfolgen.** Entscheidend ist zunächst, was die Parteien (wirksam) vereinbart haben, oder was sich aus Handelsbrauch oder Branchenübung ergibt.[348] Unabhängig davon hängt vieles auch von den Warenmengen und Prüfungsanforderungen ab, die notwendig werden. Leicht verderbliche Waren etwa sind schneller zu untersuchen als nicht verderbliche. Gestalten sich technische Anforderungen überdurchschnittlich schwierig und sind sie deshalb zeitaufwendig, kann die Dauer der Frist länger sein.[349] Allerdings darf der Käufer nicht die laufenden Untersuchungen abwarten, selbst wenn noch weitere Mängel zu erwarten sind.[350] Bei einem Kauf nach Muster ist auch die Mustergemäßheit der Lieferung zu untersuchen.[351] Für die Auslegung des Begriffs **„unverzüglich“** gilt ein objektiver Maßstab, „ohne schuldhaftes Zögern“(§ 377 Abs. 1 HGB i. V. m. § 121 Abs. 1 BGB), bisweilen wird angeführt „alsbald“.[352]

107 **Richtwerte** für **Praktiker** sind nicht leicht aufzustellen:[353] Ein bis zwei Tage dürften ggf. genügen;[354] im Obsthandel kann Stundenfrist angezeigt sein.[355] Das Wochenende wird i. d. R. nicht mitberechnet.[356]

108 Für **Teil- und Sukzessivlieferungen** gilt, dass regelmäßig jede einzelne Lieferung unverzüglich untersucht werden muss.[357]

---

[344] BGH, BB 1977, 1019.
[345] RGZ 68, 370.
[346] BGH, NJW 1986, 317; OLG Oldenburg, NJW 1998, 388.
[347] Vgl. vertiefend *Baumbach/Hopt,* § 377 HGB Rn. 27.
[348] RGZ 106, 359, 360 ff.; OGH, JBl 99, 320; *Roth, § 377* HGB Rn. 16.
[349] OLG München, OLGR 1998, 205.
[350] *Roth,* § 377 HGB Rn. 16.
[351] OLG Köln, NJW-RR 1998, 1496; OLG Düsseldorf, NJW-RR 2005, 1892, 832, 833.
[352] *Roth, § 377* HGB Rn. 16, unter Berufung auf RGZ 106, 360 und *Schmidt,* Handelsrecht, § 29 III 3a; BGHZ 93, 348; *Baumbach/Hopt,* § 377 HGB Rn. 35.
[353] *Baumbach/Hopt,* § 377 HGB Rn. 35.
[354] OLG Koblenz, NJW-RR 2004, 1553.
[355] *Baumbach/Hopt,* § 377 HGB Rn. 35.
[356] BGHZ 132, 179.
[357] BGHZ 101, 337, 339; BGHR 2003, 285; OLG Düsseldorf, BauR 2003, 409.

dd) Ort

Ob eine Untersuchung **schon am Ablieferungsort** erfolgen muss oder bis zur Ankunft der Kaufsache am **Bestimmungsort** aufgeschoben werden kann, hängt in erster Linie von den Parteivereinbarungen und ansonsten von den Umständen im Einzelfall ab.[358] Gefestigt ist die Rechtsprechung zu den **Streckengeschäften:**[359] Bei Geschäften, bei denen die Ware weisungsgemäß direkt an den Abnehmer des Empfängers geliefert werden soll, ist es zulässig, dem Abnehmer selbst – also dem Kunden des Käufers – die Frist-Wahrung der Untersuchungsobliegenheit zu übertragen.[360] Wenn dann der Kunde des Käufers die Untersuchungs- und Rügepflichten versäumt, muss sich der Empfänger der Ware – also der Vertragspartner des Verkäufers – die Versäumnisse seines eigenen Kunden bei der Aufdeckung von Mängeln im Verhältnis zum Verkäufer zurechnen lassen.[361] 109

ee) Aufwand und Kosten der Untersuchung

Im Regelfall treffen den Empfänger der Ware die Kosten der Abnahme (§ 433 Abs. 2 BGB) und daher alle Kosten, die zur Übernahme der Sache in seinen Besitz anfallen, insbesondere die Kosten zum Weitertransport und die zur Untersuchung auf Mängel notwendig werdenden (vgl. dazu auch § 448 BGB).[362] Dies gilt nicht, wenn sich herausstellt, dass aufgrund vorgefundenen Mangelverdachts weitere Aufklärung erforderlich ist und zeit- und materialaufwendige vertiefte Prüfungen notwendig werden. Dann kann der Verkäufer schadenersatzpflichtig sein nach den §§ 437, 280 Abs. 1 BGB.[363] 110

e) Mangel und Mangelrüge

aa) Mangel

§ 377 Abs. 1 HGB enthält keine Legaldefinition des Mangels. Der Begriff entspricht nach h. M. jedenfalls dem des **„Sachmangels"** in § 434 BGB.[364] Dessen Anwendungsbereich ist infolge der Schuldrechtsmodernisierung[365] wesentlich erweitert worden (vgl. § 434 BGB und damit auch § 435 BGB). Über den klassischen eigentlichen **Qualitätsmangel** hinaus ist der gesamte Schlechtlieferungsbereich betroffen (§ 434 Abs. 1 Satz 1 BGB „Beschaffenheitsangabe" und Satz 2 Nr. 1 und 2). Ferner sind Werbeaussagen einbezogen (§ 434 Abs. 1 Satz 3 BGB) und auch die Richtigkeit von Montageleistungen und Montageanleitungen (§ 434 Abs. 2 BGB). Angeknüpft wird i. d. R. an die Regelung des § 434 BGB und an die dort anzutreffenden Begriffs- und Fallgruppenbildungen.[366] Insoweit wird auf die einschlägigen Kommentierungen zum Schuldrecht verwiesen. Ergänzend sei deshalb nur auf die Besonderheiten verwiesen, dass etwa in § 434 Abs. 3 BGB die 111

---

[358] BGHZ 60, 5, 7ff; BGH, DB 1981, 1816, 1817.

[359] *Baumbach/Hopt,* § 377 HGB Rn. 34.

[360] BGH, NJW 1978, 2394; OLG Köln, NJW-RR 1995, 28, 29.

[361] BGHZ 110, 130, 138 ff.; OLG Hamm, OLGR 2005, 135, 136; *Roth,* § 377 HGB Rn. 16; vgl. auch *Padeck,* Jura 1987, 454; *Knops,* JuS 1994, 106, 108.

[362] OLG Hamm, CR 1994, 99.

[363] BGH, NJW 2008, 1147 ff. – Lichtrufanlage: Unberechtigtes Mängelbeseitigungsbegehren; OLG Koblenz, NJW-RR 1989, 336, 337; OLG Karlsruhe, NJW 1986, 2579.

[364] Die bis zum Schuldrechtsmodernisierungsgesetz h. M. bezog den Mangelbegriff nur auf den Sachmangel, nicht aber auf den **Rechtsmangel,** der aber durch die Schuldrechtsmodernisierung dem Sachmangel gleichgestellt worden ist. Daher ist eine Einschränkung – lediglich bezogen auf den Sachmangel – nicht mehr gerechtfertigt, ebenso *Baumbach/Hopt,* § 377 HGB Rn. 12, str.; vgl. *Lorenz,* NJW 2005, 1890.

[365] BT-Drs. 14/6040, 211.

[366] Ebenso Ensthaler/*Achilles,* § 377 HGB Rn. 7–9 sowie *Roth,* § 377 Rn. 5 und *Palandt/Weidenkaff,* § 434 Rn. 7.

Zuviellieferung nicht erfasst wurde, diese aber ebenfalls einen Sachmangel i. S. v. § 434 Abs. 1 BGB begründen kann und damit nunmehr auch in den Anwendungsbereich des § 377 HGB gelangt.[367] Nach Auffassung der Rechtsprechung wird § 377 HGB **nicht** auf die **Verletzung sonstiger Lieferpflichten,** etwa Lieferungen am falschen Ort oder zur falschen Zeit oder auch auf die Verletzung von Aufklärungs- und sonstigen Schutzpflichten angewandt.[368] Richtig daran ist, dass Pflichtverletzungen, die mit einem Mangel nicht in irgendeinem Zusammenhang stehen, im Rahmen des § 377 HGB auch nicht erfasst werden sollen. Bisweilen heißt es, dass **deliktische Ansprüche** ohnehin „nicht durch § 377 HGB berührt würden".[369] Die Nichtberücksichtigung der Obliegenheiten kann aber durchaus zur Annahme eines Mitverschuldens führen (§ 254 BGB).[370] Auch für die Rückgriffsansprüche des Unternehmers nach den §§ 478 ff. BGB gilt nach § 478 Abs. 6 BGB die Regelung des § 377 HGB.[371]

bb) Rechtliche Einordnung der Mängelrüge

112 Einigkeit besteht darin, dass die in § 377 Abs. 1 und 3 HGB vorgesehene „Anzeige eines sich zeigenden Mangels" (die **Mängelrüge**) keine Willenserklärung ist; vielmehr wird sie als **geschäftsähnliche Handlung**[372] oder als **Wissenserklärung** des Käufers[373] verstanden. Von praktischer Relevanz ist die Einordnung insbesondere dann nicht, wenn Einvernehmen darüber besteht, dass die meisten Vorschriften über die Willenserklärungen zumindest **entsprechend anwendbar** sind, was insbesondere für die wichtige Regelung des Empfangs der Erklärung – des **Zugangs** i. S. v. § 130 BGB – gilt.[374]

cc) Adressat der Mängelrüge

113 Die Rügelast liegt i. d. R. **beim Käufer** (Vertretung möglich §§ 164, 177 BGB entsprechend). Adressat der Rüge bleibt im Regelfall der **Verkäufer** oder aber der Bevollmächtigte des Verkäufers (§§ 54, 55 Abs. 4, 91 Abs. 2 HGB).[375] Ausnahmen: Nicht selten ist vertraglich geregelt – oder es ergibt sich aus dem Parteiwillen – dass der direkt belieferte Abnehmer **bei Streckengeschäften** unmittelbar gegenüber dem Verkäufer rügen und die rechtlichen Wirkungen damit hervorrufen soll.[376]

---

[367] OLG Hamm, NJW-RR 2003, 613 ff.; vgl. dazu Einzelheiten bei *Baumbach/Hopt,* § 377 HGB Rn. 19 m. w. N.

[368] BGHZ 101, 337, 340; BGHZ 107, 331, 337; ebenso Ensthaler/*Achilles,* § 377 HGB Rn. 12.

[369] Ensthaler/*Achilles,* § 377 HGB Rn. 12 und 54; BGHZ 101, 337, 31 ff.; BGHZ 105, 356, 357; BGHZ 107, 331, 336 sowie *Müller,* ZIP 2002, 1178, 1181; *Schmidt,* Handelsrecht, § 29 III, 56.

[370] Vgl. dazu statt vieler OLG Nürnberg, Urt. vom 3.8.2011, Az. 12 U 1143/06 (soweit bisher feststellbar: nicht veröffentlicht) – Rauchmelder-Entscheidung; *Baumbach/Hopt,* § 377 HGB Rn. 50 und BGH, NJW 1992, 9/4.

[371] Vgl. Ensthaler/*Achilles,* § 377 HGB Rn. 13 sowie BT-Drs. 14/7052, 199.

[372] *Schlegelberger/Hefermehl, § 377* HGB Rn. 53 sowie *Roth,* § 377 HGB Rn. 11.

[373] Ensthaler/*Achilles,* § 377 HGB Rn. 41; ebenso *Baumbach/Hopt,* § 377 HGB Rn. 32.

[374] BGHZ 101, 52; *Staub/Brüggemann,* § 377 HGB Rn. 129, *Roth,* § 377 HGB Rn. 11; Ensthaler/*Achilles,* § 377 HGB Rn. 41; *Baumbach/Hopt,* § 377 HGB Rn. 32; zur Anfechtung vgl. *Michalski,* DB 1997, 81, 84.

[375] BGHZ 93, 348; *Baumbach/Hopt,* § 377 HGB Rn. 33; nicht aber Fahrer des Lieferers, OLG Köln, BB 1954, 613.

[376] BGHZ 110, 139; OLG Köln, OLGR 1995, 33 ff.; *Baumbach/Hopt,* § 377 HGB Rn. 34, 37.

dd) Form und Zugang

Die Anzeige („Mängelrüge") bedarf keiner Form. Sie kann daher auch **mündlich** erfolgen.[377] Dennoch empfiehlt es sich in der Praxis – aus Beweiszwecken – eine Mängelanzeige (beweisbar) in den Machtbereich des Empfängers zu übermitteln. Die Schriftform ist insoweit hilfreich. Das Einschreiben mit Rückschein ist nur bedingt tauglich, ebenso wie eine Postzustellungsurkunde oder auch ein Fax (mit „Mängelrügeausriss") oder ein Email. Der Rügende muss wissen, dass er im Streitfall den **Zugang** i. S. d. § 130 Abs. 1 Satz 2 BGB beweisen muss.[378] Es nützt dem Rügenden nichts, wenn der Zugang selbst nicht festgestellt werden kann.[379] Aber auch für die rechtzeitige Absendung einer ordnungsgemäßen Mängelrüge ist der Käufer beweispflichtig.[380] Im Zweifel dürfte die Einschaltung eines Boten am sichersten sein.[381] 114

ee) Frist

Nach § 377 Abs. 1 und 3 HGB hat die Mängelrüge **unverzüglich**, also – wie bereits hervorgehoben – ohne schuldhaftes Zögern (§ 121 BGB) und damit „alsbald" zu erfolgen. Auf den ersten Blick bereits **sichtbar** zu Tage tretende Mängel sollen bereits nach Auffassung des RG[382] nach Ablieferung der Ware direkt gerügt werden. Zu diesen sog. **offenen Mängeln** („offen zu Tage tretende Mängel")[383] gehören auch die Mängel, die bei nur oberflächlicher Betrachtung oder durch leichte optische oder visuelle Prüfungen oder auch durch Geruchsproben, sogleich zu erkennen sind und/oder bei denen das Fehlerbild sofort ins Auge springt.[384] Die Rügeobliegenheit setzt mit der **unschweren Erkennbarkeit** eines bestehenden Fehlerbildes ein.[385] Bei (notwendigen) Geruchsproben sind (auch) arbeitsrechtliche Themenkomplexe zu beachten.[386] Abgestellt wird bei der Bewertung der Frage der **Unverzüglichkeit** auf objektive Kriterien. Denn der Käufer hat seinen Geschäftsbereich so zu organisieren, dass er die angelieferte Ware untersuchen und für den Fall der Feststellung eines Mangels eine unverzügliche Anzeige auch vornehmen kann. Nichts anderes gilt für Streckengeschäfte. Bei Lebensmitteln oder besonders verderblichen Waren sind strengere Anforderungen beim Tempo zu beachten.[387] Im Übrigen ist die Frage der **Unverzüglichkeit** eine des Einzelfalls. Starre Fristen lassen sich kaum erkennen.[388] Bisweilen werden **zeitliche Richtwerte** benannt, aber durchaus unter Verweis auf die damit verbundene Problematik: Ein bis zwei Tage nach Ent- 115

[377] BGH, NJW 1980, 783: telefonisch; vergleiche auch OLG Koblenz, NJW-RR 2004, 1553; bei Nichterreichbarkeit nicht, BGH, NJW 1980, 782.

[378] Beweislast für den Zugang liegt beim Käufer, BGHZ 101, 49; *Michalski,* DB 1997, 81, 82; zweifelnd *Baumbach/Hopt,* § 377 HGB Rn. 41 m. w. N., u. a. *Reinicke,* JZ 1987, 1030.

[379] BGHZ 101, 49, 51 ff.; BGH, NJW 1980, 782, 783; *Michalski,* DB 1997, 81, 82; kritisch *Reinecke,* JZ 1987, 1030 ff.

[380] BGHZ 101, 49, 54 ff.; OLG Köln, OLGR 2004, 191, 193.

[381] Vgl. auch *Baumbach/Hopt,* § 377 HGB Rn. 40; OLG München, NJW 1955, 1153.

[382] RGZ 73, 165, 168 ff.; RGZ 106, 359, 361.

[383] *Roth,* § 377 HGB Rn. 16; Ensthaler/*Achilles,* § 377 HGB Rn. 45; *Baumbach/Hopt,* § 377 HGB Rn. 35.

[384] OLG Karlsruhe, OLGR 2001, 439; OLG Hamm, AuR 2004, 344, 345; *Baumbach/Hopt,* § 377 HGB Rn. 35.

[385] BGHZ 101, 337, 339.

[386] Vgl. OLG Stuttgart, Az. 19 U 123/09 – Bedruckungsfall (soweit feststellbar: unveröffentlicht).

[387] Wie zuvor.

[388] Vgl. etwa *Thamm/Möffert,* NJW 2004, 2710 ff.: zur nicht einheitlichen Spruchpraxis der Gerichte.

deckung.[389] Im Zweifel empfiehlt es sich, auf bloßen **Verdacht** hin zu rügen. Die Verdachtsmeldung genügt, wenn sich später der Mangel bestätigt.[390] Umgekehrt aber führt der Mangelverdacht nicht sogleich zur Pflicht, eine Rüge auszusprechen.[391] Besteht ein Verdacht, verlängert sich die Rügefrist ggf. um den Zeitraum, den der Käufer zur angemessenen Untersuchung zur Abklärung des Verdachts tatsächlich braucht.[392]

116 Bei sog. **versteckten oder verdeckten Mängeln** (§ 377 Abs. 3 HGB), also solchen, die bei der Untersuchung nicht erkennbar waren (§ 377 Abs. 2 letzter Halbsatz HGB),[393] ist die Rügefrist an sich bereits verlängert. Zeigt sich zum Beispiel beim Weiterverarbeiten oder beim Öffnen von Verpackungen oder beim Abgleich mit Begleitpapieren oder bei ersten Stichproben ein Mangel, ist dieser eben **dann unverzüglich** zu rügen.[394] Sofern in vertraglichen Konstellationen – etwa auch in AGB – **Fristen** verwandt werden, sind diese häufig auf verdeckte Mängel zugeschnitten und entbinden nicht von der Obliegenheit zur unverzüglichen Anzeige nach der Entdeckung.[395] Beispiel:[396] Mängel an einer Maschine, die sich erst bei der Serienproduktion zeigen.[397] Auf eines sei der Vollständigkeit halber noch hingewiesen: Für die Rechtzeitigkeit der Rüge kommt es nicht auf den Zugang beim Verkäufer, sondern nur auf die ordnungsgemäße **Absendung** an. § 377 Abs. 4 HGB ist insoweit eindeutig: Zur Erhaltung der Rechte des Käufers genügt die rechtzeitige „Absendung der Anzeige". Allerdings bezieht sich § 377 Abs. 4 HGB zwangsläufig nur auf die **schriftliche Anzeige.** Die Mängelanzeige muss demzufolge fristgerecht und ordnungsgemäß abgesandt worden sein. Die Anzeige muss dem Verkäufer aber auch zugehen. Die Beweislast dafür trägt der Käufer.[398]

ff) Inhalt

117 An den Inhalt sind keine hohen Anforderungen zu stellen, was aus dem Zweck der Mängelrüge folgt. Der Verkäufer muss (nur) in die Lage versetzt werden, den Beanstandungen selbst nachzugehen, ggf. Beweise zu sichern und dafür auch ggf. ein Beweissicherungsverfahren einzuleiten (§§ 485 ff. ZPO) oder seinerseits eben sonstige Prüfungen oder Drittprüfungen (ggf. durch Sachverständige) vornehmen zu lassen. Dies setzt aber immer eine gewisse Kennzeichnung des Fehlers bzw. Sachmangels voraus. Daraus wird zum Teil von der Rechtsprechung eine **Pflicht zur Mängelsubstantiierung** gefolgert[399]: Zumindest in **allgemeiner Form** muss der Mangel jedenfalls beschrieben werden.[400] Sollen unter-

[389] Zu Recht *Baumbach/Hopt,* § 377 Rn. 35 unter Berufung auf BGHZ 93, 348 und OLG Koblenz, NJW-RR 2004, 1553, im Obst- und/oder Gemüsehandel sogar **Stundenfrist;** vgl. auch OLG München, BB 1952, 663 – Rüge am zweiten Tag kann bei Tomaten zu spät sein.

[390] RGZ 47, 20, 23.

[391] BGH, NJW-RR 2006, 851, 853; OLG Hamm, AuR 2004, 344, 345.

[392] BGH, NJW-RR 2006, 851, 853; Vorsicht: Rüge später als 2 Wochen nach Entdeckung ist aber verspätet, BGHZ 93, 348.

[393] *Baumbach/Hopt,* § 377 HGB Rn. 38.

[394] RGZ 99, 250.

[395] OLG Koblenz, NJW-RR 2004, 1553.

[396] Nach *Baumbach/Hopt,* § 377 HGB Rn. 38.

[397] BGH, NJW 1977,1150; vgl. aber auch BGHZ 132, 179; BGH, NJW 1986, 3137.

[398] BGHZ 101, 54 ff.; *Michalski,* DB 1997, 81 ff.

[399] BGH, NJW-RR 2006, 851, 853; BGH, WM 1998, 936, 938; BGH, NJW 1996, 2228; BGH, NJW 1986, 3136, 3137; OLG Düsseldorf, NJW-RR 2001, 821, 822; OLG Düsseldorf, NJW-RR 1999, 563; vgl. auch *Baumbach/Hopt,* § 377 HGB Rn. 42.

[400] BGH, NJW 1996, 2228; nicht ausreichend etwa „... war wieder Mist ...", OLG Düsseldorf, NJW-RR 2001, 821 oder „... Anlage funktioniert nicht ...", so OLG Düsseldorf, NJW-RR 1999, 563 – Computeranlage; OLG Hamm, OLGR 2000, 197; siehe im Übrigen BGH, NJW 1986, 3136, 3137; BGH, DB 1996, 1561 und mit Beispielen statt vieler *Baumbach/Hopt,* § 377 HGB Rn. 42.

schiedliche Mängel gerügt werden, muss zumindest jeder einzelne grob angesprochen werden.[401] Der Grund des Mangels muss ebenfalls angegeben werden, allerdings nicht nahezu lückenlos bis ins letzte Detail.[402] Der Verkäufer muss nur in der Lage sein, die Fehlersuche selbst starten zu können.[403] Insbesondere ist der Empfänger der Ware (noch) nicht verpflichtet, zu diesem Zeitpunkt bereits offenzulegen, welche Rechte er tatsächlich geltend machen will. Es reicht kundzutun, dass er die Ware nicht als taugliche Erfüllung (§ 362 BGB) ansieht.[404]

f) Rechtsfolgen

In erster Linie ist auf § 377 Abs. 2 HGB abzustellen. Macht der Käufer unverzüglich, also ordnungsgemäß und fristgerecht (§ 377 Abs. 1 und 3 HGB) Anzeige, bleiben ihm sämtliche sich aus dem BGB ergebenden Rechte erhalten, insbesondere die Sachmängelhaftungsansprüche nach den §§ 437 ff. BGB. Unterlässt der Käufer aber die Anzeige, **so gilt die Ware als genehmigt,** es sei denn, dass es sich um einen Mangel handelt, der bei der Untersuchung nicht erkennbar war (§ 377 Abs. 2 HGB). Die Versäumung der erforderlichen Mängelrüge führt dann zur **Genehmigungsfiktion.**[405] Dies bedeutet, dass die dem Käufer gelieferte Ware – trotz der Mängel – von nun an als vertragsgemäße Lieferung gilt. Der Käufer verliert sämtliche vertraglichen Ansprüche aus dem Sachmängelhaftungsrecht und auch einige konkurrierende Schadenersatzansprüche aus § 280 BGB (nicht aber aus Nebenpflichtverletzungen, dazu gleich) bzw. § 311 BGB (c. i. c.).[406] Konsequenterweise muss er die Ware (aber auch nur im von der Fiktion umfassten Umfange)[407] als ordnungsgemäß erbracht hinnehmen. Er ist damit auch zur Abnahme verpflichtet und kann keine Zurückbehaltungsrechte etwa wegen Mangelhaftigkeit der Sache herleiten und muss ggf. den Kaufpreis oder den Werklohn in voller Höhe zahlen.[408] Auch ist die Anfechtung nach §§ 119 ff., 142 f. BGB, etwa wegen eines Mangelsachverhalts, ausgeschlossen.[409] Nicht ausgeschlossen durch § 377 Abs. 2 HGB ist jedoch die Geltendmachung von Schadenersatzansprüchen aus § 280 Abs. 1 BGB, die aus einer **Verletzung kaufvertraglicher Nebenpflichten** resultieren und nicht unmittelbar mit dem Mangel zusammenhängen.[410] Unberührt bleibt jedenfalls auch die Möglichkeit, deliktische Ansprüche geltend zu machen.[411] Aber im Rahmen der Geltendmachung der deliktischen Ansprüche – und dies wird bisweilen übersehen – gilt als Korrektiv dann nicht selten 118

[401] BGH, WM 1998, 936, 938; OLG Frankfurt, ZIP 1995, 107, 109.

[402] BGH, WM 1986, 415, 416; BGH, NJW 1986, 3136, 3137; bei Laien genügt der Hinweis „der Drucker ist nicht zu gebrauchen", OLG Hamm, NJW-RR 93, 1527; vgl. auch *Baumbach/Hopt,* § 377 HGB Rn. 42.

[403] OLG Köln, NJW-RR 1998, 1274; OLG Düsseldorf, MDR 1999, 286 ff.

[404] OLG Köln, OLGR 1993, 113; BGH, NJW 1996, 2228; *Baumbach/Hopt,* § 377 HGB Rn. 42.

[405] Es handelt sich um eine gesetzliche Fiktion, BGHZ 101, 348; *Baumbach/Hopt,* § 377 HGB Rn. 45.

[406] BGH, NJW 1992, 914; BGH, WM 1985, 975, 976; BGHZ 101, 337, 348; BGHZ 66, 208, 212 (Batteriefall); statt vieler *Baumbach/Hopt, § 377* HGB Rn. 44 und Rn. 48.

[407] Vgl. dazu zu Recht *Baumbauch/Hopt,* § 377 HGB Rn. 45 und Rn. 49.

[408] OLG Düsseldorf, BauR 2003, 409.

[409] *Roth,* § 377 HGB Rn. 24.

[410] *Roth,* § 377 HGB Rn. 25; a. A. Ensthaler/*Achilles,* § 377 HGB Rn. 54; *Baumbach/Hopt,* § 377 HGB Rn. 49.

[411] BGHZ 107, 331, 336; BGHZ 105, 346, 357; BGHZ 101, 337, 341 ff.; (grundlegend) *Roth,* JuS 1988, 938; nicht uneingeschränkt der Rechtsprechung folgend aber MüKo/*Wagner,* § 377 HGB Rn. 50 ff.; im Zweifel hilft § 254 BGB zumindest bedingt.

§ 254 BGB.[412] Die Genehmigungsfiktion des § 377 Abs. 2 HGB greift allerdings nicht ein, wenn der Verkäufer den Mangel arglistig – auch im Zeitpunkt der Ablieferung – verschwiegen hat.[413] Zudem entbindet die Zwecklosigkeit der Rüge nach § 242 BGB von der Rügelast selbst, etwa, wenn der Verkäufer seinen Geschäftssitz verlegt, ohne dies dem Käufer mitzuteilen.[414]

g) Beweislast

119 Für die **Kaufmannseigenschaft** des Käufers ist der Verkäufer darlegungs- und beweispflichtig.[415] Allerdings ist die Ist-Kaufmannseigenschaft des § 1 Abs. 2 HGB in diesem Zusammenhang zu berücksichtigen. Diese „Beweislastumkehr" gilt auch für die Kaufmannseigenschaft des Verkäufers.[416] Voraussetzung für die Rügeobliegenheit aber ist die vorausgegangene Ablieferung an sich. Die Darlegungs- und Beweislast für die **Ablieferung** selbst und ihren Zeitpunkt liegt beim Verkäufer.[417] Hat der Käufer allerdings den Empfang einschränkungslos bestätigt, kann es unter Umständen zur Beweislastumkehr kommen.[418] Bei Teillieferungen kommt es auf jede einzelne Lieferung an.[419] Danach – wenn also Ablieferung und deren Zeitpunkt selbst feststehen – muss der Empfänger der Ware beweisen, dass und in welcher Weise er **rechtzeitig untersucht** und **gerügt** hat[420] und/oder im Falle des Streckengeschäfts er durch seinen Kunden hat rügen lassen.[421] Soweit nach § 377 Abs. 4 HGB zur Erhaltung der Rechte des Käufers die **rechtzeitige Absendung der Anzeige** genügt, bleibt der Käufer dafür ebenfalls beweispflichtig.[422] Nichts anderes gilt für Art und Umfang der gerügten Mängel und für den Nachweis des **Zugangs** der Mängelanzeige (str.; s. o. unter dd).[423]

h) Dispositivität

120 Es ist allseits anerkannt, dass § 377 HGB **dispositives,** also durch vertragliche Vereinbarungen wirksam abänderbares Recht darstellt.[424] In **Individualvereinbarungen** sind abweichende Vereinbarungen (sowohl Verschärfungen als auch Abmilderungen der Rügepflicht) unzweifelhaft und sehr weitgehend – auch § 377 HGB gänzlich abbedingend[425] – möglich. Soweit § 377 HGB abbedungen wird, sind im Rahmen der Abbedingung **in AGB** die Grenzen der Inhaltskontrolle nach § 307 BGB zu beachten. Bekanntlich sind Bestimmungen in Allgemeinen Geschäftsbedingungen unwirksam, wenn sie den Vertrags-

[412] OLG Nürnberg, Az. 12 U 1143/06 (Rauchmelderanlage) – derzeit Nichtzulassungsbeschwerde beim BGH; ebenso *Roth,* § 377 HGB Rn. 26; BGHZ 101, 337; BGHZ 105, 357; *Müller,* ZIP 2002, 1178, 1181 (str.!).

[413] BGH, NJW 1986, 316; BGH, NJW 1996, 1826, 1827; OLG Düsseldorf, NJW-RR 2001, 821, 822; OLG München, OLGR 1999, 5, 6; BGHZ 110, 130, 140, 144; statt vieler *Baumbach/Hopt,* § 377 HGB Rn. 51 ff.

[414] BGH, NJW 1980, 784; *Roth,* § 377 HGB Rn. 29.

[415] BGH, NJW 1995, 3381, 3382; *Baumbach/Hopt,* § 377 HGB Rn. 55.

[416] Vgl. *Baumbach/Hopt,* § 377 HGB Rn. 55.

[417] BGHZ 93, 347; OLG Köln, NJW-RR 1995, 29; nur ausnahmsweise der Käufer, BGH, NJW 1993, 461; *Roth, § 377* HGB Rn. 6b; *Baumbauch/Hopt,* § 377 HGB Rn. 55.

[418] BGH, NJW 1993, 461, zum vorbehaltlosen Quittieren des Warenempfangs.

[419] OLG Düsseldorf, NJW 1990, 1306.

[420] OLG Karlsruhe, NZG 2009, 396 – Streckengeschäft; OLG Köln, NJW-RR 1995, 29; BGH, NJW 2000, 1415, 1417; BGH, WM 1998, 936, 938.

[421] BGH, WM 1996, 1013, 1014.

[422] RGLZ 1915, 1098.

[423] BGHZ 101, 49, 54 ff.; OLG Köln, OLGR Köln 2004, 191, 193; a. A. wohl *Baumbach/Hopt,* § 377 HGB Rn. 55, 41 m. w. N.

[424] Statt vieler *Roth,* § 377 HGB Rn. 31.

[425] *Baumbach/Hopt,* § 377 HGB Rn. 57.

partner des Verwenders entgegen den Geboten von Treu und Glauben unangemessen benachteiligen. Nach § 307 Abs. 2 BGB ist eine unangemessene Benachteiligung im Zweifel anzunehmen, wenn eine Bestimmung mit wesentlichen Grundgedanken der gesetzlichen Regelung, von der abgewichen wird, nicht zu vereinbaren ist, oder wesentliche Rechte oder Pflichten, die sich aus der Natur des Vertrages ergeben, so einschränkt, dass die Erreichung des Vertragszwecks gefährdet ist.

Schon deshalb stellt sich die Frage, ob eine (teilweise) Abbedingung des § 377 HGB – 121
oder gar seine Abbedingung in Gänze – überhaupt mit den gesetzlichen Regelungen in Einklang steht. In der Literatur herrscht insoweit Streit.[426] Der BGH und auch zahlreiche Instanzgerichte sowie der Rechtsprechung folgend auch die h. L. halten einen **völligen Ausschluss des § 377 HGB in AGB** für **unwirksam.**[427] Einige Autoren halten sogar die Abbedingung des § 377 HGB in AGB insgesamt für zulässig.[428] Einigkeit besteht aber jedenfalls insoweit, dass Modifikationen der Untersuchungsobliegenheit zulässig sein können.[429] Nach h. M. sind Klauseln, die die in § 377 HGB vorgesehene Rügeobliegenheit ausschließen, jedenfalls unwirksam, wenn sie auch für offen zu Tage tretende Mängel gelten.[430] Auch für ganz leicht erkennbare Mängel soll die Rügepflicht nicht grundsätzlich ausgeschlossen werden dürfen.[431] Ob und in welchen Fällen dann – dieser einschränkenden Auffassung folgend – ein wirksamer Ausschluss angenommen werden kann, insbesondere weil die Abgrenzung eines leicht erkennbaren von einem schwer erkennbaren Mangel nicht leicht zu ziehen ist in der Praxis, dürfte deshalb einzelfallabhängig sein. Immerhin wird es nicht mehr als mit § 307 BGB unvereinbar betrachtet, wenn der Empfänger der Ware mit dem Zulieferer eine Vereinbarung trifft, mit der er die **Wareneingangskontrolle** – also die ihm gesetzlich an sich obliegende Untersuchungs- und Rügepflicht – auf den **Zulieferer verlagert** und die nach § 377 HGB erforderlichen Prüfungen – quasi im Rahmen einer **Warenausgangskontrolle** – durch den Zulieferer durchführen lässt, jedenfalls, wenn der Empfänger zumindest noch eine „Rest-Kontrolle" durchführt.[432] Dies ist in der Praxis häufig der Fall. Insofern werden heute in Verträgen verschiedene Klauseln verwandt.

Ob darüber hinaus, wie dies in einigen AGB-Klauselwerken, insbesondere bisweilen in 122
Qualitätssicherungsvereinbarungen, vorgesehen ist, der Abnehmer dann **zusätzlich** etwa noch die Prüfberichte des Zulieferers überprüfen muss (Kontrollpflichten), und nur dann von einer wirksamen Bedingung gesprochen werden kann, ist ebenfalls nicht einfach zu beurteilen. Ich tendiere dazu, dass diese Pflicht nicht Wirksamkeitsvoraussetzung sein sollte, ebensowenig dann die Unwirksamkeitsfolge des § 377 HGB, wenn der Abnehmer

---

[426] Vgl. statt vieler *Baumbach/Hopt,* § 377 HGB Rn. 58, 59 sowie im Einzelnen *Wolf/Lindacher/Pfeiffer,* AGB-Recht, 5. Aufl., Klauseln zu Qualitätssicherungsvereinbarungen, unter Klauseln, Z 14, 2108 – Bearbeiter *Dammann* sowie *ders.* bei § 309 Nr. 8b ee) Rn. 81, 82.

[427] BGH, NJW 1991, 2633, 2634 (noch zu § 9 AGBG a. F.); noch strenger: OLG Karlsruhe, WRP 2000, 565, 571 (noch zu § 9 AGBG a. F.); BGH, WM 1985, 1145; vgl. auch BGHZ 115, 326 für wirksame Klausel; unwirksam ist auch eine Klausel über Rügeverlust bei verborgenen Fehlern; BGHZ 132, 180. *Thamm/Möffert,* NJW 2004, 2710, 2711; MüKo/*Basedow,* Kommentierung zu § 823, 5. Aufl. 2009, § 307 Rn. 74; Staudinger/*Coester-Waltjen,* § 307 Rn. 100; *Dammann,* § 309 Nr. 8b ee) Rn. 81 ff. sowie zu Qualitätssicherungsvereinbarungen Klauseln Z 16; *Wagner,* § 377 HGB Rn. 54.

[428] So wohl auch *Baumbach/Hopt,* § 377 HGB Rn. 59 jedenfalls bei besonderem Interesse des Verwenders (str. und nicht bezogen auf die Verschärfung der Rügepflicht); *Lehmann,* BB 1990, 1849,1851 ff.; *Steinmann,* BB 1993, 873.

[429] *Dammann,* § 309 Nr. 8b BGB.

[430] BGH, NJW 1991, 2633, 2634; OLG Karlsruhe, WRP 2000, 565, 571.

[431] *Dammann,* § 309 Nr. 8b ee) Rn. 81.

[432] Bei Resteingangskontrolle wirksam: *Lehmann,* BB 1990, 1849; *Steinmann,* BB 1993, 873, ebenso *Baumbach/Hopt,* § 377 HGB Rn. 59; a. A. aber *Grunewald,* NJW 1995, 1777.

diese Pflicht tatsächlich nicht ausübt. Insofern sind jedoch einige Autoren der Ansicht, dass der Abnehmer der Ware in gewisser Weise am Untersuchungsverfahren mitverantwortlich bleiben muss und nicht die gesamte Untersuchungsobliegenheit auf den Zulieferanten abwälzen kann.[433] Jedenfalls ist aber die vertragliche Übernahme einer Identitätskontrolle anhand des Lieferscheins dahingehend, dass die Teile wirklich vom Zulieferer mit der vereinbarten Qualitätssicherung stammen, erforderlich sowie eine Untersuchung auf etwaige Transportschäden **(Rest-Kontrolle).**[434] Unwirksam nach § 307 BGB ist eine Klausel, die statt der „unverzüglichen Rügeobliegenheit" nach § 377 HGB eine Frist von sechs Wochen oder mehr vorsieht. Die Verlängerung der Frist auf eine Woche ist dagegen im Regelfall zulässig, möglicherweise sogar eine Frist von zwei Wochen. Unwirksam dagegen in Verträgen: Rügefrist bezüglicher verborgener Mängel auf nur wenige Tage zu verkürzen.[435]

i) Qualitätssicherungsvereinbarungen und Just-in-time-Vereinbarungen

123 Die **Qualitätssicherungsvereinbarungen (QSVs)**[436] werden im Zusammenhang mit der vertraglichen Gestaltung der Zuliefererbeziehung weiter unten dargestellt.[437] An dieser Stelle sei bereits erwähnt, dass QSVs nicht selten auch sog. **Just-in-Time-Vereinbarungen**[438] enthalten.[439] Just-in-Time bedeutet im Wesentlichen, dass in einem Fließverfahren die richtigen Teile, die zur Montage benötigt werden, zur rechten Zeit und in der bestellten Menge vor Ort ankommen, wo sie dann weiter verarbeitet werden.[440] Unternehmen, die diesen Teilefluss praktizieren, können damit den Lagerbestand nahezu gen Null reduzieren.[441] Diese Art der Logistik birgt – in der Praxis – besonders für Zulieferer mit verschiedenen Kunden Risiken, da schon kleinere „Pannen" im Rahmen der punktgenauen Lieferung große Schadenersatzforderungen nach sich ziehen können.[442] Eine Problematik derartiger Vereinbarungen im Zusammenhang mit Untersuchungs- und Rügeobliegen-

[433] *Merz,* Qualitätssicherungsvereinbarungen, 325 ff.; für die Unwirksamkeit einer Klausel, die dem Lieferanten das Risiko einer nicht ordnungsgemäßen Rüge auferlegt, siehe auch *Christensen* in Ulmer/Brandner/Hensen, Anhang, § 310 Rn. 632.

[434] Dafür *Baumbach/Hopt,* § 377 HGB Rn. 59; auch *Steinmann,* BB 1993, 873, 878 ff.; *Lehmann,* BB 1990, 1849; a. A. *Graf von Westphalen,* DB 1988, 223; *Grunewald,* NJW 1995, 1777.

[435] BGH, NJW 1992, 576.

[436] Vgl. dazu vertiefend *Lange,* Das Recht der Netzwerke, 1998, Rn. 128 ff.; *Rohe,* Netzverträge, 1998; *Martinek,* Moderne Vertragstypen, 326 ff.; *Merz,* Qualitätssicherungsvereinbarungen, 1992; *Steinmann,* Qualitätssicherungsvereinbarungen zwischen Endproduktherstellern und Zulieferern, 1993; *Wellenhofer-Klein,* Zulieferverträge im Privat- und Wirtschaftsrecht, 1999; *Ensthaler,* Anhang nach *§ 377* HGB – Qualitätssicherungsvereinbarungen; *Grunewald,* NJW 1995, 1783 ff.; *Schmidt,* NJW 1991, 144, 148; *Ensthaler,* NJW 1994, 817, 820; *Lehmann,* BB 1990, 1852 ff. für **Just-in-Time-Vereinbarungen;** *Baumbach/Hopt,* Einl. v. § 373 HGB Rn. 29, 30. 32.

[437] Vgl. dazu § 5 I. 1. b) Rn. 11 ff.

[438] *Wittig,* Das Just-in-Time-Prinzip, 2011, 1 ff.; *Wildemann,* Das Just-in-Time-Konzept, 1988; LG Duisburg, Urt. vom 18.11.2010, ZGS 2011, 430 – keine Untersuchungspflicht des Zwischenhändlers bei Just-in-Time-Verträgen; dazu Anm. *Lange,* Pflichten des Zwischenhändlers bei Just-in-Time-Belieferung, ZGS 2011, 393; dazu auch § 5 I. 1. b. dd) Rn. 53 ff.

[439] *Ensthaler,* nach *§ 377* HGB Rn. 8.

[440] *Majima,* JIT Kostensenkung durch Just-in-Time-Produktion, 1994.

[441] *Wittig,* 2 m. w. N.; *Walter,* Just-in-Time-Lieferungen: Chancen und Risiken aus Sicht der Lieferanten, 2010, 1 ff.; *Lange,* ZGS 2011, 393 ff.; *Kluth/Nikolakudi,* ZGS 2007, 102; vgl. auch OLG Hamm, BB 1987, 363.

[442] Vgl. etwa *Groth,* Die Lieferung landet direkt auf dem Laufband, in Handelsblatt vom 3.5.2008, www.handelsblatt.com/unternehmen/mittelstand/just-in-time-lieferungen-die-lieferung-landet-direkt-auf-dem-laufband/2954070.html.

heiten nach § 377 HGB ist nun die, dass für den Empfänger der Ware nicht nur keine Zeit für eine ordnungsgemäße Wareneingangskontrolle verbleibt, sondern dass der Zulieferant ein weiteres Risiko in der Praxis auf sich zu nehmen hat, weil er sich vertraglich gegenüber dem Empfänger der Ware nämlich verpflichten muss, auch noch eine **Warenausgangskontrolle für den Empfänger** der Ware, also entgegen der gesetzlichen Regelung des § 377 HGB, zu übernehmen. Das Risiko des Lieferanten erweitert sich damit ganz erheblich: Liefert er ohnehin schon fehlerhaft, wird ihm im Zweifel vorgeworfen, einen **Doppelfehler** begangen zu haben.

Die Rechtsprechung ist in diesem Zusammenhang – wie bereits betont – sehr rigide: **124**
Grundlegend hat der BGH in seiner Entscheidung vom 19.6.1991[443] den formularmäßigen Ausschluss der Rügeobliegenheit als **nicht** mit dem damaligen AGB-Gesetz – jetzt § 307 BGB – für vereinbar erklärt. Wörtlich heißt es allerdings, dass das formularmäßige Abbedingen der unverzüglichen Untersuchungs- und Rügepflicht – **bei offenen Mängeln** – mit den wesentlichen Grundgedanken der gesetzlichen Regelung unvereinbar und damit unwirksam sei. In seiner späteren Entscheidung vom 17.9.2002 wird dies noch einmal aufgegriffen. Der BGH führt darin aus, dass weder ein **bestehender Handelsbrauch** bzw. eine **Branchenüblichkeit** noch die **Zusicherung** einer Eigenschaft durch den Lieferanten dazu führen kann, dass der Empfänger von jeder Untersuchungspflicht entbunden wird.[444] Die Literatur folgt dem BGH im Wesentlichen.[445] Ob dies wirklich noch zeitgemäß ist, nachdem – insbesondere ausgehend vom Kfz-Bereich – nunmehr auch andere Sparten dazu übergehen, Klauseln zu verwenden, mit denen die Wareneingangskontrolle als **Warenausgangskontrolle** auf den Zulieferanten **oktruiert** wird, möchte ich bezweifeln. Seit Jahrzehnten werden Versuche gestartet, die Warenausgangskontrolle als Regelwerk – abweichend von § 377 HGB – jedenfalls in einzelnen Sparten zu formulieren. In der Kfz-Branche dürfte nicht nur von Branchenüblichkeit gesprochen werden, möglicherweise ist durch die jahrelange Praxis der Endhersteller gegenüber dem Kfz-Zulieferanten sogar jedenfalls insoweit fast von einem **Handelsbrauch i. S. d. § 346 HGB** zu sprechen. Im Einzelfall wird die ein oder andere Fallkonstellation in der Praxis entstehen, die geradezu danach „schreit", die in Rede stehende Frage erneut höchstrichterlich klären zu lassen. Aber als Gegenargument ist auch hier zu benennen, dass der Zulieferer im Zweifel die ihm vom Endhersteller – gerade im Kfz-Bereich – übermittelten Verträge zu akzeptieren hatte („friss oder stirb").[446] In Einzelfällen „schrappen" einzelne Klauseln – zumindest wenn sich umfassende zusätzliche Risiken für den Zulieferer aus der Gesamtbewertung ergeben – nicht selten sogar an die Grenze der Sittenwidrigkeit nach § 138 BGB, die nur deshalb in den allerwenigsten Fällen eingreift, da auf der Zulieferantenseite große Unternehmen, zum Teil sogar Weltkonzerne stehen, denen schlechterdings ein Mangel an Urteilsvermögen nicht wirklich unterstellt werden kann. Trotzdem ist die Situation für den Zulieferer oft fatal, weil er Verträge unterschreiben muss, um künftig überhaupt noch Aufträge zu bekommen. Indes gilt für Qualitätssicherungsvereinbarungen unter der ISO/TS 16949, dass der Kunde in einer Lieferkette als zwingend notwendigen Prozess durch geeignete Maßnahmen sicherstellen muss, dass seine Vorlieferanten mangelfreie Ware liefern, nämlich durch eine Kontrolle beim Wareneingang.[447]

---

[443] BGH, NJW 1991, 2633, 2634 – Belieferung mit Salami zur Herstellung tiefgefrorener Pizzen.

[444] BGH, Urt. vom 17.9.2002 – X ZR 248/00, BGHR 2003, 285; *Ensthaler,* nach *§ 377* HGB Rn. 13.

[445] *Grunewald,* NJW 1995, 1777, 1782 ff.; *Schmidt,* Handelsrecht, § 1 III 3 e. bb); *Ensthaler,* nach *§ 377* HGB Rn. 10, 13.

[446] Einige Experten sprechen vom „modernen Sklaventum".

[447] *Helmig/Regula,* Qualitätssicherungsvereinbarungen unter der ISO/TS 16949 – Haftungsrisiken und Vermeidungsstrategien PHi, 2012, 184, 188.

125 Nicht selten verpflichten sich Zulieferer in solchen **Verträgen** – so auch Zwischenhändler für Stahlerzeugnisse[448] – zudem zur Übergabe sog. **Abnahmeprüfzeugnisse;** so musste der Zwischenhändler nach dem Rahmenvertrag die Prüfbescheinigung zur Vergleichsware beim Zulieferanten besorgen und an seinen Vertragspartner weiterleiten.[449]

j) § 377 HGB und Artt. 38 und 39 UN-Kaufrecht

126 Im grenzüberschreitenden Bereich findet nicht selten das **UN-Kaufrecht (CISG)** Anwendung auf Kaufverträge über Waren zwischen Parteien, die ihre Niederlassung in verschiedenen Staaten haben, wenn die Voraussetzungen der Artt. 1 ff. des UN-Kaufrechts eingreifen.[450] Dieses enthält, was die Untersuchungs- und Rügepflichten angeht, in den **Art. 38, 39 ff. Sonderregelungen,** die § 377 HGB zum Teil durchaus entsprechen, teilweise aber, zum Beispiel was die Einbeziehung von Rechtsmängeln angeht, darüber hinausgehen (Art. 43: Rügepflicht). Der Käufer hat die Ware innerhalb einer so kurzen Frist zu untersuchen oder untersuchen zu lassen, wie es die Umstände erlauben (Art. 38 Abs. 1 UN-Kaufrecht).[451] Dies sind bei einfach feststellbaren Mängeln einige wenige Tage, bei komplexen Maschinen ggf. mehrere Wochen.[452] Nach Art. 39 Abs. 1 UN-Kaufrecht verliert der Käufer das Recht, sich auf eine Vertragswidrigkeit der Ware zu berufen, wenn er sie dem Verkäufer nicht innerhalb einer angemessenen Frist nach dem Zeitpunkt, in dem er sie festgestellt hat oder hätte feststellen müssen, anzeigt und dabei die Art der Vertragswidrigkeit genau bezeichnet hat.[453] Nach Art. 39 Abs. 2 des UN-Kaufrechts verliert der Käufer in jedem Fall das Recht, sich auf die Vertragswidrigkeit der Ware zu berufen, wenn er sie nicht spätestens innerhalb von zwei Jahren, nachdem ihm die Ware tatsächlich übergeben worden ist, dem Verkäufer anzeigt, es sei denn, dass diese Frist mit einer vertraglichen Garantiefrist unvereinbar ist. Sonderregelungen gibt es dann im Hinblick auf eine etwaige Bösgläubigkeit des Verkäufers in Art. 40 UN-Kaufrecht. Auch was die Anzeige der Rüge angeht, gibt es eine Sonderregelung in Art. 27 UN-Kaufrecht, die das Zugangsrisiko auf den Verkäufer verlagert.[454]

7. Internationale Aspekte bei vertraglichen Ansprüchen

127 Insbesondere, weil Produktionen mehr und mehr von Deutschland aus in den Osten – auch in den asiatischen Raum – im letzten Jahrzehnt verlagert worden sind, liefern Zulieferer und Subzulieferanten – also Warenhersteller – häufig als ausländische Gesellschaften und ggf. – vertraglich vereinbart – auf der Basis ausländischer Rechtsordnungen. Die Lieferbeziehungen sind inzwischen international gestaltet. Dies gilt aber nicht nur zwischen

[448] Vgl. dazu LG Duisburg, Urt. vom 18.11.2010, ZGS 2011, 430 und dazu *Lange,* ZGS 2011, 393 ff. und die gesamten Ausführungen unter § 5 I. 1. b cc) Rn. 35 ff.

[449] Zu den Pflichten insoweit LG Duisburg, ZGS 2011, 430 sowie *Lange,* ZGS 2011, 393 ff.; zur Qualität von **Sicherheitsdatenblättern,** *Mayer-Figge,* StoffR 2013, 52 ff.

[450] Vgl. auch Wiener Übereinkommen vom 11.4.1980, BGBl 1989 II, 586, 588; in der BRD am 1.1.1991 in Kraft getreten, 23.10.1990, BGBl II, 1477; vgl. Überblick bei *Baumbach/Hopt,* Einl. vor § 373 HGB Rn. 46 ff.; Text des CISG findet sich im Internet unter www.cisg-online.ch.

[451] Dazu *Ferrari/Kieninger/Mankowski/Otte/Saenger/Schulze/Staudinger,* Internationales Vertragsrecht, Art. 38 CISG Rn. 1 ff.; *Benicke,* Rügeobliegenheit und Beweislast für Vertragswidrigkeit im UN-Kaufrecht, FS des Fachbereichs Rechtswissenschaft Gießen, 2007, 373; *Otte,* IPRax 1999, 352; *Schlechtriem,* EWiR 2000, 125; *Piltz,* Neue Entwicklungen im UN-Kaufrecht, NJW 2007, 2159, 2162 m. w. N.

[452] *Gildeggen/Willburger,* Internationale Handelsgeschäfte, 52; *Piltz,* NJW 2007, 2159 ff.

[453] BGH, Transport-IHR 2000, 1 ff.

[454] Vgl. zu Einzelheiten Ensthaler/*Achilles,* Anhang nach § 382 HGB.

den Subzulieferanten und den Lieferanten, sondern genauso zwischen dem „First Tier" (dem letzten Zulieferanten vor dem Endhersteller des Produktes) und dem Endhersteller, der möglicherweise in Deutschland sitzt. Dieser liefert dann ggf. über inländische oder ausländische Vertretungen auch wiederum innerhalb oder außerhalb von Europa weiter. Auch Handelsketten sind inzwischen international integriert. Daher soll – in Verbindung mit dem vertragsrechtlichen Bereich – wenigstens rudimentär über das auf vertragliche Schuldverhältnisse anzuwendende Recht – in gebotener Kürze – hingewiesen werden.

Eine der wichtigsten Regelungen in der jüngeren Geschichte der Europäischen Union 128
ist die Verordnung (EG) Nr. 593/2008 des Europäischen Parlaments und des Rates über das auf **vertragliche Schuldverhältnisse** anzuwendende Recht vom 17.6.2008 **(ROM I-VO).**[455] Die Europäische Gemeinschaft hat sich – ausweislich der Präambel der ROM I-VO – zum Ziel gesetzt, einen Raum der Freiheit, der Sicherheit und des Rechts zu erhalten und weiterzuentwickeln. Um dies zu ermöglichen, meinten Europäisches Parlament und der Rat der Europäischen Union für Zivilsachen, die einen grenzüberschreitenden Bezug aufweisen, einen Raum schaffen zu müssen und Maßnahmen zu erlassen, damit ein reibungsloses Funktionieren des Binnenmarktes möglich ist. Die **„ROM I-Verordnung"** ist ab dem 17.12.2009 auf **alle vertraglichen Schuldverhältnisse** anwendbar, die nach diesem Zeitpunkt geschlossen werden (vgl. Artt. 28, 29 ROM I-VO: zum Anwendungsbereich in zeitlicher Hinsicht).[456] Gegenüber dem früher geltenden EVÜ[457] ist die ROM I-Verordnung weiterentwickelt worden. Als Neuerung erscheint erwähnenswert, dass aus dem Anwendungsbereich der ROM I-Verordnung die Haftung für Ansprüche aus c. i. c. herausgenommen worden ist; diese fällt nun einheitlich unter die **ROM II-Verordnung.**[458] Zudem wurden Regelanknüpfungen für einzelne Vertragstypen – zur einfacheren Handhabung – eingeführt (vgl. Art. 4 Abs. 1 der ROM I-VO). Darüber hinaus wurde aber auch der sachliche Anwendungsbereich der Sonderkollisionsnorm – für Verbraucherverträge – erheblich erweitert (Art. 6 der ROM I-VO). Im Einzelnen:

a) Der Grundsatz der freien Rechtswahl

Der Vertrag unterliegt nach Art. 3 der ROM I-Verordnung **dem von den Parteien** 129
gewählten Recht. Grundsätzlich sind die Parteien in ihrer Rechtswahl frei.[459] Wählbar ist damit grundsätzlich jede staatliche Rechtsordnung: Selbst ein reines Inlandsgeschäft mit Binnensachverhalt kann einem ausländischen Recht unterstellt werden.[460] Allerdings sind die internationalen zwingenden Vorschriften des deutschen Rechts, die den Sachverhalt ohne Rücksicht auf das Vertragsstatut regeln, – unabhängig vom von den Parteien gewählten Recht – kraft Sonderanknüpfung nach Art. 9 Abs. 2 der ROM I – zu berücksichtigen. Ungeachtet dessen aber kann die Rechtswahl **ausdrücklich** erfolgen („der Vertrag unterliegt deutschem Recht"), oder konkludent getroffen werden (vgl. dazu Art. 3 Abs. 1 Satz 2 ROM I-VO).[461] Indizien für eine **konkludente Rechtswahl** können zum Beispiel die

[455] ABl. EU 2008, Nr. L 177/6 vom 4.7.2008; vgl. dazu *Ferrari/Kieninger/Mankowski/Otte/Saenger/Schulze/Staudinger,* Internationales Vertragsrecht, Art. 1 Rn. 1 ff. ROM-I-VO Rn. 1 ff.

[456] Die ROM I-VO löste das EVÜ vom 19.6.1980, BGBl II, 809, 810 ab, was für Deutschland ab 1.4.1991 in Kraft trat und innerstaatlich in den Artikeln 11, 12 und 27–37 des EGBGB inkorporiert worden war.

[457] EVÜ vom 19.6.1980, BGBl II, 809, 810.

[458] Palandt/*Thorn,* (IPR) ROM I-VO, Vorbemerkung, Rn. 6.

[459] *Mankowski,* RIW 2003, 2; *Paefgen,* ZEuP 2006, 266, 270; *ders.,* ZEuP 2003, 266, 270.

[460] Palandt/*Thorn,* ROM I-VO, Art. 3 Rn. 4; *Leible,* ZVglR Wiss 97 (1998), 286, 304; *Ferrari u. a.,* Internationales Vertragsrecht, Art. 3 ROM I-VO Rn. 14.

[461] Vgl. dazu OLG Zweibrücken, IHR 2002, 67, 68; OLG Rostock, IHR 2003, 17, 18; zur Möglichkeit der Rechtswahl in AGB vgl. *Meyer-Sparenberg,* RIW 1989, 347 ff.; LG Aachen, NJW 1991, 2221.

Vereinbarung eines einheitlichen ausschließlichen Gerichtsstands (vgl. dazu den Erwägungsgrund 12) sein.[462] Der Vertragssprache[463] und der Währung[464] kommen unterstützende Funktion zu. Trotzdem kann es sein, dass, obwohl mehrere Faktoren auf eine bestimmte Rechtsordnung verweisen, eine **stillschweigende Rechtswahl** dennoch nicht getroffen ist.[465] Voraussetzung für eine stillschweigende Rechtswahl ist, dass diese sich **„eindeutig"** aus den Bestimmungen des Vertrages oder den Umständen des Falles,[466] insbesondere dem Parteiverhalten ergibt. Die Schwierigkeit liegt darin, dass es in den verwendeten Sprachen unterschiedliche Formulierungen gibt. In Deutschland muss sich die Vereinbarung **eindeutig** aus den Bestimmungen des Vertrages oder aus den Umständen des Falles ergeben, „clearly demonstrated" heißt es in der englischen Version, im französischen Wortlaut „de façon certaine".[467]

130 Der Vollständigkeit halber sei noch erwähnt, dass die Parteien die Rechtswahl nicht notwendig **bei Vertragsschluss** getroffen haben müssen. Sie kann nach Art. 3 Abs. 2 ROM I-VO auch zu einem späteren Zeitpunkt getroffen werden. Nicht selten wird – das zeigt die alltägliche anwaltliche Praxis – nach Beginn von juristischen Auseinandersetzungen zwischen zwei Vertragsparteien – die bereits getroffene Rechtswahlvereinbarung durch eine neue ersetzt, was auch während bereits anhängiger Gerichtsverfahren möglich ist.[468] Juristen springen allzu schnell dann, wenn eine Rechtswahl i. S. d. Art. 3 der ROM I-Verordnung nicht getroffen worden ist, auf Art. 4 ROM I-VO. Dort ist das **mangels Rechtswahl anzuwendende Recht** geregelt (Auffangnorm des internationalen Vertragsrechts).[469] (dazu sub c)) Aber Vorsicht ist in der Praxis geboten: Wenn eine Rechtswahlvereinbarung nicht getroffen wurde, darf der Bearbeiter nicht allzu schnell auf die Vorgaben in Art. 4 der ROM I-VO zurückgreifen. Hier besteht das Risiko, ggf. **vorrangig eingreifende Abkommen** zu vernachlässigen. Maßgeblich ist insoweit in erster Linie einmal das materielle Einheitsrecht des UN-Übereinkommens vom 11.4.1980 (**UN-Kaufrecht** und/oder auch **CISG** – synonym verstanden – genannt).[470]

b) Das UN-Kaufrecht (CISG)

131 Das UN-Kaufrecht (englisch: United Nations Convention on Contracts for the International Sale of Goods – **CISG**) vom 11.4.1980, auch „Wiener Kaufrecht" genannt, ist das Übereinkommen der Vereinten Nationen über Verträge und maßgeblich für den internationalen Warenkauf.[471] Fehlt es an einer ausdrücklichen Rechtswahlvereinbarung, kann die Anwendung des UN-Kaufrechts sogar der Regelfall bei einem Warenkauf zwischen

---

[462] Vgl. dazu auch *Wagner,* Der Grundsatz der Rechtswahl und des mangels Rechtswahl anwendbaren Rechts (ROM I-VO), IPRax 2008, 377, 379; *Hofmann,* NJW 2001, 806.

[463] BGHZ 19, 110; LG Hamburg, RIW 1999, 391.

[464] BGH, NJW-RR 1990, 183; BGH, NJW 2001, 1936.

[465] Kritik bei Palandt/*Thorn,* ROM I-VO, Art. 3 Rn. 7.

[466] OLG Köln, NJW-RR 1995, 245, 246; vgl. auch BGH, NJW-RR 2005, 206, 208; BGH, NJW-RR 2000, 1002, 1003.

[467] Vgl. dazu Palandt/*Thorn,*(IPR) ROM I-VO, Art. 3., Rn. 6 sowie *Wagner,* IPRax 2008, 377, 378.

[468] BGH, NJW 1991, 1293; OLG Hamm, RIW 1993, 940; BGH, NJW-RR 2000, 1002, 1004; MüKo/*Martiny,* VO (EG) 593/2008, Art. 3, Rn. 53.

[469] *Ferrari u. a.,* Internationales Vertragsrecht, Art. 4 ROM I-VO Rn. 2 m. w. N.

[470] UN-Kaufrecht, BGBl. 1989, II, 588 ff., das in der Bundesrepublik am 1.1.1991 in Kraft getreten ist.

[471] UN-Kaufrecht (CISG) vom 11.4.1980, BGBl. 1989, II, 588 ff.; bereinigt 1990 II 1699; freizugängliche Datenbank zu Text und Rechtsprechung: www.globalsaleslaw.org und www.cisg-online.ch; vgl. dazu insbesondere *Piltz,* NJW 2007, 2159, NJW 2005, 2126; *Piltz,* Neue Entwicklungen im UN-Kaufrecht, NJW 2003, 2056; vgl. auch *Baumbach/Hopt,* Einl. v. § 373 HGB Rn. 46 ff.; Text unter www.cisg-online.ch.

gewerblichen Verkäufern aus verschiedenen Vertragsstaaten sein, wenn die Staaten, in denen die Vertragspartner ihre Niederlassung oder ihren gewöhnlichen Aufenthalt haben, das UN-Kaufrecht ratifiziert haben[472] und kein vorrangiges Recht Anwendung findet und auch dessen Anwendung nicht vertraglich ausgeschlossen ist (Art. 6 CISG).[473] In seinem Anwendungsbereich – also wenn das UN-Kaufrecht gilt – verdrängt es auch die ROM I-Verordnung.[474] Insoweit enthält Art. 25 der ROM I-Verordnung eine Klarstellung. Die ROM I-Verordnung berührt danach nicht die Anwendung der internationalen Übereinkommen, denen ein oder mehrere Mitgliedstaaten zum Zeitpunkt der Annahme dieser Verordnung angehören und die Kollisionsnormen für vertragliche Schuldverhältnisse enthalten. Allerdings hat die ROM I-Verordnung in den Beziehungen zwischen den Mitgliedstaaten Vorrang vor den ausschließlich zwischen zwei oder mehreren Mitgliedstaaten geschlossenen Übereinkommen, soweit diese Bereiche betreffen, die in dieser Verordnung geregelt sind (Art. 25 Abs. 2 der ROM I-VO). Hilfreich ist in diesem Zusammenhang auch der Erwägungsgrund 41 der ROM I-VO: Es geht darum, die bereits getroffenen internationalen Verpflichtungen zu wahren. Um die internationalen Verpflichtungen, die die Mitgliedstaaten eingegangen sind zu wahren, darf sich die Verordnung nicht auf internationale Übereinkommen auswirken, denen ein oder mehrere Mitgliedstaaten zum Zeitpunkt der Annahme dieser Verordnung eben bereits angehörten. Art. 25 Abs. 1 der ROM I-Verordnung löst deshalb mögliche Kollisionen, also zum Beispiel zwischen Art. 4 der ROM I-VO und dem UN-Übereinkommen, grundsätzlich zugunsten der bereits bestehenden internationalen Übereinkommen auf.[475] Dort wird ausdrücklich der Vorrang des CISG erwähnt.[476] In der Vergangenheit wurde nicht selten in der Vertrags-Praxis versucht, mit vertraglichen **Klauseln etwa lautend: „... unter Ausschluss des UN-Kaufrechts“**, den Anwendungsbereich des CISG einzuengen (vgl. Art. 6 CISG). Ob es bei heutigen Verträgen für ein entsprechendes Verhalten noch einen Grund gibt, bedingt insbesondere durch die Schuldrechtsmodernisierung von 2002, ist zweifelhaft.[477] Denn durch die Anpassung im Schuldrechtsmodernisierungsgesetz an das UN-Kaufrecht hat es bekanntlich eine erhebliche Annäherung zum deutschen Recht gegeben. Was die Sachmängelhaftung angeht, bestehen im UN-Kaufrecht durchaus (dem deutschen Recht) ähnliche Rechtsbehelfe, nämlich das Recht der Erfüllung/Nacherfüllung in Artt. 46 ff. CISG; dazu das Recht auf Vertragsaufhebung (Art. 49 CISG), oder das Recht auf Minderung (Art. 50 CISG), jeweils abhängig von den Pflichten des Verkäufers, die in den Artt. 25 ff. CISG geregelt sind. Noch ein Hinweis in diesem Zusammenhang zur **Verjährung:** Deutschland ist dem UN-Übereinkommen vom 14.6.1994 über die **Verjährung beim internationalen Warenkauf** nicht beigetreten.[478] Daraus folgt, dass die Verjährung nicht klar geregelt ist und es dann bei dem aufgrund IPR berufenen nationalen Recht (zum Beispiel dem Lieferantenrecht oder bei Anwendung deutschen Rechts (§§ 194 ff., 438 BGB) verbleibt.[479]

---

472 Staatsvertrag der Vereinten Nationen, dem inzwischen rund 70 Staaten beigetreten sind; aktuelle Liste stets abrufbar unter www.uncitral.org; in Deutschland ist das Übereinkommen am 1.1.1991 in Kraft getreten.

473 BGHZ 74, 193, 204; vgl. dazu auch *Baumbach/Hopt*, Einl. v. § 373 HGB Rn. 48.

474 *Wagner*, Normenkonflikte zwischen den EG-Verordnungen Brüssel I, ROM I und ROM II und transportrechtlichen Rechtsinstrumenten, TranspR 2009, 103; *Pfeiffer*, EuZW 2008, 622, 624; *Ferrari/Schulze*, Art. 25 ROM I-VO Rn. 4.

475 Ebenso Palandt/*Thorn*, ROM I-VO, Art. 25 Rn. 2; *Pfeiffer*, EuZW 2008, 622, 624.

476 Palandt/*Thorn*, ROM I-VO, Art. 4 Rn. 5; *Ferrari/Schulze*, Art. 25 ROM I-VO Rn. 4.

477 Vgl. dazu verneinend bereits *Lenz*, Unternehmensjurist, 2011, 267.

478 *Schlechtriem/Schwenzer*, Art. 3 VertragsG Rn. 1; *Ferrari/Saenger*, Art. 45 CISG Rn. 11.

479 Hanseatisches OLG Hamburg, Transportrecht-IHR, 1999, 37; *Magnus*, Wesentliche Fragen des UN-Kaufrechts, ZEuP 1999, 642; *Ferrari/Saenger*, Art. 45 CISG Rn. 11; *Magnus*, RIW 2002, 577, 583.

c) Mangels Rechtswahl anzuwendendes Recht

132 Soweit die Parteien keine ausdrückliche oder konkludente Rechtswahl getroffen haben und nicht vorrangig das UN-Kaufrecht eingreift (s. o.), greift ggf. dann Art. 4 der ROM I-Verordnung (vgl. auch Artt. 10 und 12). Soweit die Parteien keine Rechtswahl nach Art. 3 ROM I-Verordnung getroffen haben, bestimmt sich das auf den Vertrag anzuwendende Recht, allerdings unbeschadet der Artt. 5 bis 8 ROM I-Verordnung nach einem sog. **Positiv-Katalog:** Das anzuwendende Recht bestimmt sich dann nach dem **jeweiligen Vertragstyp.** Dies ist eine Vereinfachung der bisherigen Rechtslage. Besonders wichtige Verträge, wie beispielsweise Kaufverträge, Dienstleistungsverträge etc. bzw. in der Anknüpfung bislang umstrittene Vertragstypen – wie zum Beispiel Franchiseverträge – enthalten damit jetzt konkrete **Regelanknüpfungen.**[480] Zum Beispiel **Kaufverträge** über bewegliche Sachen unterliegen dann dem **Recht des Staates,** in dem der Verkäufer seinen **gewöhnlichen Aufenthalt** hat (vgl. Art. 4 Abs. 1a ROM I-VO).

d) Incoterms 2010

133 Incoterms (International Commercial Terms, zu deutsch: Internationale Handelsklauseln) werden von der Internationalen Handelskammer (International chamber of commerce, ICC) als „internationale Handelsklauseln" entwickelt und wurden erstmals 1936 aufgestellt.[481] Es handelt sich um konkrete und handelsübliche Vertragsklauseln beim grenzüberschreitenden bzw. internationalen Warenhandel, die die Parteien einbeziehen können.[482] Der jeweilige aktuelle Stand der weiterentwickelten Incoterms wird mit der Angabe der Jahreszahl gekennzeichnet (jetzt aktuell: Incoterms 2010).[483] Die ursprünglich 13 Klauseln der bis dato aktuellen Incoterms 2000 wurden auf 11 verschiedene Klauseln bei den Incoterms 2010 reduziert. Beispiele: **EXW;** Ex Works/ab Werk (Lieferort); oder **FOB:** Free on Board/Frei an Bord (benannter Verschiffungshafen); oder **CIF:** Cost Insurance Freight/Kosten, Versicherung/Fracht (benannter Bestimmungshafen).[484]

e) Europäisches Zivilgesetzbuch: Ein kurzer Überblick[485]

134 Vertragsgestaltenden Juristen stellt sich häufig die Frage, ob nicht ein **Europäisches Zivilgesetzbuch** besser zu handhaben wäre und/oder vor allem auch, wann der Jurist mit einem solchen „Europäischen ZGB" konfrontiert werden wird. Die Bestrebungen sind allesamt nicht unbekannt. Die Kommission strebt für das Vertragsrecht innerhalb der Europäischen Union einen sog. **gemeinsamen Referenzrahmen** (common frame of reference, **CFR**) an.[486] Zur Entwicklung hat die Kommission Arbeitsgruppen gefördert, deren Arbeiten inzwischen vorliegen.[487] Es handelt sich um wissenschaftliche Programme und

---

480 Palandt/*Thorn,* ROM I, Art. 4 Rn. 2.

481 *Baumbach/Hopt,* Incoterms Einl. (6) Rn. 3.

482 *Bredow/Seifert,* Incoterms 2000, 1. Aufl. 2000; *Drettmann,* Handelsbranche und AGB, in FS für Graf von Westphalen, 2010, 73, 76; sie können als materiell rechtliche Rechtswahl i. S. von Art. 3 ROM I-VO betrachtet werden, so die h. M u. a. *Ferrari/Ferrari,* Internationales Vertragsrecht, Art. 3 CISG Rn. 19 m. w. N.; vgl. dazu auch Trib. Padova CISG-online Nr. 967 (in Bezug auf das CISG).

483 Entnommen und zitiert nach http://de.wikipedia.org/wiki/Incoterms; vgl. auch abrufbare Liste unter http://www.iccwbo.org/

484 Vgl. dazu die einzelnen Klauseln der Incoterms kommentiert bei *Gildeggen/Willburger,* Internationale Handelsgeschäfte, 60, 61 ff.

485 Vgl. dazu *Lenz,* Unternehmensjurist, 2011, 269, dort bereits abgedruckt.

486 Palandt/*Sprau,* Einleitung, Rn. 33.

487 Vgl. dazu einen exzellenten Überblick bei *Schulte-Noelke,* Arbeiten an einem europäischen Vertragsrecht, NJW 2009, 2161; vgl. dazu auch *Bar/Clife/Schulte-Noelke,* Principles,

Werke in Richtung eines „gemeinschaftlichen Zivilgesetzbuches", die jedoch – auf absehbare Zeit – nicht politisch umgesetzt werden[488] und dies, obwohl das Europäische Parlament das Projekt als die derzeit wichtigste Initiative im Bereich des Zivilrechts bezeichnet hat.[489] Unter dem 11.10.2011 hat die EU-Kommission in Brüssel den Vorschlag für eine Verordnung über ein gemeinsames Europäisches Kaufrecht und damit einen **Entwurf für ein Europäisches Kaufrecht** vorgelegt.[490] Die Kommission rechtfertigt den Vorschlag, mit der im Vertragsrecht – ungeachtet der mindestharmonisierenden Richtlinien – fortbestehenden Rechtszuspitzung.[491] Dies wird als Hemmnis gesehen für den europäischen Binnenmarkt und dieser Ansatz findet bereits Zustimmung.[492]

Einige halten demgegenüber das zentrale Anliegen, Rechtssicherheit für grenzüberschreitende Geschäfte herzustellen und damit den Binnenmarkt in Europa zu fördern, für völlig unrealistisch.[493] Für ein darüber hinaus – verbindlich – geltendes europäisches Kaufrecht fehlt der EU ohnehin (derzeit) die Gesetzgebungskompetenz.[494] Ob und inwieweit es also berechtigt oder sinnvoll ist, neben den bereits bestehenden 27 Rechtsordnungen zuzüglich des UN-Kaufrechts (28) eine weitere 186 Artikel umfassende Wahlordnung „Nr. 29" **optional** zur Verfügung zu stellen, ist nicht sicher vorherzusagen. Selbst wenn vorgetragen wird, weitere **optionale Instrumente** an sich – was kaum zu bestreiten ist – würden nicht schaden,[495] stellt sich dennoch die Frage nach der Legitimation vor allem im demokratischen Verfahren und für die Gesetzgebung. Da die EU-Verträge bisher keine Kompetenz für ein Vertragsgesetzbuch hergeben, kann das zusätzliche Instrument nicht mehr als ein **ergänzendes** sein. Das Ziel einer Vereinheitlichung wird auf diese Weise aller Voraussicht nach wohl nicht erfüllt werden können. **135**

Definitions and Model Rules of European Private Law, Online-Edition des DCFR, abrufbar unter http://ec.europa.eu/justice/contract/files/european-private-law_en.pdf; weitere Nachweise bei Palandt/*Sprau*, Einleitung Rn. 33; *Leible*, Europäisches Privatrecht am Scheideweg, NJW 2008, 2558; *Leible*, Was tun mit dem gemeinsamen Referenzrahmen für das Europäische Vertragsrecht? – Plädoyer für ein optimales Instrument, BB 2008, 1469; Rats-Dok 8397 und 8092/08; Texte: ZEuP 2000, 675 und ZEuP 2003, 887, 894.

488 *Eidenmüller/Faust/Grigoleit/Jansen/Wagner/Zimmermann*, Der gemeinsame Referenzrahmen für das europäische Privatrecht, JZ 2008, 530; auch *Ernst*, Der „Common Frame of Reference" aus juristischer Sicht, AcP 208, 248, 278, 270; *Weller*, Die Struktur des Erfüllungsanspruchs im BGB, Common Law und DCFR – ein kritischer Vergleich, JZ 2008, 764. Zu den Funktionen des gemeinsamen Referenzrahmens vgl. jüngst *Schulte-Noelke*, Bausteine aus der Wissenschaft für die englische Vertragsstrafe – der gemeinsame Referenzrahmen als Tool-Box für die Vertragsgestaltung, in FS für Graf von Westphalen, 2010, 609 ff.; dazu Grünbuch, zugänglich unter http://ec.europa.eu.

489 Entschließung des Europäischen Parlaments vom 23.3.2006, ABl. EU C 292/E vom 1.12.2006, 109; siehe auch Entschließung des Europäischen Parlaments vom 12.12.2007 sowie vom 3.9.2008, ABl. EU C 295/E vom 3.9.2008, 31.

490 KOM (2011) 635; vgl. dazu auch FAZ vom 13.10.2011 sowie *Grigoleit*, Das Europäische Kaufrecht ist ein kurioses Experimentierlabor, FAZ vom 2.11.2011, 21; weiter zum Thema Recht und Steuern im Internet auf den Seiten www.faz.net/recht und Blog www.faz.net/dasletztewort.

491 So explizit *Herresthal*, NJW-aktuell 2012, 14; vgl. dazu auch Palandt/*Sprau*, Einleitung, Rn. 33.

492 Ebenso *Herresthal*, NJW-aktuell 2012, 14; vgl. dazu *Leible*, NJW 2008, 2558.

493 *Grigoleit*, Das Europäische Kaufrecht ist ein kurioses Experimentierlabor, FAZ vom 2.11.2011, 21.

494 Palandt/*Sprau*, Einleitung, Rn. 33; *Ernst*, AcP 208, 248, 249; *Leible*, NJW 2008, 2558; *Grigoleit*, Das Europäische Kaufrecht ist ein kurioses Experimentierlabor, in FAZ vom 2.11.2011, 21.

495 *Herresthal*, NJW-aktuell 2012, 14 spricht sich für die Erweiterung der Wahlmöglichkeit aus, meint jedoch, der vorgelegte Entwurf schmälere die Attraktivität, die möglich gewesen wäre, und sieht so die Gefahr einer damit vergebenen Chance (kein gerechter Interessenausgleich).

8. Abwehrstrategien im Schadensfall durch den Hersteller

136 Bei einer Inanspruchnahme aufgrund vertraglicher Grundlagen ergeben sich für Hersteller im Wesentlichen die nachfolgenden – in aller Kürze dargestellten – Möglichkeiten, je nach den dem Sachverhalt zugrunde liegenden Tatsachen, zu reagieren:

a) Bestreiten des Vorliegens eines Sachmangels

137 Zunächst bleibt es bei der grundlegenden Regelung des § 363 BGB.[496] Daraus folgt, dass der Verkäufer als Schuldner zunächst die Beweislast für die vertragsgemäße Freiheit von Sachmängeln bei Gefahrübergang (Lieferung) trägt. Wenn das Vorliegen eines Sachmangels danach – also nach der Ablieferung – bestritten wird, muss der Käufer den behaupteten und bestrittenen Sachmangel dann beweisen und sogar, dass dieser bei Gefahrübergang bereits vorhanden war (zur Vermutungsregelung insoweit beim Verbrauchsgüterkauf: § 476 BGB). Um es noch einmal deutlich zu betonen: **Nach der Annahme**[497] der Kaufsache – § 363 BGB – ist der Käufer darlegungs- und beweisbelastet.[498] Sofern Anhaltspunkte dafür bestehen, dass ein Sachmangel gar nicht gegeben ist oder die Vermutung zu Tage tritt, es läge ein Verschleißmangel vor, kann der Lieferant das Vorliegen eines **Sachmangels** (mit nicht selten guten Argumenten) **bestreiten.** Bei entsprechender Sachlage kann es sich anbieten, bereits außergerichtlich **Sachverständige** hinzuzuziehen. Mit einer souverän begründeten Begutachtung kann ein Gerichtsverfahren möglicherweise dann schon vermieden werden. Zudem kann auf diese Art und Weise bereits der ein oder andere Experte von vornherein für ein späteres Gerichtsverfahren „gesperrt" werden. Denn: Als Grund für die Ablehnung eines Sachverständigen i. S. v. § 406 ZPO wird regelmäßig bereits die Erstattung eines entgeltlichen Privatgutachtens in der Sache außergerichtlich angesehen.[499] Zudem gilt als Beispiel für eine begründete Ablehnung auch eine regelmäßige Tätigkeit für den Gegner des Ablehnenden[500] ebenso wie eine Tätigkeit für den Haftpflichtversicherer einer Partei.[501] Der Tatrichter ist zudem verpflichtet, sich mit von der Partei vorgelegten Privatgutachten auseinander zu setzen und auf die weitere Aufklärung des Sachverhalts hinzuwirken, wenn sich Widersprüche zum Gerichtsgutachten ergeben.[502]

b) Bestreiten der Ursache

138 Da zwischen dem Hersteller und dem geschädigten Verbraucher in aller Regel keine vertraglichen Beziehungen bestehen, kann dieser auch keine Ansprüche aus Vertragsverlet-

[496] H. M.: Bamberger/Roth/*Faust*, § 434 Rn. 119 m. w. N.; ebenso Palandt/*Weidenkaff*, § 434 Rn. 59.

[497] Eine Annahme als Erfüllung liegt vor, wenn aufgrund des Verhaltens des Gläubigers erkennbar wird, dass er die Leistung als eine im Wesentlichen ordnungsgemäße Erfüllung gelten lassen will, BGH, NJW 1958, 1724; Entgegennahme verpackter Sachen ist i. d. R. noch keine Annahme: LG Frankfurt, NJW-RR 1986, 1055; vertiefend Palandt/*Grüneberg*, § 363 Rn. 2.

[498] BGH, NJW 2011, 1664 ff.; BGH, NJW 2009, 1341 ff.; BGH, NJW 2006, 434; für den Verbrauchsgüterkauf vgl. BGH, NJW 2004, 2299.

[499] BGH, NJW 1972, 1133, 1134; bei Vortätigkeit als Sachverständiger einer Haftpflichtversicherung OLG Frankfurt, MDR 1969, 225; OLG Hamm, VersR 1973, 416.

[500] BayObLG, DB 1987, 87, 2402 m. w. N.

[501] BGH, LM § 356 Nr. 1; OLG Frankfurt, MDR 1969, 225: allerdings sind Ausnahmen denkbar, z. B. im Falle eines Verzichts durch Eingeständnis mit der Beauftragung, so OLG München, MDR 1971, 494. Zur Frage, inwieweit der Richter verpflichtet ist, sich mit einem von der Partei vorgelegten Privatgutachten auseinanderzusetzen BGH, Beschluss vom 21.3.2013, IBR 2013, 387.

[502] BGH, Beschluss vom 21.3.2013, IBR 2013, 387 ff.

zung gegen den Hersteller geltend machen. Die Rechtsprechung (in Deutschland) lehnt es bekanntlich auch ab, dem **Vertrag** zwischen Hersteller und Vertriebshändler **Schutzwirkungen** zugunsten des Letztabnehmers beizulegen.[503] Anders ist dies in den Verhältnissen, in denen vertragliche Beziehungen bestehen, also zwischen Händler und Großhändler oder zwischen Großhändler und Endhersteller oder zwischen Endhersteller und Zulieferanten. In diesen Fällen kann – neben dem Bestreiten des Vorliegens eines Sachmangels – auch das **Bestreiten der Ursache** zwischen dem behaupteten Sachmangel und dem eingetretenen Schaden helfen. Gerade z. B. bei chemischen Wirkstoffen – insofern erlaube ich mir, auf die bereits erwähnten strafrechtlichen Entscheidungen und vor allem auf deren Sachverhalte, wie zum Beispiel die Holzschutzmittelentscheidung, hinzuweisen[504] – kann das Thema der Verursachung ein Hauptstreitpunkt sein.

c) Vortrag zum fehlenden Verschulden – § 280 Abs. 1 Satz 2 BGB

Schadenersatz wird i. d. R. nur gewährt im Falle des Vorliegens von Verschulden. Den (bloßen) Verkäufer (anders beim Hersteller-Verkäufer) trifft im Regelfall **kein Verschulden,** da er den Mangel nicht produziert hat. Insofern gilt es aber – wegen der gesetzlichen Vermutung des § 280 Abs. 1 Satz 2 BGB – auf Verkäuferseite in etwaigen Verfahren, **Vortrag zum fehlenden Verschulden** zu erbringen. Der Schuldner muss im Zweifel dartun, dass er die Pflichtverletzung **nicht zu vertreten** hat (§ 280 Abs. 1 Satz 2 BGB). Der Entlastungsbeweis muss sich zunächst auf das **eigene** etwaig nicht vorhandene Verschulden, aber auch auf das fehlende Verschulden des ggf. eingeschalteten Erfüllungsgehilfen erstrecken (§ 278 BGB).[505] An den Entlastungsbeweis werden allerdings **keine zu hohen Anforderungen** gestellt.[506] Er ist bereits erbracht, wenn der Schuldner dartut, dass er die Ursache nicht zu vertreten hat; es genügt aber auch, wenn er die Ursache wahrscheinlich macht und sicher ist, dass er für diese nicht einzustehen hat.[507] Um es noch deutlicher hervorzuheben: Dem Verbraucher gegenüber haftet – im Regelfall – **nicht der Händler,** ihn trifft keine Untersuchungspflicht und damit auch **kein Verschulden.**[508] Im Zuliefererbereich könnte dies – theoretisch – anders zu beurteilen sein: Hier stellt sich etwa die Frage, ob der Zulieferer, der gegenüber dem Endhersteller als Verkäufer auf vertraglicher Basis auftritt, möglicherweise für seinen Subzulieferanten über § 278 BGB einzustehen hat. Insoweit ist bei einzelnen Vertragstypen zu **differenzieren:** Soweit ein **Kaufvertrag** existiert, ist der Hersteller (Zulieferant) **nicht Erfüllungsgehilfe des Verkäufers** im Verhältnis zum Käufer.[509] Die Rechtsprechung – und ihr folgt ein Großteil der Literatur[510] – begründet dies damit, dass sich dessen Pflichten nicht auf die Herstellung der Sache selbst erstrecken. Dies gilt auch für den **Werklieferungsvertrag** (§ 651 BGB).[511] Anders aber ist es naturgemäß, wenn der Verkäufer selbst Hersteller ist oder als solcher 139

[503] BGH, NJW 1969, 269, 271 – Hühnerpest; BGH, NJW 1989, 1029, 1030 – Fugendichtungsmasse; anders aber österreichischer OGH, JBL 1977, 146; vgl. dazu die Kommentierungen zu § 328 BGB und weitergehend *Steinmeyer,* DB 1988, 1049: Schutzwirkung aber, wenn der Hersteller auf ein Prüfzeichen für das Produkt hinweist; siehe auch BGH, VersR 1956, 419 – Antriebsscheibe und BGH, VersR 1959, 645 – Rostschutz.

[504] Vgl. dazu § 2 II. 10 Rn. 21.

[505] BGH, NJW 2009, 2298.

[506] Mot II 48; BGH, NJW-RR 90, 446.

[507] BGHZ 116, 334, 337; Palandt/*Grüneberg,* § 280 Rn. 40.

[508] BGH, VersR 1980, 380, 381 – Klappfahrrad.

[509] BGH, NJW 2009, 2674; BGH, NJW 2008, 2837 Tz. 29; OLG Düsseldorf, NJW-RR 2008, 1282; OLG Köln, NJW-RR 2006, 677.

[510] Palandt/*Grüneberg,* § 278 Rn. 13; a. A. aber *Klees,* MDR 2010, 305; *Peters,* ZGS 2010, 24.

[511] BGHZ 48, 118; ebenso Palandt/*Grüneberg,* § 278 Rn. 13; *Wältermann/Kluth,* ZGS 2006, 296; Abschlussbericht der Schuldrechtskommission, 197.

auftritt (vgl. dazu insgesamt die Ausführungen unter Rn. 64). In diesen Fällen muss er sich ggf. das Verschulden seiner Hilfspersonen über § 278 BGB anrechnen lassen. So ist es auch beim **Werkvertrag:** Beim Werkvertrag i. S. d. § 631 BGB sind der Subunternehmer und auch die in die Produktion eingeschaltete Muttergesellschaft im Regelfall Erfüllungsgehilfen i. S. d. § 278 BGB.[512] **Nicht** Erfüllungsgehilfe ist aber der reine **Zulieferer.**[513] Dies wird bisweilen anders beurteilt, wenn der Zulieferer in den Pflichtenkreis des Unternehmers einbezogen ist.[514]

d) Sonstige Einreden und Einwendungen

140 Naturgemäß stehen dem Verkäufer sämtliche Einreden, wie zum Beispiel die **Verjährungseinrede** (§§ 194 ff., 438 BGB) zu. Immerhin verbleibt dem Ersatzpflichtigen, wenn er den Mangel und dessen Ursache nicht hat hinreichend bestreiten können und das Verschulden angenommen wird, darauf hinzuweisen, dass möglicherweise bei der Schadensentstehung und/oder aber auch beim Schadensumfang ein erhebliches **Mitverschulden** des Geschädigten zu berücksichtigen ist. Dies ist keine Einrede, sondern ein von Amts wegen zu berücksichtigender Einwand.[515] Allerdings ist hierzu in einem Gerichtsverfahren hinreichend vorzutragen. Für den Beweis des Mitverschuldens gilt § 286 ZPO, wobei die Grundsätze des Anscheinsbeweises herangezogen werden können. Zur Auswirkung des Mitverschuldens kann auf § 287 ZPO verwiesen werden.[516] Dabei ist zu berücksichtigen, dass bei der Abwägung nach § 254 BGB die Vermutungsregel des § 280 Abs. 1 Satz 2 BGB unanwendbar ist.[517]

e) Aufbewahrung von Dokumenten und die Bevorratung von Ersatzteilen

141 Schon im Zusammenhang mit den vertraglichen Grundlagen stellen sich Händler, aber auch mit diesen verbundene Hersteller und auch Zulieferer in der Praxis sehr häufig zwei Fragen: Was muss ich aufbewahren und wie lange? Die Fragestellungen betreffen nicht selten Fragen nach der Bevorratung von Ersatzteilen, aber eben auch von technischen Dokumentationen.[518]

aa) Aufbewahrungspflicht von Ersatzteilen

142 In erster Linie entscheiden naturgemäß die vertraglichen Vereinbarungen. Zwischen Verbraucher und Händler aber fehlt es im Regelfall an entsprechenden Absprachen. Dies ist zwischen Händler und Hersteller oder aber auch zwischen Hersteller, Zulieferant und Subzulieferant jedoch nicht selten ausdrücklich geregelt. In Deutschland fehlt es an entsprechenden rechtlichen Vorgaben: So kann nicht etwa auf einen Handelsbrauch im Sinne des § 346 HGB zurückgegriffen werden. Es finden sich in Rechtsprechung und Literatur auch nur wenige Quellen, die sich mit der Frage der **Aufbewahrungspflicht von Ersatzteilen** beschäftigen. Nach Auffassung des Landgerichts Köln hat der Verkäufer Ersatzteile für Maschinen, Kraftfahrzeuge und technische Geräte für eine **„gewisse Zeit“** bereitzuhal-

---

[512] OLG Nürnberg, NJW-RR 1993, 1300; BGHZ 66, 43, 48; Palandt/*Grüneberg*, § 278 Rn. 14.

[513] BGH, NJW 2002, 1565; BGH, NJW 1978, 1157; a. A. *Wolf*, ZIP 1998, 1657.

[514] OLG Celle, BauR 1996, 263; OLG Karlsruhe, ZIP 1998, 1689; *Waas*, VersR 1999, 1202.

[515] BGH, NJW 1991, 144, 147; BAG, NJW 1971, 958; *Ludwig*, NJW 2006, 3757, 3759.

[516] BGH, NJW 1986, 2945, 2946.

[517] So unter Berufung auf die alte Rechtsprechung des BGH, NJW 1967, 622, Palandt/*Grüneberg*, § 254 Rn. 72.

[518] Vgl. dazu auch die Ausführungen zum Ende der Produktbeobachtungspflicht § 3 II. 2. c) bb) (2) (d) (dd) Rn. 234 ff. sowie die Ausführungen zur Lieferantenhaftung nach § 4 Abs. 3 ProdHaftG unter § 3 III. 2. b) cc) (4) Rn. 351 ff.

ten, und zwar unabhängig von einer besonderen Vereinbarung (ggfs. als „ungeschriebene Nebenpflicht").[519] Demgegenüber hat das Amtsgericht München in einer älteren Entscheidung aus dem Jahre 1970 ausgeführt, dass der Verkäufer Ersatzteile während der **„gewöhnlichen Betriebsdauer"** aufzubewahren hat.[520] Auch in der Literatur wird in Bezug auf Ersatzteile von einer gewissen **Bevorratungspflicht des Verkäufers** ausgegangen, welche sich nach Treu und Glauben (§ 242 BGB) richte. Zur Konkretisierung des Maßstabs von Treu und Glauben wird dabei auf die Kriterien der **gewöhnlichen Lebensdauer des zu ersetzenden Teils, des Wertes des Gesamtproduktes** und der **üblichen Abnutzungsdauer abgestellt.**[521] Um es noch einmal deutlich zu sagen: Die Aufbewahrungspflicht des Verkäufers im Hinblick auf Ersatzteile kann eine vertragliche Nebenpflicht sein (§ 280 BGB). Fehlt es aber an einer entsprechenden Regelung, bleiben alle diese theoretisch richtigen Ansätze – leider versehen mit Unsicherheiten in der Praxis – bestehen. Demzufolge haben sich – bedingt durch haftungsrechtliche Grundlagen (z. B. § 13 ProdHaftG: 10 Jahre) – bestimmte **Handlungsempfehlungen** in der Praxis entwickelt. Händler, insbesondere aber auch Hersteller sind gut beraten, Ersatzteile mindestens 10 Jahre, noch besser 15 Jahre aufzubewahren. Entsprechende Empfehlungen geben in der Praxis regelmäßig die einschlägigen Verbände.

bb) Technische Dokumentationen

Noch weniger klar scheint die Rechtslage zu etwaigen Aufbewahrungspflichten bei technischen Dokumentationen. Hier stellen sich in erster Linie einmal zwei Unterfragen, nämlich zum einen die Frage, welche Unterlagen und Dokumente Händler bzw. Hersteller zur Verteidigung im Streitfalle denn günstigstenfalls zur Verfügung zu stellen haben und zur Verfügung stellen müssen und die weitere Frage, wie lange die entsprechenden Dokumente aufzubewahren sind: **143**

(1) Dauer der Aufbewahrung. (a) Gesetzliche Ausgangslage. Sofern vertragliche Regelungen zwischen den Parteien fehlen und Handelsbräuche nicht eingreifen, besteht im Wesentlichen Einvernehmen in der Literatur dahingehend, dass es jedenfalls zu weit gehen würde, sämtliche die Produktion betreffenden Unterlagen systematisch über Jahre zu archivieren.[522] Eine **gesetzlich geregelte Pflicht zur Aufbewahrung** von technischen Dokumentationen existiert in Deutschland nicht.[523] Weder schreiben beispielsweise die Bauproduktenrichtlinie noch das Bauproduktengesetz für einen Hersteller im Gasrohrbereich etwaige Dokumentationspflichten in zeitlicher Hinsicht fest. Entsprechendes folgt auch nicht aus der Produktsicherheitsrichtlinie und dem Produktsicherheitsgesetz. Insoweit hilft auch nicht § 257 HGB, der zwar die Aufbewahrung von Unterlagen und entsprechende Aufbewahrungsfristen (sie betragen z. T. 10 **Jahre,** ansonsten 6 Jahre[524]) regelt, sich aber nur auf kaufmännische Unterlagen bezieht, wie z. B. Handelsbücher, Handelsbriefe und Buchungsbelege (vgl. dazu § 257 Abs. 1 Nr. 1–4 sowie § 257 Abs. 2 HGB). Die Ziel- und Zweckrichtung der Aufbewahrung kaufmännischer Unterlagen ist auch von der zu technischen Dokumentationen, mit der sich ggf. der Hersteller oder der Verkäufer entlasten will, verschieden. Im Steuerrecht gelten grundsätzlich Fristen von 10 bzw. **144**

[519] LG Köln, NJW-RR 1999, 1285.
[520] AG München, NJW 1970, 1852.
[521] *Finger,* NJW 1970, 209; *Ullrich/Ulbrich,* BB 1995, 371.
[522] Vgl. dazu *Kullmann/Pfister,* Kza 1526; vgl. eine Musterklausel auch in § 5 I. b) QSV, bb) AGB-relevante Themen, (7) Zur Dokumentations- und Aufbewahrungspflicht.
[523] Soweit bestimmte Dokumentationspflichten für gefährliche Produkte bestehen, sind diese in erster Linie an den Arbeitgeber als Unternehmer gerichtet; vgl. zu Beispielen auch § 5 I. b) bb) (7).
[524] *Baumbach/Hopt/Merkt,* § 257 HGB Rn. 3 bezugnehmend auf § 257 Abs. 4 HGB.

6 Jahren (§ 147 Abs. 3 AO).[525] Fehlen aber gesetzliche Regelungen zur Aufbewahrung von technischen Dokumentationen, dürfte es zutreffend sein, anzunehmen, dass eine konkrete Dauer und eine damit verbundene Rechtspflicht zur Aufbewahrung der Dokumentation nicht anerkannt werden kann.[526]

145 **(b) Industrienormen.** Betrachtet man praktische Fälle, bezogen z. B. auf die **Lebensdauer** von Produkten bei Rohrleitungssystemen, die z. T. 50 Jahre betragen und/oder aber auch bei Maschinenherstellern, deren Produkte bis zu 80 Jahre nicht selten in Verkehr bleiben, stellt sich die Frage, ob dann nicht – jedenfalls für die ausdrückliche Lebensdauer des Produktes – entsprechende Aufbewahrungspflichten bestehen.

146 Aber auch insoweit ist deutlich herauszustellen, dass zwischen der Aufbewahrung technischer Dokumentationen und etwa der Bevorratung von Ersatzteilen kein „Gleichklang" hergestellt werden kann. Die Aufbewahrungspflicht des Verkäufers im Hinblick auf Ersatzteile mag als vertragliche Nebenpflicht angesehen werden, dies ist bei und im Zusammenhang mit technischen Dokumentationen nicht der Fall. Bei der Aufbewahrung von **technischen Dokumentationen,** mit deren Hilfe die Konformität des Produkts mit harmonisierten oder anerkannten Normen nachgewiesen wird, handelt es sich i. d. R. nicht um Pflichten aus einem gegenseitigen Vertrag. Die Aufbewahrung der Dokumentation liegt vielmehr zunächst und intensiv erst einmal im Interesse des Herstellers selbst, der sich ggf. im Falle einer Inanspruchnahme oder in dem Fall, dass er mit einer Produkthaftungsklage überzogen wird, entlasten will und ggf. erfolgreich entlasten kann.

147 In bestimmten Industrienormen, etwa der ISO / TS 15875-7 und auch in der DIN EN 15015, wird geregelt, dass spezifische Unterlagen **10 Jahre aufzubewahren sind.** Auch in diesen Regelungen wird aber nicht gefordert, dass technische Dokumentationen während der gesamten Lebensdauer des Produkts zu verwahren sind.

148 **(c) Stellungnahme.** Schon im Hinblick auf § 13 ProdHaftG muss ein Hersteller damit rechnen, dass er zumindest 10 Jahre nach dem Zeitpunkt, in dem er das Produkt, welches den potentiellen Schaden verursachen kann, in Verkehr gebracht hat, die Dokumente aufzubewahren hat. Da gerade mithilfe technischer Dokumentationen im Zweifel auch belegt werden kann, dass ein Ausschlusstatbestand eingreift (vgl. insbesondere § 1 Abs. 2 Nr. 4 oder § 1 Abs. 2 Nr. 5 ProdHaftG), sollten technische Unterlagen – bereits im eigenen Herstellerinteresse – jedenfalls über diesen Zeitraum, mithin **zumindest 10 Jahre** nach dem erstmaligen Inverkehrbringen, und wenn das Produkt nicht sogleich vom Abnehmer umgeschlagen wird, kann sich der Zeitraum auch um 1 bis 2 Jahre (oder mehr) aus Beweisgründen heraus verlängern, aufbewahrt werden.

149 Diese Einschätzung entspricht auch einigen vorliegenden Stellungnahmen von Verbänden, die überwiegend darauf hinweisen, dass rechtlich verbindliche Regelungen nicht existieren und ihre Aussagen daher lediglich **Empfehlungscharakter** hätten. Von den verschiedenen Verbänden erhalten wir als Anwälte unterschiedliche Auskünfte, konkret sollten einige Dokumente **5 Jahre** aufbewahrt werden; andere Verbände sprechen von Aufbewahrungsfristen von 10 Jahren. Geschäftsordnungen verschiedener Zertifizierungsstellen sehen vor, dass nach erfolgreicher Konformitätsbewertung die zum Antrag gehörenden Unterlagen von diesen mindestens 15 Jahre aufbewahrt werden.

150 In naher Zukunft – wohl schon ab 2015 – wird die **10-Jahresfrist** auch aus europäischem Produktsicherheitsrecht folgen. Denn das am 13.2.2013 von der Kommission vorgestellte **Produktsicherheits-Marktüberwachungspaket** sieht eine **Aufbewahrungsfrist** von **10 Jahren** ab dem Zeitpunkt des Inverkehrbringens für technische Unterlagen vor.[527]

---

[525] Die Aufbewahrungsfrist kann Auskunftsansprüche begrenzen, OLG Hamm, NZG 2006, 620.

[526] Ebenso *Foerste,* in Foerste/Graf von Westphalen, § 30 Rn. 33.

[527] Vgl. dazu die Ausführungen unter § 8 III. 11. b) aa) Rn. 105 f.

All dies haben die Vertragspartner, also Verkäufer auf der einen Seite (Händler) und auch die Vertragspartner bis hin zur Produktion des Teilezulieferanten und auch die Subzulieferanten zu berücksichtigen. In internationalen Lieferketten, die heutzutage häufig anzutreffen sind, können daher unterschiedliche Regeln existieren. 151

(2) Art und Umfang der aufzubewahrenden Dokumentationen. Wie soeben betont, ist ohne jedwede Dokumentation die Entlastung des Herstellers unter Umständen nur schwer zu erreichen. Dann stellt sich die Folgefrage, welche Dokumente – jedenfalls vorsorglich und vorbeugend – am besten aufzubewahren sind. Dies hängt in erster Linie von der Unternehmensstruktur selbst ab.[528] Soweit international und insbesondere in der Bundesrepublik Deutschland keine gesetzlichen Regelungen existieren, hat der Hersteller Freiheiten. Zu beachten sind in Deutschland die Folgen der Novellierung des Verbraucherinformationsgesetzes (VIG). Auch das EU-Marktüberwachungspaket vom 13.2.2013 kann insoweit Informationen liefern.[529] Die Dokumente reichen derzeit von Qualitätsvorgängen über die Qualitätssicherung über die Qualifikation und natürlich die einzelnen Schritte von der Entwicklung bis zum Inverkehrbringen (bei Herstellern), etwaige Risiko-Analysen und Verzeichnisse technischer Normen oder anderer sicherheitsrelevanter Bestimmungen; dazu gehören Betriebsprüfungen, Erstmusterkontrollen, Wareneingangs- und/oder -ausgangskontrollen, Prüfverfahren, etc.[530] 152

Völlig frei ist der Unternehmer auch, **wie** er die technischen Dokumentationen aufbewahrt (Mikrochips, CD, etc.). 153

Was nun die Abwehrstrategien betrifft, wird schnell deutlich, dass zur eigenen Entlastung die Dokumente möglichst lange und möglichst in umfassendem Umfange vorbeugend archiviert werden sollten. Letztendlich ist dies natürlich auch eine Frage der Kosten-Nutzen-Relation. In speziellen Bereichen muss man auch mit **Klagen über Auskunftsansprüche** zur Vorbereitung von Schadenersatzansprüchen rechnen (vgl. etwa § 84a AMG).[531] Solange der Hersteller oder Verkäufer mit etwaigen Auskunftsansprüchen überzogen werden kann, oder der Hersteller definitiv mindestens 10 Jahre, wenn nicht noch länger in eine Haftungssituation und in Schadensersatzprozesse geraten kann, sollte er – aufgrund der oben angeführten Argumente – ein für seinen Betrieb und für sein Unternehmen brauchbares **Archivierungskonzept** entwickeln, das heutzutage auch internationalen Lieferketten gerecht werden sollte. 154

II. Die Haftung aus unerlaubter Handlung

1. Unterschiede in der Funktion und den Voraussetzungen zwischen vertraglicher und gesetzlicher Haftung

Es gilt ein **Nebeneinander** zwischen vertraglichen Ansprüchen und deliktsrechtlichen Ansprüchen **(Kumulationsprinzip).**[532] Ansprüche nach Vertragsrecht, insbesondere die 155

[528] Vgl. *Hollmann,* QZ 1984, 23; und etwa die Zusammenstellung des Verbandes der Automobilindustrie (VDA), Dokumentation und Archivierung, 3. Aufl., 2008.

[529] Vgl. dazu die Ausführungen unter § 8 III. 11. b) aa) Rn. 105 f.

[530] Ebenso *Foerste/Graf von Westphalen,* § 31 Rn. 168; vgl. instruktiv zur Qualität von **Sicherheitsdatenblättern** *Mayer-Figge,* Anspruch und Wirklichkeit, StoffR 2013, 52–66.

[531] Vgl. dazu OLG Frankfurt, Urt. vom 21.6.2012, Az. 22 U 89/10 MPR 2012, 169, 173 – IDC-Defibrillator: Das OLG hielt die analoge Anwendung von § 84a AMG nicht für gegeben, ebenso wenig hat es einen Auskunftsanspruch nach § 810 BGB zugebilligt. *Hartmannsberger/Wagner,* InTeR 2013, 37, 38, 42 besprechen Ansprüche nach § 242 BGB und stellen die Folgen der Novellierung des Verbraucherinformationsgesetzes (VIG) dar.

[532] Vgl. dazu MüKo/*Wagner,* § 823 Rn. 619.

Sachmängelhaftungsansprüche nach den §§ 437 ff. BGB und auch Schadenersatzansprüche nach den §§ 280 ff. BGB, werden nach ihren jeweiligen Anspruchsvoraussetzungen hin überprüft und von den Grundsätzen der deliktischen Produkthaftung grundsätzlich nicht berührt. Die maßgeblichen vertragsrechtlichen Regelungen laufen eigenständig: So wird etwa die Rügeobliegenheit des § 377 HGB nicht auf Ersatzansprüche aus deliktischer Produkthaftung – auch nicht etwa analog – angewandt,[533] umgekehrt greifen die vertraglichen Verjährungsfristen, etwa des § 438 oder des § 634a BGB nicht bei deliktsrechtlichen Ansprüchen, noch werden Ersatzansprüche aus deliktischer Produkthaftung von einem vertraglichen Sachmängelhaftungsausschluss nach § 444 BGB erfasst.[534] Sind die Voraussetzungen für Ansprüche aus einem Vertragsverhältnis gegeben, werden Ansprüche aus Deliktshaftung nicht ausgeschlossen und dem Grunde nach auch nicht modifiziert.[535]

2. Haftung nach Deliktsrecht

156 Nach deutschem Deliktsrecht haftet ein Unternehmer für Schäden, die durch ein von ihm in Verkehr gebrachtes mangelhaftes Produkt an Rechtsgütern Dritter verursacht werden. Vergleicht man das deutsche Deliktsrecht mit Rechtsordnungen anderer Staaten, ist dies keine Selbstverständlichkeit.[536] Denn insbesondere in den USA, aber auch in Frankreich war die Haftung des Warenherstellers durchaus lange Jahre primär eine vertragsrechtliche Haftungssituation.[537] Auch in Deutschland wurde zunächst versucht, die Haftung des Warenherstellers über das Vertragsrecht zu erfassen, insbesondere über die Grundsätze der sog. **Drittschadensliquidation**[538] und/oder sogar mit der sog. **Vertrauenshaftung.**[539] In Österreich geschieht dies über das Institut des Vertrages mit Schutzwirkung für Dritte.[540] Die berühmte Hühnerpest-Entscheidung aus dem Jahr 1968 schaffte insoweit jedoch Klarheit und verdrängte die angedachten Ansätze dahingehend, dass die Produkthaftung heute – nach deutschem Recht – grundsätzlich der außervertraglichen Haftung zuzuordnen ist.[541]

a) Abgrenzung zum ProdHaftG

157 Das Verhältnis zwischen der **deliktischen Produzentenhaftung** und der Haftung nach dem ProdHaftG wird in § 15 Abs. 2 ProdHaftG eindeutig geregelt: Die Haftung aufgrund anderer Vorschriften bleibt danach unberührt.[542] Sowohl die vertragliche Haftung entfaltet

---

533 Vgl. dazu BGHZ 101, 337, 343 ff.; *Huber,* AcP 177 (1977), 281, 321 ff.; MüKo/*Wagner,* § 823 Rn. 619; ggf. aber im Rahmen von § 254 BGB berücksichtigt; vgl. etwa LG Regensburg u. OLG Nürnberg, z. Zt. anhängig als Nichtzulassungsbeschwerde beim BGH (brennender Rauchmelder); vgl. dazu auch *Lenz,* in FS für Meilicke, 425 ff.

534 Vgl. aber zu § 476 a. F. noch BGHZ 67, 359, 366 ff.; ebenso MüKo/*Wagner,* § 823 Rn. 619.

535 So ausdrücklich in dieser Generalität unter Berufung auf BGHZ 80, 186, 197: MüKo/*Wagner,* § 823 Rn. 619; zum Verhältnis von Produkt- und Stoffrecht siehe *Peine,* StoffR 2011, 188 ff.

536 Darauf weist MüKo/*Wagner,* § 823 Rn. 617 zu Recht hin.

537 *Witz/Wolter,* RIW 1998, 832; vgl. auch *Leonhard,* ZVglRWiss. 98 (1999), 101, 112 ff.

538 *Gernhuber,* Karlsruher Forum, 1963, 1, 3 ff.

539 *Canaris,* JZ 1968, 494, 501 ff.; *Rehbinder,* ZHR 129 (1967), 171, 180 ff.; vgl. dazu auch MüKo/*Wagner,* § 823 Rn. 617 u. insbesondere dort Fn. 2822 ff.

540 Vgl. dazu jüngst OGH, Urt. vom 2.12.2010, Az. 2 Ob 162/10b – Dachfolie (Unterspannbahn): Infolge des Sturms Kyrill am 18. und 19.1.2008 waren Dachziegel verrückt worden und fehlerhafte Dachfolie wurde (erstmals) sichtbar.

541 BGH, NJW 1969, 2069 m. Anm. *Diederichsen,* JZ 1969, 387 m. Anm. *Deutsch;* MüKo/*Wagner,* § 823 Rn. 617.

542 Vgl. *Lorenz,* ZHR 151 (1987), 1 ff.; vgl. aber auch *Sack,* VersR 1988, 439.

sich nach ihren eigenen Anspruchsvoraussetzungen als auch die deliktische Produkthaftung, und ebenso wird ein Eingreifen der Regelungen nach §§ 1 ff. ProdHaftG ausschließlich nach den dort genannten Voraussetzungen beurteilt (siehe auch Kommentierung zu § 15 ProdHaftG).[543]

b) Verbleibender (wesentlicher) Unterschied

Die Unterschiede zwischen der deliktischen Produzentenhaftung und einer Haftung nach § 1 ProdHaftG sind nach einigen gesetzlichen Änderungen nicht mehr sehr groß: Nach der Novellierung des Schmerzensgeldanspruchs, (früher § 847 BGB) jetzt in § 253 Abs. 2 BGB geregelt,[544] kann Schmerzensgeld auch über § 1 ProdHaftG gewährt werden. Der gravierendste Unterschied liegt immer noch beim „Verschulden", da die Haftung nach § 823 BGB – anders als die Haftung nach § 1 ProdHaftG – zumindest fahrlässiges Handeln (§ 276 BGB) voraussetzt. Vgl. zu den Unterschieden im Übrigen die Tabelle unter Rn. 292. 158

c) Haftung nach § 823 Abs. 1 BGB

Nach § 823 Abs. 1 BGB macht sich derjenige schadensersatzpflichtig, der „vorsätzlich oder fahrlässig das Leben, den Körper, die Gesundheit, die Freiheit, das Eigentum oder ein sonstiges Recht eines anderen widerrechtlich verletzt". Genannt werden also gesetzlich bestimmte **Rechtsgüter** (Leben, Körper und Gesundheit) und **Rechte** (Eigentum und sonstige Rechte). Nachfolgend werden die geschützten Rechtsgüter und Rechte im Einzelnen dargelegt. 159

aa) Geschützte Rechtsgüter und Rechte

(1) Das Leben. Das **Leben** ist das höchste aller Rechtsgüter. In der produkthaftungsrechtlichen Praxis aber kommt ihm deshalb nur ein untergeordnetes Maß an Bedeutung zu, da der Gesetzgeber bisher den Angehörigen von durch mangelhafte Produkte Getöteten grundsätzlich keine Schmerzensgeldansprüche (vgl. § 253 Abs. 2 BGB) zubilligt.[545] De lege lata kommen somit allenfalls Schadenersatzpflichten gegenüber dessen **Angehörigen** nach den §§ 844 ff. BGB in Betracht. Reformbestrebungen sind im Gange.[546] An den Bestrebungen dürfte eins zutreffend sein: Wird eine Person verletzt, so hat diese einen Schmerzensgeldanspruch gegen den Schädiger. Wird die Person hingegen getötet, erhält das Opfer – zwangsläufig – nichts, aber i. d. R. nicht einmal dessen Angehörige, wenn sie nicht vor Eintritt des Todes tatsächlich selbst Schmerzen und Qualen erlitten haben.[547] Möglicherweise wäre es sachgerecht, einen konkreten Schmer- 160

543 Palandt/*Sprau*, § 15 ProdHaftG Rn. 7.

544 Mit dem zweiten Schadenersatzrechtsänderungsgesetz ist das Schmerzensgeld insgesamt umstrukturiert worden, vgl. dazu auch *Wagner*, NJW 2002, 2049, 2053 ff.

545 BGHZ 138, 388, 391 ff. = NJW 1998, 2741, 2742: Schmerzensgeld nur in engen Grenzen.

546 Vgl. etwa *Kötz/Wagner*, Deliktsrecht, Rn. 773 ff.; auch *Schäfer/Ott*, JZ 1990, 563, 569 ff.; ablehnend aber *Müller*, VersR 1995, 489, 494 m. w. N. bei MüKo/*Wagner*, § 823 Rn. 127 sowie *Wagner* auf dem Deutschen Verkehrsgerichtstag aus dem Jahre 2011 und *Wagner*, AcP 206, 352 ff.; *Magnus*, ZEuP 2004, 562, 578 ff.; vgl. auch bei Selbstmord, BAG, NJW 2009, 251, 254; *Vismara*, zu Ersatzleistungen für Personenschäden in Europa im Vergleich, PHi 2013, 138 ff.

547 Bei sog. **Schockschäden** (grundlegend: BGHZ 56, 163, 165) verfolgt die deutsche Rechtsprechung bisher eine restriktive Linie, was in der Literatur kritisiert wird, *Diederichsen*, DAR 2011, 122; *Huber*, NZV 2012, 5; trotzdem ist eine schnelle Änderung nicht zu erwarten; auch der 66. DJT (2006) hat sich gegen eine Reform ausgesprochen, vgl. dazu das Gutachten von *Wagner*, AcP 206, 352 ff.; zur Ablehnung, JZ 2007, 232; Palandt/*Grüneberg*, vor § 249 Rn. 8 und Rn. 40.

zensgeldbeitrag bei der Verursachung des Todes durch den Geschädigten von diesem einzuführen, insbesondere dann, wenn der Schädiger zwangshaftpflichtversichert ist, etwa durch eine Kfz-Haftpflichtversicherung, oder ggf. eine Produkthaftpflichtversicherung,[548] die man mit entsprechenden Inhalten abschließen könnte, was bisher noch nicht vorgesehen ist.

161 **(2) Körper- und Gesundheitsbeeinträchtigung.** Nicht einfach ist die Abgrenzung der beiden Rechtsgüter „Körper“ und „Gesundheit“ voneinander. In Rechtsprechung und Literatur wird herkömmlich die sog. **Körperverletzung** als die „Verletzung der äußeren Integrität des Körpers verstanden“,[549] die **Gesundheitsverletzung** demgegenüber als das „Funktionieren der inneren Lebensvorgänge ohne Rücksicht auf die Integrität der Organe und Körperteile“.[550] Körper- und Gesundheitsverletzungen greifen aber ineinander über, nicht nur weil zwangsläufig auch die Verletzung der äußeren Integrität früher oder später zu einer Störung der inneren Lebensvorgänge führen kann.[551]

162 Die Haftung kann eintreten unabhängig davon, ob das Opfer über eine schwache Konstitution verfügte oder gar eine Vorschädigung hatte.[552] Zu Gesundheitsverletzungen kann es auch durch chemische Stoffe kommen, wie etwa in den Holzschutzmittel-Fällen.[553] Im Zweifel genügen auch somatische Beeinträchtigungen,[554] durch Vergiftung hervorgerufene Beeinträchtigungen,[555] Schädigungen eines Sportlers durch Dopingmittel[556] oder auch die Ansteckung mit einer Krankheit,[557] ggf. aufgrund unrichtiger Informationen der Mutter über eine etwaige Erbkrankheit,[558] nicht aber die irrationale bloße Angst einer bei einem Allergietest mit Rindfleisch in Berührung kommenden Vegetarierin.[559] Hersteller von Blutkonserven unterliegen strengen Sorgfaltspflichten im Hinblick auf das Screening der Spender und die Untersuchung des gespendeten Blutes.[560] Schwierigkeiten bereiten sog. **gesundheitsschädliche Genussmittel** (z. B. Tabak). Die verschiedenen Rechtsordnungen und Rechtskulturen lösen auftretende Probleme unterschiedlich (vgl. etwa im

---

[548] In anderen Ländern wird dies bereits „praktiziert“: vgl. etwa Korrektionalgericht Leuven, Urt. vom 26.6.2012, Geschäftsnummer 62-LE 65.97.415-06 – Tod bei Sturz aus Hubarbeitsbühne.

[549] OLG Hamm, NJW 2012, 1088, 1089; Staudinger/*Hager,* § 823 Rn. B 8, Soergel/*Spickhoff,* § 823 Rn. 33; MüKo/*Wager,* § 823 Rn. 133.

[550] BGH, NJW 2005, 2614; BGH, NJW 1991, 1948 – HIV I; *Deutsch,* Die Gesundheit als Rechtsgut im Haftungsrecht und Staatshaftungsrecht, in: 25 Jahre Karlsruher Forum, 93/95; Soergel/*Spickhoff,* § 823 Rn. 38; Staudinger/*Hager,* § 823 Rn. B 20; MüKo/*Wagner,* § 823 Rn. 135.

[551] MüKo/*Wagner,* § 823 Rn. 133, unter Berufung auf *Larenz/Canaris* II/2, § 76 II 1b, 378; AG Köln, NJW-RR 2001, 1675 ff. – Verlust der Haare begründet die Haftung allein wegen Körperverletzung.

[552] BGHZ 20, 137, 139; BGH, NJW 1998, 810, 811; auch OLG Frankfurt, NJW-RR 2000, 1268, 1271 – Brustsilikonimplantat.

[553] OLG Düsseldorf, NJW-RR 1999, 32, 33 ff.; OLG Stuttgart, VersR 2001, 465, 468.

[554] MüKo/*Wagner,* § 823 Rn. 136.

[555] Vgl. dazu etwa RGZ 152, 159, 132; dazu auch MüKo/*Wagner,* § 823 Rn. 136: Klassische Fälle seien Vergiftungen, etwa mit von der Gemeinde geliefertem bleihaltigem Trinkwasser.

[556] *Deutsch,* VersR 2008, 145, 150.

[557] BGHZ 114, 284, 289; BGH, VersR 2005, 1238, 2614 zur Haftung für AIDS-Infektionen, insbesondere durch verseuchte Blutprodukte, aber auch BGHZ 116, 379 sowie *Scheu,* Deliktische Produktverantwortung für Hepatitis-C-Infektionen, 95 ff.; *Deutsch,* NJW 1996, 756, 757; *ders.*, NJW 1991, 1937; *Spickhoff,* Zur Haftung für HIV-kontaminierte Blutkonserven, JZ 1991, 756; Palandt/*Sprau,* § 823 Rn. 5 mit zahlreichen weiteren Beispielen.

[558] OLG Koblenz, MDR 2012, 520; BGHZ 101, 215 – Niere; zur Tätowierung *Hauck,* NJW 2012, 2398, 2400.

[559] Vgl. dazu AG Düren, NJW 2001, 901, 902.

[560] BGHZ 114, 284, 291; BGHZ 116, 379, 380 ff.; vgl. dazu auch *Spickhoff,* JZ 1991, 756; *Deutsch,* NJW 1991, 1937; sowie MüKo/*Wagner,* § 823 Rn. 136.

US-amerikanischen Recht Tabakprozesse aus Instruktionshaftung).[561] Führt die Inhalation von Tabakrauch zu einer Schädigung der Gesundheit, könnten Ansprüche gegen den Produzenten auch nach deutschem Recht dem Grunde nach gegeben sein.[562] Nichts anderes gilt etwa bei etwaigen Gesundheitsschäden durch Elektrosmog.[563] Die Schwierigkeit für etwaig potentiell geschädigte Kläger liegt darin, den Gesundheitsschaden nachzuweisen. Nicht selten helfen dann öffentlich-rechtliche Regelwerke (z. B. die EMVG[564] i. V. m. § 823 Abs. 2 BGB). Der Gesetzgeber versucht, typische Grenzwerte aufzustellen, z. B. die 26. BImSchV.[565] Thrombosezustände nach Langstreckenflügen können ebenfalls Gesundheitsbeeinträchtigungen darstellen.[566] Auch Süßwaren- und Getränkehersteller können wegen etwaiger Gesundheitsverletzungen in das Visier der Haftung geraten.[567] Nichts anderes gilt für mit Alkohol verbundene Gesundheits- und Suchtgefahren.[568] Das OLG Hamm hielt aber Warnhinweise auf Bier nicht für notwendig, da vor den exzessiven Folgen im Umgang mit Alkohol ein Hersteller nicht warnen müsse.[569] Beißt ein Verbraucher auf eine harte Nuss, hat der Hersteller von Erdnüssen mit Schokoladenüberzug nicht für die Zerstörung einer Zahnprothese einzustehen.[570] Aber auch Schockschäden, d. h. psychisch vermittelte Gesundheitsverletzungen, können Schadenersatz auslösen (vgl. §§ 844 ff. BGB), jedenfalls dann, wenn eine Erheblichkeitsschwelle erreicht ist, die einen gewissen Krankheitswert darstellt.[571]

Ob und inwieweit auch der **Verdacht einer Körperverletzung** bzw. die **Gefahr einer** 163
Gesundheitsbeschädigung bereits zu einem Eingreifen von § 823 Abs. 1 BGB führen kann, ist nur schwer zu beantworten. Allenfalls unter engen Voraussetzungen und bei wirklich massiven Verdachtsmomenten sollten Gerichte – etwa als Ausnahme – ein Eingreifen überhaupt in Erwägung ziehen. So etwa hat auch das LG Frankenthal[572] durchblicken lassen, dass bei Brustimplantaten, solange die Gesundheitsbeschädigung nicht nachgewiesen ist, lediglich die Gefahr einer solchen bestünde, und ob diese bereits einen Schmerzensgeldanspruch auslösen könne, sei zweifelhaft. Jedenfalls wäre der fehlende (nachgewiesene) Eintritt einer Schädigung zudem bei der Bemessung des Schmerzensgeldes zu berücksichtigen.[573]

---

[561] Vgl. auch *Lenz*, Tabakprozesse, StoffR 2004, 13 ff.

[562] BGHZ 124, 230, 235; vgl. auch BVerfG 95, 171, 184 zu Nachweisen medizinischer Forschungsergebnisse; vgl. dazu auch MüKo/*Wagner,* § 823 Rn. 138 sowie *ders.*, Rn. 669 ff.; sie wurden aber in Deutschland verneint.

[563] Vgl. dazu MüKo/*Wagner,* § 823 Rn. 138 sowie Rn. 710 ff.

[564] BGBl. 1998 I, 2882; vgl. dazu auch *Schünemann*, NJW 1996, 81 ff.; *Klindt*, NJW 1999, 175.

[565] MüKo/*Wagner,* § 823 Rn. 711, 712.

[566] Vgl. dazu aber MüKo/*Wagner,* § 823 Rn. 601; LG Frankfurt, VersR 2001, 1575 ff. – Economy-Class-Syndrom.

[567] LG Mönchengladbach, NJW-RR 2002, 896 – Coca-Cola und Mars; OLG Düsseldorf, VersR 2003, 912; vgl. dazu auch *Kullmann,* NJW 2005, 1907, 1908 ff.

[568] OLG Hamm, NJW 2001, 1654 – Warsteiner, verneinend.

[569] Vgl. aber auch LG Essen, NJW 2005, 2713, 2714 – Coca-Cola; vgl. auch OLG Köln, NJW 2005, 3292, 3293 – Lakritz.

[570] OLG Köln, VersR 2007, 1003 ff.

[571] Grundlegend BGHZ 56, 163, 165 ff.; vgl. dazu auch MüKo/*Wagner,* § 823 Rn. 143; Palandt/*Grüneberg*, vor § 249 Rn. 40; mit kritischen Stimmen zur restriktiven Handhabe der deutschen Rechtsprechung *Diederichsen*, DAR 2011, 122; *Huber,* NZV 2012, 5; OLG Nürnberg, NZV 2008, 38 – Schock bei Miterleben des Unfalltodes eines nahen Angehörigen.

[572] LG Frankenthal, Urt. vom 14.3.2013, Az. 6 O 304/12 – Brustsilikonimplantat; ebenfalls abweisend LG Karlsruhe, Urt. vom 8.2.2013, Az. 7 O 94/12 – Silikon; vgl. weitergehend die Frage des Mangelverdachts bei der Eigentumsverletzung nachfolgend sub (bb).

[573] Davon zu trennnen ist die Frage, ob Behörden bereits früher tätig werden und entsprechende Warnungen – etwa unter namentlicher Nennung des Unternehmens – aussprechen dürfen; vgl. dazu EuGH, Urt. vom 11.4.2013, BeckRS 2013, 80747 sowie Impulse 2013, 98 und LG München I, LMRR 2011, 81.

164 **(3) Eigentumsverletzung.** Nach § 903 Satz 1 BGB kann der Eigentümer einer Sache nach Belieben mit ihr verfahren und andere von jedweder Einwirkung ausschließen. Dieses nach Art. 14 GG geschützte Eigentum ist demzufolge ein umfassendes Herrschaftsrecht.[574] Allerdings gilt es nicht schrankenlos (vgl. Art. 14 Abs. 2 und 3 GG). Die Vermutungsregel des § 1006 BGB gilt auch für eine objektive Eigentumsverletzung.[575]

165 **(a) Umfang.** Bedingt durch dieses Verständnis können sich Schadenersatzansprüche nach § 823 Abs. 1 BGB wegen einer „Eigentumsverletzung" insbesondere bei einer **Entziehung** oder bei einer **Belastung** des in diesem Rahmen geschützten Eigentumsrechts ergeben, aber auch bei nachteiligen Einwirkungen auf den jeweiligen eigentümlichen Gegenstand selbst, z. B. durch Substanzverletzung, oder auch bei sonstigen Störungen, etwa weil die Sache nicht mehr hinreichend genutzt werden kann. Dies gilt es nachfolgend vertieft darzustellen:

166 **(aa) Entziehung und Belastung des Eigentumsrechts.** Für die **Entziehung der Sache** ist es gleichgültig, ob sich diese durch tatsächliche Einwirkungen oder aber rechtliche Verfügungen vollzieht.[576] Im Produkthaftungsbereich spielen typische Fallkonstellationen, etwa die des Diebstahls (§ 242 StGB) oder die der Unterschlagung (§ 246 StGB), keine übergeordnete Rolle. Zudem sind vorrangig § 992 BGB bzw. auch konkurrierende Ansprüche aus § 985 BGB bzw. den §§ 989, 990 BGB zu beachten.

167 **(bb) Nachteilige Einwirkungen auf den Gegenstand und Mangelverdacht.** Im Rahmen der Produkthaftung häufiger sind Fälle von **Sachbeschädigungen** (§ 303 StGB) zu berücksichtigen, d. h. die Einwirkung auf die **Sachsubstanz** selbst (durch Zerstörung, Beschädigung, Verunstaltung).[577] Dabei können dies **unmittelbare** oder auch **mittelbare** Eigentumsverletzungen sein, wie etwa die Vernichtung von Fischen durch Abwässer, die in einen Teich geleitet werden,[578] aber auch die Beschädigung von Gebäuden durch Rissbildungen etwa in Form von Erschütterungen oder auch Ausgrabungen,[579] die Kontamination des Bodens,[580] Lackbeschädigungen durch eisenhaltige Staubpartikel,[581] die Verlegung von Kabeln in fremden Grund und Boden.[582] Ggf. genügt in Ausnahmekonstellationen auch eine Störung der **Sach-Umweltbeziehung**[583] durch tatsächliche Einwirkung. Demgegenüber stellen bloße Staubablagerungen jedenfalls keine Eigentumsverletzungen dar.[584]

168 Anders wiederum, wenn die **Dispositionsfreiheit** des Berechtigten betroffen wird.[585] So wird eine **Eigentumsverletzung bejaht,** wenn Veränderungen der Substanz die Verwendungsfähigkeit der Sache ebenfalls beeinträchtigen wie z. B. bei einem behördlichen Vermarktungsverbot;[586] aber auch, wenn ein Tank gegen den Willen des Eigentümers befüllt

---

574 Ebenso MüKo/*Wagner,* § 823 Rn. 164.

575 BGH, WM 1977, 225; Palandt/*Sprau,* § 823 Rn. 80 und Rn. 7.

576 BGH, DB 1976, 814; Palandt/*Sprau,* § 823 Rn. 7.

577 Vgl. dazu etwa MüKo/*Wagner,* § 823 Rn. 112 m. w. N.; Palandt/*Sprau,* § 823 Rn. 7.

578 BGH, NJW 1976, 291, 292.

579 BGH, NJW 1983, 872, 873 ff.; OLG Köln, VersR 1987, 513; OLG Bremen, NJW 1952, 145 – Motorkolben.

580 BGH, VersR 1972, 274, 275; BGH, NJW 1995, 1150.

581 BGH, NJW 1985, 47, 48.

582 MüKo/*Wagner,* § 823 Rn. 174.

583 Palandt/*Sprau,* § 823 Rn. 7 unter Berufung auf *Picker,* JZ 2010, 541; Einzelheiten sind sehr streitig.

584 So explizit MüKo/*Wagner,* § 823 Rn. 174 m. w. N.

585 Vgl. umfangreiche Kasuistik bei *Plum,* AcP 181 (1981), 68, 93 ff.; und zur ähnlichen Rechtslage bei der Sachbeschädigung im Strafrecht bei *Schönke/Schröder,* § 303 StGB.

586 BGH, NJW 1989, 707, 708; OLG Koblenz, VersR 2007, 73, 74 – belastetes Futter durch Medikamente; MüKo/*Wagner,* § 823 Rn. 175 m. w. N.; siehe auch „Nachweis erhöhten Gehalts an Aflatoxin in Futtermais aus Serbien", www.bmelv.de.

wird;[587] Tiefgefrorenes, das während des Transports zum Auftauen gebracht wird,[588] oder auch ein Abwasserkanal, der mit Beton zugesetzt wird,[589] oder übel riechendes Gewindeschneidemittel, das hartnäckig an Wasserinnenrohren angelagert wird, so dass es nur mit großem Aufwand wieder beseitigt werden kann.[590]

Wegen mangelhafter Dispositionsfreiheit des Berechtigten können selbst Produkte, die mit einem **schwerwiegenden Mangelverdacht** behaftet sind und die sich nicht ohne wirtschaftlich leichten Einsatz als mangelfrei darstellen lassen, ebenfalls – aber nur in Ausnahmefällen – eine Eigentumsverletzung darstellen.[591] Dennoch sollten Gerichte nicht allzu forsch und ggf. unter Außerachtlassung der Grundsätze zur Beweislast (dazu sub ee) zur Annahme einer Eigentumsverletzung in Fällen des Gefahrverdachts kommen. Die jeweils im Einzelfall zutreffende Entscheidung muss zwingend mit der gesetzlichen Regelung des § 823 Abs. 1 BGB vereinbar sein. Bisweilen liegt es in Fällen dieser Art näher, eine Haftung unter dem Blickwinkel der „Verletzung von Verkehrssicherungspflichten" (siehe sub (1). bb) Rn. 186 ff.) in Betracht zu ziehen,[592] denn es geht nicht selten dann um Fragen nach der Kostentragungspflicht bei präventiv notwendig werdenden Gefahrabwendungsmaßnahmen.[593] 169

(cc) Sonstige Störungen der Nutzbarkeit der Sache. Kommt es weder zu einer Beeinträchtigung der Sachsubstanz noch zu einer körperlichen Einwirkung auf die Sache selbst, ist stets im Einzelfall darauf zu achten, dass das BGB nicht von einer allgemeinen Fahrlässigkeitshaftung für reine Vermögensschäden ausgeht und dass demzufolge nicht allzu früh eine Eigentumsverletzung angenommen wird.[594] Zu verweisen ist auf den berühmten Fleet-Fall:[595] Nachdem die Ufermauer eines Kanals hinabgestürzt war, konnte ein Schiff des Klägers – anders als von ihm gewünscht – das Fleet nicht mehr verlassen, andere konnten nicht mehr zur Verladestelle hineinfahren. Hinsichtlich des eingesperrten Schiffes nahm der BGH eine Eigentumsverletzung an, er verneinte sie jedoch hinsichtlich der ausgesperrten Schiffe.[596] Was die allzu voreilige Annahme einer eben vom BGB nicht 170

---

587 BGH, VersR 2006, 381.

588 MüKo/*Wagner*, § 823 Rn. 175.

589 BGH, VersR 2002, 503, 504.

590 BGH, NJW 1994, 517, 518 – Gewindeschneidemittel I mit Besprechung von *Foerste*, NJW 1994, 909; BGH, NJW-RR 1995, 342 – Gewindeschneidemittel II; vgl. dazu auch JZ 1994, 574 m. Anm. *Brüggemeier*.

591 Vgl. dazu BGH, NJW 1989, 707, 708; AG Wolfsburg, NJW-RR 1986, 989; AG Bad Kreuznach, NJW-RR 1987, 242; vgl. zum Vorliegen eines Sachmangels bei Mangelverdacht, OLG Naumburg, Urt. vom 6.11.2008, autokaufrecht.info 2008/11. Und zur Gefahr einer Körperverletzung vgl. (2) Rn. 161 ff.

592 BGH, Urt. vom 13.7.2010, Az. VI ZR 254/09, VersR 2010, 1666–1668 – Zurückverweisung wegen Verfahrensmangel (Vorinstanz OLG München, Urt. vom 21.7.2009, Az. 18 U 1549/09, BeckRS 2010, 18785 – Herzschrittmacher und bestrittene Funktionsbeeinträchtigung); vgl. auch OLG Hamm, VersR 2011, 637, 640 – Herzschrittmacher: Liegt ein Produktfehler vor in einer „abstrakten Fehlerwahrscheinlichkeit", muss der Sachverständige den konkret in Rede stehenden Schrittmacher nicht untersuchen; Einzelheiten werden im Zusammenhang von § 3 ProdHaftG erörtert. Zur Thematik der „mangelverdächtigen Medizinprodukte" siehe *Dahm-Loraing/Koyuncu*, PHi 2010, 108, 113 und *dies.*, PHi 2010, 142, 150 auch zur Frage, wann der bloße Mangelverdacht ein „Produktfehler" sein kann. Dazu auch *Handorn*, PHi 2011, 206 ff. und Einzelheiten im Kapitel zum Produkthaftungsgesetz.

593 LG Bielefeld, Urt. vom 22.10.2010, Az. 18 O 14/08 letzte Seite – Kosten für Herzschrittmacherwechsel; OLG Düsseldorf, MPR 2012, 50 ff. – zur Haftung des Vertriebshändlers bei Defekten eines implantierbaren Defibrillators; OLG Frankfurt, StoffR 2007, 189 – zur Verletzung der Produktbeobachtungspflicht bei Herzschrittmachern.

594 BGH, NJW-RR 2005, 673, 674; *Brüggemeier*, VersR 1984, 902, 903 ff.; MüKo/*Wagner*, § 823 Rn. 180.

595 BGHZ 55, 153, 159 – Fleet; dazu auch *Kullmann/Pfister*, Produzentenhaftung, Kza 7415.

596 BGHZ 55, 153, 159 – Fleet.

vorgesehenen allgemeinen Fahrlässigkeitshaftung angeht, soll diese auch nicht über § 823 Abs. 2 BGB eingeführt werden.[597] Der BGH hat als entscheidendes Kriterium abgestellt auf die „Intensität" der Nutzungsbeeinträchtigung. Bei dem eingesperrten Schiff war die Verwendungsfähigkeit praktisch in Gänze aufgehoben, anders als bei den Schiffen, die nur einen bestimmten Weg nicht mehr haben einschlagen können (außenliegende Schiffe). Die Grenze ist im Einzelfall schwer zu ziehen.[598] In den sog. „Stromkabel-Fällen" hat der BGH eine Eigentumsverletzung hinsichtlich einer etwaigen Substanzverletzung geprüft und dann in Einzelfällen bejaht, wenn etwa Bruteier infolge des Stromausfalls tatsächlich verdorben waren.[599] Weil die Nutzungsfunktion in § 903 Satz 1 BGB besonders hervorgehoben wird und § 906 BGB stillschweigend ebenfalls voraussetzt, dass Nutzungsbeeinträchtigungen als Eigentumsstörungen zu qualifizieren sind, wird bei der Abgrenzungsfrage gerade dies hervorgehoben, zugleich aber ausdrücklich bisweilen die Gefahr erwähnt, die es hat, wenn – bei reinen Vermögensschäden – allzu schnell eine allgemeine Fahrlässigkeitshaftung nach § 823 BGB angenommen wird.[600]

171 **(b) Weiterfresserschäden.** Bedingt dadurch, dass der nach dem Bürgerlichen Gesetzbuch gewährte Eigentumsschutz grundsätzlich „kein Recht auf fehlerfreie Produktion erst (noch) zu erwerbender Sachen" gewährt,[601] schützen den Erwerber einer mangelhaften Sache infolge des Mangels und daraus resultierender Schäden grundsätzlich nur kaufrechtliche Ansprüche.[602] Dennoch hat die Rechtsprechung schon bis zu den 1970er bzw. 1980er Jahren Schadenersatzansprüche in Fällen gewährt, in denen Schäden an Maschinen oder sonstigen Geräten dadurch entstanden, dass ein später eingebautes Ersatzteil oder eine Zusatzanlage mit Fehlern behaftet war und es infolge dessen zu Schäden an anderen, ursprünglich schon vorhandenen Teilen des Gerätes oder der Maschinen kam.[603] Nichts anderes gilt, wenn fehlerhafte Teile in ein Bauwerk eingefügt werden und an diesem schließlich Schäden entstehen.[604] Wie der BGH in seiner Asbestzementplatten-Entscheidung herausgestellt hat,[605] hat die Rechtsprechung keinen Unterschied gemacht, ob die

---

[597] BGH, NJW-RR 2005, 673 ff., ebenso MüKo/*Wagner*, § 823 Rn. 180.

[598] Vgl. etwa BGH, NJW 1983, 2313 u. Anm. dazu *Müller-Graff*, JZ 1983, 857 – Zufahrt eines Binnenhafens war für ca. 1 Jahr versperrt, BGH verneinte einen Eingriff in das Eigentum; oder auch BGH, NJW-RR 2005, 673, 674 – Verneinung der Eigentumsverletzung infolge der Beschädigung der Oberleitung auf einem bestimmten Streckenabschnitt, wenn Loks nicht eingesetzt werden können; unterschiedliche Entscheidungen im Hinblick auf die Ablagerung von Abfall auf einem fremdem Grundstück als eine vom Produzenten zu verantwortende Eigentumsverletzung, verneinend: OLG Düsseldorf, VersR 1995, 1363, 1364, vgl. insgesamt dazu auch MüKo/*Wagner*, § 823 Rn. 181 m. w. N.

[599] BGH, NJW 1964, 720, 722; liegt kein Substanzschaden vor, sondern bloß „zeitweiliger Betriebsstillstand", hat der BGH Ansprüche wegen Eigentumsverletzung und auch wegen Verletzung des Rechts am eingerichteten und ausgeübten Gewerbebetrieb verneint; BGH, NJW 1959, 479 ff.; vgl. auch bei Oberleitungen der Bahn wie bereits zitiert BGH, NJW-RR 2005, 673, 674 sowie für Telefonleitungen BGH, VersR 1977, 616, 617.

[600] Vgl. dazu insbes. *von Bar*, Probleme der Haftpflicht für deliktsrechtliche Eigentumsverletzungen, 31; *Jahr*, AcP 183 (1983), 725, 756; MüKo/*Wagner*, § 823 Rn. 184; *Brüggemeier*, VersR 1984, 902 ff. und im Ergebnis auch *Müller-Graff*, JZ 1983, 857 ff., 860, 862.

[601] Vgl. dazu *Kullmann*, Höchstrichterliche Rechtsprechung, Rn. 19.

[602] Vgl. dazu *Foerste*, Weiterfresser- und Produktionsschäden im neuen Licht, in FS für Graf von Westphalen, 161 ff., 162.

[603] BGH, NJW 1971, 1131, 1132 – Achs-Aggregat; OLG Bremen, NJW 1952, 145 – Motorkolben; BGH, BB 1972, 572 – Lenkanzeige Sicherungsgerät; BGH, NJW 1979, 2148 – Kartonmaschine.

[604] BGH, VersR 1984, 1151 – Dachfolie; OLG Stuttgart, NJW 1967, 572 – fehlerhafte Dachkonstruktion; BGHZ 39, 366, 367; BGH, VersR 1957, 304 – Betonbalken.

[605] BGH, VersR 1981, 779 – Asbestzementplatten; vgl. dazu auch *Kullmann/Pfister*, Handbuch Produzentenhaftung, Kza 7415/7 sowie *Kullmann*, Höchstrichterliche Rechtsprechung, Rn. 22.

mangelhaften Bauteile *vor* oder *nach* Einfügung der später beschädigten Teile in das Gebäude eingebaut wurden.

Der BGH gewährt aber auch Schadenersatzansprüche wegen Schäden durch Produkte, 172
die im Zeitpunkt ihrer Herstellung bzw. ihres Inverkehrbringens bereits mangelhaft waren bzw. einen latenten Defekt aufwiesen, der sich erst nach dem Eigentumserwerb eines Dritten dann materialisiert und deshalb andere Teile oder sogar die ganze Sache beschädigt oder zerstört (sog. **Weiterfresserschäden**).[606] Voraussetzung für die Gewährung von Schadenersatz für den Geschädigten ist nach Ansicht des BGH aber, dass sich in der Beschädigung oder Zerstörung des Produkts ein Schaden verwirklicht, den zu vermeiden dem Verkäufer bzw. Hersteller im Integritätsinteresse des Erwerbers durch eine deliktische Sorgfaltspflicht oblag.[607] Die Rechtsprechung zu den sog. Weiterfresserschäden geht auf die berühmte **Schwimmschalter-Entscheidung** des **VIII. Zivilsenats** aus dem Jahr 1976 zurück.[608] Weil ein die Heizung der Anlage regulierender sog. Schwimmschalter seinerzeit nicht funktionierte, war eine Reinigungsanlage durch einen Brand zerstört worden. Obwohl die erworbene Kaufsache von vornherein mangelhaft hergestellt worden war und der Käufer damit nie mangelfreies Eigentum erworben hatte, bejahte der BGH dennoch eine Eigentumsverletzung mit der Begründung, der Mangel habe sich auf ein „funktionell begrenztes Einzelteil" beschränkt und erst anschließend nach Eigentumserwerb auf das im Übrigen mangelfreie Eigentum des Käufers ausgedehnt.[609] Der VI. Zivilsenat des BGH hat sich dieser Rechtsprechung angeschlossen und im sog. **Gaszug-Urteil**[610] dem verunglückten Käufer eines PKW, der wegen eines mangelhaften Gaszugs auch dann beschleunigte, wenn der Fuß vom Gaspedal herunter genommen wurde, Schadenersatz wegen deliktischer Eigentumsverletzung gewährt.[611]

Hingegen liegen nach Ansicht des BGH eine Eigentumsverletzung und damit eine 173
Haftung für geltend gemachte Schäden nicht vor, sofern die Schäden lediglich den auf der Mangelhaftigkeit des Produkts beruhenden Unwert für das **Nutzungs- und Äquivalenzinteresse** des Erwerbers ausdrücken.[612] Als Abgrenzungskriterium für die beiden soeben erwähnten Fallgestaltungen und für die Beurteilung der Frage, ob sich im Schaden das verletzte **Integritätsinteresse** niedergeschlagen hat oder nicht, stellt der BGH darauf ab, ob sich der Schaden mit dem Unwert deckt, welcher der Sache wegen ihrer Mangelhaftigkeit von Anfang an schon bei ihrem Erwerb anhaftete, oder ob er nicht mit der im Mangel verkörperten Entwertung der Sache **„stoffgleich"** war.[613] Stoffgleichheit nimmt die Rechtsprechung dann an, wenn bei „wirtschaftlicher Betrachtungsweise der Fehler von Anfang an die Gesamtsache, für deren Beeinträchtigung Schadenersatz begehrt wird, ergriffen hat, etwa weil die Sache als Ganzes wegen des Mangels von vornherein nicht oder nur in sehr eingeschränktem Maße zum vorhergesehenen Zweck verwendbar war".[614] Dies ist –

---

[606] Vgl. dazu auch MüKo/*Wagner,* § 823 Rn. 189 sowie *Kullmann,* Höchstrichterliche Rechtsprechung, Rn. 23 m. w. N.; Palandt/*Sprau,* § 823 Rn. 177; *Schaub,* VersR 2001, 940 bei Bauwerken.

[607] *Kullmann,* Höchstrichterliche Rechtsprechung, Rn. 23.

[608] BGH, NJW 1977, 379, 380 = JZ 1977, 343 m. Anm. *Lieb.*

[609] BGH, NJW 1977, 379, 380 ff.

[610] BGH, NJW 1983, 810 ff. = JZ 1983, 499ff m. Anm. *Stoll* sowie *Kullmann/Pfister,* Kza 7415/9.

[611] Siehe dazu auch *Foerste,* in FS für Graf von Westphalen, 161 ff., 163.

[612] BGHZ 117, 183 ff.; *Kullmann,* Höchstrichterliche Rechtsprechung, Rn. 24.

[613] Zum Begriff der Stoffgleichheit vgl. *Steffen,* Probleme der Produzentenhaftung, Heft 6 der Schriftenreihe der ARGE der Verkehrsrechtsanwälte, 90; *Kullmann,* Höchstrichterliche Rechtsprechung, Rn. 24; MüKo/*Wagner,* § 823 Rn. 191, vgl auch *Graf von Westphalen,* ZiP 1992, 18 ff.; *ders.*, MDR 1998, 805 ff.; *ders.*, DB 2001, 799.

[614] BGH, VersR 1992, 758 – PKW-Motor; so wörtlich zitiert nach *Kullmann,* Höchstrichterliche Rechtsprechung Rn. 25; siehe auch Palandt/*Sprau,* § 823 Rn. 177 und kritisch dazu *Kat-*

anders als dies gelegentlich hervorgehoben wird – keine bloße „Leerformel".[615] Als Anhaltspunkt für die Abgrenzung selbst wird bisweilen empfohlen, die Minderungsformel des § 441 Abs. 3 BGB heranzuziehen.[616] Wird die Sache durch den weiterfressenden Mangel im Ergebnis völlig zerstört, ist trotzdem ein Deliktsanspruch demnach ausgeschlossen, wenn die Sache wegen des Mangels von Beginn an nichts wert war, insbesondere deshalb, weil der die Zerstörung herbeiführende Fehler mit wirtschaftlich zumutbaren Mitteln nicht vorher hat entdeckt und beseitigt werden können.[617]

174 Nach dem von der Rechtsprechung des BGH entwickelten Abgrenzungskriterium ist im Einzelfall zu ermitteln, ob und inwieweit sich der Schaden, dessen Ersatz der Kläger begehrt, mit dem schon im Zeitpunkt des Erwerbs vorhandenen **Mangelunwert deckt.**[618] Bei Produkten, die aus mehreren Teilen zusammengebaut sind, wird grundsätzlich keine völlige Deckungsgleichheit zwischen Mangelunwert und Schaden bestehen, mit der Folge, dass bei solchen Produkten regelmäßig eine durch den Hersteller begangene Eigentumsverletzung zu bejahen sein wird, „wenn durch ein mangelhaftes Produktteil andere Teile oder die Gesamtsache Schaden erleiden".[619] Auf Grundlage dieser **Abgrenzungskriterien** hat der BGH seine Rechtsprechung in der Folgezeit ausgebaut und Ersatzansprüche nach § 823 Abs. 1 BGB gewährt, wenn bei einem Kompressor, bei dem das Ölablassrohr des ihn antreibenden Motors unmittelbar am Anschlussstück zum Ölsumpf des Motors gebrochen war, deshalb Öl auslaufen konnte und Motorschäden eintraten,[620] oder wenn bei einem PKW-Motor, bei dem die Befestigungsschraube des Nockenwellensteuerrades nicht angebracht war und es deshalb zu einem Motorschaden kam,[621] und/oder ein Austausch-Dieselmotor durch einen Ventilbruch beschädigt wurde,[622] oder ein Teil der Antriebseinheit eines Hochseeschiffes – ein sog. Grim'sches Leitrad – wegen eines ungeeigneten Schmiermittels auf hoher See verloren gegangen war.[623]

175 Dennoch kann sich auch bei Produkten, die aus mehreren Teilen bestehen, der den Sachen von Anfang an anhaftende Mangelunwert völlig mit dem Schaden decken und demzufolge eine Haftung nach § 823 Abs. 1 BGB zu verneinen sein. Dies hat der BGH im berühmten „Hebebühnen-Fall" angenommen,[624] vor allem aber deshalb, weil die Hebebühne wegen des vorhandenen Mangels für den bestimmungsgemäßen Einsatz „überhaupt nicht" geeignet war.[625] Deliktsrechtlich relevante **Eigentumsverletzungen** wurden von der Rechtsprechung ferner **verneint** in Fällen, in denen die zu Paletten geformten Einzel-

---

zenmeier, NJW 1997, 486; dazu nunmehr jüngst – und nach der Schuldrechtsreform – Brandenburgisches OLG, Urt. vom 5.12.2012, BauR 2013, 509 – Lieferung mangelhafter Kalksandsteine.

[615] Vgl. schon *Hager,* BB 1987, 1748, 1749; *Kullmann,* Höchstrichterliche Rechtsprechung, Rn. 26; MüKo/*Wagner,* § 823 Rn. 191.

[616] Vgl. zur alten Rechtslage noch BGH, NJW 1985, 2420; dazu auch *Steffen,* VersR 1988, 977, 979; MüKo/*Wagner,* § 823 Rn. 191.

[617] So MüKo/*Wagner,* § 823 Rn. 191 unter Bezug auf *Reinicke/Tiedtke,* NJW 1986, 10, 13.

[618] Einzelheiten sind sehr umstritten wegen der Schwierigkeiten bei der Abgrenzung und Vermengung zwischen Vertragsrecht und Deliktshaftung, Palandt/*Sprau,* § 823 Rn. 177; vgl. auch *Koch,* AcP 203 (2003), 603 und *Foerste,* in FS für Graf von Westphalen, 161 ff., 163 zur Widersprüchlichkeit der Rechtsprechung unter Berufung auf *Gsell,* Substanzverletzung und Herstellung, 46 ff.

[619] So ausdrücklich *Kullmann,* Höchstrichterliche Rechtsprechung, Rn. 27.

[620] BGH, NJW 1985, 2420 – Kompressor; vgl. dazu *Kullmann/Pfister,* Kza 7415/12.

[621] BGH, VersR 1992, 758 – PKW-Motor; vgl. ähnlichen Sachverhalt des OLG Köln, VersR 1991, 348, 349; vgl. dazu aber auch *Kullmann/Pfister,* Kza 7415/18.

[622] OLG Köln, NJW-RR 1991, 740; vgl. dazu auch OLG Köln, VersR 1991, 348, 349.

[623] BGH, NJW 1996, 2224 – Hochseeschiff = LM (M) Nr. 1 m. kritischer Anm. *Foerste.*

[624] BGH, VersR 1983, 346 – Hebebühne.

[625] *Kullmann,* Höchstrichterliche Rechtsprechung, Rn. 32 sowie vertiefend auch MüKo/*Wagner,* § 823 Rn. 192.

töpfe für Blumensetzlinge infolge zu schwach ausgefallener Perforierung nicht ohne Beschädigung voneinander getrennt werden konnten, so dass diese unverkäuflich waren,[626] oder wenn Fliesen eine fehlerhafte Glasur aufwiesen, so dass sich bei geringer Belastung an der Oberfläche Löcher bildeten,[627] und/oder wenn die in den Fußboden eines Schwimmbades eingebrachte Kunststofffolie undicht war und demzufolge ausgetauscht werden musste,[628] aber auch, wenn eine Bauherrengemeinschaft aus den zugelieferten (wohl nicht DIN-gerechten) Kalksandsteinen Wände errichtet hat.[629]

Zur Abgrenzung und zu Fällen, in denen der BGH eine Eigentumsverletzung in **176** Betracht zieht, vergleiche auch vertiefend die Rechtsprechung des BGH im Weinkorkenfall[630] sowie – vor allem – den Aufsatz von *Kullmann.*[631]

Das neue Schuldrecht hat die Ausgangslage zur Abgrenzungsthematik des möglichen **177** „Unterlaufens der Verkäuferhaftung durch das Deliktsrecht" nur in Nuancen verändert.[632] Der Gesetzgeber wollte in die bisherige Rechtsprechung wohl nicht eingreifen, der Entwicklung vielmehr Raum lassen.[633] Die weitere Entwicklung bleibt – bei aller Kritik[634] – abzuwarten.

(c) Produktionsschäden. Die sog. **„Produktionsschäden"** sind ebenfalls im Prozess **178** der Warenherstellung angelegt und treten i. d. R. – wenn auch nicht zwingend – erst nach Inverkehrbringen des Produktes hervor. Dies haben sie mit den Weiterfresserschäden gemeinsam.[635] Es handelt sich im Regelfall um bei dem Hersteller eines Endprodukts eingetretene Eigentumsverletzungen, die dadurch entstehen, dass mangelhafte Teilprodukte mit einwandfreien Teilprodukten zu einer neuen Sache (den sog. Produktionsschäden) verbunden worden sind.[636] So hat der BGH in einigen Entscheidungen eine Eigentumsverletzung angenommen, soweit beim Füllen des Weines Korken verwendet wurden, deren schlechte Qualität bzw. deren Gehalt an schädlichen Substanzen den Wein im Ergebnis insgesamt nachteilig verändert haben.[637] Ob und inwie-

---

626 OLG Oldenburg, VersR 1986, 1006 und Nichtannahme der Revision durch den BGH – Blumenstecklinge.

627 OLG Bamberg, VersR 1986, 997 und Nichtannahme der Revision durch den BGH – Bodenfliesen.

628 OLG Oldenburg, VersR 1986, 1003 mit Nichtannahmebeschluss des BGH, VersR 1986, 1004 – Schwimmbadfolie; dazu vor allem und zu all diesen Beispielen auch MüKo/*Wagner,* § 823 Rn. 192.

629 Brandenburgisches OLG, BauR 2013, 509 – Lieferung mangelhafter Kalksandsteine.

630 BGH, NJW 1990, 908, *Kullmann/Pfister,* Kza 7415/16.

631 *Kullmann,* BB 1985, 409 ff. sowie *Kullmann/Pfister,* Kza 7415/12, 6 ff.; sowie vertiefende Literaturhinweise bei MüKo/*Wagner,* § 823 Rn. 193 unter Verweis auf *Steffen,* VersR 1988, 977; *Nickel,* VersR 1984, 318; *Merkel,* NJW 1987, 358; *Rauscher,* JuS 1987, 14, 16; *Gsell,* Substanzverletzung und Herstellung, 95 ff. sowie zur Kritik auch MüKo/*Wagner,* § 823 Rn. 194 f. u. a. unter Berufung auf *Diederichsen,* VersR 1971, 1077, 1094; *ders.,* VersR 1984, 797, 799; *Honsell,* JuS 1995, 211, 215, *Reinicke/Tiedtke,* NJW 1986, 10, 12 ff.

632 So explizit *Foerste,* in FS für Graf von Westphalen, 161 ff., 166, 167: Nach wie vor droht die Aushöhlung der Sachmängelhaftungsfristen.

633 BT-Drs. 14/6040, 228, 229: Durch die Verjährungsverkürzung wären (auch) Wertungswidersprüche bei Beibehaltung der Rechtsprechung weitgehend vermieden; dazu explizit *Foerste,* in FS für Graf von Westphalen, 169; ebenso Brandenburgisches OLG, BauR 2013, 509 – Kalksandstein (ergangen nach der Schuldrechtsreform).

634 *Gsell,* Substanzverletzung und Herstellung, 46 ff.; *Foerste,* in FS für Graf von Westphalen, 173, sieht vor allem Gefahren für den Zulieferer aus Instruktionshaftung.

635 Dazu insgesamt MüKo/*Wagner,* § 823 Rn. 189 u. 196.

636 Vgl. dazu *Kullmann,* Höchstrichterliche Rechtsprechung, Rn. 35 ff.; MüKo/*Wagner,* § 823 Rn. 166 ff.; siehe etwas enger ggf. *Foerste,* in FS für Graf von Westphalen, 173.

637 BGHZ 101, 337 – Weinkorken; vgl. dazu auch *Kullmann/Pfister,* Kza 8085/8; BGH, VersR 1990, 204 – Wein wegen schädlicher Substanzen; *Kullmann,* Höchstrichterliche Rechtsprechung, Rn. 36; siehe so schon OLG Koblenz, ZfS 2008, 616.

weit Schäden dabei bereits unmittelbar nach der Herstellung oder erst später auftreten, etwa nachdem der Unternehmer sein Produkt bereits verkauft hat, war unerheblich, da sich auch im letzteren Fall die Eigentumsverletzung erst nach dem Verkauf in der den Verkäufer treffenden Sachmängelhaftungsverpflichtung gegenüber seinem Kunden realisiert.[638]

179 1992 hat der BGH entschieden, dass eine Eigentumsverletzung nicht jedoch schon dann eintritt, wenn das Endprodukt nicht ordnungsgemäß funktioniert, es selbst bzw. seine vorher einwandfreien Teile aber weder beschädigt noch zerstört worden sind.[639] Der VIII. Zivilsenat des BGH bejaht allerdings in diesen Fällen eine Eigentumsverletzung dann, wenn bei der erforderlichen Reparatur durch Herauslösen des mangelhaften Teiles ein anderes Teil, z. B. der Rahmen, in den dieses eingefügt wurde, beschädigt oder zerstört wird (sog. **Kondensator**).[640]

180 Doch der BGH ging 1998 noch weiter und nahm eine Eigentumsverletzung auch in einem Fall an, in dem die Verbindung von fehlerfreien und fehlerbehafteten Teilen weder eine Zerstörung noch eine Beschädigung der bis dato einwandfreien Teile nach sich zog, sondern nur dazu führte, dass die neue Gesamtsache im Ergebnis wertlos wurde **(Transistor)**.[641]

181 Der Haftungsumfang der (höchstrichterlichen) Rechtsprechung zu den sog. Produktionsschäden ist allerdings nicht unumstritten:[642] Der VI. Zivilsenat des BGH hat dem geschädigten Zulieferer in der Kondensatorentscheidung für sämtliche durch die Ausmusterung der fehlerhaften Steuergeräte entstandenen Schäden keinen Ersatz gewährt, sondern den Ersatz auf den Wert der übrigen, nicht mangelbehafteten Bauteile beschränkt,[643] nicht hingegen die Herstellungskosten gewährt noch etwa den Wert der funktionslosen Gesamtsache und erst recht nicht den durch die Funktionslosigkeit der Gesamtsache insgesamt entgangenen Gewinn.[644] Für eine Beschränkung der Höhe des Ersatzanspruches kann auch auf die Entscheidung des OLG Stuttgart aus dem Jahre 2000 zurückgegriffen werden.[645] Demgegenüber hat das OLG München[646] aber den entgange-

---

[638] BGH, NJW-RR 1992, 283 – Möbellack; *Kullmann,* Höchstrichterliche Rechtsprechung, Rn. 37; vgl. zu Verfüllarbeiten und Feuchtigkeit im Keller OLG Koblenz, NJW-RR 1998, 374.

[639] BGHZ 117, 183 ff. – Kondensator; Palandt/*Sprau,* § 823 Rn. 178.

[640] BGHZ 117, 183, 189 – Kondensator; *Veltins,* DB 1992, 1134; *Schlechtriem,* EWiR 1992, 347; demgegenüber kritisch dazu *Brüggemeier/Herbst,* JZ 1992, 802 ff.; *Hintsch,* VersR 1992, 1053; *Graf von Westphalen,* ZIP 1992, 532.

[641] BGHZ 138, 230 = ZIP 1998, 865 m. Anm. *Lenz,* MDR 1998, 842, dazu kritisch *Foerste,* NJW 1998, 2877; *Hintsch,* VersR 1998, 1353; vgl. zur Bedeutung dieser Entscheidung vor allem aber *Kullmann,* NZV 2002, 1, 2 ff., der herausstellt, dass sich aus der Transistor-Entscheidung nicht ergebe, dass der BGH in solchen Fällen auch bereits dann Schadensersatz wegen Eigentumsverletzungen zubilligen will, wenn das neue Produkt nur nicht mehr verkaufsfähig ist und/oder auch dann, wenn die mangelhaften Teile mit wirtschaftlich vertretbarem Aufwand nicht mehr von einwandfreien Teilen abgetrennt bzw. abgelöst werden können; ebenso *Kullmann,* Höchstrichterliche Rechtsprechung, Rn. 40, so ausdrücklich; vgl. dazu jüngst auch Brandenburgisches OLG, BauR 2013, 509 – Lieferung mangelhafter Kalksandsteine.

[642] Zur grundsätzlichen Kritik bereits *Gsell,* Substanzverletzung und Herstellung, 46 ff., und *Foerste,* in FS für Graf von Westphalen, 173 ff. *Foerste* geht davon aus, dass Zulieferer verpflichtet sind, mit den End-Herstellern dafür zu sorgen, dass es nicht zu „Weiterfresserschäden" kommt. Insoweit könne eine Instruktionshaftung zu Lasten von Zulieferern greifen, 173, 180, für Schäden, die am Endprodukt entstehen. Für den Verlust intakter Zutaten, die der Geschädigte ahnungslos für die Produktion opfere, müsse jedenfalls der Hersteller nicht einstehen (i. d. R.), 181: Ausnahmen gebiete der Tierschutz (§ 90a BGB) im Einzelfall.

[643] Vgl. dazu BGH, NJW 1992, 1225 – Kondensator.

[644] Vgl. dazu auch BGHZ 138, 230 – Transistor mit Anm. *Lenz,* MDR 1998, 842.

[645] OLG Stuttgart, NJW-RR 2002, 25 – programmiert Chips; dazu auch *Kullmann,* NJW 2002, 30, 31.

[646] OLG München, VersR 2006, 712; MüKo/*Wagner,* § 823 Rn. 197 Fn. 828.

nen Gewinn als umfasst angesehen.[647] *Wagner* ist zuzustimmen, dass bei einer Anerkennung der Produktionsschäden als Eigentumsverletzung auch die „Reparatur-Fälle" konsistent zu lösen sind, bei denen die Konkurrenz des Deliktsrechts statt zum Kaufrecht zum Werkvertragsrecht besteht:[648] Denn der Schaden tritt an dem Gegenstand ein, der einem Werkunternehmer zur Reparatur überlassen wurde, etwa auch bei dem Sattel-Pritschenauflieger, der durch fehlerhafte Montage eines Aggregats beschädigt wird,[649] oder an einem PKW, dessen Erwerber einen Unfall erleidet, weil die Werkstatt die Handbremse falsch eingestellt hatte,[650] oder auch an einem Gebäude, das nachträglich erst mit Asbestzementplatten verkleidet wird und infolge dessen die Fenster beschädigt werden.[651] Entsprechend haftet der Lohnunternehmer, der ein Ackergrundstück unfachmännisch pflügt, so dass geringere Erträge erzielt werden.[652] Ohne Einwilligung des Vertragspartners kann der Werkunternehmer ohnehin kein Recht haben, in die Rechtsgüter des Bestellers einzugreifen.[653] Wie bei beweglichen Sachen lassen sich Weiterfresser- und Produktionsschäden auch bei **„Bauwerken"** unterscheiden.[654] So kann es zu Eigentumsverletzungen in Fällen kommen, in denen Beton mit zu geringer Festigkeit geliefert wird oder fehlerhafte Betonbalken eingebaut werden, und es zu Einstürzen kommt,[655] ebenso wenn Balken einer Geschossdecke infolge eines Umbaus bersten,[656] Dämmelemente bei Bauarbeiten aufgerissen werden,[657] mangelhafte Abdeckfolie geliefert wird und die Außenhaut eines Flachdaches leidet,[658] es infolge mangelhafter Isolierungen zu starken Knackgeräuschen kommt,[659] oder etwa zu Rissbildungen an einer Hauswand, weil der mit Schlacke verfüllte Untergrund in Bewegung geriet.[660] Allerdings sei hervorgehoben, dass es der BGH in ständiger Rechtsprechung ablehnt, von einer Eigentumsverletzung auszugehen, wenn ein Gebäude etwa auf ungeeignetem Untergrund oder mit

---

[647] MüKo/*Wagner,* § 823 Rn. 197 setzt sich damit nicht weiter auseinander, erläutert allerdings – vor dem Kap. Weiterfresser- und Produktionsschäden – zum Haftungsumfang, dass im Falle einer Eigentumsverletzung der Haftungsumfang sich auf sämtliche Folgeschäden zu beziehen hat, MüKo/*Wagner,* § 823 Rn. 188, dort bezogen allerdings auf Nutzungsbeeinträchtigungen an Betriebsgegenständen. Dort zitiert *Wagner* aber *Marschall von Bieberstein,* in FS für von Caemmerer, 1978, 411, 429 ff., der vorgeschlagen hatte, den Haftungsumfang bei Nutzungsbeeinträchtigungen an Betriebsgegenständen zu beschränken. *Wagner* nimmt dazu Stellung und führt aus, dass durch eine vorsichtige Auslegung der Haftung für reine Vermögensschäden eine Korrektur erfolgen solle, als durch Einschränkung des Haftungsumfangs bei einer einmal eingetretenen Eigentumsverletzung unter Berufung auf *Erman/Schiemann,* Handkommentar zum BGB, Rn. 30; Staudinger/*Hager,* B 94 ff. Dennoch führt *Wagner* in Rn. 200 am Ende aus: Die gebotene Abgrenzung zu reinen Vermögensschäden ist nicht im Rahmen der Haftungsbegründung, i. R. d. Haftungsausfüllung zu leisten: Ersatzfähig ist nur der Wert der aufgeopferten Zutaten, nicht indessen Vermögensaufwendungen, die der am Ende erfolglosen Herstellung einer mangelhaften Gesamtsache dienten.

[648] MüKo/*Wagner,* § 823 Rn. 201.

[649] So BGHZ 55, 392, 394 ff. – Doppelachs-Aggregat; vgl. dazu aber auch BGH, JZ 1979, 401, 402 – Kartonmaschine.

[650] BGH, NJW 1993, 655, 656 ff.; vgl. dazu auch OLG Hamm, NJW-RR 2004, 311, 312.

[651] BGH, NJW 1981, 2250 – Asbestzementplatten.

[652] BGH, NJW-RR 2001, 1599, 1600 – Ackerland; explizit zu Vorstehendem MüKo/*Wagner,* § 823 Rn. 201.

[653] BGH, NJW-RR 2005, 172.

[654] *Jagenburg,* in FS für Locher, 1990, 93 ff.: Überblick zur Deliktshaftung für Baumängel.

[655] BGH, NJW 1963, 1827 (Gebäude war noch nicht eingestürzt); BGH, VersR 1957, 304.

[656] BGH, NJW 2005, 1423 = JZ 2005, 1167 m. Anm. *Gsell.*

[657] BGH, NJW 1981, 2248.

[658] BGH, VersR 1984, 1151.

[659] OLG Oldenburg, NJW-RR 1988, 540, 541.

[660] BGH, NJW 2001, 1346.

mangelhaften Baumaterialien errichtet wird.[661] So hat etwa auch das Brandenburgische OLG[662] im Jahre 2012 das Vorliegen einer Eigentumsverletzung bei einer Bauherrengemeinschaft verneint, die zur Errichtung von tragenden Wänden angeblich nicht DIN-entsprechende und ungeeignete Kalksandsteine erworben hatte, um damit ein Wohnhaus zu errichten. Selbst wenn dieser Rechtsprechung im Ergebnis zugestimmt werden kann,[663] liegen die Fälle anders, wenn zunächst bloß ein mangelhaftes Grundstück erworben und es anschließend mit einem Gebäude bebaut wird, das dann, etwa infolge des ungeeigneten Baugrunds, beschädigt wird.[664] Schwierigkeiten machen Fälle, die Umbauten betreffen.[665] Ob dies auch bei mangelhaften Baumaterialien, die später eingesetzt werden können, der Fall ist, ist strittig. Entgegen der Rechtsprechung des BGH in der Kalkzemententscheidung,[666] wäre meines Erachtens dem Bauherrn ein Schadenersatz wegen des für den Putz aufgeopferten Kalks und Zements der Sache nach tatsächlich zuzusprechen gewesen.[667]

182 **(d) Schäden durch unzutreffende Beratung oder Belehrung.** Entstehen Schäden an einer erworbenen Sache, können Geschädigte unter Umständen Schadenersatzansprüche auch dann gegen den Hersteller geltend machen, wenn dieser die Verwender nicht ausreichend darüber unterrichtet hat, wie sie die Sache zu nutzen haben, um Schäden zu vermeiden, etwa wenn Kraftfahrzeughersteller unrichtige oder unvollständige Angaben über die Benutzung des Fahrzeuges machen und deshalb Schäden entstehen,[668] oder wenn Kfz-Hersteller es unterlassen, darauf hinzuweisen, dass bestimmte Teile einem vorzeitigen Verschleiß unterliegen oder regelmäßig vorbeugend erneuert werden müssen.[669] Demzufolge hat beispielsweise auch der Hersteller von Zement auf den Zementsäcken Hinweise anzubringen, dass die Verarbeitung ätzend wirken kann und im Zweifel Schutzhandschuhe getragen werden müssen.[670]

183 **(4) Verletzung eines „sonstigen Rechts" (Unternehmensschutz).** Als ein weiteres sog. „absolutes Recht", nämlich ein dem „Eigentum" ähnliches Recht und als „sonstiges Recht" i. S. d. § 823 Abs. 1 BGB bezeichnet, hat die Rechtsprechung den **„Eingriff in den eingerichteten und ausgeübten Gewerbebetrieb"** entwickelt, und zwar bereits die Rechtsprechung des Reichsgerichts; der BGH hat diese Rechtsprechung im Wesentlichen fortgesetzt.[671] Der „eingerichtete und ausgeübte Gewerbebetrieb" als sonstiges Recht i. S. v. § 823 Abs. 1 BGB stellt einen „Auffangtatbestand" dar, mit dem eine ansonsten bestehende Lücke im Rechtsschutz geschlossen wird. Der Tatbestand des „sonstigen Rechts", in der Figur des „eingerichteten und ausgeübten Gewerbebetriebs" darf jedoch nicht überstrapaziert werden.[672]

184 **(a) Eingriff in den eingerichteten und ausgeübten Gewerbebetrieb.** Entscheidend ist, dass die Grundlagen des Gewerbebetriebs „unmittelbar" angetastet werden bzw. ein unmittelbarer Eingriff in den gewerblichen Tätigkeitskreis des Unternehmers – soll es

---

661 BGH, NJW 1963, 1827; BGH, NJW 2001, 1346, 1347 ff.
662 Brandenburgisches OLG, BauR 2013, 509 – Kalksandstein.
663 Vgl. dazu mit beachtlichen Argumenten MüKo/*Wagner*, § 823 Rn. 203.
664 BGH, NJW 2001, 1346, 1349.
665 Vgl. dazu BGH, NJW 2005, 1423 = JZ 2005, 1167 m. Anm. *Gsell*.
666 BGH, NJW 1978, 1051.
667 So explizit auch schon MüKo/*Wagner*, § 823 Rn. 204.
668 BGH, ZIP 1992, 934 – Silokipper.
669 OLG Frankfurt, VersR 1996, 982 – LKW.
670 OLG Bamberg, OLGR Bamberg 2009, 886 – Mörtelentscheidung.
671 BGH, NJW 1959, 479 – unterbrochene Stromzufuhr; BGH, NJW 1977, 2264; BGH, NJW 2006, 830, 840; zweifelnd am behaupteten Bedürfnis, damit würde eine Lücke im gewerblichen Rechtsschutz geschlossen: *Sack*, VersR 2006, 1001.
672 Vgl. auch *Kullmann*, Höchstrichterliche Rechtsprechung, Rn. 44.

zu einer erfolgreichen Inanspruchnahme kommen – vorliegen muss.[673] Auch Produktfehler können Eingriffe in den eingerichteten und ausgeübten Gewerbebetrieb darstellen.[674]

(b) Betriebsbezogenheit. Nur dann jedoch können Eingriffe in den eingerichteten und ausgeübten Gewerbebetrieb den Tatbestand des § 823 Abs. 1 BGB auslösen, wenn sie einen sog. „unmittelbaren Eingriff" darstellen.[675] Dabei sind **„unmittelbare Eingriffe"** diejenigen, die sich gegen den Betrieb als solchen richten, wie es in zahlreichen Entscheidungen des BGH heißt, „... die also **betriebsbezogen** sind[676] ..." und nicht vom Gewerbebetrieb ohne Weiteres ablösbare Rechte oder Rechtsgüter betreffen.[677] Wie bereits erwähnt, können auch Produktfehler derartige – betriebsbezogene – Eingriffe auslösen, insbesondere dann, wenn die Grundlagen des Betriebes bedroht werden oder gerade der Funktionszusammenhang der Betriebsmittel auf längere Zeit aufgehoben wird.[678] Nicht ausreichend für die Annahme eines betriebsbezogenen Eingriffs ist der Ausfall nur eines Betriebsfahrzeuges oder einer einzelnen Maschine infolge eines Konstruktions- oder Fabrikationsfehlers, wenn weder der gesamte Betrieb zum Erliegen kommt noch der Betrieb in seiner Substanz schwerwiegend beeinträchtigt wird.[679] Einen betriebsbezogenen Eingriff hat der BGH jedoch angenommen in einem Fall, in dem durch einen Ausfall eines Baustromverteilers eine Großbaustelle überschwemmt wurde und dadurch der Betrieb – auch zeitlich lang andauernd – zum Erliegen kam.[680] 185

bb) Die Widerrechtlichkeit

Nur derjenige, der Leben, Körper, Gesundheit, die Freiheit, das Eigentum oder ein sonstiges Recht eines anderen „widerrechtlich" verletzt, ist dem anderen nach § 823 Abs. 1 BGB zum Ersatz des daraus entstehenden Schadens verpflichtet. Dabei wird unter „widerrechtlich" i. S. d. § 823 Abs. 1 BGB alles das verstanden, was allgemein als „rechtswidrig" bezeichnet wird.[681] Es geht darum, als widerrechtlich das zu erfassen, was „im Widerspruch zur Rechtsordnung" steht.[682] Bisweilen wird hinterfragt, ob und inwieweit etwaige Fragen der Verletzung der Verkehrssicherungspflichten[683] zu prüfen sind, etwa an welcher Stelle des Deliktsaufbaus, so z. B. im Rahmen des Tatbestandes oder der Rechtswidrigkeit.[684] Bisweilen wird dann auch in der Literatur empfohlen, die Prüfung der Verletzung der Verkehrssicherungspflicht bereits beim Tatbestand vorzunehmen, etwa mit der sog. „haftungsbegründenden Kausalität" bei der Zurechnung des tatbestandsmäßigen und vor- 186

---

[673] Vgl. dazu *Kullmann,* Höchstrichterliche Rechtsprechung, Rn. 44.

[674] BGH, VersR 1983, 346 – Hebebühne.

[675] BGH, NJW 1959, 479 – unterbrochene Stromzufuhr; dazu *Kullmann/Pfister,* Kza 7418/3.

[676] BGH, NJW 1977, 2264; dazu auch *Kullmann/Pfister,* Kza 7418/4.

[677] Palandt/*Sprau,* § 823 Rn. 128 m. w. N.

[678] *Kullmann,* Höchstrichterliche Rechtsprechung, Rn. 47.

[679] Vgl. dazu BGH, VersR 1983, 346 – Hebebühne; und auch schon RGZ 163, 21, 32 – Bremsen I; *Kullmann/Pfister,* Kza 7418/1; oder bloße Unterbrechung der Telefonleitung, OLG Köln, VersR 2011, 87.

[680] BGH, VersR 1990, 1283 – Baustromverteiler.

[681] So ausdrücklich *Kullmann,* Höchstrichterliche Rechtsprechung, Rn. 49.

[682] *Deutsch,* Allgemeines Haftungsrecht Bd. 1, Rn. 226; *Kullmann,* Höchstrichterliche Rechtsprechung, Rn. 49.

[683] *Kullmann/Pfister,* Produzentenhaftung, Kza 7467, zur Entwicklung und rechtssystematischen Einordnung der Verkehrssicherungspflicht (vor allem aus § 836 BGB); dazu bereits RGZ 54, 53, 58; RGZ 102, 372, 374; BGH, NJW 1955, 1025; BGH, BB 1961, 71 zur Schaffung von Gefahrenquellen.

[684] Siehe dazu etwa *Medicus/Petersen,* Bürgerliches Recht, 23. Aufl. 2011, Rn. 642 ff.

sätzlichen Verletzungserfolgs.[685] Zwingend erscheint dies indes nicht. Gerade weil bei der Benutzung von Produkten Schäden dadurch hervorgerufen werden, weil der Hersteller etwas Konkretes unterlässt, etwa den Kontrollvorgang hinreichend zu beobachten, Erprobungen vorzunehmen, Warenausgangskontrollen etc. ordnungsgemäß durchzuführen, kommt es im Rahmen der Produkthaftpflicht vornehmlich darauf an, ob und inwieweit eine Unterlassung einer Handlung der Sache nach tatsächlich **rechtswidrig** ist.[686] Dies ist – nach Auffassung der Rechtsprechung – der Fall, wenn eine Rechtspflicht zum Handeln gegenüber dem Gefährdeten bestand.[687] Gebietet die Rechtspflicht ein bestimmtes Handeln, dann ist dessen Unterlassen rechtswidrig.[688] Die Rechtspflicht zum Handeln kann auch eine „allgemeine Verkehrspflicht" sein.[689]

187 (1) **Gefahrabwendungspflichten bei der Warenherstellung.** Neben den bereits erwähnten „allgemeinen Verkehrssicherungspflichten"[690] treffen Warenhersteller darüber hinausgehende Verkehrssicherungspflichten im Rahmen der Warenherstellung.[691] Schon in den 1960er Jahren hat der BGH zu den Verkehrssicherungspflichten erklärt, dass ein Unternehmer, der eine nicht betriebssichere und daher eine allgemeine Verkehrsgefahr bildende Schwungscheibe für eine Dreschmaschine in den Verkehr gibt, dadurch eine „allgemeine Verkehrspflicht i. S. d. § 823 BGB" verletzt.[692] Die sich ergebende Pflicht von Herstellern, grundsätzlich nur sichere Produkte in den Verkehr zu bringen (vgl. dazu auch die inzwischen öffentlich-rechtlich ergangenen Regelungen, z. B. das Produktsicherheitsgesetz 2011), soll (präventiv) dazu beitragen, dass Unternehmer diese Pflicht erfüllen und ist damit eine besondere Erscheinungsform der „allgemeinen deliktischen Gefahrabwendungspflicht" und ihre Verletzung eine der Fallgruppen der Verkehrspflichtdelikte.[693] Immer dort, wo durch **fehlerhafte Herstellung** eine Gefahrenquelle entsteht, hat der Hersteller von Waren dafür zu sorgen, dass sie – soweit möglich – nicht zur Entfaltung gelangt.[694] Damit können die von der höchstrichterlichen Rechtsprechung auch für die allgemeine Verkehrssicherungspflicht herausgearbeiteten Grundsätze bei dem Inverkehrbringen von Produkten herangezogen werden: Die Sicherungspflicht richtet sich nach dem objektiven Sorgfaltsmaßstab des § 276 Abs. 1 Satz 2 BGB und damit nach der „im Verkehr erforderlichen Sorgfalt" (zur Fahrlässigkeit vgl. das Gesetz selbst). Gegebenenfalls wächst mit dem Umfang der Gefahr der Sorgfaltsmaßstab.[695] Was den **Umfang der Verkehrssicherungspflichten** eines Produzenten angeht, bleibt es dabei, dass der Träger

---

685 *Medicus/Petersen,* Rn. 647; *Brox/Walker,* Besonderes Schuldrecht, 37. Aufl. 2013, § 45 Rn. 46 u. unter Berufung auf die Vorgenannten auch *Fuchs/Baumgärtner,* JuS 2011, 1057, 1058; vgl. zu diesem Komplex auch *Raab,* JuS 2002, 1041.

686 *Kullmann,* Höchstrichterliche Rechtsprechung, Rn. 50; Palandt/*Sprau,* § 823 Rn. 95, 151; vgl. auch BGH, NJW 2012, 2197.

687 BGHZ 57, 245, 253; vergleiche dazu auch jüngst BGH, NJW 2009, 2952, 2953.

688 BGH, VersR 1969, 37, 38; OLG Koblenz, Urt. vom 14.7.1969, Az. 1 U 323/65 – Holzschutzmittel, zitiert nach *Kullmann,* Höchstrichterliche Rechtsprechung, Rn. 52.

689 BGH, VersR 1969, 37, 38: Trifft den Verkehrssicherungspflichtigen keine Pflichtverletzung, kann ihm ein rechtswidriges Verhalten nicht angelastet werden; vgl. auch BGH, NJW 1978, 1626, 1627 – Abenteuerspielplatz; vgl. dazu sehr ausführlich *Kullmann/Pfister,* Kza 7475, 7467.

690 OLG Rostock, Urt. vom 8.7.2011, Az. 5 U 174/10, zur Haftung des Unternehmers wegen Organisationsmangels anlässlich von Wartungsarbeiten an einer Paketierungsanlage nach §§ 31, 823 Abs. 1 und § 831 BGB i. V. m. § 116 SGB X.

691 Vgl. dazu die sehr ausführliche Darstellung bei *Kullmann/Pfister,* Kza 7490 m. w. N.

692 BGH, VersR 1956, 419, 420 – Dreschmaschine; *Kullmann,* Höchstrichterliche Rechtsprechung, Rn. 55; vgl. dazu auch *Kullmann/Pfister,* Kza 7490 und 7509/1 = RGZ 163, 21, 26.

693 *Kullmann,* Höchstrichterliche Rechtsprechung, Rn. 56.

694 OLG Celle, VersR 1978, 258, 259 – Klapphocker.

695 BGH, NJW 1966, 40, 41.

dieser Pflichten gehalten ist, diejenigen Maßnahmen zu treffen, die nach den Gegebenheiten des Falles tatsächlich **objektiv erforderlich** sind, um Gefahren zu beseitigen, und diesem auch zumutbar sind.[696] Was „objektiv erforderlich" ist, wird nicht gänzlich einheitlich beurteilt. Grundsätzlich gemeint sind damit alle nach dem „jeweiligen Stand der Erfahrungen und Technik als geeignet und genügend erscheinenden Sicherungen".[697] Aber nicht alles, was demnach objektiv erforderlich ist, hat der Produzent zu beachten: Der Verkehrssicherungspflicht genügt der Warenhersteller, wenn „im Ergebnis derjenige Sicherheitsgrad erreicht ist, den die in dem entsprechenden Bereich herrschende Verkehrsauffassung tatsächlich für erforderlich erachtet", mit anderen Worten, wenn der sog. „Verkehrserwartung" entsprochen wurde.[698] Begrenzt werden die Sicherheitserwartungen danach, was ein vernünftiger Angehöriger eines bestimmten Verkehrskreises tatsächlich erwarten darf (vgl. dazu auch § 3 ProdHaftG und die dazu ergangene Rechtsprechung).[699] Abgestellt wird demzufolge auf die Erwartungen der Verbraucher bzw. auf die Erwartungen des hypothetischen Produktbenutzers.[700] Dadurch können sich unterschiedliche Sicherheitsstandards und Sicherheitserwartungen ergeben, etwa demzufolge danach, ob das Produkt für Fachleute bestimmt ist oder an Laien abgegeben wird.[701] Nicht selten verlangen Betreiber von Maschinen und/oder Anlagen, dass der Hersteller derselben ihnen diese bereits in noch „unfertigem" Zustand übergibt. Überlässt der Maschinenhersteller dann diese Anlage/Maschine einem zur Benutzung entschlossenen Betreiber – ohne die Benutzung zu unterbinden –, kann der Hersteller schon dadurch seine Verkehrssicherungspflicht verletzen.[702] Richtet sich ein Hersteller an die unterschiedlichsten Verkehrskreise, so hat er sein Handeln an dem sich am wenigsten schützen könnenden Verkehrskreis zu orientieren.[703] **Beispiele:** Der Hersteller von Vergnügungsgeräten für Freizeitparks muss ein Sprungboot nicht so konstruieren, dass das Gerät auch von Osteoporose-Kranken gefahrlos benutzt werden kann.[704] Ob es richtig und zutreffend ist, auch den **„Preis eines Produktes"** bei der Bestimmung der im Verkehr erforderlichen Sorgfalt zu berücksichtigen,[705] erscheint – jedenfalls wenn dies in aller Generalität bejaht wird – mehr als fragwürdig: Ob nämlich die durchschnittliche Erwartung wirklich so weit geht, bei einem teuren Produkt einen höheren Sicherheitsstandard zu erwarten als bei einem güns-

---

[696] BGHZ 40, 379, 382; BGH, NJW 1975, 815, BGH, NJW 1972, 903, 904 und insgesamt zu der objektiven Erforderlichkeit auch *Kullmann,* Höchstrichterliche Rechtsprechung, Rn. 61 ff.

[697] BGH, NJW 1965, 815; *Kullmann,* Höchstrichterliche Rechtsprechung, Rn. 62; weitergehend BGH, VersR 2009, 1125 – Airbag; dazu *Lenz,* PHi 2009, 196 ff.; *Helmig,* ISO 26262, InTeR 2013, 28: Höchstmaß an Sicherheit.

[698] BGH, VersR 1972, 559 – Förderkorb; vgl. auch BGH, NJW 1990, 906 – Pferdebox; BGH, VersR 1985, 1093 – Silvesterfeuerwerk; insgesamt dazu auch *Mertens,* VersR 1980, 397, 401 ff., zitiert nach *Kullmann,* Höchstrichterliche Rechtsprechung, Rn. 63.

[699] *Steffen,* VersR 1980, 409, 410; *Kullmann,* Höchstrichterliche Rechtsprechung, Rn. 65; BGH, VersR 1972, 559, 560 – Förderkorb; BGH, DB 1970, 1682 – Druckfehler; BGH, VersR 1977, 334, 335 – Autoscooter; BGH, VersR 1977, 918 – Pflanzenschutzmittel.

[700] BGH, VersR 1986, 653, 654 – Überrollbügel; BGH, NJW 1987, 372, 373 – Verzinkungsspray; BGH, NJW 1992, 2016, 2018 – Silokipper; BGH, NJW 1994, 517, 518 – Gewindeschneidemittel I.

[701] BGH, NJW 1981, 2514, 2515 – Kältemittel; BGH, NJW 1992, 2016, 2018 – Silokipper; BGH, NJW 1996, 2224, 2226 – Grim'sches Leitrad; OLG Hamm, VersR 2001, 464, 465; u. zum Ganzen auch MüKo/*Wagner,* § 823 Rn. 647.

[702] BGH, VersR 1960, 856, 857 – Siloanlage; vgl. dazu auch RGZ 163, 21; *Kullmann/Pfister,* Kza 7493/1.

[703] BGH, NJW 1994, 932, 933 – Kindertee II.

[704] OLG Hamm, NJW-RR 2001, 1248, 1250 – Sprungboot; vgl. auch BGH, NJW 1990, 906, 907 – Pferdebox.

[705] So explizit MüKo/*Wagner,* § 823 Rn. 649, unter Berufung auf BGH, NJW 1990, 906, 907 – Pferdebox; BGH, NJW 1990, 908, 909 – Weinkorken; *Kullmann/Pfister,* Kza 1520.

tigen, etwa bei typischen Billig-Verbrauchsgütern aus Fernost, muss schon hinterfragt werden.[706] Was aber ist mit den Billig-Lichterketten, die allzu oft im Dezember kurz vor Weihnachten aus dem chinesischen Raum importiert werden und – hierzu muss niemand Prophet sein – dann unter Umständen direkt nach Weihnachten zurückgerufen werden? Darf ein billiger Kleinwagen – so ein Beispiel von *Wagner*[707] – wirklich weniger an Sicherheit aufweisen als eine Limousine der Luxusklasse? Die zu diesem Thema anzutreffenden Antworten greifen in die „Annalen der Produkthaftungsphilosophie" und bedürfen vertiefter Betrachtung. Dass etwa Hersteller von Kleinwagen privilegiert sind und diese bei den Kleinwagen nicht den gleichen Sicherheitsmaßstab anwenden müssen wie Hersteller von Luxusklassen, scheint in der von *Wagner* vertretenen Allgemeinheit nicht ganz zutreffend zu sein.[708] Ein grundlegendes, allgemeines und wissenschaftlich und technisch zum Zeitpunkt des Inverkehrbringens gesichertes **Mindestsicherheitsniveau** wird man von Herstellern stets verlangen müssen. Nur: Wo fängt das Sicherheitsrisiko an, wo hört es auf? Zahlreiche Billig-Lichterketten dürften erst gar nicht im Verkehr vertrieben werden, eben weil sie nicht sicher sind. Wenn Kleinwagen einfachste Crashtests nicht überstehen, muss der Unternehmer eben vor dem Inverkehrbringen für mehr Stabilität sorgen. Aber dies muss alles in einem „vernünftigen Rahmen" bleiben (Verhältnismäßigkeit: angemessen, erforderlich und Verhältnismäßigkeit im engeren Sinne)[709] und im Einzelfall entschieden werden. Befinden sich zwei Produkte unterschiedlicher Hersteller im Markt, das eine ist das teurere, das andere das billigere und ist dann das billigere auch noch sicherer, wird die Antwort leichter fallen.

188 Aber entscheidend ist auch, ob eine konkrete Maßnahme eines Unternehmers **nach objektiven Maßstäben im Ergebnis auch tatsächlich für diesen zumutbar** ist.[710] Gerade hier spiegelt sich auch die Frage nach dem **Preis des Produkts** wieder: Theoretisch lässt sich ein PKW für eine Million EUR nach Aussagen von Fachleuten aus der Automobilbranche wohl so sicher gestalten, dass der Insasse keine Schäden an Rechtsgütern mehr erleidet. Dann leiden aber eventuell Dritte oder Passanten. Dem Hersteller dürfte es aber schlichtweg **unzumutbar** sein, einen PKW zu diesem Preis zu produzieren, „nur" weil dann ein relativ hohes Maß an Sicherheit gewährleistet ist.[711] Bei der Frage der Zumutbarkeit kommt es darauf an, ob Maßnahmen bei der Konstruktion oder Fabrikation technisch einfach oder schwierig von Seiten des Unternehmers durchzuführen sind. Die Zumutbarkeit wird insbesondere aber auch davon beeinflusst, welche konkreten Rechtsgüter ggf. in welchem Umfang gefährdet werden.[712] Ist das Rechtsgut Leben betroffen, sind Maßnahmen höher zu bewerten als wenn es nur um leichte Körperverletzungen geht.[713]

---

[706] Vgl. deshalb auch *Foerste/Graf von Westphalen*, Produkthaftungshandbuch, § 24 Rn. 55; a. A. wohl MüKo/*Wagner*, § 823 Rn. 649: Bei teuren Produkten erwartet der Durchschnittsmensch einen höheren Sicherheitsstandard als bei einem günstigen.

[707] MüKo/*Wagner*, § 823 Rn. 649.

[708] MüKo/*Wagner*, § 823 Rn. 649.

[709] Vgl. dazu auch *Foerste/Graf von Westphalen*, § 24 Rn. 54 ff.

[710] LG Duisburg, VersR 1979, 41 – Giespulver; zu den finanziellen Auswirkungen auch BGH, VersR 1957, 584 – Gelenkwellenschutz; BGHZ 51, 91, 108 – Hühnerpest; vgl. aber auch *Steffen*, VersR 1980, 409, 411 sowie *Kullmann*, Höchstrichterliche Rechtsprechung, Rn. 66.

[711] Vgl. dazu OLG Stuttgart, OLGE 18, 69, zitiert nach *Kullmann/Pfister*, Kza 7502/1 – fahrbare Holzsägemaschine zum Thema: konstruktive Sicherheit bei unerheblichen Kosten; vgl. zur Rechtsprechungskommentierung auch *Foerste/Graf von Westphalen*, § 24 Rn. 55 ff. und Rn. 58 („Diese Rechtsprechung überzeugt – wenigstens in der Tendenz"); vgl. auch zur Frage, ob bei preiswerten Produkten geringere Anforderungen an die Instruktion gestellt werden können, verneinend OLG Linz, PHi 2012, 215 – Teleskopleiter.

[712] *Kullmann*, Höchstrichterliche Rechtsprechung, Rn. 67.

[713] Vgl. dazu etwa OLG Celle, VersR 1978, 258, 259 – Hocker; BGH, NJW 1972, 2217, 2220 – Estil; LG Aachen, JZ 1971, 507, 516 – Contergan.

Weil jedem Menschen Fehler unterlaufen, muss der Hersteller nach Auffassung der Rechtsprechung auch mit einem **Fehlgebrauch der Ware** über den **bestimmungsgemäßen Gebrauch** hinaus rechnen.[714] Gegebenenfalls muss der Hersteller nicht nur den **vorhersehbaren Fehlgebrauch,** sondern – aber nur in Ausnahmefällen – selbst den **Produktmissbrauch noch vermeiden helfen,** etwa durch entsprechende Warnungen, z. B. bei Arzneimitteln oder bei Medizinprodukten.[715] Objektiv erforderlich ist die Einhaltung des öffentlich-rechtlichen Produktsicherheitsrechts, insbesondere die des neuen ProdSG 2011 und sonstige technische Regeln. Das ProdSG 2011 hat gerade den Sinn, präventiv mit dafür zu sorgen, dass der Unternehmer im Einzelfall nur **sichere Produkte** auf dem Markt bereitstellt.[716] Zudem ist der Unternehmer gehalten, **DIN**- und **VDE**-Normen einzuhalten.[717] Es handelt sich bei diesen Regelungen – untechnisch gesprochen – um Vorschriften des öffentlichen Sicherheitsrechts, um sog. **„technisches Recht"**, die gewisse **Mindeststandards** gewährleisten sollen.[718] Zu Recht wird hervorgehoben, dass der Schluss, bei Nichteinhaltung dieses technischen Rechts habe der Unternehmer seine deliktsrechtlichen Sorgfaltspflichten verletzt, nicht zwingend ist, weil es dem Hersteller frei steht, das gebotene Sicherheitsniveau auch auf einem anderen technischen Wege zu erreichen, anders z. B. als in einer DIN-Norm vorgezeichnet ist.[719] Bisher wurde insofern stets die Auffassung vertreten, dass die Zivilgerichte an das öffentliche Sicherheitsrecht nicht gebunden sind.[720] Aufgrund des weitergehenden Einflusses und einem Mehr und Mehr an europäischem Produktsicherheitsrecht wird auch diese Ansicht in dieser Generalität künftig nicht mehr haltbar sein. Vielmehr ist ein **Gleichklang** herbeizuführen: Entspricht ein Produkt nicht dem öffentlich-rechtlichen Sicherheitsrecht, wird im Zweifel auch ein Zivilgericht wohl kaum noch annehmen können, dass der Hersteller seiner objektiven Verantwortung vor dem Inverkehrbringen nachgekommen ist. Und umgekehrt: Selbst wenn eine Behörde das Produkt geprüft und z. B. bei der Bemusterung zugelassen hat oder eine Prüfung unbeanstandet hat durchgehen lassen,[721] kann es sein, dass der Unternehmer trotzdem nicht die objektiv erforderlichen Sicherungsmaßnahmen vollzogen hat. Ob die These, dass ebenso wenig durch die bloße Abnahme eines technischen Gerätes durch den **TÜV** oder die Anbringung von **Prüf- und Gütesiegeln** die übrigen bei der Warenproduktion und Distribution beteiligten Akteure aus ihrer Haftung entlassen werden können, in dieser Generalität ebenfalls richtig ist,[722] vermag ich abschließend nicht zu beurteilen. Warum soll sich nicht etwa der Zulieferant – als reiner Distributor etwa – darauf verlassen können, dass der Endhersteller des Produktes sorgfältig mit der Ware umgeht, insbesondere wenn 189

---

[714] BGH, NJW 1992, 560 – Kindertee I; BGH, NJW 1972, 2217, 2221 – Estil; BGH, NJW 1999, 2815 – Papierreisswolf.

[715] BGH, NJW 1989, 1542, 1544 (zu § 84 AMG) – Asthma-Spray; vgl. aber auch OLG Karlsruhe, NJW-RR 2001, 1174 – Gasfeuerzeug.

[716] Vgl. dazu § 8 I Rn. 1 ff.

[717] Die Einhaltung von DIN-Normen genügt dann nicht mehr, wenn die Entwicklung bereits über sie hinweggegangen ist, OLG Düsseldorf, NJW 1997, 2333 – Mountain Bike; *Kullmann/Pfister,* Kza 7502/20; vgl. zur ISO 26262 *Helmig,* InTeR 2013, 28.

[718] Vgl. dazu OLG Schleswig, NJW-RR 2008, 691 ff. – Geschirrspülmaschine; OLG Karlsruhe, VersR 2003, 1584 – Buschholzhackmaschine; sie sind stets einzuhalten, stellen aber kein abschließendes Verhaltensprogramm dar: BGH, NJW 1987, 372; BGH, NJW 1998, 2905 sowie *Erman/Schiemann,* § 823 Rn. 116.

[719] So etwa der Fall BVerwG, NJW 1962, 506; *Schmidt-Salzer,* Produkthaftung III/1 Rn. 4549; MüKo/*Wagner,* § 823 Rn. 651.

[720] So ausdrücklich MüKo/*Wagner,* § 823 Rn. 651, unter Berufung auf BGH, NJW 1998, 2436 – Feuerwerkskörper I; BGH, NJW 1998, 2905, 2906 – Feuerwerkskörper II sowie OLG Düsseldorf, VersR 2003, 912, 914.

[721] OLG Karlsruhe, VersR 2003, 1584, 1585 – Buschholzhackmaschine.

[722] Vgl. so ausdrücklich MüKo/*Wagner,* § 823 Rn. 651, unter Berufung auf BGH, VersR 1990, 532, 533 – Expander.

er zu Recht annehmen darf, dass das Produkt auch durch Dritte geprüft ist. Beispielhaft möchte ich nur die aktuellen Fälle um den Brustsilikonimplantat-Skandal des französischen Herstellers Poly Implant Prothèse erwähnen, die ebenfalls TÜV-geprüft waren.[723]

190 Ergänzend soll in diesem Zusammenhang auch auf die sog. **Entwicklungsrisiken** hingewiesen werden. Wie sich klarstellend auch aus § 3 Abs. 2 ProdHaftG ergibt, ist ein Produkt nicht allein jedenfalls deshalb fehlerhaft, weil später ein verbessertes Produkt auf den Markt gebracht wurde. Dies gilt erst recht im Rahmen der deliktischen Produzentenhaftung, die ja nur eine Einstandspflicht für pflichtwidriges Verhalten darstellt. Bei der Beurteilung einer etwaigen Verletzung der Sorgfaltspflichten des Warenherstellers ist auf den Zeitpunkt des Inverkehrbringens des Produkts abzustellen – mithin eine Beurteilung **ex ante** notwendig und nicht eine Beurteilung aus der Sicht ex post nach Eintritt des Schadens bzw. – z. B. im Rahmen eines Produkthaftungsprozesses – zum Erkenntnisstand der letzten mündlichen Verhandlung, die bisweilen ja vier bis fünf Jahre nach dem Inverkehrbringen stattfindet. Kann ein Hersteller im Zeitpunkt des Inverkehrbringens des Produktes gar nicht erkennen, ob und inwieweit ein Fehler vorliegt, oder kann er diesen nicht vermeiden, haftet er nicht dafür, dass sich diese sog. **Entwicklungsfehler** später realisieren.[724] Der BGH hat dies in einer jüngeren Entscheidung noch einmal erneut festgestellt.[725] Dennoch kann ein Unternehmer sich nicht einfach auf den Standpunkt stellen, im Hinblick auf etwaige neue Technologien, habe er bestimmte Erkenntnisse eben nicht gehabt; vielmehr kommt es auch auf die **Zumutbarkeit der Erkenntnisgewinnung** an.[726]

191 Zur **Produktsicherung verpflichtete Personen:** Wer jeweils konkret welche Sicherungspflichten bei der Warenherstellung zu beachten hat, ist im Einzelfall zu entscheiden. Es gilt aber der Grundsatz, dass „jeder an der Herstellung oder dem Vertrieb beteiligte Mitarbeiter jedenfalls auch nur im Rahmen seiner individuellen Verhaltenspflicht und seines Verschuldens in Anspruch genommen werden kann".[727]

192 **(2) Die verschiedenen Pflichtenbereiche des Warenherstellers.** Verkehrssicherungspflichten bzw. Sorgfaltspflichten hat der Warenhersteller bereits bei der Produktentwicklung anzulegen; solche bestehen insbesondere aber während der Fabrikationsphase bis zur Auslieferung der Waren (Inverkehrbringen) über die notwendig mitzugebenden Informationen, etwa an die Produktverwender und sogar, wie noch zu zeigen sein wird, auch noch nach der Warenauslieferung. Rechtsprechung und Schrifttum[728] unterscheiden – in Anlehnung an diese verschiedenen Stadien – **diverse** Pflichtenbereiche. So werden heute zumindest **„Konstruktions-, Fabrikations-, Instruktions- und Produktbeobachtungsbereiche"** angeführt. Sofern Fehler in den vier verschiedenen Bereichen unterlaufen, wird von Konstruktions-, Fabrikations- (oder Fertigungs-), Instruktions- und/oder Produktbeobachtungsfehlern gesprochen. Obwohl die Rechtsprechung mit dieser Einteilung keine „Untertatbestände" schaffen wollte,[729] hat sich die Einteilung und Bildung bestimmter

[723] Vgl u. a. LG Karlsruhe, Urt. vom 8.2.2013, Az. 7 O 94/12; LG Frankenthal, Az. 6 O 304/12; zur sehr weit gehenden Ansicht vgl. *Foerste/Graf von Westphalen*, § 24 Rn. 141 unter Berufung auf OLG Hamm, VersR 2003, 599.

[724] BGH, VersR 1960, 1095, 1096 – Kühlmaschine; OLG Koblenz, VersR 2007, 73, 74; zu allem Vorstehenden explizit auch MüKo/*Wagner*, § 823 Rn. 652.

[725] BGH, NJW 2009, 2952: Keine Pflichtwidrigkeit/kein Verschulden; vgl. auch BGHZ 129, 353, 358 – Mineralwasserflasche II; OLG Dresden, VersR 1998, 59 – Fahrrad; OLG Koblenz, NJW-RR 1999, 1624 – Mineralwasserflasche.

[726] Dazu *Meyer*, VersR 2010, 869 für sog. Nanoprodukte; Palandt/*Sprau*, § 823 Rn. 170; LG Berlin, MDR 1997, 246, 247.

[727] Vgl. dazu *Kullmann/Pfister*, Kza 7495/1; OLG Frankfurt, OLGR Frankfurt 2004, 191 ff. – Kindertee; der BGH hat die Beschwerde gegen die Nichtzulassung der Revision mit Beschluss vom 11.5.2004 – VI ZR 326/03 – zurückgewiesen.

[728] Vgl. etwa *Kullmann*, Höchstrichterliche Rechtsprechung, Rn. 69.

[729] *Kullmann*, Höchstrichterliche Rechtsprechung, Rn. 69.

Fehlertypen zur Kategorisierung der konkreten Verkehrspflichten im Rahmen der Produzentenhaftung als „nützlich" erwiesen.[730] Die Einteilung hat sich jedenfalls insoweit bewährt, als damit – in den verschiedenen Bereichen – „relativ konkrete Beurteilungen" hinsichtlich der Entstehung und Erfüllung von Verkehrspflichten tatsächlich möglich wird.[731] Zu den Unterschieden hat sich der BGH im Airbag-Fall[732] erneut umfassend geäußert. Nachfolgend werden die einzelnen Bereiche beschrieben:

(a) **Konstruktionsfehler.** Konstruktionsfehler gilt es während der Planungs- und Entwicklungsphase zu vermeiden. Während des Produktionsprozesses ist es dafür im Regelfall zu spät. **Konstruktionsfehler** liegen vor, wenn das Produkt seiner Konzeption nach unter dem gebotenen Sicherheitsstandard zurückbleibt und nicht das geforderte Sicherheitsniveau bietet,[733] oder das Produkt infolge fehlerhafter technischer Konstruktion oder Planung für eine gefahrlose Benutzung ungeeignet ist.[734] Für die Frage der Fehlerhaftigkeit in konstruktiver Hinsicht ist in erster Linie der vom Hersteller vorgesehene (sog. bestimmungsgemäße) **Verwendungszweck** entscheidend.[735] Zur frühen Konstruktionsphase gehört ferner die sorgfältige Prüfung des Produkts vor der Serienfertigung (Start of Production = **SOP**).[736] Verwendungshinweise des Herstellers können die nach der Verkehrsauffassung bestehenden Erwartungen einschränken oder ausdehnen.[737] Konstruktionsfehler sind für den Unternehmer deshalb besonders misslich, weil sie konsequenterweise – bedingt durch Fehleinschätzungen – der **gesamten Serie anhaften,**[738] etwa weil der Bauplan nicht tragfähig, die Zuliefererteile irrtümlich als „in Ordnung" beurteilt wurden,[739] oder die eingesetzten Werkstoffe sich gar nicht eigneten und damit zu hohen Schäden führen.[740] Für die Frage, welche konkreten Sicherungsmaßnahmen im Rahmen der Konzeption und Planung des Produktes tatsächlich erforderlich sind, ist darauf abzustellen, was zum Zeitpunkt des Inverkehrbringens überhaupt an konstruktiven Möglichkeiten bestand.[741] So hat der BGH im Rahmen der Airbag-Entscheidung[742] herausgestellt, dass bei der Kfz-Produktion der Einsatz von sicherheitstechnisch besseren Alternativkonstruktionen nur dann erforderlich wird, wenn diese zum Serieneinsatz bereits gereift sind, nicht hingegen, wenn es sich bislang nur um rein theoretische Konzepte handelt oder die 193

---

730 *Fuchs/Baumgärtner,* JuS 2011, 1057, 1058; ohne Begründung Palandt/*Sprau,* § 3 ProdHaftG Rn. 8, *ders.,* in § 823 Rn. 169 ff.; siehe auch *Erman/Schiemann,* § 823 Rn. 115.

731 So ausdrücklich *Kullmann,* Höchstrichterliche Rechtsprechung, Rn. 69.

732 BGH, NJW 2009, 2952, 2953 ff. – Airbag, dazu *Lenz,* PHi 2009, 196.

733 BGH, NJW 2009, 2952, 2953 ff. – Airbag m. Anm. *Lenz,* PHi 2009, 196; vgl. zum Konstruktionsfehler insgesamt *Kullmann/Pfister,* Kza 1520, Blatt 3 ff. und Kza 7502/1 ff. sowie Kza 7502/23 0 OLG Schleswig, ZfS 1999, 369 – Wasserrutsche; *Foerste/Graf von Westphalen,* § 24 Rn. 71.

734 OLG Düsseldorf, BeckRS 2010, 05734 – abgebrannter LKW; dazu BGH, Beschluss vom 26.1.2010, BeckRS 2010, 05571; Mindeststandards bilden die Sicherheitsniveau-Untergrenze, OLG Karlsruhe, VersR 2003, 1584 Buschholzhackmaschine.

735 BGH, Nichtannahmebeschluss vom 27.1.1998, Vorinstanz OLG Frankfurt, NJW-RR 1999, 25 – Nuckelflasche; *Kullmann/Pfister,* Kza 7502/21 – „Plastiksaugflasche"; *Dauner-Lieb/Langen/Katzenmeier,* § 823 Rn. 309; für Medizinprodukte *Haindl/Helle,* MedR 2001, 411, 413.

736 BGH, NJW 2009, 2952 ff. mit Anm. *Lenz,* PHi 2009, 196; BGH, VersR 1963, 860; *Erman/Schiemann,* § 823 Rn. 116; *Dauner-Lieb/Langen/Katzenmeier,* § 823 Rn. 309.

737 BGH, VersR 1972, 1075 – Estil; OLG Köln, VersR 1987, 573 – Pistole; zum Erstellen von Anleitungen vgl. auch DIN EN 62079.

738 *Dauner-Lieb/Langen/Katzenmeier,* § 823 Rn. 309.

739 BGH, VersR 1970, 469; *Erman/Schiemann,* § 823 Rn. 116.

740 *Foerste/Graf von Westphalen,* § 24 Rn. 71.

741 BGH, VersR 1952, 357 – Rungenverschluss: Bei der Konstruktion eines technischen Geräts muss die nach dem jeweiligen Stand der Technik mögliche Betriebssicherheit erreicht werden, so explizit und mit Recht *Kullmann/Pfister,* Kza 7502/4 – Rungenverschluss.

742 BGH, NJW 2009, 2952, 2953 ff. – Airbag mit Anm. *Lenz,* PHi 2009, 196.

Erprobung nicht abgeschlossen ist.[743] Grundsätzlich wird von einem Warenhersteller verlangt, dass Produkte von ihrer Konstruktion oder Zusammensetzung her gewährleisten, dass der durchschnittliche Verwender sie i. d. R. gefahrlos verwenden kann. Lassen sich die mit der Verwendung eines Produktes verbundenen Gefahren nach dem Stand von Wissenschaft und Technik durch konstruktive Maßnahmen dennoch nicht gänzlich vermeiden, oder sind solche Maßnahmen dem Hersteller unter Beachtung „sämtlicher Umstände des Einzelfalls" (Intensität der von der Konstruktion ausgehenden Gefahren/Rechtsgüter) nicht zumutbar, so kann dies bedeuten, dass das Produkt gar nicht erst in Verkehr gebracht werden darf. Allerdings ist dies nicht zwingend.[744] Es hat eine Abwägung zwischen Art und Umfang der verbleibenden Risiken, der Wahrscheinlichkeit ihrer Verwirklichung und des mit dem Produkt verbundenen Nutzens zu erfolgen. Ist zu den Sicherheitsgewinnen auf der einen Seite eine hohe Sicherheitseinbuße an anderer Stelle herzugeben, kann das Alternativdesign als Referenzmaßstab nicht in Betracht kommen.[745] Ergibt die Abwägung aber, dass das Produkt dennoch in den Verkehr gebracht werden darf, kann daraus zugleich die ergänzend aufkeimende Pflicht des Herstellers zur Instruktion des nicht vermeidbaren Gefahrenpotentials des Produkts folgen. Zur Vermeidung von Missverständnissen sei hier jedoch noch einmal folgendes angemerkt: Der Warenhersteller hat bei der Planung und Entwicklung eines neuen Produktes immer wieder Entscheidungen unter mehreren möglichen Konstruktionsvarianten zu treffen und hat bei der Prüfung, ob und inwieweit Herstellungskosten mit Konstruktionsfehlern korrelieren, stets eine Kosten-Nutzen-Abwägung im Auge zu haben (sog. Risk-Utility-Tests).[746] Im Ergebnis wird i. d. R. angenommen, dass ein Produkt dann fehlerhaft konstruiert wurde, wenn es eine alternative Konstruktion gegeben hätte, deren Mehrkosten gegenüber der tatsächlich gewählten Konstruktion geringer gewesen wären als die Summe der dadurch vermiedenen Schäden.[747] Sofern ein Alternativdesign des Produkts möglich und zumutbar ist, hat der Warenhersteller die erhöhten Herstellungskosten zu übernehmen und einen sicheren Bauplan zu wählen; in Fällen dieser Art ist er nicht berechtigt, die Gefahrsteuerungslast im Wege der Instruktion auf den Produktbenutzer abzuwälzen.[748] Im Anhang I der Maschinenrichtlinie, der die grundlegenden Sicherheits- und Gesundheitsschutzanforderungen für die Konstruktion und den **Bau von Maschinen** regelt, ist dies explizit angeführt in Ziff. 1.1. 2b) bei den „Grundsätzen für die Integration der Sicherheit" (vgl. die dort zitierte Reihenfolge „sog. 3-Stufen-Methode", sub b).[749] Die Konstruktionsverantwortung hat die besondere Bedeutung, weil von einem etwaigen Konstruktions- oder Rezeptfehler – wie bereits hervorgehoben – die ganze Produktserie betroffen ist und insofern Massenschäden entstehen können, wie wir diese auch bereits in der Geschichte der Produkthaftung der Bundesrepublik Deutschland kennen.[750]

---

743 MüKo/*Wagner,* § 823 Rn. 655, sowie zum vergleichbaren US-amerikanischen Recht auch *Wagner/Witte,* ZEuP 2005, 895, 903.

744 *Fuchs/Baumgärtner,* JuS 2011, 1057, 1058.

745 So zu Recht: MüKo/*Wagner,* § 823 Rn. 655.

746 BGH, NJW 2009, 2952, 2953 ff. – Airbag m. Anm. *Lenz,* PHi 2009, 196; vgl. auch *Wagner/Witte,* ZEuP 2005, 895, 903.

747 MüKo/*Wagner,* § 823 Rn. 656.

748 Vgl. dazu auch BGH, NJW 2009, 2952, 2953 ff. – Airbag; MüKo/*Wagner,* § 823 Rn. 657, unter Berufung auf *Schmidt-Salzer,* Produkthaftung III/1 Rn. 41016 ff.; *Foerste/Graf von Westphalen,* § 24 Rn. 127 ff.

749 Dazu *Lenz/Otto,* Praxisratgeber Maschinensicherheit, Kap. 3.2.1; vgl. auch *Kullmann/Pfister,* Kza 7502/1 – Zur Konstruktion einer fahrbaren Holzsägemaschine; BGH, VersR 1957, 584 – Gelenkwellenschutz: Sonderanfertigungen für Schutzvorrichtungen; BGH, VersR 1959, 523 – Fensterkran; BGH, VersR 1960, 1095 – Kühlanlage.

750 Vgl. etwa Contergan-Beschluss, LG Aachen, JZ 71, 304.

Einschlägige Entscheidungen befassen sich mit Rungenverschlüssen,[751] Karussells,[752] Fensterkränen,[753] Kühlanlagen.[754] **Beispielsweise** muss ein Klapphocker tatsächlich so konstruiert sein, dass die Fußbügel nicht nur einrasten, sondern auch durch eine Sicherung so befestigt werden können, dass die Sitzfläche beim Hochheben nicht ausrastet und die Finger des Benutzers dann nicht gefährdet werden.[755] Ferner hat sich der BGH mit Klapprädern[756] und mit Treppengeländern[757] beschäftigt. Bei Maschinen dürfen keine Schalter vorgesehen werden, die für die Anlage zu schwach oder ansonsten ungeeignet sind und deshalb zu Schäden führen können[758] (vgl. dazu §§ 1, 2 und 3 der Maschinenrichtlinie im Anhang I der Maschinenrichtlinie). Gerade bei Maschinen ist zu berücksichtigen, dass die Bediener teilweise ungeschickt oder durch Gewöhnung an die Gefahren abgestumpft sind. Schon deshalb hat das OLG Stuttgart bereits im Jahre 1907 die Konstruktion einer fahrbaren Holzsägemaschine beanstandet, die in der Nähe der Abschaltstelle keine hinreichende Schutzeinrichtung hatte.[759] Existieren noch keine technischen Regeln,[760] hat der Hersteller selbst zu ermitteln, welche Gefahren durch die Benutzung seines Produktes entstehen können und muss dabei auch die Produktentwicklung seiner wichtigsten Mitbewerber verfolgen und schauen, auf welche Weise diese konstruktiv zur Gefahrminimierung beitragen.[761] Ferner finden sich einschlägige Urteile für Steigklemmen[762] und Kompressoren.[763] Bejaht hat das OLG Düsseldorf auch einen Konstruktionsfehler bei dem Kettenantrieb von Transportbändern, der ohne ausreichende Schutzvorrichtung war.[764] Eine ausreichende Prüfung des Produktes hinsichtlich der ordnungsgemäßen Konstruktion erübrigt sich vor Beginn der serienmäßigen Herstellung auch dann nicht, wenn der Hersteller von einer Behörde eine **Bauartzulassung** (vgl. dazu die Medizingeräteverordnung oder § 20 StVZO) oder eine **sonstige Zulassung** (etwa nach den §§ 21 ff. AMG) erhalten hat.[765] Trotz Vorlage einer Zulassung kann demnach einem Hersteller vorgeworfen werden, sein Produkt sei fehlerhaft konstruiert. Er darf sich nicht darauf verlassen, die Zulassungsbehörde würde etwaige Mängel entdecken.[766] Zu den Pflichten des Warenherstellers im Konstruktionsbereich gehört es auch, dafür Sorge zu tragen, dass die Behältnisse, in denen er seine Produkte in Verkehr bringt, nicht zu Verletzungen führen können.[767] Hersteller, die für Endprodukte Zu- 194

---

751 BGH, VersR 1952, 357 – Rungenverschluss.
752 BGH, VersR 1956, 625 – Karussell.
753 BGH, VersR 1959, 523 – Fensterkran.
754 BGH, VersR 1960, 1095 – Kühlanlage.
755 So explizit OLG Celle, VersR 1978, 258, 259 – Klapphocker; *Kullmann/Pfister,* Kza 7502/11.
756 Vgl. dazu aber auch OLG Frankfurt, VersR 1994, 1118, 1119 – Fahrradlenker.
757 BGH, VersR 1980, 648.
758 BGHZ 67, 359, 362 – Schwimmschalter; LG Düsseldorf, VersR 2006, 1650 – Abschälmaschine; OLG Celle, VersR 2007, 253, 254 – Lederschleifmaschine; LG Osnabrück, VersR 2005, 276 – Papierwalzen.
759 OLG Stuttgart, Urt. vom 10.12.1907, OLGE 18, 69, 71; vgl. dazu auch *Kullmann/Pfister,* Kza 7501/1 – Holzsägemaschine (s. o.); OLG Celle, VersR 1984, 276 – Raupe.
760 OLG Düsseldorf, NJW-RR 1996, 20 – Stahlnägel ohne Normen; *Kullmann/Pfister,* Kza 7501/18.
761 BGH, VersR 1989, 1307, 1308 – Pferdebox.
762 OLG Köln, VersR 1993, 110, 111.
763 OLG Nürnberg, NJW-RR 1988, 378.
764 OLG Düsseldorf, VersR 1989, 1158 – Kettenantrieb von Transportbändern.
765 LG Köln, NJW-RR 1987, 864, 865; *Foerste/Graf von Westphalen,* § 24 Rn. 123 ff., 124 – Mindeststandards.
766 BGH, VersR 1952, 357 – Rungenverschluss; bestätigt in BGH, VersR 1987, 102, 103 – Zinktom-Spray; BGHZ 99, 167, 176 – Motorradlenkerverkleidung.
767 BGH, ZIP 1988, 1129 – Limonadenflasche; *Kullmann/Pfister,* Kza 7502/14.

liefererteile verwenden, müssen durch konkrete Zielvorgaben an die Zulieferer sicherstellen, dass das Zuliefererprodukt keine sicherheitsrelevanten Mängel aufweist.[768] Zu Kompressoren,[769] zu Kondensatoren,[770] zu konstruktiven Mängeln bei elektronischen Bauteilen für Dunstabzugshauben,[771] zu Meißeln,[772] zu fehlerhaft konstruierten Vorderrad-Schutzblechen beim Fahrrad,[773] zur mangelhaften Befestigung eines Ölablaufrohres,[774] zur fehlerhaften Konstruktion bei nicht bruchfestem Expander,[775] zur fehlenden Funktionstüchtigkeit eines Hilfsmittels für Felskletterer,[776] zur fehlenden Fallsicherheit bei gesicherten Pistolen,[777] zu konstruktiven Mängeln bei Wasserrutschen,[778] zu Sprungbooten,[779] zu Dachabdeckfolien.[780] Becherhalter in PKW müssen so angebracht werden, dass Bedienteile nicht von überschwappender Flüssigkeit beschädigt werden können.[781] Dosierdüsen an Brennpaste-Flaschen dürfen sich nicht überraschend lösen.[782] Zigaretten haben nach Auffassung der deutschen Rechtsprechung trotz zahlreicher Risiken keinen Konstruktionsfehler.[783] Dies gilt einschließlich zulässiger Zusatzstoffe bei Zigaretten.[784] Kein Konstruktionsmangel ist auch die Verwendung raffinierten Zuckers zur Herstellung von Schokoriegeln;[785] ebenso wenig die Verwendung von Zucker und Koffein für Cola.[786] Ebenso wenig wird als konstruktiver Mangel die zu hohe Druckentwicklung einer verklebten Knetmaschine beim Öffnungsversuch durch einen Fachmann – entgegen der Gebrauchsanleitung – bewertet,[787] oder Amalgam in Zahnfüllungen.[788], [789] Für einen konstruktiven Mangel bei Geschirrspülmaschinen ohne Elektro-

---

[768] BGH, ZIP 1994, 1960 – Atemüberwachungsgerät, vgl. dazu auch *Kullmann/Pfister,* Kza 8100/5; generell BGH, VersR 1967, 498 ff. – Plastikmassebehälter.

[769] OLG Nürnberg, NJW-RR 1988, 378.

[770] Vgl. BGH, NJW 1992, 1225, 1226.

[771] OLG Karlsruhe, NJW-RR 1995, 594, 596 – Dunstabzugshaube: Die Entscheidung ist von großer Relevanz für die Frage des Rückrufs.

[772] OLG Köln, VersR 1984, 270.

[773] LG Berlin, MDR 1997, 246.

[774] OLG Nürnberg, NJW-RR 1988, 378; vgl. OLG Frankfurt, BB 1986, 1117 – Motorrad.

[775] BGH, DB 1990, 577.

[776] OLG Köln, VersR 1993, 110.

[777] OLG Saarbrücken, NJW-RR 1993, 990 – Pistole; ebenso *Kullmann/Pfister,* Kza 7502/16.

[778] OLG Schleswig, ZFS 1999, 369, 371.

[779] OLG Hamm, NJW-RR 2001, 1248, 1249.

[780] BGH, NJW 1985, 194.

[781] LG Köln, NJW 2005, 1199 ff. – Getränkebecherhalter; vgl. auch *Kullmann/Pfister,* Kza 7502/28.

[782] OLG Hamm, NJW-RR 2011, 893, 894 – Brennpaste mit Anm. *Luckey,* VersR 2011, 1195 ff.

[783] OLG Frankfurt, NJW-RR 2001, 1471 m. Besprechung *Kullmann,* ZLR 2001, 231; *Lenz,* StoffR 2004, 13 ff.; LG Wiesbaden, ZLR 2001, 342; dazu *Kullmann/Pfister,* Kza 7502/24; OLG Hamm, NJW 2005, 295 – Zigaretten/Ernte 23; LG Arnsberg, NJW 2004, 232, 234 – Ernte 23; *Looschelders,* JR 2003, 309, 313.

[784] OLG Hamm, NJW 2005, 295, siehe aber a. A. *Adams/Kraas-Littger,* Produkthaftung für Colagetränke, in FS für Wiegand, 1–70; siehe aber *Molitoris,* NJW 2004, 3662; *Merten,* VersR 2005, 465 Rn. 13; *Minwegen,* VersR 2010, 1296 zum Passivrauchen.

[785] OLG Düsseldorf, VersR 2003, 912 – Schokoriegel mit Anm. *Foerste,* ZLR 2003, 360 ff.

[786] LG Essen, NJW 2005, 2713; a. A. *Adams/Kraas-Littger,* Produkthaftung für Colagetränke, in FS für Wiegand, 1–70; vgl. dazu auch bereits LG Mönchengladbach, NJW-RR 2002, 896, 898; OLG Düsseldorf, VersR 2003, 912, 914 – Mars; OLG Köln, NJW 2005, 3292, 3293 – Lakritzkonsum 400g/Tag; dazu *Teufer,* ZLR 2005, 741 ff.

[787] OLG Koblenz, NJW-RR 2006, 169.

[788] OLG Frankfurt, NJW-RR 2003, 1177 – Amalgam.

[789] BGH, VersR 1971, 80, 82 – Bremsen; BGH, VersR 1963, 860, 861 – Auftaugerät; BGH, VersR 1972, 559 – Förderkorb; BGH, VersR 1977, 543, 545 – Verkehrsschild; sowie BGHZ 51, 91, 105 letzte Zeile – Hühnerpest.

schutzschaltung[790] oder auch zur Möglichkeit des Ingangsetzens bei geöffneter Schutzvorrichtung,[791] zum fehlenden Verschluss einer Flasche für Brennpaste[792] vgl. die einschlägige Rechtsprechung.

An Lebensmittelhersteller müssen im Interesse der Volksgesundheit höchste Anforde- 195
rungen gestellt werden.[793]

Sonderthema Fahrzeugassistenzsysteme: Zahlreiche in jüngerer Zeit diskutierte Fra- 196
gestellungen drängen sich auf im Zusammenhang mit den sog. **Fahrassistenzsystemen** (FAS – engl.: Advanced Drivers Assistance Systems (ADAS)). Dabei handelt es sich um sog. elektronische Zusatzeinrichtungen in Kraftfahrzeugen, die den Fahrer in bestimmten Fahrsituationen unterstützen können und unterstützen sollen.[794] Unter anderem handelt es sich etwa um Anti-Blockier-(ABS) und Müdigkeitserkennungssysteme, Antriebsschlupfregelungen (ASR), elektronische Stabilitätsprogramme (ESP), adaptives Kurvenlicht, adaptive Fernlichtassistenten, Nachtsichtassistenten, Scheibenwischerautomatik, Berganfahr-, Bergabfahrhilfen, Tempomat, Abstandsregler und Abstandswarner, Todwinkelüberwachungsassistenten, Spurerkennungssysteme und vor allem – in neuerer Zeit – auch das Nothaltesystem bei gesundheitlichen Problemen des Fahrers oder auch an Ampeln. Diese Systeme sind nicht alle rein informativer Natur, wie etwa Warnungen vor Reifendruckabfall.[795] Bei Bremsassistenten oder Nothaltesystemen handelt es sich um sog. **„Interventionssysteme“**, also um solche, die zwar „helfend eingreifen“, die der Fahrer aber (teilweise) übersteuern kann (wie beispielsweise die Geschwindigkeitsregelung oder die Abstandsassistenz), die jedoch auch teilweise vom Fahrer hingenommen werden müssen (etwa bei einer vom Fahrzeug durchgeführten Notbremsung vor einer Kollision).[796] Im Zusammenhang mit dem konstruktiven Bereich der (Kfz-)Hersteller gelten insoweit **keine Besonderheiten.** Auch auf Fahrassistenzsysteme finden die allgemeinen Regelungen Anwendung.[797] Zu berücksichtigen sind insoweit nicht selten Fehlfunktionen durch nicht erkannte Einflüsse z. B. aus unverträglicher Software und/oder sogar „Hackerangriffen“ von außen.[798] Bisweilen wird insoweit bereits von der „neuen Verletzlichkeit“ ("new vulnerability") gesprochen.[799] Sofern Notbremssysteme aus konstruktiven Gründen versagen, dürfte dies im Einzelfall eine Haftung nach sich ziehen. Sofern die Notbremssysteme jedoch – was gerüchteweise durchsickert – den Unfall bewusst und aus technischen Gründen so angelegt nicht verhindern, obwohl sie diesen hätten verhindern können, damit der „Unfall“ (nur eben) als solcher „beweisbar“ bleibt, wären im Einzelfall

---

790 OLG Schleswig, NJW-RR 2008, 691 – Geschirrspülmaschine.

791 Vgl. auch den Windschutzplanen-Fall des unerwarteten Ingangsetzens und zur Frage, ob der Hersteller dies hätte konstruktiv absichern können, OLG Koblenz, BeckRS 2009, 00578, 7 ff. – Windschutzplane; verneinend *Foerste/Graf von Westphalen,* § 24 Rn. 94.

792 OLG Hamm, NJW-RR 2011, 893 – Grillpaste.

793 Bereits BGHSt 2, 384, 385 – Besondere Sorgfaltspflichten für Lebensmittelhersteller. Dazu *Kullmann/Pfister,* Kza 7502/3 – zu Recht; vgl. dazu die zahlreichen „Lebensmittelskandale“.

794 Grundlegend *Bewersdorf,* Zulassung und Haftung bei Fahrerassistenzsystemen im Straßenverkehr, 1 ff., 32, 133 ff.; *Anders,* PHi 2009, 230, 236; *Albrecht,* DAR 2005, 186; *Meyer/Harland,* CR 2007, 689; im Internet http://www.udv.de/fahrzeugsicherheit/pkw/fas; HAET-Automatisierung, Assistenzsysteme und eingebettete Systeme für Transportmittel, Tagungsbeiträge 7, Braunschweiger Symposiom vom 21. – 23.2.2006, Herausgeber: Gesamtzentrum für VerkehrBraunschweig e. V. (GZVB); *Stiller,* Fahrerassistenzsysteme, Schwerpunkt-Themenheft der Zeitschrift IT – Information Technology, München.; Zu „pilotiertem“ Fahren, *Klindt/Schucht,* PHi 2013, 122 ff.

795 *Anders,* PHi 2009, 230, 236.

796 Dazu *Albrecht,* DAR 2005, 186; *Bewersdorf,* Zulassung und Haftung bei Fahrerassistenzsystemen im Straßenverkehr, 33 ff.

797 Ebenso *Foerste/Graf von Westphalen,* § 24 Rn. 176.

798 Dazu *Helmig,* ISO 26262, InTeR 2013, 28, 29.

799 Automotive News vom 20.9.2011, 11 zitiert bei *Helmig,* InTeR 2013, 29 Fn. 11.

weitere Fragen zu stellen. Zudem muss aus Sicht der Verbraucher von Seiten der Fahrzeughersteller sichergestellt werden, dass die Fahrer durch etwaige Systeme nicht ernsthaft vom Verkehr abgelenkt werden – und sei es auch nur bei einem Zusammenwirken aller Assistenzsysteme zeitgleich. Insoweit werden von Herstellern schwere Gradwanderungen verlangt. Auch deren Interessen sind deshalb sorgfältig – im Einzelfall – zu berücksichtigen (Zumutbarkeit).

197 **Sonderthema Produktfälschungen:** Immer wieder werden **Produktfälschungen** und/oder auch **Plagiate** im Verkehr beschlagnahmt.[800] Vor allem betroffen sind davon Medikamente. 24 % der in der EU beschlagnahmten Waren im Jahr 2011 waren Medikamente.[801] Aber auch Ersatzteile sind betroffen.[802] Deliktsrechtlich haftet der Hersteller aber selbstverständlich nicht für das, was etwaige Fälscherbanden getan haben. Unter Umständen – allerdings nur unter engen Voraussetzungen – haften Hersteller aber für die Schaffung einer **Gefahrenquelle,** zu der ein Herstellerprodukt wird, wenn und soweit es zu Nachahmungen kommt.[803] Die Erfahrungen haben die EU-Kommission dazu veranlasst, einen Vorschlag zur Änderung der Richtlinie 2001/83/EG[804] vorzulegen.[805] Inhaltlich ging es darum, sicherzustellen, dass „äußere Umhüllungen verschreibungspflichtiger Medikamente Sicherheitsmerkmale tragen sollten", die Aufschluss über die Echtheit, Identität und Rückverfolgbarkeit des Arzneimittels geben würden.[806] Als Haftungstatbestand wurde formuliert, dass die „Inhaber der Herstellererlaubnis" für Schäden gemäß der Richtlinie 85/374/EWG des Rates, die durch Arzneimittel, die in Bezug auf ihre Eigenschaften gefälscht sind, entstehen, haften sollen. Wer damit gemeint war, blieb unklar. Immerhin richtete sich das grundsätzliche Verbot der Manipulation insbesondere an die **Umverpacker.**[807] Aber auch damit war nicht klar, ob die Hersteller der Originale ebenfalls in die Haftung geraten könnten. Insofern nahm die Entwicklung europarechtlich ihren Lauf und es kam zu Änderungsvorschlägen.[808] Die nationalen Gesetzgeber in Europa hatten nach Art. 2 Abs. 1 der Richtlinie 2011/62/EU die erforderlichen Rechts- und Verwaltungsvorschriften dann bis zum 2.1.2013 zu ändern. Deshalb legte die Bundesregierung auch bereits im Frühjahr 2012 einen entsprechenden Abänderungsentwurf vor.[809] Inzwischen hat der deutsche Gesetzgeber das zweite Gesetz zur Änderung arzneimittelrechtlicher und anderer Vorschriften vom 19.10.2012 geschaffen.[810] Zwar wurden mit der Umsetzung der Richtlinie 2011/62/EU in deutsches Recht und mit den daraufhin geschaffenen Umsetzungsregelungen **keine gesetzlichen Normen** geschaffen, die eine Haftung des Original-Herstellers für Schäden Dritter durch Produktfälschungen von Arzneimitteln begründen.[811] Da der Hersteller die Produktfälschungen nicht in Verkehr bringt, kann der

---

[800] *Visser/Dettmer/Gottwald,* PHi 2010, 118, 120 (Teil I); PHi 2010, 170 (Teil II) und PHi 2013, 2 ff. (Teil III).

[801] Report on EU customs enforcement of intellectual property rights, 13, zitiert nach *Visser/Dettmer/Gottwald/Serdiuk,* PHi 2013, 2.

[802] *Visser/Dettmer/Gottwald,* PHi 2010, 118, 120 (Teil I).

[803] So explizit auch *Foerste/Graf von Westphalen,* § 24 Rn. 169 m. w. N.

[804] Richtlinie 2011/62/EU des Europäischen Parlamentes und des Rates vom 8.6.2011 zur Änderung der Richtlinie 2001/81/EG zur Schaffung eines Gemeinschaftskodexes für Humanarzneimittel hinsichtlich der Verhinderung des Eindringens von gefälschten Arzneimitteln in die legale Lieferkette, ABl. L 174 vom 1.7.2011, 74 ff.

[805] *Visser/Dettmer/Gottwald,* PHi 2010, 170, 175 ff.

[806] Vgl. dazu auch *Visser/Dettmer/Gottwald/Serdiuk,* PHi 2013, 3.

[807] *Visser/Dettmer/Gottwald/Serdiuk,* PHi 2013, 3.

[808] *Visser/Dettmer/Gottwald/Serdiuk,* PHi 2013, 3 ff.

[809] BT-Drs. 17/9341 sowie zu Details *Visser/Dettmer/Gottwald/Serdiuk,* PHi 2013, 2, 5.

[810] BGBl. 2012, I, 2192 ff.; vgl. dazu und zur Entstehungsgeschichte auch *Visser/Dettmer/Gottwald/Serdiuk,* PHi 2013, 2, 5.

[811] Zu Recht insoweit *Visser/Dettmer/Gottwald/Serdiuk,* PHi 2013, 2, 6.

Arzneimittelhersteller auch nicht nach § 84 AMG haften. Und eine Beteiligung nach § 830 Abs. 1 bzw. Abs. 2 BGB würde vorsätzliches Handeln erfordern, an dem es regelmäßig fehlt. Der Original-Hersteller wird durch die Produktfälschung in der Regel selbst geschädigt, nicht selten muss er – und sei es aus Kulanz – seinen Kunden sogar ein Original noch nachträglich überlassen. Daher gilt es aus Sicht der Hersteller – nach wie vor – der denktheoretisch verbleibenden (Rest-)Haftung nach § 823 Abs. 1 BGB als Original-Hersteller zu entgehen, vor allem wegen des ggf. aufkommenden Vorwurfes, keine genügenden Sicherheitsvorkehrungen getroffen zu haben (Verletzung von Verkehrspflichten durch Unterlassen).[812] Demzufolge sind – soweit nur eben möglich – Hersteller gut beraten, durch **konstruktive Elemente Schutzmechanismen zu schaffen,** um Produktfälschungen tatsächlich auszuschließen.[813] Der Hersteller schuldet aber insoweit auch nur ihm tatsächlich zumutbare Anstrengungen;[814] im Einzelfall kann m. E. sogar eine Warnung genügen.[815]

Allein der Umstand, dass ein Hersteller ein konkretes Bauteil **später** durch einen 198
anderen Schalter **ersetzt,** führt jedenfalls dann, wenn etwa ein Sachverständiger (während eines Prozesses) die **grundsätzliche Geeignetheit** eines Bauteils bestätigt hat, nicht zwingend zur Annahme eines Konstruktionsfehlers,[816] was – so das OLG Düsseldorf – für den Bereich des ProdHaftG bereits aus der lediglich klarstellenden Norm des § 3 Abs. 2 ProdHaftG folge (folgt aber schon aus § 3 Abs. 1 lit. c ProdHaftG),[817] aber als Rückschluss auch im Bereich der deliktischen Produkthaftung nach § 823 Abs. 1 BGB verboten sei.[818] War eine Technik geeignet, bleibe sie dies, selbst wenn später verbesserte Techniken existieren und angewandt werden.

Für sog. **Entwicklungsfehler**[819] haftet der Hersteller **mangels Verschuldens** nicht.[820] 199

(b) Fabrikationsfehler. Ist ein Produkt entsprechend dem Stand von Wissenschaft und 200
Technik entwickelt, ist damit nur ein Teil der hinlänglichen Sicherheit erreicht. Nunmehr geht es um den Produktionsbereich und darum, wie Fabrikations- oder Fertigungsfehler (Material- oder Produktionsfehler) während des Produktionsprozesses vermieden werden können.[821] **Fabrikationsfehler** liegen vor, wenn während des Fertigungsprozesses eine „planwidrige Abweichung von der vom Hersteller selbst angestrebten Sollbeschaffenheit eintritt".[822] Es geht darum, während der Produktion menschliches oder technisches Ver-

---

812 Vgl. dazu *Visser/Dettmer/Gottwald/Serdiuk,* PHi 2013, 2, 6.

813 *Visser/Dettmer/Gottwald,* PHi 2010, 118, 119; *Braun,* Produktpiraterie, 10 ff.; *Tillmanns,* PharmaR 2009, 66, 69.

814 So auch *Foerste/Graf von Westphalen,* § 24 Rn. 169 am Ende.

815 Ebenso *Foerste/Graf von Westphalen,* § 24 Rn. 169; zum Wissenschaftsplagiat grundlegend *Rieble,* Frankfurt 2010.

816 OLG Düsseldorf, Urt. vom 22.4.2009, BeckRS 2010, 05734 – abgebrannter LKW; dazu BGH, Beschluss vom 26.1.2010, BeckRS 2010, 05771 sowie *Molitoris/Klindt,* NJW 2012, 1489, 1493.

817 Siehe dazu Ausführungen zu § 3 Abs. 1 lit. c ProdHaftG Rn. 320 sowie zu § 3 Abs. 2 ProdHaftG Rn. 329.

818 Vgl. dazu den Sachverhalt des OLG Düsseldorf nachfolgend unter (b) Fabrikationsfehler, Rn. 200 sowie Palandt/*Sprau,* § 3 ProdHaftG Rn. 15.

819 BGH, NJW 2009, 2952 – Airbag mit Anm. *Lenz,* PHi 2009, 196 („keine Pflichtwidrigkeit" für solche Gefahren, die zum Zeitpunkt des Inverkehrbringens noch nicht erkannt werden konnten. Palandt/*Sprau,* § 1 ProdHaftG Rn. 21; vgl. auch *Meyer,* VersR 2010, 869 – Nano.

820 H. M. Palandt/*Sprau,* § 823 Rn 170; *Erman/Schiemann,* § 823 Rn. 116; Soergel/*Krause,* § 823 Anhang III Rn. 18; § 823 Rn. F 19 m. w. N.

821 Grundlegend: *Steindorff,* AcP 170, 93, 99; *Erman/Schiemann,* § 823 Rn. 117; *Kullmann,* VersR 1988, 655, 657, RGZ 87, 1 ff. – Brunnensalz.

822 OLG Düsseldorf, Urt. vom 22.4.2009, BeckRS 2010, 05734 – abgebrannter LKW; dazu auch BGH, Beschluss vom 26.1.2010, BeckRS 2010, 05571; vgl. dazu *Schwarz/Wandt,* Gesetzliche Schuldverhältnisse, 4. Auf. 2011, § 21 Rn. 61; nahezu wörtlich nach MüKo/*Wagner,* § 823

sagen weitestgehend zurückzudrängen. Der Hersteller hat die Pflicht, die Produktionsabläufe derart zu organisieren, dass grundsätzlich als Fertigungsergebnis die Sicherheit des einzelnen Produktes gewährleistet ist. Es handelt sich um eine eigene betriebswirtschaftliche Entscheidung des Herstellers, wie er seine Fabrikationsprozesse strukturiert, ob also durch eine Optimierung der Prozessabläufe selbst oder durch verschärfte Produkt-[823] oder Qualitätskontrollen[824] (auch präventive Abschlüsse von Qualitätssicherungsvereinbarungen). Fehler während des Produktionsprozesses hängen **nicht zwangsläufig** der **gesamten Serie** an, nicht selten ist eine **Chargeneingrenzung** – im Falle des Entdeckens des Mangels – möglich, so dass im Falle von entdeckten Fehlern nicht eine gesamte Serie zurückgerufen werden muss. Fabrikationsmängel entstehen nicht selten durch fehlerhafte Wareneingangskontrollen der Zuliefererprodukte[825] und/oder aber durch defizitäre Warenausgangskontrollen.[826] Eine besondere Thematik stellen die sog. **Ausreißer**[827] dar. **Ausreißer** betreffen nur ganz wenige Stücke oder gar einzelne Stücke und sind Fabrikationsfehler, die trotz **aller zumutbarer Vorkehrungen** tatsächlich **unvermeidbar** sind.[828] Für solche Fehler, also für Ausreißer, besteht (dies kann im Rahmen der Produktbeobachtungspflicht anders zu bewerten sein) mangels Verschuldens **keine Deliktshaftung,**[829] allenfalls eine Gefährdungshaftung nach dem ProdHaftG.[830]

201 **Einzelfälle:** Ein nur 6.600 km gelaufener **LKW brannte vollständig ab.** Zündquelle war eine mangelhafte Schweißnaht der Kontaktplatte innerhalb eines Magnetschalters. Diesen Schalter bezog eine der Beklagten, die Endherstellerin, von einem renommierten Zulieferer, von einem der Weltmarktführer, der die Endherstellerin seit Jahren beliefert hatte, ohne dass es zu Beanstandungen gekommen wäre. Die Endherstellerin hatte ein **umfassendes Auswahlverfahren** durchgeführt, dann erst den Zulieferanten ausgewählt. Im **Freigabeverfahren** prüfte sie zudem die ordnungsgemäße Konstruktion und Produktion des Bauteils. Erst aufgrund dieser **Qualitäts- und Funktionsprüfungen,** die fehlerfrei vorlagen, und nachdem feststand, dass das Bauteil für die **Serie** geeignet war, hat es die

---

Rn. 658 sowie *Fuchs/Baumgärtner,* JuS 2011, 1057, 1059; *Dauner-Lieb/Langen/Katzenmeier,* § 823 Rn. 312.

[823] Kann der Mangel bei einfacher Sichtprüfung entdeckt werden, können solche genügen, z. B. einfache Holzleiter, dazu RG Recht 1920, 2845 zitiert nach *Kullmann/Pfister,* Kza 7503/1.

[824] Qualitätskontrollen gehören inzwischen zu den Kardinalpflichten, *Foerste/Graf von Westphalen,* § 24 Rn. 194; kritisch insoweit Bamberger/Roth/*Spindler;* § 823 Rn. 499: Hersteller hat Gestaltungsspielräume; vgl. auch OLG Oldenburg, NJW-RR 2005, 1338 – Fahrradpedale.

[825] OLG Düsseldorf, NJW 1978, 1693 – Stahleinschlüsse in Operationsinstrumenten; dazu auch *Kullmann/Pfister,* Kza 7503/3; OLG Köln, VersR 2003, 1587 – Sandwich.

[826] Vgl. etwa BGH, VersR 1960, 855, OLG Oldenburg, NJW-RR 2005, 1338 – mindestens stichprobenweise Prüfung der Erzeugnisse von Zulieferern auf deren grds. einwandfreie Beschaffenheit; außer wenn der Zulieferer aufgrund besonderer fachlicher Erfahrungen und Einrichtungen diese Prüfung bereits vorgenommen hatte: BGH, NJW 1975, 1827; OLG Köln, VersR 1990, 863. Bloßes Nichterkennenkönnen des Produktfehlers entlastet nicht zwangsläufig, BGH, NJW 1989, 707 – Fischfutter-Antibiotika; dazu auch *Kullmann/Pfister,* Kza 7503/4.

[827] Vgl. dazu jüngst BGH, Beschluss vom 26.1.2010; BeckRS 2010, 05571 und OLG Düsseldorf (Vorinstanz), BeckRS 2010, 05734 – abgebrannter LKW; LG Gießen, NJW 1969, 582, 586; *Steindorff,* AcP 170, 93.

[828] Aktuell BGH, Beschluss vom 26.1.2010, BeckRS 2010, 05571; OLG Düsseldorf, BeckRS 2010, 05734 – abgebrannter LKW; BGHZ 129, 53; OLG Koblenz, NJW-RR 1999, 1624; vgl. dazu auch *Kötz/Wagner,* Deliktsrecht, Rn. 629; *Fuchs/Baumgärtner,* JuS 2011, 1057, 1059; Einzelheiten sind strittig, vgl. Nachweise bei *Foerste/Graf von Westphalen,* § 24 Rn. 178.

[829] Vgl. dazu jüngst BGH, Beschluss vom 26.1.2010; BeckRS 2010, 05571 und OLG Düsseldorf (Vorinstanz), BeckRS 2010, 05734 – abgebrannter LKW.

[830] So explizit Palandt/*Sprau,* § 823 Rn. 170; ebenso wohl *Foerste/Graf von Westphalen,* § 24 Rn. 178: unter Darlegung der Begründung, dass es keine absolute Sicherheit gibt, aber nur ein zumutbarer Kontrollaufwand geschuldet ist und kein Kontrollaufwand in absurder Höhe; ebenso LG Dortmund, VersR 1987, 697, 698 – Wurst.

Beklagte abschließend beim Zulieferer bestellt. Zudem hatte die Beklagte ein **anerkanntes Qualitätssicherungssystem** eingesetzt, das auch eine **Wareneingangskontrolle** (vgl. § 377 HGB)[831] vorsah; zudem war das Zuliefererteil zertifiziert.[832] Das OLG Düsseldorf stellte fest, dass eine deliktische Haftung für solche Fabrikationsfehler nicht besteht, die trotz aller zumutbarer Vorkehrungen als sog. **„Ausreißer"** unvermeidbar sind. Die Darlegungs- und Beweislast dafür trage der Hersteller.[833] Die Wahl eines renommierten Zulieferers und der Abschluss entsprechender Qualitätssicherungsvereinbarungen könnten die **Absenkung des eigenen Prüfaufwands**[834] rechtfertigen, weil der Hersteller sich dann auf den Zulieferer verlassen dürfe. Hat der Hersteller den Nachweis geführt, die entsprechenden Maßnahmen – s. o. – getroffen zu haben, so sind Fabrikationsfehler des Zulieferers für ihn als Abnehmer sog. Ausreißer, für die der Endhersteller dann – mangels Verschuldens – nicht haftet.[835]

Ein Maschinenhersteller macht sich ggf. schadenersatzpflichtig, wenn infolge einer vorwerfbar mangelhaften Produktion (z. B. fehlerhafte Auswahl von Rohstoffen; Halbfabrikaten und/oder Zwischenprodukten) die Betriebssicherheit der Maschine beeinträchtigt ist und für einen Benutzer oder einen Dritten daraus ein Schaden entsteht.[836] Wie bereits hervorgehoben, muss ein Hersteller daher den Produktionsablauf so organisieren, dass bei der Produktion nach Möglichkeit eben keine Bearbeitungs- oder Fabrikationsfehler eintreten.[837] Der Hersteller im „Hühnerpest-Fall" hafte, weil einige Chargen des eingesetzten Impfstoffs aktive Viren enthielten, und die **Tiere eines Geflügelmästers** mit einer Krankheit infiziert wurden, gegen die sie gerade immunisiert werden sollten. 202

Hersteller können ferner haften, wenn sie nicht die nach dem jeweiligen Stand der technischen Entwicklung **möglichen Fabrikationsverfahren** anwenden, um Produktfehler zu vermeiden.[838] Dabei ist jedoch zu betonen, dass auch Hersteller nicht stets den „optimalen Verarbeitungs- und Vergütungszustand" der Produkte schulden.[839] Auch im Bereich der Fabrikation gilt, dass der im Verkehr erforderlichen Sorgfalt dann Genüge getan ist, wenn derjenige Sicherheitsgrad erreicht ist, den die in dem entsprechenden Bereich herrschende Verkehrsauffassung für erforderlich (und notwendig) erachtet,[840] mit der Folge, dass bei Gefahr für Leib und Leben höhere Anforderungen an die Sicherheit zu stellen sind als bei bloßen Gefahren für das Eigentum.[841] Ein Beispiel aus der Rechtsprechung betrifft einen nicht richtig gehärteten und deshalb während der Operation gesplitterten sog. Septummei- 203

---

831 Vgl. dazu die Ausführungen zu § 377 HGB § 3 I. Rn. 92 ff., und zu QSV § 5 I. 1. b.

832 OLG Düsseldorf, Urt. vom 22.4.2009, BeckRS 2010, 05734 – abgebrannter LKW und BGH, Beschluss vom 26.1.2010, BeckRS 2010, 05571.

833 OLG Düsseldorf, Urt. vom 22.4.2009, BeckRS 2010, 05734 – abgebrannter LKW und BGH, Beschluss vom 26.1.2010, BeckRS 2010, 05571.

834 *Molitoris/Klindt,* NJW 2012, 1489, 1493.

835 In den Verfahren beim OLG Düsseldorf und dem BGH musste nicht festgestellt werden, ob der Fabrikationsfehler auch für den Zulieferer ein Ausreißer war, oder von diesem schuldhaft in Verkehr gebracht worden ist; *Molitoris/Klindt,* NJW 2012, 1489, 1493.

836 BGH, VersR 1956, 625 – Karussell; dazu *Kullmann/Pfister,* Kza 7503/2.

837 BGHZ 51, 91, 92 – Hühnerpest.

838 BGH, VersR 1956, 625 – Karussell; Anlagenerrichtung nach Stand von Wissenschaft und Technik; es besteht keine allgemeine Pflicht zur Maximierung der Anlagen; ebenso *Foerste/Graf von Westphalen,* § 24 Rn. 189.

839 *Kullmann,* Höchstrichterliche Rechtsprechung, Rn. 105.

840 BGH, VersR 1972, 559 – Förderkorb.

841 In Fällen von Lebensgefahren können vereinzelt durchgeführte Stichproben als nicht ausreichend bewertet werden; so auch *Foerste/Graf von Westphalen,* § 24 Rn. 197. Durchgehende Prüfungen werden daher für **sicherheitsrelevante Serienteile** verlangt: OLG Saarbrücken, NJW-RR 1988, 611 – Venenkatheter; OLG Karlsruhe, VersR 1989, 375 – Jagdgewehr/Beschussprüfungen.

ßel.[842] Was die Kontrollen selbst angeht, genügen – jedenfalls bei einfachen Produkten – unter Umständen – wie oben bereits erwähnt – **reine Sichtkontrollen** mit dem bloßen Auge ohne Ausnutzung technischer weiterer Möglichkeiten: So hat der BGH derartige Kontrollen im Jahr 1958 bei Seilschlössern für Greifbagger immer noch für ausreichend gehalten.[843] Bei einfachen Geräten mag dies auch heute noch gelten.[844] Schwieriger wird es schon bei der Verfüllung kohlensäurehaltiger Getränke.[845] Vor der Wiederbefüllung von Mineralwasserflaschen hat der BGH eine bloße Sichtkontrolle nicht mehr für ausreichend gehalten; er verlangt die Prüfung jeder einzelnen Flasche auf ihre Bruch- und Berst-Sicherheit.[846] Auch die Kontrolle eines mit Butangas betriebenen Rechauds für ein Fonduegerät durch eine Wasserbadprobe wird nicht für ausreichend gehalten.[847] Zudem müssen die Fabrikationsprozesse in betriebssicherem Zustand **gehalten,** Anlagen also auch zur Vermeidung von Fehlproduktionen **gewartet** werden.[848] Selbst die behördliche Überprüfung stellt keine Vermutung für die ordnungsgemäße Beschaffenheit eines Produktes dar.[849] **Bejaht** hat die Rechtsprechung einen **Fabrikationsfehler** beispielsweise und vertiefend in folgenden Fällen:

Typhusbazillen in Trinkmilch[850]
Fehlerhafte Montage von Lenkvorrichtungen bei Motorrollern[851]
Materialschwäche bei Fahrradgabel[852]
Seilschloss[853]
Rußfehler bei Kondenstopf[854]
Fräsfehler[855]
Bohrungen[856]
Druckbehälter, deren Wandstärken teilweise zu dünn waren[857]
Materialfehler bei Schubstreben[858]
Fehlerhafte Dosierungsanweisung für Medikamente in medizinischen Druckwerken[859]
Unsichere Bremsanlagen[860]

---

842 OLG Düsseldorf, NJW 1978, 1693 – Septummeißel: Bisweilen wird aus dieser Entscheidung gefolgert, dass auch „absolute Fehlerfreiheit" – etwa bei medizinischen Operationsinstrumenten – zu gewährleisten sei, da Materialfehler u. U. den Tod des Patienten zur Folge haben können, vgl. dazu *Kullmann,* Höchstrichterliche Rechtsprechung, Rn. 106.

843 BGH, VersR 1959, 104 – Seilschloss; vgl. bereits RG Recht 1920, 2845, zitiert nach *Kullmann/Pfister,* Kza 7503/1 – für die einfache Holzleiter.

844 RG Recht 1920, 2845 – Holzleiter; *Kullmann/Pfister,* Kza 7503/1.

845 LG Hanau, VersR 1955, 785; LG Hamburg, Urt. vom 17.3.1976, Az. 14 O 49/74 – Mineralwasserflasche; vgl. dazu *Schmidt-Salzer,* ES Produkthaftung, Bd. III Nr. III, 29; vgl. nunmehr auch BGH, ZIP 1995, 1094.

846 BGHZ 104, 323, 325 – Limonadenflasche.

847 OLG Köln, Urt. vom 10.3.1976, Az. 13 U 32/75, VersR 1976, 1142; *Schmidt-Salzer,* ES Produkthaftung, Bd. II Nr. II, 44.

848 So *Foerste/Graf von Westphalen,* § 24 Rn. 191, 193: Diese Pflichten folgen vor allem aus der BetriebssicherheitsVO und sind – wenn es nicht zu fehlerhaften Produktionen kommt – im Rahmen der Produkthaftung im Regelfall nicht von Bedeutung.

849 BGH, NJW 1989, 707, 709 – Fischfutter.

850 BGH, VersR 1954, 100.

851 BGH, VersR 1956, 259.

852 BGH, VersR 1956, 410.

853 BGH, VersR 1959, 104.

854 BGH, VersR 1960, 855 – Kondensomat (Regelarmaturen).

855 BGH, VersR 1972, 559, 560 – Förderkorb.

856 *Foerste/Graf von Westphalen,* § 24 Rn. 203 – Fehlerquellen ganz generell.

857 BGH, VersR 1960, 855 – Kondensomat.

858 BGH, NJW 1968, 247.

859 BGH, NJW 1970, 1963 verneint die Deliktshaftung des Verlegers.

860 BGH, VersR 1971, 80.

Feuerwerkskörper, die einen zu hohen Feuchtigkeitsgrad aufweisen, deren Teilstücke deshalb zu weit streuen[861]
Materialfehler bei Operationsinstrument[862]
Mangelhafte Bruchfestigkeit eines Venenkatheters[863]
Aidsverseuchte Blutkonserve[864]
Verschmutzungen bei Pharmazeutika[865]
Ventilbruch im Motor wegen Materialfehlers[866]
Etikettierungsfehler (auf Typenschildern o. ä.)[867]
Nicht sachgerechte Montage von Leitungstrennern[868]
Fehlerhafte Farbe in Holzschutzlasur[869]
Explodierende Mineralwasserflasche[870]
Übermäßig rußende Adventkerzen[871]
Salmonellenvergiftung bzw. Hepatitis-Infektion durch infizierte Speisen in einer Gastwirtschaft[872]
Farbfehler[873]
Infizierung durch Bienenstich[874]
Defekte Fahrradnaben, die zu Unfällen infolge durchdrehender Pedale führen[875]
Im Kraftfahrzeugbereich: fehlerhafte Transistoren für Zentralverriegelung[876]
Airbags, die sich bei leichtester Erschütterung bereits öffnen[877]
Verunreinigtes Torfsubstrat für Pflanzenzucht[878]
Seilriss infolge thermischer Verschmelzung zusammengefügter Garne[879]
Schrauben im Toast[880]
Putzmaterialien im Fruchtgummi[881]

---

[861] BGH, NJW 1973, 1602, 1603.
[862] OLG Düsseldorf, NJW 1978, 1693;
[863] OLG Saarbrücken, NJW-RR 1988, 611.
[864] OLG Hamburg, NJW 1990, 2322.
[865] BGH, NJW 1969, 269 – Hühnerpest.
[866] OLG Köln, VersR 1991, 348.
[867] OLG Frankfurt, NJW-RR 1994, 346 ff. – Herbizid; LG Hildesheim, VersR 1992, 365 – Natronlaugenkanister; OLG Köln, VersR 1989, 160.
[868] BGH, NJW 1992, 41 – Baustromverteiler.
[869] OLG Hamm, VersR 1993, 765.
[870] BGH, NJW 1993, 528; BGH, NJW 1995, 2162; OLG München, BeckRS 2011, 10312.
[871] LG Lübeck, VersR 1993, 1282.
[872] BGHZ 116, 104; OLG Frankfurt, NJW 1995, 2498.
[873] Können das bereits bestrichene Eigentum verletzt haben, OLG Hamm, VersR 1993, 765 – Farbton (zu ProdHaftG).
[874] OLG Hamm, VersR 1996, 72.
[875] OLG Dresden, VersR 1998, 59.
[876] BGHZ 138, 230, 231 = NJW 1998, 1942 – Transistor; dazu *Lenz*, MDR 1998, 842 ff.
[877] AG München, NJW-RR 2001, 321; nunmehr BGH, NJW 2009, 2952 ff. mit Anm. *Lenz*, PHi 2009, 196.
[878] BGH, NJW 1999, 1028.
[879] OLG Düsseldorf, NJW-RR 2001, 458.
[880] OLG Köln, NJW 2004, 521.
[881] OLG Hamm, Urt. vom 23.5.2013, Az. I–21 U 64/12, BeckRS 2013, 08842.

Keine Fabrikationsfehler liegen vor:

Bei harter Erdnuss in Schokoriegeln[882]
Antibiotika im Fischfutter[883]
Herstellung verunreinigten Tierfutters[884]
Festklemmender Gaszug[885]
Fehlerhaftes Ventil auf Druckbehälter[886]
Durch Waschmaschine verursachter Hausbrand[887]

204 Für das Kraftfahrzeugwesen zeigt eine Auswertung des Kraftfahrtbundesamts plastisch die Unterscheidung zwischen Konstruktions- und Fabrikationsfehlern.[888] Das Kraftfahrtbundesamt hat – bezogen auf Kraftfahrzeuge – die Feststellungen getroffen, dass etwa 38 % konstruktive Mängel im PKW-Bereich vorliegen, im Übrigen lagen **Fabrikationsmängel** (im juristischen Sinne) vor. Dies mag folgendes Schaubild verdeutlichen:

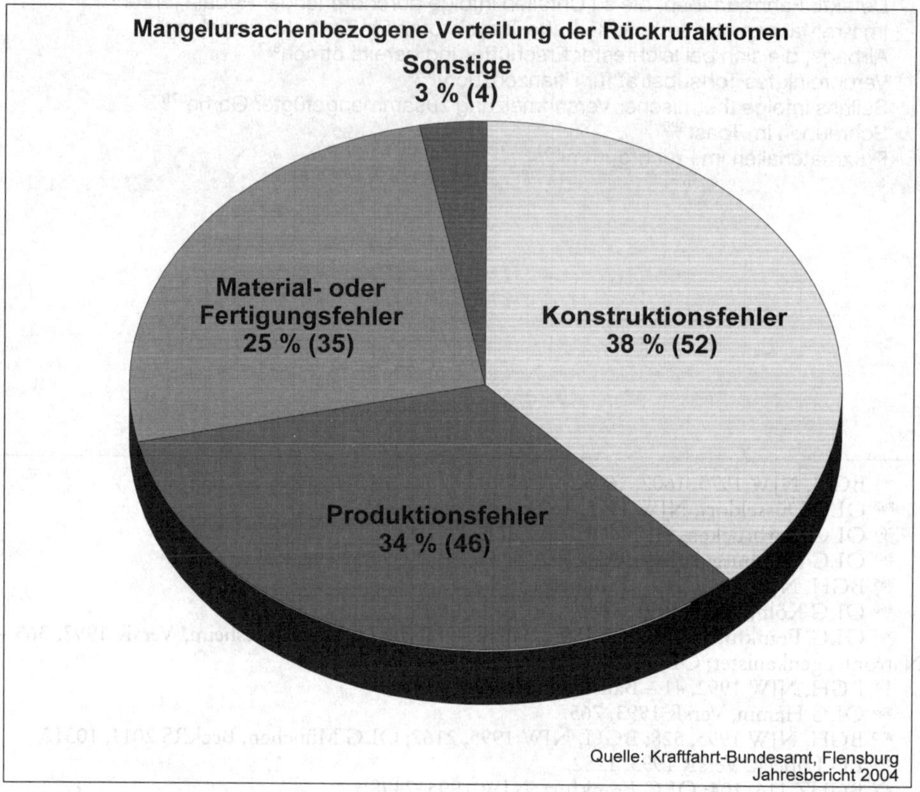

---

[882] OLG Köln, NJW 2006, 2272.
[883] BGHZ 105, 346.
[884] OLG Hamm, NJW-RR 1993, 853.
[885] BGHZ 86, 256.
[886] OLG Hamm, OLGZ 1990, 115 – Propangasflasche.
[887] OLG Koblenz, DB 1999, 2565.
[888] Das Kraftfahrtbundesamt in Flensburg ist eine direkt dem Minister unterstehende Bundesoberbehörde, die im Kfz-Bereich eine Sonderkompetenz besitzt.

(c) **Instruktionsfehler.** Trotz ordnungsgemäßer Konstruktion und ordnungsgemäßer Fabrikation kann ein Hersteller dennoch nach § 823 Abs. 1 BGB zum Schadenersatz verpflichtet sein, nämlich, wenn er die ihm obliegende sog. „Instruktionspflicht" verletzt. Insbesondere wenn sich – trotz ordnungsgemäßer Konstruktion und Fabrikation – noch **Restrisiken,** etwa bezogen auf den Anwendungsbereich des Produkts, ergeben, können den Hersteller Instruktionspflichten treffen, wie etwa im Zusammenhang mit der Herstellung von Arzneimitteln, die schädliche Nebenwirkungen entfalten können, aber nicht müssen. Instruktionsfehler können vorliegen, wenn Hersteller vor gefährlichen Wareneigenschaften und/oder vor von diesen ausgehenden Restrisiken nur unzureichend warnen.[889] Nicht sämtliche Gefahren lassen sich präventiv beseitigen. Dennoch kann das Inverkehrbringen eines Produktes unter Umständen vertretbar erscheinen, insbesondere dann, wenn es bei bestimmungsgemäßem Gebrauch[890] unschädlich ist oder die besonderen Vorzüge des Produkts sinnvoll erscheinen, insbesondere dann, wenn auf **besondere Gefahren** zusätzlich **hingewiesen** wird (z. B. bei der Verwendung von Arznei-, Reinigungs- und Desinfektionsmitteln, Pflanzendünge- oder auch Insektenvernichtungsmitteln etc.). Gerade aber, wenn ein gewisser „Rest-Gefahrenbereich" verbleibt, hat der Hersteller dafür Sorge zu tragen, dass eine **ausreichende Belehrung** der Benutzer über die möglichen Gefahrenquellen tatsächlich erfolgt.[891] Der Sinn der Warnung liegt darin, dem Nutzer der Waren die Möglichkeit zu geben, sich vor etwaigen ihm nicht direkt einleuchtenden Gefahren, mit denen er nicht rechnet, schützen zu können.[892] Hersteller müssen bei etwaigen Warnungen den bestimmungsgemäßen Gebrauch des Produktes und dessen Grenzen aufzeigen und sogar die Gefahren eines naheliegenden Fehlgebrauchs, z. B. bei einem Griff in die Abschälmaschine[893] oder hinsichtlich der Überdosierung eines Medikaments[894] oder für intraarterielle Injektionen[895] und sogar den Missbrauch aufzeigen, der durch eine Zweckentfremdung entsteht, wie z. B. bei Einsatz von Trinkflaschen als Dauernuckel für Kleinkinder.[896] Ein Warnhinweis ist demzufolge selbst für den Schutz von Kleinkindern, die ihrerseits noch nicht lesen können, auf Papierreisswolfmaschinen zu deren Schutz anzubringen.[897] 205

Allerdings hat die höchstrichterliche Rechtsprechung in mehreren Entscheidungen auch **Grenzen für die Instruktionspflicht** gesetzt.[898] Abgrenzungskriterium ist die sog. **„Verbrauchererwartung".** Was auf dem Gebiet des **„allgemeinen Erfahrungswissens"** der in 206

[889] BGH, NJW 2009, 2952, 2954 – Airbag; *Justus Meyer,* Instruktionshaftung, 1992; *Foerste/Graf von Westphalen,* § 24 Rn. 217ff; vgl. zu Inhalt und Umfang etwaiger Instruktionen Rn. 214.

[890] OLG Karlsruhe, VersR 1984, 544, 545 – Trockenputzmischer; OLG Koblenz, VersR 1981, 740 – Grillgerät.

[891] BGH, VersR 1959, 523, 524 – Fensterkran; BGH, VersR 1972, 1075, 1076 – Estil Narkosemittel; BGH, VersR 1955, 765, 766 – Insektenvernichtungsmittel; BGH, VersR 1987, 102, 103 – Asthma-Zinkotom-Spray.

[892] BGH, NJW 2009, 2952, 2954 – Airbag; BGH NJW 1975, 824 – Haartonikum; OLG Köln, VersR 1983,862, 863 – Chemikalien; OLG Hamm, VersR 1984, 243 – Reinigungsmittel I; LG Aachen, JZ 1971, 507, 516 – Contergan (dazu Ausführungen unter § 2 II. 3. Rn. 13); *Foerste/Graf von Westphalen,* § 24 Rn. 219.

[893] LG Düsseldorf, NJW-RR 2006, 1033 ff.

[894] BGH, NJW 1989, 1542, 1544 ff. – Asthma-Spray.

[895] BGH, VersR 1972, 1075 – Estil Narkosemittel; vgl. dazu auch weiterhin OLG Hamm, VersR 2001, 464; OLG Frankfurt, NJW-RR 1994, 347 – Herbizid.

[896] BGH, ZIP 1992, 38 – Kindertee I; BGH, ZIP 1995, 747 – Kindertee III; BGH, NJW 1999, 2273 ff. – Plastik-Saugflasche.

[897] BGH, NJW 1999, 2815, 2816 – Papierreisswolf; vgl. dazu auch Anm. *Foerster,* JZ 1999, 947, 949.

[898] Vgl. dazu bereits die frühen Entscheidungen BGH, VersR 1986, 653 – Überrollbügel; BGH, VersR 1987, 102 – Asthma-Zinkotom-Spray.

Betracht kommenden Abnehmerkreise liegt, muss daher nicht zum Inhalt einer Gebrauchsanleitung, einer Produktbeschreibung oder einer Verpackungsanleitung gemacht werden.[899] So sind Hersteller von Sport-, Freizeit- und Vergnügungsgeräten nicht gehalten, Kranke oder behinderte Personen vor konkreten Gesundheitsgefahren zu warnen, die diesen bei Gebrauch bzw. Benutzung der Geräte drohen könnten.[900] In verschiedenen Verfahren gegen Zigarettenhersteller wurde deshalb auch eine Warnpflicht vor diesem Hintergrund verneint, da die Möglichkeit einer Gesundheitsschädigung und auch über die Suchterzeugung an sich durch das Rauchen zum allgemeinen Erfahrungswissen eines jeden Erwachsenen gehört.[901] Im Ergebnis nicht wesentlich anders – ebenso ohne Instruktionsnotwendigkeit – wurde von der Rechtsprechung ein Verfahren zurückgewiesen, in dem der Geschädigte Schadenersatz von einer Brauerei wegen der Suchtkrankheit verlangt hatte.[902] Auch einem Vizepräsidenten des LG Essen braucht von dem Hersteller von Süßigkeiten nicht übermittelt zu werden, dass übermäßiger Konsum von Süßigkeiten zu Diabetes führen kann.[903] Von dem Hersteller eines Insektenvernichtungsmittels hat der BGH ebenso wenig einen Hinweis verlangt, dass diese bei nützlichen Insekten, z. B. Bienen, schädliche Einwirkungen hervorrufen können.[904] Und von einem Hersteller eines Fensterkrans verlangte der BGH keine Montageanweisungen über erforderliche Verankerungen.[905] Aber auch eine Fluggesellschaft muss Kunden, die Langstrecke fliegen, nicht zusätzlich darüber informieren, dass sich diese während des Fluges bewegen müssen.[906] Auch ist der Hersteller eines Sesamöls – anders als der Hersteller von Wäschetrocknern – nicht verpflichtet, auf die Gefahr der Selbstentzündung von Sesamölrückständen auf nicht ausreichend gereinigten Textilien bei deren Behandlung in einem Wäschetrockner hinzuweisen.[907]

207 Reichen aber beim **konkreten Abnehmerkreis** weder Vorkenntnisse noch der allgemeine Erfahrungsschatz aus, haben entsprechende Instruktionen zu erfolgen. So rechnen auch Friseure trotz Fachausbildung nicht ohne weiteres mit schwerwiegenden Folgen bei der Verwendung von Spülungen etc.[908] Nichts anderes gilt bei Segelflugzeugen: Auch Piloten müssen bestimmte Steuerungshinweise übermittelt werden.[909]

208 Wendet sich der Hersteller dabei an verschiedene Abnehmerkreise, muss er seine Instruktionen an der am **wenigsten informierten Benutzergruppe** ausrichten.[910] Kann der

---

[899] BGH, VersR 1959, 523 – Fensterkran; BGH, VersR 1975, 922, 924 – Spannkupplung; BGH, ZIP 1992, 934 – Silokipper; BGH, NJW 1996, 2224 – Schmiermittel; OLG Düsseldorf mit BGH Nichtannahmebeschluss vom 26.9.1995, NJW-RR 1996, 20 – Nägel; OLG Frankfurt mit BGH Nichtannahmebeschluss vom 15.4.1997, VersR 1998, 61, 62 – Pflanzenschutzmittel; BGH, NJW 1999, 2815, 2816 – Papierreisswolf; OLG Düsseldorf, NJW-RR 2008, 411, 412 – Gartendünger.

[900] OLG Hamm, NJW-RR 2001, 1248 – Sprungboot: Keine Verpflichtung zur Warnung von osteoporotisch Erkrankten vor Benutzung von Autoscootern und Wasserrutschen; vgl. dazu auch MüKo/*Wagner,* § 823 Rn. 666.

[901] OLG Hamm, ZLR 2001, 332 m. Anm. *Kullmann,* ZLR 2001, 231;OLG Frankfurt, NJW-RR 2001, 1471 m. Anm. *Kullmann,* ZLR 2001, 231.

[902] OLG Hamm, Beschluss vom 14.2.2001, NJW 2001, 1654 – Warsteiner.

[903] LG Mönchengladbach, NJW-RR 2002, 896, 898; OLG Düsseldorf, VersR 2003, 912, 914 ff. – Mars.

[904] BGH, VersR 1955, 765, 766 – Insektenvernichtungsmittel.

[905] BGH, VersR 1959, 523 – Fensterkran.

[906] LG Frankfurt, VersR 2001, 1575, 1576.

[907] OLG Saarbrücken, NJW-RR 2012, 797 – Sesamöl.

[908] BGH, NJW 1975, 824, 825 – Haartonikum.

[909] OLG Düsseldorf, r+s 2004, 36, 37 ff. – Segelflugzeug, rechtskräftig seit BGH-Beschluss vom 17.12.2002 – VI ZR 262/02, zitiert nach *Foerste/Graf von Westphalen,* § 24 Rn. 225 m. w. N.

[910] BGH, ZIP 1994, 374 – Kindertee II; OLG Hamburg, VersR 1987, 1144, 1145 – Dickschichtlack; BGH, NJW-RR 1987, 664, 665 – Schmelzanlage, kundiges Unternehmen; MüKo/*Wagner,* § 823 Rn. 667.

Hersteller davon ausgehen, dass sein Produkt ausschließlich in die Hände von Fachpersonal gelangt, kann er den Umfang der Instruktionspflichten reduzieren.[911] Gebrauchsanweisungen oder Montageanleitungen können dann konkret auf die Punkte konzentriert werden, die über das vorauszusetzende technische Fachwissen des Fachpersonals hinausgehen.[912] Hersteller von Medizinprodukten können, wenn sie Implantate ausschließlich über qualifiziertes Fachpersonal (wie Ärzte) vertreiben, Instruktionen gar in englisch übermitteln.[913] Dies kann anders sein, wenn Patienten diese anwenden.[914]

Bei der Instruktion sind die Nutzer, die bei der Verwendung des Produkts **stärker** 209
gefährdet sind als andere, besonders zu schützen (vgl. dazu auch § 3 Abs. 2 Nr. 4 ProdSG): Ältere, gebrechliche und kranke Menschen, aber auch Kinder sind schutzbedürftiger als andere. Daran sind die Instruktionen von Herstellern auszurichten.[915]

Sofern Fachpersonal in Bedienungsanleitungen klare Anweisungen für die Handhabung 210
gegeben werden, die **Hinweise** jedoch **ignoriert** wurden, haftet der Hersteller grundsätzlich nicht für dadurch verursachte Schäden.[916] Wird etwa auf einem Lieferschein ausdrücklich vor der ätzenden Wirkung von Frischbeton gewarnt, kann der Geschädigte, der während der Verarbeitung in der feuchten Masse kniete, keine Ansprüche geltend machen.[917] Bisweilen formuliert der BGH noch schärfer, nämlich dahingehend, dass es im Unternehmensverkehr grundsätzlich Aufgabe des Käufers ist, sich das für die Bedienung einer komplexen technischen Anlage notwendige Wissen selbst zu beschaffen.[918]

An den zuvor genannten Grundsätzen ändert sich im Regelfall nichts, wenn mit den 211
Produkten Minderjährige in Berührung kommen, die in einem Ausbildungsverhältnis zu einem eigentlichen Produktverwender stehen, aber auch nicht, wenn Eltern für Kinder haften. Der Hersteller von Industriechemikalien muss die Hinweise auf den Verpackungen seiner Produkte grundsätzlich nicht am Horizont von „Lehrlingen oder Azubis" orientieren, sondern kann darauf vertrauen, dass letztere vom Fachpersonal hinreichend instruiert werden.[919]

---

911 BGH, VersR 1972, 149, 150 ff. – Förderband; BGH, NJW 1992, 2016, 2018 – Silokipper; BGH, NJW 1999, 2815, 2816 – Papierreisswolf; OLG Düsseldorf, NJW-RR 1991, 288 ff. – Strukturputz; OLG Hamm, VersR 2001, 464, 465; OLG Celle, VersR 2002, 905 – Pflanzenschutzmittel; OLG Saarbrücken, NJW-RR 1993, 990 – Sicherung von Pistolen; OLG Celle, VersR 1985, 949 – Reinigungsmittel II: Mitarbeiter kann nicht damit rechnen, dass giftige Dämpfe entweichen; das erwartet selbst der Fachkundige ebensowenig von einem Industriefilter, OLG Frankfurt, VersR 1990, 981, 982 – Industriefilter.

912 BGH, VersR 1986, 653, 654 – Überrollbügel; BGH, NJW 1992, 560 ff. – Kindertee I; BGH Vers 1957, 584, 585; BGH, NJW 1992, 2016, 2018 – Silokipper; OLG München, VersR 1980, 1052 – Hüftgelenkprothese I.

913 OLG Frankfurt, NJW-RR 2000, 1268, 1270 ff. – Brustsilikonimplantat; im Regelfall müssen die Hinweise allerdings in **deutscher Sprache** beigefügt werden; OLG Bremen, VersR 2004, 207, 208 – Verpackungsanlage.

914 OLG Karlsruhe, NJW-RR 2001, 1174.

915 BGH, NJW 1998, 2905, 2907 – „Feuer" (10-jähriges Kind); *Möllers,* JZ 1999, 24, 28 ff. Nach Möglichkeit sind natürlich bereits konstruktive Sicherungen zu schaffen; ebenso *Foerste/Graf von Westphalen,* § 24 Rn. 235; zu **Jugendlichen** ebendort, Rn. 239, 240.

916 OLG Koblenz, NJW-RR 2006, 169, 170.

917 OLG Bamberg, NJW-RR 2010, 902 – Frischbeton; OLG Celle, VersR 2004, 864, 865 – Frischbeton.

918 So etwa BGH, VersR 1959, 523, 524 – Fensterkran; NJW-RR 1987, 664, 665 – Entstaubungsanlage; BGH, NJW-RR 1993, 792 – Reinigungsmittel; OLG Hamm, VersR 2001, 464, 365.

919 BGH, NJW 1981, 2514, 2516 – Kältemittel; ähnlich auch BGH, VersR 1972, 149, 150 ff. – Förderband; dazu auch *Kullmann,* Höchstrichterliche Rechtsprechung, Rn. 139, vgl. demgegenüber aber auch BGH, NJW 1999, 2815, 2816 – Papierreisswolf, ein Fall, in dem der Geschädigte minderjährig war, der Hinweis sich aber an den Betreiber des Papierreisswolfes gerichtet hätte.

212 Demgegenüber können aber auch an die Instruktionsverantwortung des Herstellers **gesteigerte Anforderungen** gestellt werden, wenn er etwa **sicherheitsrelevante Änderungen** an einem Produkt – **nachträglich** – vornimmt.[920] Denn in aller Regel vertraut der Verkehr auf eine gewisse Konstanz der einmal bekannten Eigenschaften bei Produkten.[921]

213 Besondere Beachtung in der Praxis ist dem Thema **„Verschleiß"** zu widmen. Grundsätzlich haftet der Hersteller nicht für die übliche Abnutzung, so dass die Verschleißzeit grundsätzlich vom Produktnutzer zu beachten ist und Abnutzungen in dessen Sphäre fallen.[922] Schwierigkeiten aber bereiten Fallkonstellationen, in denen es für den Nutzer zu **völlig unerwartetem,** plötzlich auftretendem Verschleiß – zum Teil mit gravierenden Folgen – kommt oder kommen kann. Rechnet der Nutzer mit einer jahrelangen Lebensdauer des Produktes, beträgt diese aber in Wahrheit nur drei bis vier Monate, drängt sich die Frage auf, ob und inwieweit den Hersteller eine Instruktionsverpflichtung in Fällen dieser Art trifft. Beispielhaft sei auf Getränke-Dosen verwiesen, die relativ schnell im Handel „umgeschlagen werden", weil – trotz ordnungsgemäßer Konstruktion und Fabrikation – sich nicht verhindern lässt, dass es zu Rostbildungen an der Dose kommen kann. Dies wäre in der Branche möglicherweise bekannt und insofern nicht zwingend der Instruktionsverantwortung unterworfen. Es sind jedoch Fälle denkbar, in denen Zuliefererprodukte verwendet werden, die einer ganz kurzen Verschleißzeit unterliegen und – in gerade eingebautem Zustand und kurz nach dem Inverkehrbringen des Endprodukts – dann zur völligen Überraschung des – vor allem privaten – Nutzers ausfallen. In Fällen dieser Art halte ich es für richtig und angemessen, Herstellern eine entsprechende Instruktionsverantwortung aufzuerlegen.[923]

214 Was **Inhalt** und **Umfang der Instruktionen** angeht, sind Tendenzen wie folgt zu kennzeichnen: In den Warnhinweisen selbst muss vor allem das „Wichtigste" ausdrücklich hervorgehoben werden.[924] Wichtiges darf nicht zwischen Teilinformationen über Darreichungsformen, Werbeaussagen, Gebrauchsinformationen, Werbetexten, Kundendienststellen versteckt oder gar in Garantiebedingungen eingearbeitet werden.[925] Funktionszusammenhänge müssen klargestellt werden, damit erkennbar wird, warum ein Produkt gefährlich ist.[926]

215 Dies gilt auch bei einer preiswerten, für 99,99 EUR erworbenen Teleskopleiter (s. u. Rn. 220 den umfassenden Sachverhalt).[927] Die Leiter war während des Besteigungsvorgangs „einteleskopiert". Dass dies geschehen könne, ergab sich weder aus der Bedienungsanleitung noch aus den beigefügten Piktogrammen, jedenfalls nicht eindeutig. Dazu führte

---

920 OLG Frankfurt, NJW-RR 1994, 346, 347 – Herbizid; vgl. auch LG Hildesheim, VersR 1992, 365; BGH, NJW 1992, 560, 562 – Kindertee I; OLG Frankfurt, VersR 1996, 863; NJW-RR 1999, 30, 32.

921 BGH, VersR 1989, 1152, 1153 – Wellpappe; OLG Frankfurt, NJW-RR 1994, 346, 347 – Herbizid-Veränderung; BGH, NJW-RR 1995, 684, 685 – Tankanzeige.

922 BGH, NJW 1975, 1827, 1829 – Spannkupplung; OLG Frankfurt, VersR 1993, 845, 847 ff. – Mineralwasserflasche.

923 Dementsprechend geben Hersteller ja auch Inspektionshinweise, vgl. dazu LG Bremen, EWiR 1989, 93 (Leitsatz) mit Anm. *Tiedtke* – Fahrrad. Ebenso *Foerste/Graf von Westphalen*, § 24 Rn. 227; a. A. aber Bamberger/Roth/*Spindler,* § 823 Rn. 510 zu Fn. 214: Gegen jegliche Herstellerverantwortung.

924 BGH, ZIP 1995, 747 – Kindertee III.

925 BGHZ 99, 167 – Motorradlenkerverkleidung (Honda); BGH, NJW 1994, 932, 933 – Kindertee II = ZIP 1994, 374 ff.; vgl. auch OLG Hamm, VersR 1984, 243 ff. – Flusssäure.

926 BGH, VersR 1992, 96 – Kindertee I; BGH, ZIP 1995, 747 – Kindertee III; OLG Linz, PHi 2012, 215 –Teleskopleiter.

927 OLG Linz, Urt. vom 28.6.2012, Az. 4 R 115/12b – Teleskopleiter; siehe dazu auch den Seitenscheibenfall des LG Baden-Baden, BeckRS 2010, 02691 – Seitenscheibe, bei der nicht erkennbar war, dass mit Kraft die Scheibe hochfahren und zur Körperverletzung führen konnte; auch BGH, NJW 2009, 2952, 2955; OLG Bamberg, VersR 2010, 403 ff. – Frischbeton II.

das OLG Linz folgendes aus: Bei Produkten, die erhebliche Gefahren für die Gesundheit hervorrufen könnten, müssten die drohenden Gefahren **deutlich** herausgestellt und die **Funktionszusammenhänge** klar gemacht werden. Dazu hätten klare Anweisungen aufgenommen werden müssen, was in concreto nicht der Fall war.[928]

Die Hinweise sind eindrucksvoll zu gestalten und müssen unmissverständliche Hinweise auf den vollen Umfang des Risikos widerspiegeln.[929] Ein Zuviel an detaillierten Instruktionen kann das Ziel, vor Gefahren zu warnen, verfehlen.[930] Warenhersteller müssen in Fällen dieser Art wegen abnehmenden Nutzens der Warnhinweise auf Kundenseite infolge von „information overload"[931] mit dem Instrument der Warnpflicht ggf. sogar sparsam umgehen.[932] Sofern Warnhinweise erforderlich sind, muss die konkret bestehende Gefahr auch **klar** und allgemeinverständlich bezeichnet werden.[933] Ansonsten genügen weder Gebrauchsanweisung oder andere Verhaltensvorschriften den Instruktionsanforderungen.[934] So reicht der Vermerk „feuergefährlich" allenfalls bei Stoffen, die lediglich eine besondere Brennbereitschaft haben, nicht aber bei solchen, die sogar explosionsgefährlich sind.[935] So hat das OLG Oldenburg selbst einen Warnhinweis in roter Farbe auf einer blauen Flasche (Untergrund) für nicht ausreichend erachtet, weil zwar eine „Wasserzugabereaktion" auf der Flasche aufgezeigt war, nicht aber der Hinweis, dass die Flasche auch bei Wasserzugabe explodieren konnte.[936] Die Instruktionsverantwortung des Herstellers bezieht sich nicht lediglich auf das eigene Produkt, sondern erstreckt sich auch auf dessen **Kombination** mit anderen Gegenständen[937] und auf Zubehörartikel.[938] Bei Arzneimitteln ist dies gesetzlich verpflichtend (vgl. etwa zur Information über Wechselwirkungen mit anderen Medikamenten die §§ 11 Abs. 1 Nr. 9, 11a Abs. 1 Nr. 7 AMG). Entsprechendes gilt bis heute jedoch noch nicht im Medizinproduktebereich de lege lata.[939] Für andere Hersteller ergibt sich die entsprechende Pflicht aus dem allgemeinen Sorgfaltsgebot.[940] Hersteller von Plastik-Saugflaschen haften, wenn sie Eltern nicht vor dauerhaftem Verabreichen gesüßter Getränke anderer Hersteller mittels dieser Flasche warnen.[941] Und auch 216

[928] Vgl. dazu den Kommentar von *Eidam*, PHi 2012, 215.

[929] BGH, VersR 1987, 102 – Asthma-Zinkotom-Spray; BGH, NJW 1972, 2217 – Estil Narkosemittel m. Anm. *Franz*, NJW 1972, 2217, 2218.

[930] BGH, VersR 1987, 102 – Asthma-Zinkotom-Spray.

[931] MüKo/*Wagner*, § 823 Rn. 665.

[932] OLG Frankfurt, NJW-RR 1995, 406, 408 ff. – Impfschaden; *MüKo/Wagner*, § 823 Rn. 665.

[933] BGH, VersR 1960, 342, 343 – Klebemittel; AG Simmern, NJW-RR 2002, 384 ff. – Backofentür; BGH, NJW 1995, 1286, 1287 – Kindertee III.

[934] *Kullmann*, Höchstrichterliche Rechtsprechung, Rn. 146, 147.

[935] BGH, VersR 1960, 342, 343 – Klebemittel; vgl. dazu auch OLG Saarbrücken, NJW-RR 2012, 797 ff. – Sesamöl: Ein Hersteller ist aber nicht verpflichtet, auf die Gefahr der Selbstentzündung von Sesamrückständen auf nicht ausreichend gereinigten Textilien bei deren Behandlung in einem Wäschetrockner hinzuweisen.

[936] OLG Oldenburg, NJW-RR 1997, 1520 – Rohrreiniger, mit Anm. *Lenz*, WIB 1997, 1159 ff.

[937] Vgl. dazu BGH, NJW 1987, 1009, 1010 ff. – Motorradlenkerverkleidung (Honda).

[938] BGH, NJW 1987, 1009 – Motorradlenkerverkleidung (Honda).

[939] Zu Instruktionspflichten bei Medizinprodukten siehe näher *Dahm-Loraing/Koyuncu*, PHi 2010, 142, 144 ff. und Brandenburgisches OLG, Urt. vom 13.12.2006, Az. 13 U 156/05 – Kontaktlinsen-Warnung; vgl. zu dem Brustsilikonimplantat-Skandal infolge des Inverkehrbringens durch die Poly Implant Prothèse S. A.(PIP) auch LG Karlsruhe, Urt. vom 8.2.2013, Az. 7 O 94/12, sowie auch OLG Frankfurt, NJW-RR 2000, 1268, 1271 – Brustsilikonimplantat.

[940] OLG Köln, VersR 1983, 862, 863 – Warnung des Chemikalienherstellers vor Wechselwirkungen mit anderen Stoffen; vgl. auch zum Vertragsrecht BGH, VersR 1977, 918, 920 – Erdbeerplantage; ausführlich dazu auch *Foerste/Graf von Westphalen*, § 25 Rn. 167 ff. sowie MüKo/*Wagner*, § 823 Rn. 637.

[941] BGH, NJW 1994, 932, 933 – Kinderteee II; BGH, NJW 1995, 1286, 1289 – Kindertee III, OLG Frankfurt, VersR 1996, 863; OLG Frankfurt NJW-RR 1999, 25, 26.

Honda hatte dafür einzustehen, dass Kunden im Unklaren darüber gelassen wurden, dass die Maschine mit Zubehörteilen anderer Hersteller eben nicht kompatibel war.[942]

217 **Sonderthema Gefahrenverdacht:** Schwierigkeiten bereitet stets auch das Thema Gefahrenverdacht. Unter Umständen ist für einen Hersteller selbst – nach dem jeweiligen Stand von Wissenschaft und Technik – (noch nicht) sicher feststellbar, dass das Produkt eine Gefahr birgt. Im Einzelfall hat er aber unter Umständen bereits Anhaltspunkte für etwaige gesundheitsschädigende Wirkungen für Nutzer. Besteht aber die ernsthafte Möglichkeit des Vorliegens einer Gefahr,[943] entsteht für den Hersteller nach allgemeiner Ansicht eine Warnpflicht.[944] Dies klingt auf Anhieb plausibel, bereitet aber in der Praxis erhebliche Schwierigkeiten, man denke an die Thematik von **Mobilfunkstrahlen**[945] oder auch die Themenkreise zu neuen Technologien, wie etwa Nanotechnologien oder auch zu Schiefergas.[946] Inwieweit in Fällen dieser Art dann vor etwaigen Gefahren zu warnen ist, wird nicht einheitlich zu beurteilen sein. Möglicherweise aber wird man Herstellern die Verpflichtung auferlegen (müssen), **deutlich** auf die noch **„ungeklärten Risiken"** oder auf die „noch nicht abschließend **untersuchten Folgen**" hinzuweisen. Soweit feststellbar, hat die Rechtsprechung Warnungen für Gefahrenverdacht bisher lediglich bei konkreter Gefährdung der Gesundheit befürwortet.[947] Bei unklarer Sachlage besteht in Fällen des Gefahrenverdachts aber genau die Pflicht, auf diese **Unklarheiten** – dann eben auch generell – **hinzuweisen.**[948]

218 Die Rechtsprechung nimmt bei der Bemessung von Instruktionspflichten keine Rücksicht auf etwaige **Absatzinteressen** des Herstellers. So muss der Hersteller auch dann warnen, wenn dies seine Absatzchancen beeinträchtigt und damit seinen Umsatz negativ beeinflussen kann.[949]

219 **Instruktionspflichten** treffen **nicht** zwingend allein **nur** den Hersteller, sondern unter Umständen auch den **selbstständigen Vertriebshändler**[950] oder auch einen **Importeur.**[951]

220 Im sogenannten **Teleskopleiter-Fall** (s. o. Rn. 215 zum Problemkreis Inhalt und Umfang der Instruktionen) kam es zu einer Verurteilung zu Schadenersatz wegen einer Instruktionspflichtverletzung im Zusammenhang mit einer Teleskopleiter. Die Klägerin hatte von der Beklagten eine entsprechende Leiter zum Preis von rund 100,00 EUR erworben. Beim Besteigen der nur teilweise ausgezogenen Leiter klappte die Leiter in sich zusammen und die Klägerin verletzte sich schwer. Das Landgericht Wels gab der u. a. auf Schmerzensgeld

---

942 BGH, NJW 1987, 1009, 1010 ff. – Motorradlenkerverkleidung (Honda).

943 Vgl. dazu BGH, NJW 2005, 2614, 2616 – Blutkonserve II; OLG Frankfurt, NJW-RR 2000, 1268, 1270 „durchaus wahrscheinlich".

944 *Foerste/Graf von Westphalen,* § 24 Rn. 255; vgl. auch EuGH, Urt. vom 11.4.2013, BeckRS 2013, 80747 – zu den Rechten einer Behörde zur Warnung und Namensnennung des Herstellers bei Lebensmitteln; dazu auch LG München I, LMRR 2011, 81.

945 Vgl. dazu *Prudentino,* PHi 2013, 23, zum Urteil des Kassationsgerichtshofs zur Schädlichkeit von Mobilfunkstrahlen. Erstmals hat sich der Kassationsgerichtshof zur Schädlichkeit von Mobiltelefonen geäußert und im Ergebnis eine Berufsunfähigkeitsrente bejaht. Vgl. auch § 9 IX. Rn. 68 ff.

946 *Kingdollar,* Die weltweite Jagd nach Schiefergas, PHi 2013, 16 ff.; vgl. dazu auch § 9 X. (Besonderheiten einzelner Branchen).

947 BGH, NJW 1981, 1603, 1604 – Derosal I; vgl. jetzt aber auch BGH, NJW 2009, 2952, 2955 – Airbag.

948 Ebenso wohl *Foerste/Graf von Westphalen,* § 24 Rn. 255 unter Hinweis auf die a. A. von *Meyer,* Nanomaterialien im Produkthaftungsrecht, 2010, 178, 185.

949 BGH, NJW 1972, 2217 m. Anm. *Schmidt-Salzer,* NJW 1972, 2222; *Simitis,* Gutachten C zum 47. Deutschen Juristentag, 48; *Kullmann,* Höchstrichterliche Rechtsprechung, Rn. 151, 152.

950 BGH, NJW 1987, 1009; OLG Frankfurt, VersR 1996, 982; Palandt/*Sprau,* § 823 Rn. 171.

951 OLG Linz, Urt. vom 28.6.2012, Az. 4 R 115/12b – Teleskopleiter, zitiert nach *Eidam,* PHi 2012, 215.

und Heilungskosten gerichteten Klage dem Grunde nach mit Teil-Zwischenurteil statt und die Berufung der Beklagten wies das Oberlandesgericht Linz zurück.[952] Das Oberlandesgericht begründete die Annahme des Instruktionsfehlers vor allem damit, dass der Hinweis in der Bedienungsanleitung, sich zu vergewissern, dass alle Sprossen der Leiter vollständig eingerastet seien, entgegen der Auffassung der beklagten Importeurin nicht eindeutig genug sei. Dies gelte auch für die beigefügten Piktogramme. Denn die Anleitungen hätten jedenfalls keinerlei Gefahrenhinweise dahingehend enthalten, dass die Leiter „einteleskopieren" könne. Insbesondere die Folgen der Gefahr und die Funktionszusammenhänge seien nicht erkennbar gewesen. Dafür haften eben auch die **Importeure.**

Dies dürfte insbesondere dann der Fall sein, wenn der Hersteller – für den Vertriebshändler erkennbar – nicht mehr tätig werden kann, etwa weil er bereits überschuldet oder zahlungsunfähig ist und/oder der Vertriebshändler gegenüber dem Hersteller wesentlich näher an der Gefahrsteuerung ist (z. B. wenn der Kfz-Vertriebshändler von konkreten Mängeln am PKW Kenntnis hat, der Hersteller aber nicht über entsprechende Kenntnisse verfügt). Zudem stellen sich zahlreiche Fragen im Zusammenhang damit, dass Zwischenhändler **Umverpackungen** vornehmen und der Hersteller etwaige Warnhinweise zuvor nur auf großen Kartonagen oder Großverpackungen aufgebracht hat. Verändert der Vertriebshändler die Verpackungseinheiten und fehlen dann im Anschluss daran Hinweise, die zur Gefahrenabwehr aber notwendig und erforderlich wären, hat der Handel diese Hinweise entsprechend aufzubringen. Dies wird besonders häufig im Internethandel (vgl. zu den zwei- und dreigliedrigen Vertriebswegen) verkannt. 221

(d) Produktbeobachtungspflichten.

(aa) Begriff. Über das Verständnis, die Voraussetzungen, den Inhalt und den Umfang der sog. **Produktbeobachtungspflicht** herrscht seit Mitte der 1990er Jahre eine fortlaufende Diskussion.[953] Schon ein intensiverer Blick in den Beschluss des LG Aachen aus dem Jahre 1970[954] zeigt, dass die Pflicht zur Verkehrssicherung jedenfalls nicht zwingend mit der Inverkehrgabe eines bestimmten Produkts endet, vielmehr schon seinerzeit untersucht wurde, welche konkreten Pflichten einem ordnungsgemäß handelnden Arzneimittelhersteller neben der Pflicht zur ordnungsgemäßen Konstruktion, zur Fabrikation und – bei Arzneimitteln unbestritten – auch zur Instruktion obliegen. Allerdings hat die Strafkammer den Begriff der „Produktbeobachtung" seinerzeit noch nicht verwandt. Heute werden unter dem Begriff „Produktbeobachtungspflichten" unterschiedliche Herstellerpflichten erörtert,[955] die näher zu untersuchen sind. 222

(bb) Funktion, Adressaten und Inhalte. Neben der Pflicht zur ordnungsgemäßen Konstruktion, Fabrikation und – falls sich Restrisiken zeigen – auch zur ordnungsgemäßen Instruktion hat der Hersteller, wenn sein Produkt die eigene Sphäre verlässt, noch nicht alles getan. Vielmehr treffen den Warenhersteller – ab dem Zeitpunkt der Inverkehrgabe von Produkten[956] – weitergehende Pflichten; nach der Inverkehrgabe muss er prüfen, ob 223

---

[952] OLG Linz, Urt. vom 28.6.2012, Az. 4 R 115/12b – Teleskopleiter, zitiert nach *Eidam*, PHi 2012, 215.

[953] Vgl. *Lenz*, in Looschelders/Pohlmann, VVG 2010, Anhang E (Produkthaftpflichtversicherung), 2395, 2432; *Lenz*, in van Bühren, § 12 Rn. 207 ff.; *Bodewig*, Der Rückruf fehlerhafter Produkte, 163 ff., der ebenfalls die begrifflichen Unschärfen der „Produktbeobachtung" erkennt sowie *Sack*, BB 1985, 813; MüKo/*Wagner*, § 823 Rn. 671. Vgl. zum Bestehen einer Produktbeobachtungspflicht für den österreichischen Rechtsbereich die sehr instruktive, aber im Ergebnis zu weitgehende Entscheidung des OGH, Teilzwischenurteil vom 13.9.2012 – Explosion einer Mineralwasserflasche nach Anstoß, Österreichisches AnwBl. 2013, 189 m. Anm. *Spitzer.*

[954] AG Aachen, JZ 1971, 304 ff. – Contergan.

[955] Vgl. *Sack*, BB 1985, 813; MüKo/*Wagner*, § 823 Rn. 671; Palandt/*Sprau*, § 823 Rn. 172.

[956] Dazu auch OGH-Teilzwischenurteil, Österreichisches AnwBl. 2013, 189 – Tafelwasserflaschen-Explosion.

und inwieweit sich das von ihm ausgelieferte Produkt in der Praxis auch tatsächlich bewährt, um zu eruieren, ob etwa bislang unbekannt gebliebene Gefahren – dann in der alltäglichen Praxis – auftreten und er dann die notwendig oder erforderlich werdenden Konsequenzen tragen kann.[957] Daraus wird in der Literatur gefolgert, dass die Produktbeobachtungspflicht demzufolge die **Funktion** habe, die Verantwortung des Herstellers für sein Produkt über den Zeitpunkt der Inverkehrgabe – und den damaligen Stand der Kenntnisse und Möglichkeiten – hinaus festzulegen.[958] Ich halte es für zutreffend anzunehmen, dass der Waren-(End-)Hersteller wie kein anderer, der an der Produktion oder an dem Vertrieb der Produkte beteiligt ist, in der Lage ist, Erfahrungen bei der Anwendung des Produktes zu sammeln und zu bewerten und die daraus folgenden Konsequenzen zu ziehen. Entwickelt hat die Rechtsprechung die Konstellation der „Produktbeobachtungspflicht" in den „Apfelschorf-Fällen"[959] als eine die Verantwortung des Herstellers treffende „zusätzliche" Pflicht.[960]

224 Demzufolge nur konsequent ist dann auch die Annahme, dass damit Produktbeobachtungspflichten von **reinen Händlern** – jedenfalls im Regelfall – nicht anzuerkennen sind.[961] Zutreffend hat das OLG Koblenz[962] denn auch festgestellt, dass den Händler keine Pflicht zur Produktbeobachtung trifft. Ob und inwieweit hier Ausnahmen zugebilligt werden können, wie die Rechtsprechung dies bereits angenommen hat, etwa bei Vertriebshändlern oder bei jedenfalls mit dem Hersteller verbundenen Vertriebsgesellschaften, Quasiherstellern und/oder auch Importeuren[963] (sog. „händlerspezifische Gefahrabwendungspflichten"[964]) – dann auch ganz allgemein bei Händlern –, die infolge besonderer Sachkunde positive Kenntnis von den Produktgefahren hatten und problemlos in der Lage gewesen wären, den Abnehmer zu warnen,[965] bleibt abzuwarten.

225 Nehmen wir als Beispiel den Brustsilikonimplantats-Fall beim LG Karlsruhe.[966] Die französische Poly Implant Prothèse S. A. (PIP) stellte Brustsilikonkissen aus angeblich „minderwertigem Industriesilikon" her und vertrieb dieses u. a. auch durch Vertriebshändler. Vermeintlich geschädigte Frauen, denen von Chirurgen u. a. Silikonkissen des Herstellers PIP S. A. implantiert worden waren und die deshalb glaubten, dass die Silikonkissen allesamt „Industriesilikone" enthielten, und insoweit geschädigt zu sein, waren

---

[957] Grundlegend BGHZ 80, 199, 202 ff. = NJW 1981, 1606, 1607 ff. – Benomyl; ähnlich BGHZ 80, 186, 191 = NJW 1981, 1603, 1604 – Apfelschorf I („Derosal"); und BGH, NJW 1994, 3349; BGH, NJW 1990, 906; siehe dazu auch *Kullmann*, BB 1976, 1085, 1088; *Schmidt-Salzer*, BB 1981, 1041 ff.; Palandt/*Sprau*, § 823 Rn. 172; *Erman/Schiemann*; § 823 Rn. 119; *Michalski*, BB 1998, 961; OLG Saarbrücken, NJW-RR 2012, 797 – Sesamöl.

[958] *Brüggemeier*, Deliktsrechts, Rn. 561, 564, RGRK/*Steffen*, § 823 Rn. 282, MüKo/*Wagner*, § 823 Rn. 672.

[959] Vgl. dazu BGHZ 80, 199, 202 – Apfelschorf II („Benomyl"); BGHZ 80, 186, 192 – Apfelschorf I („Derosal").

[960] MüKo/*Wagner*, § 823 Rn. 672.

[961] OLG Koblenz, VersR 2007, 74, 75; ebenso MüKo/*Wagner*, § 823 Rn. 672, der ebenfalls Ausnahmen von der Regel anerkennt.

[962] OLG Koblenz, VersR 2007, 74, 75.

[963] So BGH, NJW-RR 1995, 342; BGH, NJW 1994, 517; Palandt/*Sprau*, § 823 Rn. 172.

[964] OLG Hamm, Beschluss vom 15.11.2011, NJW-RR 2012, 355 – Kabinenroller aus China: Einen Importeur treffen grundsätzlich nur händlerspezifische Gefahrabwendungspflichten, nur in Ausnahmefällen etwa **„Vergewisserungspflichten"** hinsichtlich der Konstruktion, aber nicht nach Herstellerkriterien, so dass etwa keine versteckten Konstruktionsfehler ermittelt werden müssen; vgl. dazu auch OLG Karlsruhe, NJW-RR 2011, 1070, sowie *Huber/Schwaiger*, PHi 2013, 51.

[965] Vgl. so ausdrücklich Ausnahmen bei MüKo/*Wagner*, § 823 Rn. 672; vgl. auch Palandt/*Sprau*, § 823 Rn. 172 und OLG Frankfurt, NJW-RR 2000, 1268.

[966] LG Karlsruhe, Az. 2 O 25/12; ebenso LG Karlsruhe, Az. 7 O 94/12; LG Frankenthal, Az. 6 O 304/12 – Brustsilikonimplantat.

der Ansicht, dass der Distributor – kraft seiner Produktbeobachtungspflicht – verpflichtet sei, den Einsatz von Industriesilikonen bei der Poly Implant Prothèse S. A. zu verhindern.[967] Bleibt die Rechtsprechung bei ihrer bisherigen Linie und erkennt die Funktion der Produktbeobachtungspflicht – wie bisher – als Gefahrenabwendungspflicht **zentriert beim Hersteller** an, wäre die in dieser Fallkonstellation vorhandene „Lücke" im Medizinprodukterecht, die der Gesetzgeber kannte und das Medizinprodukterecht eben nicht ähnlich scharf wie das Arzneimittelrecht vorab ausgeformt hatte, hinzunehmen und nicht durch richterliche Rechtsfortbildung der Produktbeobachtungspflicht auf den Händler auszudehnen.[968]

Der **Inhalt** der sog. Produktbeobachtungspflicht kann immer nur **im Einzelfall** beurteilt **226**
werden.[969] Die Pflicht zur Produktbeobachtung erstreckt sich nicht nur auf Gefahren, die von den eigenen Produkten ausgehen, sondern den Hersteller trifft unter Umständen auch die Pflicht, rechtzeitig Gefahren zu erkennen, die aus der **Kombination** seines Produktes mit Zulieferer- oder Zubehörteilen anderer Hersteller entstehen können und hat ihnen entgegenzuwirken.[970] Ob es dabei berechtigt ist, bei **fremden Produkten** engere Grenzen zu ziehen als bei eigenen,[971] ist fraglich.[972] Jedenfalls besteht eine umfassende Beobachtungspflicht bei **Zubehör.**[973]

(cc) Umfang. Nach Ansicht der höchstrichterlichen Rechtsprechung des BGH richtet **227**
sich der **Umfang** der Produktbeobachtungspflicht – wie bei der Instruktionspflicht auch – nach der Art und Intensität der möglicherweise eintretenden Gefährdungen.[974] Die Inten-

---

[967] Vgl. dazu Presseberichte: French implant company used same silicone in mail chest and testical implants, The Telegraph vom 5.1.2012, www telegraph.co.uk ; *Nicola Kuhrt,* Bis zu 10.000 deutsche Frauen haben Billig-Implantate bekommen, www.spiegel.de vom 12.1.2012; Deutschland: Implantate entfernen, in Die Welt vom 7.1.2012, 32; *Graf,* Brustimplantate der Firma Poly Implant Prothèse (PIP) und Krebs, http://www.professor-graf.de, abgerufen am 20.1.2012; Frankreich empfiehlt Entfernung von fragwürdigen Brustimplantaten, Handelsblatt vom 16.1.2012; *Hofmann/Schlautmann,* Silikonskandal könnte Millionen kosten, Handelsblatt vom 16.1.2012; vgl demgegenüber jedoch die Berichte der britischen Gesundheitsbehörde National Health Safety (NHS): „Poly Implant Prothèse (PIP) breast implants: final report of the Expert Group" vom 18.6.2012 sowie „Volume 2: Appendice" vom 18.6.2012, die keine Gesundheitsgefahren sieht; abgedruckt unter http://www dh. gov.uk/en/Publicationsandstatistics/Publications/PublicationsPolicyAndGuidance/DH_134624.

[968] Vgl. dazu ausdrücklich auch LG Frankenthal, Az. 6 O 304/12 – Brustsilikonimplantat; zur Thematik auch LG Karlsruhe, Az. 7 O 94/12 – Brustsilikonimplantat; sowie LG Karlsruhe, Az. 2 O 25/12 – Brustsilikonimplantat.

[969] Vgl. dazu OLG Frankfurt, NJW-RR 2000, 1268, 1270 ff. – Brustsilikonimplantat; OLG Frankfurt, Urt. vom 29.9.1999, Az. 23 U 129/98 und jüngst LG Frankenthal, Urt. vom 14.3.2013, Az. 6 O 304/12 – Brustsilikonimplantat; LG Karlsruhe, Urt. vom 8.2.2013, Az. 7 O 94/12 – Brustsilikonimplantat; sowie LG Karlsruhe, Az. 2 O 25/12 – Brustsilikonimplantat.

[970] BGHZ 99, 167, 176 – Motorradlenkerverkleidung (Honda) als grundlegende Entscheidung des BGH; sowie dazu *Kullmann,* BB 1987, 1957; BGH, VersR 1994, 1481 – Atemüberwachungsgerät, vgl. auch BGH, VersR 1977, 918, 920 – Erdbeerplantage; OLG Köln, VersR 1983, 862, 863: Warnung des Chemikalienherstellers vor Wechselwirkungen mit anderen Stoffen; BGH, NJW 1994, 932, 933 – Kindertee II; BGH, NJW 1995, 1286, 1289 – Kindertee III; OLG Frankfurt, VersR 1996, 863; OLG Frankfurt, NJW-RR 1999, 25, 26, 27, 28 ff.; *Wagner,* in Produkthaftung (Heft 31 der Schriftenreihe der Arbeitsgemeinschaft Verkehrsrecht DAV), 2001, 69, 72 ff.; *Erman/Schiemann,* § 823 Rn. 119.

[971] So *Erman/Schiemann,* § 823 Rn. 119.

[972] Für eine generelle Pflicht zur Beobachtung und damit strenger wohl die Rechtsprechung u. a. BGH, NJW 1990, 906 ff.

[973] BGHZ 99, 173 ff. – Motorradlenkerverkleidung (Honda); *Erman/Schiemann,* § 823 Rn. 119; sowie *Hartmann,* BB 2012, 267 ff.

[974] BGHZ 99, 167, 176 – Motorradlenkerverkleidung (Honda); OLG Saarbrücken, NJW-RR 2012, 797 – Sesamöl; Saarländisches OLG, NJW-RR 2013, 271 – schadhafte Verschlüsse an Ölkanistern.

sität der Produktbeobachtungspflicht ist aber nicht nur abhängig vom Umfang des drohenden Schadens und dem Grad der Eintrittsgefahr, sondern auch von der wirtschaftlichen Zumutbarkeit der Produktbeobachtungsmaßnahmen.[975] Bewährte Produkte, die seit längerer Zeit – ohne dass es zu Problemen mit ihnen gekommen wäre – bereits auf dem Markt sind, führen zu weniger stark ausgeprägter Produktbeobachtungsverpflichtung als Produkte, die durch komplexe Neuentwicklungen soeben erst entstanden sind und ein enormes Schädigungspotential für Leib und Leben hervorrufen.[976] Sind lediglich Eigentums- oder Besitzrechte, dazu möglicherweise noch in nicht erheblichem Umfang, gefährdet, genügt der Warenhersteller seiner Produktbeobachtungspflicht im allgemeinen, wenn er etwaige Beanstandungen des Produkts, die ihm zugeleitet werden, prüft **(passive Produktbeobachtung).**[977] Mit geringem wirtschaftlichem Aufwand ist es Herstellern möglich, Beschwerden entgegen zu nehmen und systematisch auszuwerten. Im Regelfall sind aufwendige Untersuchungs- und Testverfahren nicht erforderlich und der Hersteller kann – unter Umständen ohne großen Aufwand – leicht für Abhilfe sorgen. Nach Ansicht der Rechtsprechung obliegt – in bestimmten Konstellationen – auch **Händlern** die Verpflichtung, Kundenbeschwerden zu sammeln und diese an die Hersteller weiterzuleiten.[978] Dies gilt insbesondere dann, wenn die Verbindung zwischen einem Verbraucher und (einem ausländischen) Hersteller durch einen **Importeur** oder – bei reinen Inlandsfällen – durch einen Vertriebshändler mit Monopolstellung vermittelt wird.[979] In bestimmten Rechtsgebieten, etwa auf dem Gebiet des Arzneimittelrechts, bestehen sog. **„verwaltungsrechtliche Produktbeobachtungspflichten"**, so dass von Herstellern ein „Mehr" erwartet wird.[980] Entsprechende Pflichten finden sich bis heute de lege lata jedoch nicht im Medizinprodukterecht, was insbesondere im Brustsilikonimplantats-Fall der PIP S. A. problematisiert worden ist.

228 Demgegenüber besteht in Fällen, in denen Leben und Gesundheit der Produktbenutzer oder anderer Personen durch ein industrielles Massenprodukt tatsächlich und ernsthaft beeinträchtigt werden können, die Pflicht, mehr zu tun, als passiv Kundenbeschwerden entgegen zu nehmen. Zumindest in Fällen der soeben beschriebenen Art[981] besteht die Verpflichtung des Herstellers zur **aktiven Produktbeobachtung,** was im Einzelfall die Generierung von Informationen über mögliche Schadensrisiken des eigenen Produkts, aber auch Erfahrungen mit Konkurrenzprodukten gleicher oder ähnlicher Beschaffenheit, sofern der Hersteller diese Informationen hat, bedeutet.[982] Erforderlich sind vor allem

[975] OLG Saarbrücken, NJW-RR 2012, 797, 799 – Sesamöl; MüKo/*Wagner,* § 823 Rn. 673.

[976] OLG Karlsruhe, VersR 1978, 550 ff. – Coca-Cola; vgl. näher dazu *Kullmann/Pfister,* Kza 1520, 56, *Sack,* BB 1985, 813, 815 ff.; *Kullmann,* Höchstrichterliche Rechtsprechung, Rn. 158 ff.

[977] *Kullmann/Pfister,* Kza 1520, 56; BGHZ 99, 167, 176 – Motorradlenkerverkleidung (Honda); BGH, NJW 1994, 517, 519 – Gewindeschneidemittel I; BGH, NJW-RR 1995, 342, 343 – Gewindeschneidemittel II. Zur Unterscheidung zwischen passiver und aktiver Produktbeobachtung Staudinger/*Hager,* § 823 Rn. F21 sowie *Erman/Schiemann,* § 823 Rn. 119.

[978] BGH, NJW 1981, 2250, 2251 – Asbestzementplatten; BGH, NJW 1994, 517, 519 – Gewindeschneidemittel I; BGH, NJW-RR 1995, 342, 343 – Gewindeschneidemittel II; vgl. auch RG, DR 1940, 1293, 1294 ff. – Bremsen II.

[979] Zustimmend MüKo/*Wagner,* § 823 Rn. 673.

[980] Vgl. etwa § 28 Abs. 3a AMG und § 29 Abs. 1 AMG; vgl. aber auch § 6 ProdSG und zu den Wirkungen auf § 823 Abs. 1 BGB *Marburger,* Produktsicherheit und Produkthaftung, in FS für Deutsch, 1999, 271, 285 ff. zur alten Rechtslage.

[981] Weitergehend möglicherweise *Stöhr,* in FS für Müller, 173, 179: „… mit gefährlichen Folgen für Leib, Leben **und Eigentum** von Kunden und sonstigen Personen …"; vgl. dazu *Lenz,* in FS für Meilicke, 432 ff.; siehe auch OGH, Österreichisches AnwBl. 2013, 189 – Tafelwasserflaschen-Explosion.

[982] BGH, VersR 1960, 1095; BGH, VersR 1977, 918, 920 – Pflanzenschutzmittel; BGHZ 80, 199, 202 – Apfelschorf II (Benomyl); BGH, VersR 1989, 1307, 1308 – Pferdebox; vgl. dazu insgesamt aber auch *Schmidt-Salzer,* BB 1972, 1430, 1435; MüKo/*Wagner,* § 823 Rn. 674.

bereits der präventive Aufbau einer Organisation, die Kundenbeschwerden sammelt und an eine zentrale Stelle weiterleitet, das Erfassen sämtlicher Informationen, die die Bewährung des Produkts in der Praxis betreffen und im Einzelfall eine konzentrierte Überprüfung von Mängel-Schadenanzeigen, aber auch die Verfolgung wissenschaftlich-technischer Publikationen, die Teilnahme an entsprechenden Kongressen und Fachveranstaltungen und die Auswertung von etwaigen Testberichten und Unfallanalysen.[983] International agierende Konzerne haben dabei nicht nur die deutschen Publikationen zur Kenntnis zu nehmen, sondern selbstverständlich auch internationale Fachjournale.[984] Können Hersteller nicht sogleich erkennen, was als Schadenursache in Betracht kommt, müssen ggf. zusätzliche Test- und Probeverfahren eingeleitet werden, unter Umständen sind Gutachten „neutraler" Institute bzw. solche von Dritten etc. angezeigt.[985] Ggf. müssen bereits vor endgültiger Abklärung der tatsächlichen Ursache – rein vorsorglich – Sicherheitsvorkehrungen getroffen werden, insbesondere dann, wenn aufgrund zwar nicht dringenden, aber durchaus ernst zu nehmenden Verdachts zu befürchten ist, dass ansonsten (schwerwiegende) Gesundheitsschäden entstehen können.[986] Wenn ein Warenhersteller erkennt, dass sein Produkt Schäden verursachen kann, hat er dann aufgrund der Produktbeobachtungspflicht als besondere Ausprägung der Verkehrssicherungspflicht dafür zu sorgen, dass solche Schäden in Zukunft nach Möglichkeit tatsächlich auch vermieden werden.[987] Erkennt der Hersteller von Ölkanistern, dass diese mit schadhaften Verschlüssen ausgestattet sind, ist er in Erfüllung seiner deliktsrechtlichen Verkehrssicherungspflicht gehalten, Maßnahmen zu ergreifen, um den Erwerber äußerlich unbeschädigter Kanister vor einer drohenden Leckage zu warnen.[988]

Dies bedeutet für die **weitere Produktion** im Regelfall eine **Umstellung/Änderung.** 229
Ggf. hat der Hersteller die Konstruktion oder die Zusammensetzung des Produkts – oder die Produktionsweise – zu ändern und umzustellen.[989] Der österreichische Oberste Gerichtshof[990] hat durch Teilzwischenurteil entschieden, dass die künftige Produktion einer Serie im Lichte neuer Erkenntnisse und unter Verwendung neuartiger Technologien ggf. modifiziert werden müsse im Interesse der Produktsicherheit. Unterlässt dies der Hersteller, könne dies eine Verletzung der Produktbeobachtungspflicht darstellen und sich diese Verletzung – bei einer Serie – „zu einem Verstoß gegen das (österreichische) Produkthaftungsgesetz verwandeln". Erst wenn der Hersteller diese Änderungen vorgenommen hat, darf er dann die Produktion fortsetzen. Liegt die erkannte Gefahr darin, dass ein Zuliefererteil eines elektrischen Geräts bei einer offensichtlichen Fehlanwendung einen Schaden auslösen kann, genügt der Warenhersteller im Allgemeinen seiner Produktbeobachtungspflicht, wenn er seinen Zulieferer veranlasst, kurzfristig das von ihm hergestellte Teil abzuändern.[991] Für die Umstellung ist dem Hersteller dabei aber eine gewisse **Karenz-**

---

983 OLG Saarbrücken, NJW-RR 2012, 797, 799 – Sesamöl; vgl. dazu auch *Kullmann*, Höchstrichterliche Rechtsprechung, Rn. 158; *Erman/Schiemann*, § 823 Rn. 119.

984 BGHZ 80, 199, 203 – Apfelschorf II (Benomyl).

985 *Kullmann/Pfister*, Kza 7508/1.

986 OLG Frankfurt mit BGH Nichtannahmebeschluss vom 22.11.1994, NJW-RR 1995, 406 – Mumpsimpfstoff; OLG Karlsruhe mit BGH Nichtannahmebeschluss vom 3.12.1996, VersR 1998, 63 – Pistole; ggf. ist bereits zu warnen, vgl. dazu Ausführungen zur Instruktion.

987 Vgl. dazu *Kullmann*, Höchstrichterliche Rechtsprechung, Rn. 166 ff. u. 177 ff.; OLG Saarbrücken, NJW-RR 2012, 797, 799 – Sesamöl; dazu – wenngleich sehr weitgehend – OGH, Teilzwischenurteil, Österreichisches AnwBl. 2013, 189 – Tafelwasserflaschen-Explosion.

988 Saarländisches OLG, NJW-RR 2013, 271, 273 – schadhafte Verschlüsse an Ölkanistern.

989 BGH, VersR 1960, 1095 – Kühlanlage; BGH, VersR 1989, 1307, 1308 – Pferdebox.

990 OGH, Österreichisches AnwBl. 2013, 189 – Tafelwasserflaschen-Explosion (zu weitgehend).

991 BGH, ZIP 1994, 1960 – Atemüberwachungsgerät; LG Frankfurt, VersR 2007, 1575, 1576 – Röntgengerät.

zeit zuzubilligen.[992] Soweit Schäden durch veränderte Produktinformationen vermieden werden können, hat der Hersteller dafür zu sorgen, dass entsprechende Produktkennzeichnungen bzw. Gebrauchsinformationen vorgenommen und ggf. gut und deutlich sichtbare Warnungen ausgesprochen werden.[993] Können schwerwiegende Gefahren für Personen und Sachgüter nicht durch entsprechende Maßnahmen beseitigt werden, muss der Hersteller den Vertrieb des Produkts im für ihn schlimmsten Fall einstellen.[994] Eine Frage, die sich in jüngerer Zeit stellt, ist die, welche konkreten Pflichten ein Hersteller hat, wenn er einen **Gefahrenverdacht** hat: Einige Gerichtsentscheidungen – phänotypisch im Bereich der Medizinproduktehaftung für Implantate[995] als Fallgruppe – geben erneut Anlass, der Frage nachzugehen. Diesen Fällen gemein ist die Erkenntnis der Hersteller über **erhöhte Ausfallraten** der Produkte einer konkreten Serie. Betroffen in Gerichtsverfahren waren vor allem Herzschrittmacher[996] und Defibrillatoren[997] sowie Brustsilikonimplantate;[998] andere Produkte wie Endoprothesen, Intraokularlinsen, Knochennägel etc.[999] könnten aber auch betroffen sein. Konkret ist grundsätzlich die Annahme einer Körperverletzung oder einer tatsächlich eingetretenen Gesundheitsbeschädigung im Gerichtsverfahren von etwaig geschädigten Klägern darzulegen und im Bestreitensfall zu beweisen. Im Zusammenhang mit der Thematik „Gefahrenverdacht" stellen sich u. a. folgende Fragenkomplexe:

- Kann allein auf die abstrakte Ausfallwahrscheinlichkeit des Produkts abgestellt werden, um die Fehlereigenschaft mit Kostenfolge zu bejahen?[1000]
- Und/oder muss das explantierte Gerät sogar – wenn es explantiert ist – konkret mangelbehaftet sein?
- Wie, wenn sich der Fehlerverdacht im Nachhinein als unbegründet erweist?
- Ist zwischen Konstruktions- und Fabrikationsfehlern sogar zu differenzieren?[1001]

230 Details werden im Zusammenhang mit der Kommentierung zum Produktfehler (§ 3 III. 2. b. bb. Rn. 302) besprochen. Im Zusammenhang mit der Produktbeobachtung ist es wichtig klarzustellen, dass es bei den üblichen Abwägungen verbleibt. Bei konkreten Gefahren für Leib und Leben – diese müssen sich nicht realisiert haben – hat der Hersteller einen Rückruf durchzuführen, die Behörde diesen ggf. nach § 26 ProdSG anzuordnen.[1002]

---

[992] BGH, NJW 1994, 3349, 3351 ff. – Atemüberwachungsgerät.

[993] BGH, NJW 1994, 3349, 3351 ff. – Atemüberwachungsgerät; LG Berlin, MDR 1997, 246, 247 – Treckingrad; BGHZ 99, 167 – Motorradlenkerverkleidung (Honda). Es muss ein besonders deutlicher Hinweis gegeben werden, Grund: BGH, VersR 1992, 96, 98 – Kindertee I; vgl. auch BGH, NJW 1997, 249 – Kindertee II.

[994] *Kullmann*, Höchstrichterliche Rechtsprechung, Rn. 170.

[995] So explizit und mit Recht *Handorn*, PHi 2011, 206 ff.; *Dahm-Loraing/Koyuncu*, PHi 2010, 142, 150.

[996] OLG Hamm, MPJ 2011, 213, 215 – Herzschrittmacher; dazu *Klindt*, MPG 2011, 218 ff.

[997] BGH, VersR 2010, 1606 – Defibrillator: Aufhebung und Zurückverweisung; dazu *Juretzek*, PHi 2011, 68; LG Magdeburg, BeckRS 2010, 26573 – Defibrillator; OLG München, Urt. vom 21.9.2009, Az. 18 U 1549/09 – Defibrillator.

[998] LG Karlsruhe, Az. 7 O 94/12 – Brustsilikonimplantat; LG Karlsruhe, Az. 2 O 25/12 – Brustsilikonimplantat; LG Frankenthal, Az. 6 O 304/12 – Brustsilikonimplantat.

[999] Vgl. die Beispiele bei *Handorn*, PHi 2011, 206.

[1000] So OLG Hamm, MPJ 2011, 213, 215 – Herzschrittmacher; *Handorn*, PHi 2011, 206, 207 in Fn. 7.

[1001] OLG München, Urt. vom 21.9.2009, Az. 18 U 1549/09 – Defibrillator.

[1002] *Handorn*, PHi 2011, 206, 208 zu Recht: Die Gefahrabwendungspflicht ist vom Eintritt einer Körperverletzung zu trennen und „die Grundsätze der Rückruf- und Kostentragungspflicht können nicht ohne weiteres auf § 1 ProdHaftG übertragen werden".

Bezüglich der bereits ausgelieferten Produkte folgt aus der Produktbeobachtungspflicht zudem Folgendes:[1003] Der Hersteller hat das zu tun, was ihm den Umständen nach zugemutet werden kann, um die konkreten Gefahren für Leib und Leben abzuwenden, die von seinem Produkt ausgehen.[1004] In der zivilrechtlichen Rechtsprechung[1005] und der älteren Literatur[1006] hieß es über lange Zeit, dass jedenfalls durch **Warnungen** die Nutzer über die drohenden Gefahren in Kenntnis gesetzt werden könnten, damit sie dann selbst die Gefahrsteuerung übernehmen. So könne es ausreichen, wenn Hersteller nachträglich weitere Hinweise über die Handhabung, Anwendung und Haltbarkeit erteilen.[1007] Aber schon früher wurde gefordert, dass je nach dem Grad der Eintrittsgefahr und den Folgen für Leib und Leben, u. U. sogar groß angelegte Warnaktionen über Presse, Funk und Fernsehen – ggf. mit mehrfachen **Wiederholungen** – erforderlich sein könnten, etwa dann, wenn nahezu die gesamte Bevölkerung erreicht werden muss, z. B. bei bestimmten Gefahren für Leben und Gesundheit durch Verbrauch giftiger, verunreinigter Lebensmittel.[1008] Eine Reihe jüngerer Entscheidungen, insbesondere drei landgerichtliche Urteile,[1009] und die Entscheidung des OLG Hamm[1010] und natürlich die dazu später ergangene Entscheidung des BGH,[1011] aber, wenn auch untergeordnet, auch die „Rizin-Düngemittel-Entscheidung" des OLG Düsseldorf,[1012] haben die Diskussion – diesmal konkreter **fokussiert** auf den Aspekt des **Umfangs** von **Gefahrenbeseitigungsmaßnahmen und der Kostentragung** (kostenloser Austausch als adäquates Mittel) und über die Abgrenzung zwischen (kostenlosem) Austausch und der **bloßen Warnung** – wieder aufleben lassen.[1013] In der Literatur hatte *Molitoris*[1014] in einer kurzen Pressemitteilung verlauten lassen, dass der Entscheidung des LG Frankfurt[1015] **„Meilensteincharakter"** zukomme. Er wagte die 231

[1003] Vgl. dazu *Kullmann*, Höchstrichterliche Rechtsprechung, Rn. 171 ff.

[1004] So bereits RGZ 163, 21, 23 – Bremsen I; in jüngster Zeit: OLG Saarbrücken, NJW-RR 2012, 797, 799.

[1005] BGHZ 80, 186, 191 ff. – Apfelschorf I; BGHZ 80, 199, 202 – Apfelschorf II; BGH, VersR 1992, 100 – Möbellack I; BGH, NJW 1994, 3349, 3351 – Atemüberwachungsgerät; BGH, NJW-RR 1995, 342 – Gewindeschneidemittel II.

[1006] *Birkmann,* DAR 1990, 124, 127 ff.; *Sack,* BB 1985, 813, 816 ff.

[1007] *Kullmann,* Höchstrichterliche Rechtsprechung, Rn. 172, mit Verw. auf BGHZ 99, 167 – Motorradlenkerverkleidung (Honda); jüngst nunmehr auch Saarländisches OLG, NJW-RR 2013, 271, 272: Erkennt der Hersteller von Ölkanistern, dass diese mit schadhaften Verschlüssen ausgestattet sind, hat er – ungeachtet der Frage der Durchführung eines „Komplett-Rückrufes" (so das OLG) – in jedem Fall Veranlassung, den Endkunden beim Erwerb von Kanistern mit äußerlich unbeschädigten Verschlüssen durch Warnhinweise vor einer drohenden Leckage zu warnen. Ggf. hätten auch Anweisungen an Zwischenhändler genügt.

[1008] *Kullmann,* Höchstrichterliche Rechtsprechung, Rn. 175.

[1009] LG Bielefeld, PHi 2006, 18 – Pflegebetten; LG Arnsberg, Urt. vom 6.5.2003 – Pflegebetten; zitiert bei *Lenz,* PHi 2007, 135 Fn. 3; LG Frankfurt, VersR 2007, 1575 ff. – Federbruchsicherung.

[1010] OLG Hamm, BB 2007, 2367ff – Pflegebetten (als Vorentscheidung vor der Pflegebettenentscheidung des BGH, VersR 2009, 272).

[1011] BGH, VersR 2009, 272 – Pflegebetten.

[1012] OLG Düsseldorf, NJW-RR 2008, 411 ff. – auch sog. Hundesterben-Entscheidung genannt. Dass die Parteien sich vor Einlegung der Nichtzulassungsbeschwerde verglichen haben, zeigt eine gewisse Unsicherheit auf beiden Seiten im Umgang mit der Bewertung der Erfolgsaussichten und damit u. a. auch über die Frage, ob eine Warnung seinerzeit ausgereicht hätte. Dieser Aspekt wird in aktuellen Publikationen nicht selten übersehen oder ausgeblendet, vgl. dazu *Lenz,* in FS für Meilicke, 417, 431.

[1013] Vgl. dazu im Einzelnen *Lenz,* in FS für Meilicke, 417 ff.; *Erman/Schiemann,* § 823 Rn. 119.

[1014] *Molitoris,* FAZ vom 1.11.2006, 25; *ders.* auch VW 2007, 1175 ff.

[1015] LG Frankfurt, VersR 2007, 1575 ff. – Federbruchsicherung; dazu auch *Molitoris/Klindt,* NJW 2008, 1206 ff.

Aussage, die Entscheidung lasse Raum für die Überlegung, dass der Rückruf – in Form eines kostenlosen Austausches oder in Form einer kostenlosen Nachrüstung – sogar gänzlich obsolet sein könne.[1016] Die erkennbar provokant erhobene These verfehlte ihr Ziel nicht. Die Wiederbelebung der Diskussion wirkte wie ein Paukenschlag. Es fand eine „Renaissance" der Rückrufdiskussion[1017] statt, die allerdings viel Raum für unterschiedliche Bewertungen zulässt. Einigkeit besteht in der Literatur darin, dass nach dem **Adressatenkreis zu differenzieren** ist.[1018] Zum einen kann es für die Frage, ob bloße Warnungen genügen oder aber ein „Rückruf" im Sinne eines (kostenlosen) Austauschs der gesamten Serie erforderlich wird (vgl. dazu § 4 zum Rückruf), einen Unterschied machen, ob Adressat des Produktes ein **„Verbraucher"** ist oder ein **professioneller Betreiber** (§ 14 BGB). Gelangen die Produkte in die Verantwortung fachkundiger, professioneller Abnehmer, kann nach bisheriger zivilrechtlicher Rechtsprechung im Einzelfall die **Warnung genügen.** Dies kann jedoch anders sein, wenn sog. unbeteiligte Dritte, sog. innocent bystander, nichts von den Produktgefahren wissen.[1019] Beispiel: Es wird festgestellt, dass hölzerne Dachfensterrahmen (von erheblichem Gewicht) nach einigen Jahren in der prallen Sonne aus der Verankerung herausspringen und – nach außen über das Dach hinweg z. B. fünf Stockwerke tiefer – auf die Straße fallen können. Dadurch könnten sich Passanten, die von den Gefahren um das Produkt keine Kenntnisse haben und sich demzufolge davor nicht schützen können, schwer verletzen.[1020] Dass aber im Einzelfall die einschneidendste und für den Unternehmer im Regelfall kostspieligste Maßnahme auch bedeuten kann, **ganze Produktserien zurückzurufen,** kann heute nicht mehr ernsthaft bestritten werden.[1021] Insoweit ist die Rechtsprechung eindeutig.[1022] Ggf. müssen derartige Austauschaktionen sogar mit Presse, Rundfunk und Fernsehen begleitet werden.[1023] Einzelheiten stelle ich im Zusammenhang mit dem „Rückruf" – wegen der Bedeutung für die Praxis – in einem einheitlichen Kapitel (sub § 4) insgesamt zusammen. Vorab sei an dieser Stelle lediglich Folgendes ergänzt: Soweit in der Literatur die Lösung der Thematik darin gesehen wird, (allein) nach dem „Zeitpunkt der Inverkehrgabe" zu differenzieren,[1024]

[1016] Dazu *Molitoris,* „... Kehrtwende" des BGH bei Produktrückrufen? NJW 2009, 1049 ff., die er im Ergebnis verneint.

[1017] Vgl. dazu *Kettler,* PHi 2008, 52.

[1018] *Kettler,* PHi 2008, 52 ff.

[1019] *Molitoris,* Weitergehende Pflichten im Einzelfall, NJW 2009, 1049, 1050; BGH, NJW 2009, 1080 – Pflegebetten.

[1020] Vgl. zu Einzelheiten *Lenz,* in FS für Meilicke, 417, 432, 434.

[1021] *Brüggemeier,* ZHR 152 (1988), 511, 525ff; *ders.*, Deliktsrecht, Rn. 565, *Brüggemeier/ RabelsZ* 66 (2002), 193 ff.; vgl. dazu auch *Stöhr,* Haftung trotz eines perfekten Rückrufs?, in FS für Müller, 2009, 173 ff.; *Droste,* Der Regress des Herstellers gegen den Zulieferanten, 1994, 1 ff.; *Tamme,* Rückrufkosten, Haftung und Versicherung, 1996; *Pannenbecker,* Produktrückrufpflicht und Kostenersatz in der Haftpflichtversicherung, 1998; *Bodewig,* Der Rückruf fehlerhafter Produkte, 1999; Staudinger/*Hager,* § 823 Rn. 26 m. w. N. und statt vieler auch MüKo/*Wagner,* § 823 Rn. 642 ff., 671 ff.; *Lenz,* in Looschelders/Pohlmann, Anhang E (Produkthaftpflichtversicherung), 2394 ff. Rn. 1 ff.; *Lenz,* in van Bühren, § 12 Rn. 207 ff.

[1022] Vgl. die älteren Entscheidungen von 1996 bis 1999, etwa OLG Karlsruhe, VersR 1986, 1125 ff. – Milchkühlanlage; OLG München, VersR 1992, 1135 ff. – Bremsen; OLG Karlsruhe, NJW-RR 1995, 594 ff. – Dunstabzugshaube; OLG Düsseldorf mit Nichtannahmebeschluss des BGH vom 28.1.1997, NJW-RR 1997, 1344 –Tempostat; OLG München mit Nichtannahmebeschluss des BGH vom 27.5.1999, NJW-RR 1999, 1657 ff. – Gasheizungsdeckel; vgl. dazu auch *Müller/Dörre,* VersR 1999, 1333 ff.; und die aktuelle Rechtsprechung im neuen Jahrtausend: Vor allem die Pflegebetten-Urteile, zitiert bei *Lenz,* PHi 2007, 135; *ders.*, Kein Aufwendungsersatz bei Nachrüstung von Pflegebetten, PHi 2006, 17 ff.; *ders.*, „Brennende Pflegebetten" – Sichere Medizinprodukte, PHi 2003, 142 ff.

[1023] *Kullmann,* Höchstrichterliche Rechtsprechung, Rn. 177; *Loewe,* DAR, 1979, 288, 292; BGH, NJW 1972, 2217 – Estil Narkosemittel.

[1024] So explizit MüKo/*Wagner,* § 823 Rn. 679.

scheint dies nicht überzeugend. Einzuräumen ist zwar, dass es „inkonsistent" wäre, einem Hersteller, der unter Verstoß gegen seine Pflichten zur sorgfältigen Konstruktion und Fabrikation – schon **vor** dem Zeitpunkt der Inverkehrgabe also – eine Pflichtverletzung begangen und dann ein gefährliches Produkt auf den Markt gebracht hat, erlauben zu müssen, **eine Warnung nachzuschieben.** Wäre dies möglich – so *Wagner* zu Recht – bestünde für den Hersteller ein „starker Anreiz, bei den Entwicklungs- und Herstellungskosten zu sparen, die Vermarktung fehlerhaft konstruierter und fabrizierter Produkte in Kauf zu nehmen und sich der Einstandspflicht für etwaige Schäden durch Nachschieben einer Warnung zu entledigen".[1025] Ich teile den Ansatz dennoch nicht. Zum einen klingt die Annahme etwas zu theoretisch, beabsichtigt doch – von schwarzen Schafen abgesehen – niemand eine Schädigung seiner eigenen Kunden; zum anderen klingt es, als gäbe es eine Art „zivilrechtliche Sanktion", um den Begriff der Strafe zu vermeiden. Verletzen also Hersteller ihre Pflichten zu gefahrloser Konstruktion und Fabrikation, seien sie folglich zu Rückruf und Reparatur – quasi als Strafe auf ihre eigenen Kosten hin – verpflichtet, und dies, obwohl jeder weiß, dass menschliches Versagen und auch technisches Versagen nie und zu keinem Zeitpunkt ausgeschlossen werden kann. Zudem ist auch die perspektivische Betrachtung eine andere: Es geht bei den Produktbeobachtungspflichten um Verkehrssicherungspflichten zur Gefahrenabwendung. Die **Gefahrenabwendung** steht im **Fokus** und wenn der Erfolg erreicht wird, kann dies – und dies wird der Interessenlage insgesamt gerecht – durchaus mit milderen oder einfacheren und kostengünstigeren Mitteln erreicht werden als durch eine „kostenlose Austauschaktion". Deshalb jemandem, der im Zeitpunkt der Konstruktion und Fabrikation Entwicklungsrisiken noch nicht hat erkennen können und damit unvermeidbar sog. Entwicklungsrisiken in Verkehr gebracht hat, dann zu privilegieren, macht keinen Sinn vor dem Hintergrund, dass die Stoßrichtung der einheitlichen Gefahrenabwendung die gleiche ist.[1026] Zusammenfassend (vgl. dazu § 4 Rückruf) lässt sich damit festhalten, dass durchaus im Einzelfall **die Warnung genügen**[1027] kann, in anderen Fällen aber eine „kostenlose Austausch- bzw. Rückrufaktion" vom Warenhersteller im Rahmen der Produktbeobachtungspflicht gefordert werden muss. Aber eins wird weitestgehend in der zivilrechtlichen Literatur außer Acht gelassen: Der Einfluss des öffentlich-rechtlichen Marktüberwachungs- und Produktsicherheitsrechts, das immer stärker durchschlägt und künftig auch die zivilrechtliche Rechtsprechung beeinflussen dürfte. Zwar besteht für die Zivilgerichte insofern keine Bindungswirkung, doch haben die Zivilgerichte natürlich auch maßgeblich öffentlich-rechtliche Regelungen mit ihrer Rechtsprechung in Einklang zu bringen. Und ich befürchte, dass insbesondere bei Vorliegen einer **ernsten Gefahr** (ein unbestimmter Rechtsbegriff), der sicher von der verwaltungsgerichtlichen Rechtsprechung interpretiert werden wird, die Behörden einen Rückruf **anzuordnen haben** (vgl. etwa § 26 Abs. 4 ProdSG 2011).[1028] Geschieht dies, ist es in der Praxis u. U. nicht (mehr) erforderlich, darüber nachzudenken, ob ein solcher Rückruf – zivilrechtlich betrachtet – erforderlich gewesen wäre oder nicht. Ist nämlich die sofortige Vollziehung nach § 80 Abs. 2 VwGO angeordnet worden, hätte sich ein Hersteller nur nach § 80 Abs. 5 VwGO dagegen zur Wehr setzen können. Das Produktsicherheitsgesetz wird demzufolge – insofern wage ich die These – maßgeblich die zivilrechtliche Rechtsprechung beeinflussen.

[1025] Unter Bezugnahme auf *Schwenzer,* JZ 1987, 1059, 1061; *Bodewig,* Der Rückruf fehlerhafter Produkte, 260; vgl. dazu auch *Hager,* VersR 1984, 799.

[1026] A. A. aber MüKo/*Wagner,* § 823 Rn. 680.

[1027] *Molitoris,* NJW 2009, 1049 ff.

[1028] Vgl. dazu *Lenz,* Das neue Produktsicherheitsgesetz und seine Auswirkungen auf die Produkthaftung, in GS für Hübner, 2012, 531 ff., 545 ff.

232 Nur en passant sei erwähnt: Bisweilen wird angeführt, dass auch Verbraucher bzw. Produktnutzer **Ansprüche auf Durchführung eines Rückrufs** haben könnten, wohl aus **§ 1004 BGB,**[1029] jedenfalls, wenn das fehlerhafte Produkt die eigenen Rechtsgüter gefährdet **und** die Gefahr durch Unterlassung weiteren Gebrauchs nicht unterbunden werden kann.[1030] Die Einschränkung spricht Bände, da letzteres wohl in der Praxis nur selten vorkommen wird. Schon faktisch – aber meines Erachtens auch rechtlich – haben Produktnutzer demzufolge **keinen Anspruch** auf Durchführung eines Rückrufs gegenüber dem Hersteller, den sie einklagen könnten.[1031] Demzufolge hat die Produktbeobachtungspflicht als Handlungsanweisung vor allem für den Endhersteller oder auch für Zulieferer Bedeutung, die die Produktbeobachtungspflicht ebenso wie den Endhersteller treffen kann[1032] (vgl. dazu § 5).

233 Zu den Pflichten des Herstellers gehört es nicht zuletzt, wenn in einem Schadensfall internationale Gepflogenheiten zu berücksichtigen sind, dass der Hersteller, wenn er sich denn entschlossen hat, einen für dessen Kunden oder für Dritte kostenlosen Austausch durchzuführen, diesen dann an dem – in nahezu allen Rechtsordnungen geltenden – **„Gleichbehandlungsgrundsatz"** auszurichten. Nehmen wir als Beispiel den Sachverhalt, der der Entscheidung des Korrektionalsgerichts Leuven zugrunde lag.[1033] Der Hersteller war der Ansicht, einen Rückruf in Form eines kostenlosen Austausches durchführen zu müssen und hat dafür zunächst sämtliche Hubarbeitsbühnenbetreiber in Deutschland angeschrieben und bei diesen die Aktion gestartet. Später wollte er die Betreiber der von ihm hergestellten Hebebühnen in anderen Ländern entsprechend informieren. Die Austauschaktion wurde – um es vereinfacht auszudrücken – weder zeitgleich bei sämtlichen Kunden begonnen noch wurden diese zeitgleich informiert über das Bevorstehen und den Beginn einer kostenlosen Austauschaktion. Demzufolge konnten sich nicht alle Betreiber – im gleichen Moment – auf die drohenden Gefahren einstellen. Im konkreten Fall hatte der Hersteller in Deutschland die Rückrufaktion fast abgeschlossen, als in Belgien zwei Arbeiter aus den Arbeits-Körben herausgeworfen wurden, bedingt durch mechanische Defekte an der Hebearbeitsbühne. Die beiden Arbeiter wurden getötet. Deren Angehörige machten Ansprüche gegen den in Deutschland sitzenden Hersteller dann vor einem belgischen Gericht nach belgischem Recht geltend. Dieses Beispiel und die Entscheidung des Korrektionalgerichts Leuven, das den Hersteller sowohl in strafrechtlicher als auch in zivilrechtlicher Hinsicht verurteilte, mag vielen eine Mahnung sein: Es spricht vieles dafür, bei etwaigen Austauschaktionen nicht mit der Durchführung nach der Rechtsordnung zu beginnen, die möglicherweise die schärfsten Sanktionen nach sich zieht. Ein Rückruf sollte auch bei internationalen Sachverhalten „möglichst einheitlich" durchgeführt werden.

234 **(dd) Das Ende der Produktbeobachtungspflicht.** Eine der äußerst schwierig zu beantwortenden, in der Praxis allerdings sehr relevanten Fragestellungen ist die nach dem **Ende der Produktbeobachtungspflicht.** Die Diskussion über diese Frage steht völlig am Anfang.

[1029] *Von Bar*, Vorbeugender Rechtsschutz vor Verkehrspflichtverletzungen, in: 25 Jahre Karlsruher Forum, 1983, 80 ff.; *Foerste/Graf von Westphalen,* § 39 Rn. 12 ff.; *Hager*, VersR 1984, 799, 802 ff., der allerdings auf den „deliktischen Beseitigungsanspruch" abstellt; *Schwenzer*, JZ 1987, 1059, 1060, 1063; *Stoll*, in FS für Lange, 1992, 729, 737 ff.

[1030] Vgl. so ausdrücklich MüKo/*Wagner*, § 823 Rn. 681.

[1031] Zu Recht MüKo/*Wagner*, § 823 Rn. 681; daher der Einwand gegenüber *Bodewig*, Der Rückruf fehlerhafter Produkte, 315 ff.; *Schwenzer*, JZ 1987, 1059, 1063.

[1032] Vgl. dazu insgesamt *Lenz*, in FS für Meilicke, 417 ff.

[1033] Korrektionalgericht Leuven, Urt. vom 26.6.2012, Geschäftsnummer 62-LE 65.97.415-06, Sachverhalt und Verfahren sind im strafrechtlichen Teil unter den ausländischen strafrechtlichen Urteilen abgedruckt, § 2 II. 22. Rn 44.

(aaa) Die Ansichten in der Literatur. Die h. L.[1034] geht weitgehend davon aus, dass es Fälle gibt, in denen die Produktbeobachtungspflicht gar nicht oder nur unter engen Voraussetzungen **endet** oder nach einiger Zeit nur noch eingeschränkte Wirkung entfaltet. *Spindler* etwa, der ein Ende der Produktbeobachtungspflicht nach längerer Bewährung eines Produkts immerhin anerkennt, meint, ein Ende der Beobachtungspflicht könne nur in Fällen eintreten, in denen **keine Langzeitschäden zu befürchten** seien.[1035] Ferner wird in der Literatur angeführt, die Pflicht ende jedenfalls **nicht** mit dem bloßen zeitlichen Überschreiten der **maximalen Lebensdauer der Waren.**[1036] Bei zeitlich gestaffelter Abgabe der Serienstücke an die Verbraucher folge dies schon aus der Notwendigkeit, die Benutzer der später in Verkehr gelangten Waren vor den Gefahren zu warnen, die an älteren Produkten beobachtet worden sind und bei gleichzeitiger Distribution einer ganzen Serie könne es erforderlich werden, auch noch **nach Ablauf der Lebensdauer** vor ungewöhnlichen Gefahren zu warnen, die erst zu dieser Zeit entstehen.[1037] Die h. L. nimmt an, dass insoweit **höchstens** eine sog. **„Abschwächung der Produktbeobachtungspflicht"** denkbar sei,[1038] und den Hersteller – unter Umständen – keine Pflicht zur aktiven Beobachtung mehr treffe.[1039] In welchen Fallkonstellationen es aber zu einer Abschwächung der Beobachtungspflichten kommen soll und unter „welchen Umständen", wird entweder gar nicht oder nur unzureichend angeführt. *Spindler* spricht von der „Orientierung an anderen Arten von Schäden, wie **Spätschäden**".[1040] *Foerste* hält die Abschwächung **allenfalls bei solchen Waren für denkbar,** deren abstraktes Gefahrenpotential nach bestimmter Zeit mit großer Sicherheit auf Null zurückgeht.[1041] Er selbst räumt aber auch ein, Beispiele dafür seien schwer zu finden. *Foerste* stellt auf typischerweise eintretende Spätfolgen bei Arzneimitteln ab und zeigt – insoweit zu Recht – auf, dass sich Nebenwirkungen bei diesen auch nach Jahren, ggf. erst nach Jahrzehnten zeigen würden. In diesem Zusammenhang wird auch der Fall des amerikanischen Medikaments **Diethylstilbestrol (DES)** zitiert, bei dem die Folgewirkungen erst rund 30 Jahre später bekannt wurden.[1042] Offensichtlich als Grund für die nicht (vorzeitig) enden sollende Produktbeobachtungspflicht wird ferner angeführt, dass sich auch **(überraschende) Materialermüdungen** oft erst spät zeigen würden. Zudem seien Gefahren aus dem Zusammenwirken des Produkts mit neuen Wirkstoffen oder den Folgen nicht schon wenige Jahre nach dem Inverkehrbringen berechenbar.[1043] Begründet wird diese Ansicht vor allem mit **Verbraucherschutz-** 235

[1034] Bamberger/Roth/*Spindler,* § 823 Rn. 512; *Kullmann/Pfister,* Kza 1520, 57; *Foerste/Graf von Westphalen,* § 24 Rn. 385; vgl. dazu auch *Hölzlwimmer,* Produkthaftungsrechtliche Risiken des Technologietransfers durch Lizenzverträge, 1995, 40; *von Bar,* Produktverantwortung und Risikoakzeptanz, 1998, 29, 40; Staudinger/*Hager,* § 823 Rn. F21; *Veltins,* in Hauschka, Corporate Compliance, § 24 Rn. 9: Es besteht jedenfalls kein (begrenzender) Rahmen in zeitlicher Hinsicht.

[1035] Bamberger/Roth/*Spindler,* § 823 Rn. 512.

[1036] *Foerste/Graf von Westphalen,* § 24 Rn. 385.

[1037] *Foerste/Graf von Westphalen,* § 24 Rn. 385.

[1038] Ähnlich *Kullmann/Pfister,* Kza, 1520, 57 f.; Bamberger/Roth/*Spindler,* § 823 Rn. 512 und diesen folgend auch *Foerste/Graf von Westphalen,* § 24 Rn. 386; *Günter,* NJW 1972, 309 ff.; *Molitoris* differenzierend in PHi 1999, 214 ff.; *ders.*, PHi 2000, 33 ff.

[1039] *Kullmann/Pfister,* Kza 1520, 57.

[1040] Bamberger/Roth/*Spindler,* § 823 Rn. 512.

[1041] *Foerste/Graf von Westphalen,* § 24 Rn. 386, was immer damit gemeint sein mag und für welche Fallbeispiele es immer gelten mag.

[1042] Vgl. dazu eben *Foerste/Graf von Westphalen* § 2 I und § 2 II, § 24 Rn. 386, und die Ausführungen zur strafrechtlichen Produktverantwortung unter Rn. 11 ff; schon *Kullmann/Pfister,* Kza 1520, 57, und *Foerste* zitieren das Beispiel des Kontrastmittels Thorotrast, deren Folgeschäden erst nach 12 bis 15 Jahren zu Tage traten; siehe dazu BGH, VersR 1961, 810, 811 – Thorotrast; KG, VersR 1975, 427, 428 – Thorotrast; oder auch OLG Köln, NJW-RR 1994, 91 (30 Jahre).

[1043] *Foerste/Graf von Westphalen,* § 24 Rn. 386.

gründen: Niemand könne auf dem einschlägigen Gebiet Entwicklungen besser verfolgen als der Hersteller und ebenso wenig schneller als der Produzent selbst neue Einsichten verwerten.[1044] *Foerste* zieht daraus die Konsequenz, über die Dauer der Beobachtungspflicht könnten **keine allgemeinen Aussagen** getroffen werden.[1045] *Veltins* meint mahnend, Hersteller sollten sich nicht auf etwaige „Aussagen" zur Abschwächung verlassen, weil gesicherte Rechtsprechung zu diesem Thema nicht existiere.[1046]

236 Gegenstimmen in der Literatur finden sich kaum.[1047] Immerhin hat *Dietrich*[1048] einmal ein **starres Ende der Produktbeobachtungspflicht nach 10 Jahren** in Erwägung gezogen. *Pauli*[1049] **differenziert:** Soweit sich Produkte in der Praxis langjährig bewährt haben, endet die Produktbeobachtungspflicht, **lebt** allerdings **wieder auf** beim Eintritt von Schäden. Streng genommen endet die Beobachtungspflicht dann – nach dieser Ansicht – aber auch nicht.

237 **(bbb) Die Rechtsprechung.** Rechtsprechung, die sich mit der Fragestellung beschäftigt hat oder hätte beschäftigen können, ist überschaubar und wird dann auch von der Literatur oft nur am Rande, bisweilen lediglich in Fußnoten, erwähnt.[1050] Vereinzelt heißt es, die Entscheidung des LG Frankfurt[1051] sei unrichtig.[1052] Das LG Frankfurt hat in einem Fall im Zusammenhang mit Arzneimitteln festgelegt, dass sich die Pflicht der „Produktüberwachung und Nachbeobachtung" auf etwa **ein bis zwei Jahre zu konzentrieren** habe[1053] und bei Unauffälligkeiten „im Laufe der Zeit" **abnehme,** sich ggf. „bis praktisch auf Null" reduziere.[1054] Und das OLG Karlsruhe[1055] spricht davon, dass die Pflicht zur Produktbeobachtung „nach einer gewissen Zeit" entfalle und nur bei begründetem Anlass eine „deliktsrechtliche Pflicht zur Wiederaufnahme begründet werde".

238 **(ccc) Stellungnahme.** Auf den ersten Blick scheint es in der Tat nicht abwegig anzunehmen, dass die Produktbeobachtungspflicht nicht endet. Denn, so die Gegenfrage, warum sollen mögliche Gefahrenquellen, die ein Hersteller in seiner Sphäre etwa durch Konstruktions- oder Fabrikationsfehler gesetzt hat, nicht auch nach Jahren bzw. sogar Jahr-

---

1044 So zu Recht *Kullmann/Pfister,* Kza 1520, 57 unter Berufung auf *Simitis,* in FS für Duden, 605, 635. Dies halte ich für konsequent, weshalb eine Ausdehnung der Produktbeobachtungspflichten, eine derzeit feststellbare Tendenz, auch **generell auf Händler** restriktiv behandelt werden sollte.

1045 *Foerste/Graf von Westphalen,* § 24 Rn. 385.

1046 *Veltins,* in Hauschka, Corporate Compliance, § 24 Rn. 9: Er meint, es hänge von der Art des Produkts und von den davon ausgehenden Gefahren ab; Einteilungen, die leider in der Praxis nicht wirklich weiterhelfen.

1047 Vgl. aber immerhin Ansätze bei *Löwe,* DAR 1978, 288, 290; *Dietrich,* Produktbeobachtungspflicht, 121 ff.; *Pauli,* PHi 1985, 134, 139; und wohl auch *Schmidt-Salzer,* Produkthaftung, 86 Rn. 105.

1048 *Dietrich,* Produktbeobachtungspflicht, 121 ff.

1049 *Pauli,* PHi 1985, 134, 139.

1050 Vgl. etwa OLG Karlsruhe, VersR 1978, 550 – Cola-Flasche, bei *Kullmann/Pfister,* Kza 1520, 57 in Fn. 407 und Fn. 385; *Foerste/Graf von Westphalen,* § 24 Rn. 386 in Fn. 1083; LG Frankfurt, NJW 1977, 1108 – Arzneimittel.

1051 LG Frankfurt, NJW 1977, 1108 – Pseudo-LE-Syndrom.

1052 So ausdrücklich *Foerste/Graf von Westphalen,* § 24 Rn. 386 in Fn. 1083; Bamberger/Roth/*Spindler,* § 823 Rn. 512 vermerkt lediglich in der Fn. 3533, a. A. LG Frankfurt, NJW 1997, 1108.

1053 Soweit das OLG Köln, NJW-RR 1994, 91 = VersR 1994, 177 zitiert wird, soll damit lediglich auf den Lebenssachverhalt verwiesen sein, bei dem die Folgewirkungen erst 30 Jahre später eintraten, wie *Foerste,* in Foerste/Graf von Westphalen, § 24 Rn. 386 in Fn. 1084 insoweit zu Recht anführt.

1054 Unter Berufung auf *Günter,* NJW 1972, 309, 312; LG Frankfurt, NJW 1977, 1108 – Pseudo-LE-Syndrom.

1055 OLG Karlsruhe, VersR 1978, 550 – Getränkeabfüllunternehmen unter Berufung auf *Schmidt-Salzer,* Produkthaftung, 84 ff.

zehnten beseitigt werden müssen. Die Beispielsfälle für Spätschäden bei Medikamenten und Arzneimitteln werden in der Literatur ja erwähnt. Spätere Materialermüdungen sind ein weiteres Thema, insbesondere bei Maschinen und Anlagen, die oft 50 bis 60 Jahre oder noch darüber hinaus in Betrieb sind.

Zudem sind die Sachnähe des Herstellers, dessen Know-how und Erfahrung sicher 239
weitere Aspekte, diesen weitgehend für verpflichtet zu halten, schnell und effektiv reagieren zu können.[1056] Dieser Ansatz entspricht auch der öffentlich-rechtlichen „Störerhaftung" am ehesten und könnte zu einem „Gleichklang zwischen öffentlich-rechtlichen Vorgaben und Zivilrecht" beitragen.

Andererseits könnte ein erhebliches **Bedürfnis auf Seiten der Endhersteller** von Pro- 240
dukten, Maschinen und Anlagen bestehen, irgendwann **Klarheit** zu haben, ob und inwieweit er selbst noch einer – wie auch immer gearteten – **Eintrittspflicht** obliegt. Greifen insoweit nicht auch die entsprechenden Gedanken wie bei der Verjährung? Bekanntlich ist die Verjährung ein zur Wahrung der Interessen des Schuldners unverzichtbares Rechtsinstrument.[1057] Auch im Zusammenhang mit einer langjährigen Produktbeobachtungspflicht gilt, dass sich die **Beweisposition** des Herstellers – wie die des Schuldners bei der Verjährung von Ansprüchen – verschlechtert und der Zeitablauf diesen zugleich um – vormals bestehende – **Regressmöglichkeiten** bringen kann. Der Schuldnerschutzgedanke, nicht unbegrenzt Rücklagen für Risiken aus Gefahren mit dem Inverkehrbringen von Produkten aufbringen zu müssen, müsste auch bei Herstellern von Produkten nach gewissem Zeitablauf greifen. Denn auch ihn trifft die „verdunkelnde Macht der Zeit".[1058] Ganz ungeachtet des bei der Verjährung diskutierten Schuldnerschutzes erscheint noch wichtiger auch und ebenfalls der **Gedanke des Rechtsfriedens und der Rechtssicherheit,** den die Rechtsprechung (in Zusammenhang mit der Verjährung) anführt.[1059] Im Konflikt zwischen Gläubigerschutz einerseits und Schuldnerschutz und Rechtsfrieden andererseits soll letzterer – im Zusammenhang mit der Verjährung – den Vorrang haben.[1060] Nun geht es natürlich – im Rahmen der Erörterung des Endes der Produktbeobachtungspflicht – nicht um einen Anspruch, der verjährt.[1061] Es lohnt zudem ein Blick auf § 13 ProdHaftG. Ein Anspruch nach § 1 ProdHaftG erlischt **10 Jahre** nach dem Zeitpunkt, in dem der Hersteller das Produkt, das den Schaden verursacht hat, in den Verkehr gebracht hat. Mit anderen Worten: Vernachlässigt ein Hersteller die ihm obliegende Produktbeobachtungspflicht und merkt gar nicht, dass es acht Jahre lang Probleme gibt und kommt es dann im elften Jahr zu einem Schadensfall, wäre ein solcher – immer unterstellt, die übrigen Voraussetzungen des § 1 ProdHaftG wären gegeben – jedenfalls nach § 13 ProdHaftG, soweit das Produkthaftungsgesetz also Anwendung findet, erloschen. Ob und inwieweit nicht Ansprüche nach § 823 BGB dann bereits verjährt wären, wäre ebenfalls zu prüfen. Eines verdeutlicht dieses Beispiel: Bei Schadenseintritten mehr als 10 Jahre nach dem Inverkehrbringen wären diese fatalerweise für den Hersteller „sogar günstiger" als die bloße Feststellung, er wäre zum Austausch im elften Jahr verpflichtet (ohne dass es bereits zu Schäden gekommen ist). Dies führt zu der weitergehenden Frage, ob und inwieweit nicht der **Rechtsgedanke von § 13 ProdHaftG** auf die Thematik des Endes der Produktbeobachtungspflicht angewandt werden kann. Gänzlich falsch liegt demzufolge *Diet-*

1056 So zu Recht *Kullmann/Pfister,* Kza 1520, 57.

1057 Vgl. etwa Mot I, 512, sowie Palandt/*Ellenberger,* Überblick vor § 194 Rn. 8.

1058 Mot I, 512.

1059 BGHZ 59, 74; vgl. aber auch BGH, NJW-RR 1993, 1059.

1060 So ausdrücklich Palandt/*Ellenberger,* Überblick vor § 194 Rn. 10.

1061 Ohnehin gibt es – wie in § 4 VIII. Rn. 72 ff. angeführt – keinen Individualanspruch auf Durchführung eines Rückrufs, bei dem man sich – einen solchen unterstellt – die Frage stellen müsste, ob auf diesen nicht sogar die regelmäßige Verjährung nach § 195 BGB Anwendung finden müsste: 3 Jahre.

rich,[1062] der das Ende der Produktbeobachtungspflicht spätestens nach **10 Jahren** annehmen will – bei Berücksichtigung der Hersteller- und Versichererinteressen – demzufolge nicht. Insoweit verweise ich generaliter auf meine Ausführungen zu § 13 ProdHaftG.[1063] Dogmatisch ist dieser Aspekt allerdings – dies räume ich ein – nur schwer zu greifen: Denn es besteht keine gesetzliche „Lücke", die problemlos durch etwaige „Analogien" ausgefüllt werden könnte. Möglicherweise ist auch noch weiter zu **differenzieren,** und zwar auf der einen Seite die Produktbeobachtungspflicht in Form der bloßen **Nachwirkung der Produktpflege** (reine Beobachtung) und den Notwendigkeiten, **aktiv** etwas zu tun und möglicherweise einen „Rückruf" in Form eines kostenlosen Austausches durchführen zu müssen: Nehmen wir das Beispiel, dass ein Hersteller von Luftverkehrsfahrzeugen 30 Jahre nach dem Inverkehrbringen überraschend eine Materialermüdung an einem Zuliefererprodukt feststellt, die zu Rissen an den Tragflächen führen kann. Wäre die Produktbeobachtungspflicht schon geendet, müsste er praktisch gar nichts tun. Ein derartiges Ergebnis scheint mit den Schutzinteressen der Betreiber und/oder deren Kunden, also Dritten, jedenfalls kaum vereinbar. Nähme man mit der h. L. jedoch an, dass dieser Hersteller aufgrund der Produktbeobachtungspflicht zur Gefahrenbeseitigung (u. a. in Form der Durchführung eines kostenlosen Austausches) **auch noch nach 30 Jahren verpflichtet wäre,** würde dies den Betreiber und damit die Fluggesellschaften, wertungswidersprüchlich **extrem begünstigen,** kommen diese dann doch ggf. in den Genuss kostenloser Nachrüstung, im Beispielsfall nach Ablauf aller Verjährungsfristen. Zudem besteht die Gefahr für den Hersteller, etwaige Ansprüche beim Zulieferanten nicht mehr geltend machen zu können, weil diese – vertragliche Ansprüche jedenfalls, aber auch deliktische – im Regelfall verjährt sein dürften.

241 Aus dieser Klemme gilt es, die Endhersteller zu befreien. Eine 100 %-ige Sicherheit für Dritte und/oder Betreiber bringt auch die Ansicht, dass die Beobachtungspflichten gar nicht enden dürften, nicht. Denn selbst wenn Austauschaktionen in Form kostenloser Austausche durchgeführt werden, bleibt im Regelfall eine erhebliche Anzahl fehlerhafter Produkte – selbst nach einer zweiten und/oder dritten Nachfassaktion – im Markt.[1064]

242 Aufgrund dieser Abwägungen halte ich es jedenfalls nicht für vertretbar, überhaupt kein Ende der Produktbeobachtungspflicht anzunehmen und auf der anderen Seite die Pflichten aus der Produktbeobachtung inhaltlich weitgehend auszugestalten und auch den „Rückruf in Form des kostenlosen Austausches" darunter zu fassen. Dieses Ergebnis gilt es zu verhindern. Die Interessenkonflikte können einfach gelöst werden, in dem zunächst einmal differenziert wird zwischen dem **Ende der Produktbeobachtungspflicht** und dem Ende der sog. **Rückrufpflicht,** verstanden als echte Austauschaktion, die auf Kosten des Herstellers durchgeführt werden muss. Dies wird weder in der Rechtsprechung noch in der Literatur bisher unterschieden, zum Teil aus dogmatischen Erwägungen heraus. Die Betreibergesellschaft, also die Fluggesellschaft im obigen Beispiel, in den Genuss kommen zu lassen, dass Hersteller auch 30 Jahre nach dem Inverkehrbringen kostenlose Austauschmaßnahmen durchführen müssen, wäre in keiner Weise interessengerecht. Erhält der Endhersteller des Flugzeuges aber Kenntnis von der Materialermüdung, erscheint es vertretbar, ihm den **Aufwand für entsprechende Warnungen** und/oder Hinweisschreiben, Aufforderungen zur Nichtbenutzung oder Stilllegungsaufforderungen – nach wie vor auch über zehn Jahre ab dem Zeitpunkt des Inverkehrbringens hinaus – abverlangen zu können. Daraus folgt: Die Produktbeobachtungspflicht muss im Ergebnis gar nicht enden, wenn sie in dem Sinne verstanden wird, dass ein Hersteller nach einem gewissen Zeitablauf **lediglich (noch) warnen** muss (Reduzierung der Pflichten des Inhalts der Produktbeob-

---

[1062] *Dietrich,* Produktbeobachtungspflicht, 121 ff.

[1063] Vgl. dazu § 3 III. 444, 445 f.

[1064] Zu Rücklaufquoten vgl. § 4 VII. Rn. 71.

achtung). Jedenfalls zum „Rückruf" (in Form eines kostenlosen Austausches) sind Hersteller – und hier meine ich dem Rechtsgedanken des § 13 ProdHaftG Einiges entnehmen zu können – nach § 242 BGB mehr als zehn Jahre nach dem Inverkehrbringen unter keinen Umständen mehr verpflichtet. Dies ist dann auch eine Form der **Abschwächung der Produktbeobachtungspflicht,** erspart aber die Einteilung nach bestimmten Produktsparten.[1065]

Dies führt zu der weiteren Überlegung, ob der Rechtsgedanke des § 13 ProdHaftG **243**
i. V. m. § 242 BGB tatsächlich – z. B. als **starre Frist** – geeignet wäre, hier von einer Reduzierung der Inhalte der Produktbeobachtungspflicht nach 10 Jahren sprechen zu können, oder ob – stattdessen – besser etwa auf die **Lebensdauer** abzustellen ist. Eine Grenze wäre zum einen die „typische" und „normale" **Lebensdauer** des Produkts bei entsprechenden vorhandenen Werten, wie etwa bei Kraftfahrzeugen, bei denen Hersteller von etwa 11 Jahren und 2 Monaten „Durchschnittslebensdauer" ausgehen oder sogar von der **maximalen Lebensdauer.** Nach obiger Betrachtungsweise kommt es weder auf die durchschnittliche noch auf die maximale Lebensdauer des Produktes an, vielmehr **schwächt** sich der Inhalt der Produktbeobachtungspflicht jedenfalls nach **10 Jahren** ab und verwandelt sich – gleich welchem dogmatischen Ansatz man folgt – in eine fest und klar erfassbare 10-Jahresfrist nach dem erstmaligen Bereitstellen des Produktes auf dem Markt bzw. nach dem erstmaligen Inverkehrbringen durch den Hersteller, sofern die Produkte diese Lebensdauer erreichen. Diese Variante erscheint vorzugswürdiger, zumal von Herstellern nicht einmal exakt erfasst wird oder erfasst werden kann, welche Lebensdauer Produkte haben, und wenn derartige Zahlen existieren, es davon immer „Ausreißer" gibt und Unternehmen in der Praxis kaum wissen, ob nun gerade 20 % oder 30 % der Produkte dennoch über die maximale Lebensdauer, die ein Hersteller erwartet, zumindest in Ausnahmefällen hinausgehen. Insoweit ist das hier favorisierte Ergebnis inhaltlich – in Teilbereichen – deckungsgleich mit den Auffassungen in der Literatur, die annehmen, dass die Produktbeobachtungspflicht nicht einmal mit dem Ende der maximalen Lebensdauer des Produktes endet.[1066] Zusammenfassung: Die Produktbeobachtungspflicht in der Prägung, die sie von der Rechtsprechung erhalten hat, **endet gar nicht.** Aber: Einen für Betreiber und/oder Dritte kostenlosen Austausch („Rückruf") haben Hersteller nicht mehr durchzuführen, spätestens nach Ablauf von 10 Jahren nach dem Inverkehrbringen bzw. nach dem erstmaligen Bereitstellen des Produktes auf dem Markt. Dann genügt der **Ausspruch einer Warnung.**

(3) Gefahrabwendungspflichten bei der Verteilung der Produkte. Eigene Gefahr- **244**
abwendungspflichten können auch den Vertrieb treffen. So hat der **Vertriebshändler** ebenfalls eine deliktsrechtliche Verantwortlichkeit für die von ihm vertriebenen Erzeugnisse; auch er kann die **allgemeine Verkehrssicherungspflicht** verletzen, wenn er gefahrbringende Waren verkauft.[1067] Dabei ist aber zu berücksichtigen, dass den Vertriebshändler prinzipiell eine „andere Sorgfaltspflicht" als die des Herstellers trifft.[1068] Grundsätzlich haftet er schon nicht für die Produktsicherheit, soweit es um Fabrikations- und

---

[1065] So aber *Foerste,* in Foerste/Graf von Westphalen, § 24 Rn. 386, der einräumt, dass Beispiele dafür aber ohnehin schwer zu finden sind. Ein Beispiel wäre möglicherweise, dass Mineralwasserflaschenplatzer nachlassen, weil es innerhalb von zwei bis drei Wochen zu typischen Abverkäufen und damit zu einem Öffnen der Flaschen bei Verbrauchern kommt, was das Gefährdungspotential gegen Null wachsen lässt, allerdings nicht erst nach langjährigem Zeitablauf.

[1066] Im Ergebnis dann in vielen Konstellationen ähnlich, *Foerste/Graf von Westphalen,* § 24 Rn. 385.

[1067] So bereits RGZ 163, 21, 26 – Bremsen I; RG, DR 1940, 1293, 1294; BGH, VersR 1960, 855 – Kondenstopf.

[1068] *Schmidt-Salzer,* BB 1979, 1, 4; *Kullmann,* Höchstrichterliche Rechtsprechung, Rn. 179.

Konstruktionsfehler geht.[1069] Darüber hinaus ist der Vertriebshändler nicht – jedenfalls nicht regelmäßig – zur Prüfung der von ihm vertriebenen Waren verpflichtet. Ihm obliegt nicht eine generelle Untersuchungspflicht auf eine gefahrenfreie Beschaffenheit.[1070] Unter Umständen treffen den Vertriebshändler aber, unabhängig von etwaigen kaufvertraglichen Nebenpflichten und/oder über diese hinaus,[1071] spezifische deliktsrechtliche Sicherungspflichten, was die Produktinformation anbelangt. So muss er beispielsweise dafür sorgen, dass der Käufer die richtige und neueste Gebrauchsanweisung erhält, es sei denn, er kann davon ausgehen, dass der Empfänger der Ware weiß, wie er mit dieser umzugehen hat.[1072] Aus der sog. Kindertee-Entscheidung[1073] ergeben sich weitergehende Pflichten. So muss der „Alleinvertreiber" – praktisch wie ein Hersteller – durch entsprechende Warnhinweise darauf einwirken, dass auch durch die Produktverwendung an sich für den Benutzer keine Gefahren entstehen.[1074] Ggf. treffen den Vertriebshändler zusätzliche Pflichten, nämlich, die im eigenen Herrschaftsbereich entstehenden Gefahrenmomente zu beseitigen.[1075] Nichts Anderes gilt für mit dem Hersteller **verbundene Vertriebsgesellschaften:** Bisweilen wird unter Bezugnahme auf die Rechtsprechung des BGH[1076] in der Literatur die Auffassung vertreten, dass die „ausgegliederte Vertriebsgesellschaft des Herstellers" (Tochter-/Muttergesellschaften und/oder auch Schwesterunternehmen) deliktsrechtlich mit dem Hersteller gleichgestellt werden könnte, was mit dem geltenden Recht jedoch nicht vereinbar ist.[1077] Eine Haftung der Vertriebsgesellschaft kommt nur in Betracht, wenn deren **Organe** selbst **deliktsrechtliche Organisationspflichten** verletzt haben. Um es noch einmal deutlich hervorzuheben: Eigenständigen, juristisch selbstständigen Vertriebsgesellschaften eines Konzerns obliegen keine weitergehenden deliktsrechtlichen Pflichten als den mit dem Hersteller nicht konzernmäßig verbundenen Vertriebshändlern.[1078] Schon schwieriger ist die Frage zu beantworten, ob und inwieweit der sog. **Quasihersteller** (vgl. dazu § 4 Abs. 1 Satz 2 ProdHaftG), also derjenige, der seinen eigenen Handelsnamen oder seine Marke auf dem Produkt eines Drittherstellers aufbringt, entsprechende Pflichten hat. Dabei herrscht in Rechtsprechung und Literatur nahezu Einvernehmen dahingehend, dass sich eine uneingeschränkte Quasiherstellerhaftung mit der Verletzung von Verkehrssicherungspflichten, auf der die Produzentenhaftung beruht, nicht begründen lässt.[1079] Dies lässt sich aus Gründen des Vertrauensschutzes ggf. anders beurteilen, wobei die Anforderungen insoweit aber strenger Natur sein müssen, da der Käufer i. d. R. keinen Anlass hat, dem Namen besonderes Vertrauen

---

[1069] BGH, NJW 1987, 1009; OLG Düsseldorf, PharmaR 2012, 354 ff. – Keine Haftung des Vertriebshändlers von ICDs.

[1070] BGH, VersR 1969, 834, 835 – zum Vertragsrecht; vgl. aber kritisch *Loewenheim,* NJW 1969, 2043.

[1071] Vgl. dazu BGH, NJW 1967, 1805 – Betonanlage.

[1072] BGH, ZIP 1995, 747 – Kindertee III; vgl. aber auch bereits BGHZ 99, 167 – Motorradlenkerverkleidung (Honda); OLG Frankfurt, NJW-RR 2000, 1268; *Kullmann,* Höchstrichterliche Rechtsprechung, Rn. 182.

[1073] BGH, ZIP 1995, 747 – Kindertee III.

[1074] Vgl. dazu auch *Kullmann,* Höchstrichterliche Rechtsprechung, Rn. 183.

[1075] Vgl. dazu *Kullmann/Pfister,* Kza 1525, 5 ff.; *Kullmann,* Höchstrichterliche Rechtsprechung, Rn. 184.

[1076] BGHZ 67, 359 – Schwimmschalter.

[1077] So mit Recht *Kullmann,* Höchstrichterliche Rechtsprechung, Rn. 186.

[1078] Vgl. dazu auch BGHZ 99, 167 – Motorradlenkerverkleidung (Honda); OLG Celle mit Nichtannahmebeschluss des BGH vom 15.4.1997, NJW-RR 1997, 1456 – Immunglobulin-Präparat; vgl. dazu vertiefend *Kullmann,* Höchstrichterliche Rechtsprechung, Rn. 187, 188.

[1079] BGH, VersR 1980, 380 – Klappfahrrad; BGH, VersR 1987, 102 – Asthma-Zikotom-Spray; BGH, ZIP 1994, 213 – Gewindeschneidemittel I; *Kullmann,* Höchstrichterliche Rechtsprechung, Rn. 193, und zu den Ausnahmen Rn. 194 ff.

entgegen zu bringen.[1080] Eine weitere Ausnahme ist anzunehmen, wenn der Quasihersteller in den Konstruktions- oder Herstellungsvorgang einbezogen ist oder wenn den Quasihersteller eine Instruktionsverantwortung trifft.[1081] Im Produktbeobachtungsbereich hat der Quasihersteller unter Umständen eine **„deliktsrechtliche Mitverantwortung"**. Wenn ihm Schadensfälle bekannt werden, hat er den wahren Hersteller zu informieren und ggf. zu beraten. Mit anderen Worten: Er muss die ihm zugeleiteten Produktbeanstandungen überprüfen und ggf. an den wahren Hersteller weiterleiten.[1082] Dies gilt grundsätzlich auch für den sog. **Importeur** (vgl. dazu § 4 Abs. 2 ProdHaftG). Da der Importeur seinem Wesen nach ebenfalls Vertriebshändler ist, stellt sich die Frage, ob und in welchem Umfang den Importeur weitergehende Pflichten treffen, als die, die dem Vertriebshändler obliegen, worauf der BGH in seiner Klappfahrradentscheidung[1083] bereits hingewiesen hat und wovon das Schrifttum weitgehend ausgeht.[1084] Dies ist aber bisher – soweit feststellbar – höchstrichterlich noch nicht entschieden.[1085] Für Medizinprodukte können weitergehende speziellere Pflichten auf der Grundlage der §§ 29, 37 Abs. 7 MPG i. V. m. der MPSV zu berücksichtigen sein.[1086] Die in der Verordnung enthaltenen Regelungen konkretisieren die Produktbeobachtungspflicht und die Pflicht zur Durchführung korrektiver Maßnahmen für Medizinprodukte.

Zusammenfassend ist damit noch einmal folgendes festzuhalten: Die Produktbeobach- 245
tungspflicht richtet sich **in erster Linie an den Hersteller** (zu Zweck und Funktion[1087]). Darüber hinausgehende Pflichten haben **Händler grundsätzlich nicht,** sieht man von Ausnahmefällen – wie immer diese zu definieren sind – ab.[1088] Ganz ausnahmsweise können den Vertriebshändler, den Quasihersteller oder auch die mit dem Hersteller verbundenen Vertriebsgesellschaften Gefahrabwendungspflichten, ebenso wie den Importeur, treffen. Es handelt sich aber nicht um Pflichten mit dem Inhalt, die einen Warenhersteller im Rahmen der Produktbeobachtung treffen, da Händler i. d. R. eben andere Pflichteninhalte schulden.

Bisher nicht entschieden war die Konstellation, dass ein **Distributor – als reiner** 246
Zwischenhändler – auftritt. Nehmen wir den Fall des LG Karlsruhe,[1089] in dem die Klägerin nach eigener Behauptung angeblich eine Gesundheitsgefahr durch Implantation eines Silikonkissens erlitten haben soll, welches angeblich mit „Industriesilikon" vom französischen Hersteller PIP S. A. gefüllt worden war. Einzelheiten waren sehr streitig. Da die PIP S. A. insolvent wurde, strengte die vermeintlich geschädigte Klägerin u. a. eine Klage gegen den Zulieferanten des Industriesilikons, den Chemie-Distributor, an. Ihr Argument während des Prozesses war, der Distributor hätte aufgrund seiner eigenen ihm

[1080] Vgl. dazu die Rechtsprechung BGH, VersR 1980, 380 – Klappfahrrad; explizit BGH, VersR 1977, 839 – Autokran; *Kullmann,* Höchstrichterliche Rechtsprechung, Rn. 195 ff.

[1081] Vgl. dazu BGH, VersR 1987, 102 – Asthma-Zikotom-Spray.

[1082] BGH, ZIP 1994, 213 – Gewindeschneidemittel I; *Schmidt-Salzer,* ES Produkthaftung, Bd. I Nr. III. 3; *Kullmann/Pfister,* Kza 7508/1.

[1083] BGH, VersR 1980, 380 – Klappfahrrad.

[1084] *Schmidt-Salzer,* ES Produkthaftung, Bd. I, Anm. zu Nr. III.13 unter 1b; *Kullmann,* Höchstrichterliche Rechtsprechung, Rn. 203; *Lindemeyer,* WRP 1975, 420, 424.

[1085] BGH, VersR 2010, 1666 – Defibrillator, bringt insoweit keine abschließende Klarheit; m. E. ist es zu weitgehend, die Grundsätze, die zur Rückrufpflicht von Herstellern entwickelt wurden, auf Importeure zu übertragen, wie dies jüngst vereinzelt in der Literatur vertreten wird, *Juretzek,* PHi 2011, 68 zur Kommentierung der zitierten Entwicklung.

[1086] OLG Düsseldorf, PharmaR 2012, 354, 363 – keine Haftung des Vertriebshändlers von ICDs, da diesem kein Verstoß gegen eine Produktbeobachtungspflicht i. S. d. Meldepflicht nach § 3 MPSV vorgeworfen werden konnte.

[1087] Vgl. auch MüKo/*Wagner,* § 823 Rn. 673. Siehe dazu Ausführungen oben sub (d) Produktbeobachtungspflichten (bb) Funktion, Adressaten und Inhalt.

[1088] BGH, NJW-RR 1995, 342; OLG Düsseldorf, PharmaR 2012, 354, 365 – keine Haftung des Vertriebshändlers von ICDs.

[1089] LG Karlsruhe, Az. 2 O 25/12 – Brustsilikonimplantat.

obliegenden Produktbeobachtungspflicht die Pflicht gehabt, PIP S. A. gar nicht erst zu beliefern bzw. jedenfalls nach Kenntnis der Umstände nach gewisser Zeit nicht (mehr) zu beliefern.[1090] Hier kommen wir wiederum zu der Thematik, dass mit der Einteilung in die Pflichtenbereiche des Warenherstellers nach Konstruktions-, Fabrikations-, Instruktions- und Produktbeobachtungspflichten nach herrschender Auffassung „keine Untertatbestände" geschaffen werden sollten. Wenn der Hersteller in Fällen dieser Art – hier konkret die PIP S. A. – sei es in betrügerischer Absicht, sei es durch zweckwidrige missbräuchliche Verwendung, tatsächlich „Industriesilikon" verwandt haben sollte und feststehen würde, dass das verwandte Silikon möglicherweise tatsächlich gesundheitliche Beeinträchtigungen darstellt, hätte dieses Unternehmen, nämlich der Warenhersteller, aufgrund der gesetzlichen Lage – unterstellt es würde deutsches Recht Anwendung finden – aufgrund seiner Produktbeobachtungspflicht ggf. eine Austauschaktion – kostenlos – durchführen müssen. Nur, weil dieses Unternehmen insolvent ist, lässt sich die Pflicht zur Produktbeobachtung vom Hersteller nicht auf den reinen Händler abwälzen.[1091] Insofern passen auch nicht die Ausführungen zu den Gefahrabwendungspflichten im Rahmen der Warenverteilung der Vertriebshändler, der Quasihersteller und der Importeure. Würde man dem Distributor – als reinem Zwischenhändler – anlasten, dass auch er eine Pflichtverletzung möglicherweise dadurch begangen hätte, dass er überhaupt Silikon geliefert hat, könnte dadurch das gesamte Produkthaftungs-System und auch die Einteilung in die Untergruppen in Frage gestellt werden vor dem Hintergrund, dass stets hervorgehoben wurde, dass den Händler „prinzipiell andere Sorgfaltspflichten als den Hersteller" treffen.[1092] Würde man aber allzu einfach und **ohne jegliche Stütze den Produktbeobachtungsbereich verlassen** und eine **händlerspezifische Gefahrabwendungspflicht** nun in der „allgemeinen Verkehrssicherungspflicht" finden, drängt sich die Frage auf, ob dies mit der Einteilung in die Kategorisierungen nach „Konstruktions-, Fabrikations-, Instruktions- und Produktbeobachtungsbereich" überhaupt vereinbar wäre. Es stellt sich also die Frage, ob nicht eine „Eigengefahrabwendungspflicht" des Handels abgelehnt werden muss, selbst wenn besondere Umstände gegeben wären, die an sich eine solche Gefahrabwendungspflicht begründen könnten. Dogmatisch würde dies unproblematisch damit begründbar sein, dass eben den Warenendhersteller oder auch den Zulieferanten als Hersteller die Produktbeobachtungspflicht generell trifft und erst recht in erster Linie, und weiter, dass den Händler nur dann Pflichten treffen können, wenn er in die Absatzorganisation einbezogen wird (der Vertriebshändler, der Quasihersteller oder auch Importeur), nicht aber darüber hinaus. Sollte es dann eben zu einer Lücke im Haftungssystem kommen, die nicht hinweggedacht werden kann,[1093] hat der Gesetzgeber diese zu schließen. Dies wäre allenfalls dann anders, wenn eine **originäre Gefahrabwendungspflicht** besteht, weil „besondere Umstände" vor-

[1090] Vgl. dazu Presseberichte: French implant company used same silicone in mail chest and testical implants, The Telegraph vom 5.1.2012, www telegraph.co.uk ; *Nicola Kuhrt,* Bis zu 10.000 deutsche Frauen haben Billig-Implantate bekommen, www.spiegel.de vom 12.1.2012; Deutschland: Implantate entfernen, in Die Welt vom 7.1.2012, 32; *Graf,* Brustimplantate der Firma Poly Implant Prothèse (PIP) und Krebs, http://www.professor-graf.de, abgerufen am 20.1.2012; Frankreich empfiehlt Entfernung von fragwürdigen Brustimplantaten, Handelsblatt vom 16.1.2012; *Hofmann/Schlautmann,* Silikonskandal könnte Millionen kosten, Handelsblatt vom 16.1.2012; LG Karlsruhe, Az. 2 O 25/12 – Brustsilikonimplantat; LG Karlsruhe, Az 7 O 94/12 – Brustsilikonimplantat; LG Frankenthal, Az. 6 O 304/12 – Brustsilikonimplantat.

[1091] Ebenso MüKo/*Wagner,* § 823 Rn. 672: Produktbeobachtungspflichten von Händlern sind grds. nicht anzuerkennen, unter Berufung auf OLG Koblenz, VersR 2007, 74, 75.

[1092] So explizit *Kullmann,* Höchstrichterliche Rechtsprechung, Rn. 179; ebenso *Schmidt-Salzer,* BB 1979, 1, 4.

[1093] Vgl. zur Lücke im Haftungssystem, dass der Gesetzgeber diese bewusst in Kauf genommen hat, er also das Medizinprodukterecht nicht in gleichem Maße ausgeformt hat wie etwa das Arzneimittelrecht.

liegen, die es einem Händler schlichtweg unmöglich machen, sich der Haftung zu entziehen.[1094]

cc) Verschulden

§ 823 Abs. 1 BGB erwähnt zwei Schuldformen: **Vorsatz und Fahrlässigkeit.** Da ein 247 Unternehmer seine Kunden mit mangelhaften Produkten im Regelfall nicht schädigen will – sieht man von sogar strafrechtlich relevanten Fällen und denen des Betruges ab[1095] –, kommt es im Regelfall darauf an, ob die „im Verkehr erforderliche **Sorgfalt außer Acht gelassen** worden ist" (§ 276 Abs. 1 Satz 2 BGB). Das Gesetz verlangt einen auf die allgemeinen Verkehrsbedürfnisse ausgerichteten **objektiv-abstrakten** Maßstab.[1096] Nach höchstrichterlicher Rechtsprechung kommt es auf die „gewissenhaft handelnden beteiligten Verkehrskreise" an[1097] und damit auch grundsätzlich auf den Standard des jeweiligen Berufskreises.[1098] Werden die Verkehrssicherungspflichten nicht erfüllt, muss im Allgemeinen nur noch von einem Gericht geprüft werden, ob auch die sog. **innere Sorgfalt** verletzt wurde,[1099] d. h., ob derjenige, durch dessen Verhalten ein Rechtsgut verletzt wurde, nach den in der jeweiligen Branche vorhandenen Erkenntnissen,[1100] bei gebotener Prüfung dies auch persönlich hätte vorhersehen können.[1101] Konnte er dies vorhersehen, handelte der Unternehmer fahrlässig.[1102] Allerdings kann der Fahrlässigkeitsvorwurf entfallen, wenn die Möglichkeit nachteiliger Spätfolgen wegen mangelnder Erfahrung verkannt worden ist.[1103] Zur Frage, ob dem fahrlässig Handelnden ein Risiko bekannt sein musste oder nicht, vergleiche auch die höchstrichterliche Rechtsprechung.[1104] Soweit Sicherungsvorkehrungen unterlassen wurden, die zum maßgeblichen Zeitpunkt aber von der Rechtsprechung auch nicht gefordert wurden und auch noch nicht tendenziell vorhanden waren, kann ein Schuldvorwurf ebenfalls entfallen.[1105]

Hat ein **Hersteller eines Endproduktes** den Nachweis geführt, dass er ein renommiertes 248 Zulieferunternehmen ausgewählt, dieses und dessen Produkte vor Serienlieferung ausreichend überprüft und mit diesem entsprechende Qualitätssicherungsvereinbarungen (QSV) abgeschlossen hat, kann er sich grundsätzlich darauf verlassen, dass der **Zulieferer** die Bauteile dieser Qualität entsprechend fertigt **(abgesenkter eigener Prüfaufwand).** Hat der

---

1094 Vgl. etwa BGH, VersR 1981, 779 – Asbestzementplatten; BGHZ 99, 167, 176 – Motorradlenkerverkleidung (Honda).

1095 Z. B. die Weinpanscher-Thematik; falsch gekennzeichnete Produkte mit Pferdefleisch, www.BMELV.de –Lebensmittelkennzeichnung und die Behördenwarnung am 12.2.2013; **Aflatoxin** im Futtermais über 0,02 mg/kg hinaus.

1096 BGH, NJW 1953, 257 – Fahrlässigkeit; BGH, NJW 1973, 1602; BGH, JZ 1971, 29.

1097 BGHZ 5, 318, 319; *Kullman/Pfister,* Kza 7582/2 und 1 – Trinkwasser.

1098 BGH, VersR 1954, 118, 119; Beispiel Verleger: BGH, DB 1970, 1682 – Druckwerk; *Kullmann/Pfister,* Kza 7585/6.

1099 *Deutsch,* Fahrlässigkeit und erforderliche Sorgfalt, 94 ff.; zum Verschulden eines Medizinprodukteherstellers statt vieler *Dahm-Loraing/Koyuncu,* PHi 2010, 142, 148.

1100 BGH, VersR 1960, 1095 – Kühlanlage; *Kullmann/Pfister,* Kza 7502/7.

1101 BGH, VersR 1976, 149, 151; vgl. auch *Kullmann,* Höchstrichterliche Rechtsprechung, Rn. 214.

1102 Zum Verkauf von Streichhölzern an Kinder OLG Stuttgart, NJW 1984, 182: Der Fahrlässigkeitsvorwurf entfällt nur, wenn Umstände geltend gemacht werden können, aufgrund derer die Gefahr eines unkontrollierten Umgangs als gering angesehen werden kann, *Kullmann/Pfister,* Kza 7585/9; vgl. auch LG Stuttgart, NJW-RR 2012, 1169 ff. – Fenster- und Futterstoffeinklebemaschine: Sind Sicherheitsnormen bekannt, weil sie bereits in der EG-Konformitätserklärung angeführt waren, handelt ein Maschinenhersteller fahrlässig, der diese nicht beachtet.

1103 KG, VersR 1975, 427, 428 – Thorotrast.

1104 BGH, NJW 2010, 3230 Tz. 12.

1105 BGH, NJW 1985, 620; BGH, NJW 1995, 2631, 2632; kritisch *Möllers,* VersR 1996, 153, 158.

Hersteller die Nachweise geführt, die geschilderten Maßnahmen getroffen zu haben, sind dessen Fabrikationsfehler für ihn als Abnehmer sog. **Ausreißer,** für die er nach § 823 BGB mangels Verschuldens nicht haftet.[1106]

249 Zur Ausfüllung der Blankettregelung des § 276 Abs. 2 BGB kann ein Richter auch die in der jeweiligen Branche vorhandenen Regelwerke heranziehen, etwa **technische Regeln**[1107] und/oder auch sog. **DIN-Normen** (Deutsches Institut für Normung);[1108] er ist dann aber zu eigener Prüfung und Bewertung verpflichtet.[1109] Trotz Einhaltung aller maßgeblichen technischen Regeln kann – dann allerdings nur ausnahmsweise – dennoch ein Verschulden des Herstellers bejaht werden.[1110] Die sog. **Nutzen-Kosten-Analyse** hilft als Argument dann nicht, wenn es nicht ausschließlich um Sachschäden, sondern um Personenschäden geht.[1111]

250 **Vertragliche Haftungsverschärfungen** sind in **Individualvereinbarungen** jedenfalls bis zur Grenze der §§ 134, 138, 242 BGB wirksam.[1112] Umgekehrt sind auch **vertragliche Haftungsbeschränkungen** grundsätzlich zulässig, und zwar auch für Ansprüche aus unerlaubter Handlung.[1113] Nicht abbedungen werden kann aber die Haftung des Schuldners für vorsätzliches Handeln (§ 276 Abs. 3 BGB). Für Haftungsbeschränkungen in **AGB** gelten die Schranken der §§ 307, 309 Nr. 7 BGB. So kann etwa eine Klausel zur Begrenzung der Sachmängelhaftungsansprüche in einem Wartungsvertrag zu einem Werklieferungsvertrag über eine Windkraftanlage, durch die sich der Werkunternehmer gegen ein jährliches Entgelt zur Wartung der Anlage verpflichtet und die Gewähr für deren Verfügbarkeit übernimmt, unwirksam sein.[1114]

251 Nicht selten werden Maschinen von den Betreibern der Maschinen schon dann in Betrieb genommen, wenn es sich noch um sog. unvollständige Maschinen handelt, oder auch, wenn etwaige Schutzvorrichtungen noch fehlen, und der Maschinenhersteller die Maschine an sich noch nicht in den Verkehr bringen will. Bisweilen helfen sich Maschinenhersteller dann mit vertraglichen Haftungsausschlüssen, etwa dahingehend, dass der Betreiber für den Fall des Eintritts eines Schadens nicht berechtigt ist, den Maschinenhersteller in Anspruch zu nehmen und ihn gar von Inanspruchnahmen Dritter auf erstes Anfordern hin freizustellen hat. Ob mit derartigen Formulierungen die Hersteller endgültig aus der Haftung entlassen sind, ist durchaus fraglich. Ungeachtet dessen, dass Verträge zu Lasten Dritter ohnehin unwirksam und die Ersatzpflicht des Herstellers nach § 14 ProdHaftG ohnehin nicht im Voraus ausgeschlossen oder beschränkt werden darf und entgegenstehende Vereinbarungen nach § 14 Satz 2 ProdHaftG nichtig sind, helfen der-

---

[1106] BGH, Beschluss vom 26.1.2010, BeckRS 2010, 05571 – abgebrannter LKW; dazu die Vorinstanz mit ausführlicher Begründung OLG Düsseldorf, BeckRS 2010, 05734; *Molitoris/Klindt,* NJW 2012, 1489, 1493.

[1107] BGHZ 54, 235; OLG Hamm, OLGZ 90, 119.

[1108] BGHZ 103, 341; BGHZ 139, 16, 17; BGH, NJW-RR 2005, 386.

[1109] BGH, VersR 1984, 164, 165; OLG Hamm, Urt. vom 21.12.2010, NJW-RR 2011, 893 ff. – Grillpaste, zur Herstellerhaftung bei Verletzung eines Kindes durch brennende Paste; der Sachverständige kam zu dem Ergebnis, dass die **DIN-Vorschriften** – Dosenventil hätte fest mit der Flasche verbunden sein müssen – nicht eingehalten waren. Wegen dieses Konstruktionsfehlers hat das OLG Hamm das Verschulden des Herstellers vermutet; die Vermutung beziehe sich auch auf das Organisationsverschulden; vgl. dazu auch BGHZ 51, 91 – Hühnerpest; BGH, NJW 1999, 1028; Palandt/*Sprau,* § 823 Rn. 184; vgl. dazu auch Rn. 382.

[1110] BGH, NJW 1985, 621; OLG Hamm, BauR 1983, 173; OLG Hamm, NJW-RR 2011, 893 – Grillpaste.

[1111] Vgl. OLG Rostock, NJW 2006, 3650, 3653; und ähnlich auch BGH, NJW 2007, 762; Palandt/*Grüneberg,* § 276 Rn. 19.

[1112] BGHZ 115, 38, 43; BGHZ 119, 152, 168.

[1113] BGHZ 9, 295, 306; Palandt/*Grüneberg,* § 276 Rn. 35.

[1114] LG Kiel, Urt. vom 17.3.2011, Az. 9 O 116/10 – Haftungsbegrenzung in AGB bei Windkraftanlage; BeckRS 2011, 22960.

artige Verträge dann möglicherweise durch eine Heranziehung des § 254 BGB bzw. eine etwaige Freistellung jedenfalls im Innenverhältnis.

dd) Kausalzusammenhang zwischen der Verletzung der Sicherungspflicht und der Rechts- bzw. Rechtsgutsverletzung und auch zwischen diesen und dem Schaden

Eine Haftung nach § 823 Abs. 1 BGB kommt nur in Betracht, wenn ein Ursachen- 252
zusammenhang besteht zwischen dem Handeln oder Unterlassen der auf Leistung von Schadenersatz in Anspruch genommenen Person und der Verletzung des Rechts bzw. des Rechtsguts (sog. **haftungsbegründende Kausalität**) und zum anderen zwischen der Rechtsgutsverletzung oder Rechtsverletzung und dem Schaden (sog. **haftungsausfüllende Kausalität**).[1115] Im Gegensatz zu den häufig im Produkthaftungsbereich auftretenden Beweisproblemen gibt es kaum erwähnenswerte Rechtsprobleme zu Fragen der Kausalität im Rahmen der Haftung nach § 823 Abs. 1 BGB.[1116] Auch der **Lehre vom Schutzzweck der Norm,** die zur Begrenzung der Zurechnung entwickelt wurde, kommt lediglich untergeordnete Bedeutung zu. So ist bisweilen erörtert worden, ob der Schutzzweck der von Herstellern oder Vertriebshändlern geforderten Verkehrspflichten einer Haftung entgegenstehen könnte.[1117] Grundsätzlich dürfte aber – soweit eine derzeitige Gefahrabwendungspflicht besteht und diese nicht befolgt worden ist – ein darauf beruhender Schaden „im Rahmen des Schutzbereichs" des § 823 Abs. 1 BGB liegen.[1118]

ee) Sonderprobleme bei Beweisfragen

Derjenige, der einen Anspruch geltend macht, hat im Bestreitensfall grundsätzlich zu 253
beweisen, dass die anspruchsbegründenden Voraussetzungen tatsächlich vorliegen. Im Rahmen von § 823 Abs. 1 BGB bedeutet dies, dass der vermeintlich Geschädigte neben seinem **Schaden** die schädigende **Handlung** beweisen muss, d. h. bei Produktschäden den **Produktfehler** – was oft schwer genug ist – und ggf. den Organisationsmangel; darüber hinaus dann den **Ursachenzusammenhang** zwischen dieser Handlung und dem Schaden und schließlich – jedenfalls wäre dies der Grundsatz – auch das **Verschulden** des Schädigers, soweit es nicht zu einer Beweislastumkehr kommen würde.[1119] Siehe dazu die nachfolgenden grundlegenden Ausführungen (sub 1).

(1) Der Fehler- und Kausalitätsnachweis. In der berühmten **„Hühnerpest-Entschei-** 254
dung"[1120] vom 26.11.1968 hat der BGH ausgeführt, dass der Geschädigte – auch im Rahmen der Produzentenhaftung – nachzuweisen habe, dass der **Schaden** durch einen **Fehler des Produkts** entstanden ist. Dies hat er in weiteren Entscheidungen später wiederholt und ergänzt, dass der Kläger auch den **ursächlichen Zusammenhang** zwischen einem Produktfehler und dem schadenstiftenden Ereignis – z. B. einer Explosion oder einem Brand – beweisen muss.[1121] Dann aber, bei nachgewiesenem Produktfehler und nachgewiesener Kausalität kommt es hinsichtlich des **Verschuldens** zur **Beweislastumkehr,**[1122] so

---

[1115] Palandt/*Sprau,* § 823 Rn. 184; Palandt/*Grüneberg,* Vorbemerkung vor § 249 Rn. 24.

[1116] So explizit auch *Kullmann,* Höchstrichterliche Rechtsprechung, Rn. 218; siehe ebenso für den Bereich der Medizinproduktehersteller *Dahm-Loraing/Koyuncu,* PHi 2010, 142, 148.

[1117] *Kullmann,* Höchstrichterliche Rechtsprechung, Rn. 218 mit weiteren Ausführungen.

[1118] BGH, VersR 1989, 91, 92 – Fischfutter; BGHZ 80, 186, 188 ff. – Apfelschorf I (Derosal); vgl. aber auch BGH, DB 1985, 224 – Dachfolie.

[1119] Vgl. dazu insgesamt *Kullmann,* Höchstrichterliche Rechtsprechung, Rn. 225–254.

[1120] BGHZ 51, 91, 102 – Hühnerpest mit Anm. *Deutsch,* JZ 1969, 387.

[1121] BGH, VersR 1983, 375 – Muscheln; BGH, VersR 1981, 1181 – Klimatisierungsgerät; vgl. auch jüngst OLG Hamm, NJW-RR 2011, 893 – Grillpaste.

[1122] Vgl. dazu für den Bereich der Medizinprodukte auch *Dahm-Loraing/Koyuncu,* PHi 2010, 142, 148 ff.; dazu ausführlich sub (2).

dass der Hersteller beweisen muss, dass ihm der Fehler nicht zuzurechnen ist. Aber nicht nur den Fehler am Produkt und dessen Ursächlichkeit für den Verletzungsschaden hat der Kläger zu beweisen, sondern – entschieden im Limonaden-Flaschen-Fall des BGH[1123] – auch, dass der in Frage stehende Produktmangel **aus dem Herstellerbereich** stammt, den der beklagte Hersteller also zu verantworten hat.[1124] Dies ist richtig. Eine generelle Beweislastumkehr würde die Deliktshaftung des Herstellers ansonsten zu einer „Einstandshaftung" stilisieren, für die es einer besonderen gesetzlichen Berechtigung bedurft hätte.[1125] Eine solche kennt das allgemeine Produkthaftungsrecht nicht.[1126]

255 Die in der Hühnerpest-Entscheidung zunächst lediglich für **Fabrikationsfehler** aufgestellten Grundsätze zur Beweislastverteilung, gelten nach der Rechtsprechung des BGH aber auch für **Konstruktions-**[1127] und **Instruktionsfehler.**[1128] Anders aber hat der BGH entschieden, dass die Grundsätze der Beweisverteilung nach der Hühnerpest-Entscheidung dann keine Anwendung finden, wenn der potenziell Geschädigte dem Hersteller vorwirft, auf konkrete, **nach der Inverkehrgabe des Produkts,** verfügbare und dann neu auftauchende Erkenntnisse nicht durch eine zusätzliche Instruktion reagiert zu haben.[1129] Der BGH sah keine hinreichenden Gründe, den Geschädigten generell von der Führung des Beweises darüber zu entlasten, dass die – nach Ansicht des Geschädigten – angeblich ja fehlerhafte Instruktion auf einer Pflichtwidrigkeit des Herstellers beruht. Die Differenzierung hinsichtlich des Umfangs der Beweislastumkehr wird bei Produkthaftungsfehlern aber auch – dies sei ausdrücklich noch einmal betont – nur selten problematisch werden. Denn wenn im Zeitpunkt der Beurteilung eines Schadensfalles feststeht, dass die Produktbeobachtungspflichten objektiv verletzt wurden, wird ein objektiver Pflichtverstoß im Zeitpunkt der Erfüllung dieser Pflichten regelmäßig auch bejaht werden.[1130] Soweit es nur darauf ankommt, ob eine konkrete Produktgefahr durch Produktbeobachtung wirklich erkennbar war, muss der geschädigte Kläger – nach den Grundsätzen der Apfelschorf-Entscheidung – den Nachweis führen, dass dies schon der Fall war, als noch die Möglichkeit bestand, durch Warnungen und /oder Rückrufe usw., die Gefahr wirklich abzuwenden.[1131] Dann erst muss der Hersteller darlegen und beweisen, dass er konkret diese Erkenntnismöglichkeiten nicht hatte und sich auch nicht hätte

---

1123 BGH, ZIP 1988, 1129, 1132 = BGHZ 104, 323 – Limonadenflasche.

1124 Vgl. auch BGH, NJW 1993, 528; OLG Frankfurt, VersR 1985, 890, 891; OLG München, NZV 2005, 145 ff.; aber auch OLG Dresden, NJW-RR 1999, 34 ff. – Hydraulikzylinder.

1125 BGH, ZIP 1988, 1129, 1132 – Limonadenflasche; so zu Recht explizit *Kullmann,* Höchstrichterliche Rechtsprechung, Rn. 229

1126 Vgl. zur Beweislast im Medizinprodukterecht: *Dahm-Loraing/Koyuncu,* PHi 2010, 142, 149: Die Autoren sprechen sich – zu Recht – gegen die Annahme einer Befundsicherungspflicht bei risikoträchtigen Medizinprodukten aus; vgl. dazu auch LG Köln, Urt. vom 17.5.2006, Az. 23 O 523/05 – Kochsalzbrustimplantat, das einen Riss von 0,3 cm aufgewiesen und dies angeblich zu Komplikationen geführt hatte; das LG hielt den Vortrag der Klägerin nicht für ausreichend.

1127 Vgl. etwa BGH, NJW 1977, 379, 380 – Schwimmschalter; oder auch OLG Schleswig, ZFS 1999, 369, 372; zur Historie *Foerste/Graf von Westphalen,* § 30 Rn. 26.

1128 BGH, NJW 1981, 1603; OLG Koblenz, NJW-RR 2006, 169, 171; BGH, NJW 1992, 560 – Kindertee m. Anm. *Fahrenhorst,* JuS 1994, 288; BGH, NJW-RR 1993, 988; vgl. dazu auch BGH, Beschluss vom 24.11.2009, Az. VI ZR 18/07 – Nichtzulassungsbeschwerde zur Instruktionspflichtverletzung des Vertreibers von Kontaktlinsen; OLG Brandenburg, Urt. vom 13.12.2006, Az. 13 U 156/05, GesR 2007, 181 ff.; Nachweise in PHi 2010, 148, 149.

1129 Vgl. dazu BGH, NJW 1981, 1603, 1605 ff.; MüKo/*Wagner,* § 823 Rn. 684; *Fuchs/Baumgärtner,* JuS 2011, 1057, 1061.

1130 So ausdrücklich *Kullmann,* Höchstrichterliche Rechtsprechung, Rn. 253.

1131 OLG Hamm, mit Nichtannahmebeschluss des BGH vom 2.10.2001, VersR 2002, 312; vgl. aber auch BGH, VersR 1971, 80 – Bremsen; *Kullmann,* Höchstrichterliche Rechtsprechung, Rn. 253.

verschaffen müssen.[1132] Als eine – dann nur noch im Ausnahmefall – **denkbare Entlastung des Herstellers** wird in der Literatur bisweilen als Beispiel für „geeigneten Vortrag" der Kleinbetrieb angeführt, der in einem anderen Land an einer nicht hinlänglich und allgemein zugänglichen Stelle eine konkret dort publizierte Erkenntnis nicht hatte und als Kleinbetrieb auch nicht haben musste.[1133]

Eine deliktische Haftung besteht jedoch für solche Fabrikationsfehler nicht, die trotz aller zumutbarer Vorkehrungen als sog. **Ausreißer** unvermeidbar sind. Die Darlegungs- und Beweislast dafür trägt der Hersteller.[1134] **256**

Der Geschädigte muss, was den **Fehlernachweis** angeht, darlegen und beweisen, dass der Schaden bei ihm durch einen **objektiven Mangel** (gerade durch dieses schädliche Produkt)[1135] oder durch den **Zustand der Verkehrswidrigkeit** ausgelöst worden ist.[1136] Den Nachweis muss der Geschädigte **für den Zeitpunkt des Inverkehrbringens** des Produkts durch den Endhersteller, Zulieferer, Importeur oder Händler – die Zeitpunkte des Inverkehrbringens müssen nicht identisch sein – führen.[1137] Zwangsläufig kann der Begriff des Inverkehrbringens im Rahmen der richterrechtlichen Fortbildung zur Produkthaftung nach § 823 Abs. 1 BGB nicht definiert sein. Auf der einen Seite kann allerdings auf die Konkretisierungen zu den Materialien nach § 1 Abs. 2 Nr. 2 ProdHaftG zurückgegriffen werden, möglicherweise auch auf § 2 ProdSG 2011.[1138] Der Geschädigte kann zahlreiche „offensichtlich nach außen erkennbare" Einzelumstände vorbringen, etwa öffentlich zugängliche Testergebnisse, wissenschaftliche Publikationen und/oder aber auch publizierte Stellungnahmen der Marktüberwachungsbehörden.[1139] Der Beweis kann gelingen, wenn das Produkt – so wie es im Zeitpunkt des Inverkehrbringens vorlag – noch vorhanden ist, ggf. unter Zuhilfenahme von Sachverständigengutachten. Ist dieses Produkt aber z. B. durch einen Brand zerstört, wird auch dies schwierig.[1140] Allerdings kommen dem Kläger auch Beweiserleichterungen zugute, im Regelfall aber wohl nur der sog. **Anscheinsbeweis:**[1141] Die Beweisführung wird dem Kläger erleichtert, wenn es sich um einen typischen Geschehensablauf handelt, der bei Anwendung allgemeiner Erfahrungs- **257**

[1132] BGH, NJW 1981, 1603, 1606.

[1133] *Kullmann/Pfister,* Kza 1525.

[1134] OLG Düsseldorf, Urt. vom 22.4.2009, BeckRS 2010, 05734 – abgebrannter LKW und dazu BGH, Beschluss vom 26.1.2010; sowie MüKo/*Wagner,* § 823 Rn. 684 ff.

[1135] Zur Ausnahme OLG Hamm, VersR 2011, 637, 638 – Herzschrittmacher, m. E. nicht überzeugend, was die Beweislast angeht.

[1136] Ständige Rechtsprechung seit BGHZ 51, 91, 105 – Hühnerpest; ebenso BGHZ 80, 186, 196 – Apfelschorf („Derosal"); BGHZ 114, 284, 286 – Aids; BGH, NJW 1973, 1602, 1603 – Feuerwerkskörper; BGH, VersR 1996, 1116, 117 – Möbellack II; OLG Bamberg, VersR 1982, 1146, 1147; OLG Köln, VersR 1988, 580, 581; jüngst OLG Düsseldorf, Urt. vom 22.4.2009, BeckRS 2010, 05734 – abgebrannter LKW und dazu BGH, Beschluss vom 26.1.2010; sowie MüKo/*Wagner,* § 823 Rn. 684, 686 ff.

[1137] BGHZ 80, 186, 196 ff. – Apfelschorf („Derosal").

[1138] Vgl. auch EuGH Slg. 2001, I, 3596 = NJW 2001, 2781, 2872 – Veedfald ./. Arhus Amtskommune: Es kommt darauf an, dass der Herstellungsprozess beendet worden ist und die Vertriebs- und Benutzungsphase begonnen hat.

[1139] Vgl. als Beispiel etwa den im Anschluss an die Industriesilikon-Fälle publizierten Bericht der französischen Behörde AFSSAPS aus dem Jahre 2012: englischsprachige Informationen mit Hinweisen zum aktuellen Stand der Untersuchungen: Information for woman with PIP breast implants/questions/answers; Silikone breast implants from Poly Implant Prothèse Company (PIP)-information, vgl. auch http://www.afssaps.fr. Vgl. zur geforderten Regulierung von Produkten der In-Vitro-Diagnostik, *Wieck,* InTeR 2013, 92, 93 f.

[1140] OLG Koblenz, Urt. vom 24.6.2000, Az. 5 U 1668/98; MDR 2000, 30 ff. – Waschmaschine.

[1141] BGH, VersR 2010, 627ff m. w. N. – zum Anscheinsbeweis bei Medizinprodukten *Dahm-Loraing/Koyuncu,* PHi 2010, 142, 149 m. w. N.; BGH, VersR 1954, 100 – Trinkmilch; BGH, VersR 1976, 543, 544 – ölverseuchte Kartoffeln.

sätze, besonders der Lebenserfahrung, die Bejahung eines Fehlers – oder auch des ursächlichen Zusammenhangs – nahelegt und dem Richter die Überzeugung in vollem Umfang begründet. Gelingt dies dem Kläger, muss der Beklagte Tatsachen vortragen, die hinreichend sind, um ernsthaft die Möglichkeit eines anderen Geschehensablaufs in Betracht zu ziehen und damit den Anscheinsbeweis im Ergebnis zu erschüttern.[1142] Stürzen beispielsweise die in einen Neubau eingebrachten Betondecken elf Wochen nach der Errichtung zusammen, spricht dieses Schadensbild für eine Fehlerhaftigkeit und dem Geschädigten kommt der Anscheinsbeweis zugute.[1143] Auch das gehäufte gleichzeitige Auftreten gleichartiger Schäden insbesondere bei einer konkreten Charge kann einen Beweis des **ersten Anscheins** für die konstruktive Fehlerhaftigkeit der Serie oder aber der fehlerhaften Fabrikation der Charge erbringen.[1144] Wurde beispielsweise an Stellen, bei denen eine Krankheit gehäuft ausbricht, ein bestimmtes Produkt, z. B. Milch, verwendet, liegt es nahe, die Infektionsquellen in diesem Produkt zu erblicken.[1145] Ein entsprechender Anscheinsbeweis wird von der Rechtsprechung – soweit ersichtlich – aber nicht bereits dann anerkannt, wenn der Geschädigte nachweisen kann, dass der Hersteller gegen **technische Regeln** verstoßen hat.[1146] Der Anscheinsbeweis wurde **verneint** bei lediglich gelegentlichem Funkenausstoß eines Treckers[1147] oder bei bloßer Ablösung der Reifendecke.[1148]

258 In diesem Zusammenhang obliegt dem Geschädigten auch der sog. **Fehlerbereichsnachweis.**[1149] Der Geschädigte muss darlegen und beweisen, dass der Produktfehler **in der Sphäre des Herstellers entstanden ist** und dem Produkt bereits **im Zeitpunkt des Inverkehrbringens** anhaftete.[1150] Nicht selten ist der „Ursprung“ und damit das **Entstehen des Produktfehlers** problematisch und damit auch die Frage, ob der Mangel bereits zum Zeitpunkt des Inverkehrbringens vorhanden war. Auch hier kann der Anscheinsbeweis helfen: So hat der BGH[1151] – ein Gastwirt hatte der Hochzeitsgesellschaft Pudding serviert, in dem sich Salmonellenkeime befanden – ausgeführt, dass der Grundgedanke, der zur Umkehr der Beweislast bei der Produzentenhaftung Anlass gegeben habe, nämlich die

---

[1142] BGH, VersR 1983, 375 – Muscheln II.

[1143] BGH, VersR 1958, 107 – Betondecken; dazu *Kullmann/Pfister;* Kza 7595/1.

[1144] BGH, VersR 1954, 100 – Trinkmilch.

[1145] *Kullmann,* Höchstrichterliche Rechtsprechung, Rn. 240 zu allem Vorstehenden; sowie OLG Köln, VersR 1992, 704 – Strebe; OLG Düsseldorf, NJW 1978, 1693 – Septummeißel; BGH, VersR 1981, 1181, 1182 – Klimatisierungsgerät.

[1146] Soweit feststellbar fehlt Rechtsprechung zu diesem Aspekt; soweit Foerste/*Graf von Westphalen,* unter § 24 Rn. 39 die Entscheidung des BGH, VersR 1994, 270 zitieren, ist festzuhalten, dass diese nicht § 823 Abs. 1 BGB, sondern vielmehr § 823 Abs. 2 BGB betrifft. Trotzdem fordert auch *Wagner* – allerdings ohne nähere Begründung – in Fällen dieser Art die Umkehr der Beweislast: MüKo/*Wagner,* § 823 Rn. 687: Dann müsste dem Hersteller der Nachweis obliegen, dass das Produkt trotz Abweichung von einer technischen Norm das erforderliche Sicherheitsniveau biete; zu weitgehend wohl LG Stuttgart, NJW-RR 2012, 1169 – Fenster- und Futterstoffeinklebemaschine, dort „Umkehr der Beweislast“, wenn feststeht, dass die Maschine unter Verstoß gegen Sicherheitsvorschriften konstruiert worden war.

[1147] BGH, VersR 1971, 453, 454 – Trecker.

[1148] OLG Bamberg, VersR 1982, 1146, 1147 – Reifendecke II; vgl. auch LG Duisburg, VersR 1982, 199, 200 – Wendelrutsche; ebenso, wenn der Fahrradlenker locker sitzt, OLG Frankfurt, VersR 1994, 1118, 1119; *Kullmann,* NJW 1994, 1698, 1706; sowie OLG Hamm, NJW-RR 1993, 853, 854 – Schweinefutter.

[1149] Vgl. zum Begriff etwa MüKo/*Wagner,* § 823 Rn. 689.

[1150] BGHZ 51, 91, 105; BGHZ 80, 186, 196 – Apfelschorf; BGH, NJW 1973, 1602, 1603 – Feuerwerkskörper; vgl. aber auch OLG Dresden, NJW-RR 1999, 34 ff. – Hydraulikzylinder und OLG Saarbrücken, MPR 2011, 156 –Teleskopmarknägel mit Anm. *Oeben,* BeckRS 2011, 22010 zur fehlenden Beweisbarkeit der zur Beinverlängerung eingesetzten Produkte; keine Beweislastumkehr; vgl. dazu auch *Molitoris/Klindt,* NJW 2012, 1489, 1496.

[1151] BGHZ 116, 104 = NJW 1992, 1039 – Salmonellen-Hochzeitsessen; vgl. aber auch BGH, NJW 1982, 2447, 2448; BGH, VersR 1983, 375 ff.

schwere Durchschaubarkeit der Herstellungsvorgänge und der Organisationssphäre im Betrieb des Produzenten für den Verbraucher allgemeingültig sei und deshalb – auch auf Inhaber von Kleinbetrieben – Anwendung finden müsse.[1152] Dann kann ausgeschlossen werden, dass der Produktmangel erst nach der Inverkehrgabe, etwa durch unsachgemäße Lagerung, Fehlverhalten des Geschädigten oder Sabotage Dritter verursacht worden ist – aber eben nur im Einzelfall.[1153] Wird lediglich in zwei Fällen vergiftetes Öl aus einer Ölunternehmung verabreicht, kann dies i. d. R. nicht anders erklärt werden, als dass es im Unternehmen des produzierenden Herstellers an der nötigen Ordnung oder Aufsicht gefehlt haben muss.[1154] Ebenfalls deutet es auf einen Mangel im Organisationsbereich eines Kfz-Zulieferers hin, wenn dieser ein Werkstück in schadhaftem Zustand ausliefert, wenn zudem feststeht, dass die Herstellung fehlerhaft und die Kontrolle insgesamt unzureichend war.[1155]

Auf der anderen Seite lehnte das OLG München[1156] die Annahme eines Anscheins- 259
beweises zugunsten einer Flaschenherstellerin ab, den diese darauf stützen wollte, dass sie eben ein auf die Entdeckung von Fabrikationsfehlern angelegtes Produktionsverfahren habe und seit 2004 nur **ein** Fall einer mangelhaften Flasche entdeckt worden sei. Es gebe – so das OLG – keinen Erfahrungssatz vom Vorhandensein entsprechender Kontrollen auf eine Schadensfreiheit schließen zu können.

Zum **Kausalitätsnachweis:** Grundsätzlich obliegt dem Geschädigten auch der Nach- 260
weis der sog. **(haftungsbegründenden)** Kausalität zwischen dem Produktfehler und/oder der Pflichtverletzung des Herstellers und dem Eintritt einer Rechtsguts- oder Rechtsverletzung.[1157] Der Geschädigte muss demzufolge beweisen, dass der Schaden nicht eingetreten wäre, hätte das Produkt einen Fehler nicht aufgewiesen. Allerdings ist der Ursachenzusammenhang zwischen der Beschaffenheit des Produkts und Gesundheitsbeeinträchtigungen auch dann bereits rechtsfehlerfrei festgestellt, wenn in concreto offen bleibt, welche Substanz den Schaden ausgelöst hat, jedoch andere Schadenursachen auszuschließen sind.[1158] Im Zusammenhang mit dem Beweis der Kausalität verlangt der BGH sogar den Beweis, dass pflichtgemäßes Verhalten den Schaden **mit Sicherheit** verhindert hätte.[1159] Allerdings hat der BGH später in seinem ersten berühmten **„Kindertee-Fall"**[1160] ausgeführt, dass eine **tatsächliche Vermutung** für die Befolgung von Warnhinweisen sprechen kann, insbesondere dann, wenn diese deutlich formuliert waren und für den Adressaten plausibel auf konkrete Gefahren hingewiesen wurde. Eine solche tatsächliche Vermutung kann ein Geschädigter auch dann für sich in Anspruch nehmen, wenn er einen Schaden wegen einer fehlerhaften Verschraubung an einem Ölkanister

---

1152 BGH, NJW 1992, 1039 – Salmonellen-Hochzeitsessen; zustimmend *Fuchs/Baumgärtner,* JuS 2011, 1057, 1061.

1153 BGH, VersR 1969, 155, 158; nicht in dieser Allgemeinheit zutreffend MüKo/*Wagner,* § 823 Rn. 689.

1154 BGH, VersR 1953, 242 – Speiseöl.

1155 BGH, NJW 1968, 247 – Schubstrebe.

1156 OLG München, Urt. vom 11.1.2011, Az. 5 U 3158/10, BeckRS 2011, 10312 – Sektflasche; dazu *Molitoris/Klindt,* NJW 2012, 1489, 1495 zur Haftung für unentdeckte Fabrikationsfehler.

1157 BGH, VersR 1975, 922 – Spannkupplung; BGH, VersR 1987, 102 – Asthma-Zinkotom-Spray; BGHZ 99, 167 ff. – Motorradlenkerverkleidung (Honda); BGH, NJW 1989, 1542, 1545 – Asthma-Spray; BGH, VersR 1981, 1181, 1182 – Klimatisierungsgerät, OLG Karlsruhe, VersR 2003, 1584, 1586 – Buschholzhackmaschine; OLG Hamm, NJW-RR 2011, 893 – Grillpaste; dazu *Kullmann/Pfister,* Kza 7600/1 ff.

1158 BGH, VersR 1990, 1171 – Lederspray (Leitsatz).

1159 BGH, VersR 1975, 922 – Spannkupplung; BGHZ 99, 177 – Motorradlenkerverkleidung (Honda).

1160 BGH, VersR 1992, 96, 99 – Kindertee I.

erleidet, es aber nach der Lebenserfahrung nicht fernliegt, dass er im Falle eines Warnhinweises vom Kauf des Kanisters Abstand genommen hätte.[1161] Jedoch darf diese tatsächliche Vermutung nicht überbewertet werden, denn sie besteht nicht, wenn konkrete Umstände des Sachverhalts für das Gegenteil sprechen.[1162] Aber auch beim Kausalitätsbeweis wird häufig der Anscheinsbeweis greifen.[1163] Schon aus der Hühnerpest-Entscheidung folgt, dass ein Anscheinsbeweis dafür spricht, dass die Krankheit tatsächlich auf einem Produktfehler beruht, wenn die Fehlerhaftigkeit einer Charge – im konkreten Fall die Kontamination von Impfstoff – feststeht und dessen Applikation bei einer Reihe von Geflügelmästern zum Ausbruch einer Krankheit führt.[1164] Wenn feststeht, dass ein angestellter Koch an Hepatitis erkrankt ist und nach einem Restaurantbesuch verschiedene Gäste an derselben Infektionskrankheit erkranken, gilt auch insoweit der Anscheinsbeweis.[1165] Nicht anders ist der Fall zu beurteilen, dass an einem Baustelleneimer zu schwach ausgelegte Griffe brechen und Arbeiter die Treppe hinunter stürzen.[1166] Im Einzelfall ist aber abzugrenzen, ob tatsächlich ein **prima-facie-Beweis** vorliegt oder – wegen konkreter Einzelfälle – in der Beweiswürdigung nicht ein **„Indizienbeweis"** zu führen ist.[1167] Denn wenn ein allgemeiner Erfahrungssatz nicht auf einen Produktfehler hinweist, kann dieser sich ggf. aus anderweitigen Beweisanzeichen des Einzelfalls ergeben.[1168] Wird einem Geschädigten Blut transfundiert – und zwar eines HIV-positiven Spenders – und anschließend bei dem Geschädigten Aids diagnostiziert, kann der Anscheinsbeweis dafür sprechen, dass die Infektion auf der Bluttransfusion beruht.[1169] Beweiserleichterungen für den Kläger kommen auch dann bezüglich des Kausalzusammenhangs in Betracht, wenn ein Fehler eines Kraftfahrzeuges auch bei einwandfreier Fahrweise einen Unfall bestimmter Art verursachen kann; dann kann der tatsächliche Eintritt des Unfalls ein typischer Geschehensablauf sein.[1170] Wie bereits erwähnt, hat der BGH im ersten Kindertee-Fall eine „tatsächliche Vermutung" entwickelt und ferner ausgeführt, dass jedenfalls von einer „scharfen und deutlichen Warnung der Packungsbeilage eines Injektionsmittels vor dessen Gefährlichkeit" zu erwarten war, dass jeder pflichtbewusste Arzt keinesfalls die übliche Anwendungsweise praktiziert, sondern seine Aufmerksamkeit „aufs höchste gesteigert" und evtl. auf den Einsatz des gefährlichen Narkosemittels ganz verzichtet hätte.[1171] Ob und inwieweit der Kausalitätsnachweis Klägern bei Instruktionsfehlern besondere Schwierigkeiten bereitet, in jedem Fall zu Ende gedacht, vermag ich nicht abschließend zu sagen. Fest stehen dürfte lediglich, dass eine Umkehr der Beweislast tatsächlich auch in diesem Bereich unange-

---

[1161] Saarländisches OLG, NJW-RR 2013, 271, 273 – fehlerhafte Verschlüsse am Ölkanister.

[1162] BGH, VersR 1999, 888 – Plastiksaugflasche.

[1163] Vgl. *Dahm-Loraing/Koyuncu,* PHi 2010, 142 ff., 149 unter Berufung auf *Foerste/Graf von Westphalen,* § 30 Rn. 1 ff.

[1164] Dies folgt aus der Hühnerpest-Entscheidung in BGH, NJW 1969, 269, 274; insoweit aber nicht aus BGHZ 51, 91.

[1165] OLG Frankfurt, NJW 1995, 2498 – Hepatitis.

[1166] BGH, VersR 1967, 498, 499 ff. – Hobbocks; auch BGH, VersR 1981, 1181, 1182 – Klimatisierungsgerät; sowie ausdrücklich MüKo/*Wagner,* § 823 Rn. 690.

[1167] Vgl. dazu auch OLG Stuttgart, VersR 2002, 577, 578 – Hepatitis C; so auch OLG Frankfurt, VersR 1985, 890, 891 – Mehrwegflasche; OLG Oldenburg, VersR 1984, 1097 – Reifenschlauchfalte.

[1168] So zu Recht *Foerste/Graf von Westphalen,* § 30 Rn. 39; vgl. dazu etwa den Bremsenfall, BGH, VersR 1971, 80 – Bremsen.

[1169] BGH, NJW 1991, 1948, 1949 ff. – Blutkonserve; BGH, NJW 2005, 2614 ff. – Blutkonserve II; dazu *Katzenmeier,* NJW 2005, 3391 ff.; vgl. ebenso OLG Koblenz, NJW-RR 1998, 167, 168.

[1170] BGH, VersR 1971, 80 – Bremsen.

[1171] BGH, NJW 1972, 2217 ff. – Estil Narkosemittel.

messen wäre.[1172] Bisweilen scheint die Anwendung der Grundsätze des Anscheinsbeweises bzw. der tatsächlichen Vermutung daher eher angebracht.[1173]

Zur **Befundsicherungspflicht (auch Statussicherungspflicht**[1174] genannt): Für die Frage, ob ein bestimmter Produktfehler bereits im Verantwortungsbereich des Herstellers und nicht erst später, etwa bei der Verladung auf den Frachtführer, während des Transports auf dem Schiff – oder ganz allgemein – auf dem Vertriebsweg, entstanden ist, kann – „unter besonderen Umständen" – zugunsten des Geschädigten eine Beweislastumkehr in Betracht kommen, und zwar nach der Rechtsprechung des BGH dann, wenn der Hersteller aufgrund der ihm im Interesse des Verbrauchers auferlegten Verkehrssicherungspflicht gehalten war, „das Produkt auf seine einwandfreie Beschaffenheit zu überprüfen und den **Befund zu sichern,** er dieser Verpflichtung aber nicht nachgekommen ist".[1175] In einem späteren Limonadenflaschen-Fall[1176] hat die Rechtsprechung ausgeführt, dass eine Beweislastumkehr wegen Verletzung dieser **Befundsicherungspflicht** auch eintreten könne, wenn die technisch möglichen und dem Hersteller zumutbaren Maßnahmen der Befundsicherung Schadensfälle durch das Produkt nicht ganz ausschließen.[1177] Es würde genügen, dass eine signifikante Verringerung des Produktrisikos erfolge, die es aber – wie inzwischen das OLG Koblenz festgestellt hat – nach damaligem Stand der Technik nicht gab und durch die eine signifikante Verringerung des Berst-Risikos deshalb auch nicht erfolgen konnte.[1178] Die Judikatur zur Befundsicherungspflicht erhielt zum Teil Zustimmung,[1179] hatte aber – meines Erachtens berechtigte – **Kritik** zur Folge:[1180] Es handelt sich um einen „gut gemeinten Kunstgriff" der Rechtsprechung, die Hersteller aber erheblich belastet; zudem ist nicht klar, welche Produkte von dieser Pflicht betroffen sein können.[1181] Die einschlägige BGH-Rechtsprechung zu dieser Frage dürfte wohl inzwischen auch obsolet sein und nicht weiter verfolgt werden.[1182] 261

Grundsätzlich kann die – wie in der Hühnerpestentscheidung entwickelte – sog. Beweislastumkehr nicht auch auf **Betriebsangehörige** oder „sonstige individuelle Akteu- 262

[1172] Ebenso MüKo/*Wagner,* § 823 Rn. 692; a. A m. E. zu weitgehend aber *Brüggemeier,* Deliktsrecht, Rn. 559; *Foerste/Graf von Westphalen,* § 30 Rn. 128 m. w. N.; siehe auch Bamberger/Roth/*Spindler,* § 823 Rn. 555 m. w. N.

[1173] Vgl. als Beispielsfälle etwa OLG Köln, NJW-RR 1994, 91, 92 – Insektenschutzmittel; OLG Köln, VersR 1983, 862, 863 – Polyesterharz; OLG Düsseldorf, NJW-RR 1991, 288, 289 – Strukturputz, OLG Karlsruhe, NJW-RR 1994, 798, 799 – Kabelstrümpfe; oder auch OLG Koblenz, VersR 1981, 740, 741 – Grillgerät; OLG Köln, VersR 1987, 573, 574 – Schreckschusspistole; OLG Düsseldorf, NJW-RR 1996, 20 – Stahlnagel.

[1174] OLG Düsseldorf, NJW-RR 2000, 833 – Feuerlöschanlage; *Kullmann/Pfister,* Kza 7595/14 und zum Begriff auch *Foerste/Graf von Westphalen,* § 30 Rn. 51.

[1175] So BGH, VersR 1988, 930 – Limonadenflasche; BGH, ZIP 1993, 440 – Mineralwasserflasche I; BGH, NJW 1995, 2164 – Mineralwasserflasche II; so explizit *Kullmann,* Höchstrichterliche Rechtsprechung, Rn. 233; erläuternd *ders.*, NJW 1994, 1698, 1704.

[1176] BGH, NJW 1993, 528, 529 – Limonadenflasche; und für Einwegflaschen auch LG Augsburg, NJW-RR 2001, 594, 595.

[1177] *Kullmann,* Höchstrichterliche Rechtsprechung, Rn. 234.

[1178] OLG Koblenz, Urt. vom 20.6.1998 – Mineralwasserflasche, Klagerücknahme vor dem BGH, NJW-RR 1999, 1624.

[1179] *Winkelmann,* MDR 1989, 16, 19; *Reinelt,* NJW 1988, 2614; *Giesen,* JZ 1988, 969.

[1180] *Brüggemeier;* VuR 1988, 345; *Foerste,* VersR 1988, 958; *Foerste/Graf von Westphalen,* § 30 Rn. 56 („Erfindung"); *Knoche,* in FS für Heldrich, 247, 251 ff.; *Kunz,* BB 1994, 450, 453; Soergel/*Krause,* § 823 Anh. III, Rn. 47; MüKo/*Wagner,* § 823 Rn. 689; die Rechtsprechung jedoch verteidigend *Steffen,* in FS für Brandner, 1996, 327, 336 ff.

[1181] Dies räumt denn auch selbst *Kullmann* – Mitglied des VI. Zivilsenats des BGH – ein, NJW 1994, 1698, 1705; dies zeigen aber auch die Unsicherheiten der Gerichte im Umgang mit der Befundsicherungspflicht, u. a. OLG Dresden, NJW-RR 1999, 34 – Karussell; OLG Düsseldorf, NJW-RR 2000, 833, 835 – Feuerlöschanlage.

[1182] Vgl. dazu nochmals *Kullmann,* NJW 2000, 1912, 1916; MüKo/*Wagner,* § 823 Rn. 689.

re“, seien sie Arbeitnehmer oder Organwalter, ausgedehnt werden.[1183] Der Grund liegt auf der Hand: Nur den Unternehmer kann die Beweislastumkehr treffen, denn er ist der „Herr des Organisationsbereiches“.[1184] Ein Unternehmen kann solange nach Belieben organisiert werden, wie es gefällt, solange nur eben keine fehlerhaften Produkte in den Verkehr gebracht werden. Werden allerdings fehlerhafte Produkte in den Verkehr gebracht und Dritte dadurch geschädigt, kann sich das Unternehmen nicht durch den Nachweis „richtiger“ Organisation entlasten, sondern es hat darüber hinaus den Entlastungsbeweis für jeden einzelnen Mitarbeiter zu führen (§ 831 Abs. 1 Satz 2 BGB).[1185] Entlastungsbeweise für Unternehmensangehörige kommen damit von vornherein nicht in Betracht.[1186] Davon mag im Einzelfall eine Ausnahme angebracht sein.[1187]

263 **(2) Beweis der Pflichtwidrigkeit und/oder des Verschuldens.** Bis zur berühmten Hühnerpest-Entscheidung im Jahre 1968 hielt die Rechtsprechung daran fest, dass der Geschädigte auch den **Beweis für das Verschulden** zu führen hatte, also nachweisen musste, dass der Hersteller zumindest fahrlässig gehandelt hat. Mit der berühmten Hühnerpest-Entscheidung[1188] trug der BGH jedoch der **Beweisnot der Geschädigten** in Produkthaftungsfällen im Verschuldensbereich Rechnung, indem er **die Beweislast umkehrte.** Damit wird der potenziell Geschädigte von dem Beweis der **Pflichtwidrigkeit bzw. des Verschuldens** entlastet, wenn er nur eben nachgewiesen hat, dass sein Schaden im Organisations- und Gefahrenbereich des Herstellers, und zwar durch einen objektiven Mangel oder einen Zustand der Verkehrswidrigkeit ausgelöst wurde.[1189] Der BGH führt dazu aus, dass „dann, wenn der Geschädigte diesen Beweis geführt hat, der Produzent **näher daran** sei, den Sachverhalt aufzuklären und die Folgen der Beweislosigkeit zu tragen“. Denn er „überblicke die Produktionssphäre und bestimme und organisiere den Herstellungsprozess und die Auslieferungskontrolle der fertigen Produkte“.

264 Diese Rechtsprechung zur Beweislastumkehr war – wie bereits ausgeführt – zunächst nur für den Fall eines Fabrikationsfehlers anerkannt. Allerdings sind die Grundsätze schon früh auf Konstruktionsfehler sowie auf die Lieferung von verschmutzten Naturprodukten ausgedehnt worden[1190] und – allerdings viel später – auch für Fälle der Instruktionsfehler bejaht worden.[1191] Die Grundsätze zur Beweislastumkehr finden auch auf Inhaber von Kleinbetrieben Anwendung.[1192] Es ist aber nicht zu verkennen, dass ganz grundsätzlich eine Beweislastumkehr **nicht** in Betracht kommt, wenn tatsächlich **feststeht,** dass der Hersteller bei der Inverkehrgabe seines Produkts seine Instruktionspflichten **nicht schuldhaft verletzt hat,** z. B. weil er aufgrund damals – im Zeitpunkt des Inverkehrbringens –

[1183] BGH, NJW 1992, 1039, 1041 ff. – Salmonellen-Hochzeitsessen; vgl. dazu auch *Wagner,* VersR 2001, 1057, 1061 ff.

[1184] *Fuchs/Baumgärtner,* JuS 2011, 1057, 1061.

[1185] Grundlegend BGH, NJW 1968, 247, 248 – Schubstrebe; ähnlich BGH, NJW 1973, 1602, 1603 ff. – Feuerwerkskörper.

[1186] So zu Recht MüKo/*Wagner,* § 823 Rn. 685.

[1187] Vgl. etwa BGH, NJW 1975, 1827 m. ablehnender Anm. *Lieb.* Das OLG Frankfurt, BeckRS 2003, 09803, hat bei Vorstandsmitgliedern deliktsrechtliche Verantwortungen gesehen, zu deren Aufgaben die Abteilung Forschung & Entwicklung oder auch Marketing & Vertrieb gehörten; vgl. dazu *Fuchs/Baumgärtner,* JuS 2011, 1057, 1061.

[1188] BGH, NJW 1969, 269 – Hühnerpest (vormals u. a. BGH, NJW 1957,785).

[1189] BGH, NJW 1969, 269, 274, 275 – Hühnerpest; später auch BGH, NJW 1981, 1603, 1605; unter Verweis auf sein früheres Urt. in BGH, NJW 1969, 269, sowie schließlich BGH, NJW 1988, 2611, 2313.

[1190] BGHZ 67, 359, 361 – Schwimmschalter; BGHZ 59, 303 – Wasserversorgung; vgl. auch OLG Hamm, NJW-RR 2011, 893 – Grillpaste; Palandt/*Sprau,* § 823 Rn. 184.

[1191] BGH, VersR 1992, 96, 99 – Kindertee I; dazu *Kullmann/Pfister,* Kza 7605/10.

[1192] BGH, NJW 1992, 1039 ff. – Salmonellen-Hochzeitsessen; dazu *Kullmann/Pfister,* Kza 7605/11.

bestehender Erkenntnisse die Gefahren **nicht kannte,** und Umstände, die für ihn Pflichten begründen konnten, erst nach dem Inverkehrbringen des Produktes erkennbar wurden.[1193] Solche Fallgestaltungen hat der BGH in den sog. Apfelschorf-Fällen detailliert dargelegt.[1194] Dies dürfte auch für heutige Fälle – im Rahmen der Instruktionspflicht – von Bedeutung sein: Will ein Geschädigter Schadenersatz, weil er dem Hersteller nur einen „erst nach neueren Erkenntnissen aufgedeckten Instruktionsfehler vorwerfen kann",[1195] muss er den Nachweis führen, dass der Unternehmer seine – nachträglich entstandene – Instruktionspflicht verletzt hat. Ob dies in den aktuellen Brustsilikonimplantat-Fällen der PIP S. A. nicht auch hätte durchdacht werden müssen, steht auf einem anderen Blatt. Und: Die zitierten Grundsätze zur Beweislastumkehr finden keine Anwendung, wenn es allein um fehlerhafte Bezeichnungen in Warenbegleitpapieren geht.[1196] Die Beweislast für behauptete Verstöße gegen die Produktbeobachtungspflicht liegt ebenfalls in aller Regel beim Geschädigten[1197] (jedenfalls nach dem Inverkehrbringen).

d) Die Haftung nach § 823 Abs. 2 BGB i. V. m. Schutzgesetzverletzungen

Nach § 823 Abs. 2 BGB haftet derjenige auf Schadenersatz, der gegen ein den Schutz **265**
eines anderen bezweckendes Gesetz verstößt (Schutzgesetzverletzung).[1198] Die Regelung verlegt den Schutz vom Eintritt des Schadens in Richtung der „abstrakten Gefahr".[1199] Theoretisch wäre es daher möglich, durch detailliert ausgearbeitete Schutzgesetze die gesamte Produkthaftpflicht besser zu „beherrschen". Andererseits wollen Staaten die Herstellung und den Vertrieb nicht behindern und der Ruf nach Liberalisierung ist groß. Zudem lassen sich nicht alle Bereiche bis ins letzte Detail normieren. Schon deshalb aber ist der Wert der Schutzgesetze an sich und die Schaffung von Schutzgesetzen fragwürdig und wird unterschiedlich beurteilt: Klar ist, dass die Regelungsdichte zunimmt und weite Bereiche des Produktsicherheitsrechts zunehmend von europäischem Sekundärrecht dominiert wird.[1200] Richtig ist auch, dass in Produkthaftpflichtprozessen in den letzten Jahren der Vortrag zu Schutzgesetzverletzungen zunimmt.[1201] Der Grund für die zunehmende Heranziehung solcher Schutzgesetze zur Haftungsbegründung wird vor allem darin gesehen, dass Schutzgesetze die Verhaltenspflichten desjenigen, der Produkte in den Verkehr bringt, „zumeist relativ genau umschreiben".[1202] Andere halten die praktische Bedeutung dieser Normen dennoch für die Deliktshaftung für „begrenzt", weil sie sich – und hier unterscheiden sich die Ansichten in der Literatur – regelmäßig „auf die Stipulati-

---

[1193] *Kullmann,* Höchstrichterliche Rechtsprechung, Rn. 249.

[1194] So explizit *Kullmann,* Höchstrichterliche Rechtsprechung, Rn. 249 unter Verweis auf BGHZ 80, 186, 195 – Apfelschorf I (Derosal).

[1195] *Kullmann,* Höchstrichterliche Rechtsprechung, Rn. 251.

[1196] BGH, NJW-RR 1993, 988 – Bleche; *Kullmann/Pfister,* Kza 7605/12.

[1197] OLG Hamm, VersR 2002, 312 – Amalgampräparat; dazu auch *Kullmann/Pfister,* Kza 7605/16; *Foerste/Graf von Westphalen,* § 30 Rn. 109.

[1198] *Joerges,* Die Verwirklichung des Binnenmarktes und die Europäisierung des Produktsicherheitsrechts, in FS für Steindorff, 1990, 1247; *ders.,* Rationalisierungsprozesse im Recht der Produktsicherheit: Öffentliches Recht und Haftungsrecht unter dem Einfluss der Europäischen Integration, in Jahrbuch des UTR 27 (1994), 141; *Kollmer,* NJW 1997, 2015; *Marburger,* in FS für Deutsch, 271; *Micklitz,* Technische Normen, Produzentenhaftung und EWG-Vertrag, NJW 1983, 483; *Rödig,* Die Erfüllung des Tatbestandes des § 823 Abs. 1 BGB durch Schutzgesetzverstoß, 1973.

[1199] RGRK/*Steffen,* § 823 Rn. 535.

[1200] *Joerges,* in FS für Steindorff, 1247; ebenso MüKo/*Wagner,* § 823 Rn. 693.

[1201] Vgl. *Kullmann,* Höchstrichterliche Rechtsprechung, Rn. 258: In Produkthaftpflichtprozessen spielen „Schutzgesetzverletzungen" zunehmend eine größere Rolle.

[1202] So ausdrücklich und nicht zu Unrecht *Kullmann,* Höchstrichterliche Rechtsprechung, Rn. 259.

on generalklauselartiger Standards beschränken und zu deren Konkretisierung auf die Regeln der Technik verweisen".[1203] Ich selbst meine, dass die Bedeutung des öffentlich-rechtlichen Produktsicherheitsrechts, auch durch den wachsenden Einfluss der Marktüberwachungsbehörden und damit auch der Verwaltungsgerichte zunehmen und Europa den Versuch unternehmen wird, doch weitergehend als dies möglicherweise die deutsche Gesellschaft fordert, die Produkthaftung mehr und mehr und detaillierter öffentlich-rechtlich zu regeln. Schon deshalb bin ich der Überzeugung, dass die Schutzgesetzverletzung an Bedeutung gewinnen wird.[1204] Beispielhaft möchte ich, und ohne vorweg nehmen zu wollen, ob und inwieweit die 9. Verordnung zum ProdSG bzw. die Europäische Maschinenrichtlinie ein Schutzgesetz darstellt, auf die Vorgaben der Europäischen Union zur **Maschinenrichtlinie** verweisen. In Anhang 1 der Maschinenrichtlinie sind ganz detailliert konkrete Anforderungen des Maschinenherstellers geregelt, die fast mehr als nur einen „Abstraktheitsgrad" erreichen und zu deren Einhaltung Maschinen-Hersteller – und damit öffentlich-rechtlich – bereits verpflichtet sind.

aa) Schutzgesetze

266 **Gesetz** i. S. v. § 823 Abs. 2 BGB ist nicht nur ein Gesetz im formellen Sinne, sondern nach Art. 2 EGBGB **jede Rechtsnorm,** also Gesetze im formellen Sinn einschließlich Staatsverträgen, aber auch Rechtsverordnungen, Verwaltungsakte[1205] und Satzungen, z. T. auch Gewohnheitsrecht,[1206] und zwar unabhängig davon, ob es sich um Normen des Straf- oder des Privatrechts handelt und unabhängig davon, ob es **Gebote** oder **Verbote** betrifft.[1207] Jedenfalls soweit das EU-Recht unmittelbare Wirkung entfaltet, kommt es ebenfalls als Schutzgesetz in Betracht.[1208] Mangels unmittelbarer Wirkung scheiden dadurch aber die an die Mitgliedstaaten gerichteten Rechtssetzungsakte, vor allem **Richtlinien** (und damit auch die Maschinenrichtlinie, s. o.) im Verhältnis von Privatpersonen untereinander aus.[1209] **Keine Rechtsnormen** sind auch Regelwerke von Verbänden[1210] – auch sie wirken im Verhältnis von Privatpersonen nicht untereinander – wie etwa **DIN-Vorschriften,**[1211] ebenso wenig **VDE-Bestimmungen**[1212] und auch nicht die **Unfallverhütungsvorschriften** der Berufsgenossenschaften[1213] und auch nicht der deutsche Corporate Governance Code.[1214]

1203 MüKo/*Wagner,* § 823 Rn. 693 sowie Rn. 358 ff.

1204 Vgl. dazu auch *Hermes,* Wechselwirkungen zwischen Produktsicherheitsrecht und Produkthaftungsrecht, 23 ff., 40 ff.

1205 RG, JW 1916, 38; BGH, NJW 1974, 1240; *Kullmann/Pfister,* Kza 7653/1.

1206 Palandt/*Thorn,* Art. 2 EGBGB Rn. 1; BGH, NJW 1965, 2007; OLG Hamm, VersR 2002, 1519 – zur ordnungspolizeilichen Verordnung; BAG, NZG 2011, 1422 – zur Betriebsvereinbarung.

1207 Palandt/*Sprau,* § 823 Rn. 56a; BGH, NJW 1965, 2007.

1208 Ebenso Soergel/*Spickhoff,* § 823 Rn. 187; BGH, NJW 2012, 928 – Preiskartell; kritisch insoweit aber *Fischer,* EuZW 2009, 208 ff.

1209 EuGH, EuZW 2007, 545.

1210 Vgl. dazu auch Ausführungen und weiterführende Verweise bei § 1 Abs. 2 Nr. 4 ProdHaftG unter § 3 2. c) Entlastungsmöglichkeiten durch den Hersteller § 3 2. c. dd).

1211 BGHZ 139, 16 – DIN; OLG-NL 1995, 250; OLG Köln, BB 1981, 143 – DIN-Normen; BGHZ 59, 303, 308; auch OLG Celle, VersR 2007, 253 – Lederschleifmaschine: DIN-Normen sind nicht „sklavisch" nach ihrem Wortlaut auszulegen.

1212 LG Berlin, VersR 1972, 208 – VDE; *Kullmann/Pfister,* Kza 7653/4.

1213 BGH, VersR 1957, 584 – Gelenkwellenschutz; OLG Stuttgart, NJW-RR 2000, 752; siehe auch BGH, NJW 1984, 360, 362 – „Gerüste".

1214 Palandt/*Sprau,* § 823 Rn. 56a und § 826 Rn. 35a.; *Hüffer,* Aktiengesetz, § 161 AktG Rn. 28 ff.

Neben der Voraussetzung des Vorliegens eines Gesetzes muss es sich bei einem Schutzgesetz um Normen handeln, die den **Schutz eines anderen bezwecken (Individualschutz).**[1215] Den Schutz eines anderen bezwecken Regelungen, wenn sie **zumindest auch** dazu dienen sollen, den Einzelnen oder einzelne Personenkreise gegen die Verletzung eines bestimmten Rechts zu schützen, selbst wenn die Norm in erster Linie den Schutz der Allgemeinheit im Auge hat.[1216] Gerade im Zusammenhang mit Produkthaftpflichtprozessen wird nicht selten die Frage nach dem Schutzbereich des jeweils in Betracht gezogenen Schutzgesetzes gestellt.[1217] Soweit die Produktsicherheit von konkreten Gesetzen betroffen ist, ist die Feststellung des Schutzbereiches nicht zwingend problematisch.[1218] Dennoch ist konkret zu hinterfragen, ob ein Schutzgesetz im Zweifel gerade vor den Gefahren schützt, die sich tatsächlich verwirklicht haben.[1219] Unter Umständen ist zu hinterfragen, ob der Schutzbereich eines Schutzgesetzes soweit reicht, dass dem Schädiger sogar der **Mitverschuldenseinwand** abgeschnitten wird.[1220] Dies kann meines Erachtens allenfalls dann in Betracht gezogen werden, wenn – bedingt durch den Schutzbereich des Schutzgesetzes – die Verhütung des Schadens alleine dem durch das Gesetz Belasteten obliegt, was im Regelfall wohl nicht den Mitverschuldenseinwand berührt. 267

bb) Von der Rechtsprechung im Produkthaftungs- und Produktsicherheitsbereich anerkannte Schutzgesetze

268

Bezeichnung des Gesetzes	Abkürzungen	Paragraphen	Entscheidungen
Arzneimittelgesetz	AMG	§ 5 AMG	OLG Stuttgart, VersR 1990, 631, 632 – zu § 6 AMG; vgl. auch Hühnerpestentscheidung, BGHZ 51, 91, 103; BGH, NJW 1991, 2351; *Dahm-Loraing/Koyuncu*, PHi 2010, 108, 114; MüKo/*Wagner*, § 823 Rn. 686.
		§ 11 Abs. 1 Nr. 6 AMG	OLG Stuttgart, VersR 1990, 631, 633; LG Traunstein,

[1215] Das OLG Saarbrücken, MPR 2011, 156 m. Anm. *Oeben* hat § 4 MPG als Schutzgesetz angesehen und dennoch die Haftung nach § 823 Abs. 2 BGB für das in Rede stehende Medizinprodukt verneint, da der Klägerin auch der Nachweis der Kausalität zwischen dem angeblichen Verstoß gegen das MPG und einem von ihr erlittenen Schaden obliege; vgl. auch Brandenburgisches OLG, BauR 2013, 509 – Lieferung mangelhafter Kalksandsteine; RGZ 128, 298, 299 zur Verordnung für Apotheker.

[1216] BGH, NJW 1992, 241; BGH, NJW 2004, 356; BGH, NJW 2004, 1949; BGH, VersR 1974, 977 – Prüfzeichen; BGH, NJW 1976, 1740 ff. – Stromkabel; vgl. insgesamt dazu auch Palandt/*Sprau*, § 823 Rn. 57 ff.

[1217] *Kullmann*, Höchstrichterliche Rechtsprechung, Rn. 275.

[1218] Vgl. etwa BGH, VersR 1983, 346 – Hebebühne; zum alten § 3 Abs. 1 Satz 2 GSG, jetzt ProdSG 2011.

[1219] Vgl. die Ausführungen in BGHZ 80, 199, 202 – Apfelschorf II (Benomyl); vgl. aber auch BGHZ 105, 346 – Fischfutter; Brandenburgisches OLG, BauR 2013, 509 – Lieferung mangelhafter Kalksandsteine.

[1220] Vgl. dazu OLG Köln, R+S 1991, 338 – Entmistungsanlage; *Kullmann*, Höchstrichterliche Rechtsprechung, Rn. 279; siehe ausführlich dazu *Lenz*, in Kullmann/Pfister, Kza, 2440 zu den Schutzgesetzen des ProdSG.

Bezeichnung des Gesetzes	**Abkürzungen**	**Paragraphen**	**Entscheidungen**
			MedR 1995, 241 – FSME-Impfstoff.
Bauproduktengesetz	BauPG	§ 4 BauPG	Brandenburgisches OLG, BauR 2013, 509 – Lieferung mangelhafter Kalksandsteine und zum Verhältnis zum ProdSG (§ 2 Abs. 2 Ziffer 1c)
Lebensmittel- und Futtermittelgesetzbuch	LFGB	früher: § 8 und § 33 FMG	BGH, NJW 1992, 1039, 1042; BGH, VersR 1976, 543, 544; BGH, WM 1987, 407, 409 – Putenfutter.
		jetzt: § 5 LFGB	BGHZ 116, 104, 114 – Hochzeitsessen; LG Nürnberg-Fürth, VersR 1991, 108, 109.
		§ 12 Abs. 1 Nr. 1 LFGB	OLG Düsseldorf, VersR 2003, 912, 916.
Lebensmittelkennzeichnungsverordnung	LMKV	§ 3 Abs. 1 u. 3 LMKV	OLG Frankfurt, NJW-RR 1999, 30, 32.
Medizinproduktegesetz	MPG	§§ 4, 6 MPG sowie §§ 7, 12 i. V. m. § 4 MPG	OLG Saarbrücken, MPR 2011, 156 m. Anm. *Oeben* = BeckRS 2011, 22010 Teleskopmarknägel; OLG Stuttgart, Urt. vom 19.5.2004, 14 U 55/93 – Condylenplatte, zitiert nach *Kullmann,* Höchstrichterliche Rechtsprechung, Rn. 276; *Dahm-Loraing/Koyuncu,* PHi 2010, 108, 114, weitergehend werden auch §§ 6, 9 sowie 11, 12, 20, 21 MPG genannt (fraglich); MüKo/*Wagner,* § 823 Rn. 686; LG Köln, zitiert bei *Lenz,* PHi 2003, 142, 149; zu § 3 Medizingeräteverordnung; vgl. zum MPG: *Deutsch,* VersR 2006, 1145, 1146.
Pflanzenschutzgesetz	PflSchG	§ 12 Abs. 1 Nr. 5 PflSchG 1968 a. F.	BGH, VersR 1981, 636, 638 = BGH, NJW 1981, 1606 – Apfelschorf II („Benomyl").
		§ 20 Abs. 2 Nr. 6 i. V. m. § 15 Abs. 3 Nr. 1a, bb PflSchG 1986 n. F.	

Bezeichnung des Gesetzes	Abkürzungen	Paragraphen	Entscheidungen
Produktsicherheitsgesetz	GPSG 2004	anerkannt für das alte GSG: § 3 Abs. 1 GSG a. F.	BGH, VersR 1980, 380 – Klappfahrrad; BGH, VersR 1983, 346, 347 – Hebebühne; BGH, VersR 1984, 270 – Flachmeißel.
		§ 3 Abs. 3 GSG a. F.	OLG Hamm, VersR 2001, 464 – Thoraxdrainage; OLG Köln NJW-RR 1992, 414 – Trockenkot-Entmistungsanlage; vgl. auch OLG Düsseldorf, VersR 1989, 1158 – Gurkenflieger; vgl. dazu insgesamt Diederichsen, NJW 1978, 1281, sowie *Kollmer*, NJW 1997, 2015, 2017. *Wagner*, BB 1997, 2541, 2542 ff.; *Klindt*, § 4 ProdSG Rn. 17. BGH, NJW 1980, 1219; BGH, NJW 2006, 1589
		vgl. auch zu §§ 4, 5 GPSG 2004	*Littbarski*, VersR 2005, 448. LG Stuttgart, NJW-RR 2012, 1169: Fenster- und Futterstoffeinklebemaschine zu § 4 GPSG als Schutzgesetz.
		Für das **ProdSG von 2011** gilt: • § 3 Abs. 1, 2, 3, 5 ist Schutzgesetz • § 6 Abs. 1 Nr. 1 (nicht Nr. 2) • § 6 Abs. 2, 3, 5 sind Schutzgesetz • § 6 Abs. 4 (strittig) m. E. kein Schutzgesetz • nicht § 26 Abs. 2 und 4 • nicht § 20 Abs. 1 und § 21 Abs. 5	Siehe dazu *Lenz*, in Kullmann/Pfister, Kza 2440. Vgl. zum beschränkten Schutzbereich des ProdSG 2011 auch Brandenburgisches OLG, BauR 2013, 509 – Lieferung mangelhafter Kalksandsteine (verneinend zu § 5 ProdSG).
Sprengstoffgesetz	SprengG	§ 27 SprengG § 9 SprengG	OLG Hamm, NJW-RR 1995, 157; BGH, LM § 823 BGB (Bf.) Nr. 4.
Strafgesetzbuch	StGB	zahlreiche Regeln § 303a StGB	*Deutsch*, VersR 2004, 137; OLG Celle, NJW-RR 2011, 1047; KG, VersR 2010, 541;

Bezeichnung des Gesetzes	Abkürzungen	Paragraphen	Entscheidungen
			bei Löschung eines Buches auf Kindle-Lesegeräten, *Soebbing*, InTeR 2013, 77, 78
Tierseuchengesetz	TierSG	§ 9 (Anzeigepflicht)	OLG Schleswig, SchlHA 1960, 140.
Trinkwasserverordnung 1975	TrinkwVO	§§ 3, 8 TrinkwVO a. F.	BGH, VersR 1983, 441 – Brunnenwasser.
Waffengesetz	WaffenG	§ 35 Abs. 1, § 45 Abs. 1 a. F. § 16 Abs. 2 u. 3 a. F. § 34 Abs. 1 Satz 2 a. F.	OLG Hamm, NJW 1997, 949. OLG Karlsruhe, VersR 1989, 375; BGH, NJW-RR 1991, 24.

cc) Verschulden

269 Satz 2 des § 823 Abs. 2 BGB ordnet an, dass – zivilrechtlich betrachtet – eine Ersatzpflicht nur eintritt, wenn ein Schutzgesetz **schuldhaft** verletzt wurde, auch wenn nach dem Inhalt des Schutzgesetzes ein Verstoß gegen dieses auch ohne Verschulden möglich wäre. Weil die meisten der soeben für den Produkthaftungsbereich skizzierten Schutzgesetze keine Regelung über das Verschulden beinhalten (s. o. etwa § 5 Abs. 1 AMG), kann in Fällen dieser Art grundsätzlich zumindest die „Fahrlässigkeit" eine Schadenersatzpflicht begründen.[1221] Der Verletzer muss bei Schutzgesetzen, die ein Verschulden voraussetzen, im Zeitpunkt der Verletzungshandlung die im Schutzgesetz vorgesehene Verschuldensform verwirklichen.[1222]

dd) Einzelne Beweisthemen

270 Ein Geschädigter muss den **Verstoß,** also die Verwirklichung sämtlicher Tatbestandsmerkmale des einzelnen Schutzgesetzes, beweisen.[1223] Grundsätzlich trifft den Geschädigten auch die Beweislast für das **Verschulden des Schädigers,** jedenfalls bezogen auf die Schutzgesetzverletzung.[1224] Steht aber der Verstoß gegen das Schutzgesetz fest, muss der das Schutzgesetz Übertretende i. d. R. Umstände darlegen und beweisen, die geeignet sind, die daraus folgende Annahme seines Verschuldens zu beseitigen.[1225] Ist ein objektiver Verstoß gegen ein Schutzgesetz festgestellt, spricht eine **Vermutung** dafür, dass die Verletzung fahrlässig erfolgt ist.[1226] Aus der Hochzeitsessen-Entscheidung ist allerdings zu folgern, dass Voraussetzung für diese Beweislastumkehr tatsächlich ist, dass das Schutzgesetz das geforderte Verhalten konkret umschreibt und nicht lediglich einen bestimmten Verletzungserfolg verbietet. Vorsatz wird allerdings i. d. R. nicht vermutet.[1227] Auch den Kausalzusammenhang zwischen Verstoß und Schaden hat der Geschädigte grundsätzlich

---

[1221] BGH, VersR 1982, 193, 194.

[1222] BGH, NJW-RR 2007, 759 Tz. 8; Palandt/*Sprau*, § 823 Rn. 60.

[1223] BGH, MDR 2002, 515; BGH, BeckRS 2011, 21377; BGH, VersR 1985, 452, 453; BGH, VersR 1987, 587, 589 – Putenfutter.

[1224] Palandt/*Sprau*, § 823 Rn. 81.

[1225] BGHZ 116, 104, 115 – Hochzeitsessen; BGH, VersR 1968, 593 f.; BGH, VersR 1995, 452; vgl. dazu *Lenz*, in Kullmann/Pfister, Kza 2440 zur Schutzgesetzverletzung des Produktsicherheitsgesetzes.

[1226] BGH, VersR 1961, 231 – polizeiliche Vorschrift zu brennbaren Flüssigkeiten; BGH, VersR 1968, 1144 – Fahrrad.

[1227] BGH, WM 2010, 928 Tz. 38.

zu beweisen. Dies erfordert – wie das OLG Saarbrücken[1228] im Teleskopmarknägelfall ausgeführt hat – den Nachweis, dass die streitgegenständlichen (Medizin-)Produkte bei Einhaltung aller Vorschriften des MPG gar nicht oder in anderer, nicht schadensverursachender Form in Verkehr gebracht und bei ihrer Operation verwandt worden wären. Allerdings können Geschädigten gelegentlich die Grundsätze des Anscheinsbeweises helfen.[1229]

e) Haftung nach § 826 BGB

Wer in einer gegen die guten Sitten verstoßenden Weise einem anderen vorsätzlich Schaden zufügt, ist dem anderen nach § 826 BGB zum Ersatz des Schadens verpflichtet. Insbesondere weil – von schwarzen Schafen abgesehen – Unternehmer ihre Kunden in aller Regel sicher nicht schädigen wollen,[1230] sollte man meinen, dass § 826 BGB als Anspruchsgrundlage in der Praxis so gut wie **gar nicht** in Betracht kommen würde.[1231] Jedoch sind die Tatbestandsvoraussetzungen des § 826 BGB weniger schwierig für Geschädigte zu überwinden als dies gemeinhin, auch unter Juristen, angenommen wird. Weil dennoch im Bereich des Produkthaftungsrechts der Regelung des § 826 BGB nur untergeordnete Bedeutung zukommt, sind die nachfolgenden Ausführungen entsprechend knapp gehalten: 271

Die Lieferung schädlicher Waren ist von der Rechtsprechung – insbesondere vom Reichsgericht im Jahr 1940 – als „sittenwidrig" qualifiziert worden, wenn ein Hersteller **in Kenntnis** eines für Dritte **gefährlichen Konstruktionsfehlers trotzdem weiter produzieren und vertreiben lässt.**[1232] Der **Hersteller** von Kraftfahrzeugen hatte dabei Kenntnisse von einem Fehler in der Bremsenkonstruktion und hat dennoch nicht für alsbaldige Abstellung des Mangels gesorgt. Sittenwidrig aber kann ein Hersteller auch handeln, wenn er – in Kenntnis von bereits erhobenen Bedenken gegen die Sicherheit des Produkts – ohne sorgfältige Überprüfung weitere Stücke aus derselben Produktserie produzieren und vertreiben lässt,[1233] oder auch, wenn der Hersteller unter Außerachtlassung konkreter Gefahrenannahmen leichtfertig über Informationen hinweggeht und damit schwere Rücksichtslosigkeit gegenüber Dritten oder Produktbenutzern zeigt.[1234] Auch Händler können in sittenwidriger Weise anderen Schaden zufügen: Nicht selten sind dann aber auch wiederum Verkäufe strafrechtlich relevant oder aber provoziert durch arglistige Täuschungen.[1235] Händler können aber z. B. auch für sittenwidriges Verhalten haften, wenn sie Handwerkern Einzelteile für eine Anlage verkaufen, wissend, dass Teile der Anlage nicht 272

[1228] OLG Saarbrücken, MPR 2011, 156 mit Anm. *Oeben,* BeckRS 2011, 22010; dazu auch *Molitoris/Klindt,* NJW 2012, 1489, 1495; siehe generell zum Anscheinsbeweis für den Ursachenzusammenhang und Schutzgesetzverletzung BGH, VersR 1986, 917 – BauO; BGH, NJW 1987, 1694 – Putenfutter.

[1229] BGH, NJW 1991, 2021 – DIN-Normen; BGH, NJW 2008, 3778 Tz. 20; insgesamt zum Thema Beweislast Palandt/*Sprau,* § 823 Rn. 80; *Kullmann,* Höchstrichterliche Rechtsprechung, Rn. 283 ff.; BGH, NJW 1984, 432, 433.

[1230] Zu kriminellen Ausnahmefällen, die dann im Regelfall zugleich auch strafbar sind vgl. aber etwa Weinpanscher-Fall; s. auch die strafrechtlich relevanten Fälle sub § 2 II. 9 ff.

[1231] Dementsprechend knapp auch die ablehnende Begründung des Brandenburgischen OLG, BauR 2013, 509 – Lieferung mangelhafter Kalksandsteine zu § 826 BGB.

[1232] RGZ 163, 21, 25 – Bremsen I; vgl. dazu auch *Kullmann/Pfister,* Kza 8075/1; MüKo/*Wagner,* § 823 Rn. 618 u. dort insbes. Fn. 2827.

[1233] BGH, VersR 1958, 672 – Backsteine.

[1234] BGH, VersR 1981, 752 – Sachverständigenhaftung.

[1235] RGZ 54, 98 – Kies; RG LZ 1933, Sp. 659 – Mauersteine, beide Urteile zitiert nach *Kullmann/Pfister,* Kza 8877/1 u. 2; OLG Düsseldorf, NJW-RR 1993, 1463 – z. B. bei Fehlen eines Ölkühlers bei PKW aus den USA; OLG Düsseldorf, NJW-RR 1993, 1463 – wenn Verkäufer einen bloßen Verdacht nicht offen legt.

aufeinander abgestimmt sind und nicht zueinander passen.[1236] Gerade im **Händlerbereich** kann es vorkommen, dass der Verkäufer zwar nicht seinem unmittelbaren Abnehmer gegenüber, aber gegenüber einem Endabnehmer, z. B. in der Absatzkette, sittenwidrig handelt.[1237] Die Sittenwidrigkeit dürfte aber verneint werden, wenn der Zwischenhändler an einen Hersteller liefert und der Hersteller in betrügerischer Absicht das Zuliefererprodukt des gutgläubigen Händlers zweckwidrig verwendet. Je nach Tatsachenfeststellungen mag als Beispielsfall auch der Brustsilikonimplantat-Fall um die PIP S. A. herangezogen werden. Hatte der Zulieferant als Händler keine Kenntnisse von den Umständen, wofür das von ihm gelieferte Industriesilikon verwandt werden soll und hat er sogar darauf hingewiesen, dass Industriesilikon nur für industrielle Zwecke verwandt werden darf, kann eine sittenwidrige Schädigung durch den Zulieferer zugunsten der geschädigten Frauen, die Implantate mit diesen Silikonkissen implantiert bekamen, nicht festgestellt werden.[1238] Schädigungsabsicht im Rahmen von § 826 BGB ist nicht erforderlich. **Bedingter Vorsatz** genügt und dieser kann unter Umständen angenommen werden, wenn der Hersteller oder Händler bezüglich der Kenntnis des Mangels **grob leichtfertig** handelte.[1239] Vgl. zu Beweisfragen ferner die Ausführungen bei *Kullmann.*[1240]

f) Haftung nach § 831 BGB

273 Auch wenn das in Anspruch genommene Unternehmen den Schaden des Geschädigten nicht selbst herbeigeführt hat, sondern etwa das Fehlverhalten eines seiner Bediensteten und/oder Angestellten (vgl. zum Begriff des **Verrichtungsgehilfen**[1241]), wie es bei typischen **Fabrikationsfehlern** nicht selten der Fall ist, kann eine Haftung nach § 831 BGB ausgelöst werden. § 831 BGB ist ein **eigener Haftungstatbestand** aufgrund eigenen Fehlverhaltens des Unternehmers (Verletzung von Verkehrssicherungspflichten[1242]) beim Einsatz von Hilfspersonen.[1243] Ggf. haften Angestellte (z. B. Entwicklungsingenieure[1244]) und

---

1236 BGH, WM 1975, 559, 560 – Brenner und Heizkessel; praxisbekannt sind Fälle aus der Elektronikbranche, bei denen Transistoren nicht kompatibel mit Dimmern sind und es in einem Land in Norwegen zu Bränden kommt.

1237 Vgl. dazu OLG Köln, VersR 1976, 1074 und so ausdrücklich auch *Kullmann,* Höchstrichterliche Rechtsprechung, Rn. 347.

1238 Vgl. dazu Presseberichte: French implant company used same silicone in male chest and testical implants, The Telegraph vom 5.1.2012, www telegraph.co.uk ; *Nicola Kuhrt,* Bis zu 10.000 deutsche Frauen haben Billig-Implantate bekommen, www.spiegel.de vom 12.1.2012; Deutschland: Implantate entfernen, in Die Welt vom 7.1.2012, 32; *Graf,* Brustimplantate der Firma Poly Implant Prothèse (PIP) und Krebs, http://www.professor-graf.de, abgerufen am 20.1.2012; Frankreich empfiehlt Entfernung von fragwürdigen Brustimplantaten, Handelsblatt vom 16.1.2012; *Hofmann/Schlautmann,* Silikonskandal könnte Millionen kosten, Handelsblatt vom 16.1.2012.

1239 BGH, VersR 1958, 672 – Backsteine; zutreffend *Sack,* NJW 2006, 945, 948.

1240 *Kullmann,* Höchstrichterliche Rechtsprechung, Rn. 349 ff. unter Berufung auf RGZ 163, 21, 25 – Bremsen I; BGH, VersR 1975, 540, 541; BGH, VersR 1977, 252, 253; BGH, VersR 1962, 803, 804 ff.

1241 BGH, WM 1998, 257; Palandt/*Sprau,* § 831 Rn. 5; BGH, NJW 2009, 1740 Tz. 11.

1242 OLG Rostock, Urt. vom 8.7.2011, Az. 5 U 174/10, OLGR Ost, 30/2011 Anm. 9 – zur Haftung des Unternehmers wegen Organisationsmängeln bei Wartungsarbeiten an einer Paketierungsanlage; OLG München, Urt. vom 27.9.2011, Az. 1 U 1798/11 – zur Verkehrssicherungspflichtverletzung, hier: Haftung des Aufzugbetreibers; vgl. dazu Mietrecht kompakt 2012, 2.

1243 Vgl. dazu unter dogmatischer Einordnung Palandt/*Sprau,* § 831 Rn. 1; MüKo/*Wagner,* § 823 Rn. 11.

1244 Zur persönlichen Haftung des Entwicklungsingenieurs vgl. *Dihlmann/Karcher/Schmidt/Gildeggen,* PHi 2012, 148 ff.; sofern er – in der Praxis eher selten – für Produktschäden doch einmal in die Haftung genommen werden würde, steht ihm ein Freistellungsanspruch nach der arbeitsrechtlichen Rechtsprechung zu; vgl. auch *Waltermann,* JuS 2009, 193; bei Insolvenz besteht ein Restrisiko.

Geschäftsherr dann als Gesamtschuldner. Sind die Voraussetzungen für eine Haftung im produkthaftungsrechtlichen Bereich nach § 831 Abs. 1 BGB allesamt gegeben,[1245] kann sich der Unternehmer dennoch befreien unter den Voraussetzungen des § 831 Abs. 1 Satz 2 BGB. Die Ersatzpflicht tritt nicht ein, wenn der Geschäftsherr bei der Auswahl der bestellten Person und, sofern er Vorrichtungen oder Gerätschaften zu beschaffen oder die Ausführung der Verrichtung zu leiten hat, bei der Beschaffung oder der Leitung die im Verkehr erforderliche Sorgfalt beobachtet, oder wenn der Schaden auch bei Anwendung dieser Sorgfalt entstanden sein würde. Der **Entlastungsbeweis** ist nach heutiger Ansicht unbestrittenermaßen anwendbar auch im Bereich der Produkthaftung.[1246] Dennoch hat die höchstrichterliche Rechtsprechung die Entlastungsmöglichkeit des § 831 Abs. 1 Satz 2 BGB zunehmend eingeschränkt: Auf der einen Seite, indem die Rechtsprechung die Anforderungen an den Entlastungsbeweis – im Zusammenhang mit Auswahl und Leitung – höher gesteckt hat,[1247] aber auch, weil die Rechtsprechung dem Unternehmer auferlegt, die konkreten Personen, die gehandelt haben, zu benennen und für diese bestimmten Personen dann zu beweisen, dass diese sorgfältig gehandelt haben.[1248] Nach „h. M."[1249] soll jedenfalls eine **innerhalb** des Unternehmens bestehende vertragliche Pflichtenübernahme keine (zusätzliche) Haftung nach § 831 Abs. 2 BGB begründen, weil die Organe der juristischen Person nach § 823 Abs. 1 BGB haften und es darüber hinaus keinen Bedarf für die Schaffung einer weiteren Haftungsnorm gibt.

III. Haftung ohne Verschulden (sog. Gefährdungshaftung)

1. Übersicht über die Gefährdungshaftung

Die sog. **Gefährdungshaftung** – oder auch die sog. **verschuldensunabhängige Haftung** – beruht u. a. auf der Tatsache, dass derjenige, der – zu seinem Nutzen – rechtmäßig einen gefährlichen Betrieb eröffnet oder auch unterhält oder der fehlerhafte Produkte auf den Markt bringt, dann auch die Schäden tragen soll, die sich in Verwirklichung dieses konkreten Risikos typischerweise realisieren und dennoch nicht verhindert werden (können).[1250] Ohne **gesetzliche Grundlage** gibt es weder im Privatrecht eine verschuldensunabhängige Haftung noch – über den enteignungsgleichen Eingriff oder die Aufopferung 274

[1245] Vgl. zu den Voraussetzungen Palandt/*Sprau*, § 831 Rn. 5 ff.: Der Verrichtungsgehilfe muss den objektiven Tatbestand einer unerlaubten Handlung (§§ 823–826, 832 ff. BGB) erfüllt haben, und zwar rechtswidrig; auf sein Verschulden kommt es grundsätzlich nicht an, vgl. dazu BGH, NJW 1996, 3205, 3207; BGH, WM 2010, 928.

[1246] Dies wurde früher in Frage gestellt, vgl. etwa *Simitis* in seinem Gutachten zum 47. Deutschen Juristentag aus dem Jahre 1968; der BGH hat im Hühnerpest-Urteil ausdrücklich offen gelassen, ob dieser Forderung im Wege einer Rechtsfortbildung überhaupt nachgekommen werden kann; BGHZ 51, 91, 97 – Hühnerpest; in seiner Feuerwerkskörper-Entscheidung, VersR 1973, 862, hat er zu der Frage nicht Stellung bezogen, vielmehr nur noch geprüft, ob der Hersteller den Entlastungsbeweis geführt hatte oder nicht. Vgl. dazu auch die frühe Entscheidung des RG aus dem Jahre 1915, RGZ 87, 1, 3 – Brunnensalz; auch BGH, VersR 1956, 410, 411 – Fahrradgabel; BGH, NJW 1968, 247, 248 – Schubstrebe und insgesamt zu dieser Thematik auch MüKo/*Wagner*, § 823 Rn. 593.

[1247] BGH, VersR 1967, 1199 – Schubstrebe.

[1248] BGH, VersR 1953, 242 – Speiseöl; BGH, VersR 1973, 862 – Feuerwerkskörper; zu den Problemen der Arbeitsteilung siehe ausführlich *Kullmann/Pfister*; Kza 8090/1 ff.

[1249] So explizit *Foerste/Graf von Westphalen*, § 37 Rn. 19 ohne Nachweise zur h. M.

[1250] Vgl. dazu Palandt/*Sprau*, Einf. vor § 823 Rn. 6; MüKo/*Wagner*, vor § 823 Rn. 49; *Steffen*, NJW 1990, 1817, 1818.

hinaus – im öffentlichen Recht.[1251] So ist etwa die Haftung des Aufzugbetreibers keine Gefährdungs-, sondern eine Verschuldenshaftung.[1252]

275 Der deutsche Gesetzgeber hat insoweit verschiedene Regelungen zur Gefährdungshaftung geschaffen, so etwa § 833 Satz 1 BGB, § 7 StVG, §§ 1, 2 HaftPflG, §§ 33 ff. LuftVG, §§ 1, 2 UmwHG, §§ 25 ff. AtomG, § 32 GenTG[1253], § 22 WHG,[1254] sowie § 29 Abs. 1 und Abs. 2 BJagdG.[1255] Was die „Teilbereiche" der Produkthaftung – und damit das Thema dieses Buches in erster Linie – betrifft, hat der deutsche Gesetzgeber grundlegend zwei wesentliche Bereiche zur verschuldensunabhängigen Haftung geschaffen, zum einen zur Haftung für Gesundheitsschäden, die durch bestimmte Arzneimittel bzw. durch mangelhafte Verbraucheraufklärung über solche Arzneimittel entstehen, die Haftung nach dem sog. **Arzneimittelgesetz** (§§ 84 ff. AMG) sowie zum anderen – bedingt durch die Umsetzung der Richtlinie des Rates der Europäischen Gemeinschaften zur Angleichung der Rechts- und Verwaltungsvorschriften der Mitgliedstaaten über die Haftung für fehlerhafte Produkte vom 25.7.1985[1256] – das **ProdHaftG** vom 15.12.1989.[1257]

276 Zur **Konkurrenz** mit den **übrigen Ansprüchen:** Die vertraglichen Ansprüche bleiben unberührt. Die Gefährdungshaftung tritt ferner selbstständig neben die Haftung aus unerlaubter Handlung (vgl. dazu etwa § 15 Abs. 2 ProdHaftG) und auch neben die aus § 839 BGB.[1258] Sonderregelungen, wie etwa Haftungshöchstbeträge, die der Gesetzgeber für die konkreten Gefährdungshaftungstatbestände geschaffen hat, gelten nicht für die Haftung aus unerlaubter Handlung; somit bildet § 26 Abs. 7 AtomG eine Ausnahme.[1259]

2. Haftung nach dem Produkthaftungsgesetz

a) Allgemeines

aa) Grundlegendes zur Produkthaftungsrichtlinie

277 Mit dem am 1.1.1990 in Kraft getretenen **„Gesetz über die Haftung für fehlerhafte Produkte" (ProdHaftG),** zuletzt geändert durch das zweite Gesetz zur Änderung schadenersatzrechtlicher Vorschriften vom 19.7.2002,[1260] hat der Gesetzgeber die **Richtlinie des Rates der Europäischen Gemeinschaften vom 25.7.1985 zur Angleichung der Rechts- und Verwaltungsvorschriften der Mitgliedstaaten über die Haftung für fehlerhafte Produkte** (im folgenden auch „Richtlinie") in deutsches Recht umgesetzt (sog.

[1251] So zu Recht ausdrücklich: Palandt/*Sprau,* Einf. vor § 823 Rn. 6; schon der VI. Zivilsenat des BGH hat dies im berühmten Hühnerpest-Urteil ausdrücklich hervorgehoben; BGHZ 51, 91, 97 ff. – Hühnerpest; ähnlich aber auch der III. Zivilsenat des BGH hinsichtlich einer versagenden Verkehrssignalanlage, BGHZ 54, 332, 336 – Verkehrssignalanlage; BGHZ 55, 229, 232 – Rohrbruch einer gemeindlichen Wasserleitung; BGH, VersR 1982, 1047, 1048 – Gefahren bei Binnenschiffen.

[1252] OLG München, Urt. vom 27.9.2011, Az. 1 U 1798/11 – Haftung des Aufzugbetreibers, Mietrecht kompakt 2012, 2.

[1253] Vgl. dazu *Luttermann,* JZ 1998, 174.

[1254] Vgl. dazu *Larenz,* Schuldrecht II/2, § 84 V 1.

[1255] Anstelle der alten Haftung für Wildschäden in § 835 BGB a. F. sind jetzt die §§ 29 ff. BJagdG getreten; Ersatzpflichtig ist die Jagdgenossenschaft bei gemeinschaftlichen Jagdbezirken; vgl. zum Haftungsumfang § 31 BJagdG und BGH, NJW 2011, 852; vgl. auch BGH, NJW-RR 2011, 1106 und BGH, NJW-RR 2010, 1398.

[1256] ABl. EG vom 7.8.1985 Nr. L 210, 29–50-EG-Richtlinie; Ermächtigungsnorm für diese war Art. 100 EWG-Vertrag.

[1257] BGBl. 1989 I vom 15.12.1989, 2198.

[1258] Vgl. dazu Palandt/*Sprau,* Einf. vor § 823 Rn. 6.

[1259] Ebenso Palandt/*Sprau,* Einf. vor § 823 Rn. 6.

[1260] BGBl. 2000 I, 2674.

Transformationsgesetz). Die Produkthaftungsrichtlinie vom 25.7.1985 dient der Verbesserung des Verbraucherschutzes und der Harmonisierung der Produkthaftpflicht in Europa und sah dementsprechend den Erlass nationaler Regelungen vor.[1261] Die Richtlinie enthält hinsichtlich der **Produktgefährdungshaftung** (also nicht bezüglich vertraglicher Haftungsgrundlagen oder der verschuldensabhängigen unerlaubten Handlung) eine **abschließende Regelung.**[1262] Die Produktgefährdungshaftung ist auch nicht lediglich mindestens, sondern **vollharmonisierend,**[1263] so dass der nationale Gesetzgeber nach dem Grad der angestrebten Harmonisierung kaum noch Freiräume hat.[1264] **Besserstellungen des Geschädigten** verbieten sich schon darum.[1265] Nicht zuletzt deshalb sind **einschlägige Vorschriften des ProdHaftG richtlinienkonform auszulegen.**[1266] Daraus folgt zugleich aber auch, dass die **Letztentscheidungskompetenz** zu Problemen um die Auslegung des ProdHaftG beim **EuGH** liegt und ggf. dessen Meinung in Vorabentscheidungsverfahren nach Art. 267 AEUV eingeholt werden muss.[1267] Es besteht gar eine Vorlagepflicht[1268] für das letztinstanzliche Gericht.

Die **Richtlinie 85/374/EWG** (im Folgenden auch „Richtlinie" genannt)[1269] bezweckt die Angleichung der einzelstaatlichen Rechtsvorschriften über die Haftung des Herstellers für Schäden, die durch die Fehlerhaftigkeit seiner Produkte verursacht worden sind.[1270] Sie hat **278**

1261 Siehe zur Entstehungsgeschichte: *Braun*, PHi 1997, 134, 139: Der Gesetzgeber hat bewusst darauf verzichtet, den Inhalt der Richtlinie in das BGB einzuarbeiten; vgl. dazu auch *Pauli*, PHi 1986, 153, 156 ff. und zu Bedenken gegen ein „Sondergesetz": *Schmidt-Räntsch*, ZRP 1987, 437, 441; vielmehr wurde weitgehend der Text der Richtlinie im deutschen Text wörtlich übernommen: dazu die Synopse bei *Schmidt-Salzer*, BB 1987, 1407 ff. und in PHi 1987, 120 ff.; vgl. aber zu Abänderungen auch *Schmidt-Salzer*, BB 1987, 1404, 1405.

1262 Vgl. dazu Palandt/*Sprau*, Einf. vor § 1 ProdHaftG Rn. 2.

1263 Vgl. dazu EuGH, NJW 2012, 754 sowie KOM (2011) 547 vom 8.9.2011 und die darin erwähnte EuGH-Rechtsprechung, dazu auch Ausführungen etwas weiter unten; vgl. dazu *Riehm*, EuZW 2010, 567 sowie Palandt/*Sprau*, Einl. vor § 1 BGB Rn. 29; *Reich*, ZEuP 2010, 7; *Rott*, WM 2008, 1104,1105; *Gsell/Schellhase*, JZ 2009, 20.

1264 Dazu jüngst EuGH, Urt. vom 21.12.2011, BeckRS 2011, 81941 – Centre hospitalier unversitaire de Besançon ./. Dutrueux; auch NJW 2012, 754. Vgl. dazu *Reich*, ZEuP 2010, 7; zu den selbst bei Vollharmonisierung noch vorkommenden Optionen, *Gsell/Schellhase*, JZ 2009, 20; *Rott*, WM 2008, 1104, 1105 u. die Ausführungen etwas weiter unten.

1265 EuGH, EuZW 2002, 574; EuGH, NJW 2006, 825, 1409.

1266 EuGH, NJW 2006, 2465; EuGH, NJW 1994, 921; vgl. dazu auch Palandt/*Sprau*, Einl. vor § 1 BGB Rn. 43 ff., *ders.*, Einf. vor § 1 ProdHaftG Rn. 2 sowie den vierten Bericht der Kommission vom 8.9.2011, KOM (2011) 547 ff.

1267 Palandt/*Sprau*, Einf. vor § 1 ProdHaftG Rn. 2.; MüKo/*Wagner*, Einl. Produkthaftung, Rn. 12; dazu EuGH, BeckRS 2011, 81941 – Centre hospitalier unversitaire de Besançon ./. Dutrueux.

1268 Dazu auch BGH, NJW 1995, 2162, 2164 zum ProdHaftG; *Müko/Wagner*, Einl. Produkthaftung, Rn. 12.

1269 Richtlinie 85/374/EWG des Rates vom 25.7.1985 zur Angleichung der Rechts- und Verwaltungsvorschriften der Mitgliedstaaten über die Haftung für fehlerhafte Produkte (ABl. L 210 vom 7.8.1985, 29), geändert durch die Richtlinie 1999/34/EG des Europäischen Parlaments und des Rates vom 10.5.1999 (ABl. L 141 vom 4.6.1999, 20) und deren Berichtigung (ABl. L 283 vom 6.11.1999, 20). Mit der Änderungsrichtlinie wurde unter dem Eindruck der **BSE-Krise** der Anwendungsbereich auf landwirtschaftliche Naturprodukte und Jagderzeugnisse erweitert, die bis zum 4.12.2000 umzusetzen war.

1270 EuGH, Urt. vom 21.12.2011, BeckRS 2011, 81941 u. NJW 2012, 754 – Centre hospitalier unversitaire de Besançon ./. Dutrueux, betreffend ein Vorabentscheidungsverfahren, eingereicht vom Conseil d'Etat (Frankreich) zur Auslegung der Richtlinie 85/374 EWG des Rates vom 25.7.1985: Dieses Ersuchen betraf einen Rechtsstreit zwischen der besagten französischen Klinik und Herrn Dutrueux (u. a.) wegen Schadenersatzes für Verbrennungen, die Dutrueux während eines chirurgischen Eingriffs durch eine Heizmatratze erlitten hat: Keine Haftung des Dienstleisters.

das **Prinzip der verschuldensunabhängigen Haftung** des Herstellers eingeführt. In ihr ist geregelt, dass der Ersatz materieller Schäden auf Güter des privaten Gebrauchs und Verbrauchs mit einer **Selbstbeteiligung von 500,00 EUR** beschränkt bleibt. Sie schreibt Verjährungsfristen fest und untersagt Klauseln, mit denen die Haftung des Herstellers beschränkt oder ausgeschlossen wird. Schon in der Richtlinie ist die konkrete **Freistellung des Herstellers** unter bestimmten Umständen vorgesehen. Ansprüche, die Geschädigte aufgrund der Vorschriften über die **vertragliche** und **außervertragliche Haftung** und aufgrund einer zum Zeitpunkt der Bekanntgabe der Richtlinie bestehenden besonderen Haftungsregelung geltend machen können, werden durch die Richtlinie nicht berührt.[1271]

279 Nach Art. 21 der Richtlinie überprüft die Kommission regelmäßig die Wirksamkeit des rechtlichen Rahmens für die Produkthaftung. Die Kommission veröffentlicht die Ergebnisse dann in entsprechenden Berichten. Bislang hatte die Kommission **drei Berichte** über die Anwendung der Richtlinie publiziert.[1272] Der neueste und jüngste Bericht ist der sog. **vierte Bericht** über die Anwendung der Richtlinie aus dem Jahre 2011.[1273] Der aktuelle Bericht behandelt den Zeitraum von **2006 bis 2010** und enthält eine **Analyse** über die Anwendung der Richtlinie in den bis dahin **27 Mitgliedstaaten** (ab 2013: 28). Zur Vorbereitung und Verfassung des Berichtes hatte die Kommission den Mitgliedstaaten und den Mitgliedern der informellen Beratungsgruppen einen Fragebogen übermittelt.[1274] Die Auswertung ist schon allein deshalb von großem Interesse. Durch die ständigen Befragungen werden Diskussionen ausgelöst. Zur weitergehenden Diskussion hatte die EU-Kommission bereits durch Vorlage eines **Grünbuchs** gesorgt.[1275] Im dritten Bericht über die Anwendung der Richtlinie war der Zeitraum von 2001 bis 2005 beobachtet worden und es hatte sich bestätigt, dass die Umsetzung der Richtlinie im Wesentlichen zufriedenstellend aufgenommen worden ist und Änderungen nicht zwingend für notwendig erachtet wurden. Der **vierte Bericht** kam zu folgenden Ergebnissen:

280 **(1) Zunahme von Produkthaftungsklagen.** Im Beobachtungszeitraum von 2006 bis 2010 war eine **Zunahme der Produkthaftungsklagen** in Europa festzustellen. Als Gründe werden eine erhöhte Wachsamkeit oder eine bessere Organisation der Verbraucher und/oder eine Verbesserung des Zugangs zu Informationen angeführt. In Fällen, in denen Haftungsfragen keine Zweifel aufwerfen, werden Beschwerden außergerichtlich beigelegt und Entschädigungen zügig gezahlt.[1276]

281 **(2) Ausführungen der Rechtsprechung des EuGH.** Erwähnenswert scheinen die Ausführungen vor allem über die **Rechtsprechung des Europäischen Gerichtshofs.** Die Richtlinie belässt den Mitgliedstaaten in gewisser Hinsicht einen nicht ganz „kleinen Spielraum" zur Ausgestaltung ihrer nationalen Haftungsregelungen (vgl. etwa nach

---

1271 Dies hat der EuGH mehrmals bestätigt, siehe etwa EuGH, Urt. vom 10.1.2006, RS C-402/03 SLg. 2006, I-199.

1272 KOM (1995) 617 vom 13.12.1995; KOM (2000) 893 vom 31.1.2001 und KOM (2006) 496 vom 14.9.2006 und dazu (htpp//ec.europa.eu/enterprise/policis/single/market-goods/documents/liability/index_en.htm).

1273 KOM (2011) 547 vom 8.9.2011, 1–13.

1274 KOM (2011) 547 vom 8.9.2011, 4.

1275 *Grünbuch*, „Über die zivilrechtliche Haftung für fehlerhafte Produkte, KOM (1999) 296 vom 28.7.1999", vgl. dazu auch *Koch*, PHi 2001, 2 ff.

1276 Im Bericht heißt es, dass in Österreich und Lettland eine Anzahl außergerichtlicher Einigungen gemeldet wurden, darunter der Sturz eines Säuglings von einem zusammenbrechenden Wickeltisch (1.500,00 EUR), Verbrennungen an den Beinen nach Abbrechen des Handgriffs eines Fondue-Geräts (2.500,00 EUR), Schmerzen und Vergiftungserscheinungen nach dem Verzehr eines Gerichts mit Hirse, verunreinigt mit Stechapfelsamen, (1.000,00 EUR) und eine Verletzung infolge eines Sturzes von einem schadhaften Sessel (5.000,00 EUR); vgl. dazu KOM (2011) 547 vom 8.9.2011, 5 und dort insbesondere Fn. 5.

Art. 15, Möglichkeit einer Einbeziehung der Haftung für Entwicklungsrisiken; Einführung von Haftungshöchstgrenzen, die neben Deutschland auch in Spanien und Portugal eingeführt wurden, Art. 16; optionale Gestaltungen beim Innenausgleich unter Gesamtschuldnern, vgl. Art. 5 der Richtlinie; auch in Bezug auf die Frage immaterieller Schäden, Art. 9 Satz 2 der Richtlinie und in Art. 10 zu Fragen der Hemmung und Unterbrechung der Verjährung).[1277] In Deutschland bestand deshalb in den letzten Jahren eine gewisse **Grundauffassung** dahingehend, die Richtlinie 85/364/EWG führe lediglich zu einer **Mindestharmonisierung.**[1278] Die Folge wäre, dass der nationale Gesetzgeber die dortigen Schutzstandards nicht unterschreiten dürfte, nicht aber gehindert wäre, weitergehende Haftungsvorschriften zu erlassen.[1279] Diese Auffassung teilt der Europäische Gerichtshof indessen nicht: Er geht vielmehr davon aus, dass die Richtlinie eine sog. **Vollharmonisierung** bewirke;[1280] daher wird im aktuellen Bericht der Kommission explizit auf die bereits bekannten Verfahren des EuGH verwiesen:[1281] In der Rechtssache **Skov ./. Bilka Lavprisvarehus**[1282] urteilte der EuGH, dass es den Mitgliedstaaten – im Interesse des Verbraucherschutzes – untersagt sei, von der Richtlinie abzuweichen und die Haftung über den europarechtlich definierten Standard **hinaus auszudehnen** und etwa **einen Lieferanten eines fehlerhaften Produkts** über die in Art. 3 Abs. 3 der Richtlinie erschöpfend aufgeführten Fälle hinaus mit einer verschuldensunabhängigen Haftung zu überziehen. Entsprechend hatte der EuGH bereits festgestellt, dass die Mitgliedstaaten auch nicht berechtigt seien, auf die vorgesehene Selbstbeteiligung von 500,00 EUR zu verzichten[1283] oder auch die Entlastungsgründe (vgl. Art. 7 der Richtlinie) abzuändern und/oder belastender auszugestalten.[1284]

In der Rechtssache **Centre hospitalier unversitaire de Besançon ./. Dutrueux** hat der 282
EuGH im Jahre 2011[1285] entschieden, dass die Produkthaftungsrichtlinie auf Dienstleister keine Anwendung findet, insbesondere wenn dieser Dienstleister fehlerhafte Produkte – in concreto eine Heizmatratze während eines chirurgischen Eingriffs – verwendet und der 13-jährige Patient Verbrennungen erleidet. Ein solcher Verwender eines „Beistellproduktes" ist weder als Beteiligter der Herstellungs- und Vertriebskette des fraglichen Produkts anzusehen noch als Lieferant des Produkts (vgl. die in Art. 3 der Richtlinie enthaltenen Definitionen).

In der Rechtssache **Declan O'Byrne ./. Sanofi**[1286] hat sich der EuGH zu dem Begriff 283
des **„Inverkehrbringens"** des Produkts geäußert (vgl. Art. 11 der Richtlinie), ein Tatbestandsmerkmal, das den Beginn der **Verjährungsfrist für eine Produkthaftungsklage** regelt. Danach ist ein Produkt in den Verkehr gebracht, wenn es den **vom Hersteller**

[1277] Vgl. dazu EuGH, Urt. vom 21.12.2011, BeckRS 2011, 81941 u. NJW 2012, 754 – Centre hospitalier unversitaire de Besançon ./. Dutrueux.

[1278] Vor allem *Sack*, VersR 1988, 439, 442.

[1279] *Sack*, VersR 1988, 439, 442; kritisch aber bereits *Hommelhoff*, in FS für Rittner, 1991, 165, 167 ff.

[1280] Vgl. dazu Ausführungen etwas weiter oben in dieser Rn.

[1281] KOM (2011) 547 vom 8.9.2011, 5 ff.

[1282] EuGH, Urt. vom 10.1.2006, RS C-402/03; Slg. 2006, I-199, abgedruckt auch in NJW 2006, 1409 ff. m. Besprechung *Whittaker*, ZEuP 2007, 858.

[1283] EuGH Slg. 2002, I-3827 Tz. 96 ff. = RIW 2002, 787, 788.

[1284] EuGH Slg. 2002, I-3827 Tz. 42 ff. = RIW 2002, 787, 788.

[1285] EuGH, Urt. vom 21.12.2011, BeckRS 2011, 81941 u. NJW 2012, 754: Andererseits bleibt festzuhalten, dass nichts im Wortlaut der Richtlinie darauf hindeutet, der Unionsgesetzgeber habe mit Einführung der Haftung des Herstellers für fehlerhafte Produkte den Mitgliedstaaten die Möglichkeit nehmen wollen, entsprechende Regelungen zur Haftung des Dienstleisters auszuschließen. Wenn die Herstellerhaftung nicht beeinträchtigt wird, können die Nationalstaaten daneben den Dienstleister haften lassen.

[1286] EuGH, Urt. vom 9.2.2006, RS C-127/04; Slg. 2006, I-313; vgl. den Sachverhalt und die Odysee des neunjährigen Klägers O'Byrne in den Kommentierungen zu § 13 ProdHaftG.

eingerichteten Prozess der Herstellung verlassen hat und in einen **Prozess der Vermarktung** eingetreten ist, indem es in ge- oder verbrauchsfertigem Zustand öffentlich angeboten wird. Zudem hat der EuGH seine Auslegung des Art. 11 der Richtlinie in einem weiteren Verfahren **Aventis Pasteur S. A./OB**[1287] präzisiert und ausgeführt, dass Art. 11 der Richtlinie einer nationalen Regelung, die während eines gerichtlichen Verfahrens einen **Beklagtenwechsel zulässt,** entgegen steht, soweit sie in einer Weise angewandt wird, dass ein Hersteller i. S. v. Art. 3 der Richtlinie nach Ablauf der in Art. 11 der Richtlinie vorgesehenen Frist als Beklagter in einem während dieser Frist gegen eine andere Person eingeleiteten gerichtlichen Verfahren in Anspruch genommen werden kann.[1288] In dieser Entscheidung hat der EuGH auch festgestellt, dass der Hersteller des fraglichen Produkts durch Art. 11 der Richtlinie nicht gehindert ist, in dem Gerichtsverfahren, das innerhalb der in dieser Vorschrift genannten Frist gegen die hundertprozentige Tochtergesellschaft des Herstellers eingeleitet worden ist, davon auszugehen, dass diese Tochtergesellschaft durch den Hersteller ersetzt werden kann und er hat abschließend auch die **Haftung des Lieferanten geklärt:** Der EuGH hat insoweit festgestellt – in Bezug auf Art. 3 Abs. 3 der Richtlinie –, dass in Fällen, in denen der durch ein als fehlerhaft angesehenes Produkt Geschädigte den Hersteller dieses Produktes bei verständiger Betrachtung nicht feststellen konnte, bevor er seine Ansprüche gegenüber seinem Lieferanten geltend machte, dieser Lieferant namentlich als „Hersteller zu behandeln ist", wenn er dem Geschädigten – von sich aus ohne Säumnis – den Lieferanten nicht benannt hat.

284 Schließlich hat der EuGH in der Rechtssache **Moteurs Leroy Somer ./. Dalkia France**[1289] entschieden, dass die Richtlinie weder der Auslegung nationalen Rechts noch der Anwendung gefestigter nationaler Rechtsprechung entgegen steht, nach der der Geschädigte Ersatz des Schadens an einer Sache, die für den **beruflichen Gebrauch** bestimmt ist und **beruflich verwendet** wird, beanspruchen kann, wenn er nur den Schaden, den Fehler des Produkts und den ursächlichen Zusammenhang zwischen diesem Fehler und dem Schaden beweist. Erwähnt wird ferner noch das Urteil des EuGH vom 14.3.2006.[1290] Der Hintergrund hängt mit dem am 25.4.2002 erlassenen EuGH-Urteil in der Rechtssache **Kommission/Französische Republik**[1291] zusammen. Frankreich hatte die Richtlinie nicht ordnungsgemäß umgesetzt und das Urteil des EuGH im Anschluss daran nur teilweise befolgt, so dass die Kommission den EuGH nach Art. 260 AEUV (früher Art. 228 EGV) ein zweites Mal angerufen hat. Der EuGH hat die Französische Republik dazu verurteilt, die Richtlinie zu befolgen und ein Zwangsgeld in Höhe von 31.650,00 EUR pro Tag des Verzugs bis zum Ergreifen der Maßnahmen, die für die vollständige Durchführung des Urteils erforderlich sind, zu zahlen. Frankreich musste Zwangsgeld in Höhe von insgesamt 795.600,00 EUR bezahlen und das neue Urteil ohne Einschränkung befolgen.[1292]

285 Schließlich hat der EuGH im Berichtszeitraum der Kommission von 2006 bis 2010 in der Rechtssache **Kommission/Königreich Dänemark**[1293] festgestellt, auch das Königreich Dänemark habe gegen seine Verpflichtung zur Umsetzung der Richtlinie (wie Frankreich auch) verstoßen und zwar deshalb, weil es Bestimmungen erlassen und beibehalten habe, nach denen **Zwischenhändler einer Vertriebskette in gleicher Weise wie Hersteller haften.**[1294]

[1287] EuGH, Urt. vom 2.12.2009, Rechtssache C-358/08; IPRax 2011, 347 ff. Aventis Pasteur S. A. ./. O'Byrne.

[1288] So wörtlich der Bericht KOM (2011) 547 vom 8.9.2011, 6.

[1289] EuGH, Urt. vom 4.6.2009, RS C-285/08; Slg. 2009, I-4733.

[1290] EuGH, Urt. vom 14.3.2006, RS C-177/04; Slg. 2006, I-2461.

[1291] EuGH, Urt. vom 25.4.2002, RS C-52/00; Slg. 2002, I-3827.

[1292] Vgl. KOM (2011) 547 vom 8.9.2011, 7.

[1293] EuGH, Urt. vom 5.7.2007, RS C-327/05; Slg. 2007, I-93.

[1294] Dieses Urt. hat sicher Bedeutung für alle Händler: Händler sollen offensichtlich nach Auffassung des Europäischen Gerichtshofs eben nicht wie Hersteller haften müssen, was nicht

(3) Sonstiges. Ferner ergibt sich aus dem vierten Bericht über die Anwendung der Richtlinie vom 8.9.2011[1295], welche Mitteilungen die Kommission insbesondere zu den Problemkreisen **Beweislast,** zum Einwand der Erfüllung verbindlicher **hoheitlich erlassener Normen,** zum Einwand des **Entwicklungsrisikos** und zur Frage der **Selbstbeteiligung** von 500,00 EUR bei Sachschäden von **jeweiligen nationalen Behörden** und von beratenden Sachverständigen erhalten hat. Festgestellt wurde, dass – was die Frage der **Beweislast** angeht – gerade in Deutschland, aber auch im Vereinigten Königreich Geschädigte die genaue Art des Fehlers des Produktes **präziser nachweisen** müssen als in anderen Ländern, in denen es ausreichend ist, dass der Kläger nachweist, dass das Produkt die Funktion, für die es bestimmt war, (einfach) nicht erfüllt hat.[1296] 286

Im Zusammenhang mit dem Einwand der Erfüllung verbindlicher **hoheitlich erlassener Normen,** also zu der Problematik, dass die Richtlinie den Hersteller von jeglicher Haftung freistellt, wenn er nachweisen kann, dass der Fehler auf der Erfüllung verbindlicher hoheitlich erlassener Normen durch das Produkt beruht, stellte die Kommission für den Berichtszeitraum von 2006–2010 fest, dass die Rechtsprechung zu diesem Einwand nicht sehr umfangreich sei. 287

Zum Herstellereinwand des **Entwicklungsrisikos,** nach dem der Hersteller nicht haftet, wenn der Fehler nach dem Stand der Wissenschaft und Technik zu dem Zeitpunkt, zu dem das betreffende Produkt in den Verkehr gebracht wurde, nicht erkannt werden konnte (vgl. dazu § 1 Abs. 2 Nr. 5 ProdHaftG), stellte die Kommission fest, dass die Rechtsprechung in den jeweiligen nationalen Mitgliedstaaten hinsichtlich der Frage voneinander abweiche, ob dieser **Einwand auf alle Fehlerarten** anzuwenden ist.[1297] 288

Was die Frage der **Selbstbeteiligung** angeht, waren die Vertreter der Verbraucher der Ansicht, die Selbstbeteiligung solle abgeschafft werden, wohingegen die Interessenvertreter der Industrie eher davon ausgingen, die Selbstbeteiligung solle erhöht werden. 289

Zudem nimmt der vierte Bericht der Kommission noch zu weiteren Fragen im Zusammenhang mit der Anwendung der Richtlinie Stellung, nämlich zu der Frage des **Zugangs zum Recht,** bei dem die Kommission darauf hinweist, dass der Ausbau des Binnenmarktes auch in grenzüberschreitenden Fällen einen leichteren Zugang der Verbraucher zum Recht erfordere, und zum **„Austausch von Informationen“.** Was die **Sammlung von Informationen** betrifft, wird auf eine online verfügbare **Datenbank** von (angeblich) hohem Wert verwiesen.[1298] Vor allem aber – dies ist die **Schlussfolgerung** der Europäischen Kommission – scheint die Richtlinie eine **ausgewogene Haftungsregelung** für die Beziehung zwischen Unternehmen und Verbrauchern zu sein. Damit – so die Kommission – trägt die Richtlinie zur Beibehaltung eines **Gleichgewichts** zwischen den Interessen der Hersteller und der Verbraucher in Produkthaftungsfällen bei. 290

---

zuletzt auch im Brustsilikonimplantat-Skandal der PIP S. A. von geschädigten Patientinnen zu berücksichtigen ist; vgl. dazu die Verfahren vor dem LG Karlsruhe, Az. 2 O 25/12 und Az. 7 O 94/12 sowie vor dem LG Frankenthal, Az. 6 O 304/12: Klageabweisende Entscheidung.

[1295] KOM (2011) 547 vom 8.9.2011; vgl. auch Court of Appeal Ide ./. ATB Sales (2008, EWCA CIV 424); Kläger ist nicht gehalten, den genauen Mechanismus des Produktmangels nachzuweisen.

[1296] KOM (2011) 547 vom 8.9.2011, 8.

[1297] Vgl. dazu etwa EuGH, Urt. vom 29.5.1997, RS C-300/95, Slg. 1997, I-2649 – Kommission ./. Vereinigtes Königreich.

[1298] Es gibt das Product Liability Forum of the British Institute of International and Comparative Law, welches Informationen über die Gesetzgebung und die Rechtsprechung in Bezug auf die Richtlinie in allen Mitgliedstaaten enthält: http://www.biicl.org/plf/.

bb) Zum Verhältnis zwischen der Produkthaftungsrichtlinie und dem ProdHaftG[1299]

291 Die Richtlinie verpflichtet als Rechtsquelle des europäischen Gemeinschaftsrechts nicht Bürger untereinander. Demzufolge gilt sie nicht unmittelbar im sog. **Horizontalverhältnis.**[1300] Es besteht **kein Anwendungsvorrang** vor den jeweiligen Umsetzungsvorschriften in den Mitgliedstaaten.[1301] Nach Art. 10 EG-Vertrag sind die jeweiligen nationalen Vorschriften allerdings so auszulegen und so anzuwenden, dass der Zielsetzung der Richtlinie weitestgehend Rechnung getragen wird, so dass das **ProdHaftG richtlinienkonform ausgelegt werden muss.**[1302] Praktisch bedeutet dies, dass Richtlinie und ProdHaftG nebeneinander zu legen sind und im Konfliktfall zugunsten des Inhalts der Richtlinie eine Lösung zu erzielen ist. Enthält die Richtlinie konkrete Vorgaben, etwa hinsichtlich der Haftungsbefreiung für Entwicklungsrisiken, ist eine sog. **autonome Auslegung** geboten.[1303] Dies bedeutet, dass die in der Richtlinie verwandten Begriffe jedenfalls nicht durch **nationale Besonderheiten „verwässert"** werden dürfen. Ob und inwieweit dies auch für den Fehlerbegriff gilt, ist nicht unumstritten:[1304] So wird – wie bereits oben erwähnt – der Einwand geäußert, dass die für die Beurteilung der Fehlerhaftigkeit maßgeblichen Sicherheitserwartungen von Region zu Region divergieren können.[1305] Die Argumente, die gegen eine autonome Interpretation sprechen, vermögen aber nicht zu überzeugen, kommt es doch bei der Harmonisierung auf die Einheitlichkeit des anzuwendenden Maßstabes und damit auf eine gewisse Einheitlichkeit insgesamt an („Vollharmonisierung").[1306]

292 Letztendlich wird aber auch diese Frage vom EuGH entschieden werden müssen, denn in allen Zweifelsfällen obliegt die **Letztentscheidungskompetenz** – wie bereits hervorgehoben – dem Europäischen Gerichtshof und nicht dem BGH.[1307] Deutsche Gerichte können – wie weiter oben ausgeführt – in sog. **Vorabentscheidungsverfahren** (Art. 267 AEUV, Ex-Art. 234 EGV) eine Auslegung der Richtlinie durch den EuGH herbeiführen; es besteht sogar eine **Vorlagepflicht** für das letztinstanzliche Gericht.[1308] Vgl. – was die Vorlagepflicht angeht – allerdings die Einschränkungen, die der BGH im Einzelfall für zwingend erachtet.[1309]

[1299] In Ergänzung zu den einleitenden Hinweisen unter 2. a. aa).

[1300] EuGH Slg. 1986, 723, 749 – Marshall; vgl. dazu auch *Wagner,* BB 1997, 2489, 2498.

[1301] *Di Fabio,* NJW 1990, 947, 452 ff.

[1302] Vgl. dazu die weiter oben beschriebenen EuGH-Entscheidungen u. insbesondere den vierten Bericht der Europäischen Kommission vom 8.9.2011, KOM (2011) 547, 1 ff.; vgl. auch die Einleitungsüberlegungen unter § 3 2. a. aa).

[1303] MüKo/*Wagner,* Einl. Produkthaftung, Rn. 8.

[1304] MüKo/*Wagner,* Einl. Produkthaftung, Rn. 11, steht auf dem Standpunkt, dass der in Art. 6 der Richtlinie enthaltene Fehlerbegriff relativ detailliert geregelt wurde und daher der Fehlerbegriff autonom zu interpretieren ist und nicht der Konkretisierung durch nationale Gesetzgebung und Gerichte zugänglich ist; a. A. aber *Roth,* in FS für Drobnig, 1998, 135.

[1305] So auch *Franzen,* Privatrechtsangleichung durch die Europäische Gemeinschaft, 506.

[1306] Siehe dazu Nachweise unter III 2. a. aa).

[1307] Vgl. dazu die einschlägigen Entscheidungen des EuGH weiter oben und vor allem die im vierten Bericht der Kommission vom 8.9.2011 zitierten KOM (2011) 547, 1 ff.

[1308] Vgl. dazu BGH, NJW 1995, 2162, 2164 – speziell zum ProdHaftG; MüKo/*Wagner,* Einl. Produkthaftung, Rn. 12.

[1309] BGH, NJW 1995, 2162, 2164.

cc) Grundlegendes zum ProdHaftG im Vergleich zum Deliktsrecht

Die wesentlichen Abweichungen des ProdHaftG vom Deliktsrecht[1310]

- Gefährdungshaftung (§ 1 Abs. 1 ProdHaftG anstelle Verschuldenshaftung i. S. d. § 823 Abs. 1 BGB)
- Höchstbetrag bei Tod oder Körperverletzung (§ 10 ProdHaftG)
- Selbstbeteiligung bei Sachschäden (§ 11 ProdHaftG)
- Ausreißer-Haftung, da Hersteller keine Exkulpationsmöglichkeit besitzt
- Qualifizierte Haftungsausschlusstatbestände zugunsten der Hersteller (§ 1 Abs. 2 und 3 ProdHaftG)
- Gesetzliche Beweislastregelung in § 1 Abs. 4 ProdHaftG
- Weiter Produktbegriff (inklusive Elektrizität) (§ 2 ProdHaftG)
- Keine Gefährdungshaftung in § 3 ProdHaftG für sog. Entwicklungsgefahren
- Weiter Kreis haftender Hersteller (§ 4 ProdHaftG)
- Subsidiäre Haftung des Lieferanten, der Hersteller nicht benennt (§ 4 Abs. 3 ProdHaftG)
- Keine Haftung für Schäden an gelieferter Sache selbst (§ 1 Abs. 1 Satz 2 ProdHaftG)
- Keine Haftung für Sachschäden im gewerblichen Geschäftsverkehr (§ 1 Abs. 1 Satz 2 ProdHaftG)
- Erlöschen des Anspruchs zehn Jahre nach dem Inverkehrbringen (§ 13 ProdHaftG)
- Keine Haftung nach ProdHaftG bei Eingriffen in die „Freiheit“ und in „sonstige Rechte“
- Einstandspflicht nach dem ProdHaftG ist zwingendes Recht und kann von der Partei nicht ex ante durch Vertrag ausgeschlossen werden, § 14 ProdHaftG[1311]

Nur vorab sei bereits ergänzend erwähnt, dass der Ersatz von Schäden an Sachen, die den **beruflichen Gebrauch** betreffen, gar nicht unter das ProdHaftG fallen,[1312] ebenso wenig Arzneimittelschäden (vgl. § 15 Abs. 1 ProdHaftG) und Nuklearschäden (vgl. Art. 14 der Produkthaftungsrichtlinie). Bei Schäden, bei denen in der Lieferkette Ansprüche geltend gemacht werden, ist in **zeitlicher Hinsicht** stets § 16 ProdHaftG zu berücksichtigen und überhaupt zunächst zu überprüfen, ob und inwieweit auf das ProdHaftG zurückgegriffen werden kann. Insoweit ist das Internationale Privatrecht, dort vor allem heute die sog. **ROM II-VO,** (§ 5 bzw. § 4) (vgl. dazu § 6 im Kapitel zu den Internationalen Aspekten der Produkthaftung) in Europa von zentraler Bedeutung. Neben der Haftung nach § 1 ProdHaftG bleiben weitergehende Ansprüche gegen Hersteller und auch Ersatzansprüche gegen sonstige Personen aufgrund Gesetzes oder sonstiger Rechtsvorschrift **grundsätzlich unberührt** (§ 15 ProdHaftG). 293

1310 Vgl. dazu Palandt/*Sprau,* Einführung vor § 1 ProdHaftG Rn. 5. Einen Überblick über die unterschiedlichen **Rechtsfolgen** vertraglicher und deliktischer Anspruchsgrundlagen findet sich bei *Kullmann/Pfister,* KZA 1310, unter A (am Ende).

1311 Vgl. dazu Palandt/*Sprau,* Einführung vor § 1 ProdHaftG Rn. 5.

1312 EuGH, Urt. vom 4.6.2009, RS C-285/08; SRg. 2009, I-4733, EuZW 2009, 503; OLG Saarbrücken, NJW-RR 2012, 797 – Sesamöl; die verbrannten Sachen dienten ausschließlich dem beruflichen Gebrauch.

b) Der Haftungstatbestand des § 1 Abs. 1 Satz 1 ProdHaftG

Nach dem ProdHaftG haftet ein **Hersteller** dann, wenn

1. sein **Produkt** einen
2. **Fehler** aufweist und
3. dieser Fehler einen bestimmten **Schaden**
4. **verursacht** hat.

→ **Beweislast Geschädigter, § 1 Abs. 4 Satz 1 ProdHaftG**

294 Wird durch den Fehler eines Produkts jemand getötet, sein Körper oder seine Gesundheit verletzt oder eine Sache beschädigt, so ist der Hersteller des Produkts verpflichtet, dem Geschädigten den daraus entstehenden Schaden zu ersetzen (§ 1 Abs. 1 Satz 1 ProdHaftG).

aa) Das Produkt

295 Das Produkt i. S. d. ProdHaftG ist **jede bewegliche Sache,** auch wenn sie einen Teil einer anderen beweglichen Sache oder einer unbeweglichen Sache bildet, sowie **Elektrizität** (§ 2 ProdHaftG). Da auch der „Produktbegriff" durch die Europäische Richtlinie vorgegeben ist, hat die Auslegung des ProdHaftG **autonom** zu erfolgen: Die Interpretation ist aber an der haftungsrechtlichen Zwecksetzung der Richtlinie zu orientieren.[1313] Der Begriff ist weit auszulegen.[1314] Der deutsch-rechtlichen Betrachtung entspricht die Heranziehung des § 90 BGB.[1315] Die dort genannten und angeführten beweglichen Sachen sind also Produkte, auch wenn sie Teil einer anderen beweglichen Sache sind. Die Produkteigenschaft einer Sache geht nicht dadurch verloren, dass ein Produkt in eine unbewegliche Sache, also z. B. in ein Gebäude eingebaut wird, selbst wenn es durch den Einbau wesentlicher Bestandteil eines Grundstücks wird und nach § 93 BGB nicht mehr Gegenstand besonderer Rechte sein kann.[1316] Sinn dieser Regelung war es, eine Herstellerhaftung für fehlerhafte Baumaterialien dem Grunde nach überhaupt begründen zu können.[1317] Demzufolge kann auch der Hersteller von fehlerhaften Mauersteinen haften, wenn dieser Produktmangel zu einem Einsturz des Hauses führt.[1318] Von dem Produktbegriff i. S. d. § 2 ProdHaftG erfasst sind somit auch Heizungsanlagen, Gesamtanlagen und letztlich

---

[1313] *Foerste/Graf von Westphalen,* § 44 Rn. 3; Müko/*Wagner,* § 2 ProdHaftG Rn. 2.

[1314] BT-Drs. 11/2447, 16.

[1315] *Kullmann/Pfister,* Kza 3603; *Kullmann,* § 2 ProdHaftG Rn. 1; *Erman/Schiemann,* § 2 ProdHaftG Rn. 2; Staudinger/*Oechsler,* § 2 ProdHaftG Rn. 11; a. *A. Junker,* WM 1988, 217; *Lehmann,* NJW 1992, 1721 zum Computerrecht; vgl. auch weitere Nachweise bei Staudinger/*Oechsler,* § 2 ProdHaftG Rn. 11.

[1316] OLG Stuttgart, ZMR 2010, 307 = NJOZ 2010, 1800 ff. – Der defekte Kugelhahn, der zu einem Wasserschaden führt; vgl. dazu auch OLG Stuttgart, OLGR Karlsruhe/Stuttgart 2000, 136 – Dachstuhl; und dazu *Kullmann/Pfister,* Kza 8125/9 – eine Entscheidung, in der allerdings nur der bereits vom LG verurteilte Maler für die Schäden haftete, die von den mit Holzschutzmitteln gestrichenen Balken ausgingen; vgl. dazu *Kullmann,* § 2 ProdHaftG Rn. 3 und Fn. 9; *Erman/Schiemann,* § 2 ProdHaftG Rn. 2.

[1317] *Kullmann,* BauR 1993, 153, 160; sowie OLG Stuttgart, ZMR 2010, 307; OGH, Urt. vom 2.12.2010, Az. 2 Ob 162/10b – Dachfolie als „Produkt" i. S. d. österreichischen PHG.

[1318] *Keilholz,* BauR 1987, 259, 261 mit Recht; vgl. weitere Nachweise bei Staudinger/*Oechsler,* § 2 ProdHaftG Rn. 33.

auch komplette Fabrikanlagen, die in Fabrikgebäude eingebaut werden, etwaige Spiel- und Sportgeräte, aber auch **Aufzüge, Markisen, Alarm-, Heizungs-** und **Klimaanlagen.**[1319] Ein Bauhandwerker kann daher nach ProdHaftG haften, wenn er zunächst sog. Baufertigteile herstellt, die als bewegliche Sachen Produkteigenschaft i. S. d. § 2 ProdHaftG besitzen, und er diese dann in ein Gebäude einfügt,[1320] jedenfalls, wenn er Hersteller im Sinn von § 4 ProdHaftG, mit welcher Begründung auch immer, ist. Er haftet aber nicht, wenn er auf einem Grundstück ein Bauwerk errichtet (ein Haus, eine Brücke, eine Fabrikanlage etc.). Denn das auf einem Grundstück errichtete Gebäude selbst ist kein Produkt, da es mit der Herstellung gleichzeitig unbeweglich wird, die zusammengesetzte Sache damit nie als bewegliche Sache entstand.[1321] Für die Produkteigenschaftsannahme i. S. d. § 2 ProdHaftG ist es auch unerheblich, ob ein Produkt **künstlich**[1322] hergestellt wird oder ob es sich um Naturerzeugnisse[1323] handelt, ob um **industrielle Fertigung** oder **Einzelstücke**[1324] (z. B. Individualsoftware[1325]), ob **neu** oder gebraucht,[1326] ob Produktionsmittel oder Verbrauchsgut und an sich gefährlich oder auch nicht.[1327] Vom Körper **getrennte Körperteile,** wie **Haare, gespendetes Blut**[1328] **oder Sperma** und auch zur Transplantation entnommene **Organe,** können **nach der Entnahme** aus dem Körper ebenfalls bewegliche Sachen und damit Produkte i. S. d. § 2 Abs. 1 ProdHaftG werden, jedenfalls dann, wenn sie nicht weiter zum Schutzgut Körper gehören und nicht mehr zur späteren Wiedereingliederung in den Körper bestimmt sind.[1329] Soweit demzufolge die Anwendung des ProdHaftG nicht nach § 15 ProdHaftG ausgeschlossen ist, etwa, weil es sich um Blutzubereitung handelt (§ 4 AMG), könnten demzufolge – jedenfalls theoretisch – **Blut- und Organbanken** haften, wenn über das Blut – nach der Abtrennung vom Körper – oder das entsprechende menschliche Organ Krankheiten übertragen würden.[1330] Demgegenüber haftet nicht der **Organ- oder Blutspender** nach ProdHaftG, weil er nicht Hersteller im Sinn von § 4 ProdHaftG ist; selbst wenn er es wäre, könnte er sich nach § 1 Abs. 2 Nr. 3 ProdHaftG dann entlasten, wenn die Blutspende entgeltlich erfolgt wäre;[1331] ferner sind bewegliche Sachen auch die mit dem Körper **nicht auf Dauer fest verbundenen künstlichen Körperteile, wie etwa Kontaktlinsen, Hörgeräte, Perücken, künstliche Gebisse,** aber auch

---

[1319] Vgl. dazu *Kullmann,* § 2 ProdHaftG Rn. 3; *Kollmer,* NJW 1997, 2015, 2018.

[1320] So *Kullmann,* § 2 ProdHaftG Rn. 4.

[1321] OLG Stuttgart, VersR 2001, 465 ff.; OLG Stuttgart, ZMR 2010, 307 ff.

[1322] BT-Drs. 11/2447, 17; *Hollmann,* DB 1985, 2389, 2390.

[1323] Seit Aufhebung des früheren Satzes 2 in § 2 ProdHaftG durch das Gesetz vom 2.11.2000, BGBl. I, 1478 ist dies eindeutig; vgl. dazu auch *Buchwaldt,* Der Hersteller landwirtschaftlicher Naturprodukte und Jagderzeugnisse, AgrarR 2001, 139; *Kullmann,* § 2 ProdHaftG, Rn. 20 ff. m. w. N.

[1324] Vgl. *Heymann,* CR 1990, 176 strittig.

[1325] Staudinger/*Oechsler,* § 2 ProdHaftG Rn. 8.

[1326] *Kullmann,* § 2 ProdHaftG Rn. 7, der eine Ausnahme macht und annimmt, der alte Hersteller haftet nicht mehr für einen durch einen Produktfehler verursachten Schaden infolge oder nach einer Generalüberholung oder Rundumerneuerung oder einer gänzlichen Modernisierung, Rn. 8.

[1327] Palandt/*Sprau,* § 2 ProdHaftG Rn. 1; Müko/*Wagner,* § 2 ProdHaftG Rn. 4; Soergel/*Krause,* § 2 ProdHaftG Rn. 8; *Erman/Schiemann,* § 2 ProdHaftG Rn. 1.

[1328] *Erman/Schiemann,* § 2 ProdHaftG Rn. 2 – Blutkonserven.

[1329] BGHZ 124, 52; *Deutsch,* JZ 1989, 465, 468; EuGH Slg. 2001, I-3569 Rn. 11 ff. = NJW 2001, 2781, 2783 – Veedfald ./. Arhus Amtskommune; vgl. ebenso die Begründung des Regierungsentwurfs, BT-Drs. 11/2447, 16 sowie auch OLG Hamburg, NJW 1990, 2322 – Blutkonserven; vgl. auch *Honsell,* JuS 1995, 211, 212; kritisch aber *Taupitz,* NJW 1995, 745; *Nixdorf,* VersR 1995, 740.

[1330] EuGH, Urt. vom 19.5.2001 RS C-203/99, Slg. 2001, I-3569 = NJW 2001, 2781, 2783 – Veedfald ./. Arhus Amtskommune; *Deutsch,* JZ 1989, 465, 468; *Honsell,* JuS 1995, 211, 215; *Kullmann,* § 2 ProdHaftG Rn. 9; kritisch allein *Mayer,* VersR 1990, 691, 695.

[1331] So explizit MüKo/*Wagner,* § 2 ProdHaftG Rn. 17.

Prothesen[1332] und **Implantate,**[1333] auch **Brustimplantate.**[1334] Vergleiche zur Haftung vor allem mit kontaminierten Blutkonserven zu § 823 BGB und § 84 AMG.[1335]

296 Sehr problematisch ist der Ansatz, **Abfall** als solcher sei gar nicht erst hergestellt (vor allem unter Berufung auf die fehlende Herstellereigenschaft i. S. v. § 4 ProdHaftG),[1336] sowie die Behauptung, „um fehlerhaften Abfall" könne es a priori gar nicht gehen.[1337] Ungeachtet weitergehender Haftung nach § 823 BGB ist stets im Einzelfall zu prüfen, ob ein „Produkt" vorliegt und dieses auch hergestellt wurde. Abfälle sind – per se – bewegliche Sachen. Wenn Teile des Schrifttums davon ausgehen, dass es sich eben lediglich um **Industrieabfälle** (z. B. Schlacke, chemische Substanzen, Schmutzwasser etc.) handelt, die keine Produkte sind, weil ihre anderweitige Verwertung von vorneherein ausgeschlossen ist, z. B. bei Eisen- und Stahlspänen, ihnen damit von den Herstellern – der Stahlspäne – also nicht die Zweckbestimmung als Produkt beigelegt werde,[1338] halte ich dies nicht für überzeugend. Ich halte schon die Anknüpfung an die reine „Zweckbestimmung" für fehlerhaft, da diese bei der Auslegung des Produktbegriffs keine Rolle spielt, ebenso wenig damit auch die Thematik des „Inverkehrbringens", also die Frage, ob Abfälle eben wirklich Abfälle sind oder diese – von Anfang an geplant oder unerwartet – wieder verwertet (recycelt) werden.[1339] Dazu mag folgender Beispielsfall aus der Praxis dienen: Radioaktiver Stahl war aus Werken in Indien, China aber auch Russland nach Deutschland importiert worden. Weder im Hamburger Hafen noch durch die Transportpersonen, noch bei dem Metallverarbeiter im Rheinland fand eine Wareneingangskontrolle statt im Hinblick auf **atomar verstrahlten Stahl.** Der Metallverarbeiter schnitt und hobelte den Stahl und fertigte daraus u. a. Industrieträger sowie Aufzugsknöpfe, etc. Bei der Bearbeitung fielen Stahlspäne an. Diese lieferte ein Händler weiter an einen Schrotthändler, der – übrigens erstmalig! – einen Geigerzähler (billigster Qualität) an die Schrottspäne hielt und feststellte, dass die zulässigen Becquerel-Zahlen nach dem Atomgesetz überschritten waren. Er verweigerte die Aufnahme der Späne auf seinem

---

[1332] OLG Stuttgart, Urt. vom 19.5.1994 – Condylenplatte, zitiert nach *Kullmann/Pfister,* Kza 8125/2.

[1333] BGH, VersR 2010, 1666 – Defibrillator; OLG München, Urt. vom 21.7.2009, Az. 18 U 1549/09; OLG Hamm, VersR 2011, 637 – Herzschrittmacher; OLG Hamm, MPR 2011, 213, 215 – Herzschrittmacher; LG Magdeburg, BeckRS 2010, 26573 – Defibrillator; vgl. zur Produkthaftung bei „bloßem Fehlerverdacht" *Handorn,* PHi 2011, 206 ff. m. w. N.

[1334] Vgl. zur aktuellen Diskussion um Brustimplantate bereits PHi 2011, 116 ff., sowie PHi 2010, 104 zur Situation in Frankreich. Vgl. Abschlussbericht der britischen Gesundheitsbehörde National Health Services (NHS) vom 18.6.2012 und dazu die Stellungnahme des BfArM vom 20.6.2012 sowie die „Kleinen Anfragen" einzelner Abgeordneter, u. a. Antworten der Bundesregierung vom 6.2.2012; BT-Drs. 17/8403; und vom 19.3.2012, BT-Drs. 17/9009; sowie die Klagen beim LG Karlsruhe, Az. 2 O 25/12 und 7 O 94/12 sowie das Urteil des LG Frankenthal vom 14.3.2013, Az. 6 O 304/12: Klageabweisende Entscheidung.

[1335] BGHZ 8, 243; OLG Hamburg, NJW 1990, 2322; *Eichholz,* NJW 1991, 732. Für Arzneimittel wird ohnehin nicht nach ProdHaftG gehaftet, vgl. § 15 ProdHaftG und OLG Köln, MDR 1997, 940 – Anti-Baby-Pillen; *Deutsch,* VersR 1992, 521, 525.

[1336] Vgl. dazu die amtliche Begründung zu § 2 BT-Drs. 11/2447, 16 ff. sowie *Taschner/Frietsch,* RL Art. 2 Rn. 6; Palandt/*Sprau,* § 2 ProdHaftG Rn. 1; Staudinger/*Oechsler,* § 2 ProdHaftG Rn. 28.

[1337] *Taschner/Frietsch,* RL Art. 2 Rn. 6, kritisch ebenfalls MüKo/*Wagner,* § 2 ProdHaftG Rn. 20.

[1338] *Landscheidt,* Das neue Produkthaftungsrecht, 2. Aufl., § 2 ProdHaftG Rn. 92 unter Berufung auf die Begründung im Regierungsentwurf, BT-Drs. 11/2447, 16 ff. auf zahlreiche Kommentatoren; *Erman/Schiemann,* § 2 ProdHaftG Rn. 2; Staudinger/*Oechsler,* § 2 ProdHaftG Rn. 27, 28; *Brüggemeier/Reich,* WM 1986, 149, 155; *Mayer,* VersR 1990, 691, 695, kritisch aber bereits *Kullmann,* § 2 ProdHaftG Rn. 11 und *ders.* Rn. 13.

[1339] Vgl. insoweit MüKo/*Wagner,* § 2 ProdHaftG Rn. 18, 19 differenzierend im Rahmen der Definition, so wohl auch Staudinger/*Oechsler,* § 2 ProdHaftG Rn. 28 („zunächst").

Platz. Die zuständigen Atombehörden mussten einschreiten. Bei der Abwicklung des Schadensfalls ging es vor allem um die Fragen, wer in der „Händlerkette" die Schäden, die in diesem Zusammenhang geltend gemacht wurden, zu ersetzen hatte. Nun kann man natürlich sagen, dass der Abfall im konkreten Fall – es handelte sich ja um **metallische Industrieabfälle** – naturgemäß zur Wiedergewinnung von Metall hätte verwandt werden sollen, und dass deshalb von einem Produkt i. S. v. § 2 ProdHaftG gesprochen werden kann. Aber auch, wenn dies nicht der Fall wäre, wäre die Thematik entstanden. Die Differenzierung scheint mir so, wie sie in der Literatur deshalb vorgenommen wird, jedenfalls noch zu kurz zu greifen. Wichtig ist doch die Annahme, dass ein Produkt aufgrund seiner bestehenden Fehlerhaftigkeit – selbst wenn diese erst in der Entsorgungsphase entsteht – einen Schaden verursacht, unabhängig davon, **wann** es zu „Abfall" wurde. Dies muss auch kein Widerspruch zur Richtlinie sein.[1340] Ob und inwieweit dieses Produkt „Abfall" fehlerhaft ist und wer dafür haftet, entscheidet sich dann nach den §§ 1, 4 ProdHaftG.[1341] Abfall dürfte aber in aller Regel ein Produkt i. S. d. § 2 ProdHaftG sein.[1342]

Bücher und **andere Druckwerke** können als **körperliche Gegenstände** ebenfalls „Produkte" sein. **Verkörperte fehlerhafte Informationen** sind Produkte i. S. v. § 2 ProdHaftG. Bei „verkörperten geistigen Leistungen" ist demzufolge jedenfalls die Verkörperung das Produkt i. S. v. § 2 ProdHaftG, also etwa Bücher, Druckwerke generell, und – darauf wird später eingegangen – auch unter Umständen **Pläne, Karten, Zeichnungen, Datenträger wie CDs, DVDs, Disketten, Festplatten, Magnetbänder** etc. Beruht also eine Rechtsgutsverletzung auf einer fehlerhaften körperlichen Beschaffenheit des Datenträgers, liegt ein Produkt vor und die Ersatzpflicht nach § 1 Abs. 1 ProdHaftG ist dem Grunde nach denkbar.[1343] Der Hersteller eines Buches, **der Verleger** (insoweit wohl nicht der Autor),[1344] haftet daher für die sich aus der Körperlichkeit dieser Erzeugnisse realisierenden Gefahren, also etwa für Schäden infolge der Gesundheitsschädlichkeit der Einbanddecke. Ob darüber hinaus aber der Verleger **für alle Gefahren** einstehen muss, also z. B. auch für inhaltliche Fehler, die beispielsweise ein Medizinprofessor als Autor hervorgerufen hat, weil er eine bestimmte Behandlungsmethode vorgibt, sich dabei aber vertan hat und diese zu körperlichen Schäden führt,[1345] ist fragwürdig und im Ergebnis zu verneinen. Soweit Bücher – dem Grunde nach gilt dies aber auch für andere Druckwerke – **inhaltliche Fehler** aufweisen, scheint es nicht gänzlich falsch zu sein, noch gar **nicht** von einem Produkt i. S. d. § 2 ProdHaftG auszugehen, da es sich um eine „bloße geistige 297

[1340] *Taschner/Frietsch,* § 2 ProdHaftG Rn. 26, der darauf hinweist; siehe auch MüKo/*Wagner,* § 2 ProdHaftG Rn. 18; *Foerste/Graf von Westphalen:* Wohl verneinend unter beispielhafter Aufzählung von Batterien oder „Bildröhren vom PC".

[1341] Ebenso *Kullmann,* § 2 ProdHaftG Rn. 13.

[1342] Ebenso bereits *Schmidt-Salzer,* Art. 2 EG-Richtlinie Rn. 31; a. A. unter weiterer Differenzierung die h. M. *Schlechtriem,* VersR 1986, 1033, 1037 ff.; Staudinger/*Oechsler,* § 2 ProdHaftG Rn. 28 ff.: Der zumindest das Dilemma zwischen Gesundheitsschutz auf der einen Seite und das Problem daraus entstehender Entsorgungssicherheit erkannt und gar auf das Beispiel von beschichteten Personalcomputern verweist, Rn. 30; vgl. auch *von Wilmowski,* NuR 1991, 253, 266; Soergel/*Krause,* § 2 ProdHaftG Rn. 5 sowie MüKo/*Wagner,* § 2 ProdHaftG Rn. 18 u. differenzierend bei Rn. 19 und 20.

[1343] H. M., unter anderem *Kullmann,* § 2 ProdHaftG, Rn. 15 und 16, *ders.*, Höchstrichterliche Rechtsprechung, Rn. 431 unter Berufung auf *Foerste,* NJW 1991, 1433, 1498 ff., der aber vorschlug, Druckwerke als „geistiges Eigentum" zu betrachten; auch *Cahn,* NJW 1996, 2899, 2903, siehe zum Recht vor Inkrafttreten des ProdhaftG auch BGH, NJW 1970, 1963 – Druckfehler; *Röhl,* JZ 1979, 374.

[1344] *Erman/Schiemann,* § 2 ProdHaftG Rn. 2 unter Berufung auf MüKo/*Wagner,* vor § 1 ProdHaftG Rn. 14.

[1345] So aber MüKo/*Wagner,* § 2 ProdHaftG Rn. 13 und 14; *Cahn,* NJW 1996, 2899, 2901; restriktiver *Kullmann,* § 2 ProdHaftG Rn. 15.

Leistung" handelt, die nicht verkörpert wurde.[1346] Selbst wenn aber ein Produkt i. S. v. § 2 ProdHaftG vorliegen würde (also bei anderer Ansicht), wäre dann der **Schutzbereich des ProdHaftG** stets zu beachten. Haftungsverschärfungen durch das ProdHaftG rechtfertigen sich nur bei Verwirklichung der **„Sachgefahren"**.[1347]

298 Diese grundsätzlichen Überlegungen gelten auch für sonstige **Datenträger.** Computer-Software ist ebenfalls verkörperte Information und ist als Produkt i. S. d. § 2 ProdHaftG anzusehen.[1348] Standardsoftware ist daher als „Produkt" anzusehen;[1349] weitergehend aber im Regelfall auch auf Trägern gespeicherte **Individualsoftware.**[1350] Soweit bei Individualsoftware angeführt wird, der Dienstleistungscharakter und nicht der Warencharakter würde überwiegen,[1351] vermag dies meines Erachtens deshalb nicht zu überzeugen, weil Standard- wie Individualsoftware deshalb einbezogen wird in den Produktbegriff, weil sich das Werk im Regelfall auf einem Datenträger verkörpert. Will man nicht auf die generelle Verkörperung abstellen, sollte man aber ohnehin besser insgesamt von einem „Produkt" ausgehen, sei dieses nun individuell gefertigt oder in der Serie produziert. Auch hier plädiere ich für einen weiten Begriff des Produkts: Die Produkteigenschaft sollte nicht einmal dann ausgeschlossen werden, wenn **Daten** ohne Erwerb eines Datenträgers **unmittelbar** von einem anderen Datenträger **online übertragen** werden.[1352] Die geäußerten Argumente, dass diese Daten schon beim Provider elektronisch gespeichert waren und dem Erwerber ein inhaltlich identisches Exemplar der Software zur dauerhaften Nutzung zur Verfügung gestellt wird,[1353] vermögen mich nicht zu überzeugen.[1354] Denn eine Sachübergabe liegt ja gerade in Fällen dieser Art nicht vor. Da es um die Auslegung gemeinschaftsrechtlicher Begriffe geht, muss letztendlich der EuGH entscheiden und jedes einzelstaatliche Gericht, was mit der Frage befasst ist, sollte von der Möglichkeit Gebrauch machen, eine Vorab-Entscheidung i. S. d. Art. 267 AEUV durch den EuGH zu jeder dieser Fragen herbeizuführen.[1355]

299 Da Elektrizität kein körperlicher Gegenstand i. S. d. § 90 BGB war, hat der Gesetzgeber als „Produkt" i. S. d. § 2 ProdHaftG ausdrücklich und explizit die **Elektrizität** hervorgehoben und insofern klargestellt, dass auch – obwohl nicht körperlich und deshalb nicht Sache –, die Vorschriften des ProdHaftG Anwendung finden sollen.[1356] Wird demzufolge

---

1346 U. a. *Foerste,* NJW 1991, 1433, 1438; a. A. *Foerste/Graf von Westphalen,* § 47 Rn. 16.

1347 So ausdrücklich *Kullmann,* § 2 ProdHaftG Rn. 16; *Foerste,* NJW 1991, 1433, 1438; im Ergebnis ebenso *Berger-Delhey,* BB 1990, 1501, 1503, der die Haftung nach Art. 5 GG für ausgeschlossen hält; vgl. aber mit gewichtigen Gegenargumenten zu Recht auch MüKo/*Wagner,* § 2 ProdHaftG Rn. 13 und 14, der umgekehrt annimmt, dass in konkreten Fällen eine „teleologische Reduktion" angebracht sein kann m. w. N. in Fn. 44.

1348 *Hohmann,* NJW 1999, 521 ff.; *Abel,* CR 1999, 680 ff.

1349 MüKo/*Wagner,* § 2 ProdHaftG Rn. 15; ebenso *Kullmann,* § 2 ProdHaftG Rn. 17; Palandt/*Sprau,* § 2 ProdHaftG Rn. 1; vgl. auch *Spindler,* VersR 2003, 410.

1350 Vgl. auch *Kullmann,* § 2 ProdHaftG Rn. 17; unter Berufung auf *Büsken/Kampmann,* R +S 1991, 73, 75 und zahlreiche andere in Fn. 55; *Deutsch,* NJW 1992, 73, 76; Soergel/*Krause,* § 2 ProdHaftG Rn. 4; siehe aber a. A. wohl MüKo/*Wagner,* § 2 ProdHaftG Rn. 15 m. w. N. Fn. 52, u. a. *Cahn,* NJW 1996, 2899, 2902; *Engel,* CR 1986, 702, 705.

1351 MüKo/*Wagner,* § 2 ProdHaftG Rn. 15 unter Berufung auf *Kort,* DB 1994, 1505, 1507; *Engel,* CR 1986, 702, 706.

1352 Ebenso jetzt aber auch MüKo/*Wagner,* § 2 ProdHaftG Rn. 15; vgl. auch *Taeger,* CR 1996, 257, 261, a. A. allerdings *Kullmann,* § 2 ProdHaftG Rn. 19 sowie *ders.* in *Kullmann/Pfister,* Kza 3603, 9.

1353 Vgl. dazu *Cahn,* NJW 1996, 2899, 2904; *Spindler,* MMR 1998, 119, 121; ablehnend *Beckmann/Müller,* MMR 1999, 14, 18.

1354 Ebenso *Beckmann/Müller,* MMR 1999, 14, 18.

1355 Vgl. dazu auch BGH, NJW 1994, 2607, 2608 und EuGH, ZIP 1997, 1666, 1668; vgl. zu dem Thema auch noch *Meier/Wehlau,* CR 1990, 95, 98.

1356 Vgl. auch die amtliche Begründung zum ProdHaftG, BR-Drs., 101/88, 97 ff. und/oder BT-Drs. 11/2447, 16 sowie *Klein,* Die Haftung von Versorgungsunternehmen nach dem ProdHaftG, BB 1991, 917 ff.

durch den Fehler von „Elektrizität" jemand getötet, sein Körper oder seine Gesundheit verletzt oder eine Sache beschädigt, so ist der „Hersteller der Elektrizität" (im Zweifel ggf. Energieversorgungsunternehmen[1357]) verpflichtet, dem Geschädigten den daraus entstehenden Schaden zu ersetzen (§ 1 Abs. 1 Satz 1 ProdHaftG). Wie und wann jemand durch Elektrizität verletzt wird, ist allerdings fraglich.[1358] Unstreitig scheint zu sein, dass bei (übermäßigen)[1359] **Frequenz– oder Spannungsschwankungen** eine Haftung nach § 1 ProdHaftG ausgelöst werden kann.[1360] Interessanterweise wird in der Literatur – soweit feststellbar – nicht erläutert, wann konkret dann eine Haftung durch Spannungsschwankungen ausgelöst werden kann. Bei zu starken Spannungen wird die Haftung wohl bejaht, jedenfalls wenn diese ein „gewisses Gewicht" haben und/oder nicht nur ganz vorübergehender Natur sind. Bei „Zuniedrig-Spannungen" wird dies nicht anders sein. Wenn aber gar **kein Strom** geliefert wird, soll demgegenüber nicht mehr von einem „Produkt" i. S. v. § 2 ProdHaftG gesprochen werden können, weil es sich dann nicht um die Lieferung eines fehlerhaften Produkts, nämlich fehlerhafter Elektrizität, handele, sondern eben „um gar kein" – wie auch immer geartetes – Produkt.[1361] Dem dürfte in dieser Allgemeinheit nicht zuzustimmen sein.[1362] Die Argumente sind nicht leicht einzusehen, sieht man vom „Wortspiel" ab: „Fällt der Strom aus, dann wird nicht fehlerhafte Elektrizität in den Verkehr gebracht, sondern überhaupt keine; vertragsrechtlich gesprochen liegt eine Nichterfüllung, nicht hingegen eine Schlechterfüllung vor".[1363] Dies klingt – dem Wortlaut nach – erheiternd, als Argument ist es aber nicht wirklich geeignet: Natürlich kann es für die Auslegung, ob und inwieweit der Begriff der „Elektrizität" verstanden wird, nicht darauf ankommen, was „vertragsrechtlich" versprochen oder gar geschuldet und nicht eingehalten wird. Wenn es zu einer Unterbrechung der Elektrizitätsversorgung für einen Tag kommt – so die Gegenfrage –, wird dann „keine Elektrizität" in den Verkehr gebracht, oder eben nur nicht für diesen einen Tag, oder – bei kürzerem Stromausfall – nur eben nicht für 10 Minuten? Auch der zeitliche Faktor wird in der Literatur nicht als Argument in Betracht gezogen. Lapidar heißt es: „Auf das ProdHaftG lässt sich die Haftung des Versorgungsunternehmens in Fällen dieser Art nicht stützen".[1364] Vertraglich gesprochen liegt – es dürfte sich schließlich i. d. R. um Rahmenverträge handeln – nur eine „vorübergehende Schlechtleistung" vor; die Annahme einer Nichterfüllung ist nicht einmal zwingend. Gerade jetzt, da es im Anschluss an die Atom-Unfall-Krise in Fukushima zu einem

---

[1357] *Klein,* Die Haftung von Versorgungsunternehmen, UTR, Bd. 6 (1988); *ders.*, BB 1991, 917 ff.

[1358] Staudinger/*Oechsler,* § 2 ProdHaftG Rn. 44; *Lorenz,* ZHR 151 (1987), 1, 8; MüKo/*Wagner,* § 2 ProdHaftG Rn. 3, der zu Recht die Frage zuspitzt und als problematisch aufwirft, unter welchen Umständen von dem „Inverkehrbringen fehlerhafter Elektrizität" die Rede sein könne.

[1359] Bei MüKo/*Wagner,* § 2 ProdHaftG Rn. 3 findet sich die Einschränkung „übermäßig".

[1360] Ebenso *Kullmann,* § 2 ProdHaftG Rn. 5; Staudinger/*Oechsler,* § 2 ProdHaftG Rn. 45; MüKo/*Wagner,* § 2 ProdHaftG Rn. 3; Lorenz, ZHR 151 (1987), 1, 8; *Mayer,* VersR 1990, 691, 697.

[1361] So die ganz h. M. ausdrücklich *Kullmann/Pfister,* Kza 3603, 3; *Kullmann,* § 2 ProdHaftG Rn. 5, ebenso *Schmidt-Salzer/Hollmann,* Bd. I, Art. 2 Rn. 80; die gängigen Kommentare zum BGB: Soergel/*Krause,* § 2 ProdHaftG Rn. 2; Staudinger/*Oechsler,* § 2 ProdHaftG Rn. 45; *Taschner/Frietsch,* RL, Art. 6 Rn. 26; *Erman/Schiemann,* § 2 ProdHaftG Rn. 2; *Deutsch,* VersR 1992, 521, 525; *Brüggemeier,* ZHR 152 (1988), 511, 513; a. A. seinerzeit schon *Graf von Westphalen,* Produkthaftungshandbuch, 2. Aufl., Bd. 2, § 61 Rn. 22; jetzt in 3. Aufl. *Foerste/Graf von Westphalen,* § 47 Rn. 26 „bedenklich sei die andere Ansicht"; *Lorenz,* ZHR 151 (1987), 1, 18.

[1362] Ebenso *Foerste/Graf von Westphalen,* § 47 Rn. 26; *Lorenz,* ZHR 151 (1987), 1, 18; *Honsell,* JuS 1995, 211; vgl. zur Gesamtthematik insgesamt auch *Klein,* BB 1991, 917 ff.

[1363] So MüKo/*Wagner,* § 2 ProdHaftG Rn. 3.

[1364] MüKo/*Wagner,* § 2 ProdHaftG Rn. 3.

Wandel der Energiepolitik gekommen ist, der zur weitergehenden und flächendeckenden Einführung alternativer Energien führen soll, und nicht ausgeschlossen ist, dass es bei, während oder auch im Anschluss an die geplanten Änderungen zu Stromausfällen kleinerer oder auch ganz umfangreicher Art kommen könnte, sollten die Argumente in diesem Bereich noch kritischer durchleuchtet werden: Denn die Haftung nach ProdHaftG tritt unbestrittenermaßen neben die vertragliche Haftung des Versorgungsunternehmens.[1365] Soweit *Wagner*[1366] darauf hinweist, dass Versorgungsunternehmen für übermäßige Frequenz- und Spannungsschwankungen nach § 1 ProdHaftG einzustehen hätten, nicht darüber hinaus aber auch für „Einbußen" infolge eines Stromausfalls, ist daran möglicherweise richtig, dass nicht die „vermögensrechtlichen" Einbußen, also nicht der **bloße Vermögensschaden,** den Kunden der Versorgungsunternehmen erleiden, an sich ersetzt wird. Dies kann aber schon anders zu beurteilen sein, wenn ein Kleinkind infolge nicht gelieferter Elektrizität und adäquat kausal darauf zurückzuführender Kälte an der Gesundheit geschädigt wird und Arztkosten etc. anfallen. Die theoretisch denkbaren Beispiele sind mannigfaltiger Natur. *Graf von Westphalen* bringt etwa den Fall, dass ein Verbraucher im Vertrauen auf ununterbrochene Belieferung mit Strom teures Fleisch in die Tiefkühltruhe gelegt hat und dieses verdirbt bei Stromunterbrechung.[1367] Auch bei der Auslegung des Begriffs des Produktes muss der Europäische Gerichtshof möglicherweise das letzte Wort erst einmal sprechen. Vergleicht man aber § 3 ProdHaftG und kapriziert den Produktfehler auf die fehlerhafte Elektrizität in der Weise, dass man auch die **Unterbrechung der Elektrizitätsversorgung** als „Fehler an der Elektrizität" betrachtet, gerade weil diese nicht die Sicherheit bietet, die unter Berücksichtigung aller Umstände, insbesondere der Darbietung und des „Gebrauchs, mit dem billigerweise gerechnet werden kann", berechtigterweise erwartet werden kann, ist doch festzustellen, dass die Stromversorgung – und zwar die ununterbrochene – sicherlich ein Gebrauch ist, mit dem Verbraucher rechnen dürfen (vgl. § 3 Abs. 1 lit. b ProdHaftG). Auch hier gilt: Der Begriff der „Elektrizität" ist **weit auszulegen.** Zwar ist die Elektrizität keine „bewegliche Sache", ist aber eben explizit aufgenommen worden in den Kontext, weil andere Nationen unproblematisch die „Sachqualität von Elektrizität" bejahen.[1368]

300 Nichts anderes gilt dann für **Fernwärme:** Zutreffend wird insofern hervorgehoben, wenn schon Elektrizität in den Sachbegriff des § 2 ProdHaftG einbezogen wird, lässt sich diese alternative Energiequelle kaum ausnehmen, auch wenn die im Wasserdampf steckende Energie keine bewegliche Sache sei[1369] und naturgemäß auch **Gas,** weil dieses bereits als körperlicher Gegenstand zu qualifizieren ist.[1370]

301 **Naturerzeugnisse** (landwirtschaftliche Naturprodukte; landwirtschaftliche Erzeugnisse des Bodens; Erzeugnisse der Tierhaltung, der Imkerei und der Fischerei) sowie **Jagderzeugnisse** stehen seit der Aufhebung von § 2 Satz 2 ProdHaftG a. F.[1371] den hergestell-

---

[1365] Vgl. dazu *Klein,* BB 1991, 917 ff.

[1366] MüKo/*Wagner,* § 2 ProdHaftG Rn. 3.

[1367] *Foerste/Graf von Westphalen,* § 47 Rn. 26.

[1368] So explizit MüKo/*Wagner,* § 2 ProdHaftG Rn. 3 unter Berufung auf Nachweise bei Staudinger/*Jickeli/Stieper,* § 90 Rn. 12; auch zur Fehlerhaftigkeit von Strom bereits österreichischer OGH, JBl 1997, 739, 740; ungeachtet der deliktischen Haftung können sich Versorgungsunternehmen ggf. auf § 6 Abs. 3 StromGVV bei Unterbrechungen berufen.

[1369] Begründung des Regierungsentwurfs, BT-Drs. 11/2447, 16; *Brüggemeier/Reich,* WM 1986, 149, 150; MüKo/*Wagner,* § 2 ProdHaftG Rn. 3, ebenso *Kullmann,* § 2 ProdHaftG Rn. 6.

[1370] *Klein,* BB 1991, 917, 918; *Kullmann,* § 2 ProdHaftG Rn. 6; MüKo/*Wagner,* § 2 ProdHaftG Rn. 3 und in Fn. 12 m. w. N.; *Erman/Schiemann,* § 2 ProdHaftG Rn. 2.

[1371] Dies geschah durch das Gesetz vom 2.11.2000, BGBl I, 1478; vgl. zu den bis zum 30.11.2000 aus dem Produktbegriff ausgenommenen Erzeugnissen und dem Sinn der Ausnahmeregelung vor allem *Kullmann,* § 2 ProdHaftG Rn. 20 ff. auch zu Einzelheiten der bis dato aus dem Produktbegriff ausgenommenen Erzeugnisse Rn. 21 ff.

ten Produkten gleich, und zwar ohne Rücksicht darauf, ob und inwieweit eine erste Verarbeitung stattgefunden hat.[1372] Dies gilt auch für **Tiere** (§ 90a BGB)[1373] und hergestellte **Mikroorganismen.**[1374] Und deshalb sind unzweifelhaft natürlich auch **Lebensmittel** – gleich welcher Konsistenz – bewegliche Sachen – regelmäßig auch „Produkte" i. S. d. § 2 ProdHaftG.[1375] Vergleiche zum Inverkehrbringen bei **gentechnisch veränderten Produkten** allerdings § 37 Abs. 2 GenTG.[1376] Diese Regelung hat gegenüber dem ProdHaftG Vorrang.[1377]

bb) Der Fehler

Der schließlich in § 3 ProdHaftG „Gesetz gewordene" **Fehlerbegriff** entstammt nahezu wörtlich der Formulierung in Artikel 6 der Produkthaftungsrichtlinie.[1378] Der Gesetzgeber beabsichtigte mit dem Transformationsgesetz, den „Verbraucher in seiner **körperlichen Integrität** und seinem persönlichen, nicht gewerblich genutzten **Eigentum** zu schützen".[1379] Die Haftung gründet auf der **mangelnden Produktsicherheit.**[1380] 302

(1) Abgrenzungen: Sachmangel zum deliktischen Fehlerbegriff. Die **Sachmängelhaftung** (§§ 437 Nr. 3, 440, 634 Nr. 4, 636, 651 i. V. m. 280 Abs. 1 und Abs. 3 BGB) stellt auf den Begriff des **Sachmangels (etwa in § 434 BGB)** ab. Entscheidend ist die Abweichung des tatsächlichen Zustandes (Ist-Zustandes) von der Sollbeschaffenheit (vertragliche Vereinbarung).[1381] Die vertragliche Mängelhaftung bezieht sich also auch auf die **Gebrauchsfähigkeit** des Produkts und sanktioniert Fälle, in denen diese nicht gegeben ist.[1382] **Die „gesetzliche Produkthaftung"**, deren Schutzzweck nicht die Gebrauchstauglichkeit des Produkts selbst ist, sondern auf die Integrität von Eigentum sowie Leib und Leben von anderen abstellt, berührt die **Sicherheit des Produkts,** und zwar so, wie die berechtigte Sicherheitserwartung ist.[1383] Die Sachmängelhaftung schützt das wirtschaftliche **Nut-** 303

[1372] Palandt/*Sprau,* § 2 ProdHaftG Rn. 2.

[1373] *Deutsch,* VersR 1992, 521, 526; *Foerste/Graf von Westphalen,* § 47 Rn. 22, bejahen zwar die „Produkteigenschaft", halten aber eine Herstellerhaftung für lebende Tiere, z. B. BSE, für schlichtweg absurd.

[1374] *Taschner/Frietsch,* § 2 ProdHaftG Rn. 31; *Deutsch,* VersR 1992, 521, 525.

[1375] Vgl. dazu OLG Köln, NJW 2006, 2272 – Gebissschaden durch harte Nuss; OLG Köln, VersR 2003, 1587 ff. – Schrauben im Toast; OLG Düsseldorf, VersR 2003, 912 – Schokoriegel/Zahnschäden.

[1376] Siehe Details zur Haftung von gentechnisch veränderten Naturprodukten Staudinger/*Oechsler,* § 2 ProdHaftG Rn. 50 ff. und 54 ff. sowie *Kullmann,* § 2 ProdHaftG Rn. 44; *Hirsch/Schmidt-Didczuhn,* VersR 1990, 1193, 1204: Werden Produkte, die gentechnisch veränderte Organismen enthalten oder aus solchen bestehen, in den Verkehr gebracht (ohne Genehmigungen), greifen die §§ 32–37 GenTG direkt, so ausdrücklich *Kullmann,* wie zuvor.

[1377] *Deutsch,* VersR 1992, 521, 524; Staudinger/*Oechsler,* § 2 ProdHaftG Rn. 5; *Godt,* NJW 2001, 1167, 1171.

[1378] Vgl. zur Entstehungsgeschichte des Fehlerbegriffs in § 3 ProdHaftG vor allem *Schmidt-Salzer* in Schmidt-Salzer/Hollmann, Band 1, Art. 6 Rn. 2; Bericht über das Symposium zur EG-Produkthaftungsrichtlinie, PHi 1986, 60; *Lemor,* VW 1986, 108, 110; *Hollmann,* DB 1985, 2389, 2393; s. im Übrigen auch *von Hülsen,* RIW 1979, 365, 375.

[1379] Vgl. dazu BR-Drs. 101/88, 41; BT-Drs. 11/2447, 17; *Taschner/Frietsch,* § 3 ProdHaftG Rn. 2–4.

[1380] Vgl. dazu auch BR-Drs. 101/88, 41; Müko/*Wagner,* § 3 ProdHaftG Rn. 2; *Müller,* VersR 2004, 1073, 1074.

[1381] Vgl. dazu detailliert Palandt/*Weidenkaff,* § 434 Rn. 13 m. w. N.; *Erman/Schiemann,* § 3 ProdHaftG Rn. 3.

[1382] *Kullmann,* § 3 ProdHaftG Rn. 3 sowie Palandt/*Sprau,* § 3 ProdHaftG Rn. 1.

[1383] Vgl. die amtliche Begründung, BR-Drs. 101/88, 41; BT-Drs. 11/2447, 17; *Müller,* VersR 2004, 1073, 1074.

zungs- und Äquivalenzinteresse des Vertragspartners,[1384] die Produkthaftung insgesamt das **Integritätsinteresse.**[1385] Beispiel: Bestellt der Käufer einen „schwarzen" PKW, liefert jedoch der Verkäufer einen „roten", wird dieser „Mangel" nur über das Vertragsrecht abgewickelt werden. Die Sicherheit des PKW steht insoweit nicht in Frage. Bei einem konstruktiven Mangel – etwa an den Bremsen – kann demgegenüber einerseits Nacherfüllung verlangt werden, wenn die Bremse mangelhaft ist (§ 434 BGB), aber auch – unter Umständen – wenn sich dieser Mangel „durchgefressen" und zu Schäden an Leib und Leben und/oder zur (bis dato unbelasteten) Eigentumsverletzung geführt hat – eine Haftung für Mangelfolgeschäden über § 1 ProdHaftG auslösen und auch ggf., im Falle des Verschuldens des Herstellers, zu einer Haftung nach § 823 BGB führen. Im letzteren Falle stünden die Ansprüche nebeneinander, vgl. dazu vertiefend die Ausführungen zu § 15 ProdHaftG.[1386] Da der Verbraucher in seiner körperlichen Integrität und in seinem persönlichen – nicht gewerblich genutzten – Eigentum geschützt werden soll, kommt es, was die Haftung nach § 1 ProdHaftG angeht, nicht darauf an, ob und inwieweit die Gebrauchsfähigkeit eines Produkts tatsächlich beeinträchtigt ist. Soweit eine Sache nicht der vertraglich geschuldeten Sollbeschaffenheit entspricht (Abweichung also beim Ist-Zustand), müssen enttäuschte Verbrauchererwartungen nach Kauf- bzw. Werkvertragsrecht abgewickelt werden. In den **Voraussetzungen unterscheidet** sich damit **§ 3 ProdHaftG** vom **Sachmängelhaftungsbegriff** der §§ 434 Abs. 1 und 633 Abs. 2 BGB.

304 **Ein weiterer Unterschied:** Der Sachmangelanspruch steht originär dem Erwerber der Sache gegenüber seinem Vertragspartner zu; ein Produkthaftungsanspruch nach § 1 ProdHaftG auch demjenigen, der das Produkt selbst nicht käuflich erworben hat.[1387] Daraus folgt zugleich, dass es für die Sicherheitserwartungen, die in § 3 ProdHaftG normiert sind, jedenfalls nicht zwingend oder jedenfalls nicht allein auf den Horizont des Käufers ankommen kann (siehe dazu Ausführungen zu § 3 ProdHaftG unter (2), Rn. 305). Was die **Abgrenzung** zu den **Verkehrspflichten nach § 823 Abs. 1 BGB** angeht, geht die h. M. davon aus, dass die in **§ 3 ProdHaftG** vorausgesetzten **Sicherheitserwartungen** nach **denselben Maßstäben wie die Verkehrspflichten des Herstellers i. S. d. § 823 Abs. 1 BGB konkretisiert** sind.[1388] Allerdings unterscheiden sich die Tatbestandsvoraussetzungen des Fehlerbegriffs in § 3 ProdHaftG jedenfalls in „kleineren" Teilbereichen von den Voraussetzungen einer Verkehrssicherungspflichtverletzung nach § 823 Abs. 1 BGB.[1389] Die Besonderheit besteht darin, dass die Haftung nach den §§ 1, 3 ProdHaftG dadurch ausgelöst wird, dass durch den Fehler eines Produkts jemand getötet, sein Körper oder seine Gesundheit verletzt, oder eine Sache beschädigt wird, und dafür der Hersteller die Verantwortung zu tragen hat. Es geht um den Fehler eines vom Hersteller gefertigten Produktes, nicht um die Sanktionierung eines allgemeinen Fehlverhaltens des Herstellers im Übrigen. Deshalb tendiere ich dazu, gerade weil der Gesetzgeber unterschiedliche

---

[1384] Palandt/*Sprau,* § 3 ProdHaftG Rn. 1.

[1385] Palandt/*Sprau,* § 3 ProdHaftG Rn. 1 unter Berufung auf BGH, NJW 1985, 2420; BGHZ 86, 256; *Schmidt-Salzer,* BB 1983, 534.

[1386] Vgl. zum Verhältnis der allgemeinen Haftungsregelungen, der Vertragshaftung, der allgemeinen deliktischen Verschuldenshaftung und zur Haftung nach dem ProdHaftG auch die Ausführungen bei Müko/*Wagner,* § 15 ProdHaftG Rn. 2ff; *Erman/Schiemann,* § 3 ProdHaftG Rn. 3; und BGH, Beschluss vom 26.1.2010, BeckRS 2010, 05571 – abgebrannter LKW; dazu auch OLG Düsseldorf, BeckRS 2010, 05734 mit überzeugenden Begründungen.

[1387] Staudinger/*Oechsler,* § 3 ProdHaftG Rn. 11.

[1388] OLG Düsseldorf, BeckRS 2010, 05734 – abgebrannter LKW; dazu auch BGH, Beschluss vom 26.1.2010, BeckRS 2010, 05571; OLG Schleswig, NJW-RR 2008, 691; OLG Düsseldorf, NJW-RR 2008, 411; OLG Köln, NJW 2005, 3292; *Graf von Westphalen,* NJW 1990, 83, 87; *Kullmann,* VersR 1988, 655, 656.

[1389] Staudinger/*Oechsler,* § 3 ProdHaftG Rn. 12 m. w. N u. a. unter Berufung auf *Brüggemeier/Reich,* WM 1986, 149, 150; siehe dazu Fabrikationsfehler/Ausreißer bei § 3 Rn. 200 ff.

Anknüpfungsvoraussetzungen an die Haftung nach § 1 ProdHaftG und aus § 823 Abs. 1 BGB stellt, auch nach wie vor zu unterscheiden zwischen den etwaig **schuldhaft** verletzten Verkehrssicherungspflichten des Herstellers i. S. d. § 823 Abs. 1 BGB und – andererseits – der Haftung des Herstellers für fehlerhafte Produkte i. S. d. § 3 ProdHaftG, mit etwaigen Exkulpationsmöglichkeiten nach § 1 Abs. 2 und § 1 Abs. 3 ProdHaftG.[1390]

(2) Der Fehler i. S. v. § 3 ProdHaftG. Ein Produkt hat nach § 3 ProdHaftG einen **Fehler,** wenn es nicht die Sicherheit bietet, die unter Berücksichtigung aller Umstände, insbesondere seiner Darbietung, des Gebrauchs, mit dem billigerweise gerechnet werden kann, des Zeitpunkts, in dem es in den Verkehr gebracht wurde, berechtigterweise erwartet werden kann. 305

(a) Der Maßstab berechtigter Sicherheitserwartungen. § 3 ProdHaftG schützt nicht jede enttäuschte Sicherheitserwartung des potentiell Geschädigten, sondern nur die, die dieser **berechtigterweise erwarten** konnte.[1391] In Artikel 6 der Richtlinie heißt es noch konkreter, dass es darauf ankomme, ob ein Produkt eben die Sicherheit bietet, die **„man"** unter Berücksichtigung aller Umstände zu erwarten berechtigt sei. Zu Recht aber wird in der Literatur betont, dass allein dadurch, dass das Wort „man" eben im Transformationsgesetz in § 3 ProdHaftG fehlt, eine inhaltliche Abweichung nicht bezweckt war.[1392] Die Verwendung des Begriffes „man" in der Richtlinie verdeutlicht vielmehr, dass es **nicht** auf die Sicherheitserwartungen des Geschädigten in concreto ankommen soll, vielmehr auf **objektive Maßstäbe,**[1393] und zwar auf solche, die in Deutschland gelten.[1394] Absolute Produktsicherheit verlangt § 3 ProdHaftG nicht und kann dies auch nicht verlangen.[1395] 306

Auf welchen Personenkreis für die Bestimmung des zu erwartenden Sicherheitsniveaus abzustellen ist, lässt der Wortlaut des Gesetzes, wie der BGH zu Recht in seiner Kirschtaler-Entscheidung betont hat, offen.[1396] Entscheidend dürfte der **jeweilige Benutzerkreis,** an den sich das Produkt richtet, sein.[1397] Aus diesem Kreis dieser **durchschnittlichen** Benutzer oder Verbraucher sind diese **Erwartungen** objektiv zu ermitteln.[1398] Beispiele: Spezialprodukte, die sich nur an Experten richten, wecken gewisse Erwartungen. Wenn auf den Sicherheitsmaßstab abgestellt wird, kommt es dann bei einem derartigen Experten auf den jeweiligen „Durchschnittsnutzer" an.[1399] Unter der nicht selten von Juristen ver- 307

[1390] Vgl. dazu auch MüKo/*Wagner,* § 3 ProdHaftG Rn. 3; *Erman/Schiemann,* § 3 ProdHaftG Rn. 3.

[1391] Dazu auch BGH, Urt. vom 21.4.2011, WM 2011, 1999 – zur Funktionstauglichkeit eines Rundbogenfensters; OLG Hamm, Urt v. 25.5.2013, Az. 21 U 64/12, BeckRS 2013, 08842 – Putzmaterialien im Fruchtgummi („Cola-Fläschchen").

[1392] *Taschner/Frietsch,* § 3 ProdHaftG Rn. 3–4; *Kullmann,* § 3 ProdHaftG Rn. 5.

[1393] BGH, NJW 2009, 1669, 1670 – Kirschtaler, dazu weiter unten; ebenso *Taschner/Frietsch,* § 3 ProdHaftG Rn. 3; vgl. auch OGH, PHi 2007, 224 – Holzschutzmittel; ebenso *Kullmann,* § 3 ProdHaftG Rn. 5; vgl. dazu LG Kleve, NJW-RR 2011, 1473 – Knochenstücke im Hackfleisch; OLG Hamm, BeckRS 2013, 08842 – Putzmaterialien im Fruchtgummi.

[1394] OLG München, Urt. vom 5.8.2002, NZV 2003, 480 – Ampeldiebstahl bei fehlender Verriegelungstechnik in Deutschland (anders als in den USA).

[1395] Eine solche Erwartung wäre nicht berechtigt, so ausdrücklich und wörtlich *Erman/Schiemann,* § 3 ProdHaftG Rn. 2.

[1396] BGH, NJW 2009, 1169, 1170 – Kirschtaler.

[1397] So *Kullmann,* § 3 ProdHaftG Rn. 5; a. A. Staudinger/*Oechsler,* § 3 ProdHaftG Rn. 15 m. w. N.: **Die betroffene Allgemeinheit.**

[1398] BGH, NJW 2009, 1669 – Kirschtaler; OLG Schleswig, NJW-RR 2008, 691 – Geschirrspülmaschine; OLG Koblenz, NJW-RR 2006, 169 – Kunststoffknetmaschine; OGH, JBL 2001, 177 – Sandbeton; OGH, RdW 1999, 204 – Küchenofen; *Kullmann,* § 3 ProdHaftG Rn. 5; Staudinger/*Oechsler,* § 3 ProdHaftG Rn. 21 ff.; *Erman/Schiemann,* § 3 ProdHaftG Rn. 2.

[1399] BGH, Nichtannahmebeschluss, NJW-RR 2001, 1248 – Sprungboot; *Kullmann,* Höchstrichterliche Rechtsprechung, Rn. 436.

wendeten „Kunstfigur“ des sog. „durchschnittlichen Verbrauchers“ werden sachtypische Konstellationen erfasst. So sind besondere Naivitäten nicht maßgeblich; abgestellt wird auch nicht auf die selten unerfahrenen und auch nicht auf die „hochqualifizierten“ Benutzer. Fallbeispiel aus Österreich:[1400] Der Kläger gewann bei einem Gewinnspiel ein Fahrrad mit Doppelrohrverstrebung. Es handelte sich um ein sog. **Billigprodukt.** Bei schnelleren Abfahrten kann es bei solchen Fahrrädern zum Flattern des gesamten Rades kommen. Ein Sturz ist dann (oft) unvermeidlich. Der Kläger nutzte das Rad und stürzte schwer und zog sich Prellungen zu. Der österreichische OGH stellte fest, ein Produkt sei dann fehlerhaft, wenn es eine Unsicherheit mit sich bringt, die „man“ unter Berücksichtigung aller Umstände nicht erwarten müsse. Auch bei einem Billigprodukt dürfe ein **gewisses Mindestmaß an Qualität** nicht unterschritten werden.[1401] Bei jedem Fahrrad könne erwartet werden, dass es zu einer Befahrung einer abschüssigen Asphaltstraße in einer Geschwindigkeit von 30 bis 40 km/h geeignet sei. Der Hersteller wurde wegen dieses Fehlers dementsprechend verurteilt.

308 Anders der österreichische OGH[1402] zu § 5 (österreichischem) PHG: Es stelle „kein sozialuntypisches Verhalten dar, wenn ein Verbraucher eine teilentleerte, mit einem kohlensäurehaltigen Getränk gefüllte Glasflasche mit Tafelwasser unabsichtlich hart auf festem Boden abstellt bzw. kräftig anstoße“.

309 Erwartungen von Käufern bestimmen sich in erster Linie einmal nach den **Produktbeschreibungen** und **Gebrauchsanleitungen,** also dem bestimmungsgemäßen Gebrauch. Probleme stellen sich für **besondere Risikogruppen,** wie u. a. etwa auch bei **Kindern** und/oder **alten Menschen.**[1403] Auch in diesem Zusammenhang gilt, der Hersteller muss sich nicht stets am Erwartungshorizont des durchschnittlichen Kindes – etwa altersgemäß – ausrichten. Diese Verpflichtung trifft ihn nur dann, wenn sich sein Produkt (konkret) an Kinder richtet, er also etwa **Kinderspielzeug** herstellt.[1404] Die berühmte „Holzeisenbahn“ für Kleinkinder kann vor diesem Hintergrund fehlerhaft sein, wenn sie nicht ungefährlich in den Mund genommen werden kann.[1405] Bei der Auslegung der berechtigten Sicherheitserwartung von Produkten für Kinder sind vom Hersteller zudem die Inhalte der EU-Spielzeugrichtlinie[1406] und deren Transformation in deutsches Recht (Spielzeug-ProdSG-VO) zu berücksichtigen. Nichts anderes gilt auch für eine weitere **Sondergruppe,** die der

---

[1400] OLG Innsbruck, Urt. vom 31.1.1992, Az. 4 R 331/91 – Fahrrad (soweit feststellbar bisher unveröffentlicht); vgl. dazu auch *Kullmann/Pfister,* Kza 11100/1.

[1401] BGH, NJW 2009, 2952, 2954 – Airbag, dazu auch *Lenz,* PHi 2009, 196 ff.; sowie zum Nichtauslösen eines Airbags das Provinzgericht in Madrid, Urt. vom 26.7.2011 zu Sachverhalt und Entscheidungsgründen, PHi 2012, 157.

[1402] OGH, Teilzwischenurteil vom 13.9.2012, Österreichisches AnwBl. 2013, 189 – Tafelwasserflaschen-Explosion m. Anm. *Spitzer* und *Huber/Schwaiger,* PHi 2013, 51; die der bedenklich weitgehenden Entscheidung inhaltlich zustimmen. Diese Sicherheitserwartung kann m. E. ein typischer Verbraucher nicht haben. Insoweit ist jedoch zu berücksichtigen, dass ein Kind betroffen war (1,04 m groß).

[1403] Vgl. dazu auch BGH, NJW 2009, 1669, 1670 – Kirschtaler; LG Osnabrück, PHi 2003, 170 ff. – Plastikball für Kinder mit Anm. *Klindt.*

[1404] *Taschner,* NJW 1986, 611, 614; *Klaue,* Zur Wirksamkeit von Gefahrenhinweisen bei Kinderspielzeug, 2002; vgl. aber auch BGHZ 116, 60 – Kindertee I m. A. *Tiedtke,* PHi 1992, 138; BGH, NJW 1994, 932 – Kindertee II und dazu *Honsell,* JuS 1995, 211, 213.

[1405] So explizit *Taschner,* NJW 1986, 611, 614; Müko/*Wagner,* § 3 ProdHaftG Rn. 8.

[1406] Vgl. etwa die Spielzeugrichtlinie vom 3.5.1988, 88/378/EWG, ABl. I 187/1 und aktuell dazu die Diskussion, dass die Europäische Union die schärferen Anforderungen an Spielzeuge – entgegen den Ansichten von Deutschland – lockern will, Tagesschau.de vom 11.5.2012; www.bmwi.de/DE/Presse/Pressemitteilungen; http://www.eu-info.de/dpa-europaticker/174838.html; www.faz.net/aktuell/Wirtschaft/Unternehmen/verbot-für-gefährliche-chemikalien-eu-parlament-will-spielzeugrichtlinie-verschärfen-1462876.html; http://www.spiegel.de/wirtschaft/bleierne-barbie-verheugen-will-spielzeug-richtlinie-verschaerfen-a-504195.html.

Arbeitnehmer. Arbeitnehmer sollen ebenfalls vor fehlerhaften Produkten geschützt werden.[1407] Bei Maschinen gilt die 9. ProdSG-VO (Maschinenrichtlinie) und bei Geräten, die am Arbeitsplatz Verwendung finden, auch die Unfallverhütungsvorschriften der Berufsgenossenschaften.[1408] Für Schäden, die der Arbeitnehmer erleidet, bevor die Produkte in den Verkehr gebracht sind, haftet der Hersteller allerdings nicht (vgl. § 1 Abs. 2 Nr. 1 ProdHaftG). Zudem haftet der Arbeitgeber nicht nach § 104 SGB VII. Er hat aber die Betriebssicherheitsverordnung zu beachten.

Nach den dargestellten Maßstäben stellt der BGH in seiner **Kirschtaler-Entscheidung**[1409] fest, das Berufungsgericht habe zu Unrecht den hergestellten Kirschtaler als **fehlerhaft** beurteilt: Denn der Verbraucher, der ein verarbeitetes Naturprodukt verzehrt, müsse davon ausgehen, dass sich der Hersteller im Rahmen des Verarbeitungsprozesses eingehend mit dem **Naturprodukt** befassen würde[1410] und soweit möglich und zumutbar von diesem ausgehende Gesundheitsrisiken beseitigt. Aus Sicht des Konsumenten könne bei einer aus Steinobst bestehenden Füllung nicht ganz ausgeschlossen werden, dass dieses in seltenen Fällen auch einmal Steine enthalte. Eine **vollkommene Sicherheit** sei dem **Hersteller von Kirschtalern nicht zumutbar** und auch **objektiv nicht** erforderlich und: Eine **völlige Gefahrlosigkeit** könne der Verbraucher **nicht** erwarten.[1411] 310

Entsprechend hat der BGH erneut im Jahr 2013 entschieden.[1412] Der Kläger hatte im Februar 2007 in einem Baumarkt ein in China hergestelltes und von der Beklagten in den europäischen Wirtschaftsraum eingeführtes sog. **Heißwasser-Untertischgerät** erworben und installiert und sich im März bei der **Explosion** des Gerätes erheblich verletzt. Der BGH, der das Urteil des OLG Naumburg aufhob und zur neuen Verhandlung und Entscheidung an das Berufungsgericht zurückverwies, hielt folgendes fest: Werde das Produkt in Baumärkten und daher nicht nur an Fachleute, sondern auch an Heimwerker vertrieben, müsse es **erhöhten Sicherheitsanforderungen** genügen, und zwar solchen, die auf das Wissen und Gefahrsteuerungspotential der am wenigsten informierten und zur Gefahrsteuerung kompetenten Gruppe Rücksicht nehmen. Ein Produkt – so der BGH – müsse aber nicht so beschaffen sein, dass es auch dann die körperliche Unversehrtheit des Benutzers oder eines Dritten nicht verletze, wenn es falsch angeschlossen worden sei. Die berechtigte Sicherheitserwartung gehe eben nur dahin, dass von einem Produkt bei vorhersehbarer üblicher Verwendung unter Beachtung der Gebrauchs- und Installationsanleitungen keine nennenswerten Gefahren für die körperliche Integrität ausgehen würden. Von Herstellern könne nicht verlangt werden, für sämtliche Fälle eines nicht sorgfältigen Umgangs mit dem Produkt, zu dem auch die fachwidrige Installation gehören kann, Vorsorge zu treffen. Die nur bestehende **„theoretische Möglichkeit"**, dass durch ein Produkt Rechtsgüter anderer verletzt würden, könne einen Fehler i. S. d. § 3 ProdHaftG nicht begründen (anders noch nach Auffassung des Berufungsgerichts). Eine absolute Sicherheit könne nicht von jedem Produkt in jeder Situation verlangt werden.[1413] 311

[1407] BT-Drs. 11/2447, 2.

[1408] OLG Bamberg, Urt. vom 7.1.1999, Az.1 U 80/96 – Trockenofen; BGH, Nichtannahmebeschluss v. 11.1.2000, zitiert nach *Kullmann/Pfister*, Kza 8125/8.

[1409] BGH, NJW 2009, 1669, 1670 – Kirschtaler.

[1410] *Buchwaldt*, ZLR 1999, 417, 421.

[1411] Vgl. zum Gebissschaden durch eine überharte Nuss auch OLG Köln, NJW 2006, 2272 – Nuss; sowie LG Kleve NJW-RR 2011, 1473 ff. – Knochenstücke im Hackfleisch: Nicht fehlerhaft; OLG Köln, VersR 2003, 1587 ff. – Schrauben im Toast; anders aber OLG Hamm, BeckRS 2013, 08842 – bei Fremdkörpern im Fruchtgummi („Cola-Fläschchen").

[1412] BGH, Urt. vom 5.2.2013, VersR 2013, 469 sowie PHi 2013, 66 f. – Heißwasser-Untertischgerät bei fachwidriger Installation.

[1413] Dazu bereits BGH, VersR 1989, 1307 – Pferdebox.

312 Zu Recht spricht *Kullmann*[1414] die Thematik des Spannungsverhältnisses der Sicherheitserwartung auf der einen und das der **Sozial-Adäquanz** auf der anderen Seite an: Soweit eine bestimmte Produkteigenschaft – so *Kullmann* – als sozial adäquat von der Allgemeinheit und/oder von durchschnittlichen Verwendern hingenommen werde, dürfe selbst das Vorhandensein von Gefahren nicht zur Bejahung der Fehlerhaftigkeit eines entsprechenden Produktes führen.[1415] Als Beispiele werden von ihm – zu Recht – insbesondere die Schädlichkeit von Genussmitteln wie Alkohol, Tabak und auch Süßwaren, aber auch Messer und Schusswaffen genannt.[1416] Als Annex sei betont, dass der allgemeine Erwartungshorizont – ohne dass dies im Wortlaut des § 3 ProdHaftG zum Ausdruck kommt – über die Sozial-Adäquanz hinaus eingeschränkt wird. Denn der Gesetzgeber mutet es dem Hersteller nicht zu, bei Fertigung eines **Niedrigpreisproduktes** entsprechende Sicherheitsvorkehrungen zu verwirklichen, die ansonsten lediglich bei einem **Hochpreisprodukt** erwartet werden können.[1417]

313 **(b) Berücksichtigung aller maßgeblichen Umstände.** Die sog. **berechtigten Sicherheitserwartungen** werden in § 3 Abs. 1 ProdHaftG durch drei explizit angeführte Gesichtspunkte **konkretisiert.** Durch die in § 3 Abs. 1 ProdHaftG gewählte Formulierung **„...insbesondere..."** wird aber bereits deutlich, dass die Aufzählung im Gesetz nicht abschließend zu verstehen ist.[1418]

314 **(aa) Die Darbietung des Produkts.** Der **Gesetzgeber** versteht unter der **Darbietung des Produkts** alle Tätigkeiten, durch die das Produkt der Allgemeinheit oder dem konkreten Benutzer vom Hersteller vorgestellt und damit in der Öffentlichkeit präsentiert wird.[1419] Dazu gehören vor allem die sog. **Produktbeschreibungen** (auch Sollbeschaffenheitsangaben).[1420] Zur Darbietung des Produkts gehört unter Umständen aber auch die äußere Gestaltung des Produktes, z. B. die Vermeidung scharfer Kanten bei der Tapezierkleistermaschine[1421] oder auch Halterungen von Gepäckträgern.[1422] Aus dem Blickwinkel des Herstellers betrachtet, fängt es mit der konkreten Ausgestaltung und der Aufmachung des Produkts an[1423], das dann, ggf. unter Beifügung von **Bedienungs-** und **Gebrauchsanleitungen** und/oder **Beipackzetteln,** in den Verkehr gebracht wird, ggf. mit mündlichen Informationen bei den Verkaufsgesprächen und/oder parallel dazu begleitet nicht selten durch **Werbung.**[1424] Schließlich erfasst werden auch Seminar- und Fort-

---

[1414] *Kullmann,* § 3 ProdHaftG Rn. 18.

[1415] Unter Berufung auf *Taschner/Frietsch,* § 3 ProdHaftG Rn. 3; *Wieckhorst,* VersR 1995, 1005, 1011.

[1416] OLG Frankfurt, NJW-RR 2001, 1471; vgl. zu Tabakwaren auch OLG Frankfurt, ZLR 2001, 339; OLG Hamm, NJW 2005, 295; OLG Hamm, NJW-RR 2001, 1654; *Kullmann,* ZLR 2001, 231, 238; *Lenz,* StoffR 2004, 13 ff.

[1417] BT-Drs. 11/2447, 18; vgl. auch BGH, NJW 2009, 2952, 2954 zur Kosten/Nutzen-Relation; dazu auch *Lenz,* PHi 2009, 196 ff. Staudinger/*Oechsler,* § 3 ProdHaftG Rn. 36, spricht gar von h. M., obgleich hier Einzelheiten umstritten sind; *Kullmann,* Höchstrichterliche Rechtsprechung, Rn. 439, 442 ff.

[1418] BT-Drs. 11/2447, 18, *Erman/Schiemann,* § 3 ProdHaftG Rn. 2.

[1419] BT-Drs. 11/2447, 18; vgl. dazu auch OGH, PHi 2007, 224 – Holzschutzmittel.

[1420] Vgl. etwa BGH, VersR 2003, 467 – Unterspannbahnen für Dächer; BT-Drs. 11/2447, 18; *Taschner,* NJW 1986, 611, 614; *Schlechtriem,* VersR 1986, 1033, 1036; *Wieckhorst,* VersR 1995, 1005, 1011.

[1421] BGH, Urt. vom 28.3.2006, Az. VI ZR 46/05 – Tapezierkleistermaschine; und LG Düsseldorf, Urt. vom 30.11.2005, NJW-RR 2006, 1033 ff. = VersR 2006, 1650 mit Anm. *Klindt* – Abschälmaschine.

[1422] Vgl. dazu *Kullmann,* § 3 ProdHaftG Rn. 22 und insbes. Fn. 46; ebenso Staudinger/*Oechsler,* § 3 ProdHaftG Rn. 42.

[1423] Staudinger/*Oechsler,* § 3 ProdHaftG Rn. 42.

[1424] Staudinger/*Oechsler,* § 3 ProdHaftG Rn. 42; *Erman/Schiemann,* § 3 ProdHaftG Rn. 2 u. 4.

bildungsveranstaltungen des Herstellers und dessen sonstigen Auftritte in der Öffentlichkeit.[1425]

Im Einzelfall kann sich die Frage stellen, ob und inwieweit sich der Hersteller **Darbietungen durch Dritte** im Rahmen des § 3 ProdHaftG zurechnen lassen muss. Wenn Dritte dafür sorgen, dass die Produktdarbietung nicht (mehr) derjenigen entspricht, die der Hersteller in Verkehr gebracht hat, kann dies letzterem nicht – jedenfalls nicht ohne Weiteres – zugerechnet werden. Vielfach heißt es insoweit, dass etwa auch „übereifrige Äußerungen" des etwaigen Verkaufsagenten den Hersteller nichts angingen, jedenfalls soweit diese dem Hersteller nicht bekannt sind oder er sie nicht hat kennen können.[1426] Ein praktisches Beispiel: Ein Hersteller von Steckdosen verpackt diese in Hundertereinheiten in eine Tüte und versieht diese äußerlich mit entsprechenden Warnhinweisen. Kommt es dann während des Vertriebs zum **„Umverpacken"** durch den **Großhandel** oder durch den Einzelhandel, und hatte der Hersteller von der Umverpackung durch den Handel keine Kenntnis, kann der dann fehlende Warnhinweis an die Verbraucher nicht zwingend dem Hersteller angelastet werden. Dies mag anders zu beurteilen sein, wenn sich der Hersteller autorisierter Vertragshändler oder autorisierter Händler generell quasi als „verlängertem" Arm bedient. Soweit demgegenüber vertreten wird, es komme für die Zurechnung gegenüber dem Hersteller weder auf **positive Kenntnis** noch auf ein **Kennen müssen** des Herstellers an, sondern allein auf das Inverkehrbringen des Produktes,[1427] vermag ich dem in dieser Allgemeinheit nicht zu folgen. Ich meine schon, dass die gegenteilige Auffassung durchaus mit dem System des § 3 Abs. 1 lit. c) und auch mit § 1 Abs. 2 Nr. 2 ProdHaftG zu vereinbaren ist. Denn das gesamte Produkthaftungsrecht richtet sich an den Hersteller, der adäquat kausal ein Rechtsgut verletzt haben muss. Gerade weil ein Verschulden im Rahmen der Haftung nach § 1 ProdHaftG nicht vorliegen muss, kommt es entscheidend darauf an, was dem Hersteller **zurechenbar** ist. Der Hersteller hat – natürlich allein bedingt dadurch, dass er ein Produkt in Verkehr gebracht hat – eine Ursache gesetzt und einen Sicherheitszustand mit beeinflusst. Ich denke, die Lösung des soeben zitierten Problems müsste über die Produktbeobachtungspflicht des Herstellers zu suchen sein. Erkennt der Hersteller, dass der Großhändler im oben genannten Beispiel Umverpackungen vornimmt, ist er ggf. verpflichtet, auf diesen einzuwirken oder gar für ein Mehr an Sicherheit durch optimierte (nicht mehr veränderbare) Warnhinweise zu sorgen, so dass es nicht mehr zu „eigenmächtigen" Umverpackungen kommt. Erst recht muss sich der Hersteller aber eigenmächtige Werbungen durch Dritte nicht zurechnen lassen.[1428] 315

Konkret zur **Werbung:** Es besteht nahezu einhellig die Auffassung, dass die Werbung die Sicherheitserwartungen der Verbraucher erhöhen kann.[1429] Nicht selten geht es um Bilder, die auf der Verpackung selbst oder im beigefügten Werbematerial auffindbar sind. Zwar hatte der BGH[1430] in früheren Jahren zunächst noch restriktiv ausgeführt, dass ein Hersteller, der in der Werbung für Markenwaren wirbt, nicht stets eine Zusage gibt, dass er auch für etwaige Mängel haften will, doch ist der Gesetzgeber inzwischen mit der Normierung des § 434 Abs. 1 Satz 3 BGB weitergegangen und hat klargestellt, dass auch 316

[1425] OLG Zweibrücken, VersR 2003, 255 – Pflanzenstärkungsmittel; OLG Linz, Urt. vom 10.7.2012, Az. 4 R 115/12b – Teleskopleiter; vgl. dazu auch PHi 2012, 215 m. Anm. *Eidam; Kullmann/Pfister,* Kza 8125/16: Haftungsanknüpfung an die Inhalte der Fortbildungsveranstaltung; Soergel/*Krause,* § 3 ProdHaftG Rn. 5.

[1426] Staudinger/*Oechsler,* § 3 ProdHaftG Rn. 43a; *Kullmann,* § 3 ProdHaftG Rn. 24.

[1427] So ausdrücklich Staudinger/*Oechsler,* § 3 ProdHaftG Rn. 43a.

[1428] Ausdrücklich ebenso auch Müko/*Wagner,* § 3 ProdHaftG Rn. 21; ebenso *Kullmann,* § 3 ProdHaftG Rn. 24.

[1429] BT-Drs. 11/2447, 18; *Hollmann;* DB 1985, 2389, 2394.

[1430] BGHZ 48, 118, 122 ff.

Werbeaussagen durchaus **bindend** sein können, nämlich dann, wenn der Werbeadressat den Werbeaussagen ernsthafte Inhalte zur Produktsicherheit entnehmen kann.[1431] Zu Recht aber wird § 434 Abs. 1 Satz 3 BGB nicht zur Begründung eigener produktbezogener Instruktionspflichten herangezogen,[1432] sei es, dass Prospekt-, Katalog- Fernsehspot- und/oder Illustrierten-Anzeigen als Medium herhalten: Schwierig wird es, wenn Prospektangaben, etwaige begleitende Warnhinweise und Inhalte von Fernsehspots inhaltlich voneinander abweichen. So führt *Zinkann*[1433] an, dass etwa in einer Gebrauchsanleitung für Wasch- und Geschirrspülmaschinen darauf hingewiesen werde, nach dem Gebrauch dieser Maschinen den Wasserhahn zuzudrehen, während in Fernsehspots gezeigt werde, wie eine Frau zum Tennisplatz fahre, während die Maschine dann zu Hause arbeite.[1434] Umgekehrt kann aber auch eine **verharmlosende Werbung** unter dem Gesichtspunkt der Darbietung des Produkts ein „Fehler" i. S. d. § 3 ProdHaftG sein.[1435] So wurden etwa Sprengkörper mit der Bezeichnung „Kleinstfeuerwerk" mit der Behauptung vertrieben, diese dürften an Personen unter 18 Lebensjahren abgegeben werden; sie enthielten jedoch keinen Hinweis, dass die Sprengkörper nur an Personen über 12 Jahre verkauft werden durften.[1436] Dies gilt auch für **übertriebene Anpreisungen.**[1437] Allerdings hat der österreichische OGH[1438] dies im Falle einer Klemmleuchte verneint. Diese konnte der Nutzer am Bett anbringen.[1439] Enthält eine Lampe einen Aufkleber mit dem Inhalt „Höchste Sicherheit", beziehe sich dieser Aufkleber inhaltlich eben nur auf das Produkt selbst, nicht aber auf die Art und Weise seiner Anbringung. Trotzdem müsse der Durchschnittskäufer nicht zusätzlich darüber aufgeklärt werden, – so das Gericht – dass die Klemmfunktion beim Verschieben der Lampe herunterfallen könne.

317 **(bb) Gebrauch, mit dem billigerweise gerechnet werden kann.** § 3 Abs. 1 lit. b) ProdHaftG stellt in Übereinstimmung mit Art. 6 Abs. 1 lit. b) der Richtlinie klar, dass nicht der konkrete Gebrauch durch den potentiell Geschädigten und auch nicht allein der vom Hersteller dem Produkt zugemessene Verwendungszweck entscheidend sind. Entscheidend ist vielmehr **der Gebrauch, mit dem billigerweise gerechnet werden kann.**[1440] Dass Hersteller Produkte derart sicher gestalten müssen, dass die sog. bestimmungsgemäße Verwendung gefahrlos möglich ist, ist selbstverständlich. Anleihen aus dem öffentlichrechtlichen Produktsicherheitsgesetz nach § 2 Nr. 5 lit. a und b ProdSG scheinen sinnvoll: I. S. d. ProdSG ist die **bestimmungsgemäße Verwendung** die Verwendung, für die das Produkt nach den Angaben derjenigen Person, die es in Verkehr bringt, vorgesehen ist, oder die übliche Verwendung, die sich aus der Bauart und Ausführung des Produkts ergibt. Von einem im Baumarkt gekauften Seil kann berechtigterweise erwartet werden, dass es zum Hochziehen von gefüllten Eimern benutzt werden kann.[1441] Sollen Unter-

---

[1431] Vgl. in diesem Sinne BGH, NJW 1992, 560 – Kindertee I.

[1432] So richtig Staudinger/*Oechsler,* § 3 ProdHaftG Rn. 45 unter Berufung auf *Kloepfer/Grunwand,* DB 2007, 1342.

[1433] *Zinkann,* Die Reduzierung der Produkthaftungsrisiken, 1989, 77 ff.; vgl. aber insbesondere 27.

[1434] Siehe dazu auch *Kullmann,* § 3 ProdHaftG Rn. 22 Fn. 50.

[1435] MüKo/*Wagner,* § 3 ProdHaftG Rn 13 m. w. N. in Fn. 44; *Erman/Schiemann,* § 3 ProdHaftG Rn. 4, im Anschluss an BGHZ 116, 60, 68; BGH, NJW 1999, 2815 – verborgene Messer in Reißwolf; *Möllers,* VersR 2000, 1177, 1180.

[1436] Vgl. dazu auch Staudinger/*Oechsler,* § 3 ProdHaftG Rn. 43.

[1437] *Erman/Schiemann,* § 3 ProdHaftG Rn. 4

[1438] OGH, Beschluss vom 16.5.2002, Az. 6 Ob 107/02g, zitiert nach *Kullmann/Pfister,* Kza 1100/23 – Klemmspotleuchte.

[1439] Vgl. dazu auch *Kullmann,* § 3 ProdHaftG Rn. 22.

[1440] Dazu jetzt auch BGH, NJW 2009, 2952 – Airbag sowie vor allem BGH, NJW 2009, 1669 – Kirschtaler; früher bereits OLG Koblenz, NJW-RR 1999, 1624 – Mineralwasserflasche.

[1441] OLG Düsseldorf, NJW-RR 2001, 458 – Polypropylenseil.

spannbahnen einem bestimmten Wasserdruck standhalten, dann ist nach dem üblichen Gebrauch nicht zu erwarten, dass sie – bei einer Verzögerung des Dacheindeckens – undicht werden.[1442] Demgegenüber grenzt § 2 Nr. 28 ProdSG von dieser bestimmungsgemäßen Verwendung die sog. **vorhersehbare Fehlanwendung** ab. I. S. d. ProdSG – so heißt es – ist die vorhersehbare Fehlanwendung die Verwendung eines Produktes in einer Weise, die von derjenigen Person, die es in den Verkehr bringt, **nicht vorgesehen** wurde, jedoch nach **vernünftigem Ermessen vorhersehbar** ist.[1443] Auch die in § 3 Abs. 1 lit. b) ProdHaftG gewählte Formulierung erfasst den **bestimmungswidrigen Fehlgebrauch,** aber eben nur den, mit dem billigerweise gerechnet werden kann, der insofern **vorhersehbar** oder **üblich** ist.[1444] Derjenige Nutzer, der ein Produkt **missbraucht,** hält sich nicht mehr an den zu erwartenden Rahmen.[1445] Beispiele: Verwendung einer ganz leichten, transportablen sog. **Innenraumleuchte** auch im Außenbereich, für den sie nicht vorgesehen ist; die Verwendung einer Kunststoffluftmatratze zum Schwimmen und/oder die Überschreitung der Tempolimitierung bei Winterreifen.[1446] Der BGH hat in der berühmten **Sniffing-Entscheidung**[1447] zur Verantwortlichkeit eines Herstellers eines technischen Lösungsmitteln im Falle des Inhalierens zum Zwecke der gewollten Berauschung Stellung genommen: Die Eltern des im Juni 1985 verstorbenen 15-jährigen Sohnes verklagten ein Unternehmen der chemischen Industrie auf Zahlung von Beerdigungskosten und Schmerzensgeld. Der Sohn hatte die Dämpfe eingeatmet, um sich daran zu berauschen (sog. „Sniffing"). Die Eltern behaupteten nicht, dass das Produkt des Kältemittelherstellers als solches fehlerhaft gewesen wäre. Dabei nahm aber das Berufungsgericht zu Recht an, dass der Hersteller eines industriellen – in concreto chemischen – Erzeugnisses die Pflicht habe, die Verbraucher in geeigneter Weise **vor besonderen Gefahren zu warnen.** Aber auch diese Warn- und Hinweispflicht gelte – so schon das Berufungsgericht – allgemein nur, soweit ein, wenn auch im weitesten Sinne, **bestimmungsgemäßer Gebrauch des Erzeugnisses** in Frage stehe.[1448] Eine Warnung vor der Nutzung zum Sniffing hat der Senat nicht für notwendig erachtet. Die Grenze wäre der naheliegende Fehlgebrauch gewesen. Vor **missbräuchlicher Verwendung** aber sind Warnungen nicht mehr notwendig. Hinweis- und Warnpflichten können in aller Regel dort aufhören, wo die Verwendung des Erzeugnisses, die zum Schaden führen kann – und im vorliegenden Fall auch zum Schaden geführt hat – mit dem die Herstellung bestimmenden Produktionszweck überhaupt nichts mehr zu tun hat.[1449] Für objektiv unvorhersehbare oder geradezu **absurde** Nutzungen hat der Hersteller nicht einzustehen.[1450] Als Praktiker möchte ich noch darauf hinweisen, dass der dem US-amerikanischen Recht nicht selten entnommene Begriff des **„foreseeable**

[1442] OLG Celle, VersR 2003, 467 – Unterspannbahnen.

[1443] Vgl. dazu BR-Drs. 314/11, 75: Der Begriff der „vorhersehbaren Fehlanwendung" wurde aus dem bis Dezember geltenden GPSG übernommen und an die jüngere EU-Rechtssetzung, an die Verordnung (EG) Nr. 765/2008 und an die Maschinenrichtlinie 2006/42/EG angepasst.

[1444] Vgl. dazu bereits die Begründung des Regierungsentwurfs BT-Drs. 11/2447, 18 sowie OLG Köln, VersR 1993, 110 ff.; vgl. dazu den Fall des OGH, Urt. vom 28.2.2012, Az. 8 Ob 21/11p – Konstruktionsfehler am Schalthebel eines Traktors und zum vorhersehbaren Fehlgebrauch, vgl. dazu auch Anm. *Eidam,* PHi 2012, 146, 147 sowie BGH, Urt. vom 16.12.1981, Az. IV a ZR 181/80, BGH, Urt. vom 28.3.2006, Az. VI ZR 46/05 – Tapetenkleistermaschine und LG Düsseldorf, NJW-RR 2006, 1033 ff. – Abschälmaschine.

[1445] OLG Karlsruhe, NJW-RR 2001, 1174.

[1446] Vgl. dazu auch die Kommentierung bei *Klindt,* GPSG a. F., § 2 Rn. 51.

[1447] BGH, Urt. vom 7.7.1981, NJW 1981, 2515; vgl. auch BGH, NJW 1972, 2217, 2221.

[1448] Bei Produkten, die zwar bekannte, aber dennoch unvermeidbare Gefahren in sich bergen, kann der Fehler ggf. darin liegen, dass nicht hinreichend vor diesen Gefahren gewarnt wird, LG Flensburg, VersR 1998, 66 – Kleinstfeuerwerk; dazu auch *Kullmann/Pfister,* Kza 8125/6.

[1449] Vgl. BGH, NJW 1981, 2514, 2515 rechte Spalte – Sniffing.

[1450] OGH, Urt. vom 28.2.2012, Az. 8 Ob 21/11p –Traktorunfall.

misuse" nicht selten falsch verwandt wird: Misuse ist nicht der „Missbrauch", sondern der „Fehlgebrauch". Missbrauch ist der „Abuse".[1451]

318 Auf zwei aktuelle BGH-Entscheidungen sei in diesem Zusammenhang explizit verwiesen: Der BGH hat sich im sog. **Kirschtaler- (oder Kirschkern-) Urteil**[1452] vom 17.3.2009 intensiv mit den Kriterien zur Auslegung des Produktfehlers auseinandergesetzt. Der Kläger hatte sich den Zahn herausgebissen beim Kauen auf einen Kirschkern, der sich in einem sog. Kirschtaler, ein Gebäckstück mit Kirschfüllung und Streuselbelag, befand, den die beklagte Konditorei hergestellt hatte. Er begehrte Ersatz für die dadurch erforderlich gewordene zahnprothetische Versorgung sowie Schmerzensgeld. Das Amtsgericht hatte der Klage stattgegeben, die Berufung hatte keinen Erfolg. Das Berufungsgericht hatte eine Haftung der Beklagten nach § 1 Abs. 1 i. V. m. § 8 Satz 1 und 2 ProdHaftG bejaht mit der Begründung, der Kirschtaler habe wegen des darin **eingebackenen Kirschkerns** einen **Produktfehler** aufgewiesen und ein Haftungsausschluss komme nicht in Betracht (§ 1 Abs. 2 Nr. 5 ProdHaftG). Dagegen wandte sich die Revision mit Erfolg. Der BGH setzt sich mit der **„geschuldeten Produktsicherheit"** und mit dem Produktfehler i. S. d. § 3 ProdHaftG intensiv auseinander und stellte explizit die **Kriterien** zur Auslegung des „Produktfehlers" dar. Der Verbraucher – so der BGH – könne eine **völlige Gefahrlosigkeit** nicht erwarten. Bei einem Gebäckstück gehe der Verbraucher davon aus, dass es unter Verwendung von Kirschen hergestellt werde und **wisse** eben auch, dass Kirschen als Steinfrucht einen harten Kern enthalten können.

319 Ferner sei die **Airbag-Entscheidung** des BGH[1453] gerade auch hier erwähnt, weil sie sich mit den **Fehlergruppen** intensiv beschäftigt.[1454] Die nach § 3 ProdHaftG maßgeblichen Sicherheitserwartungen beurteilen sich grundsätzlich – so der BGH – nach denselben **objektiven Maßstäben** wie die Verkehrspflichten des Herstellers im Rahmen der deliktischen Haftung nach § 823 Abs. 1 BGB.[1455]

320 **(cc) Der Zeitpunkt des Inverkehrbringens.** Zur Konkretisierung der berechtigten Sicherheitserwartungen stellt § 3 Abs. 1 lit. c) ProdHaftG auf den **Zeitpunkt des Inverkehrbringens**[1456] des Produkts selbst ab. Gemeint ist jedenfalls der Zeitpunkt, in dem der Hersteller das Produkt **erstmalig auf dem Markt bereit** stellt (vgl. dazu auch § 2 Nr. 15 ProdSG). Der Gesetzgeber verfolgte damit den Zweck klarzustellen, dass ein Produkt, das einmal **frei** von jeglichen Fehlern in den Verkehr gebracht wurde, nicht nachträglich dann wiederum als fehlerhaft angesehen werden soll.[1457] Auch die nachträgliche Verschärfung des Sicherheitsstandards soll sich nicht mehr auf die bereits in Verkehr gebrachten Pro-

---

[1451] Darauf weist u. a. auch *Klindt,* § 2 Rn. 48 zu Recht hin; siehe auch *Erman/Schiemann,* § 3 ProdHaftG Rn. 5: „Katze zum Trocknen in die Mikrowelle".

[1452] BGH, NJW 2009, 1669 – Kirschtaler; vgl. auch Ausführungen zu § 1 Abs. 2 Nr. 5 ProdHaftG Rn. 388 ff.; vgl. dazu auch LG Kleve, NJW-RR 2011, 1473 – Knochenstücke in Hackfleisch muss ein Konsument erwarten; vgl. auch OLG Köln, NJW 2006, 2272 – Gebissschaden durch harte Nuss; AG München, Urt. vom 24.10.2011, Az. 231 C 7215/11 – Metallteile in vegetarischer Pizza; befinden sich jedoch Fremdkörper in Fruchtgummis („Cola-Fläschchen"), kann das Schadensersatzansprüche begründen, so OLG Hamm, BeckRS 2013, 08842, selbst bei hochtechnisierten Produktionsvorgängen.

[1453] BGH, NJW 2009, 2952 – Airbag, vgl. dazu Sachverhalt zu Urteilsgründen aber bei den Ausführungen zu § 1 Abs. 2 Nr. 5 ProdHaftG.

[1454] Vgl. den Sachverhalt abgedruckt bei den Ausführungen zu § 1 Abs. 2 Nr. 5 ProdHaftG.

[1455] Unter Berufung auf Staudinger/*Oechsler,* § 3 ProdHaftG Rn. 16; MüKo/*Wagner,* § 3 ProdHaftG Rn. 3 sowie *Kullmann,* § 3 ProdHaftG Rn. 435.

[1456] Zum Inverkehrbringen vgl. EuGH, Urt. vom 9.2.2006, RS C-127/04; Slg. 2006, S I-313; O'Byrne ./. Sanofi und Ausführungen sub § 3 III. 2. a) aa); dazu auch OGH, Teilzwischenurteil, Österreichisches AnwBl. 2013, 189 – Tafelwasserflaschen-Explosion (sehr weitgehend im übrigen).

[1457] BT-Drs. 11/2447, 18.

dukte auswirken,[1458] so dass § 3 Abs. 2 ProdHaftG neben § 3 Abs. 1 lit. c) ProdHaftG nur eine untergeordnete und lediglich klarstellende Bedeutung zukommt. Zu Recht aber wird in der Literatur darauf hingewiesen, dass bei einer Heranziehung der § 3 Abs. 1 lit. c) ProdHaftG und § 3 Abs. 2 ProdHaftG zu bedenken ist, dass der Zeitpunkt des Inverkehrbringens sehr unterschiedlich im Hinblick auf die **Wirtschaftsakteure** ausfallen kann.[1459] So kann zwischen dem ersten Inverkehrbringen eines Grundstoffes oder eines Zulieferteils und dem letzten Inverkehrbringen als Hersteller in der Kette ein längerer Zeitraum liegen, in dem die Sicherheitsstandards erhöht worden sind, so dass es in einem Fall zu einem Fehler gereicht, im Falle des Inverkehrbringens durch jemanden in der Kette zur früherer Zeit aber (noch) nicht. Schon deshalb kann die **Produktbeobachtungspflicht** im ProdHaftG nicht geregelt sein.[1460]

(dd) Sonstige Umstände berechtigter Sicherheitserwartungen. Eine gewisse Aussagekraft besitzen die technischen Regelwerke, wie etwa **DIN-Normen, VDE-Bestimmungen** etc., obwohl es sich nicht um Rechtsnormen handelt.[1461] Bei Geräten, die an Arbeitsplätzen verwendet werden, wird die berechtigte Sicherheitserwartung auch durch die **Unfallverhütungsvorschriften** bestimmt.[1462] Hat der Hersteller bei dem Inverkehrbringen gegen derartige Regeln verstoßen, spricht dies zunächst für die vereinfachte Feststellung der Fehlerhaftigkeit.[1463] Dies kann anders sein, wenn der Benutzer auf eine konkrete Handhabe und auf konkrete Gefahren, die entstehen können, hingewiesen wurde.[1464] Ansonsten bleibt das Produkt fehlerhaft. Dann muss der Hersteller sich entlasten und darlegen, dass er den gebotenen Sicherheitsstandard auf andere, aber immerhin gleichwertige Weise erfüllt hat.[1465] Ebenso kann – wie bereits weiter oben ausgeführt – der **Preis** eine Rolle spielen.[1466] Aber eine **Mindestsicherheit** ist auch bei Billigprodukten zu gewährleisten.[1467] Wo diese liegt, ist fast eine **philosophische Frage.**[1468] 321

(3) Fehlertypen. In der deliktsrechtlichen Rechtsprechung zur Produkthaftung haben sich verschiedene Fehlertypen heraus kristallisiert und Fallgruppen gebildet. So werden bekanntlich Konstruktions-, Fabrikations- und Instruktionsfehler und der „Produktbeobachtungsfehler" unterschieden. Die zu § 823 BGB von der Rechtsprechung herausgebildeten „Untergruppen" können – zum Teil – auch im Rahmen des § 3 ProdHaftG ein Fehler sein, etwa weil das zu erwartende Sicherheitsdefizit auf mangelnder Fabrikation oder mangelnder Konstruktion beruht. Demzufolge kann – auch im Rahmen von § 3 Prod- 322

1458 *Kullmann,* § 3 ProdHaftG Rn. 63: Wenngleich damit nicht abschließend der Rückschluss ausgeschlossen ist, dass ein älteres Produkt nicht dennoch fehlerhaft sein kann!

1459 MüKo/*Wagner,* § 3 ProdHaftG Rn. 28 zum Begriff des Wirtschaftsakteurs – jetzt in § 2 Nr. 29 ProdSG: Danach sind Wirtschaftakteure Hersteller, Bevollmächtigte, Einführer und Händler.

1460 *Erman/Schiemann,* § 3 ProdHaftG Rn. 8 zu Recht.

1461 Vgl. dazu die Ausführungen zu den Schutzgesetzen (§ 3 II. 2. d) aa) und die Ausführungen zu § 1 Abs. 2 Nr. 4 ProdHaftG unter § 3 III. 2. c) dd).

1462 OLG Bamberg, Urt. vom 7.1.1999, zitiert nach *Kullmann/Pfister* – Trockenofen: Von Trockenöfen darf keine Explosionsgefahr ausgehen.

1463 BGH, Urt. vom 21.4.2011 – Rundbogenfenster: Die DIN-Normen waren eingehalten, das Vorliegen eines Fehlers i. S. d. § 3 ProdHaftG verneint.

1464 OLG Düsseldorf, OLGR Düsseldorf 1993, 208; *Kullmann/Pfister,* Kza 8125/1 – Anhänger.

1465 Vgl. dazu OLG Bamberg, Urt. vom 7.1.1999, Az. 1 U 80/96, zitiert nach *Kullmman/Pfister,* Kza 8125/8; *Erman/Schiemann,* § 3 ProdHaftG Rn. 7; vgl. auch unter Fehler i. S. d. § 3 ProdHaftG sub § 3 III. 2. b) bb) (2) (a), Rn. 306 ff.

1466 Ebenso *Erman/Schiemann,* § 3 ProdHaftG Rn. 7.

1467 So die h. M., Nachweise bei Staudinger/*Oechsler,* § 3 ProdHaftG Rn. 88.

1468 Vgl.dazu die Ausführungen zu den Konstruktions- und Instruktionspflichten sub § 3 III. 2. b) bb) (2) (a) und (c), Rn. 323 ff. und 326 ff.

HaftG – die Einordnung in die bereits bekannten Kategorien helfen, wenngleich die Unterteilung im Rahmen des § 3 ProdHaftG nicht zwingend ist. Die von der Rechtsprechung entwickelte Unterscheidung einzelner „Fehlertypen" ist auch nicht durch das Inkrafttreten des ProdHaftG hinfällig geworden.[1469] Ungeachtet dessen ist im Einzelnen strittig, welche „Fehlertypen" vom ProdHaftG bzw. von der Richtlinie im Übrigen erfasst werden,[1470] wobei beim sog. **Entwicklungsfehler** zudem § 1 Abs. 2 Nr. 5 ProdHaftG zu berücksichtigen ist. Im Einzelnen:

323 **(a) Konstruktionsfehler.** Bei der Konstruktion haben Hersteller darauf zu achten, (nahezu) sämtliche ihnen zur Verfügung stehenden technischen Möglichkeiten auszunutzen und sich, soweit nur eben möglich, auch an die technischen Regelungen (DIN-Normen, VDE-Bestimmungen, Cenlec etc.) zu halten. Bezugspunkt ist – bezogen auf das jeweilige Inverkehrbringen – der jeweils neueste „Stand von Wissenschaft und Technik" (Mindeststandard).[1471] Lässt sich trotz aller technischer Sicherheitsvorkehrungen das Produkt nicht „ungefährlich steuern", stellt sich vor einem Inverkehrbringen für jeden Hersteller zunächst die Frage, ob es überhaupt je in den Verkehr gebracht werden darf. Ist Letzteres der Fall, weil das Produkt z. B. von unschätzbarem Vorteil ist, aber die Gefahren ebenfalls hoch sind – als Beispiel mögen Arzneimittel dienen –, kann es der Hersteller – je nach den Umständen im Einzelfall – in Verkehr bringen, muss aber versuchen, die Gefahren weitgehend zu minimieren.[1472] Dabei muss er sog. Kosten-Nutzen-Abwägungen durchführen.[1473] Ein Produkt ist jedenfalls fehlerhaft, wenn es schon seiner Konstruktion nach hinter dem Sicherheitsstandard zurückbleibt.[1474] Dies ist bei einem Schalthebel eines Traktors jedenfalls dann der Fall, wenn dieser – auch bei unbeabsichtigter Berührung – in eine Position zwischen Leerlauf und Bewegung geraten kann.[1475]

324 Der Konstruktionsfehler haftet stets der gesamten **Serie** an. Zu weiteren Einzelheiten kann auf die Ausführungen zu § 823 BGB (vgl. Rn. 193 ff.) verwiesen werden (vgl. auch § 1 Abs. 3 ProdHaftG).

1469 So zu Recht Staudinger/*Oechsler,* § 3 ProdHaftG Rn. 103: § 3 Abs. 1 begründet **„keinen Einheitsfehlerbegriff"**; a. A. *Schmidt-Salzer,* BB 1988, 349, 356; *Mayer,* VersR 1990, 691, 696.

1470 Staudinger/*Oechsler,* § 3 ProdHaftG Rn. 103; MüKo/*Wagner,* § 3 ProdHaftG Rn. 29 ff.; a. A z. B. *Foerste/Graf von Westphalen,* § 48 Rn. 24 zum „Fabrikationsfehler", der – verstanden als „Ausreißer" – von Art. 7 lit. e der Richtlinie ausgenommen sei.

1471 BGH, NJW 2009, 2952, 2953; dazu *Lenz,* PHi 2009, 196 – Airbag; BGH, NJW 2009, 1669, 1670 – Kirschtaler; OLG München, Urt. vom 5.8.2002 – Zentralverriegelung, zitiert nach *Kullmann/Pfister,* Kza 8125/15; OLG Köln, NJW-RR 2003, 387 – Mountainbike; nach *Lach/Burckhardt,* StoffR 2013, 96, 98 kann ein Konstruktionsfehler u. a. dann vorliegen, wenn die in der für Chemikalien geltenden REACH-VO festgelegten Zulassungsvoraussetzungen für bestimmte Stoffe faktisch nicht vorliegen oder falsch bewertet wurden.

1472 BGH, NJW 1994, 517, 520 – Gewindeschneidemittel I: Zur potentiellen Vertriebseinstellung siehe auch BGH, NJW-RR 1995, 342, 343 – Gewindeschneidemittel II; BGH, NJW 2009, 2952, 2953 – Airbag.

1473 Sog. Risk-Utility-Test, vgl. dazu die Airbag-Entscheidung des BGH; dazu *Lenz,* PHi 2009, 196 ff.

1474 Bei Maschinen ist dies Anhang I der Maschinenrichtlinie 2006 i. V. m. §§ 2 und 3 der 9. VO zum ProdSG (Maschinenverordnung); vgl. zur früheren Rechtslage LG Düsseldorf, VersR 2006, 1650 – Abschälmaschine: verneinend mit Anm. *Klindt.*

1475 OGH, Urt. vom 28.2.2012, Az. 8 Ob 21/11b, PHi 2012, 146 ff. m. Anm. *Eidam* – Traktor und vorhersehbarer Fehlgebrauch.

Einige Beispiele:

Bejahend (Konstruktionsfehler)

- Fehler am Defibrillator (ICD) (LG Magdeburg, Urt. vom 22.9.2010, Az. 9 O 1822/09 (490); dazu *Backmann,* MPR 2012, 37 ff.)
- Dosierverschluss bei Grillbrennpaste (OLG Hamm, NJW-RR 2011, 893)
- Geschirrspülmaschine ohne elektrische Schutzeinrichtung (OLG Schleswig, NJW-RR 2008, 691)
- Implantierter Herzschrittmacher (sogar bei konstruktionsbedingter erhöhter Fehlerrate (str.) (OLG Hamm, VersR 2011, 637 ff.)
- Keine sichere Überwachung der Bandgeschwindigkeit als Fehler an Maschine (LG Stuttgart, NJW-RR 2012, 1169 ff. – Fenster- und Futterstoffeinklebemaschine)[1476]

Verneinend (kein Konstruktionsfehler)

- Trotz Defekts des Keramikkopfes kein Produktfehler (OLG Köln, MPR 2012, 99 ff.)
- Kein Fehler an der Dichtung eines Herzschrittmachers[1477] (OLG Frankfurt, MPR 2010, 211 ff. mit Anm. *Oeben,* MPR 2010, 212 ff.; *ders.*, MPR 2012, 145 ff.; *Handorn,* PHi 2011, 206)
- Zuckerverwendung bei Schokoriegel (OLG Düsseldorf, VersR 2003, 912)
- Druckentwicklung bei Maschine (OLG Koblenz, NJW-RR 2006, 169)
- Bloße „theoretische Möglichkeit der Rechtsgutsverletzung" ist kein Fehler (BGH, VersR 2013, 469 – Heißwasser-Untertischgerät bei fachwidriger Installation (Explosion))

(b) Fabrikationsfehler. Ein Fabrikationsfehler i. S. d. § 3 Abs. 1 ProdHaftG kann vorliegen, wenn einzelne Produkte einer Serie den vom Hersteller selbst aufgestellten Sicherheitsstandards nicht entsprechen, selbst bei hochtechnisierten Produktionsvorgängen.[1478] Das Abweichen eines einzelnen Produkts von der konkreten Zeichnung etwa, zu dessen Einhaltung der Hersteller sich selber verpflichtet, stellt i. d. R. einen Fabrikationsfehler dar. Dies gilt auch, wenn beim Hersteller eingeführte Qualitätssicherungssysteme (ISO 9001 etc.) nicht eingehalten werden. Weil dem Hersteller bei Fabrikationsfehlern im Rahmen des ProdHaftG auch das **Ausreißer-Risiko** (anders als im Rahmen des § 823 BGB) zugerechnet wird, geht der Fehlerbegriff des ProdHaftG insoweit über die Verkehrspflich- 325

[1476] Mit nicht stets zutreffenden Begründungen.

[1477] Eine 100 %-ige Sicherheit, dass jegliche Defekte ausgeschlossen sind während der üblichen Nutzungszeit, könne der Verbraucher auch nicht bei derart wichtigen Produkten erwarten; ebenso nunmehr BGH, VersR 2013, 469 – Heißwasser-Untertischgerät.

[1478] OLG Hamm, BeckRS 2013, 08842 – Fremdkörper im Fruchtgummi („Cola-Fläschchen"), ein Fall, in dem der SV erläuterte, dass selbst bei hochoptimierten Produktionsprozessen – jedenfalls in Einzelfällen – auch einmal Putzmaterialien und damit Fremdkörper in Fruchtgummis gelangen könne; vgl. auch *Kullmann,* § 3 ProdHaftG Rn. 10; MüKo/*Wagner,* § 3 ProdHaftG Rn. 30; *Schubert,* PHi 1989, 74, 77 unter Hinweis auf die italienische ProdHaftVO (Art. 5 Abs. 2): Fehler, wenn ein Produkt nicht „… die Sicherheit bietet, die normalerweise von den anderen Stücken derselben Serie geboten wird."; OLG München, Urt. vom 11.1.2011, Az. 5 U 3158/10, BeckRS 2011, 10312 – nicht erkennbare Risse in Glasflaschen können Fabrikationsfehler nach § 3 ProdHaftG sein; dazu *Molitoris/Klindt,* NJW 2012, 1489, 1493, 1494 ff.; AG München, Urt. vom 24.10.2011, Az. 231 C 7215/11 = LMuR 2012, 184 – Metallteile in vegetarischer Pizza als Fabrikationsfehler (bejaht); OLG Frankfurt, MPG 2010, 297 – Herzschrittmacher; kein Anspruch auf Schadenersatz, so das OLG Köln, MPR 2012, 99, 104 – wenn sich nicht klären lasse, ob der vorliegende Materialbruch auf einem Behandlungsfehler oder einem Materialversagen beruhe oder schicksalhaft gewesen sei (bei einem Defekt einer Keramik-Hüftkopfprothese).

ten des § 823 BGB hinaus.[1479] Somit nützt es dem Hersteller bisweilen wenig, wenn er nachweist, dass der Fehler für ihn nicht erkennbar – vermeidbar oder unvermeidbar (Ausreißer)[1480] – war. Er haftet trotzdem.[1481]

Einige Beispiele:

Bejahend (Fabrikationsfehler)

- Abgebrannter LKW bei Fehler am Zuliefererprodukt (BGH, BeckRS 2010, 05571 = ZfS 2010, 435; OLG Düsseldorf, BeckRS 2010, 05734 = ZfS 2010, 433 ff.; dazu *Molitoris/Klindt*, NJW 2012, 1489 ff.)
- Nicht erkennbare Risse in Sektflaschen (OLG München, PHi 2012, 15 ff.)
- Vergiftung durch Bienenstichteilchen (OLG Hamm, VersR 1996, 72)
- Metallteil in Pizza (AG München, BeckRS 2012, 12034)
- Putzmaterialien im Fruchtgummi (OLG Hamm, BeckRS 2013, 08842)

Verneinend (kein Fabrikationsfehler)

- Fehlauslösung beim Airbag (BGH, NJW 2009, 2952, 2953 mit Anm. *Lenz*, PHi 2009, 196 ff.)
- Harte Erdnuss in Schokoriegel (OLG Köln, NJW 2006, 2272)
- Knochensplitter in Hackfleisch (LG Kleve, NJW-RR 2011, 1473)
- Systemstillstand nach Implantierung von Teleskopmarknägeln (OLG Saarbrücken, MPR 2011, 156 ff.)

326 (c) **Instruktionsfehler.** Nach h. M. erfasst § 3 Abs. 1 lit. a) ProdHaftG auch den **sog. Instruktionsfehler.**[1482] Instruktionsfehler bestehen in einer **mangelhaften Gebrauchsanweisung** oder aber in **nicht ausreichenden Warnungen** vor gefahrbringenden Eigenschaften.[1483] Ein solcher ist jedoch nicht anzunehmen, wenn der Kläger nicht vorträgt oder nicht vortragen kann, vor welchem Risiko hätte gewarnt werden müssen.[1484] Gehen von einem Produkt Gefahren trotz ordnungsgemäßer Konstruktion und trotz ordnungsgemäßer Fabrikation aus, ist der Hersteller gehalten, vor etwaig dennoch vorhandenen **Restrisiken** zu warnen und dem Verwender die konkrete Art und Weise der Handhabung im Zusammenhang mit dem Produkt zu erläutern und ihm **Hinweise** dafür zu geben, wie er das Produkt „gefahrloser“ verwenden kann.[1485] Der OGH hat in seinem

---

[1479] So zu Recht MüKo/*Wagner*, § 3 ProdHaftG Rn. 30.

[1480] Staudinger/*Oechsler*, § 3 ProdHaftG Rn. 104; *Buchner*, DB 1988, 32, 34; *Honsell*, JuS 1995, 211, 212; *Foerste*, JZ 1995, 1063.

[1481] BGH, VersR 2007, 72, 73 – Limonadenflasche; OLG Hamm, BeckRS 2013, 08842 – Fruchtgummi („Cola-Fläschchen“).

[1482] BT-Drs. 11/2447, 18; *Buchner*, DB 1988, 32, 34; *Koch*, ZHR 152 (1988), 537, 552.

[1483] So OLG Düsseldorf, R+S 2004, 36 – Segelflugzeug/Flughandbuch („Deep Stall“); *Kullmann/Pfister*, Kza 8125/14; vgl. auch *Klindt/Handorn*, NJW 2010, 1105 ff.

[1484] So OLG Köln, MPR 2012, 99, 103 – Keramikkopfdefekt bei Hüftprothese, wenn die gegenüber den das Produkt nutzenden Ärzten bestehende Instruktionspflicht durch die unbestrittenermaßen mitgelieferte Produktinformation erfüllt wird.

[1485] Wichtige Entscheidungen insoweit sind: BGH, NJW 2009, 2952 – Airbag; BGH, NJW 1992, 560 – Kindertee I; mit Anm. *Tiedtke*, PHi 1992, 138; BGH, NJW 1994, 932 – Kindertee II; BGH, NJW 1975, 1872 – Werkzeug; BGH, NJW 1972, 217 ff. – Estyl; vor allem vor verborgenen Gefahren muss gewarnt werden: BGH, NJW 1999, 2815 – Messer in Reißwolf;

Teilzwischenurteil vom 13.9.2013[1486] – bedenklich weitgehend – gar festgestellt, dass es nicht im Erfahrungswissen eines durchschnittlichen typischen Verbrauchers liege, dass mit kohlesäurehaltigem Inhalt befüllte Glasflaschen nach deren Bruch explosionsartig zerbersten und eine Instruktionspflicht des Abfüllers bejaht und diesen wegen unterlassenen Warnhinweises zu Schadenersatz verurteilt. Fügt der Hersteller keine Gebrauchsanweisung oder Warnhinweise anbei, obwohl **Restrisiken** vorhanden sind, kann außerdem ein **Instruktionsfehler** vorliegen;[1487] muss es aber nicht. Denn vor allgemeinen und jedermann – und sei es in einer laienhaften Wertung – bekannten Gefahren muss ein Hersteller nicht zusätzlich warnen.[1488] Eine Haftung wegen Instruktionspflichtverletzungen kann aber anzunehmen sein, wenn zwar Warnhinweise gegeben werden, diese aber **förmliche Mängel** (etwa zu kleine Schrift)[1489] oder **inhaltliche** Mängel aufweisen, der Hersteller etwa Warnungen gibt, die ihrerseits nicht verstanden werden und/oder die gar neue Risiken provozieren.[1490] Hersteller müssen – erkennen sie Restrisiken – dem Verwender deutliche, verständliche – und regelmäßig in deutscher Sprache abgefasste[1491] – und vor allen Dingen „ordnungsgemäße" Anweisungen über die Verwendbarkeit des Produkts geben.[1492] Die Warnpflicht entfällt in diesen Fällen nur, wenn das Produkt ausschließlich in die Hand von Personen gelangen soll, die mit den Gefahren vertraut sind.[1493] Nach Ansicht des BGH hat der Hersteller dabei auch vor den Folgen eines unsachgemäßen, aber immer noch vorhersehbaren Fehlgebrauchs zu warnen.[1494] Die Instruktion muss sich dabei an demjenigen orientieren, der den Gefahrenkreis zu beurteilen vermag.[1495] Zur Bindung an Instruktionen des Herstellers für ausführende Fachwerkstätten bei der Grundüberholung.[1496] Im Ergebnis besteht zur Haftung für Instruktionsfehler nach § 823 Abs. 1 BGB kein wesentlicher Unterschied,[1497] so dass insoweit auch auf die Ausführungen zur deliktischen Haftung (sub § 3 II. Rn. 205) verwiesen werden kann.

---

dazu *Möllers,* VersR 2000, 1177, 1180; zu Instruktionspflichten bei Medizinprodukten siehe *Deutsch,* VersR 2006, 1145.

[1486] OGH, Österreichisches AnwBl. 2013, 189 – Tafelwasserflaschen-Explosion.

[1487] BGH, NJW 2009, 2952 mit Anm. *Lenz,* PHi 2009, 196 ff.; BGHZ 106, 273, 283; BGHZ 80, 186, 192; *Klindt/Handorn,* NJW 2010, 1105; vgl. jüngst auch OGH, PHi 2013, 53 – bedenklich weit bejahte Instruktionspflicht bei Mineralwasserflasche, die explodiert war.

[1488] Vgl. etwa die zu Recht in Abgrenzung zur US-amerikanischen Rechtsprechung vorgenommene restriktive Handhabe durch die deutsche Rechtsprechung in den sog. Tabakprozessen, OLG Hamm, NJW 2005, 295 – Ernte 23; OLG Köln, NJW 2005, 3292 – Lakritz; OLG Düsseldorf, VersR 2003, 912 – Schokoriegel = ZLR 2003, 340 m. Anm. *Foerste;* OLG Frankfurt, NJW-RR 2001, 1471 – Tabak; LG Bielefeld, NJW 2000, 2514 – Tabak; BGH, NJW 1986, 1863 – Montageanleitung; sowie BGH, NJW 1995, 2631; siehe aber auch OLG Linz, Urt. vom 10.7.2012, az. 4 R 115/12b und dazu PHi 2012, 215 mit Anm. *Eidam* – Teleskopleiter .

[1489] Vgl. dazu die Rechtsprechung zu Milupa: BGH, NJW 1994, 932 – „Alete-Tee".

[1490] OLG Linz, Urt. vom 10.7.2012, PHi 2012, 215 – Teleskopleiter: Unklare Bedienungsanleitung; fehlender inhaltlicher Hinweis auf mögliches „Einteleskopieren".

[1491] OLG Bremen, VersR 2004, 207, 208; BGH, NJW 1992, 560; BGH, NJW 1995, 1286.

[1492] So zu Recht MüKo/*Wagner,* § 3 ProdHaftG Rn. 33, 35.

[1493] OLG Koblenz, NJW-RR 2006, 169 – Knetermaschine zur Aufbereitung von PVC; OLG Bamberg, NJW-RR 2010, 902.

[1494] BGH, NJW 1992, 560, 561; BGH, NJW 2009, 2952 – Airbag.

[1495] Vgl. dazu BGH, NJW 1999, 2815 – Papierreißwolf; vgl. aber auch LG Flensburg, VersR 1998, 66, 67: Bei Käufern von Feuerwerkskörpern kommt es nicht auf den Minderjährigen selbst, sondern auf den Einzelhändler bzw. die Eltern an.

[1496] BGH, NJW-RR 2011, 1240 – Fensterflügel: Befolgung der Anweisungen im Anwendungsdiagramm.

[1497] Staudinger/*Oechsler,* § 3 ProdHaftG Rn. 47; *Honsell,* JuS 1995, 211, 213.

Einige Beispiele:

Bejahend (Instruktionspflichtverletzung)

- Ätzende Wirkung bei Frischbeton (OLG Bamberg, VersR 2010, 403)
- Unklare Bedienungsanleitung bei Teleskopleiter (OLG Linz, PHi 2012, 215)
- Rohrreiniger auf blauer Flasche (OLG Oldenburg, NJW-RR 1997, 1520 mit Anm. *Lenz,* WIB 1997, 1159 ff.)
- Gefährlichkeit von Feuerwerkskörpern (BGHZ 139, 79)
- Explosion bei Mineralwasserflaschen trotz Anschlagens an harten Gegenstand (OGH, PHi 2013, 51, 53, bedenklich weit)

Verneinend (keine Instruktionspflichtverletzung)

- Keine Pflicht zur Information über die Verwendung von Stahlnägeln (OLG Düsseldorf, NJW-RR 1996, 20)
- Über Gesundheitsgefahren durch Rauchen (OLG Frankfurt, NJW-RR 2001, 1471 ff.)
- Über Süßigkeiten, u. a. Lakritz (OLG Köln, NJW 2005, 3292 ff.)
- Über Alkohol (OLG Hamm, NJW-RR 2001, 1654 – Warsteiner)

327 (d) **Produktbeobachtungsfehler.** Das ProdHaftG äußert sich nicht zu Produktbeobachtungspflichten.[1498] Die insoweit von der Rechtsprechung entwickelten Verhaltenspflichten werden demzufolge auch nicht in diesem Gesetz geregelt;[1499] dies schon deshalb nicht, weil – was die Sicherheitserwartungen i. S. d. § 3 ProdHaftG angeht – auf den Zeitpunkt des Inverkehrbringens abgestellt wird und nicht auf die Zeit **danach.**[1500]

328 (e) **Haftung für die Wirkungslosigkeit eines Produkts.** Im ersten Moment klingt es eher theoretisch, ist es aber nicht: Im Rahmen des § 3 ProdHaftG kann die **Wirkungslosigkeit eines Produktes** ebenfalls ein **Fehler** sein.[1501] Allerdings dürfte dies nur selten in Betracht kommen. Eine konkrete Wirkung des Produktes kann der Verkäufer garantieren. Wirkungslosigkeiten werden demzufolge i. d. R. über das Kaufrecht und/oder das Deliktsrecht im Rahmen der §§ 823 ff. BGB abgewickelt werden können. Dies gilt etwa auch für Klebstoffe, deren mangelnde Klebefähigkeit das Produkt sinnlos werden lassen.[1502] Ein Computerprogramm muss eben Schutz vor Viren bieten, und zwar völlig ungeachtet, ob es funktioniert oder nicht.[1503]

[1498] Vgl. dazu jüngst auch OGH, PHi 2013, 51 ff. – stossempfindliche Mineralwasserflasche, zur Frage der Anwendbarkeit des östereichischen Produkthaftungsgesetzes (PHG) und zur Produktbeobachtungspflicht.

[1499] BGH, NJW 2009, 1080 – brennende Pflegebetten; Staudinger/*Oechsler,* § 3 ProdHaftG Rn. 112; *Kullmann/Pfister,* Kza 3604/7; MüKo/*Wagner,* § 3 ProdHaftG Rn. 36, 38; ebenso *Erman/Schiemann,* § 3 ProdHaftG Rn. 8; *Honsell,* JuS 1995, 211, 213; a. A. wohl *Nagel,* DB 1993, 2469.

[1500] Siehe oben (b) (cc), Rn. 320, ganz h. M. *Erman/Schiemann,* § 3 ProdHaftG Rn. 8; Staudinger/*Oechsler,* § 3 ProdHaftG Rn. 112 mit zahlreichen w. N., u. a. *Honsell,* JuS 1995, 211, 213; a. A. wohl aber *Sack,* VersR 1988, 439, 448 ff. und wissenswert: Norwegen regelt dies anders.

[1501] BT-Drs. 11/2447, 18 u. so zu Recht *Schlechtriem,* VersR 1986, 1033, 1036; *Buchner,* DB 1988, 32, 35; Staudinger/*Oechsler,* § 3 ProdHaftG Rn. 117; a. A. aber *Taschner/Frietsch,* § 3 ProdHaftG Rn. 29 ff.; vgl. auch *Brüggemeier/Reich,* WM 1986, 149, 150: „Enttäuschung der Gebrauchserwartung".

[1502] BGHZ 50, 200 – Klebstoff m. Anm. von *Deutsch,* JZ 1989, 465, 467.

[1503] So explizit MüKo/*Wagner,* unter Berufung auf *Bartsch,* CR 2000, 721, dies übernehmend *Foerste/Graf von Westphalen,* § 48 Rn. 65.

(4) Spätere Produktverbesserungen. Ein Produkt – so heißt es in § 3 Abs. 2 ProdHaftG – hat nicht allein deshalb einen Fehler, weil später ein verbessertes Produkt in Verkehr gebracht wurde. Weil für die Frage, ob ein Produkt überhaupt einen Fehler hat, auf die berechtigte Sicherheitserwartung im Zeitpunkt des Inverkehrbringens abgestellt wird (vgl. § 3 Abs. 1 lit. c) ProdHaftG), kommt § 3 Abs. 2 ProdHaftG **lediglich klarstellende Bedeutung** zu.[1504] Die Regelung entspricht Art. 6 Abs. 2 der EG-Richtlinie. Die Regelung wurde offensichtlich für notwendig erachtet, weil in US-Produkthaftpflichtprozessen die Entwicklung verbesserter Produkte als Beweis dafür galt, dass die früheren Modelle fehlerhaft gewesen sein müssen, sie andernfalls nicht verbessert worden wären.[1505] Beispiel: Bis zum Bekanntwerden des Umstandes, dass es ggf. zu Kurzschlüssen und Bränden im Zusammenhang mit sog. Pflege- und Krankenbetten deshalb kommen konnte, weil der unterhalb der Matratzen angebrachte Elektromotor nicht gegen von oben tropfendes Spritzwasser in absoluter Weise abgemantelt worden war,[1506] war den Herstellern von Pflegebetten das Problem gar nicht bewusst. Keine technische Regel sah vor, dass die Elektromotoren gegen von oben tropfendes Wasser hätten in absoluter Weise geschützt sein müssen. Nach der Untersuchung einiger Todesfälle haben sich – ungeachtet ihrer Berufung auf fehlende Haftung – dann alle Hersteller entschlossen, eine entsprechende Ummantelung im Rahmen von Neuproduktionen bei den Betten vorzunehmen. In einzelnen Musterverfahren stellten die Gerichte fest, dass zum (früheren) Zeitpunkt des Inverkehrbringens kein Fehler im produkthaftungsrechtlichen Sinne vorlag.[1507] Allein die Tatsache, dass die Hersteller sich entschlossen hatten, die E-Motoren der Kranken- und Pflegebetten **künftig** nur noch mit einem „Totalschutz" gegen herabtropfendes Wasser auszurüsten, war für sich allein demzufolge kein Grund – so die Gerichte mit Recht –, einen Produktfehler anzunehmen. Das bedeutet zugleich, dass ein Geschädigter in einem etwaigen Prozess nicht lediglich vortragen kann, es seien nachträglich Verbesserungen am Produkt vorgenommen worden. Damit beweist er jedenfalls nicht die Fehlerhaftigkeit des Produkts zum Zeitpunkt des Inverkehrbringens. 329

In dem Fall, in dem ein LKW vollständig abgebrannt war und die Zündquelle auf einer mangelhaften Schweißung der Kontaktplatte innerhalb eines Magnetschalters beruhte, stellte das OLG Düsseldorf[1508] fest, dass allein aus dem Umstand, dass der Endhersteller **später** den Magnetschalter durch ein anders konstruiertes Bauteil ersetzt habe, nicht gefolgert werden könne, es habe vorher ein Konstruktionsfehler vorgelegen. Der **Schluss allein aus der Tatsache** der **späteren Verbesserung** auf die frühere Fehlerhaftigkeit der Konstruktion, sei gar **verboten.**[1509] 330

Auch das LG München[1510] hielt § 3 Abs. 2 ProdHaftG für einschlägig. Biete ein Hersteller zwei verschiedene Produkte (Hüftprothesen) mit verschiedenen Stärken und Schwächen an, sei das ältere, möglicherweise in manchen Punkten sogar schlechtere Produkt nicht automatisch fehlerhaft. Auch das spätere Produkt hatte sich als bruchfester erwiesen, was das LG nicht davon überzeugen konnte, Rückschlüsse auf die ältere Hüftprothese zu ziehen. 331

[1504] So MüKo/*Wagner,* § 3 ProdHaftG Rn. 27; *Erman/Schiemann,* § 3 ProdHaftG Rn. 8.

[1505] *Schmidt-Salzer/Hollmann,* Art. 6 Rn. 267; *Kullmann,* § 3 ProdHaftG Rn. 63.

[1506] Vgl. dazu *Lenz,* PHi 2007, 135; *ders.,* PHi 2006, 17 ff.; *ders.,* PHi 2003, 143 ff.

[1507] Vgl. dazu etwa *Lenz,* PHi 2007, 135 mit zahlreichen weiteren Nachweisen.

[1508] OLG Düsseldorf, BeckRS 2010, 05734 – abgebrannter LKW; dazu BGH, Beschluss vom 26.1.2010, BeckRS 2010, 05571 – vgl. zum Sachverhalt und zur entsprechenden Thematik die Ausführungen unter § 823 Abs. 1 BGB zum Thema Fabrikationsfehler Rn. § 3 II. 205 ff.

[1509] OLG Düsseldorf, BeckRS 2010, 05734 – abgebrannter LKW unter Berufung auf Palandt/*Sprau,* § 3 ProdHaftG Rn. 15.

[1510] LG München, MPR 2011, 204, 206 – Hüftendoprothese mit Auseinandersetzung in den Entscheidungsgründen mit dem Airbag-Urteil des BGH, NJW 2009, 2952 ff. mit Anm. *Lenz,* PHi 2009, 196 ff.

332 Etwas anders gelagert war der Fall des **BGH** zu automatisch schließenden **Glastüren.**[1511] Eine Kundin hatte sich beim Verlassen des Gebäudes ihre Hand gequetscht, als sich die Tür automatisch geschlossen hatte. Die Tür entsprach **beim Einbau** den seinerzeit geltenden technischen Sicherheitsanforderungen nach DIN, die danach aber „verschärft" worden waren (Stichwort: „Alterung"). Der BGH stellte in diesem Zusammenhang klar, dass nicht jede Anhebung des technischen Standards eine Pflicht zur Nachrüstung der Anlage auslöse, jedenfalls dann nicht, wenn aufgrund der Konstruktion keine Gefährdung naheliege.[1512] Zudem habe der Hersteller eine gewisse Zeit zur Anpassung. Bei großer Gefahr bestehe allerdings Handlungsbedarf.

cc) Hersteller i. S. d. § 4 ProdHaftG

333 § 4 ProdHaftG bestimmt, wer **Hersteller** i. S. d. ProdHaftG ist. Im Anschluss an Art. 3 der Richtlinie wird der Kreis der Hersteller weit gezogen, um dem potentiell Geschädigten jedenfalls einen möglich Haftenden gegenüber zu stellen und einen möglichst lückenlosen Schutz des Geschädigten zu erzielen (vgl. auch § 2 Nr. 14 ProdHaftG)[1513]. Dadurch wird dem Geschädigten zugleich das ansonsten bestehende erhebliche Prozessrisiko, gerade die Person in Anspruch zu nehmen, die den Fehler im Verantwortungsgefüge tatsächlich verursacht hat, abgenommen bzw. gemildert.[1514] Auch für Medizinproduktehersteller gilt das Produkthaftungsgesetz unmittelbar.[1515]

(1) Der „wahre" Hersteller des Endprodukts und Grundstoffhersteller sowie Her-
334 **steller des Teilprodukts.** Haftender Hersteller im produkthaftungsrechtlichen Sinne des § 4 Abs. 1 ProdHaftG ist zunächst derjenige, der das **Endprodukt,** einen **Grundstoff** oder ein **Teilprodukt** hergestellt hat (Satz 1). Der Gesamtzusammenhang der §§ 1 Abs. 2 und 4 Abs. 1 Satz 1 i. V. m. § 2 ProdHaftG zeigt aber, dass „Hersteller" im haftungsrechtlichen Sinne nicht jeder, der tatsächlich bei der Herstellung tätig geworden ist, sein kann, sondern **nur** derjenige, der das Produkt – sozusagen als **Verantwortlicher** – als derjenige, der die Organisationsgewalt hat, **in den Verkehr gebracht hat.**[1516] Nach ganz h. M.[1517] ist damit **nur der Unternehmer,** nicht aber seine Mitarbeiter, Arbeiter oder Angestellten und nicht dessen Organe, Hersteller. Zudem kann Hersteller eines Produkts nur derjenige sein, der es auch **erzeugt** hat.[1518] Es genügt aber, dass die **Endmontage** besorgt wird, wenn die Teile von anderen Unternehmen zugeliefert werden.[1519] Jemand, der nur immaterielle Leistungen oder aber lediglich Dienstleistungen während des Produktionsprozesses leistet, ist damit nicht haftender Hersteller;[1520] deshalb auch **nicht** der **Lizenzgeber** oder ein **Fran-**

1511 BGH, NJW 2010, 1967 – keine Nachrüstungspflichten bei Überholung des Standes von Wissenschaft und Technik.

1512 Vgl. dazu auch *Molitoris/Klindt,* NJW 2012, 1489, 1495.

1513 Vgl. dazu bereits die rechtspolitischen Überlegungen bei Abfassung der Richtlinie, ABl. EG 1976 Nr. C 241/9, Art. 2 sowie Begründungs-Erwägungen Abs. 8; Staudinger/*Oechsler,* § 4 ProdHaftG Rn. 1 u. 3; BT-Drs. 11/2447, 19; *Wandt,* BB 1994, 1437; EuGH, BeckRS 2011, 81941 Tz. 26.

1514 Staudinger/*Oechsler,* § 4 ProdHaftG Rn. 2 u. 3.

1515 OLG Saarbrücken, Urt. vom 3.8.2011, MPR 2011, 156, 159 – Teleskopmarknägel; *Kage,* Das Medizinproduktegesetz, 2005, 357; *Gaßner/Reich-Malter,* MedR 2006, 147, 148.

1516 MüKo/*Wagner,* § 4 ProdHaftG Rn. 1 und 3; *Hörl,* Die unvertretbare Gefahr im deutschen Produkthaftungsrecht, Diss. Münster 1999.

1517 *Schlechtriem,* VersR 1986, 1033, Staudinger/*Oechsler,* § 4 ProdHaftG Rn. 9.

1518 Staudinger/*Oechsler,* § 4 ProdHaftG Rn. 12; vgl. zum Begriff der „Herstellung" auch Staudinger/*Oechsler,* § 4 ProdHaftG Rn. 8.

1519 OLG Dresden, VersR 1998, 59 – Fahrrad.

1520 *Kullmann,* § 4 ProdHaftG Rn. 4; vgl. dazu jetzt EuGH, BeckRS 2011, 81941: Nicht Dienstleister; Palandt/*Sprau,* § 4 ProdHaftG Rn. 1.

chisegeber.[1521] Ebenso wenig ist der **Blutspender** Hersteller, da das Produkt nicht das **Ergebnis herstellender Tätigkeit** ist.[1522] Ebenso wenig ist der Originalhersteller „Hersteller", wenn es um **Produktfälschungen** geht und kann insoweit i. d. R. auch nicht für Fälschungen haften.[1523]

(a) Der Hersteller des Endproduktes. § 4 Abs. 1 Satz 1 ProdHaftG unterscheidet **drei** 335
Kategorien: Den sog. **wahren Hersteller** bzw. den **tatsächlichen Hersteller,** nämlich den Hersteller des Endprodukts, den eines Grundstoffes und den eines Teilprodukts. Die weitgehendste Verantwortung trifft den tatsächlichen (faktischen) **Hersteller von Endprodukten:** Er haftet nämlich nicht nur für Fehler, die seinem Produkt anhaften (Konstruktions-, Fabrikations-, Instruktionsfehler), sondern auch für verbaute Teilprodukte, wenn diese fehlerhaft waren. Auch derjenige, der keine eigene Fertigung besitzt, sondern lediglich bezogene vorkonstruierte Teile zusammenfügt und damit ein Endprodukt herstellt, gilt als Hersteller des Endproduktes **(„Assembler").**[1524] Unter dem Begriff **Endprodukt** wird das Produkt i. S. d. § 2 ProdHaftG in dem Zustand verstanden, in dem es in Verkehr gebracht werden kann, ohne dass noch weitere Veränderungen notwendig oder weitere Fertigungen oder Zutaten erforderlich sind.[1525] Zu Recht wird in der Literatur, insbesondere von *Kullmann,*[1526] aber hervorgehoben, dass sich an der Eigenschaft des Endprodukts nicht noch dadurch etwas ändert, dass z. B. Sperrvorrichtungen beseitigt oder etwa Härter bei Lacken und Klebstoffen ergänzend beigefügt, oder Elektrogeräte noch an ein Stromnetz angeschlossen werden müssen, es mit anderen Worten zu einem sog. **„Finish"** kommt oder noch **„Make-Ready-Services"** vorgenommen werden müssen. Der IKEA-Möbelkäufer wird nicht dadurch zum Endhersteller, dass er noch Verschraubungen zum Aufstellen des Möbelstücks vornehmen muss. Obwohl die Begrifflichkeiten einfach klingen, sind Abgrenzungen im Zweifelsfall nicht so einfach: Klar ist noch, dass diejenigen, die fertige (End-)Produkte nur **verpacken, umverpacken** oder **portionieren** – jedenfalls im Regelfall – nicht haftende Hersteller des Endproduktes sind.[1527] Schon die bloße „Abfüllung" zeigt eine Schwierigkeit: Füllt etwa ein Betrieb **für** einen Brausehersteller ab, ist (wohl) der Brausehersteller als tatsächlicher Hersteller anzusehen und nicht der Abfüllbetrieb. Darüber lässt sich aber streiten. Kommt es zu Verunreinigungen infolge des Abfüllvorgangs könnte neben dem Brausehersteller ggf. der Abfüller haften. Hier werden die Unterschiede deutlich. *Kullmann* geht davon aus, dass in Fällen dieser Art etwaige Verunreinigungen – haftungsrechtlich gesprochen – dem **Auftraggeber** (das wäre der Brausehersteller) zugerechnet werden müssen.[1528] Es scheint aber nicht unvertretbar zu sein, anzunehmen, der Abfüller hafte als „tatsächlicher" Hersteller und der Brausehersteller dann zumindest als Quasihersteller. Dann wären beide gesamtschuldnerisch ver-

---

1521 *Kullmann,* § 4 ProdHaftG Rn. 4: anders der Lizenznehmer.

1522 Ebenso Staudinger/*Oechsler,* § 4 ProdHaftG Rn. 18.

1523 Vgl. dazu ausführlich *Visser/Dettmer/Gottwald,* Die Haftung des Originalherstellers für Schäden Dritter durch Produktfälschungen, PHi 2010, 118, 120, insbesondere 123 zu Ansprüchen nach dem ProdHaftG; zu den Fragen, wenn der Originalhersteller gegen die Produkt- und/oder Markenpiraterie, die er erkennt, nichts unternimmt, Nachweise ebenda. Ggf. muss er konstruktiv nachbessern, um Drittgefährdungen auszuschließen (Verkehrspflicht).

1524 BT-Drs. 11/2447, 46, 19; ebenso MüKo/*Wagner,* § 4 ProdHaftG Rn. 7 ff.

1525 Staudinger/*Oechsler,* § 4 ProdHaftG Rn. 13.

1526 *Kullmann,* § 4 ProdHaftG Rn. 15 m. w. N. in Fn. 29 ff.

1527 OLG Düsseldorf, VersR 2001, 1570 – Polypropylenseil; *Kullmann/Pfister,* Kza 8125/11; MüKo/*Wagner,* § 4 ProdHaftG Rn. 11; *Kullmann,* § 4 ProdHaftG Rn. 7; etwas einschränkend nicht zu Unrecht nimmt Staudinger/*Oechsler,* § 4 ProdHaftG Rn. 28, etwa ein Herstellen des Abfüllunternehmers dann an, wenn die „technische Bedeutung oder der wirtschaftliche Wert des Abfüllens im Verhältnis zum abgefüllten Gut" so außerordentlich ist, dass aus der Sicht des potentiell Produktgeschädigten ein neues Produkt entsteht.

1528 *Kullmann,* § 4 ProdHaftG Rn. 7.

antwortlich. Werden Tausender-Verpackungen geliefert, schnürt sie der Großhändler auf und vertreibt sie in Einheiten zu Dutzenden, ist damit jedoch kein neues Endprodukt hergestellt. Dies kann anders sein, wenn bei der Umverpackung zugleich auch in die **Substanz des Produktes** eingegriffen wird.[1529] Entscheidend ist im Einzelfall die Verkehrsauffassung.[1530] Von der Herstellung eines Endproduktes ausgenommen sind daher regelmäßig **typische „Hilfstätigkeiten"**, wie etwa **Produktkomplettierungen** und/oder aber **Endanbringungen von Zubehörteilen:**[1531] Fahrradhändler, die zur Endmontage noch Pedale anschrauben, werden damit nicht zu haftenden Herstellern des Produktes, ebenso wenig wie diejenigen, die noch Gepäcktaschen oder Kilometerzähler montieren.[1532] Dies gilt dann, wenn es sich um typische Nebentätigkeiten von Händlern handelt. Schwierigkeiten aber bereitet das sog. **Car-Tuning.** Werden lediglich „optimierte Radkappen" aufgebracht, wird damit der Händler, der die Tätigkeit selbst vornimmt, nicht zum Endhersteller des PKW, wohingegen derjenige, der in ein endhergestelltes Grundfahrzeug ein **völlig anderes** Fahrwerk und/oder stärkere Motor- und PS-Leistungen einbringt, ggf. doch Hersteller eines „neuen PKW" ist.[1533] Nicht anders dürften Fälle zu beurteilen sein, bei denen ein Hersteller lediglich das LKW-Chassis mit Motor und Auflieger produziert und herstellt, dann aber ein anderes Unternehmen darauf Maschinen, wie etwa Betonpumpen, aufbringt, oder einen anderen Spezialaufbau, etwa für Kranken- oder Leichenwagen und/oder für Campingfahrzeuge. Kommt es dann – etwa mit einer Betonmaschine – zu einer Schadensverursachung, haftet für dieses Produkt im Zweifel jedenfalls der Endhersteller der „fahrbahren Betonmaschine". Daneben kann dann aber auch derjenige, der die LKW-Basis als Teileproduzent geliefert hat, als Hersteller von Teilprodukten haften (Gesamtschuld). Zu Recht wird in diesem Zusammenhang hervorgehoben, dass derjenige Endhersteller des Produktes ist, der die **Entscheidung über die Prozessherrschaft** hat.[1534] Ein Zimmermann, der die Dachsparren herstellt, die von einem Maler gestrichen und erst danach – wiederum von dem Zimmermann – eingebaut werden, ist und bleibt Hersteller der „gesägten Balken" und auch – nochmals – beim Aufstellen des Dachstuhls, während der Maler nur Hersteller der „angestrichenen Balken" ist.[1535] Und abschließend: Das **Endprodukt** ist nach alledem die neu entstandene bewegliche Sache, die ohne weitere Veränderung durch den potentiellen Nutzer verwendet werden kann.[1536]

336 Der Vertriebshändler wird auch **nicht** deshalb zum **Hersteller** i. S. d. § 1 Abs. 1 Satz 1 ProdHaftG, nur weil der herstellende Mutterkonzern die gesamten Gesellschaftsanteile an der Vertriebshändler-Gesellschaft hält. Selbst wenn die Vertriebshändlerin Teil des herstellenden Mutterkonzerns ist, ist und bleibt sie doch eine **rechtlich selbstständige Gesellschaft.**[1537] Wie bereits vom EuGH[1538] entschieden, macht allein die Konzernzugehörigkeit

---

1529 Ebenso MüKo/*Wagner*, § 4 ProdHaftG Rn. 11; *Kullmann*, § 4 ProdHaftG Rn. 8.

1530 Staudinger/*Oechsler*, § 4 ProdHaftG Rn. 28; MüKo/*Wagner*, § 4 ProdHaftG Rn. 14.

1531 Staudinger/*Oechsler*, § 4 ProdHaftG Rn. 28, der auf die verbleibende Unschärfe hinweist und ggf. auch auf den „wirtschaftlichen Wert des Abfüllens" abstellen will.

1532 Make-ready Service des Kfz-Herstellers: Entfernen der Lackschicht etc., ebenso Staudinger/*Oechsler*, § 4 ProdHaftG Rn. 39.

1533 Wenn beim Abfüllen dem Wasser Extrakt zugemischt wird und „neues Füllgut" entsteht, entsteht auch ein „neues Produkt", Staudinger/*Oechsler*, § 4 ProdHaftG Rn. 29.

1534 *Kullmann*, § 4 ProdHaftG Rn. 23.

1535 OLG Stuttgart, VersR 2001, 465 – Dachstuhl; dazu explizit *Kullmann/Pfister*, Kza 8125/9.

1536 Ähnlich Staudinger/*Oechsler*, § 4 ProdHaftG Rn. 13; *Kullmann*, § 4 ProdHaftG Rn. 15.

1537 So OLG Düsseldorf, PharmaR 2012, 354, 357 – zur Haftung des Allein-Vertriebshändlers von implantierbaren Cardioverter Defibrillatoren (ICD), die von der Muttergesellschaft mit Sitz in den USA hergestellt worden waren.

1538 EuGH, Urt. vom 9.2.2006, Az. C-127/04; vgl. dazu auch BGH, NJW 1981, 2250.

eine Gesellschaft nicht zum Hersteller i. S. d. § 1 Abs. 1 Satz 1 ProdHaftG. Eine allgemeine **„Konzernvertrauenshaftung"** wird völlig zu Recht überwiegend abgelehnt.[1539]

(b) Der Hersteller von Teilprodukten. Haftender Hersteller i. S. v. § 4 Abs. 1 Satz 1 ProdHaftG kann nicht nur derjenige sein, der das Endprodukt herstellt, sondern auch der, der einen **Grundstoff** oder ein **Teilprodukt** hergestellt hat. Im Zweifel kann die Abgrenzung Schwierigkeiten bereiten. So hat der BGH[1540] einen Fall entscheiden müssen, in dem der Hersteller von Spannkupplungen das Teilprodukt Spannhülsen auf der Basis von von ihm selbst entwickelten Konstruktionsplänen in einem anderen Unternehmen hat drehen und, wieder in einem anderen Unternehmen, dann im Anschluss daran hat härten lassen. Die Spannhülse selbst hatte damit zwei tatsächliche Hersteller von Teilprodukten. Trotzdem war die Spannhülse lediglich ein Teilprodukt im Endprodukt Spannkupplungen.[1541] Das **Teilprodukt** erfasst bewegliche Sachen i. S. d. § 90 BGB, die als Teile eines (End-) Produktes zusammen mit anderen Teilprodukten zu einer **funktionalen Einheit** verbunden werden, wie beispielsweise bei einem Endprodukt Kraftfahrzeug die Teilprodukte Räder (Teilprodukt Felgen, Teilprodukt Reifen) und das Teilprodukt Bremsanlage (Teilprodukt Bremsbeläge, Teilprodukt Bremsbacken etc.).[1542] 337

(c) Grundstoffe. Demgegenüber sind **Grundstoffe** konkret bestimmbare **Rohstoffe** und sonstige fließfähige Materialien, die zur Herstellung einerseits von Endprodukten oder auch von sog. **Halbfabrikaten** oder Teilprodukten generell verwendet werden können, wie etwa Chemikalien, diverse Öle, Mineralien.[1543] Nicht unumstritten aber ist schon die Einordnung von Zellstoffen, Farben, Kakaopulver und/oder Würz- oder von sonstigen Zusatzstoffen.[1544] Zu den Grundstoffen gehören seit dem 1.12.2002 auch die **landwirtschaftlichen Naturprodukte.**[1545] 338

(2) Der sog. Quasihersteller. Nach § 4 Abs. 1 Satz 2 ProdHaftG haftet als Hersteller auch jeder, der sich durch das Anbringen seines Namens, seiner Marke oder eines anderen unterscheidungskräftigen Kennzeichens als Hersteller ausgibt (sog. **Quasihersteller**).[1546] Gelegentlich wird die Auffassung vertreten, die Regelung bezwecke allein, dem Geschädigten, der den tatsächlichen Warenhersteller aufgrund der Darbietung des Produktes vielfach nicht feststellen kann, einen **weiteren Schuldner zur Verfügung** zu stellen.[1547] Dies ergäbe auch ein systematischer Vergleich mit § 4 Abs. 3 Satz 1 ProdHaftG, der eine entsprechende Ausfallhaftung des Händlers begründe. Ich selbst tendiere eher dazu, den Haftungsgrund für die Haftungsnorm als „eine Art" **Rechtsscheinhaftung** zu sehen, weil durch die aktive Kennzeichnung eine Vertrauen erweckende Verantwortung übernommen 339

1539 OLG Düsseldorf, PharmaR 2012, 354, 358; *Rieckers,* Die Konzernmutter als Quasihersteller – Haftung für enttäuschtes „Konzernvertrauen", VersR 2004, 706 m. w. N.

1540 BGH, VersR 1975, 922 – Spannkupplung.

1541 Vgl. zum erwähnten Beispiel *Kullmann,* § 4 ProdHaftG Rn. 30.

1542 Vgl. zum Begriff auch Staudinger/*Oechsler,* § 4 ProdHaftG Rn. 14: Die Unterscheidung „Teil vom Endprodukt" richtet sich nach der Verkehrsauffassung.

1543 Vgl. dazu *Kullmann,* § 4 ProdHaftG Rn. 32.

1544 *Kullmann,* § 4 ProdHaftG Rn. 32 behandelt diese als **Grundstoffe;** zum Teil werden diese Stoffe aber als Teilprodukte angesehen, vgl. etwa *Foerste/Graf von Westphalen,* § 49 Rn. 41; eine konkrete Einteilung ist ohnehin nicht notwendig, da die Haftungsvoraussetzungen und die Rechtsfolgen gleich sind, insoweit völlig zutreffend *Taschner/Frietsch,* Rn. 9.

1545 *Stockmeier,* VersR 2001, 271 ff.

1546 OLG Koblenz, GesR 2013, 163 – Herzschrittmacher, spricht auch von „Anscheinshersteller"; siehe dort auch zur Substantiierungspflicht; *Krüger,* Die Haftung des Quasiherstellers, Diss. Münster, 1998; *Rabl,* Die Haftung des Händlers nach dem ProdHaftG, JBl 1999, 490; *Rieckers,* Die Konzernmutter als Quasihersteller – Haftung für enttäuschtes „Konzernvertrauen"?, VersR 2004, 706 ff.

1547 *Rieckers,* VersR 2004, 706 ff.; *Rolland,* § 4 ProdHaftG Rn. 26; *Taschner/Frietsch,* § 3 ProdHaftG Rn. 14.

wird, jedenfalls im Einzelfall der Eindruck erweckt werden kann.[1548] Das Argument für die Rechtsscheinhaftung liegt auf der Hand: Sofern die Ware demgegenüber in einer Weise gekennzeichnet ist, dass erkennbar wird, dass jemand (nur) **als Händler handelt,** haftet der Händler nicht als Quasihersteller.[1549] Weil die Rechtsprechung zu § 823 Abs. 1 BGB aus dem bloßen Umstand der Kennzeichnung der Ware allein noch keine Garantiehaftung annimmt,[1550] geht die Haftung nach § 4 Abs. 1 Satz 2 ProdHaftG darüber hinaus, und dies ganz bewusst.[1551] Auch wer seine Marke anbringt, haftet nach § 4 Abs. 1 Satz 2 ProdHaftG, wenn **nicht klar erkennbar wird,** dass diese nur auf diesen als Händler hinweist bzw. hinweisen soll.[1552] Wenn der herstellende Mutterkonzern mit der Aufschrift „A" auf einem Defibrillator angebracht wird, gibt ein Vertriebshändler sich selbst durch die Verwendung dieses Zeichens **nicht** zwingend als Hersteller aus, was aber Voraussetzung für eine Quasi-Herstellerhaftung nach § 4 Abs. 1 Satz 2 ProdHaftG wäre.[1553]

340 In der Praxis bringen vielfach **Handelsketten** Konsumgüter unter einer eigenen Marke oder unter einem eigenen Kennzeichen heraus, so dass insbesondere dafür, aber auch für sonstige **Versandhäuser,** nicht zuletzt auch beim **Franchising** in der Praxis der sog. Quasiherstellerhaftung **große Bedeutung** zukommt.[1554] § 4 Abs. 1 Satz 2 ProdHaftG entfaltet auch bei **Konzernsachverhalten herstellender Tochtergesellschaften** Bedeutung.[1555]

341 **(a) Namen, Marken oder andere unterscheidungskräftige Kennzeichen.** Nach Auffassung des Gesetzgebers sind damit die im geschäftlichen Verkehr verwendeten unterscheidungskräftigen Kennzeichen, wie Firma (§ 17 HGB), eingetragene/nicht eingetragene Marken (Warenzeichen) sowie Ausstattungen und auch Aufmachungen erfasst.[1556]

342 **(b) Anbringen.** Mit dem Begriff „Anbringen" verdeutlicht der Gesetzgeber, dass es auch um die Befestigung des Kennzeichens auf dem Produkt oder auf der Verpackung geht.[1557] Der Begriff ist – dies ergeben der Gesamtzusammenhang und Sinn und Zweck der Regelung – **weit** auszulegen.[1558] Ein Zusammenhang zwischen den vorgefundenen Kennzeichen und der Tätigkeit des Herstellers genügt, wobei – auch wenn sich dies aus

[1548] Dies dürfte auch der heutigen Rechtsprechung entsprechen: EuGH, Urt. vom 9.2.2006, Az. C 127/04, Slg, I-01313 Tz. 37 ff. – Declan O'Byrne; BGH, NJW 2005, 2695, 2696 – Grillanzünder: Anschein der Herstellereigenschaft; OLG Koblenz, GesR 2013, 163 – Herzschrittmacher; OLG Düsseldorf, PharmaR 2012, 354, 358 – Zur Haftung des Vertriebshändlers von ICDs; ebenso Staudinger/*Oechsler,* § 4 ProdHaftG Rn. 54 sowie *Brüggemeier/Reich,* WM 1986, 149, 152; *Erman/Schiemann,* § 4 ProdHaftG Rn. 4; a. A. wohl MüKo/*Wagner,* § 4 ProdHaftG Rn. 24 und wohl auch *Visser/Dettmer/Gottwald,* PHi 2010, 118, 120, die die Frage behandeln, ob sich ein Originalhersteller, der weiß, dass sich Marken- und/oder Produktfälschungen unter dessen Label im Markt befinden, und der dagegen nichts unternimmt, möglicherweise als Quasihersteller Ansprüchen geschädigter Kunden ausgesetzt ist (Seite 123 ff.).

[1549] BT-Drs. 11/2447, 19, 20.

[1550] Vgl. dazu nur BGHZ 51, 91, 98 ff. – Hühnerpest: „… liegt noch keine Willenserklärung in dem Sinne, dass er dem Verbraucher für sorgfältige Herstellung einstehen wolle …"

[1551] BT-Drs. 11/2447, 19; Staudinger/*Oechsler,* § 4 ProdHaftG Rn. 53.

[1552] OLG Stuttgart, ZMR 2010, 307.

[1553] Keine Haftung des Vertriebshändlers als Quasi-Hersteller: OLG Düsseldorf, PharmaR 2012, 354, 359 – Vertrieb von ICDs; zumindest, wenn sich aus dem Zusammenhang mit der Verpackung bzw. der Gebrauchsanweisung nichts anderes ergibt.

[1554] Vgl. dazu auch Staudinger/*Oechsler,* § 4 ProdHaftG Rn. 58, *Rieckers,* VersR 2004, 706 ff.; zum Franchising auch *Kullmann,* § 4 ProdHaftG Rn. 44; dazu auch *Rolland,* § 4 ProdHaftG Rn. 32.

[1555] Staudinger/*Oechsler,* § 4 ProdHaftG Rn. 58; *ders.,* Rn. 34 u. 65; vgl. dazu auch *Hommelhoff,* ZIP 1990, 761, 763 ff.

[1556] BT-Drs. 11/2447, 19; ebenso Staudinger/*Oechsler,* § 4 ProdHaftG Rn. 59.

[1557] BT-Drs. 11/2447, 19.

[1558] Ebenso Staudinger/*Oechsler,* § 4 ProdHaftG Rn. 60.

dem Gesetz selbst nicht ergibt – eine **Zurechnung** zum Hersteller vorhanden sein muss.[1559] Es kommt also darauf an, dass derjenige, der in irgendeiner Weise – sei es durch vertragliche Absprache oder faktisches Tun –, die letztendlich „im Kennzeichen wiedergespiegelt" wird, einen Zurechnungsbeitrag geleistet hat. Zu Recht wird demzufolge auch in der Literatur betont, dass keine Haftung besteht, wenn Dritte **unbefugt** ein Zeichen eines Herstellers verwenden. Der bloße **„zitierte Hersteller"** haftet dann nicht.[1560] Dies ist anders, wenn ein Dritter mit Einwilligung das Zeichen anbringt oder nachträglich eine **Genehmigung** erfolgt.[1561]

(c) Ausgeben als Hersteller. Bedingt dadurch, dass § 4 Abs. 1 Satz 2 ProdHaftG nur dann den Quasihersteller in die Haftung einbezieht, wenn dieser „sich" tatsächlich als Hersteller **ausgibt,** wird deutlich, dass der Händler, der seine bloße Händlereigenschaft explizit kennzeichnet, gerade nicht haften soll.[1562] **343**

(d) Einwendungen des Quasiherstellers. Haftet der Quasihersteller nach § 1 Abs. 1 Satz 2 ProdHaftG als „Hersteller", kann er sich auch auf die negativen Haftungsvoraussetzungen des § 1 Abs. 2 ProdHaftG berufen. Damit greift unter Umständen auch § 1 Abs. 2 Nr. 1 und Nr. 2 ProdHaftG. Der Quasihersteller kann seiner Haftung dann allenfalls noch entgehen, indem er ggf. nachweist, dass die Ware – entgegen seines ausdrücklichen Verbots – dennoch in Verkehr gebracht worden ist.[1563] Was die Beweislast angeht, hat der Geschädigte die Voraussetzungen der Quasiherstellereigenschaft darzulegen und im Streitfall zu **beweisen.**[1564] Nur noch einmal zur Klarstellung: Der Quasihersteller haftet selbstständig neben dem tatsächlichen Warenhersteller.[1565] **344**

(3) Der EWR-Importeur i. S. d. § 4 Abs. 2 ProdHaftG. Als Hersteller gilt nach § 4 Abs. 2 ProdHaftG ferner, wer ein Produkt zum Zwecke des Verkaufs, der Vermietung, des Mietkaufs oder einer anderen Form des Vertriebs mit wirtschaftlichem Zweck im Rahmen seiner geschäftlichen Tätigkeit in den Geltungsbereich des Abkommens über den Europäischen Wirtschaftsraum (bis zum 1.1.1994 hieß es noch „in den Geltungsbereich des Vertrags zur Gründung der Europäischen Wirtschaftsgemeinschaft")[1566] einführt oder verbringt (§ 4 Abs. 2 ProdHaftG).[1567] Allgemeinhin wird der **Europäische Wirtschaftsraum (EWR)** als eine vertiefte Freihandelszone zwischen der Europäischen Union (EU) und der Europäischen Freihandelsassoziation **(EFTA)** verstanden. Das Abkommen über den Europäischen Wirtschaftsraum (EWR-Vertrag) ist am 1.1.1994 in Kraft getreten.[1568] Es gilt für die Mitgliedstaaten der EU, die das Abkommen geschlossen haben und dehnt den europäischen Binnenmarkt auch zusätzlich auf die Länder **Island, Liechtenstein** und **345**

[1559] Ebenso Staudinger/*Oechsler,* § 4 ProdHaftG Rn. 60; OLG München, Urt. vom 20.11.1995 – Trizepsturm, zitiert nach *Kullmann/Pfister,* Kza 8125/4.

[1560] So explizit Staudinger/*Oechsler,* § 4 ProdHaftG Rn. 61; unklar *Foerste/Graf von Westphalen,* § 49 Rn. 55 für Fälle der Produktpiraterie.

[1561] BGH, NJW 2005, 2695, 2696; Staudinger/*Oechsler,* § 4 ProdHaftG Rn. 61; *Visser/Dettmer/Gottwald,* PHi 2010, 118, 123; a. A. *Foerste/Graf von Westphalen,* § 49 Rn. 46, was von *Visser* u. a. auf Seite 124 kritisiert wird.

[1562] BT-Drs. 11/2447, 19 ff.; Staudinger/*Oechsler,* § 4 ProdHaftG Rn. 63; OLG Stuttgart, ZMR 2010, 307.

[1563] Vgl. zum Inverkehrbringen Staudinger/*Oechsler,* § 4 ProdHaftG Rn. 66 sowie *Kullmann,* § 4 ProdHaftG Rn. 45.

[1564] BGH, NJW 2005, 2695, 2696 – Grillanzünder.

[1565] So ausdrücklich Staudinger/*Oechsler,* § 4 ProdHaftG Rn. 57.

[1566] Vgl. dazu die Bekanntmachung vom 16.12.1993, BGBl. I, 2436. Nach OLG Linz, Urt. vom 10.7.2012, PHi 2012, 215 – Teleskopleiter, haftet der beklagte Importeur für Fehler in der Bedienungsanleitung.

[1567] Vgl. insgesamt zur Produkthaftung des Importeurs *Zoller,* Die Produkthaftung des Importeurs, 1992; *Rabl,* Die Haftung des Händlers nach dem ProdHaftG, JBl. 1999, 490.

[1568] BGBl. 1993 II, 266; vgl. dort Art. 126 Abs. 1.

Norwegen aus, so dass – nach Stand Januar 2013 – insgesamt 30 Nationalstaaten als „EWR-Raum" erfasst sind.[1569] Die Schweiz hat den EWR-Vertrag zwar unterzeichnet, aber nicht ratifiziert.[1570] Soweit Produkte somit beispielsweise aus der Schweiz in den EWR-Wirtschaftsraum eingeführt werden, etwa nach Deutschland, wird damit der Importeur zum haftenden Hersteller.[1571] **Nicht** zum „Geltungsbereich des EWR-Abkommens über den Europäischen Wirtschaftsraum" gehören unselbstständige Länder, wie z. B. Grönland und die niederländischen Antillen etc.,[1572] ebenso wenig die Åland-Inseln (Finnland), San Marino, Monaco, Andorra und die Vatikanstadt. Schon schwieriger sind diese Ausgangsfragen zu beantworten im Zusammenhang mit Zypern und den Kanalinseln.[1573]

346 Die EWR-Importeur-Haftung nach § 4 Abs. 2 ProdHaftG tritt **neben die Haftung des (Waren-)Herstellers.** Ggf. haften der EWR-Importeur und der ausländische Hersteller als Gesamtschuldner (§ 5 ProdHaftG).[1574] Die Haftung des EWR-Importeurs schützt den Verbraucher ganz besonders, weil es für ihn, den Verbraucher, nicht selten schwierig wird, die Haftung gegenüber dem tatsächlichen Hersteller, etwa in überseeischen Drittstaaten durchzusetzen.[1575]

347 Allerdings haftet der EWR-Importeur nur, wenn er in den europäischen Wirtschaftsraum **„einführt"** oder **„verbringt".** Mit dem Merkmal des „Verbringens" sollte die Einfuhr von Produkten aus der DDR ins Bundesgebiet dem Import in den Geltungsbereich des EWR seinerzeit gleichgestellt werden.[1576] Weil der historisch innerdeutsche Handel inzwischen überholt ist, dürfte dem Merkmal daher kaum noch eigenständige Bedeutung zukommen. Unter dem **Einführen** wird überwiegend das „tatsächliche Verbringen des Produkts aus einem Drittstaat" (s. o.) in das Gebiet der EWR verstanden.[1577] Seit Dezember 2011 gilt ferner das Produktsicherheitsgesetz. § 2 Nr. 8 ProdSG enthält für den **„Einführer"** eine begriffliche Definition, die naturgemäß zunächst einmal auch nur in diesem Gesetzesrahmen Anwendung findet. Danach ist ein **Einführer** „jede im europäischen Wirtschaftsraum ansässige natürliche oder juristische Person, die ein Produkt aus einem Staat, der nicht dem europäischen Wirtschaftsraum angehört, in den Verkehr bringt". Und zum Inverkehrbringen findet sich dann eine weitere Definition in § 2 Nr. 15 ProdSG, als „der erstmaligen Bereitstellung eines Produkts auf dem Markt", dem die Einfuhr in den europäischen Wirtschaftsraum gleichsteht (zum Bereitstellen vgl. § 2 Nr. 4 ProdSG).

348 Fraglich ist, ob auch bei einer Wiedereinfuhr von EU-Ware in den EWR § 4 Abs. 2 ProdHaftG Anwendung findet und damit auch der sog. **Reimporteur** haftet. Reimporte kommen vor allem im Bereich des Automobilhandels oder beim Vertrieb von Arznei-

---

[1569] Vgl. dazu aber Staudinger/*Oechsler,* § 4 ProdHaftG Rn. 73: Das Haftungsprivileg gilt – entgegen Art. 126 Abs. 1 EWR-Vertrag – jedoch nicht für die Schweiz und Liechtenstein, da beide den EWR-Vertrag nicht ratifiziert haben. Liechtenstein aber ist, wie Island und Norwegen, EFTA Mitglied, anders als die Schweiz. Die Schweiz ist dem EWR-Abkommen nicht beigetreten, vgl. dazu *Streit,* NJW 1994, 555, und ist auch nicht EFTA-Mitglied.

[1570] BGBl. 1993 II, 267 i. d. F. des Anpassungsprotokolls vom 17.3.1993, BGBl. II, 1294; MüKo/*Wagner,* § 4 ProdHaftG Rn. 30; Staudinger/*Oechsler,* Einl. zu ProdHaftG Rn. 89, 105; *ders.,* zu § 4 ProdHaftG Rn. 72 u. 73; a. A. wohl unzutreffend *Graf von Westphalen,* in Foerste/ Graf von Westphalen, § 49 Rn. 58.

[1571] Staudinger/*Oechsler,* § 4 ProdHaftG Rn. 68; noch klarer MüKo/*Wagner,* § 4 ProdHaftG Rn. 30.

[1572] Vgl. zu weitergehenden Nachweisen *Kullmann,* § 4 ProdHaftG Rn. 50; Staudinger/ *Oechsler,* § 4 ProdHaftG Rn. 73 bis 81.

[1573] Vgl. dazu Staudinger/*Oechsler,* § 4 ProdHaftG Rn. 77 ff.

[1574] Vgl. dazu BT-Drs. 101/88, Beschluss vom 29.4.1998, 5; BT-Drs. 11/2447, 28, 30.

[1575] Ebenso unter Verweis auf die amtliche Begründung *Kullmann,* § 4 ProdHaftG Rn. 48; BT-Drs. 7/5812, 7; BT-Drs. 11/2447, 20.

[1576] BT-Drs. 11/5520, 15; Staudinger/*Oechsler,* § 4 ProdHaftG Rn. 81.

[1577] So explizit Staudinger/*Oechsler,* § 4 ProdHaftG Rn. 82.

mitteln vor. Nach dem Wortlaut des § 4 ProdHaftG müsste der Reimporteur haften, denn auch er führt (wenngleich erneut) in den europäischen Wirtschaftsraum ein. Daraus schlussfolgert die ganz h. M., dass auch der Reimporteur über § 4 Abs. 2 ProdHaftG haften muss.[1578] Der Mindermeinung[1579] ist zu folgen: Nur in Ausnahmefällen, etwa im Fall, dass der Hersteller das Produkt den niedrigen Sicherheitserwartungen eines Landes außerhalb des „EWR-Raumes" angepasst hat und erst durch den Reimport ein Fehler dadurch entsteht, dass eben die inländischen Sicherheitserwartungen höher liegen, muss der **Reimporteur haften.** Der Schutzzweck gebietet die teleologische Reduktion des Wortlautes des § 4 Abs. 2 ProdHaftG.[1580]

Ebenso wenig wird haftungsrechtlich der **Import zum Eigenbedarf** ohne wirtschaftliche Zielsetzung[1581] erfasst: Führt jemand als Privatmann Wein aus Kalifornien ein, wird er eben nicht zum haftenden Importeur i. S. d. § 4 Abs. 2 ProdHaftG. Denn nur Einfuhren im Rahmen der **geschäftlichen Tätigkeit** rechtfertigen die Gleichstellung des Einführenden mit dem Hersteller. Die Zwecksetzung – wirtschaftlicher Natur – muss bereits zum **Zeitpunkt der Einfuhr** bestehen.[1582] Voraussetzung für eine haftungsrechtlich relevante Gleichstellung des EWR-Importeurs mit dem Warenhersteller ist ferner, dass der Import zu den in § 4 Abs. 2 ProdHaftG erwähnten Zwecken des **Vertriebs** auch tatsächlich erfolgt. Gemeint sind damit die Zwecke des Verkaufs, der Vermietung, des Mietkaufs oder einer anderen Form des Vertriebs mit wirtschaftlichem Zweck, wie etwa das Finanzierungsleasing,[1583] nicht aber ein Import zum Zwecke der Schenkung und Leihe. In der amtlichen Begründung[1584] und in der Literatur wird das Beispiel einer Luftverkehrsgesellschaft zitiert: Die **Selbstnutzung** oder der **Eigenverbrauch** – so der Gesetzgeber – führen nicht zur Haftung nach § 4 Abs. 2 ProdHaftG, weshalb etwa eine europäische Fluggesellschaft, die zum eigenen Flugbetrieb Flugzeuge aus Brasilien importiert, gegenüber den durch Produktfehler des Flugzeugs geschädigten Passagieren oder auch Dritten dann nicht aus § 1 ProdHaftG haftet.[1585] 349

Bedingt durch die Bezugnahme in § 4 Abs. 2 ProdHaftG auf den Begriff des „Produkts" folgt schon vom Wortlaut ausgehend, dass auch der **Importeur von Zuliefererteilen** wie derjenige behandelt wird, der ein Endprodukt einführt oder verbringt.[1586] Die **Beweislast** dafür, dass die Zwecksetzung (Vertrieb mit wirtschaftlichem Zweck) bereits im Zeitpunkt der Einfuhr bestand, trägt der Geschädigte.[1587] Ein Kläger muss daher darlegen und im Streitfall beweisen, dass die Beklagte ein Produkt in den EWR eingeführt oder verbracht hat. Lediglich ist im Einzelfall zu prüfen, ob es dem Prozessgegner ausnahms- 350

[1578] So explizit *Kullmann,* § 4 ProdHaftG Rn. 50; BT-Drs. 11/2447, 20; *Brüggemeier/Reich,* WM 1986, 149, 152; MüKo/*Wagner,* § 4 ProdHaftG Rn. 30; *Graf von Westphalen,* NJW 1990, 83, 89, a. A. aber *Rolland,* § 4 ProdHaftG Rn. 55 und Staudinger/*Oechsler,* § 4 ProdHaftG Rn. 85, für eine teleologische Reduktion: Sie differenzieren, ob die Haftung aus besonderen Gründen gerechtfertigt ist oder nicht.

[1579] Staudinger/*Oechsler,* § 4 ProdHaftG Rn. 85; *Rolland,* § 4 ProdHaftG Rn. 55; jetzt auch *Erman/Schiemann,* § 4 ProdHaftG Rn. 5, der an der h. M. deshalb Kritik übt, weil sie zu sehr am Wortlaut klammere.

[1580] A. A. MüKo/*Wagner,* § 4 ProdHaftG Rn. 30, *Foerste/Graf von Westphalen,* § 49 Rn. 60; *Graf von Westphalen* bereits NJW 1990, 83, 89.

[1581] *Erman/Schiemann,* § 4 ProdHaftG Rn. 5.

[1582] MüKo/*Wagner,* § 4 ProdHaftG Rn. 32; Staudinger/*Oechsler,* § 4 ProdHaftG Rn. 87.

[1583] *Kullmann,* § 4 ProdHaftG Rn. 56.

[1584] BT-Drs. 11/2447, 20.

[1585] Ebenso *Frietsch,* ZLW 1997, 170, 177; *Kullmann,* § 4 ProdHaftG Rn. 57, a. A. Staudinger/*Oechsler,* § 4 ProdHaftG Rn. 88, der die Sichtweise des Gesetzgebers für zu eng erachtet.

[1586] *Kullmann,* § 4 ProdHaftG Rn. 59; Staudinger/*Oechsler,* § 4 ProdHaftG Rn. 86; MüKo/*Wagner,* § 4 ProdHaftG Rn. 30.

[1587] OLG Düsseldorf, PharmaR 2012, 354, 358 – keine Haftung des Vertriebshändlers von ICDs; MüKo/*Wagner,* § 4 ProdHaftG Rn. 31.

weise zuzumuten ist, dem Beweispflichtigen eine prozessordnungsgemäße Darlegung durch nähere Angaben über die betreffenden, zu seinem Wahrnehmungsbereich gehörenden Verhältnisse zu ermöglichen, sog. **„sekundäre Beweislast“.**[1588] Dies kann bei Produkthaftungsfällen im Einzelfall zu bejahen sein, weil Geschädigte i. d. R. keinen Einblick in die Geschehensabläufe innerhalb eines Konzerns haben.[1589] Der EWR-Importeur haftet deshalb – unter den soeben zitierten und angeführten Voraussetzungen – auch verschuldensunabhängig für alle Fehler, die aus dem Bereich des Herstellers und auch aus der Sphäre dessen Zulieferer entstammen.[1590] Zudem haftet er für Fehler im eigenen Vertrieb, beispielsweise bei falscher Lagerung. Dem Grunde nach kann er sich aber auch wie der wahre Hersteller auf die negativen Haftungsvoraussetzungen des § 1 Abs. 2 ProdHaftG berufen, soweit er nicht für eigene Vertriebsfehler einzustehen hat. Der Vollständigkeit halber aber sei erwähnt, dass in der Praxis nicht selten EWR-Importeure mit dem ausländischen Hersteller – wie immer geartete – **Freistellungsvereinbarungen** treffen. Insoweit ist zunächst auf § 14 ProdHaftG zu verweisen, der ausdrücklich ausführt, dass Verträge zu Lasten des Geschädigten im Voraus nichtig sind. Ob und inwieweit derartige Vereinbarungen rechtlich wirksam sind (etwa im Innenverhältnis), ist eine Frage des Einzelfalles. Jedenfalls stehen sie unter dem Damoklesschwert dahingehend, dass Gerichte die konkret ausformulierte Freistellungsvereinbarung insgesamt für unwirksam halten können (§§ 134, 138 bzw. 307, 309 Nr. 7a) und b) BGB).[1591]

351 **(4) Lieferantenhaftung nach § 4 Abs. 3 ProdHaftG.** Kann der Hersteller des Produktes **nicht festgestellt** werden, so gilt **jeder Lieferant** als dessen Hersteller, es sei denn, dass er dem Geschädigten **innerhalb eines Monats,** nach dem ihm dessen diesbezügliche Aufforderung zugegangen ist, den Hersteller oder diejenige Person benennt, die ihm das Produkt geliefert hat (§ 4 Abs. 3 Satz 1 ProdHaftG). Dies gilt auch für ein eingeführtes Produkt, wenn sich bei diesem die in § 4 Abs. 2 ProdHaftG genannte Person nicht feststellen lässt, selbst wenn der Name des Herstellers bekannt ist.

352 Der **Sinn** des § 4 Abs. 3 ProdHaftG besteht darin, dem Geschädigten im Interesse einer bequemeren Inanspruchnahme ein **Druckmittel** zur Seite zu stellen und die **Offenlegung** tatsächlicher Verhältnisse zu fördern.[1592] Die Zahl der Haftpflichtigen wird damit nicht erhöht. Der denktheoretisch möglichen Verschleierung der Identität des tatsächlichen Herstellers aber wird insoweit entgegengewirkt und damit eine „Lücke“ beim Schutz des Geschädigten geschlossen.[1593] Trotzdem muss der Geschädigte zunächst einmal das im Rahmen des Zumutbaren tun, um die Identität des Herstellers zu erhalten. Allerdings wird das **Zumutbare** zugunsten des Geschädigten **nicht mit hohen Barrieren** versehen. So hat der BGH[1594] entschieden, von einem Geschädigten sei nur zu erwarten, dass er die Informationen zur Verfolgung seiner Schadenersatzansprüche nutzt, die er aufgrund des Produkterwerbs erhalten hat. Sofern anonyme Produkte (sog. „no-name-products“)[1595] verkauft wurden, kann dies dann schnell die Auswahlhaftung des Lieferanten eröffnen, wie der BGH in dem soeben zitierten **Grillanzünder-Urteil** hervorgehoben hat. Es ist aber wichtig zu erwähnen, dass die Haftung als „Lieferant“ i. S. d. § 4 Abs. 3 ProdHaftG

[1588] *Zöller/Greger,* ZPO, vor § 284 Rn. 34.

[1589] So bejaht in OLG Düsseldorf, PharmaR 2012, 354, 359 – allerdings war die beklagte Vertriebshändlerin von ICDs dieser Pflicht nachgekommen.

[1590] *Kullmann,* § 4 ProdHaftG Rn. 61.

[1591] Vgl. die Ausführungen zu § 14 ProdHaftG sub § 3 III. k. bb. (2) Rn. 457.

[1592] Amtliche Begründung BR-Drs. 101/88, 51 bzw. 20 sowie BT-Drs. 11/2447, 20; *Kullmann,* § 4 ProdHaftG Rn. 65.

[1593] Auffangfunktion; BT-Drs. 11/2447, 20; MüKo/*Wagner,* § 4 ProdHaftG Rn. 33 m. w. N.

[1594] BGH, Urt. vom 21.6.2005, Az. VI ZR 283/03, NJW 2005, 2695 – Grillanzünder.

[1595] *Erman/Schiemann,* § 4 ProdHaftG Rn. 6; OLG Saarbrücken, MDR 2007, 768; Palandt/*Sprau,* § 4 ProdHaftG Rn. 8.

nur unter den Voraussetzungen ausgelöst werden kann, dass der Geschädigte den Lieferanten **zuvor erfolglos aufgefordert** hat, dessen Vorlieferanten oder den Hersteller des in Rede stehenden Produktes zu benennen.[1596] Benennt der Beklagte dem Geschädigten jedoch den „wahren Importeur" in den EWR-Raum, genügt er damit den Anforderungen des § 4 Abs. 3 Satz 2 ProdHaftG.[1597] Zudem ist eine Aufforderung als bloße Förmelei entbehrlich, wenn der Beklagte zum Ausdruck bringt, den Hersteller nicht benennen zu wollen oder nicht benennen zu können.[1598] Nach Auffassung des BGH greift die Haftung des Lieferanten auch nur dann ein, wenn der tatsächliche Hersteller **im Zeitpunkt des Inverkehrbringens** nicht erkennbar gewesen ist.[1599] **Die Beweislast,** dass der tatsächliche Hersteller im Zeitpunkt des Inverkehrbringens des Produktes **nicht erkennbar war,** trägt der **Kläger** bzw. der Geschädigte.[1600] Der in § 4 Abs. 3 ProdHaftG verwandte Begriff des „Lieferanten" ist weit zu verstehen und erfasst nicht lediglich den eigentlichen **Verkäufer.** Im weitesten Sinne sollen insoweit alle Formen des Vertriebs zu wirtschaftlichen Zwecken – Vermietung, Leasing etc. – erfasst werden.[1601] **Nicht** erfasst werden allerdings **private** Verkäufer oder solche Personen, die ein Produkt zunächst für den Eigenbedarf erworben haben, und sich dann von ihm wieder trennen.[1602] Andererseits ist „Lieferant" i. S. v. § 4 Abs. 3 ProdHaftG der **Bote** oder **sonstige Spediteur.**[1603]

Selbst der Lieferant, der nach § 4 Abs. 3 Satz 1 ProdHaftG als (haftender) Hersteller gilt, kann sich von der Haftung unter gewissen Umständen befreien („es sei denn …"). **353**
Dazu muss er dem Geschädigten, nachdem ihm dessen diesbezügliche Aufforderung zugegangen ist, den Hersteller oder diejenige Person **benennen,** die ihm das Produkt geliefert hat. An die **Aufforderung** des Geschädigten werden keine allzu strengen Voraussetzungen geknüpft.[1604] Der Lieferant muss aber in die Lage versetzt werden, die Angaben zu prüfen und den Anfragen nachzugehen.

Umgekehrt: Der Geschädigte muss durch die Angaben des Lieferanten dann in die Lage **354**
versetzt werden, sich unmittelbar an die benannte Person wenden zu können, sie anzuschreiben und notfalls zu verklagen.[1605] Die Aufforderung selbst kann der Geschädigte im **Zehnjahres-Zeitraum** nach § 13 ProdHaftG prinzipiell „nach Gutdünken" an den potentiellen Lieferanten richten.[1606] Was nun die Antwort und insbesondere den Zeit-

---

1596 *Erman/Schiemann,* § 4 ProdHaftG Rn. 6: Was nicht heißt, dass er danach – nach Ablauf des Monats – stets haftet; so aber wohl MüKo/*Wagner,* § 4 ProdHaftG Rn. 45.

1597 OLG Düsseldorf, PharmaR 2012, 354, 360 – keine Haftung des Vertriebshändlers von ICDs nach § 4 Abs. 3 ProdHaftG.

1598 OLG Düsseldorf, PharmaR 2012, 354, 360 – Import von ICDs.

1599 BGH, Urt. vom 21.6.2005, Az. VI ZR 283/03, NJW 2005, 2695 – Grillanzünder, zustimmend *Wagener/Wahle,* NJW 2005, 3179, 3180; siehe aber auch OLG Düsseldorf, Urt. vom 7.4.2000, Az. 14 U 293/99, OLGR Düsseldorf 2000, 194 m. w. N. – Satellitenreceiver = NJW-RR 2001, 458 (str.); sowie OLG Düsseldorf, PharmaR 2012, 354, 360: Der Hersteller des ICDs war nicht unbekannt.

1600 OLG Düsseldorf, Urt. vom 7.4.2000, Az. 14 U 293/99, OLGR Düsseldorf 2000, 194 m. w. N. – Satellitenreceiver; wie zuvor.

1601 So *Kullmann,* § 4 ProdHaftG Rn. 68.

1602 So ausdrücklich *Kullmann,* § 4 ProdHaftG Rn. 70 unter Berufung auf *Schmidt-Salzer,* in Schmidt-Salzer/Hollmann, Kommentar EG-Richtlinie Produkthaftung Bd. 1 Art. 3 Rn. 289.

1603 MüKo/*Wagner,* § 4 ProdHaftG Rn. 33; *Kullmann,* § 4 ProdHaftG Rn. 70; Staudinger/*Oechsler,* § 4 ProdHaftG Rn. 97.

1604 *Kullmann,* § 4 ProdHaftG Rn. 74: Sie könnte auch mündlich erfolgen.

1605 LG Lübeck, VersR 1993, 1282; Palandt/*Sprau,* § 4 ProdHaftG Rn. 9; zum Vorlieferanten und zu dessen „Enthaftung" vgl. OLG Zweibrücken, VersR 2006, 1503 ff. – Flexschlauch. Bestreitet die vom Lieferanten angeführte Person ihre Herstellereigenschaft, geht es zu Lasten des Geschädigten, wenn er keine weiteren Schritte gegen die Person einleitet; dazu explizit *Kullmann/Pfister,* Kza 8130/2.

1606 MüKo/*Wagner,* § 4 ProdHaftG Rn. 41; Staudinger/*Oechsler,* § 4 ProdHaftG Rn. 106.

rahmen der Antwort angeht, spricht § 4 Abs. 3 ProdHaftG von einer Benennung des Lieferanten **innerhalb eines Monats.** Das LG Dessau[1607] hat in einem von ihm zu entscheidenden Verfahren festgestellt, dass die beklagte Lieferantin einer Tischfeuerstelle „unstreitig den Hersteller oder Lieferanten nicht benannt habe" und allein deshalb die Auffanghaftung nach § 4 Abs. 3 ProdHaftG in Betracht komme. Ferner – so das LG – beseitige eine etwaige nachträgliche Benennung des Lieferanten das Eingreifen der Haftung nach § 4 Abs. 3 Satz 1 ProdHaftG nicht (mehr). Das LG ging nicht darauf ein, dass § 4 Abs. 3 ProdHaftG nicht zwingend Art. 3 Abs. 3 der Produkthaftungsrichtlinie entspricht. Diese spricht von einer Haftungsbefreiung, wenn dem Geschädigten „innerhalb **angemessener Frist**" die erforderliche Kenntnis verschafft wird.[1608] Der Lieferant muss demzufolge „nur zeitgerecht" antworten. Im Regelfall dürfte der „Lieferant" aber jedenfalls seiner Auskunftspflicht genügen, wenn er die vollständige Anschrift des Warenherstellers oder die des Vorlieferanten angibt. Statt der Übermittlung der Adressen könnte inzwischen auch die Übermittlung der Kontaktanschriften des Herstellers bereits genügen (vgl. dazu auch § 6 Abs. 1 Nr. 2 ProdSG). Die Grenze des § 242 BGB wird zu beachten sein. Im Zweifel genügt auch die **Benennung eines insolventen Herstellers.**[1609] Die **Realisierbarkeit des Anspruchs** kann insofern nämlich nicht entscheidend sein. Dies ist anders, wenn dem Lieferanten – sei dies versehentlich oder absichtlich – ein falscher Hersteller benannt wird. Dann haftet der Lieferant und kann sich eben nicht entlasten.[1610]

355 Ein in der Praxis nicht selten anzutreffendes Problem stellt sich, wenn der Lieferant – zum Beispiel **mangels Aufbewahrung von Dokumenten** – die Nachweise nicht mehr erbringen kann. In größeren Produkthaftungsfällen, ggf. unter internationaler Beteiligung und nicht nur im „europäischen Kontext",[1611] sind – je nach Nationalstaat – gar unterschiedliche gesetzliche Aufbewahrungspflichten (soweit überhaupt in den nationalen Rechtsordnungen geregelt) an Unternehmer gestellt.[1612] Die Frage ist, ob bei **Unmöglichkeit der Beantwortung**[1613] ein Fall der wirtschaftlichen Unmöglichkeit vorliegt oder zumindest die **analoge** Anwendung der Regelungen über die wirtschaftliche Unmöglichkeit des Herstellers in Betracht zu ziehen ist.[1614] Ich halte dies nicht für falsch, wenn in der Tat der Lieferant

---

1607 LG Dessau, Urt. vom 16.12.2011, BeckRS 2012, 05715 – Dennoch kein Anspruch nach Explosion einer Tischfeuerstelle nach § 8 Satz 2 i. V. m. § 4 Abs. 3 ProdHaftG.

1608 Staudinger/*Oechsler,* § 4 ProdHaftG Rn. 108 verweist auf die entsprechende Regelung im schwedischen ProdHaftG (Monatsfrist), erwähnt aber auch die in Portugal geltende **Dreimonatsfrist,** führt jedoch zugleich aus, dass dadurch der deutsche Gesetzgeber trotzdem nicht gegen seine Pflichten zur Transformation der Richtlinie verstoßen hätte. Dies wird mit der „klareren Formulierung" begründet; *Kullmann,* § 4 ProdHaftG Rn. 76; vgl. dazu aber vor allem EuGH; EuZW 2006, 506 – Kommission ./. Frankreich.

1609 BT-Drs. 11/2447, 20; OLG Zweibrücken, VersR 2006, 1503, 1504; *Mayer,* VersR 1990, 691, 694; MüKo/*Wagner,* § 4 ProdHaftG Rn. 43; vgl. auch OLG Koblenz, NJW-RR 1999, 907 – Topf.

1610 *Mayer,* VersR 1990, 691, 694, erwähnt sogar, dass es nicht auf die Gutgläubigkeit des Lieferanten ankommen kann.

1611 MüKo/*Wagner,* § 4 ProdHaftG Rn. 42: **10 Jahre Aufbewahrungspflicht** wg. § 13 ProdHaftG; ihm folgend *Foerste/Graf von Westphalen,* § 49 Rn. 101.

1612 OLG Bamberg, NJW 1998, 2228 – Messingrohrnippel, sieht entsprechende Aufbewahrungspflichten mit Recht nicht in § 4 Abs. 3 ProdHaftG zentriert und meint, nur im Einzelfall könne auf eine **vertragliche Nebenpflicht** zurückgegriffen werden (§ 280 Abs. 1 BGB heute); vgl. dazu die Ausführungen zum Vertragsrecht.

1613 Vgl. zu Auskunftsansprüchen im übrigen § 84a AMG, zur Analogie zur Vorbereitung eines Schadenersatzanspruches ganz allgemein ablehnend OLG Frankfurt, Urt. vom 21.6.2012, Az. 22 U 89/10 und BGH, Az. VI ZR 349/12; auch verneinend Auskunftsanspruch nach § 810 BGB in Abgrenzung zur unzulässigen Ausforschung; siehe dazu bereits die Verteidigungsstrategie des Herstellers (sub e)).

1614 So ausdrücklich *Schlechtriem,* VersR 1986, 1033, 1034.

die fehlende Dokumentation in keiner Weise zu vertreten hat (§§ 275, 276 BGB: **Impossibilium**). Die h. M. hält diese Erwägungen – dies sei klar betont – für völlig abwegig, weil ein Vertretenmüssen oder sonstige Zumutbarkeitserwägungen im Rahmen des § 4 Abs. 3 Satz 1 ProdHaftG keine Rolle spielen könnten.[1615] Bisweilen wird dies damit begründet, dass sich Lieferanten geringwertiger Produkte ansonsten – würde man nicht der h. M. folgen – „stets" von der Verantwortung befreien könnten. Dieses Argument[1616] vermag schon deshalb nicht zu überzeugen, da dies erstens nicht stets der Fall ist und zweitens suggeriert wird, der Lieferant handele im Regelfall arglistig. Im letzteren Falle aber würde auch § 826 BGB bzw. § 823 Abs. 2 BGB i. V. m. § 263 StGB ausreichenden Schutz bieten. Niemand kann zu etwas gezwungen werden, was ihm unmöglich ist. Ganz abgesehen davon, dass die 10-Jahresfrist zur Aufbewahrung sich weder aus der Richtlinie noch aus dem ProdHaftG selbst – auch nicht aus § 13 ProdHaftG, der gerne zitiert wird[1617] – explizit ergibt und in außereuropäischen Rechtsordnungen völlig anders ausgestaltet sein kann.

Ergänzend zu § 4 Abs. 3 Satz 2 ProdHaftG und zum Thema der Nennung des Importeurs bei ausländischem Sitz des Herstellers: § 4 Abs. 3 Satz 2 ProdHaftG ergänzt den Schutz zugunsten des Geschädigten im Rahmen des § 4 Abs. 3 Satz 1 ProdHaftG, insoweit als nur die Benennung eines inländischen Schuldners den Lieferanten von der Haftungsverantwortung befreit.[1618] Greift die Lieferantenauffanghaftung ein, **haftet der Lieferant** ebenso wie der Importeur, als sei er – der Lieferant – der wahre Hersteller.[1619] Dies kann für Händler, die mit sog. No-Name-Produkten handeln, zu einer verschärften Haftung führen.[1620] Die Problematik dürfte sich aber entschärfen, soweit die zusätzlichen Anforderungen an die Bereitstellung von Verbraucherprodukten auf dem Markt nach § 6 ProdSG eingehalten werden, nach denen der Hersteller eben den Namen und die Kontaktanschrift des Herstellers, oder – sofern dieser nicht im europäischen Wirtschaftsraum ansässig ist – den Namen und die Kontaktanschrift des Bevollmächtigten oder des Einführers am Produkt selbst – soweit möglich – anzubringen hat (vgl. § 6 Abs. 1 Ziff. 2 und § 6 Abs. 1 Satz 2 ProdSG). Ausnahmen von der Verpflichtung, diese Angaben auf dem Verbraucherprodukt oder auf dessen Verpackung anzubringen, bestehen nur, wenn es vertretbar ist, diese Angaben wegzulassen, insbesondere, weil sie dem Verwender bereits bekannt sind, oder weil es mit einem unverhältnismäßigen Aufwand verbunden wäre, sie anzubringen. Insoweit also bei künftigen Lieferungen das Produktsicherheitsgesetz bekanntlich zu beachten ist, wird dieses Problem in der Praxis kaum noch von Bedeutung sein. 356

dd) Rechts- und Rechtsgutsverletzung

Voraussetzung einer Haftung nach § 1 Abs. 1 Satz 1 ProdHaftG ist ferner die **Verletzung** eines der dort genannten **Rechte** und **Rechtsgüter.** 357

(1) Tötung, Körper- und Gesundheitsverletzung. Zwischen den Begriffen der **Tötung** eines Menschen oder der **Körper-**[1621] **und Gesundheitsverletzung**[1622] besteht, was Inhalt 358

[1615] MüKo/*Wagner,* § 4 ProdHaftG Rn. 42; Staudinger/*Oechsler,* § 4 ProdHaftG Rn. 108 unter Berufung auf *Mayer,* VersR 1990, 691, 694 Fn. 41; *Spickhoff,* NJW 1992, 2055, 2057.

[1616] So ausdrücklich Staudinger/*Oechsler,* § 4 ProdHaftG Rn. 118.

[1617] MüKo/*Wagner,* § 4 ProdHaftG Rn. 43; *Foerste/Graf von Westphalen,* § 49 Rn. 101; OLG Bamberg, NJW 1998, 2228 – Messingrohrnippel.

[1618] BT-Drs. 11/2447, 21; so ausdrücklich und nahezu wörtlich Staudinger/*Oechsler,* § 4 ProdHaftG Rn. 126.

[1619] So explizit *Kullmann,* § 4 ProdHaftG Rn. 83, unter Berufung auf die Protokolle während des Gesetzgebungsverfahrens.

[1620] Darauf weist *Kullmann,* § 4 ProdHaftG Rn. 83, zu Recht hin.

[1621] OLG Hamm, Urt. vom 21.12.2010, NJW-RR 2011, 893 – Grillpaste, Verbrennungen am Körper; LG Kleve, NJW-RR 2011, 1473 – Knochensplitter im Hackfleisch, Zahnschaden; LG Dessau, BeckRS 2012, 05715 – kein Anspruch nach Explosion einer Tischfeuerstelle nach § 8 und Verständnis angeht, kein Unterschied zu den Ausführungen zu § 823 Abs. 1 BGB, so dass auf das dortige Kapitel verwiesen werden kann (vgl. Rn. § 3 II. Rn. 160 ff.). Die Einzelheiten bei richtlinienkonformer Auslegung richten sich nach Art. 9 der Produkthaftungsrichtlinie. Zum **Umfang der Ersatzpflicht** ist auf die §§ 7–9 ProdHaftG und, was den **Höchstbetrag der Haftung** angeht, auf § 10 ProdHaftG zu verweisen. Seit Inkrafttreten des Zweiten Schadensersatzrechtsänderungsgesetzes unter dem 19.7.2002[1623] ist die Beschränkung des Schmerzensgeldanspruchs auf das Deliktrechts hinfällig geworden. Nach § 8 Satz 2 ProdHaftG in Verbindung mit § 253 Abs. 2 BGB kann nunmehr auch wegen eines Schadens, der **nicht Vermögensschaden** ist, eine **billige Entschädigung** in Geld (Schmerzensgeld) gefordert werden.[1624] Insofern kann wegen **immaterieller Schäden und/oder Schmerzensgeldansprüchen** auf die einschlägigen Kommentierungen zu § 253 Abs. 2 BGB verwiesen werden. Materielle Schäden werden im Falle der Verletzung des Körpers oder der Gesundheit ebenfalls ersetzt (vgl. die einschlägigen Kommentierungen zu § 8 Satz 1 ProdHaftG, der im Wesentlichen den §§ 842, 843 BGB entspricht).[1625] Siehe auch weitere Ausführungen unter ee) Schaden, Rn. 361 ff.

359 **(2) Sachschaden.** Anders als nach § 823 Abs. 1 BGB setzt die Haftung nach § 1 ProdHaftG keine Eigentumsverletzung voraus, sondern die **Beschädigung einer Sache.** Was den **Sachbegriff** angeht, kann zur Auslegung u. a. auf § 90 BGB zurückgegriffen werden, was die Sachbeschädigung angeht, „grob" auch auf die Auslegung zur Eigentums**verletzung** im Rahmen des § 823 BGB. Insoweit kann auf die Ausführungen zu § 823 BGB – weiter oben – verwiesen werden.[1626] Dennoch bestehen **Nuancen**[1627] zwischen § 823 Abs. 1 BGB und der dort genannten Eigentumsverletzung zu § 1 ProdHaftG und der dort erfassten Sachbeschädigung. Diese sind durchaus von praktischer Bedeutung: Ob jemand „Eigentümer" ist oder nicht, spielt für die **Aktivlegitimation** des § 1 ProdHaftG keine Rolle, so dass ein Großteil der Positionen, die üblicherweise als „sonstiges Recht" deliktischen Schutz genießen, über den insoweit weiteren Anwendungsbereich in den Schutzbereich des ProdHaftG einbezogen wird. Ein **Besitzer** der Sache und/oder auch ein Inhaber beschränkt dinglicher Rechte kann demzufolge im Falle der Sachbeschädigung anspruchsberechtigt sein.[1628] Allerdings ist strittig, ob lediglich der Eigentümer **Ersatz des vollen Sachsubstanzschadens** ersetzt verlangen kann.[1629] Bei Besitzern sei – so die in der Literatur vertretene Meinung – etwa das Recht zur Nutzung der Sache beschränkt, was sich bei der Schadensberechnung im Ergebnis in der Praxis

---

ProdHaftG; OLG Hamm, BeckRS 2013, 08842 demgegenüber: Haftung des Süßwarenherstellers bei Biss auf Fruchtgummi („Cola-Fläschchen").

1622 Vgl. dazu LG Frankenthal, Urt. vom 14.3.2013, Az. 6 O 304/12 – Brustsilikon: Keine Gesundheitseinschränkung bzw. Gesundheitsverletzung auf Silikon rückführbar (allerdings kein Verfahren gegen Hersteller, vielmehr gegen eine „benannte Stelle" gemäß § 7 Abs. 1 der MPVO i. V. m. Anhang II der Richtlinie 93/42/EWG); die **bloße Gefahr einer Gesundheitsbeschädigung,** die geltend gemachte erhöhte Krebsgefahr, sei nicht mit einer (eingetretenen) Gesundheitsschädigung i. S. d. § 253 Abs. 2 BGB gleichzusetzen; vgl. dazu auch Ausführungen zum Deliktsrecht, sub § 3 II. 2. c) (aa) (2) Rn. 161 ff., und *Handorn,* PHi 2011, 206 ff. zum Fehlerverdacht als Produktfehler.

1623 BGBl. I 2002, 2674.

1624 Dies verbietet Art. 9 Abs. 2 der Richtlinie nicht; dazu ausführlich *Sack,* VersR 1988, 439, 443; zum Schmerzensgeld, *Neuner,* JUS 2013, 577 ff.

1625 Vgl. zu Unterschieden Palandt/*Sprau,* § 8 ProdHaftG Rn. 2; *Vismara,* PHi 2013, 138 ff.

1626 Palandt/*Sprau,* § 1 ProdHaftG Rn. 5 ff.

1627 MüKo/*Wagner,* § 1 ProdHaftG Rn. 5.

1628 OLG Köln, VersR 2002, 1383 – Pflasterfugenmörtel; *Kullmann/Pfister;* Kza 8125/13.

1629 MüKo/*Wagner,* § 1 ProdHaftG Rn. 5, früher *Graf von Westphalen,* Produkthaftungshandbuch, 2. Aufl., § 71 Rn. 27 und *Foerste/Graf von Westphalen,* § 45 Rn. 20 („selbstverständlich ist dabei …") unter Berufung auf LG Lübeck, VersR 1993, 1282, 1283 – Adventskerzen.

niederschlagen müsse.[1630] Dies sieht die Rechtsprechung[1631] anders: Es gelten bei Besitzern die §§ 249 ff. BGB in vollem Umfang.

Beeinträchtigungen der Sachsubstanz sind nach allgemeiner Meinung **Sachbeschädigungen.**[1632] Soweit keine Sachsubstanzverletzungen vorliegen, sondern etwa reine Nutzungsbeeinträchtigungen, die im Rahmen von § 823 Abs. 1 BGB aber als „Eigentumsverletzung" anerkannt werden,[1633] ist fraglich, ob die zur Eigentumsverletzung i. S. d. § 823 BGB ergangenen Grundsätze auf § 1 Abs. 1 ProdHaftG übertragen werden können. Dies scheint der BGH[1634] in einem obiter dictum andeuten zu wollen. Insoweit, als der Wortlaut des Begriffes der „Sachbeschädigung" nicht ganz eindeutig ist, aber selbst beim Straftatbestand der Sachbeschädigung in § 303 Abs. 1 StGB nicht allein auf Substanzverletzungen beschränkt bleibt, dieser vielmehr auch auf sonstige Einwirkungen auf die Sache erstreckt wird,[1635] erscheint es gut vertretbar, den Schutzbereich der Sachbeschädigung nach § 1 ProdHaftG nicht wesentlich anders zu bestimmen, als denjenigen des Eigentums im Rahmen des § 823 Abs. 1 BGB.[1636] 360

ee) Schaden

Zu einer Haftung nach § 1 ProdHaftG kommt es – wie soeben unter dd) erwähnt – nur, wenn durch den Fehler eines Produktes jemand getötet, sein Körper oder seine Gesundheit verletzt oder eine Sache beschädigt wird. Dann hat der Hersteller des Produktes dem Geschädigten „den daraus entstehenden **Schaden**" zu ersetzen. Was den Schaden an sich angeht, so kann in diesem Zusammenhang zunächst auf die §§ 249 ff. BGB verwiesen werden.[1637] Es geht nachfolgend daher lediglich darum, Besonderheiten, die sich aus dem ProdHaftG ergeben, anzuführen: 361

(1) Körper-und Gesundheitsbeeinträchtigung i. V. m. §§ 7, 8 ProdHaftG. Infolge Körper- oder Gesundheitsverletzungen von Menschen, mithin also bei Personenschäden, können materielle wie immaterielle Schäden entstehen.[1638] Dies gilt – wenngleich in abgemildertem Maß – auch bei Tötung eines Menschen (vgl. dazu Ausführungen unter Rn. 416 ff.). Einzelheiten ergeben sich – was die materiellen Schäden angeht – daher aus den §§ 249 ff. BGB und – was den immateriellen Schadenersatz angeht – aus § 253 BGB. Der Vollständigkeit halber sei aber – was den Umfang der Schadenersatzpflicht angeht – ergänzend auf § 7 ProdHaftG **(Umfang der Ersatzpflicht bei Tötung)** und auf § 8 362

[1630] MüKo/*Wagner*, § 1 ProdHaftG Rn. 5; wie zuvor.

[1631] OLG Köln, VersR 2002, 1383 – Pflasterfugenmörtel.

[1632] OLG Stuttgart, ZMR 2010, 307ff – Kugelhahn.

[1633] Vgl. dazu etwa BGH, NJW 1998, 377, 380, BGH, NJW 1989, 707, 708; BGH, NJW 1971, 886, 887 – Fleetfall.

[1634] BGH, NJW-RR 1995, 342, 343.

[1635] BGHSt 13, 207, 208.

[1636] Ebenso MüKo/*Wagner*, § 1 ProdHaftG Rn. 6 unter Verweis auf andere europäische Mitgliedstaaten und deren Regelungen, zum einen auf Art. 1386 – Code Civil und auch auf die in England fehlende Haftung für „damage to property", die allesamt eine restriktivere Interpretation vornehmen würden; vgl. dazu die Entscheidung des OGH, Urt. vom 2.12.2010, Az. 2 Ob 162/10b – fehlerhafte Dachfolie: Unter Sachschaden ist nicht der am Produkt entstandene Schaden zu verstehen, sondern der sog. Folgeschaden, den ein Fehler des Produkts an anderen Sachen als dem fehlerhaften Produkt verursacht hat..

[1637] Der Begriff des Schadens richtet sich nach nationalem Recht, doch muss der Schaden angemessen und vollständig ausgeglichen werden, EuGH, Urt. vom 19.5.2001, Rs C 203/99, Slg 2001, I-3564, 3569 – Veedfald ./. Arhus Amtskommune; Staudinger/*Oechsler*, § 1 ProdHaftG Rn. 35.

[1638] LG Stuttgart, NJW-RR 2012, 1169 – Arbeitsunfall durch fehlerhafte Fenster- und Futterstoffeinklebemaschine; OLG Hamm, BeckRS 2013, 08842 bei Biss auf Fruchtgummi („Cola-Fläschchen"): 2000 Euro Schmerzensgeld und Kosten der Zahnbehandlung.

ProdHaftG **(Umfang der Ersatzpflicht bei Körperverletzung)** verwiesen.[1639] Gemäß § 9 ProdHaftG ist der Schadenersatz wegen Aufhebung oder Minderung der Erwerbsfähigkeit und wegen vermehrter Bedürfnisse des Verletzten sowie der nach § 7 Abs. 2 ProdHaftG einem Dritten zu gewährende Schadenersatz für die Zukunft durch eine Geldrente zu leisten (wenn der Getötete zur Zeit der Verletzung zu einem Dritten in einem unterhaltspflichtigen Verhältnis stand). Nach § 9 Abs. 2 ProdHaftG gilt § 843 Abs. 2 bis 4 BGB entsprechend. Sind Personenschäden durch ein Produkt oder gleiche Produkte mit demselben Fehler verursacht worden, haftet der Ersatzpflichtige ohnehin nur bis zu einem Höchstbetrag von 85 Mio. EUR (§ 10 Abs. 1 ProdHaftG).

363 **(2) Sachschaden und Selbstbeteiligung.** Zum Begriff „Sachschaden" vgl. die Ausführungen unter dd) Rechts- und Rechtsgutsverletzung sub (2). Wie bei den Haftungsbeschränkungen für Sachen im Rahmen der Ausführungen zu § 1 Abs. 1 Satz 2 ProdHaftG noch zu zeigen sein wird, wird der Sachschaden nur beschränkt ersetzt, nämlich nur bei Beschädigung einer „anderen" als der fehlerhaften Sache und nur bei privatem Ge- oder Verbrauch. Zudem ist nach § 11 ProdHaftG im Falle der Sachbeschädigung die **Selbstbeteiligung** zu berücksichtigen. Bei einer Sachbeschädigung hat der Geschädigte nach dem ProdHaftG einen Schaden bis zur Höhe von **500,00 EUR** selbst zu tragen (**Selbstbeteiligung:** Art. 9 lit. b der Richtlinie und § 11 ProdHaftG).[1640] 500,00 EUR werden also stets vom Geschädigten selbst getragen (sog. Sockelbetrag).[1641] Der Sinn der Regelung ist der, den Hersteller für den Regelfall nur mit **„gravierenden" Fällen** zu konfrontieren und – sozialadäquat – die Allgemeinheit solidarisch an Bagatellschäden zu beteiligen.[1642] Dies erscheint mir sachgerecht.[1643] § 11 ProdHaftG gilt für den **direkten Sachschaden** und auch für den sog. **Sachfolgeschaden,** der infolge eines Sachschadens entsteht.[1644] Beispielhaft sei auf den Fall des LG Lübeck[1645] verwiesen: § 11 ProdHaftG gilt auch, wenn eine Wohnung infolge der Absonderung öliger Partikel von Kerzen zeitweise unbewohnbar wird, nicht aber für Personenschäden, die Folge von Sachbeschädigungen sind.[1646] Der Rechtsausschuss des Deutschen Bundestages hatte die Regelung kritisiert, konnte sich aber aufgrund der zwingenden Richtlinienvorgabe bei der Transformation in innerstaatliches Recht gegen die Selbstbeteiligung nicht sperren. Diese wird, auch wenn es in der Rechtsprechung der Länder zu unterschiedlichen Auslegungen gekommen ist, – dies zeigen aktuelle Berichte der Kommission[1647] – nach wie vor für richtig

---

[1639] Vgl. dazu auch Ausführungen unter f), Rn. 416 ff.

[1640] Bedingt durch das zweite Gesetz zur Änderung schadenersatzrechtlicher Vorschriften vom 19.7.2002 ist der Betrag von 1.125,00 DM etwas ermäßigt worden und beträgt für alle nach dem 31.7.2002 eingetretenen Schadensfälle nunmehr 500,00 EUR; vgl. dazu MüKo/*Wagner,* § 11 ProdHaftG Rn. 1.

[1641] *Kullmann,* §§ 7–11 ProdHaftG Rn. 37.

[1642] Vgl. die amtliche Begründung in BR-Drs. 101/88, 60 und BT-Drs. 11/2447 vom 9.6.1988, 23 ff. Aktuell fordern die Vertreter der Industrie den Selbstbehalt zumindest in gegenwärtiger Höhe zu belassen, um kleinere und mittlere Unternehmen nicht über Gebühr in Anspruch zu nehmen; eher sollte der Selbstbehalt erhöht werden, um der Inflation Rechnung zu tragen. Demgegenüber fordern die Vertreter der Verbraucher die Abschaffung der Selbstbeteiligung; 4. Bericht der Kommission vom 8.9.2011, KOM (2011) 547, insbesondere Seiten 10, 11 und 12; vgl. dazu die Ausführungen sub 2. a) aa) (3).

[1643] Ansonsten würden die Mehrkosten ohnehin über den Produktpreis wieder auf den Verbraucher umgelegt, vgl. auch MüKo/*Wagner,* § ProdHaftG 11 Rn. 1 und *Adams,* BB 1987, Beilage 20, 23.

[1644] Ebenso *Kullmann,* §§ 7–11 ProdHaftG Rn. 38.

[1645] LG Lübeck, Urt. vom 3.9.1991, Az. 5 O 197/91, VersR 1993, 1282, 1283 – Adventskerze.

[1646] MüKo/*Wagner,* § 11 ProdHaftG Rn. 4.

[1647] Vgl. vor allem den 3. Bericht der Kommission, KOM (2006) 496 vom 14.9.2006, in dem festgestellt wurde, dass es in der Rechtsprechung der Länder zu unterschiedlichen Auslegungen und zutreffend innerhalb der Europäischen Union gehalten. In Deutschland wird ein Geschädigter daher i. d. R. – neben einem Anspruch aus § 1 ProdHaftG – zumindest **zusätzlich den Sockelbetrag über § 823 BGB** (vgl. § 15 Abs. 2 ProdHaftG) **erwirken wollen,** ist dann jedoch abhängig vom etwaigen Verschulden des Herstellers. Insoweit werden im Ergebnis die Ziele der Richtlinie im deutschen Recht nicht wirklich erreicht,[1648] mit welchen Konsequenzen ist fraglich. Der EuGH hat bereits in mehreren Urteilen betont, dass die Mitgliedstaaten nicht das Recht haben, in den Transformationsgesetzen auf den Selbstbehalt zu verzichten,[1649] so wie dies Frankreich und Griechenland getan haben. Da – abgesehen vom Verschulden – in Deutschland auch der Selbstbehalt nicht stets und in jedem Produkthaftungsfall eingreift, bleibt abzuwarten, wie sich dies auswirken wird.

(3) Kein Schaden: Vermögensschaden. Noch einmal klarstellend wird hervorgehoben, 364
dass (reine) **Vermögensschäden** nicht unter das ProdHaftG fallen. Das Vermögen als solches ist im Rahmen des ProdHaftG – wie auch in § 823 Abs. 1 BGB – kein geschütztes Rechtsgut.[1650] Ersetzt werden allerdings alle sog. sekundären Vermögensschäden, die infolge der Verletzung eines Rechtsguts entstehen – einschließlich des entgangenen Gewinns.[1651]

(4) Sonderthema: Haftungshöchstbetrag (§ 10 ProdHaftG). Entsprechend der deut- 365
schen Rechtstradition, bei verschuldensunabhängiger Haftung – quasi im Gegenzug für die verschuldensunabhängige Haftung – die Ersatzpflicht für Personenschäden zu beschränken (vgl. etwa § 37 LuftVG, § 88 AMG, § 9 HpflG, § 12 StVG), enthält § 10 ProdHaftG einen **Haftungshöchstbetrag.** Nach § 10 ProdHaftG haftet der Ersatzpflichtige „nur" bis zu einem Höchstbetrag von 85 Mio. EUR, wenn Personenschäden durch **ein** Produkt oder durch **gleiche Produkte mit demselben Fehler** verursacht worden sind. Letztere werden auch **Serienschäden** genannt.[1652] Denkbar sind Szenarien im Zusammenhang mit einem Flugzeugabsturz oder auch Reaktorunfälle. Ursprünglich sollte 10 Jahre nach der Bekanntgabe der Richtlinie die Kommission dem Rat einen Bericht über die Frage unterbreiten, ob und inwieweit die Mitgliedstaaten von der Möglichkeit Gebrauch gemacht haben, die Auswirkungen der **Haftungsbegrenzung** zu prüfen (Art. 16 Abs. 2 Satz 1 der Produkthaftungsrichtlinie). Mit dem am 13.12.1995 vorgelegten ersten Bericht[1653] verzichtete die Kommission auf einen Vorschlag, weil die Erfahrungsbasis mit den nationalen Höchstbetragsgrenzen (noch) zu gering erschien. Allerdings wurden bereits im Grünbuch der Kommission im Jahre 1999[1654] und im sog. **zweiten Bericht der Kommission** aus dem Jahre 2001[1655] konkretere Pläne deutlich, dass sich der Rat für eine Abschaffung der Haftungsbegrenzung einsetzen solle. Allerdings ist weder im dritten[1656] noch im

---

gekommen ist, sowie auch den 4. Bericht vom 8.9.2011, 10 und 11, 12 zum Vorgang rumänischer Behörden auf Festsetzung von 200,00 EUR.

1648 Dies einräumend Müko/*Wagner*, § 11 ProdHaftG Rn. 2; *Cahn*, ZIP 1990, 482, 485; *Sack*, VersR 1988, 439 ohne allerdings die Konsequenzen – etwa eines Verstoßes bei der Umsetzung – zu erörtern.

1649 EuGH Slg. 2002, I – 3827, RiW 2002, 787, 789 – Kommission ./. Frankreich; EuGH Slg. 2002, I – 3879 – Kommission ./. Griechenland; EuGH Slg. 2002, I 3901, EuZW 2002, 574, 576 – Gonzalez Sanchez.

1650 Palandt/*Sprau*, § 1 ProdHaftG Rn. 8.

1651 Staudinger/*Oechsler*, § 1 ProdHaftG Rn. 39.

1652 *Kullmann*, §§ 7–11 ProdHaftG Rn. 23; vgl. zum versicherungsrechtlichen Begriff des Serienschadens *Lenz*, in van Bühren, § 12 Produkthaftpflichtversicherung, Rn. 182 ff. und OLG Oldenburg, VersR 1997, 732.

1653 KOM (1995) 617 vom 13.12.1995; vgl. dazu auch PHi 1996, 56.

1654 Grünbuch vom 28.7.1999, KOM (1999) 396.

1655 KOM (2000) 893 vom 31.1.2001.

1656 KOM (2006) 496 vom 14.9.2006.

vierten Bericht der Kommission[1657] davon noch die Rede. Insofern bleibt die weitere Entwicklung abzuwarten. Vgl. ferner die Ausführungen zu f).

ff) Ursächlichkeit

366 Zwischen dem Produktfehler und dem entstandenen Schaden muss ein **Ursachenzusammenhang** bestehen[1658]. Gefordert wird ein Zurechnungszusammenhang, insbesondere adäquate Kausalität zwischen dem Produktfehler und dem entstandenen Schaden.[1659] Fehlt es am Nachweis eines Fehlers, dann fehlt zwangsläufig auch der Nachweis einer durch den Produktfehler verursachten Rechtsgutsverletzung.[1660]

c) Entlastungsmöglichkeiten durch den Hersteller i. S. d. § 1 Abs. 2 ProdHaftG

367 Abgesehen von den Haftungsbeschränkungen bei Sachen i. S. d. § 1 Abs. 2 ProdHaftG (vgl. dazu sub e) ist die Ersatzpflicht ferner ausgeschlossen, wenn eine der in § 1 Abs. 2 Nr. 1–5 und in § 1 Abs. 3 ProdHaftG (dazu den Haftungsausschluss unter d) erwähnten Voraussetzungen erfüllt ist. Weil die Ausschlüsse weiter gehen als die Haftungsbeschränkung bei Sachen i. S. d. § 1 Abs. 1 Satz 2 ProdHaftG, werden die sog. **„negativen Haftungsvoraussetzungen"**, nämlich die der § 1 Abs. 2 Nr. 1–5 und § 1 Abs. 3 ProdHaftG vorrangig dargestellt.

aa) Nicht-Inverkehrbringen des Produkts durch den Hersteller (§ 1 Abs. 2 Nr. 1 ProdHaftG)

368 Im Anschluss an Art. 7 lit. a der EG-Richtlinie ist die Schadenersatzpflicht des Herstellers ausgeschlossen, wenn dieser das Produkt **nicht in den Verkehr** gebracht hat. Der Verwender geht davon aus, dass ein im Markt befindliches Produkt mit Wissen und Wollen des Herstellers in Verkehr gebracht wurde. Dann aber – so der Gesetzgeber – sei es auch sachgerecht, dem Hersteller die **Beweisführung** aufzuerlegen, und zwar dafür, dass das Produkt – ausnahmsweise – anderweitig in Verkehr geraten ist.[1661] Dies ist der Normzweck.[1662]

369 Leider ist der Begriff des **Inverkehrbringens** weder in der Richtlinie noch im Transformationsgesetz selbst, mithin im ProdHaftG, definiert.[1663] Dies ist anders in Österreich. § 6 des österreichischen ProdHaftG spricht davon, dass ein Produkt „in den Verkehr gebracht (ist), sobald es der Unternehmer, gleich aufgrund welchen Titels, einem **anderen in dessen Verfügungsmacht oder zu dessen Gunsten übergeben** hat. Die Versendung an den Abnehmer genügt".[1664] Die Auslegung des Begriffs ist nicht zuletzt auch deshalb schwierig, weil in Deutschland der Begriff in verschiedenen Gesetzen verwandt, aber auch dort stets unterschiedlich verstanden wird.[1665] So definiert § 2

1657 KOM (2011) 547 vom 8.9.2011.

1658 Dazu explizit BGH, VersR 2013, 469 ff. – Heißwasser-Untertischgerät bei fachwidriger Installation (Explosion).

1659 Palandt/*Sprau,* § 1 ProdHaftG Rn. 9; Palandt/*Grüneberg,* Vorbemerkung vor § 249 Rn. 24 ff.

1660 OLG Saarbrücken, Urt. vom 3.8.2011, MPR 2011, 156 ff. – Teleskopmarknägel.

1661 BT-Drs. 11/2447, 14; *Hollmann,* DB 1985, 2389, 2394.

1662 Staudinger/*Oechsler,* § 1 ProdHaftG Rn. 41 ff.; vgl. zur Kritik in rechtspolitischer Hinsicht *Cahn,* ZIP 1990, 482, 485.

1663 Staudinger/*Oechsler,* § 1 ProdHaftG Rn. 44.

1664 Vgl. auch § 1 des norwegischen ProdHaftG, zitiert nach Staudinger/*Oechsler,* § 1 ProdHaftG Rn. 46.

1665 BT-Drs. 11/2447, 14 „natürliche Wortsinn…" und „…an anderen…ausgeliefert…"; vgl. dazu *Lenz,* in van Bühren, § 12 Produkthaftpflichtversicherung, Rn. 45, 46 ff. „schillernder Begriff".

Nr. 15 ProdHaftG das Inverkehrbringen als die „**erstmalige Bereitstellung eines Produktes auf dem Markt;** die Einfuhr in den Europäischen Wirtschaftsraum steht dem Inverkehrbringen (Rn. 283) gleich“. Schon im Jahre **2001** hatte der **EuGH** – im Zusammenhang mit der Haftung eines Krankenhauses für fehlerhafte Produkte zu Art. 7 lit. a der Richtlinie 85/374/EWG vom 25.7.1985 – entschieden, dass ein fehlerhaftes Produkt **in den Verkehr gebracht worden ist,** wenn es im Rahmen einer konkreten medizinischen Dienstleistung verwendet wurde, die in der Vorbereitung eines menschlichen Organs für die Transplantation bestand und der Schaden im Zuge dieser Vorbereitung eingetreten ist.[1666] Das seinerzeit als angeblich fehlerhaft bezeichnete Produkt – eine Perfusionsflüssigkeit – sollte im Rahmen einer Transplantation verwandt werden und wegen fehlgeschlagenen Versuchs der Nierentransplantation verlangte der Geschädigte vom Krankenhaus Schadenersatz. Noch weitergehend entschied der EuGH zu Art. 11 der Richtlinie (10-Jahresfrist) mit Urteil vom 9.2.2006,[1667] dass ein Produkt **in den Verkehr gebracht** ist, wenn es **den vom Hersteller eingerichteten Prozess der Herstellung verlassen hat** und in einen **Prozess der Vermarktung** eingetreten ist, in dem es in **ge- oder verbrauchsfertigem Zustand öffentlich angeboten** wird. Dabei sei es – so der EuGH – unerheblich, ob das Produkt unmittelbar vom Hersteller an den Verwender oder an den Verbraucher verkauft wird, oder ob dieser Verkauf über eines oder mehrere Glieder einer Vertriebskette erfolge. Sei eines der Glieder der Vertriebskette **eng** mit dem Hersteller verbunden, so habe diese Verbindung zur Folge, dass diese Einrichtung dann als in den Prozess der Herstellung des betreffenden Produktes einbezogen angesehen werden könne.[1668]

Trotz dieser beiden richtungsweisenden Entscheidungen des EuGH bleiben einige 370 offene Fragen. Dem Praktiker sollen daher folgende Beispielsfälle zur Abgrenzung übermittelt werden: In Verkehr gebracht hat der Hersteller das Produkt (bereits), so dass kein Haftungsausschluss i. S. d. § 1 Abs. 2 Nr. 1 ProdHaftG (mehr) greift, wenn es (bewusst) zur weiteren Produktnutzung in die Verteilerkette gegeben wurde und der Warenabsatzkette zur Verfügung steht,[1669] und auch wenn dementsprechend **Teilprodukte** mit entsprechender Zweckbestimmung an einen Weiterverarbeiter ausgeliefert worden sind.[1670] Auch ein **Ausstellen auf Messen** oder ähnlichen Veranstaltungen in Verkaufsabsicht genügen.[1671] Ein Sonderfall mag die Produktherstellung zur **Eigennutzung** sein.[1672] Da es entscheidend auf die Nutzung und den damit verbundenen Verwendungszweck ankommt, dürfte ein Inverkehrbringen auch dann anzunehmen sein, wenn eine Maschine hergestellt und diese dann – im eigenen Unternehmen des Herstellers – zur Produktion eingesetzt wird.[1673] Die Ersatzpflicht des Herstellers ist demgegenüber ausgeschlossen, wenn das Produkt (noch) **nicht in den Verkehr gebracht** wurde, etwa weil es dem Hersteller gegen seinen Willen, etwa weil es gestohlen oder unterschlagen worden ist, entzogen und

---

1666 EuGH NJW 2001, 2781 – Perfusionsflüssigkeit führte zum fehlgeschlagenen Versuch einer Nierentransplantation; dazu Palandt/*Sprau,* § 1 ProdHaftG Rn. 14.

1667 EuGH, Urt. vom 9.2.2006, Az. – C – 127/04, Slg. 2006, I-01313; NJW 2006, 825 ff. – Impfstoff (auch zitiert als Declan O'Byrne ./. Sanofi Pasteur MSD Ltd., u. a.); Palandt/*Sprau,* § 1 ProdHaftG Rn. 14: Handelt es sich um ein Teilprodukt, genügt die Lieferung an anderen Teilhersteller, unter Bezugnahme auf OLG Stuttgart, VersR 2001, 465.

1668 Vgl. auch zum Begriff Staudinger/*Oechsler,* § 1 ProdHaftG Rn. 45; *Frietsch,* DB 1990, 29, 31; *Wieckhorst,* JuS 1990, 86, 92; *Cahn,* ZIP 1990, 482, 484ff; Soergel/*Krause,* § 1 ProdHaftG Rn. 9.

1669 Ebenso *Kullmann,* § 1 ProdHaftG Rn. 35.

1670 MüKo/*Wagner,* § 1 ProdHaftG Rn. 31; *Kullmann,*§ 1 ProdHaftG Rn. 31; OLG Stuttgart, VersR 2001, 465 – Materialeinbau/Bauhandwerker.

1671 MüKo/*Wagner,* § 1 ProdHaftG Rn. 34; Staudinger/*Oechsler,* § 1 ProdHaftG Rn. 61.

1672 *Kullmann,* § 1 ProdHaftG Rn. 34.

1673 Ebenso *Kullmann,* § 1 ProdHaftG Rn. 34.

anschließend erst in den Verkehr gebracht wurde.[1674] Nicht anders ist es, wenn das Produkt noch auf dem Werksgelände des Herstellers von dessen Arbeitnehmern bei der – vertraglich vereinbarten – Warenausgangskontrolle endgetestet wird. Auch insoweit fehlt es dann an einem Inverkehrbringen.[1675] Schwierig aber ist es schon dann, wenn das Produkt noch getestet wird, aber außerhalb des eigenen Werksgeländes, sei es durch eigene Angestellte, dafür aber auf öffentlichen Straßen oder im Anschluss an die Übergabe der Produktteile an eine Materialprüfungsanstalt.[1676] Nach einer in der Literatur vertretenen Ansicht[1677] setzt das Inverkehrbringen den **vorherigen Abschluss des Entwicklungs- und Produktionsprozesses** voraus, so dass – im Ergebnis – **Prototypen** gar nicht in den Verkehr gebracht werden können.[1678] Andere[1679] meinen, das Produkt sei noch nicht in Verkehr gebracht, solange es noch vom Mitarbeiter des Herstellers verwendet und **getestet** wird. Die letztgenannten Auffassungen haben den Vorteil der leichteren Abgrenzbarkeit. Demgegenüber hat das LG Berlin[1680] jedoch entschieden, es gäbe „keinen Grund für die Privilegierung eines Herstellers, der einen Prototyp einem Tester so überlässt, dass Rechtsgüter Dritter dabei gefährdet werden können". Daraus schlussfolgert *Leichsenring,*[1681] dass es unter diesen Aspekten tatsächlich nicht darauf ankommen könne, wer die Herrschaftsgewalt über das Produkt ausübt, sondern nur darauf, ob Rechtsgüter Dritter berührt werden können. Mit anderen Worten: **Externe Tester können Dritte sein.** Für testende Arbeitnehmer des Herstellers dagegen kommt es darauf an, ob das Testprodukt die Sphäre Außenstehender berührt.[1682] Das würde bedeuten, dass jedenfalls drittbeauftragte Testfahrer, die ein Kraftfahrzeug des Herstellers erproben – und dies auf öffentlichen Straßen –, bereits „in Verkehr gebrachte Produkte" besitzen. Dies müsste dann entsprechend auch bei externen Prüflabors gelten.[1683] Ich selbst tendiere – entgegen der Äußerung des LG Berlin und der von *Leichsenring* für zutreffend erachteten Ansicht – dahin, noch nicht von einem Inverkehrbringen zu sprechen, solange das konkret zu erstellende Produkt i. S. d. § 2 i. V. m. § 1 Abs. 2 Nr. 1 ProdHaftG tatsächlich noch nicht **auslieferungsfähig** ist. Bei Abschlusstestungen und insbesondere bei Vorbereitungsmaßnahmen zur Warenausgangskontrolle kann meines Erachtens deshalb noch nicht von einem Inverkehrbringen gesprochen werden. Denn „das Produkt" – gemeint ist das einzelne Fabrikat[1684] – ist eben noch nicht fertig. Das bedeutet zugleich, dass, selbst wenn Teile, die zum Tester gefahren werden und während des Transports vom Lastwagen herunterfallen, ein potentieller Finder, der sich daran verletzt, den Hersteller nicht nach § 1 Abs. 1 Satz 1 ProdHaftG wegen Eingreifens der Regelung des § 1 Abs. 2 Nr. 1 ProdHaftG erfolgreich in Anspruch nehmen kann.[1685] In jüngerer Zeit werden – nicht zuletzt durch betrügerische Verwendung von etablierten Markennamen in der Tabakindustrie – Fallbeispiele diskutiert, bei denen ein Dritter schlichtweg in betrügerischer Absicht Produkte herstellt (der wahre Hersteller)

1674 EuGH, Urt. vom 19.5.2001, Az. – Rs. C-203/99, Slg. 2001, I-3569 – Veedfald ./. Arhus Amtskommune; *Cahn,* ZIP 1990, 482, 484 ff.; *Hollmann,* DB 1985, 2389, 2394.

1675 Ebenso *Leichsenring,* PHi 2011, 130, 131.

1676 Vgl. zum Gesamtkomplex *Kullmann,* § 1 ProdHaftG Rn. 32; Staudinger/*Oechsler,* § 1 ProdHaftG Rn. 52.

1677 MüKo/*Wagner,* § 1 ProdHaftG Rn. 26; Staudinger/*Oechsler,* § 1 ProdHaftG Rn. 52.

1678 Vgl. zu dieser Interpretation ebenso *Leichsenring,* PHi 2011, 130, 131.

1679 So *Kullmann,* § 1 ProdHaftG Rn. 32; *Foerste/Graf von Westphalen,* § 46 Rn. 22.

1680 LG Berlin, Urt. vom 8.11.2007, Az. 31 O 135/05.

1681 *Leichsenring,* PHi 2011, 130, 132.

1682 So *Leichsenring,* PHi 2011, 130, 132.

1683 A. A. aber nicht ganz zu Unrecht, *Kullmann,* § 1 ProdHaftG Rn. 32.

1684 BGH, NJW 2005, 2695, 2696 – Grillanzünder; Staudinger/*Oechsler,* § 1 ProdHaftG Rn. 48.

1685 So bereits *Schmidt-Salzer/Hollmann,* Art. 7 RiLi Rn. 28, zitiert nach *Kullmann,* § 1 ProdHaftG Rn. 32; so wohl auch Staudinger/*Oechsler,* § 1 ProdHaftG Rn. 52.

und – unberechtigt – das Markenzeichen eines anderen anbringt (z. B. „Marlboro"). Der Markenrechtsinhaber hat dann – in concreto – nichts produziert. Damit haftet er nicht als wahrer Hersteller i. S. v. § 1 i. V. m. § 4 Abs. 1 Satz 1 ProdHaftG, läuft aber Gefahr, als sog. Quasihersteller nach § 4 Abs. 1 Satz 2 ProdHaftG dennoch zu haften.[1686] Sollte es ihm nicht gelingen, sich der Quasiherstellerhaftung zu entziehen (§§ 1, 4 ProdHaftG) wäre zu hinterfragen, ob seine Ersatzpflicht nicht dennoch ausgeschlossen ist, weil eben er das Produkt dann **nicht** i. S. d. § 1 Abs. 2 Nr. 1 ProdHaftG **in Verkehr gebracht** hat. In der Literatur wird insoweit ausgeführt, dass der Inhaber der betreffenden Marke sich **nicht mit Erfolg** auf § 1 Abs. 2 Nr. 1 ProdHaftG berufen könne, wenn und soweit für den „geschädigten Produktbenutzer nicht ohne weiteres erkennbar" sei, dass tatsächlich ein anderer als Hersteller aufgetreten und die Markenpiraterie zu verantworten hat mit der Folge, dass „Fälle der Markenpiraterie" zu Lasten des untätig gebliebenen Herstellers auszuurteilen wären.[1687] Dieses „tiefe Unrecht" muss der untätig gebliebene Hersteller nicht (zwingend) tragen. Ist es ihm im Erstprozess nicht gelungen, die Untätigkeit im Zusammenhang mit der Produktion des gefälschten Produkts hinreichend zu bestreiten, würde er – aber auch nur in diesem Fall – ggf. als Hersteller haften. Bei einer Darlegung sämtlicher Produktionsdaten und hinreichenden Kennzeichnungen (Traceability) wird ihm im Zweifel die Berufung auf § 1 Abs. 2 Nr. 1 ProdHaftG doch überwiegend gelingen. Sollte allerdings die Produktkennzeichnung lückenhaft sein und käme es tatsächlich zu einer Inanspruchnahme über § 1 Abs. 1 Satz 1 ProdHaftG, müsste es dem Hersteller immer noch gelingen, auch wenn er nach § 1 Abs. 4 Satz 2 ProdHaftG die Beweislast trägt, nachzuweisen, dass er das konkrete Produkt gar nicht erst in Verkehr gebracht hat. Zu beachten ist bei einem Einbau **in eine unbewegliche Sache** durch einen Bauhandwerker die restriktive Auslegung zum Inverkehrbringen durch das OLG Stuttgart.[1688]

bb) Fehlerfreiheit im Zeitpunkt des Inverkehrbringens (§ 1 Abs. 2 Nr. 2 ProdHaftG)

Die Ersatzpflicht des Herstellers ist ferner ausgeschlossen, wenn nach den Umständen davon auszugehen ist, dass das Produkt den Fehler, der den Schaden verursacht hat, **noch nicht hatte,** als der Hersteller es in Verkehr brachte. Zur Thematik des **Inverkehrbringens** vgl. die Ausführungen von soeben (sub aa) Rn. 368 ff.). Die Regelung verlangt die Beweisführung des Herstellers, wenn ein Fehler im Zeitpunkt des Schadeneintritts feststeht und **ungewiss** ist, ob er von Anfang an bestanden hat oder nachträglich entstanden ist.[1689] Im Fall des OLG Köln[1690] war indessen nicht erwiesen, dass im Zeitpunkt des Schadeneintritts überhaupt ein Fehler vorlag. 371

Was die **Fehlerfreiheit** angeht, ist auf die Ausführungen zu § 3 ProdHaftG zu verweisen. Im Rahmen des § 1 Abs. 2 Nr. 2 ProdHaftG ist aber zu berücksichtigen, dass Produkte in der Praxis nicht unbeschränkt benutzbar sind. Sofern demzufolge die Benutzungsdauer für den Verwender erkennbar ist, etwa durch Angabe von **Verfallsdaten,** ist ein danach auftretender Mangel – für sich genommen – kein Fehler i. S. v. § 3 Prod- 372

[1686] Statt anderer etwa *Visser/Dettmer/Gottwald;* Haftung des Originalherstellers für Schäden Dritter durch Produktfälschungen, PHi 2010, 118 ff., 120, 123: Wenn der Originalhersteller gegen den Quasihersteller nichts unternimmt und/oder nichts an der Konstruktion verändert.

[1687] So explizit *Graf von Westphalen*, in Foerste/Graf von Westphalen, § 46 Rn. 29, aber selbst einräumend, dass dies ein unglückliches Ergebnis wäre.

[1688] Es liege kein Inverkehrbringen vor, wenn ein Bauhandwerker Material so einbaut, dass es selbst als bewegliche Sache untergeht, OLG Stuttgart, VersR 2001, 465.

[1689] OLG Köln, MPR 2012, 99, 103 – Hüftprothese; im Fall des OLG Hamm, BeckRS 2013, 08842, konnte der Hersteller mit seiner Einwendung, das Fruchtgummi sei nachträglich verflüssigt worden, nicht durchdringen.

[1690] OLG Köln, MPR 2012, 99, 103 – Hüftprothese.

HaftG.[1691] Andererseits gibt es sog. **Mindesthaltbarkeitsgarantien.**[1692] Heißt es zum Beispiel, dass bestimmte Doseninhalte „12 Monate nach Abfüllung" der Stahldose für Verbraucher verwendungsfähig sind, stellt sich dies jedoch als falsch heraus, ist dies kein später entstehender Fehler, sondern ein Fehler, der – zumindest im Keim – schon zum Zeitpunkt des Inverkehrbringens den Dosen anhaftete, so dass die Haftung des Herstellers in Fällen dieser Art nicht nach § 1 Abs. 2 Nr. 2 ProdHaftG ausgeschlossen ist.[1693] Das **spätere Entstehen des Fehlers** (nach dem Inverkehrbringen) i. S. v. § 1 Abs. 2 Nr. 2 ProdHaftG: Der Gesetzgeber hatte zunächst die **unsachgemäße Behandlung des Produkts innerhalb der Vertriebskette** im Auge.[1694] Gemeint ist damit vor allem die unsachgemäße Aufbewahrung des Produktes im Anschluss an das Inverkehrbringen, z. B. Lagerschäden in Logistikzentren. Es kommt zu Flaschenplatzern, nicht weil der Recyclinganteil am Glas zu hoch war, sondern weil die Flaschen beim Transport aneinander geraten waren und es dadurch zu Rissbildungen (Haarrisse) gekommen ist.[1695] Ferner kann es zu Fremd- oder **Dritteinwirkungen** kommen, etwa durch **Sabotageakte.**[1696] Gelingt dem Hersteller der Nachweis (vgl. § 1 Abs. 4 Satz 2 ProdHaftG), dass sein Produkt zum Zeitpunkt des Inverkehrbringens fehlerfrei war, stellt sich dann allerdings heraus, dass dieses dennoch hochgradig vergiftet ist, oder aber dass sich Glassplitter auf tiefgefrorenen Pizzen vorfinden, die ein Kaufhaus-Erpresser auf einige Exemplare ausgestreut hatte, ist der Hersteller für das „spätere Entstehen" dieses Fehler dann i. d. R. ebenfalls **nicht verantwortlich** (criminally tampered products).[1697]

373 Mit dem Haftungsausschluss für späteres Entstehen des Fehlers wollte der Gesetzgeber aber auch weitergehend die Hersteller insoweit entlasten, als der **Geschädigte selbst** Schäden am Produkt verursacht, z. B. die mangelhafte Installation des Produktes durch den Geschädigten[1698] oder durch von ihm eingeschaltete Dritte.[1699] Schulbeispiel: Das von einem Dentallabor erstellte Gebiss der Ehefrau wird – ohne Wissen des Zahnarztes und des Labors – durch den „feinmechanisch geprägten" und begabten Ehemann nach dem Inverkehrbringen manipuliert. Gleiches gilt, wenn der Produktnutzer dadurch geschädigt wird, dass er selbst das Produkt bei einem Dritten in Reparatur gibt. Auch daraus resultierende Fehler liegen dann nicht mehr in der Verantwortungssphäre des (ursprünglichen) Herstellers. Bei typischen **Verschleißerscheinungen** (z. B. bei Autoreifen) dürfte

---

[1691] Wohl ebenso *Kullmann,* § 1 ProdHaftG Rn. 47, der zu Recht darauf hinweist, dass lediglich die Ermüdung des Produkts, die **vor** der berechtigtermaßen vorauszusetzenden Lebensdauer eintritt, als fehlerhaft bezeichnet werden kann.

[1692] Staudinger/*Oechsler,* § 1 ProdHaftG Rn. 84.

[1693] Ebenso MüKo/*Wagner,* § 1 ProdHaftG Rn. 38.

[1694] BT-Drs. 11/2447, 14; zur Begründung der den Hersteller treffenden Beweislast auch *Arens,* ZZP 104 (1991), 123, 129; *Taschner,* NJW 1986, 611, 614; *Foerste,* VersR 1988, 958, 960.

[1695] Vgl. dazu etwa BGH, NJW 1995, 2162 – Mineralwasser, zur Überprüfung und Befundsicherungspflicht des Herstellers kohlensäurehaltiger Mineralwässer und zur Regelung des § 1 Abs. 2 Nr. 5 ProdHaftG; BGH, NJW 1993, 528 ff. – Mineralwasserplatzer zur Beweislastumkehr; BGH, NJW 1988, 2611 ff. – Limonadenflasche, ebenfalls zur Beweislastumkehr; dazu *Emmerich,* JuS 1989, 142.

[1696] MüKo/*Wagner,* § 1 ProdHaftG Rn. 33; z. B. zu Sonneneinstrahlung, vgl. dazu verneinend allerdings OLG Hamm, BeckRS 2013, 08842.

[1697] *Kullmann,* § 1 ProdHaftG Rn. 22 u. 42; vgl. dazu aber für das US-amerikanische Recht und die etwas andere Sachlage, bereits *Klingmüller,* VersR 1989, 1226, 1226; *Foerste/Graf von Westphalen,* § 46 Rn. 35 sprechen sogar weitergehend von diskutierten „Terrorakten", ohne allerdings Beispielsfälle anzuführen; Fehler u. U. dann, wenn Sicherheitsvorkehrungen gefehlt haben, die spätere Manipulationen erst ermöglicht haben; Staudinger/*Oechsler,* § 1 ProdHaftG Rn. 85.

[1698] Beispiel nach Staudinger/*Oechsler,* § 1 ProdHaftG Rn. 76.

[1699] BT-Drs. 11/2447, 14.

§ 1 Abs. 2 Nr. 2 ProdHaftG in der Praxis kaum eine Rolle spielen, da diese weder einen Sachmangel auslösen noch im Regelfall einen Produktfehler darstellen.[1700]

Aus der Formulierung „wenn nach den Umständen davon auszugehen ist" folgert die h. M.[1701], dass die Beweisanforderungen an den Hersteller gegenüber der vollen richterlichen Überzeugung (§ 286 ZPO) **reduziert** sind. Hersteller müssen lediglich einen Geschehensablauf beweisen, der die Schlussfolgerung auf den Zeitpunkt des Fehlereintritts – nach allgemeiner Lebenserfahrung – **plausibel** erscheinen lässt.[1702] Es genügt, dass der Hersteller dem Gericht eine **hohe Wahrscheinlichkeit** eines anderen Tatsachenverlaufs nahelegt.[1703] 374

§ 1 Abs. 2 Nr. 2 ProdHaftG findet auf **alle Typen des Herstellers** i. S. d. ProdHaftG Anwendung[1704] und in praktischer Hinsicht auch auf **Konstruktions-**[1705], **Fabrikations-**[1706] und **Instruktionsfehler.**[1707] 375

cc) Nicht kommerzieller Zweck der Herstellung (§ 1 Abs. 2 Nr. 3 ProdHaftG)

Die Ersatzpflicht des Herstellers ist nach § 1 Abs. 2 Nr. 3 ProdHaftG ausgeschlossen, wenn er – der Hersteller – das Produkt weder für den Verkauf oder eine andere Form des Vertriebs mit wirtschaftlichem Zweck hergestellt noch im Rahmen seiner beruflichen Tätigkeiten hergestellt oder vertrieben hat. Im Anschluss an Art. 7 lit. c der EG-Richtlinie 85/374/EWG wurde versucht, bei Einführung der verschuldensunabhängigen Haftung in erster Linie auf den **industriellen Hersteller** als den **potentiell Haftenden** abzustellen.[1708] Aber sowohl die Richtlinie als auch § 1 Abs. 2 Nr. 3 ProdHaftG gehen darüber hinaus. Klarstellend sei jedoch erwähnt, dass die in § 1 Abs. 2 Nr. 3 ProdHaftG erwähnten Voraussetzungen („... noch ...") stets **kumulativ** vorliegen müssen, will sich der Hersteller auf den Haftungsausschluss berufen.[1709] Die nachfolgenden Voraussetzungen [sub (1) sowie sub (2)] müssen daher beide gemeinsam vorliegen. Nur dann kann sich der Hersteller entlasten. Im Ergebnis wird lediglich der **rein private Bereich** von der Haftung 376

[1700] Wie hier: Staudinger/*Oechsler,* § 1 ProdHaftG Rn. 84; *Kullmann,* § 1 ProdHaftG Rn. 47 und Fn. 1303; anders aber: *Foerste/Graf von Westphalen,* § 46 Rn. 36: Graf von Westphalen meint, dass die Klärung der Frage, ob Produkte Verschleißerscheinungen aufweisen, von hoher praktischer Bedeutung sei unter Berücksichtigung von § 1 Abs. 2 Nr. 2 ProdHaftG unter Berufung auf MüKo/*Wagner,* § 1 ProdHaftG Rn. 35, siehe zu Einzelheiten demgegenüber – vor allem zur Abgrenzung und Differenzierung im Rahmen des Fehlerbegriffs – § 3 ProdHaftG und Ausführungen dazu unter Rn. 305 ff.

[1701] *Arens,* ZZP 104 (1991), 123, 130; *Buchner,* DB 1988, 32, 34; *Cahn,* ZIP 1990, 482, 483; *Foerste,* VersR 1988, 958,960; MüKo/*Wagner,* § 1 ProdHaftG Rn. 37; a. A. *Taschner,* NJW 1986, 611, 614.

[1702] OLG München, Urt. vom 21.6.2002, Az. 21 U 4952/01 – Wäschetrockner; vgl. dazu auch *Kullmann/Pfister,* Kza 8135/5: Hersteller muss einen **Geschehensablauf** beweisen, der „nach allgemeiner Lebenserfahrung die Schlussfolgerung auf den Zeitpunkt des Fehlereintritts plausibel erscheinen lässt"; Staudinger/*Oechsler,* § 1 ProdHaftG Rn. 72; *Frietsch,* DB 1990, 29, 31; *Hollmann,* DB 1985, 2389, 2394; *Erman/Schiemann,* § 1 ProdHaftG Rn. 7; vgl. auch BT-Drs. 11/2447, 14.

[1703] OLG München, OLGR 2003, 4; OLG München, BeckRS 11, 10312; MüKo/*Wagner,* § 1 ProdHaftG Rn. 37; zu möglichen Geschensabläufen weitergehend Staudinger/*Oechsler,* § 1 ProdHaftG Rn. 76.

[1704] BT-Drs. 11/2447, 14.

[1705] Staudinger/*Oechsler,* § 1 ProdHaftG Rn. 83; *Erman/Schiemann,* § 1 ProdHaftG Rn. 7; Palandt/*Sprau,* § 1 ProdHaftG Rn. 17.

[1706] BT-Drs. 11/2447, 14; OLG Koblenz, NJW-RR 1999, 1624.

[1707] Soergel/*Krause,* § 1 ProdHaftG Rn. 10; *Erman/Schiemann,* § 1 ProdHaftG Rn. 7; a. A. Palandt/*Sprau,* § 1 ProdHaftG Rn. 17.

[1708] *Kullmann,* § 1 ProdHaftG Rn. 48; *Reich,* Europäisches Verbraucherrecht, Rn. 180; weitergehend Staudinger/*Oechsler* zum Normzweck, § 1 ProdHaftG Rn. 86 Risikoumlage auf alle Beteiligten.

[1709] Palandt/*Sprau,* § 1 ProdHaftG Rn. 18 statt vieler anderer BT-Drs. 11/2447, 14.

über § 1 Abs. 2 Nr. 3 ProdHaftG ausgenommen.[1710] Entlastet ist somit etwa derjenige, der eine Rechtsgutsverletzung bei seinem Nachbarn hervorruft, weil er diesem selbstgebackenen Apfelkuchen angeboten hat.[1711] Möglicherweise hat dieser Ausschluss deshalb in der täglichen Praxis allenfalls eine untergeordnete Bedeutung, was auch die fehlende Zahl von Gerichtsentscheidungen zeigt.

377 Allerdings hat sich der **EuGH** mit der Auslegung des Art. 7 lit. c der Richtlinie schon beschäftigen müssen.[1712] Ein Krankenhaus wollte sich auf den Haftungsausschluss wegen Fehlens einer Tätigkeit mit wirtschaftlichem Zweck bzw. wegen Fehlens einer beruflichen Tätigkeit berufen. Die Begründung war, dass das fehlerhafte Produkt (Perfusionsflüssigkeit) im Rahmen einer konkreten, vollständig aus öffentlichen Mitteln finanzierten und für den Patienten unentgeltlichen, medizinischen Leistung hergestellt und verwendet worden sei. Der EuGH urteilte, dass sich an der wirtschaftlichen und beruflichen Natur der Herstellung von Produkten, die für eine konkrete medizinische Leistung hergestellt würden, nichts ändere, wenn diese nicht direkt vom Patienten bezahlt, sondern von der öffentlichen Hand und damit aus Steuermitteln finanziert werde. Es handele sich nämlich **nicht** um eine **unbezahlte** Tätigkeit, die als solche unter die Haftungsbefreiung des Art. 7 lit. c der Richtlinie 85/384/EWG fallen könnte.

378 **(1) Keine Herstellung für den Verkauf oder eine andere Form des Vertriebs mit wirtschaftlichem Zweck.** Entscheidend wird nach einer verbreiteten Ansicht in der Literatur bei dieser ersten Voraussetzung der kumulativ vorliegenden Ausschlusstatbestände im Rahmen des § 1 Abs. 2 Nr. 3 ProdHaftG nicht auf die Art der Herstellung, sondern auf die mit der Herstellung des Produkts **verfolgte Absicht** abgestellt.[1713] Der Ausschluss greift also **nur,** wenn jemand den **Verkauf** oder eine **andere Form** des Vertriebs mit wirtschaftlichem Zweck beabsichtigt. Unter letzteren fallen auch die Vermietung, der Mietkauf und/oder auch das Finanzierungsleasing.[1714] Gewinnbringende Nebentätigkeiten dürften den „anderen Formen des Vertriebs mit wirtschaftlichem Zweck" ebenfalls genügen. Erstellt ein Hersteller von seinem Produkt zusätzlich **Pröbchen** und/oder produziert er selbst **Warenproben,** um sie schenkweise zu verteilen, bleibt es dennoch bei einer dem Gesetz entnehmbaren Unterordnung unter die „andere Form des Vertriebs mit wirtschaftlichem Zweck", und zwar – bei den Pröbchen – zunächst ungeachtet der Frage, wann das Hauptprodukt hergestellt worden ist.[1715] Demgegenüber hat die Produktion von Gegenständen zur uneigennützigen Überlassung, etwa zu **karitativen Zwecken,** nicht den Ausschlusstatbestand zur Folge und Entlastung widerfährt auch nicht dem Hobby-Handwerker[1716] per se.

379 **(2) Keine Herstellung oder kein Vertrieb im Rahmen beruflicher Tätigkeit.** Die **berufliche Tätigkeit** meint in erster Linie einmal grundlegend die **gewerbliche** (herstellen-

[1710] Staudinger/*Oechsler,* § 1 ProdHaftG Rn. 88.

[1711] Beispiel von *Taschner,* NJW 1986, 611, 613, das den Regelungsgehalt bestens umschreibt.

[1712] EuGH, NJW 2001, 2781, 2782 – fehlgeschlagene Nierentransplantation im Krankenhaus, auch bekannt unter der Bezeichnung Veedfald ./. Arhus Amtskommune.

[1713] Vgl. dazu MüKo/*Wagner,* § 1 ProdHaftG Rn. 43; auch *Kullmann,* § 1 ProdHaftG Rn. 50; Palandt/*Sprau,* § 1 ProdHaftG Rn. 18 meint, die „rein subjektive Absicht" bei der Herstellung dürfe jedoch nicht dazu führen, dass der Geschädigte ohne Ersatz bleibe, wenn der Hersteller das fehlerhafte Produkt dann doch kommerzialisiere.

[1714] Zu letzterem *Lieb,* DB 1988, 946 ff.; ebenso *Kullmann,* § 1 ProdHaftG Rn. 51; Palandt/*Sprau,* § 1 ProdHaftG Rn. 18.

[1715] Vgl. dazu auch *Foerste/Graf von Westphalen,* § 46 Rn. 45 wohl auch *Kullmann,* § 1 ProdHaftG Rn. 51; a. A. Staudinger/*Oechsler,* § 1 ProdHaftG Rn. 93.

[1716] BT-Drs. 11/2447, 14; *Mayer,* VersR 1990, 691, 693; Staudinger/*Oechsler,* § 1 ProdHaftG Rn. 93 und Rn. 86.

de und vertreibende) – aber nicht die private – **Tätigkeit.**[1717] Der Haftungsausschluss soll bei einer Produktherstellung von **Berufsfremden** greifen.[1718] Dabei – dies sei der Vollständigkeit halber noch einmal hervorgehoben – kommt es nicht darauf an, ob es sich um bezahlte oder unbezahlte Tätigkeit handelt. Auch wenn die erbrachte Tätigkeit an sich unbezahlt bleibt, kann dennoch im Einzelfall die berufliche Natur angenommen werden.[1719]

dd) Herstellung entsprechend dazu zwingender Rechtsvorschriften (§ 1 Abs. 2 Nr. 4 ProdHaftG)

Die Auswirkungen dieser Regelung sind kurios. Nach Ansicht des Gesetzgebers soll die 380
Regelung des § 1 Abs. 2 Nr. 4 ProdHaftG einen **Konflikt** zugunsten des Herstellers lösen, wenn er – unvermeidlich kraft Gesetzes – zu einer bestimmten Produktionsweise **gezwungen** sein sollte.[1720] Gäbe es in Deutschland derartige **zwingende Rechtsvorschriften,** auf die der Entlastungstatbestand Anwendung finden würde, würde sich der Hersteller zu Lasten des Geschädigten auf diese Norm berufen können und es würden sich die Folgefragen aufdrängen, warum der Gesetzgeber diese Regelung geschaffen hat, und ob der Gesetzgeber für diese Situation nicht gar haften muss (wenngleich **legislatives Unrecht** über § 839 BGB i. V. m. Art. 34 GG wohl nicht zu einer Haftung des Gesetzgebers führen würde).[1721] Zu Recht hat *Kullmann*[1722] demzufolge schon recht früh vermutet, dass der Haftungsausschluss des § 1 Abs. 2 Nr. 4 ProdHaftG wohl keine allzu große Bedeutung – jedenfalls in Deutschland – gewinnen würde. Dieses Ergebnis bestätigt sich in der tagtäglichen Praxis, weshalb nachfolgend nur noch einige wenige mögliche Zweifelsfragen knapp behandelt werden:

Rechtsvorschriften sind nach h. M. vor allem Parlamentsgesetze, Verordnungen und 381
Satzungen,[1723] nicht aber Verwaltungsrichtlinien.[1724] Strittig ist dies bei **Verwaltungsakten.**[1725] Vom Wortlaut her mag der Verwaltungsakt nicht erfasst sein, worauf sich die h. M. stützen kann.[1726] Entscheidend ist, dass es sich um **zwingende Rechtsvorschriften** handeln muss. Nach Ansicht des Gesetzgebers heißt dies, dass der Hersteller das Produkt nur entweder nach den Maßgaben der relevanten Rechtsvorschriften herstellen oder eben

---

[1717] Vgl. zur Auslegung nationalen Rechts auch EuGH, Urt. vom 4.6.2009, Rechtssache C-285/08, Slg. 2009, S. I – 4733 – Moteurs Leroy Somer ./. Dalkia France. Nicht so weit gehend *Kullmann,* § 1 ProdHaftG Rn. 55; Staudinger/*Oechsler,* § 1 ProdHaftG Rn. 92.

[1718] *Kullmann,* § 1 ProdHaftG Rn. 55; zum Berufsbegriff auch *Hopt,* AcP (1983), 608, 669 ff.

[1719] EuGH, NJW 2001, 2781 – Veedfald ./. Arhus Amtskommune.

[1720] BT-Drs. 11/2447, 15; ganz allgemein *Marburger,* Herstellung nach zwingenden Rechtsvorschriften als Haftungsausschließungsgrund im neuen Produkthaftungsrecht, in FS für Lukes, 1989, 97 ff.; *Hollmann,* DB 1985, 2389; *Lorenz,* ZHR 151 (1987), 1, 12; *Wieckhorst,* JuS 1990, 86, 92.

[1721] Ebenso Staudinger/*Oechsler,* § 1 ProdHaftG Rn. 98 und 99; s. auch *Plum,* Zur Auswahlhaftung von Behörden, Prüfern, Sachverständigen und Betreibern/Anwendern gegenüber dem Produktgeschädigten, VersR 1979, 603 ff.; *Marburger,* BB-Beilage 1985, 4, 16, 20 ff.; s. auch *Hollmann,* DB 1985, 2389, 2395.

[1722] Kullmann, § 1 ProdHaftG Rn. 57.

[1723] BT-Drs. 11/2447, 15; *Frietsch,* DB 1990, 29, 32; *Mayer,* VersR 1990, 691, 693; *Wieckhorst,* JuS 1990, 86, 92.

[1724] So MüKo/*Wagner,* § 1 ProdHaftG Rn. 43 – mangels Außenwirkung; ebenso Staudinger/*Oechsler,* § 1 ProdHaftG Rn. 100.

[1725] Nach h. M. ist Abs. 2 Nr. 4 nicht auf hoheitliche Einzelakte anwendbar, BT-Drs. 11/2447, 15; *Marburger,* in FS für Lukes, 97, 103 ff., 118; *Brüggemeier/Reich,* WM 1986, 149, 152; MüKo/*Wagner,* § 1 ProdHaftG Rn. 43; a. A. *Schmidt-Räntsch,* ZRP 1987, 437, 442 sowie *Kullmann,* § 1 ProdHaftG Rn. 57.

[1726] Ebenso Staudinger/*Oechsler,* § 1 ProdHaftG Rn. 102.

überhaupt nicht herstellen darf.[1727] Schon deshalb sind Normen, die lediglich einen **Mindeststandard** vorgeben, **nicht** „zwingend".[1728]

382 **Keine Rechtsnormen,** und erst recht keine zwingenden, sind **technische Normen** und **berufliche Verhaltensregeln.**[1729] Beispiele: Eine **DIN-Norm**[1730] ist ein – unter Leitung eines Ausschusses – im **Deutschen Institut für Normung e. V.** erarbeiteter sog. **freiwilliger Standard,** in dem konkrete Regeln vereinheitlicht sind. Sie entstehen auf Anregung und auf Initiative interessierter Kreise, i. d. R. von Marktführern oder Unternehmen der Wirtschaft generell.[1731] Ferner die **VDE-Vorschriften**[1732] des technisch-wissenschaftlichen Verbandes in Deutschland, der entsprechende Normen und Sicherheitsbestimmungen für die Elektrotechnik, Elektronik und Informationstechnik erarbeitet. Die wichtigsten VDE-Bestimmungen beziehen sich auf gefährliche Ströme (Stromunfall), gefährliche Spannungen etc. Vgl. vertiefend die Internetpräsenz des VDE. **DVGW-Richtlinien**[1733] sind Regeln des deutschen Vereins des Gas- und Wasserfaches e. V., ebenfalls ein technisch-wissenschaftlicher Verein und Branchenverband der deutschen Gas- und Wasserwirtschaft mit Sitz in Bonn. Er erarbeitet technische Regeln für das Gas- und Wasserfach (technische Selbstverwaltung).[1734] Bekanntlich haben technische Normen – ebenso **berufliche Verhaltensregeln** (Regeln der ärztlichen Kunst)[1735] – keine normative Geltung, da sie nicht von einem zur Rechtsetzung befugten Organ erlassen sind. Insoweit kann auch auf **§ 5 ProdSG** verwiesen werden. Diese Regelung bezieht sich auf den sog. **nicht harmonisierten Bereich.** Im harmonisierten Bereich – im Bereich der Binnenmarktrichtlinien – darf ein Produkt nur unter den Voraussetzungen des § 3 Abs. 1 ProdSG auf dem Markt bereitgestellt werden. Soweit ein Produkt **nicht** in den harmonisierten Bereich fällt, darf es nur auf dem Markt bereitgestellt werden, wenn es bei bestimmungsgemäßer oder vorhersehbarer Verwendung die Sicherheit und Gesundheit von Personen nicht gefährdet (§ 3 Abs. 2 Satz 1 ProdSG). Bei der Beurteilung sind die in § 3 Abs. 2 Satz 2 ProdSG angeführten Ziffern 1–4 zu berücksichtigten. Und bei der Beurteilung, ob ein Produkt diesen Anforderungen nach § 3 Abs. 2 ProdSG entspricht, können nach § 5 ProdSG **Normen** und andere **technische Spezifikationen** zugrunde gelegt werden. Bei einem Produkt, das Normen und anderen technischen Spezifikationen oder Teilen von diesen entspricht, die vom Ausschuss für Produktsicherheit (vgl. dazu § 33 ProdSG) ermittelt und deren Fundstellen von der Bundesanstalt für Arbeitsschutz und Arbeitsmedizin im **gemeinsamen Ministerialrat bekannt** gegeben worden sind, wird **vermutet,** dass es den Anforderungen nach § 3 Abs. 2 ProdSG genügt, soweit diese von den betreffenden Normen oder anderen

---

[1727] BT-Drs. 11/2447, 15; *Frietsch,* DB 1990, 29, 32; *Wieckhorst,* JuS 1990, 86, 90.

[1728] BT-Drs. 11/2447, 15; MüKo/*Wagner,* § 1 ProdHaftG Rn. 104; *Kullmann,* § 1 ProdHaftG Rn. 58; Staudinger/*Oechsler,* § 1 ProdHaftG Rn. 104; *Kollmer,* NJW 1997, 2015.

[1729] Vgl. dazu bereits die Ausführungen zu den Schutzgesetzen unter § 3 II. 2. d) aa) Rn. 266 ff.

[1730] BGH, VersR 1984, 270; *Köhler,* BB-Beilage 4/85; vgl. dazu auch OLG Celle, Urt. vom 10.10.2005, Az. 7 U 155/05, VersR 2007, 253 – Lederschleifmaschine: Ebenso wie im Baurecht sind auch im Haftungsrecht DIN-Normen nicht sklavisch nach ihrem Wortlaut auszulegen.

[1731] Vgl. BGH, NJW 2007, 2983; vgl. auch OLG Dresden, VersR 1998, 59 – Fahrradpedal; *Weber,* Deutsche Norm, quo vadis? – Stellungnahme zum deutschen Normwesen, in DIN-Mitteilungen, Heft 9/2008, 4 ff.; DIN EN45020, Normung und damit zusammenhängende Tätigkeit – allgemeine Begriffe, ISO/IEC Guide 2/2004; dazu auch *Helmig,* ISO 26262, InTeR 2013, 28 ff.

[1732] VDE Verband der Elektrotechnik, Elektronik und Informationstechnik e. V., www.vde.com.

[1733] DVGW Deutscher Verein des Gas- und Wasserfaches e. V., www.dvgw.de.

[1734] Vgl. dazu *Gerhard Cyris,* Technische Regeln im Spannungsfeld zwischen Selbstverwaltung und gesetzlichen Vorgaben, in DVGW, in Energie-Wasser-Praxis, Jg. 58 Nr. 7/8, 2005, ISSN 1436-6134, 10–13.

[1735] Palandt/*Sprau,* Einleitung, Rn. 24.

technischen Spezifikationen oder deren Teilen abgedeckt sind (**Vermutungsregelung** des § 5 Abs. 2 ProdSG im nicht harmonisierten Bereich).

Die Haftung eines Herstellers ist auch dann nicht ausgeschlossen, wenn der Hersteller vorträgt, das Produkt entspreche der CE-Norm und sei entsprechend gekennzeichnet.[1736] 383

Und noch zwei Ergänzungen: Meines Erachtens keine zwingenden Rechtsvorschriften i. S. d. § 1 Abs. 2 Nr. 4 ProdHaftG sind sog. **Unfallverhütungsvorschriften der Berufsgenossenschaften.**[1737] Fraglich ist schon, ob es sich insoweit um eine tatsächlich hoheitlich erlassene Norm i. S. d. Art. 7 lit. d der Produkthaftungsrichtlinie handelt, da die Arbeitsschutz- und Unfallverhütungsvorschriften von den Berufsgenossenschaften in ihrer Eigenschaft als Träger der gesetzlichen Unfallversicherung erlassen werden. Das Problem ist dadurch „entschärft", weil darauf abzustellen ist, dass diese sich ohnehin an **Arbeitgeber,** nicht an den „produzierenden Hersteller generell", wenden.[1738] Ganz unabhängig davon aber schreiben sie keine bestimmte Produktionsweise vor. 384

Dass bisher Gerichtsentscheidungen praktisch fehlen und dies, obwohl das Gesetz nunmehr mehr als 20 Jahre existiert, zeigt, wie wenig praktische Relevanz die dogmatischen Streitigkeiten ausmachen. Allerdings scheinen gerade die seit 2012 aktuellen Problemfälle im Medizinprodukterecht neues Terrain aufzuzeigen. So tendiert auch der deutsche Gesetzgeber mehr und mehr dazu, in der Medizinprodukte-VO i. V. m. der Richtlinie 93/42/EWG und deren Anhang II konkretere Anforderungen an Produkte u. a. über sog. Bauart-Zulassungen etc. (zwingend) zu regeln,[1739] nicht zuletzt auch von Bedeutung im Hinblick auf den Brustsilikon-Skandal 2012. Hierüber soll es zu rechtspolitischen Reformüberlegungen kommen und möglicherweise dazu, dass im Medizinproduktebereich Herstellern weitergehende Auflagen gemacht werden sollen (allerdings mit den oben aufgezeigten kuriosen Umständen), weil die Gesetzeslage aufgrund der Gefahrenträchtigkeit de lege lata hingenommen werden muss.[1740] 385

Unbefriedigend, aber viel interessanter, weil in der globalisierten Welt komplexer, ist aber die Frage, ob sich ein **deutscher Hersteller** über § 1 Abs. 2 Nr. 4 ProdHaftG entlasten kann, wenn in einer **ausländischen Norm** entsprechende zwingende Herstellervorgaben gemacht worden sind.[1741] Im Hinblick darauf, dass § 1 Abs. 2 Nr. 4 ProdHaftG auf Art. 7 lit. d der Produkthaftungsrichtlinie und damit auf **„hoheitlich erlassenen Normen"** basiert, kann sich ein Hersteller meines Erachtens jedenfalls auch entlasten, wenn in einer hoheitlich erlassenen Norm eines Staates der EU entsprechend auf den 386

[1736] LG Osnabrück, PHi 2003, 170 ff. mit Anm. *Klindt* – Plastikball; dazu auch *Kullmann/Pfister,* Kza 8125/19: „Wenn § 1 Abs. 2 Nr. 4 ProdHaftG die Ersatzpflicht des Herstellers insoweit verneint, dass der Fehler darauf beruht, dass das Produkt ... zwingenden Rechtsvorschriften entsprochen hat, bedeutet dies im Rückschluss, dass allein die Tatsache, dass ein Produkt zwingenden Rechtsvorschriften gerecht wird, die Haftung noch nicht beseitigt; über die bloße Einhaltung einer CE-Kennzeichnung (vgl. § 7 ProdSG) hinaus ist der Hersteller gehalten, alles objektiv mögliche zu tun, um die Gefährlichkeit zu vermeiden."

[1737] Ebenso *Taschner/Frietsch,* § 1 ProdHaftG Rn. 87; MüKo/*Wagner,* § 1 ProdHaftG Rn. 47; *Kullmann,* § 1 ProdHaftG Rn. 57; *Marburger,* in FS für Lukes, 97, 105 ff., 106; offenlassend Staudinger/*Oechsler,* § 1 ProdHaftG Rn. 102.

[1738] Dem wohl ebenfalls zustimmend *Kullmann,* § 1 Rn. 58 unter Berufung auf *Marburger,* in FS für Lukes, 97, 105 ff., 106; so auch MüKo/*Wagner,* § 1 ProdHaftG Rn. 47.

[1739] Vgl. dazu bereits *Kullmann,* § 1 ProdHaftG Rn. 57 f., zur Situation nach altem § 5 Abs. 1 MedGV.

[1740] LG Frankenthal, Urt. vom 14.3.2013, Az. 6 O 304/12 – Brustsilikonimplantat.

[1741] Nach verbreiteter Auffassung ist die „Rechtsvorschrift" nur die nationale deutsche Norm, nicht die ausländische, so *Schlechtriem,* VersR 1986, 1033, 1036ff; *Brüggemeier/Reich,* WM 1986, 149, 152; a. A. MüKo/*Wagner,* § 1 ProdHaftG Rn. 53; auch Staudinger/*Oechsler,* § 1 ProdHaftG Rn. 109.

Hersteller und dessen Produktionsweise eingewirkt worden wäre.[1742] Dies sollte aber auch bei entsprechenden **Zwangskonflikten für Hersteller** durch **außereuropäische Normen** gelten.

387 Ob die von der EU zur Einführung durch Hersteller entwickelten **Energiesparleuchten,**[1743] die ab 1.9.2012 nur noch im Handel verkauft werden dürfen, als ein aktuelles Beispiel gewählt werden kann, lässt sich derzeit kaum wirklich abschätzen. Wenn man der Medienkritik Glauben schenken mag und diese Leuchtmittel gesundheitsschädliches Quecksilber enthalten, was – Fernsehberichten zufolge – schwere Schäden hervorrufen kann[1744] in den Händen von Nutzern, Hersteller diese aber produzieren und obwohl diese ein Mehr an Gefahren bringen als die „gute alte Glühbirne", mag dies Hersteller entlasten können, obgleich ein Zwang zur Herstellung allenfalls faktisch besteht. Ggf. wäre über Amtshaftung gegen die Bundesrepublik Deutschland oder gegen die EU-Kommission nachzudenken.

ee) Nichterkennbarkeit der Fehler nach dem Stand von Wissenschaft und Technik (§ 1 Abs. 2 Nr. 5 ProdHaftG)

388 Eine in der Praxis sehr bedeutsame Entlastungsregelung des Herstellers ist in § 1 Abs. 2 Nr. 5 ProdHaftG geregelt. Danach ist die Ersatzpflicht des Herstellers ausgeschlossen, wenn der Fehler nach dem Stand der Wissenschaft und Technik in dem Zeitpunkt, in dem der Hersteller das Produkt in den Verkehr brachte, nicht erkannt werden konnte. Die Regelung basiert ziemlich genau auf Art. 7 lit. e der Richtlinie.[1745] Einige Mitgliedstaaten lassen den Hersteller für das **Entwicklungsrisiko** haften, wie etwa Finnland und Luxemburg, Spanien partiell, ebenso Frankreich.[1746] Einige Länder fordern die Streichung des Art. 7e) der Richtlinie,[1747] was angeblich zu einem besseren Funktionieren des Binnenmarktes beitragen würde. Nach der amtlichen Begründung soll die Haftung ausgeschlossen sein, wenn „die potentielle Gefährlichkeit des Produkts nicht erkannt werden konnte".[1748]

389 Damit soll mit der Regelung des § 1 Abs. 2 Nr. 5 ProdHaftG die Haftung für sog. **Entwicklungsfehler** oder **Entwicklungsrisiken** – dazu sogleich – ausgeschlossen werden.[1749] *Kullmann* erwähnt als Beispiele Fälle, in denen bestimmte Risiken eines Produkts im Zeitpunkt des Inverkehrbringens eben nicht erkennbar waren, wie nach dem zweiten Weltkrieg die Gefahren **asbesthaltiger Produkte.**[1750] Der BGH hat genau dies aufgegriffen

---

[1742] Im Ergebnis ebenso MüKo/*Wagner,* § 1 ProdHaftG Rn. 48; lediglich im Ergebnis – wenngleich mit anderer Begründung – unter Berufung auf die Entscheidung des EuGH vom 11.1.1974, Slg. 1974, 837, 847 – Dassonville, 20.2.1979 Slg. 1979, 649 – Cassis de Dijon, auch Staudinger/*Oechsler,* § 1 ProdHaftG Rn. 109; a. A. aber *Schlechtriem,* VersR 1986, 1033, 1036 ff.; *Brüggemeier/Reich,* WM 1986, 149, 152 ff.

[1743] Energiesparleuchten, neuentwickelt auf Vorgaben der EU, verbunden mit einem stufenweisen Verbot herkömmlicher Glühbirnen.

[1744] Vgl. etwa Fernsehberichte u. a. vom 7.8.2011; dazu *Wellmann,* tv- Hören und Sehen 33/2012, 33; diskutiert werden die Folgen von Schwermetallvergiftungen.

[1745] Allerdings können auch Mitgliedstaaten den Entlastungsbeweis ausschließen: Begründungserwägung Abs. 16 Art. 7e; Staudinger/*Oechsler,* § 1 ProdHaftG Rn. 113; siehe dazu auch *Meermann,* 54.

[1746] Vgl. dazu KOM (2011) 547 vom 8.9.2011, 10; *Meermann,* 86 ff., 167 ff.

[1747] „dito": Bulgarien, Malta, a. A. Griechenland, Italien, Litauen und das Vereinigte Königreich: Klausel schaffe Gleichgewicht.

[1748] BT-Drs. 11/2447, 15; vgl. dazu auch *Hager,* PHi 1991, 2, 6; Staudinger/*Oechsler,* § 1 ProdHaftG Rn. 103, 105, 107.

[1749] BGH, NJW 2009, 2952 – Airbag; dazu *Lenz,* PHi 2009, 196, 199; BGH, NJW 1995, 2162, 2163 – Mineralwasserflasche II; grundlegend statt vieler auch *Kullmann,* § 1 ProdHaftG Rn. 63; vgl. auch Ausführungen zum Fabrikationsfehler bb) (3) (b).

[1750] *Kullmann,* § 1 ProdHaftG Rn. 63 unter Berufung auf *Taschner/Frietsch,* § 1 ProdHaftG Rn. 98, führt in den Fn. 89c allerdings auch Staudinger/*Oechsler* an, der mit Recht § 1 Abs. 2

und in seiner **grundlegenden Entscheidung** schon im **Jahre 1995** ausgeführt, dass die Voraussetzungen des § 1 Abs. 2 Nr. 5 ProdHaftG für einen Haftungsausschluss des Herstellers **nicht** bei einem **Fabrikationsfehler,** sondern **nur** bei einem **Konstruktionsfehler** erfüllt seien (sog. „Ausreißer").[1751]

Es gilt aber lediglich – wie soeben bereits erwähnt –, die Haftung für sog. **Entwicklungsrisiken** auszuschließen.[1752] Aber schon der Begriff **„Entwicklungsrisiko"** bereitet Auslegungsschwierigkeiten: Geht es um solche Fehler, die nach „historischem Wissensstand" zum Zeitpunkt des Inverkehrbringens nach dem Stand der Wissenschaft und Technik nicht erkennbar waren[1753] oder **weitergehend** um alle Fälle, in denen ein Produkt dadurch fehlerhaft „wird", dass sich die Sicherheitserwartungen nach dem Inverkehrbringen erhöht haben.[1754] **Nicht** betroffen sind die bei der Produktion **nicht zu vermeidenden Fehler.**[1755] Der sog. „Ausreißer-Einwand" sollte – demgegenüber – bei der verschuldensunabhängigen Haftung nicht (mehr) zulässig sein.[1756] 390

Wichtig ist, auf einen aktuellen Aspekt hinzuweisen: Der VI. Zivilsenat des BGH hat in seinem – sehr **bedeutsamen** – **Airbag-Urteil** vom 16.6.2009[1757] Aussagen zum Umfang der dem Hersteller obliegenden Pflichten vor allem im Zusammenhang mit der **konstruktiven Verantwortung** gefahrträchtiger Produkte und zur (unterlassenen, aber ggf. dennoch notwendigen) **Instruktionsverpflichtung** getroffen und damit einen wesentlichen Beitrag zur Klarstellung der Herstellerverantwortung geleistet. Der Kläger hatte BMW als Herstellerin eines am 10.3.2003 erstmals zum Verkehr zugelassenen PKW auf Zahlung von Schmerzensgeld und Feststellung der Ersatzpflicht für künftige materielle und immaterielle Schäden in Anspruch genommen, weil es am 24.4.2003 zu einer Fehlauslösung der beiden Seiten-Airbags an der Fahrerseite des vom Kläger selbst gefahrenen PKW gekommen war. Der Kläger behauptete, die Airbags hätten beim Durchfahren eines Schlaglochs ausgelöst und ihn an der Halsschlagader verletzt. In der Folge habe er einen Hirninfarkt mit schwerwiegenden Folgen erlitten (Dauerschäden). Unstreitig hatte die Beklagte den Kläger nicht gewarnt. Die Klage blieb zunächst in beiden Vorinstanzen erfolglos.[1758] Auf die Revision des Klägers wurde das Urteil am 10.4.2008 aufgehoben und 391

Nr. 5 ProdHaftG auch auf **Instruktionsfehler** anwenden will. Vgl. auch *Wagner,* § 1 ProdHaftG, Rn. 50; *Meermann,* 1 m. w. N.: Aber auch die Fälle HIV-kontaminierter Blutkonserven; dazu *Meermann,* 36 f., 38 ff.

[1751] Grundlegend BGH, NJW 1995, 2162, 2163 – Mineralwasserflasche II; dazu auch *Kullmann/Pfister,* Kza 8125/3; a. A. aber *Foerste,* JZ 1995, 1063 und ihm folgend Staudinger/*Oechsler,* § 1 ProdHaftG Rn. 107: § 1 Abs. 2 Nr. 5 ist auch auf Fabrikationsfehler anwendbar, Argument: die Quellen, auf die sich der BGH stützt, belegen die Unterscheidung nicht; vgl. weitergehend auch BGHZ 129, 353, 358; OLG Dresden, VersR 1998, 59 – Fahrradpedal; OLG Koblenz, NJW-RR 1999, 1624 – Mineralwasserflasche; BGH, NJW 2009, 2952 Tz. 27 – Airbag; dazu *Lenz,* Zur Herstellerhaftung für die Fehlauslösung von Airbags, PHi 2009, 196, 199.

[1752] Siehe dazu bereits *Hollmann,* DB 1985, 2389, 2395; *Honsell,* JuS 1995, 211, 213; *Kort,* VersR 1989, 1113; *Magnus,* JZ 1990, 1100, 1101; *Erman/Schiemann,* § 1 ProdHaftG Rn. 10.

[1753] So *Taschner,* NJW 1986, 611, 615; *Buchner,* DB 1988, 32, 33; *Hager,* PHi 1991, 2 (5–6); *Meermann,* 1 ff.

[1754] So *Lorenz,* ZHR 151 (1987), 1, 23, Fn. 32, allgemein Staudinger/*Oechsler,* § 1 ProdHaftG Rn. 110, 111 ff. und zur Entstehungsgeschichte insbesondere Rn. 112 ff.

[1755] BGH, NJW 1995, 2162, 2163 – Mineralwasserflasche II; unter Berufung auf *Lorenz,* ZHR 151 (1987), 1, 14.

[1756] Vgl. dazu bereits *Schmidt-Salzer,* BB 1986, 1103, 1106, zitiert in BGH, NJW 1995, 2162, 2163 – Mineralwasserflasche II; ebenso *Kullmann,* § 1 ProdHaftG Rn. 63.

[1757] BGH, Urt. vom 16.6.2009, Az. VI ZR 107/08, NJW 2009, 2952, vgl. dazu *Lenz,* Zur Herstellerhaftung für die Fehlauslösung von Airbags, PHi 2009, 196 ff.; vgl. auch die Vorinstanzen zur Kirschtaler-Entscheidung des BGH, NJW 2009, 1669; *Kullmann/Pfister,* Kza 8125/25.

[1758] Vgl. dazu Urt. des LG Erfurt vom 3.7.2006, Az. 8 O 1604/05 und detaillierter *Lenz,* PHi 2009, 196, 197; Urt. des Thüringer OLG vom 4.10.2008, Az. 1 U 665/06, die Revision wurde nicht zugelassen.

die Sache zur erneuten Verhandlung und Entscheidung zurückverwiesen. Die nach § 1 Abs. 1 ProdHaftG maßgeblichen Sicherheitserwartungen – so der BGH mit Recht – beurteilen sich wie die Verkehrspflichten des Herstellers im Rahmen der deliktischen Haftung nach § 823 BGB, auf die das ProdHaftG bei der Haftungsbegründung gerade Bezug nimmt (vgl. § 1 Abs. 3 ProdHaftG für den Konstruktionsfehler, § 3 Abs. 1a) ProdHaftG für den Instruktionsfehler und § 1 Abs. 2 Nr. 5 ProdHaftG für den Entwicklungsfehler). Der BGH rügte die rechtsfehlerhafte Verneinung eines Instruktionsfehlers.[1759] Der BGH hat – und damit erstmals – mit seiner Entscheidung hervorgehoben, dass § 1 Abs. 2 Nr. 5 ProdHaftG auch auf **Instruktionsfehler** anwendbar ist, eine Auffassung, die bis dahin lediglich vereinzelt in der Literatur vertreten worden war.[1760] Die Mineralwasserflaschen-Entscheidung[1761] vom 9.5.1995 steht diesem Ergebnis nicht entgegen, da der BGH Aussagen zum Instruktionsfehler darin nicht getroffen hatte. Ich halte dies im Ergebnis für überzeugend, weil nach Sinn und Zweck dieser Regelung der Haftungsausschluss auch geboten ist, wenn sich die Instruktion aufgrund einer nach dem Stand von Wissenschaft und Technik im Zeitpunkt der Inverkehrgabe nicht erkennbaren Gefahr als fehlerhaft erweist.[1762] **Entwicklungsfehler** sind damit jedenfalls konstruktive Mängel und Instruktionsfehler, nicht aber Fabrikationsfehler nach deutscher Rechtsprechung. Andere Gerichte, etwa in den Niederlanden und im Vereinigten Königreich, teilen diese Auslegung angeblich nicht.[1763]

392 Entwicklungsfehler liegen demzufolge nur dann vor, wenn die potentielle Gefährlichkeit des Produkts im Zeitpunkt seiner Inverkehrgabe – und darauf wird sogleich noch einzugehen sein – nach dem Stand von Wissenschaft und Technik zur Zeit des Inverkehrbringens noch nicht erkannt werden konnte, weil die Erkenntnismöglichkeiten eben noch nicht weit genug fortgeschritten waren.[1764] So hat der BGH – wie weiter oben bereits erwähnt – im Hinblick auf ein in China hergestelltes und von dem Beklagten in den europäischen Wirtschaftsraum eingeführtes Heißwasser-Untertischgerät ausgeführt, dass allein der Umstand, „dass das Gerät als Serienprodukt das Zeichen „GS" (= geprüfte Sicherheit) erhalten habe und das konkrete Gerät im August 2008 im Rahmen einer Stichprobe kontrolliert und für mangelfrei befunden wurde, nicht zum Ausschluss der Ersatzpflicht des Herstellers nach § 1 Abs. 2 Nr. 5 ProdHaftG führe". Der Umstand, dass der Fehler weder bei der Sicherheitsprüfung noch bei der stichprobenartigen Kontrolle entdeckt wurde, besage aber nicht, dass die potentielle Gefährlichkeit unter Zugrundelegung des im Zeitpunkt seiner Inverkehrgabe objektiv zugänglichen Gefahrenwissens nicht doch hätte erkannt werden können.[1765]

393 Und bedeutsam ist zudem das Vorliegen des Merkmals der **Nichterkennbarkeit,** so dass nicht für alle Arten von Entwicklungsfehlern der Haftungsausschluss greift: Entscheidend ist die **Möglichkeit der Erkennbarkeit** der **potentiellen Gefährlichkeit des Produktes,**[1766] das allgemeine, mit der gewählten Konzeption verbundene **Fehlerrisiko,**

[1759] Vgl. dazu *Lenz,* PHi 2009, 196, 199 m. w. N., insbesondere in Fn. 11, 12 u. 13.

[1760] So bereits frühzeitig Staudinger/*Oechsler,* § 1 ProdHaftG Rn. 118 ff.; Soergel/*Krause,* § 1 ProdHaftG Rn. 14; *Hager,* PHi 1991, 2, 5 u. Fn. 14; Müko/*Wagner,* § 1 ProdHaftG Rn. 52; a. A. aber wohl *Kullmann,* § 1 ProdHaftG Rn. 63, vgl. dort insbesondere Fn. 89 c.; vgl. dazu insgesamt auch *Böhmeke-Tillmann,* Konstruktions- und Instruktionsfehler – Haftung für Entwicklungsrisiken, Diss. Marburg 1992.

[1761] BGHZ 129, 353 ff. – Mineralwasserflasche.

[1762] Vgl. dazu bereits *Lenz,* PHi 2009, 196, 199.

[1763] KOM (2011) vom 8.9.2011, 9.

[1764] Vgl. dazu BGH, Urt. vom 5.2.2013, Az. VI ZR 1/12, PHi 2013, 66 f. = VersR 2013, 469 – Heißwasser-Untertischgerät bei fachwidriger Installation.

[1765] Vgl. dazu BGH, PHi 2013, 66.

[1766] Vgl. dazu BGH, VersR 2009, 669 ff. – Airbag; BGH, NJW 1995, 2162, 2163 – Mineralwasserflasche II; ebenso OLG Frankfurt, NJW 1995, 2498, 2499.

die allgemeinhin vorhandene Möglichkeit der Erkennung eines Fehlers.[1767] Im konkreten Fall – der Airbag-Entscheidung[1768] – hat der BGH festgestellt, das sog. allgemeine „Fehlerrisiko" sei der beklagten Herstellerin BMW bekannt gewesen. Die Herstellerin habe nämlich schon 1999 das Vorgängermodell zurückgerufen, um durch Einbau einer geänderten Software Fehlauslösungen von Seiten-Airbags zu verhindern. BMW sei lediglich nicht bewusst gewesen, dass die Gefahr von Fehlauslösungen durch die Nachrüstung nicht beseitigt worden war.[1769] Doch was bedeutet nun der Begriff der Erkennbarkeit? Soll sich der Hersteller etwa nur entlasten können, wenn die potentielle Gefährlichkeit **von niemandem,** von keinem Hersteller, hätte erkannt werden können, so wie dies noch der Referentenentwurf zum ProdHaftG vorsah?[1770] Vom Sinn her kann es jedenfalls nicht darauf ankommen, ob der konkrete Hersteller, etwa weil gerade dieser sich wissenschaftlichen oder technischen Erkenntnissen verschließt, den Produktfehler nicht hat erkennen können. Daher ist **nicht subjektiv** auf den einzelnen konkreten Fall abzustellen, sondern vielmehr ein **objektiver Betrachtungsmaßstab** anzulegen.[1771] Jedenfalls wenn Unternehmen weltweit agieren und ihre Produkte weltweit in Verkehr bringen, halte ich es nicht für falsch, einen Hersteller für Fehler grundsätzlich einstehen zu lassen, die nach dem „weltweiten Stand der Wissenschaft und Technik" im Zeitpunkt des Inverkehrbringens erkennbar waren.[1772]

(1) Stand von Wissenschaft und Technik. Nach der amtlichen Begründung[1773] wird unter dem Stand von Wissenschaft und Technik der **„Inbegriff der Sachkunde,** die im wissenschaftlich-technischen Bereich vorhanden ist, um ein solches Produkt herzustellen", verstanden. Abzustellen ist daher auf eine gewisse **Summe erreichbarer Erkenntnisse** – zerteilt in den „Stand der Technik" und den der „Wissenschaft".[1774] Zum **Stand der Technik** lässt sich auf die Regelung des § 3 Abs. 6 des Bundesimmissionsschutzgesetzes (BImSchG) verweisen. Dort wird jedenfalls – im Rahmen eines Gesetzes – der Stand der Technik, im Anschluss an die Arbeit von *Marburger,*[1775] wie folgt beschrieben: 394

„Stand der Technik im Sinne dieses Gesetzes (Bundesimmissionsschutzgesetz) ist der Entwicklungsstand fortschrittlicher Verfahren, Einrichtungen oder Betriebsweisen, der der praktischen Eignung einer Maßnahme zur Begrenzung von Immissionen in Luft, Wasser und Boden, zur Gewährleistung der Anlagensicherheit, zur Gewährleistung einer umweltverträglichen Abfallentsorgung oder sonst zur Vermeidung oder Verminderung von Auswirkungen auf die Umwelt zur Erreichung eines allgemein hohen Schutzniveaus für die Umwelt insgesamt gesichert erscheinen lässt. Bei der Bestimmung des Standes der Technik sind insbesondere die im Anhang aufgeführten Kriterien zu berücksichtigen."[1776]

1767 Ebenso *Kullmann,* § 1 ProdHaftG Rn. 65.

1768 BGH, VersR 2009, 669 ff.; vgl. dazu auch *Lenz,* PHi 2009, 196, 200.

1769 Vgl. zu den Konsequenzen der Entscheidung und den verschärften Herstellerpflichten sowie zur „Kosten-Nutzen-Relation" (auch risk-utility-test) weitergehend *Lenz,* PHi 2009, 196, 200, insbes. Fn. 19, 20 aus dem US-amerikanischen Bereich.

1770 Abgedruckt in PHi 1987, 94, 104; Zitat nach *Kullmann,* § 1 ProdHaftG Rn. 65.

1771 Ebenso Staudinger/*Oechsler,* § 1 ProdHaftG Rn. 129; *Kullmann,* § 1 ProdHaftG 1 Rn. 65; OLG Frankfurt, NJW 1995, 2498, 2499; *Foerste,* JZ 1995, 1063; *Brüggemeier/Reich,* WM 1986, 149, 153.

1772 Amtliche Begründung BT-Drs. 11/2447, 15; *Kullmann,* § 1 ProdHaftG Rn. 65.

1773 BT-Drs. 11/2447, 15, 35.

1774 MüKo/*Wagner,* § 1 Rn. 58 unter Berufung auf EuGH, Urt. vom 29.5.1987, Rs C-300/95, Slg 1997 – I, 2649, 2670; dazu auch *Kullmann,* § 1 ProdHaftG Rn. 68.

1775 *Marburger,* Die Regeln der Technik im Recht, 161 ff.

1776 Vgl. entsprechende Regelungen in § 7a Abs. 5 WHG; § 3 Abs. 12 KrW-/AbfG; siehe aber auch § 3 PatG und die §§ 2 und 4 BauPG, § 7 Abs. 2 AtomG; § 2 LuftVG.

395 Aber weder *Marburger,*[1777] noch das **Bundesverfassungsgericht**[1778] haben den Begriff des „Standes der Technik“, der in der Tat nicht leicht zu umreißen ist, durchdrungen.[1779]

396 Zudem sind von Unternehmen auch die zugänglichen, wissenschaftlich-technischen Forschungsergebnisse von Universitäten, technischen Hochschulen und Fachhochschulen – in den bestimmten Fachbereichen – und damit die **theoretischen Erkenntnisse der Wissenschaft**[1780] – zu berücksichtigen. Abgestellt auf den Zeitpunkt des Inverkehrbringens müssen diese theoretischen Erkenntnisse und der „Stand der Technik“ **verfügbar** und auch für den Hersteller **prüfbar** sein.[1781] So muss der Hersteller auch für sich ausschließen können, dass z. B. die Inhalte einer wissenschaftlichen Publikation nicht möglicherweise ein Irrweg sind; die Angaben müssen demzufolge **allgemein** verifizierbar sein.[1782] Bloße Einzelansichten ohne ernsthafte empirische Anhaltspunkte muss ein Hersteller nicht zwingend berücksichtigen.[1783] So kann der Haftungsausschluss herangezogen werden in einer Situation, in der ein bestimmtes Risiko erst von dem vom Gericht bestellten Sachverständigen durch eine **Testreihe im Rahmen des Verfahrens** entdeckt werden konnte und dem Sachverständigen **vor** dem Inverkehrbringen des Produktes nicht bekannt war.[1784]

397 In etwa ähnelt damit die Begrifflichkeit der Erkennbarkeit dem, was im Rahmen der Haftung nach § 823 Abs. 1 BGB zur **Erfüllung der Verkehrssicherungspflichten objektiv erforderlich** ist.[1785]

398 **(2) Praktische Beispiele.** Das **Landgericht Berlin**[1786] hatte sich mit der Frage zu beschäftigen, ob die Herstellerin eines Teppichbodens zum Zeitpunkt der Herstellung und Lieferung an die Teppichhändlerin davon ausgehen musste, dass von dem gelieferten **Teppichboden** eine **toxische Wirkung** ausgehen kann. Das LG Berlin nahm an, dass es bereits an einem schlüssigen Vortrag der Klägerin dahingehend fehlte, dass der Beklagten bekannt war oder bekannt sein musste, dass der veräußerte Teppichboden kontaminiert war und die Beklagte in Kenntnis dieses Umstandes den Teppichboden an die Klägerin veräußert hatte.

399 Zu erwähnen sind auch diverse Musterverfahren in den sog. **„brennenden Pflegebetten-Fällen“.**[1787] In diesen Fällen, bei denen die sich unter der Matratze befindenden Elektromotoren nicht absolut gegen von oben tropfendes Spritzwasser abgekapselt waren

---

[1777] *Marburger,* Die Regeln der Technik im Recht, 161 ff.

[1778] BVerfGE 49, 89, 135 = NJW 1979, 359, 362.

[1779] Vgl. weitergehend *Lenz,* in van Bühren, § 12 Produkthaftpflichtversicherung, Rn. 153 zur Experimentierklausel und zum „Stand der Technik“ (Rn. 155 ff.).

[1780] Staudinger/*Oechsler,* § 1 ProdHaftG Rn. 124; *Kort,* VersR 1989, 1113, 1116 ff.

[1781] Geheimwissen ist kein Allgemeingut: MüKo/*Wagner,* § 1 ProdHaftG Rn. 59; EuGH, Urt. vom 29.5.1997, Rs C-360/95, Slg. 1997 – I, 2149- Kommission ./. Vereinigtes Königreich, Tz. 24: Ein Artikel in chinesisch ist nicht von jedem Hersteller in UK sofort aufnehmbar.

[1782] *Buchner,* DB 1988, 32, 34; *Lorenz,* ZHR 151 (187), 1, 14; *Frietsch,* DB 1990, 29, 32; *Graf von Westphalen,* NJW 1990, 83, 85.

[1783] So mit ausführlicher Begründung auch Staudinger/*Oechsler,* § 1 ProdHaftG Rn. 128; ähnlich *Buchner,* DB 1988, 32, 34; a. A. EuGH Kommission ./. Vereinigtes Königreich und zum Plädoyer des Generalanwalts Tesanro, Tz. 21.

[1784] Dies soll der Oberste Gerichtshof in Österreich entsprechend bereits geurteilt haben, KOM (2011) 547 vom 8.9.2011, 10.

[1785] Darauf weist zu Recht *Kullmann,* § 1 ProdHaftG Rn. 70 hin; a. A. *Graf von Westphalen,* NJW 1990, 83, 85.

[1786] LG Berlin, NJW-RR 1996, 501, 502 – Toxizität beim Teppich.

[1787] *Lenz,* „Brennende Pflegebetten“ – Sichere Medizinprodukte, PHi 2003, 142 ff.; *ders.,* Kein Aufwendungsersatz bei Nachrüstung von Pflegebetten, PHi 2006, 17 ff.; *ders.,* OLG Hamm zum Aufwendungsersatz für die Nachrüstkosten bei Pflegebetten – Berufung gegen Hersteller von Medizinprodukten zurückgewiesen, PHi 2007, 135 ff.; BGH, VersR 2009, 272 – Pflegebetten; und dazu *ders.,* in FS für Meilicke, 417, 431.

und es zu angeblichen Kurzschlüssen der Motoren kam, sind alle Klagen zurückgewiesen worden. In den unteren Instanzen war aber – vorsorglich für den Fall, dass eine Haftung hätte bejaht werden können, was zu Recht nicht geschehen ist – stets vorgetragen worden, dass die Hersteller sich jedenfalls auf § 1 Abs. 2 Nr. 5 ProdHaftG hätten berufen können, denn: Es gab – weltweit – keine rechtlichen Regelungen, die eine absolute Abkapselung der Elektromotoren gegen Spritzwasser vorgesehen hätten, und keiner der in Deutschland führenden Hersteller hatte auch nur annähernd das drohende Gefährdungspotential bis zum Jahr 2001 erkannt.[1788]

Im Fall des **OLG Dresden,**[1789] in dem die Klägerin aus Produkthaftung Ersatz materiel- 400
len und immateriellen Schadens verlangte, da sie mit ihrem Fahrrad gestürzt war, weil die Pedale infolge eines Nabendefektes durchgetreten hatte, hatte das OLG lediglich festgestellt, dass die Voraussetzungen des § 1 Abs. 2 Nr. 5 ProdHaftG gerade nicht vorgelegen hätten. Weitergehend hilft diese Entscheidung in diesem Zusammenhang nicht.

Erweisen sich Produkte erst später – einige Zeit nach dem Inverkehrbringen – als 401
gefährlich, bedeutet die Berufung des Herstellers auf § 1 Abs. 2 Nr. 5 ProdHaftG **keinen Freibrief** für Hersteller.[1790] Die im ProdHaftG insoweit vorhandene Regelungslücke,[1791] Warnungen und Rückrufe sind dem ProdHaftG fremd, wird durch die von der Rechtsprechung entwickelte Pflicht zur **Produktbeobachtung,** der strafrechtlichen Produktverantwortung und den öffentlich-rechtlichen Regelungen aus dem ProdSG gefüllt.

(3) Keine Anwendung von § 1 Abs. 2 Nr. 5 ProdHaftG im Bereich der Gentechnik. 402
§ 37 Abs. 2 Satz 2 GenTG regelt, dass in Schadensfällen für eine Haftung nach § 1 ProdHaftG § 1 Abs. 2 Nr. 5 ProdHaftG **keine Anwendung** findet. Das bezieht sich auf Fälle, in denen Produkte **gentechnisch veränderte Organismen** enthalten oder aus solchen bestehen und die nach § 16 Abs. 2 GenTG einer Zulassung/Genehmigung bedürfen.[1792]

d) Haftungsausschluss für Zulieferanten (§ 1 Abs. 3 ProdHaftG)

Ab dem Zeitpunkt des Inverkehrbringens des Endproduktes durch den Endhersteller, 403
haftet der Hersteller eines Teilproduktes für dessen Fehler mit dem Endhersteller grundsätzlich gesamtschuldnerisch (§ 5 ProdHaftG). Neben § 1 Abs. 2 ProdHaftG steht ihnen damit die weitere **Entlastungsmöglichkeit** nach § 1 Abs. 3 ProdHaftG offen.[1793] § 1 Abs. 3 ProdHaftG beruht auf Art. 7 lit f. der Richtlinie. Nach § 1 Abs. 3 ProdHaftG ist auch der Hersteller eines Teilproduktes oder des Grundstoffes von der Haftung ausgeschlossen, aber nur, wenn **eine der beiden** im Gesetz selbst geregelten Alternativen vorliegt, wenn also der Fehler erst durch Konstruktion des Endproduktes und damit durch die Einarbeitung in ein anderes Produkt entstanden ist, oder eben – so die zweite Alternative – durch Anleitungen des Herstellers des nachfolgenden Endproduktes.

[1788] Vgl. zur Hintergrundgeschichte *Lenz*, PHi 2003, 142 ff.

[1789] OLG Dresden, VersR 1998, 59.

[1790] So mit Recht *Erman/Schiemann*, § 1 ProdHaftG Rn. 10; MüKo/*Wagner*, § 1 ProdHaftG Rn. 55; Soergel/*Krause*, § 1 ProdHaftG Rn. 15; *Schlechtriem*, VersR 1986, 1033, 1037.

[1791] Ebenso Staudinger/*Oechsler*, § 1 ProdHaftG Rn. 117; a. A. *Graf von Westphalen*, in Foerste/Graf von Westphalen, § 46 Rn. 69, der der Frage nachgeht und diese verneint, ob § 1 Abs. 2 Nr. 5 ProdHaftG auf die Produktbeobachtungspflicht angewandt werden könne.

[1792] Vgl. dazu *Kullmann*, Höchstrichterliche Rechtsprechung, Rn. 463; *ders.*, PHi 1991, 75, 77, 78; sowie *Hirsch/Schmidt-Didczuhn*, VersR 1990, 1193–1204; Staudinger/*Oechsler*, § 1 ProdHaftG Rn 130 sowie § 2 ProdHaftG Rn. 50 ff.

[1793] Palandt/*Sprau*, § 1 ProdHaftG Rn. 22; Staudinger/*Oechsler*, § 1 ProdHaftG Rn 131.

aa) Fehlerentstehung durch Konstruktion des Endproduktes

404 Bezüglich der Haftung von Konstruktionsfehlern dient diese Alternative entsprechend der Bestimmung in Art. 7 lit. f der EG-Richtlinie **klarstellend:** Denn wenn ein Teilprodukt zum Zeitpunkt der Lieferung an den (End-)Hersteller nicht fehlerhaft ist, scheidet eine Haftung des Zulieferanten ohnehin aus.[1794] Dem Sinn der ersten Alternative des § 1 Abs. 3 ProdHaftG nach sollte die Haftung des Zulieferers aber auch dann ausgeschlossen sein, wenn Fabrikationsfehler oder aber Instruktionsfehler beim Endprodukthersteller zu einem Fehler des Teilproduktes führen.[1795] Es handelt sich in diesen Fällen dann um eine **analoge Anwendung** des Rechtsgedankens des § 1 Abs. 3 1. Alt. ProdHaftG. Der **Teilproduktehersteller haftet** also **nicht, wenn der Fehler** auf der Konstruktion des Endproduktes oder auf der Fabrikation oder Instruktion des **Endproduktes beruht.** Wenig Rechtsprechung in diesem Zusammenhang deutet darauf hin, dass in der Praxis insoweit nicht allzu viele Probleme bestehen. Beispielhaft sei auf die Schwimmschalterentscheidung des BGH verwiesen.[1796] Der in einer Reinigungsanlage eingebaute Schwimmschalter des Zulieferers hatte nicht die für das Gerät hinreichende Dimension, weshalb er versagte und ein Brandschaden entstand. Ein Leuchten-Hersteller verwendete Kondensatoren, die der Hitze in der Leuchte selbst nicht standhielten; die Kondensatoren für sich genommen waren in Ordnung.[1797] Verwiesen werden soll aus Anlass der Aktualität auf den Produkthaftungsfall des Herstellers PIP S. A. in Frankreich. Der Zulieferant eines Grundstoffes soll Silikon-Öl geliefert haben, was für sich genommen in Ordnung war. Der Hersteller PIP S. A. hat dies jedoch (wohl in betrügerischer Absicht) in Brustimplantate gefüllt.[1798]

405 Nach § 1 Abs. 3 Satz 2 ProdHaftG ist nämlich der Grundsatz auf den **Hersteller eines Grundstoffes**[1799] entsprechend anzuwenden. Zu denken wäre aber auch an die Zulieferung von Hochgeschwindigkeitsreifen, die nur bis 195 km/h zugelassen sind, aber in PKW verwendet werden, die erst bei 250 km/h abregeln.[1800]

[1794] *Steinmann,* Qualitätssicherungsvereinbarungen zwischen Endproduktherstellern und Zulieferern, 82; siehe weitergehend auch *Fuchs,* JZ 1994, 533, 537; Müko/*Wagner,* § 1 ProdHaftG Rn. 69 sieht die Bedeutung auch noch im Rahmen der Beweislastverteilung; siehe auch Soergel/*Krause,* § 1 ProdHaftG Rn. 17 u. Staudinger/*Oechsler,* § 1 ProdHaftG Rn. 132 zur eigenständigen Bedeutung trotz des Konstruktionsfehlers in Einzelfällen, a. A. *Buchner,* DB 1988, 32, 35, der die vermeintliche Bedeutungslosigkeit – sachlich meines Erachtens nicht berechtigt – propagiert; dazu auch *Lorenz,* ZHR 151 (1987), 1, 13.

[1795] So ausdrücklich auch *Taschner/Frietsch,* § 1 ProdHaftG Rn. 123; *Kullmann,* § 1 ProdHaftG Rn. 74; a. A. aber Müko/*Wagner,* § 1 ProdHaftG Rn. 63; ausgehend von einer konkret anders gestalteten ratio legis; ebenso Palandt/*Sprau,* § 1 ProdHaftG Rn. 23.

[1796] BGHZ 67, 359 – Schwimmschalter; siehe dazu auch *Lorenz,* ZHR 151 (1987), 1, 12 ff., insbesondere 13.

[1797] Ferner auch OLG Karlsruhe, NJW-RR 1995, 594 – Dunstabzugshaube.

[1798] Vgl. dazu etwa Spiegel online, „PIP-Silikon ist nicht gesundheitsgefährdend" vom 18.6.2012; ein Aufsatz, in dem der Bericht der britischen Gesundheitsbehörde NHS erläutert wird, der tags zuvor von der Behörde veröffentlicht worden ist. Im Skandal um die Brustimplantate des französischen Herstellers PIP S. A. gab es demzufolge eine erste Entwarnung, der Studie zufolge waren die Kissen nicht gesundheitsgefährdend. (http://www.spiegel.de/gesundheit/diagnose/brustimplantate-silikon-von-pip-nicht-gesundheitsgefaehrdend-a-839553.html); vgl. dazu auch LG Frankenthal, Urt. vom 14.3.2013, Az. 6 O 304/12 – Brustsilikonimplantat; Verfahren u. a. gegen die „benannte Stelle".

[1799] Vgl. zum Begriff „Grundstoff", „Rohstoff" und bestimmte sonstige Materialien Staudinger/*Oechsler,* § 1 ProdHaftG Rn. 82.

[1800] Vgl. ähnliche Beispiele auch bei *Kullmann,* § 1 ProdHaftG Rn. 79 ff., siehe dort auch konkret geschilderte Problemfälle in § 1 ProdHaftG Rn. 85 ff., etwa zu Fällen, bei denen der Teilehersteller durch Empfehlung seines Produkts u. U. doch eine Konstruktionsverantwortung übernimmt (z. T. schwierige Abgrenzungsfälle in der Praxis).

bb) Fehlerentstehung durch Anleitungen des Herstellers

Gibt der Hersteller des Endproduktes konkrete konstruktive Anweisungen an den Zulieferer, bindet er ihn etwa bei der Art und Weise der Materialauswahl und/oder auch bei Maßnahmen der Warenausgangskontrolle oder der Qualitätssicherung ein, übersendet er entsprechende Konstruktionszeichnungen etc. und hält sich der Zulieferant daran, kann sich der Hersteller des Zuliefererproduktes nach § 1 Abs. 3 Satz 1 2. Alt. ProdHaftG entlasten. Zu Recht wird in der Literatur darauf hingewiesen, dass es insoweit entscheidend darauf ankommt, dass der Zulieferer aufgrund der übernommenen vertraglichen Pflichten „**keinen Spielraum** zur eigenen technischen Gestaltung" mehr hat und daher zur Produktion sicherheitsgefährdender Produkte **nahezu gezwungen** wird.[1801] Dies gilt nicht zuletzt im Automobilbereich im Verhältnis zwischen dem sog. **OEM** („Original Equipment Manufacturer") und dem „First Supplier" (Zulieferer). Zu denken ist aber auch an den Bereich Maschinenbau: Nehmen wir den Fall, dass jemand eine Estrichmaschine produziert und für ein konkretes Zuliefererteil, nehmen wir eine Schutz- bzw. Sicherheitseinrichtung, dem Zulieferer einen Auftrag in ganz konkretem Umfang unter Angabe genauer Details erteilt. Der Zulieferant kann die Anforderungen an das Endprodukt jedoch gar nicht erfüllen. Er liefert aber getreu den vertraglich vereinbarten Angaben. Dies gilt erst recht bei Übermittlung unzutreffender Informationen über die Beschaffenheit des Endproduktes an den Zulieferer.[1802] Schwierig zu beurteilen sind Fallgestaltungen bei Fragen nach der Haftung des Zulieferers, wenn dieser den Verwendungszweck des von ihm zu liefernden Teiles kennt. Oft weiß der Zulieferer zwar, wofür sein Zuliefererprodukt verwandt wird, hat aber **keine genauen Kenntnisse** etwa über die Konstruktion des Endprodukts. Er ist i. d. R. nicht verpflichtet, sich über die ihm gegebenen vertraglichen Grundlagen und/oder Anweisungen hinaus, etwa durch Einsichtnahme in die Pläne etc., zwingend zu informieren.[1803] Im Einzelfall mag man dies jedoch anders beurteilen, wenn der Zulieferer konkrete Anhaltspunkte dafür hatte, dass die Zuliefererprodukte (sicher) für den konkreten Verwendungszweck nicht geeignet erscheinen. Demzufolge besteht wohl auch Einigkeit in der Literatur dahingehend, dass es bei der Haftung des Zulieferers verbleibt, wenn er erkennen konnte, dass das Produkt den Anforderungen nicht genügen wird.[1804] In der **Praxis** wird diese Problematik schon durch die **vertragliche Gestaltung** oftmals **entschärft.** Es finden sich Klauseln in Zuliefererverträgen, in denen der Zulieferant aufgefordert wird, Mitteilung zu machen, wenn er Umstände erkennt, aus denen sich ergibt, dass das Zuliefererprodukt – so wie es gefertigt werden soll – nicht oder nicht mehr den Anforderungen des Herstellers an die Praxis entsprechen kann. Je nach Ausgestaltung des Zuliefervertrages sind sie mehr oder weniger „scharf" zu Lasten des Zulieferers formuliert. 406

e) Haftungsbeschränkungen bei Sachen i. S. d. § 1 Abs. 1 Satz 2 ProdHaftG

Wird durch den Fehler eines Produkts jemand getötet, sein Körper oder seine Gesundheit verletzt oder eine Sache beschädigt, so ist der Hersteller des Produktes nach § 1 407

[1801] So ausdrücklich Staudinger/*Oechsler,* § 1 ProdHaftG Rn. 142; sich auf *Oechsler* berufend auch *Kullmann,* § 1 ProdHaftG Rn. 88 Fn. 115 b.

[1802] Staudinger/*Oechsler,* § 1 ProdHaftG Rn. 140.

[1803] Ebenso *Steinmann,* Qualitätssicherungsvereinbarungen zwischen Endprodukteherstellern und Zulieferern, 82; *Kullmann,* § 1 ProdHaftG Rn. 92.

[1804] BGH, DB 1990, 577; Palandt/*Sprau,* § 1 ProdHaftG Rn. 24; *Pott/Frieling,* ProdHaftG – Kommentar, 1992, § 1 Rn. 138; *Kullmann,* § 1 ProdHaftG Rn. 93; **a. A.** aber Staudinger/*Oechsler,* § 1 ProdHaftG Rn. 142; im Rahmen des § 823 würde dies ungeachtet dessen ebenfalls eine Pflichtverletzung darstellen, so *Graf von Westphalen,* in Foerste/Graf von Westphalen, § 46 Rn 83.

Abs. 1 Satz 1 ProdHaftG verpflichtet, den Geschädigten den daraus entstehenden Schaden zu ersetzen. Im Falle der **Sachbeschädigung** gilt dies allerdings **nur,** wenn eine **andere Sache** als das fehlerhafte Produkt beschädigt wird **und** diese andere Sache ihrer Art nach gewöhnlich für den **privaten Ge- oder Verbrauch** bestimmt und hierzu von dem Geschädigten hauptsächlich verwendet worden ist (§ 1 Abs. 1 Satz 2 ProdHaftG). Im Einzelnen:

aa) Sachschaden

408 Die Regelung in § 1 Abs. 1 Satz 2 ProdHaftG basiert auf Art. 9 Abs. 1 lit. b der Richtlinie. Die Eigentumsverletzung i. S. v. § 823 Abs. 1 BGB und die **Sachbeschädigung** i. S. d. § 1 Abs. 1 Satz 2 ProdHaftG sind – wie bereits hervorgehoben[1805] – nicht deckungsgleich. Ich halte dies – aufgrund der ratio legis der Norm – für richtig.[1806] Im Hinblick auf ein vor dem LG Trier geführtes Verfahren – dazu unter bb) sogleich – sei an dieser Stelle ergänzend erwähnt, dass auch Schadenersatz, der für **Tiere** geltend gemacht wird, unter den Begriff der Sachbeschädigung fallen kann (vgl. dazu § 90a BGB).

bb) Andere Sache als das fehlerhafte Produkt

409 Es galt, dem Gedanken des Gemeinschaftsgesetzgebers nachzukommen und das Produkthaftungsrecht vom typischen Sachmängelhaftungsrecht, insbesondere dem Kauf- und Werkmängelhaftungsrecht („Äquivalenzinteresse" im Rahmen des § 823 BGB), abzugrenzen (vgl. Art. 9 Abs. 1 lit. b) der Richtlinie.[1807] Demzufolge kann nach § 1 Abs. 1 Satz 2 ProdHaftG ein Sachschaden nur dann ersetzt werden, wenn eine **andere Sache** als das fehlerhafte Produkt betroffen ist.

410 Um eine entsprechende Abgrenzung ging es dem VI. Zivilsenat des BGH auch im Rahmen der auf der Grundlage von § 823 Abs. 1 BGB entwickelten Haftung für die sog. **weiterfressenden Schäden.**[1808] Deshalb drängt sich die Frage auf, ob die vom BGH entwickelte Haftung für die „weiterfressenden Schäden" auch zur Abgrenzung der „anderen Sache als dem fehlerhaften Produkt" herangezogen und ggf. dann im Rahmen des § 1 Abs. 1 Satz 2 erster Halbsatz ProdHaftG weiterentwickelt werden kann. Die wohl überwiegende Ansicht in Rechtsprechung und Literatur will im Rahmen des § 1 Abs. 1 Satz 2 ProdHaftG die Rechtsprechung jedoch **nicht,** jedenfalls nicht 1:1, übernehmen.[1809] Für eine Haftung für weiterfressende Schäden spricht sich demgegenüber eine Mindermeinung aus.[1810] Ausgangslage: Entscheidend war zunächst die berühmte Schwimmschalterentscheidung des VIII. Zivilsenats des BGH im Rahmen der Haftung nach § 823 Abs. 1 BGB.[1811] Greift der Schaden von einem Teil des Produktes auf den Rest über, hat der BGH in dieser Entscheidung die Haftung bejaht, wenn der fehlerhafte Teil gegenüber dem

---

[1805] Vgl. Ausführungen unter sub dd) Rechts- und Rechtsgutsverletzung.

[1806] So explizit auch Staudinger/*Oechsler,* § 1 ProdHaftG Rn. 8.

[1807] BT-Drs. 11/2447, 13; *Taschner,* NJW 1986, 611, 616; *Schlechtriem,* VersR 1986, 1033, 1041; zu Recht Staudinger/*Oechsler,* § 1 ProdHaftG Rn. 12 und 9.

[1808] Vgl. dazu Staudinger/*Oechsler,* § 1 ProdHaftG Rn. 12 u. § 1 Rn. 10; s. zu weiterfressenden Schäden die Ausführungen zu § 823 Abs. 1 BGB in § 3 II. 2. c) aa) (3) (b) Rn. 171 ff. und den Aufsatz von *Foerste,* Weiterfresser- und Produktionsschäden in neuem Lichte, in FS für Graf von Westphalen, 161 ff.

[1809] OLG Stuttgart, ZMR 2010, 307 – Kugelbahneinbau; so wohl auch OLG Oldenburg, NJW-RR 2001, 459; *Brüggemeier/Reich,* WM 1986, 149, 151; *Cahn,* ZIP 1990, 482, 484; Müko/*Wagner,* § 1 ProdHaftG Rn. 14 m. w. N.; Palandt/*Sprau,* § 1 ProdHaftG Rn. 6; vgl. auch vor allem *Sack,* VersR 1988, 439, 444; *Erman/Schiemann,* § 1 ProdHaftG Rn. 3; *Marburger,* AcP 192, 6 ff.

[1810] *Buchner,* DB 1988, 32, 36; *Mayer,* VersR 1990, 691, 698; unklar *Graf von Westphalen,* NJW 1990, 83, *ders.* nunmehr auch in *Foerste/Graf von Westphalen,* § 45 Rn. 6–9.

[1811] BGHZ 67, 359, 364 ff. – Schwimmschalter.

übrigen Produkt funktional **abgrenzbar** war. Später kam es im Jahr 1992 zur sog. Kondensatorentscheidung[1812] und im Jahr 1998 zur sog. Transistorentscheidung.[1813] Zur Rechtsprechung des VI. Zivilsenates des BGH zu § 823 Abs. 1 BGB kann auf die Ausführungen zur Abgrenzung des **Äquivalenz-** vom sog. **Integritätsinteresse** verwiesen werden.[1814]

Meines Erachtens kann nicht mit Erfolg bestritten werden, dass mit der Schaffung des § 1 Abs. 1 Satz 2 ProdHaftG in die konsequent zu § 823 BGB entwickelte Rechtsprechung zum „weiterfressenden Mangel" eingegriffen wurde.[1815] Der Rechtsausschuss ging allerdings seinerzeit noch davon aus, dass das ProdHaftG den Diskussionsstand der deliktsrechtlichen Produkthaftung nicht berühre, vertrat allerdings schon damals die Ansicht, dass das **fehlerhafte Produkt** selbst im Regelfall **nicht Gegenstand** von Schadenersatzansprüchen nach dem ProdHaftG sein könne. Ich selbst tendiere im Ergebnis dazu, von einem „Eingriff in die Weiterfresser-Rechtsprechung" mit Schaffung des neuen Gesetzes auszugehen, aber im Ergebnis **zu differenzieren.**[1816] Es macht einen Unterschied, ob Schäden an ein und derselben beweglichen Sache zu ersetzen sind, oder „nur" – im Rahmen von § 823 BGB – zwischen dem Äquivalenz- und dem Integritätsinteresse und dem Mangelunwert der Sache unterschieden wird („Stoffgleichheit").[1817] Diese Unterscheidung findet im **Gesetz,** nämlich in § 1 Abs. 1 Satz 2 ProdHaftG, keine Stütze. Was eine **„andere Sache"** ist, bestimmt sich nach dem **eigenen Gesetz,** nämlich nach dem ProdHaftG selbst, insbesondere aufgrund der **systematischen Betrachtung** i. V. m. **§ 2 ProdHaftG.**[1818] Auf diese Regelung ist im Rahmen der Auslegung abzustellen. Mit der Frage, ob und inwieweit das Produkt tatsächlich **eigenständig** ist, musste sich die Rechtsprechung des BGH seit der grundlegenden Entscheidung im Schwimmschalterfall[1819] nicht mehr befassen.[1820] Sinnvoll erscheint es daher, stets im **Einzelfall** zu hinterfragen, ob eine fehlerhafte Teilkomponente ein „eigenes Produkt" – immer in Bezug auf die Regelung des § 2 ProdHaftG – ist oder eben nicht. End- und Teilprodukte sind verschiedene Sachen.[1821] Dies entspricht auch der historischen Betrachtung;[1822] denn selbst der Gesetzgeber hat darauf hingewiesen, dass stets die **Verkehrsauffassung** entscheiden muss. Der Gesetzgeber vertritt die Ansicht, dass es nicht auf eine „theoretisch denkbare Trennung" des schadenauslösenden Teils von anderen Teilen ankommt. Entscheidend sei – stets im Einzelfall nach 411

1812 BGHZ 117, 183 – Kondensator m. Anm. *Brüggemeier/Herbst,* JZ 1992, 802; *Graf von Westphalen,* ZIP 1992, 532; ähnlich *Meyer/Harland,* CR 2007, 689, 693, für eine Steuerungssoftware.

1813 BGHZ 138, 230 = NJW 1998, 1942 – Transistor, m. Anm. *Foerste,* NJW 1998, 2877 u. Anm. *Lenz,* MDR 1998, 842; *Kullmann,* PHi 1999, 16.

1814 Vgl. zur Abgrenzung im Rahmen des § 823 Abs. 1 BGB und zur Thematik der „Stoffgleichheit" Ausführungen unter § 3 II. 2. c) (3) (b), Rn. 173 ff.; vgl. dazu auch BGHZ 86, 256, 258 ff. – Gaszug; *Koch,* Produkthaftung, 116 ff. u. zur Abgrenzung folgende Fallbeispiele: BGH, NJW 2004, 1032 – fehlerhafter Hinterreifen; OLG Frankfurt, Urt. vom 23.11.2005, Az. 17 U 218/04 – Schafswolle als Dämmmaterial, Mottenbefall; OLG Düsseldorf, Urt. vom 10.11.2004, Az. I-15 U 219/03, Juris Tz. 74 – Rolladenführungsschienen; OLG Stuttgart, OLGR Stuttgart 2005, 1 – undichte Kolbenringe; Beispielsfälle von großer Bedeutung in der Praxis bei Staudinger/*Oechsler,* § 1 ProdHaftG Rn. 11.

1815 Vgl. dazu aber BT-Drs. 11/5520, 13 und den Wortlaut.

1816 Vgl. dazu auch Staudinger/*Oechsler,* § 1 ProdHaftG Rn. 19.

1817 BGHZ 86, 256, 258ff – Gaszug.

1818 Ebenso Staudinger/*Oechsler,* § 1 ProdHaftG Rn. 16; *Cahn,* ZIP 1990, 482, 484; *Sack,* VersR 1990, 439, 444.

1819 BGHZ 67, 359, 364 – Schwimmschalter.

1820 Eine höchstrichterliche Entscheidung steht somit in der Tat – wie *Graf von Westphalen,* in Foerste/Graf von Westphalen, § 46 Rn. 3 hervorhebt – insoweit aus; vgl. auch *ders.,* Jura 1992, 511, 513; *ders.,* NJW 1990, 83, 84.

1821 *Cahn,* ZIP 1990, 482, 484; MüKo/*Wagner,* § 1 ProdHaftG Rn. 16.

1822 BT-Drs. 11/2447, 13.

der Verkehrsauffassung – vielmehr, ob das **(vollständige) Endprodukt** immer so, wie es der Geschädigte erworben hat, **eine Sache** darstellt, die dann – im Folgenden – eine **andere Sache** des Anspruchstellers geschädigt hat.[1823] Nach *Staudinger*[1824] soll es entscheidend darauf ankommen, ob der Bestandteil aus Sicht des Betroffenen als **eigenständige Ware** auf dem Markt gehandelt wird.

412 Das LG Trier hatte einen Fall zu entscheiden, in dem die Gesellschafter einer zweigliedrigen BGB-Gesellschaft Ansprüche nach dem Erwerb einer neuen Melkmaschine geltend machten, die – so der Vortrag der Kläger – angeblich während des Einsatzes zu Euterentzündungen bei den Kühen geführt hatte. Unzweifelhaft war die gekaufte Melkanlage eine **andere „Sache"** als die sich im Eigentum der Gesellschaft befindenden Kühe (keine Sachen, als Sachen zu behandeln i. S. d. § 90a BGB; vgl. dazu vor allem die Ausführungen sogleich unter cc)).

cc) Sachen des privaten Ge- oder Verbrauchs und hauptsächliche Verwendung

413 Die Schadenersatzpflicht nach § 1 Abs. 1 Satz 1 ProdHaftG wird im Falle der Sachbeschädigung auch und ferner beschränkt auf Fälle, in denen eine andere Sache als das fehlerhafte Produkt beschädigt wird, **und** diese andere Sache ihrer Art nach gewöhnlich für den **privaten Ge- oder Verbrauch** bestimmt und hierzu von dem Geschädigten hauptsächlich verwendet worden ist (§ 1 Abs. 1 Satz 2 ProdHaftG). Die **gewöhnliche Zweckbestimmung** und das subjektive Kriterium der **hauptsächlichen Verwendung** müssen, will sich der Hersteller auf die Haftungsbeschränkung berufen, **kumulativ** vorliegen. Die Regelung basiert auf Art. 9 lit. b der Richtlinie. Sinn und Zweck der Regelung sind nicht leicht zu erkennen.[1825] Insofern überzeugt jedenfalls nicht allein der Hinweis des Gesetzgebers, **gewerbliche** oder **berufliche** Produktbenutzer hätten bessere Möglichkeiten, ihre Rechtsbeziehungen vertraglich zu regeln.[1826] Nach dieser Interpretation würde der Hersteller privilegiert – oder anders gewendet – der Geschädigte benachteiligt. Die Privilegierung des Herstellers macht meines Erachtens dann Sinn, wenn man davon ausgeht, dass Schäden im Falle der Sachbeschädigung nicht das Ausmaß erreichen, welches diese ansonsten bei Personenschäden hätten. Wenn dies ein Grund für die Regelung ist, ist sie jedenfalls nicht völlig sinnentstellend.[1827]

414 Bedingt durch die gesetzliche Formulierung „gewöhnlich für den **privaten Ge- oder Verbrauch** bestimmt", ergibt sich ein **objektiver Maßstab.**[1828] Entscheidend kommt es darauf an, wie die Art von in Rede stehender Sachen nach der **Verkehrsauffassung** gewöhnlich verwandt wird.[1829] Trotz autonomer Auslegung lässt sich insofern eine Anleihe zu § 13 BGB herstellen, in dem von Rechtsgeschäften die Rede ist, die „weder ihrer gewerblichen noch ihrer selbstständigen beruflichen Tätigkeit" zugerechnet werden können. Dabei kommt es – um dies klarzustellen – nicht darauf an, ob der Geschädigte Verbraucher ist oder nicht. Durch die Formulierung „gewöhnlich" kann es auch nicht darauf ankommen, welchen Verwendungszweck der Hersteller dem Produkt beimisst, etwa durch einen Aufkleber auf dem Gerät selbst, durch Produktbeschreibungen oder

---

1823 BT-Drs. 11/2447, 13; ebenso Staudinger/*Oechsler,* § 1 ProdHaftG Rn. 20.

1824 Staudinger/*Oechsler,* § 1 ProdHaftG Rn. 20 letzter Satz.

1825 Ebenso Müko/*Wagner,* § 1 ProdHaftG Rn. 14; a. A. aber ganz offensichtlich *Kullmann,* § 1 ProdHaftG Rn. 11 m. w. N. in Fn. 14 b.

1826 Vgl. die amtl. Begründung BT-Drs. 11/2447, 13.; vgl. auch Palandt/*Sprau,* Einl. vor § 1 ProdHaftG Rn. 6; § 1 ProdHaftG Rn. 7.

1827 Vgl. aber Müko/*Wagner,* § 1 ProdHaftG Rn. 14 u. 16; *Kullmann,* § 1 ProdHaftG Rn. 11 anderer Ansatz.

1828 *Taschner,* NJW 1986, 611, 616; Staudinger/*Oechsler,* § 1 ProdHaftG Rn. 22; Palandt/*Sprau,* § 1 ProdHaftG Rn. 7.

1829 Müko/*Wagner,* § 1 ProdHaftG Rn. 16; *Kullmann,* § 1 ProdHaftG Rn. 11.

ähnlichem.[1830] Entscheidend ist die „Zweckbestimmung der Gattung".[1831] So wird trotz einer Sachbeschädigung Schadenersatz nach § 1 Abs. 1 Satz 1 ProdHaftG regelmäßig nicht gewährt werden können, wenn die Schäden von Maschinen ausgehen, von Lastwagen oder Hotelbedarfsartikeln.[1832] Es kommt also auf die **Eigenschaft der geschädigten Sache** an.[1833] Zu Recht hat das OLG Saarbrücken[1834] die Haftung eines Herstellers von Sesamöl nach § 1 ProdHaftG verneint, weil es sich bei den nach der Behauptung der Klägerin durch den Brand beschädigten Sachen einer Zeugin ausschließlich um solche handelte, die deren **beruflichem Gebrauch** dienten. Der Anwendungsbereich des ProdHaftG ist dementsprechend nach § 1 Abs. 1 Satz 2 BGB nicht eröffnet, wenn ein abgebrannter PKW ein **Firmenwagen** war.[1835] *Wagner*[1836] bringt das plastische Beispiel, dass graue Anzüge – auch wenn sie im Büro häufig getragen werden – nicht allein deshalb zu Produkten werden, die „ihrer Art nach" für professionelle Zwecke üblicherweise eingesetzt werden. In einem Verfahren vor dem LG Trier machte – wie weiter oben bereits ausgeführt – eine landwirtschaftliche BGB-Gesellschaft Schadenersatzansprüche u. a. gegen einen Hersteller von Melkanlagen geltend. Die BGB-Gesellschaft warf dem Hersteller vor, er habe eine Melkmaschine geliefert, die im falschen Taktverhältnis melken würde. Dadurch sei es zu Euterentzündungen bei den Kühen gekommen und man verlangte Schadenersatz wegen der Sachbeschädigung (§ 90a BGB). Die Kühe dienten aber weder dem privaten Ge- oder Verbrauch (z. B. als „Reitkühe"), noch wurden sie von den Geschädigten hauptsächlich dafür verwendet. Es handelte sich um Milchkühe, die zu gewerblichen Zwecken gehalten wurden.

Ebenso wenig wird Schadenersatz im Falle von Sachschäden gewährt, wenn Produkte **ausnahmsweise für private Zwecke** eingesetzt werden, etwa eine Betonpumpe durch einen Privatmann zur Errichtung eines Schwimmbades im Garten. Dieses **subjektive Kriterium**[1837] der „hauptsächlichen Verwendung"[1838] ist nicht aus sich heraus und nicht ohne weiteres verständlich. Entscheidend ist, ob die beschädigte Sache **ganz überwiegend** oder **in erster Linie**[1839] **privat** durch den Geschädigten verwendet wurde. Bei Bauwerken ist zu unterscheiden: Entsteht der Schaden an einem Fabrikgebäude, ist dieses, schon seiner Art nach, **gewöhnlich nicht** für den privaten Ge- und Verbrauch bestimmt. Beim privat genutzten Wohnhaus ist dies anders.[1840] Bei **gemischten** Bauwerken, bei denen teils gewerbliche teils private Nutzung vorliegt, tritt die Haftungsbeschränkung ein, wenn die Nutzung weit überwiegend privat erfolgt.[1841] Wird eine Sache, z. B. ein PKW, **zufällig** gerade im Augenblick der Schädigung beruflich genutzt (Privat-PKW auf Dienstfahrt[1842]), steht dies dem Schadenersatz dann aber nicht entgegen.[1843] 415

[1830] Ebenso *Kullmann,* § 1 ProdHaftG Rn. 12; Müko/*Wagner,* § 1 ProdHaftG Rn. 16.

[1831] So ausdrücklich Müko/*Wagner,* § 1 ProdHaftG Rn. 16.

[1832] S. die Beispiele bei *Kullmann,* § 1 ProdHaftG Rn. 11.

[1833] So Saarländisches OLG, NJW-RR 2013, 271 ff. – Ölkanister: Der geschädigte PKW wurde gewerblich genutzt.

[1834] OLG Saarbrücken, NJW-RR 2012, 797, 799 – Sesamöl.

[1835] OLG Schleswig, Urt. vom 24.4.2012, Az. 11, U 123/11 NJoZ 2013, 1366 – abgebrannter Opel Astra.

[1836] Müko/*Wagner,* § 1 ProdHaftG Rn. 16.

[1837] *Kullmann,* § 1 ProdHaftG Rn. 11.

[1838] Vgl. den Wortlaut des Art. 9 der Richtlinie.

[1839] Vgl. dazu *Taschner/Frietsch,* § 1 ProdHaftG Rn. 37; *Pott/Frieling,* § 1 ProdSG Rn. 23.

[1840] OLG Stuttgart, ZMR 2010, 307.

[1841] Vgl. dazu *Nadler/Müsgen,* WBl 1989, 101, 103; zitiert nach *Kullmann,* § 1 ProdHaftG Rn. 17; *Keilholz;* BauR 1987, 259, 261 ff.; zur Abgrenzung des privaten Gebrauchs im Verhältnis zum gewerblichen oder sonstigen Gebrauch nach dem Entwurf des ProdHaftG vor allem *Ulbrich,* ZRP 1988, 251 ff.

[1842] Beispiel nach *Erman/Schiemann,* § 1 ProdHaftG Rn. 4.

[1843] MüKo/*Wagner,* § 1 ProdHaftG Rn. 16 m. w. N.

f) Haftungsbeschränkungen im Falle von Körperverletzungen (§§ 7–10 ProdHaftG)

416 Der Umfang der Ersatzpflicht **bei Tod** und bei **Körperverletzung** wird in den §§ 7–10 ProdHaftG geregelt.[1844] Grundsätzlich ist nach deutschem Recht lediglich der unmittelbar Verletzte berechtigt, Schadenersatzansprüche zu verlangen. Mittelbar Geschädigte, etwa Dritte nach einem Unfallgeschehen, erhalten entsprechende Ansprüche nur, wenn dies im Gesetz vorgesehen ist. Nach § 7 Abs. 2 ProdHaftG kann der Dritte, dem infolge der Tötung das Recht auf Unterhalt entzogen ist, ebenfalls Schadenersatz zustehen. § 7 Abs. 1 ProdHaftG ergänzt die im Zweifel ohnehin nach §§ 1922 ff. BGB eingetretene Rechtsfolge. Der Ersatzpflichtige hat danach auch die **Kosten der Beerdigung** zu ersetzen. Soweit im Falle der Tötung Schadenersatz wegen Aufhebung oder Minderung der Erwerbsfähigkeit und wegen vermehrter Bedürfnisse des Verletzten sowie der nach § 7 Abs. 2 ProdHaftG an Dritte zu gewährende Schadensersatz verlangt werden kann, ist für die Zukunft eine **entsprechende Geldrente** zu leisten (§ 9 Abs. 1 ProdHaftG). Nach § 9 Abs. 2 ProdHaftG findet § 843 Abs. 2–4 BGB entsprechende Anwendung.

417 § 8 ProdHaftG regelt den Umfang der Ersatzpflicht bei **Körperverletzung.**[1845] Der Geschädigte erhält zunächst die materiellen wirtschaftlichen Folgen eines etwaigen Schadensfalles ausgeglichen. Wegen des Schadens, der nicht Vermögensschaden ist, kann nach Maßgabe des § 253 Abs. 2 BGB auch eine billige Entschädigung in Geld (**Schmerzensgeld**[1846]) gefordert werden (§ 8 Satz 2 ProdHaftG). Im Hinblick auf die Höhe des Schmerzensgeldes wird auf die einschlägigen Kommentierungen zu § 253 Abs. 2 BGB verwiesen.[1847]

418 Nicht nur theoretisch – allerdings kenne ich (noch) keinen Fall aus der Praxis – kann die Haftung der Höhe nach durch § 10 ProdHaftG (Haftungshöchstbetrag) **beschränkt** sein. In Konsequenz auch deutscher Rechtstradition wird bei verschuldensunabhängiger Haftung[1848] – quasi als Korrelativ für das fehlende Verschulden – wie bereits ausgeführt, die Ersatzpflicht für Personenschäden auf konkrete Höchstbeträge beschränkt (vgl z. B. § 88 AMG, § 9 HPflG, § 37 LuftVG, aber auch § 12 StVG), was aber auch andere Rechtsordnungen vorsehen.[1849] Für Ansprüche nach den §§ 7 ff. ProdHaftG hat der Gesetzgeber demzufolge von der ihm aufgrund der Richtlinie eingeräumten Möglichkeit Gebrauch gemacht und einen Haftungshöchstbetrag in Höhe von ursprünglich 160 Mio. Deutsche Mark festgelegt.[1850] Im Jahr 2002 ist dann der Höchstbetrag durch das 2. Gesetz zur

---

[1844] Vgl. dazu auch dd) (1) und ee) (1), Rn. 358 und 362.

[1845] LG Dessau, Urt. vom 16.12.2011, BeckRS 2012, 05715 – kein Anspruch nach Explosion einer Tischfeuerstelle; OLG München, Urt. vom 11.1.2011, BeckRS 2011, 10312, PHi 2012, 15 ff. – Glassplitter/Piccolo, sub 4; AG München, Urt. vom 24.10.2011, Az. 231 C 7215/11, MuR 2012, 184 – Metallstück in vegetarischer Pizza führte zum Abbrechen eines Zahnes.

[1846] OLG Hamm, Urt. vom 21.12.2010, NJW-RR 2011, 893 – Grillpaste, nahm bei Verletzung eines Kindes (schwer) 50.000,00 EUR an.

[1847] Das LG Frankenthal, Urt. vom 14.3.2013, Az. 6 O 304/12 – Brustsilikonimplantat, Inanspruchnahme u. a. der „benannten Stelle", hat insoweit ausgeführt, dass die bloße Gefahr einer Gesundheitsschädigung, insbesondere die in dem Verfahren geltend gemachte erhöhte Krebsgefahr, nicht mit einer (eingetretenen) Gesundheitsschädigung i. S. d. § 253 Abs. 2 BGB gleichzusetzen und schon daher nicht schmerzensgeldauslösend sei.

[1848] Vgl. dazu und zu der unterschiedlichen Dogmatik Rn. 274 ff.

[1849] Zur Entstehungsgeschichte der Haftungshöchstsummen vgl. *Taschner,* Begrenzung der Gefährdungshaftung auf Haftungshöchstsummen, in FS für von Caemmerer, 75 ff.; Staudinger/*Oechsler,* § 10 ProdHaftG Rn. 1–5.

[1850] Seinerzeit war in Art. 16 Abs. 1 der EG-Richtlinie ein Betrag von 70 Mio. ECU im Umrechnungskurs am Tag der Annahme der Richtlinie am 25.7.1986 enthalten; vgl. dazu *Kullmann,* §§ 7 ff. ProdHaftG, Rn. 21, dort speziell Fn. 42.

Änderung schadenersatzrechtlicher Vorschriften vom 19.7.2002 auf den **Höchstbetrag von 85 Mio. EUR** angehoben worden.

g) Mitverschuldenseinwand (§ 6 ProdHaftG i. V. m. § 254 BGB)

aa) Mitverschulden bei der Schadensentstehung (§ 6 Abs. 1 ProdHaftG)

Art. 8 Abs. 2 der Richtlinie beinhaltet eine Weiterverweisung auf das jeweilige nationale Recht und ist präziser formuliert als § 6 ProdHaftG.[1851] Auch im Rahmen des ProdHaftG kann es – bei Mitverschulden – zu einer **Haftungsminderung** kommen. Hat etwa bei der Entstehung des Schadens ein Verschulden des Geschädigten mitgewirkt, so gilt § 254 BGB; im Falle der Sachbeschädigung steht das Verschulden desjenigen, der die tatsächliche Gewalt über die Sache ausübt, dem Verschulden des Geschädigten gleich (§ 6 Abs. 1 Satz 1 u. 2 ProdHaftG). Im Falle des mitwirkenden Verschuldens hängen nach § 254 Abs. 1 BGB die Verpflichtung zum Ersatz sowie der Umfang des zu leistenden Ersatzes wiederum von den Umständen und insbesondere davon ab, inwieweit der Schaden vorwiegend von dem einen oder dem anderen Teil verursacht worden ist. Über § 6 Abs. 1 ProdHaftG findet auch § 254 Abs. 2 Satz 2 BGB und demzufolge entsprechend § 278 BGB Anwendung.[1852] Im Zusammenhang mit § 823 BGB ist jedoch in der Praxis zu berücksichtigen, dass zur Zeit des Schadenereignisses **schuldrechtliche** oder aber **ähnliche Beziehungen** zwischen dem Geschädigten und dem Ersatzpflichtigen nur selten bestehen. *Kullmann* zitiert das Beispiel, dass ein Bauherr Fertigbeton vom Hersteller bezieht.[1853] Im **Grillpaste-Urteil**[1854] hat das OLG Hamm 2010, als sich der damals 1½-jährige Kläger beim Grillen auf dem zur Wohnung seiner Eltern gehörenden Balkon durch brennende Grillpaste schwer verbrannt hatte, eine Zurechnung eines etwaigen Mitverschuldens des Vaters nach § 278 BGB abgelehnt, mit der Begründung, eine Zurechnung könne **nur** im Rahmen eines im Zeitpunkt des Unfalls bestehenden Schuldverhältnisses oder einer **rechtlichen Sonderverbindung** erfolgen[1855] und das bloße Bestehen einer Verkehrssicherungspflicht reiche für die Annahme einer Sonderverbindung gerade nicht aus.[1856] Ebenfalls kein Mitverschulden bei einem Kläger, der beim Pizzaessen auf Metallteile beißt.[1857] 419

Beispiele für ein **Mitverschulden** (bzw. Mitverursachung) des Geschädigten: Konkreter Produktfehlgebrauch etwa durch Nichtbeachtung der Gebrauchsanweisung.[1858] In der Praxis generell relevant ist auch die Nichtbeachtung von etwaigen **Warnhinweisen.**[1859] Der 420

[1851] MüKo/*Wagner,* § 6 ProdHaftG Rn. 1 ff.; Staudinger/*Oechsler,* § 6 ProdHaftG Rn. 2 u. 3.

[1852] OLG Hamm, VersR 1993, 765, 766 wendet § 253 BGB im Haftungsbereich des § 1 ProdHaftG an.

[1853] *Kullmann,* § 6 ProdHaftG Rn. 3 unter Verweis auf den Österreichischen OGH, Beschluss vom 6.10.2000, dazu *Kullmann/Pfister,* Kza 11100/18.

[1854] OLG Hamm, Urt. vom 21.12.2010, NJW-RR 2011, 893 – Grillpaste.

[1855] Vgl. dazu Palandt/*Heinrichs,* § 278 Rn. 2 und § 254 Rn. 49.

[1856] Unter Berufung auf Palandt/*Heinrichs,* § 254 Rn. 54; zudem lehnte das OLG Hamm, Urt. vom 21.12.2010, NJW-RR 2011, 893 – Grillpaste, auch eine Kürzung der Ansprüche aus dem Gesichtspunkt des gestörten Gesamtschuldnerausgleichs ab. Wegen § 1664 Abs. 1 BGB liege schon keine Gesamtschuldnerschaft vor.

[1857] AG München, BeckRS 2012, 12034 – Pizza mit Metallteil.

[1858] OLG Hamm, NJW-RR 2001, 1248 – Osteoporoseerkrankter nutzt Sprungbootanlage; OLG Oldenburg, WiB 1997, 1159 – Rohrreiniger m. Anm. *Lenz;* LG Düsseldorf, NJW-RR 2006, 1033 ff. – Abschälmaschine; *Kullmann,* § 6 ProdHaftG Rn. 2; *Koyuncu,* PHi 2007, 42; verneinend Saarländisches OLG, NJW-RR 2013, 271, 272 – Ölkanister; ebenfalls OLG Linz, Urt. vom 10.7.2012, Az. 4 R 115/12b, PHi 2012, 215 – Teleskopleiter: Kein Mitverschulden, obwohl die Geschädigte das Einrasten der Leiter vor der Nutzung nicht überprüfte.

[1859] OLG Bamberg, NJW-RR 2010, 902; *Löschner,* Mehrere Produkthaftpflichtige und Mitverschulden des Geschädigten, 193.

Hersteller einer sog. Abschälmaschine haftete etwa nach §§ 1 und 8 ProdHaftG i. V. m. Verstößen gegen die Maschinenrichtlinie und § 5 der Unfallverhütungsvorschrift VBG 5[1860] für Schäden, die ein Arbeiter während des Einsatzes erlitten hatte. Der Verletzte musste sich jedoch einen Mitverschuldensanteil von 1/3 nach § 6 Abs. 1 ProdHaftG anrechnen lassen. Das LG Düsseldorf führte im Urteil aus, er habe diejenige Sorgfalt außer Acht gelassen, die jedem ordentlichen und verständigen Menschen obliegt, um sich vor Schaden zu bewahren.[1861] Der Einzugsmechanismus der Maschine war offen, so dass die von den Rollen ausgehende Quetschungsgefahr für den Verletzten erkennbar gewesen sei. Zudem habe der Maschinenhersteller auf das Gefahrenpotential in der Bedienungsanleitung auch ausdrücklich hingewiesen. Um sich selbst vor Schaden zu bewahren, sei jeder Benutzer zur sorgfältigen Lektüre der Gebrauchsanweisung und etwaiger Warnhinweise verpflichtet.[1862] Oder: Eine Warenhauskette hatte Bohrmaschinen zum sagenumwobenen Preis von 24,99 EUR vertrieben (Zweigang-Bohrmaschine). Nachdem es zu Defekten an den Kohlebürsten kam und beim Gebrauch Stromschläge für die Verwender nicht ausgeschlossen werden konnten, kam es zu einer Warn- und Rückrufaktion. Zahlreiche Besitzer von Bohrmaschinen reagierten gar nicht bzw. schrieben sogar dem Handel, dass die Maschine auf keinen Fall zurückgegeben werde; für den in Rede stehenden Preis – so zahlreiche Briefinhalte – „… bekomme man keine bessere und gefährlich seien diese Maschinen auch nicht, … dies hätten Elektriker geprüft". (sog. **freiwillige Selbstschädigung** oder **Handeln auf eigene Gefahr**).[1863] Auch „Nacktputzen" kann zu Mitverschulden führen.[1864] Ebenso das Überhören einer Warnhupe bei Wartungsarbeiten an einer Paketierungsanlage.[1865]

421 Ferner ist darauf hinzuweisen, dass das Verschulden desjenigen, der die tatsächliche Gewalt über die Sache ausübt (§ 854 BGB), nicht aber der mittelbare Besitz (§ 868 BGB),[1866] dem Verschulden des Geschädigten gleich steht. Zudem steht – aufgrund der weiten Formulierung in § 6 ProdHaftG – schon vom Wortlaut her, jedenfalls aber nach Sinn und Zweck, außer Frage, dass die gesamte Regelung des § 254 BGB einschlägig sein soll, und damit insbesondere auch § 254 Abs. 2 BGB (Mitverschulden durch Nichtabwendung oder Nichtminderung des Schadens).[1867] Für weitergehende Fallbeispiele soll deshalb auf die Kommentierungen zu § 254 BGB verwiesen werden. Weil § 6 ProdHaftG ein **Rechtsgrundverweis** auf § 254 BGB ist,[1868] kann 100 %-iges Mitverschulden wie ein Haftungsausschluss wirken.[1869]

[1860] LG Düsseldorf, NJW-RR 2006, 1033 ff. – Abschälmaschine; vgl. zum Schadenersatz wegen unzureichender Sicherheitsprüfung nach Beauftragung BGH, NJW-RR 2009, 1398: Stellt **keine** Ausübung eines **öffentlichen Amtes** dar, sondern Werkvertrag i. d. R. (Abgrenzung im Einzelfall).

[1861] Vgl. dazu auch LG Stuttgart, NJW-RR 2012, 1169 ff. – Fenster- und Futterstoffeinklebemaschine bei reflexartigem Griff in das Mitnahmeband der Maschine: Quote des Mitverschuldens 1/3.

[1862] LG Düsseldorf, Urt. vom 30.11.2005, Az. 10 O 144/04, NJW-RR 2006, 1033 ff. – Abschälmaschine; OLG Bamberg, OLGR Bamberg 2009, 886 – Zementverarbeitung ohne Schutzhandschuhe; dazu auch *Burckhardt/Küppers,* PHi 2010, 28 ff.

[1863] Staudinger/*Oechsler,* § 6 ProdHaftG Rn. 7; MüKo/*Wagner,* § 6 ProdHaftG Rn. 4; AG Waldkirch, ZfS 2000, 530 – Schrotkugel im Wildgericht.

[1864] OLG Oldenburg, NJW-RR 1997, 1520 – Explosion bei Verwendung von Rohrreinigungsmitteln; dazu Anm. *Lenz,* WiB 1997, 1159 ff.

[1865] OLG Rostock, Urt. vom 8.7.2011, Az. 5 U 174/10, OLGR Ost 30/2011, Anm. 9 – zur Haftung des Unternehmens wegen Organisationsmangels.

[1866] BT-Drs. 11/2447, 21; MüKo/*Wagner,* § 6 ProdHaftG Rn. 11.

[1867] Zweifelnd aber *Kullmann,* § 6 ProdHaftG Rn. 8; vgl. aber OLG Hamm, VersR 1993, 765, 766 – Holzanstrich.

[1868] Staudinger/*Oechsler,* § 6 ProdHaftG Rn. 13, h.M; *Erman/Schiemann,* § 6 ProdHaftG Rn. 2.

[1869] *Schlechtriem,* VersR 1986, 1033, 1038; Soergel/*Krause,* § 6 ProdHaftG Rn. 1.

bb) Mitverursachung durch Dritte (§ 6 Abs. 2 ProdHaftG)

Nach § 6 Abs. 2 ProdHaftG wird die Haftung des Herstellers **nicht gemindert,** wenn der Schaden durch einen Fehler des Produkts **und zugleich** (kumulative Kausalität) durch die **Handlung eines Dritten** verursacht worden ist (§ 6 Abs. 2 Satz 1 ProdHaftG). Diese Regelung dient dem Schutz des Verbrauchers.[1870] Beispiel nach *Rolland*[1871]: Es kommt zu einem Unfall durch das Zusammenwirken eines Produktfehlers an den Bremsen eines Kraftfahrzeuges, der sich allerdings zugleich nur ausgewirkt hat, weil der Verwender mit überhöhter Geschwindigkeit fuhr. 422

Dritter in diesem Sinne kann nur sein, wessen Tatbeitrag für den Geschädigten nicht nach § 6 Abs. 1 ProdHaftG anspruchsmindernd wirkt.[1872] Der Hersteller muss sich aber die Fehlleistungen seiner Mitarbeiter zurechnen lassen, dann aber auch etwaige Sabotageakte böswilliger Mitarbeiter.[1873] Der Hersteller haftet infolgedessen, wenn ein Mitarbeiter ein Produkt durch kriminelle Handlungen verändert hat.[1874] Allerdings gilt im **Innenverhältnis** § 6 Abs. 2 Satz 2 ProdHaftG, der auf den Innenausgleich nach § 5 Satz 2 ProdHaftG verweist, der wiederum die §§ 426, 254 BGB zur Anwendung bringt. Insofern, weil es in der Praxis regelmäßig an Vereinbarungen über den Innenausgleich zwischen einem Hersteller und einem den Schaden mit verursachenden Dritten fehlt, hängt demzufolge die Verpflichtung zum Schadenersatz von den Umständen ab, insbesondere davon, inwieweit der Schaden vorwiegend von dem einen oder dem anderen Teil verursacht worden ist. Es liegt ein **echtes Gesamtschuldverhältnis** vor.[1875] 423

h) Beweisthemen

aa) Beweislast des Geschädigten

Nach deutschem Zivilprozessrecht hat der Geschädigte das Vorliegen eines Fehlers, das Vorliegen des Schadens und den ursächlichen Zusammenhang zwischen Fehler und Schaden ohnehin darzulegen (sowie auch die Herstellereigenschaft i. S. d. § 4 ProdHaftG)[1876] und im Bestreitensfall zu beweisen.[1877] Jede weitergehende Regelung ist demzufolge an sich überflüssig. Daher ist über die Bedeutung des § 1 Abs. 4 Satz 1 ProdHaftG (basierend auf Art. 4 der Richtlinie) viel geschrieben worden.[1878] Auch von klarstellender Regelung war die Rede. *Kullmann* spricht von der sog. **Sperrwirkung** hinsichtlich der (theoretisch möglichen) **Umkehr der Beweislast** durch Gerichte.[1879] Bei Annahme dieser Ansicht hat 424

[1870] *Kullmann,* § 6 ProdHaftG Rn. 12.

[1871] *Rolland,* § 6 ProdHaftG Rn. 63.

[1872] BT-Drs. 11/2447, 21; also Mitarbeiter, Arbeiter und Organe des Herstellers; *Schlechtriem,* VersR 1986, 1033, 1039; *Wandt,* BB 1994, 1436, 1437 ff. und/oder auf der anderen Seite selbstständige Unternehmer (horizontale Arbeitsteilung für Serviceleistungen), so explizit Staudinger/*Oechsler,* § 6 ProdHaftG Rn. 17.

[1873] So mit überzeugender Begründung des Gesamtzusammenhangs der §§ 830, 840 BGB MüKo/*Wagner,* § 6 ProdHaftG Rn. 9.

[1874] Ebenso *Kullmann,* § 6 ProdHaftG Rn. 14.

[1875] Staudinger/*Oechsler,* § 6 ProdHaftG Rn. 16; ebenso MüKo/*Wagner,* § 6 ProdHaftG Rn. 12.

[1876] BGH, NJW 2005, 2695; *Erman/Schiemann,* § 1 ProdHaftG Rn. 12.

[1877] OLG Oldenburg, OLGR Oldenburg 1999, 79 – Pferdehalter trägt die Beweislast, dass Hafer kontaminiert war; *Erman/Schiemann,* § 1 ProdHaftG Rn. 12.

[1878] Vgl. etwa *Taschner,* NJW 1986, 611, 613: Festschreibung der „Magna Carta“ zum Schutz der Industrie vor ungerechtfertigten Ansprüchen; der deutsche Gesetzgeber rechtfertigte die Beweisverteilung mit dem „Prinzip der Waffengleichheit“, BT-Drs. 11/5520, 13; dazu nunmehr OLG Frankfurt, Urt. vom 21.6.2012, MPR 2012, 169, 172 – Elektrodenbruch bei Herzschrittmacher.

[1879] *Kullmann,* § 1 ProdHaftG Rn. 95.

die Regelung des § 1 Abs. 4 ProdHaftG dann mehr als lediglich deklaratorische Bedeutung. Damit wären Hersteller hinreichend geschützt.[1880] Die Regelung ändert jedoch nichts daran, dass die im deutschen Recht anerkannten **Beweiserleichterungen** ebenfalls geltend gemacht werden können, wie etwa der **Anscheinsbeweis** oder natürlich auch die Regelung des **§ 287 Abs. 1 ZPO.**[1881] Nicht dagegen anwendbar auf § 1 Abs. 1 Satz 1 ProdHaftG sind **echte** Vermutungen.[1882] Insgesamt sollte die Beweislastregelung in § 1 Abs. 4 ProdHaftG dennoch nicht überbewertet werden, nicht zuletzt deshalb, weil sie ohnehin auch noch – abgestellt auf den nackten Wortlaut – unvollständig ist und etwa im Hinblick auf den Hersteller im Rahmen des § 4 ProdHaftG keine ausreichende Formulierung enthält und zudem nicht zwischen haftungsbegründender und haftungsausfüllender Kausalität unterscheidet.[1883]

425 Zu Besonderheiten beim Beweis bei Medizinprodukten vgl. *Knoche*[1884] und zur Frage, ob die Beweislast im Rahmen des § 823 BGB anders, ggf. sogar günstiger für den Geschädigten ist[1885] oder aber „gleich“,[1886] siehe *Oechsler.*[1887]

426 **(1) Beweis des Schadens.** Der Geschädigte hat **„den daraus entstehenden Schaden“** zu beweisen (§ 1 Abs. 1 Satz 1 i. V. m. §§ 7, 8 i. V. m. § 1 Abs. 4 ProdHaftG). Letztendlich gehört dazu der Nachweis, dass der Körper oder seine Gesundheit verletzt oder eine Sache beschädigt worden ist, sowie die daraus entstehenden Folgeschäden, wie etwa Behandlungs- oder Krankenhausaufenthaltskosten, entgangener Gewinn etc. Kann der Kläger nicht nachweisen, dass er sich infolge des Verzehrs von durch den Beklagten zubereiteter verunreinigter Speisen mit dem EHEC-Bakterium infiziert hat, kommt weder ein Anspruch aus Vertrag mit Schutzwirkung zugunsten Dritter noch aus unerlaubter Handlung oder nach dem ProdHaftG in Betracht.[1888] Bei der Sachbeschädigung sind die Voraussetzungen des § 1 Abs. 1 Satz 2 ProdHaftG, „andere Sachen als das fehlerhafte Produkt“ und „ihrer Art nach gewöhnlich für den privaten Ge- und Verbrauch bestimmt“, ebenfalls vom Geschädigten zu beweisen. § 287 ZPO ist anwendbar.[1889]

427 **(2) Beweis des Fehlers.** Der Geschädigte muss im Bestreitensfall durch die beklagte Partei beweisen, dass das Produkt einen **Fehler i. S. d. § 3 Abs. 1 ProdHaftG** hat.[1890] Dies gilt auch für den Träger eines Herzschrittmachers. Er trägt die Darlegungs- und Beweislast dafür, dass der implantierte Defibrillator mit einem Fehler behaftet ist und es bei der Verwendung eines technischen Warnsystems nicht zum Bruch der Elektrode und daraus

---

[1880] Das LG Stuttgart, NJW-RR 2012, 1169 ff. – Fenster- und Futterstoffeinklebemaschine, nahm nach Mitteilung des Einsenders der Entscheidung eine Umkehr der Beweislast an.

[1881] OLG Hamm, NJW-RR 2001, 1539 – unterlassene Aufbewahrung des möglichen fehlerhaften Produkts, MüKo/*Wagner,* § 1 ProdHaftG Rn. 74; Staudinger/*Oechsler,* § 1 ProdHaftG Rn. 153; *Arens,* ZZP 104 (1991), 123, 127; *Buchner,* DB 1988, 32, 33; *Hollmann,* DB 1985, 2389, 2394; *Erman/Schiemann,* § 1 ProdHaftG Rn. 12.

[1882] Staudinger/*Oechsler,* § 1 ProdHaftG Rn. 153; *Brüggemeier/Reich,* WM 1986, 149, 154; *Arens,* ZZP 104 (1991), 123, 127.

[1883] Dies nicht weiter kritisierend Staudinger/*Oechsler,* § 1 ProdHaftG Rn. 155.

[1884] *Knoche,* VersR 2005, 1614.

[1885] *Erman/Schiemann,* § 1 ProdHaftG Rn. 12; ebenso Staudinger/*Oechsler,* § 1 ProdHaftG Rn. 154 unter Berufung auf BGH, NJW 1996, 2508; „Verschlechterung“ gar *Brüggemeier,* ZHR 152 (1988), 511, 535; auch WM 1986, 149, 154; *Schubert,* PHi 1989, 74, 80 ff.

[1886] MüKo/*Wagner,* § 1 ProdHaftG Rn. 73.

[1887] Staudinger/*Oechsler,* § 1 ProdHaftG Rn. 154.

[1888] LG Paderborn, Urt. vom 18.4.2012, Az. 4 O 482/11, BeckRS 2012, 11199 – EHEC-Infektion.

[1889] *Arens,* ZZP 104 (1991), 123, 127; MüKo/*Wagner,* § 1 ProdHaftG Rn. 74, 76.

[1890] OLG Saarbrücken, MPR 2011, 156 mit Anm. *Oeben* – Teleskopmarknägel; LG München I, MPR 2011, 204, 205 – Hüftendoprothese.

resultierenden gesundheitlichen Beeinträchtigungen gekommen wäre.[1891] Dafür genügt zunächst die sog. **Fehleridentifikation.**[1892] Eine ganz genaue Bezeichnung ist nicht zwingend erforderlich, es genügt, einen (konkreten) Mangel zu bezeichnen. Soweit das Produkt – dann während des Prozesses – vorhanden ist, kann ein Sachverständiger anhand des konkreten Produkts dann den behaupteten Fehler feststellen. Deshalb ist es aus der Sicht des Geschädigten – dies sei als Praxistipp erwähnt – wichtig, das „Corpus Delicti" noch zu haben und für etwaige Prozesse in den Händen zu halten.[1893] Hersteller sind demgegenüber gut beraten, schon außerprozessual mit dem Geschädigten in Kontakt zu treten und zur Überprüfung des etwaigen Mangels die Übersendung und Übergabe des Produktes zu fordern.[1894] In bestimmten Fällen ist der sog. **prima-facie-Beweis** für das Vorhandensein eines Fehlers nicht mehr zu führen.[1895] So kann etwa ein auf einen Erfahrungssatz gestützter **Anscheinsbeweis,** dass Fehler in der Fahrzeugelektronik eines ¾ Jahr alten PKW mit einer Laufleistung von 25.000 km **stets** dem Organisationsbereich des Herstellers zuzuordnen sind und bereits beim Inverkehrbringen des Fahrzeuges bestanden, jedenfalls dann **nicht** angewendet werden, wenn der abgebrannte PKW vor der Begutachtung durch einen gerichtlich bestellten Sachverständigen von dem Geschädigten verwertet wurde.[1896] Kommt es in einem Wohnraum, in dem sich ein elektrisches Produkt befand, zu einem Brand und kommen für die Entstehung des Brandes mehrere Ursachen in Betracht, kann ein Beweis des ersten Anscheins für die Ursächlichkeit des Produktfehlers nicht angenommen werden.[1897]

Allerdings kann ein Anscheinsbeweis in Betracht kommen, wenn der der Rechtsguts- **428**
verletzung zugrunde liegende Geschehensablauf **typischerweise auf einen bestimmten Fehler zurückzuführen** ist. **Beispiele:** Im Fall des OLG Frankfurt[1898] hatte der Geschädigte in einem Restaurant Kuchen verzehrt und war kurze Zeit später an Hepatitis erkrankt. Beim Hersteller war zur selben Zeit ein unter dieser Krankheit leidender Koch angestellt. Das OLG Frankfurt sah den Anscheinsbeweis als geführt an aus dem sachlichen und zeitlichen Zusammenhang zwischen Kuchenverzehr und Vorhandensein der Infektionsquelle.[1899] Sehr weit ging das OLG Koblenz[1900] von der Fehlerhaftigkeit einer Waschmaschine aus, die nach der Übergabe noch nicht ganz sechs Monate lang betrieben worden

---

[1891] OLG Frankfurt, Urt. vom 21.6.2012, MPR 2012, 169, 172 – Herzschrittmacher; ebenso OLG Köln, Urt. vom 4.4.2012, MPR 2012, 99, 102 – Defekt einer Keramik-Hüftprothese nach der Implantation.

[1892] Vgl. zum Begriff Staudinger/*Oechsler*, § 1 ProdHaftG Rn. 159.

[1893] Im Urteil des AG München vom 24.10.2011, Az. 231 C 7215/11, LMuR 2012, 184 – Metallteile in vegetarischer Pizza, war der Fremdkörper von der Beklagten entfernt worden, die diesbezügliche Nichtaufklärbarkeit ging zu deren Lasten; die Haftung aus § 3 ProdHaftG wurde bejaht (zur fahrlässigen Beseitigung von Beweismitteln, vgl. *Zöller*, § 286 ZPO Rn. 14a).

[1894] Etwa OLG Hamm, NJW-RR 2001, 1539 – unterlassene Aufbewahrung; AG München, Urt. vom 24.10.2011, Az. 231 C 7215/11, LMuR 2012, 184 – Metallteile in vegetarischer Pizza: Das Gericht ging von fahrlässiger Beseitigung des Metallteiles aus.

[1895] Ebenso OLG Hamm, Urt. vom 4.5.1994, Az. 32 U 155/93 – Schleifband, OLGR Hamm 1994, 160, zitiert nach *Kullmann*, § 1 ProdHaftG Rn. 100 in Fn. 127; dort werden auch a. A. insoweit vertreten, etwa *Rolland*, § 1 ProdHaftG Rn. 176; vgl. auch OLG Hamm, NJW-RR 2001, 1539 – keine hinreichende Aufbewahrung.

[1896] Schleswig-Holsteinisches OLG, Urt. vom 24.4.2012, Az. 11 U 123/11, BeckRS 2012, 15014 – abgebrannter Opel Astra.

[1897] OLG Köln, Beschluss vom 1.12.2011, NJW-RR 2012, 92 ff. – angeblich brennendes Pflegebett als Brandursache.

[1898] OLG Frankfurt, NJW 1995, 2498 – Hepatitis.

[1899] Vgl. dazu auch LG Lübeck, VersR 1993, 1282, 1283 – Adventskerzen: Das Zimmer des Geschädigten war verrußt und außer den vom Hersteller produzierten Adventskerzen jedoch keine anderweitige Rußquelle mehr in Sicht; vgl. dazu auch Staudinger/*Oechsler*, § 1 ProdHaftG Rn. 160 sowie 164; andererseits durch OLG Frankfurt, VersR 1994, 1118, verneint bei verbogenem Fahrradlenker.

[1900] OLG Koblenz, MDR 2000, 30 – Waschmaschine.

war. Obwohl die Maschine verbrannt war, nahm das OLG Koblenz im Ergebnis an, dass diese es war, die den Hausbrand ausgelöst hatte. Andererseits: Der Beweis, dass der Unfall durch eine fehlerhafte Tretkurbel am Fahrrad verursacht wurde, ist nach Ansicht des OLG Oldenburg[1901] nicht erbracht, wenn und weil das Fahrrad nach dem Unfall weiter benutzt wurde. Nur weil der Hersteller und der Lieferant am Keramikkopf Heißdampfsterilisationen vorgenommen hatten, kommen einem Geschädigten ohnehin keine Beweiserleichterungen zugute.[1902] Denn diese Heißdampfsterilisationen hatten die Beweislage des Klägers schon objektiv nicht verschlechtert. Das LG Paderborn[1903] hielt die Voraussetzungen für das Eingreifen des Anscheinsbeweises ebenfalls für nicht gegeben bei mit EHEC-Bakterien verunreinigtem Schulessen.

429 Dem Geschädigten wird auch der Beweis für einen **Instruktionsfehler,** mit anderen Worten, die Nichterfüllung von Instruktionspflichten, auferlegt.[1904] An die Darlegung zur Erbringung des Beweises werden von der Rechtsprechung bekanntlich **hohe Anforderungen** gestellt.[1905]

430 Ein Fehler ergibt sich auch **nicht** daraus, dass ein später eingeführtes Produkt weniger bruchanfällig war als das im Rechtsstreit befangene.[1906] Zum einen – so das LG München – sei zu berücksichtigen, dass sich die Frage der Fehlerhaftigkeit nicht allein aus einer Konkurrenzsituation heraus ergebe. Biete ein Hersteller zwei Produkte mit verschiedenen Stärken und Schwächen an, sei das alte, möglicherweise in manchen Punkten schlechtere Produkt **nicht automatisch fehlerhaft** (vgl. dazu auch § 3 Abs. 2 ProdHaftG).

431 Probleme ergeben sich auch bei Nichteinhaltung etwaiger **technischer Normen** (DIN, VDE, DVGW etc.).[1907] Insoweit wird die Auffassung vertreten, dass die Einhaltung von Sicherheitsregelungen bzw. die Befolgung technischer Normen **den Anschein** begründen kann, dass das Produkt auch den berechtigten Sicherheitserwartungen i. S. d. § 3 ProdHaftG entspricht.[1908] Ich halte dies in dieser Generalität nicht für verallgemeinerungsfähig; im Einzelfall muss vielmehr sehr sorgfältig geprüft werden, ob ein Fehler vorliegt. Dies zeigen zahlreiche Praxisbeispiele. Zu Recht wird in diesem Zusammenhang deshalb auch hervorgehoben, dass „kein typisierter Erfahrungssatz besteht, der einen Anscheinsbeweis im Prozess tragen könne".[1909] Wenn also technische Normen eingehalten werden, kann – dies aber ist auch unbestritten – dennoch – insofern weil es sich **nur** um **Mindestvoraussetzungen** handelt – von einem Fehler i. S. v. § 3 ProdHaftG auszugehen sein; andererseits kann möglicherweise im Einzelfall aber auch angenommen werden, wenn ein Produkt nicht einmal den einschlägigen technischen Normen entspricht, dass es **im Zweifel** fehlerhaft sein wird.[1910] **Verstöße** des Herstellers gegen die **sog. Befundsicherungspflicht** spielen im Rahmen des **ProdHaftG keine Rolle.**[1911]

[1901] OLG Oldenburg, OLGR 2007, 903 – Fahrradpedal.

[1902] OLG Köln, MPR 2012, 99, 103, 104 – Defekt am Keramikkopf einer Hüftprothese.

[1903] LG Paderborn, Urt. vom 18.4.2012, BeckRS 2012, 11199 – keine Haftung bei HUS-Erkrankung.

[1904] BGHZ 80, 186 = BGH, VersR 1981, 639; vgl. auch OLG Koblenz, NJW-RR 2006, 169 – Kunststoffknetermaschine.

[1905] So ausdrücklich *Kullmann,* § 1 ProdHaftG Rn. 100.

[1906] LG München I, Urt. vom 31.8.2011, MPR 2011, 204, 206 – Hüftprothese; die Kammer setzte sich insofern mit der Airbag-Entscheidung des BGH, Urt. vom 16.9.2009, PHi 2009, 196 ff. mit Anm. *Lenz,* intensiv auseinander.

[1907] Vgl. dazu die Ausführungen zu § 1 Abs. 2 Nr. 5 ProdHaftG und zu den Schutzgesetzen i. S. d. § 823 Abs. 2 BGB.

[1908] BT-Drs. 11/2447, 19; MüKo/*Wagner,* § 1 Rn. 72; *Frietsch,* DB 1990, 29, 33.

[1909] So ausdrücklich Staudinger/*Oechsler,* § 1 ProdHaftG Rn. 161.

[1910] So wohl auch MüKo/*Wagner,* § 1 ProdHaftG Rn. 72.

[1911] *Kunze,* BB 1994, 450, 454; MüKo/*Wagner,* § 1 ProdHaftG Rn. 72; a. A. aber Palandt/*Sprau,* § 1 ProdHaftG Rn. 25.

Zum Beweis des Fehlers gehören nach richtiger Ansicht – wie eingangs bereits erwähnt – der sog. **Fehleridentifikationsnachweis,** mithin also die Beweisführung dahingehend, dass der konkrete Beklagte tatsächlich auch der Hersteller des schadenstiftenden Produktes i. S. d. § 4 ProdHaftG war.[1912] Auch dürfen die zum Produkthaftungsrecht entwickelten Grundsätze wohl nicht in Gänze auf das Medizinprodukterecht übertragen werden.[1913] 432

(3) Kausalitätsnachweis. § 1 Abs. 4 Satz 1 ProdHaftG differenziert – dem Wortlaut nach – nicht zwischen sog. **haftungsbegründender** und sog. **haftungsausfüllender Kausalität.** Beide Arten der Kausalität sind aber – dies ergibt sich ungeachtet des Sinns des § 1 Abs. 4 Satz 1 ProdHaftG – nach den allgemeinen Beweislastregelungen der ZPO **vom Geschädigten zu beweisen.**[1914] Nach h. M. sollen Beweiserleichterungen im Rahmen des Nachweises der haftungsbegründenden Kausalität keine Anwendung finden.[1915] Das OLG Celle[1916] hat jedoch einen **Anscheinsbeweis** im Zusammenhang mit der Kausalität des Produktfehlers für den eingetretenen Schaden unter den dortigen konkreten Umständen, dass nämlich keine Anhaltspunkte für eine nachträgliche Produktveränderung bestanden und das Produkt zudem unter Verletzung von Sicherheitsnormen hergestellt worden war, angenommen.[1917] Die Entscheidungsbegründung geht m. E. zu weit.[1918] Sie ist mit § 1 Abs. 4 Satz 1 ProdHaftG kaum in Einklang zu bringen. 433

bb) Beweislast des Herstellers

Ist **streitig,** ob die Ersatzpflicht nach § 1 Abs. 2 oder § 1 Abs. 3 ProdHaftG ausgeschlossen ist, so trägt der **Hersteller die Beweislast.** Der Hersteller haftet demzufolge nicht, wenn er darlegt und im Bestreitensfall beweist, dass eine der sog. **negativen Haftungsvoraussetzungen** erfüllt ist.[1919] Den Hersteller trifft **grundsätzlich** der sog. **Vollbeweis.**[1920] Demzufolge reicht die Darlegung der überwiegenden Wahrscheinlichkeit nicht aus, auch nicht die Darlegung einer ernsthaften Möglichkeit, dass einer der Haftungsausschlüsse vorliegt.[1921] Die **tatsächliche Vermutung i. S. d. § 1 Abs. 4 Satz 1 ProdHaftG** greift erst, wenn klar ist, dass dem in Anspruch Genommenen die Eigenschaft eines Herstellers zukommt,[1922] und feststeht, dass im Zeitpunkt des Schadeneintritts überhaupt ein Fehler des Produkts vorlag.[1923] 434

[1912] Ebenso *Kullmann,* § 1 ProdHaftG Rn. 100; MüKo/*Wagner,* § 1 ProdHaftG Rn. 72, der aber zugleich darauf hinweist, dass es insofern nicht auf den sog. **Fehlerbereichsnachweis,** also die Entstehung des Fehlers in der Sphäre des Herstellers ankomme; ebenso *Kullmann,* § 1 ProdHaftG Rn. 100 letzter Satz.

[1913] So zu Recht *Molitoris/Klindt,* NJW 2012, 1489, 1495: Rückschluss aus den Entscheidungsgründen des OLG Saarbrücken, MPR 2011, 156 m. Anm. *Oeben,* BeckRS 2011, 22010 – Teleskopmarknägel als Medizinprodukt, auf die das ProdHaftG Anwendung findet.

[1914] Vgl. dazu auch OLG Hamm, OLGR 1994, 159; *Arens,* ZZP 104 (1991), 123, 127; Staudinger/*Oechsler,* § 1 ProdHaftG Rn. 62; LG Paderborn, Urt. vom 18.4.2012, BeckRS 2012, 11199 – keine Haftung bei Erkrankung aufgrund eines mit EHEC-Bakterien verunreinigten Schulessens mangels kausaler Pflichtverletzung.

[1915] So *Arens,* ZZP 104 (1991), 123, 125.

[1916] OLG Celle, OLGR Celle 1994, 209.

[1917] Zitiert nach Staudinger/*Oechsler,* § 1 ProdHaftG Rn. 164.

[1918] So wohl auch Staudinger/*Oechsler,* § 1 ProdHaftG Rn 163, gegen die h. M.

[1919] Vgl. dazu OLG Dresden,VersR 1998, 59 – Fahrrad; BGH, NJW 2009, 2952 Tz. 29 und *Lenz,* PHi 2009, 196, 198; *Erman/Schiemann,* § 1 ProdHaftG Rn. 12.

[1920] So ausdrücklich *Kullmann,* § 1 ProdHaftG Rn. 108; ebenso Staudinger/*Oechsler,* § 1 ProdHaftG Rn 170.

[1921] *Kullmann,* § 1 ProdHaftG Rn. 108; *Arens,* ZZP 104 (1991), 123, 127; MüKo/*Wagner,* § 1 ProdHaftG Rn. 77.

[1922] So ausdrücklich der BGH, NJW 2005, 2695 – Grillanzünder.

[1923] OLG Köln, MPR 2012, 99, 105 – Defekt am Keramikkopf einer Hüftprothese.

435 Von dem i. d. R. zu erbringenden Vollbeweis soll im Hinblick auf den Haftungsausschließungstatbestand des § 1 Abs. 2 Nr. 2 ProdHaftG nach h. M.[1924] abgewichen werden. Das Beweismaß wird – bei § 1 Abs. 2 Nr. 2 ProdHaftG – insoweit wesentlich reduziert.[1925] Die Ausnahme hängt mit den Schwierigkeiten der Beweisführung im Rahmen des § 1 Abs. 2 Nr. 2 ProdHaftG zusammen. Auch kann der **Zeitfaktor,** also die Zeitspanne zwischen dem Inverkehrbringen und dem Schadeneintritt Berücksichtigung finden.[1926] Soweit jedoch lediglich „Vermutungen aufgestellt werden", darf dies nicht überbewertet werden. Ich meine nicht, dass die Entscheidung des OLG Koblenz[1927] in Gänze überzeugend entschieden worden ist. Jedenfalls sind auch an die Beweisführung **strenge Anforderungen** zu stellen.[1928] Und ergänzend: Sofern der Quasihersteller in Anspruch genommen wird und nachweisen will, dass das schadenstiftende Produkt nicht mit seinem Willen in den Verkehr gelangt ist, dann hat er insoweit die Beweislast entsprechend der Regelung des § 1 Abs. 4 Satz 2 ProdHaftG zu tragen.[1929]

436 Praxistipp: In der Praxis wird von Seiten der Hersteller immer wieder die Frage aufgeworfen, wie sie ihre **berechtigten Geheimhaltungsinteressen** wahren können, insbesondere wenn sie sich nur – z. B. im Rahmen von § 1 Abs. 2 Nr. 5 ProdHaftG – durch **Vorlage (auch interner) Betriebs- und Geschäftsdaten** entlasten können.[1930] Die Antworten divergieren: Im gerichtlichen Verfahren wird der Vortrag mit Anlagen untermauert, die Anlagen selbst werden – jedenfalls zunächst – aber mit entsprechender Begründung nicht gleich vorgelegt (mehr oder weniger in Abstimmung mit dem Gericht, worin ein gewisses Risiko liegen mag). Bis zu einem richterlichen Hinweis (§ 139 ZPO) bleibt damit der Anlageninhalt mehr oder weniger geheim (teils geschwärzt etc.). Urkundsbeweise können ggf. durch Zeugenaussagen ersetzt werden! Es kann auch angeregt werden, die Parteien zur Geheimhaltung **zu verpflichten,** wobei es sich jedoch – unabhängig davon, dass es sich um eine Ermessensentscheidung des Gerichts handelt, dies anzuordnen – aus mehreren nachvollziehbaren Gründen um ein „stumpfes Schwert" handelt (vgl. §§ 174 Abs. 3 Satz 1 i. V. m. § 172 Nr. 3 GVG). Im Einzelnen ist vorab ohnehin am besten nach den jeweiligen internationalen Rechtsordnungen zunächst zu prüfen, welche **Aufbewahrungspflichten** für Unternehmer existieren.[1931]

[1924] *Kullmann,* § 1 ProdHaftG Rn. 111.

[1925] Vgl. so ausdrücklich auch Staudinger/*Oechsler,* § 1 ProdHaftG Rn 171; OLG München, Urt. vom 21.6.2002, Az. 21 U 4952/01, OLGR München 2003, 4 – Wäschetrockner, vgl. dazu auch *Kullmann/Pfister,* Kza 8135/5.

[1926] So ausdrücklich *Kullmann,* § 1 ProdHaftG Rn. 111, vgl. auch BT-Drs. 11/2447, 14.

[1927] OLG Koblenz, MDR 2000, 30 – Waschmaschine, die sechs Monate nach der Ablieferung möglicherweise gebrannt hat.

[1928] Vgl. dazu etwa OLG Düsseldorf, NJW-RR 2001, 458 = VersR 2001, 1570 – Polypropylen-Seil.

[1929] BGH, NJW 2005, 2695 – Grillanzünder; auch BGH, NJW 1994, 663, 664.

[1930] Staudinger/*Oechsler,* § 1 ProdHaftG Rn 169, erkennt das Dilemma, hält es aber für ein **„ungelöstes Problem der Beweisführung"**; vgl. auch *Helmig/Allkemper,* CR 1993, 520, wonach sich der Klageweg „zu einem **interessanten Feld** der **Industriespionage** entwickeln könnte."

[1931] Aus dem ProdHaftG in Deutschland ergeben sich nicht einfach **10 Jahre** (aufgrund der Existenz des § 13 ProdHaftG), so aber sogar für Europa insgesamt *Graf von Westphalen,* in Foerste/Graf von Westphalen, § 49 Rn. 101, aber für Lieferanten; dazu auch MüKo/*Wagner,* § 4 ProdHaftG Rn. 42; a. A. OLG Bamberg, NJW 1998, 2228 – Messingrohrnippel: Im Einzelfall ist die vertragliche Nebenpflicht (§ 280 Abs. 1 BGB) gesondert festzustellen, Dokumente aufzubewahren; vgl. auch *Schlechtriem,* VersR 1986, 1033, 1040; siehe dazu meine Ausführungen zu den Abwehrstrategien Rn. 136 ff. und dort auch zu den Konsequenzen aus dem VIG und die Ausführungen zur Lieferantenhaftung nach § 4 Abs. 3 ProdHaftG.

cc) Sonderthema: Auskunftsanspruch

In der Regel fehlt das rechtliche Interesse an der Einsichtnahme in eine in fremdem Besitz befindliche Urkunde, wenn die Vorlegung ohne genügend konkrete Angaben nur und lediglich dazu dienen soll, erst Unterlagen für die Rechtsverfolgung gegen den Besitzer der Urkunde oder der Sache zu beschaffen.[1932] Das Vorlegungsverlangen darf nicht zu einer **unzulässigen Ausforschung** führen, so dass auch **§ 810 BGB** nicht eingreift, wenn jemand, der für einen Schadenersatzanspruch an sich darlegungs- und beweispflichtig ist, sich durch die Urkundeneinsicht Kenntnisse verschaffen und erst auf diese Weise Anhaltspunkte für ein pflichtwidriges Verhalten der Beklagten ermitteln will.[1933] 437

Ebensowenig kommt – abgesehen von **§ 84a AMG,** also bei Arzneimitteln – für Schadenersatzansprüche aus Produkthaftung eine **analoge Anwendung** des § 84a AMG in Betracht. Insoweit besteht schon keine planwidrige Gesetzeslücke.[1934] 438

i) Verjährung nach 3 Jahren (§ 12 ProdHaftG)

aa) Regel: 3 Jahre

Der Anspruch nach § 1 ProdHaftG verjährt in **drei Jahren** von dem Zeitpunkt an, in dem der Ersatzberechtigte von dem **Schaden,** dem **Fehler** und von der **Person des Ersatzpflichtigen** Kenntnis erlangt hat oder hätte erlangen müssen (§ 12 Abs. 1 ProdHaftG). Die Umsetzung dieses Verjährungsbeginns hat die EU mit der EG-Richtlinie in Art. 10 von allen Mitgliedstaaten verlangt. Dies mag den durch ein Produkt Geschädigten **benachteiligen;**[1935] die Umsetzung dient allerdings der **Vereinheitlichung.**[1936] Die Verjährung beginnt demzufolge jedenfalls in dem Zeitpunkt, in dem der Ersatzpflichtige von den maßgebenden Umständen **Kenntnis hätte erlangen müssen.** Dies bedeutet, dass die Verjährung bereits beginnt, wenn der Geschädigte die Umstände aufgrund von **Fahrlässigkeit** nicht erlangt hat (vgl. § 122 Abs. 2 BGB i. V. m. § 12 Abs. 3 ProdHaftG). Da deliktische Ansprüche nach § 199 Abs. 2 BGB verjähren, kann dies in der Praxis dazu führen, dass Ansprüche nach § 1 ProdHaftG **früher verjähren als diejenigen nach § 823 BGB.**[1937] Insoweit lastet auf dem Geschädigten im Ergebnis eine **Aufklärungsobliegenheit,** im eigenen Interesse aktiv zu werden.[1938] Was die Kenntnis von der Person des Ersatzpflichtigen (Name, Anschrift) angeht, kann der Geschädigte diese erst kennen, wenn ihm auch die **Umstände,** welche dessen Haftpflicht begründen, bewusst sind.[1939] Soweit der Betroffene **Spätschäden** im frühen Stadium noch nicht erkennen kann, beginnt die Frist des § 12 Abs. 1 ProdHaftG schon dem Wortlaut nach (noch) nicht zu laufen. Im Zweifel wird er eine Feststellungsklage erheben (§ 256 ZPO). Die 3-Jahresfrist wird **nicht** durch vertrag- 439

1932 BGHZ 109, 260, 267; OLG Frankfurt, MPR 2012, 169 ff. – Herzschrittmacher.

1933 BGHZ 109, 260, 267; OLG Frankfurt, MPR 2012, 169 ff. – Herzschrittmacher.

1934 OLG Frankfurt, MPR 2012, 169 ff. – Herzschrittmacher; vgl. auch Hanseatisches OLG, Urt. vom 26.6.2009 Az. 11 U 75/09, NZG 2010, 1342, 1344; vgl. aber *Hartmannsberger/Wagner,* InTeR 2013, 37 ff. zu Ansprüchen nach § 242 BGB und nach VIG.

1935 So mit Recht *Kullmann,* § 12 ProdHaftG Rn. 3.

1936 *Taschner/Frietsch,* RL, Art. 10 Rn. 1.

1937 Vgl. dazu OLG Hamm, NJW-RR 2011, 893 – Grillpaste: Das Gericht konnte offenlassen, ob der Anspruch nach § 1 ProdHaftG verjährt war nach § 12 ProdHaftG; denn es bestanden unverjährte Ansprüche nach §§ 823, 199 Abs. 1 BGB; ebenso *Kullmann,* § 12 ProdHaftG Rn. 5. Insoweit ist der Gesetzgeber der zwingenden Vorgabe des Art. 10 der Richtlinie gefolgt; BT-Drs. 11/2447, 24.

1938 MüKo/*Wagner,* § 12 ProdHaftG Rn. 5 zu Recht.

1939 BGH, VersR 1986, 1080 – Tuberkulosestatikum; *Kullmann,* § 12 ProdHaftG Rn. 6; Staudinger/*Oechsler,* § 12 ProdHaftG Rn 13.

liche Fristen tangiert wegen der verbindlichen Vorgabe in Art. 10 der Richtlinie; demzufolge kommen erst recht keine wirksamen Kürzungen in Frage.

bb) Hemmung i. S. d. § 12 Abs. 2 ProdHaftG

440 Art. 10 Abs. 2 der EG-Richtlinie sah vor, dass die Rechtsvorschriften der Mitgliedstaaten im Hinblick auf die Hemmung und den Neubeginn der Verjährung **unberührt** bleiben sollten.[1940] Der deutsche Gesetzgeber hat in § 12 Abs. 2 ProdHaftG insofern dann normiert, dass die **Verjährung gehemmt** ist, wenn zwischen dem Ersatzpflichtigen und dem Ersatzberechtigten Verhandlungen über den zu leistenden Schadenersatz schweben, und zwar so lange, bis die Fortsetzung der Verhandlungen verweigert wird (§ 12 Abs. 2 ProdHaftG). Fraglich ist, wie der Begriff der **Verhandlungen** auszulegen ist. Im Hinblick darauf, dass die Hemmungsregelung des § 12 Abs. 2 ProdHaftG der ehemaligen Norm des § 852 Abs. 2 BGB a. F. nachgebildet ist,[1941] kann – nicht zuletzt auch wegen § 12 Abs. 3 ProdHaftG – auf **§ 203 BGB** und die dort vertretenen Ansichten durchaus verwiesen werden.[1942] Schon im Rahmen des § 852 BGB a. F. war der **Begriff der Verhandlungen weit ausgelegt** worden, was Sinn und Zweck entspricht und schon deshalb praktisch „jeden Meinungsaustausch, aufgrund dessen der Berechtigte davon ausgehen konnte, sein Begehren werde von der Gegenseite nicht von vornherein abgelehnt" erfasste.[1943] Die typische, in der Praxis häufig vorfindbare Formulierung „nach Prüfung werde man auf das Verfahren zurückkommen",[1944] reicht für das Auslösen der Hemmung aus. Bei mehreren Ersatzpflichtigen tritt die Hemmung jedoch nur ein für denjenigen, mit dem die Verhandlungen geführt wurden.[1945] Wird lediglich über einen Teil des Anspruchs verhandelt, tritt auch nur dementsprechende Hemmungswirkung ein.

441 Zudem ist nicht ganz eindeutig aus dem Wortlaut erkennbar, wie lange die Verjährung gehemmt ist. Nach § 12 Abs. 2 ProdHaftG ist es an sich der Zeitpunkt, ab dem die Fortsetzung der Verhandlungen **verweigert wird.** In der Literatur wird demzufolge das **taggenaue Ende als Hemmungsende** angeführt.[1946] Vom Wortlaut aus betrachtet ist dies zutreffend, die Systematik des § 12 Abs. 3 ProdHaftG unter Verweis auf die Vorschriften des BGB könnte dagegen sprechen und auch die Regelung des § 203 Satz 2 BGB, der eine **Ablaufhemmung** von drei Monaten nach dem Ende der Verhandlungen anordnet.[1947] In der Tat erscheint es richtig und vertretbar, die sehr weitgehende Regelung des § 203 Satz 2 BGB, die einen etwas anderen Ansatzpunkt verfolgt, nicht heranzuziehen. Dafür spricht auch die Systematik in § 12 Abs. 3 ProdHaftG „im Übrigen", mithin also anders als in § 12 Abs. 1 und in § 12 Abs. 2 ProdHaftG. Allerdings gilt demzufolge „im Übrigen" dann nach § 12 Abs. 3 ProdHaftG auch das BGB. Über den Hemmungstatbestand des § 12 Abs. 2 ProdHaftG hinaus finden damit auch die **Hemmungstatbestände der §§ 204 ff. BGB Anwendung.**[1948] Über § 12 Abs. 3 ProdHaftG kann dann auch § 212 BGB n. F. herangezogen werden, der den **Neubeginn der Verjährung** regelt. Abschlie-

---

[1940] Vgl. dazu *Lorenz,* ZHR 151 (1987), 1, 36: Insoweit wird eine Rechtsangleichung auf diesem Gebiet nicht einmal innerhalb der Mitgliedstaaten der EU erzielt.

[1941] Vgl. dazu *Kullmann,* § 12 ProdHaftG Rn. 10.

[1942] Ebenso Staudinger/*Oechsler,* § 12 ProdHaftG Rn 13.

[1943] BGH, NJW 1983, 2075; BGH, NJW 1985, 798, 799, BGH, NJW 1986, 2309, 2312; BGH, NJW-RR 1991, 796, 2001, 1168 u. – so ausdrücklich – MüKo/*Wagner,* § 12 ProdHaftG Rn. 11 m. w. N.

[1944] BGH, NJW 1983, 2075, 2076 ff. mit Anm. *Arens; Wagner,* ZKM 2002, 103, 106.

[1945] Ebenso *Taschner/Frietsch,* § 12 ProdHaftG Rn. 14.

[1946] MüKo/*Wagner,* § 12 ProdHaftG Rn. 12.

[1947] Nicht einmal für eine analoge Anwendung treten ein Soergel/*Krause,* § 12 ProdHaftG Rn. 3 und MüKo/*Wagner,* § 12 ProdHaftG Rn. 12.

[1948] So explizit MüKo/*Wagner,* § 12 ProdHaftG Rn. 13; *Kullmann,* § 12 ProdHaftG Rn. 12.

ßend zur Klarstellung: § 12 ProdHaftG bezieht sich – so die ausdrückliche Formulierung in § 12 Abs. 1 ProdHaftG – **nur** auf einen Anspruch nach § 1 ProdHaftG und gilt damit nicht für etwaige Ausgleichsansprüche nach § 5 ProdHaftG.[1949] Für diese gilt damit die **regelmäßige Verjährungsfrist von drei Jahren** (§ 195 BGB), die allerdings erst mit dem Schluss des Jahres beginnt, in dem der Ausgleichsanspruch entstanden ist (§ 199 Abs. 1 Nr. 1 BGB).[1950]

j) Erlöschen von Ansprüchen nach 10 Jahren (§ 13 ProdHaftG)

aa) Der Normzweck

§ 13 ProdHaftG basiert auf Art. 11 der Produkthaftungsrichtlinie[1951] und soweit die Richtlinie reicht, wird das Recht der Mitgliedstaaten insoweit auch vollständig harmonisiert (Grundsatz der „Vollharmonisierung").[1952] Dies erklärt die Regelung des dem deutschen Recht an sich fremden Instituts des „Erlöschens von Ansprüchen". Dennoch bleiben Fragen nach dem Sinn der Regelung. Nach Ansicht des deutschen Gesetzgebers bezweckt die Regelung des § 13 ProdHaftG den „Ausgleich für die gegen den Hersteller **wirkende Vermutung der ursprünglichen Fehlerhaftigkeit**" eines Produkts.[1953] Unter Berücksichtigung der Entstehungsgeschichte der Richtlinie scheinen sich andere Regelungsziele anzudeuten.[1954] Mehr oder weniger versucht die Literatur Begründungen zu liefern: Unter anderem wird die Regelung mit der Abnutzung der Produkte im Laufe der Zeit, dem Nachlassen von Sicherheitsstandards, der Weiterentwicklung von technischen Regeln und Sicherheitsnormen und das faktische Fortschreiten von Erkenntnissen im Laufe der Zeit begründet.[1955] Maßgeblich sei der Regelungsakt der Richtlinie auch durch negative Prozesserfahrungen in den USA begründbar, in denen für Schäden von Produkten gehaftet werden muss, obwohl diese Jahrzehnte vor dem Schadensfall in Verkehr gebracht worden sind.[1956] *Lorenz* sieht den Sinn vor allen Dingen in der Erleichterung für Hersteller, ihre Produkte zu versichern.[1957] Jedenfalls soll das Erlöschen des Anspruchs auch **Beweisnöten des Herstellers** vorbeugen.[1958] Bedenkt man, dass aber die jeweiligen nationalen Regeln Herstellern nicht auferlegen, Dokumente länger als 10 Jahre aufzube- 442

[1949] So zu Recht *Kullmann*, § 12 ProdHaftG Rn. 15.

[1950] Zum Sinn der dreijährigen Verjährungsfrist BGH, NJW 1993, 2054; und *Grote*, NJW 2011, 1121, 1122 zur Kritik an BGH, NJW 2011, 1133: Wichtige Prinzipien des Verjährungsrechts würden mit dieser Entscheidung angeblich außer Kraft gesetzt.

[1951] Richtlinie 85/374/EWG des Rates vom 25.7.1985, ABl. EG L 210 vom 7.8.1985, 29 ff.

[1952] Vgl. dazu die Ausführungen bereits oben § 3 III. 2. a) Rn. 277 ff., 281 ff. und die Urteilsserie aus dem Jahr 2002 des EuGH: EuGH; Urt. vom 25.4.2002, RS C – 52/00 – Kommission ./. Frankreich, Slg. 2002, I – 3827 Rn. 21 ff.; EuGH, Urt. vom 25.4.2002, RS C – 154/00 – Kommission ./. Griechenland, Slg. 2002, I – 3879 Rn. 29 ff.; EuGH, Urt. vom 25.4.2002, RS C – 183/00 – González Sánchez ./. Medicina Astuririana, Slg. 2002, I – 3901, Rn. 28 ff. sowie EuGH, Urt. vom 9.2.2006, RS C – 127/04 – O'Byrne ./. Sanofi Pasteur, Slg. 2006, I – 313; vgl. dazu auch die Publikation in IPRax 2011, 347 ff.

[1953] BT-Drs. 11/2447, 25 sowie BR-Drs. 101/88, 64.

[1954] So zu Recht Staudinger/*Oechsler*, § 13 ProdHaftG Rn. 1.

[1955] Staudinger/*Oechsler*, § 13 ProdHaftG Rn. 1; *Kullmann*, § 13 ProdHaftG Rn. 2; vgl. dazu auch BGH, NJW 2010, 1967 – Nachrüstungspflicht.

[1956] *Schmidt-Salzer/Hollmann*, Kommentar EG-Richtlinie Produkthaftung, Art. 11 Rn. 12.

[1957] *Lorenz*, ZHR 151 (1987), 1, 34, 35; vgl. auch *Hollmann*, DB 1985, 2439, 2440; MüKo/*Wagner*, § 13 ProdHaftG Rn. 1.

[1958] *Lorenz*, ZHR 151 (1987), 1, 34; *Hollmann*, DB 1985, 2439, 2440, letzteres wird allerdings allenfalls als Argument bei Fabrikationsfehlern akzeptiert, nicht jedoch bei Konstruktions- und Instruktionsfehlern, die die ganze Produktserie betreffen und deren Vorliegen bei Inverkehrgabe sich deshalb leicht nachweisen lasse; MüKo/*Wagner*, § 13 ProdHaftG Rn. 1.

wahren,[1959] dürfte auch das Thema der Beweisnot durchaus ein Hintergrund für den Sinn der Regelung sein. Jedenfalls schafft die Regelung **Rechtssicherheit für den Hersteller.**[1960]

bb) Erlöschenswirkung

443 § 13 Abs. 1 Satz 1 ProdHaftG enthält weder eine Verjährungsfrist noch ein sonstiges Leistungsverweigerungsrecht des Herstellers.[1961] Es handelt sich um eine – **von Amts wegen** zu beachtende[1962] – sog. **Ausschlussfrist.**[1963] Es ist eine „absolute Frist".[1964] Die Möglichkeiten der Hemmung bestehen demzufolge nicht.[1965] Demzufolge kann – dies ergibt sich schon aus dem Grundsatz der Vertragsfreiheit und als argumentum e contrario zu § 14 ProdHaftG[1966] – allenfalls durch Parteivereinbarung, und zwar durch eine ausdrückliche oder konkludente **Erklärung zur Erlöschensfrist** die Ausschlussfrist **verlängert** werden.[1967] Insoweit ist aber bei der Formulierung darauf zu achten, dass die bloße Vereinbarung einer längeren Verwendungsdauer für ein Produkt als zehn Jahre[1968] oder die bloße Zusicherung einer längeren Lebensdauer[1969] im Regelfall keine Verlängerung der Höchstfrist bewirkt, ebenso wenig wie etwaige vollmundige Werbeaussagen nicht zwingend den Verzicht des Herstellers auf die Berufung auf die Ausschlussfrist bewirken.[1970] Soweit dies beurteilbar erscheint, wird von der theoretisch bestehenden Gestaltungsmöglichkeit in der Praxis aber allenfalls in Ausnahmefällen Gebrauch gemacht. **Verkürzungen** können ohnehin wegen § 14 ProdHaftG im Voraus kaum wirksam vereinbart werden.[1971]

cc) Die Voraussetzungen des Erlöschens

444 Der Anspruch nach § 1 ProdHaftG erlischt **zehn Jahre** nach dem Zeitpunkt, in dem der Hersteller das Produkt, das den Schaden verursacht hat, in Verkehr gebracht hat (§ 13 Abs. 1 Satz 1 ProdHaftG). Vgl. zum Begriff des Inverkehrbringens bei den Ausführungen zu § 1 Abs. 2 Nr. 1 ProdHaftG,[1972] zum Produktbegriff § 2 ProdHaftG,[1973] zur Schadensverursachung § 3 Rn. 366.[1974] Die **Zehnjahresfrist beginnt an dem Tag,** an dem der **Hersteller** das den konkreten Schaden verursachende Produkt in Verkehr gebracht hat

---

[1959] Vgl. dazu Ausführungen zur Abwehrstrategie für Hersteller § 3 I. a)–e) Rn. 136 ff., sowie bei der Lieferantenhaftung nach § 4 Abs. 3 ProdHaftG sub § 3 III. Rn. 351 ff.

[1960] So explizit MüKo/*Wagner,* § 13 ProdHaftG Rn. 1; *Erman/Schiemann,* § 13 ProdHaftG Rn. 1: Die Absicht, das Haftungsrisiko für Hersteller spürbar eng zu begründen, sei wegen § 15 Abs. 2 ProdHaftG und der Konkurrenz zur deliktischen Haftung praktisch kaum zu erfüllen.

[1961] *Kullmann,* § 13 ProdHaftG Rn. 3.

[1962] *Kullmann,* § 13 ProdHaftG Rn. 3; MüKo/*Wagner,* § 13 ProdHaftG Rn. 2.

[1963] BT-Drs. 11/2447, 12; MüKo/*Wagner,* § 13 ProdHaftG Rn. 2.

[1964] *Kullmann,* § 13 ProdHaftG Rn. 9: Keine Möglichkeit der Wiedereinsetzung nach §§ 223 ff. ZPO.

[1965] BT-Drs. 11/2447, 25; BR-Drs. 101/88, 64.

[1966] Staudinger/*Oechsler,* § 13 ProdHaftG Rn. 2.

[1967] H. M. MüKo/*Wagner,* § 13 ProdHaftG Rn. 4 m. w. N. in Fn. 13; Staudinger/*Oechsler,* § 13 ProdHaftG Rn. 2; *Kullmann,* § ProdHaftG 13 Rn. 9, a. A. *Erman/Schiemann,* § 13 ProdHaftG Rn. 2.

[1968] So zu Recht *Kullmann,* § 13 ProdHaftG Rn. 9; a. A. aber *Schmidt-Salzer/Hollmann,* Art. 11 Rn. 25.

[1969] Ebenso zu Recht MüKo/*Wagner,* § 13 ProdHaftG Rn. 4; a. A. aber *Schmidt-Salzer/Hollmann,* Art. 11 Rn. 25.

[1970] So ebenfalls zu Recht MüKo/*Wagner,* § 13 ProdHaftG Rn. 4.

[1971] Ebenso MüKo/*Wagner,* § 13 ProdHaftG Rn. 4.

[1972] Vgl. dazu Rn. 320 und vor allem dort 368.

[1973] Vgl.dazu Rn. 295.

[1974] Vgl. dazu Rn. 366.

(vgl. § 187 Abs. 1 BGB).[1975] Dies führt zu unterschiedlichem Fristbeginn gegenüber mehreren **als Hersteller** in Betracht kommenden haftenden Unternehmungen. Bedingt durch den Wortlaut der §§ 13, 4 ProdHaftG kann stets nur der Zeitpunkt in Frage kommen, in dem der „als solcher in Anspruch genommene Unternehmer" das Produkt in Verkehr gebracht hat, und nicht etwa lediglich der Zeitpunkt, in dem der Hersteller des Endprodukts gehandelt hat.[1976] Da der Fristbeginn demzufolge davon abhängig ist, wann der Hersteller das fragliche Produkt in Verkehr gebracht hat, ist bei einer Haftung von mehreren Herstellern von einem **unterschiedlichen Fristablauf** auszugehen.[1977] Bei **Serienschäden** kommt es nicht auf den Tag an, an dem das erste Stück der Serie auf dem Markt bereit gestellt,[1978] vielmehr auf den Tag, an dem das jeweils schadenstiftende Endprodukt oder das Teilprodukt eines anderen Herstellers etc., in Verkehr gebracht wurde.[1979]

dd) Anwendungsbereich der Zehnjahresfrist – Analogien

Nach dem Wortlaut des § 13 ProdHaftG bezieht sich das Erlöschen von Ansprüchen 445
lediglich auf **„den Anspruch nach § 1 ProdHaftG"**. Daraus folgert *Wagner*[1980] zu Recht zunächst, dass § 13 ProdHaftG nur für Schadenersatzansprüche, die auf das ProdHaftG gestützt werden, nicht dagegen auch für die nach § 15 Abs. 2 ProdHaftG möglichen **konkurrierenden Ansprüche** gilt, und ganz explizit nicht für solche aus deliktischer Produkthaftung (§§ 823 ff. BGB); und genauso wenig würden **Ausgleichsansprüche** zwischen mehreren Geschädigten nach den §§ 5 Abs. 2, 6 Abs. 2 Satz 2 ProdHaftG der Ausschlussfrist unterfallen.[1981] Diese Aussagen sind grundsätzlich zutreffend. Dennoch sei eine in der Praxis äußerst relevante Fallkonstellation an dieser Stelle erwähnt, die Anlass gäbe, eine **Übertragung des Rechtsgedankens,** um nicht den Begriff **Analogie** zu verwenden, zumindest einmal zu erörtern, ohne dass sich – soweit feststellbar – die Wissenschaft mit der Frage überhaupt, geschweige denn eingehend, beschäftigt hätte. Im Bereich der unerlaubten Handlung hat die Rechtsprechung die sog. Produktbeobachtungspflicht als eigene Pflicht, die erst mit dem Inverkehrbringen des Produktes zu laufen beginnt, entwickelt.[1982] Die **Dauer der Produktbeobachtungspflicht** und vor allem die Frage, ob sie, und – wenn ja –, wann sie **endet,** ist bis heute nicht abschließend geklärt. Gesetzliche Regelungen fehlen zwangsläufig. In der Praxis aber von überaus großer Bedeutung ist die Frage, ob und inwieweit Hersteller noch etwas tun müssen, wenn sie nach zehn, zwanzig oder dreißig Jahren feststellen, dass konkrete Gefahren für Leib und Leben von ihren Produkten ausgehen. Sicher ließe sich insoweit die Ansicht vertreten, dass – mangels statuiertem Ende – die Produktbeobachtungspflicht überhaupt nicht endet und Hersteller auch noch Jahrzehnte nach dem Inverkehrbringen ggf. zum Rückruf verpflichtet sind. Mit der gesetzlichen Regelung der §§ 1, 13 ProdHaftG ist das aber kaum in Einklang zu bringen. Denn wenn ein Hersteller nicht mehr nach § 1 ProdHaftG für einen tatsächlich eingetretenen Personenschaden haftet, der zehn Jahre nach dem Inverkehrbringen erfolgt, könnte er – so jedenfalls der theoretische Ansatz – doch wohl auch kaum noch zur

---

[1975] MüKo/*Wagner,* § 13 ProdHaftG Rn. 5 u. Fn. 7 m. w. N.

[1976] MüKo/*Wagner,* § 13 ProdHaftG Rn. 6; *Kullmann,* § 13 ProdHaftG Rn. 5; a. A. aber *Schmidt-Salzer/Hollmann,* Art. 11 Rn. 25, der letzteres aus Sinn und Zweck der Regelung ableitet; siehe demgegenüber aber den bewussten Verzicht des Gesetzgebers, auf einen einheitlichen Zeitpunkt abzustellen in der amtlichen Begründung BT-Drs. 11/2447, 25.

[1977] MüKo/*Wagner,* § 13 ProdHaftG Rn. 6; ebenso Soergel/*Krause,* § 13 ProdHaftG Rn. 2.

[1978] Explizit *Rolland,* § 13 ProdHaftG Rn. 5; *Kullmann,* § 13 ProdHaftG Rn. 8.

[1979] Die Bürde ist der Verbraucher zu tragen verpflichtet; sie ist Ausgleich dafür, dass gegen Hersteller die Vermutungswirkung ursprünglicher Fehlerhaftigkeit wirkt; BT-Drs. 11/2447, 25.

[1980] MüKo/*Wagner,* § 13 ProdHaftG Rn. 3.

[1981] Vgl. dazu auch Staudinger/*Oechsler,* § 13 ProdHaftG Rn. 6.

[1982] Vgl. dazu § 3 Rn. 222.

Durchführung eines etwaigen Rückrufs verpflichtet sein. Er könnte ja – auch nur theoretisch – jedenfalls dann in Ruhe abwarten, bis der Schaden eintritt – so jedenfalls ein Argumentationsstrang. Andererseits ließe sich dahingehend argumentieren, dass letzteres wohl kaum von der Rechtsordnung gewünscht sein kann, was wiederum dafür spräche, ein Ende der Produktbeobachtungspflicht gar nicht zu statuieren. Einzelheiten bleiben der wissenschaftlichen Auseinandersetzung vorbehalten.[1983]

446 Es erscheint problematisch, auf die gesetzlich nicht normierte Pflicht der sog. Produktbeobachtung § 13 Abs. 1 Satz 1 ProdHaftG, und damit die **Zehnjahresfrist, analog** anzuwenden. Dies möglicherweise nicht zuletzt schon deshalb, weil diese „Fallgruppe" vom ProdHaftG – wie ausgeführt – nicht erfasst wird.[1984] In der Praxis stellt sich die Frage nach dem Ende der Produktbeobachtungspflicht nahezu tagtäglich. Ein etwas mehr an Rechtssicherheit – insbesondere für die beratenden Juristen in der Praxis – wäre hier von Nöten.[1985]

ee) Bei gerichtlicher Geltendmachung

447 Die Zehnjahresfrist gilt nicht, wenn über den Anspruch ein **Rechtsstreit** oder ein **Mahnverfahren anhängig** ist (§ 13 Abs. 1 Satz 2 ProdHaftG). Dass bereits die **Anhängigkeit** des Verfahrens genügt, dürfte mit Art. 11 der Richtlinie zusammenhängen, in der lediglich von der **Einleitung eines Verfahrens** die Rede ist.[1986] Weil Art. 11 der Richtlinie lediglich von „gerichtlichen Verfahren" spricht, wäre es denkbar, § 13 Abs. 1 Satz 2 ProdHaftG **analog** auch auf **sonstige Verfahren der Rechtsdurchsetzung** (nicht nur „Rechtsstreitigkeiten/Mahnverfahren") anzuwenden.[1987] Für die wirtschaftsrechtlich tätigen Anwälte von zunehmender Bedeutung wird dabei insbesondere die Veranlassung der Bekanntgabe des **Güteantrages** i. S. d. § 204 Abs. 1 Nr. 4 BGB, weil dieser unproblematisch, schnell und unbürokratisch einzuleiten ist. Nicht analog angewandt werden kann die Regelung jedoch auf die Einreichung des Antrags auf Gewährung von Prozesskostenhilfe.[1988] Nach Ablauf der Frist ist auch ein Beklagtenwechsel unzulässig, sofern nicht besondere Umstände vorliegen.[1989]

448 Der Gesetzgeber hat in § 13 ProdHaftG nicht geregelt, was die gerichtliche Geltendmachung des Anspruchs nach § 13 Abs. 1 Satz 2 ProdHaftG konkret bewirkt. Wortlaut und Sinn und Zweck des § 13 Abs. 1 Satz 2 ProdHaftG und Art. 11 Abs. 2 der Richtlinie

---

[1983] Vgl. dazu die Stellungnahme zum Ende der Produktbeobachtungspflicht § 3 Rn. 238 ff.

[1984] H. M. unter anderem Staudinger/*Oechsler,* § 3 ProdHaftG Rn. 112; *Brüggemeier/Reich,* WM 1986, 149, 155; *Buchner,* DB 1988, 32, 35; *Honsell,* JuS 1995, 211, 213; a. A. aber explizit *Sack,* VersR 1988, 439 ff., 448ff; vgl. MüKo/*Wagner,* § 1 ProdHaftG Rn. 55: Pflicht zur Produktbeobachtung besteht aber auch nach dem ProdHaftG insoweit, als es darum geht, künftige Produkte zu verbessern; siehe auch *Kötz,* in FS für Lorenz, 109, 111.

[1985] Andererseits wird auch darüber nachgedacht, die Rechtsgedanken der Verjährungsregelung, welche im Einzelfall dann auch immer, im Rahmen der Produktbeobachtungspflicht als Rechtsgedanken heranzuziehen, die – was das Ergebnis anbelangt – noch kürzer wären und Herstellern Vorteile bringen könnten; vgl. etwa die vagen Aussagen bei *Foerste,* in Foerste/Graf von Westphalen, § 24 Rn 385 zum Deliktsrecht: „Über die Dauer der Beobachtungspflicht sind keine allgemeinen Aussagen möglich. Die Pflicht endet z. B. nicht (einmal) mit der maximalen Lebensdauer der Waren" … „allenfalls bei Waren, deren Gefahrenpotential auf Null zurückgeht (Rn. 386)" … „Beispiele dafür sind schwer zu finden"; siehe demgegenüber aber LG Frankfurt, NJW 1977, 1108 – ein bis zwei Jahre bei Arzneimitteln. Dazu umfassend unter § 3 2. c) bb) (2) (d) (dd) Rn. 234 ff. Das Ende der Produktbeobachtungspflicht.

[1986] So explizit Müko/*Wagner,* § 13 ProdHaftG Rn. 8.

[1987] So explizit Müko/*Wagner,* § 13 ProdHaftG Rn. 7, sofern sie nach der lex posterior des § 204 Abs. 1 BGB ebenfalls eine Hemmung der Verjährung bewirken würden.

[1988] *Kullmann,* § 13 ProdHaftG Rn. 11; Palandt/*Sprau,* § 13 ProdHaftG Rn. 5 gegen *Mayer,* VersR 1990, 691, 698.

[1989] EuGH, EuZW 2010, 22; Palandt/*Sprau,* § 13 Rn. 3.

lassen sich dafür heranziehen, die Ausnahme **im Sinne einer Ablaufhemmung** zu verstehen.[1990] Der Gesetzgeber hat eine entsprechende Ablaufhemmung in § 203 Satz 2 BGB vorgesehen. In diesem Zusammenhang sei beispielhaft auf die **Odyssee** des **Declan O'Byrne**[1991] verwiesen. Der Rechtsstreit führte die Parteien quer durch den englischen Instanzenzug und darüber hinaus gleich zweimal vor den EuGH.[1992] Declan O'Byrne hatte noch als Baby im Oktober/November 1992 in einer Arztpraxis eine Impfung erhalten und im Anschluss daran schwere Hirnschäden erlitten, die er selbst darauf zurückführte, dass der Impfstoff seinerzeit fehlerhaft war. Am 1.11.2000 erhob der damals fast neunjährige Declan O'Byrne vor dem High Court of Justice (England und Wales) Queen's Bench Division, eine Schadenersatzklage gegen Aventis Pasteur MSD (APMSD). Er behauptete, dass der Impfstoff von APMSD hergestellt worden und fehlerhaft gewesen sei. In der Erwiderung führte APMSD jedoch aus, dass sie lediglich Vertriebshändlerin, nicht jedoch Herstellerin des verabreichten Impfstoffes sei. Am 16.10.2002 erhob O'Byrne dann – nachdem APMSD auf Ersuchen um Mitteilung, ob sie die Herstellerin sei, APSA als solche benannt hatte – Schadenersatzklage gegen APSA. APSA räumte zwar ein, Hersteller des Impfstoffes zu sein, berief sich jedoch gegenüber der Klage auf **Verjährung,** weil die für die Erhebung einer Klage nach dem Verbraucherschutzgesetz geltende Frist von zehn Jahren am 18. bzw. 22.9.2002 abgelaufen sei, je nachdem, ob als Beginn der Verjährungsfrist die Versendung des Impfstoffes von APSA an Merieux UK oder der Zugang des Impfstoffes bei letzterer genommen werde. 2003 beantragte O'Byrne dann in den Verfahren einen Parteiwechsel. **Unstreitig** wurde dieser Antrag auf Parteiwechsel **nach Ablauf der Verjährungsfrist von 10 Jahren** für die Einleitung eines gerichtlichen Verfahrens gegen den Hersteller eines angeblich fehlerhaften Produkts gestellt. APSA machte geltend, dass das nationale Recht, soweit es einen solchen Parteiwechsel nach Ablauf dieser Frist zulasse, mit Art. 11 der Richtlinie 85/374/EWG unvereinbar sei, was O'Byrne anders beurteilte.[1993] Die Leitsätze lauteten sinngemäß: Zunächst einmal dürfen die Regeln des englischen Prozessrechts zum Beklagtenwechsel nicht in einer Weise angewandt werden, dass ein Hersteller i. S. d. Art. 3 der Produkthaftungsrichtlinie **nach Ablauf der Zehnjahresfrist** als Beklagter in einem während dieser Frist gegen eine andere Person eingeleiteten gerichtlichen Verfahrens überhaupt in Anspruch genommen werden kann.[1994] Die Herstellerhaftung müsse auf einen angemessenen Zeitraum begrenzt werden, schon alleine um technischen Fortschritt nicht durch hohe Haftungsrisiken zu gefährden, so der EuGH. Zudem gebiete die **Rechtssicherheit,** dass der Hersteller eben berechnen können müsse, wie lange er potentiell hafte. Demzufolge dürften **subjektive Kriterien,** insbesondere die nach englischem Verfahrensrecht relevanten Irrtümer über den Hersteller, insoweit **nicht maßgeblich** sein. So hat denn der EuGH in seiner Begründung eindeutig das **Interesse des Warenherstellers** und dessen **Bedürfnis nach Klarheit** in den Vordergrund gestellt. Leider hat der EuGH es nicht bei diesem klaren und eindeutigen ersten Leitsatz belassen. Er gab einige einschränkende Hinweise, die zur Rechtsunsicherheit beitragen können, in den Leitsätzen 2

[1990] So zu Recht MüKo/*Wagner,* § 13 ProdHaftG Rn. 9.

[1991] Vgl. zum Begriff mit Recht *Arnold,* Beklagtenwechsel im Produkthaftungsprozess nach Verjährung, eine Anmerkung zu EuGH vom 2.12.2009, RS C – 358/08 – Aventis Pasteur S. A. ./. O'Byrne, IPRax 2011, 346, 347.

[1992] EuGH, Urt. vom 9.2.2006, RS C – 127/04a – O'Byrne ./. Sanofi, Slg. 2006, S. I – 1313; dazu auch KOM (2011) 547 vom 8.9.2011, 5 und die Ausführungen weiter oben, § 3 Rn. 277 ff. unter III. 2 a. aa. und EuGH, Urt. vom 2.12.2009 – Aventis Pasteur S. A. ./. O'Byrne, IPRax 2011, 347 ff.

[1993] Vgl. dazu EuGH, Urt. vom 2.12.2009, RS C – 358/08 – Aventis Pasteur S. A. ./. O'Byrne, IPRax 2011, 347 ff.; *Arnold,* IPRax 2011, 346 ff.

[1994] Vgl. den Leitsatz 1 des EuGH, Urt. vom 2.12.2009, RS C – 358/08 – Aventis Pasteur S. A. ./. O'Byrne, IPRax 2011, 347; *Arnold,* IPRax 2011, 346, 348.

und 3.[1995] Diese Leitsätze sind, da sie etwas unglücklich formuliert sein dürften, auslegungsbedürftig. Im ersten Prozess vor dem EuGH[1996] hatte das Gericht ausgeführt, dass ein Produkt erst in den Verkehr gebracht ist, wenn es den Herstellungsprozess verlassen hat und in einen Vermarktungsprozess eingetreten ist. Im zweiten Leitsatz geht der EuGH aber in der zweiten Entscheidung im Verfahren Aventis Pasteur S. A../.O'Byrne wesentlich weiter.[1997] Bei enger Verbindung, etwa einer hundertprozentigen Tochtergesellschaft, seien die nationalen Gerichte nicht daran gehindert, die Tochtergesellschaft durch die Muttergesellschaft zu ersetzen.

ff) Ausnahmen von der Ausschlussfrist (§ 13 Abs. 2 ProdHaftG)

449 Auf den **rechtskräftig festgestellten Anspruch** (erfolgreiche Klage) oder auf den **Anspruch aus einem anderen Vollstreckungstitel** (vgl. § 794 ZPO; bei ausländischen Urteilen ist dafür (wohl) ein Vollstreckungsurteil nach §§ 722 ff. ZPO erforderlich[1998]) ist § 13 Abs. 1 Satz 1 ProdHaftG nicht anzuwenden. Es gilt dann die 30-jährige Verjährung nach § 12 Abs. 3 ProdHaftG i. V. m. § 197 Abs. 1 BGB. Gleiches gilt für den Anspruch, der Gegenstand eines **außergerichtlichen Vergleichs** (§ 779 BGB) ist oder der durch **rechtsgeschäftliche Erklärungen anerkannt** wurde (§ 13 Abs. 2 Satz 2 ProdHaftG).[1999] Strittig ist, ob die in Rede stehende Regelung des Abs. 2 **abschließend** ist.[2000] Gegen die Enumeration spricht, dass § 13 ProdHaftG im Wege der teleologischen Reduktion einen dem Art. 11 der Richtlinie zugrunde liegenden allgemeinen Rechtsgedanken klarstellt.[2001]

k) Mehrere Ersatzpflichtige (§ 5 ProdHaftG)

aa) Gesamtschuld im Außenverhältnis

450 Sind für denselben Schaden **mehrere Hersteller** nebeneinander zum Schadenersatz verpflichtet, so haften sie als **Gesamtschuldner** (§ 5 Satz 1 ProdHaftG).[2002] § 5 Satz 1 ProdHaftG entspricht Art. 5 der Produkthaftungsrichtlinie.[2003] Sofern demzufolge mehrere Hersteller i. S. d. § 4 ProdHaftG, etwa der Kraftfahrzeugendhersteller und der Zulieferer der Bremsen (vgl. § 4 Abs. 1 ProdHaftG) dem Geschädigten gegenüber ersatzpflichtig sind, haften sie über die unbedenkliche Verweisung[2004] in § 5 Satz 2 Halbs. 2 ProdHaftG auf die §§ 421 ff. BGB als **Gesamtschuldner. Zweck** der gesamtschuldnerischen Haftung soll nach Ansicht des Gemeinschaftsparlamentes und des nationalen Gesetzgebers und diesen folgend Teilen der Literatur die gerechte Verteilung des Insol-

[1995] EuGH, Urt. vom 2.12.2009, RS C – 358/08 – Aventis Pasteur S. A. ./. O'Byrne, IPRax 2011, 347 ff.

[1996] O'Byrne 1, EuGH, Urt. vom 9.2.2006, RS C – 127/04 – O'Byrne ./. Aventis Pasteur S. A.; Slg. 2006 I -1313 Rn. 2732; vgl. dazu auch *Rösler,* Kurzanmerkung, EWiR 2006, 253 ff.

[1997] Zu Recht insofern *Arnold,* IPRax 2011, 346, 349.

[1998] So jedenfalls *Erman/Schiemann,* § 13 ProdHaftG Rn. 3.

[1999] Gemeint sei stets ein (deklaratorischer) Vertrag, nicht eine einseitige Erklärung (§ 212 Abs. 1 S. 1 Nr. 1 BGB), so *Erman/Schiemann,* § 13 ProdHaftG Rn. 3.

[2000] Sowohl MüKo/*Wagner,* § 14 ProdHaftG Rn. 11, 12 sowie Rn. 2; a. A. aber ausdrücklich Staudinger/*Oechsler,* § 13 ProdHaftG Rn. 11.

[2001] So explizit Staudinger/*Oechsler,* § 13 ProdHaftG Rn. 10 und 11; *Erman/Schiemann,* § 13 ProdHaftG Rn. 3.

[2002] Vgl. zur Frage der Gesamtschuldnerschaft bei Entwicklungsingenieuren und Arbeitgebern *Dihlmann/Karcher/Schmidt/Gildeggen,* PHi 2012, 148 ff.; *Waltermann,* JuS 2009, 193.

[2003] Vgl. auch Art. 5 und Abs. 5 der Begründungserwägungen; dazu Staudinger/*Oechsler,* § 5 ProdHaftG Rn. 1: Gemeinschaftsrechtlich auszulegen.

[2004] Vgl. dazu ebenso MüKo/*Wagner,* § 5 ProdHaftG Rn. 1.

venzrisikos sein.[2005] Betroffen ist das **Außenverhältnis** zwischen Geschädigtem und den haftenden Herstellern (§ 5 Satz 1 ProdHaftG). Entscheidend ist, dass **mehrere Hersteller nebeneinander zum Schadenersatz** verpflichtet sind. Zum Schadenersatz sind auch diejenigen nebeneinander verpflichtet, die aus Vertrag oder nach § 823 BGB und nach § 1 ProdHaftG, mithin aus unterschiedlichen Haftungsgrundlagen heraus, haften. Vom Wortlaut her könnte demzufolge auch in diesen Fällen § 5 Satz 1 ProdHaftG eingreifen. Doch entspricht dies nicht Sinn und Zweck der Regelung. § 5 Satz 1 ProdHaftG begründet die **gesamtschuldnerische Haftung von Herstellern** nur für die, die jedenfalls **auch aufgrund des ProdHaftG** für einen Schaden einstehen müssen.[2006] Greift für einen der Hersteller ein Entlastungstatbestand, etwa aus § 1 Abs. 2 oder 3 ProdHaftG, scheidet er ebenfalls aus dem Haftungsverbund aus. Voraussetzung ist schließlich auch, dass mehrere für **denselben Schaden** einzustehen haben. Zu Recht wird demzufolge gefolgert, dass die Solidarhaftung ausscheidet, wenn es an der **Schadensidentität** fehlt und es zu einzeln zurechenbaren Schäden gekommen ist.[2007] Im Zweifel ist auch § 830 Abs. 1 Satz 2 BGB anwendbar.[2008] Soweit Hersteller – damit es erst gar nicht zu einem Schadeneintritt kommt – verpflichtet sind, eine Rückrufaktion durchzuführen,[2009] und dies tun, liegen die Voraussetzungen des § 5 Satz 1 ProdHaftG demzufolge nicht vor. Die Frage ist aber, ob zwischen mehreren potentiell später einmal als Gesamtschuldner ansonsten haftenden Herstellern, die eben präventiv den Eintritt des Schadens verhindern wollen und sollen, der Rechtsgedanke der Gesamtschuldnerschaft entsprechend heranzuziehen ist. Dies ist dogmatisch höchst umstritten.[2010] Weil aber die Schadenersatzverpflichtung gerade aufgrund des ProdHaftG gegeben sein muss, insofern kann auf die Ausführungen weiter oben verwiesen werden, scheint jedenfalls § 5 Satz 1 ProdHaftG als Rechtsgrundlage weniger geeignet als die **§§ 840, 426 BGB analog.**

Auch bei **Mitverschulden** des Geschädigten besteht die gesamtschuldnerische Haftung **451**
der Hersteller fort.[2011]

Rechtsfolge: Auf die gesamtschuldnerische Haftung finden die BGB-Vorschriften über **452**
die Gesamtschuldnerhaftung (§§ 421 ff. BGB) Anwendung. Der Geschädigte kann die Leistung von beiden Gesamtschuldnern (im Außenverhältnis) in voller Höhe fordern. Erfüllt dann einer der Gesamtschuldner die gesamten Ansprüche des Geschädigten, wirkt dies auch für die anderen (§ 422 Abs. 1 BGB). Denn der Geschädigte darf die Leistungen naturgemäß **nur einmal** fordern. Darüber hinaus regelt § 5 ProdHaftG dann jedoch in seinem Satz 2 die Ausgleichsansprüche der Gesamtschuldner im Innenverhältnis (vgl. dazu die Ausführungen unter bb)).

[2005] ABl. EG vom 21.5.1979, Nr. C 127/01, 63; BT-Drs. 11/2447, 21; Staudinger/*Oechsler,* § 5 ProdHaftG Rn. 2; *Graf von Westphalen,* in Foerste/Graf von Westphalen, § 50 Rn. 1; dies dürfte nicht der Hauptgrund gewesen sein: M. E. ist der Sinn der, den Geschädigten ein „Mehr an Sicherheit" zu geben, eine sog. **„Paschastellung"** laut *Heck,* zitiert nach Palandt/*Grüneberg,* § 421 Rn. 1.

[2006] So zu Recht die h. M. *Rolland,* § 5 ProdHaftG Rn. 6; *Erman/Schiemann,* § 5 ProdHaftG Rn. 1; Staudinger/*Oechsler,* § 5 ProdHaftG Rn. 4 und Rn. 6; MüKo/*Wagner,* § 5 ProdHaftG Rn. 2; anders das schwedische Produkthaftungsrecht, vgl. Staudinger/*Oechsler,* § 5 ProdHaftG Rn. 4.

[2007] So ausdrücklich MüKo/*Wagner,* § 5 ProdHaftG Rn. 2; vgl. auch *Löschner,* PHi 2002, 62.

[2008] *Erman/Schiemann,* § 5 ProdHaftG Rn. 2; MüKo/*Wagner,* § 5 ProdHaftG Rn. 2; mit Recht ist der Gesetzgeber nicht darüber hinaus gegangen und hat die (abwegige) „market share liability" nach US-amerikanischem Vorbild nicht übernommen, vgl. dazu Staudinger/*Oechsler,* § 4 ProdHaftG Rn. 50ff m. w. N.; auch *Hager* zum DES-Fall in FS für Canaris, 2007, 403 ff.

[2009] Vgl. dazu § 4 zum Rückruf.

[2010] Vgl. dazu Ausführungen in § 4 zum Rückruf und *Lenz,* in FS für Meilicke, 417 ff.

[2011] So mit Recht Staudinger/*Oechsler,* § 5 ProdHaftG Rn. 9; ebenso MüKo/*Wagner,* § 5 ProdHaftG Rn. 3; vgl. aber zur Problematik auch *Steffen,* DAR 1990, 41; *Löschner,* PHi 2002, 62.

bb) Ausgleich der Ersatzpflichtigen im Innenverhältnis

453 Das Innenverhältnis zwischen den Ersatzpflichtigen selbst beruht auf § 5 Satz 2 ProdHaftG. Es handelt sich um eine Norm des nationalen Rechts,[2012] was unbedenklich ist, weil die Ausgestaltung der gesamtschuldnerischen Haftung von der Richtlinie in Art. 5 nicht vorgegeben wurde.[2013]

454 **(1) Anspruch auf Ausgleich nach § 5 Satz 2 ProdHaftG i. V. m. § 426 Abs. 1 BGB.** Soweit im Verhältnis der Ersatzpflichtigen zueinander nichts anderes bestimmt ist, hängt die Verpflichtung zum Ersatz sowie der Umfang des zu leistenden Ersatzes von den Umständen, insbesondere davon ab, inwieweit der Schaden **vorwiegend von dem einen oder dem anderen Teil verursacht** worden ist (§ 5 Satz 2 Halbs. 1 ProdHaftG). Damit hat der Gesetzgeber einen **originären Ausgleichsanspruch,** auch wenn dies dem Wortlaut nach nicht auf Anhieb zu entnehmen ist, geschaffen.[2014] **Vor** der Befriedigung des Gläubigers richtet sich der Ausgleichsanspruch auf **anteilige Mitwirkung** an der Leistungserbringung; es handelt sich um einen sog. **Befreiungsanspruch.**[2015] Nach der Erfüllung durch einen Gesamtschuldner (vgl. § 422 BGB) wandelt sich der Ausgleichsanspruch dann gegen die übrigen Gesamtschuldner in eine Erstattungsforderung um und ist danach auf **anteiligen Ausgleich** gerichtet (Zahlungsanspruch).[2016] Soweit mehr als zwei Gesamtschuldner vorhanden sind, kann derjenige, der für die Erfüllungswirkung nach § 422 BGB gesorgt hat oder auch dessen Haftpflichtversicherer, auf den etwaige Ausgleichsansprüche nach **§ 86 VVG** übergegangen sind, dann von **jedem übrigen Mitschuldner nur** Zahlung eines ihrem Anteil entsprechenden Betrags verlangen, der ihrem jeweiligen Verantwortlichkeitsanteil entspricht.[2017] Diese sog. **Pro-Rata-Haftung**[2018] wird anders beurteilt, wenn einzelne von Ihnen untereinander eine sog. **Haftungs- und Zurechnungseinheit** bilden.[2019] Als Beispiele für eine sog. Haftungseinheit benennt *Kullmann* den Zulieferer und dessen Arbeitnehmer, der den Produktfehler zu verantworten hat und für den der Zulieferer dann nach § 831 BGB haften muss.[2020] Um es noch einmal deutlich zu sagen: Dieser **originäre Ausgleichsanspruch** ist ein „selbstständiger Anspruch"[2021] und hat mit dem Anspruch des befriedigten Gläubigers in keiner Weise etwas gemeinsam. Daraus ergibt sich die Folge, dass ein Gesamtschuldner Einreden, die er dem Dritten gegenüber entgegensetzen konnte, dem Ausgleichsanspruch eines Mitschuldners nicht entgegensetzen kann, so dass der originäre Rechtsanspruch völlig unabhängig vom Schicksal des Ersatzanspruches des Geschädigten etwaige Verjährungseinreden (§ 12 ProdHaftG) und auch den Ablauf der Ausschlussfrist des § 13 ProdHaftG überdauert.[2022]

[2012] Staudinger/*Oechsler,* § 5 ProdHaftG Rn. 1.

[2013] So explizit MüKo/*Wagner,* § 5 ProdHaftG Rn. 1.

[2014] *Kullmann,* § 5 ProdHaftG Rn. 13 i. V. m. Rn. 12 unter Berufung auf BGH, NJW 1981, 681 ff. – Grundsatz der haftungsrechtlichen Gleichbehandlung aller Verkehrsteilnehmer, in concreto der Streitkräfte untereinander sowie BGH, NJW 1977, 1238; *Droste,* 9 ff. sowie *Wandt,* BB 1994, 1436, 1440 ff.; Staudinger/*Oechsler,* § 5 ProdHaftG Rn. 28 sowie MüKo/*Wagner,* § 5 ProdHaftG Rn. 4 ausdrücklich.

[2015] BGHZ 47, 157, 166, BGH, NJW 1986, 978, 979; BGH, NJW 1958, 497 ff.; Staudinger/*Oechsler,* § 5 ProdHaftG Rn. 13; *Kullmann,* § 5 ProdHaftG Rn. 6.

[2016] BGH WM 1963, 1249, 1250; *Kullmann,* § 5 ProdHaftG Rn. 6; *Wandt,* BB 1994, 1436, 1440.

[2017] *Kullmann,* § 5 ProdHaftG Rn. 7.

[2018] *Wandt,* BB 1994, 1436, 1440; MüKo/*Wagner,* § 5 ProdHaftG Rn. 4.

[2019] BGH, NJW 1973, 2022, 2023 ff.; *Dunz,* NJW 1968, 679 ff.; MüKo/*Wagner,* § 5 ProdHaftG Rn. 4.

[2020] *Kullmann,* § 5 ProdHaftG Rn. 7; *Selb,* Mehrheiten von Gläubigern und Schuldnern, 102 ff.

[2021] Vgl. dazu *Kullmann,* § 5 ProdHaftG Rn. 9.

[2022] MüKo/*Wagner,* § 5 ProdHaftG Rn. 5.

(2) Zum Umfang des Ausgleichsanspruchs. Zwischen den Ersatzpflichtigen untereinander gilt gerade **nicht** § 426 Abs. 1 Satz 1 BGB **(gleiche Anteile).** In Anlehnung an andere Gefährdungshaftungsgesetze bestimmt § 5 Satz 2 ProdHaftG, dass es auf die **Umstände** ankommt, insbesondere darauf, inwieweit der Schaden vorwiegend von dem einen oder dem anderen Teil verursacht worden ist. Allerdings gilt dies nur, **„soweit nichts anderes bestimmt ist".** Häufig finden sich in der Praxis sog. **anderweitige Parteivereinbarungen.** In manchen Branchen ist die Vereinbarung einer konkreten Ausgleichsregelung im Innenverhältnis gar die Regel (Kfz-Bereich). 455

Häufig gibt es besondere Parteivereinbarungen im Verhältnis des Endherstellers zu seinen Zulieferern, wobei die Formulierungen zumeist vom Endhersteller vorgeben werden, sei es in sog. **„Gewährleistungsvereinbarungen", Qualitätssicherungsvereinbarungen**[2023] oder in sonstigen vertraglichen Regelungen. Etwa finden sich einzelne **Klauseln** dahingehend, dass bei der Höhe des Ersatzanspruches „gegen den Zulieferer dessen wirtschaftliche Verhältnisse nach Treu und Glauben, Art, Umfang und Dauer der Geschäftsverbindung sowie ggf. der Wert des Zuliefererteils zugunsten des Lieferanten angemessen zu berücksichtigen sind".[2024] Oder es finden sich Klauseln dahingehend, dass für den Fall, dass sich „im Nachhinein etwa durch Sachverständige ermitteln lässt, dass die Fehlerursache allein im Verantwortungsbereich des Zulieferers liegt, der Schaden dann im Innenverhältnis zwischen Endhersteller und Zulieferer vom Zulieferer alleine zu tragen ist". 456

In **individuellen Vereinbarungen** sind derartige Vereinbarungen regelmäßig **wirksam.** Ob dies auch im Rahmen von **Allgemeinen Geschäftsbedingungen** gilt, wird nicht einheitlich beurteilt und ist im Einzelfall nach §§ 307 ff. BGB zu prüfen.[2025] Wirksamkeitsfragen stellen sich auch, wenn eine die Regressfrage regelnde vertragliche Vereinbarung im Verhältnis zwischen Endhersteller und Händler vorliegt. Insoweit wird in der Literatur vertreten, dass die Verlagerung der Haftungslast auf den Händler wegen Verstoßes gegen § 307 Abs. 2 Nr. 1 BGB jedenfalls **in AGB** unwirksam sei.[2026] Ich selbst meine, es hängt vom jeweils vorliegenden Wissensgefälle zwischen Endhersteller und Händler im konkreten Fall – und damit vom Einzelfall – entscheidend ab. Stets ist dabei nach § 242 BGB auch die etwaige Einflussmöglichkeit auf die Produktion zu berücksichtigen, die dazu führen kann, dass z. B. ein Zulieferer nicht voll zur Verantwortung gezogen werden kann.[2027] 457

Schwierig ist die Frage zu beurteilen, wie das **Maß zur Schadensverursachung** zu ermitteln ist, wenn eine entsprechende Parteivereinbarung gerade nicht getroffen wurde oder die getroffene ihrerseits keine klaren Regeln enthält: Der Verursachungsanteil wird dann in erster Linie einmal nach der **Aufgabenverteilung** zwischen den an der Herstellung Beteiligten bestimmt; entscheidend ist also der Aufgabenbereich, in dem der konkrete Produktfehler entstanden ist.[2028] Es ist also stets – bei fehlender Parteivereinbarung – die Frage zu klären, wer mehr gegen konkrete Sorgfaltspflichten verstoßen hat und wie 458

[2023] Vgl. dazu § 5 Rn. 11 ff. sowie MüKo/*Wagner*, § 5 ProdHaftG Rn. 9; *Fuchs*, JZ 1994, 533, 537; Palandt/*Sprau*, § 5 ProdHaftG Rn. 3.

[2024] VDA-Bestimmungen „Rahmenanforderungen zur Produktsicherheit in der deutschen Automobilindustrie (Prototypenschutz)", abrufbar unter www.vda.de/de/downloads/693/.

[2025] MüKo/*Wagner*, § 5 ProdHaftG Rn. 9.

[2026] MüKo/*Wagner*, § 5 ProdHaftG Rn. 8, begründet dies mit der deutlich überlegenen Gefahrsteuerungsmöglichkeit des Endherstellers.

[2027] Zu Recht *Steinmann*, Qualitätssicherungsvereinbarung zwischen Endherstellern und Zulieferern, 1993, 103 ff.; 142 und Staudinger/*Oechsler*, § 5 ProdHaftG Rn. 24.

[2028] So zu Recht *Löschner*, Mehrere Produkthaftpflichtige und Mitverschulden des Geschädigten, 189; auf ihn beruft sich auch *Kullmann*, § 5 ProdHaftG Rn. 10; MüKo/*Wagner*, § 5 ProdHaftG Rn. 10.

schwer der einzelne Verstoß wiegt.[2029] Im Ergebnis kann damit ein Schuldner gegenüber anderen auch gänzlich von der Haftung befreit sein.[2030]

459 Im Ergebnis kann es auch zu einer Kürzung von Ausgleichsansprüchen eines Klägers auf Schadenersatz kommen unter dem Gesichtspunkt des **gestörten Gesamtschuldnerausgleichs.**[2031] Der Schädiger haftet grundsätzlich voll, wenn der andere Schädiger aufgrund der Haftungsfreistellung des § 1664 BGB zum Ausgleich nicht herangezogen werden kann. In diesen Fällen liegt aber wegen des Haftungsmaßstabes des § 1664 Abs. 1 BGB schon keine Gesamtschuldnerschaft vor, so dass der haftungsbegründende Tatbestand nicht erfüllt sei.[2032]

460 **(3) Anspruch auf Ausgleich nach § 5 Satz 2 ProdHaftG i. V. m. § 426 Abs. 2 BGB.** Einigkeit besteht dahingehend, dass zudem ein **weiterer Anspruch** besteht, nämlich aus **§ 426 Abs. 2 BGB.** Dieser Anspruch ist von dem soeben beschriebenen „originären Ausgleichsanspruch" nach § 5 Satz 2 i. V. m. § 426 Abs. 1 BGB tatsächlich zu unterscheiden (s. oben unter (1)).[2033] Der Anspruch begründet sich bedingt durch das Ende des Halbsatzes 2 in § 5 Satz 2 ProdHaftG („im Übrigen"). Es handelt sich um einen **zweiten Regressweg,**[2034] um einen Anspruch, der im Wege der Legalzession ebenfalls auf den leistenden Gesamtschuldner übergeht.[2035] Beide Ansprüche stehen einem Gesamtschuldner, der Ausgleich verlangt, **wahlweise** zur Verfügung. Bedingt daraus, dass es sich um einen abgeleiteten Anspruch handelt, verjährt er nach § 12 Abs. 1 ProdHaftG in drei Jahren.[2036]

461 **(4) Problemfeld internationaler Zuliefererregress**[2037]**.** Im heutigen Wirtschaftsleben finden, anders als der Gesetzgeber sich dies im Jahre 1990 bei Schaffung des ProdHaftG möglicherweise vorgestellt haben mag, durchaus **verschiedene Rechtsordnungen** in ein und demselben Produkthaftungsfall Anwendung.[2038] Innerhalb des europäischen Binnenmarktes gilt zunächst einmal, soweit nicht vorrangig das CISG eingreift (vgl. dazu Art. 25 ROM I-VO) und vertragliche Ansprüche im Raume stehen (ROM I-VO), die **ROM II-Verordnung.**[2039] Ansonsten aber bestehen größte Schwierigkeiten bei der Heranziehung der jeweiligen konkreten internationalen Rechtsordnung. Insofern bleibt es bei den **Regeln des internationalen Kollisionsrechts.**[2040] Oft verlangt dies von Beratern enorme Kenntnisse über verschiedene Rechtsordnungen.[2041] Gerade wegen dieser Schwierigkeiten bei **internationalen Lieferketten** ist bei anwaltlicher Beratung präventiv dafür zu sorgen, dass

---

2029 So bereits BGH, NJW 1961, 166, 169; und *Wandt,* BB 1994, 1436, 1439; MüKo/*Wagner,* § 5 ProdHaftG Rn. 10.

2030 So bereits BGHZ 43, 227, 231.

2031 OLG Hamm, NJW-RR 2011, 893 ff. – Grillpaste; 1½-jähriger Sohn erlitt schwere Verbrennungen beim Grillen; fraglich war, ob ein Fehlverhalten des Vaters insoweit zu Kürzungen führen konnte.

2032 Im Grillpaste-Fall des OLG Hamm griff die Haftungsfreistellung des § 1664 Abs. 1 BGB ein; vgl. dazu auch BGH, NJW 1988, 2667; BGH, NJW 2004, 2892.

2033 BGH, NJW 1981, 681; *Kullmann,* § 5 ProdHaftG Rn. 13.

2034 So ausdrücklich *Erman/Schiemann,* § 5 ProdHaftG Rn. 3.

2035 MüKo/*Wagner,* § 5 ProdHaftG Rn. 5.

2036 *Kullmann,* § 5 ProdHaftG Rn. 13.

2037 Vgl. dazu *Lenz,* in § 5: Der Regress des Herstellers gegen den Zulieferer und in der Kette.

2038 *Lenz,* in FS für Meilicke, 417, 435, 437; aber auch *Koch,* ZHR 152 (1988), 537, 555 ff.; *Wandt,* BB 1994, 1436, 1441; siehe auch *Klindt,* in Rezension zu Foerste/Graf von Westphalen, NJW 2012, 3499, sowie weitere Konkretisierungen in § 5.

2039 Vgl. dazu insbesondere *Janssen,* in § 6 Internationale Aspekte der Produkthaftung.

2040 Ebenso *Kullmann,* § 5 ProdHaftG Rn. 14.

2041 *Klindt,* NJW 2012, 3499, wählt gar den Begriff der „internationalen Architektur" bei Fragen der Synchronisation internationaler Rückrufe.

Ausgleichsansprüche durch **vertragliche Parteivereinbarung** möglichst im Voraus klar geregelt werden (vgl. Art. 3 ROM I-VO: Freie Rechtswahl). Die **internationale Zuständigkeit bei Klagen** auf dem Regressweg richtet sich nach Art. 5 Nr. 3 EuGVVO.[2042]

l) Unabdingbarkeit (§ 14 ProdHaftG)

Die Ersatzpflicht des Herstellers nach dem ProdHaftG darf **im Voraus** weder **ausgeschlossen** noch **beschränkt** werden. **Entgegenstehende Vereinbarungen sind nichtig** (§ 14 Satz 1 u. 2 ProdHaftG). 462

Hersteller sind gut beraten – und zum Teil sogar verpflichtet[2043] – durch konkrete **Gebrauchsempfehlungen** und/oder **Bedienungsanleitungen** auf dem Produkt oder der Verpackung selbst auf konkrete Gefahren im Umgang mit dem Produkt hinzuweisen, damit der Verwender sich auf diese Gefahren einstellen und Schäden vermeiden kann.[2044] Mit derartigen Hinweisen kann der Hersteller im Zweifel dazu beitragen, dass schon nicht von einem Fehler i. S. v. § 3 ProdHaftG gesprochen werden kann und/oder aber jedenfalls, dass er im Einzelfall nicht in voller Höhe haftet, sich vielmehr der Anspruch des Geschädigten unter dem Gesichtspunkt des Mitverschuldens nach den §§ 6 ProdHaftG, 254 BGB reduzieren kann.[2045] 463

Zu Recht wird in der Literatur allerdings angeführt, dass derartige Empfehlungen des Herstellers den **Grundsatz der Unabdingbarkeit** (§ 14 ProdHaftG) **nicht umgehen** dürfen.[2046] Nach der amtlichen Begründung[2047] wäre dies der Fall, wenn die **Verwendung des Produkts generell so eingeschränkt würde,** dass im Schadensfall unter Hinweis eben auf die Gebrauchsempfehlung jede Art von Haftung abgelehnt werden könnte, und zwar ohne Bezug auf konkret spezifisch gefährdende Eigenschaften des Produktes selbst.[2048] Beispiele für den **inhaltlichen Missbrauch** von Gebrauchsempfehlungen sind etwa: „Die Verwendung des Produktes erfolgt stets auf eigene Gefahr".[2049] Bedeutungslos sind daher sogar die Warnungen, die nur das eine Ziel haben, dem Produktverwender die Haftung – und sei es auch nur teilweise – zuzuschieben.[2050] Dies ist nicht vergleichbar mit den Fällen, in denen ein konkret spezifischer Bezug zum Produkt im Raume steht, etwa dahingehend, dass der „Verzehr der Nüsse für Allergiker nicht geeignet ist", oder auch ein „konkretes Haartonikum für Allergiker unbrauchbar" ist.[2051] 464

aa) Sinn der Regelung

§ 14 ProdHaftG geht auf Art. 12 der Produkthaftungsrichtlinie zurück. Danach sollten grundsätzlich jeder Ausschluss und jede Haftungsbegrenzung unmöglich sein.[2052] Der weite Ausschluss wurde im Rat indes nicht durchgesetzt.[2053] Der Gesetzgeber nahm an, 465

2042 Staudinger/*Oechsler,* § 5 ProdHaftG Rn. 33.

2043 Bei verbleibenden Restrisiken trotz ordnungsgemäßer Konstruktion und Fabrikation.

2044 Ebenso Palandt/*Sprau,* § 14 ProdHaftG Rn. 1.

2045 *Kullmann,* § 14 ProdHaftG Rn. 2.; unter Berufung auf die amtliche Begründung zum ProdHaftG in BR-Drs. 101/88, 65 ff. u. BT-Drs. 11/2447, 25.

2046 *Kullmann,* § 14 ProdHaftG Rn. 3.; *Taschner/Frietsch,* RL, Art. 12, Rn. 6; Staudinger/*Oechsler,* § 14 ProdHaftG Rn. 8 und § 3 Rn. 72 ff.; siehe dazu auch cc), Rn. 469.

2047 BT-Drs. 11/2447, 25.

2048 Staudinger/*Oechsler,* § 3 ProdHaftG Rn. 27 ff.; *Kullmann,* § 14 ProdHaftG Rn. 3.

2049 *Kullmann,* § 14 ProdHaftG Rn. 3.

2050 Ausführlich Staudinger/*Oechsler,* § 3 ProdHaftG Rn. 59 ff., 72 ff.; *Erman/Schiemann,* § 14 ProdHaftG Rn. 1: „irrelevant".

2051 BGH, VersR 1975, 538 – Haartonikum.

2052 Staudinger/*Oechsler,* § 14 ProdHaftG Rn. 1.

2053 Vgl. dazu die Materialien, Erläuterung Nr. 29, EG-Bulletin, Bil 11/1976, 20 sowie *Hollmann,* DB 1985, 2439, 2441.

Zweck der Vorschrift sei der **Verbraucherschutz.**[2054] Da – schon vom Wortlaut her – insbesondere aber auch nach Sinn und Zweck der Geschädigte nicht zwingend Verbraucher (i. S. d. § 13 BGB) sein muss, überzeugt dieses Argument nicht.[2055] In der Literatur wird insbesondere von *Wagner*[2056] unter Berücksichtigung der Erwägungsgründe zur Richtlinie[2057] § 14 ProdHaftG **„funktional als eine Sondervorschrift der AGB-Kontrolle in Ergänzung zu dem Katalog des § 309 BGB gesehen"**, allerdings mit der Besonderheit, dass – leider – auch **„Individualvereinbarungen erfasst"** werden.[2058] Geschützt wird meines Erachtens – und dies scheint relativ unproblematisch – der **Geschädigte.** Fraglich ist aber, wie weit dieser Schutz tatsächlich reicht und reichen muss (siehe dazu sogleich bb)).

bb) Umfang der Einschränkung der Vertragsfreiheit

466 Inwieweit die Vertragsfreiheit über § 14 ProdHaftG tatsächlich eingeschränkt wird, wird in der Literatur nicht einheitlich beurteilt. Durch die Formulierung des § 14 Satz 2 ProdHaftG **„entgegenstehende Vereinbarungen sind nichtig"**, ließe sich dem Wortlaut nach zunächst anführen, soweit **im Voraus** die Ersatzpflicht des Herstellers nach diesem Gesetz (also dem ProdHaftG) eingeschränkt wird, sind derartige Vereinbarungen insgesamt und stets **nichtig.** Demzufolge nimmt eine Mindermeinung auch ganz offensichtlich die **umfassende Nichtigkeit** als Rechtsfolge „aller entgegenstehenden Vereinbarungen gegenüber § 14 Satz 1 ProdHaftG" an.[2059] Dies sei „im Interesse und zum Schutz des Benutzers oder Verbrauchers eines Produkts geboten, wie der Gesetzgeber festgestellt habe".[2060] Im Zweifel würde dann aber allenfalls wohl auch eine Teilnichtigkeit für die haftungsbegrenzenden Klauseln (§ 306 Abs. 2 BGB) annehmbar sein.[2061] Durch die Rechtsprechung ist bisher nicht geklärt, was die Formulierung „entgegenstehende Vereinbarungen sind nichtig" tatsächlich meint. *Oechsler*[2062] führt insoweit aus, § 14 Satz 2 ProdHaftG erspare die Subsumtion des § 14 Satz 1 ProdHaftG unter § 134 BGB im Einzelfall. Die Frage, die bisher noch nicht entschieden ist, ist zunächst die, ob es sich bei § 14 Satz 1 ProdHaftG überhaupt um ein **Verbotsgesetz i. S. v. § 134 BGB** handelt und wenn, ob und inwieweit ein einseitiges bzw. beiderseitiges Verbotsgesetz vorliegt.[2063] *Ellenberger*[2064] benennt § 14 Satz 1 ProdHaftG nicht als Verbotsgesetz. Mir scheint dies zutreffend zu sein, so dass sich die Nichtigkeit der entgegenstehenden Vereinbarungen auf vertragliche Vereinbarungen des Herstellers zu seiner Entlastung und zum Nachteil des Geschädigten bezieht. Zugleich sind diese Vereinbarungen auf Ansprüche aus dem ProdHaftG („aus diesem Gesetz") beschränkt, so dass die Möglichkeit besteht, Ansprüche nach § 280 BGB oder den §§ 823 ff. BGB im Rahmen anderer Kontrollmechanismen vertraglich auszuschließen oder einzuschränken, wie etwa auch die Inhaltskontrolle nach

---

[2054] BT-Drs. 11/2447, 25.

[2055] Ebenso MüKo/*Wagner,* § 14 ProdHaftG Rn. 1; *Brüggemeier/Reich,* WM 1986, 149, 154.

[2056] MüKo/*Wagner,* § 14 ProdHaftG Rn. 2.

[2057] Vgl. Erwägungsgrund 12 der Richtlinie.

[2058] Vgl. dazu auch BT-Drs. 11/2447, 25.

[2059] *Graf von Westphalen,* in Foerste/Graf von Westphalen, § 54 Rn. 8.

[2060] BT-Drs. 11/2447, 25; *Graf von Westphalen,* in Foerste/Graf von Westphalen, § 54 Rn. 8 und § 54 Rn. 1: § 14 ProdHaftG enthalte ein „umfassendes Verbot von Haftungsbegrenzungs- oder Haftungsfreizeichnungsvereinbarungen".

[2061] So wohl auch Palandt/*Sprau,* § 14 ProdHaftG Rn. 2: § 306 Abs. 2 BGB ist lex specialis zu § 139 BGB; BGH, NJW 2007, 3568; Palandt/*Grüneberg,* § 306 Rn. 1.

[2062] Staudinger/*Oechsler,* § 14 ProdHaftG Rn. 3.

[2063] Vgl. dazu die einschlägige Rechtsprechung bei Palandt/*Ellenberger,* § 134 Rn. 8 u. 9 mit Rechtsprechungsnachweisen.

[2064] Palandt/*Ellenberger,* § 134 Rn. 8 und 9.

den §§ 309 ff. BGB,[2065] und zudem beschränkt **auf die Zeit vor der Schadensentstehung.**[2066]

Zutreffend interpretiert ist nach § 14 Satz 2 ProdHaftG demzufolge nicht jede Vereinbarung nichtig, die potentiell haftende Hersteller treffen, sondern meines Erachtens allenfalls solche, die das **Verhältnis zwischen dem Produktgeschädigten und dem Hersteller betreffen.**[2067] Insbesondere sind vertragliche Regelungen über den **Rückgriff im Innenverhältnis** nach § 5 Satz 2 ProdHaftG auch von potentiell haftenden Herstellern wirksam vereinbar.[2068] Zu Recht weist *Kullmann* darauf hin, dass die Haftung des EG-Importeurs damit sogar gerechtfertigt worden ist: Gerade dieser sei in der Lage, seine Haftung auf den wahren Hersteller weiterzuleiten.[2069] Beispiele werden in der Kommentarliteratur kaum erwähnt. Häufig kommt es zu entsprechenden Vereinbarungen im Vorfeld des Eintritts eines Schadens bzw. des Eintritts einer Rechtsgutsverletzung (vgl. dazu die vorangestellten Meinungsunterschiede) im Bereich des **Maschinenbaus.** Nicht selten hat der Hersteller einer Maschine i. S. d. Art. 2a der EG-Maschinenrichtlinie 2006/42/EG oder der 9. ProdSG-Verordnung die Maschine zwar konstruiert und gebaut, aber noch nicht gänzlich die etwa nach Art. 5 der EG-Maschinenrichtlinie vorgesehenen Schritte vollzogen. Unter Umständen leiden die Maschinen sogar noch an den grundlegenden Sicherheits- und Gesundheitsschutzanforderungen für Konstruktion und den Bau von Maschinen (Anhang 1 der Maschinenrichtlinie). Trotzdem wollen die Kunden die Maschine nicht selten bereits erhalten. Diesem „Druck" verschiedener Kunden kann sich nicht jeder Hersteller versperren. In der Praxis taucht dann nicht selten die Frage auf, ob denn nicht eine haftungsausschließende oder haftungsbeschränkende Vereinbarung zu diesem Zeitpunkt, vor Auslieferung und vor Eintritt jedweden Schadenfalles, getroffen werden kann. Im Verhältnis gegenüber potentiell Geschädigten wäre eine solche Vereinbarung nach § 14 Satz 2 ProdHaftG unzweifelhaft nichtig, und zwar ungeachtet der Tatsache, ob dies im Rahmen einer Individualvereinbarung geschieht oder aber in AGB (vgl. dazu in § 309 Ziff. 7a und 7b BGB). Die Frage wäre aber nach dem vorher Gesagten, ob nicht eine Vereinbarung wenigstens dahingehend getroffen werden kann, dass der Erwerber der Maschine den Maschinenhersteller im Falle einer Inanspruchnahme durch einen potentiell Verletzten dann aufgrund einer getroffenen Vereinbarung auf erstes Anfordern – je nach Formulierung – freistellen muss. Mit anderen Worten: Treffen der Betreiber/Erwerber der Maschine und der Hersteller eine Vereinbarung, nach der – im Innenverhältnis – der Hersteller vom Betreiber freigestellt werden soll, könnte diese Vereinbarung – sogar im Regelfall – **wirksam** sein. Gegen diese Annahme könnte die Ratio sprechen, dass im Falle der Wirksamkeit dieser Innenverhältnisabrede das Gefahrenpotential für unbeteiligte Dritte, die sich ja nicht schützen können, seien es Angestellte des Betreibers oder Dritte, die beim Betrieb der Maschine mit dieser in Kontakt kommen, gefährdet werden. Deshalb könnte auch Einiges dafür sprechen, dennoch – zumindest in Einzelfällen – vom Grundsatz der Wirksamkeit einer Innenverhältnisvereinbarung abzuweichen und eine Nichtigkeit insgesamt, was die Haftungsbegrenzung angeht, anzunehmen. Andererseits würde 467

2065 Ebenso *Kullmann,* § 14 ProdHaftG Rn. 5.

2066 A. A. aber noch *Graf von Westphalen,* Produkthaftungshandbuch, 2. Aufl., § 80 Rn. 6: Entscheidend ist der Zeitpunkt des Schadeneintritts; dagegen aber MüKo/*Wagner,* § 14 ProdHaftG Rn. 3; ebenso Staudinger/*Oechsler,* § 14 ProdHaftG Rn. 12, der ansonsten den Schutz des Geschädigten für nicht ausreichend berücksichtigt hält, sich jedoch nicht mit dem Gegenargument auseinandersetzt, dass die insoweit vorgeschlagene Lösung unpraktikabel ist.

2067 Wohl h. M. ebenso *Kullmann,* § 14 ProdHaftG Rn. 4; MüKo/*Wagner,* § 14 ProdHaftG Rn. 4 und wohl auch Staudinger/*Oechsler,* § 14 ProdHaftG Rn. 5 unter Berufung auf BT-Drs. 11/2447, 25.

2068 Vgl. dazu auch *Taschner/Frietsch,* RL, Art. 12 Rn. 2.

2069 *Kullmann,* § 14 ProdHaftG Rn. 4.

dadurch der Grundsatz der Vertragsfreiheit weitergehend als zwingend notwendig eingeschränkt. Da sich das Verbot ja auch nur auf Ansprüche des § 1 Abs. 1 Satz 1 ProdHaftG, nicht aber auf Rückgriffsansprüche nach § 5 Satz 2 bzw. § 6 Abs. 2 Satz 2 ProdHaftG bezieht,[2070] scheint die Antwort eindeutig.

468 Im Übrigen ist das Verbot des § 14 ProdHaftG auch **grundsätzlich nicht anwendbar** auf **Teilungsabkommen zwischen Versicherungsträgern.**[2071] Demgegenüber können etwaige Haftungsbegrenzungen in § 6 AVBGasV, § 6 AVBWasserV, § 6 AVBEltV und § 6 AVBFernwärmeV an § 14 ProdHaftG scheitern, soweit diese sich auch auf Ansprüche aus dem ProdHaftG erstrecken.[2072] *Wagner* hält diese haftungsbegrenzenden Klauseln allerdings nicht für insgesamt unwirksam[2073] und *Kullmann* meint, dass die „Hersteller" (mithin die Versorgungsunternehmen) sich nur nicht auf den in den Bedingungen enthaltenen Haftungsausschluss berufen dürfen.[2074]

cc) Freizeichnung durch Rechtswahl

469 Fraglich ist, ob § 14 ProdHaftG entgegensteht, die **Rechtswahl** frei zu treffen und damit durch Wahl einer etwaigen „haftungsfreien" Rechtsordnung[2075] den deutschen Gegebenheiten zu entgehen.[2076] Dies würde dazu beitragen, dass in Fällen mit internationalem Bezug ein gewisser Schutzstandard nicht mehr garantiert werden würde.[2077] Der Schutzzweck des § 14 ProdHaftG gebietet es daher, dass die Unabhängigkeit nach § 14 ProdHaftG **nicht** beeinflusst werden darf.[2078]

dd) Im Voraus

470 § 14 Satz 2 ProdHaftG steht einer Vereinbarung **nach der Entstehung** z. B. eines Ersatzanspruches nicht mehr entgegen,[2079] so dass „danach" unproblematisch Vergleiche geschlossen und/oder Rechtswahlvereinbarungen ex ante getroffen werden können. Der **Zeitpunkt zur Abgrenzung** ist der **Schadensfall** (Schadeneintritt[2080]) und nicht bereits der bloße Eintritt der Rechtsgutsverletzung[2081] zum Schutze des Geschädigten.

m) Arzneimittelhaftung (§ 15 ProdHaftG)

aa) Verhältnis zur Arzneimittelhaftung (§ 15 Abs. 1 ProdHaftG)

471 Wird infolge der Anwendung eines zum Gebrauch beim Menschen bestimmten Arzneimittels, das im Geltungsbereich des Arzneimittelgesetzes (AMG) an den Verbraucher abgegeben wurde und der Pflicht zur Zulassung unterliegt oder durch Rechtsverordnung von der Zulassung befreit worden ist, jemand getötet, sein Körper oder seine Gesundheit verletzt, so sind die Vorschriften des **ProdHaftG nicht anzuwenden** (§ 15 Abs. 1 ProdHaftG).

[2070] Staudinger/*Oechsler,* § 14 ProdHaftG Rn. 6.

[2071] Ausführlich *Kullmann,* § 14 ProdHaftG Rn. 8; MüKo/*Wagner,* § 14 ProdHaftG Rn. 4.

[2072] BT-Drs. 11/2447, 25; *Kullmann,* § 14 ProdHaftG Rn. 7; MüKo/*Wagner,* § 14 ProdHaftG Rn. 5.

[2073] MüKo/*Wagner,* § 14 ProdHaftG Rn. 5, entgegen sonstigen AGB-Grundsätzen.

[2074] *Kullmann,* § 14 ProdHaftG Rn. 7.

[2075] *Erman/Schiemann,* § 14 ProdHaftG Rn. 1.

[2076] So MüKo/*Wagner,* § 14 ProdHaftG Rn. 7 unter Berufung auf *Staudinger,* NJW 2001, 1974, 1978.

[2077] So nicht zu Unrecht Staudinger/*Oechsler,* § 14 ProdHaftG Rn. 10.

[2078] *Erman/Schiemann,* § 14 ProdHaftG Rn. 1; MüKo/*Wagner,* § 14 ProdHaftG Rn. 7.

[2079] *Staudinger/Oechsler,* § 14 ProdHaftG Rn. 11; BT-Drs. 11/2447, 25.

[2080] *Staudinger/Oechsler,* § 14 ProdHaftG Rn. 12; *Rolland,* § 14 ProdHaftG Rn. 2.

[2081] So aber MüKo/*Wagner,* § 14 ProdHaftG Rn. 3.

§ 15 Abs. 1 ProdHaftG basiert auf Art. 13 der EG-Richtlinie, einer Sonderbestimmung, die die Haftung nach **§ 84** des deutschen Arzneimittelgesetzes betreffen sollte.[2082] Die bei Inkrafttreten der Richtlinie am 30.7.1985 in Deutschland schon in Kraft getretene Haftung nach § 84 AMG[2083] gilt damit unbeschränkt fort.[2084] Einzelheiten waren schon während des Gesetzgebungsverfahrens umstritten und sind es noch, wobei der Streit durchaus praktische Relevanz besaß, da die §§ 84 ff. AMG Vorteile für die Geschädigten, aber auch Nachteile bringen.[2085] Denn u. a. sieht die nationale deutsche Regelung nach § 15 Abs. 1 ProdHaftG eine **exklusive Haftung** des Arzneimittelherstellers vor, während die **Richtlinie** lediglich den **Vorrang des AMG** vorgeben wollte.[2086] Die Rechtsprechung geht – ohne dies näher zu problematisieren und damit wie selbstverständlich – denn auch davon aus, dass § 1 ProdHaftG im Rahmen von § 84 AMG **nicht anwendbar** ist[2087] (sog. **Exklusivgeltung des AMG**[2088]). Dies kann in der Praxis etwa dann relevant werden, wenn der Geschädigte durch ein zugelassenes Arzneimittel eine Körperverletzung erlitten hat und der dadurch hervorgerufene Schaden die nach § 88 AMG im Falle der Verletzung greifende Haftungshöchstgrenze im Falle der Tötung oder Verletzung eines Menschen von 600.000,00 EUR überschreiten würde. In diesem Falle wäre der Geschädigte gehindert, nach § 15 Abs. 1 ProdHaftG einen ggf. weitergehenden Anspruch der Höhe nach nach § 1 Abs. 1 Satz 1 ProdHaftG mit Erfolg geltend zu machen;[2089] er könnte aber auch über §§ 823 ff. BGB vorgehen, weil diese neben dem AMG anwendbar sind (vgl. dazu § 91 AMG).[2090] 472

Der Begriff des **Arzneimittels** selbst ergibt sich aus § 2 AMG.[2091] Darunter fallen z. B. auch Anti-Babypillen,[2092] aber nicht auch **Herzschrittmacher.**[2093] Soweit keine Arznei- 473

[2082] Vgl. dazu den Erwägungsgrund 13 der EG-Richtlinie und dazu *Meyer,* ProdHaftG und Arzneimittelhaftung, ZRP 1989, 207, 210; *Rolland,* Zur Sonderstellung des Arzneimittelherstellers im System des Produkthaftungsrechts, in FS für Lorenz, 1991, 193 ff.; *Wandt,* VersR 1998, 1059 ff.; *Brüggemeier,* ZHR 152 (1988), 511, 512.

[2083] 1976 als Reaktion auf die Contergan-Katastrophe eingeführt; vgl. dazu Ausführungen in § 2 II. 3 Rn. 13.

[2084] *Kullmann,* § 15 ProdHaftG Rn. 3: Bestandsschutz.

[2085] Staudinger/*Oechsler,* § 14 ProdHaftG Rn. 1, s. dort auch die Rn. 2 u. 4 hinsichtlich der denkbaren praktischen Konsequenzen; vgl. BT-Drs. 11/3718, 2; BT-Drs. 11/5, 94; *Kullmann/Pfister,* Kza 3800, 27 ff.; vgl. zur Haftung von Arzneimittelschäden auch *Klindt,* in Fuhrmann/Klein/Fleischfresser, Arzneimittelrecht 2010, 794 ff.

[2086] *Kullmann,* § 15 ProdHaftG Rn. 4; *Taschner/Frietsch,* Art. 13 Richtlinie Rn. 5; darin wird aber „nicht zwingend" ein Verstoß gegen die Vorgabe von Art. 13 der Richtlinie gesehen, so *Graf von Westphalen,* in Foerste/Graf von Westphalen, § 56 Rn. 2, weil der Verbraucherschutz nur „in geringem Maße außer Kraft gesetzt" sei; zweifelhaft: siehe auch EuGH, EuZW 2002, 574, sowie *Buchner,* DB 1988, 32, 36; *Wandt,* VersR 1998, 1059 ff.

[2087] OLG Köln, NJW-RR 1994, 91; OLG Köln, VersR 1997, 1006.

[2088] *Deutsch,* VersR 1992, 521, 522: „Alleingeltung"; MüKo/*Wagner,* § 15 ProdHaftG Rn. 6.

[2089] Ihm bliebe allenfalls der Versuch, einen Schadenersatzausgleich dann gegen die Bundesrepublik Deutschland mit der Behauptung fehlerhafter Umsetzung der Richtlinie geltend zu machen; Staudinger/*Oechsler,* § 15 ProdHaftG Rn. 4; dass dies erfolgreich möglich wäre, negiert MüKo/*Wagner,* § 15 ProdHaftG Rn. 6; vgl. auch EuGH, NJW 1992, 165 – „Francovich-Doktrin".

[2090] Palandt/*Sprau,* § 15 ProdHaftG Rn. 2 unter Berufung auf BGHZ 106, 273: Gebrauchsinfo.

[2091] Zur deutlichen Überdosierung vgl. § 84 Abs. 1 Nr. 1 AMG und OLG Karlsruhe, VersR 2009, 544; und zur Vermutung der Ursächlichkeit BGH, VersR 2010, 627; zur Darlegungslast generell OLG Zweibrücken, NJW-RR 2011, 534.

[2092] OLG Köln, MDR 1997, 940 – Antibaby-Pille.

[2093] *Backmann/Wager,* KHR 2007, 57, 58, zitiert nach Staudinger/*Oechsler,* § 15 ProdHaftG Rn. 6; sowie OLG Saarbrücken, MPR 2011, 156 – Medizinprodukt Teleskopmarknägel; OLG München, Urt. vom 21.7.2009, BeckRS 2010, 18785 – Herzschrittmacher: Er ist Medizinprodukt, aber kein Arzneimittel, daher findet das ProdHaftG Anwendung, nicht das AMG.

mittel vorliegen, das gilt auch für Kosmetika und Tierarzneimittel,[2094] greift dann wegen § 15 Abs. 1 ProdHaftG wieder die Herstellerhaftung nach § 1 ProdHaftG. Zudem muss – im Hinblick auf die Tatbestandsvoraussetzungen – das Mittel der **Zulassungspflicht** nach § 21 Abs. 1 AMG unterliegen oder von der Zulassungspflicht befreit sein.[2095]

bb) Das Verhältnis zu den sonstigen Haftungstatbeständen (§ 15 Abs. 2 ProdHaftG)

474 Nach § 15 Abs. 2 ProdHaftG bleiben Ersatzansprüche (aufgrund anderer Vorschriften) unberührt. Die amtliche Begründung[2096] stellt klar, dass neben einer Inanspruchnahme nach § 1 ProdHaftG ebenfalls **Ansprüche aus Vertrag, Ansprüche aus außervertraglicher Haftung,** aber auch Ansprüche aus **anderen Gefährdungshaftungs- oder Verschuldenshaftungstatbeständen** und auch sonstige Ersatzansprüche geltend gemacht werden können.[2097] En passant sei erwähnt, dass die Bestimmungen des ProdHaftG **keine Schutzgesetze** i. S. d. § 823 Abs. 2 BGB sind, was in der Literatur – wenn auch nur vereinzelt – vertreten wurde.[2098] Da das ProdHaftG selbst keine wie auch immer gearteten Normen enthält, gefährliche Produkte nicht in Verkehr zu bringen, ist es insoweit als Schutzgesetz ungeeignet.

475 Die §§ 25, 25a AtomG sind abschließende Sonderregelungen, die auch die mögliche Haftung nach § 1 ProdHaftG verdrängen,[2099] soweit sie reichen (§ 26 AtomG).

[2094] Soweit diese keine Arzneimittel sind, so *Taschner/Frietsch,* § 15 ProdHaftG Rn. 36, 37.

[2095] Etwa Fertigarzneimittel (§ 4 Abs. 1 AMG); *Kullmann,* § 15 ProdHaftG Rn. 4; *Taschner/Frietsch,* § 15 ProdHaftG Rn. 39: Etwa Verbandsstoffe und Desinfektionsmittel.

[2096] BT-Drs. 11/2447, 26, vor allem 68; auch BGH, NJW 2005, 2695 – Grillanzünder.

[2097] EuGH, RiW 2002, 788 – Kommission ./. Frankreich; sehr weitgehend *Kullmann,* § 15 ProdHaftG Rn. 11; BGHZ 106, 273: OLG Düsseldorf, BeckRS 2010, 05734 – abgebrannter LKW; dazu auch BGH, Beschluss vom 26.1.2010, BeckRS 2010, 05571; OLG Hamm, NJW-RR 2011, 893 – Grillpaste (zum Verhältnis zwischen § 823 BGB und § 1 ProdHaftG).

[2098] *Pauli,* PHi 1987, 138, 141; a. A. statt vieler anderer MüKo/*Wagner,* § 15 ProdHaftG Rn. 4.

[2099] MüKo/*Wagner,* § 15 ProdHaftG Rn. 10 ff.; *Kullmann,* § 15 ProdHaftG Rn. 10; vgl. dazu auch Art. 14 der Richtlinie, nach der die Vorschriften der harmonisierten Produkthaftung bei nuklearen Zwischenfällen ohnehin nicht gelten sollen. Dies ergibt sich aber schon durch die von den Mitgliedstaaten ratifizierten internationalen Übereinkommen; die Bundesrepublik Deutschland hat das Pariser Übereinkommen unterzeichnet; Palandt/*Sprau,* § 15 ProdHaftG Rn. 1.

§ 4 Der Rückruf

I. Einleitung

1 Über die **Voraussetzungen,** den **Inhalt** und den **Umfang** einer sich aus der Produktbeobachtungspflicht zu Lasten von Herstellern ergebenden sog. **Rückrufpflicht** bestand insbesondere seit Mitte der 90er Jahre eine fortlaufende Diskussion. Einzelheiten, insbesondere auch zum Umfang der von Herstellern zu ergreifenden Maßnahmen, zur Abwendung einer konkreten Gefahr für Leib und Leben in Folge eines fehlerhaften Produkts, waren und sind heftig **umstritten.**[1] Obwohl unklar, wird das in Rede stehende Thema oft – mehr oder weniger scharf – unter dem Phänomen „Rückruf" behandelt. Dabei gibt es – entgegen bisweilen geäußerter Forderungen[2] – nach wie vor nur „rudimentäre" gesetzliche Grundlagen zum „Rückruf". In einigen Gesetzen wird der „Rückruf" immerhin inzwischen erwähnt. So heißt es etwa in § 2 Nr. 25 ProdSG:

*„Rückruf ist jede Maßnahme, die auf Erwirkung der **Rückgabe** eines bereits in den Verkehr gebrachten Produkts durch den Verwender abzielt"*.

2 Trotzdem werden unter dem **„Rückruf"** – unter gewissen Umständen und abhängig von den verschiedenen Rechtsgebieten weitergehende oder auch weniger weitgehende – **„Maßnahmen zur Gefahrenabwehr"** verstanden, wie etwa die (bloße) Warnung, die (bloße) Rücknahme,[3] die Reparatur oder der Austausch (sog. „refits"), sei dieser nun für die Nutzer des Produkts kostenlos oder wird dieser gegen Entgelt durchgeführt.[4] Aufgrund der **fehlenden Verankerung** eines (eigenen) **Rückrufgesetzes** (trotz eines sehr weit in die Rechte des Unternehmers im von der Verfassung garantierten Schutz der Art. 14 und 12 GG eingreifenden Bereichs), in dem sich Unternehmer nach wie vor – trotz inzwischen erfolgter gesetzlicher Regelungen zunächst am 1.5.2004 im GPSG, ab Dezember 2011 dann im ProdSG – ein Mehr an Klarheit erhoffen (und – nach der sog. Wesentlichkeitsrechtsprechung des Bundesverfassungsgerichts[5] – möglicherweise eine weitergehende gesetzliche Basis notwendig wäre), hat sich in den **frühen 90er Jahren** eine grundlegende **zivilrechtliche Rechtsprechungslinie** zum „Rückruf" entwickelt. Fast jeden Tag hört und liest der Verbraucher oder Verwender von Produkten etwas über Rückrufe. Eine der größten bekannt gewordenen Rückrufaktionen hatte etwa Toyota zu verzeichnen, nicht zuletzt mit Problemen an Gaspedalen, eine Aktion, von der mehr als 1 Mio. Wagen betroffen waren.[6] Keine Branche ist letztendlich vor „Rück-

---

[1] *Stöhr,* Haftung trotz eines perfekten Rückrufs?, in FS für Müller, 2009, 173 ff.; *Lenz,* in *Looschelders/Pohlmann,* VVG, 2010, Anhang E (Produkthaftpflichtversicherung); *Lenz,* in van Bühren, § 12 Rn. 207 ff.; statt vieler auch MüKo/*Wagner,* § 823 Rn. 651 ff.; Staudinger/*Hager,* § 823 Rn. 25, 26 m. w. N.; *Bodewig,* Der Rückruf fehlerhafter Produkte, 1999; *Pannenbecker,* Produktrückrufpflicht und Kostenersatz in der Haftpflichtversicherung, 1998; *Tamme,* Rückrufkosten, Haftung und Versicherung, 1996; *Droste,* § 1 ff.

[2] U.a. auch durch den ADAC.

[3] IKEA etwa bot die Rücknahme einer Wickelauflage an, www.Produktrueckruf.de, zuletzt abgerufen am 19.3.2013.

[4] *Stöhr,* in FS für Müller, 173; *Veltins,* in Hauschka, Corporate Compliance, § 24 Rn. 14.

[5] BVerfGE 49, 89 ff. – Kalkar I; BVerfG, NJW 1998, 2515 ff. – Rechtschreibreform II.

[6] Handelsblatt 29.1.2010, „Die größten Rückrufaktionen"; *Doll,* Viele Autos, viele Mängel – BMW und Porsche kämpfen mit steigenden Rückrufzahlen auf dem Referenzmarkt USA, Die

rufen“[7] gefeit. Ende des letzten Jahrhunderts hat es zu diesem Thema in Deutschland nur vereinzelte Entscheidungen von einigen Oberlandes- und Landgerichten gegeben, die teilweise zu Nichtannahmebeschlüssen des BGH führten.[8] Eine Reihe jüngerer Entscheidungen, insbesondere drei landgerichtliche Urteile[9] und die Entscheidung des OLG Hamm[10] sowie die später dazu ergangene Entscheidung des BGH[11] (sub § 4 II. 2. c), aber – wenn auch untergeordnet – auch die „Rizin-Düngemittel-Entscheidung“ des OLG Düsseldorf,[12] haben die Diskussion – diesmal konkreter – fokussiert auf den Aspekt des Umfangs von Gefahrenbeseitigungsmaßnahmen (kostenloser Austausch als adäquates Mittel) und über die Abgrenzung zwischen dem (kostenlosen) Austausch und der bloßen „Warnung“ wieder aufleben lassen. Mit einer „knackig kurzen“ These hatte *Molitoris*[13] Ende 2006 in einer kurzen Pressemitteilung verlauten lassen, dass dem Urteil des LG Frankfurt[14] „Meilensteincharakter“ zukomme. Er wagte die Aussage, die Entscheidung lasse Raum für die Überlegung, dass der **Rückruf** – in Form eines kostenlosen Austausches oder in Form einer kostenlosen Nachrüstung – **künftig gänzlich obsolet** sein könne. Die erkennbar provokant erhobene These hatte ihr Ziel nicht verfehlt. Die Wiederbelebung der Diskussion wirkte wie ein Paukenschlag. Gegenwärtig findet eine **„Renaissance der Rückrufdiskussion“**[15] statt, die allerdings viel Raum für unterschiedliche Bewertungen zulässt.

3 Aufgrund der nahezu unüberschaubaren Flut an Publikationen zum Thema Rückruf stellt sich in einem Buch für den Berater die **didaktische Frage** nach der Darstellung. Der Bedeutung halber werde ich daher zunächst die Rechtsprechung zum Rückruf in historischer Reihenfolge darstellen und anschließend die Stimmen der Literatur – ohne Anspruch auf Vollständigkeit – zum inhaltlichen Bereich des Rückrufs und die Auswirkungen in einer Stellungnahme zusammenfassen.

Welt vom 10.7.2012, 4,8 Mio. Fahrzeuge allein im 1. Halbjahr 2012 in den USA betroffen; am 26.12.2012 stimmte die Toyota Motor Corporation einem Vergleich mit einem geschätzten Wert von ca. 1,3 Mrd. US-Dollar zu, PHi 2013, 27 zu den Hintergründen; Rückrufe in USA auch 2012 auf Rekordniveau, Die Welt, 16.2.2013: 15,6 Millionen KfZ und leichte Nutzfahrzeuge sind betroffen.

[7] Vgl. Die Welt, 16.2.2013, 10: Rückrufe in USA auch 2012 auf Rekordniveau; in der Branche wurden rund 15,6 Mio. PKWs und leichte Nutzfahrzeuge zurückgerufen; vgl. dazu etwa aktuell das „Rückruf-Portal für Deutschland“ www.Produktrueckrufe.de.

[8] OLG Karlsruhe, VersR 1986, 1125 mit Nichtannahmebeschluss des BGH vom 18.3.1986, Az. VI ZR 289/85 – Milchkühlanlagen; OLG München, VersR 1992, 1135 mit Nichtannahmebeschluss des BGH vom 5.5.1993, Az. VIII ZR 104/92 – Bremsen; OLG Karlsruhe, NJW-RR 1995, 594 mit Nichtannahmebeschluss des BGH vom 4.10.1994, Az. VI ZR 161/93 – Dunstabzugshaube; OLG Düsseldorf, NJW-RR 1997, 1344 mit Nichtannahmebeschluss des BGH vom 28.1.1997, Az. VI ZR 233/96 – Tempostat; sowie OLG München, NJW-RR 1999, 1657 mit Nichtannahmebeschluss des BGH vom 27.5.1999, Az. III ZR 103/98 – Gasheizungsdeckel; sowie die berühmte Entscheidung des LG Hamburg, VersR 1994, 299 – Rettungsinsel.

[9] LG Bielefeld, PHi 2006, 18 – Pflegebetten; LG Arnsberg, Urt. vom 6.5.2003 – Pflegebetten, zitiert bei *Lenz,* PHi 2007, 135 Fn. 3; und LG Frankfurt, VersR 2007, 1575 ff. – Federbruchsicherung.

[10] OLG Hamm, BB 2007, 2367 ff. = OLGR Hamm 2008, 176 ff. – Pflegebetten.

[11] BGH, VersR 2009, 272 – Pflegebetten.

[12] OLG Düsseldorf, NJW-RR 2008, 411 ff., auch sog. „Hundesterben-Entscheidung“ genannt: Dass die Parteien sich vor Einlegung der Nichtzulassungsbeschwerde verglichen haben, zeigt eine gewisse Unsicherheit auf beiden Seiten im Umgang mit der Bewertung der Erfolgsaussichten und damit unter anderem auch über die Frage, ob eine Warnung seinerzeit ausgereicht hätte. Dieser Aspekt wird in aktuellen Publikationen nicht selten übersehen oder ausgeblendet.

[13] *Molitoris,* in FAZ vom 1.11.2006, 25; *ders.* auch VW 2007, 1175 ff.

[14] LG Frankfurt, VersR 2007, 1575 ff. – Federbruchsicherung.

[15] Vgl. die Formulierung bei *Kettler,* PHi 2008, 52.

Aber bereits hier sei erwähnt, dass das öffentliche Recht, das Produktsicherheitsrecht und vor allem das sog. Marktüberwachungsrecht als Besonderes Verwaltungsrecht – was das Thema Rückruf und das Thema **Rückrufanordnungen** angeht – wohl in **Zukunft** an **Bedeutung** zunehmen und damit – nolens volens – auch das öffentliche Recht die künftige zivilrechtliche Rechtsprechung zum Rückruf „beeinflussen" wird.[16] Die nachfolgende Darstellung beruht zu einem wesentlichen Teil auf einer Untersuchung des Herausgebers zu den Auswirkungen der Rechtsprechung auf den Zuliefererregress unter internationalen Aspekten.[17] Zudem dient das nachfolgende Kapitel II. der Aufbereitung der aktuellen Rechtsprechung zum „Rückruf" (ohne Anspruch auf Vollständigkeit).[18] 4

II. Die wesentliche zum Rückruf ergangene zivilrechtliche Rechtsprechung

1. Ältere Entscheidungen von 1985 bis 1999

Die strafrechtlichen – sich mit der Problematik des Rückrufs im weitesten Sinne befassenden – Verfahren sind für die zivilrechtlich zu stellenden und insoweit interessierenden Fragen kaum aussagekräftig[19] und für die Klärung der **Kernfragen** wenig hilfreich, weshalb sie nachfolgend nicht weiter angeführt werden. 5

Erste ältere Ansätze zum Thema Rückruf ergeben sich durch die Entscheidung des OLG Stuttgart,[20] in der (schon) angenommen wurde, dass sich die Rückrufpflicht **als Ausgleich dafür ergebe,** dass der Hersteller seine **Konstruktions- oder Fabrikationspflichten** verletzt habe, diese also nur bei Bestehen entsprechender **Fehler** vorliegen könne. Anschließend mussten die Zivilgerichte über längere Zeit zu Fragen des Rückrufs nicht (mehr) explizit Stellung nehmen. Verwiesen werden soll vor allem aber auch auf die **Apfelschorf-Fälle** von 1981.[21] 6

1985 hatte sich das OLG Karlsruhe[22] in einem Fall zu **Milchkühlanlagen** zur in Rede stehenden Thematik geäußert. Die Beklagte hatte Elektrolytkondensatoren geliefert, die bei der Klägerin in ein Rührwerkabschaltsystem eingebaut worden waren. Die Klägerin hatte behauptet, Kurzschlüsse in den Kondensatoren hätten zu Ausfällen der Thermostate und dies dazu geführt, dass die Rührwerksmotoren nicht rechtzeitig abschalteten. Das OLG hatte seinerzeit einen Anspruch auf Aufwendungsersatz für die Rückrufaktion des Endherstellers gegen den Zulieferer und Hersteller der Kondensatoren abgelehnt, weil der 7

---

[16] *Lenz*, in GS für Hübner, 531 ff.; und auch § 8 Marktüberwachungsrecht, sub IV, Rn. 123 ff. zum Einfluss des Produktsicherheitsrechts auf die Haftung.

[17] *Lenz*, in FS für Meilicke, 417 ff.

[18] Vgl. dazu vertiefend *Molitoris/Klindt*, Die Entwicklung im Produkthaftungs- und Produktsicherheitsrecht, NJW 2012, 1489 ff. (Berichtszeitraum über die Jahre 2010 und 2011); *dies.*, Aktueller Rechtsprechungsüberblick über die Jahre 2008 und 2009, NJW 2010, 1569 ff.; *dies.*, Rechtsprechungsübersicht zur Produkthaftung und Produktsicherheit bis Ende 2007, NJW 2008, 1203 ff.

[19] Ebenso MüKo/*Wagner,* § 823 Rn. 652; *Foerste/Graf von Westphalen,* § 24 Rn. 331; vgl. dazu Contergan-Beschluss, LG Aachen, JZ 1971, 507 ff. und die Ausführungen oben unter § 2 II. 3, Rn. 13; ebenso Holzschutzmittelfälle und insbesondere die Lederspray-Entscheidung des BGH, NJW 1990, 2560 ff. und die Ausführungen dazu oben unter § 2 II. 8. und 10, Rn. 18 u. 21.

[20] OLG Stuttgart, NJW 1967, 572, 573 – Ansprüche des Bauherren gegen den Unternehmer.

[21] BGH, NJW 1981, 1603 ff. – „Derosal" zu unterlassener Warnung und BGH, NJW 1981, 1606 ff. – „Benomyl".

[22] OLG Karlsruhe, VersR 1986, 1125 ff. – Milchkühlanlagen mit Bezugnahme auf die Lederspray-Entscheidung.

Mangel einen das **Integritätsinteresse** der Abnehmer betreffenden Schaden nicht ernsthaft habe befürchten lassen. Ähnlich argumentierte das OLG München:[23] Es ging um **druckluftbetätigte Bremseinrichtungen** an Schienenfahrzeugen. Bei diesen waren zur elektronischen Steuerung des Bremsdrucks von der Beklagten hergestellte Druckmesszellen eingebaut worden, die mangelhaft waren. Das OLG hielt das Integritätsinteresse der Endabnehmer oder Dritter nicht für gefährdet, weil der Ausfall einer Druckmesszelle nicht zum Versagen des Bremssystems insgesamt führte. Die Konsequenzen aus diesen Entscheidungen scheinen auf der Hand zu liegen: Wenn das **Integritätsinteresse nicht berührt** wird, kann es auch **keine deliktische Haftung** der Hersteller geben. Dies schien zunächst unproblematisch.

8 Dann folgte die viel interpretierte **„Dunstabzugshauben-Entscheidung".**[24] Die Endherstellerin für **Küchendunstabzugshauben** nahm die Beklagte, eine Spezialistin, die elektronische Steuerungen für Abzugshauben entwickelt und geliefert hatte, auf Schadenersatz in Anspruch, weil die Steuerungen aufgrund eines Konstruktionsfehlers bei Dritten Küchenbrände verursacht hatten. Daraufhin hatte die Endherstellerin der Küchendunstabzugshauben und Klägerin eine umfangreiche **Rückruf- und Austauschaktion durchgeführt.** Der Klage wurde im Umfang 2/3 zu 1/3 stattgegeben. Das OLG Karlsruhe nahm an, dass die Klägerin nicht nur verpflichtet gewesen sei, nach § 823 Abs. 1 BGB die bei ihren Abnehmern und sonstigen Dritten entstandenen Schäden zu ersetzen; sie habe vielmehr darüber hinaus einen **Rückruf durchführen müssen,** um weitere Schadensfälle mit möglicherweise **gefährlichen Folgen für Leib und Leben** zu verhindern. Eine entsprechende Aktion hätte auch die Beklagte durchführen müssen. Deshalb habe ein **Gesamtschuldnerausgleich** zwischen der Endherstellerin und dem Zulieferer nach den **§§ 426, 840 Abs. 1 BGB** zu erfolgen. Da der BGH die Revision dieser Entscheidung nicht angenommen hatte, wurde einige Jahre lang von Experten geschlossen, dass jedenfalls bei **konkret** bestehender **Gefahr für Leib und Leben von Personen** „grundsätzlich" zur Abwendung derselben ein (dem Grunde nach auch kostenloser) Rückruf seitens der Hersteller erfolgen müsse.[25]

9 Diese Denkweise verfestigte sich, nachdem in einem vom OLG Düsseldorf[26] entschiedenen Fall der BGH die Revision wiederum nicht annahm. Der Endhersteller hatte **Kunststoff-Kugelpfannen** des Zulieferers in ein Tempostatsystem eingebaut, das die Motorleistung von Kraftfahrzeugen elektronisch steuerte. Explizit führte das OLG Düsseldorf an, dass zwar eine Rückrufaktion als Maßnahme der Schadensvorsorge gerechtfertigt gewesen wäre, wenn sie der Abwendung einer konkret bevorstehenden oder typischerweise zu erwartenden Gefahr der Schädigung des Eigentums der Endabnehmer gedient hätte; allein im Streitfall – so das OLG – aber habe eine solche Situation eben nicht vorgelegen. Ungeachtet dessen, dass auch ein Mangel des gelieferten Produktteils nicht nachgewiesen war und der Bundesgerichtshof wohl gar nicht hätte anders entscheiden können, wurde die Nichtannahme weiterhin dahingehend interpretiert oder gar „überinterpretiert", dass jedenfalls bei **bestehenden Gefahren für Leib und Leben** der Produktverwender grundsätzlich ein kostenloser Rückruf seitens der verantwortlichen Hersteller erfolgen müsse.

[23] OLG München, VersR 1992, 1135 ff. – Bremsen; vgl. auch die Entscheidung des LG Hamburg aus dem Jahre 1992, die publiziert wurde in VersR 1994, 299 – **Rettungsinsel** mit zustimmender Anm. von *H.-J. Harms;* anders aber OLG Frankfurt, VersR 1991, 1184, 1185 – Kondensatoren: Vorbehaltlich Schädigungen Dritter sei die **Warnung** ausreichend.

[24] OLG Karlsruhe, NJW-RR 1995, 594 ff. – Dunstabzugshaube.

[25] Vgl. dazu *Stöhr,* in FS für Müller, 173, 179; *Kullmann,* NJW 1996, 18, 21.

[26] OLG Düsseldorf, NJW-RR 1997, 1344 ff. mit Nichtannahmebeschluss des BGH vom 28.1.1997, Az. VI ZR 233/96 – Tempostat: Konkrete Gefährdung genüge.

Ergänzend sei das Urteil des OLG München[27] erwähnt: Die Klägerin stellte **Gasheizungen** her. In diese Heizungen baute sie Plastikdeckel ein, die die Beklagte geliefert hatte. Als in Folge eines Brandes im Juli 1994 als Brandherd die Heizung festgestellt worden war, wies die Beklagte darauf hin, dass bei Anlieferungen im März und Mai 1994 versehentlich falsches Material, nämlich nicht VO-flammengeschütztes, eingesetzt worden sei. Die Klägerin als Herstellerin der Gasheizungen führte daraufhin einen Rückruf bei ihren Wohnmobilfahrzeugkunden durch und verlangte **nach § 670 BGB Aufwendungsersatz** von der Beklagten. Das OLG hielt diesen Anspruch dem Grunde nach für gerechtfertigt, da Sicherheitsdefizite der Heizung für den Brand ursächlich sein konnten und damit **Risiken für Leib und Leben der Produktbenutzer und Dritter** vorhanden waren. 10

Die Praxis ging im Anschluss an diese und ähnliche Entscheidungen,[28] insbesondere aber (wohl) bedingt durch die verschiedentlichen Nichtannahmebeschlüsse des BGH, in der Folgezeit (sei es zu Unrecht oder zu Recht) davon aus, dass im Falle des Vorliegens **„konkreter Gefahren für Leib und Leben"** die **Gefahren beseitigt** werden müssten; lag die Ursache in der Sphäre der Endhersteller sowie (zugleich) auch in der Sphäre des Zulieferers, waren beide (eben gesamtschuldnerisch) verpflichtet, eine **Austauschaktion,** häufig bezeichnet als **Rückruf,** durchzuführen, und zwar **wohl kostenlos** für die Verwender der Produkte oder Dritte. Für den Fall, dass der Endhersteller – als dem näher am Kunden stehenden und den Imageverlust am meisten fürchtenden – (vielleicht sogar für den Zulieferer) tätig wurde, konnte nach Auffassung der Praxis der Zulieferer in (zahlreichen) Fällen – so die weitläufig verbreitete (aber die Rechtsprechung wohl überinterpretierende) Meinung – dann im **Regresswege** in die Haftung genommen werden, sei es nach §§ 840, 426 BGB analog, nach §§ 670, 677 BGB oder über § 812 BGB.[29] 11

2. Die aktuelle Rechtsprechung im neuen Jahrtausend

a) Verfahren und Entscheidungen vor den Amts- und Landgerichten

aa) „Die Pflegebetten-Urteile" (Vorinstanzen)

Nach einigen Brandschadensfällen in Deutschland und in Frankreich, die vermeintlich durch elektrische Pflegebetten verursacht wurden, hatten die in Deutschland für Medizinprodukte zuständigen Behörden schon im Jahre 2001 konkrete Maßnahmen zum Schutz der Anwender angeordnet. Neben einigen anderen Ursachen wurde insbesondere fehlender Feuchtigkeitsschutz an den Elektromotoren gegen von außen eindringende Flüssigkeit als wesentliche Ursache für die Brände betrachtet. Die Hersteller der Kranken- und Pflegebetten wurden aufgefordert, nachzuweisen, dass deren Produkte die Anforderungen der Medizinprodukterichtlinie und die Regelungen des Medizinproduktegesetzes (MPG) erfüllten, ihre Kunden zu informieren und zwar dahingehend, – bis zu einer Nachrüstung der betroffenen Betten – diese nur noch eingeschränkt zu betreiben, falls nötig, diese ganz vom Markt zu nehmen. In den im Anschluss daran geführten (Muster-)Verfahren ging es den Pflegekassen darum, die Kosten für die Nachrüstung von den Herstellern ersetzt zu erhalten.[30] Doch in den (wenigen) Verfahren blieben die Kassen – zu Recht – insgesamt 12

---

[27] OLG München, NJW-RR 1999, 1657 ff. mit Nichtannahmebeschluss des BGH vom 27.5.1999, Az. III ZR 103/98 – Gasheizungsdeckel.

[28] Vgl. aber auch OLG Nürnberg, VersR 1999, 1297, 1298 ff. – **Warnung** vor Einsturzgefahr.

[29] Vgl. dazu insgesamt *Stöhr,* in FS Müller, 173, 179 ff.; statt vieler zu den **Anspruchsgrundlagen:** *Müller/Dörre,* VersR 1999, 1333 ff.

[30] Vgl. dazu *Lenz,* „Brennende Pflegebetten" – Sichere Medizinprodukte, PHi 2003, 142ff; *ders.*, Kein Aufwendungsersatz bei Nachrüstung von Pflegebetten, PHi 2006, 17 ff.; *ders.*, OLG Hamm zum Aufwendungsersatz für die Nachrüstungskosten bei Pflegebetten, PHi 2007, 135 ff.

erfolglos.[31] Die Hintergründe werden im Zusammenhang mit den Ausführungen zur Entscheidung des OLG Hamm[32] (Vorinstanz: LG Bielefeld[33]) und der Pflegebettenentscheidung des BGH[34] weiter unten (sub c), Rn. 30 ff.) dargestellt. Die sog. „Pflegebetten-Entscheidungen" hatten die Besonderheit, dass zum Zeitpunkt der Zurverfügungstellung der Nachrüstsätze die Gefahren – bedingt durch eine **Warnung des BfArM** an professionelle Betreiber – bereits beseitigt waren. Die Bettenhersteller hatten eben keine kostenlose Austauschaktion durchgeführt, vielmehr ebenfalls auf die Warnung des BfArM und auf redliche Betreiberverhalten vertraut.

bb) LG Krefeld: Urteil vom 6.12.2005 – Hundesterben

13 Das LG Krefeld[35] hatte in einem Regressverfahren eines Düngemittelherstellers gegen einen Zulieferanten von toxischen Zulieferprodukten den geltend gemachten Anspruch zurückgewiesen.[36]

cc) LG Frankfurt: Urteil vom 28.3.2006 – Federbruchsicherung

14 Den eigentlichen Paukenschlag der erneuten Diskussion um die Frage der „Rückrufkosten" bewirkte die Entscheidung des LG Frankfurt vom 28.3.2006.[37] Die 19. Zivilkammer hatte einen Fall zu entscheiden, mit dem die Klägerin von der Beklagten **Erstattung von Aufwendungen** begehrte, die durch eine (im Wesentlichen in den Jahren 2003/2004) durchgeführte „Umrüstaktion" an von ihr produzierten und vertriebenen sog. 3-D-**Röntgengeräten,** die die Klägerin an Krankenanstalten ausgeliefert hatte, entstanden waren. Die Umrüstaktion war aus Sicht der Klägerin notwendig, nachdem es im Zusammenhang mit den Röntgengeräten der Klägerin in den Jahren von 1992 bis 2003 zu insgesamt vier Zwischenfällen gekommen war, bei denen – nach der Darstellung der Klägerin – sogar in zwei Fällen Personen verletzt worden sein sollen. Die von der Klägerin hergestellten Röntgengeräte beinhalteten ein Stativ, an dessen oberen Ende sich ein ca. 80 kg schwerer Röntgenstrahler des Röntgengeräts befand. Für den Bewegungsmechanismus bedurfte es der durch die Beklagte gelieferten Federzüge. Teile dieser Federzüge waren **sog. Federbruchsicherungen,** die für den Fall des nie ganz vermeidbaren Bruchs der Feder das Herabfallen des Röntgenkopfes vom Stativ hätten verhindern sollen. Diese Sicherungen erfüllten aber – wie die Klägerin feststellte – diesen Sicherungsschutz nicht. Nach einigen weiteren Zwischenfällen – zuletzt im Jahre 2003 – entschloss sich daher die Klägerin, die fehlerhaften Federbruchsicherungen im Rahmen einer weltweiten Umrüstaktion der Röntgengeräte, die bis 1998 ausgeliefert worden waren, zu ersetzen. Dabei stand die Klägerin auf dem Standpunkt, dass ihr als Endherstellerin ein **Ausgleichsanspruch aus Gesamtschuldnerhaftung,** alternativ aus Geschäftsführung ohne Auftrag, für sämtliche Aufwendungen der Umrüstaktion gegen die Beklagte zustehe. Die Federbruchsicherungen seien

[31] AG Werl, Urt. vom 8.11.2002, Az. 4 C 512/02, soweit feststellbar unveröffentlicht; Verfahren vor dem LG Köln, Az. 14 O 336/02, nach § 240 ZPO unterbrochen und LG Arnsberg, BeckRS 2004, 11101– weitere Entscheidungen dazu auch LG Bielefeld, Urt. vom 8.11.2005, Az. 18 O 23/05 BeckRS 2007, 14705 und *Lenz,* PHi 2007, 135 Fn. 3.

[32] OLG Hamm, PHi 2007, 135 mit Anm. *Lenz,* PHi 2003, 142 ff. und OLGR Hamm 2008, 176.

[33] LG Bielefeld, Urt. vom 8.11.2005, Az. 18 O 23/05, PHi 2006, 18 ff.; vgl. dazu auch *Lenz,* PHi 2007, 135 Fn. 4.

[34] BGH, VersR 2009, 272 – Pflegebetten mit Anm. *Kettler; Molitoris,* NJW 2009, 1049 ff.

[35] LG Krefeld, Urt. vom 6.12.2005, Az. 7 O 70/02 – Hundesterben; soweit feststellbar nicht veröffentlicht.

[36] Sachverhalt und Entscheidungsgründe werden im Zusammenhang mit der im Berufungsverfahren vor dem OLG Düsseldorf getroffenen Entscheidung sub § 4 II. 2. b) bb) dargestellt.

[37] LG Frankfurt, VersR 2007, 1575 ff. – Federbruchsicherung.

mangelhaft gewesen, das Gefahrenpotenzial sei allein von den durch die Beklagte gelieferten Teilen ausgegangen, so dass die Kostentragungspflicht demzufolge auch allein die Beklagte treffe. Die Klägerin beantragte, an sie rd. 5 Mio. US-Dollar zu zahlen.

Der Klägerin stünden – so die 19. Zivilkammer des LG Frankfurt – **keine Ansprüche** gegen die Beklagte nach **§§ 840, 426 BGB** aufgrund der durchgeführten Umrüstungsmaßnahme zu. Die Klägerin sei aus **deliktsrechtlichen Gründen nicht verpflichtet** gewesen, die Federbruchsicherungen auf *eigene Kosten auszutauschen,* da sie ihren **aus der Produktbeobachtungspflicht resultierenden Verpflichtungen** zum Schutz des Integritätsinteresses ihrer Kunden durch entsprechende **Warnungen, Stilllegungsaufforderungen** oder das **Angebot eines kostenpflichtigen Austausches** der Federbruchsicherungen ausreichend hätte nachkommen können. Da es sich bei der von der Klägerin für ihre Kunden kostenlos durchgeführten Umrüstaktion um eine aus rechtlicher Sicht „freiwillige Maßnahme" handelte, könne sie bereits aus diesem Grund eine Kostenübernahme durch die Beklagte nicht verlangen. Das LG stellte heraus, dass **in der Regel** der Hersteller seinen Gefahrsteuerungspflichten bereits mit der Herausgabe von **Warnungen** vor den Produktgefahren oder durch eine **Stilllegungsaufforderung** ausreichend gerecht werde, **da das Deliktsrecht dem Schutz** des **Integritäts- und nicht dem des Äquivalenzinteresses** diene.[38] Von einer Verpflichtung zum kostenlosen Austausch der Federbruchsicherungen ausgehend, wäre dieser allein die Klägerin nachgekommen. Dann müsste zwischen den Parteien ein Gesamtschuldnerausgleich nach § 426 BGB erfolgen, wobei Verteilungsmaßstab entsprechend § 254 BGB[39] die beiderseitigen Verschuldens- und Verursachungsbeiträge wären. Selbst wenn diese Abwägung zu einem Mitverschulden der Beklagten führen würde, wäre der Klägerin die Durchsetzung der dadurch entstandenen Ansprüche verwehrt, da sich die Geltendmachung dann als **unzulässige Rechtsausübung nach § 242 BGB** darstellen würde. Ferner sei der Klägerin die Geltendmachung von Kosten für die Umrüstungsaktion auch unter Zugrundelegung des **Rechtsgedankens des § 817 Satz 2 BGB** i. V. m. § 242 BGB versperrt. 15

dd) LG Regensburg: Urteil vom 7.4.2006 – „brennender Rauchmelder"

Anders demgegenüber – in etwa zeitgleich mit dem LG Frankfurt – das LG Regensburg:[40] Die Klägerin stellte Produkte für Türtechnik her, die Beklagte war mit der Herstellung von Transformatoren befasst. Gegenstand der Klage waren Forderungen der Klägerin aus dem „Rückruf" von an Kunden der Klägerin ausgelieferten sog. Rauchschaltzentralen wegen eines Produktfehlers, den die Klägerin durch ein **Stromversorgungsteil** ausgelöst sah, das von der Beklagten für diese Rauchschaltzentralen hergestellt und zugeliefert worden war. Die Rauchschaltzentralen waren von der Klägerin in Feststellanlagen von Brandschutztüren (als Rauchmelder) eingebaut worden. Ab einer gewissen Entwicklungsstufe stellten sich Produktionsfehler ein. Die von der Klägerin festgestellten Störfälle gingen mit einer Entflammung des Stromversorgungsteils einher. Die Klägerin sah dies verursacht durch zu starke Erwärmung des Transformators in der Primärentwicklung; die Schadensursache war jedenfalls – nach ihrer Auffassung – im Transformator (als dem Zuliefererprodukt) begründet. Nachdem die Klägerin mehrere Brandfälle bei ihren Kunden – nämlich Rauchspuren an Türzargen – zu verzeichnen hatte, führte die Klägerin 16

[38] Unter Berufung auf *Brüggemeier,* ZHR 152 (1988), 511, 523 ff.

[39] Unter Verweis auf BGH, NJW 1963, 2067, 2068.

[40] LG Regensburg, Urt. vom 7.4.2006, Az. 2 HKO 1367/02 – brennender Rauchmelder (auch: „Stromversorgungsteil"); vgl. dazu auch OLG Nürnberg, Urt. vom 3.8.2011, Az. 12 U 1143/06 und die Ausführungen dazu unter § 4 II. ee), Rn. 26 f. Mit Beschluss des BGH vom 19.3.2013, Az. VI ZR 246/11, BeckRS 2013, 07357 wurde die Nichtzulassungsbeschwerde zurückgewiesen.

schließlich im Jahre 2000 eine **Rückrufaktion** bezüglich der ausgelieferten Rauchschaltzentralen durch. Die im Zusammenhang mit dem Austausch der Rauchschaltzentralen für die Rückrufaktion angefallenen **Gesamtkosten** machte sie im Wege des Zuliefererregresses bei der Beklagten geltend.

17 Die 2. Kammer für Handelssachen des LG Regensburg verurteilte die Beklagte am 7.4.2006 zum Ersatz des gesamten geltend gemachten Schadens und gab auch dem Feststellungsantrag statt. Das LG führte an, es sei zu der sicheren Überzeugung gelangt, dass die Beklagte ihre Konstruktions- und/oder Fabrikationspflicht und damit die ihr obliegenden Verkehrssicherungspflichten verletzt und die Schadenursache für den Ausfall und das teilweise „in Brand setzen" der von ihr gelieferten Transformatoren gesetzt habe. Es führte ferner aus, dass der Klägerin nach § 823 Abs. 1 BGB jedenfalls ein Anspruch auf Ersatz der **Materialkosten** zustehe. Die Beklagte hafte nach den Vorschriften der **§§ 840, 426 BGB** für die weiteren geltend gemachten Schäden. Aufwendungen im Zusammenhang mit der Rückrufaktion seien Vorsorgeaufwendungen zur Abwendung eines Schadens. Im Hinblick auf die tatsächlich aufgetretenen Schadensfälle in Form von Inbrandsetzung der Rauchschaltzentralen habe **nicht nur** die **Verpflichtung zur Warnung,** sondern zum **konkreten Austausch und zum Rückruf** der bereits ausgelieferten Rauchschaltzentralen bestanden, **schon um Gefahren von Leib und Leben** von Menschen abzuwenden. Die von der Klägerin geltend gemachten und bezeichneten Schadenspositionen betrafen – nach Auffassung des LG Regensburg – sämtliche Schutzmaßnahmen, um Gefahren für die Allgemeinheit abzuwenden. Es scheint, als könnte auch diese Entscheidung so verstanden werden, dass jedenfalls bei bestehender Gefahr für Leib und Leben von Dritten oder der Allgemeinheit grundsätzlich ein Rückruf erfolgen müsse und für den Fall, dass der Zulieferer die Verantwortung trägt, er dafür (im Innenverhältnis) alle Kosten zu tragen habe.

ee) LG Stuttgart: Urteil vom 29.7.2009 – korkartiger Fehlgeschmack

18 Am 29.7.2009 verkündete das LG Stuttgart[41] bei nicht ganz anders gelagertem Sachverhalt ein klageabweisendes Urteil: Die Klägerin verlangte von den beiden Beklagten Schadenersatz wegen Lieferung angeblich mangelhafter Druckfarbe. Die Klägerin war ein Unternehmen der Verpackungsindustrie für flüssige Lebensmittel, die Beklagte zu 1) Lieferant, die Beklagte zu 2) ein (herstellendes) Unternehmen der Druckfarbenindustrie. Diese wiederum hatten von der Streitverkündeten gelbe Pigmentfarbe bezogen. Die in mehreren Chargen gelieferte Farbe wurde bei der Klägerin zum Bedrucken von Getränkekartons eingesetzt. Die Klägerin behauptete, die zugelieferte Druckfarbe sei kontaminiert gewesen und habe zu einem korkartigen bzw. modrigen Fehlgeschmack der später in die bedruckten Verpackungen gefüllten Fruchtsäfte geführt. Die Klägerin habe die mit der streitgegenständlichen Farbe bedruckten Getränkekartons an Getränkehändler geliefert; diese wiederum hätten die Verpackungen zu Getränkebehältern gefaltet und mit Fruchtsäften gefüllt. Im Jahre 2004 sei es zu Reklamationen der Getränkehändler gekommen. Die Klägerin trug vor, für den von ihr behaupteten Fehlgeschmack der Fruchtsäfte sei die gelieferte Druckfarbe verantwortlich. Es habe eine Übertragung des Geschmacks von der Druckerfarbe auf die Säfte stattgefunden. Die Klägerin habe sich darauf verlassen können, dass die Druckfarbe zu dem von ihr vorausgesetzten und für die Beklagten erkennbaren Gebrauch hätte geeignet sein müssen.

19 Die Klägerin begehrte von den Beklagten die **Kosten für die Neulieferung mangelfreier Verpackungen** an die Abnehmer der Klägerin, **Lagerkosten** und **Entsorgungskosten, Kosten für Transport und Logistik.** Den Abnehmern der Klägerin seien wegen des **Rückrufs,** der Blockade und Lagerung der angeblich kontaminierten Fruchtsäfte

---

[41] LG Stuttgart, Urt. vom 29.7.2009, Az. 24 O 262/06 – korkartiger Fehlgeschmack wegen angeblich kontaminiertem Farbpigment.

ebenfalls Kosten entstanden, die die Klägerin erstattet habe, und auch diese machte sie in nicht unerheblichem Umfang – neben Feststellungsansprüchen – im Rahmen des Verfahrens geltend. Die Klage – so das LG – sei unbegründet, da die Klägerin den Nachweis für das Vorliegen eines Sachmangels bzw. für das Vorliegen eines Produktfehlers nicht habe führen können. Ansprüche gegen die Erstbeklagte bestünden jedoch unabhängig davon nicht, da kaufrechtliche Gewährleistungsansprüche nach § 377 Abs. 2 HGB ohnehin ausgeschlossen wären und die Erstbeklagte auch keine deliktsrechtlichen Verkehrssicherungspflichten verletzt habe. Gegenüber der Zweitbeklagten könne die Klage – schon aufgrund des überwiegenden Mitverschuldens der Klägerin an der Schadensentstehung – selbst bei Annahme eines Produktfehlers nur und allenfalls zu einem Bruchteil Erfolg haben. Die Entscheidung basierte im Wesentlichen darauf, dass die Kammer nach dem Ergebnis der Beweisaufnahme und nach Anhörung des Sachverständigen nicht mit der erforderlichen Gewissheit davon überzeugt war, dass es aufgrund der Lieferung verunreinigter Druckfarbe tatsächlich zu einer daraus folgenden Verunreinigung der durch die Klägerin bedruckten Verpackungen und infolge dessen zu einem Fehlgeschmack bei den in diese Verpackungen verfüllten Fruchtsäften gekommen war. Die Klägerin verfolgte ihr Anliegen aber vor dem OLG Stuttgart weiter.[42]

ff) Regressverfahren vor dem LG Coburg: Vergleich am 19.1.2010

Ein ähnlicher Sachverhalt, zumindest was das Regressverfahren angeht, lag auch dem 20
Verfahren vor dem LG Coburg[43] zugrunde: Ende Dezember 2008 erhob ein „First Tier", ein direkter Zulieferer, eines italienischen Endherstellers, einen Regressanspruch gegen seinen Zulieferer. Die Klägerin begehrte mit der Klage Erstattung bzw. Freistellung von Kosten, die ihr von dem italienischen Endhersteller aufgrund einer angeblich dort durchgeführten **Austauschaktion** an bestimmten Fahrzeugen und infolge dessen nach einem Vergleich (Settlement Agreement) entstanden waren. Die Beklagte hatte die Klägerin mit Schiebehülsen, die in hydraulische Kupplungszylinder der Klägerin zum Einsatz in Getrieben bei bestimmten Fahrzeugen verbaut worden waren, beliefert. Die Schiebehülsen erwiesen sich nach Auffassung der Klägerin als mangelhaft. Dazu behauptete die Klägerin, aufgrund der Ergebnisse eines sog. **„Reliability-Growth-Tests"** habe sich der italienische Hersteller gezwungen gesehen, im Jahre 2006 eine Austauschaktion zu starten, von der knapp 6.500 Fahrzeuge betroffen gewesen seien, die mit den angeblich fehlerhaften Schiebehülsen ausgestattet gewesen wären. Dadurch sei dem italienischen Endhersteller ein erheblicher Schaden entstanden. Der italienische Hersteller habe die Klägerin wegen des streitgegenständlichen Schadensfalls in Anspruch genommen. In diesem Rahmen habe die Klägerin dann im Juli 2008 den erwähnten Vergleich geschlossen und sich verpflichtet, einen konkreten Betrag an den italienischen Hersteller zu zahlen. Sie meinte, die vom italienischen Hersteller durchgeführte Rückrufaktion wäre notwendig und angemessen gewesen und machte diese Kosten aus dem Vergleich sowie ihr darüber hinaus entstandene eigene Kosten bei der Beklagten geltend. Die Beklagte bestritt bereits das Vorliegen von Sachmängeln an den Schiebehülsen und zudem den Ursachenzusammenhang zwischen dem Vorhandensein von Graten an diesen und den behaupteten Folgen. Nach der mündlichen Verhandlung hatten beide Parteien den Eindruck, dass das LG die Klage (wohl) abweisen würde, wenn es nicht zu einem Vergleich kommen würde. Das Gericht hatte aber bei der Verhandlung einen Vergleichsschluss angeregt, bei dem die Beklagte sich – zumindest – an den der Klägerin entstandenen Verfahrenskosten, ggf. etwas mehr, beteiligen möge. Ein „Verfahrenskostenbeitrags-Vergleich" ist schließlich zustande gekommen.

[42] Die Konsequenzen auch dieses Verfahrens werden daher im Zusammenhang mit den OLG-Entscheidungen (sub § 4 II. 2. b), Rn. 25) dargestellt.

[43] LG Coburg, Az. 1 HKO 109/09.

b) OLG Entscheidungen von 2007 bis 2012

21 Einige der bereits erwähnten landgerichtlichen Entscheidungen, vor allem das Urteil des LG Bielefeld („Pflegebetten") von November 2005, aber auch die „Düngemittelentscheidung" des LG Krefeld von Ende Dezember 2005 und auch die Entscheidung des LG Stuttgart wegen des korkartigen Geschmacks wurden mit dem Rechtsmittel der Berufung angefochten. Im Einzelnen:

aa) OLG Hamm: Urteil vom 16.5.2007 – Pflegebetten

22 Die gegen das klageabweisende Urteil des LG Bielefeld eingelegte Berufung hat der 8. Zivilsenat des OLG Hamm am 16.5.2007[44] zurückgewiesen. Nur zur Erinnerung: Die Klägerin hatte aus eigenem Recht und aus abgetretenem Recht von der beklagten Herstellerin Aufwendungsersatz für die Nachrüstung von Pflegebetten in Höhe von 259.229,78 EUR, die nach ihrer Behauptung Konstruktionsfehler aufwiesen, verlangt. Der BGH ließ die Revision zu. Aber auch diese hatte keinen Erfolg (dazu sub c).

bb) OLG Düsseldorf: Vergleich am 19.4.2007 – Hundesterben

23 In diesen Kontext fällt auch die Entscheidung des OLG Düsseldorf[45] – eine Entscheidung, die nicht selten in der Literatur überinterpretiert wird. Richtig ist, dass in diesem Verfahren die Klage im Zuliefererregress ebenfalls abgewiesen worden ist. Die Klägerin stellte Düngemittel her. Seit 1978 bezog sie hierfür einen von der Beklagten hergestellten Rizinusschrot, der hochgradig giftiges Rizin in den Fällen enthielt, in denen der Rizinuskuchen bei dem Zulieferer nicht hinreichend deaktiviert worden war, etwa durch Erhitzung von über 140°C bei der Herstellung. Diesen Rizinusschrot mischte die Klägerin mit rd. 25 anderen Zutaten in Silos zu Düngemitteln. In den Jahren 2000 bis 2001 ereigneten sich mehr als 60 Fälle von **Hundesterben.** Die Hunde verendeten nach Aufnahme des Düngers, den die Klägerin nach der Herstellung über Händler auch an Verbraucher geliefert und die diesen dann im Garten verteilt hatten. Hunde griffen deshalb nach dem Düngemittel, da diesem von der Endherstellerin u. a. auch Knochenmehl beigemischt worden war. Die Klägerin nahm keine „ganz freiwillige" Rückrufaktion vor, wie dies vielfach missinterpretiert wird; sie war vielmehr von Seiten der zuständigen Marktüberwachungsbehörden zur Durchführung einer „Austauschaktion" gedrängt worden (Subsidiaritätsprinzip). Obwohl keine Gefahren für Leib und Leben bestanden, vermuteten die Experten, dass solche nicht ausgeschlossen sein könnten und verlangten von der Herstellerin, dass diese einen Rückruf durchführen möge. Nachdem sie dies getan hatte, machte sie die Kosten bei dem Zulieferer geltend. LG[46] und OLG Düsseldorf wiesen die Klage ab, u. a. mit der Begründung, dass eine Fehlerhaftigkeit des Rizinusschrots nicht feststellbar gewesen sei. Dieser habe die gesetzlich zulässigen Grenzwerte nicht überschritten. Mit anderen Worten: Die Beklagte habe giftigen Rizinusschrot – der immerhin zu Hundesterben führte – durchaus nach den gesetzlichen – und damit nicht ausreichenden – Vorschriften liefern dürfen. Das OLG Düsseldorf hatte die Revision nicht zugelassen. Noch vor Einlegung der Nichtzulassungsbeschwerde kam es zwischen den Parteien zu einem Vergleich. Schon aus diesem Grunde darf diese Entscheidung – der eine Reihe von unerwähnten Umständen sicherlich einen Sonderstatus einräumt – nicht verallgemeinert werden.[47]

---

[44] OLG Hamm, BB 2007, 2367 ff. = OLGR Hamm 2008, 176 ff. – Pflegebetten.

[45] OLG Düsseldorf, OLGR Düsseldorf 2008, 444.

[46] LG Krefeld, Urt. vom 6.12.2005, Az. 7 O 70/02, soweit feststellbar nicht veröffentlicht.

[47] Nur der Vollständigkeit halber sei die Entscheidung des OVG NRW, DVBl. 2008, 1262 ff. – Rückruf eines Fleischerzeugnisses bei irreführender Produktaufmachung erwähnt: Diese Ent-

cc) OLG Düsseldorf: Urteil vom 22.4.2009 – abgebrannter LKW

Ein **LKW** brannte vollständig aus. Das Zündmoment beruhte wohl auf einer mangelhaft ausgeführten Schweißung einer Kontaktplatte innerhalb eines sog. Magnetschalters. Letzteren hatte eine der Beklagten, die Warenherstellerin, bei einem der weltweit (wohl) größten Zulieferer bezogen und mit diesem eine Qualitätssicherungsvereinbarung geschlossen. Die Entscheidung des OLG Düsseldorf[48] sei hier im Zusammenhang mit Fragen der Rückrufpflicht lediglich kurz erwähnt, obwohl diese für eine ganze Reihe produkthaftungsrechtlicher und deliktischer Themenfelder ansonsten durchaus grundlegend ist. Der Grund dafür ist, dass die Tatsachen um die sog. **Rückrufpflicht,** deren etwaiges Bestehen und eine etwaige Verletzung derselben, nicht unstreitig geblieben waren. So stellte das OLG Düsseldorf nur kurz fest, dass von der Klägerin nicht hinreichend dargetan sei, dass die Beklagte zu 2) eine ihr obliegende Rückrufpflicht verletzt habe. Ein entsprechender Vortrag aber hätte der Anspruchstellerin oblegen. Dazu hätten Tatsachen gehört, aus denen sich eine Warnpflicht des Herstellers ergeben hätte.[49] Der bloße Vortrag der Klägerin dahingehend, bereits vorher sei ein baugleiches Fahrzeug ohne Fremdeinwirkung (ebenfalls) abgebrannt, so dass die Vermutung naheläge, dass auch andere bauartgleiche Fahrzeuge **in derselben Weise betroffen** gewesen seien, sei – so das OLG Düsseldorf – nicht ansatzweise ausreichend.[50] 24

dd) OLG Stuttgart: Vergleich im Februar 2010

Im Berufungsverfahren vor dem OLG Stuttgart[51] wurde der Sachverständige nochmals (kurz) angehört. Im Anschluss daran hatten die Prozessbeteiligten in der mündlichen Verhandlung den Eindruck, die Berufung würde im Ergebnis (wohl) zurückgewiesen und es würde bei der Entscheidung des LG Stuttgart verbleiben. Zur möglichen Zulassung einer Revision ließen sich Schlussfolgerungen nicht ziehen. Es kam zu einem Vergleich. 25

ee) OLG Nürnberg: Urteil vom 3.8.2011

Das Urteil des LG Regensburg[52] wurde der Sache nach vollumfänglich bestätigt. Auch der 12. Zivilsenat des OLG Nürnberg war der Auffassung, dass die Beklagte nach den **§§ 823 Abs. 1, 840 Abs. 1, 426 BGB** zum Ersatz der für die Durchführung der Rückrufaktion verauslagten Aufwendungen verpflichtet ist. Der Senat führte aus, dass den an der 26

---

scheidung betraf nicht das allgemeine Thema der zivilrechtlichen Produktbeobachtung und deren Folgen; sie war zu § 39 Abs. 2 LFGB ergangen, aber eben im Zeitraum zu sehen 2007 und 2009.

[48] OLG Düsseldorf, BeckRS 2010, 05734 – abgebrannter LKW und dazu der bestätigende Beschluss des BGH vom 26.1.2010, BeckRS 2010, 05571.

[49] Palandt/*Sprau*, § 823 Rn. 183; OLG Düsseldorf, BeckRS 2010, 05734 – abgebrannter LKW.

[50] Die Entscheidung des OLG Düsseldorf verhält sich dennoch zu zahlreichen wichtigen Themenkomplexen der Produkthaftung, insbesondere zu Fabrikationsfehlern, die – trotz aller zumutbarer Vorkehrungen – unvermeidbar sind (sog. **Ausreißer,** vgl. § 3 II. Rn. 200 ff.) und für die eine deliktische Haftung – § 823 BGB – nicht besteht, zu Fragen der Beweislast und auch späteren Produktverbesserungen (siehe ebenfalls § 3 III. Rn. 329 ff.) und ist schon deshalb lesenswert, wie auch der Beschluss des BGH vom 26.1.2010, BeckRS 2010, 05571 u. a. wegen des **abgesenkten Prüfaufwandes,** wenn Zuliefererprodukte von renommierten Zulieferern zugekauft und entsprechende Qualitätssicherungsvereinbarungen getroffen werden; vgl. dazu auch *Molitoris/Klindt*, NJW 2012, 1489, 1493.

[51] OLG Stuttgart, Az. 19 U 123/09.

[52] Der Sachverhalt wurde bereits dargestellt im Zusammenhang mit den landgerichtlichen Urteilen unter § 4 II. 2. a) dd), Rn. 16; LG Regensburg, Urt. vom 7.4.2006, Az. 2 HKO 1367/02 – brennender Rauchmelder (Stromversorgungsteil); die Nichzulassungsbeschwerde wurde mit Beschluss des BGH vom 19.3.2013, Az. VI ZR 246/11, zurückgewiesen.

Herstellung eines Produkts Beteiligten Verkehrspflichten, insbesondere sog. **Organisations-,**[53] **Produktbeobachtungs-**[54] **und Gefahrabwendungspflichten**[55] treffen würden. Zur Erfüllung derartiger Gefahrabwendungspflichten genüge **häufig bereits eine geeignete, erfolgversprechende Warnung** vor den Gefahren. Bestehe Grund für die Annahme, dass diese nicht ausreiche, um den Benutzern des Produkts die richtige Einschätzung der Gefahr zu ermöglichen bzw. sie von der gefahrträchtigen Nutzung abzuhalten, könne – je nach Art und Umfang der Gefahr – **auch** ein **Rückruf** in Betracht kommen, um das gefährliche Produkt aus dem Verkehr zu ziehen[56], und wörtlich:

*„Diese Pflichten sind Ausdruck des **Grundsatzes,** dass jemand, der eine Gefahrenlage ... schaffe, demjenigen gegenüber, dem diese Gefahr droht, gehalten ist, auf **seine Kosten** die von ihm geschaffene Gefahr zu beseitigen".*

27 Aus der Verletzung solcher Pflichten folgende **Schadenersatzansprüche (§ 823 BGB) oder Beseitigungsansprüche (§§ 328, 1004 BGB)** bestünden unabhängig von Gewährleistungsansprüchen.[57] Und: Weniger kostenträchtige Maßnahmen als ein **Rückruf** seien vorliegend nach den Umständen nicht in Betracht gekommen (wird weiter ausgeführt).[58]

ff) Sonstige OLG-Entscheidungen im Zeitraum von 2007 bis 2012 und einige landgerichtliche Urteile

28 Im Berichtszeitraum von 2007 bis 2012 wurden eine Reihe weiterer OLG-Entscheidungen zu diversen produkthaftungsrechtlichen Fragestellungen gefällt, u. a. zu den Themen des Vorliegens von Produktfehlern (Konstruktionsfehler i. S. d. § 823 BGB bzw. § 3 ProdHaftG).[59] Zahlreiche Oberlandesgerichte[60] und mehrere Landgerichte[61] wurden u. a. mit der Frage konfrontiert, ob und wenn inwieweit der **bloße Fehlerverdacht** bereits einen **Fehler** im produkthaftungsrechtlichen Sinne darstellt.[62] Zudem nahm – im oben genannten

[53] Unter Berufung auf OLG Köln, NJW-RR 1990, 414 – Prüfpflichten von Zuliefererteilen; vgl. dazu auch Palandt/*Sprau,* § 823 Rn. 169 f.; vgl. dazu auch jüngst OLG Düsseldorf, BeckRS 2010, 05734 – abgebrannter LKW und den Beschluss des BGH vom 26.1.2010, BeckRS 2010, 05571.

[54] Unter Berufung auf BGH, NJW 1994, 517 und BGHZ 179, 157 – Pflegebetten.

[55] Unter Berufung auf BGHZ 80, 186 – Apfelschorf; BGHZ 179, 157 – Pflegebetten.

[56] Unter Berufung auf OLG Hamm, OLGR 2008, 176 sowie BGHZ 179, 157 – Pflegebetten.

[57] OLG Stuttgart, NJW 1967, 572.

[58] Erfasst werden mit den Aufwendungen diejenigen, die mit dem Zweck des Austauschs zusammenhängen und somit auch Anwaltskosten; ebenso OLG München, OLGR München 1992, 51 ff. zu Anwaltskosten.

[59] OLG Hamm, Urt. vom 21.12.2010, NJW-RR 2011, 893 – Grillpaste und technische Normen als Mindeststandards für die Sicherheit.

[60] OLG Düsseldorf, GesR 2012, 368 ff. – Herzschrittmacher; OLG Hamm, VersR 2011, 637 ff. = MPR 2011, 153 mit Anm. *Oeben;* OLG Frankfurt, NJOZ 2010, 2163 ff. = MPR 2010, 211, 212 – Herzschrittmacher; OLG München, BeckRS 2010, 18785; vgl. dazu auch BeckRS 2011, 10312; OLG Braunschweig, BeckRS 2009, 87937; OLG Frankfurt, BeckRS 2007, 12652 = OLGR Frankfurt 2007, 903 = StoffR 2007, 189; vgl. dazu auch *Molitoris/Klindt,* NJW 2012, 1489, 1494.

[61] LG Bielefeld, Urt. vom 22.10.2010, Az. 18 O 14/08, BeckRS 2011, 02451 – Kosten für Herzschrittmacherwechsel; LG Magdeburg, BeckRS 2010, 26573 – Defibrillator.

[62] Dazu auch *Handorn,* PHi 2011, 206; *Molitoris/Klindt,* NJW 2012, 1489, 1493, insofern, weil einige Gerichte, z. B. das OLG Hamm, MPR 2011, 153 – Herzschrittmacher, einen Fehler i. S. d. § 3 Abs. 1 ProdHaftG bejahen, andere Gerichte wiederum dagegen – bei auffällig ähnlichem Sachverhalt – das Vorliegen eines Fehlers verneinen, so z. B. OLG Frankfurt, MPR 2010, 211 mit Anm. *Oeben* = NJOZ 2010, 2163, und sich eine Meinungstendenz derzeit noch nicht abzeichnet, herrscht große Unsicherheit nicht nur unter Medizinrechtlern. Siehe auch *Klindt,* Abstrakte Ausfallwahrscheinlichkeit als Produktfehler, Anm. zu OLG Hamm, in MPJ 2011, 218 ff. und *ders.* zur Produkthaftung bei bloßem Fehlerverdacht. Einzelheiten werden vor allem

Berichtszeitraum – das OLG München[63] einen Fabrikationsfehler i. S. v. § 3 ProdHaftG an, obwohl kleinste, im konkreten Fall für den Hersteller nicht einmal erkennbare, Risse in Glasflaschen vorlagen.[64] Das OLG Saarbrücken[65] hatte sich mit dem Vorliegen von Fehlern bei Medizinprodukten zu befassen.[66] Zudem gab es eine Reihe von landgerichtlichen Entscheidungen zur Produkthaftung, so u. a. das Urteil des LG Kleve.[67]

Aber: Alle diese Entscheidungen stehen **nicht in unmittelbarem Zusammenhang** mit 29
der **Rückrufthematik,** so dass sie – sachbezogen – bei den einzelnen Kapiteln erläutert werden und hier – was die Rückruf-Thematik angeht – nur so viel an **Essenz** gezogen werden kann, festzustellen, dass diese Entscheidungen zu der hier in Rede stehenden Thematik inhaltlich **nicht wirklich Neues** bringen.[68]

c) Wichtige BGH-Entscheidungen – vor allem zur Rückruf-Thematik – von 2007 bis 2012

Der BGH hat – wie bereits zitiert – eine Reihe von OLG-Entscheidungen (s. o.) nicht 30
angenommen und nicht annehmen müssen.[69] Soweit der VI. Zivilsenat in einem **Grundsatzurteil** – der sog. **Airbag-Entscheidung** – bedeutsame Aussagen zum Umfang der Herstellern obliegenden Pflichten, vor allem im Zusammenhang mit der konstruktiven Verantwortung gefahrträchtiger Produkte und zur (unterlassenen, aber ggf. dennoch notwendigen) Instruktionsverpflichtung getroffen hat, hat er unzweifelhaft einen wesentlichen Beitrag zur **Konturierung der Herstellerverantwortlichkeiten** geleistet.[70] Dies gilt auch für das **Kirschtaler-Urteil** des BGH vom 17.3.2009.[71] Der Kläger nahm eine Bäckerei/Konditorei auf Schadenersatz in Anspruch, nachdem er einen von der Beklagten hergestellten Kirschtaler, ein Gebäckstück mit Kirschfüllung und Streuselbelag, verzehrt und dabei auf einen darin eingebackenen Kirschkern gebissen hatte und ein Teil eines Eckzahnes abgebrochen war. Zudem sei der Beschluss des BGH vom 26.1.2010 zur Haftung des Endproduktherstellers für Fabrikationsfehler des Zulieferers ebenfalls hier explizit erwähnt, mit dem der BGH das Urteil des OLG Düsseldorf (als Vorinstanz)[72] bestätigte

beim Begriff des Fehlers i. S. d. § 3 ProdHaftG, aber auch im Zusammenhang mit der Regelung des § 823 BGB dargestellt, vgl. insoweit § 3 I. Rn. 24 ff. und aber auch das nachfolgende Kapitel unter c) § 4 Rn. 30 ff. Wichtige BGH-Entscheidung von 2007 bis 2012 die sog. Defibrillator-Entscheidung des BGH vom 13.7.2010, § 4 Rn. 35 ff.

[63] OLG München, BeckRS 2011, 10312.

[64] Vgl. dazu die Ausführungen zu § 3 ProdHaftG, § 3 III., Rn. 302 ff.

[65] OLG Saarbrücken, MPR 2011, 156 mit Anm. *Oeben* – Teleskopmarknägel.

[66] Vgl. dazu die Ausführungen zum Schutzgesetz i. S. d. § 823 Abs. 2 BGB, nämlich § 4 MPG, § 3 Rn. 268 und Fn. 1207.

[67] LG Kleve, NJW-RR 2011, 1473 – Knochenstücke im Hackfleisch, in dem das LG Kleve das Vorliegen eines Fehlers nach § 3 ProdHaftG – anders als die Vorinstanz – verneint hat, vgl. zum Fehler i. S. d. § 3 ProdHaftG die Ausführungen in § 3 II., Rn. 268.

[68] Vgl. dazu auch die Rechtsprechungsübersichten von *Molitoris/Klindt,* NJW 2012, 1489 ff.; *dies.*, NJW 2010, 1569 ff.; *dies.*, NJW 2008, 1203 ff.

[69] Vgl. Einleitung § 4 Rn. 1 ff.

[70] BGH, NJW 2009, 2952 ff. – Airbag; *Lenz,* Zur Herstellerhaftung für die Fehlauslösung von Airbags, PHi, 2009, 196 ff.; ebenso *Klindt/Handorn,* NJW 2010, 1105 ff.

[71] BGH, NJW 2009, 1669 – Kirschtaler: Der Verbraucher könne eine völlige Gefahrlosigkeit – so der BGH – nicht erwarten; der Verbraucher wisse, dass Kirschen als Steinfrucht einen harten Kern enthalten können: siehe Ausführungen zu § 3 ProdHaftG in § 3 III., Rn. 302 ff. und zu § 1 Abs. 2 Nr. 5 ProdHaftG, § 3 III. Rn. 388 ff. siehe dazu jüngst auch LG Kleve, NJW-RR 2011, 1473 ff.: Kein Schmerzensgeld bei Knochenstücken in Hackfleisch „Cevapcici"; siehe dazu auch bereits die Entscheidung des OLG Köln, NJW 2006, 2272 – Gebissschaden durch harte Nuss; sowie *Molitoris/Klindt,* NJW 2008, 1203.

[72] OLG Düsseldorf, BeckRS 2010, 05734 – abgebrannter LKW mit Sachverhalt erwähnt bereits sub § 4 II. 2. b).

und einen **abgesenkten Prüfaufwand** annimmt, wenn der Endhersteller von einem renommierten Zuliefererunternehmen zugekauft und eine ausreichende Qualitätssicherungsvereinbarung getroffen hat. Für den Endhersteller (für ihn als Abnehmer) sind dessen Fabrikationsfehler (also die des Zulieferers) dann sog. **Ausreißer,** für die er wegen fehlenden Verschuldens nicht haftet.[73] Verweisen möchte ich auch auf die Entscheidung des BGH zu **Dreh- und Kippflügeln,**[74] mit der der erkennende Senat das Vorliegen eines Mangels nach § 633 BGB bzw. auch das Vorliegen eines Fehlers i. S. v. § 3 ProdHaftG verneint hat.[75]

31 Die vorgenannten Entscheidungen und Beschlüsse sind im Berichtszeitraum bis 2012 ergangen, berühren aber nicht den **hier interessierenden Zusammenhang von „Rückruf und Regressauswirkungen“**, daher werden sie nachfolgend nicht weiter berücksichtigt.[76]

32 Der **BGH** hat allerdings auch die Revision der Klägerin gegen das Urteil des OLG Hamm[77] (siehe sub II. 2. b. aa)) zugelassen, weshalb diese Entscheidung im Zusammenhang mit dem Rückrufthema – als **höchstrichterliche** – von **besonderer Bedeutung** ist.[78] Dies gilt für alle nachfolgend unter aa) bis cc) angeführten Fälle.

aa) Die „Pflegebetten-Entscheidung“ des BGH vom 16.12.2008

33 Die Klägerin, eine gesetzliche Pflegekasse, nahm die Beklagte als Herstellerin von Pflegebetten auf Ersatz von Nachrüstungskosten in Anspruch. Die Klägerin hatte von der Beklagten hergestellte, elektrisch verstellbare Pflegebetten bei verschiedenen Sanitätshäusern gekauft und sie Pflegebedürftigen für die ambulante häusliche Pflege zur Verfügung gestellt. Es bestand die Gefahr von Kurzschlüssen, weil die E-Motoren nicht „absolut“ gegen von oben tropfendes Spritzwasser abgekapselt waren. Nachdem die für Medizinprodukte zuständigen Behörden über bestehende Sicherheitsrisiken der Betten gewarnt hatten und die Beklagte – wie übrigens alle involvierten namhaften Pflegebettenhersteller auch in anderen Fällen – die Übernahme der Nachrüstkosten – trotz ausdrücklicher Aufforderung – ebenfalls abgelehnt hatte, ließ die Pflegekasse die Betten auf eigene Kosten nachrüsten, und verlangte schließlich die Kosten der Nachrüstung von der Beklagten ersetzt. Bereits das LG Bielefeld und das OLG Hamm[79] hatten die Klage abgewiesen.

34 Die vom BGH zugelassene Revision der Klägerin hatte ebenfalls keinen Erfolg.[80] Vertragliche Beziehungen bestanden zwischen den Parteien des Rechtsstreits nicht. Daher kamen allenfalls Ansprüche auf Aufwendungsersatz nach §§ 683, 677, 670 BGB oder Ansprüche aus Bereicherungsrecht (§ 684 Satz 1 i. V. m. §§ 812 ff. BGB bzw. § 812 Abs. 1 Satz 1 BGB) in Betracht. Ferner waren Ansprüche aus dem Gesichtspunkt eines Gesamtschuldnerausgleichs gemäß §§ 840, 426 BGB[81] zu prüfen. Insgesamt aber – so auch der BGH – bestünden solche Ansprüche nicht, weil die Beklagte **deliktsrechtlich** eben nicht verpflichtet gewesen sei, die Pflegebetten auf eigene Kosten nachzurüsten. Die Sicherungspflichten des Warenherstellers enden – so der BGH – nicht mit dem Inverkehrbringen.

---

[73] BGH, Beschluss vom 26.1.2010, BeckRS 2010, 05571 – abgebrannter LKW.
[74] BGH, NJW-RR 2011, 1240 – Dreh- und Kippflügel.
[75] Vgl. Einzelheiten zu § 3 ProdHaftG unter § 3 III., Rn. 302 ff.
[76] Ausnahme: Zurückweisung der Nichtzulassungsbeschwerde durch den Beschluss des BGH vom 19.3.2013, Az. VI ZR 246/11, bereits erwähnt unter Rn. 16, Fn. 40.
[77] OLG Hamm, BB 2007, 2367 ff. = OLGR Hamm 2008, 176 ff. – Pflegebetten.
[78] BGHZ 179, 157 = NJW 2009, 1080 = VersR 2009, 272 – Pflegebetten.
[79] OLG Hamm, BB 2007, 2367 ff. = OLGR 2008 176 ff. – Pflegebetten; siehe dazu die Vorinstanzen und Musterverfahren unter § 4 II. 2. a) aa) und *Lenz*, PHi 2003, 142 ff.; *ders.*, PHi 2006, 17 ff.; *ders.*, PHi 2007, 135 ff.
[80] BGH, NJW 2009, 1080 – Pflegebetten; vgl. dazu auch *Molitoris,* NJW 2009, 1049 ff.
[81] Vgl. dazu bereits BGH, VersR 1983, 346, 347.

Vielmehr sei er auch danach verpflichtet, alles zu tun, was ihm nach den Umständen zumutbar sei, um Gefahren abzuwenden, die sein Produkt erzeugen könnten.[82] Daraus könnten sich Reaktionspflichten zur Warnung ergeben, wobei Inhalt und Umfang und ihr Zeitpunkt vor allem vom jeweils gefährdeten Rechtsgut und von der Größe der Gefahr abhängig seien. Den Hersteller träfen diese Pflichten erst recht, wenn er erkenne, dass sein Produkt einen ihm anzulastenden Konstruktionsfehler aufweise oder er einen solchen für möglich halte.[83] Die Sicherungspflichten könnten auch **über eine Warnung hinausgehen,** etwa, wenn Grund zu der Annahme bestehe, dass die Warnung, selbst wenn sie hinreichend deutlich und detailliert erfolge,[84] den Benutzern des Produkts nicht ausreichend ermögliche, die Gefahren einzuschätzen und ihr Verhalten darauf einzurichten.[85] Dies könne auch gelten, wenn Grund zu der Annahme bestehe, Nutzer würden sich – auch bewusst – über die Warnung hinwegsetzen.[86] Aus deliktsrechtlicher Sicht würde – so der BGH – eine weitergehende Pflicht des Herstellers, die im Verkehr befindlichen Produkte nicht „nur zurückzurufen", sondern das bestehende Sicherheitsrisiko auf seine Kosten zu beseitigen, jedenfalls voraussetzen, dass diese Maßnahme im konkreten Fall erforderlich wäre, um Produktgefahren, die durch § 823 Abs. 1 BGB geschützten Rechtsgütern der Benutzer oder unbeteiligten Dritten drohen, **effektiv abzuwehren.** Wie **weit** die **Gefahrabwendungspflichten** gehen würden, lasse sich nur unter Berücksichtigung aller Umstände des Einzelfalles entscheiden.[87] Der BGH hat dann konkret im Pflegebetten-Fall zu Recht eine deliktsrechtliche Verpflichtung der Beklagten, die Pflegebetten auf eigene Kosten nachzurüsten, verneint.[88]

bb) Die Defibrillator-Entscheidung des BGH vom 13.7.2010

In dem vom BGH – nicht abschließend – entschiedenen Fall aus 2010 hatte sich ein an Herzflimmern leidender Patient einen sog. Defibrillator implementieren lassen. Der Hersteller unterrichtete die Ärzte danach über Schwierigkeiten mit dem Gerät und darüber, dass von 26.000 Defibrillatoren des beim Patienten ebenfalls eingesetzten Typs 28 Geräte wegen Kurzschlusses infolge eines zugelieferten mangelhaften Bestandteils versagt hätten. Der Patient entschloss sich, das Gerät austauschen zu lassen. Die Krankenkasse, die die Kosten übernommen hatte, forderte Schadenersatz aus übergegangenem Recht von der deutschen Vertriebsgesellschaft des US-Herstellers. Wegen fehlerhafter Zurückverweisung hob der Senat das Berufungsurteil auf. Eine Sachentscheidung konnte der Senat „schon deshalb" nicht treffen, weil die berechtigten Sicherheitserwartungen (§ 3 Abs. 1 ProdHaftG) – was die Defibrillatoren anging – von den Vorinstanzen nicht festgestellt worden war.[89] 35

Dies vermittele den Eindruck – so *Foerste*[90] –, als habe der BGH (wohl) keine Möglichkeit gesehen, die Haftung jedenfalls deshalb zu verneinen, weil eine dem Hersteller zu- 36

---

[82] Unter Berufung auf die Senatsurteile BGHZ 80, 199, 202 und BGH, VersR 1994, 1481, 1482.

[83] Siehe auch LG Frankfurt, VersR 2007, 1575; *Dietborn/Müller,* BB 2007, 2358, 2359.

[84] Dazu BGHZ 99, 167, 181; BGHZ 116, 60 , 68; BGH, VersR 1972, 1075, 1076.

[85] BGH, VersR 1994, 1481, 1482; *Bodewig,* Der Rückruf fehlerhafter Produkte, 257, 258.

[86] OLG Frankfurt, VersR 1991, 1184; BGHSt 37, 106, 119 ff.; OLG Düsseldorf, NJW-RR 2008, 411.

[87] Dazu auch OLG Frankfurt, VersR 1991, 1184, 1185.

[88] Vgl. dazu zahlreich ergangene Anmerkungen, u. a. *Molitoris,* NJW 2009, 1049; *Molitoris/Klindt,* NJW 2010, 1569 ff.; *Handorn,* KHR 2009, 53 ff.; *ders.,* MPR 2009, 37 ff.; *Burckhardt;* PHi 2009, 47, 48 ff.; *Reusch,* StoffR 2009, 205 ff.; *Thole,* NJW 2010, 1243 ff.; *Oeben,* MPR 2011, 145 ff.; *Wagner,* JZ 2009, 908 ff.; *Fuchs/Baumgärtner,* JuS 2011, 1057 ff.

[89] BGH, VersR 2010, 1666, 1668 – Defibrillator; *Juretzek,* PHi 2011, 68, 69 übt insoweit Kritik.

[90] *Foerste/Graf von Westphalen,* § 24 Rn. 337.

rechenbare Körperverletzung ausgeblieben sei.[91] Abschließend lässt sich nicht klären, welche Konsequenzen sich der Sache nach ergeben. *Juretzek*[92] meint – auch unter Bezugnahme auf die Pflegebetten-Entscheidung des BGH –, dass die Gefahr des Versagens des Defibrillators **jedenfalls durch bloße Warnung allein nicht effektiv** hätte abgewendet werden können.

37 Denkbar wäre es aber, auch anzunehmen, dass die **drohende Verletzungsgefahr** im Falle eines Produktversagens einer **Verletzung gleichstehen** müsse, einen Ansatz, den ich aber allenfalls unter bestimmten, sehr engen Voraussetzungen (konkrete Gefährdung) teile.[93] Insoweit ist größte Zurückhaltung geboten. Die Rechtsprechung läuft ansonsten Gefahr, über die gesetzliche Lage hinaus zu gehen, was es zwingend zu vermeiden gilt. Aber im Zusammenhang mit der „Rückruf-Thematik" ist diese Entscheidung – ebenso wenig wie die diesem und ähnlichen Verfahren vorausgegangenen diversen oberlandesgerichtlichen Entscheidungen – in den dargestellten Zeiträumen nicht wirklich richtungsweisend.

cc) BGH – Keine generelle Nachrüstungsverpflichtung bei technischer Normverschärfung, Urteil vom 2.3.2010

38 Eine Kundin erlitt beim Verlassen eines Bankgebäudes durch automatische Glastüren angebliche Quetschungen an der Hand, weil die Tür – so ihr Vortrag – plötzlich schloss. Die Glastür entsprach aber zur Zeit des Inverkehrbringens (des Einbaus) den seinerzeit geltenden technischen Sicherheitsanforderungen nach DIN, die später – aber noch vor dem Unfall – verschärft worden waren. Der BGH[94] hatte sich mit der Frage zu beschäftigen, ob ein Hersteller zum **Nachrüsten von Produkten verpflichtet** ist, die **nicht mehr** dem **Stand von Wissenschaft und Technik** entsprechen (Verschärfung technischer Regeln nach dem Inverkehrbringen).[95] Der BGH hob hervor, **nicht jede Anhebung technischer Standards** löse Pflichten zur Nachrüstung aus. Die produktbezogene Verkehrssicherungspflicht richte sich **nicht ausschließlich** nach den modernsten Erkenntnissen und dem neuesten Stand der Technik. Maßgeblich sei die Art der Gefahrenquelle: Je größer die Gefahr und die drohenden Folgen jedoch seien, desto eher müsse eine Anpassung (auch) an neue Sicherheitsstandards durchgeführt werden. Verwirkliche sich lediglich **ausnahmsweise,** nur unter eigenartigen und zudem entfernt liegenden Umständen die erahnte Gefahr, müsse der Geschädigte den Schaden tragen, nicht der Hersteller. Demzufolge traf den Hersteller – aber nur in concreto – keine Nachrüstungsverpflichtung.

---

[91] Vgl. dazu jüngst auch LG Frankenthal, Urt. vom 14.3.2013, 6 O 304/12, BeckRS 2013, 05012 – Brustsilikon: Die bloße Gefahr einer Gesundheitsschädigung ist nicht mit einer (eingetretenen) Gesundheitsschädigung gleichzusetzen und daher nicht schmerzensgeldauslösend.

[92] *Juretzek,* PHi 2011, 68, 69.

[93] Offensichtlich *Juretzek,* PHi 2011, 68, 69 zustimmend („schlüssig"); *Foerste/Graf von Westphalen,* § 24 Rn. 337, insbesondere FN 978 (siehe auch FN 977); vgl. auch Handorn, PHi 2011, 206 ff.; *ders.,* Abstrakte Ausfallwahrscheinlichkeit als Produktfehler, Anm. zu OLG Hamm, Urt. vom 26.10.2010 – Herzschrittmacher, MPJ 2011, 218 ff.

[94] BGH, NJW 2010, 1967 – Normverschärfung.

[95] *Molitoris/Klindt,* NJW 2012, 1489, 1495 sprechen davon, dass die Entscheidung Gefahren beleuchte, die von Produkten „allein wegen **Veralterung** ausgehen und deshalb nicht mehr vom Pflichtenkreis des Herstellers umfasst werden". Zur weitergehenden Interpretation vgl. *Ostermann/Moritz/Geiß,* Der Handel mit Gebrauchtmaschinen im Rahmen des Produktsicherheitsgesetzes, PHi 2012, 116 ff.

III. Ansichten in der Literatur zur Rückrufverpflichtung

Die in der Literatur geäußerten Meinungen sind mannigfaltiger Natur und kaum noch überschaubar. Die wesentlichen Ströme werden daher – nachfolgend in gebotener Kürze – ohne einen Anspruch auf Vollständigkeit zu erheben – dargestellt: Die wohl h. M. geht zunächst einmal davon aus, dass eine **Reaktionspflicht** jedenfalls bestehen sollte, wenn der Hersteller beim Inverkehrbringen des Produkts fehlerhaft gehandelt habe, ihm also entsprechende **Konstruktions- oder Fabrikationsfehler** unterlaufen sind.[96] Dabei divergieren die Ansichten aber dann schon, ob dann noch die **Warnung** ausreicht, oder ob eine Rückrufpflicht **im Sinne eines kostenlosen Austausches** erforderlich ist.[97] Ein kostenloser Austausch und die Nachlieferung optimierter Produkte[98] würde ansonsten, so die Argumentation der Anhänger dieser Ansicht, die grundsätzlich (lediglich) eine Warnung zunächst einmal für ausreichend erachten, die Grenzen des vertraglichen Gewährleistungsrechts „überspielen"[99] und laufe auch am „Selbstschutz" der potentiell Geschädigten vorbei. *Klindt*[100] geht unter bestimmten Umständen noch weiter und sieht selbst dann, wenn Dritte (sog. innocent bystander, zu deutsch: „unbeteiligte Zuschauer") gefährdet werden, teilweise keine Rückrufverpflichtung (im Sinne eines kostenlosen Austausches), weil der Kausalzusammenhang unterbrochen werde, insbesondere dann, wenn der Benutzer die Ware – und dies kommt in der Praxis leider häufig vor – trotz Kenntnis der Warnung weiterhin gebrauche. Dies wird nicht immer und stets so gesehen.[101] Aber selbst bei den Autoren, die eine Rückrufpflicht nicht generell für ausgeschlossen halten und/oder den Kausalzusammenhang für nicht unterbrochen ansehen in Einzelfällen, ist nicht klar, unter **welchen Voraussetzungen eine Rückrufpflicht** – im weiteren Sinne eines für den unbeteiligten Dritten und/oder des Nutzers kostenlosen Austauschs – besteht: Teilweise wird angenommen,[102] die Rückrufpflicht sei **Ausgleich** dafür, dass Hersteller ihre Verkehrssicherungspflichten, insbesondere die ihnen obliegenden Konstruktions- oder Fabri- 39

[96] So jetzt wohl auch zu verstehen, BGH, NJW 2009, 1080, Tz. 10 – Pflegebetten („... erst recht treffen den Hersteller solche Pflichten, sobald er erkennt, ... dass sein Produkt einen ihm anzulastenden Konstruktionsfehler aufweist"); *Rettenbeck*, Die Rückrufpflicht in der Produkthaftung, 1992, 79; *Schwenzer*, JZ 1987, 1059, 1061; *Ulmer*, ZHR 152 (1988), 564, 572; *Michalski*, BB 1998, 961, 965; *Frick/Kluth*, PHi 2006, 206, 214; *Dietborn/Müller*, BB 2007, 2358, 2360; *Hager*, AcP 184, (1984), 413, 424; *ders.*, JZ 1990, 397, 405; etwas anders Bamberger/Roth/*Spindler*, § 823 Rn. 518; vgl. aber auch *Tamme*, Rückrufkosten, 165 ff., 189 ff.; *Vieweg/Schrenk*, Jura 1997, 562, 563; vgl. auch Staudinger/*Czaplinski*, JA 2008, 401, 404 – ohne Kostenverpflichtung!; vgl. aber auch *Kullmann/Pfister*, Kza 1520, 53 mit Fn. 384; auch *Herrmann*, BB 1985, 1801, 1804 und vgl. zum Entwicklungsfehler *MüKo/Wagner*, § 823 Rn. 654.

[97] Warnung kann auch in diesen Fällen genügen, aber nicht immer *Lenz*, in FS für Meilicke, 417 ff.; *Diederichsen*, NJW 1978, 1281, 1286; *Schlechtriem*, JA 1983, 255, 258; *Stoll*, JZ 1983, 501, 503; *Ulmer*, ZHR 152, 1988, 564, 572; *Droste*, 234 ff.; *Tamme*, Rückrufkosten, 112; *Kullmann/Pfister*, Kza 1520, 64; sehr weitgehend auch *Pieper*, BB 1991, 985, 988 ff.; *Müller/Dörre*, VersR 1999, 1333, 1373.

[98] *Veltins*, in Hauschka, Corporate Compliance, § 24 Rn. 14 Rückruf: Zurückführen des mangelhaften Produks unter zeitgleichem Angebot einer Gegenleistung vom Hersteller.

[99] Vgl. zur Formulierung *Foerste*, in Foerste/Graf von Westphalen, § 24 Rn. 332.

[100] *Klindt*, BB 2009, 792, 794.

[101] Eine Rückrufpflicht i. S. eines kostenlosen Austauschs kann m. E. aber auch bereits dann anzunehmen sein, wenn unbeteiligte Dritte sich der Gefahr nicht bewusst sind und sich damit nicht entsprechend einrichten können, *Lenz*, in FS für Meilicke, 417 ff.; *ders.*, in Looschelders/Pohlmann, VVG, Anhang E, 104; *ders.*, in van Bühren, § 12 Produkthaftpflichtversicherung, Rn. 207, 196, 193, 172.

[102] *Foerste*, in Foerste/Graf von Westphalen, § 24 Rn. 332 spricht von „ganz überwiegend".

kationspflichten verletzen.[103] *Rettenbeck*[104] stellt andere Kriterien in den Vordergrund: Unter Hinweis auf die **mögliche Versicherbarkeit** und die **Überlegenheit** des Herstellers im Zusammenhang mit der Herstellung begründet er die Rückrufpflicht und damit unabhängig von dem Kriterium der fehlerhaften Produktion oder auch eines **Verschuldens** des Herstellers[105] (Erforderlichkeit, Zumutbarkeit). Ähnlich *Bodewig:* Es käme (auch) darauf an, ob und inwieweit es dem Gefährdeten **zumutbar** sei, auf die Nutzung des fehlerhaften Produkts zu verzichten (Interessenabwägung).[106] *Wagner*[107] sieht das Bestehen der Rückrufpflicht ebenfalls unabhängig und ohne Rücksicht auf vertragliche Käuferrechte, weil Anspruchskonkurrenz bestehe.[108] Zudem gibt es Autoren, die die Rückrufpflicht (bisweilen sind dies lediglich terminologische Unterschiede) für trennbar halten von der Kostentragungspflicht.[109] Mitunter wird – unabhängig davon, ggf. aber auch zusätzlich und bisweilen im Fokus stehend – eine **Gefahr für Leib oder Leben** für die „Betroffenen", seien es die Nutzer, seien es die Vertragspartner oder innocent bystanders, als **Voraussetzung für die Annahme einer Rückrufpflicht** im Sinne eines kostenlosen Austauschs verlangt, ähnlich wie der BGH in der Pflegebetten-Entscheidung davon spricht, dass die Maßnahme erforderlich sein müsse, um **Produktgefahren,** die die durch § 823 Abs. 1 BGB geschützten Rechtsgüter bedrohen, **effektiv abzuwehren.**[110] Letzteres ist noch nicht zu Ende diskutiert. *Stöhr*[111] hat – möglicherweise ähnlich wie der Senat – nahezu en passant einmal erwähnt, ob nicht auch eine Rückrufpflicht zum Schutze von **Sachen** angenommen werden kann. Auch dies lässt sich begründen und möglicherweise unter Berücksichtigung des Produktsicherheitsgesetz 2011 noch eher annehmen. Aber auch dies ist nicht zwingend, weil doch die Personengefahr gegenüber der Sachgefahr ein „anderes Gewicht" hat (auch wenn dies nicht einmal im Strafverfahren immer und zu Ende gedacht zum Ausdruck kommt). Jedenfalls, wenn Warnungen, Aufforderungen zur Nichtbenutzung oder zur Stilllegung gefährlicher Produkte (etwa auch, weil sich Nutzer oder Dritte über die Gefahren hinwegsetzen und dadurch Dritte gefährden) nicht helfen, drohende Gefahren abzuwenden, und Gefahren für Leib und Leben bestehen, ist eine Rückrufpflicht (im Sinne eines für den Nutzer oder Dritten kostenlosen Austauschs) wohl anzunehmen, was nicht zuletzt auch damit zusammenhängt, dass die so verstandene Rückrufpflicht als **Ausfluss der sog. Produktbeobachtungspflicht** zu kategorisieren ist und damit aus Sicht der Gefahrabwendung und weniger im Zusammenhang mit der Verschuldensverursachung zu sehen ist (Konstruktions- oder Fabrikationsfehler). Eine rudimentäre Ursache reicht meines Erachtens stets aus. Sofern Produktbenutzer demzufolge Warnun-

---

[103] Vgl. dazu OLG Stuttgart, NJW 1967, 572, 573; *Hager,* VersR 1984, 799, 804; Soergel/*Krause,* § 823 BGB, Anl. III, Rn. 28; *MüKo/Wagner,* § 823 Rn. 653; *Bodewig,* Der Rückruf fehlerhafter Produkte, 259 ff.; *Pauli,* PHi 1985, 134, 135 ff.; *Schwenzer,* JZ 1987, 1059.

[104] *Rettenbeck,* Die Rückrufpflicht in der Produkthaftung, 57 ff.

[105] Trifft den Hersteller kein Verschulden am fehlerhaften Produkt, besteht nach einigen Ansichten in der Literatur ohnehin keine Rückrufpflicht, so explizit *Foerste,* in Foerste/Graf von Westphalen, der gar von der „h. M." spricht, § 24 Rn. 341.

[106] *Bodewig,* Der Rückruf fehlerhafter Produkte, 435 ff.

[107] MüKo/*Wagner,* § 823 Rn. 653; *ders.*, JZ 2009, 908, 909.

[108] So auch *Bodewig,* Der Rückruf fehlerhafter Produkte, 440.

[109] Staudinger/*Czaplinski,* JA 2008, 401, 405 sowie *Frick/Kluth,* PHi 2006, 206, 212, was mit den unterschiedlichen Begriffsdefinitionen des „Rückrufs" zusammenhängt; entscheidend ist immer die Frage, ob eine Austauschaktion, ein Refit kostenlos und eine Warnung damit entsprechend kostenlos ausgeführt wird, oder ob eben tatsächlich das Produkt zurückgenommen werden muss, koste es was immer es wolle für den Hersteller; hier sind in der Praxis große Unterschiede festzustellen.

[110] So *Lenz,* in FS für Meilicke, 417 ff.; *ders.*, in Looschelders/Pohlmann, VVG, Anhang E (Produkthaftpflichtversicherung); *ders.*, in van Bühren, § 12 Produkthaftpflichtversicherung; so wohl auch *Veltins,* in Hauschka, § 24 Rn. 16.

[111] *Stöhr,* in FS für Müller, 173, 181 ff. und vgl. dazu auch *Lenz,* in FS für Meilicke, 417 ff.

gen definitiv ignorieren, oder wenn diese tatsächlich nur durch das Angebot kostenloser Mangelbehebung von der weiteren Nutzung abgehalten werden, kann – insbesondere dann, wenn konkrete Drittgefährdungen bestehen – nur eine Rückrufverpflichtung (i. S. eines konkreten Austausches) diese Gefahren in nennenswertem Umfang (vgl. später die Ausführungen zu den Rücklaufquoten) „abwenden".[112]

IV. Die behördliche Anordnung des Rückrufs

Die zuvor zitierte Rückrufpflicht besteht unabhängig von der Einschätzung der Vertreter der jeweils zuständigen nationalen Behörden.[113] Bevor zu den zivilrechtlichen Fragen des Rückrufs, zu den Voraussetzungen, dem Inhalt, des Umfangs und der bestehenden Dauer der Rückrufpflicht, Stellung genommen werden kann, soll vorab auf die behördliche Anordnung des Rückrufs und damit auf die öffentlich-rechtliche Seite geschaut werden. Dazu finden sich detaillierte Ausführungen in § 8 III. Rn. 76 ff. Daher im Folgenden nur einige Anmerkungen vorab, weil diese für die Systematik und für die Argumentation zum Thema Rückruf (auch im Sinne eines kostenlosen Austauschs) von Bedeutung sein können. Wie bereits an verschiedenen Stellen hervorgehoben, wird – dafür muss ich kein Prophet sein – das öffentlich-rechtliche Produktsicherheitsrecht mehr an Einfluss gewinnen.[114] Nicht umsonst nimmt, wie Praktiker feststellen können, – dies mag auffällig sein oder nicht – die Anzahl **hoheitlicher Rückrufanordnungen** (zumindest die Androhung derselben) zu.[115] Zu Recht wird in der Literatur angeführt, dass in Zukunft „eher noch" mit einer Ausweitung der Anzahl staatlicher Rückrufanordnungen gerechnet werden müsse.[116] Die Gründe dafür sind mannigfaltiger Natur. Die Entwicklung dürfte auch mit europäisch vorherrschenden Verbraucherschutzüberlegungen zusammenhängen. 40

1. Spezialgesetzliche Ermächtigungen

Ermächtigungsgrundlagen zur Anordnung eines Rückrufs finden sich vor allem in drei erwähnenswerten Regelungen: Insbesondere in § 39 Abs. 2 Satz 2 Nr. 4 Lebensmittel- und Futtermittelgesetzbuch (LFGB)[117] sowie in § 69 Abs. 1 Satz 2, 2. Alternative Arznei- 41

[112] *Müller/Dörre,* VersR 1999, 1333, 1336, insbes. Fn. 30; *Burckardt,* VersR 2007, 1601, 1606; *Tamme,* Rückrufkosten, 124 ff.; *Herrmann,* BB 1985, 1801, 1805; vgl. auch *Klindt,* BB 2009, 792, 794. Der BGH hat in der Pflegebetten-Entscheidung dazu ausgeführt, dass die Frage, wie weit die Gefahrabwendungspflichten gehen würden, nur unter Berücksichtigung aller Umstände des Einzelfalles entschieden werden könne, BGH, NJW 2009, 1080, 1083 ff. – Pflegebetten.

[113] Ebenso *Veltins,* in Hauschka, Corporate Compliance, § 24 Rn. 14; dazu auch BGH, ZIP 2001, 379.

[114] Vgl. dazu § 8 IV. Rn. 123 ff.

[115] Ebenso *Molitoris*/Klindt, NJW 2012, 1489; vgl. etwa auch OVG NRW, DVBl. 2008, 1262 ff. – Rückruf eines Fleischerzeugnisses bei irreführender Produktaufmachung nach § 39 Abs. 2 LFGB („Täuschung").

[116] *Molitoris/Klindt,* NJW 2012, 1489: Die Autoren sind der Ansicht, dass dies zum einen mit dem produktsicherheitsrechtlichen Rückrufbegriff zusammenhängt, der etwas unglücklich legal definiert sei und daher die Anordnungstenorierung immer wieder in Konflikte mit dem verwaltungsverfahrensrechtlichen Bestimmtheitsgrundsatz gerate, dazu bereits *Klindt,* NVwZ 2009, 891; dies läge aber auch daran, dass im sachverwandten Bereich des produktbezogenen **Umweltrechts** häufiger bereits hoheitliche Rückrufanordnungen vorzufinden seien; dazu bereits *Laschet,* PHi 2008, 212 unter Berufung etwa auf das energieverbrauchsrelevante Produktegesetz (EVPG).

[117] OVG NRW, DVBl. 2008, 1262 ff. – Rückruf selbst bei irreführender Produktaufmachung bei Fleischerzeugnissen; VGH Mannheim, NVwZ-RR 2010, 804; *Molitoris/Klindt,* NJW 2012,

mittelgesetz (AMG) und zudem auch in § 17c Abs. 5 Satz 2, 2. Alternative Tierseuchengesetz (TierSG).

42 In diesem Zusammenhang von Bedeutung erscheint eine Entscheidung des VGH Mannheim.[118] Ein Endhersteller von Gewürzprodukten bezog von einem deutschen Hersteller sog. **Volleipulver.** Nach der Verarbeitung dieses Produkts ließ sich in den Produkten des Gewürzproduktcherstellers **Nikotin** nachweisen. Es wurde festgestellt, dass bereits das Volleipulver Spuren von Nikotin aufgewiesen hatte, möglicherweise als Folge des Desinfektionseinsatzes im Zuliefererbetrieb gegen Hühnermilben. Ungeachtet dessen aber waren die **zulässigen Höchstmengen** nicht überschritten. Mitentscheidend: Eine Gefahr für Menschen beim Verzehr der in Rede stehenden Gewürze einschließlich des Volleipulvers bestand – trotz gewisser Verseuchung – nicht. Der Gewürzhersteller hatte einen **freiwilligen Rückruf** abgelehnt. Die zuständige Behörde ordnete, als sie von der Belastung der Gewürzprodukte Kenntnis erlangt hatte, den Rückruf der Gewürzprodukte **hoheitlich** an auf der Ermächtigungsgrundlage des § 39 Abs. 2 LFGB. Das Gericht sah in den mit Nikotin belasteten Gewürzprodukten in der Tat einen Verstoß gegen § 2 Nr. 9 lit. a Pflanzenschutzgesetz (PflSchG) und auch gegen § 9 Abs. 1 Nr. 2 LFGB. Jedoch sei die Rückrufanordnung der Gewürzprodukte wegen eines Fehlers im Rahmen des **Auswahlermessens rechtswidrig:** Die Anordnung des Rückrufs durch die Behörde hielt der VGH Mannheim für **unverhältnismäßig,** weil weder der Verstoß gegen das LFGB aus der Sphäre des Gewürzproduktendherstellers stamme, noch dieser etwaige **Informationspflichten** nicht erfüllt habe. Recht eindeutig war – in dem zugrunde liegenden Sachverhalt – der Umstand, dass eine **Gefahrenlage für Leib und Leben nicht** bestanden hat. Der VGH ließ allerdings die spannende Frage offen, ob schon wegen fehlenden Risikos für Leib und Leben von Menschen eine Rückrufanordnung per se ausgeschlossen sei. *Molitoris/Klindt*[119] interpretieren die Entscheidung als „Tendenz" zu einer solch generellen Aussage, weil die insoweit maßgebliche Verordnung (EG) Nr. 178/2002 eine Rückrufanordnung nur zulasse, wenn andere Maßnahmen nicht in Frage kommen. Dies ist allenfalls ein so genanntes **obiter dictum.**[120]

2. Allgemeine Marktüberwachungsmaßnahmen

43 Allgemeine Ermächtigungen sieht das Gesetz über die Neuordnung des Geräte- und Produktsicherheitsrechts (ProdSG), welches bekanntlich im Dezember 2011 in Kraft getreten ist, vor.[121] Die Marktüberwachungsbehörden treffen nach § 26 Abs. 2 ProdSG die erforderlichen Maßnahmen, wenn sie den **begründeten Verdacht** haben, dass ein Produkt nicht die Anforderungen nach Abschnitt 2 des ProdSG (dort sind die Voraussetzungen für die Bereitstellung von Produkten auf dem Markt sowie für das Aufstellen von Produkten geregelt) oder nach anderen Rechtsvorschriften, bei denen nach § 1 Abs. 4 die Vorschriften

1489; vgl. dazu auch §§ 19 Abs. 1, 20 Abs. 1 der Verordnung (EG) Nr. 178/2002 vom 28.1.2002 zur Festlegung der allgemeinen Grundsätze und Anforderungen des Lebensmittelrechts zur Errichtung der europäischen Behörde für Lebensmittel und Sicherheit und zur Festlegung von Verfahren zur Lebensmittelsicherheit (ABl. EG Hersteller L 31, 1); zu Definitionen vgl. auch § 39 Abs. 2 Satz 2 LFGB; *Visser,* PHi 2006, 184 ff.; *Schleuning/Münzberg,* PHi 2006, 166 ff.

[118] VGH Mannheim, NVwZ-RR 2010, 804; *Schulz,* StoffR 2010, 127; *Memmler,* ZLR 2010, 636 ff. sowie *Molitoris/Klindt,* NJW 2012, 1489.

[119] *Molitoris/Klindt,* NJW 2012, 1489.

[120] Vgl. dazu auch VGH München, BeckRS 2009, 35269; OVG Münster, DVBl 2008, 1262; OVG Münster, BeckRS 2009, 41615 und Fn. 6 bei *Molitoris/Klindt,* NJW 2012, 1489, 1490. Zu staatlichen Anordnungen von Vertriebsverboten vgl. auch OVG Münster, BeckRS 2009, 41615; VG Aachen, ZuR 2011, 547 = BeckRS 2011, 52760 – Heatballs (Hitzebälle).

[121] Vgl. dazu BGBl 2011, I, 2177 ff.; vgl. dazu auch die Ausführungen unter § 8 Rn. 1 ff.

des ProdSG ergänzend zur Anwendung kommen, erfüllt.[122] In Fällen dieser Art sind sie u. a. befugt, nach § 26 Abs. 2 Nr. 7 ProdSG die **Rücknahme** oder den **Rückruf** eines auf dem Markt bereitgestellten Produkts anzuordnen, oder nach Nr. 9 anzuordnen, dass die **Öffentlichkeit vor den Risiken gewarnt wird,** die mit einem auf dem Markt bereitgestellten Produkt verbunden sind; die Marktüberwachungsbehörde kann selbst die Öffentlichkeit warnen, wenn der Wirtschaftsakteur nicht oder nicht rechtzeitig warnt oder eine andere ebenso wirksame Maßnahme nicht oder nicht rechtzeitig trifft. Die Rücknahme ist in § 2 Nr. 24 ProdSG geregelt, der Rückruf in § 2 Nr. 25 ProdSG. Öffentlichrechtlich ist der **Rückruf** danach jede Maßnahme, die darauf abzielt, die Rückgabe eines dem Endverbraucher bereitgestellten Produkts zu erwirken. Der produktsicherheitsrechtliche Rückrufbegriff ist damit, sofern darin überhaupt eine Definition gesehen werden kann,[123] zumindest nicht eindeutig definiert und einer mannigfaltigen Auslegung zugänglich. Vorsichtig formuliert denn auch *Foerste:*[124] Den Wortlaut „scheine" man so zu verstehen zu haben, als könne die Behörde „jede Maßnahme" anordnen, die der Rückgabe dienlich sei, also auch die – besonders effektiven – Angebote zu kostenloser Überprüfung, Reparatur, Nachrüstung mangelhafter Produkte bis hin zum Austausch gegen einwandfreie Waren oder gegen Erstattung des Kaufpreises. Er selbst meint jedoch, dass dieser – vom Wortlaut aber durchaus interpretierfähige – Inhalt unzutreffend sei,[125] denn: Nach dem Normzweck dürfe dem Hersteller **keine unentgeltliche Abhilfe vorgeschrieben werden.**[126] Der deutsche Gesetzgeber – so *Foerste* – habe den bestehenden Freiraum, der sich ergab, nicht genutzt: Auch heute beschränke sich die Kostenbelastung durch Rückrufanordnungen (und ihr zivilrechtlicher Ausgleich)[127] auf den Aufwand für Veröffentlichungen. Nur so würden Wertungswidersprüche zum Zivilrecht vermieden.[128] Noch problematischer – und dazu finden sich noch keine Ausführungen in der zivilrechtlichen Literatur – sind die Einschnitte für Hersteller, wenn die Voraussetzungen des § 26 Abs. 4 ProdSG eingreifen. Denn danach **„haben"** die Marktüberwachungsbehörden den Rückruf oder die Rücknahme von Produkten **anzuordnen,** oder die Bereitstellung von Produkten auf dem Markt zu untersagen, wenn diese ein **ernstes Risiko,** insbesondere für die Sicherheit und Gesundheit von Personen, darstellen.[129] Hier stellen sich die Fragen, ob den Behörden weniger Ermessen als nach dem alten GPSG zusteht und/oder ob möglicherweise sogar ein Ermessensspielraum gar nicht mehr vorhanden ist.[130]

V. Stellungnahme zur Rechtsprechung sowie den Ansichten in der Literatur zu Fragen des Rückrufs

1. „Kostenloser Austausch" nicht obsolet

Selbst bei Produkthaftungsexperten lösten die (älteren) Entscheidungen in der deutschen Rechtsprechung (vgl. dazu die Überschrift unter II. 1.), vor allem aber auch die 44

[122] *Lenz,* in GS für Hübner, 531, 545 ff.; auch *Polly/Lach,* PHi 2011, 170, 172 und *Schucht,* StoffR 2012, 115, 118.

[123] Zweifelnd *Molitoris/Klindt,* NJW 2012, 1489.

[124] *Foerste,* in Foerste/Graf von Westphalen, § 24 Rn. 365.

[125] *Foerste,* in Foerste/Graf von Westphalen, § 24 Rn. 365: Der Eindruck trügt!

[126] Unter Berufung auf *Klindt,* § 2 GPSG (a. F.) Rn. 104; *Klindt,* § 8 GPSG (a. F.) Rn. 90; *Spindler,* NJW 2004, 3145, 3148; *Fluck/Sechting,* DVBl 2004, 1392, 1396.

[127] Unter Berufung auf *Wagner,* BB 1997, 2489, 2495.

[128] *Foerste,* in Foerste/Graf von Westphalen, § 24 Rn. 365 am Ende.

[129] Dazu vertiefend *Lenz,* in GS für Hübner, 531, 545.

[130] Vgl. dazu bereits *Lenz,* in GS für Hübner, 531 ff.

erwähnten Nichtannahmen durch den BGH insgesamt ein recht unterschiedliches Echo aus. Vorab daher vielleicht eins: Es scheint **nicht zutreffend** zu sein, aus Entscheidungen der Tatsacheninstanzen, die zur Nichtannahme führten, eine **„allgemeine Linie des BGH"** ableiten zu können und ableiten zu dürfen. Zu Recht führt *Stöhr*[131] in **erfreulicher Deutlichkeit** an, dass nicht aus sämtlichen Nichtannahmen für die hier (auch) interessierende Frage, unter welchen Voraussetzungen die Durchführung eines Rückrufs im Sinne eines für die Verwender „kostenlosen Austauschs" erforderlich ist, Nektar – zur Auffassung des BGH in der Sache – gesaugt werden kann. Allerdings – so *Stöhr* wörtlich – „war in den Fällen *Dunstabzugshaube* und *Gasheizungsdeckel* (s. o.) die Rückrufpflicht mit kostenloser Reparatur ein tragender Grund der Urteile, so dass man bei diesen die Nichtannahmebeschlüsse des BGH als **Bestätigung** der Annahme **einer Rückrufpflicht mit kostenloser Reparatur verstehen könne"**.[132] Mit anderen Worten: Zumindest den beiden zitierten OLG Entscheidungen (s. o.) lässt sich entnehmen, dass durchaus die **Pflicht für den Hersteller zur Durchführung eines „kostenlosen Austauschs"** von fehlerhaften Produkten bestehen **kann.** Dies folgt meines Erachtens auch bereits aus der bekannten „Rettungsinselentscheidung"[133] und wird jüngst überdeutlich auch durch die Entscheidungsgründe, die die Pflegebetten-Entscheidung tragen.

2. Gefahren für Rechtsgüter

45 Entscheidend für die Frage, welche Reaktionsmaßnahmen konkret von Herstellern in bestimmten Konstellationen zu treffen sind, ist aber stets der **Einzelfall** und die Voraussetzungen scheinen zumindest nach Auffassung der Rechtsprechung – und dieser folgend auch Teilen der Literatur – die zu sein, dass **(konkrete) Gefahren** – zumindest **jedenfalls für Leib und Leben**[134] – vorliegen und eben die drohenden Gefahren nicht auf andere Weise – etwa durch eine bloße Warnung, durch die Aufforderung zur Nichtbenutzung oder durch eine Stilllegungsaufforderung – abgewendet werden können.[135] Dies gilt es allerdings genauer zu untersuchen.

a) Personengefahr – Eigentumsverletzung (Rechtsguts- bzw. Rechtsverletzung)

46 Insbesondere dadurch, dass *Stöhr*[136] als Voraussetzung anführt, dass **gefährliche Folgen** „für Leben, Leib **und Eigentum** von Kunden und sonstigen Personen" berührt sein müssen, könnte sich eine neue Diskussion eröffnen in Fällen, in denen „bloße" Eigentumsverletzungen entstehen, in Abgrenzung zu drohenden Schäden an den Rechtsgütern Leib und Leben. Ganz offensichtlich wollte *Stöhr* es jedenfalls nicht gänzlich für ausgeschlossen halten,[137] dass Reaktionspflichten ebenfalls auch etwa bei drohenden massiven Eigentumsverletzungen durchgeführt werden müssen. In der Pflegebetten-Entscheidung hieß es dazu, die Maßnahme müsse erforderlich sein, um Produktgefahren, „die durch § 823 Abs. 1 BGB geschützten Rechtsgütern der Benutzer oder unbeteiligten Dritten drohen", effektiv abzuwehren. Abschließend lässt sich derzeit noch nicht vorhersagen, ob und

---

[131] *Stöhr,* in FS für Müller, 173, 176 ff.

[132] *Stöhr,* in FS für Müller, 173, 176; vgl. auch *Kettler,* PHi 2008, 52, 55.

[133] LG Hamburg, VersR 1994, 299 – Rettungsinsel.

[134] *Stöhr,* in FS für Müller, 173, 179, „…mit gefährlichen Folgen für Leben, Leib und **Eigentum** von Kunden und sonstigen Personen…".

[135] *Stöhr,* in FS für Müller, 173, 176 in diesem Teil unter Berufung auf *Kullmann/Pfister,* Kza 1520, 62.

[136] *Stöhr,* in FS für Müller, 173, 179.

[137] Vgl. auch bereits die Interpretation insoweit bei *Lenz,* in FS für Meilicke, 417 ff.

inwiefern – etwa bei drohenden Gefahren durch schwerwiegende Wasserschäden, Brandschäden, etc. – die Rechtsprechung einen Hersteller – zivilrechtlich betrachtet – zukünftig für verpflichtet halten könnte, präventiv einen „Rückruf" durchzuführen. Subjektiv – und aus Sicht der Hersteller – betrachtet, wäre es möglicherweise richtig, eine Pflicht zur Durchführung eines Rückrufs – jedenfalls im Sinne eines kostenlosen Austauschs – lediglich bei konkreten „Gefahren für Leib und Leben" anzunehmen. Dies wäre dann auch klarer im Hinblick auf die öffentlich-rechtlichen Regelungen des § 26 Abs. 4 ProdSG, in denen es heißt, dass Rückrufe anzuordnen sind, wenn Produkte ein ernstes Risiko für die „Sicherheit und Gesundheit von **Personen**" darstellen.[138] Jedenfalls dürfte dann aber eine Rückrufpflicht im Sinne eines kostenlosen Austauschs **allenfalls** anzunehmen sein bei drohendem Eintritt äußerst massiver Eigentumsverletzungen.

b) Unmittelbare oder konkrete Gefahren

Zudem stellt sich die Frage, ob nicht gar **konkrete Gefahren,** auch wenn die Begrifflichkeit nicht ganz eindeutig zu verstehen ist, vorliegen müssen. Entscheidend könnte insoweit ein sehr hoher Grad der Eintrittswahrscheinlichkeit und/oder der Realisierungswahrscheinlichkeit sein. Bedingt durch die Pflegebetten-Entscheidung des BGH[139] habe ich aber Zweifel, ob diese Ansicht beibehalten wird und/oder sich durchsetzen kann. 47

3. Differenzierung nach dem Adressatenkreis

Die Frage ist daher: Hat sich an diesen „Rechtsprechungsakzenten" aus dem letzten Jahrzehnt etwas durch neuere (und sei es auch durch untergerichtliche) Urteile geändert, insbesondere durch die Entscheidungen von 2002 bis 2012? Möglicherweise war die Entscheidung des LG Frankfurt Anlass, in eine neue Diskussion über die Fragen im Zusammenhang mit der Durchführung eines **kostenlosen** Rückrufes einzusteigen, wenn überhaupt, dann aber auch nicht mehr.[140] Eher führte der „ketzerisch formulierte" Vorschlag von *Molitoris*[141] zu einem erneuten Nachdenken über die Frage, unter welchen Voraussetzungen die **bloße Warnung** genügen würde, und ob und inwieweit Zuliefererregresse zukünftig überhaupt noch erfolgreich aus Sicht des Regressierenden geführt werden können. Berater und Versicherungen mussten auf diese These schnell reagieren. *Kettler*[142] etwa führte bei Sichtung der jüngeren Urteile – insbesondere der landgerichtlichen Urteile und bei Sichtung der Entscheidung des OLG Hamm[143] – an, dass es keinen Grund gäbe, von der bis dato ergangenen Rechtsprechung[144] abzuweichen. Selbst wenn – so *Kettler* – dem Urteil des LG Frankfurt überhaupt entnommen werden dürfte, dass Warnungen gegenüber Angeboten von kostenpflichtigen Reparaturen des Produkts i. d. R. 48

---

[138] In § 26 ProdSG heißt es aber auch „insbesondere" und damit ist die dort geregelte „Lebens- und Leibesgefahr" auch nicht abschließend – was ich einräume – zu verstehen.

[139] BGH, NJW 2009, 1080 – Pflegebetten. Dort heißt es, dass sich „Sicherungspflichten" nicht notwendig auf die Warnung vor „etwaigen Gefahren" beschränken würden; auch von „den Gefahren", „von Produktgefahren" war die Rede, und nicht von „konkret" vorhandenen Gefahren.

[140] *Lenz,* in Looschelders/Pohlmann, Anhang E (Produkthaftpflichtversicherung), Rn. 102; *ders.*, in van Bühren, § 12 Rn. 173, 174.

[141] *Molitoris,* in FAZ vom 1.11.2006, 25, *ders.*, VW 2007, 1175.

[142] *Kettler,* PHi 2008, 52 ff.

[143] OLG Hamm, BB 2007, 2367 ff. = OLGR Hamm 2008, 176 ff. – Pflegebetten.

[144] BGH, NJW 1990, 2560 – Lederspray; BGH, NJW 1992, 1225 ff. – Kondensator; OLG München, VersR 1992, 1135 – Druckluftbremse; OLG Karlsruhe, NJW-RR 1995, 594 – Dunstabzugshaube; OLG Düsseldorf, NJW-RR 1997, 1344 sowie OLG München, NJW-RR 1999, 1657.

bereits zur Gefahrenbeseitigung ausreichend seien, was er zumindest bezweifelte, sei dies im Ergebnis dann nicht überzeugend. Es hätten den Entscheidungen nämlich besondere Sachverhaltskonstellationen zugrunde gelegen: Es habe sich jeweils um Produkte gehandelt, die in die Verantwortung **fachkundiger, professioneller Abnehmer** gelangt waren. Demgegenüber sei es in den älteren OLG-Entscheidungen stets um Produkte gegangen, die in die **Hände privater Verbraucher** gelangt seien.

49 Einigkeit besteht in der Literatur (wohl) darin, nach dem **Adressatenkreis** zu differenzieren,[145] etwa danach, ob der Adressat **Verbraucher** ist oder eben **professioneller Betreiber.** Zudem muss beachtet werden, ob und inwieweit **unbeteiligte Dritte** mit einem mangelhaften Produkt in Berührung kommen können. So ist eine Rückrufaktion im Sinne einer kostenlosen Reparatur jedenfalls dann zumutbar, wenn höchstrangige Rechtsgüter für Menschen auf dem Spiel stehen, die mit dem gefährlichen Produkt des Herstellers nichts, aber auch gar nichts zu tun haben. Insbesondere unbeteiligte Dritte, sog. **innocent bystander,** wissen bekanntlich ja nichts von den von einem Produkt ausgehenden Gefahren und können ihnen deshalb auch nicht ausweichen, selbst wenn sie wollten.[146] **Beispiel aus der Praxis:**

50 Es wird festgestellt, dass hölzerne Dachfensterrahmen (von erheblichem Gewicht) nach einigen Jahren in der prallen Sonne aus der Verankerung herausspringen und (nach außen über das Dach hinweg) z. B. 5 Stockwerke tiefer auf die Straße fallen können. Dadurch könnten sich Passanten, die von den Gefahren um das Produkt keine Kenntnisse haben und sich demzufolge davor nicht schützen können, schwer verletzen.

51 Und trotzdem: Der präventiv bei der Gefahrenabwehr involvierte Berater sollte versuchen, in jedem Einzelfall (vorab) stets sehr genau zu evaluieren, ob nicht **doch (noch) von der „Warnung" Gebrauch** gemacht werden kann. Unter Umständen ist die Entscheidung darüber, ob die Warnung (im Sinne einer Aufforderung zur Nichtbenutzung oder zur Stilllegung)[147] ausreicht oder ein kostenloser Austausch erforderlich und zwingend ist, eine nicht ganz „ungefährliche" Gratwanderung. Hier bedarf es i. d. R. neben Erfahrung eines erheblichen Fingerspitzengefühls. Nur am Rande sei bemerkt, dass „das Damoklesschwert des Strafrechts" über den Herstellern schwebt. Entscheidend ist, wie **effektiv** der Hersteller erkannte (konkrete) Gefahren (für Leib und Leben) tatsächlich beseitigen kann. Gegebenenfalls können auch **„Draufgaben"** (mir zu verniedlichend klingend sind englische Formulierungen, wie z. B. **„goodies"**) in Ergänzung zur Warnung helfen, die zu erwartenden Rücklaufquoten signifikant zu erhöhen. Aber auch diese Hilfsmittel sollten nicht überschätzt werden.

4. Einzelfall-Entscheidung

52 In diesem Sinne interpretiere ich auch die sog. Pflegebetten-Entscheidung des BGH.[148] Zur effektiven Gefahrenbeseitigung habe – so der BGH in concreto – eine Warnung ausgereicht. Die Fragen, inwieweit Warnungen ausreichen und nicht weitergehende Reaktionsmaßnahmen des Herstellers notwendig werden, hält der BGH für nur im **Einzelfall** lösbar. Ich gehe aber nicht so weit zu sagen, dass „Einiges dafür spreche", dass ein Rückruf damit **im Zweifel entbehrlich** wäre.[149] Der BGH hat ausgeführt, stets gehe es um die **„Berücksichtigung aller Umstände des Einzelfalls".** Gerade deshalb lässt sich ein **Regel-Ausnahme-Verhältnis** aus der Pflegebetten-Entscheidung meines Erachtens nicht ziehen.

---

145 *Kettler,* PHi 2008, 52 ff.
146 Siehe dazu bereits *Lenz,* PHi 2007, 135, 137 und jüngst *Stöhr,* in FS für Müller, 173, 180.
147 Vgl. dazu auch BGH, NJW 2009, 1080, 1082 – Pflegebetten.
148 BGH, NJW 2009, 1080 – Pflegebetten.
149 So aber *Foerste,* in Foerste/Graf von Westphalen, § 24 Rn. 334.

Soweit dies jedoch von *Foerste*[150] angenommen wird, schränkt er dieses allerdings ein und sieht – im Anschluss an den BGH – jedenfalls für zwei Fallgruppen dann dennoch eine Rückrufpflicht als gegeben: Eine Konstellation sei die, dass es den Benutzern des Produkts **nicht ausreichend möglich** sei, die Gefahren einzuschätzen und ihr Verhalten darauf einzurichten.[151] Der andere Fall wäre der, dass Grund zu der Annahme bestehe, dass die Benutzer des Produkts sich – auch bewusst – **über die Warnung hinwegsetzen und dadurch Dritte gefährden würden.**[152] In diese Richtung lesen sich auch die Entscheidungsgründe des OLG Nürnberg.[153] Das OLG Nürnberg hatte bereits ausgeführt, dass **häufig eine geeignete, erfolgversprechende Warnung vor den Gefahren genüge.** Nur dann, wenn Gründe für die Annahme sprechen, dass eine Warnung nicht ausreiche, um den Benutzern des Produkts die richtige Einschätzung der Gefahr zu ermöglichen bzw. sie vor der gefahrträchtigen Nutzung abzuhalten, könne – je nach Art und Umfang der Gefahr! – auch ein **Rückruf** in Betracht kommen. Diese Begründung hat das OLG Nürnberg gegeben unter Berufung auf die Entscheidungen des OLG Hamm[154] und des BGH.[155] In diese Richtung wird von Teilen der Literatur auch die Defibrillator-Entscheidung des BGH vom 13.7.2010 interpretiert.[156]

5. Praktische Probleme/Beweisbarkeit

Nehmen wir als Beispiel den sog. „Hebebühnen-Fall“:[157] Hebebühnen waren mangel- 53
haft und der Hersteller hatte eine Warnung ausgesprochen und warnend erklärt, dass die Hebebühnen herabstürzen können, wenn sie mit schweren PKW beladen werden. Es bestand die Gefahr, dass die Inhaber kleinerer Werkstätten, die möglicherweise nur ein oder zwei Hebebühnen besaßen, sich bewusst über die Warnung hinwegsetzen würden, weil sie auf den Umsatz angewiesen waren, im Gegensatz zu Großbetrieben, die zum Teil zwischen 40 und 60 Hebebühnen im Einsatz haben und zudem Hebebühnen verschiedener Hersteller und damit auch gefahrfrei arbeiten konnten. Die Frage ist, wer in etwaigen Prozessen was beweisen muss. *Foerste*[158] meint, es sei zunächst einmal nur schwer beweisbar, dass zu der Zeit, als der Hersteller warnte, die Gefahr bestand, dass Benutzer sich wirklich über die Warnungen hinwegsetzen würden. Damit mag ein theoretisches Problem verifiziert sein, in der Praxis laufen Fälle dieser Art meiner Erfahrung nach anders: Sofern die Behörden eingeschaltet sind und Kenntnis von den Vorgängen haben, wird besprochen, ob und inwieweit welche Maßnahmen durchgeführt werden müssen. In Fällen dieser Art drängen Behörden häufig darauf, dass es zu einem „Rückruf“ kommt in Form einer (kostenlosen) Austauschaktion, dann durchzuführen vom Hersteller selbst; alles andere wäre aus produktsicherheitsrechtlicher Sicht auch völlig abwegig. Dass im Beispielsfall der Hebebühne von diesem Grundsatz einmal eine Ausnahme gemacht worden ist, aufgrund der Sonderkonstellation, dass bei Durchführung eines Rückrufs im Sinne eines für die

[150] *Foerste,* in Foerste/Graf von Westphalen, § 24 Rn. 334.

[151] Unter Berufung auf BGH, NJW 2009, 1080 – Pflegebetten.

[152] Unter Berufung auf BGH, NJW 2009, 1080 – Pflegebetten.

[153] OLG Nürnberg, Urt. vom 3.8.2011, Az. 12 U 1143/06, BeckRS 2013, 06837 – brennender Rauchmelder, Stromversorgungsteil, mit Beschluss vom 19.3.2013, Az. VI ZR 246/11, wurde die Nichtzulassungsbeschwerde zurückgewiesen; vgl. dazu auch die Ausführungen unter § 4 II. 2.

[154] OLG Hamm, OLGR Hamm 2008, 176.

[155] BGHZ 179, 157 = NJW 2009, 1080 – Pflegebetten.

[156] BGH, VersR 2010, 1666, 1668 – Defibrillator; vgl. dazu etwa *Foerste,* in Foerste/Graf von Westphalen, § 24 Rn. 337; siehe dazu aber kritisch *Juretzek,* PHi 2011, 68, 69.

[157] Vgl. dazu Sachverhalt und Folgen für die Besprechung mit den Marktüberwachungsbehörden in § 8 Rn. 126.

[158] *Foerste,* in Foerste/Graf von Westphalen, § 24 Rn. 338.

Betreiber der Hebebühnen kostenlosen Austauschs das Unternehmen ansonsten Insolvenz angemeldet hätte und mehr als 300 Arbeitsplätze vernichtet worden wären, mag demgegenüber vielmehr zeigen, wie intensiv sich Behörden entgegen mancher bestehender Vorurteile mit allen Einzelfakten bei der Abwägung und Ermessensausübung beschäftigen müssen und beschäftigen. Richtig ist die Beurteilung von *Foerste* aber insoweit, dass die **Urteile der Rechtsprechung** bedeutsam, die Auswirkungen aber im Ergebnis in der Tat noch nicht (ganz) überschaubar sind.[159]

6. Grundsatz: Keine Rückrufpflicht bei unverschuldetem Mangel

54 Soweit die h. L. zum Teil eine Rückrufpflicht verneint, wenn die Produktgefahr auf Mängeln beruht, die der Hersteller **nicht** ansatzweise **verschuldet** hatte, könnte ich diesem Ansatz dogmatisch folgen, wenn es tatsächlich nur um Verursachung bzw. um ein etwaiges Verschulden gehen würde (also nicht bei Entwicklungsfehlern!). Dennoch halte ich es für zweifelhaft, zivilrechtlich eine Rückrufpflicht in Fällen fehlender Konstruktions- und Fabrikationsfehler **stets zu verneinen.** Insbesondere können diesem Ansatz m. E. die Autoren nicht folgen, die die Gefahrenbeseitigungs- und Gefahrenabwendungspflicht als Ausfluss der **Produktbeobachtungspflicht** interpretieren und – im Ergebnis aus Sicht des Verbrauchers oder Benutzers des Produkts – das Gefahrenbeseitigungspotential im Auge haben. Gerade insoweit zeigt sich, dass mehr und mehr das öffentlich-rechtliche Produktsicherheitsrecht auch die zivilrechtliche Rechtsprechung – diese Prognose wage ich – beeinflussen muss und beeinflussen wird, auch wenn Entscheidungen insofern keine Bindungswirkungen für die Zivilgerichte bergen. Denn öffentlich-rechtlich gesehen steht vor allem die Frage der effektiven Gefahrenabwendung im Vordergrund; dies sollte bei zivilrechtlichen Folgefragen stets berücksichtigt werden.

7. Zusammenfassung

55 Folgt der Berater konsequent der Rechtsprechung, insbesondere der höchstrichterlichen, würde er schnell feststellen, dass die Abgrenzung recht klar und eindeutig zu ziehen ist. Als Faustformel gilt: Je dringender Gefahren sind, je konkreter sie sind, desto eher können sich Rückrufszenarien oder Warnungsnotwendigkeiten ergeben. Bei Leib- und Lebensgefahr jedenfalls wesentlich früher als bei (bloß) drohenden Eigentumsverletzungen, bei denen Reaktionsverpflichtungen der Hersteller meines Erachtens jedenfalls allenfalls – wenn überhaupt – nur in Ausnahmefällen angenommen werden können. Hier wünschen sich Berater auch in der zivilrechtlichen Rechtsprechung eine Berücksichtigung der Normen des ProdSG, insbesondere der des § 26 ProdSG.

8. Folgen für die Erfolgsaussichten des Zuliefererregresses

56 Der Zuliefererregress (vgl. dazu detailliert § 5) gehört – was die Erfolgsaussichten **aus Sicht des Regressierenden** angeht,[160] der einen für Kunden oder Dritte kostenlosen Austausch wegen drohender Gefahren für Leib und Leben durchgeführt hat – aus Sicht eines Anwalts zu den **schwieriger zu führenden Verfahren,** abgestellt auf die Beitreibung des Gesamtaufwandes, den der Regressierende tatsächlich gehabt hat. Dies hängt auch damit zusammen, dass über die vertraglichen Ansprüche (vgl. §§ 651, 437, 280 Abs. 1 BGB und die auf diese ausstrahlende Wirkung entfaltende Parkettentscheidung des

---

[159] *Foerste,* in Foerste/Graf von Westphalen, § 24 Rn. 339 insoweit zu Recht.
[160] Vgl. dazu auch die einschlägigen Anspruchsgrundlagen unter § 5 Rn. 5 ff.

BGH[161]) hinaus die gesetzlichen Regelungen (§§ 840, 426 analog; §§ 683, 677, 670 und/ oder §§ 812, 267 BGB) im Hinblick auf das Tätigwerden eines Herstellers **im präventiven Bereich nicht konzipiert** worden sind.[162]

Und hier zeigen insbesondere die bereits erwähnten Verfahren (unter § 4 Rn. 5 ff.) u. a. 57 OLG Düsseldorf (Hundesterben), OLG Stuttgart (korkartiger Geschmack), aber besonders auch die vor dem LG Frankfurt (Federbruchsicherung) und dem LG Coburg (Schiebehülsen), aber auch andere in den Instanzgerichten anhängige Verfahren, – z. B. das Regressverfahren eines Bremsbelagherstellers gegen den Zulieferanten vor dem LG Köln, das im Dezember 2008 in einem Vergleich endete[163] – dass diejenigen, die weder Kosten noch Mühen gescheut haben, konkrete Gefahren, so wie es die nationalen Rechtsordnungen dem Grunde nach nahezu einheitlich verlangen, zu beseitigen, dann letzten Endes im Regelfall aber dennoch nicht erfolgreich – „Erfolg“ hier verstanden als das vollumfängliche Beitreiben des Gesamtaufwandes – mit ihrer Regressforderung durchdringen. Sicher ist es nicht sachgerecht, bei bloßer Betrachtung einiger weniger – hier dargestellter – Verfahren eine „generelle Aussage“ dahingehend aufzeigen zu wollen, dass derartige Zulieferer-Regresse in der Praxis **in der Regel** – aus Sicht desjenigen, der alles getan zu haben glaubt – aussichtslos oder nur unter hohen summenmäßigen Abstrichen gegenüber dem tatsächlichen Aufwand zu führen wären. Natürlich handelt es sich stets um – dazu noch erheblich in tatsächlicher Hinsicht divergierende – **Einzelfälle.** Im Gegenteil: Allein die Anzahl von derartigen Prozessen und die immer wieder erneute Geltendmachung von Regressverfahren zeigen, dass durchaus nicht angenommen wird, das Führen von Zuliefererregressen sei chancenlos. Und doch darf ein wesentlicher Aspekt nicht ausgeblendet werden: Es besteht – und dies dürfte unbestreitbar sein – in der alltäglichen **Praxis die Gefahr,** dass (End-) Hersteller bei Kenntnis dieser zunächst einmal aus ihrer Sicht ungünstigen (Zukunfts-) Prognosen über die sich aus den möglichen Schwierigkeiten in einem Regressverfahren ergebenden Umstände, sobald sie diese erhalten, sachfremde Schlussfolgerungen ziehen. Nicht selten etwa wird dieser Aspekt bei der (viel früher) zu treffenden Fragestellung, ob ein Rückruf in Form eines kostenlosen Austausches durchgeführt, oder eher eine (bloße) Warnung als ausreichende Maßnahme verstanden wird (und damit letztendlich ggf. zum Nachteil von Verbrauchern, Kunden und/oder Dritten), mit abgewogen. Damit ist die (zivilrechtlich geforderte und öffentlich-rechtlich abgesicherte) „Gefahrenbeseitigung“ nicht unbeeinflusst von sachfremden, aus ökonomischen Gründen nicht verständlichen, aber immerhin nachvollziehbaren Faktoren (vgl. zu den Anspruchsgrundlagen im Zuliefererregress § 5).

9. Die Auswirkungen bei international notwendigen (kostenlosen) Austauschaktionen

Unter Experten vielfach diskutiert wird die Frage, zu welchen Konsequenzen die (oben 58 sub § 4 II. dargestellte) deutsche Rechtsprechung zur Gefahrenbeseitigung in Fällen führt, in denen Gefahrenbeseitigungsmaßnahmen von Herstellern in europäischen oder weltweiten Märkten durchgeführt worden sind. Dies vor allem, weil das Marktüberwachungsrecht in der EU bewusst inzwischen ebenfalls europäisch ausgestaltet ist und international etwa aus Japan oder auch aus den USA maßgeblich beeinflusst wird. Dazu zunächst zwei Beispielsfälle:

---

[161] BGH, Urt. vom 15.7.2008, NJW 2008, 2837 = BB 2008, 1922 = WM 2008,1890.

[162] Zu den Konsequenzen: *Grote,* VersR 1994, 1269 ff.; *Beckmann,* R+S 1997, 265 ff.; *Müller/ Dörre,* VersR 1999, 1333 ff.; LG Hamburg, VersR 1994, 299 – Rettungsinsel; vgl. dazu § 5 Rn. 84 ff.

[163] LG Köln, Az. 82 O 13/07 – Bremsbelag.

a) Austauschaktion: Rennradreifen

59 Nehmen wir an, ein deutscher Hersteller von Reifen stellt fest, dass es zu Ablösungen an der Karkasse kommen kann. Der Mangel zeigt sich, wenn es zur Beulenbildung kommt. Beschwerden einiger Kunden, deren Reifen sich ausbeulen, führen zu eingehenden Untersuchungen und dazu, dass der Hersteller die für ihn zuständige Behörde unterrichtet, weil die Untersuchungen ergeben, dass von dem von ihm in Verkehr gebrachten **Fahrradreifen** Gefahren für die Gesundheit und Sicherheit von Personen ausgehen könnten. Wir unterstellen: Es sei noch nicht zu Personenschäden gekommen. In Abstimmung mit den deutschen (für diesen Hersteller) zuständigen Behörden erlässt der Fahrradhersteller eine **Warnung,** mit der er inhaltlich beschreibt, was mit den von ihm gelieferten Reifen passieren kann. Ernste Gefahren – die zu einer Meldung der deutschen Behörde an die EU-Kommission hätten führen können – sehen Hersteller und die deutsche Behörde übereinstimmend (zutreffend) nicht. Bei dieser – insgesamt unterstellten – Sachlage hätte der (deutsche) Hersteller damit den ihm obliegenden Pflichten (nach deutschen Parametern) genüge getan. Die in den **USA** zuständige Behörde **verlangt** aber wesentlich **mehr,** nämlich, dass der deutsche Hersteller umgehend „einen für die (amerikanischen) Verbraucher **kostenlosen Austausch**" durchführt. Der Hersteller kommt der Forderung nach. Die Marktüberwachungsbehörde in den USA meldet dies den Marktüberwachungsbehörden in Kanada und nach United Kingdom. Von England aus werden nunmehr auch andere Behörden in Europa informiert, die (nunmehr) – auch in ihren Ländern – **mehr als eine bloße Warnung** verlangen.

60 Der Fall verdeutlicht zunächst plastisch eines: Es kann – auch wenn dies von den nationalen Gesetzgebern sicher nicht gewollt ist – durchaus sein, dass Hersteller und z. B. deutsche Marktüberwachungsbehörden annehmen, die Warnung sei ein ausreichendes probates Mittel zur Reaktion, dass aber andere international agierende Behörden sowohl in Europa, insbesondere aber in den USA oder Australien und auch in Japan, mehr verlangen, nämlich die Durchführung einer Austauschaktion – verstanden als ein kostenloses Zurverfügungstellen neuer Produkte. Dieses Beispiel aus der Praxis zeigt zugleich, wie wenig Sinn es heute macht, allein auf einen **nationalen Blickwinkel** abzustellen bei Fragen den Rückruf betreffend. Es drängt sich daran zwangsläufig die Anschlussfrage auf, was passiert, wenn der Hersteller eine kostenlose Austauschaktion nach dem jeweiligen internationalen Recht bzw. den dort entwickelten „Rechtsgrundsätzen" durchführen muss – z. B. in den USA. Dies soll nachfolgend darzustellender Fall noch weiter vertiefen.

b) International notwendiger Austausch des Endprodukts: Gefahr „Armbruch"

61 Ein in Deutschland ansässiger Metallarmhersteller, an dessen Produkt verschiedene Instrumente angehängt werden können, u. a. auch schwere Leuchten, stellt fest, dass das von ihm konstruierte Produkt nicht die Sicherheit bietet, die Kunden erwarten durften. So bestand die konkrete Gefahr, dass der Schwenkarm abbrechen und herunterfallen könnte. Der Endhersteller der Schwenkarme mit angehängten Leuchten meinte, dass dies darauf zurückzuführen sei, dass der ebenfalls in Deutschland sitzende Zulieferer der Metallarme die ihm obliegenden Schweißarbeiten nicht ordnungsgemäß erbracht habe. Wir nehmen bei diesem – unterstellten Sachverhalt – ferner an, dass die Produkte vom deutschen Metallarm(end-)hersteller mit den Leuchten versehen und weltweit ausgeliefert worden wären, und dass es dann in nahezu allen Ländern der Erde vereinzelt zu Schadensfällen und zum Teil auch zu einer Einschaltung der (unterschiedlich agierenden internationalen) Marktüberwachungsbehörden gekommen wäre.

c) Beratungsaspekte

Diese oder ähnliche Konstellationen führen zu juristisch äußerst interessanten, in der globalisierten Wirtschaft typischerweise immer häufiger auftretenden Fragestellungen.[164] Die Sachverhalte sind – rechtlich betrachtet – zunächst einmal nach den **jeweiligen nationalen Landesrechten** zu beleuchten. Wenn in Deutschland die Warnung nach öffentlich-rechtlichen und zivilrechtlichen Vorgaben genügt und der Hersteller eine solche durchführt, diese aber dem US-amerikanischen Recht nicht genügt, dort vielmehr ein Austausch in Form eines kostenlosen Zur-Verfügung-Stellens neuer Produkte (rechtlich) notwendig war, spricht vieles dafür, in einem ggf. in Deutschland im Anschluss an die Aktion zu führenden **zivilrechtlichen Regressverfahren** diese internationalen Aspekte berücksichtigen zu müssen. Ohne den Anspruch erheben zu wollen, die Aspekte umfassend gesichtet zu haben, will ich konkreter werden: Die Frage, **ob eine Warnung genügt** oder aber ein **Rückruf im Sinne eines kostenlosen Austausches darüber hinaus notwendig** ist, und wer diesen durchzuführen hat, kann bei **internationalen Sachverhalten nur** für das **jeweilige Land gesondert beurteilt** werden. Die amerikanische Food and Drug Administration (FDA) etwa hat für Rückrufe vier verschiedene Gefahrenklassen eingeführt mit unterschiedlichen Folgerungen für die Hersteller, die durchaus als Anhaltspunkte bei internationalen Sachverhaltskonstellationen herangezogen werden können.[165] Es gilt das jeweilige nationale Landesrecht (Produktsicherheitsrecht, Strafrecht und Zivilrecht). Wenn danach der Endhersteller eine für die potenziell Gefährdeten oder für seine Kunden kostenlose Austauschaktion in dem jeweiligen Land durchgeführt hat, und eine ähnlich dem deutschen Konstrukt einer Gesamtschuld vergleichbare rechtliche Ausgangslage existiert und ggf. auch der Zulieferer verpflichtet gewesen wäre, Entsprechendes zu veranlassen, erscheint die Annahme berechtigt, dass dann für einen etwaig zu führenden Regress gegen den in Deutschland sitzenden Zulieferer auch das jeweils ausländische Recht Berücksichtigung finden müsste. Ansatzpunkt für den Bereich des Zuliefererregresses dürften u. a. dann Artt. 10 (ungerechtfertigte Bereicherung) und 11 (Geschäftsführung ohne Auftrag) **ROM II** sein.[166] Primär ist das Recht anzuwenden, dem das „Rechtsverhältnis" unterliegt. Das dürfte das Land sein, in dem der jeweilige Austausch, eben notwendigerweise verpflichtend „kostenlos" für den Verbraucher oder den Dritten, durchgeführt worden ist (vgl. Art. 11 Abs. 1 und Abs. 3 sowie Art. 10 Abs. 1 und Abs. 3 ROM II). Dies können jedenfalls in Deutschland aber nur **rechtliche Anleihen** zur Argumentation sein. Denn die Ausprägungen für Ansprüche aus „Analogien" zu den zitierten Normen (GoA/Ungerechtfertigte Bereicherung) oder eben zu den „§§ 840, 426 BGB analog" **kennen ausländische Rechtsordnungen nicht,** oder aber sie haben **andere Bedeutungen:** In einigen ausländischen Rechtsordnungen kommt bekanntlich der GoA eine wesentlich geringere Bedeutung zu als im deutschen Recht. In England etwa ist sie auf enge Fallgruppen beschränkt, in Spanien hat sie ausschließlich vermögensrechtlichen Charakter,[167] die gesamtschuldnerische Ausgleichshaftung dürfte, wenn überhaupt, jedenfalls in der „deutsch-rechtlichen Ausprägung" im Ausland so nicht bekannt sein. Und abschließend: Richtet sich der Regress danach im Einzelfall nach der ausländischen Rechtsordnung, bestehen keine ernsthaften Schwierigkeiten: Diese wird die durch den kostenlosen Austausch bestehenden Besonderheiten ohnehin beachten. Werden jedoch – im Einzelfall, und aus welchen Gründen auch immer – nicht die ausländischen Rechts- 62

[164] Siehe dazu explizit *Klindt,* NJW 2012, 3499 – Rezension; und bereits *Lenz,* in FS für Meilicke, 417 ff.

[165] Ebenso *Veltins,* in Hauschka, Corporate Compliance, § 24 Rn. 16, dort sind die Gefahrenklassen 1 bis 4 detailliert beschrieben.

[166] Vgl. dazu Ausführungen in § 6.

[167] Palandt/*Thorn,* Rom II, Art. 11 Rn. 2.

ordnungen herangezogen, sondern kommt es zur Anwendung deutschen Regressrechts (etwa über die Alternative „gewöhnlicher Aufenthalt in demselben Staat", o. ä.) dann sind m. E. die Besonderheiten der ausländischen Rechtsordnungen (also z. B. hier: Die Notwendigkeit zur Durchführung eines *kostenlosen Austausches* im US-amerikanischen Recht) auch im deutschen Recht angemessen zu berücksichtigen. Dem Grunde nach erscheinen daher dann auch Aufwendungen regressfähig, die über die für eine bloße Warnung erforderlichen hinausgehen.

63 Diese internationalen Fallkonstellationen verlangen von Beratern, die etwaige Austauschaktionen mit den Vertretern der Unternehmen planen, enorme Abwägungsleistungen im Einzelfall über in der Zukunft möglicherweise oder wahrscheinlich aufkeimende Konstellationen sowohl in rechtlicher als auch in tatsächlicher Hinsicht. So müssen sich Berater unter anderem schon während der Vorbereitung, insbesondere aber bei der Durchführung eines internationalen Rückrufes, Gedanken über etwaige Regresse bei Zulieferern machen und vorbeugende Maßnahmen ergreifen, um diese erfolgreich gestalten zu können. In Einzelfällen können Regressverfahren durch Streitverkündungen planmäßig vorbereitet werden, in anderen nicht. So haben Berater im Einzelfall zu überlegen, ob und inwieweit es in etwaigen Straf- oder Zivilverfahren im Ausland und/oder auch im Inland, vor allem in sogenannten Adhäsionsverfahren, die es im Ausland häufiger gibt als im Inland (vgl. dazu aber § 406 StPO) sinnvoll sein kann, mit dem **„Instrument der Streitverkündung"** zu arbeiten. Als Beispiel sei erneut auf den Sachverhalt im sogenannten Hubarbeitsbühnen-Fall des belgischen Korrektionalgerichts verwiesen.[168] Im Anschluss an das belgische Verfahren kam es zu Regressverfahren in Deutschland. Das Instrument der Streitverkündung, selbst wenn es (ausnahmsweise oder regelmäßig) in ausländischen Rechtsordnungen überhaupt vorgesehen ist, hilft nicht wirklich – wie man nach deutschen Vorstellungen meinen könnte – zur Vorbereitung eines Regressverfahrens im Anschluss an ausländische Verfahren. Der BGH[169] hat (erneut) hervorgehoben, dass eine etwa in einem Adhäsionsverfahren auf Antrag des Geschädigten gegen den Schädiger ergangene Entscheidung **weder Rechtskraft gegenüber dem Haftpflichtversicherer** des Schädigers zeigt und ebenso wenig das in einem etwaigen Folge- oder Regressprozess zur Entscheidung **berufene Gericht bindet.** Dies gilt mit allen Vor- und Nachteilen, so dass selbst über Jahre hinweg durchgeführte Beweisaufnahmen und Sachverständigenbefragungen und deren Erstellung von Gutachten (wie im Fall des belgischen Korrektionalgerichts) dann im Regressverfahren gegen den Zulieferer unter Umständen erneut durchgeführt werden müssen.

64 Unabhängig davon muss der Berater natürlich vorzeitig die **Verjährungsthematik** mit seinen Klienten erörtern, dabei aber vor allem bei Auslandssachverhalten frühzeitig eruieren, ob möglicherweise kürzere Fristen, als er diese dem deutschen Recht entnehmen kann, gelten und ob etwaige Verjährungsverzichtserklärungen des Haftpflichtversicherers tatsächlich auch zu Lasten des schädigenden Versicherungsnehmers und zugunsten des Empfängers gelten oder ob dieser persönlich eine etwaige Verjährungsverzichtserklärung – je nach Landesrecht – selbst (anstelle des Haftpflichtversicherers) abzugeben hat oder abgeben muss.

65 Diese und weitere sehr schwierige Themen fordern von Seiten der involvierten Berater eine möglichst breit angelegte „international einsetzbare Infrastruktur" und verlangen – nicht selten im Einzelfall – eine vorausschauende „fast architektonische Meisterleistung".

---

[168] Korrektionalgericht Leuven, Urt. vom 26.6.2012; Geschäftsstellennummer: 62, Auditorat LE65.97.415-06: Sachverhalt und Verfahren (Adhäsionsverfahren nach belgischem Recht) sind im strafrechtlichen Teil unter den ausländischen strafrechtlichen Urteilen abgedruckt, § 2 Rn. 44.

[169] BGH, Urt. vom 18.12.2012, Az. VI ZR 55/12, NJW 2013, 1163 ff.

VI. Beginn und zeitliches Ende der Rückrufpflicht

Rechtsprechung zu diesem Themenkomplex existiert noch nicht. Beginn und zeitliches Ende der Rückrufpflicht im Sinne eines kostenlosen Austausches werden in der Literatur kaum diskutiert. Dies mag damit zusammenhängen, dass die Rückrufpflicht als Gefahrenabwendungspflicht nicht selten im Rahmen der Produktbeobachtungspflicht und damit im Rahmen der Kommentierungen zu § 823 BGB erfasst wird. Damit werden hier tangierte Problembereiche nicht selten ausschließlich im Zusammenhang mit dem **Ende der sog. Produktbeobachtungspflicht,** anstatt – konkreter – mit der Differenzierung zwischen Produktbeobachtungspflicht und „Rückrufpflicht im Sinne eines kostenlosen Austausches" besprochen. Insoweit verweise ich auf meine Ausführungen zum Ende der Produktbeobachtungspflicht.[170] 66

VII. Rückrufmanagement

Zum Teil hängen Themen der ausreichenden Organisation mit der sog. Produktbeobachtungspflicht zusammen. Aus dieser Pflicht heraus folgt etwa bereits, dass Unternehmen etwaig eingehende Reklamationen über mangelhafte Produkte sammeln, die Inhalte bewerten und aber auch Konsequenzen daraus (aktiv) zu ziehen haben (aktive Produktbeobachtung).[171] Reklamationen sind **zentral** zu erfassen.[172] Dazu gehört auch die Weiterleitung von etwaig eingegangen **Beschwerden** bis in die Vertriebskette.[173] Die Pflichten aus der Produktbeobachtung beeinflussen damit auch die **betriebliche Organisation.** Hersteller treffen bekanntlich die Verkehrspflichten, grundlegende Organisationsformen zu schaffen, die das Risiko von **Produktfehlern** weitestgehend vermeiden helfen.[174] Insoweit sind die Grenzen zwischen konkreten betrieblichen Organisationspflichten und Produktbeobachtungspflichten auch fließend.[175] Im Einzelnen: 67

1. Sicherstellung der Rückverfolgbarkeit

Schon aus der Produktbeobachtungspflicht heraus ergibt sich die Pflicht, nach der Hersteller Vorkehrungen treffen müssen, die sie in die Lage versetzen, ggf. Produkte zurückrufen zu können. Pendant dieser zivilrechtlich formulierten „Produktbeobachtungspflicht" ist produktsicherheitsrechtlich § 6 Abs. 2 ProdSG, eine Sonderregelung für die Bereitstellung von Verbraucherprodukten auf dem Markt.[176] Neben den allgemeinen 68

[170] Vgl. dazu Ausführungen zu § 823 Abs. 1 BGB unter § 3 II. Rn. 234 ff. sowie zu den Ansätzen des Rechtsgedankens, der Heranziehung des § 13 ProdHaftG auf die Ausführungen zu § 13 ProdHaftG unter § 3 III. Rn. 442 ff.

[171] Vgl. dazu etwa auch *Foerste,* in Foerste/Graf von Westphalen, § 24 Rn. 380; *Veltins,* in Hauschka, Corporate Compliance, § 24 Rn. 7; *Hauschka/Klindt,* NJW 2007, 2762 ff.

[172] *Hauschka/Klindt,* NJW 2007, 2726, 2728 ff.

[173] BGH, NJW 1994, 517, 519 f.

[174] So bereits entschieden vom Reichsgericht RGZ 87, 1, 4 – Brunnensalz; aber auch vom BGH, NJW 1968, 247, 248 ff. – Schubstrebe; BGH, VersR 1972, 953, 954 – Propangas; sowie BGH, NJW 1973,1602, 1603 – Feuerwerkskörper; dazu auch *Veltins,* in Hauschka, Corporate Compliance, § 23 Rn. 16; *Klindt/Popp/Rösler,* Rückrufmanagement, 2006; *Tamme,* Rückrufkosten, 198 ff.

[175] So zu Recht *Foerste,* in Foerste/Graf von Westphalen, § 24 Rn. 392.

[176] Neben spezialgesetzlichen Regelungen, etwa im MPG oder auch durch „schärfere Voraussetzungen", etwa durch europäische Vorgaben; vgl. etwa den Vorschlag für eine Richtlinie zur

Anforderungen an die Bereitstellung von Produkten auf dem Markt (§ 3 ProdSG) haben Hersteller nach § 6 Abs. 1 Nr. 3 ProdSG **eindeutige Kennzeichnungen zur Identifikation des Verbraucherprodukts anzubringen.** Damit soll die **Rückverfolgbarkeit (traceability)** erleichtert werden. Dies bedeutet für Hersteller, dass sie entsprechende Modell-, Typen-, Chargen- und Seriennummern auf dem Produkt anbringen müssen, wobei die Frage ist, ob dies bereits genügt. Wünschenswert erscheint die systematisch mögliche Zuordnung einzelner Bauteile im Kontext des Gesamtproduktes, ganz ideal also auch die Kennzeichnung sämtlicher Eigen- und Fremdbauteile und entsprechende Codierungen.[177] Damit korrespondieren wiederum **betriebliche Organisationspflichten,** entsprechende **Rückrufpläne** zu entwickeln und bereit zu halten und für den „Gau-Fall" sog. **Feuerwehrkreise** einzurichten, um Auslieferungsstopps erwirken und Maßnahmen zur Ursachenklärung schnellstmöglich entwickeln zu können und entsprechende Kommunikationen in der Verteiler- und Zuliefererkette und mit den Behörden zu erreichen.[178]

2. Risikomanagement

69 Teil der Organisation muss es auch sein, Fehlerquellen bzw. Ursachen möglichst rechtzeitig zu erkennen und damit Gefahren möglichst schon präventiv zu verhindern.[179] Einheitliche Konzeptionen fehlen. Zertifizierungen können ein aprobates Mittel sein, etwa nach den **ISO 9000 ff.**[180] Von den diversen unterschiedlichen Qualitätsmanagementsystemen seien TQM,[181] FMEA,[182] die statistische Prozesslenkung (SPC) und auch das Planungs- und Kommunikationssystem Quality Function Deployment (QFD) beispielhaft genannt.[183]

Verantwortliche Personen sind Projektmanager, „safety manager", Verantwortliche für die funktionale Sicherheitsbewertung und/oder Leiter der Qualitätssicherung (**„Produktsicherheitsbeauftragte").**[184]

3. Produkthaftungsrechtliche Compliance

70 Kaum ein Stichwort ist – im Anschluss u. a. an die durch Siemens bekannt gewordenen Untersuchungen – momentan mehr in aller Munde von Juristen als das Thema „Compliance", und dies in allen Facetten. **Compliance** bedeutet zunächst einmal, dass sich alle

---

Verwendung von elektrischen Betriebsmitteln, KOM (2011) 773; BR-Drs. 760/11 vom 10.2.2012, ein Anliegen, durch das die Rückverfolgbarkeit verbessert wird. Dazu liegen inzwischen weitgehende Vorschläge der Kommission für 2015 vor.

[177] Ebenso *Foerste,* in Foerste/Graf von Westphalen, § 24 Rn. 383.

[178] *Romeike,* Rechtliche Grundlagen des Risikomanagements, 2008, 3 ff.; 177, 207 ff.; *Frese/Werder/Klinkenberg,* DB 1988, 2369 ff.; *Abbott,* PHi 1982, 84 ff.; *Ulmer,* PHi 1992, 188.

[179] Ein „klassisches Beispiel": Die Verschärfung der Umweltauflagen für PKW Klimaanlagen 2006; Verbot des alten Mittels wegen des angeblichen Treibhauseffekts. Die Hersteller arbeiteten daraufhin auf CO^2-Basis, effizient aber kostenintensiv, und dann mit dem wenig klimaschädlichen Mittel **Tetrafluorpropen.** Ab 1.1.2013 wollten alle deutschen Hersteller auf dieses Mittel zugreifen. Der Paukenschlag: Bei internen Tests stellte Mercedes fest, dass sich das Mittel im heißen Motorraum entflammen kann; ADAC-Motorwelt 2013, 48.

[180] *Schlutz,* PHi 1996, 122; *Foerste,* in Foerste/Graf von Westphalen, § 24 Rn. 393; *Möllers,* DB 1996, 1455.

[181] Total Quality Management: Jeder Mitarbeiter hat sich an der Qualitätsverbesserung und der Qualitätssicherung zu beteiligen.

[182] Die Fehler-Möglichkeits- und Einfluss-Analyse (FMEA) stellt auf das systematische Prüfen von Schwachstellen ab.

[183] Vgl. dazu detaillierte Ausführungen u. a. bei *Veltins,* in Hauschka, Corporate Compliance, § 23 Rn. 16/17.

[184] Vgl. dazu ISO 26262 – 2: 2011 ua. 7.4.2.1 oder 5.4.2.3 oder 1.109; *Helmig,* InTeR 2013, 28, 31 spricht von der Verantwortlichkeit der „funktionalen Sicherheitsmanager".

Mitarbeiter und auch Organe rechtmäßig verhalten und sich darauf verständigen, die gesetzlichen Vorschriften und die darauf bezogenen Betriebsinterna zu beachten[185]. Recht früh[186] hat bereits *Klindt* auch auf die produkthaftungsrechtliche Compliance hingewiesen.[187] Bei Erarbeitung entsprechender Compliance-Programme[188] sind (auch) produkthaftungsrechtliche und produktsicherheitsrechtliche Fragestellungen in die internen Regelungen aufzunehmen. In diesem Zusammenhang können Unternehmen ihnen obliegende Pflichten und auch solche, die aus dem Produktsicherheitsrecht, u. a. aus dem Produktsicherheitsgesetz (ProdSG), herrühren, einführen und für die Mitarbeiter zugänglich machen durch schriftliche Fixierungen und Veröffentlichungen, etwa über das sog. Intranet.[189] Dabei haben Unternehmer einen durchaus weiten Ermessensspielraum und auch die Wahlfreiheit, zwischen verschiedenen Maßnahmen zu differenzieren und konkrete Vorkehrungen zu treffen.[190]

4. Rücklaufquoten

Obwohl doch eine zentrale Thematik, finden sich kaum Hinweise auf empirische Studien 71
zu **Rücklaufquoten,** was aber nicht verwundert in Anbetracht der sehr sensiblen Daten, die bei Beantwortung entsprechender Anfragen publik werden könnten. Entsprechend wenig aussagekräftig sind Stellungnahmen zu dieser Thematik in der Literatur. Es hilft wenig, zu prognostizieren, dass die **Rückruf- bzw. Erfolgsquoten** nach Durchführung eines Rückrufes im Einzelfall ganz erheblich **schwanken,** je nach Art des Produkts und je nach den Vertriebswegen.[191] Zutreffend und mit unseren anwaltlichen Erfahrungen und Untersuchungen in Einklang ist der erhobene Befund, dass die Rücklaufquoten im Kfz-Bereich mit am höchsten von allen Sparten liegen.[192] Die Resonanz im Kfz-Bereich liegt grundlegend über 90 %, bei Nachfassungsaktionen bei nahezu 100 %.[193] Solange Endhersteller über die eigene Vertriebskette vertreiben und es sich der Art nach um Produkte handelt, die von professionellen Betreibern benutzt werden, lassen sich im Regelfall höhere Rücklaufquoten erzielen als bei Produkten, die in den Händen diverser – und im Zweifel unbekannter – Dritter oder der **Verbraucher** stehen. Daran ändert auch der **öffentliche Rückruf**[194] (durch Medien begleitet) im Regelfall nichts. Sofern aber bereits der Vertrieb in

[185] LG München, Urt. vom 5.4.2007, Az. 5 HK O 15964/06, NZG 2008, 319 ff.; *Hauschka,* Corporate Compliance, § 1 Rn. 2; vgl. dazu auch *Deutscher,* Corporate Governance Kodex (DCGK) – Präambel in der Fassung von 2007; *Hauschka,* ZIP 2004, 877 ff., 878; *Veltins,* in Hauschka, Corporate Compliance, § 23 Rn. 16 und Ausführungen Rn. 70.

[186] Vgl. dazu bereits *Hauschka/Klindt,* NJW 2007, 2726 ff.

[187] Vgl. dazu jetzt auch *Klindt/Pelz/Theusinger,* NJW 2010, 2385; *Reese/Ronge,* VersR 2011, 1217, 1219 ff.

[188] Vgl. beispielsweise das der BASF unter http://www.basf.com/group/corporate/de/sustainability/our-values/compliance, zuletzt abgerufen am 5.4.2013.

[189] *Hauschka/Veltins,* 531, 551 zum Produktrückruf.

[190] *Veltins* mit Recht in Hauschka, Corporate Compliance, § 23 Rn. 16.

[191] So *Foerste,* in Foerste/Graf von Westphalen, § 24 Rn. 327; vgl. auch die Ausführungen in § 3 II. Rn. 240.

[192] Insoweit zu Recht *Foerste,* in Foerste/Graf von Westphalen, § 24 I. Rn. 327, basierend auf einem Artikel der FAZ vom 11.5.2009, 13.

[193] Dennoch kommt es vor, dass Halter sich weigern, in Werkstätten zu fahren, so dass das Kraftfahrt-Bundesamt (KBA) in Flensburg gezwungen ist, in Einzelfällen Stilllegungsverfügungen zu erlassen, vgl. dazu auch *Jähnke,* Jura 2010, 582, 584 sowie *Burckardt,* VersR 2007, 1601, 1606 und dort insbesondere Fn. 69 ff.; FAZ vom 11.5.2009, 13.

[194] Zur Abgrenzung: Unter einem **„stillen Rückruf"** verstehen einige Fachleute Maßnahmen, bei denen Besitzer oder Betreiber zur Gefahrenbeseitigung angeschrieben werden, ohne dass diese Aktionen in der Öffentlichkeit bekannt werden; statt vieler *Veltins* mit Recht in Hauschka, Corporate Compliance, § 24 Rn. 15.

Dritthänden liegt, etwa Handelsketten (Großhandel, Fachhandel, Einzelhandel) zwischengeschaltet werden, sind die Rücklaufquoten niedriger. Die Prozentzahl an sich besagt auch nicht viel, müsste der Hersteller nicht daraus etwaige weitere Konsequenzen ableiten, zu denen er aber ggf. verpflichtet sein kann: In der Praxis stellen Berater nicht selten fest, dass die Rücklaufquoten – in der Tat je nach Branche und Produkt unterschiedlich – zwischen 10 % und 30 % liegen können; belegen lässt sich dies im Anschluss an durchgeführte Rückrufaktionen in hunderten von Fällen. Nach der durchgeführten Austauschaktion kann der Hersteller – im Einzelfall – ermitteln, wie viel von den seinerzeit in Verkehr gebrachten Produkten er – bei einer **ersten Aktionswelle** – erreicht hat. Im Regelfall sind dies bei typischen Verbraucherprodukten, aber auch bei Produkten, die in den Vertrieb von Werkunternehmern gelangt sind, wie beispielsweise Thermostate, die an Heizkörpern angebracht werden, nicht (viel) mehr als 15 %. In Fällen dieser Art stellt sich dann die Frage, ob und inwieweit der Hersteller nicht sogar verpflichtet ist, weitergehende Aktionen durchzuführen. Ich selbst meine, dass bei Nichterreichen einer – wo auch immer angesiedelten – **signifikanten Rücklaufquote** Hersteller versuchen sollten, eine zweite Aktion zu starten und ggf. auf optimierten Kanälen versuchen müssen, die Rücklaufquote in einem zweiten, ggf. sogar in einem dritten Anlauf **maßgeblich zu erhöhen,** um die Gefahren für die Allgemeinheit – insbesondere bei möglichen Schadenseintritten von unbeteiligten Dritten – zu verhindern. Die Erfahrung zeigt aber, dass i. d. R. zumeist die erste Aktionswelle das schon fast höchstmögliche Ergebnis erreicht, und wenn dieses beispielsweise bei 20 % gelegen hat, eine zweite und sogar dritte Welle oft nur weitere 3 % bis 5 % an zusätzlichen „Rückläufern" bewirkt. Trotzdem ist – dies ergibt sich meines Erachtens ebenfalls aus der Produktbeobachtungspflicht – eine **verschärfte Nachkontrolle des Herstellers** – wenn er sich schon zu einer Austauschaktion hat entschließen müssen oder dazu freiwillig entschlossen hat – zwingend notwendig und erforderlich und muss – unter Abwägung aller Argumente im Einzelfall – ggf. wiederholt werden. Entsprechend muss wiederum – und hier verzahnt sich die betriebliche Organisation mit den einzelnen Pflichten des Warenherstellers – der Betrieb organisiert sein. Zusammenfassend möchte ich aber betonen, dass die Prozentangaben von Rücklaufquoten möglicherweise auch eines der „bestgehütetsten Geheimnisse" der Unternehmen an sich sind, wie die alltägliche Beraterpraxis zeigt.

VIII. Anspruch auf Durchführung eines (individuellen) Rückrufs gegenüber einem Hersteller

72 Vor rund **30 Jahren,** nicht zuletzt mit den Diskussionen um die Produkthaftungsrichtlinie von 1985 und mit der Einführung des Produkthaftungsgesetzes 1990 stand die Frage zentral im Fokus, ob und inwieweit etwaige Produktnutzer, seien es die Eigentümer oder die Besitzer des Produkts oder gar solche, die mit etwaigen Produktgefahren in Kontakt geraten würden, einen **Anspruch** darauf haben könnten, dass der Hersteller die Ware zurücknimmt und/oder Produktfehler individuell kostenlos beseitigt, und/oder zumindest gegen fehlerfreie Waren auszutauschen habe. Noch immer wird angeführt, dass dieser Aspekt sehr **umstritten** sei.

73 Seinerzeit nahmen Teile des Schrifttums an, dass sich ein individueller Rückrufanspruch – allerdings zumeist nur für bestimmte Fallgruppen – aus den geltenden Gesetzen ergäbe.[195] Ablehnend stellte sich aber wohl seinerzeit insoweit bereits die herrschende Mei-

[195] So vor allem *Graf von Westphalen,* NJW 1979, 838, 845; *Rettenbeck,* Die Rückrufpflicht in der Produkthaftung, 66 ff.; vgl. aber auch *Brüggemeier,* VersR 1983, 501, 510; *Hager,* VersR 1984, 799, 806 f.; *Merkl,* NJW 1987, 358, 361; *Herrmann,* BB 1985, 1801, 1805 ff.; *Mayer,* DB 1985, 319, 321 ff.; siehe auch *Sack,* DAR 1983, 1, 3 ff.; vgl. dazu auch § 3 II. Rn. 238, 240 ff.

nung.[196] Zu Recht meint die h. L. in der aktuellen Literatur[197] aber inzwischen, dass die soeben zitierte Ansicht mit dem geltenden Recht nicht begründbar wäre. Generell – so *Foerste* – sind jedenfalls derartige Auffassungen von vornherein abzulehnen, falls der Produktfehler **nur** das Produkt selbst gefährdet[198]. Dies muss aber viel weitergehender gelten: So alt wie die Diskussion ist, so wenig Streit-Fälle hat es um dieses Thema in der alltäglichen Praxis gegeben. Die Praxisrelevanz dieser Thematik steht daher bereits in Frage. Dies mag mit der Unsicherheit der Formulierung etwaiger Anträge auf Klägerseite zusammenhängen und den Schwierigkeiten, diesen überhaupt hinreichend bestimmen zu können (§ 253 ZPO).[199] Hinzu kommt das Risiko der Kostentragungspflicht im Falle des Unterliegens (§ 91 ZPO) und, nicht zuletzt stellt sich auch die Frage nach dem Sinn einer entsprechenden Klage im Einzelfall.

Die Frage, ob Produktbenutzer einen **Anspruch auf Rückruf** haben, ist vom **BGH** 74
bisher noch nicht entschieden.[200] Zu Recht stand die **Rechtsprechung** einem Rückrufanspruch gegenüber Endherstellern aber skeptisch gegenüber.[201] In der Einleitung zu § 4 des Rückrufes habe ich bereits ausgeführt, dass bei weitgehenden Eingriffen in die Handlungsfreiheit eines Unternehmers ein **Rückrufgesetz,** insbesondere nach der Wesentlichkeitsrechtsprechung des Bundesverfassungsgerichts, an sich notwendig wäre. Da ein solches fehlt, stellt sich bereits die Frage verfassungsrechtlicher Art, ob und inwieweit dann – durch welche Normen des nationalen Rechts auch immer – Hersteller wirksam verpflichtet werden könnten (Art. 14, 12, 2 I GG). Schon dies könnte in etwaigen Verfahren auch mit guten Gründen eingewandt werden von Herstellerseite, würden sie mit Rückrufansprüchen – gleich welcher Rechtsnatur – konfrontiert.[202] Sämtliche – nachfolgend im Einzelnen noch einmal kurz der Vollständigkeit halber zitierten – Regelungen für einen Individualanspruch auf Rückruf passen letztendlich nicht und Analogien verbieten sich, weil planwidrige Lücken fehlen. Im Einzelnen:

1. Rückrufanspruch nach §§ 823 Abs. 1, 249 Satz 1 BGB

Das LG Hamburg[203] hätte – sofern es überhaupt eine Anspruchsgrundlage erwähnt 75
hätte – möglicherweise auf § 823 Abs. 1 BGB zurückgreifen können, zumindest „analog“,

---

[196] *von Bar,* VersR 1983, Beilage 1, 80, 85; *Diederichsen,* NJW 1978, 1281, 1286; *Hollmann,* PHi 1986, 37; *Löwe,* DAR 1978, 288, 292 ff.; *Pauli,* PHi 1985, 180 ff.; *Pieper,* BB 1991, 985 ff.; *Stoll,* JZ 1983, 501, 503 ff.; *Tamme,* Rückrufkosten, 238 ff., 308; sowie *Ulmer,* ZHR 152 (1988), 564, 572.

[197] So explizit *Foerste/Graf von Westphalen,* § 39 Rn. 1 mit weitgehenden Nachweisen in Fn. 1, so u. a. auch unter Berufung auf *Mehnle,* PHi 1986, 63 ff. und zum Ausland *Roddy,* PHi 1988, 42, 45.

[198] *Foerste/Graf von Westphalen,* § 39 Rn. 1 sowie *ders.*, § 21 Rn. 71; a. A. aber *Hager,* AcP 184 (1984), 413, 424; *Graf von Westphalen,* NJW 1979, 838, 845 (str.).

[199] Vgl. dazu bei § 1004 BGB: BGH, NJW 1978, 1584; BGHZ 67, 252 und Palandt/*Bassenge,* § 1004 Rn. 51 m. w. N. und Rn. 53.

[200] Vgl. explizit *Kullmann/Pfister,* Kza 1520 mit Nachweisen in Fn. 442: BGH, VersR 1986, 1125, 1127 – Kondensatoren; vgl. dazu auch Kza 4330; auch *Veltins,* in Kullmann/Pfister, Kza 4310, 58 ff.

[201] Historisch betrachtet ggf.: BGH, NJW 1963, 18, 27 – Beton, m. E. nicht eindeutig; dem Grunde nach bejahend (aber viel zu weitgehend) OLG Karlsruhe, VersR 1986, 1125, 1126 ff. – Milchkühlanlage: aber immerhin im Ergebnis verneint! Schwierig: OLG Stuttgart, NJW 1967, 572 ff.; offen aber BGH, NJW-RR 1990, 726, 727; Ungereimtheiten auch bei OLG München, VersR 1992, 1135 ff.; vgl. auch OLG Stuttgart, VersR 2001, 465 – lediglich obiter dictum; vgl. OLG Düsseldorf, NJW-RR 1997,1344, 1345 ff. – Tempostat.

[202] Vgl. zur Rechtspolitik auch *Hollmann,* PHi 1986, 37; *Mehnle,* PHi 1986, 63 ff.; *Pauli,* PHi 1985, 180 ff.

[203] LG Hamburg, VersR 1994, 299 ff. – Rettungsinsel.

wenn man der Argumentation folgen würde, ein Anspruch könne sich ergeben. Der Wortlaut aber hilft einem nur potentiell Gefährdeten nicht. Es geht im Rahmen des § 823 BGB um Schadenersatz, nicht um einen Anspruch auf Beseitigung der Gefahrenquelle. Wortlaut, Sinn und Zweck der Regelung führen nicht zu einem entsprechenden individuellen Beseitigungsanspruch.[204] Soweit das OLG Karlsruhe[205] – wenn auch nicht im Ergebnis – wohl anderer Ansicht war, überzeugt dies nicht, weil zahlreiche Umstände vom OLG Karlsruhe in der Begründung gar nicht erst berücksichtigt worden sind.[206] Eine **Verletzung** liegt bei Präventivmaßnahmen gerade nicht vor, daher greift § 823 BGB i. d. R. nicht.[207]

2. Rückrufanspruch nach § 1004 Abs. 1 BGB (analog)

76 Zwar genügt für den Beseitigungsanspruch (Unterlassungsanspruch) i. S. d. § 1004 Abs. 1 BGB die Besorgnis der Beeinträchtigung anstelle einer i. S. v. § 823 Abs. 1 BGB geforderten Rechtsgutsverletzung.[208] Dennoch stößt eine Heranziehung – und sei es auch nur analog – des § 1004 Abs. 1 BGB auf größte Bedenken und ist im Ergebnis abzulehnen.[209] Würde ein Anspruch entsprechend bejaht werden, würde damit die Verursacherhaftung eingeführt, die gerade in § 1004 Abs. 1 BGB jedoch nicht vorgesehen ist.[210]

3. Die analoge Anwendung der §§ 907, 908 BGB

77 Zu Recht wird insoweit in der Literatur angeführt,[211] dass die analoge Anwendung dieser Regelungen ebenso wenig eine Ausdehnung zu vorbeugendem Rechtsschutz erlauben dürfe. Es fehlt insoweit bereits an einer typischerweise bei Grundstücksnachbarn gegebenen Zwangslage.[212]

---

204 Ebenso aus der jüngeren Literatur: *Pieper,* BB 1991, 985, 989; *Schwenzer,* JZ 1987, 1059, 1061 ff.; ebenso, wenngleich restriktiver, *Foerste/Graf von Westphalen,* § 39 Rn. 2 und 3 – nicht in gleicher Weise apodiktisch.

205 OLG Karlsruhe, VersR 1986, 1125 – Milchkühlanlage.

206 Ebenso und insoweit zu Recht *Foerste/Graf von Westphalen,* § 39 Rn. 10.

207 *Link,* BB 1985, 1424; *Pieper,* BB 1991, 985, 989; *Rettenbeck,* Die Rückrufpflicht in der Produkthaftung, 121 ff.

208 Einwirkungen auf die Sachsubstanz sind nicht erforderlich, Palandt/*Bassenge,* § 1004 BGB Rn. 6; „Beseitigung" bedeutet nicht Herstellung des Zustandes durch Beseitigung der Folgen, die nur als Schadenersatz nach § 823 BGB verlangt werden kann, BGH, NJW 2004, 1035; Palandt/*Bassenge,* § 1004 Rn. 28 und Rn. 49 mit Verweis auf § 906 BGB Rn. 37, 39.

209 Ebenso *Löwe,* DAR 1978, 288, 293; *Pauli,* PHi 1985, 134, 149; *Vieweg/Schrenk,* Jura 1997, 561, 564; *Müller/Dörre,* VersR 1999, 1333, 1337; a. A. aber wohl OLG Stuttgart, VersR 2001, 465, 468 lediglich als obiter dictum; *Brüggemeier,* VersR 1983, 501, 510; *Tamme,* Rückrufkosten, § 239 ff.; *Mayer,* DB 1985, 319, 321.

210 *Gursky,* JZ 1996, 683 m. w. N.; *Foerste/Graf von Westphalen,* § 39 Rn. 14 mit Recht; vgl. dort aber Fn. 22, anders freilich die h. M. unter Berufung auf BGH, NJW 1990, 2058 ff.; *MüKo/Baldus,* § 1004 Rn. 14 ff.; vgl. zur Abgrenzung auch BGH, NJW 1996, 845 und BGH, NJW 2005, 1366.

211 *Foerste/Graf von Westphalen,* § 39 Rn. 15 und dort Fn. 26: *Stiebler,* Vorbeugender Rechtsschutz vor Verkehrspflichtverletzungen, Diss., Osnabrück, 1986, 124 ff.; a. A. offensichtlich aber wohl *Rettenbeck,* Die Rückrufpflicht in der Produkthaftung, 110 ff. wenig überzeugend.

212 So explizit auch *Foerste/Graf von Westphalen,* § 39 Rn. 15.

4. Der mögliche Rückrufanspruch nach den §§ 1, 3, 4 Nr. 11, 5a Abs. 2, 8, Abs. 1 UWG

Auch aus dem UWG ergibt sich meines Erachtens kein Individualanspruch gegen den Hersteller auf Durchführung eines – wie auch immer gearteten und damit kaum bestimmbaren – Rückrufanspruchs gegen Hersteller. Soweit dieser vereinzelt in der Literatur auf § 1 UWG a. F. gestützt worden ist,[213] ergibt sich auch aus dem neuen Recht zum unlauteren Wettbewerb kein durchgreifendes Argument im Hinblick auf die Möglichkeit, einen Rückrufanspruch im Ergebnis erfolgreich gegen Hersteller durchsetzen zu können. Mit überzeugenden Gründen wird ein Anspruch auf Beseitigung der Folgen – der ohnehin nicht einem Verbraucher zustehen würde, allenfalls Verbraucherverbänden – einer unzulässigen geschäftlichen Handlung nach § 8 Abs. 1 UWG demzufolge auch abgelehnt.[214] **78**

[213] *Sack,* DAR 1983, 1, 3 ff.; ablehnend *Pauli,* PHi 1985, 134, 149 ff.

[214] *Foerste/Graf von Westphalen,* § 39 Rn. 19 ff., vgl. aber dort insbesondere auch die Einschränkung in § 39 Rn. 24 etwas unklar insoweit; vgl. weitergehend zum Spannungsfeld zwischen Produkthaftungsrecht und UWG, *Hartmann,* BB 2012, 267 ff.

§ 5 Der Regress des Herstellers gegen den Zulieferer und in der Kette

Heutige Produktionsprozesse werden weitestgehend von arbeitsteiligen Produktionsweisen dominiert. Jeder Zulieferant trägt mehr oder weniger stark die Mitverantwortung für sein (Teil-)Produkt und damit zugleich für das Endprodukt. Zudem hat sich die vertragliche Zuliefererbeziehung in den letzten Jahrzehnten zunehmend internationalisiert.[1] Viele Bereiche und Branchen, etwa in der Automobilindustrie, haben inzwischen Großkonzerne hervorgerufen. Zulieferer sind zum Teil – rein größenmäßig – mit den Endherstellern gewachsen oder in Fusionen mit anderen Unternehmen aufgegangen. Die **vertraglichen Regelungswerke** haben sich durch diese Entwicklungen weitestgehend verändert. Im Hinblick darauf, dass seit dem 1.1.1900 in Deutschland eine kodifizierte Fassung des Bürgerlichen Gesetzbuches existiert, genügten – auch noch zu Beginn der Nachkriegsjahre – auch in der Zuliefererbeziehung oft noch nur **wenige** – häufig schreibmaschinengeschriebene – **Seiten umfassende Verträge.** 1

Heute sprechen wir im Zusammenhang mit **Zuliefererverträgen** nicht selten von **vertraglichen Konglomeraten,** wenn wir Vertragswerke in der Zuliefererindustrie zu bewerten haben. Andere nennen das Zulieferantenrecht das „Recht der einzelnen Verträge".[2] Der Zulieferermarkt ist beherrscht von stetem Wettbewerbs- und Konkurrenzdruck, von Kosteneinsparungsnotwendigkeiten und steten Rationalisierungsversuchen durch die Endhersteller. Diese versuchen – ökonomisch bewertet zu Recht – Abläufe mehr und mehr zu beschleunigen und zu vereinfachen und weitestgehend Inhalte von Verträgen **zu pauschalieren (Pauschalierungsnovationen).**[3] Es handelt sich heute um sehr komplexe vertragliche Strukturen (und lediglich im Einzelfall noch um einzelne Verträge). Verträge werden zum Teil als **„Zulieferer-"** oder **„Rahmen(liefer-)verträge"**[4] oder auch als **„Lieferanten-"** oder auch als **„Gewährleistungsvereinbarungen"** überschrieben, und dort gleiche oder ähnliche Inhalte in einem Regelungswerk zusammengefasst. Bisweilen finden sich unter diesen „Überschriften" auch verschiedene Bedingungswerke – mit mehr oder weniger klarer **Synchronisierung** oder mit **Hierarchieregeln,** sehr häufig auch **nebeneinander** stehend. Neben bekannten Regelungswerken, wie etwa der **Qualitätssicherungsvereinbarung,**[5] **Geheimhaltungsvereinbarungen** und/oder aber den **Einkaufs- und Verkaufsbedingungen,**[6] ggf. mit oder ohne Bezugnahme auf sog. **Hersteller-Richtlinien** oder „allgemeingültige Richtlinien", kennen wir **Analysevorschriften** und Bezugnahmen auf sog. **Lasten- und Pflichtenhefte.** Im **Lastenheft** beschreibt der **Auftraggeber** regelmäßig möglichst präzise die Ziele, die er zu erreichen versucht (Entwicklung/Produktion) und – 2

---

[1] Vgl. zu den Auswirkungen und Konsequenzen *Lenz,* Die versicherungsrechtlichen Auswirkungen auf die Pauschalierungs- und Quotierungsnovationen (Konzeptverantwortungsvereinbarung und der Referenzmarkt) in der Zuliefererindustrie, in FS für Streck, 2011, 859 ff.

[2] *Baumbach/Hopt,* HGB, Einl. v. § 373 Rn. 30 ff. (30).

[3] *Lenz,* in FS für Streck, 859.

[4] *Budde/Geks,* ZVertriebsR 2012, 37 ff.

[5] OLG Düsseldorf, BeckRS 2010, 05734 – abgebrannter LKW; BGH, BeckRS 2010, 05571; auch zur Absenkung des Prüfaufwands, vgl. *Molitoris/Klindt,* NJW 2012, 1489, 1493; vgl. dazu etwa *Ensthaler,* NJW 1994, 817 ff.; *ders.,* HGB, nach § 377 Anhang, 1735 ff.; *Martineck,* Moderne Vertragstypen, Bd. III, 1993; *Merz,* Qualitätssicherungsvereinbarungen, 1992, statt vieler anderer und Rn. 1670.

[6] Z. B. *Graf von Westphalen,* Allgemeine Verkaufsbedingungen.

als Fortentwicklung dazu – erläutert dann der **Auftragnehmer im Pflichtenheft** konkret, wie er glaubt, die Anforderungen des Auftraggebers lösen zu können.[7] In der Praxis verwischen die Begrifflichkeiten zum Teil.[8] Nur im „Ideal-Fall" bestätigt der Auftraggeber nochmals die Inhalte im Pflichtenheft und (erst) danach werden die Arbeiten begonnen.[9] Zudem treten – entsprungen vor allem in der Automobilindustrie – in den letzten Jahrzehnten Regelungswerke hervor, die mehr oder weniger alle zumindest **auch** das Ziel verfolgen, die Kosten durch pauschale Abwicklungen im Geschäftsverkehr zu reduzieren (vgl. dazu das sog. **Referenzmarktverfahren** und **Pauschalierungsversuche**).[10] In jüngerer Zeit finden sich in Zuliefererbeziehungen auch **„Exklusivvereinbarungen", „Lieferantenselbstauskünfte", „Lieferantenbewertungsvereinbarungen"**, zum Teil **„Logistische Vereinbarungen"**, aber auch **Verpackungsvereinbarungen**[11] und **„Langzeit-Lieferantenerklärungen** für Waren mit **Präferenzursprungseigenschaft"** (LLE) in speziellen Bereichen nach VO (CE) Nr. 1207/2001 mit dem Inhalt, dass die – häufig dann in einer weiteren Anlage gelisteten Artikel – „Ursprungserzeugnisse der EG sind", nicht selten auch CE („Communauté européenne") genannt, und den Ursprungsregeln für den Präferenzverkehr mit einzelnen – dann namentlich aufgeführten Staaten – entsprechen.

3 Zu einzelnen Branchen – vor allem in bestimmten Segmenten im Zuliefererbereich – finden sich ferner **Regelungen zu Werkzeugen**[12] und/oder anderweitigen **Fertigungsmitteln.**[13]

4 Einige dieser Vertragswerke – und ergänzend die im Automobilbereich bereits bekannte **Konzeptverantwortungsvereinbarung**[14] – sollen nachfolgend detailliert dargestellt werden, wobei aus der Sicht des Anspruchstellers (im Zweifel aus Sicht des Regressierenden) jeweils zu berücksichtigen ist, dass bei einer Verletzung der genannten vertraglichen Grundlagen **Schadenersatzansprüche gegenüber dem Zulieferanten,** und bei einer „Durchleitung" dieser vertraglichen Inhalte vom Zulieferer an den Subzulieferanten, auch zwischen dem Zulieferanten und dem Subzulieferanten folgen können (i. V. m. § 280 Abs. 1 BGB).[15]

I. Anspruchsgrundlagen

1. Vertragliche Ansprüche (§§ 437 ff., 280 BGB i. V u. a. mit QSV, KVV, §§ 478, 479 BGB)

5 Der Zuliefererregress[16] ist im Einzelfall geprägt von dem soeben unter § 5 erwähnten vertraglichen **Konglomerat an Pflichten,** das sich aus einem „Kanon von Grundlagen"

---

[7] Die Praxis spricht auch von „fachlichen Spezifikationen", „Sollkonzepten" etc., anstatt von Pflichtenheft; vgl. zu letzterem auch die DIN 69901-5 und/oder VDI-Richtlinie 2519 Bl. 1.

[8] Vgl. auch die Situation beim Forschungs- und Entwicklungsvertrag.

[9] Der Auftraggeber hat – was in der Bewertung nicht selten außer Acht gelassen wird – unter Umständen gar eine Mitteilungspflicht.

[10] *Lenz,* in FS für Streck, 859, 860 und Ausführungen sub § 5 I. 1. d).

[11] Die Verpackung ist heute ein wichtiger Faktor für effiziente Logistik; Ziel der Unternehmen ist es daher, ein möglichst rationelles effektives und damit kostengünstiges Warenumschlagsystem aufzubauen, bezogen auf ein rationelles Handling und zugleich größtmöglichen Schutz der Ware sowie Indentifizierbarkeit und Liefersicherheit; zum Teil erhalten Zulieferer insoweit ganze Verpackungshandbücher.

[12] *Budde/Geks,* ZVertriebsR 2012, 37, 45 ff.

[13] Z.B Schablonen, Montagevorrichtungen nach *Budde/ Geks,* ZVertriebsR 2012, 37, 45 ff.

[14] Vgl. dazu *Lenz,* Die Konzeptverantwortungsvereinbarung, PHi 2008, 164 m. w. N. und Ausführungen unter § 5 I. 1. c).

[15] Dazu jüngst *Budde/Geks,* ZVertriebsR 2012, 37, 44.

[16] Vgl. zu den Auswirkungen der Rechtsprechung zum Rückruf auf den Zuliefererregress auch Ausführungen unter § 4.

ergeben kann.[17] Diese gilt es bei rechtlichen Problemfällen jeweils konkret und im Einzelfall auszuwerten. Bei Abweichungen von dem, was vertraglich vereinbart ist (sog. Sollbeschaffenheit) und dem tatsächlich erreichten Ist-Zustand sind ggf. die Sachmängelhaftungsnorm des **§ 437 BGB,** und – für den Fall, dass sich Mangelfolgeschäden ergeben – auch § 280 Abs. 1 und Abs. 3 BGB einschlägig.

Dabei ist zu berücksichtigen, dass der **Rückgriffsanspruch des Unternehmers** nach 6
§§ 478, 479 BGB jedenfalls **nicht im Focus** steht.[18] Nach § 478 Abs. 5 BGB finden die Absätze 1 bis 4 des § 478 BGB nur auf die Ansprüche des Lieferanten und der übrigen Käufer in der Lieferkette gegen den jeweiligen Verkäufer entsprechende Anwendung, und das auch nur, wenn die Schuldner jeweils Unternehmer i. S. v. § 14 BGB sind. Mit anderen Worten: Die vertraglich den Rückgriff erleichternden Regelungen werden auf die Verträge des Vorlieferanten bis zum Endhersteller ausgedehnt, damit das Sachmängelrisiko nicht ansonsten voll dem Letztverkäufer überbürdet bleibt.[19] § 478 BGB findet also nur Anwendung, wenn zum einen ein Verbrauchsgüterkauf mit dem Letztverkäufer vorliegt,[20] und darüber hinaus, wenn eine ununterbrochene Lieferkette bestanden hat.[21] Darüber hinaus greifen die §§ 478, 479 BGB nicht. Auch kann der Rechtsgedanke dieser Regelungen nicht etwa **analog** auf das Verhältnis zwischen Endhersteller und dessen Zulieferer ausgedehnt werden.[22]

Was nun ein Abweichen von den vertraglichen Grundlagen angeht, sollen nachfolgend 7
zunächst die einzelnen – typischerweise abgeschlossenen – **Vereinbarungen** in der Zuliefererkette, wenngleich nur kurz, aber der Vollständigkeit halber nahezu alle dargestellt werden. Werden Regelungen aus den Zulieferervereinbarungen verletzt, kann der Zulieferant regelmäßig – und im Falle des Verschuldens nicht selten auch erfolgreich – auf Schadenersatz aus Vertrag in Anspruch genommen werden. Im Einzelnen:

a) Rahmenvereinbarungen

Klare gesetzliche Grundlagen oder Definitionen, etwa Legaldefinitionen zum Begriff 8
des **Rahmen(liefer-)vertrages** oder der **Rahmenvereinbarung** fehlen gänzlich. Nicht selten wird für **Rahmenvereinbarungen** auf **§ 305 Abs. 3 BGB** verwiesen, in dem es heißt, dass im Voraus getroffene Einbeziehungsabreden den Anforderungen des § 305 Abs. 2 BGB – was den AGB-Charakter angeht – genügen müssen.[23] Aber diese Regelung enthält nicht einmal eine konkrete Beschreibung zum Begriff selbst.

Rahmenverträge eröffnen jedenfalls eine auf **Dauer angelegte Geschäftsverbindung** 9
(vgl. zum Dauerschuldverhältnis: § 314 BGB).[24] Sie bilden nicht selten den Rahmen, in dessen Umfang dann **noch Einzelverträge,** zum Beispiel **Einzelabrufe,** von den Parteien abgeschlossen werden. Allerdings ist der Nichtabschluss eines auf einem Rahmenvertrag resultierenden Einzelvertrages nicht stets eine Pflichtverletzung des Rahmenvertrags

---

[17] Vgl. *Baumbach/Hopt,* Einl. v. § 373 HGB Rn. 30: „Recht der einzelnen Verträge"; vgl. auch *Kreifels/Weide* in Foerste/Graf von Westphalen, § 58 zum Verhältnis von QSV zum Liefervertrag, Rn. 1 bis 21.

[18] Vgl. zum vertraglichen Händlerrückgriff der §§ 478, 479 BGB die Voraussetzungen unter § 3 Rn. 84 ff.

[19] Palandt/*Weidenkaff,* § 478 Rn. 18.

[20] BGH, NJW 2006, 47, 50.

[21] Palandt/*Weidenkaff,* § 478 Rn. 18; vgl. dazu auch *Mathes,* NJW 2002, 2505.

[22] Ebenso wie hier Palandt/*Weidenkaff,* § 478 Rn. 3; ebenfalls *Jacobs,* JZ 2004, 225, 228.

[23] Palandt/*Grüneberg,* § 305 Rn. 44; Staudinger/*Schlosser,* § 305 Rn. 178 ff. sowie aus der Rechtsprechung BGH, NJW 1992, 1232.

[24] Palandt/*Ellenberger,* Einführung vor § 145 Rn. 19 und Palandt/*Grüneberg,* § 305 Rn. 44, 50.

selbst, kann es aber sein.[25] In der Regel ist er **kein Vorvertrag**[26] im bindenden Sinne. Aus ihm werden i. d. R. keine unmittelbaren oder konkreten Liefer-, Abnahme- und Zahlungsverpflichtungen begründet.[27] Demzufolge werden Rahmenverträge zwischen den Parteien häufig dann abgeschlossen, wenn **längerfristige** Geschäftsbeziehungen gewünscht werden. Nicht selten beinhalten Rahmenverträge daher aber auch **besondere Kooperations-** und **Treuepflichten.**[28] Dies gilt besonders im Verhältnis zwischen Endherstellern und deren Systemlieferanten.[29] Nicht selten bahnen sich derartige Verträge an. Während der Vertragsanbahnung kommt es deshalb heute nicht selten zunächst zu einem ersten Statement, einem sog. **Nomination Letter** („Projektstartbrief"),[30] einer noch unverbindlichen Erklärung, aus der sich ergibt, dass man bereit ist, mit einem Zulieferer gemeinsam eine künftige Produktionsserie umzusetzen; Endhersteller übersenden auch nicht selten einen sog. **Letter of Intent** (Absichtserklärung, LoI),[31] in dem die Absicht künftiger Zusammenarbeit bekräftigt wird, mehr oder weniger verbindlich (Auslegung nach §§ 133, 157 BGB im Einzelfall). Auch ist in diesem Stadium nicht selten schon ein sog. **Memorandum of Understanding** (MoU) üblich.[32] Der Kern von Regelungsklauseln in **Rahmenverträgen** lässt sich wie folgt (grob) kennzeichnen:

- Zusammenarbeit auf Ingenieurebene schon bei Forschung und Entwicklung (F&E)[33]
- Frühzeitige Bindung (nicht selten begleitet vom Letter of Intent, Memorandum of Understanding, Geheimhaltungsvereinbarungen (Non Disclosure Agreements))
- Bekräftigung der engen Kooperation bzw. Ausschluss von Wettbewerbern
- Verzahnende weitergehende Entwicklungstiefe zwischen Hersteller und Systemlieferant
- Einbindung des Zulieferanten durch weitgehende Vereinbarungen, Qualitätssicherungsvereinbarungen, Vereinbarungen bestimmter Qualitätsmerkmale (u. a. Schaffung eines Qualitätsmanagements, Überprüfungsvereinbarungen in sog. Audits)
- Verpflichtung, Prüfbescheinigungen vom Zulieferer zu besorgen und an den Vertragspartner weiterzugeben[34]
- Offene Preiskalkulation (Systemlieferant hat interne Abläufe offen zu legen und beeinflusst die Preispolitik des Herstellers); Preisanpassungsklauseln[35]
- Nur noch „eingeschränkte" Wareneingangskontrolle beim Hersteller [abgeändert gegenüber der geschilderten Regel des § 377 HGB – bisweilen sogar gänzliche Verlagerung (u. a. im Rahmen von QSVen) auf den Zulieferanten]

---

[25] BGH, NJW-RR 1992, 977; Palandt/*Ellenberger,* Einführung vor § 145 Rn. 19; *Gass/Lange,* Rahmenverträge für moderne Produktionsformen, 1999, 1 ff.

[26] Vgl. zum Vorvertrag BGHZ 102, 348, 388; *Ritzinger,* NJW 1990, 1201.

[27] *Gass/Lange,* 14; Staudinger/*Olzen,* § 241 HGB Rn. 362.

[28] *Baumbach/Hopt,* Einl. v. § 373 HGB Rn. 30.

[29] *Gass/Lange,* 14.

[30] *Baumbach/Hopt,* Einl. v. § 373 HGB Rn. 30.

[31] *Lutter,* Der Letter of Intent, 3. Aufl. 1998, 1 ff.; *Baumbach/Hopt,* Einl. v. § 373 HGB Rn. 30.

[32] *Baumbach/Hopt,* Einl. v. § 373 HGB Rn. 30; s. auch *Hertel,* BB 1983, 1824; das MoU ist eine englische Begrifflichkeit und meint auch eine „Absichtserklärung", nicht selten eine „gemeinsame".

[33] Einzelheiten zu Forschungs- und Entwicklungsverträgen und zahlreiche Nachweise *Brandi-Dohrn,* F&E, in Röhricht/Graf von Westphalen, 2228 ff. Rn. 1 ff.; *Schmeißer/Zirkel,* MDR 2003, 849; *Möffert,* Der F&E-Vertrag, 1 ff.

[34] Vgl. dazu Urt. des LG Duisburg, ZGS 2011, 430 ff.; und zu den Pflichten des Zwischenhändlers für Stahlerzeugnisse bei der just-in-time-Belieferung; *Lange,* ZGS 2011, 393 ff. sowie § 3 I. i) Rn. 123 ff.

[35] BGH, NJW 2008, 360, 361; BGH, NJW 1985, 853, 854; BGH, NJW 2003, 746, 747; BGH, NJW 2000, 515, 516.

- Richtwerte für eine unverbindliche Jahresabnahme
- Bindung und Lieferverträge ggf. bei späterem Abruf[36]
- Sachmängelhaftungsklauseln/Haftungsbegrenzungen[37]

Typische Vertragsklauseln für **Rahmenverträge** sind Präambeln über die Art und Weise der Zusammenarbeit, Definitionen, Kennzeichnungen des Vertragsgegenstandes selbst, Beschreibungen der Hauptleistungs- und Nebenpflichten für beide Seiten; Mengenabnahmen sowie Preise und Gefahrtragungsklauseln; bisweilen – je nach Produkt – begleitet von Transport- und Lieferungsklauseln. Zulieferanten, sollten sie sich bei der Vertragsgestaltung im Einzelfall durchsetzen können, könnten Eigentumsvorbehaltsklauseln schützen. Zudem kommt es – setzt sich der Endhersteller gegenüber dem Zulieferer durch – auch zur Abgabe von sog. „Warranties" (Garantien oder Zusicherungen) aller Art, oder eben zu – den Hersteller begünstigenden, soweit wie möglich zu seinen Gunsten von der gesetzlichen Lage abweichenden – Sachmängelhaftungsregelungen.[38] Bisweilen gibt es auch Haftungsbegrenzungsklauseln, wenn der Zulieferer sich durchzusetzen vermag. Im Regelfall enthält ein Rahmenvertrag noch Regelungen zur Produkthaftung und Geheimhaltungsklauseln und natürlich „Schlussbestimmungen" (Erfüllungsort, Schriftform, Rechtswahl, Gerichtsstand oder Schiedsklauseln).[39] Im Einzelfall hat der Berater stets sehr sorgfältig zu untersuchen, ob und inwieweit tatsächlich **vertragliche Ansprüche** bei einer Verletzung der in den Rahmenverträgen im Einzelnen geregelten Klauseln bestehen.[40] 10

b) Qualitätssicherungsvereinbarungen[41]

Auch für **Qualitätssicherungsvereinbarungen** (Qualitätsmanagementvereinbarungen) besteht keine Legaldefinition. Nicht selten werden Vereinbarungen mit Rahmenvereinbarungen überschrieben, enthalten aber Vereinbarungen, die typischerweise in Qualitätssicherungsvereinbarungen vorzufinden sind. Oder: Es findet sich in der Überschrift ein 11

---

[36] Vgl. dazu vertiefend auch *Gass/Lange,* 3; *Iliev,* Flexibilität in Rahmenverträgen, Zürich 2007, 1 ff.; in der Praxis finden sich Inhalte von der unverbindlichen Zielsetzung bis zum Kontrahierungszwang im Einzelfall; vgl. einzelne Klauseln bei *Budde/Geks,* ZVertriebsR 2012, 37, 39.

[37] BGH, NJW 2007, 3774, 3775; BGH, NJW 1992, 2016, 2017; BGH, NJW 2002, 2470, 2472; OLG Stuttgart, NJW-RR 1988, 1082.

[38] *Budde/Geks,* ZVertriebsR 2012, 37, 44; *Langer,* WM 2006, 1233, 1234 m. w. N.; *Ulmer/Brandner/Hensen,* AGB-Recht, § 309 Nr. 7 Rn. 29.

[39] Vgl. dazu auch *Gass/Lange,* 1 ff.; vgl. *Hopt/Fabritius,* Vertrags- und Formularbuch, 3. Aufl. 2007, sowie *Baumbach/Hopt,* Einl. v. § 373 HGB Rn. 32.

[40] Vgl. zur weitergehenden Abgrenzung des Rahmenliefervertrages zu anderen Vertragstypen, insbesondere von **echten Sukzessivlieferungsverträgen,** *Budde/Geks,* ZVertriebsR 2012, 37, 38.

[41] *Enstahler,* NJW 1994, 817; *Franz,* Qualitätssicherungsvereinbarung und Produkthaftung, 1995, 1 ff.; *Gebhardt,* Der Zuliefererverstrag, 1994; *Graf von Westphalen/Bauer,* Just-in-Time-Lieferungen und QSVs, 1993; *Grunewald,* NJW 1995, 1777; *Hollmann,* CR 1992, 13; *ders.,* Qualität und Zuverlässigkeit 1988, 499; *ders.,* PHi 1989, 146; *Klebe/Roth,* CR 1990, 677, 678; *Kreifels,* ZIP 1990, 489; *Kreifels/Weide,* in Foerste/Graf von Westphalen, § 57 Rn. 1 ff.; *Lange,* Das Recht der Netzwerke, 1998; *Lehmann,* BB 1990, 1849; *Martinek,* Moderne Vertragstypen, 1992, 303 ff.; *Merz,* Qualitätssicherungsvereinbarungen, 1992; *Migge,* VersR 1992, 665; *ders.,* PHi 1991, 186; *Nagel/Riess/Theis,* DB 1989, 1505, 1509 ff.; *Steinmann,* BB 1993, 873; *Pfeifer,* Qualitätsmanagement; *Popp,* Die QSV, 1992; *Laschet,* in Röhricht/Graf von Westphalen, HGB, Qualitätssicherung, 2576 ff.; *Saxinger,* Zuliefererverträge im deutschen Recht, 1993; *Schmidt,* NJW 1991, 144 ff.; *Sina,* MDR 1994, 332; *Steckler,* Die rechtlichen Risiken der Just-in-Time-Produktion, 1996; *Steinmann,* Qualitätssicherungsvereinbarungen zwischen Endproduktеherstellern und Zulieferern; *Teichler,* BB 1991, 428.

Hinweis „Qualitätssicherungsvereinbarung", zum Teil handelt es sich dann wiederum um Regelungen, die gerade typischerweise in Allgemeinen Einkaufsbedingungen verwandt werden. Weil aber Qualitätssicherungsvereinbarungen in den letzten 30 Jahren aufgrund von branchen- und auch produktspezifischen Besonderheiten weiterentwickelt wurden, haben sie eine **hohe inhaltliche Variationsvielfalt.**[42] Es lassen sich also im Hinblick auf Erscheinungsformen und Inhalte zwar Gemeinsamkeiten feststellen, aber wirklich griffige begriffliche Definitionen erscheinen allesamt im Ergebnis nicht vollständig; stets sollten die Klauseln im Einzelfall ausgelegt werden (§§ 133, 157 BGB).

aa) Begriff und Inhalte

12 **Qualitätssicherungsvereinbarungen** sind Regelungen, die der Endhersteller mit seinem Zulieferer oder der Zulieferer mit seinem Subzulieferanten – und dann jeweils „abwärts" in der Kette – trifft.[43] In jüngerer Zeit kommen sie aber auch im Handel vor.[44] Auch Qualitätssicherungsvereinbarungen können Rahmenverträge sein.[45] Getroffen werden im Regelfall konkrete Regelungen hinsichtlich der Zusammenarbeit und Kooperation.[46] Qualitätssicherungsvereinbarungen entsprechen dem Interesse des Endherstellers an „optimaler Qualität" und sollen einen Beitrag in Richtung „Null-Fehler-Qualität" leisten und enthalten deshalb zwar nicht immer, aber doch regelmäßig mit der „Qualität" zusammenhängende Klauseln, etwa zur Prozesssicherung, zur Vermeidung von Mehrfachprüfungen und zur Einhaltung bestimmter Anforderungen.[47] Es kann aber auch sein, dass einzelne, typischerweise in Qualitätssicherungsvereinbarungen auftretende Klauseln stattdessen in **AGB** oder **Bestell- und/oder Einkaufsbedingungen integriert** werden,[48] oder aber es handelt sich tatsächlich um einen eigenständigen Vertrag.[49] Daher kann es – im Einzelfall – zu Überschneidungen und Wechselwirkungen kommen zwischen den verschiedenen Verträgen.[50] Im Regelfall enthalten Qualitätssicherungsvereinbarungen folgende Regelungen:[51]

- Festlegung technischer und/oder organisatorischer qualitätssichernder Maßnahmen[52]
- Weitgehende Verlagerung der Untersuchungs- und Rügeobliegenheit nach § 377 HGB auf den Zulieferanten (zulässige, aber auch unzulässige Klauseln)[53]

[42] *Ensthaler,* Anhang nach § 377 HGB Rn. 1; *ders.* Technikrecht, InTeR 2013, 34 ff., insbesondere 35, Fn. 6.

[43] *Ensthaler,* Anhang nach *§ 377* HGB Rn. 2; *ders.*, NJW 1994, 817, 818; MüKo/*Grunewald, § 377* HGB Rn. 124, 134.

[44] *Kreifels/Weide,* in Foerste/Graf von Westphalen, § 57 Rn. 1 m. w. N.; LG Duisburg, ZGS 2011, 430 – fehlende Prüfbescheinigung.

[45] *Ensthaler,* Anhang nach *§ 377* HGB Rn. 2.

[46] *Martinek,* Moderne Vertragstypen, 1992, 296.

[47] *Ensthaler,* NJW 1994, 817, 818; vgl. dazu auch EN ISO 9000, 2005; *Laschet,* in Röhricht/Graf von Westphalen, Qualitätssicherung, Rn. 4.

[48] *Quittnat,* BB 1989, 571 ff.; *Martinek,* Zuliefererverträge und Qualitätssicherung, 1992, 132, 133; *Laschet,* in Röhricht/Graf von Westphalen, Qualitätssicherung, Rn. 2; *Kreifels,* ZIP 1990, 489.

[49] *Kreifels/Weide,* in Foerste/Graf von Westphalen zum Verhältnis der QSV im Liefervertrag, § 58 Rn. 1 bis 5; *Zirkel,* Das Verhältnis zwischen Zulieferer und Assembler – eine Vertragsart sui generis?, NJW 1990, 345; *Lehmann,* BB 1990, 1849, 1852.

[50] *Laschet,* StoffR 2004, 271.

[51] Vgl. zu Mustern auch *Molitoris,* in Büchting, Beck´sches Rechtsanwaltshandbuch, § 27 Rn. 76 und ZVEI-Muster (beziehbar beim Verband).

[52] *Laschet* in Röhricht/Graf von Westphalen, Qualitätssicherung, Rn. 3.

[53] *Kreifels,* ZIP 1990, 489, 492; MüKo/*Grunewald, § 377* HGB Rn. 124, 134.

- Klauseln, die einen Beitrag für sicherere Fertigungsprozesse schaffen (vgl. DIN ISO 9000 ff.; QM-System nach Maßgabe ISO 16949: 2009)
- Regelungen zum Transfer von Know-how/Musterfreigaben etc.
- Pflicht des Lieferanten zur Einführung von Kennzeichnungssystemen
- Verantwortungsbereiche und Haftungsrisiken zwischen Zulieferer und Endhersteller werden konkret festgelegt oder begrenzt (Haftungsverteilungsfunktion) im Hinblick auf die Sachmängel- und Produkthaftung/Rückruf-Thematik (Mitwirkungspflichten)[54]
- Optimierung der Kosten-Nutzen-Verteilung[55]
- Kontrollen und Prüfungen sowie deren Dokumentation[56], Audits

Daraus ergeben sich im Wesentlichen **drei konkrete Funktionen** der QSV:[57] **Rationalisierung,**[58] **Haftungsverteilung,**[59] und das **Prinzip der Schadenverhütung.**[60] 13

Rechtlich handelt es sich bei Qualitätssicherungsvereinbarungen i. d. R. um **Dauerschuldverhältnisse** (vgl. § 314 BGB).[61] Die Inhalte können mehreren Vertragstypen zugeordnet werden (sog. typengemischte Verträge):[62] Qualitätssicherungsvereinbarungen enthalten nicht selten **werk-**[63] sowie **dienst-**,[64] aber auch **gesellschaftsvertragliche (Joint-Venture)** Elemente[65] oder auch Ansatzpunkte für eine **Geschäftsbesorgung** i. S. v. § 675 BGB.[66] Auch wenn bisweilen – dies zeigt die Praxis aus Gesprächen mit Automobilendherstellern – von dieser Seite behauptet wird, zwischen Endhersteller und Zulieferant wären insoweit „Individualvereinbarungen“ getroffen, wird doch im Regelfall die Qualitätssicherungsvereinbarung als **„AGB-Werk“** i. S. d. § 305 Abs. 1 Satz 1 BGB bewertet werden müssen. Der Hersteller will ja gerade die von ihm vorformulierten Vertragstexte mit einer Vielzahl von Zulieferern abschließen, um damit insgesamt definierte Qualitätsstandards zu erhalten und die dazu erforderlichen Arbeitsschritte als Leistungsverpflichtung des Zulieferanten zu fixieren. Deshalb findet in aller Regel – neben den §§ 134, 138, 242 BGB – auch die Inhaltskontrollnorm des § 307 BGB auf Qualitätssicherungsvereinbarungen Anwendung.[67] 14

---

[54] *Kreifels,* ZIP 1990, 489 ff.

[55] Vgl. auch *Ensthaler,* Anhang nach *§ 377* HGB Rn. 6; *Laschet,* in Röhricht/Graf von Westphalen, Qualitätssicherung, Rn. 4.

[56] LG Duisburg, ZGS 2011, 430 ff.; Lange, ZGS 2011, 393 ff.

[57] Ebenso *Kreifels/Weide,* in Foerste/Graf von Westphalen, § 57 Rn. 4 bis 6.

[58] *Grunewald,* NJW 1995, 1777.

[59] *Wältermann/Kluth,* ZGS 2006, 296, 297; *Migge,* VersR 1992, 665, 666 ff.

[60] Vgl. dazu *Ensthaler,* NJW 1994, 817; siehe dazu auch §§ 39, 40 ProdSG.

[61] VDA, Bd. 2, 66 – unbefristet, statt der Vorgabe der Möglichkeit ordentlicher Kündigung, zitiert nach *Kreifels/Weide,* § 58 Fn. 22; *Laschet,* in Röhricht/Graf von Westphalen, Qualitätssicherung, Rn. 6.

[62] Teilweise wird angenommen, es handele sich um **Verträge sui generis;** so u. a. *Lehmann,* BB 1990, 1849, 1851; überwiegend werden sie als typengemischte Verträge qualifiziert, so etwa von *Ensthaler,* nach *§ 377* HGB Rn. 3 m. w. N.; *Zirkel,* NJW 1990, 345, 351.

[63] *Steinmann,* Qualitätssicherungsvereinbarungen zwischen Endproduktehersteller und Zulieferern, 25; *Merz,* Qualitätssicherungsvereinbarung, 242 ff.

[64] BGH, NJW 2002, 1571; *Emmerich,* JuS 2002, 923, 924.

[65] §§ 705 ff. BGB: *Steinmann,* Qualitätssicherungsvereinbarungen zwischen Endproduktehersteller und Zulieferern, 27; Im Regelfall wird jedoch von einer gemeinsamen Zweckförderung nicht gesprochen werden können; kritisch daher auch *Ensthaler,* NJW 1994, 817, 823; Zudem passt auch § 708 BGB nicht ins Zuliefererverhältnis: Haftung nur für eigene Sorgfalt ist i. d. R. nicht gewollt.

[66] *Merz,* Qualitätssicherungsvereinbarung, 251; *Steinmann,* Qualitätssicherungsvereinbarungen zwischen Endproduktehersteller und Zulieferern, 27 eher kritisch der diesbezüglichen Einordnung.

[67] *Kreifels,* ZIP 1990, 489, 495.

bb) AGB-rechtlich-relevante Themen im Zusammenhang mit Qualitätssicherungsvereinbarungen und Haftungsfragen

15 **(1) Untersuchungs- und Rügepflicht.** Zur vertraglichen Abänderung der **Untersuchungs- und Rügepflicht** und dem Hauptregelungsbereich von QSVen gegenüber der gesetzlichen Regelung des § 377 HGB hatte ich bereits ausgeführt. Soweit eine Verlagerung auf den Zulieferanten im Zusammenhang mit einer Warenausgangskontrolle zulässig und möglich ist (z. B. **bei versteckten Mängeln**[68]), machen Endhersteller davon gegenüber dem Zulieferer häufig Gebrauch.[69] In der vertraglichen Regelung wird dann als Inhalt bei der Eingangsuntersuchung nur noch das (eben) zulässige „Minimum" beschrieben.

16 **(2) Versagen der Warenausgangskontrolle beim Zulieferer.** Wenn der Zulieferer dann – nach der vertraglichen Vereinbarung – eine Warenausgangskontrolle durchzuführen hat anstelle des Empfängers der Waren die Wareneingangskontrolle, und das Kontrollsystem beim Zulieferer versagt und damit Mängel „durchrutschen", könnte der Endhersteller (Assembler) dann ggf. einen **Anspruch nach § 280 BGB** erfolgreich dem Zulieferer gegenüber geltend machen. Dann gilt sogar die Verschuldensvermutung des § 280 Abs. 1 Satz 2 BGB, die den Zulieferer ergänzend belastet.[70] Wenn technische Spezifikationen an den Zulieferanten übermittelt worden sind – bisweilen sind z. B. „400 Prüfpunkte in einer Zeichnung" zu kontrollieren – und dann auch noch dem Zulieferer die Warenausgangskontrolle aufoktroyiert wird, führt dies gegenüber der gesetzlichen Ausgangslage (§ 377 HGB) eher zu der Annahme einer Haftung des Zulieferanten. Die Frage aber, die zu Recht aufgeworfen wird, ist,[71] ob bei solchen Gestaltungen nicht von Seiten des Gesetzgebers oder von Gerichten reagiert werden muss, vor dem Hintergrund, dass der Zulieferer ja nur noch „ein verlängerter Arm des Endherstellers ist". Die Diskussionen um die Auswirkungen gegenüber dem gesetzlich verankerten Sachmängelhaftungsrecht stehen insoweit noch am Anfang. Zunächst aber hat ein Zulieferant, der sich vertraglich verpflichtet, Leistungen zu erbringen, diese tatsächlich dann auch zu erbringen, wenn dieses Verlangen nicht sittenwidrig erscheint und/oder nicht etwa nach § 307 BGB nichtig ist.

17 **(3) Einhaltung von Qualitätsmanagementsystemen.** Insbesondere im Automobilbereich wird dem Zulieferanten bisweilen nicht nur ein ganzer „Pflichtenkanon" im Zusammenhang mit Spezifikationen aufoktroyiert, vielmehr wird ihm weitergehend aufgebürdet, ein konkretes Qualitätsmanagementsystem zu unterhalten.[72] Wird das abverlangte System dann nicht eingehalten, stellt sich die Frage, ob sich schon allein deshalb ein vertraglicher Anspruch zu Gunsten des Endherstellers gegenüber dem Zulieferer ergibt. Das Bestehen eines Anspruchs wird man – jedenfalls nicht ohne weiteres – grundsätzlich wohl nicht verneinen können.[73] AGB-rechtlich unbedenklich sind jedenfalls Auflagen, durch die der produkthaftungsrechtlich geforderte Stand der Wissenschaft und Technik vorgegeben wird.[74] Jedoch wird in der Praxis bei Abwicklungsfällen dann i. d. R. die Frage der Kausalität thematisiert werden müssen.

---

[68] BGH, NJW 1991, 2633, 2634.

[69] Nicht aber die Verbandsempfehlungen des ZVEI; vgl. aber Münchener Vertragsrechtshandbuch/*Graf von Westphalen,* Bd. I, QSV, 284, 286.

[70] Vgl. zum alten Recht der RVV auch *Teichler,* BB 1991, 428, 430; die genauen haftungsrechtlichen Wirkungen von QSVen sind bislang – schon mangels einschlägig bekannt gewordener Rechtsprechung – nahezu ungeklärt; darauf weisen MüKo/*Wagner,* § 823 Rn. 604, und *Kreifels/Weide,* in Foerste/Graf von Westphalen, § 60 Rn. 1, zu Recht hin.

[71] *Ensthaler,* nach *§ 377* HGB Rn. 15.

[72] *Merz,* Qualitätssicherungsvereinbarungen, 283.

[73] Vgl. aber *Quittnat,* BB 1989, 571, 572; *Merz,* Qualitätssicherungsvereinbarungen, 293; *Steinmann,* BB 1993, 873.

[74] *Schmidt,* NJW 1991, 144, 148; *Franz,* Qualitätssicherungsvereinbarung und Produkthaftung, 210, 211.

(4) Verzugsschaden-Klausel. Wenn der Zulieferer bestimmte – vertraglich vereinbarte – Lieferzeitpunkte nicht einhält, kann es bisweilen zu hohen Verzugsschäden kommen, die zum Teil mit einem völligen Stillstand des Fertigungsprozesses beim Endhersteller (Assembler) zusammenhängen (§§ 280, 286 BGB). Deshalb werden bisweilen auch in Qualitätssicherungsvereinbarungen – oder jedenfalls auf den darauf aufbauenden Einzelabrufen – Liefertermine **„fix"** vorgegeben (vgl. dazu auch § 376 HGB). Von einem **absoluten Fixgeschäft** kann allerdings nur gesprochen werden, wenn die Leistung ihrem Inhalt nach bis zu dem bestimmten Zeitpunkt erbracht werden muss und ansonsten die Hauptleistung nicht mehr von Bedeutung für den Abnehmer ist („Stehen und Fallen der Leistung mit der Einhaltung der Frist")[75]. Welche **Just-in-Time-Lieferungen**[76] ein „absolutes" oder ein „relatives" Fixgeschäft sind, ist stets im Einzelfall durch Auslegung zu ermitteln (§§ 133, 157 BGB). Regelmäßig liegt kein handelsrechtliches Fixgeschäft mit der Folge eines Rücktritts für den Hersteller vor, sondern lediglich eine kalendarische Frist i. S. d. § 323 BGB.[77] Zudem ist im Einzelfall zu beachten, dass – wie auch immer geartete – **Verzugsschadenersatzklauseln** eines Fixgeschäfts mit der Wertung in § 309 Nr. 4 BGB, die auf die Generalklausel des § 307 BGB durchaus ausstrahlt, und insbesondere wegen der gesetzlichen Wertung des § 323 Abs. 2 Satz 2 BGB und des § 376 HGB – in **AGB** nicht unbedenklich sind.[78] 18

(5) Verteilung der Haftung im Innenverhältnis. Inhalt von Qualitätssicherungsvereinbarungen ist nicht selten – wie bereits betont – eine – vom Gesetz abweichende – Haftungsverteilung im Rahmen einer Regressvereinbarung durch Verlagerung der sich aus Inanspruchnahmen ergebenden Haftung des Endherstellers – im Innenverhältnis (wegen § 14 ProdHaftG) – auf den Zulieferer. Der Endhersteller hat praktisch zwei Möglichkeiten, einer Haftung im Außenverhältnis hinreichend Rechnung zu tragen: Einerseits indem er – durch vertragliche Vereinbarung – auf den Zulieferer weitgehend bereits bei Aufnahme der Lieferbeziehung im Vorfeld **Pflichten delegiert** und/oder Verkehrssicherungspflichten oktroyiert, und/oder indem er umgekehrt, für den Fall einer Inanspruchnahme im Außenverhältnis von Dritten mit dem Zulieferanten im Innenverhältnis präventiv und im Vorfeld bereits eine konkrete **Haftungsübernahme** (vertraglicher Natur) vereinbart. In diesem Zusammenhang erscheint es zunächst wichtig, die gesetzliche Lage kurz zu skizzieren: Ausdrücklich sieht § 14 ProdHaftG vor, dass die Ersatzpflicht des Herstellers nach dem ProdHaftG **im Voraus** (also bei Abschluss des Vertrages, vor Auftreten von Mängeln) weder ausgeschlossen noch beschränkt werden kann. Entgegenstehende Vereinbarungen sind nichtig (§ 14 Satz 2 ProdHaftG).[79] Der Endhersteller etwa, der von einem Verbraucher in Anspruch genommen wird (§ 1 ProdHaftG, § 823 BGB), haftet unter Umständen, weil sein Endprodukt mangelhaft ist und möglicherweise auch das Zuliefererprodukt selbst mangelhaft war, bei einer Inanspruchnahme dem Dritten (dem Verbraucher) gegenüber daher i. d. R. zunächst unbeschränkt.[80] An sich hätte der Verbraucher 19

---

[75] BGHZ 110, 96; BGH, NJW 2001, 2878; *Baumbach/Hopt*, § 377 HGB Rn. 7.

[76] Vgl. zur Terminologie und zu Inhalten von Just-in-time-Konzepten bereits § 3 I. 6. i) und § 5 I. b) dd), Rn. 53 ff.

[77] Vgl. dazu auch *Laschet* in Röhricht/Graf von Westphalen, Qualitätssicherung, Rn. 16; *Nagel*, DB 1991, 319, 321.

[78] BGH, NJW 1990, 2065; dazu auch *Nagel*, DB 1991, 319, 321; *Ensthaler*, nach *§ 377* HGB Rn. 17.

[79] Vgl. zu Einzelheiten die Kommentierung zu § 14 ProdHaftG, § 3 III. Rn. 462 ff.

[80] Bei Fabrikationspflichten kann sich – allerdings schon im Außenverhältnis – die Frage stellen, ob und inwieweit einen Endhersteller Prüfpflichten bezüglich bezogener Teile treffen; Der BGH nahm jüngst eine lediglich **abgeschwächte Prüfpflicht** des Endherstellers an unter den konkreten Voraussetzungen, dass der Endhersteller ein renommiertes Zuliefererunternehmen beauftragt, dieses vorher sorgfältig ausgewählt und zudem mit diesem eine hinreichende

nicht nur den Endhersteller, beispielsweise wegen mangelhafter Bremsen am Produkt PKW, sondern gleichzeitig auch den Zulieferanten der mangelhaften Bremsen – beide zusammen ggf. als Gesamtschuldner – in Anspruch nehmen können (§ 426 BGB im Innenverhältnis bzw. § 5 ProdHaftG). Nimmt er aber **nur** den Endhersteller in Anspruch, stellt sich die Frage, wie dieser gegenüber dem **Zulieferanten regressieren** kann. Für den Haftungsausgleich im Innenverhältnis kommt es, soweit nichts anderes vereinbart ist, darauf an, **inwieweit der Schaden vorwiegend** von dem einen oder dem anderen Teil **verursacht worden ist** (vgl. § 5 ProdHaftG); im Übrigen gelten die §§ 421 bis 425 sowie 426 Abs. 1 Satz 2 und Abs. 2 BGB. Gerade weil § 5 Satz 2 ProdHaftG den Einschub enthält **(„soweit nichts anderes bestimmt ist")**, bestehen keine im Ergebnis durchgreifenden Bedenken, in etwaigen **Qualitätssicherungsvereinbarungen, also im Innenverhältnis,** konkrete Regresslösungen – abweichend von § 5 ProdHaftG bzw. § 426 BGB – vertraglich zu vereinbaren.[81] Eine typische Klausel wäre etwa die:

„Stellt sich heraus, dass im Falle einer Inanspruchnahme des Endherstellers wegen der Lieferung eines mangelhaften Produktes dieser Schaden nur deshalb entstanden ist, weil das Zuliefererteil mangelhaft zugeliefert worden ist, hat im Innenverhältnis zwischen Endhersteller und Zulieferer der Zulieferer diesen Schaden alleine zu tragen."

20 In Individualvereinbarungen sind derartige Regelungen wirksam. Selbst eine vorformulierte Regressvereinbarung aber dürfte im Regelfall nicht an § 307 Abs. 2 BGB scheitern. Ich selbst habe keine Bedenken anzunehmen, dass Klauseln in AGB-Verträgen wirksam sind, die den Innenregress nach einem konkreten Verursachungsprinzip ausgestalten.[82] Aber Haftungsverteilungen sind auch nicht schrankenlos wirksam. Bleiben in konkreten Regelungen etwaige Verursachungs- und/oder Verschuldensbeiträge gänzlich unberücksichtigt, kann eine unangemessene Benachteiligung anzunehmen sein.[83]

21 **(6) Lieferantenauswahl.** Bisweilen werden dem Zulieferanten Vorgaben gemacht, wie dieser seinen Zulieferanten auszuwählen hat, oder ihm werden sogar konkrete Subzulieferunternehmen benannt, mit denen er kontrahieren soll oder **kontrahieren muss.** Auch dies ist dem Grunde nach wirksam möglich und selbst in AGB nicht zu beanstanden, insbesondere wenn man bedenkt, dass von Zuliefererprodukten enorme Gefahren – z. B. etwa im Lebensmittelbereich – ausgehen können und der Endhersteller ein großes Interesse daran hat, dass ein lückenloser Referenzrahmen vorab eingeholt wird, oder auf bereits bewährte Referenzen zurückgegriffen werden kann.[84] Verstöße gegen die vertraglichen Vereinbarungen ergeben sich bisweilen, wenn Zulieferanten – von sich aus, und in der Praxis kommt dies häufig vor, ohne dass sie dies dem Endhersteller offenlegen würden – den **Subzulieferanten wechseln,** und sei es auch aus ökonomischer Not heraus. Werden danach mangelhafte Teile zugeliefert, liegt zugleich immer auch ein Verstoß gegen die

---

Qualitätssicherungsvereinbarung getroffen hatte; BGH, Beschluss vom 26.1.2010, BeckRS 2010, 05571 und dazu OLG Düsseldorf, BeckRS 2010, 05734 – abgebrannter LKW; vgl. dazu Sachverhalt und konkrete Hintergründe in § 4 Rn. 24.

[81] *Kreifels,* ZIP 1990, 489, 495: Auch das neue Produkthaftungsrecht lässt intern wirkende Regelungen zwischen den Unternehmen der einzelnen Fertigungsstufen zu; vertiefend *Kreifels/Weide,* in Foerste/Graf von Westphalen, § 62 Rn. 128; BT-Drs. 11/2447, 21 vom 9.6.1988; *Nagel,* DB 1991, 319, 325; ebenso *Ensthaler,* nach *§ 377* HGB Rn. 25.

[82] Ebenso *Ensthaler,* nach *§ 377* HGB Rn. 27.

[83] *Lemppenau,* DB 1980, 1679, 1681; *Schmidt,* NJW 1991, 144, 150. Auch darf etwa dem Lieferanten nicht der Einwand der Mitverursachung abgeschnitten werden, *Laschet,* in Röhricht/Graf von Westphalen, Qualitätssicherung, Rn. 92.

[84] *Ensthaler,* nach *§ 377* HGB Rn. 30; vgl. dazu auch die Empfehlungen des VDA – Lieferantenbewertung; *Hollmann,* QZ 1988, 499, 500; eine Frage ist, ob der Endhersteller sich im Falle von Schlechtlieferungen durch „empfohlene Subzulieferanten" ggf. dafür dann einen Mitverschuldensanteil anrechnen lassen muss, was ich im Einzelfall nicht für ausgeschlossen halte.

vertraglich übernommenen Verpflichtungen vor, von denen man auch nicht ohne Weiteres im Einzelfall sagen kann, dass sie nicht mehr kausal für den Eintritt des Mangels gewesen sind. Auch insoweit kann sich eine Pflichtverletzung nach § 280 Abs. 1 BGB ergeben.

(7) Dokumentations- und Aufbewahrungspflichten sowie das Recht auf Einsichtnahme. Zunächst ein vorformuliertes Beispiel nach *Ensthaler*[85] 22

„Der Lieferer wird (kontinuierlich) über die Durchführung aller vorgenannten Qualitätssicherungsmaßnahmen, insbesondere über Messwerte und Prüfergebnisse (in der Produktionsstätte) Aufzeichnungen anfertigen. Die Dokumentation sowie etwaige Muster der Vertragsgegenstände sind übersichtlich geordnet, mindestens x-Jahre jederzeit verfügbar zu halten. Der Lieferer wird auf Wunsch für die gelieferten Vertragsgegenstände vollständige Einsicht in seine Qualitätsaufzeichnungen gewähren und gewünschte Muster aushändigen, soweit dadurch nicht Einblick in Betriebsgeheimnisse des Lieferers erlangt werden und für die Einsichtnahme ein angemessener Grund besteht."

Jeder Endhersteller hat ein erhebliches Interesse daran, produkt- und prozessbezogene Daten zu erhalten.[86] Sie stellen ein unverzichtbares Instrument der Qualitätssicherung dar.[87] Nicht selten sind **Dokumentationspflichten rechtlich verbindliche Nebenpflichten** des Erwerbsgeschäfts (§§ 433, 675, 280 BGB).[88] Dies ist beim Kaufvertrag unter Umständen anders.[89] Bei einem reinen Kaufvertrag gehört es nicht zu den Grundpflichten der Leistungserfüllung, Dokumente mitzuliefern. Im Zweifelsfall ist also zu eruieren, ob und inwieweit sich eine **vertraglich übernommene Zusatzleistung durch den Zulieferer** ergibt. Allerdings sind dabei die Sonderregelungen der Handelsüblichkeit in § 346 HGB und auch die zum Geschäftsbesorgungsvertrag (§ 675 BGB) gehörenden Auskunfts- und Rechenschaftspflichten nach § 666 BGB zu berücksichtigen. Einzelheiten variieren im Umfang und zum Inhalt der Dokumentation, auch insbesondere zur Art und Weise und zur Dauer der Dokumentenaufbewahrung.[90] 23

In **individuellen Vereinbarungen** dürften konkrete Regelungen über Aufbewahrungszeiten von Dokumentationen nicht unwirksam sein. Die Frage aber ist, ob und inwieweit von den gesetzlichen Regelungen zu Lasten des Zulieferanten wirksam durch AGB-rechtliche Vereinbarungen abgewichen werden kann. Dabei ist zu beachten, dass nach § 13 Abs. 1 Satz 1 ProdHaftG die Ansprüche, die sich aus dem ProdHaftG ergeben, **10 Jahre,** nachdem das Produkt durch den Endhersteller in Verkehr gebracht wurde, jedenfalls erlöschen. Allerdings kann die Frist nach § 209 BGB gehemmt sein. Zudem enthält § 199 Abs. 2 BGB eine Regelung, nach der Schadenersatzansprüche, die auf der Verletzung des Lebens, des Körpers, der Gesundheit oder der Freiheit beruhen, ohne Rücksicht auf ihre Entstehung und ohne Kenntnis oder grob fahrlässige Unkenntnis in **30 Jahren von der Begehung der Handlung,** der Pflichtverletzung oder dem sonstigen, 24

---

[85] *Ensthaler,* nach *§ 377* HGB Rn. 40.

[86] Vgl. dazu bereits § 3 I. 8: Zu den Abwehrstrategien im Schadensfall durch den Hersteller, § 3 I Rn. 136 ff.

[87] Weitergehender sogar *Ensthaler,* nach *§ 377* HGB Rn. 39: „regelmäßig".

[88] Ebenso *Ensthaler,* nach § 377 HGB Rn. 41, 42; OLG Bamberg, Urt. vom 18.4.1996, Az. 1 U 66/94; für besonders gefährliche Produkte hat der Gesetzgeber **Dokumentationspflichten** (gerichtet in erster Linie aber an den Arbeitgeber als Unternehmer) aufgenommen: § 6 Abs. 8 GefahrstoffVO; §§ 22 Abs. 2, 3c, 63 ff. AMG; § 6 Abs. 3 GenTG. Darüber hinausgehende Dokumentationspflichten sind i. d. R. nicht anzuerkennen; ebenso *Kullmann/Pfister,* Kza 1526, 9; *Foerste,* in Foerste/Graf von Westphalen, § 30 Rn. 33; zur Abgrenzung von Haupt- und Nebenleistungspflichten bei Qualitätssicherungsvereinbarungen, *Schmidt,* NJW 1991, 144, 148.

[89] LG Duisburg, ZGS 2011, 430 ff.; *Looschelders,* Schuldrecht AT, § 1 Rn. 11; hierzu kritisch insoweit *Lange,* ZGS 2011, 393 ff.

[90] Vgl. dazu bereits die Ausführungen zu den Abwehrstrategien im Schadensfall duch den Hersteller, § 3 I Rn. 136 ff.

den Schaden auslösenden Ereignis an verjähren (§ 199 Abs. 2 BGB). Aus diesem Grund stellt sich die Frage, ob in AGB konkrete Regelungen – also vor allem in **Qualitätssicherungsvereinbarungen** getroffene Regelungen –, die über die soeben **ermittelten Zeiten** hinausgehen, ggf. **unwirksam** sind.[91] Die Vereinbarung einer **Aufbewahrungsfrist von 10 Jahren** dürfte jedenfalls nicht unangemessen und daher auch in AGB wirksam sein[92] und ggf. auch eine „etwas darüber hinausgehende"[93] von etwa **15 Jahren für Sicherheitsbauteile.**

25 Auch zur Art und Weise entsprechender Regelungen kann man sich natürlich die Frage stellen, wie konkret darf etwas zu Lasten des Zulieferanten vereinbart werden. Bei individuellen Vereinbarungen habe ich insofern wiederum (s. o.) keine Bedenken. Üblicherweise wird darauf abgestellt, dass die Dokumentation der Beweisführung vor Gericht dienen und diese damit als Beweismittel zur Verfügung stehen soll.[94] Ferner kann sich ein Zulieferer – ohne Bedenken gegen die Wirksamkeit – verpflichten, Dokumentationen zu erstellen, auf die der Endhersteller im definierten Umfang dann zugreifen kann.[95] Für rechtmäßig wird etwa die folgende Klausel gehalten:[96]

„Art und Umfang der vom Lieferer dem Lieferanten beizufügenden Prüfbescheinigungen, Protokolle, Zertifikate werden zwischen den Vertragspartnern im Anhang festgelegt. Die Vertragspartner vereinbaren einen regelmäßigen Austausch von Ergebnissen aus Qualitätsprüfungen …"

26 Derjenige, der ein rechtliches Interesse daran hat, eine in fremdem Besitz befindliche Urkunde einzusehen, kann zudem **von dem Besitzer** ohnehin die **Gestattung der Einsicht verlangen,** wenn die Urkunde in seinem Interesse errichtet oder in der Urkunde ein zwischen ihm und einem anderen bestehendes Rechtsverhältnis beurkundet ist oder wenn die Urkunde Verhandlungen über ein Rechtsgeschäft enthält, die zwischen ihm und einem anderen oder zwischen einem von beiden und einem gemeinschaftlichen Vermittler geführt worden sind **(§ 810 BGB).** Allerdings fehlt das **rechtliche Interesse,** wenn die Vorlage lediglich dazu dienen soll, Unterlagen für die Rechtsverfolgung zu beschaffen (unzulässige Ausforschung).[97]

27 Nicht selten wird in der produkthaftungsrechtlichen Praxis die Frage aufgeworfen, **ob** und inwieweit **ein Gutachten einer Versicherung** (etwa im Interesse des Versicherungsnehmers) ebenfalls herausgegeben werden muss. Dies wird allenfalls bejaht bei entsprechender Zweckbestimmung.[98] Noch ein ergänzender Satz: Die **Kosten der Einsichtnahme** trägt der die Einsicht fordernde Endhersteller, zumindest **entsprechend** der Regelung des § 811 Abs. 2 BGB. Danach hat die Kosten derjenige zu tragen, welcher die Vorlegung verlangt. Aber dies ist lediglich die rechtliche Grundlage: Wenn der Endhersteller im Automobilbereich von seinem Zulieferer Einsichtnahme verlangt, wird sich ein Zulieferer in der Praxis kaum auf diesen Anspruch berufen können („wollen").

---

[91] So wohl *Ensthaler,* nach *§* 377 HGB Rn. 49 unter Berufung auf *Merz,* Qualitätssicherungsvereinbarungen, 342.

[92] Ebenso *Kreifels/Weide,* in Foerste/Graf von Westphalen, § 62 Rn. 125.

[93] *Kreifels,* ZIP 1990, 489, 494.

[94] *Kreifels,* QZ 1992, 77, 80 und auch *Ensthaler,* nach § 377 HGB Rn. 50; *Migge,* PHi 1991, 186, 200 ff.

[95] *Kreifels,* ZIP 1990, 489, 493; *Nagel,* DB 1991, 319, 324; *Quittnat,* DB 1989, 571, 572.

[96] Zitiert nach *Ensthaler,* nach § 377 HGB Rn. 56.

[97] Palandt/*Sprau,* § 810 Rn. 2.

[98] Verneinend LG Bonn, VersR 2003, 94; demgegenüber bejahend LG Dortmund, NJW-RR 2008, 1483; zu Einzelheiten Palandt/*Sprau,* § 810 Rn. 4 und 5.

(8) Sonstige Vereinbarungen in QSV

- **Zutrittsvereinbarungen**

Ferner werden in Qualitätssicherungsvereinbarungen nicht selten noch **Zutrittsrechte** geregelt, die der Zulieferer bisweilen als unbillige Benachteiligung – sogar unter Umständen als Eingriff in seinen grundrechtlich geschützten Bereich als Unternehmen (Artt. 14, 2 Abs. 1 GG) – auffassen muss, und die auch zum Teil für unwirksam gehalten werden, eben als mit § 307 BGB nicht vereinbar.[99] 28

- **Verzicht auf die Wareneingangskontrolle**

Vergleiche dazu bereits die Ausführungen zum Thema „Händlerregress nach den §§ 478, 479 BGB" zum Thema § 3 I. 6 i), Rn. 123 ff. „Qualitätssicherungsvereinbarungen und Just-in-time-Konzepte". 29

- **Rückrufverpflichtung des Zulieferers**

In der Praxis finden sich in Qualitätssicherungsvereinbarungen auch Regelungen über „Rückrufverpflichtungen des Zulieferers", oder zumindest – und daher schon abgemildert – zu übernehmenden Pflichten, etwaig durch einen Rückruf anfallende **„Kosten zu tragen"**. Leider lassen sich keine generellen Aussagen zur Wirksamkeit derartiger Klauseln treffen, weil es im Einzelfall entscheidend darauf ankommt, ob – rechtlich gesehen – Rückrufpflichten bestehen, und zudem darüber hinaus, wer danach verpflichtet ist, den Rückruf durchzuführen. Im Einzelfall können derartig weitgehende vertragliche Verpflichtungen – sofern sie der gesetzlichen Lage nicht entsprechen – zu einer Unwirksamkeit nach § 307 Abs. 2 BGB führen. 30

- **Verpflichtung zum Abschluss einer Produkthaftpflichtversicherung und/oder zu einer Rückrufkostendeckung**[100]

Grundsätzlich ist kein Unternehmer verpflichtet, sehen wir von Pflichtversicherungen ab, eine Haftpflichtversicherung abzuschließen, sofern das Gesetz nicht anderweitiges anordnet, wie dies z. B. in § 94 AMG **(Deckungsvorsorge)** geschehen ist. Und so führt das Begehren, von seinem Vertragspartner den Abschluss einer Versicherung zu verlangen, zu einem Eingriff in die unternehmerisch geschützte Sphäre des Zulieferers (Artt. 14, 2 GG). Die Frage ist aber, ob und inwieweit er – im konkreten Einzelfall – unangemessen benachteiligt wird, wenn man unterstellt, dass die Absicherung gerade auch seinen Interessen dienlich ist und man diesen Aspekt im Rahmen der Interessenabwägung berücksichtigen kann.[101] Im Regelfall dürfte eine Klausel über die Verpflichtung zum Abschluss einer Versicherung daher nicht unwirksam sein. Dies gilt auch für die Verpflichtung zum Abschluss von Rückrufkostendeckungen.[102] Dass eine Wirksamkeitsschwelle aber die Forderung nach „untypisch hohen Deckungssummen" darstellen würde, was bisweilen in der Literatur angeführt wird,[103] möchte ich nicht gänzlich ausschließen, möchte diesen Ansatz aber konkretisieren: Deckungssummen im Bereich zwischen 5 und 30 Millionen für den typischen Gegenstand einer Haftpflichtversicherung, unterteilt nach Körper- und Sachschäden, dürfte durchaus jedenfalls im Rahmen der Angemessenheit liegen. 31

---

[99] Vgl. *Graf von Westphalen,* CR 1993, 65, 72 noch zu § 9 AGB-Gesetz sowie *Ensthaler,* nach § 377 HGB Rn. 6.

[100] Vgl. zur Produkthaftpflichtversicherung § 7 Rn. 6 ff.

[101] So aber wohl *Schmidt,* NJW 1991, 144, 151; *Steinmann,* Qualitätssicherungsvereinbarungen zwischen Endprodukteherstellern und Zulieferern, 141.

[102] Ebenso *Schmidt,* NJW 1991, 144, 151; *Steinmann,* Qualitätssicherungsvereinbarungen zwischen Endproduktcherstellern und Zulieferern, 141, 151.

[103] *Kreifels/Weide,* in Foerste/Graf von Westphalen, § 62 Rn. 117.

- **Kennzeichnungspflichten**

32 Die Verpflichtung, die Rückverfolgbarkeit (Traceability) sicherzustellen durch entsprechende Kennzeichnungen, Typenschilder, Modellbezeichnungen, Chargen- oder Seriennummern etc.[104] sind grundsätzlich sinnvoll für alle am Vertragsschluss im Rahmen einer Qualitätssicherungsvereinbarung Beteiligten. Zu Recht wird denn auch im Zusammenhang mit AGB-rechtlichen Fragestellungen – in der Literatur – angeführt, dass die **Rückverfolgbarkeit** in zahlreichen rechtlichen Bestimmungen und Normen rechtlich gar vorgegeben ist.[105] Zutreffend wird denn auch in der Literatur eine entsprechende Kennzeichnungsverpflichtung nicht als AGB-rechtswidrig i. S. d. § 307 Abs. 2 Nr. 1 BGB betrachtet, allerdings zugleich auf das Gebot des **Übermaßverbotes** verwiesen.[106] Übertriebene Ausführungen in Qualitätssicherungsvereinbarungen als AGB könnten daher in der Tat unwirksam sein, z. B. **„knebelnde" Einzelkennzeichnungen bei Schüttgut** (typischerweise in Plastikschalen durch Zettel gekennzeichnet), weil insoweit extreme Kosten verursacht würden.

- **Geheimhaltungspflichten**

33 Diese finden sich in zahlreichen vertraglichen Vereinbarungen, u. a. auch in Qualitätssicherungsvereinbarungen. Grundsätzlich sind Geheimhaltungsvereinbarungen – selbst wenn sie in AGB vereinbart werden – nicht nach § 307 Abs. 1 BGB unwirksam. Dies kann im Einzelfall anders sein, wenn die Inhalte zu weit gehen.[107] Zu Recht halten *Kreifels/Weide*[108] eine Klausel in AGB nach § 307 Abs. 2 Nr. 2 BGB für unwirksam, durch die „sämtliche durch den Hersteller erlangten Informationen und damit alle Daten" dem Geheimhaltungsschutz unterstellt werden. Eine solche Klausel verstößt gegen den Grundgedanken der Geheimhaltungspflicht als Nebenpflicht nach § 241 Abs. 2 BGB.

- **Audits**

34 Nicht selten behalten sich Hersteller vor, die Einhaltung von Qualitätssicherungsvereinbarungen oder konkret vereinbarter QM-Systeme zu überprüfen und dazu auch den Betrieb des Zulieferers – je nach Formulierung – unangemeldet oder angemeldet, zu betreten. Der Sinn, den Zulieferer auf Zuverlässigkeit hin zu kontrollieren, liegt auf der Hand.[109] Von daher spricht Einiges dafür, derartige Vereinbarungen für wirksam zu erachten. Dabei ist allerdings zu berücksichtigen, dass derartige Kontroll- und Betretungsrechte, selbst wenn diese während der üblichen Betriebs- und Geschäftszeiten ausgeübt werden, in die unternehmerisch geschützte Sphäre des Zulieferanten (Artt. 14, 2 GG) eingreifen. Sofern die schützenswerte Sphäre des Zulieferers gewahrt bleibt, widersprechen derartige Klauseln dennoch nicht dem Grundgedanken des § 307 Abs. 2 BGB. Allerdings gilt dies nur dann in dieser Allgemeinheit, wenn der Zulieferant nicht mehr als „eben notwendig" belastet wird.[110] Schon die soeben erwähnte Formulierung, ein Zutrittsrecht

---

[104] Vgl. dazu § 6 Abs. 1 Satz 1 Nr. 3 ProdSG für Verbraucherprodukte, § 2 Nr. 26 ProdSG und *Klindt*, § 5 GPSG a. F. Rn. 30.

[105] So explizit *Kreifels/Weide* in Foerste/Graf von Westphalen, § 62 Rn. 120 in Fn. 465 unter Verweis auf die allgemeine Regelung des § 6 Abs. 1 Satz 1 Nr. 2 ProdSG, § 10 Abs. 1 Nr. 4 AMG; Art. 18 Verordnung (EG) Nr. 178/2002; Ziffer 7.5.3 ISO 9001: 2008; Ziffer 7.5.3.1 ISO/TS 16949:2009; vgl. auch den Vorschlag für eine Richtlinie betreffend die Bereitstellung elektrischer Betriebsmittel auf dem Markt KOM (2011) 773 und BR-Drs. 760/11 vom 10.2.2012 zur Verbesserung der Rückverfolgbarkeit.

[106] *Kreifels/Weide,* in Foerste/Graf von Westphalen, § 62 Rn. 120; *Klindt,* § 5 GPSG a. F. Rn. 30.

[107] Vgl. dazu insbesondere BGH, NJW 2003, 2158, 2161; Palandt/*Grüneberg*, § 309 Rn. 38.

[108] *Kreifels/Weide* in Foerste/Graf von Westphalen, § 62 Rn. 127.

[109] *Schmidt,* NJW 1991, 144, 151.

[110] Ebenso *Migge,* VersR 1992, 665, 666.

etwa **ohne Voranmeldung** zu regeln, geht m. E. zu weit und stellt sich grundsätzlich jedenfalls als „unangemessene Benachteiligung" i. S. v. § 307 Abs. 1 BGB dar.[111]

cc) EN ISO 9000 und diverse Branchen-Besonderheiten

Wie bereits betont, kommen Qualitätssicherungsvereinbarungen inzwischen in nahezu allen Branchen vor. Im Laufe der letzten 20 Jahre haben sich weitgehende **„Spezifika"** entwickelt. Diese erläutern und/oder ergänzen teilweise die Regelungen einzelner Qualitätssicherungsvereinbarungen. Im Einzelnen: 35

(1) EN ISO 9000 ff. Die Normenreihe EN ISO 9000 ff. wurde von der **Internationalen Organisation für Normung (ISO)** herausgegeben. Bei der ISO handelt es sich um eine private Vereinigung verschiedener nationaler Normungsinstitute (ISO-Mitgliedsorganisationen[112]). Die Normenreihe EN ISO 9000 enthält die Formulierung allgemeiner **Prozessstandards für das Qualitätsmanagement,**[113] ein international abgestimmtes und EG-weit verbindliches Regelwerk, und zwar **ohne jedweden Branchenbezug.** Gültigkeit in den vertraglichen Beziehungen haben nach den Vereinbarungen oft die jeweils zuletzt publizierten aktuellen Fassungen. Neben der EN ISO 9000 bestehen Branchen-Besonderheiten, die teilweise als „Ergänzungsnormen" zu verstehen oder als **Leitfäden** verfasst worden sind (s. dazu nachfolgende Ziffern). 36

(2) Besonderheiten in der Automobilbranche: Insbesondere ISO/TS 16949. (a) EN ISO/TS 16949: Diverse Anforderungen bei Anwendung von ISO 9001:2000. Die ISO/TS 16949 wurde u. a. von der **International Automotive Taskforce** (IATF) verfasst (der nicht eingerahmte Text). Die in den „Hinweisen für die Zertifizierung" aufgeführten örtlichen Vertretungen der IATF, nämlich die ANFIA,[114] die FIEV, SMMT und der VDA[115] und die Fahrzeughersteller Chrysler, Ford Motor Company und General Motors Corp., PSA Peugeot, Citroën und Renault halten die Urheberrechte für den Text der ISO/TS 16949:2009.[116] Die Grundlagen sollen von der IATF, durch die Japan Automobile Manufactures Association Inc. (JAMA) sowie durch Vertreter des ISO/TC 176 (Technical Committee) erarbeitet worden sein.[117] Die in der ISO/TS 16949 enthaltene **technische Spezifikation (TS)** kann in der gesamten Lieferkette der Automobilindustrie verwandt werden. Die ISO/TS 16949:2009, die dritte aktuelle Ausgabe, bezieht sich auf Qualitätsmanagementsysteme. Es handelt sich um **besondere Anforderungen** für die Serien- und Ersatzteilproduktion **in der Automobilindustrie.**[118] Ziel der konkreten **technischen Spezifikation** ist die Entwicklung eines Qualitätsmanagementsystems (QM-Systems), was sich selbst fortentwickelt und ständig verbessert durch Vermeidung von Fehlern; zugleich dient sie der Ökonomisierung in der Lieferkette. Auf der einen Seite helfen die Spezifikationen, mehrfache Zertifizierungsaudits zu vermeiden und bieten damit einen gemeinsamen Ansatz für ein QM-System, und Vorteile auch für den Zulieferer – wenn auch nur untergeordnete –, da Zulieferer bei ordnungsgemäßer Umsetzung jedenfalls nicht diverse QM-Systeme, was ansonsten wohl notwendig wäre, unterhalten müssen.[119] Beschrieben 37

[111] Ebenso *Kreifels/Weide* in Foerste/Graf von Westphalen, § 62 Rn. 122.

[112] Vorwort aus der technischen Spezifikation ISO/TS 16949, 3. Ausgabe, 2009, XI; ISO Survey of certification, 18. Ausgabe 2010.

[113] *Helmig,* PHi 2006, 117.

[114] Associazione Nazionale Filiera Industria Automobilistica, www.anfia.it.

[115] Verband der Automobilindustrie–Qualitätsmanagementcenter (VDAQMC), www.vdaqmc.de.

[116] Vgl. öffentliche Informationen zur IATF unter www.iatfglobaloversight.org.

[117] So explizit *Helmig,* PHi 2006, 117, 118.

[118] *Helmig,* VW 2010, 1190; *ders.*, PHi 2010, 194, 196.

[119] So explizit *Helmig,* PHi 2006, 117.

werden konkrete Normen zum Qualitätsmanagementsystem, wobei zwischen **„allgemeinen Anforderungen“** und sog. **„Dokumentationsanforderungen“** unterschieden wird. Beschrieben werden aber auch das Management von Ressourcen sowie die Produktrealisierung en detail. Zudem werden auch die Anforderungen an Messungen und Analysen und damit auch statistische Methoden erläutert. In diesem Zusammenhang finden sich Einzelheiten zu den verschiedenen Audits. Zulieferer müssen bestrebt sein, sich von akkreditierten Zertifizierungsstellen zertifizieren zu lassen, da sie ansonsten kaum noch eine Chance haben („nur falls nicht anders vom Kunden festgelegt“), einen Automobilhersteller mit Serienteilen beliefern zu können (vgl. Ziffer 7.4.1.2 der ISO/TS 16949). Es handelt sich um ein wichtiges, unverzichtbares Instrument.[120]

38 Daneben sei auf den internationalen Standard **ISO 26262** für „Funktionale Sicherheit im Automobil“ verwiesen. Diese umfangreiche Norm befasst sich mit Software-basierten Sicherheitssystemen.[121]

39 **(b) VDA-Konditionen**[122]**.** In die Zuliefererbeziehung werden nicht selten neben den ISO-Normen – als **Einkaufsbedingungen** der Endhersteller – die sog. **VDA-Standards**[123] einbezogen (§§ 305 ff. BGB). Der VDA ist der Interessenverband der Deutschen Automobilindustrie e. V.[124] Sofern konkrete Inhalte vertraglich einbezogen sind, hat der Lieferant diese zu erfüllen. Dies bezieht sich u. a. auf Regelungen über die **Produktionsprozess- und Produktfreigabe (PPF).**[125] Bei positivem Ausgang des sog. **PPF-Verfahrens** führt dies dann schließlich zur **Serienfreigabe,** immer unterstellt, sämtliche Regelungen werden – was in der Praxis nicht immer der Fall ist – von allen Zulieferern eingehalten. Daneben enthalten VDA-Standards aber auch Regelungen über die Auditierung,[126] die zudem zwischen internen und externen Audits unterscheiden. Interne Audits erfolgen innerhalb des jeweiligen Unternehmens, externe dienen dem Nachweis der Qualitätsfähigkeit – gerade gegenüber Dritten.[127]

40 **(c) Formel Q-konkret.** Die Formel Q-konkret ist ein – von VW – eingeführtes Hilfsmittel zur Sicherstellung der Qualität von Kaufteilen. Es wird ständig verbessert.[128] Die ISO/TS 16949/VDA 6.1 beinhaltet als übergeordnete Vereinbarung auch die Formel Q-konkret.

41 **(3) Lebensmittelbranche.** Aufgrund der gravierenden Gefahren, die von Lebensmitteln ausgehen, ist die Lebensmittelbranche sehr weitgehend durch **gesetzliche Regelungen** gezwungen, Qualitätsmanagementstandards, die insbesondere die Hygiene und Frische von Produkten garantieren, zu verwenden.[129] Insoweit ist u. a. auf besondere Duldungs-, Mitteilungs- und Übermittlungspflichten von Lebens- und/oder Futtermittelunternehmen

[120] *Helmig,* PHi 2010, 196.

[121] *Lascych,* Funktionale Sicherheit wird Trumpf, QZ – Qualität und Zuverlässigkeit, Nr. 54, 2009/2 zitiert nach *Helmig,* Fahrzeugsicherheit versus Fahrerverunsicherung – kritische Überlegungen zur KVV und zur ISO 26262, PHi 2010, 194, 199, Fn. 17; *ders.* ISO 26262, InTeR 2013, 28 ff.

[122] Nach *Kannowski,* BB 2007, 2301 zum Begriff „VDA-Konditionen“.

[123] Vgl. dazu die VDA-Bände – Qualitätsmanagement in der Automobilindustrie, vor allem Band 6, aber auch Band 2; *Kannowski,* BB 2007, 2302; *Kessel/Passauer,* BB 2004, 1974.

[124] Vgl. dazu Der VDA, Der Verband für Mobilität von morgen, 2012, 1 ff.

[125] Einzelheiten sind im VDA-Band 2, 21 ff. ausführlich geregelt; vgl. dazu insgesamt *Kreifels/Weide* in Foerste/Graf von Westphalen, § 63 Rn. 3; vgl. zu den maßgebenden Bedingungen auch *Kannowski,* BB 2007, 2301, 2302 ff.; und zu den größten Abweichungen im Bereich „Haftung“ *Kessel/Passauer,* BB 2004, 1974.

[126] Vgl. dazu etwa VDA-Band 6 mit dem Titel „Grundlagen für Qualitätsaudits“.

[127] VDA-Band 6, 23.

[128] Vorwort der QSVen zwischen VW und seinen Lieferanten, 3. Aufl. 1998, dort dann auch zur Null-Fehler-Strategie, 22 und zur FMEA (Failure Mode and Effect Analysis = Fehler-, Möglichkeits- und Einfluss-Analyse), 22.

[129] *Streinz/Hammerl,* Lebensmittelrechts-Handbuch III. A. 6, Rn. 56.

in § 44 Abs. 3 Satz 1 LFGB zu verweisen sowie auf Art. 18 VO (EG) 178/2002.[130] Der Lebensmittelunternehmer ist verpflichtet, Überwachungsbehörden auf Verlangen Informationen, die er aufgrund des eingerichteten Systems erhält, zu übermitteln. Zusätzlich finden sich Pflichten zur Dokumentation im Hinblick auf den Einkauf und die Abgabe von Lebensmitteln.[131]

(a) EN ISO 22005:2007. Entsprechend des Titels spiegeln diese ISO-Normen die rechtlichen Vorgaben wieder: **„Rückverfolgbarkeit in der Futter- und Lebensmittelkette** – Allgemeine Grundsätze und grundlegende Anforderungen für die Gestaltung und Verwirklichung von Systemen". Die EN ISO 22005:2007 enthält Vorgaben zur Rückverfolgung, zu Produktrücknahmen und zur Verantwortlichkeit in der Organisation und darüber hinaus Vorgaben für die Dokumentation und verlangt auch das Aufstellen von **Plänen zum Rückruf.**[132] 42

(b) HACCP-System. Nach Art. 5 der VO (EG) 1820/2004 sind Lebensmittelunternehmer zur Einführung eines **„Hazard Analysis and Critical Control Points"**-Systems („Gefahrenanalyse und kritische Kontroll-Punkte", „HACCP-System") zur **Lebensmittelhygiene** verpflichtet.[133] Es handelt sich um ein ab 1959 entwickeltes System, das Gefahren und Risiken systematisch bewertet, die mit der Herstellung, aber auch mit der Distribution und dem Verbrauch von Lebensmitteln verbunden sind.[134] „Kritische Punkte" in der Lebensmittelvertriebskette sind ausfindig zu machen und möglichst zu eliminieren. Die EG-verordnungsrechtliche Vorgabe zur Implementierung des HACCP-Konzepts wurde insbesondere durch die **DIN EN ISO 22000:2005**[135] umgesetzt. 43

(c) Implikationen durch Handelsketten. Die großen Handelsketten, so u. a. Carrefour, Tesko, Metro und einige andere, haben die sog. **Global Food Safety Initiative (GFSI)** initiiert, um konkrete Sicherheitsstandards für Lebensmittelunternehmen zu schaffen, die den Einzelhandel (vor allem) mit Eigenmarken beliefern.[136] Bekannt in der Lebensmittelindustrie sind darüber hinaus auch die sog. **International Foodstandards (IFS).** Initiiert wurden diese Standards durch den Lebensmitteleinzelhandel.[137] 44

(4) Medizinproduktbranche. Von Bedeutung ist die EU-Richtlinie 93/42/EWG über Medizinprodukte. Im Zusammenhang mit spezifischen Regelungen für Medizinprodukte 45

---

130 *Steiling,* Handlungspflichten von Lebensmittel- und Futtermittelunternehmen nach der EU-Basisverordnung und ihr Einfluss auf die zivilrechtliche Produkthaftung, in FS für Graf von Westphalen, 671 ff.

131 Vgl. Leitfaden zur Rückverfolgbarkeit im Futtermittelsektor, Ziff. 4; Internet: http://www.bvl.bund.de/sharedDocs/Downloads/02_Futtermittel/fm_Leitfaden_Rueckverfolgbarkeit.pdf?__blob=publicationFile; Vgl. dazu die Erwägungsgründe 28, 29 zur Verordnung (EG) 178/2002.

132 Eine deutsche Fassung der EN ISO2205: 2007 findet sich im Beuth-Verlag.

133 *Sinell/Meyer,* Lebensmittelsicherheit HACCP in der Praxis; *Kraus/Voß,* Hygieneanforderungen an unverpackte Lebensmittel, ZLR 2010, 413; siehe z. B. Bericht zur Lebensmittelsicherheit 2010 (Bundesweiter Überwachungsplan 2010), Hrsg. Bundesamt für Verbraucherschutz und Lebensmittelsicherheit (BVL), Berlin.

134 *Streinz/Claußen,* Lebenmittelrechts-Handbuch III. E. 4.3, Rn. 338a.

135 Vgl. Einleitung ISO 22000:2005; Das Konzept wurde 1959 entwickelt und in Deutschland erstmals in der Lebensmittelhygiene-VO von 1998 verankert. Am 1.1.2006 trat das Hygienepaket der EU (EU-VO (EG) Nr. 852/2004) in Kraft, in dem verordnet wird, dass nur noch Lebensmittel, die die HACCP-Richtlinien erfüllen, in der EU gehandelt werden dürfen.

136 Richtlinien zur „Guten Herstellungspraxis": Vgl. dazu *Kreifels/Weide,* in Foerste/Graf von Westphalen, § 63 Rn. 14.; so sollen Audits beispielsweise nur durch **externe Institutionen** abgehalten werden, die akkreditiert sind nach DIN EN 45011; dazu auch *Streinz/Claußen,* Lebensmittelrechtshandbuch III. E., Rn. 3 c.

137 Deutscher Einzelhandelsverband (HDE); IFS baut auf der bekannten DIN EN ISO 9001:2008 auf.

kann auf die ISO/TR 14969:2005 verwiesen werden.[138] Die Anforderungen an das Qualitätsmanagement für Medizinproduktehersteller gibt die DIN EN ISO 13485 vor, die Anforderungen für das Risikomanagement die DIN EN ISO 14971 und für Herstellerinformationen die DIN EN 1041.

46 **(5) Elektrotechnik-Branche.** Bereits im Vorwort der ISO/TS 16949:2009 heißt es, dass ISO in allen Fragen der **elektrotechnischen Normung** eng mit der **Internationalen Elektrotechnischen Kommission (IEC)** zusammenarbeitet. Dies ist eine internationale Normungsorganisation für Normen im Bereich Elektronik und Elektrotechnik. Die IEC-Normen haben Nummern zwischen 60.000 und 79.999.

47 Ferner ist in diesem Zusammenhang auf die publizierten Regelungen des Zentralverbandes der Deutschen Elektroindustrie (ZVEI) zu verweisen. Auch der Verband gibt Muster für Qualitätssicherungsvereinbarungen für ihre Mitglieder heraus. Die Besonderheit gegenüber anderen Qualitätssicherungsvereinbarungen stellt sich insofern als interessant dar, als dass der ZVEI **nicht** empfiehlt, die Wareneingangskontrolle „gänzlich" auf den Zulieferer zu verlagern. Dies möglicherweise nicht zuletzt aus dem Grund, dass die Endkontrolle für elektronische Produkte, die ja bekanntlich ein enormes Risiko für Leib und Leben von betroffenen Personen darstellen, wohl gerade beim Endhersteller verbleiben soll.

48 **(6) Maschinenbau.** Der Maschinenbau ist weitgehend geprägt durch die sog. **Maschinen-Richtlinie** und damit durch europarechtliche Vorgaben und Umsetzungen in nationales Recht. Zu nennen ist hier etwa die EG-Maschinenrichtlinie von 2006.[139] Die **Maschinenverordnung (9. ProdSV)** gilt für die Bereitstellung auf dem Markt und für die Inbetriebnahme von konkret in § 1 genannten **neuen Produkten**, also etwa Maschinen, auswechselbare Ausrüstungen, Sicherheitsbauteile, Lastaufnahmemittel, Ketten, Seile und Gurte, abnehmbare Gelenkwellen und unvollständige Maschinen. Daneben verwenden zahlreiche Maschinenbauunternehmen Europäische Sicherheitsnormen für Maschinen in überarbeiteter Version von 2007.[140]

49 Zudem gibt es einige wichtige Standards, so u. a. die DIN EN ISO 12100, Teil 1 und 2 „Sicherheit von Maschinen – Grundbegriffe, Allgemeine Gestaltungsleitsätze".[141] Zum Handel mit Gebrauchtmaschinen.[142]

50 **(7) Sonstige: z. B. Übersetzungsdienstleistungen.** In der Dienstleistungsbranche existieren teils sehr spezifisch auf die jeweiligen Dienstleistungen zugeschnittene – und damit im Einzelnen kaum darstellbare – Regelungswerke. Zum Beispiel sei verwiesen auf die **EN 15038:2006** für **Übersetzungsdienstleistungen.**[143]

---

[138] Vgl. dazu § 9 Rn. 23 ff.

[139] EU-Richtlinie 2006/42/EG oder auch deren Vorgängerrichtlinien 89/392/EWG (1989) sowie die 9. Produktsicherheitsverordnung, die sog. Maschinenverordnung vom 12.5.1983, BGBl. I, S. 704, die zuletzt durch Artikel 19 des Gesetzes vom 8.11.2011, BGBl. I, 2178, geändert worden ist. Diese Verordnung dient der Umsetzung der Richtlinie 89/392/EWG des Rates vom 14.6.1989 zur Angleichung der Rechtsvorschriften der Mitgliedstaaten für Maschinen (ABL.EG Nr. 183, 9); *Lenz/Otto,* Praxisratgeber Maschinensicherheit; *Klindt/Kraus/Locquenghien/Ostermann,* Die neue EG-Maschinenrichtlinie, 2006, 1 ff.; *Hüning/Kirchberg/Schulze,* Die neue Maschinenrichtlinie, Köln, 2006.

[140] Europäische Sicherheitsnormen für Maschinen ftp://ftp.cen.eu/cen/Sectors/List/, abgerufen am 13.8.2012.

[141] Vgl. dazu etwa Loseblattwerk, Leitfaden Maschinensicherheit in Europa, Grundwerk 1994.

[142] *Ostermann/Moritz/Geiß,* PHi 2012, 116 ff.

[143] *Kreifels/Weide,* in Foerste/Graf von Westphalen, § 63 Fn. 2.

(8) AGB-rechtliche Problemstellungen. Bisweilen wird – was ISO-Normen angeht – infrage gestellt, ob es sich überhaupt **um AGB** i. S. v. § 305 BGB handelt, die einer Inhaltkontrolle zugänglich sind.[144] Dass nicht bereits die pauschale Bezugnahme auf ISO/TS 16949 bei der vertraglichen Gestaltung zur Annahme von AGB führt, mag man (noch) bestreiten. Wenn aber eine Einbeziehung erfolgt, dürfte jedenfalls die Inhaltskontrolle durchzuführen sein, gänzlich ungeachtet von § 310 Abs. 1 Satz 3 BGB. Für Qualitätssicherungsvereinbarungen, die die in Rede stehenden ISO-Regeln enthalten, oder auch bei einer Einbeziehung entsprechender ISO-Regeln in vorformulierten Einkaufsbedingungen, wie dies etwa beim VDA geschieht, oder aber durch die Vorgabe der Qualitätssicherungsvereinbarung beim ZVEI, bestehen keine Zweifel, dass diese vertraglichen Regelungen dann – da sie sich an eine Vielzahl von Unternehmen wenden und jedenfalls nicht als Individualvereinbarungen zu werten sind – allesamt einer **Inhaltskontrolle zugänglich** sind. 51

Nur im Einzelfall lassen sich aber inhaltliche Schranken feststellen. Nicht alleine ausreichend, was die Wirksamkeit einzelner Klauseln angeht, ist sicherlich der in der Literatur nicht selten vorgebrachte Hinweis – etwa in Bezug auf die vom VDA formulierten Einkaufsbedingungen –, es handele sich um „von einem großen traditionsreichen Industriedachverband mit seinen Fachjuristen ..., entwickelt unter Einbindung von Abnehmern und Zulieferern" formulierte Bedingungen. Diese „trügen daher die **Vermutung der Fairness**" in sich.[145] Daran haben sich – bekanntlich – Gerichte nicht zu orientieren, vielmehr stets im Einzelfall zu überprüfen, ob und inwieweit unangemessene Benachteiligungen für den Vertragspartner nach § 307 BGB vorliegen.[146] Zudem wird von Verbänden der Zulieferindustrie – vor allem im Automobilbereich – auch explizit vorgebracht, dass etwa die Einkaufsbedingungen des VDA **„eher die Abnehmerseite** begünstigen würden".[147] Jede Entscheidung zur Inhaltskontrolle muss berücksichtigen, dass Zulieferer nicht selten verpflichtet sind, die ihnen vorgelegten Verträge zu unterschreiben, nolens volens. Und die von Herstellerseite oft angeführten „beschworenen Vorteile", die entsprechende Regelungen auch für die Zulieferindustrie mit sich bringen würden, müssten ebenfalls im Einzelfall sehr sorgfältig herausgearbeitet werden. Andererseits werden Gerichte dabei zu berücksichtigen haben, dass in der Tat die oft auf Dachverbandsbasis – mitunter sogar international – entwickelten Regeln einem Bedürfnis der jeweiligen Branche entsprechen und aus den Notwendigkeiten des Themenspektrums dieser jeweiligen Sparten hervorgerufen worden sind, so dass diese Werke nicht mit „Argus-Augen" bereits „in der Luft zerrissen" werden sollten. Zudem sind sicher im Einzelfall auch die Größenverhältnisse zwischen Endherstellern und Zulieferern und damit das Machtgefälle berücksichtigenswert. Der weltweit größte Zulieferer ist sicher eher in der Lage, unangemessene Bedingungen schon bei der Auftragsvergabe „wegzuverhandeln", als ein kleines, mittelständisches Unternehmen. Dabei ist aber – und dies ist eine Grundtendenz, die ich zur AGB-rechtlichen Inhaltskontrolle vertrete – weitergehend als bisher von der Rechtsprechung zu berücksichtigen, dass im unternehmerischen Verkehr die Inhaltskontrolle ohnehin restriktiver gehandhabt werden sollte.[148] 52

---

[144] *Helmig,* PHi 2006, 117, 119 bejaht dies für die ISO 16949; *Kreifels/Weide,* in Foerste/Graf von Westphalen, § 63 Rn. 6 nimmt zu Recht aber an, dass derartige Normen allenfalls dann AGB sein können, wenn diese in den Zulieferervertrag i. S. d. §§ 305, 310 BGB einbezogen sind.

[145] *Kannowski,* Vor- und Nachteile der durch den Verband der Automobilindustrie e. V. (VDA) empfohlenen Einkaufsbedingungen, BB 2007, 2301; vgl. dazu auch *Kreifels,* ZIP 1990, 489, 495; Staudinger/*Coester,* § 307 Rn. 128.

[146] *Lenz,* Der Berater bei der AGB-Gestaltung nach der Schuldrechtsreform, in FS für Hübner, 2002, 365, 369, 374 ff.

[147] Vgl. dazu auch *Küppers* ZGS 2009, 117, 118.

[148] Vgl. dazu *Lenz,* Die Rechtsabteilung, Fortentwicklungen im AGB-Recht: Liberalisierung der Inhaltskontrolle im Unternehmensverkehr, 261, Rn. 10; im Ergebnis siehe auch *Kreifels/Weide,* in Foerste/Graf von Westphalen, § 63 Rn. 8, die „kaum Ansatzpunkte für eine etwaige

dd) Just-in-time-Delivery-Konzepte[149]

53 Zu diesem Themenkomplex verweise ich zunächst auf die Ausführungen zum Händlerrückgriff in § 3 I. Rn. 123 ff. nach den §§ 478, 479 BGB unter der Überschrift I) Qualitätssicherungsvereinbarung und **Just-in-time-Konzepte.** Dort werden Begrifflichkeiten bereits angesprochen und erörtert. Auch bei Just-in-time-Belieferungskonzepten stellt sich, kommt es zu Störungen, stets die Frage nach der Haftung bei den jeweils einzelnen Fertigungs- oder Vertriebsstufen. Gerade weil es bei der Just-in-time-Belieferung kaum mehr zu einer tatsächlichen Lagerhaltung, also nicht mehr zu einer Bevorratung von Rohmaterialien, Halbfertig- oder Vorprodukten kommt und darüber hinaus ein **lagerloser Herstellungsprozess** schon von der Sache her besonders **störanfällig** ist, stellen sich im Zusammenhang mit Qualitätssicherungsvereinbarungen und Just-in-time-Belieferungen nicht selten auch Fragen nach dem jeweiligen Pflichtenkanon der betroffenen Vertragsparteien.

54 Das LG Duisburg[150] hatte einen genau in den Rahmen dieser modernen Produktionsstrukturen passenden Sachverhalt zu entscheiden. Die Klägerin, ein Zuliefererunternehmen für die Nutzfahrzeugindustrie, machte gegen die Beklagte Schadenersatzansprüche wegen der **Lieferung von Stahltafeln in einer falschen Stahlqualität** geltend. Die Parteien standen in ständiger Geschäftsbeziehung. Rechtliche Grundlage zwischen den Parteien war ein geschlossener **Rahmenvertrag,** in dem die bestehende Lieferbeziehung grundsätzlich ausgestaltet war. Dies kam bereits in der Präambel des Vertrages zum Ausdruck, in der es hieß, dass die Klägerin im Hinblick auf ihre Produkte „großen Wert auf hohe Qualität und zuverlässige Belieferungen lege". Weiter wurde im Vertrag selbst ausgeführt, dass „unter Beachtung der anspruchsvollen Leistungs-, Qualitäts- und Terminanforderungen" gerade die Beklagte als Lieferantin ausgewählt worden sei. Diese war reine Zwischenhändlerin. Nach § 3 des Rahmenvertrages war die Zwischenhändlerin verpflichtet, die **Prüfbescheinigungen** zur Vertragsware (Stahltafeln) bei dem Hersteller zu besorgen und an seinen Vertragspartner im Anschluss daran weiterzuleiten. Dies bezog sich auf sog. **Abnahmeprüfzeugnisse.** Etwaig fehlende Abnahmeprüfzeugnisse waren innerhalb von sieben Tagen nachzuliefern. Die vom beklagten Zwischenhändler gelieferten Stahltafeln wurden vom abnehmenden Zulieferer für den Hersteller von Nutzfahrzeugen dann – in Erfüllung des Vertrages – in der Folgezeit „Just-in-time" zu Rahmenblechen verarbeitet und diese Rahmenbleche sodann, wiederum Just-in-time, weiterveräußert und beim Erwerber zu LKW-Aufbauten etc. verbaut.[151] Im Rahmen der Geschäftsbeziehung, bei der es bis zu dem Schadenereignis nicht zu Beanstandungen gekommen war, kam es regelmäßig vor, dass die beklagte Zwischenhändlerin die Abnahmeprüfzeugnisse **nicht mit den Stahllieferungen versandte,** sondern diese der Klägerin erst einige Tage später – z. B. per Post – übermittelte. In Einzelfällen erfolgte dies sogar Wochen nach der Lieferung oder auch gar nicht, ohne dass dies –zunächst – zu Beanstandungen seitens des Zuliefererunternehmens geführt hätte. Dann, ein Jahr nach Abschluss des Rahmenvertrages, kam es

AGB-rechtliche Unwirksamkeit einzelner Klauseln" sehen und sich zu einzelnen Klauseln – z. B. zum Qualitätsmanagementsystem der Unterlieferanten – explizit äußern, vgl. dazu auch VDA, Band 2, 60, siehe aber zur problematischen Klausel Fn. 29 unter Verweis auf die 2. Aufl. und die dortige Stellungnahme von *Merz,* Qualitätssicherungsvereinbarungen, § 45 Rn. 128.

149 *Kreifels/Weide,* in Foerste/Graf von Westphalen, § 57 Rn. 3, die als Ursache und **Grund für die gestiegene Zahl von QSV** den **Kostendruck** anführen und die damit verbundene Verlagerungsnotwendigkeit der klassischen Wareneingangsprüfung auf den Zulieferer, aber eben **auch** die Einführung von **Just-in-time-Verträgen** zur Ersparnis von Lagerkosten.

150 LG Duisburg, ZGS 2011, 430 ff. – zu den Pflichten des Zwischenhändlers bei der Just-in-time-Belieferung und zu den Pflichten auf Händlerseite zur Weitergabe von Abnahmeprüfzeugnissen.

151 Vgl. zu Einzelheiten der Just-in-time-Produktion *Lange,* Das Recht der Netzwerke, Fn. 1 Rn. 22 ff.

zu Reklamationen durch den Abnehmer der Klägerin. Diese leitete die Beschwerden an den Zwischenhändler weiter. Es stellte sich heraus, dass die vom Zwischenhändler gelieferten und vom Zuliefererunternehmen bereits weiterverarbeiteten und im Anschluss daran weiterveräußerten Blechteile **nicht die zwischen den Parteien vereinbarte Qualität und Materialgüte** aufwiesen. Schließlich führte dies als Folge zur Durchführung einer **Rückrufaktion.** Die mit diesem Rückruf verbundenen Kosten verlangte schließlich das Zulieferunternehmen im Anschluss daran von dem Zwischenhändler ersetzt. Die Argumentation liegt auf der Hand: Aufgrund der **fehlenden Prüfbescheinigungen** habe man nicht zwischen Produkten aus fehlerhaften und unverdächtigen Stahlplatten unterscheiden können; zudem habe die Beklagte bei Anlieferung nicht mitgeteilt, dass sie für die Ware (noch gar keine) Prüfzeugnisse erhalten hatte.

Das LG Duisburg[152] hielt die Klage für unbegründet. Die Klägerin könne gegen die 55
Beklagte keine Schadenersatzansprüche wegen eingetretener Mangelfolgeschäden nach den §§ 434, 437, 280 BGB geltend machen, da die Beklagte weder aus einem Verschulden wegen der Verletzung eigener Untersuchungspflichten im Rahmen des Weiterverkaufs der Stahllieferungen, noch aus einer Verletzung von Hinweispflichten nach den §§ 241 Abs. 2 280 BGB hafte. Eine Vereinbarung über gesteigerte Qualitätssicherungsanforderungen bei einem Just-in-time-Vertrag begründe eben keine Pflicht des Zwischenhändlers, die Ware zusätzlich zu untersuchen. Dies entspricht dem Regelfall und ist sicher zutreffend entschieden.[153] Darüber hinausgehend wird das Urteil aber von *Lange*[154] als mit „überraschender Begründung" bewertet und im Zusammenhang mit der **Bedeutung von Prüfbescheinigungen** sogar für falsch gehalten mit dem Hinweis, das LG Duisburg sei der zentralen Frage ausgewichen, ob nicht der Zwischenhändler den **Rahmenvertrag schuldhaft** verletzt habe, in dem er die eingekaufte Ware weitergeliefert hat, ohne selbst im Besitz der erforderlichen Prüfbescheinigungen gewesen zu sein.

In der Tat spielen, worauf *Lange* zu Recht hinweist, **Prüfbescheinigungen** im unterneh- 56
merischen Verkehr eine erhebliche praktische Rolle.[155] Zum einen dienen sie der Erfüllung des Liefervertrages und zudem entsprechenden Nachweisen. Durch **Prüfzeugnisse** kann der Abnehmer – bei einer Weiterverarbeitung Just-in-time – auch noch nachträglich die Qualität der gelieferten Vorprodukte hinreichend transparent dokumentieren und so ganz erheblich sein Haftungsrisiko gegenüber seinem gewerblichen Abnehmer verringern.[156] Der Metallhersteller hatte in dem der Entscheidung des LG Duisburg zugrundeliegenden Sachverhalt die in Rede stehenden Prüfungsbescheinigungen auszustellen (in concreto seinerzeit DIN EN 10204 aus dem Jahr 2005). Verantwortlicher Aussteller der Prüfbescheinigung war also dieser und nicht der gewerbliche Zwischenhändler.

Und in der Praxis ist eines klar: Trotz der geschilderten Bedeutung von Prüfbescheini- 57
gungen kommt es immer wieder vor, dass diese **Zertifikate fehlerhaft** oder **unvollständig ausgestellt** sind, oder – wie im Sachverhalt der Entscheidung des LG Duisburg – **gänzlich fehlen.** Zutreffend hat das LG Duisburg festgestellt, dass mit der Verpflichtung, die vom Hersteller ausgefertigten Prüfbescheinigungen den gelieferten Vertragsprodukten beizufügen, nicht etwa eine **eigene Untersuchungspflicht des Zwischenhändlers** verbunden gewesen sei. Eine entsprechende Verpflichtung hat sich aus dem konkreten Rahmenvertrag seinerzeit nicht ergeben. Entsprechende Regelungen fehlen aber auch in der Praxis regelmäßig schon allein deshalb, weil Zwischenhändler – nolens volens – fachgerechte Produkt-

---

152 LG Duisburg, ZGS 2011, 430, 431 ff. – fehlende Prüfzeugnisse.

153 Zustimmend auch *Lange,* ZGS 2011, 393, 396.

154 *Lange,* ZGS 2011, 393.

155 Vgl. zu fehlenden Prüfprotokollen bei Maschinen auch LG Stuttgart, NJW-RR 2012, 1169 ff. – Fenster- und Futterstoffeinklebemaschine.

156 So ausdrücklich *Lange,* ZGS 2011, 393, 394 unter Berufung auf *Kluth/Nikolahude,* ZGS 2007, 102; OLG Hamm, BB 1987, 363 ff. – Bezugnahme auf Prüfzeugnisse mit Anm. *Henseler.*

untersuchungen im Regelfall nicht durchführen können.[157] Naturgemäß lässt sich auch auf § 377 HGB eine entsprechende Verpflichtung des bloßen Händlers nicht stützen.[158]

58 Problematisch erscheint allerdings die Behandlung der Weitergabeverpflichtung aus dem konkreten Rahmen- bzw. Just-in-time-Lieferungsvertrag. Die Händlerin hätte mangelfreie Stahlerzeugnisse liefern müssen (§ 433 Abs. 1 Satz 2 BGB). Sie traf aber zudem die – vertraglich ergänzend formulierte – Pflicht, **die Prüfbescheinigungen** mit der gelieferten Ware zu übergeben. Diese gesamten Verpflichtungen entsprachen dem Leistungsinhalt des Rahmenvertrages.[159] Demgegenüber hat das LG Duisburg – allerdings ohne nähere Begründung – die Weitergabepflicht des Zwischenhändlers als **nebenvertragliche Hinweispflicht herabgestuft.**[160] Richtiger wäre es sicher gewesen, die Frage zu stellen, ob und inwieweit nicht der Zwischenhändler aufgrund der Verletzung des Rahmenvertrages nach § 280 Abs. 1 BGB zum Schadenersatz verpflichtet gewesen wäre, weil er seiner vertraglich übernommenen Weitergabepflicht nicht nachgekommen ist. Allenfalls hätten sich dann Kausalitätsfragen zusätzlich ergeben.

ee) Entlastung des Endherstellers durch Qualitätssicherungsvereinbarungen im Falle der haftungsrechtlichen Inanspruchnahme

59 Wie bereits betont, hat der BGH[161] durch Bestätigung des Urteils des OLG Düsseldorf eine grundsätzliche Frage geklärt:[162] In dem zugrundeliegenden Fall zur Inanspruchnahme eines Endproduktcherstellers für Fabrikationsfehler des Zulieferers hatte der Endhersteller den Vertrag mit einem der renommiertesten Zulieferer getroffen, einem der weltgrößten Zuliefererbetriebe, der die Endherstellerin seit Jahren ohne Beanstandungen beliefert hatte. Zunächst hatte die beklagte Endproduktcherstellerin ein umfangreiches Auswahlverfahren durchgeführt. Ergebnis war die Auswahl dieses konkreten Zulieferers für das konkrete Bauteil. Danach hatte sie in einem Freigabeverfahren zusätzlich und ergänzend geprüft, ob dieses Bauteil ordnungsgemäß konstruiert und im Anschluss daran auch produziert werden würde. Als das feststand, hat sie das Bauteil erst bestellt, nachdem es für die Serienproduktion grundsätzlich getestet worden war. Zudem hatte die Endherstellerin **ein anerkanntes Qualitätssicherungssystem** eingeführt, das eine Eingangskontrolle aller gelieferten Produkte gewährleistete. Der Zulieferer hatte darüber hinaus bestätigt, dass das streitgegenständliche Magnetschalterteil auch noch **zertifiziert** sei.

60 Der BGH bestätigte das Urteil des OLG Düsseldorf, das die **Absenkung des eigenen Prüfaufwands**[163] des Endherstellers während des laufenden Bezuges für gerechtfertigt hielt, insbesondere dann, wenn vorher eine eingehende Überprüfung stattgefunden hat und auch eine inhaltlich hinreichende **Qualitätssicherungsvereinbarung** geschlossen worden ist. Der Hersteller dürfe sich dann **grundsätzlich** darauf verlassen, dass der Zulieferer die Bauteile nach den vertraglich vereinbarten Qualitätsanforderungen baut und deren Qualität auch selbst typischerweise permanent überprüft. Habe der Endproduktchersteller den Nachweis geführt, dass er die geschilderten Maßnahmen zur Auswahl und zur Überwachung des Zulieferers getroffen habe, so seien **dessen Fabrikationsfehler**

---

[157] Vgl. dazu auch BGH, NJW-RR 1989, 559 f.; BGH, NJW 1981, 1269 f.

[158] Vgl. dazu etwa OLG Köln, NJW-RR 2006, 677; BGH, NJW 2009, 2674, 2676.

[159] *Lange*, ZGS 2011, 393, 395 spricht von den beiden Verpflichtungen zusammen als „eine Art Leistungsbündel", das insgesamt dazu dienen sollte, den Leistungserfolg sicher zu stellen und zu dokumentieren.

[160] Zur Kritik insoweit *Lange*, ZGS 2011, 393, 395.

[161] BGH, BeckRS 2010, 05571 – abgebrannter LKW, vgl. dazu auch OLG Düsseldorf, Becks RS 2010, 05734.

[162] Vgl. dazu bereits die Ausführungen unter § 4 Rn. 24 ff. unter der Darstellung der Entscheidung des OLG Düsseldorf mit entsprechenden Fußnotenanmerkungen.

[163] Vgl. zur Terminologie *Molitoris/Klindt*, NJW 2012, 1489, 1493.

(also die des Zulieferers) für den Endhersteller (als Abnehmer) **sog. Ausreißer,** für die er nach § 823 Abs. 1 BGB **mangels Verschuldens nicht hafte.**[164] Daraus schlussfolgern *Kreifels/Weide,*[165] dass der **Abschluss einer Qualitätssicherungsvereinbarung im Einzelfall** jedenfalls in Verbindung mit der Auswahl und Überwachung eines zuverlässigen Zulieferers tatsächlich zu einer wirksamen **Entlastung von der Pflicht zur Prüfung des Zuliefererteils** im Rahmen von § 823 Abs. 1 BGB führen könne. Dem ist zu folgen. Damit ist allerdings nicht gesagt, dass sich gleichzeitig auch der Zulieferer entlasten könnte. Vielmehr haftet dieser als Produzent des Zuliefererteils bekanntlich neben dem Endhersteller, aber naturgemäß nur für Fehler des eigenen Zuliefererteils. Im Rahmen der beschriebenen Verfahren wurde nicht festgestellt, ob der Fabrikationsfehler auch für den Zulieferer selbst ein Ausreißer war und/oder, ob der Fehler von diesem hätte vermieden werden können.[166]

ff) Annex: Die Qualitätssicherungsvereinbarung als Vertrag zugunsten Dritter

Qualitätssicherungsvereinbarungen sind bekanntlich Verträge zwischen Herstellern und 61
Zulieferern und/oder auch zwischen Herstellern und Händlern. Dritte, z. B. Verbraucher, sind keine **unmittelbaren Vertragsparteien der Qualitätssicherungsvereinbarungen,** weshalb Ansprüche von Dritten regelmäßig nicht gegeben sind. Soweit bisweilen in der Literatur die Frage aufgeworfen wird, ob Qualitätssicherungsvereinbarungen darüber hinausgehend Ansprüche über das Institut des **echten Vertrages zugunsten Dritter** begründen können, wird dies bekanntermaßen zugleich abgelehnt.[167] In der alltäglichen Praxis scheitert dies bereits an den in Qualitätssicherungsvereinbarungen im Regelfall fehlenden Vereinbarungen im Hinblick auf ein eigenes bestimmbares Leistungsanforderungsrecht des Dritten. Es fehlt aber auch an einem Anspruch über das Institut des **Vertrages mit Schutzwirkung zugunsten Dritter** (§ 328 Abs. 1 BGB analog bzw. § 242 BGB[168]). Der Verbraucher ist insoweit nicht schutzwürdig in dem dazu erforderlichen Sinne. Zudem dürfte es – und auch darauf weisen *Kreifels/Weide*[169] zu Recht hin – in aller Regel am Kriterium der „Gläubigernähe" scheitern. Dies kann in Ausnahmefällen möglicherweise anders zu beurteilen sein, wenn der Verkäufer gleichzeitig Hersteller ist und mit seinen Zulieferern eine Qualitätssicherungsvereinbarung unterhält. Dann kann diese Qualitätssicherungsvereinbarung unter Umständen auch die Haftung nach § 437 BGB bzw. nach § 634 BGB auslösen.[170]

c) Die sogenannte Konzeptverantwortungsvereinbarung (KVV)

Es handelt sich um eine neuartige Regelung, deren Anfänge auf die Jahre 2005/2006 62
beim Automobil-Konzern VW zurückgehen. Siehe nachfolgende Internetseite von VW zur Einführung:

---

[164] *Molitoris/Klindt,* NJW 2012, 1489, 1493 sprechen von einer „Grundsatzentscheidung zur Haftung des Endproduktehersteller für Fabrikationsfehler des Zulieferers".

[165] *Kreifels/Weide* in Foerste/Graf von Westphalen, § 60 Rn. 10.

[166] Vgl. dazu BGH, VersR 1970, 469, 470 sowie *MüKo/Wagner,* § 823 Rn. 605.

[167] Vgl. zu Details Palandt/*Grüneberg,* § 328 Rn. 2 ff.; *MüKo/Wagner,* § 823 Rn. 604; *Kreifels/Weide* in Foerste/Graf von Westphalen, § 60 Rn. 2.

[168] Vgl. dazu grundlegend BGH, NJW 1984, 355, 356; BGH, NJW 1971, 1931 – grundlegend; aber auch BGH, NJW 1977, 2073, 2074; sowie *Bayer,* JuS, 1996, 473, 477; MüKo/*Gottwald,* § 328 Rn. 110.

[169] *Kreifels/Weide* in Foerste/Graf von Westphalen, § 60 Rn. 3.

[170] So explizit selbst *Kreifels/Weide,* in Foerste/Graf von Westphalen, § 60 Rn. 4.

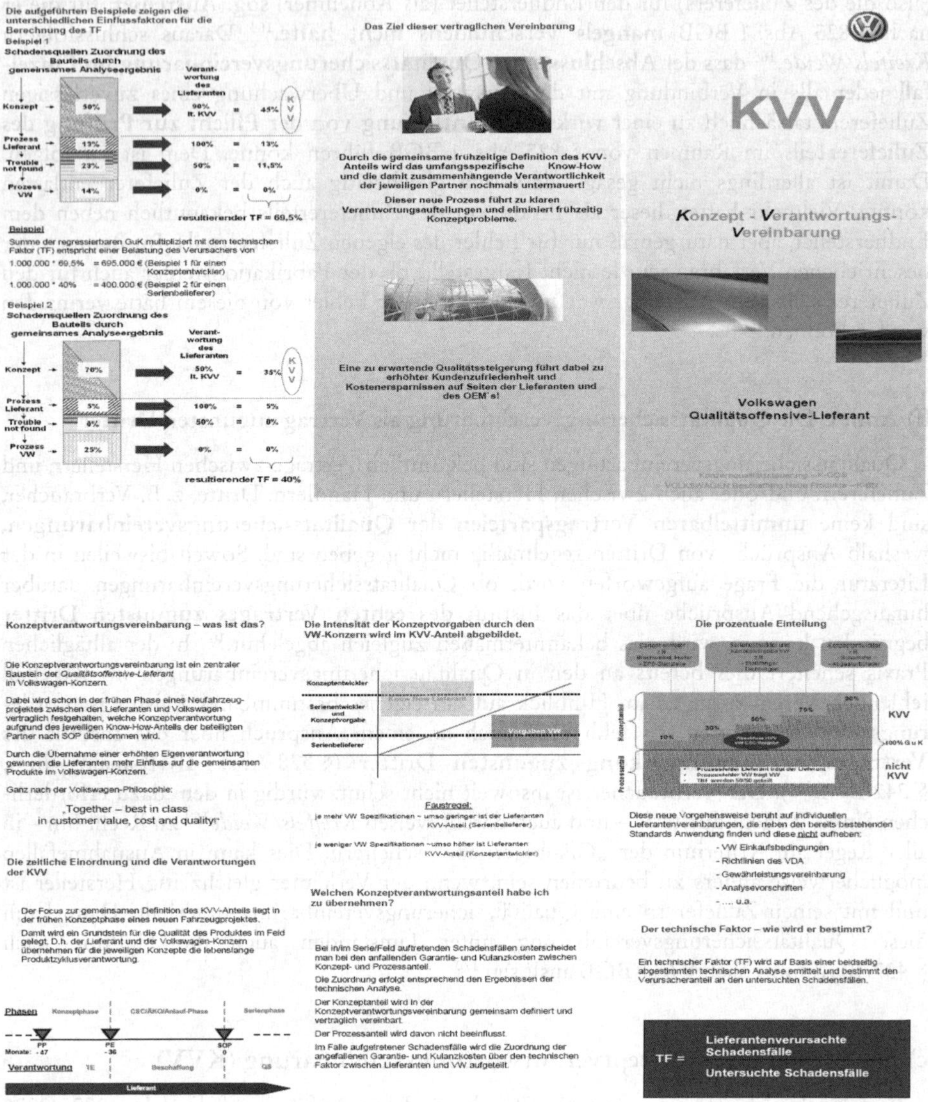

aa) Inhalt, Anwendungsbereich und Ausgestaltung der KVV

63 Ausweislich der Internetangaben (s. o.) und Prospektierungen zur „Volkswagen Qualitätsoffensive" wird im Rahmen der Konzeptverantwortungsvereinbarung[171] bereits in

[171] *Lenz,* Die Konzeptverantwortungsvereinbarung, PHi 2008, 164; *Lenz,* Die versicherungsrechtlichen Auswirkungen auf die Pauschalierungs- und Quotierungsnovationen (Konzeptverantwortungsvereinbarung und Referenzmarkt) in der Zuliefererindustrie, in FS für Streck, 859, 863 ff.; *Helmig,* Die Konzeptverantwortungsvereinbarung von VW im Konflikt mit Angemessenheiten und Transparenz, PHi 2009, 30 ff.; *ders.*, Fahrzeugsicherheit versus Fahrerverunsicherung – Kritische Überlegungen zur KVV und zur ISO 26262, PHi 2010, 194 ff.; *ders.,* ISO 26262, InTeR 2013, 28 ff.; *Kohl,* Konzeptverantwortungsvereinbarung – Haftungserweiterung

einer frühen Phase eines Neufahrzeug-Projekts zwischen den Lieferanten und Endherstellern vertraglich festgehalten, welche Verantwortung im Einzelfall aufgrund des jeweiligen Know-how-Anteils von wem bei dem konkreten Zulieferervertrag übernommen wird. Der Endhersteller verfolgt nach eigener Darstellung das Ziel, eine erhöhte Eigenverantwortung der Lieferanten zu gewinnen und zu fördern. Der Lieferant – so der Endhersteller – erhält dadurch mehr Einfluss auf die gemeinsamen Produkte. Es käme zu klareren Verantwortungsaufteilungen und damit auch zur frühzeitigen Eliminierung von Konzeptproblemen. Deshalb führe die **Konzeptverantwortungsvereinbarung** (KVV) im Ergebnis zu mehr Kundenzufriedenheit durch Reduzierung der Schadensfälle und zur Verringerung der Gewährleistungskosten. VW ist der Ansicht, die KVV sei ein weiterer, zentraler Baustein der eigenen Qualitätsoffensive.[172] **Inhaltlich** wird mit Hilfe der KVV – bezogen auf sog. Konzeptfehler – eine generalisierende Regelung getroffen, inwieweit der Zulieferer an bestimmten Sachmängelhaftungskosten des Endherstellers beteiligt wird. Schon darum handelt es sich bei der KVV (jedenfalls) auch um eine Regulierungsvereinbarung im weiteren Sinne.[173] In der KVV wird der „konkrete Anteil des Lieferanten am technischen Konzept" des zu entwickelnden Bauteils – vertraglich ergänzend – zu anderen Regelungen festgelegt. Dabei sind Konzept- und Prozessanteil zu differenzieren. Der **Prozessanteil** meint den Anteil in Bezug auf die Fertigung, den Einbau oder die Programmierung. Demgegenüber wird unter dem **Konzeptanteil** der Anteil am technischen Design, mithin der Konstruktion, verstanden. Die KVV bezieht sich **ausschließlich** auf diesen Konzeptanteil eines Zulieferers an einem Bauteil. Dieser Konzeptanteil, bisweilen auch **Konzeptverantwortungsquote** oder KV-Quote genannt, wird festgelegt, und zwar – so die Idee des Endherstellers – zwischen Endhersteller und Zulieferer „gemeinsam". Betrachtet man die bisher vorliegenden Konzeptverantwortungsvereinbarungsmodelle, war es historisch so, dass die KV-Quote von der Entwicklungstiefe des Lieferanten – jedenfalls **ursprünglich – abhängig** war. Im Prospekt des Endherstellers hieß es dazu: „Je mehr konstruktive Vorgaben durch den Endhersteller übermittelt werden, desto geringer ist die sog. KV-Quote des Zulieferers". Die KV-Quote ist – anders formuliert – umso höher, je weniger konstruktive Vorgaben der Endhersteller dem Zulieferer vorgibt. Ursprünglich war von Seiten des Herstellers keine stufenlose Festlegung der KV-Quoten vorgesehen. Vielmehr sollte immer eine Quote von 10 %, zwischen 30 % und 70 %, oder eben – in der Endstufe – von 90 % gewählt werden (drei Quoten). Diese, anfänglich noch vorzufindenden „Teilquoten", die ebenfalls in den frühen Jahren von 2005 und 2006 verwandt wurden,[174] werden meiner Kenntnis nach gegenüber Zulieferern heute nicht mehr verwandt.

Die konkreten **Ausgestaltungen** der KVV haben sich verändert.[175] Seit 2008 ist eine 64
dritte Version der KVV auf dem Markt. In dieser wird zwischen sog. Konzeptentwicklern, Serienentwicklern und Serienbelieferern unterschieden, die im Einzelnen i. d. R. selbst definiert werden. Diesen Kategorien entsprechend werden den Parteien die ihnen jeweils dann zufallende Entwicklungsverantwortung am betroffenen Bauteil/Modul/System

---

für Zulieferer, Automotive oder Luftblase?, www.brennecke-partner.de, Konzeptverantwortungsvereinbarung, Stand 6.1.2008-6.1.2010; *Meyer*, Rückruf-Szenarien, VW 2008, 854; *Meier*, VW 2009, 1111; *Nickel/Schade*, Konzeptverantwortung in der Automobilindustrie, VW 2009, 1100; *Reusch*, KVV Vereinfachung oder Verschlechterung?, Quality Engineering 2007, 13; *Grothe/Seidl*, Lieferantenhaftung, VW 2009, 756, 758; *Just*, Die Industrieversicherung geht am Bedarf der Zuliefererindustrie vorbei, VW 2010, 852.

172 *Helmig*, PHi 2010, 194, 197 anerkennt denn inzwischen auch, dass es eine „Notwendigkeit für eine KVV gibt".

173 Vgl. dazu bereits *Lenz*, Die Konzeptverantwortungsvereinbarung, PHi 2008, 164; *ders.*, in FS für Streck, 859, 863.

174 Vgl. dazu den frühen Entwurf einer Konzeptverantwortungsvereinbarung sub cc) (1).

175 Vgl. dazu *Lenz*, in FS für Streck, 863, insbesondere 864.

durch KV-Quoten – fließend – zwischen 90 % und 10 % zugeordnet. Es handelt sich um die **„Rahmenvereinbarung zur Konzeptverantwortung“** mit gesonderter Anlage einer **KV-Quotenvereinbarung.**[176] In Ziffer 2.1 letzter Absatz heißt es dazu: „Die Vereinbarung einer KV-Quote erfolgt nicht, soweit der Lieferant ohne Konzept- oder Entwicklungsverantwortung fertigt.“ In diesen Fällen hat die vorliegende Rahmenvereinbarung keine Wirkung, eine Haftung des Lieferanten für konzept- und entwicklungsbedingte Mängel besteht nicht.

bb) AGB-rechtliche Probleme der KVV

65 Im Hinblick auf diese „zusätzlichen Erschwernisse“, die mit den Inhalten der KVV für Zulieferer einhergehen und die noch neben andere Vertragsabsprachen treten, stellt sich zunächst im Hinblick auf die **Gesamtkonzeption** insgesamt – allerdings zunächst einmal nur bezüglich der **ersten Versionen** – die Frage, ob nicht allein diese „zusätzliche Übernahme weiterer Verpflichtungen“ zu übermäßigen Einschränkungen der Zulieferer führt (§§ 307 ff., 134, 138, 242 BGB). Inzwischen reichen die Auffassungen in der Literatur von der **fehlenden Ausgewogenheit der KVV insgesamt** und der **fehlenden Transparenz** (§ 307 BGB) dahingehend, dass die Klauseln der KVV insgesamt unwirksam sind,[177] bis zur gegenteiligen Auffassung,[178] und zwar dahin, dass die Gefahrenpotenziale, die mit der Konzeptverantwortungsvereinbarung grundsätzlich zusammenhängen, insgesamt überschätzt werden. Ich selbst habe zunächst die AGB-rechtlichen Fallstricke (§ 305 BGB: Aushandeln; § 307 BGB) im Jahre 2008 sehr vorsichtig formuliert,[179] tendiere aber im Ergebnis dazu, dass die Inhalte der KVV, jedenfalls in den neueren Versionen (vor allem ab Version 3) nicht mehr generell AGB-rechtlich betrachtet zu beanstanden sind.[180]

66 AGB-rechtliche Themenkomplexe waren – bei der ersten Version der KVV – bereits im Zusammenhang mit der Einbeziehungsregel des § 305 Abs. 1 BGB zu sehen, aber auch im Kontext zu den Regelungen und den Rechtsgedanken nach § 309 Nr. 5 bzw. § 309 Nr. 12 BGB jeweils in Verbindung mit § 307 Abs. 1 BGB und/oder auch der Frage des Transparenzgebots (nach § 307 Abs. 1 Satz 2 BGB). Hinzu kamen mögliche Verstöße gegen grundlegende Prinzipien des Schadenersatzrechts.[181]

---

[176] Vgl. zum Anwendungsbereich der sog. „Rahmenvereinbarung zur Konzeptverantwortung“ in Ziffer 1 i. V. m. Ziffer 2.1. von VW mit dem Auszug aus dem Muster unter (2).

[177] *Helmig,* PHi 2009, 30 ff.

[178] *Nickl/Schade,* VW 2009, 1100.

[179] *Lenz,* Die Konzeptverantwortungsvereinbarung, PHi 2008, 164.

[180] *Lenz,* in FS für Streck, 859, 863, 865.

[181] Vgl. dazu bereits *Lenz,* PHi 2008, 164, 166, insbes. Fn. 10; *Lenz,* in FS für Streck, 859, insbesondere 865, 866; auch *Helmig,* PHi 2009, 30 ff.

cc) Muster-Versionen der KVV (Auszüge)

(1) Früher Entwurf einer Konzeptverantwortungsvereinbarung.

Konzeptverantwortungsvereinbarung
Concept Responsibility Agreement

between

- herein/after „...“ genannt -

and

Supplier
[Street No..
Postcode, Town/City]
- hereinafter „the Supplier“ -

The English Translation is for information only[1]

1. Einleitung

Die Konzeptverantwortungsvereinbarung (KVV) legt die Verteilung der Verantwortlichkeit bei der Entwicklung von Bauteilen/Modulen/Systemen zwischen der ... und dem Lieferanten anhand einer prozentualen Quote (KV-Quote) fest. Diese Quote, die sich ausschließlich auf die Verantwortung des Lieferanten für konzept- bzw. entwicklungsbedingte Sachmängel in Bezug auf die unter Ziffer 2. genannte(-n) Teilenummer(-n) (inklusive der über Teilelebenslauf erfolgenden Indizierungen) bezieht, findet im Rahmen der Bildung des technischen Faktors (TF) bei Feldschadensteilen entsprechende Berücksichtigung.

Die Ermittlung, ob die Ausfallursache für die im Feld identifizierten schadhaften Bauteile des Lieferanten auf einen Konzept- bzw. Entwicklungsfehler zurückzuführen ist, erfolgt im Rahmen der gemeinsamen Analysen von Feldschadensteilen auf Basis der für das zu betrachtende Bauteil zum Zeitpunkt der Erstmusterfreigabe vereinbarten Lastenhefte, Bauteilzeichnung, Spezifikationen, Technischen Lieferbedingungen (TL), Prüfvorschriften und sonstigen relevanten Unterlagen.

Die KVV ergänzt insoweit die „Regelung zur Weiterbelastung lieferantenverursachter Feld- und 0-km-Beanstandungen".

Die Gültigkeit der zwischen ... und dem Lieferanten bestehenden Vereinbarungen wird durch die KVV nicht berührt.

1. Introduction

The Concept Responsibility Agreement (CVV) specifies how responsibility for the development of components/modules/systems is to be shared between ... and the Supplier on a percentage quota basis (CV quota). This quota, which relates exclusively to the responsibility of the Supplier for concept/development-related material defects affecting the part number(s) referred to in Section 2 (including the part life indexings), will be taken into account appropriately in establishing the technical factor (TF) for field damage parts.

An investigation into whether the cause of the breakdown of faulty components supplied by the Supplier and identified in the field was a concept/development error will involve joint analyses of field damage parts on the basis of the specifications, component drawing, Technical Supply Terms (TL), testing regulations and other relevant documentation agreed upon for the component concerned at the time when the initial sample was approved.

The CVV thus supplements the "Guidelines for transferring costs associated with supplier-caused field and 0km complaints".

The CVV is without prejudice to the validity of agreements already in place between ... and the Supplier.

In der frühen Phase der Fahrzeugbeschreibung (kurz vor Produktentscheid) werden durch die Bereiche B, TE und Q die Verantwortungsstufen für die einzelnen Bauteile festgelegt. Die Einstufung des Lieferanten für die „Konzeptionelle Verantwortung" erfolgt in 3 Kategorien – 90%, (70%, 50%, 30%) und 10% (siehe Anlage) – und richtet sich nach der Entwicklungstiefe des jeweiligen Lieferanten in Bezug auf das betroffene Bauteil.	In the early phase of vehicle description (shortly before the product decision), the degrees of responsibility for individual components will be determined by the B, TE and Q departments. The Supplier's "conceptional responsibility" will be assigned in three categories - 90%, (70%, 50%, 30%) and 10% - and will depend on the degree of involvement of the supplier concerned in the development of the component concerned.
Entsprechend der diesen Kategorien zugeordneten Verantwortungsquoten wird die konzeptionelle Verantwortung des Lieferanten pauschal mit den festgelegten Quoten im Rahmen des technischen Faktors berücksichtigt.	The Supplier's conceptional responsibility will be taken into account in establishing the technical factor on the basis of the responsibility quotas assigned within these categories.
Kategorie 1: Konzeptentwickler, Verantwortungsquote 90 % Der Lieferant entwickelt das grundsätzliche Konzept seines Lieferumfanges, ... bindet dieses Entwicklungskonzept in das Fahrzeug ein. (Zum Beispiel Abgasturbolader, Steuergeräte, Schalttafel, etc.)	Category 1: Concept developers, responsibility quota 90% The Supplier develops the basic concept for the item he supplies and ... uses this development concept in the vehicle (for example turbo-charger, control devices, switching panels etc.).
Kategorie 2: Serienentwickler, Verantwortungsquote 30%; 50 %; 70% ... erstellt die grundsätzliche Konzeptvorgabe. Der Lieferant entwickelt seinen Lieferumfang anhand dieser Konzeptvorgabe und den vorgegebenen technischen Spezifikationen (Stossfänger, Dichtungen etc).	Category 2: Series developers, responsibility quota 30%; 50%; 70% ... produces the basic concept. The Supplier develops the item to be supplied by him on the basis of this concept and the technical specifications supplied (bumpers, seals etc.).
Kategorie 3: Serienbelieferer, Verantwortungsquote 10 % Der Lieferant setzt ein vorgegebenes Entwicklungskonzept von ... mittels seines Know-hows um (Blechwinkel, Halter etc.).	Category 3: Series suppliers, responsibility quota 10% The Supplier implements a development concept supplied by ... using his own know-how (sheet steel angle, brackets etc.).
Die konzeptionelle Verantwortung (90/70/50/30/10 %) ist Bestandteil der Bauteilanfrage an den Lieferanten.	The conceptional responsibility (90/70/50/30/10%) forms an integral part of the component enquiry to the Supplier.
Die Vergabe des Auftrags an den Lieferanten erfolgt nur bei Anerkennung der KV-Quote und der dafür gemäß dieser Vereinbarung geltenden Bedingungen.	An order will only be placed with the Supplier if the CV quota and the terms of this agreement are accepted.
Für das / die folgende(-n) Bauteil(-e) wird die KV-Quote für den Lieferanten wie folgt vereinbart:	For the following component(s), the CV quota for the Supplier is agreed to be as follows:

Component (VW part number)	CV quota in %
2H0.407.257	70
2H0.407.258	70

3. Prozess zur Bildung technischer Faktoren (TF-Prozess)

Der TF-Prozess wird angestoßen, sobald die ersten Schadensfälle im Feld auftreten.

Einzelheiten zum Gesamtprozess sind in der „Regelung zur Weiterbelastung lieferantenverursachter Feld- und 0-km-Beanstandungen" festgelegt.

Die vorliegende Vereinbarung gilt ausschließlich für den Konzeptfehler-Bestandteil im TF.

4. Teileverfügbarkeit

... stellt die ausgefallenen Feldschadensteile für Analysen dem Lieferanten auf dessen Anforderung zeitnah zur Verfügung.

5. Vertraulichkeit

Die Vertragspartner behandeln Abschluss und Inhalt dieser Vereinbarung vertraulich.

6. Sonstiges

Sollten einzelne Bestimmungen dieser Vereinbarung unwirksam sein oder werden, so berührt dies die Gültigkeit der übrigen Bestimmungen dieser Vereinbarung nicht. Die Parteien verpflichten sich, unwirksame Bestimmungen durch neue Bestimmungen zu ersetzen, die den in den unwirksamen Bestimmungen enthaltenen Regelungen in rechtlich zulässiger Weise gerecht werden. Entsprechendes gilt für in der Vereinbarung enthaltene Regelungslücken. Die Parteien verpflichten sich, die Lücke durch eine Regelung zu beheben, die dem am nächsten kommt, was die Parteien nach dem Sinn und Zweck der Vereinbarung bestimmt hätten, wenn der Punkt von ihnen bedacht worden wäre.

3. Procedure for determining technical factors (TF procedure)

The TF procedure will be initiated as soon as the first cases of damage arise in the field.

Details of the overall procedure are to be found in the "Guidelines for transferring costs associated with supplier-caused field and 0km complaints".

The present agreement applies exclusively to the concept error element in the TF.

4. Part availability

... will make field damage parts which have broken down available to the Supplier for analysis quickly if requested to do so by the latter.

5. Confidentiality

The contracting parties will keep the conclusion and contents of this agreement confidential.

6. Miscellaneous

Should individual terms of this agreement be or become invalid, this shall not affect the validity of the remaining terms of the agreement. The parties undertake to replace invalid terms with new, legally permissible terms which achieve the same result as the provisions contained in the invalid terms. This applies accordingly to any omissions found to be contained in the agreement. The parties undertake to rectify an omission by inserting a term which comes as close as possible to what the parties would have agreed, given the aim and purpose of the agreement, if they had considered the point concerned.

For ...

________________ ________________ ________________

Supplier

________________ ________________

(2) Rahmenvereinbarung zur Konzeptverantwortung (Auszug).

Zwischen der

und der

Supplier
[Street No..
Postcode, Town/City]
Country

Mustervertrag

- nachfolgend "Lieferant" genannt -

- zusammen nachfolgend „Parteien" genannt -

wird folgende

Rahmenvereinbarung zur Konzeptverantwortung

geschlossen:

Präambel

Der Lieferant entwickelt, fertigt und liefert bzw. fertigt und liefert auf Basis gesonderter vertraglicher Regelungen und Unterlagen (im Folgenden zusammenfassend „Liefervertrag" genannt), Bauteile für VOLKSWAGEN, die in Fahrzeuge oder Komponenten für Fahrzeuge verbaut werden. Nach diesen gesonderten vertraglichen Regelungen haftet der Lieferant für die Mangelfreiheit seiner Lieferungen in dem jeweils vereinbarten Umfang.

Um die Verantwortlichkeiten bei der Entwicklung von Bauteilen/Modulen/Systemen für die Parteien frühzeitig verbindlich abzugrenzen, dient die Vereinbarung der sog. Konzeptverantwortungsquote, kurz KV-Quote. Die KV-Quote ist bauteilbezogen und wird auf Basis vorliegender Rahmenvereinbarung zur Konzeptverantwortung (im Folgenden KVV genannt) im Rahmen der Neuvergabe von Bauteilen gemeinsam vereinbart. Die bauteilbezogenen KV-Quoten werden gemäß dem als Anlage 1 beiliegenden Formblatt im Einzelfall festgehalten.

Vor diesem Hintergrund vereinbaren die Parteien was folgt:

(3) **Anlage 1: Musterblatt zur KV-Quoten-Vereinbarung.**

Zwischen der

und der

Supplier
[Street No..
Postcode, Town/City]
Country

Muster

- nachfolgend "Lieferant" genannt –

- zusammen nachfolgend „Parteien" genannt -
wird folgende

KV-Quoten-Vereinbarung
als Anlage zur
Rahmenvereinbarung zur Konzeptverantwortung
geschlossen:

Zwischen und dem Lieferanten besteht die Rahmenvereinbarung zur Konzeptverantwortung vom

Für das nachfolgende Bauteil/Modul/System wird in Ergänzung zu dieser Rahmenvereinbarung die aus der Tabelle zu entnehmenden KV-Quote vereinbart:

FS-/GS- Nummer	Teile-Nummer	KV-Quote in %

Die Regelungen aus der Rahmenvereinbarung zur Konzeptverantwortung bleiben im Übrigen vollumfänglich unberührt.

Vorliegende Anlage wird mit Unterzeichnung durch beide Parteien wesentlicher Bestandteil der Rahmenvereinbarung und ergänzt diese für das genannte Bauteile.

Ort, Datum
{Name Firma Lieferant}

{Einkäufer} {Einkäufer}

dd) Versicherbarkeit

70 Inzwischen gibt es auch für Konzeptverantwortungsvereinbarungen Deckungsschutz.[182]

d) Das Referenzmarktverfahren

aa) Hintergrund

71 In verschiedenen Regelungen von Zuliefererverträgen[183] finden sich neuerdings auch Klauseln, die wiederum die Gewährleistungsabwicklung zur Vereinfachung und Rationalisierung betreffen. Es geht um die **pauschalierte Abwicklung von Sachmängelhaftungsansprüchen,** vor allem in der Automobilindustrie. Gerade dort sind sowohl Endhersteller als auch Zulieferer in vielfältiger Weise mit Rückabwicklungen und Rücklieferungen von **Austauschteilen** konfrontiert. Nach der gesetzlichen Lage müssten Endhersteller (im einfachen Falle findet „nur" deutsches Recht Anwendung) im Falle von Sachmängelhaftungsansprüchen – wie zuvor bereits hervorgehoben[184] – das Vorliegen des Sachmangels i. S. v. § 434 BGB und damit die Abweichung des Ist-Zustands von der Sollbeschaffenheit nachweisen. Dies bedeutet für den Hersteller, dass dieser im Falle des Bestreitens des Sachmangels durch den Zulieferer, letzterem die mangelhaften Produkte zu zeigen hätte, oder aber – im Falle des Prozesses – diese Teile, also die mangelhaften Zuliefererteile, notfalls gar am Ort der Verhandlung, je nach den Umständen, vorzulegen wären. Insoweit hilft auch der Hinweis nicht immer weiter, dass auch der **Verdacht eines Mangels** bereits ein Sachmangel sein kann.[185] Daher bleibt es im Regelfall dabei, dass derjenige, der sich eines Anspruchs berühmt, im **Zweifel** die dafür erforderlichen Tatsachen **nachzuweisen** hat. Dieses Leitbild hatte der historische Gesetzgeber vor Augen. Bei internationalem und weltweitem Vertrieb aber gestalten sich die Darlegungs- und Beweislast – rein faktisch und vor allen Dingen aus ökonomischen Gründen – in der Praxis wesentlich schwieriger. Dieses Problem versuchen Endhersteller durch ergänzende vertragliche Vereinbarungen mit ihren Zulieferern neu zu regeln.

bb) Begriff: Referenzmarkt

72 Was bedeutet nun der sog. **Referenzmarkt?** Gesetzliche Kategorien fehlen. Die Inhalte werden zwischen den Parteien des Vertrages von vornherein festgelegt. Inhaltlich wird in bestimmten Klauseln geregelt, aus welchem Markt **Rücksendepflichten** entstehen sollen. In der Regel finden sich daher Vereinbarungen, dass alle anfallenden Ausfallteile aus dem Referenzmarkt, ob nun mit oder ohne Voranalyse, dem Zulieferanten zur Verfügung gestellt werden. Der **Referenzmarkt** ist damit ein konkreter **Ausschnitt** aus dem weltweiten zuvor belieferten Ausfallmarkt.[186] Der Sinn liegt auf der Hand: Unnötig erscheinende Analysen sollen dadurch vermieden werden, dass diese nicht mehr an einer Vielzahl von Ausfallteilen oder gar an allen Ausfallteilen durchgeführt werden müssen, sondern

---

[182] Vgl. zu einzelnen, die KVV einbeziehend Versicherungsklauseln *Lenz,* in FS für Streck, 859 ff.

[183] Vgl. dazu generell Ausführungen § 5 Rn. 1 ff.

[184] Vgl. dazu die Ausführungen § 3 I. Rn. 14 ff.

[185] OLG Naumburg, Urt. vom 6.11.2008, Az. 1 U 30/08, ZGS 2009, 152 ff. – untypische Geräusche im Motorraum eines Neufahrzeuges; dazu auch: www.autokaufrecht.info/2008/11; LG Bonn, NJW 2004, 74; *Lorenz,* NJW 2004, 26; zum Beispiel Salmonellenverdacht bei Lebensmitteln, BGH, NJW 1969, 1171; BGH, NJW 1972, 1462; oder Verdacht der fehlenden Eignung von zum Weiterverkauf gelieferten Fleisches für den menschlichen Verzehr, OLG Karlsruhe, NJW-RR 2009, 134; so zu Recht Palandt/*Weidenkaff,* § 434 Rn. 58; vgl. dazu auch jüngst *Handorn,* PHi 2011, 206 ff. und § 3 I. Rn. 24 ff.

[186] Vgl. detaillierter *Lenz,* in FS für Streck, 859, insbesondere 866 ff.

eben nur an einer „Ausschnitt- oder Teilmenge" davon. Es gilt, den mit der Rückführung von weltweiten Ausfallteilen verbundenen Aufwand zu minimieren und damit Kosten zu senken. Dabei werden – soweit ersichtlich – divergierende Abrechnungsmethoden verwendet. Bekannt sind Gewährleistungsabwicklungen mit sog. **Anerkennungsquoten,** oder aber auch Abrechnungsmodelle mit **Analysen aus einem definierten Markt, sog. Weltmarktfaktor.** Wenn letzteres vereinbart wird, ist dieses gekennzeichnet durch eine Analyse aus dem vereinbarten und dem definierten Markt. Der Endhersteller stellt dem Zulieferer eine bestimmte Prozentzahl von **Feldausfällen** von dem weltweiten Markt zur Verfügung. Anhand der Feldausfälle kann und soll der Zulieferer dann die Fehler analysieren und ggf. den Mangel anerkennen.

cc) AGB-rechtliche Probleme

Unter AGB-rechtlichen Gesichtspunkten, und um AGB dürfte es sich auch bei dieser 73
Art Inhalt im Regelfall handeln, werden die Inhalte doch etwa im Rahmen von Rahmenverträgen oder Qualitätssicherungsvereinbarungen abgeschlossen, ergeben sich nicht unerhebliche Wirksamkeitsbedenken nach § 307 BGB, da – je nach Ausgestaltung – die Vereinbarungen den Zulieferer ganz erheblich belasten können, nicht zuletzt bedingt durch den pauschalierenden Ansatz, der Zulieferer – im Einzelfall – durchaus unangemessen benachteiligen kann. Aber das ist gerade die Natur von Pauschalierungen, Prozentvereinbarungen und Quotenbildungen. Diese sind nicht immer und stets unwirksam, nur weil sie im konkreten Einzelfall von der gesetzlichen Lage abweichen.[187] Immerhin aber wird bei dieser Art Vereinbarung von dem Grundgedanken des Sachmängelhaftungsrechtes, mit seinen Darlegungs- und Beweislastverteilungen weit abgewichen.

e) Die Einkaufs- und Verkaufs-AGB

aa) Bedeutung der AGB im Zuliefererbereich

In der Zuliefererbeziehung spielen – wie bereits hervorgehoben – die Allgemeinen 74
Geschäftsbedingungen, also vor allem die sog. **Einkaufs- und Verkaufs-AGB,** eine sehr große Rolle. Nicht selten setzt sich – z. B. im Automobil-Bereich – der Endhersteller mit seinem Bedingungswerk durch und fordert von den Zulieferern die Einbeziehung entsprechender Einkaufsbedingungen. Ob und inwieweit dann einzelne Klauseln im Rahmen der Inhaltskontrolle nach den §§ 307 ff. BGB hinreichend transparent und wirksam ausformuliert sind, ist stets eine Frage des Einzelfalles. Die Kasuistik in diesem Zusammenhang ist vielfältiger Natur. Einige Problembereiche wurden bereits im Zusammenhang mit der vertraglichen Zuliefererbeziehung, insbesondere mit der Qualitätssicherungsvereinbarung, aber auch mit der KVV, angesprochen. Darüber hinausgehend wird auf die einschlägigen AGB-rechtlichen Kommentierungen verwiesen.

bb) Sich kreuzende AGB: Geltung des Gesetzes

In der alltäglichen Praxis – nicht zuletzt in der Zuliefererbeziehung – stellen sich nicht 75
selten die Themen der sog. **„sich kreuzenden AGB".** Zu Einzelheiten verweise ich gerne u. a. auf einen Schulbeispielsfall.[188] Bedingt durch die Regelungen des § 150 Abs. 2 BGB galt früher die sog. „Theorie des letzten Wortes".[189] Diese wurde von der Rechtsprechung jedoch aufgegeben. Wenn in beiden AGB-Werken, also sowohl bei den Einkaufs- als auch

---

[187] Vgl. weitergehend *Lenz,* in FS für Streck, 859, 867.

[188] Vgl. dazu *Lenz,* Die Rechtsabteilung, § 12 Vertragsgestaltung und Vertragsrecht, Rn. 9, „sich kreuzende AGB" m. w.N.; sowie *Graf von Westphalen,* in Foerste/Graf von Westphalen, § 16 Rn. 1 ff.

[189] BGH, NJW-RR 2001, 484; BGH NJW 1963, 1248 ff.

bei den Verkaufsbedingungen, sog. **Abwehrklauseln**[190] vorzufinden sind, gemeint sind Klauseln, die der Einbeziehung des jeweiligen anderen Bedingungswerkes widersprechen, ist die Rechtsprechung dazu übergegangen, die Lösung des **Kollisionsproblems** im **„Konsens-Dissens-Prinzip"** der §§ 154, 155 BGB zu sehen.[191] Der BGH[192] löst die Kollisionsfrage widerstreitender AGB danach, ob sie einander entsprechen oder nicht. Der Gedanke ist: Die Parteien wollen vielfach nicht, dass der geschlossene Vertrag unwirksam ist (Dissens ist nicht immer gewollt!). Soll dieser nach dem Willen der Parteien nicht unwirksam sein – ungeachtet sich widersprechender AGB – ist grundsätzlich an einem Vertragsschluss festzuhalten. Soweit sich die AGB aber widersprechen, tritt an die Stelle der sich widersprechenden AGB nach der Rechtsprechung nunmehr grundsätzlich und von Ausnahmen abgesehen[193] das **Gesetzesrecht.** Grundlegend kann insofern auf § 306 Abs. 2 BGB verwiesen werden, der da lautet: „Soweit die Bestimmungen nicht Vertragsbestandteil geworden oder unwirksam sind, richtet sich der Inhalt des Vertrages nach den gesetzlichen Vorschriften".[194] Im Regelfall gilt also dann – sofern deutsches Recht zur Anwendung kommt – das BGB.

76 **Beispiel:** Haben die Parteien unterschiedliche Bedingungen in ihren jeweiligen AGB im Zusammenhang mit Holschulden oder Bringschulden vereinbart, und gilt dann weder die Klausel der Einkaufsbedingungen noch die der Verkaufsbedingungen, gilt im Zweifel eben § 269 BGB, in dem es heißt, dass „soweit nichts anderes vereinbart ist" der Gläubiger die Ware abzuholen hat.

f) Unternehmensgrundsätze – Compliance-Klauseln

77 Inzwischen formulieren zahlreiche Unternehmen ihre eigene Philosophie und verankern ihre Wertvorstellungen in schriftlicher Form. Nicht selten werden dafür Begriffe wie **„Unternehmensgrundsätze"** oder ähnliche Formulierungen verwandt (**„Unternehmensleitsätze"** und/oder **„Unternehmensleitlinien"**). Sofern diese Unternehmensgrundsätze nur und lediglich der eigenen Belegschaft zugänglich gemacht werden, verstehen sie sich in erster Linie als (interne) Richtlinien für die Mitarbeiter. Soweit Unternehmen diese jedoch extern verkünden, dienen sie auch der Öffentlichkeitsarbeit.[195]. Immer häufiger verlangen Unternehmen von ihren Vertragspartnern, diese Unternehmensgrundsätze dann ebenfalls zu akzeptieren. Die Vertragspartner sollen (oder müssen) sich verpflichten, die Grundsätze entsprechend anzuwenden, damit eine gewisse Nachhaltigkeit erzielt werden kann. Die einzelnen Bedingungen sind teils „weicher" teils „härter" jeweils aus Sicht der Vertragspartner formuliert. Beispiel einer nicht ganz „harten" **Klausel aus der Praxis:**

„Im Rahmen der Verantwortung für jeden Menschen, aber auch für eine bessere Umwelt setzt sich unser Unternehmen für die Einhaltung folgender Grundsätze ein:
- Verbot von Korruption und Bestechung;
- Einhaltung sämtlicher Gesetze (Compliance),

---

[190] BGH, NJW-RR 2001, 484; BGH, NJW 1982, 1749; BGH, NJW 1995, 1671, 1672.

[191] *Graf von Westphalen* meint, es komme nicht entscheidend auf etwaige Abwehrklauseln an – entgegen der Ansicht der Rechtsprechung; *Foerste/Graf von Westphalen,* § 16 Rn. 6 ff.

[192] BGH, ZIP 1991, 802, 804; auch BGH, NJW 1991, 2633, 2634.

[193] Ausnahme: Der einfache Eigentumsvorbehalt, BGH, NJW 1982, 1749; BGH, NJW 1982, 1751; *Ulmer/Schmidt,* JuS 1984, 18ff m. w. N.

[194] Vgl. dazu BGH, NJW 1991, 2633, 2634; *Lenz,* Der Berater bei der AGB-Gestaltung nach der Schuldrechtsreform, in FS für Hübner, 2002, 365 ff.; *ders.,* Urteilsanmerkung zu AGB-Klauseln im Möbelhandel, MDR 1997, 535 f.; *ders.,* Urteilsanmerkung zur Nachnahmeklausel, MDR 1998, 1208 ff.

[195] Vgl. etwa die verschiedenen Unternehmensgrundsätze diverser Unternehmen im Internet unter dem Stichwort „Unternehmensgrundsätze".

- Verantwortung für Gesundheit und Sicherheit der Mitarbeiter;
- Förderung des Umweltschutzes;
- Verbot von Kinderarbeit;
- Einhaltung der Embargo-Vorschriften der EU;
- Verbot der Schwarzarbeit (Werkvertrag) etc.
- …"

Nicht selten wird vom Lieferanten verlangt, eine entsprechende Erklärung zu unterzeichnen, sei es, dass diese sich als **Teil des Lieferantenvertrages** (Supplier Contract) darstellt oder als eine **eigene Erklärung.** Die Formulierungen lauten etwa dahingehend, dass der Lieferant durch Unterzeichnung dieser Unternehmensgrundsätze erklärt, „diese ebenfalls einzuhalten". Bisweilen heißt es, der Lieferant habe die Einhaltung „zu garantieren". Anderen genügt wiederum, dass der Lieferant „die Einhaltung und deren Förderung zusichere". 78

Die damit zusammenhängenden Themen und Problemkomplexe sind mannigfaltiger Natur.[196] In vielen Bereichen lassen sich Inhalte dieser Erklärungen bisweilen – und dies wissen im Regelfall beide Vertragspartner – nicht zwingend einhalten, so dass an Formulierungen in der Praxis bei den Vertragsverhandlungen nicht selten „gefeilscht" und um jede Art der vertraglichen Einbeziehung inhaltlich „gerungen" wird. 79

g) Vertragliche Vorbeugemaßnahmen (Haftungsausschlüsse oder -begrenzungen)

Soweit Zulieferer sich – im Rahmen der Vertragsgestaltung – mit ihren Interessen durchsetzen können, wären sie nicht schlecht beraten, wenn sie entsprechende Haftungsausschlüsse oder zumindest Haftungsbegrenzungen vornehmen und diese vertraglich verankern würden. Zur größtmöglichen Sicherheit zugunsten der Zulieferer wären **individuelle** Vereinbarungen sinnvoll (Einschränkungen etwa für Tätigwerden auf Basis grober Fahrlässigkeit). Soweit Zulieferer sich mit ihren Verkaufsbedingungen durchsetzen und darin Haftungsbegrenzungsklauseln vereinbaren können, sind Wirksamkeitsfragen zu berücksichtigen. Für Vorsatz kann die Haftung im Voraus nicht ausgeschlossen werden (§ 276 Abs. 3 BGB). Ebenso wenig in AGB für grobe Fahrlässigkeit. Ferner muss die Haftung wegen schuldhafter Verletzung des Lebens, des Körpers oder der Gesundheit unberührt bleiben; dies gilt auch für die Haftung nach dem Produkthaftungsgesetz. In AGB kann die Haftung daher regelmäßig nur bei einfacher Fahrlässigkeit beschränkt werden.[197] 80

h) Zusammenfassung zu den vertraglichen Regressansprüchen

aa) Schadenersatzansprüche nach Vertrag

Wenn – was in der Praxis der Regel entspricht[198] – der letzte Hersteller vor dem Handel in der Absatzkette, also derjenige, der letztendlich das fehlerhafte (End-)Produkt in Ver- 81

---

[196] Vgl. dazu vor allem *Hauschka,* Corporate Compliance, § 1, 1 ff.; zur Korruptionsbekämpfung dort *Greeve,* 565 ff.; zum Recht der IT-Sicherheit, *Schmidl,* 701 ff.; zur Compliance im Außenwirtschaftsrecht, *Merz,* Qualitätssicherungsvereinbarungen, 871 ff.; zur Compliance bei Qualität und Entwicklung, *Veltins,* 531, 537, 551.

[197] Statt vieler: *Ulmer/Brandner/Hensen,* AGB-Recht, § 309 Nr. 7 Rn. 29; *Wolf/Lindacher/Pfeiffer,* AGB-Recht, § 309 Nr. 7 Rn. 1- 144; *Graf von Westphalen,* Allgemeine Verkaufsbedingungen, 5.

[198] *Grothe,* VersR 1994, 1269; *Kreifels/Weide,* in Foerste/Graf von Westphalen, § 62 Rn. 84 diesem zustimmend.

kehr gebracht hat, also im Regelfall der Endhersteller, einen Rückruf durchführt, schon deshalb, weil dessen Reputation und dessen Image im Fokus stehen, und stellt sich heraus, dass die Rückrufaktion auch rechtlich notwendig gewesen ist und nicht aus reiner Kulanz des Endherstellers durchgeführt wurde,[199] und steht ferner fest, dass der Rückruf nur deshalb notwendig war, weil der Zulieferer z. B. ein mangelhaftes Produkt geliefert hat, was nicht den vertraglichen Absprachen entsprach, und dies schuldhaft, stellt sich die Frage, ob und inwieweit der **Zulieferer** dann nach den **§§ 280 Abs. 1, 437 Nr. 3, 434 BGB** i. V. m. mit den jeweilig zugrundeliegenden Vereinbarungen aus der Lieferbeziehung (Rahmenverträge, Gewährleistungsvereinbarungen, Qualitätssicherungsvereinbarungen, Just-in-time-Konzepten, KVV u. v. m.) **einem vertraglichen Schadenersatzanspruch des Endherstellers ausgesetzt ist.**

82 Liefert der Zulieferant mangelbehaftet, sei es, weil das Produkt den **vereinbarten Spezifikationen nicht entspricht** (§ 434 Abs. 1 Satz 1 BGB) oder, weil das Produkt – auch bei fehlender Beschaffenheitsvereinbarung – sich etwa nicht für die nach dem **Vertrag vorausgesetzte Verwendung** eignet (§ 434 Abs. 1 Satz 2 Nr. 1 BGB) oder, weil es sich nicht für die **gewöhnliche Verwendung eignet** und nicht eine Beschaffenheit aufweist, die bei Sachen der gleichen Art üblich ist und die der Käufer nach der Art der Sache erwarten kann (§ 434 Abs. 1 Satz 2 Nr. 2 BGB), löst dies in aller Regel Schadenersatzansprüche aus. Mängel der Kaufsache sind jedenfalls fast immer die **sicherheitsrelevanten Fehler.**[200] Liegen also die Voraussetzungen des § 437 Nr. 3 BGB i. V. m. § 280 Abs. 1 BGB, insbesondere auch Verschulden durch den Zulieferer, was nach § 280 Abs. 1 Satz 2 BGB vermutet wird, vor, haftet der Zulieferer für entsprechend zugelieferte mangelhafte Produkte. Um es noch einmal zu betonen und hier zusammenzufassen: Entsprechende Schadenersatzansprüche können sich auch stellen, wenn sonstige Besonderheiten aus der Zuliefererbeziehung – sofern diese wirksam vertraglich vereinbart sind – von Seiten des Zulieferers nicht eingehalten worden sind.

bb) Typische Einwände des Zulieferers

83 Der sog. **Regressverlust** nach § 377 Abs. 2 HGB, der grundsätzlich alle Sachmängelhaftungsansprüche im weiteren Sinne einschließlich Schadenersatzansprüche erfasst,[201] kann – nicht selten – von Zulieferern eingewendet werden. In diesem Zusammenhang ist aber zu bemerken, dass diese Regelung nur bei vertraglich begründeten Schadenersatzansprüchen, nicht aber für deliktische Schadenersatzansprüche gilt.[202] Zudem ist im Zusammenhang hier im Kapitel mit der Qualitätssicherungsvereinbarung zu erwähnen, dass die Wareneingangsprüfung nach § 377 HGB oder auch die nach den Artt. 38, 39 CISG technische Fehler nicht immer erfasst, weil die Regelung nicht selten vertraglich abbedungen worden ist.[203] Insofern bleibt dann der Einwand möglichen **Mitverschuldens** des Endherstellers nach § 254 BGB. Zudem kann sich der Zulieferer unter Umständen noch auf die **Einrede der Verjährung** berufen. Bedingt durch die Modernisierung des Schuldrechts und der damit verbundenen Verlängerung der Verjährung im Kaufrecht von sechs Monaten (§ 477 Abs. 1 BGB a. F.) auf zwei Jahre (§ 438 Abs. 1 Nr. 3 BGB) hat sich die Praxis verändert und das seinerzeitige Damoklesschwert der Verjährung bei Zuliefererprozessen ganz wesentlich entschärft, wenngleich naturgemäß nicht gänzlich

[199] Vgl. dazu *Lenz*, Die Kulanzleistung des Versicherers, 1993.

[200] *Molitoris*, NJW 2009, 1049, 1050.

[201] So explizit OLG Nürnberg, Urt. vom 3.8.2011, Az. 12 U 1143/06 – brennender Rauchmelder; *Baumbach/Hopt*, § 377 HGB Rn. 48.

[202] So bereits BGHZ 101, 337; BGHZ 105, 346; sowie zuvor genannte Entscheidung des OLG Nürnberg, Urt. vom 3.8.2011, Az. 12 U 1143/06 – brennender Rauchmelder; vgl. dazu auch BGH Beschluss vom 19.3.2013, Az. VI ZR 246/11.

[203] BGH, NJW 1988, 52; BGH; NJW 1975, 2011; BGHZ 66, 208, 212.

beseitigen können.[204] Dies hängt nicht zuletzt damit zusammen, dass die zweijährige Verjährungsfrist nach § 438 Abs. 2 BGB mit der **Ablieferung** der Sache durch den Zulieferer beginnt. Die Praxis hilft sich im Regelfall durch Verlängerung der Sachmängelhaftungsfristen – insbesondere bei Zulieferer-Rahmenverträgen der Automobilindustrie. Dort sind in der Praxis drei, vier oder auch mehr Jahre an Sachmängelhaftungsfrist die Regel, was die Durchsetzung des vertraglichen Regressanspruches gegen den Zulieferer erleichtert.[205] Zudem ist es denkbar, dass bei Feststellen des Mangels in nicht verjährter Zeit sog. **Verjährungsverzichtserklärungen** des Zulieferers verlangt werden. Nicht selten ist auch auf die Hemmungstatbestände zurückzugreifen. Und dennoch: Da nicht selten auch ein Rückruf nach dieser Zeit noch durchgeführt wird bzw. durchgeführt werden muss, kommt es in der Praxis nicht selten vor, dass **vertragliche Ansprüche bereits verjährt sind,** und damit lediglich noch deliktische Schadenersatzansprüche im Raume stehen.[206] Gerade deshalb ist es wichtig, zu erörtern – und dies geschieht in der nachfolgenden Ziffer 2 – welche **gesetzlichen Ansprüche** dem Endhersteller gegen den Zulieferanten im Falle des Regresses zustehen können und welche Ansprüche – wiederum auf gesetzlicher Basis – dem Zulieferanten gegen seinen Subzulieferanten, und dann diesem in der Produzentenkette rückwärtsgerichtet zustehen können. Die Anspruchsgrundlagen und Einzelheiten – insbesondere im Zusammenhang mit einem durchgeführten Rückruf – sind in der Rechtsprechung[207] und in der Literatur[208] schon bei Heranziehen nur des deutschen Rechts umstritten. Dies soll nachfolgend detailliert dargestellt werden:

2. Gesetzliche Regressansprüche

a) Gesamtschuldnerausgleich nach §§ 823 Abs. 1, 840 Abs. 1, 426 BGB analog

Verweisen möchte ich zunächst auf die Entscheidung des LG Hamburg.[209] Das LG 84
Hamburg hat den Regressgedanken an sich auf die Regel des § 823 Abs. 1 BGB gestützt, die naturgemäß jedoch nicht eingreifen konnte mangels Vorliegens eines Schadens und hat – letztendlich – dann gar keine Anspruchsgrundlage zitiert. Möglicherweise deshalb, weil eine planwidrige Lücke für eine Analogie des § 823 Abs. 1 BGB nicht feststellbar war. Insofern wurde ein Regressanspruch bejaht, ohne die actio zu benennen und ohne sich mit der Anspruchsgrundlage auseinanderzusetzen. Sehr weit ging auch das OLG Nürnberg.[210] Die Beklagte wurde nach den §§ 823 Abs. 1, 840 Abs. 1, 426 BGB – ohne dass das Gericht auf Analogien eingegangen wäre – zum Ersatz von für die Durchführung der Rückrufaktion verauslagten Aufwendungen verpflichtet gehalten. Nicht selten aber wird von der Rechtsprechung eine Kette von Ansprüchen nach §§ 840, 426 BGB (analog)

---

[204] Zur alten Rechtslage vgl. *Droste,* 198; aber auch *Link,* BB 1985, 1424, 1426.

[205] *Molitoris,* NJW 2009, 1049, 1050.

[206] So auch im Fall des OLG Nürnberg, Urt. vom 3.8.2011, Az. 12 U 1143/06 – brennender Rauchmelder; zurückweisender Beschluss des BGH vom 19.3.2013, Az. VI ZR 246/11.

[207] Vgl. etwa LG Hamburg, VersR 1994, 299f – Rettungsinsel (ohne Zitat einer Anspruchsgrundlage); BGH, NJW 2009, 1080, 1081 – Pflegebetten; OLG Düsseldorf, NJW-RR 2008, 411 – Hundesterben; OLG Nürnberg, Urt. vom 3.8.2011, Az. 12 U 1143/06 – brennender Rauchmelder; dazu auch Beschluss des BGH vom 19.3.2013, Az. VI ZR 246/11.

[208] *Müller/Dörre,* VersR 1999, 1333; MüKo/*Wagner,* § 823 Rn. 656; Palandt/*Sprau,* § 823 Rn. 173

[209] LG Hamburg, VersR 1994, 299f – Rettungsinsel.

[210] OLG Nürnberg, Urt. vom 3.8.2011, Az. 12 U 1143/06 – brennender Rauchmelder, dazu BGH, Beschluss vom 19.3.2013, Az. VI ZR 246/11.

zitiert.[211] Für ganz falsch halte ich die Analogie nicht, denn bedingt durch die Ausdehnung **der Verkehrssicherungspflichten** im Rahmen des § 823 BGB, ist zumindest – die Annahme halte ich für dogmatisch vertretbar – eine Regelungslücke entstanden.[212]

85 Schon *Müller/Dörre*[213] haben explizit nachgewiesen, dass es durchaus zweifelhaft sein kann, ob die Regelungen zum Gesamtschuldnerausgleich überhaupt als Anspruchsgrundlage nach der Durchführung eines Rückrufs wegen der dadurch entstandenen Kosten in Frage kommen können. Denn Voraussetzung für einen Ausgleichsanspruch nach den §§ 840, 426 BGB ist bekanntlich der Eintritt eines deliktischen Schadenersatzanspruchs, der dem Geschädigten zusteht. Zum anderen korrespondiert mit der deliktisch erweiterten Verkehrssicherungspflicht und der erweiterten Auslegung der Produktbeobachtungspflicht durch die Rechtsprechung eine Rückrufpflicht, der – jedenfalls meiner Auffassung nach – ein **klagbarer Anspruch** auf Durchführung des Rückrufs durch den Verbraucher **nicht** gegenüber steht.[214] Kann aber die Erfüllung der Rückrufpflicht somit vom Dritten oder aber vom Erwerber des Endproduktes nicht klageweise durchgesetzt werden, hindert dies zudem an sich die Heranziehung der §§ 840, 426 BGB. Selbst wenn man aber darüber hinausgehend freiwillige Maßnahmen und damit **Aufwendungen für Vorsorgemaßnahmen zur Abwehr eines Schadens** als ersatzfähig betrachten würde,[215] müssten diese immer noch der Verhinderung oder der Abwehr einer **unmittelbar bevorstehenden Verletzung** eines der nach § 823 Abs. 1 BGB geschützten Rechtsgüter dienen.[216] Wann immer die zur Abwehr getroffene Maßnahme als erstattungsfähig anzusehen ist, eines steht fest: Das befürchtete Schadenereignis muss jedenfalls schon so **konkret bevorstehen,** dass es als **„bereits (nahezu) gegenwärtiger Schaden"** angesehen werden kann.[217] Typischerweise ist dies aber in der Praxis nicht zwingend der Fall. Regelmäßig werden Endhersteller nicht in erster Linie schadenverhütende Maßnahmen ergreifen.[218] Es fehlt sozusagen an einer Vorsorgemaßnahme beim Dritten. Der Endhersteller wird vielmehr tätig, um den Eintritt von Schäden – beim Endabnehmer und/oder bei Dritten – zu verhindern, nicht mehr und nicht weniger, unter Umständen sogar fokussiert darauf, jeglichen Eintritt von **Imageverlusten und/oder „Reputationsschäden"** zu verhindern. Schon aus diesen Gründen scheidet m. E. die direkte Anwendung der Regelungen zum Gesamtschuldnerausgleich aus.[219]

---

[211] Vgl. dazu OLG Karlsruhe, NJW-RR 1995, 594, 595 – Dunstabzugshaube; aus der Literatur: *Grote,* VersR 1994, 1269, 1271; *Zirkel,* NJW 1990, 345, 350; *Link,* BB 1985, 1424, 1427; vgl. dazu auch jüngst *Wagner,* BB 2009, 2050, 2051; siehe dazu auch *Müller/Dörre,* VersR 1999, 1333.

[212] Ebenso *Grote,* VersR 1994, 1269, 1271.

[213] *Müller/Dörre,* VersR 1999, 1333.

[214] In § 4 VIII. Rn. 72 ff. (Anspruch auf Durchführung eines (individuellen) Rückrufs gegenüber einem Hersteller), hatte ich bereits ausgeführt, dass ein individueller Rückrufanspruch zugunsten des Geschädigten gegenüber dem Hersteller, und sei es analog §§ 823, 249 BGB oder analog § 1004 BGB, nicht anzunehmen ist, auch nicht mit dem Argument, dass Abnehmer nicht verpflichtet sein könnten, erst den Eintritt eines Schadens abzuwarten; a. A. *Graf von Westphalen,* NJW 1979, 838, 854; ablehnend aber OLG München, NJW-RR 1999, 1657, 1658; *Link,* BB 1985, 1424, 1427; *Hollmann,* PHi 1986, 37; *Pieper,* BB 1991, 985, 991; *Kettler,* PHi 2008, 52, 64.

[215] So LG Hamburg, VersR 1994, 299 f. – Rettungsinsel; aktuell BGH, NJW 2009, 1080, 1083 – Pflegebetten; BGH, NJW 1992, 1043, 1044; OLG Karlsruhe, VersR 1986, 1125, 1127; kritisch insoweit nicht zu Unrecht Staudinger/*Schiemann,* § 249 Rn. 115 ff.

[216] Vgl. auch OLG München, VersR 1992, 1135; OLG Nürnberg, Urt. vom 3.8.2011, Az. 12 U 1143/06 – brennender Rauchmelder und zurückweisenden Beschluss des BGH vom 19.3.2013, Az. VI ZR 246/11.

[217] Vgl. dazu auch BGH, NJW 1992, 1043, 1044; BGHZ 59, 286, 288.

[218] Ebenso *Kreifels/Weide,* in Foerste/Graf von Westphalen, § 62 Rn. 92.

[219] Ebenso *Kreifels/Weide,* in Foerste/Graf von Westphalen, § 62 Rn. 92.

Anspruchsgrundlage sind daher die **§§ 840, 426 BGB analog.**[220] Wie bereits erwähnt, ist durch die weite Auslegung der Rechtsprechung im Rahmen der Verkehrssicherungspflichten, insbesondere der Ausdehnung der Produktbeobachtungspflichten im Rahmen von § 823 Abs. 1 BGB, eine **Regelungslücke** entstanden.[221] Wenn das Konzept der Gesamtschuld und des daraus folgenden Ausgleichs nach den §§ 840, 426 BGB gerade auf die deliktsrechtlichen Vorschriften, vor allem auf § 823 BGB Anwendung finden soll, muss der Gesamtschuldnerausgleich aber auch alle Fallgestaltungen des (insoweit fortentwickelten) Deliktsrechts erfassen.[222] Die Ausgangslage entspricht dem Stadium unmittelbar vor Eintritt des Schadens und damit korrespondierend dem Schadenersatzrecht als Präventionsrecht.[223] Schon dies spricht dafür, die zitierten Regelungen im Wege der **Analogie** im Bereich der Schadensprävention, also im Falle der Durchführung eines Rückrufs, heranzuziehen.[224] 86

Bisweilen wird jedoch eingewandt, dass jedenfalls dann eine solche Analogie nicht angebracht sei, wenn sich bereits nach den **Regeln der Geschäftsführung ohne Auftrag** der Regress des Herstellers gegen den Zulieferer im Zusammenhang mit der Durchführung eines Rückrufs ergeben würde.[225] Auf den ersten Blick erscheint dies dogmatisch richtig und schon deshalb gut vertretbar zu sein. Andererseits würde dann jedoch aus dem doch mehr oder weniger theoretischen Streit um die richtige Anspruchsgrundlage ein erheblicher – und meines Erachtens – überflüssiger Mehraufwand betrieben: In Fällen des Zuliefererregresses müssten Gerichte dann zunächst stets und in jedem Einzelfall prüfen, ob und inwieweit die Voraussetzungen der GoA, also die Tatsachen zu den Regelungen der §§ 681, 683, 677, 670 BGB tatsächlich vorliegen. Regressierende Hersteller müssten – vor Gericht – entsprechenden Vortrag bringen, Zulieferer – soweit zulässig und möglich – diesen bestreiten und ggf. müsste das Gericht vorrangig Beweis erheben. Ist dann das Ergebnis, dass die Ansprüche aus GoA nicht durchgreifen, müsste das Gericht sich dann dem Gesamtschuldnerausgleich nach den §§ 840, 426 BGB analog stellen. Soweit von Teilen der Literatur die **Subsidiarität** der §§ 840, 426 BGB analog (durchaus nachvollziehbar) für zutreffend erachtet wird, spricht demzufolge doch die Praxis entschieden dagegen. Die Schriftsätze in Regressverfahren werden aber zur Zeit genau noch immer in diese Richtung gefertigt, was diese Verfahren erheblich belastet. Schon heute sprechen manche Produkthaftungsexperten davon, lieber einen Zuliefererregress in China durchzuführen als ein Zuliefererregressverfahren nach deutschem Recht. Demzufolge tendiere ich eher dazu, stets und in jedem Einzelfall im Zuliefererregress in Folge eines durchgeführten Rückrufs **die Regelungen der §§ 840, 426 BGB analog** direkt anzuwenden und hoffe, dass sich dies in der Rechtsprechung durchsetzen wird. 87

Dafür spricht auch, dass die Rechtsfolgen unterschiedliche sein können. Nach § 670 BGB erhält der Endhersteller – im Falle der Geschäftsführung ohne Auftrag für den Zulieferer – lediglich die Aufwendungen ersetzt, die der „Geschäftsführer" (mithin i. d. R. der den Rückruf durchführende (End-)Hersteller) den Umständen nach für erforderlich 88

[220] Ebenso *Link,* BB 1985, 1424, 1428; *Müller/Dörre,* VersR 1999, 1333, 1338; *Grote,* VersR 1994, 1269, 1271; *Wagner,* BB 2009, 2050, 2051; diesem folgend auch *Kreifels/Weide,* in Foerste/Graf von Westphalen, § 62 Rn. 92.

[221] Ebenso *Grote,* VersR 1994, 1269, 1271.

[222] Vor allem *Grote,* VersR 1994, 1269, 1271; aber ihm folgend auch *Kreifels/Weide,* in Foerste/Graf von Westphalen, § 62 Rn. 92.

[223] So lesen sich auch die Entscheidungsgründe der Entscheidung des LG Hamburg, VersR 1994, 299 – Rettungsinsel; vgl auch *Link,* BB 1985, 1424, 1427.

[224] Ebenso *Link,* BB 1985, 1424, 1427; *Grote,* VersR 1994, 1269, 1271 und *Müller/Dörre,* VersR 1999, 1333, 1338.

[225] So ausdrücklich *Kreifels/Weide,* in Foerste/Graf von Westphalen, § 62 Rn. 92; unter Berufung auf *Herrmann/Fingerhut,* BB 1990, 725, 727; *Müller/Dörre,* VersR 1999, 1333, 1338.

halten durfte. Aufwendungen aber sind freiwillige Vermögensopfer und jedenfalls nicht notwendig deckungsgleich mit Schadenersatzansprüchen.

b) Geschäftsführung ohne Auftrag (§§ 683 Satz 1, 677, 670 BGB)

89 Auch wenn die Anspruchsgrundlage nach den **§§ 840, 426 BGB analog als für den Zuliefererregress am besten passend zu favorisieren ist** (s. o.), stehen die Anspruchsgrundlagen (Ziffern a)–c)) durchaus – wie bereits ausgeführt – **nebeneinander.** Die Heranziehung der vorgenannten Schadenersatznormen analog hindert nicht den Rückgriff auf die Regelungen zur Geschäftsführung ohne Auftrag. In einer Reihe von Rückruf-Regressen erscheint es denkbar, dass der Endhersteller gegen seinen Zulieferer oder aber der Zulieferer gegen seinen Subzulieferanten den Regressanspruch (auch) auf die Regelungen der §§ 683 Satz 1, 677, 670 BGB stützen kann. Dies gilt insbesondere, wenn der Regressierende zumindest ein sog. **„auch-fremdes Geschäft"** geführt hat, also ein Geschäft, was auch der Zulieferer hätte (an sich) durchführen müssen und dessen Durchführung dann auch dem Interesse und dem wirklichen (in der Praxis häufiger: dem mutmaßlichen Willen) des Zulieferers entsprochen hat. Wenn der Grund des Rückrufes in einem Mangel des Zuliefererteils zu sehen ist, ist nach den Ausführungen zum Rückruf in § 4 auch der Zulieferer – ggf. sogar **originär** (öffentlich-rechtlich bzw. produktsicherheitsrechtlich gesprochen als der 1. „Handlungsstörer") – verpflichtet, den Rückruf selbst und auf seine Kosten durchzuführen, so dass die vom Endhersteller oder vom Abnehmer des Zulieferers durchgeführten Maßnahmen **jedenfalls auch den Rechtskreis** dieses Zulieferers berühren. Weil der Endhersteller die Gesamtverantwortung für das fertige Produkt aber ohnehin trägt und beide ggf. auch gesamtschuldnerisch in der Verantwortung stehen (siehe dazu die Ausführungen unter § 5 I. 2. a)), ist die vom Endhersteller durchgeführte Austausch- bzw. Rückrufaktion im Regelfall auch in seinem eigenen Interesse durchgeführt worden **(sowohl „fremdes" als auch „eigenes Geschäft").**[226] Die Austauschaktion ist damit – bei weiter Begriffsauslegung der sog. **Geschäftsbesorgung** – das Tätigwerden **auch im Interesse des Zulieferers.** Der Fremdgeschäftsführungswille wird (widerlegbar) vermutet und nach der Rechtsprechung zur Geschäftsführung ohne Auftrag selbst bei solchen Geschäften, die zugleich **objektiv eigene** als auch **objektiv fremde** sind.[227] Ob der Fremdgeschäftsführungswille gegeben ist, ist dann stets eine Frage des Einzelfalles. Naturgemäß fehlt dem Endhersteller – vor Durchführung des Rückrufs – ein entsprechender Auftrag (§§ 662, 675 BGB). Endhersteller sind – dies zeigt die Praxis – gut beraten, vor dem Ergreifen entsprechender Maßnahmen aber ggf. eine Abstimmung mit dem Zulieferanten dazu herbeizuführen. Jede Beteiligung des Zulieferanten hilft, etwaige Regressansprüche erleichtert durchsetzen zu können, und sei es, dass dem Zulieferanten im Ergebnis der Einwand abgeschnitten wird, er selbst hätte die Rückrufaktion preisgünstiger durchführen können (§ 254 BGB).

90 Für einen Anspruch auf Regress über die Regelungen der Geschäftsführung ohne Auftrag ist jedoch weitere Voraussetzung, dass die Durchführung des Rückrufs dem **Interesse** und dem wirklichen oder mutmaßlichen **Willen** des Zulieferers entsprochen haben muss. Wenn der Rückruf dem Grunde und der Höhe nach über das gesetzlich Erforderliche hinausgeht, kann schon der Fremdgeschäftsführungswille unter Umständen widerlegt werden durch den Zulieferer. Erst recht aber fehlt es an dem Interesse an der Geschäftsführung, wenn sie für den Zulieferanten **objektiv nicht nützlich** ist.[228] Objektiv nützlich ist die Geschäftsführung jedenfalls dann nicht, wenn der Rückruf nicht tatsächlich

---

[226] *Müller/Dörre,* VersR 1999, 1333, 1339; BGH, NJW 1969, 1205, 1206.
[227] BGH, NJW 2009, 2590, 2591; vgl. dazu auch *Link,* BB 1985, 1424, 1427.
[228] BGH, NJW-RR 1993, 200; BGH, NJW-RR 2008, 683; MüKo/*Seiler,* § 683 Rn. 4; *Gehrlein,* in Bamberger/Roth, § 683 Rn. 2.

geboten war, vielmehr die Warnung ausreichend gewesen wäre.[229] Sieht man von der Thematik der Abgrenzung der Durchführung eines kostenlosen Austausches von der Warnung ab,[230] erfüllt der die kostenlose Austauschaktion durchführende Hersteller im Regelfall zugleich aber eine dem Zulieferanten obliegende sog. **Gefahrabwendungspflicht** (Produktbeobachtungspflicht). In Fällen dieser Art wäre die Geschäftsführung dem Zulieferanten sicher objektiv nützlich und damit in dessen Interesse.

Problematisch aber – und auch deshalb ist die Figur der sog. Geschäftsführung ohne Auftrag für den Herstellerregress in Folge der Durchführung von Rückrufaktionen auch nur bedingt tauglich – ist die weitere Voraussetzung für die Anwendung der Regelungen der §§ 683 Satz 1, 677, 670 BGB, nämlich der **Wille des Zulieferanten** an sich, der ferner vorliegen muss: Hat der Hersteller, der beabsichtigt, eine Austauschaktion durchzuführen, sich mit dem Lieferanten abgestimmt, so kennt er dessen wirklichen Willen.[231] Dieser hat sich aber nicht immer ausdrücklich geäußert und auch aus den Umständen kann der Endhersteller nicht stets den wirklichen Willen des Zulieferers erkennen. Muss der Hersteller daher im Falle der Durchführung des Rückrufs auf den **mutmaßlichen** Willen des Zulieferanten abstellen, sollte er m. E. – und dies kommt in den bisherigen Diskussionen im Schrifttum und in der Rechtsprechung zu kurz – stets das öffentlich-rechtliche Produktsicherheitsrecht im Auge haben. Denn wenn der Lieferant – und dies ist bekanntlich in der Praxis nicht selten der Fall – jegliche Verantwortung bestreitet und sogar behauptet, ein Fehler liege nicht vor und auch kein Mangel an der zugelieferten Sache, wird er im Zweifel sogar die Durchführung des Rückrufs ablehnen, so dass der Endhersteller gegen den ausdrücklichen Willen des Lieferanten tätig wird, und schon gar nicht mehr auf den mutmaßlichen Willen abgestellt werden kann.[232] Dann bleibt es bei der grundsätzlichen Regelung des **§ 679 1. Alt. BGB,** nach der der etwaig entgegenstehende Wille des Geschäftsherrn unbeachtlich ist, wenn ohne die Geschäftsführung eine **Pflicht des Geschäftsherrn, deren Erfüllung im öffentlichen Interesse liegt,** nicht rechtzeitig erfüllt werden würde. Das öffentliche Interesse lässt sich (relativ) schnell bejahen, denn wenn Gefahrenquellen beseitigt werden zum Schutze Dritter, dürfte die Geschäftsführung regelmäßig im öffentlichen Interesse liegen.[233] Dies dürfte jedoch wohl nur dann gelten, wenn der Rückruf erforderlich ist.[234] Dies ist nicht der Fall, wenn die kostenlose Austauschaktion über das gesetzlich gebotene und geschuldete Maß hinausgeht; insoweit besteht Einigkeit in der Literatur.[235] Die Frage ist nur, wann konkret eine solche Maßnahme des Endherstellers über das notwendige Maß hinausgegangen ist.[236] Einfacher erscheint es mir, nicht zuletzt, da ich ohnehin der Auffassung bin, dass öffentlich-rechtliches Produktsicherheitsrecht und zivilrechtliche Anspruchsthemen mehr und mehr verzahnt werden müssten, um die Einheitlichkeit der Rechtsordnung herzustellen, das Erfordernis der Notwendigkeit jedenfalls dann zu bejahen, wenn die Voraussetzungen aus etwaigen Spezialregelungen bzw. die allgemeine Vorschrift aus dem Besonderen Verwaltungsrecht, nämlich die Voraussetzungen des § 26 Abs. 2 bzw. § 26 Abs. 4 ProdSG gegeben sind. Hätte also – mit anderen 91

229 Vgl. dazu ganz explizit die Rechtsprechung, LG Frankfurt, VersR 2007, 1575 ff. – Federbruchsicherung; vgl. aber auch *Droste,* Der Regress des Herstellers gegen Zulieferanten, 285 sowie jüngst *Wagner,* BB 2009, 2050, 2051.

230 Vgl. dazu § 4 V. Rn. 44 ff.

231 Nach *Müller/Dörre,* VersR 1999, 1333, 1340 muss sich der Wille des Geschäftsherrn nicht nur auf die Geschäftsbesorgung an sich, sondern auch auf die Kostenübernahme beziehen (selten!).

232 So explizit auch *Kreifels/Weide,* in Foerste/Graf von Westphalen, § 62 Rn. 88.

233 BGH, VersR 1969, 562, 563; so explizit auch *Link,* BB 1985, 1424, 1427; ebenso *Grote,* VersR 1994, 1269, 1270.

234 *Kreifels/Weide,* in Foerste/Graf von Westphalen, § 62 Rn. 88.

235 Statt vieler *Grote,* VersR 1994, 1269, 1270.

236 Abgrenzungsprobleme in § 5 Rn. 44 ff.

Worten – die Behörde eine entsprechende Rückrufanordnung treffen können, wird man jedenfalls sagen können, dass ein entgegenstehender Wille des Zulieferers mit Hilfe des § 679 1. Alt. BGB überwunden werden kann.

92 Die Folge: Sind die Voraussetzungen für die Geschäftsführung ohne Auftrag gegeben, hat der Zulieferant nach § 670 BGB die **Aufwendungen** zu ersetzen, die der Geschäftsführer den Umständen nach **für erforderlich halten durfte.** Genau hier aber setzen in der Praxis zahlreiche Schwierigkeiten an. Nicht zuletzt in dem häufig vorkommenden Fall des **auch fremden-Geschäfts** lassen sich die freiwilligen Maßnahmen, die der Endhersteller getroffen hat, nicht wirklich und nicht mit hinreichender Präzision gegenständlich abgrenzen, so dass ein Aufwendungsersatzanspruch auch vor Gericht nicht einfach zu substantiieren ist. Soweit in der Literatur empfohlen wird, den Aufwand in derartigen Fällen **nach dem Maß der Verantwortlichkeit** und/oder **dem Gewicht der Interessen von Endhersteller und Zulieferer** aufzuspalten,[237] mag dies plausibel erscheinen und erst einmal gut klingen, aber regelmäßig entsprechende Substantiierungsschwierigkeiten im Zuliefererregressprozess hervorrufen. Relativ eindeutig ist nur der Fall, dass die Fehlerhaftigkeit des Produktes zu 100 % dem Zulieferanten angelastet werden kann, so dass möglicherweise der Endhersteller, der den Rückruf als **„nur-fremdes-Geschäft“** für und im Interesse des Zulieferers durchgeführt hat, sämtliche Aufwendungen – jedenfalls dem Grunde nach einmal – regressieren kann. Aber auch dann stellen sich in der Praxis erhebliche Probleme, insbesondere was die **Substantiierung der Höhe nach** bei den entsprechenden Aufwendungen angeht, nicht zuletzt bei der Frage, ob die Anwaltskosten, die die Rückrufberatung des Endherstellers betroffen und möglicherweise im Ergebnis auch die Frage des Zuliefererregresses mit umfasst haben, vollständig vom Zulieferanten ersetzt verlangt werden können.[238] Im Einzelfall sind auch **Wiederherstellungskosten** erforderliche Aufwendungen[239]. Häufig sind jedoch die sog. **„Sowieso-Kosten“**, Aufwendungen für Arbeits- und Dienstleistungen (nicht nur von Geschäftsführern)[240] von § 670 BGB nicht umfasst.[241]

c) Bereicherungsansprüche nach § 812 Abs. 1 Satz 1, 1. Alt. BGB

93 Auch wenn – auf den ersten Blick – theoretisch als Anspruchsgrundlage heranziehbar, dürften die gegen die Heranziehung erhobenen Bedenken in der Literatur im Ergebnis allesamt durchgreifen: Zunächst müsste der Zulieferer, um einem Bereicherungsanspruch ausgesetzt zu sein, **„etwas“** i. S. v. § 812 Abs. 1 Satz 1, 1. Alt. BGB erlangt haben. Auch wenn der Begriff i. S. d. § 812 BGB weit zu verstehen ist und darunter jeder Vorteil erfasst wird, der das wirtschaftliche Vermögen des Begünstigten vermehrt,[242] dürfte es – zumindest in Teilkonstellationen in Folge der Durchführung eines Rückrufes – im Ergebnis schon gar nicht zu einem Vorteil des Zulieferers kommen: Zwar zählt zu den vermögenswerten Vorteilen auch die **Befreiung von einer Verbindlichkeit,** doch muss der Leistung dann jedenfalls **schuldbefreiende Wirkung** zukommen.[243] Soweit Hersteller und Zuliefe-

---

[237] So die Idee von *Kreifels/Weide,* in Foerste/Graf von Westphalen, § 62 Rn. 89 unter Berufung auf *Gehrlein,* in Bamberger/Roth, § 683 Rn. 4 sowie *Grote,* VersR 1994, 1269, 1270.

[238] Vgl. dazu OLG Nürnberg, Urt. vom 3.8.2011, Az. 12 U 1143/06 – brennender Rauchmelder, ein Verfahren, dem allerdings die Besonderheit zugrunde lag, dass in I. Instanz von Seiten des Zulieferanten die Forderung der Höhe nach nicht erheblich bestritten worden war.

[239] LG Hamburg, VersR 1994, 299 – Rettungsinsel; *Müller/Dörre,* VersR 1999, 1340.

[240] Palandt/*Sprau,* § 683 Rn. 8.

[241] *Müller/Dörre,* VersR 1999, 1333, 1340; vgl. dazu jetzt auch BGH, NJW 2012, 1648 Tz. 25; MüKo/*Seiler,* § 683 BGB Rn. 26.

[242] Vgl. dazu BGH, NJW 1995, 53, 54; Palandt/*Sprau,* § 812 Rn. 8.

[243] Palandt/*Sprau,* § 812 Rn. 10; *Müller/Dörre,* VersR 1999, 1333, 1340; BGHZ 12, 100 und BGHZ 24, 106.

rant Gesamtschuldner sind und der Hersteller an seinen Abnehmer leistet, führt dies zu einem Ausgleichsanspruchs des Herstellers gegenüber dem Zulieferer.[244] Dem Hersteller entsteht ein Ausgleichsanspruch und im Umfang desselben ist der Zulieferer dann nicht von einer Verbindlichkeit befreit worden. Lediglich hat dann der Aktivlegitimierte gewechselt.[245] Es fehlt auch an der Befreiung von einer Rückrufverbindlichkeit, weil ein individueller Rückrufanspruch – von dem man befreit wäre – gar nicht angenommen werden kann.[246] Es hilft auch nicht, abweichend von der oben dargestellten Sachverhaltskonstellation, anzunehmen, dies wäre anders, wenn der Zulieferer im Innenverhältnis der Gesamtschuld, die Kosten gar nicht zu tragen hätte, etwa unter Berücksichtigung aller Verursachungsanteile. Dann wird der Lieferant zwar auch im Außenverhältnis durch das Tätigwerden des Endherstellers, der einen Rückruf durchführt, befreit, hat aber gegenüber dem Hersteller einen Befreiungsanspruch.[247] Jedenfalls an diesem würde ein Anspruch nach § 812 BGB wiederum scheitern. Soweit feststellbar, wird denn auch auf die Leistungskondiktion bei Zuliefererregressen von Seiten der Rechtsprechung kaum näher eingegangen.[248]

II. Konsequenzen in der und für die Praxis

1. Unbedingte Folgepflicht-Vereinbarungen des Zulieferers als bindende Vereinbarungen

Im Schrifttum wird Endherstellern nicht selten geraten, mit ihren Zulieferern sog. **unbedingte Folgepflichts-Vereinbarungen**[249] zu treffen mit dem Ziel, die Rückrufkosten auch dann regressieren zu können, wenn weder kraft öffentlichen Rechts (§ 26 ProdSG) noch nach Zivilrecht eine Verpflichtung zum Rückruf bestand.[250] Kulanzleistungen könnten dann – und dies würde zugleich eine Abgrenzung zwischen rechtlich notwendigen Maßnahmen und solchen, die rein der Vermeidung von Imageverlusten des Endherstellers dienen, obsolet machen – vertraglich dem Zulieferanten aufoktroyiert werden. Die aus Endherstellersicht sicherlich nachvollziehbaren Erwägungen sind jedoch stets auch am Primat des § 307 Abs. 1 BGB zu messen. Je nach Ausgestaltung dürften entsprechende Klauseln in AGB den Lieferanten unangemessen belasten, insbesondere wenn der Her- 94

[244] Vgl. dazu im einzelnen die Ausführungen zu § 5 ProdHaftG; sowie BGH, NJW 2007, 1208, 1211; Palandt/*Sprau,* § 812 Rn. 10.

[245] BGH, NJW 2007, 1208, 1210; *Wagner,* BB 2009, 2050, 2051; sowie grundlegend Palandt/*Sprau,* § 812 Rn. 10.

[246] Ebenso *Müller/Dörre,* VersR 1999, 1333, 1338.

[247] Vgl. dazu § 3 III. Rn. 454 ff. sowie BGH, NJW 1986, 3131, 3132.

[248] *Herrmann/Fingerhut,* BB 1990, 725, 727; *Grote,* VersR 1994, 1269, 1271; *Müller/Dörre,* VersR 1999, 1333, 1338; zur Theorie auch *Droste,* Der Regress des Herstellers gegen den Zulieferanten, 290.

[249] Der Begriff der unbedingten Folgepflicht entstammt dem Rückversicherungsrecht. Rückversicherungsverträge enthalten Klauseln in diversen Modifikationen dahingehend, dass die Entscheidung des Erstversicherers im Zweifel eine unbedingte Folgepflicht des Rückversicherers auslöst, auch wenn der Erstversicherer aus Kulanz tätig geworden ist und damit über das Gesetz hinausgehende Leistungen erbracht hat, um Abgrenzungsschwierigkeiten zu vermeiden; dazu *Lenz,* Die Kulanzleistung des Versicherers, 136.

[250] Siehe dazu insbesondere *Reusch,* StoffR 2009, 96, 100; *Molitoris,* NJW 2009, 1049, 1052, eine Stellungnahme, die eng mit der Pflegebettenentscheidung des BGH, NJW 2009, 1080 ff. im Kontext zu lesen ist, sowie *Klindt,* BB 2009, 792.

steller Maßnahmen ergreift, die rechtlich nicht notwendig sind und damit in den fremden Rechtskreis des Zulieferers eindringen, worauf *Kreifels/Weide*[251] zu Recht verweisen. Sollte eine entsprechende Regelung im Rahmen einer Individualvereinbarung getroffen werden, ist aus Sicht des Zulieferanten mahnend und warnend zu berücksichtigen, dass dieser für das etwaige „über das rechtlich Notwendige hinaus" Geleistete im Regelfall keinen Deckungsschutz besitzt (nur im Rahmen des „gesetzlichen Umfangs").[252] Die bindende Vereinbarung einer unbedingten Folgepflicht sollte jeder Zulieferer, der sich nur annähernd dagegen zur Wehr setzen kann, daher tunlichst vermeiden.

2. Haftungsausschlüsse oder Haftungsbegrenzungen zugunsten des Zulieferers

95 Im Gegenteil, Zulieferer könnten entsprechende Haftungsausschlüsse oder konkrete Haftungsbegrenzungen vereinbaren. Derartige Vereinbarungen zu treffen, dürfte allerdings in den wenigsten Sparten dem Zulieferer gelingen, steht diesem doch im Regelfall – sieht man einmal vom Lebensmittelbereich ab – oft der „stärkere" und „größere" Endhersteller (unter Umständen der gesamte Herstellerverband) bei den Vertragsverhandlungen mit entsprechenden Vorgaben „abwinkend" gegenüber.

3. Der Herstellerregress und die Substantiierung der Höhe nach

96 Je nach Anspruchsgrundlage begehrt der Hersteller **Schadenersatz** oder aber **Aufwendungsersatz.** Beide Ansprüche bereiten – was die Substantiierung während des Prozesses dem Grunde und der Höhe nach angeht – nach deutschem Zivilprozessrecht erhebliche Schwierigkeiten. Im Einzelnen:

a) Schadenersatz im Regressprozess

97 Die Frage ist zunächst, ob der Hersteller sämtliche unfreiwilligen Vermögenseinbußen, die er im Zuge der Durchführung einer für seine Kunden kostenlosen Austauschaktion erlitten hat, vollumfänglich nach §§ 249 ff. BGB begehren kann. Die Argumentation wäre bzw. könnte die sein, es gehe ja um den deliktisch erweiterten Ausgleichsanspruch, der von der Rechtsprechung über § 823 BGB hinaus erfasst werden soll, und deshalb müssten die gesamten Regelungen der §§ 249 ff. BGB gelten und auch die Differenzwertmethode. Im Zweifel wäre also **vollumfänglich Schadenersatz** zu leisten.[253] Andererseits aber fehlt es gerade – im Falle der Durchführung eines **präventiven** Rückrufs – an einer Rechtsguts- bzw. Rechtsverletzung i. S. v. § 823 Abs. 1 BGB, so dass wirklich fraglich ist, ob die §§ 249 ff. BGB ipso iure dogmatisch zutreffend der Einfachheit halber überhaupt – bei Vorliegen einer Rückrufaktion – angewandt werden dürfen. Nicht zuletzt spielte diese

---

[251] *Kreifels/Weide,* in Foerste/Graf von Westphalen, § 62 Rn. 96 mit der Argumentation der zum Teil erheblichen Rückrufkosten und der Funktion des Rückrufs als ultima ratio im Kanon der Gefahrabwendungsmaßnahmen.

[252] Nach dem 1.1.2008 ist eine vorherige Rücksprache allerdings mit dem Versicherer, wie dies bisweilen nach wie vor empfohlen wird, nicht mehr notwendig; demgegenüber aber *Kreifels/Weide,* in Foerste/Graf von Westphalen, § 62 Rn. 96.

[253] Siehe dazu mit diesem Ergebnis OLG Nürnberg, Urt. vom 3.8.2011, Az. 12 U 1143/06 – brennender Rauchmelder, und dazu Beschluss des BGH vom 19.3.2013, Az. VI ZR 246/11. Vgl. dazu auch § 2 Rn. 1. Ebenso OLG München, Urt. vom 30.6.2003, Az. 31 U 5458/02, VersR 2006, 712 – Glasflasche: Das OLG hat auch den Umsatzverlust und damit den entgangenen Gewinn des Endproduktes als Schadenersatz zuerkannt; der BGH hat durch Beschluss vom 7.12.2004, Az. VI ZR 353/03, die Beschwerde gegen die Nichtzulassung zurückgewiesen.

Thematik auch in dem Verfahren des OLG Düsseldorf[254] eine Rolle, bedurfte dort jedoch im Ergebnis dann keiner weitergehenden Vertiefung. In der Literatur[255] wurde schon früh darauf hingewiesen, dass in bestimmten Konstellationen möglicherweise auch **nur der (vergeudete) Materialwert** an sich zu ersetzen ist. In diesem Zusammenhang ist auch die Entscheidung des OLG Stuttgart zu sehen.[256] Ich tendiere zur Annahme, dass unter Einbeziehung der Weiterfresserschäden nicht einfach die §§ 249 ff. BGB in Gänze herangezogen werden können: Damit kann nicht jeglicher Mangelfolgeschaden vom Zulieferer ersetzt verlangt werden über die deliktsrechtlichen Regelungen, die dem Rechtsgedanken entsprechend herangezogen werden.

b) Aufwendungsersatz nach § 670 BGB

Die damit verbundenen Schwierigkeiten hatte ich bereits in Kapitel „Anspruch aus der Geschäftsführung ohne Auftrag" aufgezeigt (sub § 5 I. 2. b)). **98**

---

[254] OLG Düsseldorf, OLGR 2008, 444 – Hundesterben; vgl dazu bereits § 4 I Rn. 13 und 23.

[255] Vgl. dazu bereits *Kullmann,* NJW 2005, 1907, 1908.

[256] OLG Stuttgart, NJW-RR 2002, 25, das die Höhe des Schadensersatz-Anspruchs begrenzt hat durch die Kosten des Materials (Vergeudung); dazu *Kullmann,* NJW 2005, 1907, 1908 in Fn. 9 sowie *ders.* in NJW 2002, 30, 31.

§ 6 Internationale Aspekte der Produkthaftung

1 Aufgrund der Globalisierung steigt die Zahl der Sachverhalte mit Auslandsberührung kontinuierlich, sei es, dass das Produkt eines ausländischen Herstellers, Händlers oder Exporteurs in Deutschland oder umkehrt das Produkt eines deutschen Herstellers etc. im Ausland einen Schaden verursacht. In Betracht kommt dabei sowohl eine Schädigung durch ein Produkt, das direkt auf einem ausländischen Markt abgesetzt wird, als auch eine Schädigung durch die Zulieferung einer schadhaften Komponente an einen Hersteller, der das Endprodukt in einem Drittstaat auf den Markt bringt. In diesen Fällen muss im Zweifel geklärt werden, welche Gerichte welchen Landes für die Entscheidung des Rechtsstreits international zuständig sind. Von der Frage der **internationalen Zuständigkeit** des angerufenen Gerichts(staates) und des maßgeblichen Verfahrensrechts, dem **Internationalen Zivilverfahrensrecht, IZVR,** zu trennen ist die Frage, welche Rechtsordnung zur Abwicklung und Entscheidung im Einzelfall anzuwenden ist. Dabei sind nicht nur etwaige materiell-rechtliche Haftungsansprüche des Geschädigten, sondern auch etwaige Ausgleichsansprüche der beteiligten Unternehmen untereinander zu klären.

2 Das **Internationale Privatrecht, IPR,** ist der Teil der nationalen Rechtsordnung, der bestimmt, welches materielle Recht auf einen Sachverhalt anwendbar ist, der eine Verbindung zu den Rechtsordnungen mehrerer Staaten aufweist (vgl. die Definition des Art. 3 EGBGB).[1] Für den Fall, dass bereits eine rechtskräftige Entscheidung eines ausländischen Gerichts ergangen ist, ist anhand des IZVR zu klären, ob das nationale Gericht diese Entscheidung anerkennen und gegebenenfalls vollstrecken muss.

I. Internationales Verfahrensrecht

3 Als Grundsatz anerkannt ist, dass das international zuständige Gericht sein eigenes Verfahrensrecht anwendet.[2] Ein deutsches Gericht geht daher vom deutschen IPR als der lex fori bei der Frage des anwendbaren Rechts aus, und dementsprechend geht ein ausländisches Gericht von seinem nationalen Kollisionsrecht aus. Die jeweiligen nationalen Regelungen, wie etwa die Vorschriften der §§ 12 ff. ZPO greifen lediglich subsidiär ein. Vorrangig zu den nationalen Vorschriften über die internationale Zuständigkeit sind internationale Abkommen und Verordnungen, insbesondere diejenigen der Europäischen Gemeinschaft.

4 Dabei sind aus deutscher Sicht im Bereich der Produkthaftung in Europa **drei Regelwerke** von besonderer Relevanz:

- Verordnung EG NR. 44/2001 vom 22.12.2000 des Rates über die gerichtliche Zuständigkeit und die Anerkennung und Vollstreckung von Entscheidungen in Zivil- und Handelssachen (EuGVVO oder auch = Brüssel I-VO) ABIEG 2001 Nr. 212, S. 1.

---

[1] Nach der Aufspaltung des Art. 3 EGBGB a. F. durch das am 11.1.2009 in Kraft getretene Anpassungsgesetz – dazu bereits *Wagner,* IPRax 2008, 314, scheint die Norm, wie *Thorn* zu Recht anführt, homogener gegenüber der vorläufigen Regelung, Palandt/*Thorn,* Art. 3 EGBGB Rn. 1.

[2] BGH, Urt. vom 27.4.1977, Az. VIII ZR 184/75.

- Luganer Übereinkommen über die gerichtliche Zuständigkeit und die Anerkennung und Vollstreckung von Entscheidungen in Zivil- und Handelssachen, ABI.EU 2009 Nr. L 147, 5; berichtigt: ABI.EU Nr. L 147, 44.
- Übereinkommen der Europäischen Gemeinschaft über die gerichtliche Zuständigkeit und die Vollstreckung gerichtlicher Entscheidungen in Zivil- und Handelssachen vom 27.9.1968, BGBl. 1972 II, 773: Jayme/Hausmann, Nr. 150.

5 Greifen weder die EuGVVO noch andere EU-Verordnungen, noch ein vorrangiger Staatsvertrag, bleibt es bei den **§§ 12 ff. ZPO.**

1. EuGVVO (Brüssel I–VO)

6 Seit dem 1.3.2002 ist die Verordnung Nr. 44/2001 des Rates über die gerichtliche Zuständigkeit und die Anerkennung und Vollstreckung von Entscheidungen in Zivil und Handelssachen vom 23.12.2000 (EuGVVO) in allen EU-Staaten in Kraft getreten – bis auf Dänemark (vgl. Art. 1 Abs. 3 EuGVVO).[3] In Dänemark gelten die Regeln der EuGVVO seit dem 1.7.2007 aufgrund eines völkerrechtlichen Vertrages zwischen Dänemark und der EU (ABl. EG Nr. L 94 vom 4.4.2007, S. 70).

a) Anwendungsbereich der EuGVVO

7 Die Verordnung (EG) Nr. 44/2001 gehört zum sekundären Gemeinschaftsrecht. Sie ist gemäß Art. 249 Abs. 2 EGV bzw. künftig Art. 288 AEUV „in allen Teilen verbindlich und gilt unmittelbar in jedem Mitgliedstaat".

aa) Zeitlicher Anwendungsbereich

8 Die Verordnung ist am 1.3.2002 in Kraft getreten (Art. 76 Abs. 1 EuGVVO). Das Inkrafttreten ist in Art. 66 EuGVVO geregelt. Nach Art. 66 Abs. 1 EuGVVO gilt die Verordnung für alle **nach dem 1.3.2002** erhobenen Klagen oder aufgenommenen Urkunden.

bb) Territorialer Anwendungsbereich

9 Die Verordnung differenziert nicht nach der Staatsangehörigkeit. Erforderlich ist vielmehr ein hinreichend räumlicher Bezug zum Gebiet der EU. Dieser ergibt sich bei natürlichen Personen aus dem **Wohnsitz des Beklagten.** So sind nach Art. 2 Abs. 1 EuGVVO Personen, die ihren Wohnsitz im Hoheitsgebiet eines Mitgliedstaates haben, ohne Rücksicht auf ihre Staatsangehörigkeit vor den Gerichten dieses Mitgliedstaates zu verklagen. Nach Art. 4 Abs. 1 EuGVVO richtet sich die Zuständigkeit der Gerichte eines jeden Mitgliedstaates nach dessen eigenen Gesetzen (vorbehaltlich der Art. 22 und 23), wenn der Beklagte keinen Wohnsitz im Hoheitsgebiet eines Mitgliedstaates hat. Dabei enthält Art. 59 EuGVVO für natürliche Personen einen Sachnormverweis auf das Recht des jeweils angerufenen Gerichts für die Prüfung, ob eine Partei im Hoheitsgebiet des Mitgliedstaates, dessen Gerichte angerufen sind, einen Wohnsitz hat. Bei juristischen Personen stellt Art. 60 Abs. 1 EuGVVO für die Bestimmung des Wohnsitzes alternativ

---

[3] *Kropholler,* Europäisches Zivilprozessrecht, Kommentar zum EuGVVO, Lugano-Übereinkommen und Europäischem Vollstreckungstitel, 8. Aufl. 2005; *Geimer/Schütze,* Europäisches Zivilverfahrensrecht, 2. Aufl. 2004; *Jayme/Kohler,* Jährliche Berichte zur EuGVVO, in IPRax (Heft 6); *Junker,* RIW 2002, 569.
EuGH Urteile können im Internet abgerufen werden, u. a. www.curia.eu.int (EuGH) und www.europa.eu.int (Kommission).

auf den satzungsgemäßen Sitz (Art. 60 Abs. 1 lit. a EuGVVO), ihre Hauptverwaltung (Art. 60 Abs. 1 lit. b EuGVVO) oder ihre Hauptniederlassung (Art. 60 Abs. 1 lit. c EuGVVO) ab.

Darüber hinaus enthalten die Vorschriften des Art. 22 EuGVVO eine ausschließliche Gerichtsstandsregelung, Art. 23 EuGVVO die Regelung der Zulässigkeit einer Gerichtsstandsvereinbarung und Art. 24 EuGVVO eine Zuständigkeitsregelung im Fall einer stillschweigenden Prorogation.[4] 10

cc) Sachlicher Anwendungsbereich

Die EuGVVO kommt nicht in öffentlich-rechtlichen Rechtsstreitigkeiten, sondern nur in Zivil- und Handelssachen zur Anwendung, Art. 1 Abs. 1 EuGVVO[5]. Ferner ist sie nicht anzuwenden auf die in Art. 1 Abs. 2 EuGVVO angeführten Ausnahmen, u. a. nicht auf die Schiedsgerichtsbarkeit. 11

b) Zuständigkeitsregelungen der EuGVVO

aa) Ausschließliche Zuständigkeit

Die in Art. 22 EuGVVO festgelegten ausschließlichen internationalen Zuständigkeiten können weder durch eine Gerichtsstandsvereinbarung der Parteien, noch durch eine ausdrückliche oder stillschweigende Unterwerfung des Beklagten vor einem unzuständigen Gericht abbedungen werden, Art. 23 Abs. 5 EuGVVO.[6] Der Richter hat daher die Voraussetzungen des Art. 22 EuGVVO vorrangig zu beachten und von Amts wegen zu prüfen, Art. 25 EuGVVO. Auch die besonderen Vorschriften für Versicherungs- (Art. 8 ff. EuGVVO), Verbraucher- (Art. 15 ff. EuGVVO) oder Arbeitssachen (Art. 18 ff. EuGVVO) sind vorrangig zu prüfen. Grund für die Regelung ist die besondere Sach- und Vollstreckungsnähe. Jedoch darf die Bedeutung dieser Regelungen für die Produkthaftung nicht überschätzt werden. 12

bb) Zuständigkeitsvereinbarungen

(1) Ausdrückliche Gerichtsstandsvereinbarung. Liegt keine ausschließliche Zuständigkeit und keine Versicherungs-, Verbraucher-[7] oder Arbeitssache vor, können die Parteien nach Maßgabe des Art. 23 Abs. 1 und Abs. 5 EuGVVO eine **Gerichtsstandsvereinbarung** treffen. Die Parteien genießen auch insoweit grundsätzlich Vertragsfreiheit (siehe Erwägungsgrund 14). Dabei dürfte den vertragsschließenden Parteien grundsätzlich ebenfalls erlaubt sein, sich neben dem vertraglichen auch im deliktischen Bereich über den insoweit maßgeblichen Gerichtsstand zu einigen, jedenfalls wenn ein hinreichend enger Zusammenhang zu einer rechtsgeschäftlichen Anspruchsgrundlage besteht.[8] Davon wird bei Zuliefererverträgen regelmäßig Gebrauch gemacht. 13

---

[4] *Schulte-Beckhausen*, Internationale Zuständigkeit durch rügelose Einlassung im Europäischen Zivilprozessrecht, 1994.

[5] *Zöller/Geimer*, Anh I EuGVVO Rn. 19.

[6] *Staudinger*, NZM 2011, 257, 258, 261; *Geimer/Schütze*, EuZVR A.1 – Art. 22 EuGVVO Rn. 30, 31.

[7] EuGH, Urt. vom 7.12.2010 – Rs.C – 585, 08 Pammer ./. Reederei Schlüter und Rs.C – 144/09 Hotel Alpenhof ./. Heller, EuZW 2011, 98 mit Anm. *Clausnitzer* – Hotelbestellungen ohne Bezahlung und Klage nur am Wohnsitzstaat.

[8] Staudinger/*Steinrötter*, JA 2012, 241 Europäisches Internationales Zivilverfahrensrecht: Alles „Brüssel", oder was?; *Rauscher/Mankowski* (Fn 13) Art. 23 Brüssel I-VO Rn 62a.

14 Von Art. 23 Abs. 1 Satz 1 EuGVVO sind nach herrschender Meinung[9] und Auffassung des EuGH[10] auch solche Auslandsfälle erfasst, die einen Zuständigkeitsbezug nur zu einem Mitgliedstaat haben.

15 Elektronische Übermittlungen von Erklärungen genügen (Art. 23 Abs. 2 EuGVVO). Art. 23 EuGVVO verankert den Grundsatz der Prorogationsfreiheit. Zur Wahrung der erforderlichen Schriftform reichen ein Schriftwechsel oder die Übermittlung von Kopien der Schriftstücke, z. B. per Fax aus. Eine Unterschrift ist nicht erforderlich. Es genügt, dass die Identität der erklärenden Personen feststeht.[11]

16 Das in Art. 23 Abs. 2 EuGVVO enthaltene Formerfordernis kann aber bei der Verwendung in Allgemeinen Geschäftsbedingungen vor allem dann Probleme bereiten, wenn die Vertragsparteien kollidierende Geschäftsbedingungen verwenden, was in der Praxis häufig der Fall ist.

Beispiel: Die A-GmbH aus Köln und die B-SARL mit Sitz in Brüssel verhandeln über die Lieferung von Autozubehörteilen. In ihren dem schriftlichen Angebot beigefügten AGB der A-GmbH ist als Gerichtsstand Köln genannt. In ihrer Annahme verweist die belgische Gesellschaft auf ihre AGB, die als Gerichtsstand Brüssel vorsehen. In diesem Fall liegt keine formwirksame Gerichtsstandsvereinbarung vor, da entgegen Art. 23 Abs. 1 Satz 3 lit. a EuGVVO weder eine ausdrückliche Zustimmung einer Partei zu der von der Gegenseite vorgeschlagenen Gerichtsstandsvereinbarung vorliegt, noch diese schriftlich dokumentiert ist.

17 Die grundsätzliche Zulässigkeit von Gerichtsstandvereinbarungen ist aber nicht nur in Europa – dort gesetzlich geregelt –, sondern auch in vielen anderen Ländern der Welt anerkannt.

Beispiel: Die Beklagte Reederei M/S Bremen hatte im Auftrag der US-amerikanischen Klägerin eine Bohrinsel von Louisiana nach Italien zu verschiffen. Die Parteien hatten vertraglich die ausschließliche Zuständigkeit des High Court, London, vereinbart. Nachdem die Bohrinsel während eines Sturms vor der Küste Floridas beschädigt worden war, machte die Klägerin Schadenersatzansprüche vor dem Gericht in Florida geltend, die Beklagte erhob Klage vor dem High Court London. Der U. S. Supreme Court wies die Klage mit der Begründung als unzulässig ab, im internationalen Handelsverkehr seien Gerichtsstandsvereinbarungen jedenfalls dann wirksam (und unerlässlich), solange sie nicht unangemessen seien (unreasonable), was im zur Entscheidung anstehenden Rechtsstreit nicht der Fall sei.[12]

18 **(2) Konkludente Vereinbarung.** Ein an sich unzuständiges Gericht kann nach Art. 24 Satz 1 EuGVVO zuständig werden, wenn der Beklagte sich rügelos einlässt und die fehlende internationale Zuständigkeit nicht rügt.[13]

cc) Besondere Gerichtsstände

19 **(1) Besonderer Gerichtsstand des Erfüllungsortes.** Art. 5 Nr. 1 EuGVVO sieht vor: Eine Person, die ihren Wohnsitz im Hoheitsgebiet eines Mitgliedstaats hat, kann in einem anderen Mitgliedstaat verklagt werden:

---

[9] *Kropholler*, EuZPR, Art. 23 EuGVVO Rn. 4ff m. w. N.

[10] EuGH 13.8.2000 – 412/98 (Group Josi, Nr. 41 f.); 1.3.2005 – 281/02 Owusu/Jackson u. a. (Nr. 28).

[11] BGH, NJW 2001, 1731; OLG Koblenz, NJW-RR 2010, 1004; *Zöller/Geimer*, Art. 23 EuGVVO Rn. 13.

[12] 407 US 1 (1972).

[13] EuGH, RIW 2010, 468, 469; *Staudinger*, IPRax 2011, 548, 549 ff.

a) wenn ein Vertrag oder Ansprüche aus einem Vertrag den Gegenstand des Verfahrens bilden, vor dem Gericht des Ortes, an dem die Verpflichtung erfüllt worden ist oder zu erfüllen wäre;
b) im Sinne dieser Vorschrift – und sofern nichts anderes vereinbart worden ist – ist der Erfüllungsort der Verpflichtung
  – für den Verkauf beweglicher Sachen der Ort in einem Mitgliedstaat, an dem sie nach dem Vertrag erbracht worden sind oder hätten erbracht werden müssen;
  – für die Erbringung von Dienstleistungen der Ort in einem Mitgliedstaat, an dem sie nach dem Vertrag erbracht worden sind oder hätten erbracht werden müssen;
c) ist Buchstabe b) nicht anwendbar, so gilt Buchstabe a).

Die Vorschrift des Art. 5 EuGVVO eröffnet damit **fakultative Gerichtsstände** neben 20
der „Allzuständigkeit" des Wohnsitzstaates (Art. 2 Abs. 1 EuGVVO). Der Kläger kann unter den verschiedenen Gerichtsständen wählen, wobei die Gerichtsstände der Art. 5 ff. EuGVVO nur außerhalb des Wohnsitzstaates des Beklagten zum Tragen kommen.[14] Dies folgt bereits aus dem klaren Wortlaut des Art. 5 EuGVVO und ergibt sich zudem daraus, dass Art. 2 Abs. 1 EuGVVO nur die internationale Zuständigkeit des Wohnsitzstaates begründet; welches Gericht innerhalb dieses Staates örtlich zuständig ist, hat das autonome Recht des jeweiligen Wohnsitzstaates festzulegen und ergibt sich für Deutschland aus den Vorschriften der §§ 12 ff. ZPO.

Aus dem Wortlaut der Vorschrift ergibt sich, dass Art. 5 Nr. 1 lit. b EuGVVO vorrangig 21
vor Art. 5 Nr. 1 lit. a EuGVVO zu prüfen ist. Der Unionsgesetzgeber hat in Art. 5 Nr. 1 lit. b EuGVVO eine **Legaldefinition des Erfüllungsortes** in bestimmten Fallkonstellationen vorgenommen. Voraussetzung für die Anwendbarkeit des Art. 5 Nr. 1 EuGVVO ist zunächst, dass Gegenstand des Vertrages ein Warenkauf oder eine Dienstleistung ist und der Erfüllungsort in einem Mitgliedstaat liegt. Entscheidend zur Bestimmung des Erfüllungsortes ist nach Art. 5 Nr. 1 lit. b EuGVVO dann für alle vertraglichen Ansprüche einschließlich des Anspruchs auf Zahlung nur noch der Ort, an dem die Lieferung der Waren[15] oder die Dienstleistung erbracht worden ist oder hätte erbracht werden müssen. Es ist daher unerheblich, welche Forderung aus dem Vertrag geltend gemacht wird und ob es sich hierbei etwa um eine Hol-, Bring- oder Schickschuld handelt. Der in Art. 5 Nr. 1 lit. b EuGVVO enthaltene Wahlgerichtsstand erstreckt sich auf sämtliche vertraglichen Ansprüche auf der Primär- und Sekundärebene.[16]

Auch innerhalb des Regelungsbereiches der Vorschrift verbleiben aber eine Reihe weiterer Fragen:[17] So besteht in der Praxis Abgrenzungsbedarf bei Verträgen mit sowohl kaufrechtlichen Elementen als auch Dienstleistungselementen wie z. B. der Lieferung herzustellender Sachen. 22

Beispiel: In einem vom OLG Saarbrücken[18] entschiedenen Fall stellte sich die Frage, ob es sich auch bei einem unentgeltlichen Beratungsvertrag um einen Dienstleistungsvertrag i. S. d. Art. 5 Nr. 1 lit. b EuGVVO handelt. Das OLG hat weiter dazu Stellung genommen, ob Art. 5 Nr. 1 lit. a EuGVVO nur an dem Ort, an dem die Verpflichtung zu erfüllen wäre oder auch an dem Ort, an dem die Verpflichtung tatsächlich erfüllt wird, einen Gerichtsstand eröffnet:

---

[14] KG, NJW-RR 1995, 876.
[15] BGH, EuZW 2010, 756.
[16] BGH, RIW 2006, 861 ff.; *Wagner,* IPRax 2010, 143 ff.
[17] vgl. hierzu *Rauscher/Leible,* EuZPR/EuIPR, Bearbeitung 2011, Art. 5 Brüssel I-VO Rn. 46c, 50e.
[18] OLG Saarbrücken, IPrax 2013, 74 ff. mit Entscheidungsbesprechung von Hein, PRAX 2013, 54 ff.

Die Klägerin, eine GmbH mit Sitz in Deutschland, beschäftigt sich u. a. mit der Verzinkung von Stahlbaukonstruktionen für große Bauvorhaben. Hierbei werden die Stahlteile in ein Zinkbad getaucht, das unter anderem eine von der in Belgien ansässigen Beklagten, einer Aktiengesellschaft belgischen Rechts, entwickelte und produzierte Legierung enthält. Diese Legierung wurde von einer deutschen Vertriebsgesellschaft auf dem deutschen Markt vertrieben. Im Rahmen der Einführung und späteren Anwendung der Legierung war die Klägerin von einem Mitarbeiter der Beklagten unentgeltlich beraten worden, wobei zwischen den Parteien streitig war, ob es sich hierbei um einen eigenständigen Vertrag oder eine bloße Serviceleistung der Herstellerin handelte. Nachdem an mehreren mit der Legierung verzinkten Stahlelementen Risse aufgetreten waren, machte die Klägerin u. a. einen vertraglichen Anspruch wegen einer Falschberatung (Art. 5 Nr. 1 EuGVVO) geltend. Die Beklagte rügte die internationale Zuständigkeit des Landgerichts Saarbrücken, das durch Zwischenurteil festgestellt hat, dass es für die Entscheidung des Rechtsstreits „international örtlich zuständig" sei.

23 Das OLG Saarbrücken entschied, dass das Landgericht zu Recht seine internationale Zuständigkeit bejaht habe. Diese folge – soweit die Klägerin sich auf vertragliche Ansprüche wegen eines Beratungsfehlers stütze – aus Art. 5 Nr. 1 lit. a EuGVVO. Der Begriff „Vertrag oder Ansprüche aus einem Vertrag" sei nach der zugrunde zu legenden Rechtsprechung des EuGH autonom zu bestimmen (EUGH, Urteil vom 22.3.1983 – C 34/82, „Peters"). Das Gericht habe im Rahmen der Zuständigkeitsprüfung zu untersuchen, ob Tatsachen vorliegen, die möglicherweise auf einen Vertragsabschluss hindeuten. Ob dagegen ein Vertrag zustande gekommen sei, gehöre nicht mehr zur Zuständigkeitsprüfung, sondern zur Begründetheit der Klage. Gemessen an diesen Grundsätzen habe die Klägerin schlüssig einen vertraglichen Anspruch i. S. d. Art. 5 Nr. 1 lit. a EuGVVO behauptet.

24 Der Anwendungsbereich des Art. 5 Nr. 1 lit. a EuGVVO sei eröffnet, denn es liege keine der beiden in Art. 5 Nr. 1 lit. a EuGVVO genannten Vertragstypen vor. Der Beratungsvertrag in seiner konkreten Ausgestaltung sei – da die Klägerin keine Vergütung geschuldet habe – weder ein Kaufvertrag i. S. v. Art. 1 Nr. 1 lit. b, 1. Spiegelstrich EuGVVO, noch ein Dienstleistungsvertrag im Sinne von Art. 5 Nr. 1 lit. b, 2. Spiegelstrich EuGVVO. Der Begriff der Dienstleistung setze voraus, dass die Partei, die sie erbringe, eine bestimmte Tätigkeit gegen Geld ausübe (EuGH, Urteil vom 23.4.2009 – C 533/07, IPrax 2009, 509 „F.Privatstiftung").

25 Der danach hier anwendbare Art. 5 Nr. 1 lit. a EuGVVO, eröffne nicht nur an dem Ort, an dem die Verpflichtung zu erfüllen wäre (Erfüllungsort = Leistungsort) einen Gerichtsstand, sondern auch an dem Ort, an dem die Verpflichtung tatsächlich erfüllt worden sei (Ort der tatsächlichen Erfüllung). Ob dies der Erfüllungsort i. S. d. Art. 5 Nr. 1 lit. a EuGVVO sei, spiele keine Rolle. Da die Beklagte ihre Beratungsleistungen, auf deren mangelhafte Erbringung die Klägerin ihre Schadenersatzansprüche stütze, tatsächlich faktisch am Sitz der Klägerin in S. erfüllt habe, sei das Landgericht Saarbrücken international zuständig. Der Ort der tatsächlichen Erfüllung führte zu einem Gerichtsstand i. S. des Art. 5 Nr. 1 lit. a, 1. Alt. EuGVVO, der selbstständig neben dem Erfüllungsort stehe.

26 Fraglich ist weiter, wo der Erfüllungsort bei einem Versendungskauf liegt, wenn sich dieser nicht eindeutig aus Parteiabreden oder sonstigen Umständen ergibt. Hierzu wurden in Literatur und Rechtsprechung verschiedene Ansätze diskutiert.[19]

27 In der Sache Car Trim[20] hat der EuGH erstmals sowohl zu der Problematik eines Vertrages über die Lieferung herzustellender Sachen als auch zur Problematik des Erfüllungsortes bei einem Versendungskauf Stellung genommen: Ein Zuliefererbetrieb aus Chemnitz lieferte Komponenten zur Herstellung von Airbag-Systemen an eine weiterver-

[19] Vgl. BGH, NJW 2008, 3001, 3004; *Kropholler*, EuZPR, Art. 5 EuGVVO Rn. 49.
[20] EuGH, Urt. vom 25.2.2010 – Rs C – 381/08 Car Trim GmbH, NJW 2010, 1059.

arbeitende Gesellschaft in Italien. Der Zulieferer machte gegen das in Italien sitzende Unternehmen vor dem Landgericht in Chemnitz einen vertraglichen Schadenersatzanspruch geltend. Die Frage war, ob dieses Gericht international zuständig war. Die Antwort folgt aus dem EuGVVO, das grundsätzlich anwendbar war, weil es um eine Handelssache i. S. d. Art. 1 Abs. 1 EuGVVO ging. Nach Art. 2 Abs. 1 EuGVVO war der allgemeine Gerichtsstand der weiterverarbeitenden Gesellschaft in Italien, nicht in Deutschland. Dies wäre nur dann anders, wenn sich die Zuständigkeit deutscher Gerichte nach Art. 5 Abs. 1 Nr. 1 lit. a oder lit. b EuGVVO ergeben würde. Im Vertrag selbst war seinerzeit ein Lieferort nicht benannt worden. Der EuGH hat entschieden, dass Verträge über die Lieferung herzustellender oder zu erzeugender Ware auch bei bestimmten Vorgaben des Auftraggebers zu Beschaffung, Verarbeitung und Lieferung der Ware, ohne dass die Stoffe von diesem zur Verfügung gestellt wurden, und auch wenn der Lieferant für die Qualität und die Vertragsgemäßheit der Ware haftet, als „Verkauf beweglicher Sachen" im Sinne von Art. 5 Nr. 1 lit. b erster Gedankenstrich der Verordnung einzustufen sind. Soweit es die Frage des Erfüllungsortes beim Versendungskauf betrifft, hat der EuGH entschieden, dass Art. 5 Nr. 1 lit. b erster Gedankenstrich der Verordnung dahin auszulegen ist, dass bei Versendungskäufen der Ort, an dem die beweglichen Sachen nach dem Vertrag geliefert worden sind oder hätten geliefert werden müssen, auf der Grundlage der Bestimmungen des konkreten Vertrages zu bestimmen ist. Lässt sich der Lieferort auf dieser Grundlage ohne Bezugnahme auf das auf den Vertag anwendbare materielle Recht nicht bestimmen, ist dieser Ort derjenige der körperlichen Übergabe der Waren, durch die der Käufer am endgültigen Bestimmungsort des Verkaufsvorgangs die tatsächliche Verfügungsgewalt über die Waren erlangt hat oder hätte erlangen müssen. Der Lieferort war daher derjenige, an dem die Zuliefererkomponenten übergeben wurden; das war am Sitz in Italien. Also war Italien Erfüllungsort. Da auch weitere Regelungen, aus denen sich eine Zuständigkeit in Chemnitz hätte ergeben können, nicht ersichtlich waren, war das Landgericht Chemnitz insoweit **international unzuständig.**

(2) Besonderer Gerichtsstand am Ort der unerlaubten Handlung.

Art. 5 Nr. 3 der EuGVVO sieht vor: 28

„Eine Person, die ihren Wohnsitz im Hoheitsgebiet eines Mitgliedstaats hat, kann in einem anderen Mitgliedstaat verklagt werden:

wenn eine unerlaubte Handlung oder eine Handlung, die einer unerlaubten Handlung gleichgestellt ist, oder wenn Ansprüche aus einer solchen Handlung den Gegenstand des Verfahrens bilden, vor dem Gericht des Ortes, an dem das schädigende Ereignis eingetreten ist oder einzutreten droht;".

Art. 5 Nr. 3 EuGVVO ist nicht beschränkt auf schuldhafte Verstöße, vielmehr unterfallen der Vorschrift auch sog. Quasidelikte unter Einschluss der Gefährdungs- und Halterhaftung.[21] Neben den unerlaubten Handlungen hebt Art. 5 Nr. 3 EuGVVO ausdrücklich die Handlungen hervor, die einer unerlaubten Handlung gleichgestellt sind, wie z. B. **Schäden auf Grund fehlerhafter Produkte.**[22] 29

In diesem Gerichtsstand sind alle Klagen zulässig, mit denen eine Schadenshaftung geltend gemacht wird, die nicht an einen Vertrag i. S. d. Art. 5 Nr. 1 EuGVVO anknüpft.[23] 30

[21] *MüKo/Gottwald*, Internationales Zivilprozessrecht, Rn. 57; *Zöller/Geimer*, Anh. I, Art. 5 Rn. 22.

[22] *Magnus/Mankowski*, Brussels Regulation, Rn. 200; *Geimer/Schütze*, EuZVR A1 – Art. 5 EuGVVO Rn. 211.

[23] EuGH vom 25.10.2011 – Rs C-509/09 – AfP 2011, 565 Tz. 38 – eDate Advertising; zu Art. 5 Nr. 3 EuGVÜ:EuGH vom 1.10.2002 – Rs C -167/00- NJW 2002, 3617 Tz. 36 – Henkel, vgl. auch BGH, Az. VI ZR 217/08 VersR 2012,994.

31 Zwar scheint die Vorschrift des Art. 5 Nr. 3 EuGVVO ihrem Wortlaut nach nur die Möglichkeit der Klageerhebung am **Erfolgsort** einzuräumen. Nach ständiger Rechtsprechung des EuGH und einhelliger Auffassung im Schrifttum steht dem Kläger aber, was vor allem bei Distanzdelikten (Auseinanderfallen von Handlungs- und Erfolgsort) von Bedeutung ist, das **Wahlrecht** zu, ob er am Erfolgs- oder am **Handlungsort** prozessiert („Ubiquitätsprinzip").[24]

32 Das entspricht der ständigen Rechtsprechung des EuGH:

Beispiel:[25] Zuid Chemie BV mit Sitz in den Niederlanden stellt Kunstdünger her und kaufte im Juli 2009 bei HCI BV, ebenfalls mit Sitz in den Niederlanden einen zur Herstellung von Kunstdünger benötigten Stoff „Micromix". HCI ihrerseits bestellte den Stoff bei dem in Belgien (Essen) ansässigen Unternehmen Philippo´s. Philippo´s stellte sodann Micromix in Belgien her, wo Zuid Chemie es abholte. Wegen Verunreinigungen des Stoffes war der damit hergestellte Kunstdünger nicht bzw. nur eingeschränkt verwendbar, wodurch Zuid Chemie nach ihren Angaben ein Schaden entstand. Zuid Chemie erhob Schadenersatzklage in den Niederlanden gegen Philippo´s. Die Rechtsbank Middelburg erklärte sich für unzuständig, weil Ort des Schadeneintritts Essen sei, da dort das verunreinigte Erzeugnis an Zuid Chemie ausgeliefert worden sei. Insoweit bestätigte das Berufungsgericht in Den Haag die Entscheidung, weil von keiner Partei bestritten wurde, dass Essen der Ort des den Schaden verursachenden Ereignisses (Handlungsort) sei, da Micromix dort hergestellt worden war. Wegen der Auslegung der Wendung „Ort, an dem das schädigende Ereignis eingetreten ist" , nämlich der Frage, ob Art. 5 Abs. 3 EuGVVO dahin auszulegen sei, da der (Erfolgs-)Ort, an dem das schädigende Ereignis eingetreten sei, der Ort der Lieferung des fehlerhaften Erzeugnisses an den Käufer sei, oder ob die Vorschrift auf den Ort Bezug nehme, an dem der ursprüngliche Schaden beim gewöhnlichen Gebrauch des Erzeugnisses für seinen bestimmungsgemäßen Zweck eingetreten sei, legte der „Hooge Raad der Nederlanden" das Verfahren dem EuGH vor. Der EuGH entschied, dass Art. 5 Nr. 3 EuGVVO dahin auszulegen sei, dass der „Ort, an dem das schädigende Ereignis eingetreten sei", der Ort sei, an dem der ursprüngliche Schaden beim gewöhnlichen Gebrauch des Erzeugnisses für seinen bestimmungsgemäßen Zweck eingetreten sei.

33 **Lösung:** Der Handlungsort führte – aufgrund des unstreitigen Sachvortrags der Parteien – nicht zu einem niederländischen Gerichtsstand, da Handlungsort – unstreitig – die Fabrik von Philippo´s in Belgien war. Da aber der Schaden erst durch die Verwendung des verunreinigten Kunstdüngers in den Niederlanden entstanden ist, ist Erfolgsort die Fabrik von Zuid Chemie in den Niederlanden. Zuid Chemie kann zwischen den Gerichtsständen in Belgien (Handlungsort) und den Niederlanden (Erfolgsort) wählen.

34 Nach diesem Wahlrecht müsste z. B. bei Pressedelikten die internationale Zuständigkeit der Gerichte sämtlicher (Mitglied-)Staaten, in denen das Persönlichkeitsrecht des Geschädigten durch bestimmungsgemäße Verbreitung des Presseartikels verletzt worden ist, gegeben sein.

35 Der EuGH entschied in dem Rechtsstreit **Shevill/Presse Alliance S. A.,**[26] dass der Geschädigte eine Schadenersatzklage wegen Ehrverletzungen durch einen Presseartikel sowohl bei den Gerichten des Verlagsortes als auch bei den Gerichten der Staaten, in denen der Presseartikel verbreitet worden ist, geltend machen kann.

36 Um der Gefahr des sog. forum shopping entgegenzutreten, hat der EuGH in der Entscheidung Shevill/Presse Alliance S. A. weiter ausgeführt, dass das angerufene Erfolgs-

---

[24] EuGH, NJW 2009, 3501; EuGH, RIW 1977, 356; *von Hein,* IPRax 2010, 330 ff.; *Zöller/Geimer,* Anh. I Art. 5 Rn. 26.

[25] EuGH, NJW 2009, 3501 – Rs. C – 189/08.

[26] EuGHE, 1995, I-415 Rn. 30–33.

ortgericht nur für diejenigen Schadenfolgen zuständig ist, die auf dem Territorium seines Staates eingetreten sind, („Mosaiktheorie“).[27] An dieser sogenannten Shevill-Doktrin hat der EuGH festgehalten.[28] Zwar gesteht der EuGH dem Geschädigten nunmehr additiv zu, den gesamten Schaden sowohl am allgemeinen Gerichtsstand des Art. 2 Abs. 1 EuGVVO bzw. dem Handlungsort gem. Art. 5 Nr. 3 EuGVVO als auch an seinem Lebensmittelpunkt geltend zu machen. Die weiteren Erfolgsorte berechtigen den Geschädigten aber nach der Rechtsprechung des EuGH weiterhin, allein anteilig Schadenersatz einzuklagen.

Diese „Mosaikbeurteilung“ durch den EuGH wird in der Literatur kritisch gesehen.[29] 37
Es wird als unlogisch kritisiert, dass der Kläger am Handlungsort den gesamten Schaden geltend machen kann, am Erfolgsort aber nur den jeweils territorial dort entstandenen Schaden.[30] Der BGH hat jedoch eine erneute Vorlage an den EuGH in einer jüngeren Entscheidung abgelehnt.[31]

Der Handlungsort des Art. 5 Nr. 3 EuGVVO ist überall da, wo der Täter bzw. ein 38
Mittäter eine auf die Tatbestandsverwirklichung gerichtete Tätigkeit vorgenommen hat[32]. Allerdings hat der Oberste Gerichtshof Österreichs mit Beschluss vom 28.11.2012[33] den EuGH um Auslegung von Art. 5 Nr. 3 EuGVVO ersucht und die Frage zur Vorabentscheidung vorgelegt, ob Handlungsort, d. h. der Ort des den Schaden verursachenden Ereignisses der a) Ort des Herstellersitzes, b) der Ort des Inverkehrbringens des Produktes oder c) der Ort des Erwerbs des Produktes durch den Benutzer ist.

dd) Allgemeiner Gerichtsstand

Für den Fall, dass keine der vorgenannten Zuständigkeitsregelungen eingreift, bestimmt 39
sich die internationale Zuständigkeit gemäß Art. 2 Abs. 1 EuGVVO nach dem Wohnsitz der beklagten Partei, der nach dem nationalen Recht festzustellen ist, Art. 59 EuGVVO. Für juristische Personen gilt Art. 60 EuGVVO (s. o.).

ee) Mehrere Gerichtsstände

Aus den Regelungen zur Zuständigkeit ergibt sich, dass – sofern nicht ein Fall der 40
ausschließlichen Zuständigkeit gegeben ist – in einem Fall mehrere Gerichte in verschiedenen Ländern für die Entscheidung eines Rechtstreits zuständig sein können.

Beispiel: A aus Aachen hat mit B aus Belgien einen Vertrag über die Lieferung von 41
Kinderspielzeug geschlossen, das von B an den Wohnsitz des A geliefert werden soll. Wenn B seine Lieferpflichten nicht erfüllt, kann A wahlweise Klage am Wohnsitz des B in Belgien, Art. 2 Abs. 1 EuGVVO oder nach Art. 5 Nr. 1 EuGVVO, am Erfüllungsort in Aachen erheben.

Diese Wahl eines von mehreren international zuständigen Gerichten bezeichnet man als 42
„forum shopping“. Die Diskussion hierüber hat mit der Tendenz, Klagen vor US-amerikanischen Gerichten zu führen, u. a. deshalb, weil dort unter bestimmten Voraussetzungen, nämlich bei sog. missbilligendem Verhalten des Unternehmers, über den kompensatorischen Schadenersatz hinaus, die Bestrafung des Verursachers („punitive damages“[34]) mög-

[27] EuGHE, 1995, I-415 Rn. 30–33.

[28] EuGH, RS 2011, 81548, Rn. 48 ff.; Vorlageentscheidung: BGH, NJW GRUR Int 2010, 425; BGH, NJW 2010, 1752 mit Anm. *Staudinger;* BGH, NJW 2011, 2059 mit Anm. *Brand.*

[29] *Kreuzer/Klötgen,* IPRax 1996, 90, 94; *Geimer/Schütze,* EuZVR A1 – Art. 5 EuGVVO Rn. 222 ff.

[30] *Kreuzer/Klötgen,* IPRax 1996, 90, 94 m. w. N.

[31] BGH, NJW 2005, 581, 583.

[32] BGH MDR 2010, 1132, BGH, MMR 2010, 582; Zöller/Geimer, Art. 5 EuGVVO Rn. 26.

[33] OGH, PHi 2013,10.

[34] Vgl. hierzu auch die Ausführungen sub § 6 V 1 c) bb) Rn. 768 ff.

lich ist, zugenommen.[35] Dabei ist jedoch die Wahl unter mehreren international zuständigen Gerichten für den Kläger günstigsten Forums grundsätzlich nicht zu beanstanden.[36]

ff) Keine internationale Zuständigkeit in EU-Staaten nach der „forum non conveniens" Lehre

43 Anders als die angloamerikanischen Gerichte, die ihre Zuständigkeit verweigern können, wenn ein anderes Gericht besser geeignet scheint (forum non conveniens),[37] müssen die EU-Staaten das Zuständigkeitssystem annehmen. Dies hat der EuGH[38] in einem noch zum EuGVÜ ergangenen Urteil, das aber auch für die EuGVVO gilt,[39] festgestellt:

44 **Beispiel:** Im Fall Owusu ./. Jackson u. a. hatte der aus Großbritannien stammende Kläger während eines Ferienaufenthalts in Jamaika einen schweren (Bade-)Unfall erlitten und in Großbritannien eine u. a. auf Vertragsverletzung gestützte Schadenersatzklage gegen den ebenfalls in Großbritannien ansässigen Vermieter eines Ferienhauses in Jamaika mit angeschlossenem Privatstrand erhoben. Der EuGH hat entschieden, dass es einem Gericht eines Vertragsstaats verwehrt sei, seine Zuständigkeit mit der Begründung zu verneinen, dass ein Gericht eines Nichtvertragsstaats geeigneter sei, um über den betreffenden Rechtsstreit zu befinden. Es sei daher rechtsfehlerhaft, dass das englische Gericht entsprechend der ihm nach nationalem Recht eingeräumten Möglichkeit aufgrund der vom Beklagten erhobenen Einrede des „forum non conveniens" auf die Ausübung seiner Zuständigkeit verzichtet habe. Die Beachtung des Grundsatzes der Rechtssicherheit wäre nicht in vollem Umfang gewährleistet, wenn einem nach dem EuGVÜ zuständigen Gericht das Recht zugestanden werden müsste, die Einrede des „forum non conveniens" anzuwenden.

gg) Internationale Zuständigkeit deutscher Gerichte nach der ZPO

45 Die internationale Zuständigkeit deutscher Gerichte kann sich außerhalb des Geltungsbereichs der EuGVVO aus der ZPO ergeben.[40]

Beispiel:[41] Der Beklagte, der seinen Wohnsitz in Monaco hat, hatte die Klägerin, deren Sitz Hamburg ist, erfolgreich auf Zahlung einer Lizenzgebühr von 60.000,00 EUR in zwei Instanzen verklagt. Daraufhin zahlte die Klägerin. Nachdem der BGH das Berufungsurteil aufgehoben hatte, weigerte sich der Beklagte, die Lizenzgebühr zurückzuzahlen. Die von der Klägerin erhobene Klage auf Rückzahlung der Lizenzgebühr wurde vom Oberlandesgericht, das sich als international unzuständig ansah, als unzulässig abgewiesen. Der BGH hat das Urteil aufgehoben und die Berufung des Beklagten mit der Begründung zurückgewiesen, die internationale Zuständigkeit ergebe sich nicht aus der EuGVVO, weil das Fürstentum Monaco nicht Mitglied der Europäischen Union sei. Die Vorschriften der ZPO über die örtliche Zuständigkeit (§ 12 ff. ZPO) würden aber mittelbar auch die Abgrenzung zwischen der Zuständigkeit deutscher und ausländischer Gerichte regeln. Soweit danach ein deutsches Gericht örtlich zuständig sei, sei es im Verhältnis zu den ausländischen Gerichten auch international zuständig. Das sei bei dem streitgegenständli-

---

[35] *Zöller/Geimer,* IZPR Rn. 58.

[36] *Zöller/Geimer,* IZPR Rn. 58 ff.

[37] Vgl. Piper ./. Reyno, 454 US 235 (1981); *Schack,* Einf. in das US-amerikanische Zivilprozessrecht, 33 ff.

[38] EuGH, Urt. vom 1.3.2005 – Rs. C – 281/02.

[39] *Gildeggen/Willburger,* Internationale Handelsgeschäfte, 281.

[40] BGHZ 44, 46 ff.; BGHZ 132, 105, 107; BGHZ 134, 116, 117; BGH, WM 1999, 226; BGH, RIW 2010, 326.

[41] BGH, RIW 2011, 548.

chen Anspruch Hamburg, weil ein Anspruch aus unerlaubter Handlung gem. § 32 ZPO geltend gemacht werde und der Tatort im Inland liege.

2. Luganer Übereinkommen vom 30.10.2007 (LugÜ-II)

Am 16.9.1988 ist in Lugano ein Übereinkommen über die gerichtliche Zuständigkeit und die Vollstreckung gerichtlicher Entscheidungen in Zivil- und Handelssachen geschlossen worden. Dieses Übereinkommen ist für Deutschland am 1.3.1995 in Kraft getreten.[42] Vertragsparteien des LugÜ-I waren in erster Linie Staaten, die Mitglieder der Europäischen Gemeinschaften oder der Europäischen Freihandelsassoziation (EFTA) sind, Art. 60a und b. Nach Maßgabe von Art. 62 Abs. 1b können jedoch auch andere Staaten zum Beitritt geladen werden. Mit Wirkung zum 1.2.2000 ist Polen beigetreten. 46

Auch nach Inkrafttreten der Verordnung (EG) Nr. 44/2001 waren sich die Vertragsstaaten des Lugano-Übereinkommens nach wie vor über eine bereits seit Dezember 1997 geplante Revision des Lugano Übereinkommens einig, um die Parallelität mit der Verordnung (EG) Nr. 44/2001 herzustellen. Am 30.10.2007 haben die Europäische Gemeinschaft und Island, Norwegen sowie die Schweiz das Übereinkommen gezeichnet. Das neue Lugano Übereinkommen stimmt mit wenigen Ausnahmen inhaltlich in seinen Artikeln 1 bis 62 fast wortgleich mit der Verordnung (EG) Nr. 44/2001 überein. 47

Das neue Übereinkommen vom 30.10.2007 ersetzt nach Maßgabe von Art. 69 VI LugÜ-II das LugÜ-I. Es ist für die Europäische Gemeinschaft (ohne Dänemark) am 1.1.2010 in Kraft getreten und gilt weiterhin für und im Verhältnis zur Schweiz, zu Island und Norwegen. Nach Art. 70 Abs. 1 lit. c, Art. 69 Abs. 7 LugÜ-II können dem Übereinkommen auch außereuropäische Staaten beitreten. Dies ist bisher nicht geschehen.[43] 48

Die Gerichte der Nicht-EU-Vertragsstaaten wenden nur das LugÜ-II an. Die Gerichte der EU-Mitgliedstaaten wenden im Verhältnis zu den Mitgliedstaaten die EuGVVO (Art. 1 Abs. 3 EuGVVO), im Übrigen das LugÜ-II (Art. 63 LugÜ-II). Für deutsche Gerichte ist das LugÜ-II derzeit bedeutsam im Verhältnis zu Island, Norwegen und der Schweiz.[44] 49

3. Übereinkommen der Europäischen Gemeinschaft über die gerichtliche Zuständigkeit und die Vollstreckung gerichtlicher Entscheidungen in Zivil- und Handelssachen vom 27.9.1968

Vor Inkrafttreten der Verordnung Nr. 44/2001 war das Brüsseler EWG – Übereinkommen über die gerichtliche Zuständigkeit und Vollstreckung in Handelssachen von 1968 **(EuGVÜ)** als völkerrechtlicher Vertrag der EG die maßgebliche Rechtsquelle für die Bestimmung der internationalen Zuständigkeit innerhalb der EU. Das EuGVÜ hat jedoch heute nur noch einen sehr beschränkten Anwendungsbereich. Der Anwendungsbereich des EuGVÜ beschränkt sich heute auf wenige überseeische Gebiete (Art. 68 Abs. 1 EuGVVO). Die Übergangsvorschrift für das Verhältnis von EuGVÜ und EuGVVO enthält Art. 66 EuGVVO. 50

---

[42] BGBl 1995 II, 221; vgl. dazu den Bericht von *Jenard u. Möller*, BT-Drs. 12/6836, 54 und zum Anwendungsbereich *Wagner*, ZIP 1994, 81.

[43] *Kropholler/v.Hein*, EuGVO, Einl. Rn. 83.

[44] *Zöller/Geimer*, Anh. I EuGVVO Rn. 18.

II. Internationales Schuldvertragsrecht

51 Das IPR bestimmt die maßgebende Privatrechtsordnung bei Sachverhalten mit Auslandsberührung, sei es, dass eine der Parteien ihren (Wohn-)Sitz im Ausland hat, oder ein Schaden im Ausland eingetreten ist. Um einen typischen Fall handelt es sich, wenn der Beklagte, der Hersteller, Zulieferer, Importeur etc. eines Produktes ist, und der Geschädigte in verschiedenen Staaten ihren Sitz haben. Bei der Frage nach der anwendbaren Rechtsordnung ist danach zu unterscheiden, ob vertragliche oder deliktische Ansprüche geltend gemacht werden.

52 Nach Art. 3 EGBGB bestimmt sich das anzuwendende Recht bei Sachverhalten mit einer Verbindung zu einem ausländischen Staat nach den Vorschriften des **EGBGB.** Diese Vorschriften gelten aber nur dann, wenn europäische Verordnungen oder völkervertragliche Anknüpfungsregeln nicht einschlägig sind.

1. Das UN-Kaufrecht (CISG)

53 Bei Sachverhalten mit Auslandsbezug ist vorrangig das Wiener Übereinkommen der Vereinten Nationen vom 11.4.1980 über Verträge über den internationalen Warenkauf (**UN-Kaufrecht** bzw. **CISG**) als international vereinheitlichtes Sachrecht zu prüfen.[45] Es ist nach Stand vom 30.4.2012 von insgesamt 78 Staaten ratifiziert bzw. angenommen worden. Das für die Wirksamkeit in Deutschland erforderliche Zustimmungsgesetz ist seit dem 1.1.1991 in Kraft.[46] Ist das CISG anwendbar, bedarf es im Rahmen seines Anwendungsbereichs keiner kollisionsrechtlichen Prüfung mehr. Die Gerichte der Vertragsstaaten haben das UN-Kaufrecht grundsätzlich von Amts wegen anzuwenden.

54 Das UN-Kaufrecht gilt unmittelbar für erkennbar internationale Warenkaufverträge und Werklieferungsverträge, wenn diese einen Kontakt zu mindestens einem der Vertragsstaaten haben, Art. 1 Abs. 1 und 2, Art. 3 Abs. 1 CISG. Ausdrücklich ausgenommen sind dabei Käufe für den persönlichen Gebrauch, Art. 2 lit. a CISG.

55 Die Vertragshaftung nach dem CISG setzt kein Verschulden voraus, allerdings regeln die Vorschriften der Art. 79, 80 CISG bestimmte Befreiungsgründe.

56 Den Parteien bleibt es unbenommen, das CISG inhaltlich abzuändern oder seine Geltung vertraglich auszuschließen, Art. 6 CISG. Voraussetzung hierfür ist allerdings eine entsprechende Einigung des Käufers mit dem Verkäufer. Der Widerspruch einer Partei gegen die Anwendbarkeit des CISG reicht hierfür nicht aus.[47] Können sich die Vertragsparteien nicht auf das anzuwendende Recht einigen, fehlt es i. d. R. ebenfalls an einer Einigung über den Ausschluss des CISG.[48] Die Frage, ob sich die Parteien über einen Ausschluss des ISG geeinigt haben, ist nach den Regeln von Teil II des CISG über den Abschluss des Vertrages und nicht nach dem von den Parteien bestimmten oder aufgrund IPR berufenen Recht.[49] Ausschlussklauseln in AGB wirken nur, wenn die AGB Vertrags-

---

[45] Vgl. dazu die Ausführungen sub § 3 I 7 b. Rn. 131.

[46] Vgl. dazu das VertragsG vom 5.7.1989, BGBl. 1989 II, 586 (geändert durch das Schuldrechtsmodernisierungsgesetz vom 26.11.2001, BGBl. I, 3138).

[47] *Piltz,* Neue Entwicklungen im UN-Kaufrecht, NJW 2011, 2261, 2262; *Ferrari,* Zum vertraglichen Ausschluss des UN-Kaufrechts, ZEuP 2002, 737 ff.; *Stürner,* Die Qual der (Ab-)wahl: der Ausschluss des UN-Kaufrechts aus der Sicht des deutschen Importeurs, BB 2006, 2029.

[48] *Piltz,* NJW 2011, 2261, 2262 m. w. N.

[49] *Ferrari/Saenger,* Int. VertragsR Art. 6 CISG Rn. 2 m. w. N.

inhalt werden. Ob das der Fall ist, ist wiederum – ungeachtet der Ausschlussklausel – nach dem CISG zu beurteilen.[50]

57 Das CISG regelt grundsätzlich den Vertragsschluss (Art. 14–24 CISG) und die sich aus dem Vertrag ergebenden Rechte und Pflichten. Dabei unterscheidet das CISG nicht zwischen verschiedenen Leistungsstörungen, wie Unmöglichkeit, Verzug und/oder pVV. Stattdessen ist in Art. 25 CISG der einheitliche Leistungsstörungstatbestand der „wesentlichen Vertragsverletzung" enthalten. Die Rechte des Käufers sind in den Artt. 45 ff. CISG; die des Verkäufers in den Artt. 61 ff. CISG aufgeführt.

58 Das CISG umfasst aber nicht alle Fragen, die im Zusammenhang mit dem Vertrag entstehen. So regelt das CISG ausdrücklich nicht die Gültigkeit des Vertrages oder einzelner Vertragsbestimmungen oder die Gültigkeit von Gebräuchen und die Wirkungen, die der Vertrag auf das Eigentum an der verkauften Ware haben kann, Art. 4 Satz 2 CISG. Diese sog. externen Lücken sind nach dem (Vertrags- oder Delikts-)Statut zu entscheiden, das durch das IPR der lex fori ermittelt wurde.[51] Sog. interne Lücken, die den Vertrag selbst betreffen, sind gemäß Art. 7 Abs. 2 CISG primär nach den Grundsätzen, die dem CISG zugrunde liegen, zu füllen und ansonsten nach dem Vertragsstatut, das nach den Kollisionsnormen der lex fori, in Deutschland also nach den Artt. 3 ff. ROM I-VO, zu ermitteln ist.[52]

59 Nach Art. 5 CISG findet das CISG keine Anwendung auf die Haftung des Verkäufers für den durch die Ware verursachten Tod oder die Körperverletzung einer Person.[53] Durch diese Regelung wird die Produkthaftung – zum Teil – nämlich in Bezug auf **Personenschäden** vom Anwendungsbereich des CISG ausdrücklich ausgegrenzt.[54] Für vertragliche Ansprüche im Bereich von Personenschäden gelten die auf Grund nationalen Kollisionsrechts bestimmten Vorschriften.[55] In Deutschland entscheidet dabei das nach dem Vertragsstatut gem. Artt. 3, 4 ROM I-VO über das für vertragliche Schadenersatzansprüche anwendbare Recht.[56] Auf die deliktische Produkthaftpflicht finden besondere Staatsverträge bzw. die europäischen und nationalen Kollisionsnormen Anwendung. Insoweit ist daher an Artt. 4 – 9 ROM II-VO anzuknüpfen, wonach das Recht des Erfolgsortes anwendbar ist.[57]

60 Art. 5 CISG schließt hingegen nicht die Haftung für sonstige Sach- und Vermögensschäden aus, so dass sich die vertragliche Haftung für **Sachschäden** aus einem Vertrag, der vom Regelungsbereich des CISG erfasst ist, ausschließlich nach den Vorschriften des CISG richtet und insoweit ein Rückgriff auf vertragliche Ansprüche des nationalen Produkthaftungsrechts ausgeschlossen ist.[58]

61 Umstritten ist die Frage, ob neben den Vorschriften des CISG eine Produkthaftung nach nationalem Deliktsrecht in Betracht kommt, wenn eine kollisionsrechtlich berufene

[50] BGH, IHR 2002, 14 = CISG-online Nr. 617; *Ferrari/Saenger,* Art. 6 Rn. 2; *Piltz,* NJW 2011, 2261, 2262 m. w. N; Kantonsgericht St.Gallen, CISG-online Nr. 2159; anders Rechtbank Rotterdam, Urt. vom 13.10.2010, CISG Niederlande.

[51] MüKo/*Westermann,* Art. 7 CISG Rn. 13.

[52] MüKo/*Westermann,* Art. 7 CISG Rn. 12.

[53] Vgl. dazu *Ferrari/Saenger,* Art. 1 CISG Rn. 1; Art. 5 Rn. 1 und 2 ff.; *Herber,* Mangelfolgeschäden nach dem CISG und nationales Deliktsrecht, IHR 2001, 187; *ders.*, UN-Kaufrechtsübereinkommen und Produkthaftung – Verjährung, MDR 1993, 105; *Kuhlen,* Produkthaftung im internationalen Kaufrecht, 1997, 1 ff.; *Otto,* MDR 1992, 533ff; *ders.*, MDR 1993, 306.

[54] *Ferrari/Saenger,* Art. 5 CISG Rn. 1; Staudinger/*Magnus* begründen dies mit der rechtspolitischen Erwägung der bereits vorhandenen nationalen Produkthaftungsregelungen, Art. 29 Rn. 2.

[55] MüKo/*Westermann,* Art. 29 CISG Rn. 1; Staudinger/*Magnus,* Art. 29 Rn. 2.

[56] *Ferrari/Saenger,* Art. 5 CISG Rn. 2.

[57] *Ferrari/Saenger,* Art. 5 CISG Rn. 2; Palandt/*Thorn,* Art. 4 ROM II-VO Rn. 1.

[58] *Ferrari/Saenger,* Art. 5 CISG Rn. 4.

Rechtsordnung ihre Produkthaftung auf das Deliktsrecht stützt. Teilweise wird jeder Rückgriff auf konkurrierende deliktische Ansprüche einer nationalen Rechtsordnung ausgeschlossen. Zur Begründung wird auf das durch das Einheitskaufrecht verfolgte Ziel der Rechtsvereinheitlichung verwiesen, dem eine konkurrierende Anwendbarkeit nationalen Deliktsrechts zuwider laufe.[59] Nach anderer Ansicht bleibt die deliktsrechtliche Produzentenhaftung neben dem CISG anwendbar.[60] Dieser Ansicht ist zu folgen. Zu Recht wird darauf hingewiesen, dass beiden Rechtsgebieten unterschiedliche Wertungen zugrunde liegen, die zu unterschiedlichen Ergebnissen führen. Darüber hinaus wäre der Geschädigte bei einem nach Art. 6 CISG wirksam vereinbarten Haftungsausschluss schutzlos, wenn daneben eine deliktische Haftung ausgeschlossen wäre.[61]

2. Die ROM I-VO

62 Die „Verordnung (EG) Nr. 593/2008 des Europäischen Parlaments und des Rates über das auf vertragliche Schuldverhältnisse anzuwendende Recht", Kurzbezeichnung ROM I-Verordnung, vom 17.6.2008 ist eine Verordnung, die das Internationale Privatrecht der Europäischen Union im Bereich vertraglicher Schuldverhältnisse regelt. Sie trat am 17.12.2009 in Kraft und löste das Europäische „Übereinkommen über das auf vertragliche Schuldverhältnisse anzuwendende Recht" (EVÜ) ab, welches in Deutschland durch die gleichzeitig mit Wirkung ab 17.12.2009 aufgehobenen Artt. 27 bis 37 EGBGB umgesetzt war. Soweit UN-Kaufrecht oder internationale Konventionen nicht anwendbar sind, bestimmen die Artt. 3 ff. ROM I-VO als Kollisionsnormen, welches Recht auf Verträge mit Auslandsberührung Anwendung finden soll.

a) Anwendungsbereich der ROM I-VO

aa) Zeitlicher Anwendungsbereich

63 Zeitlich ist die ROM I-VO auf alle Verträge anwendbar, die nach dem 17.12.2009 geschlossen worden sind (Art. 28 ROM I-VO). Für Altfälle, die nicht dem zeitlichen Geltungsbereich der ROM I-VO unterfallen, stellt man weiterhin auf die Art. 27 ff. EGBGB a. F. ab.[62]

bb) Territorialer Anwendungsbereich

64 Das anwendbare materielle Vertragsrecht wird in sämtlichen Mitgliedstaaten der EU – mit Ausnahme Dänemarks – über die ROM I-VO bestimmt, Art. 1 Abs. 4, 24 ROM I-VO. Irland und das Vereinigte Königreich Großbritannien und Nordirland haben von ihrer Möglichkeit Gebrauch gemacht, sich an der ROM I-VO zu beteiligen.

65 Gemäß Art. 2 ROM I-VO beansprucht die Verordnung zudem „universelle Anwendung", d. h. das Recht, auf das verwiesen wird, muss nicht dasjenige eines Mitgliedstaates sein. Wegen ihrer Ausgestaltung als „loi uniforme"[63] kann die Anknüpfung dazu führen, dass drittstaatliches Recht zugrunde zu legen ist.

---

[59] *Herber,* MDR 1993, 105 ff.; *Otto,* MDR 1992, 533, 537.

[60] BGH, IPRax 1996, 124; OLG München, RIW 1996, 955, 956; *Ferrari/Saenger,* Art. 5 CISG Rn. 5 ff. m. w. N.

[61] Vgl. hierzu ausführlich *Ferrari/Saenger,* Art. 5 CISG Rn. 5 ff.

[62] MüKo/*Martiny,* Art. 29 ROM I-VO Rn. 4.

[63] MüKo/*Martiny,* Art. 2 ROM I-VO Rn. 1.

cc) Sachlicher Anwendungsbereich

Die ROM I-VO gilt nach Art. 1 Abs. 1 ROM I-VO für vertragliche Schuldverhältnisse in Zivil- und Handelssachen, die eine Verbindung zum Recht verschiedener Staaten aufweisen. Sie gilt nach Art. 1 Abs. 1 Satz 2 ROM I-VO insbesondere nicht für Steuer- und Zollsachen sowie verwaltungsrechtliche Angelegenheiten. In Art. 1 Abs. 2 lit. a–j ROM I-VO sind weitere Bereiche aufgeführt, die vom Anwendungsbereich der ROM I-VO ausgenommen sind. Hervorzuheben ist hier, dass Schuldverhältnisse aus Verschulden bei Vertragsverhandlungen (c. i. c.) nicht vertraglich, sondern deliktisch eingestuft werden, Art. 1 Abs. 2 lit. i) ROM I-VO, Art. 2 Abs. 1 ROM II-VO. 66

b) Anknüpfungsregeln der ROM I-VO und Prüfungsreihenfolge

aa) Vorrangig Rechtswahl (Art. 3 ROM I-VO)

Die Parteien können durch ausdrückliche oder konkludente Vereinbarung (vgl. Art. 3 Abs. 1 Satz 2 ROM I-VO) bestimmen, welches Recht auf den Vertrag oder Teile des Vertrags angewendet werden soll (**Grundsatz der Privatautonomie,** vgl. auch Erwägungsgrund 11 ROM I-VO). Erfolgt die Vereinbarung nicht ausdrücklich, so muss sie sich mit hinreichender Sicherheit aus dem Vertrag oder aus anderen Umständen ergeben. Dabei sind die Parteien nicht gezwungen, bereits bei Vertragsschluss unmittelbar das anwendbare Recht zu vereinbaren. Haben sie eine Rechtswahl getroffen, so ist es ihnen unbenommen, diese später zu ändern. Eine nachträgliche Rechtswahl führt gemäß Art. 3 Abs. 2 ROM I-VO zum Statutenwechsel. Strittig ist, ob die nachträgliche Rechtswahl mit Wirkung ex tunc oder ex nunc erfolgt, wenn die Parteien dies nicht geregelt haben.[64] Ein Teil des Schrifttums[65] und die Rechtsprechung[66] nehmen an, es gelte eine Vermutung für eine Wirkung ex nunc. Ich halte jedoch eine Wirkung ex tunc für zutreffend.[67] Denn dadurch wird ein unerwünschtes Ergebnis vermieden, nämlich, dass der Vertrag verschiedenen Rechtsordnungen unterliegt.[68] 67

- Grenzen der Rechtswahl ergeben sich aus den Vorschriften der Art. 3 Abs. 3, 4 ROM I-VO, Art. 6 Abs. 2 Satz 2 ROM I-VO, Art. 8 Abs. 1 Satz 2 ROM I-VO und Art. 9 ROM I-VO.
- Art. 3 Abs. 3 ROM I-VO beschränkt die Rechtswahl, soweit – von der Rechtswahlklausel abgesehen – keine Auslandsbeziehungen zwischen den Vertragsparteien bestehen. Zwar ist eine Rechtswahl in solchen Fällen nicht ausgeschlossen, kann jedoch die zwingenden Bestimmungen des Staates, zu dem der Vertrag allein Beziehungen aufweist, nicht berühren.
- Art. 3 Abs. 4 ROM I-VO sieht vor, dass die Wahl des Rechts eines Drittstaates durch die Parteien nicht die Anwendung der Bestimmungen des Gemeinschaftsrechts, von denen nicht durch Vereinbarung abgewichen werden kann, berührt.
- Gemäß Art. 6 Abs. 2 Satz 2 ROM I-VO darf die Rechtswahl nicht dazu führen, dass zu Lasten eines Verbrauchers von zwingendem Recht des Staates abgewichen wird, in dem der Verbraucher seinen Sitz hat.
- Gemäß Art. 8 Abs. 1 Satz 2 ROM I-VO kann die Rechtswahl nicht zu Lasten eines Arbeitnehmers zur Folge haben, dass dem Arbeitnehmer der Schutz entzogen wird, der

---

[64] *Ferrari/Saenger,* Art. 3 ROM I-VO Rn. 45.
[65] *Lorenz,* IPRax 1987, 269, 273.
[66] OLG Frankfurt, IPRax 1992, 314, 317.
[67] Ebenso *Ferrari/Saenger,* Art. 3 ROM I-VO Rn. 45, sprechen von h. M., m. w.N in Fn. 238.
[68] *von Hoffmann/Thorn,* § 10 Rn. 40.

ihm von den zwingenden Bestimmungen des Rechts gewährt wird, das nach Abs. 2, 3 oder 4 ROM I-VO mangels Rechtswahl anwendbar wäre.

- Schließlich gelten gemäß Art. 9 ROM I-VO international zwingende Bestimmungen.

bb) Spezifizierte Vertragstypen (Art. 4 Abs. 1 ROM I-VO)

68 Haben die Parteien keine Rechtswahl getroffen, so bestimmt Art. 4 ROM I-VO das anwendbare Recht. Dabei enthält Art. 4 Abs. 1 ROM I-VO **Regelanknüpfungen** für **bestimmte Vertragstypen.** Hervorzuheben ist im Rahmen der Produkthaftung Art. 4 Abs. 1 lit. a ROM I-VO, wonach Kaufverträge über bewegliche Sachen dem Recht des Staates unterliegen, in dem der Verkäufer seinen gewöhnlichen Aufenthalt hat. Zwar findet im Rahmen internationaler Kaufverträge in erster Linie das CISG als vereinheitlichtes Sachrecht Anwendung (vgl. Art. 25 Abs. 1 ROM I-VO).[69] Ist das CISG aber nicht anwendbar, weil z. B. lediglich ein Kauf für den persönlichen Gebrauch vorliegt, ist die ROM I-VO und damit die Vorschrift des Art. 4 Abs. 1 lit. a ROM I-VO anwendbar. Folglich unterliegt ein Kaufvertrag mit einem in Deutschland ansässigen Verkäufer grundsätzlich deutschem Recht.[70] Erfolgt der Vertragsschluss im Rahmen der gewerblichen Tätigkeit des Verkäufers, so entscheidet das Recht am Ort seiner Haupt- bzw. Zweigniederlassung, Art. 19 ROM I-VO.[71] Entsprechendes gilt für den Werklieferungsvertrag, der kollisionsrechtlich dem Warenkauf gleichzustellen ist.[72]

69 Das Vertragsstatut gilt einheitlich für die Pflichten des Verkäufers und des Käufers. Dieser Rechtsordnung unterliegen auch Gewährleistungs- und Schadenersatzansprüche des Käufers.[73]

cc) Charakteristische Leistung (Art. 4 Abs. 2 ROM I-VO)

70 Kann der konkrete Vertrag keinem der in Art. 4 Abs. 1 ROM I-VO genannten Vertragstypen zugeordnet werden oder kombiniert ein gemischter Vertrag wesentliche Elemente mehrerer der genannten Vertragstypen, so ist nach Art. 4 Abs. 2 ROM I-VO an den **gewöhnlichen Aufenthalt** des Erbringers der **charakteristischen Leistung** anzuknüpfen. Charakteristisch ist für einen Vertrag diejenige Leistung, die dem betreffenden Vertragstyp seine Eigenart verleiht und seine Unterscheidung von anderen Vertragstypen ermöglicht.[74]

dd) Engere Verbindung (Art. 4 Abs. 3 ROM I-VO)

71 Die Anknüpfungen nach Art. 4 Abs. 1 und 2 ROM I-VO gelten aber dann nicht, wenn sich aus der Gesamtheit der Umstände ergibt, dass der Vertrag eine **offensichtlich engere Verbindung mit einem anderen Staat** aufweist. Es handelt sich um eine Ausnahmevorschrift, die eng auszulegen ist.[75] Eine offensichtlich engere Verbindung ist erst dann anzunehmen, wenn sich aus mehreren Anhaltspunkten in ihrer Häufung ein eindeutiger Schwerpunkt des betreffenden Vertrages im Bereich einer anderen Rechtsordnung ergibt.[76]

---

[69] *Pfeiffer,* EuZW 2008, 622, 624; *Ferrari/Schulze,* Art. 25 ROM I-VO Rn. 4.

[70] Z. B. OLG Karlsruhe, NJW-RR 1993, 567; OLG Karlsruhe, IHR 2004, 62; MüKo/*Martiny,* Art. 4 ROM I-VO Rn. 11 m. w. N.

[71] BGH, NJW-RR 2003,192; BGH, NJW-RR 2005, 1518.

[72] OLG Düsseldorf, RIW 93, 845; MüKo/*Martiny,* Art. 4 ROM I-VO Rn. 14 m. w. N.

[73] MüKo/*Martiny,* Art. 4 ROM I-VO Rn. 15.

[74] Palandt/*Thorn,* Art. 4 ROM I-VO Rn. 22.

[75] Palandt/*Thorn,* Art. 4 ROM I-VO Rn. 29 m. w. N.

[76] Vgl. BGH, NJW-RR 2005, 206.

ee) Anknüpfung nach der engsten Verbindung (Art. 4 Abs. 4 ROM I-VO)

Haben die Parteien weder eine ausdrückliche oder konkludente Rechtswahl getroffen oder ist die von den Parteien getroffene Rechtswahl unwirksam und sind auch die Anknüpfungstatbestände der Art. 4 Abs. 2 ROM I-VO oder Art. 4 Abs. 3 ROM I-VO nicht erfüllt, so unterliegt der Vertrag nach der Generalklausel des Art. 4 Abs. 4 ROM I-VO dem Recht des Staates, mit dem er die engsten Verbindungen aufweist. Die Prüfung der engsten Verbindung muss immer zu einem Ergebnis führen, da es nach der ROM I-VO weder Verträge ohne Vertragsstatut noch solche ohne eine derartige Verbindung gibt. Eine weitere subsidiäre Stufe der Anknüpfung, auf die zurückgegriffen werden könnte, ist nicht vorhanden.[77] Der Begriff der engsten Verbindung wird vom Gesetzgeber nicht näher erläutert. Die engste Verbindung besteht zu dem Recht des Landes, in dem der Vertrag bei Würdigung aller Umstände des Einzelfalles seinen Schwerpunkt hat. Das aufgrund engster Verbindung bestimmte Vertragsstatut ist dabei für den gesamten Vertrag maßgebend, eine objektive Vertragsspaltung ist im Unterschied zum früheren Recht nicht mehr zulässig.[78] Anhaltspunkte für die engste Verbindung eines Vertrages zu einem bestimmten Staat sind etwa gewöhnlicher Aufenthalt der Parteien, Erfüllungsort sowie Belegenheit des Vertragsgegenstandes.[79] Wenn diese Indizien nicht zu einem Vertragsschwerpunkt führen, können auch nicht auf den Leistungsaustausch bezogene Faktoren wie z. B. Staatsangehörigkeit der Parteien, Vertragssprache, Abschlussort des Vertrages, herangezogen werden.[80] 72

ff) Sonderanknüpfungen (Art. 6 ROM I-VO)

Für bestimmte Verträge wird die anzuwendende Rechtsordnung mittels **Sonderanknüpfungen** bestimmt. Im Bereich der Produkthaftung ist besonders die Vorschrift des Art. 6 ROM I-VO zu nennen, nach der bei Verbraucherverträgen mangels einer Rechtswahl gemäß Art. 3 Abs. 1 ROM I-VO das Recht des Staates anwendbar ist, in dem der Verbraucher seinen gewöhnlichen Aufenthalt hat. Die Vorschrift erfordert einen zwischen einem Unternehmer und einem Verbraucher geschlossenen Vertrag. Beide Begriffe sind in Art. 6 Abs. 1 ROM I-VO legaldefiniert. In territorialer Hinsicht setzt Art. 6 Abs. 1 ROM I-VO voraus, dass der Unternehmer seine berufliche Tätigkeit entweder im Wohnsitzstaat des Verbrauchers ausübt (lit. a) oder dorthin ausrichtet (lit. b). Weitere Anforderung ist, dass der konkrete Vertrag in den Bereich dieser Tätigkeit fällt. Ausreichend ist dabei ein Angebot oder eine Werbung des Unternehmers im Aufenthaltsstaat des Verbrauchers, wobei es nicht auf das eingesetzte Medium ankommt. Problematisch ist in diesem Zusammenhang die **Ausrichtung** insbesondere von **Website-Betreibern.** Nach einer Entscheidung des EuGH vom 7.12.2010[81] bedeutet die bloße Nutzung einer Internetseite durch den Gewerbetreibenden noch keine Ausrichtung. Eine Ausrichtung i. S. d. Art. 6 Abs. 1 lit. b ROM I-VO setze zusätzlich voraus, so der EuGH, dass der Gewerbetreibende seinen Willen, Geschäftsbeziehungen zu Verbrauchern eines oder mehrerer anderer Mitgliedstaaten herstellen zu wollen, zum Ausdruck bringe. 73

---

[77] MüKo/*Martiny*, Art. 4 ROM I-VO Rn. 272.

[78] *Leible/Lehmann*, RIW 2008, 536; MüKo/*Martiny*, Art. 4 ROM I-VO Rn. 279; Palandt/*Thorn*, Art. 4 ROM I-VO Rn. 30.

[79] LG Stuttgart, IPRax 96, 140; Palandt/*Thorn*, Art. 4 ROM I-VO Rn. 30.

[80] vgl. auch ausführlich MüKo/*Martiny*, Art. 4 ROM I-VO Rn. 284 ff.

[81] EuGH (Große Kammer), Urt. vom 7.12.2010, Rs C-585/08 Peter Pammer ./. Reederei Schlüter GmbH & Co KG und Rs C-144/09 Hotel Alpenhof ./. Oliver Heller, EuZW 2011, 98 mit Anm. *Clausnitzer.*

III. Internationales Deliktsrecht

1. EU-Produkthaftungsstatut – ROM II-Verordnung (VO)

74 Bis zum 10.1.2009 galt in Deutschland das deutsche Kollisionsrecht des Art. 40 EGBGB, wonach grundsätzlich bei unerlaubten Handlungen das Recht des Staates Anwendung fand, in dem der Schadenersatzpflichtige gehandelt hatte. Dem Geschädigten blieb jedoch vorbehalten, die Anwendung des Rechts des Staates zu verlangen, in dem die Rechtsgutverletzung eingetreten war (Handlungs- und Erfolgsort).[82] Am 11.7.2007 haben der Rat und das Europäische Parlament den Erlass der **Verordnung** (EG) Nr. 864/2007 (**„Rom II"**) beschlossen und dadurch das nationale Kollisionsrecht abgelöst. Die gemäß Art. 3 Nr. 1a EGBGB für außervertragliche Schuldverhältnisse anwendbare Verordnung ist am **11.1.2009 in Kraft getreten,** (Art. 32 ROM II-VO). Bei der ROM II-VO handelt es sich um unmittelbar geltendes europäisches Recht (vgl. Art. 249 Abs. 2 EGV), dessen Umsetzung in nationales Recht nicht erforderlich ist.

a) Anwendungsbereich der ROM II-VO

aa) Zeitlicher Anwendungsbereich

75 Zeitlich ist die Verordnung anwendbar auf alle schadenbegründenden Ereignisse, die am oder **nach** dem Inkrafttreten der Verordnung am 11.1.2009 eingetreten sind, (Artt. 31, 32 ROM II-VO). Maßgeblich ist dabei die Handlung (des Haftenden bzw. seines Gehilfen), die zum **Primärschaden** geführt hat oder – bei einem Unterlassungsanspruch – zu führen droht. Der Eintritt von Folge- und/oder Spätschäden hat daher nicht die Anwendbarkeit der ROM II-VO zur Folge, wenn der Ersterfolg vor dem 11.1.2009 eingetreten ist. Bei zeitlich gestreckten Tatbeständen, etwa auch in Fällen der Produkthaftung, sind die Art. 40 ff. EGBGB weiter anzuwenden, wenn sie vor dem 11.1.2009 begonnen haben.[83] Dabei ist wesentlich für den Handlungsbegriff eine tatbestandsmäßige Ausführungshandlung mit Außenwirkung.[84] Bei der Produkthaftung sollte daher, wie dies teilweise in der Literatur gefordert wird, allgemein auf das „Inverkehrbringen des Produkts" abgestellt werden,[85] auch wenn es sich um einen „schillernden Begriff" handelt, oder auf das erstmalige Bereitstellen auf dem Markt (vgl. ProdSG).

bb) Territorialer Anwendungsbereich

76 Die ROM II-VO gilt in allen EG-Mitgliedstaaten mit Ausnahme Dänemarks (Art. 1 Abs. 4 VO), da Dänemark gemäß Art. 69 EG i. Vm. dem Protokoll über die Position Dänemarks nicht an Maßnahmen der justiziellen Zusammenarbeit in Zivilsachen teilnimmt; sie gilt aber auch für das Vereinigte Königreich und Irland, die von ihrer Möglichkeit des sog. „Opt-in" Gebrauch gemacht haben.[86] Anwendbar ist die ROM II-VO nach Art. 1 Abs. 1 Satz 1, wenn eine **Verbindung zum Recht mehrerer Staaten** besteht. Ob es

---

[82] MüKo/*Junker,* Art. 5 ROM II-VO Rn. 11.

[83] *Koch/Magnus/Winkler von Mohrenfels,* IPR, § 6 Rn. 11.

[84] Staudinger/*v Hoffmann,* EG, Art. 40 Rn. 17.

[85] Palandt/*Thorn,* Art. 32 ROM II-VO Rn. 2.

[86] Geänderter Vorschlag für eine Verordnung des Europäischen Parlaments und des Rates über das auf außervertragliche Schuldverhältnisse anzuwendende Recht („ROM II") vom 21.2.2006, KOM (2006) 83 endg., Erwägungsgrund Nr. 21 ff.; *von Hein,* VersR 2007, 440, 443; *Wagner,* IPRax 2008, 1, 3.

sich bei dem Recht, auf das verwiesen wird, um das eines Mitgliedstaates oder das eines Drittstaates handelt, ist unerheblich.[87]

Gemäß Art. 3 ROM II-VO beansprucht die Verordnung zudem „universelle Anwendung", d. h. das Recht, auf das verwiesen wird, muss ebenfalls nicht dasjenige eines Mitgliedstaates sein. Die ROM II-VO beschränkt sich daher nicht auf die Schaffung von Kollisionsnormen für binnenmarktbezogene Sachverhalte, sondern enthält allseitige Kollisionsnormen (loi uniforme). 77

cc) Sachlicher Anwendungsbereich

Die ROM II-VO gilt nach Art. 1 für außervertragliche Schuldverhältnisse in Zivil- und Handelssachen, die eine Verbindung zum Recht verschiedener Staaten aufweisen. Sie gilt nach Art. 1 Abs. 1 Satz 2 nicht für Steuer- und Zollsachen, verwaltungsrechtliche Angelegenheiten oder die Haftung des Staates für Handlungen oder Unterlassungen im Rahmen der Ausübung hoheitlicher Rechte („acta jure imperii"). 78

In Art. 1 Abs. 2 lit. a-g ROM II-VO sind weitere Bereiche aufgeführt, die vom Anwendungsbereich der ROM II-VO ausgenommen sind. Für diese ist mithin weiter das nationale Kollisionsrecht der Mitgliedstaaten maßgeblich. Die Vorschriften der Artt. 40 – 42 EGBGB sind daher insoweit in Deutschland subsidiär anwendbar. 79

b) Anknüpfungsregeln der ROM II-VO im Bereich unerlaubter Handlungen

aa) Vorrangig: Rechtswahl (Art. 14 ROM II-VO)

Art. 14 ROM II-VO gestattet es den Parteien ebenfalls, das auf außervertragliche Schuldverhältnisse anwendbare Recht **frei zu wählen.** Dabei hat die Rechtswahl – soweit zulässig – Vorrang vor allen anderen Anknüpfungen, wobei dies für sämtliche Arten außervertraglicher Schuldverhältnisse gilt. Wählbar sind alle staatlichen Rechtsordnungen, ohne dass ein sachlicher Zusammenhang zu der gewählten Rechtsordnung oder ein schützenswertes Interesse der Parteien erforderlich wäre.[88] 80

Eine Rechtswahl ist zulässig, wenn der **Schaden** zum Zeitpunkt des Abschlusses der Vereinbarung **bereits eingetreten** ist (Art. 14 Abs. 1 lit. a ROM II-VO). Die Rechtswahl kann ausdrücklich erfolgen oder muss sich mit hinreichender Sicherheit aus den Umständen des Einzelfalls ergeben. Eine solche stillschweigende bzw. konkludente Rechtswahl erfordert aber ein entsprechendes Erklärungsbewusstsein aller Parteien.[89] So kann z. B. die Vereinbarung eines den Kriterien des Art. 14 ROM II-VO entsprechenden ausschließlichen Gerichtsstandes ein mögliches Indiz dafür sein, dass auch das Recht am Sitz des angerufenen Gerichts gelten soll.[90] 81

Gehen die Parteien einer kommerziellen Tätigkeit nach, so können die Parteien bereits vor Eintritt des **Schadenereignisses** eine Rechtswahl vereinbaren (Art. 14 Abs. 1 lit. b ROM II-VO). Art. 14 Abs. 1 lit. b ROM II-VO verlangt dabei eine frei ausgehandelte Vereinbarung. Dies scheint dem Wortlaut nach eine Bestimmung des anwendbaren Rechts durch AGB auszuschließen, da AGB im Regelfall einseitig gestellt und nicht frei ausgehandelt werden.[91] Es wird aber zu Recht darauf hingewiesen, dass dies zu einem im 82

[87] Universelle Anwendung, Art. 3 ROM II-VO, MüKo/*Junker,* Art. 1 ROM II-VO Rn. 9 und Art. 3 ROM II-VO Rn. 2.

[88] Palandt/*Thorn,* Art. 14 ROM II-VO Rn. 5.

[89] Palandt/*Thorn,* Art. 14 ROM II-VO Rn. 6; MüKo/*Junker,* Art. 14 ROM II-VO Rn. 29.

[90] So *Leible,* RIW 2008, 257, 261; Palandt/*Thorn,* Art. 14 ROM II-VO Rn. 6; kritisch MüKo/*Junker,* Art. 14 ROM II-VO Rn. 30 ff.

[91] So *Leible,* RIW 2008, 257; *von Hein,* ZeuP 2009, 6, 29; Palandt/*Thorn,* Art. 14 ROM II-VO Rn. 9 ROM II-VO m. w. N.

internationalen Handelsverkehr unüblichen Formerfordernis führen würde, weil diese Klausel – ohne inhaltliche Prüfung – stets unwirksam wäre. Zu bevorzugen ist daher eine Einzelfallprüfung. Unwirksam wären danach insbesondere aber eine durch Täuschung zustande gekommene Rechtswahl und/oder eine überraschende Rechtswahlklausel.[92]

83 Rechte Dritter, wie etwa die des Regressgläubigers sowie des Versicherers, bleiben von der Rechtswahl unberührt. Insbesondere begründet die Rechtswahl **keinen Direktanspruch** des Geschädigten **gegen den Versicherer** nach Art. 18 ROM II-VO, Art. 14 Abs. 1 Satz 2. ROM II-VO.[93] Die ROM II-VO schützt den Dritten nicht nur vor materiell-rechtlichen, sondern auch vor prozessualen Nachteilen einer Rechtswahl.[94] Versicherungen können sich daher darauf verlassen, nicht mehr zahlen zu müssen, als das objektive Deliktsstatut vorsieht.[95]

bb) Regelanknüpfung an den Erfolgsort (Art. 4 Abs. 1 ROM II-VO)

84 Art. 4 Abs. 1 ROM II-VO enthält die **Grundregel,** eine Allgemeine Kollisionsnorm, nach der auf ein außervertragliches Schuldverhältnis aus unerlaubter Handlung das Recht des Staates anzuwenden ist, in dem der **Schaden** eintritt, unabhängig davon, in welchem Staat das schadenbegründende Ereignis oder indirekte Schadenfolgen eingetreten sind. Gemeint ist mit dieser Formulierung der Erfolgsort, d. h. der Ort, an dem der Primärschaden eingetreten ist (vgl. auch Erwägungsgrund Nr. 17).[96] **Beispiel:** Wird B in Spanien bei einem Verkehrsunfall durch A verletzt, und verstirbt B später an den Folgen des Unfalls in England, so richten sich mögliche Deliktsansprüche der Erben des B nach spanischem Recht.

85 Diese (neue) Anknüpfung unterscheidet sich von der in Art. 40 Abs. 1 Satz 2, 3 EGBGB getroffenen Regelung, die dem Geschädigten ein Optionsrecht, sog. Ubiquitätsprinzip, gewährt. Die Auswirkungen dieser Anknüpfung werden vor allem bei so genannten **Distanz- und Streudelikten,** bei denen Handlungsort und Ort des Schadeneintritts nicht identisch sind, spürbar. Die Erwägungsgründe stellen klar, dass die Anknüpfung an den Ort des Schadeneintritts neben der Vorhersehbarkeit gerichtlicher Entscheidungen für einen gerechten Ausgleich zwischen den Interessen des Gläubigers und des Schuldners sorgen soll (Erwägungsgrund Nr. 16).

cc) Auflockerung bei einem gemeinsamen gewöhnlichen Aufenthalt (Art. 4 Abs. 2 ROM II-VO)

86 Die Anknüpfung an den Erfolgsort wird verdrängt, wenn im Zeitpunkt des Schadeneintritts Schädiger und Geschädigter einen **gemeinsamen gewöhnlichen Aufenthalt** haben, an den dann vorrangig anzuknüpfen ist (Art. 4 Abs. 2 ROM II-VO). Wird daher K aus Köln bei einem Verkehrsunfall in Paris durch B aus Bremen verletzt, richtet sich die zivilrechtliche Deliktshaftung nach deutschem Recht. Dies entspricht der bisherigen Regelung in Art. 40 Abs. 2 EGBGB, die dann, wenn keine Rechtswahl getroffen wurde, wegen der Nähe zu einer gemeinsamen Rechtsordnung auf das Recht des gemeinsamen gewöhnlichen Aufenthalts der Parteien verweist.

87 Bei einem gewöhnlichen Aufenthalt der Parteien in verschiedenen Staaten ist die Vorschrift selbst dann nicht anwendbar, wenn die materiellen Rechte beider Staaten überein-

[92] *Wagner,* IPRax 08, 1/14; Palandt/*Thorn,* Art. 14 ROM II-VO Rn. 9 m. w. N.; *Junker,* RIW 2010, 257.

[93] Vgl. hierzu die Ausführungen sub Rn. 133 ff..

[94] *Leible,* RIW 2008, 262; Palandt/*Thorn,* Art. 18 ROM II-VO Rn. 4.

[95] *Fricke,* VersR 2005, 726, 738, *von Hein,* VersR 2007, 440,445; *Leible/Lehmann,* RIW 2007, 721, 727.

[96] *Junker,* NJW 2007, 3675, 3678; *Leible/Lehmann,* RIW 2007, 721, 724 ff.

stimmen. Eine analoge Anwendung scheidet aus, weil ein entsprechender Vorschlag des Parlaments bewusst abgelehnt wurde und deshalb keine Regelungslücke vorliegt.[97]

Der **Begriff** des **gewöhnlichen Aufenthalts** ist **autonom** auszulegen.[98] Art. 23 ROM II-VO enthält jedoch eine Legaldefinition, soweit der gewöhnliche Aufenthalt juristischer Personen oder natürlicher Personen, die im Rahmen der Ausübung ihrer beruflichen Tätigkeit handeln, betroffen ist. Bei juristischen Personen sowie Vereinen und Gesellschaften kommt es gemäß Art. 23 Abs. 1 ROM II-VO auf den Ort ihrer Hauptverwaltung an. Wurde die Rechtsgut- oder Interessenverletzung durch eine Zweigniederlassung verursacht, ist deren Sitz maßgebend (Art. 23 Abs. 1 ROM II-VO). Bei Rechtsgut- oder Interessenverletzungen, die in Ausübung einer beruflichen Tätigkeit durch eine natürliche Person begangen wurden, ist der gewöhnliche Aufenthalt der Person der Ort ihrer Hauptniederlassung (Art. 23 Abs. 2 ROM II-VO). Die ROM II-VO enthält hingegen keine Legaldefinition des gewöhnlichen Aufenthalts für Fälle, in denen eine natürliche Person außerhalb ihrer beruflichen Tätigkeit handelt. Insoweit entspricht der Begriff aber weitgehend demjenigen des deutschen Kollisionsrechts. Maßgeblich ist der tatsächliche Lebensmittelpunkt.[99] 88

dd) Offensichtlich engere Verbindung (Art. 4 Abs. 3 ROM II-VO)

Für unerlaubte Handlungen sieht die Vorschrift des Art. 4 Abs. 3 ROM II-VO eine in den Erwägungsgründen ausdrücklich als „Ausweichklausel" bezeichnete Sonderregelung vor (Erwägungsgrund 18 Satz 3). Besteht nach der Gesamtheit der Umstände bei einer unerlaubten Handlung eine offensichtlich engere Verbindung mit einem anderen als dem in den Absätzen 1 oder 2 bezeichneten Staat, so ist das Recht dieses anderen Staates anzuwenden. Die Anwendung dieser Vorschrift kommt insbesondere in Fällen in Betracht, in denen die unerlaubte Handlung im Zusammenhang mit einem bereits bestehenden Vertrags- oder sonstigen Rechtsverhältnis zwischen den Parteien steht, d. h. in Fällen einer akzessorischen Anknüpfung des Delikts-Kollisionsrechts an einen Vertrag. Indes sind zur Beurteilung alle Umstände des Einzelfalls heranzuziehen. 89

Der High Court in London hat als erstes Obergericht eine Entscheidung zur ROM II-VO über das auf außervertragliche Schuldverhältnisse anzuwendende Recht getroffen: 90

Beispiel: Der Engländer Jacobs hatte bei einem von einem nicht versicherten Deutschen verschuldeten Verkehrsunfall in Spanien eine Verletzung erlitten und forderte in England Ersatz seines Personenschadens vom Motor Insurers Bureau (MIB), dem britischen Pendant zum Verein Verkehrsopferhilfe e. V. nach englischem Recht. Das MIB wollte spanisches Recht angewandt wissen. Der High Court London entschied, dass Art. 4 Abs. 1 ROM II-VO anzuwenden sei. Die Ausnahme des Art. 4 Abs. 2 ROM II-VO greife nicht. Die Unfallbeteiligten hätten ihren gewöhnlichen Aufenthalt nicht in demselben Staat. Es komme auf den Aufenthaltsort des Unfallgegners an, nicht auf den des beklagten MIB. Auch sei aus der Gesamtheit der Umstände nicht zu ersehen, dass der Unfall nach Art. 4 Abs. 3 ROM II-VO eine offensichtlich engere Verbindung mit dem Vereinigten Königreich als mit Spanien aufweise. „Schaden" sei die „erlittene Körperverletzung", die in Spanien eingetreten sei und nicht, wie der Anspruchsteller geltend gemacht hatte, der Umstand, dass der Unfallgegner seinen Verpflichtungen nicht nachgekommen sei. 91

---

[97] Palandt/*Thorn*, Art. 4 ROM II-VO Rn. 5; *von Hein*, ZEuP 2009, 6, 17 m. w. N.

[98] Palandt/*Thorn*, Art. 4 ROM II-VO Rn. 5.

[99] Palandt/*Thorn*, Art. 23 ROM II-VO Rn. 1; Art. 19 Rom I-VO Rn. 6; MüKo/*Junker*, Art. 23 ROM II-VO Rn. 16.

ee) Besondere Anknüpfungsregelung der Produkthaftung (Art. 5 ROM II-VO)

92 Haben die Parteien keine wirksame Rechtswahl getroffen, so sind zunächst die Spezialanknüpfungsregeln für besondere Deliktstypen in Artt. 5 – 9 ROM II-VO zu prüfen. Diese **verdrängen** als leges speciales **innerhalb ihres Anwendungsbereichs die allgemeine Regelung des Art. 4 ROM II-VO.** Sofern einer der in den genannten Vorschriften aufgeführten Tatbestände (Art. 5: Produkthaftung; Art. 6: Unlauterer Wettbewerb und den freien Wettbewerb einschränkendes Verhalten; Art. 7: Umweltschädigung; Art. 8: Verletzung von Rechten des geistigen Eigentums; Art. 9: Arbeitskampfmaßnahmen) vorliegt, enthält er häufig seinerseits verschiedene Anknüpfungsregeln, die in einem Vorrang- bzw. Nachrangverhältnis stehen.

93 Im Bereich von fehlerhaften Produkten ist der Ort des Schadeneintritts häufig vom Zufall abhängig. Es handelt sich nicht selten in der Praxis auch um sog. Distanzdelikte, bei denen kaum oder nicht vorhersehbar ist, wann und wo ein fehlerhaftes Produkt eine Rechtsgutsverletzung verursacht, z. B. dann, wenn ein Produkt während einer Reise erworben worden ist. Für den Hersteller eines Produkts (und für die Versicherungswirtschaft) ist es aber von enormer wirtschaftlicher Bedeutung, voraussehen zu können, nach welchem Recht sich eine etwaige Haftung richtet.

94 Die in Art. 4 Abs. 1 ROM II-VO vorgesehene Anknüpfung an den Schadensort ist angesichts der mit der zunehmenden Globalisierung verbundenen weltweiten Vertriebsstrukturen und aufgrund der gestiegenen Mobilität der Bevölkerung als primäre Anknüpfungsregel sowohl für den Hersteller eines Produkts als auch für den Verbraucher ungeeignet. **Beispiel:** Kauft der Engländer E auf einer Urlaubsreise am Flughafen in Rom einen Fön eines deutschen Herstellers und wird er während seiner Urlaubsreise in Spanien durch das fehlerhafte Produkt verletzt, so würde die Anwendung spanischen Rechts weder den Interessen des deutschen Herstellers noch denen des englischen Verbrauchers entsprechen.

95 Art. 5 ROM II-VO enthält daher eine **Sonderanknüpfungsregel zur Produkthaftung.** Der Erwägungsgrund 20 bezeichnet die Regelung als „ausgewogene Lösung", die für eine „gerechte Verteilung der Risiken einer modernen hoch technisierten Gesellschaft sorgen, die Gesundheit der Verbraucher schützen, Innovationsanreize geben, einen unverfälschten Wettbewerb gewährleisten und den Handel erleichtern soll". In der Literatur wird die Regelung als Kompromiss zwischen den Befürwortern des **Verbraucherschutzes,** die eine primäre Anknüpfung an den gewöhnlichen Aufenthalt des Geschädigten durchgesetzt haben (Art. 5 Abs. 1 Satz 1 lit. a ROM II-VO), und den Vertretern der Herstellerinteressen, denen der **Vorhersehbarkeitsvorbehalt** des Art. 5 Abs. 1 Satz 2 ROM II-VO zu verdanken ist, gesehen.[100]

96 Allerdings bleiben nach Art. 28 ROM II-VO bestehende völkerrechtliche Abkommen von der Regelung des Art. 5 ROM II-VO unberührt. Zu nennen ist in diesem Zusammenhang das **Haager Übereinkommen über das auf die Produkthaftpflicht anzuwendende Recht** (HProdHÜbk.), das allerdings nur in wenigen EU-Mitgliedstaaten, namentlich Finnland, Frankreich, Luxemburg, Niederlande, Slowenien und Spanien gilt sowie Kroatien, Mazedonien, Montenegro, Norwegen und Serbien. Diese Vertragsstaaten bestimmen das auf Fälle der Produkthaftung anwendbare Recht somit abweichend von den anderen Mitgliedstaaten der EU mit der Folge, dass das mit der Schaffung des Art. 5 ROM II-VO verbundene Ziel einer Rechtsvereinheitlichung nicht vollständig erreicht wird.[101]

97 **(1) Anwendungsbereich.** Art. 5 ROM II-VO bestimmt nach seinem Anwendungsbereich in Abs. 1 Satz 1 das auf ein außervertragliches Schuldverhältnis im Falle eines

[100] *Wagner,* IPRax 2008, 1 ff., 8; MüKo/*Junker,* Art. 5 ROM II-VO Rn. 4 m. w. N.
[101] Palandt/*Thorn,* Art. 5 ROM II-VO Rn. 2.

Schadens durch ein Produkt anzuwendende Recht. Art. 5 ROM II-VO ist daher auf alle Fälle **der Produkt- bzw. Produzentenhaftung anzuwenden,** unabhängig davon, ob die geltend gemachten Ansprüche auf einer Verschuldenshaftung (fault-based liability) oder einer Gefährdungshaftung (strict liability) beruhen.[102]

(a) Begriff des Produkts. Nach h. M. in der Literatur und der Kommissionsbegründung zur ROM II-VO ist der Begriff „Produkt" in Übereinstimmung mit der Legaldefinition in Art. 2 der Produkthaftungsrichtlinie auszulegen:[103] Nach Art. 2 der Produkthaftungsrichtlinie ist ein Produkt jede bewegliche Sache einschließlich der Elektrizität. Erfasst sind auch bewegliche Sachen, die einen Teil einer anderen beweglichen oder einer unbeweglichen Sache bilden, nicht aber landwirtschaftliche Naturprodukte oder Jagderzeugnisse.[104] 98

(b) Anspruchsberechtigter und Anspruchsgegner. Anspruchsberechtigter: Art. 5 ROM II-VO benennt als Anspruchsberechtigten „die geschädigte Person". Auch im Erwägungsgrund 20 wird auf die „geschädigte Person" abgestellt und als Ziel der Kollisionsnorm der Schutz der Gesundheit der Verbraucher aufgeführt. Es besteht jedoch Einigkeit darüber, dass sich der Anwendungsbereich des Art. 5 ROM II-VO nicht auf deliktische Ansprüche, die von Verbrauchern geltend gemacht werden, beschränkt, sondern darüber hinaus auch Produkthaftungsansprüche, die von Unternehmern geltend gemacht werden, erfasst.[105] Anspruchsberechtigter i. S. d. Art. 5 ROM II-VO ist danach jeder, der durch ein fehlerhaftes Produkt geschädigt wird. Voraussetzung für eine Anspruchsberechtigung ist nicht, dass der Geschädigte das Produkt zuvor erworben hat. Vielmehr gehört zum Kreis der Anspruchsberechtigten jeder, der durch das Produkt geschädigt wird, sei es als Produktbenutzer (z. B. als Familienangehöriger des Erwerbers oder als von diesem abhängiger Arbeitnehmer) oder als unbeteiligter Dritter, der erst durch das Schadenereignis selbst mit dem Produkt in Berührung kommt (sog. innocent bystander). 99

Anspruchsgegner: Art. 5 ROM II-VO bezeichnet in Abs. 1 Satz 2 als Anspruchsgegner „die Person, deren Haftung geltend gemacht wird". Anspruchsgegner kann danach jede natürliche oder juristische Person sein. Eine Einschränkung des Adressatenkreises ergibt sich auch nicht daraus, dass der Kommissionsbericht die Personen, die nach Art. 3 der Produkthaftungsrichtlinie haftbar gemacht werden können, konkret benennt. In dem Kommissionsbericht heißt es hierzu: 100

„Der Begriff *Person, deren Haftung geltend gemacht wird* bezeichnet nicht zwingend den Hersteller eines Endprodukts; es kann sich auch um den Hersteller eines Ausgangserzeugnisses oder Bauteils, einen Zwischenhändler oder den Letztverkäufer handeln. Darüber hinaus wird jeder, der ein Produkt in die Gemeinschaft einführt, unter bestimmten Bedingungen wie der Hersteller als für die Sicherheit dieses Produkts gleichermaßen verantwortliche Person betrachtet."[106] 101

Diese Aufzählung führt jedoch nicht zu einer Beschränkung des Anwendungsbereichs der Kollisionsnorm auf die im Kommissionsbericht genannten Personen. Ob die Person als Anspruchsgegner in Betracht kommt, ist keine Frage der Anwendbarkeit des Art. 5 ROM II-VO, sondern vielmehr eine Frage des jeweils anzuwendenden materiellen Rechts.[107] 102

(2) Anknüpfungsregeln des Art. 5 ROM II-VO und Prüfungsreihenfolge. Art. 5 ROM II-VO beinhaltet eine **„siebensprossige Anknüpfungsleiter"**, d. h. die Prüfung und 103

---

[102] KOM (2003) 427, 15; MüKo/*Junker,* Art. 5 ROM II-VO Rn. 12.

[103] Palandt/*Thorn,* Art. 5 ROM II-VO Rn. 3; KOM (2003) 427, 15; vgl. dazu explizit die Ausführungen zu § 2 ProdHaftG.

[104] MüKo/*Junker,* Art. 5 ROM II-VO Rn. 13.

[105] MüKo/*Junker,* Art. 5 ROM II-VO Rn. 16; *Huber/Illmer,* YbPIL 9 (2007), 31, 38.

[106] KOM 2003, 427, 16.

[107] MüKo/*Junker,* Art. 5 ROM II-VO Rn. 19.

Feststellung des anwendbaren Rechts erfolgt – unter Berücksichtigung der Rechtswahlfreiheit – gegebenenfalls in **sieben Schritten.** Diese hohe Anzahl von Anknüpfungen erklärt sich daraus, dass bei einzelnen Sprossen jeweils zwei kumulative Anknüpfungsvoraussetzungen erfüllt sein müssen und eine Rechtsordnung nur dann anwendbar ist, wenn beide Voraussetzungen erfüllt sind.[108] Ziel des Normengeflechts ist die kollisionsrechtliche Anknüpfungsgerechtigkeit.[109]

104 Die insbesondere für die Produkthaftung geltende „Anknüpfungsleiter"[110] wird nachfolgend dargestellt:

105 **(a) 1. Schritt: Rechtswahl (Art. 14 Abs. 1 ROM II-VO).** Primär ist zu prüfen, ob die Parteien wirksam eine Rechtswahl getroffen haben, Art. 14 Abs. 1 ROM II-VO. Die Rechtswahl hat – soweit zulässig – Vorrang vor allen anderen Anknüpfungen, d. h. auch Vorrang vor den Spezial-Anknüpfungsregeln des Art. 5 ROM II-VO.

(b) 2. Schritt: Gemeinsamer gewöhnlicher Aufenthalt von Haftendem und Geschä-
106 **digtem (Artt. 4 Abs. 2, 5 Abs. 1 Satz 1 ROM II-VO).** Wenn der Geschädigte (z. B. der Endverbraucher) und der Ersatzpflichtige (z. B. der Hersteller) zum Zeitpunkt des Eintritts des Schadens ihren gewöhnlichen Aufenthaltsort in demselben Staat haben, kommt das Recht dieses Staates zur Anwendung.

(c) 3. – 5 . Schritt: Dreistufige Anknüpfungsleiter – Modifizierte Tatortregel (Art. 5
107 **Abs. 1 Satz 1 ROM II-VO).** Haben Geschädigter und Ersatzpflichtiger zum Zeitpunkt des Schadeneintritts keinen gemeinsamen gewöhnlichen Aufenthaltsort in demselben Staat, dann ersetzt die Vorschrift des Art. 5 Abs. 1 Satz 1 ROM II-VO die allgemeine Kollisionsnorm des Art. 4 Abs. 1 ROM II-VO durch eine **dreisprossige Anknüpfungsleiter:**

(aa) 3. Schritt: Gewöhnlicher Aufenthalt des Geschädigten unter der Voraussetzung
108 **des in Verkehr bringen (Art. 5 Abs. 1 Satz 1 lit. a ROM II-VO).** In der ersten Stufe dieser dreistufigen Anknüpfungsleiter ist das Recht des Staates anzuwenden, in dem der Geschädigte zum Zeitpunkt des Schadeneintritts seinen **gewöhnlichen Aufenthalt** hatte, unter der Voraussetzung, dass das Produkt in diesem Staat **in Verkehr gebracht** worden ist.

109 Nach Art. 5 Abs. 1 Satz 1 lit. a ROM II-VO, ist das Recht des Staates anzuwenden, in dem die geschädigte Person beim **Eintritt des Schadens** ihren **gewöhnlichen Aufenthalt** hatte, sofern das schadenursächliche oder ein gleichartiges Produkt in diesem Staat in Verkehr gebracht wurde. Der Ort des Schadeneintritts entspricht Art. 4 Abs. 1 ROM II-VO; abzustellen ist ausschließlich auf den Primärschaden. Folgeschäden, wie etwa Verdienstausfall, sind unbeachtlich.[111] Eine Definition des gewöhnlichen Aufenthalts von Gesellschaften, Vereinen und juristischen Personen sowie natürlicher Personen, die im Rahmen der Ausübung ihrer beruflichen Tätigkeit handeln, ist in Art. 23 ROM II-VO enthalten. Unerheblich ist, ob sich der gewöhnliche Aufenthalt in einem Mitgliedstaat der EU oder einem Drittstaat befindet. Dies ergibt sich aus Art. 3 ROM II-VO, wonach das nach dieser Verordnung bezeichnete Recht auch dann anzuwenden ist, wenn es nicht das Recht eines Mitgliedstaates ist. Es ist auch nicht entscheidend, wer das Produkt in Verkehr gebracht hat (d. h. der Hersteller selbst oder ein Importeur). Es reicht für die Anwendbarkeit des Art. 5 Abs. 1 Satz 1 lit. a ROM II-VO aus, dass im Aufenthaltsstaat des Geschädigten ein gleichartiges Produkt in Verkehr gebracht wurde.

110 **Beispiel:** Kauft der Schwede S in Paris eine Flasche Mineralwasser eines deutschen Getränkeabfüllers, das von einem Importeur I (auch) in Schweden in Verkehr gebracht

---

[108] MüKo/*Junker,* Art. 5 ROM II-VO Rn. 23; Palandt/*Thorn,* Art. 5 ROM II-VO Rn. 4.
[109] Palandt/*Thorn,* Art. 5 ROM II-VO Rn. 5.
[110] Vgl. zum Begriff u. a. den Erwägungsgrund 20 der ROM II-VO.
[111] Palandt/*Thorn,* Art. 5 ROM II-VO Rn. 5; MüKo/*Junker,* Art. 5 ROM II-VO Rn. 39.

worden ist, so ist schwedisches Recht anwendbar, wenn die Flasche in Schweden explodiert und den S verletzt.

Inverkehrbringen ist im Sinne von „Vermarkten" (= auf den Markt bringen) zu verstehen.[112] Dabei ist als Ort des Inverkehrbringens in Anlehnung an die Rechtsprechung des Europäischen Gerichtshofes zur Produkthaftpflichtrichtlinie 85/74 EWG der Staat anzusehen, in dem die Ware in gebrauchsfähigem oder verbrauchsfertigem Zustand erstmals öffentlich angeboten und an Endverbraucher abgesetzt wird. Bei Fernabsatzverträgen ist unter dem Ort des Inverkehrbringens nicht der Ort der Absendung, sondern der des Erhalts der Ware zu verstehen. Wenn daher ein Versandunternehmen seine Ware nicht in das Land ausliefert, in dem es seinen Sitz hat, liegt in diesem Staat kein „Inverkehrbringen" vor. Außer im Fall des Art. 5 Abs. 1 lit. b ROM II-VO kommt es nicht darauf an, in welchem Staat der Geschädigte das Produkt gekauft hat. Es kommt vielmehr (nur) darauf an, ob es in dem in Art. 5 Abs. 1 Satz 1 lit. a – c ROM II-VO genannten Staat vertrieben wird. Wenn der in Deutschland lebende A am Flughafen in Paris ein Spielzeug eines Herstellers erwirbt, das auch in Deutschland erhältlich ist, und wird er in der Folgezeit durch das fehlerhafte Produkt verletzt, so ist deutsches Recht anwendbar. **111**

Wer das Produkt in den Verkehr gebracht hat, ob es sich dabei also um die Person handelt, die als Haftender in Anspruch genommen wird, oder jemand anders, ist für die Frage der Anwendbarkeit des Art. 5 ROM II-VO unerheblich.[113] **112**

Umstritten ist, ob die Anwendbarkeit des Art. 5 ROM II-VO voraussetzt, dass das individuelle schädigende Produkt im betreffenden Staat in den Verkehr gebracht worden ist, oder ob das Inverkehrbringen eines „gleichartigen Produkts" ausreicht. **113**

Teilweise wird unter Bezugnahme auf den Erwägungsgrund 20 die Auffassung vertreten, es sei erforderlich, dass das individuelle schädigende, also ganz konkrete Produkt im betreffenden Staat in Verkehr gebracht wurde.[114] Die ganz herrschende Meinung hält dagegen das **Inverkehrbringen eines gleichartigen Produkts für ausreichend.**[115] Für eine weite Auslegung spreche der Wortlaut des Art. 5 Abs. 1 Satz 2 ROM II-VO und die in dieser Vorschrift enthaltene Gleichstellung des „Produkts" mit einem „gleichartigen Produkt". Nach dem Willen des Verordnungsgebers solle es danach nicht auf das Inverkehrbringen des individuellen Stücks ankommen, sondern auf das Inverkehrbringen von Waren derselben Produktgattung.[116] **114**

Um aber das Rechtsanwendungsrisiko des Herstellers aufgrund einer solchen Auslegung nicht zu sehr auszuweiten, ist eine Eingrenzung bei der Definition des „gleichartigen Produkts" vorzunehmen. Gleichartigkeit ist nicht gleichbedeutend mit Identität. Maßgebend ist nach herrschender Meinung, der zuzustimmen ist, die Sicherheitsausstattung, da diese für das Haftungsrisiko des Schädigers auf der einen Seite und die Erwartungen des Geschädigten auf der anderen Seite bezüglich der Qualität des Produkts maßgebend sind.[117] Fehlt einem Produkt ein sicherheitsrelevantes Merkmal, z. B. einem elektrischen Gerät ein Überhitzungsschutz, so liegt kein „gleichartiges Produkt" vor, wobei es für die Abgrenzung unerheblich ist, ob sich der Mangel der Sicherheitsausstattung im konkreten Schadenfall ausgewirkt hat.[118] **115**

---

[112] MüKo/*Junker,* Art. 5 ROM II-VO Rn. 29; *Bamberger/Roth/Spickhoff,* Art. 5 ROM II-VO Rn. 8; *Leible/Lehmann,* RIW 2007, 721, 728.

[113] MüKo/*Junker,* Art. 5 ROM II-VO Rn. 29; Palandt/*Thorn,* Art. 5 ROM II-VO Rn. 11; *Huber/Illmer,* YbPrivIntL 9 (2007), 31/43.

[114] *Hein,* ZEuP 2009, 6, 27.

[115] *Wagner,* IPRax 08, 1, 7; MüKo/*Junker,* Art. 5 ROM II-VO Rn. 27; *Bamberger/Roth/Spickhoff,* Art. 5 ROM II-VO Rn. 8.

[116] MüKo/*Junker,* Art. 5 ROM II-VO Rn. 27; *Leible/Lehmann,* RIW 2007, 721, 728.

[117] Palandt/*Thorn,* Art. 5 ROM II-VO Rn. 11 m. w. N.

[118] MüKo/*Junker,* Art. 5 ROM II-VO Rn. 28.

116 **(bb) 4. Schritt: Staat des Produkterwerbs, falls das Produkt in diesem Staat in Verkehr gebracht wurde (Art. 5 Abs. 1 Satz 1 lit. b ROM II-VO).** Liegen die Voraussetzungen des Art. 5 Abs. 1 Satz 1 lit. a ROM II-VO nicht vor, wurden also in dem Aufenthaltsstaat des Geschädigten weder das Produkt noch ein gleichartiges Produkt in Verkehr gebracht, sind die Anknüpfungsvoraussetzungen des Art. 5 Abs. 1 Satz 1 lit. b ROM II-VO zu prüfen. Danach ist das Recht des Staates anzuwenden, in dem das Produkt erworben wurde, falls das Produkt in diesem Staat in Verkehr gebracht wurde. Anknüpfungspunkt ist in dieser Alternative mithin der Ort des Produkterwerbs, wobei der Begriff weit auszulegen ist.[119] In Betracht kommen daher sowohl ein Erwerb durch Kauf oder Schenkung als auch die Nutzung des Produkts im Rahmen eines Miet- oder Leasingvertrages.[120]

117 Da in der Vorschrift des Art. 5 Abs. 1 Satz 1 lit. b ROM II-VO nur auf den Erwerbsort, nicht aber auf die Person des Erwerbers rekurriert wird, stellt sich die Frage, ob von der Regelung nur der Geschädigte, der das Produkt zuvor (selbst) erworben hat, erfasst wird, oder ob es genügt, wenn auch ein beliebiger Dritter das Produkt vor Eintritt der Schädigung im Staat des Inverkehrbringens erworben hat. Von der herrschenden Meinung wird im Wege der teleologischen Reduktion die Anknüpfung auf das Recht des Staates beschränkt, in dem die geschädigte Person das Produkt erworben hat. Wenn der Geschädigte selbst das Produkt erworben hat, ist die Anknüpfung an das Recht des Erwerbsortes sachgerecht, weil der Erwerber einen Sicherheitsstandard erwirbt, der sich nach den im Erwerbsort geltenden gesetzlichen Bestimmungen richtet, wodurch auch der Preis des Produktes bestimmt wird.[121] Dieser Schutz soll dem Erwerber auch für den Fall erhalten bleiben, dass der Schaden durch das fehlerhafte Produkt in einem anderen als dem Erwerbsort entsteht. Rechtspolitisch ist aber eine Anknüpfung an den Erwerbsort dann, wenn nicht der unmittelbar Geschädigte das Produkt erworben hat, nicht vertretbar.[122]

118 Diese Beschränkung hat zugleich zur Folge, dass für sog. innocent bystander, d.h. unbeteiligte Dritte, die durch das Produkt zu Schaden kommen, die Sonderanknüpfungsregel des Art. 5 Abs. 1 Satz 1 lit. b ROM II-VO tatbestandsmäßig von vorneherein nicht in Betracht kommt.[123] Dagegen ist Art. 5 Abs. 1 Satz 1 lit. b ROM II-VO nicht nur im Falle der Schädigung des Ersterwerbers, sondern auch nachfolgender Erwerber anwendbar, vorausgesetzt, das Produkt (oder ein gleichartiges Produkt) wurde in dem Staat des Erwerbsortes in den Verkehr gebracht.[124]

119 **(cc) 5. Schritt: Ort des Primärschadens, wenn das Produkt in diesem Staat in Verkehr gebracht wurde (Art. 5 Abs. 1 Satz 1 lit. c ROM II-VO).** Sind die Voraussetzungen der Art. 5 Abs. 1 Satz 1 lit. a und b. ROM II-VO nicht erfüllt, ist nach Art. 5 Abs. 1 Satz 1 lit. c ROM II-VO das Recht des Staates anzuwenden, in dem der Schaden eingetreten ist **(Erfolgsort)**, wenn das Produkt in diesem Staat in Verkehr gebracht wurde. Maßgebend ist insoweit der Ort des unmittelbaren Schadeneintritts, also nicht etwa der Staat, in dem Folgeschäden eingetreten sind. Dabei muss das schadenbegründende oder ein gleichartiges Produkt in dem Staat, in dem der Schaden eingetreten ist, in Verkehr gebracht worden sein.

120 **(dd) Vorhersehbarkeitsklausel (Art. 5 Abs. 1 Satz 2 ROM II-VO).** Die dreistufige Anknüpfungsleiter des Art. 5 Abs. 1 Satz 1 lit. a – c ROM II-VO steht unter dem Vorbehalt der Vorhersehbarkeit für den Haftenden (Art. 5 Abs. 1 Satz 2 ROM II-VO).

---

[119] MüKo/*Junker*, Art. 5 ROM II-VO Rn. 36.

[120] Palandt/*Thorn*, Art. 5 ROM II-VO Rn. 9; *Illmer*, RabelsZ 73 (2009), 291.

[121] MüKo/*Junker*, Art. 5 ROM II-VO Rn. 37 ff.; *Illmer*, RabelsZ 73 (2009), 286).

[122] MüKo/*Junker*, Art. 5 ROM II-VO Rn. 37 m. w. N.

[123] MüKo/*Junker*, Art. 5 ROM II-VO Rn. 38; *Huber/Bach*, IPRax 2005, 73, 77; *Leible/Engel*, EuZW 2004, 7, 11.

[124] MüKo/*Junker*, Art. 5 ROM II-VO Rn. 38 m. w. N.

Voraussetzung für die Anwendbarkeit der nach Art. 5 Abs. 1 Satz 1 lit. a – c ROM II-VO maßgeblichen Rechtsordnungen ist es danach jeweils, dass dasselbe oder ein gleichartiges Produkt für den Haftenden vernünftigerweise voraussehbar in diesem Staat in Verkehr gebracht wurde. Die Vorbehaltsklausel des Art. 5 Abs. 1 Satz 2 ROM II-VO regelt den Fall, dass derjenige, dessen Haftung geltend gemacht wird, das Inverkehrbringen des Produkts oder eines gleichartigen Produkts in dem Staat, dessen Recht nach Art. 5 Abs. 1 Satz 1 lit. a – c ROM II-VO anzuwenden ist, nicht voraussehen konnte. In diesem Fall ist auch dann, wenn der Tatbestand einer der drei Anknüpfungsvarianten des Art. 5 Abs. 1 Satz 1 ROM II-VO erfüllt ist, das Recht des Staates anzuwenden, in dem der ggf. Ersatzpflichtige seinen gewöhnlichen Aufenthalt hat. Im Einzelfall verdrängt somit die Anknüpfung an den gewöhnlichen Aufenthalt des in Anspruch genommenen die Anknüpfungsleiter des Art. 5 Abs. 1 Satz 1 ROM II-VO. Dieser Vorbehalt soll das Haftungsrisiko des Ersatzpflichtigen nach Meinung von Stimmen in der Literatur reduzieren, um die Versicherbarkeit von Haftungsrisiken zu ermöglichen.[125] Erfasst ist insbesondere der Fall, dass das Produkt ohne Zustimmung des in Anspruch Genommenen in dem betreffenden Staat in Verkehr gebracht worden ist.[126] Die **Darlegungs- und Beweislast** für das Eingreifen des Vorbehalts der Vorhersehbarkeit trägt der in Anspruch Genommene.[127]

Beispiel: Kauft der in Deutschland lebende D in Frankreich ein Elektrogerät eines italienischen Herstellers und erleidet er durch das Produkt in Frankreich einen Schaden, so unterliegt die Haftung des Herstellers dann, wenn das Produkt ohne sein Einverständnis nach Frankreich eingeführt worden ist und der Hersteller dies auch bei Anwendung der ihm zumutbaren Sorgfalt nicht voraussehen konnte, italienischem Recht. 121

(ee) Regelungslücke der Anknüpfungsleiter des Art. 5 Abs. 1 Satz 1 ROM II-VO. 122
Die dreistufige Anknüpfungsleiter des Art. 5 Abs. 1 Satz 1 ROM II-VO enthält eine wesentliche Regelungslücke. Sie bestimmt nicht, welches Recht Anwendung finden soll, wenn das Produkt in keinem der in lit. a – c bezeichneten Staaten in den Verkehr gebracht worden ist.

Beispiel: Der in Deutschland lebende D kauft in Japan einen Feuerwerkskörper, der in 123
China hergestellt worden ist. Er reist mit dem Produkt nach Spanien, wo dieses infolge eines Produktfehlers einen Schaden verursacht. Vom chinesischen Hersteller wurde das Produkt nur auf dem chinesischen Markt vertrieben. In diesem Fall ist keine der in Art. 5 Abs. 1a – c ROM II-VO aufgeführten Alternativen erfüllt, da das Produkt weder in Deutschland noch in Japan noch in Spanien in Verkehr gebracht worden ist.

Zur Schließung dieser Lücke werden im Wesentlichen zwei Auffassungen vertreten: 124

Ein Teil der Literatur will in diesem Fall auf die Allgemeine Anknüpfung des Art. 4 125
Abs. 1 ROM II-VO zurückgreifen[128]. Anwendbar wäre dann das Recht am Ort des Primärschadens (Art. 4 Abs. 1 ROM II-VO), soweit nicht ausnahmsweise eine engere Verbindung zu einem anderen Recht besteht (Art. 4 Abs. 3 ROM II-VO).

Nach anderer Auffassung ist das Recht am gewöhnlichen Aufenthalt der in Anspruch 126
genommenen Person anwendbar.[129] Wenn das Recht am gewöhnlichen Aufenthalt des Haftenden schon dann anwendbar ist, wenn er das Inverkehrbringen in einem bestimmten Staat nicht voraussehen konnte, ist es erst recht dann anwendbar, wenn das Produkt dort

---

[125] *Illmer,* RabelsZ 73 (2009), 269, 298.

[126] MüKo/*Junker,* Art. 5 ROM II-VO Rn. 44; *Leible/Lehmann,* RIW 2007, 721, 728.

[127] Palandt/*Thorn,* Art. 5 ROM II-VO Rn. 11; *Illmer,* RabelsZ 73 (2009), 269, 303; *Wurmnest,* in jurisPK-BGB, Art. 5 ROM II-VO Rn. 27.

[128] *Spickhoff,* in FS für Kropholler, 2008, 671, 686 ff.; *Schaub,* in Prütting/Wegen/Weinreich, BGB Kommentar, 8. Aufl. 2013, Art. 5 ROM II-VO Rn. 9.

[129] MüKo/*Junker,* Art. 5 ROM II-VO Rn. 48; *Huber/Illmer,* YbPIL 9 (2007), 31, 43 ff.; *Leible/Lehmann,* RIW 2007, 721, 728; *Wagner,* IPRax 2008, 1, 7; *von Hein,* ZEuP 2009, 6, 28; Palandt/*Thorn,* Art. 5 ROM II-VO Rn. 11.

überhaupt nicht in den Verkehr gebracht wurde (argumentum a fortiori). Diese Lösung, der der Vorzug zu geben ist, schließt die Lücke mithin durch einen Rückgriff auf das Anknüpfungssystem des Art. 5 ROM II-VO, der als Sonderanknüpfungsregel lex specialis zu Art. 4 ROM II-VO ist.

127 **(d) 6. Schritt: Gewöhnlicher Aufenthalt des Herstellers (Art. 5 Abs. 1 Satz 2 ROM II-VO).** Fehlt es an der Voraussetzung des Inverkehrbringens des fehlerhaften Produkts in einem der in Art. 5 Abs. 1 Satz 1 lit. a – c ROM II-VO genannten Orte oder an der Vorhersehbarkeit dieses Inverkehrbringens für den Hersteller, so ist nach Art. 5 Abs. 1 Satz 2 ROM II-VO an den gewöhnlichen Aufenthaltsort des Haftenden, d. h. des Herstellers anzuknüpfen.

128 **(e) 7. Schritt: Verdrängung der Anknüpfungen des Art. 5 ROM II-VO durch eine offensichtlich engere Verbindung mit einer anderen Rechtsordnung (Art. 5 Abs. 2 ROM II-VO).** Sämtliche objektiven Anknüpfungen stehen unter dem Vorbehalt der Ausweichklausel des Art. 5 Abs. 2 ROM II-VO. Nach dieser, der Regelung des Art. 4 Abs. 3 ROM II-VO nachgebildeten Vorschrift, werden die Sonderanknüpfungen des Art. 5 ROM II-VO – mit Ausnahme der Rechtswahlvereinbarung nach Art. 14 Abs. 1 ROM II-VO – durch das Recht eines Staates verdrängt, zu dem eine offensichtlich engere Verbindung besteht. Der Hauptanwendungsfall dieser Korrekturklausel dürfte die in Art. 5 Abs. 2 Satz 2 ROM II-VO enthaltene vertragsakzessorische Anknüpfung sein. Da der Anspruchsgegner nicht zwingend der Produzent sein muss, sondern z. B. auch der Verkäufer sein kann, bietet die Ausweichklausel in nicht wenigen Fällen den Anknüpfungsgleichklang von vertraglicher und deliktischer Haftung für Schäden durch ein fehlerhaftes Produkt.[130]

c) Allgemeine im Produkthaftungsrecht relevante Bestimmungen in ROM II-VO

aa) Geltungsbereich des anzuwendenden Rechts, Art. 15 ROM II-VO

129 In dieser Vorschrift wird der Geltungsbereich des nach der Verordnung anzuwendenden Rechts definiert. Dieser beinhaltet nicht nur **Grund und Umfang der Haftung** (Art. 15 Abs. 1 lit. a ROM II-VO), sondern auch die Bestimmung der Personen, die für ihre Handlungen haftbar gemacht werden können (Art. 15 Abs. 1 lit. a ROM II-VO), Haftungsausschluss- und Haftungsbeschränkungsgründe (Art. 15 Abs. 1 lit. b ROM II-VO), die ersatzberechtigten Personen (Art. 15 Abs. 1 lit. f ROM II-VO), die Bedingungen für das Erlöschen von Verpflichtungen und die Vorschriften über die Verjährung (Art. 15 Abs. 1 lit. h ROM II-VO).

bb) Sicherheits- und Verhaltensregeln, Art. 17 ROM II-VO

130 Nach Art. 17 ROM II-VO sind bei der Beurteilung des Verhaltens der Person, deren Haftung geltend gemacht wird, „faktisch und soweit angemessen" die Sicherheits- und Verhaltensregeln am Ort des haftungsbegründenden Ereignisses als Tatsachenelement zu berücksichtigen. Die Vorschrift spielt eine Rolle, wenn das nach Artt. 4 – 14 ROM II-VO anzuwendende Recht nicht das Recht des Staates ist, in welchem der Ort des schadensbegründenden Ereignisses (der Handlungsort) liegt.[131]

131 Art. 17 ROM II-VO ist nicht auf bestimmte Deliktstypen beschränkt, hat aber – in der bisherigen Praxis – sein Hauptanwendungsgebiet im (Verkehrs-)Unfallrecht. Ein örtlicher Sicherheits- und Verhaltensstandard kann zum Beispiel die Blutalkoholgrenze („Null Pro-

[130] MüKo/*Junker*, Art. 5 ROM II-VO Rn. 53 m. w. N.
[131] Palandt/*Thorn*, Art. 17 ROM II-VO Rn. 2, 3.

mille“), ein Verbot von Mobiltelefongesprächen beim Führen eines Kraftfahrzeugs oder das Gebot sein, auch bei Tage das Fahrlicht einzuschalten.[132] Damit, dass der Verordnungsgeber zwischen der Anwendung von Rechtsnormen und der bloßen Berücksichtigung unterscheidet, soll verdeutlicht werden, dass das nach den Artt. 4 – 12, Art. 14 ROM II-VO ermittelte Statut des außervertraglichen Schuldverhältnisses als solches durch Art. 17 ROM II-VO nicht berührt wird. Der Rechtsanwender darf die in Art. 17 ROM II-VO bezeichneten Vorschriften lediglich, soweit angemessen, im Rahmen der Anwendung des Statuts der unerlaubten Handlung „wie ein Sachverhaltselement“ berücksichtigen.[133]

Auf dem Gebiet der Produkthaftung haben Sicherheitsstandards naturgemäß eine überragende Bedeutung.[134] Nach Art. 17 ROM II-VO sind die Sicherheits- und Verhaltensregeln am Ort des haftungsbegründenden Ereignisses im Rahmen der Haftungstatbestände des anwendbaren Rechts und damit bei der Frage zu berücksichtigen, ob den Schädiger ein Verschulden trifft. Sie dienen der Auffüllung offener Tatbestände des Deliktsstatuts wie etwa der „im Verkehr erforderlichen Sorgfalt“.[135] Handlungsort im Sinne des Art. 17 ROM II-VO ist auf dem Gebiet der Produkthaftung der Vermarktungsort, da der Haftende regelmäßig die Sicherheitsstandards des Ortes einhalten muss, an dem er sein Produkt in den Verkehr bringt.[136] Es ist daher möglich, dass ein in Deutschland hergestelltes Produkt zwar den hier zum Zeitpunkt der Herstellung geltenden DIN-Normen als Mindeststandard entspricht, aber dennoch dadurch Produkthaftpflichtansprüche ausgelöst werden, dass es in ein Land exportiert wird, in dem strengere Sicherheitsstandards herrschen und ein Verstoß gegen diese Sicherheitsstandards Schäden auslöst (z. B. in den USA). 132

cc) Direktansprüche gegen Versicherungen, Art. 18 ROM II-VO

Nach Art. 18 ROM II-VO steht dem Geschädigten ein **Direktanspruch** gegen den Haftpflichtversicherer des Schädigers zu, wenn dies entweder nach dem Recht des Staates, dem das Versicherungsverhältnis unterliegt, zulässig ist (Alt. 1) oder aber, wenn das für die Produkthaftpflicht anwendbare Recht dies vorsieht (Alt. 2). Dabei hat das Gericht das einschlägige Deliktsstatut und das maßgebliche Versicherungsstatut von Amts wegen auf einen Direktanspruch hin zu prüfen und – je nachdem, welches Statut dem Geschädigten einen Rechtsanspruch zubilligt – das dem Geschädigten günstigere Statut anzuwenden.[137] Dieses Günstigkeitsprinzip gilt jedoch nur für das Bestehen und die Modalitäten des Direktanspruchs; in welchem Umfang der Versicherer zur Leistung verpflichtet ist, bestimmt das Statut des Versicherungsvertrags.[138] Generell von der Anknüpfung des Direktanspruchs nach Art. 18 ROM II-VO ausgenommen sind u. a. vertragliche Ansprüche des Geschädigten (Art. 1 Abs. 1 Satz 1 ROM II-VO). 133

Im deutschen Recht bestimmt § 115 VVG, dass Direktansprüche für alle zwingend abzuschließenden Versicherungen bestehen, zu denen u. a. die Kraftfahrzeug-Haftpflichtversicherung gehört (§ 1 PflVG). Weitergehende Regelungen fehlen in Deutschland. 134

Art. 18 ROM II-VO enthält damit eine mit dem Art. 40 EGBGB inhaltlich identische Regelung. Gegenüber dem früheren deutschen IPR haben sich daher in Bezug auf den Direktanspruch durch Inkrafttreten der ROM II-VO keine Änderungen ergeben.[139] 135

[132] *Junker,* NJW 2007, 3675, 3681.
[133] MüKo/*Junker,* Art. 17 ROM II-VO Rn. 2, 22.
[134] Vgl. dazu bereits die Ausführungen sub § 3.
[135] Palandt/*Thorn,* Art. 5 ROM II-VO Rn. 8, 14.
[136] Palandt/*Thorn,* Art. 5 ROM II-VO Rn. 8, 14 ; MüKo/*Junker,* Art. 17 ROM II-VO Rn. 31.
[137] MüKo/*Junker,* Art. 18 ROM II-VO Rn. 12 m. w. N.
[138] MüKo/*Junker,* Art. 18 ROM II-VO Rn. 13 ff.
[139] MüKo/*Junker,* Art. 18 ROM II-VO Rn. 5.

dd) Sachnormverweisung, Art. 24 ROM II-VO

136 Bei sämtlichen Verweisungen handelt es sich um **Sachnormverweisungen,**[140] Art. 24 ROM II-VO. Diese Regelung dient dem Zweck der Rechtsvereinheitlichung.[141] Ein renvoi, d. h. eine Rückverweisung auf die Sachnormen der lex fori oder eine Weiterverweisung auf das Recht eines Dritten Staates ist für den Bereich der außervertraglichen Schuldverhältnisse insgesamt ausgeschlossen. Selbst wenn daher nach den internationalprivatrechtlichen Bestimmungen dieses Rechts das Recht eines anderen Staates anwendbar ist, verbleibt es bei den materiell-rechtlichen Bestimmungen der nach den Vorschriften der ROM II-VO anwendbaren Rechtsordnung. Unerheblich ist dabei, ob das Statut durch objektive Anknüpfung oder Rechtswahl bestimmt wurde.[142] Der Vereinheitlichungszweck der ROM II-VO soll nicht durch die Anerkennung von Rück- oder Weiterverweisungen in Frage gestellt werden.[143]

ee) Ordre Public, Art. 26 ROM II-VO

137 Die Kollisionsregeln der ROM II-VO stehen unter dem Vorbehalt, dass sie nicht gegen den **ordre public** des Staates des angerufenen Gerichts verstoßen, Art. 26 ROM II-VO. Nach diesem Grundsatz wendet ein Gericht die Vorschriften einer fremden Rechtsordnung, die nach den Regeln des internationalen Privatrechts zugrunde zu legen wären, dann nicht an, wenn sie im fundamentalen Widerspruch zur eigenen Rechtsordnung stehen.[144] Die Unvereinbarkeit mit dem ordre public ist von Amts wegen zu prüfen.[145] Das ist zu begrüßen, weil nach der ROM II-VO ggf. auch drittstaatliches Recht Anwendung finden kann, dem nicht schlechthin ein Vertrauensvorschuss eingeräumt werden kann.[146]

138 Unter den ordre public fallen alle „nationalen Vorschriften, deren Einhaltung als so entscheidend für die Wahrung der politischen, sozialen oder wirtschaftlichen Organisation des betreffenden Mitgliedstaates angesehen wird, dass ihre Beachtung für alle Personen, die sich im nationalen Hoheitsgebiet dieses Mitgliedstaates befinden und für jedes dort lokalisierte Rechtsverhältnis vorgeschrieben ist".[147]

139 Auf dem **Gebiet der Produkthaftung** findet sich in Erwägungsgrund 32 eine **Konkretisierung des ordre public.** Danach kann insbesondere die Anwendung einer Norm des nach dieser Verordnung bezeichneten Rechts, die zur Folge haben würde, dass ein unangemessener, über den Ausgleich des entstandenen Schadens hinausgehender Schadensersatz mit abschreckender Wirkung oder Strafschadensersatz zugesprochen werden könnte, je nach der Rechtsordnung des Mitgliedstaats des angerufenen Gerichts als mit der öffentlichen Ordnung („ordre public") dieses Staates unvereinbar angesehen werden. Geboten ist eine am Einzelfall orientierte Bewertung, um im Rahmen der Anwendung des Art. 26 ROM II-VO legitime und mit der deutschen Rechtsordnung vereinbare Funktionen eines über die reine Kompensation hinausgehenden Schadenersatzes von rein pönalisierenden Rechtsfolgen abzugrenzen.[148] Der ordre-public Vorbehalt spielt aus deutscher Sicht zwar

---

140 Palandt/*Thorn,* Art. 24 ROM II-VO Rn. 1.

141 *Junker,* NJW 2007, 3651.

142 Palandt/*Thorn,* Art. 24 ROM II-VO Rn. 1; MüKo/*Junker,* Art. 24 ROM II-VO Rn. 9.

143 MüKo/*Junker,* Art. 24 ROM II-VO Rn. 1.

144 Vgl. Art. 6 EGBGB.

145 *Leible,* RIW 2008, 263; *Leible/Lehmann,* RIW 2007, 734; Palandt/*Thorn,* Art. 26 RomII-VO Rn. 1; MüKo/*Junker,* Art. 26 ROM II-VO Rn. 13; vgl. auch OLG Koblenz, Urt. vom 19.7.2012, Az. 1 U 1/11.

146 So zutreffend *Hein,* ZEuP 2009, 6, 23.

147 EuGH, RIW 2000, 137, zitiert nach Palandt/*Thorn,* Art. 26 ROM II-VO Rn. 1.

148 Palandt/*Thorn,* Art. 26 ROM II-VO Rn 1; BGH, NJW–RR 2000, 1372; BGHZ 141, 286; BVerfG, RIW 2007, 211 – Verfassungsbeschwerde gegen Bewilligung der Zustellung einer Klage auf punitive damages nicht zur Entscheidung angenommen.

insbesondere dann eine Rolle, wenn das anzuwendende Recht die Möglichkeit der Gewährung von Strafschadensersatz (sog. punitive damages oder exemplary damages) vorsieht, wie es insbesondere in den angelsächsischen Rechtsordnungen der Fall ist[149]. Allerdings setzt die Anwendung dieser Vorschriften voraus, dass überhaupt ein deutsches Gericht mit der Anwendbarkeit amerikanischen Rechts befasst wird.

Die Frage eines Verstoßes gegen den „ordre public", speziell im Rahmen der sog. 140
punitive damages stellt sich aber nicht nur im Rahmen des Art. 26 ROM II-VO. Vielmehr versuchen seit Ende der 80er Jahre in den USA verklagte deutsche Unternehmen immer wieder, bereits die Zustellung gegen sie gerichteter Klagen vor allem dann, wenn es sich um Klagen auf punitive damages handelt, unter Berufung auf das Haager Zustellungsübereinkommen (HZÜ)[150], nach dessen Art. 13 Abs. 1 der ersuchte Staat (nur) bei einer Gefährdung seiner Hoheitsrechte oder seiner Sicherheit berechtigt ist, die Zustellung zu verweigern, zu verhindern.[151]

So hatte das BVerfG[152] im Jahr 2003 in der Sache Napster/Bertelsmann die Zustellung 141
einer US-amerikanischen Sammelklage auf Schadenersatz in Höhe von 17 Mrd. US-Dollar untersagt. Der Zweite Senat setzte die Zustellung der Klage aus, weil aus seiner Sicht die Gefahr bestand, dass Bertelsmann durch die von den Klägern aufgebaute Drohkulisse – Sammelklage, exorbitante Schadenhöhe, medialer Druck – in einer mit rechtsstaatlichen Grundsätzen unvereinbaren Weise zu einem Vergleich erpresst werden solle. Das Verfahren endete jedoch ohne abschließende Entscheidung mit der Zurücknahme der Verfassungsbeschwerde, nachdem die Klage zwischenzeitlich einem Vorstandsmitglied der Bertelsmann AG in New York persönlich übergeben und auf diese Weise der Beklagten zugestellt worden war.[153] Letztlich blieben dadurch die aufgeworfenen Rechtsfragen auf verfassungsgerichtlicher Ebene offen.

Umso mehr Aufmerksamkeit hat daher ein Beschluss des BVerfG[154] erzielt, mit dem eine Verfassungsbeschwerde gegen die Bewilligung der Zustellung einer Klage auf punitive damages nicht zur Entscheidung angenommen worden ist.

Der Entscheidung lag folgender Sachverhalt zugrunde: Ein ehemaliger leitender Ange- 142
stellter einer puertoricanischen Tochtergesellschaft des beklagten deutschen Unternehmens hatte die Mutter- und Tochtergesellschaft vor dem zuständigen US-amerikanischen Bundesgericht auf Schadenersatz, u. a. punitive damages in Höhe von mindestens 11.114.500,00 US-Dollar mit der Begründung verklagt, die Beklagte habe bei der Besetzung einer Führungsposition gegen das US-amerikanische Altersdiskriminisierungsgesetz verstoßen. Einen gegen die Zustellung gerichteten Antrag der Beklagten wies das OLG Frankfurt/Main zurück, weil kein Verstoß gegen Art. 13 Abs. 1 HZÜ vorliege. Einen Antrag auf Erlass einer einstweiligen Anordnung lehnte das BVerfG am 11.6.2004 mit der Begründung ab, es sei nicht davon auszugehen, dass die in den USA erhobene Klage „existenzbedrohende" Folgen für die Beklagte habe oder dass die Zustellung zu einem „signifikanten Reputationsverlust" der Beklagten führe. Das BVerfG bekräftigt in dem Beschluss die herrschende Meinung,[155] nach der diese Vorbehaltsklausel des Art. 13 Abs. 1

---

149 Vgl. hierzu die Ausführungen sub § 6 V. 1. c) bb); Rn. 168 ff.

150 BGBl. 1977 II 1453.

151 Vgl. zu Einzelheiten auch *von Hein,* BVerfG gestattet Zustellung einer US-amerikanischen Klage auf Punitive Damages, zugleich Besprechung von BVerfG, RIW 2007, 211.

152 BVerfG, 108, 238.

153 Vgl. zu Einzelheiten auch *von Hein,* BVerfG gestattet Zustellung einer US-amerikanischen Klage auf Punitive Damages, zugleich Besprechung von BVerfG, RIW 2007, 211.

154 BVerfG, RIW 07, 211.

155 BVerfG, RIW 07, 211 im Anschluss an BVerfG, RIW 1995, 320, 321; ebenso OLG Celle, NdsRpfl 2006, 275, 276; OLG Düsseldorf, RIW 2006, 629, 632; OLG Naumburg, WuW 2006, 932, 934 ff.; vgl. aber auch OLG Koblenz, IPRax 2006, 25, nach dem es sich bei den mit den punitive damages eng verwandten treble damages schon nicht um eine Zivil- oder Handelssache

HZÜ sehr eng auszulegen ist. Daher nimmt die Zustellung einer Klage auch nicht die etwaige Prüfung eines ordre-public Verstoßes bei einer späteren Urteilsanerkennung vorweg (§ 328 Abs. 1 Nr. 4 ZPO).[156]

142a Am 9. Januar 2013 hat das Bundesverfassungsgericht in einem aktuellen Beschluss entschieden, dass die Zustellung einer bei einem US-Gericht eingereichten Klage gegen ein deutsches Unternehmen, auch wenn sie auf punitive damages gerichtet ist und der deutschen Beklagten ein Versäumnisurteil droht (hier: wegen behaupteter Markenrechtsverletzungen in den USA) nach dem Haager Zustellungsübereinkommen (HZÜ) zulässig ist. Die gegen die Zustellung der Klage gerichtete Verfassungsbeschwerde hat das BVerfG u. a. mit der Begründung nicht zur Entscheidung angenommen, eine auf punitive damages gerichtete Klage verstoße nicht von vornherein gegen unverzichtbare Grundsätze eines freiheitlichen Rechtsstaates. Auch die hohen Anwaltskosten für ein US-amerikanisches Zivilverfahren, die auch bei Obsiegen der obsiegenden Partei nicht erstattet werden, begründeten keinen Verstoß gegen die Rechtsstaatlichkeit.[157]

ff) Gesetzlicher Forderungsübergang, Art. 19 ROM II-VO

143 Die Vorschrift des Art. 19 ROM II-VO enthält eine Bestimmung über das Statut der Legalzession. Art. 19 ROM II-VO setzt voraus, dass ein Dritter vertraglich oder gesetzlich verpflichtet ist, den Gläubiger wegen seiner Forderung gegen den Schuldner zu befriedigen. Der Dritte muss also anstelle des Schuldners leisten oder geleistet haben.[158] Den gesetzlichen Forderungsübergang knüpft Art. 19 ROM II-VO an die Verpflichtung desjenigen an, zu dessen Gunsten der gesetzliche Forderungsübergang erfolgt. Die Vorschrift hat praktische Relevanz in erster Linie für Schuldverhältnisse aus unerlaubter Handlung. Wenn zum **Beispiel** ein Deutscher in Frankreich bei einer Schlägerei von einem Italiener verletzt wird, richtet sich die Frage, ob der deutsche Krankenversicherer, der die Behandlungskosten seines Versicherungsnehmers zahlt, bei dem Schädiger Regress nehmen kann, gemäß Art. 19 ROM II-VO nach deutschem Recht, weil sich die Leistungspflicht der Krankenversicherung gegenüber seinem Mitglied nach deutschem Recht richtet.

144 Nicht nur, aber insbesondere auf dem Gebiet der Produkthaftung stehen dem Geschädigten häufig Ansprüche gegen mehrere Beteiligte zu. So kommen im Schadenfall neben Ansprüchen gegen den (End-)Hersteller eines Produkts, unter Umständen auch Ansprüche gegen den Zulieferer von schadhaften Komponenten oder/und – wenn auch nur ausnahmsweise – auch gegen ein Vertriebsunternehmen, das Rückrufaktionen oder Produktwarnungen hätte veranlassen können, in Betracht. Stehen dem Geschädigten dabei mehrere Schädiger als Gesamtschuldner gegenüber und wird der Geschädigte von dem Haftpflichtversicherer eines Schädigers befriedigt, so entsteht eine kollisionsrechtlich äußerst komplexe Situation. Art. 19 ROM II-VO bestimmt in diesem Fall das Recht, das den Übergang der Ansprüche des Versicherungsnehmers (d. h. des Schädigers, dessen Haftpflichtversicherung gezahlt hat) auf die Versicherung regelt. Die Ansprüche des Versicherungsnehmers auf Ausgleich durch die anderen Schädiger bestimmt sich demgegenüber gemäß Art. 20 ROM II-VO nach dem Recht, das auf die Verpflichtung dieses Schuldners gegenüber dem Gläubiger anzuwenden ist (siehe unten).

---

i. S. d. Art. 1 Abs. 1 HZÜ handele; zumindest werde gegen die Souveränität der Bundesrepublik i. S. d. Art. 13 Abs. 1 HZÜ verstoßen.

[156] Vgl. hierzu auch die Ausführungen sub § 10 V. 4 Rn. 25 ff.

[157] BVerfG 2 BvR 2805/12, NJW 2013, 990 sowie VP 2013, 145.

[158] MüKo/*Junker*, Art. 19 ROM II-VO Rn. 10.

gg) Mehrfache Haftung, Art. 20 ROM II-VO

Art. 20 ROM II-VO regelt den Innenausgleich zwischen mehreren für dieselbe Schuld haftenden Schuldnern. Danach ist für den etwaigen Ausgleichsanspruch das Recht, dem der getilgte Anspruch unterliegt, also das Forderungsstatut der getilgten Forderung, anzuwenden.[159] Nach diesem Recht ist daher auch die Frage zu beantworten, ob und in welchem Umfang der leistende Schuldner die Forderung des Gläubigers gegen die übrigen Schuldner erwirbt (Legalzession).[160] Ebenso wie Art. 19 ROM II-VO hat auch Art. 20 ROM II-VO praktische Bedeutung in erster Linie im Deliktsrecht und hier bei der Bestimmung des Rechts, das auf den Innenausgleich zwischen mehreren deliktisch haftenden Gesamtschuldnern anzuwenden ist. Dabei ist Art. 20 ROM II-VO auch dann maßgebend, wenn sich die Verpflichtung der Gesamtschuldner dem Gläubiger gegenüber aus verschiedenen Rechtsordnungen ergibt.[161] Um „dieselbe Forderung" handelt es sich daher nicht nur dann, wenn alle Gesamtschuldner nach demselben Recht haften. Erforderlich und ausreichend ist vielmehr, dass der Geschädigte nach allen in Betracht kommenden Forderungsstatuten nur einmal Befriedigung seines Interesses verlangen kann und es sich um gleichrangige Ansprüche handelt. Denn gerade in einem solchen Fall erfüllt die Vorschrift des Art. 20 ROM II-VO ihre Funktion, eine Normenkollision zu entscheiden. Im Fall einer Normenkollision bestimmt Art. 20 ROM II-VO die Anwendbarkeit des Rechts, das auf die getilgte (oder zu tilgende) Forderung aus dem außervertraglichen Schuldverhältnis anzuwenden ist (Forderungsstatut).[162] Der Nachteil, den ein Gesamtschuldner dadurch erfährt, dass der Gläubiger von ihm Leistung fordert und erhält, erhält somit eine gewisse Kompensation dadurch, dass er von den anderen Schuldnern nach demselben Recht, nach dem er haftet, Rückgriff nehmen kann.[163] 145

Beispiel: Ein französischer Zulieferer hat eine bestimmte Komponente an einen japanischen (End-) Hersteller geliefert. Das Produkt wird nach Fertigstellung von Japan über einen deutschen Händler nach Deutschland exportiert und führt dort aufgrund der mangelbehafteten Komponente des französischen Zulieferers zu Schäden bei deutschen Nutzern. Die Ansprüche der Geschädigten gegen den deutschen Importeur und den japanischen Hersteller richten sich gemäß Art. 5 Abs. 1 Satz 1 ROM II-VO nach deutschem Recht, wenn der Geschädigte dort seinen gewöhnlichen Aufenthalt hat. Wenn der französische Zulieferer aber vernünftigerweise nicht voraussehen konnte, dass die von ihm gelieferte Komponente in Deutschland vertrieben werden würde, würde sich seine Haftung dem Geschädigten gegenüber nach französischem Recht bestimmen, Art. 5 Abs. 1 Satz 2 ROM II-VO. Wenn der Geschädigte aber den deutschen Hersteller in Regress nehmen würde, würden sich dessen Rückgriffsansprüche – auch – gegen den französischen Zulieferer nach deutschem Recht richten, soweit nicht durch Vertrag, was aber in der Praxis der Regelfall ist, anderweitiges vereinbart worden wäre.

Eine analoge Anwendung des Art. 16 Satz 2 ROM I-VO kommt im Rahmen des Art. 20 ROM II-VO nicht in Betracht. Art. 16 ROM I-VO sieht im Rahmen vertraglicher Schuldverhältnisse eine Erweiterung bezüglich der Verteidigungsmittel der übrigen Schuldner im Rahmen des Gesamtschuldnerausgleichs vor. Die übrigen Schuldner können dem Schuldner, der, nachdem er den Gläubiger befriedigt hat, Ausgleich von ihnen begehrt, diejenigen Einwände entgegenhalten, die ihnen gegenüber dem Gläubiger zugestanden haben, soweit dies gemäß dem auf ihre Verpflichtung gegenüber dem Gläubiger 146

[159] *Junker,* NJW 2007, 3675, 3681; *Leible/Lehmann,* RIW 2007, 721, 734; *Wagner,* IPRax 2008, 1, 16; MüKo/*Junker,* Art. 20 ROM II-VO Rn. 1.

[160] MüKo/*Junker,* Art. 20 ROM II-VO Rn. 1.

[161] MüKo/*Junker,* Art. 20 ROM II-VO Rn. 10; *Leible/Lehmann,* RIW 2007, 721, 734.

[162] MüKo/*Junker,* Art. 20 ROM II-VO Rn. 13.

[163] MüKo/*Junker,* Art. 20 ROM II-VO Rn. 13.

anzuwendenden Recht zulässig wäre. Diesen Zusatz enthält Art. 20 ROM II-VO nicht. Dabei hat der Verordnungsgeber in Kenntnis der Problematik eine entsprechende Regelung unterlassen, so dass eine analoge Anwendung mangels einer planwidrigen Regelungslücke ausscheidet. In dem oben genannten Beispielsfall könnte sich daher der französische Zulieferer nicht auf Einreden und Einwendungen berufen, die ihm nach französischem Recht gegen Schadenersatzansprüche des Geschädigten zustehen würden.

hh) Verhältnis zu anderen Kollisionsnormen

147 Wenn eine unerlaubte Handlung bzw. ein Schaden aus einem fehlerhaften Produkt unter verschiedene Sonderkollisionsnormen subsumiert werden kann, stellt sich die Frage, welcher Vorschrift dann der Vorrang zukommt (sog. Mehrfachqualifikation). Führt etwa ein mangelhaftes Produkt neben einem Personen- oder Sachschaden zu einer Umweltschädigung, so konkurrieren die Sonderkollisionsnormen des Art. 5 ROM II-VO (Produkthaftung) und des Art. 7 Rom II–VO (Umweltschädigung).

148 Die h. M. in der Literatur gibt der Vorschrift des Art. 7 ROM II-VO den Vorrang.[164] Dem ist zuzustimmen. Ein Vergleich der Erwägungsgründe Nr. 20 (zu Art. 5: gerechte Verteilung der Risiken einer modernen, hochtechnisierten Gesellschaft, Schutz der Gesundheit der Verbraucher, Schaffung von Innovationsanreizen, Gewährleistung eines unverfälschten Wettbewerbs und Erleichterung des Handels) und Nr. 25 (zu Art. 7: Erreichung eines hohen Schutzniveaus, Vorsorge und Vorbeugung, Bekämpfung von Umweltbeeinträchtigungen vorrangig an ihrem Ursprung) macht die herausragende Bedeutung des Umweltschutzes innerhalb der EU deutlich.[165] Der Vorschrift des Art. 7 ROM II-VO gebührt daher im Konkurrenzfall als speziellerer Norm der Vorrang.

149 Natürlich geht dies zudem nur im Rahmen der bestehenden Übereinkommen.[166]

2. Verhältnis der Vorschriften der ROM II-VO zum nationalen deutschen Recht, Art. 40 ff. EGBGB

150 Die ROM II-VO löst für Ansprüche aus außervertraglichen Schuldverhältnissen, die seit dem 11.1.2009 entstanden sind, die Kollisionsnormen des EGBGB (Artt. 38 – 42 EGBGB) ab. Die Regelungen des EGBGB bleiben jedoch für „Altfälle" und für gesetzliche Schuldverhältnisse, die ausdrücklich aus dem Anwendungsbereich der ROM II-VO ausgeschlossen wurden, nämlich die Haftung für Persönlichkeitsverletzungen und für Schäden aus Kernenergie (Art. 1 Abs. 2 lit. f, g ROM II-VO) in Kraft.

151 Nach der Generalklausel des Art. 40 Abs. 1 EGBGB unterliegen Ansprüche aus unerlaubter Handlung grundsätzlich dem Recht des Staates, in dem der Ersatzpflichtige gehandelt hat, **sog. Tatortprinzip.** Die Tatortregel wird aber durch die vorrangige Sonderanknüpfung an den **gemeinsamen gewöhnlichen Aufenthalt** der Beteiligten verdrängt (Art. 40 Abs. 2 EGBGB). Die Norm kommt insbesondere bei Verkehrsunfällen von zwei in Deutschland lebenden Personen im Ausland zur Anwendung. Die Anknüpfung an den vorrangigen gemeinsamen gewöhnlichen Aufenthalt nach Art. 40 Abs. 2 EGBGB oder an den Tatort nach Art. 40 Abs. 1 EGBGB entfällt aber dann, wenn der Schadenfall nach der Gesamtheit der Umstände mit dem Recht eines anderen Staates eine **wesentlich engere Verbindung** aufweist, Art. 41 Abs. 1 EGBGB. Eine solche wesentlich engere Verbindung

---

[164] Palandt/*Thorn,* Art. 7 ROM II-VO Rn. 2; MüKo/*Junker,* Art. 5 ROM II-VO Rn. 20 m. w. N.

[165] Vgl. hierzu *von Hein,* VersR 2007, 440, 449.

[166] Vgl. Art. 28 Abs. 1 ROM II-VO und etwa das Internationale Übereinkommen über die zivilrechtliche Haftung für Ölverschmutzungs-Schäden, BGBl. 1994 II, 1150; 1996 II, 670 zitiert nach Palandt/*Thorn,* Art. 7 ROM II-VO Rn. 5.

kann sich insbesondere aus einer besonderen rechtlichen oder tatsächlichen Beziehung zwischen den Beteiligten im Zusammenhang mit dem Schuldverhältnis ergeben (Art. 41 Abs. 2 Ziff. 1 EGBGB). Schließlich können die Parteien das anwendbare Recht nach der Entstehung des deliktischen Schuldverhältnisses auch durch ausdrückliche oder konkludente Rechtswahl bestimmen, Art. 42 EGBGB.

Der **wesentliche Unterschied** der **ROM II-VO** zu den Vorschriften der **Art. 38 ff. EGBGB** besteht in **Produkthaftungsfällen** darin, dass Art. 5 Abs. 1 ROM II-VO die Tatortregel des Internationalen Deliktsrechts **konkretisiert, modifiziert** und **verdrängt** (Schritte 3 – 6).[167] Im Rahmen der ROM II-VO kommt daher von vornherein die Grundregel des Art. 4 Abs. 1 ROM II-VO (Tatortregel) nicht zur Anwendung, während nach dem früheren deutschen Internationalen Privatrecht die Grundregel des Art. 40 Abs. 1 EGBGB in Produkthaftungsfällen durch die Rechtsprechung konkretisiert werden musste. Der Bundesgerichtshof hat den Sitz des Herstellers als Handlungsort und den Ort der Rechtsgutsverletzung als Erfolgsort angesehen.[168] In der Literatur wurde vielfach der Ort des Inverkehrbringens als Handlungsort definiert.[169] 152

IV. Flucht ins schweizerische Recht

Die in Deutschland immer noch vorherrschende restriktive Einstellung der Richterschaft – nicht zuletzt gegenüber Haftungsfreizeichnungsklauseln im unternehmerischen AGB-Verkehr – wird, nicht ganz zu Unrecht, nach wie vor als Nachteil empfunden.[170] Nicht selten wird in diesem Zusammenhang – quasi als Ausweichlösung – die „Wahl des schweizerischen Rechts" empfohlen.[171] Besonders Unternehmen des Anlagenbaus, aber auch des Maschinenbaus wählen – nicht zuletzt wegen der vermeintlich weitergehenden Haftungsfreizeichnungsmöglichkeit bei AGB – nicht selten das schweizerische Recht. Das AGB-Recht ist auch in der Schweiz kodifiziert. Insoweit ist auf § 8 schweizerUWG zu verweisen. Dabei geht es um die Verwendung sog. „missbräuchlicher Geschäftsbedingungen". Nach § 8 schweizerUWG handelt unlauter insbesondere, wer vorformulierte AGB verwendet, die in irreführender Weise zum Nachteil einer Vertragspartei a) von der unmittelbar oder sinngemäß anwendbaren gesetzlichen Ordnung erheblich abweichen oder b) eine der Vertragsnatur erheblich widersprechende Verteilung von Rechten und Pflichten vorsehen. Offen bleibt – bei Betrachtung dieser Regelung –, ob wirklich dem 153

---

167 MüKo/*Junker*, Art. 5 ROM II-VO Rn. 11.

168 BGH, NJW 1981, 1606; BGH, IPRspr 02, Nr. 46.

169 MüKo/*Junker*, Art. 40 EGBGB Rn. 154, 155.

170 Am bisherigen Status quo allerdings festhalten will *Graf von Westphalen*, Wider einen Reformbedarf beim AGB-Recht im Unternehmensverkehr, NJW 2009, 41; *ders.*, Wider die angebliche Unattraktivität des AGB-Rechts, BB 2010, 195; *ders.*, Die Begründungslast der Reformer des AGB-Rechts, BB 2012, I („Die erste Seite"); vgl. demgegenüber *Berger*, Abschied von der Privatautonomie im unternehmerischen Geschäftsverkehr, ZIP 2006, 2149 und vertiefend *ders.*, NJW 2010, 465; ebenso *Dauner-Lieb*, Quo vadis AGB – Kontrolle im unternehmerischen Geschäftsverkehr?, ZIP 2010, 309; *Lenz*, Die Rechtsabteilung, § 12 Vertragsgestaltung und Vertragsrecht, Rn. 10 m. w. N. in den Fn. 9 ff.; vgl. dazu auch die Stellungnahme des deutschen Anwaltsvereins für eine Änderung des AGB-Rechts und Vorschläge zu Gesetzesänderungen in WN, AnwBl. 2012, 402 ff.

171 *Brachert/Dietzel*, Deutsche AGB-Rechtsprechung und Flucht ins schweizerische Recht, ZGS 2005, 441; vgl. zu einem Überblick über das AGB-Recht der Schweiz etwa *Ramstein*, Allgemeine Geschäftsbedingungen in der Schweiz, RiW 1988, 440; und/oder auch *Bucher*, in Baseler Kommentar zum Obligationenrecht, 4. Aufl. 2007, Art. 1 OR Rn. 66 ff.; *Graf von Westphalen* über die Nutzlosigkeit deutscher Haftungsfreizeichnungsregelungen, DB 1997, 1805.

schweizerischen AGB-Recht – wie nicht selten behauptet wird – ein engerer AGB-Begriff als dem deutschen Recht und damit ein größerer Bereich kontrollfreier Vertragsbedingungen zugrunde liegt.[172] Richtig ist, dass es nach schweizerischem Recht keine Rolle spielt, ob die Klauseln vom Verwender oder von einem Dritten stammen.[173] Auch bei Incoterms wird der AGB-Charakter verneint.[174] Die AGB-Kontrolle wird nach schweizerischem Recht von Generalklauseln des Zivilrechts übernommen. Insbesondere von Bedeutung sind die Artt. 19, 20 schweizerOR sowie Art. 27 schweizerZGB.[175] In diesem Zusammenhang ist aber auch auf Art. 100 Abs. 1 und 2 des schweizerischen Obligationenrechts (OR) zu verweisen. Nach Art. 100 Abs. 1 schweizerOR ist eine „zum Voraus getroffene Verabredung, wonach die Haftung für rechtswidrige Absicht oder **grobe Fahrlässigkeit** ausgeschlossen sein würde, **nichtig**" und nach Art. 100 Abs. 2 schweizerOR kann auch ein zum Voraus erklärter **„Verzicht auf Haftung für leichtes Verschulden** nach Ermessen des Richters **als nichtig betrachtet werden,** wenn der Verzichtende zur Zeit seiner Erklärung im Dienst des anderen Teiles stand, oder wenn die Verantwortlichkeit aus dem Betriebe eines obrigkeitlich konzessionierten Gewerbes folgt". Um es anders auszudrücken: Auch nach schweizerischem Recht ist nach der gesetzlichen Ausgangslage die Haftungsfreizeichnung **für Vorsatz und grobe Fahrlässigkeit** stets unwirksam, so dass nicht einmal unterschieden werden muss zwischen Individualvereinbarung und AGB-Vertrag.[176] Bei Vorliegen leichter Fahrlässigkeit **entscheidet der Richter** (Art. 100 Abs. 2 schweizerOR), aber – dies ergibt sich aus der gesetzlichen Lage – nur, soweit es um die Freizeichnung des Arbeitgebers im Rahmen von Arbeitsverträgen oder um die Haftung des Inhabers eines behördlich konzessionierten Betriebes geht.[177] Außerdem ist nach Art. 199 schweizerOR die Abbedingung der **kaufrechtlichen Gewährleistungspflicht** im **Falle der Arglist unwirksam,** und die **Freizeichnung bei Verursachung von Körperschäden** unzulässig.[178] Immerhin: Nach schweizerischem Recht besteht für den **Lieferanten** im Unternehmensverkehr aber die Möglichkeit der **Haftungsbegrenzung für grobes Verschulden,**[179] und ferner ist – bei einer Zugrundelegung der kaufrechtlichen Vorschrift des Art. 199 schweizerOR – vom Standpunkt des Verkäufers aus, der zugleich Hersteller der Sache ist, das schweizerische Recht wohl optimal, da ihn dann nicht die volle, nicht durch AGB abdingbare Wucht des Schadenersatzanspruches trifft.[180] Zusammenfassend lässt sich daher folgendes formulieren: Bei Lieferverträgen kann die Haftung für leichte Fahrlässigkeit ausgeschlossen werden, aber ob dies im Ergebnis stets wirksam geschehen kann, bleibt auch nach schweizerischer Rechtsordnung unsicher. Bei Körperschäden sind Haftungsfreizeichnungsklauseln ebenso unwirksam wie nach deutschem Recht. Daher wachsen auch, wie *Pfeiffer*[181] betont, die „Gestaltungspotentiale nicht in den Himmel". Wird Art. 199 schweizerOR jedoch als Spezialregelung angesehen, was nicht unumstritten ist, tun sich insbesondere Verkäufer, auch wenn sie zugleich Hersteller sind, leichter. Es ist

---

[172] *Pfeiffer,* Flucht ins schweizerische Recht?, in FS für Graf von Westphalen, 2010, 555, insbes. 557.

[173] *Kut/Schnyder,* in Handkommentar zum Schweizer Privatrecht, Art. 1 OR Rn. 47; *Pfeiffer,* in FS für Graf von Westphalen, 558.

[174] *Bucher,* in Baseler Kommentar, Art. 1 OR Rn. 49 ff.; *Pfeiffer,* in FS für Graf von Westphalen, 558 Fn. 10.

[175] Die Vorschriften finden sich bei *Pfeiffer,* in FS für Graf von Westphalen, 559, abgedruckt in der Fn. 18.

[176] Ebenso *Pfeiffer,* in FS für Graf von Westphalen, 561; vgl. auch *Rusch/Bornhauser,* AJP/PJA 10/2010, 1228 ff.

[177] *Pfeiffer,* in FS für Graf von Westphalen, 562.

[178] Vgl. Nachweise bei *Pfeiffer,* in FS für Graf von Westphalen, 563.

[179] So ausdrücklich *Pfeiffer,* in FS für Graf von Westphalen, 562.

[180] So explizit *Pfeiffer,* in FS für Graf von Westphalen, 562.

[181] *Pfeiffer,* in FS für Graf von Westphalen, 567.

dann ein Mehr an Haftungsbegrenzung gegenüber deutschem Recht möglich, insbesondere in AGB.[182]

V. Wesentliche Besonderheiten in außereuropäischen ausländischen Rechtsordnungen – Begrifflichkeiten

Zwischen Herausgeber und Verlag bestand Einigkeit, dass es vermessen wäre, im Rahmen dieses Buchprojektes auch nur ansatzweise detailliert auf ausländische Rechtsordnungen im Zusammenhang mit dem Produkthaftungsrecht einzugehen. Da sich das Werk aber auch an die Juristen wendet, die sich als Einsteiger mit dem Produkthaftungsrecht beschäftigen, sind wir übereingekommen, zumindest **Lese-** und **Begriffshilfen** und **qualifizierte Rechtsprechungs- und Literaturempfehlungen** geben zu wollen, und standen darüber hinaus dann vor der Frage, welche konkreten Rechtsordnungen welcher Länder denn angeführt werden sollen. Insoweit stand schnell fest, dass dies auf der einen Seite das US-amerikanische Produkthaftungsrecht sein sollte – schon wegen der häufig vorkommenden Berührung mit den Begrifflichkeiten des US-Rechts auch in der europäischen bzw. der deutschen Produkthaftungspraxis – und, da dieses Land permanent an Einfluss gewinnt und die Zusammenarbeit der Märkte von Europa und Asien sich stetig entwickelt, auch China. **154**

Aber: Auch insoweit können wir lediglich auf einige gesetzliche Grundlagen und/oder – quasi im Telegrammstil – auf einige Schlüsselbegriffe eingehen. **155**

1. Einige Bemerkungen zum Produkthaftungsrecht der Vereinigten Staaten von Amerika

a) Grundlagen im Haftungssystem

Die Grundzüge des **Common Law**[183] sind fast Vorbedingung für das Verständnis des Produkthaftungsrechts in den USA. Das Common Law ist ein in zahlreichen englischsprachigen Ländern vorherrschender Rechtskreis, der sich nicht in erster Linie auf geschriebene Gesetze stützt, vielmehr auf einer Sammlung von gerichtlichen Entscheidungen (sog. Präzedenzfälle) und auf richterlicher Auslegung (Richterrecht) basiert.[184] Der Ursprung des US-amerikanischen Produkthaftungsrechts lässt sich auf (spätes) römisches und vor allem auf altes englisches Recht zurückführen.[185] Zunächst galt lediglich die Regel, um bewusst nicht von einem „Prinzip“ zu sprechen, des sog. **caveat emptor** (lat.: „Der Käufer hüte sich“-“Let the buyer beware“): Der Käufer konnte einen Anspruch wegen Schäden infolge des Mangels einer Sache eben nur geltend machen bei entsprechender Garantie oder bei Betrug.[186] Selbst die zunächst im 18. und 19. Jahrhundert durch Richter weit ausgelegte Doktrin half dem Erwerber häufig aber nicht **156**

---

[182] Vgl. dazu auch *Rusch/Bornhauser,* AJP/PJA 10/2010, 1228 ff.; aber auch *Oesch,* Die Freizeichnung im schweizerischen vertraglichen Schadenersatzrecht und ihre Schranken, Diss. Basel 1978, 77 und die Beispiele, die dort zitiert werden unter Berufung auf die Rechtsprechung BGE 128 III, 76 ff./PRA 2002 Nr. 56.

[183] *Hay,* US-Amerikanisches Recht, 2011, Rn. 1.

[184] Zur Mehrdeutigkeit des zumeist unübersetzt bleibenden Begriffs, u. a. *Harris,* An Introduction to Law, 1999, 204 ff.; *Gildeggen/Willburger,* Internationale Handelsgeschäfte, 88 ff.

[185] *Owen,* Products Liability, 2008, 5 ff.; *Geistfeld,* Principles of Products Liability, 1 ff.; *Rödl & Partner,* Handbuch Internationale Produkthaftung, 325.

[186] *Owen,* Products Liability, 6; *Geistfeld,* Principles of Products Liability, 1 ff.

weiter[187] (dazu sogleich weiter unten). *Owen*[188] meint zum modernen US-Recht, dass das Produkthaftungsrecht (seit 1965) „ranks as one of the most important fields of law", also eines der bedeutsamsten Gebiete im U. S.-Recht geworden sei.

157 Unter dem Begriff der **product liability** wird, insoweit nicht wesentlich abweichend von deutsch-rechtlichen Vorstellungen, die Haftung von Herstellern, Zulieferern, Distributoren u. a. für Schäden aus dem Gebrauch oder im Umgang mit fehlerhaften Produkten verstanden.[189] In den USA haben die Bundesstaaten die gesetzgebende Kompetenz, so dass es ein einheitliches US-amerikanisches Produkthaftungsrecht nicht gibt,[190] eben nur für Teilaspekte, in denen es übergeordnete Kompetenzen gibt.[191] Eine gewisse Vereinheitlichung wurde mit dem Restatement (Third) of Torts ab 1997 erreicht (dazu weiter unten). Trotz unterschiedlicher Regelungen im Detail[192] und unter der Beachtung der unterschiedlichen Regelungen der Bundesstaaten und der (ebensowenig einheitlichen) Rechtsprechung in diesen Staaten, haben sich gewisse **Grundlagen zur Haftung und zum Umfang derselben** entwickelt, die nachfolgend dargestellt werden sollen: So stellt das US-Produkthaftungsrecht dem Geschädigten im Wesentlichen – im Detail gibt es Unterschiede in den einzelnen Bundesstaaten – **drei Anspruchsgründe („causes of action")**,[193] die sich nicht gegenseitig ausschließen, sondern nebeneinander stehen, zur Verfügung: Die Verschuldenshaftung im Sinne einer **Fahrlässigkeitshaftung („negligence")**, die sog. **Gewährleistungshaftung („breach of warranty")** sowie die sehr bedeutsame sog. **verschuldensunabhängige (strenge) Gefährdungshaftung („strict liability in tort")**.[194]

b) Anspruchsbegründungen

aa) Fahrlässigkeitshaftung („negligence")

158 Die Fahrlässigkeitshaftung in Amerika wurde ab dem 19. Jahrhundert entwickelt.[195] Insoweit ist auf die berühmte Entscheidung **Winterbottom ./. Wright** aus dem Jahr 1842 zu verweisen, in der der Rechtssatz aufgestellt wurde, dass eine Partei nur seinem Vertragspartner gegenüber deliktisch hafte.[196] Der Kläger war Angestellter eines Kutscheneigentümers. Die Kutsche hatte letztgenannter von einem „supplier" (hier: Hersteller/Verkäufer) erworben. Der Angestellte, der wegen eines Mangels an der Kutsche gestürzt und Schäden erlitten hatte, verklagte den „supplier", obwohl er mit diesem keine vertragliche Beziehung hatte.[197] Sorgfaltspflichten wurden – nach diesem als **„privity of contract"** bezeichneten

---

187 Ab dem 20. Jahrhundert wurden die Gerichte restriktiver und es kam zur Haftung aufgrund von „warranties of quality", Uniform Sales Act of 1906; dazu auch *Owen,* Products Liability, 8.

188 *Owen,* Products Liability, 12 ff.

189 *Travers,* Products Liability I, § 1, 12, zitiert nach Assmann/Bungert/Knapp, Handbuch des US-amerikanischen Handels-, Gesellschafts- und Wirtschaftsrechts, Band 1, 197 ff.; *Kane Russell Coleman & Logan PC,* The National Law Review, 2010 (retrieved 2012); *Hay,* US-Amerikanisches Recht, 140 Rn. 394 ff. mit zahlreichen weiteren Nachweisen in Fn. 221 u. a. auf *Zekoll,* IPRax 1997, 198.

190 So zu Recht *Gildeggen/Willburger,* Internationale Handelsgeschäfte, 88; *Knapp,* Die US-amerikanische Produkthaftung in der Praxis der deutschen Automobilindustrie, 39.

191 *Gildeggen/Willburger* erwähnen u. a. den Consumer Product Safety Act in Fn. 83.

192 So *Gildeggen/Willburger,* Internationale Handelsgeschäfte, 88.

193 *Assmann/Bungert/Knapp,* 198 ff.; *Rödl & Partner,* Handbuch Internationale Produkthaftung, 325; *Owen,* Products Liability, 45 ff.

194 *Owen,* Products Liability, 45 ff., 126 ff.; *Assmann/Bungert/Knapp,* 198, Rn. 6, 7 ff.

195 Winterbottom ./. Wright, 152 Eng. Rep. 402 (Ex. 1842); MacPherson ./. Buick Motor Co., 111 N. E. 1050, 1053 (N. Y. 1916); *Assmann/Bungert/Knapp,* 199, Rn. 10; *Owen,* Products Liability, 9; *Geistfeld,* Principles of Products Liability, 9.

196 *Hay,* US-Amerikanisches Recht, 140 Rn. 394.

197 Winterbottom ./. Wright, 152 Eng. Re. 402 (Ex. 1842); dazu *Geistfeld,* Principles of Products Liability, 9.

Grundsatz – nach dieser Entscheidung jedoch „nur“ bei **bestehenden vertraglichen Beziehungen** angenommen.[198]

Dieser Grundsatz wurde erst 1916 aufgegeben: Insoweit ist auf die Leitentscheidung zur Fahrlässigkeitshaftung im Fall **MacPherson ./. Buick Motor & Co** zu verweisen:[199] Der amerikanische Automobilhersteller Buick hatte ein Kraftfahrzeug hergestellt. Dieses kaufte im Jahre 1911 der Grabsteinhändler Donald MacPherson bei einem lokalen Automobilverkäufer. Die von einem Zulieferer hergestellten Räder waren vor ihrem Einbau einer Wareneingangskontrolle nicht unterzogen worden[200]. Kurz nach dem Kauf, als MacPherson einen kranken Nachbarn ins Hospital fuhr, brachen die Speichen eines Holzrades und es kam zu einem Unfall, bei dem MacPherson unter die Achse geriet und verletzt wurde. Das Gericht entschied, dass derjenige, der ein Produkt in Verkehr bringt, welches Gefahren für Leib und Leben auslöst, und aus Fahrlässigkeit die in Rede stehenden Pflichten verletzt, Schadenersatz zu leisten hat, **auch wenn keine vertragliche Grundlage eingreift** und sprach MacPherson 5.000,00 US-Dollar zu.[201] 159

Heute erfordert ein Anspruch aus „negligence“ einen Verstoß des Schädigers (vor allem des Herstellers, aber auch des Verkäufers)[202] gegen eine gegenüber dem Geschädigten bestehende Sorgfaltspflicht („duty of care“),[203] den Eintritt eines Schadens („damages/loss“), und einen Kausalzusammenhang zwischen fahrlässigem Verhalten und dem eingetretenen Schaden.[204] Verwiesen werden soll beispielsweise auf die Entscheidung United States ./. Carroll Towing Co.[205] Haftungsfreistellungen wirken nur gegenüber dem Vertragspartner.[206] In den Bundesstaten, die die verschuldensunabhängige Haftung eingeführt haben, ist die Bedeutung der „negligence-Haftung“ zwar rückläufig, aber noch immer hoch.[207] Auf diese Haftungsgrundlage stützen sich vor allem Klagen gegen die Zigaretten- und gegen die Waffenindustrie.[208] 160

bb) Breach of Warranty – Zusicherungs-/Gewährleistungshaftung

Zunächst zu Begrifflichkeiten: **„Warranty“** hat – sieht man von der versicherungsspezifischen Terminologie ab – im Wesentlichen zwei Bedeutungen.[209] Im Vertragsrecht kommt es nicht selten zu sog. ausdrücklichen („express“) oder konkludenten („implied“) Warran- 161

---

[198] *Owen*, Products Liability, 9 und so auch ausdrücklich *Assmann/Bungert/Knapp*, 199, Rn. 10.

[199] MacPherson ./. Buick Motor Co., 111 N. E. 1050 (N. Y. 1916); dazu auch *Owen*, Products Liability, 9, Sachverhalt und Kommentierung auf 10 ff.; *Assmann/Bungert/Knapp*, 199, Rn. 10; die Entscheidung ist in deutscher Übersetzung abgedruckt bei *Hay*, US-Amerikanisches Recht, 300 ff. im Anhang 1.

[200] Vgl. dazu auch *Gildeggen/Willburger*, Internationale Handelsgeschäfte, 89, 90.

[201] Vgl. dazu *Owen*, Products Liability, 10; *Hay*, US-Amerikanisches Recht, 300 ff. und 140 ff.

[202] *Gildeggen/Willburger*, Internationale Handelsgeschäfte, 89.

[203] Die US-amerikanische Rechtsprechung hat inzwischen vielfältige Sorgfaltspflichten entwickelt (vgl. dazu *Gildeggen/Willburger*, Internationale Handelsgeschäfte, 89), deren Verletzung der Kläger grundsätzlich darlegen und im Streitfalle beweisen muss (*Rödl & Partner*, Handbuch Internationale Produkthaftung, 328), wobei ihm aber Beweiserleichterungen zu Gute kommen können (*Gildeggen/Willburger*, Internationale Handelsgeschäfte, 89).

[204] *Assmann/Bungert/Knapp*, 199 Rn. 11.

[205] United States ./. Caroll Towing Co. 159 F. 2d 169 (2rd Cir. 1947); dazu auch *Owen*, Products Liability, 15 ff.

[206] *Gildeggen/Willburger*, Internationale Handelsgeschäfte, 89; *Rödl & Partner*, Handbuch Internationale Produkthaftung, 328: Die Haftung für Sachschäden kann vertraglich ausgeschlossen werden, der Ausschluss von Personenschäden ist ohnehin sittenwidrig.

[207] *Assmann/Bungert/Knapp*, 199 Rn. 7

[208] *Gildeggen/Willburger*, Internationale Handelsgeschäfte, 88, dort Fn. 84: „negligent marketing and distribution practices“.

[209] Vgl. statt anderer Oxford, Dictionary of Law.

ties, also zu „Zusicherungen/Garantien“, die – bei Verletzung – dann zur Haftung führen können; oder aber die „Warranty“ wird i. S. einer (echten) „Garantie“ verstanden („guarantee“: „it is still under warranty“; „the warranty states that the guarantor shall repair or replace any defective part free of charge“; „the warranty covers spare parts but not labor costs“; „this car is sold with a twelve-month warranty“). Mit dem Begriff **„Guarantee“** wird demgegenüber in England sowohl die dem deutschen Recht bekannte Garantie, also auch die Bürgschaft erfasst.[210]

162 Die Rechtsgrundlagen im modernen „products liability warranty law“ ergeben sich aus dem **Uniform Commercial Code (UCC, Art. 2 („sales law“), §§ 2–313** enthält Regelungen zu **„express warranties“, UCC 2–314** solche zur **„implied warranty“.**[211] Hauptbeispielsfälle sind etwaige Aussagen der Hersteller in Prospekten, Anleitungen, Werbeanzeigen etc. Zur Haftung kommt es im Regelfall, wenn eine ausdrückliche oder konkludente Zusicherung vorliegt, diese verletzt wird („breach of warranty“) und daraus (unmittelbar) ein Schaden resultiert („sufficient causal connection“, §§ 2–715 UCC) und dies auch rechtzeitig gerügt worden ist (§§ 2–607 UCC). Ein Verschulden ist nicht erforderlich. So entschied der US Court of Appeals in Massachusetts am 5.10.2011, dass ein japanischer Hersteller einer Tischaufsatzsäge Schadensersatz in Höhe von 1,5 Mio. US-Dollar an einen verletzten Arbeiter zahlen müsse, weil das Gerät nicht mit einer Sensor-Sicherheitseinrichtung versehen war,[212] diese aber nach der Eignung für die gewöhnliche Verwendung hätte vorhanden sein müssen (Gewährleistung).

163 Der über die „Warranty“ in Anspruch Genommene hat im Wesentlichen **drei Verteidigungseinwände:** Es besteht kein Vertragsverhältnis („Absence of privity of contract“), es existiert ein Haftungsausschluss („Contractual disclaimer“)[213] oder die Rüge sei (Einzelheiten regeln die Bundesstaaten sehr unterschiedlich) nicht unverzüglich erfolgt („Failing to promptly notify the seller of the breach“).[214]

cc) Strict Liability in Tort – verschuldensunabhängige Gefährdungshaftung

164 Gemeint ist damit die sog. verschuldensunabhängige Haftung; es handelt sich um eine erstmals im Jahre 1963 auf Basis einer Entscheidung von 1944[215] entwickelte eigenständige Anspruchsgrundlage. Insoweit sei auf die Entscheidung **Greenman ./. Yuba Power Products, Inc.**[216] verwiesen, ein Urteil in dem diese Doktrin erstmals angewendet wurde. Greenman hatte von seiner Frau ein Elektrogerät zum Drehen und Bohren geschenkt bekommen. Als sich der Drehvorsatz aufgrund eines Herstellungsfehlers löste, wurde er schwer verletzt und verlangte vom Hersteller Yuba Power Products, Inc. Schadenersatz. Richter Traynor vom obersten Gerichtshof von Kalifornien bestätigte das Urteil der Erstinstanz und verurteilte den Hersteller ebenfalls aus verschuldensunabhängiger Gefährdungshaftung.[217]

---

[210] Guaranty: „have a six-month guaranty“, aber auch die Sicherheit der **Bürgschaft** („given as a security“); hierzu noch ein weitergehender Hinweis: Achtung, nach englischem Recht muss die „guaranty“ in Schriftform vorliegen.

[211] Dazu ausführlich *Owen,* Products Liability, 17ff; *Assmann/Bungert/Knapp,* 203 Rn. 23.

[212] Osorio ./. One World Technologies, Inc., u. a. No. 10–1824, zitiert in PHi 2011, 213.

[213] *Gildeggen/Willburger,* Internationale Handelsgeschäfte, 89.

[214] *Owen,* Products Liability, 17 ff.; *Assmann/Bungert/Knapp,* 205, Rn. 30.

[215] Escola ./. Coca-Cola Bottling Co., 24 Cal. 2d 453, 150 P.2d 436 (1944); dazu *Hay,* US-Amerikanisches Recht, 140, Rn. 395.

[216] Greenman ./. Yuba Power Products, Inc., 377 P. 2d 897 (Cal. 1963); vgl. den Sachverhalt bei *Gildeggen/Willburger,* Internationale Handelsgeschäfte, 90, *Hay,* US-Amerikanisches Recht, 140 Rn. 395.

[217] *Gildeggen/Willburger,* Internationale Handelsgeschäfte, 90, verweisen zu Recht explizit auf Richter Traynor, der in der Tat eine Vorreiterrolle einnahm; *Owen,* Products Liability, 18 ff.

Seit 1965 fand sie ihren Niederschlag in **§ 402 A** im **Restatement of the Law of Torts.**[218] Das **Restatement (Third) of Torts** hat § 402 A ersetzt und stattdessen die in Einzelstaaten vorherrschenden Meinungen zusammengefasst und behandelt die **Produkthaftung seit 1998 umfänglich.**[219] Es ging dem American Law Institut bei der Reform vor allem darum, größere Rechtssicherheit auf dem Gebiet des Produkthaftungsrechts zu erreichen.[220] Die Gerichte in den USA scheinen das Restatement (Third) überwiegend anzunehmen.[221] Weitergehende Versuche, etwa ein unmittelbar einheitlich geltendes „Bundesprodukthaftungsgesetz" einzuführen, sind bisher gescheitert. **165**

Der Haftung aus strict liability in tort kommt in der Praxis ein hohes Maß an Bedeutung zu, weil sich umfängliche Begründungen in Klageverfahren im Regelfall vermeiden lassen, aber eben auch unterschiedlich in den Bundesstaaten, je nachdem, ob diese unternehmer- oder verbraucherfreundlicher agiert haben oder agieren. Nach § 1 dieses Restatements (Third), eine Regel, die als Grundlage durchaus verallgemeinernd herangezogen werden kann, haftet derjenige, der ein fehlerhaftes Produkt in Verkehr gebracht und dadurch einen Personen- oder Sachschaden herbeigeführt hat.[222] **166**

c) Zum Umfang der Haftung

aa) Kompensatorischer Schadenersatz

Ersetzt werden i. d. R. alle entstandenen Schäden (einschließlich Folgeschäden), also materielle und immaterielle Schäden („injury", „death", „economic loss", u. a.). Im Grunde wie nach deutschem Recht – wenngleich nicht der Höhe nach – kommt es im US-amerikanischen Recht zunächst also zu kompensatorischem Ersatz. **167**

bb) Besonderheiten: Punitive damages

Eine Besonderheit im amerikanischen Recht gegenüber anderen Rechtsordnungen, deren Ursprung in England liegt,[223] ist jedoch die **Bestrafung des Verursachers** (über den **168**

---

[218] Abdruck des Originalwortlauts bei *Hay*, US-Amerikanisches Recht, 140 Rn. 228.

[219] Dazu *Owen*, Products Liability, 18 ff., 24 ff.; *Fairgrieve/Stapleton*, Product Liability in Comparative Perspective, 2005; *Stapleton*, Bugs in Anglo-American Products Liability, 295, 297, 300 ff.; dort wird einer der ersten Fälle erwähnt, die unter das Restatement (Third) fielen, **Delaney ./. Deere & Co., 985 E. Supp. 1009, 1017 (D. Kan. 1997); Appeal: Delaney ./. Deere & Co., 999 P.2d 930 (Kan. 2000)**; auf Seite 301 stellt *Stapleton* die Unterschiede zwischen dem 2. und 3. Restatement dar; siehe aber auch **Daubert ./. Merrell Dow Pharmaceuticals, Inc., 509 U. S. 579 (1993)**; auch *Gildeggen/Willburger*, Internationale Handelsgeschäfte, 88: Dieses Restatement (Third) genieße „hohe Anerkennung und habe eine vereinheitlichende Wirkung"! Ebenso *Assmann/Bungert/Knapp*, 242, Rn. 149 sowie 243, Rn. 152.

[220] *Assmann/Bungert/Knapp*, 241, Rn. 147.

[221] Vgl. zahlreiche Nachweise aus der Rechtsprechung bei *Assmann/Bungert/Knapp*, 243, Rn. 152, dort insbesondere in Fn. 441 und zu kritischen Stimmen auch Fn. 442; kritisiert werden vor allem die Regelungen über Arzneimittel, prominent Carlin ./. Superior Court, 920 P. 2d 1347, 1352 (Cal. 1996).

[222] Vgl. bei *Gildeggen/Willburger*, Internationale Handelsgeschäfte, 90, den Originalabdruck des Wortlauts der §§ 1, 2 des Restatements (Third) of Torts in englischer Sprache. § 2 enthält die „Categories of product defects", „Design defects = Konstruktionsfehler; „manufacturing defects" = Fabrikationsfehler und „warning or instructions defects" = Instruktionsfehler. Auch enthält dieses Restatement Regelungen zu Produktbeobachtungspflichten (vgl. § 10) = „product monitoring obligations" (frei übersetzt). In den USA wurden die Rahmenbedingungen zur Produktbeobachtung von Kfz und deren Zubehör weiter verschärft durch den sog. **TREAD-ACT (Public Law 106–414)**, vgl. dazu auch www.tread portal.com, *Meier*, VW 2004, 6 ff. und einige Verbandsmitteilungen, u. a. *Bauer*, Technische Kommunikation, 2004, 52 ff.; WSM-Nachrichten 2003, 19 ff.

[223] Huckle ./. Money, 2 Wils. K. B. 205, 95 Eng. Rep. 768 (1763); dazu *Hay*, US-Amerikanisches Recht, 149 Rn. 421.

soeben zitierten kompensatorischen Ersatz hinaus) unter bestimmten Umständen, nämlich bei sog. missbilligendem Verhalten des Unternehmers. Nach amerikanischem Recht können **„punitive damages or exemplary damages"** im Falle der unerlaubten Handlung etwa bei verwerflicher, absichtlicher, böswilliger oder grob rücksichtsloser Schadenverursachung (zusätzlich zum kompensatorischen Schaden) verhängt werden **(„Strafschaden").**[224] Punitive damages kommen auch im Zusammenhang mit Produkthaftungsfällen vor. Allerdings bestehen auch insoweit erhebliche Unterschiede von Bundesstaat zu Bundesstaat.

169 Zunächst sei als Ausgangsbeispiel der Fall **Grimshaw ./. Ford Motor Co.** erwähnt.[225] Ein 13-Jähriger Junge, R. Grimshaw, verletzte sich als bloßer Mitfahrer in einem Ford Pinto, als es infolge eines ursächlichen Fehlers am Tank zu einem Auffahrunfall kam. Er verlangte von Ford Schadenersatz. Ford hatte aufgrund vor dem Inverkehrbringen der PKW bereits durchgeführter Crashtests Kenntnisse davon, dass die Tanks bei Auffahrunfällen bersten und oder gar explodieren konnten, hatte aber eine Änderung der Konstruktion, obwohl diese nur rd. 11 US-Dollar pro Wagen gekostet hätte, nicht vorgenommen und die PKWs auf dem Markt bereit gestellt. Ford wurde zur Zahlung von Schadenersatz in Höhe von etwas über 2 Mio. US-Dollar verurteilt und zur Zahlung von Strafschadenersatz in Höhe von 3,5 Mio. US-Dollar (statt ursprünglich von der Jury festgesetzten 125 Mio. US-Dollar).[226] Anspruchsgrundlage war die Konzeption des Common Law[227] und eine gesetzliche Regel, gültig in Kalifornien.[228] Die Höhe der punitive damages sollte gerade empfindlich sein, damit der Hersteller von künftigen vergleichbaren Pflichtverletzungen abgehalten werde. Entscheidend sind die **Umstände im Einzelfall,** etwa der **Grad des Verschuldens** und zudem das **vorhandene Unternehmenskapital** („deep pockets", etwa auch das von Versicherungen, die je nach Bundesstaat punitive damages sogar wirksam decken dürfen (str.)).[229]

170 Zudem sei der **Haftungsfall „McDonald's"** erwähnt, schon weil dieser mal mit mehr, mal mit weniger Kenntnissen des tatsächlichen Sachverhalts in aller Munde „geistert". Auch in diesem Fall kam es zu einer Verurteilung und zur Verhängung von punitive damages.[230] Stella Liebeck hatte sich 1992 an Kaffee verbrannt, den sie in einem Restaurant von McDonald's erworben hatte. Die Behauptung war, der Kaffee sei „zu heiß" und deshalb mangelhaft gewesen. McDonald's servierte seinerzeit den Kaffee zwischen 82 und 88°C.[231] Zudem hätten – so die Klägerin – hinreichende Warnhinweise gefehlt. Die 79-jährige Frau aus New Mexico hatte die Tasse Kaffee für 49 Cent erworben und diese anschließend auf dem Beifahrersitz, während der Wagen geparkt war, trinken wollen. Sie stellte die Kaffeetasse zwischen die Knie und zog den Deckel auf. Dabei verschüttete sie die gesamte Tasse Kaffee auf ihrem Schoß. Sie erlitt schwere Verbrühungen und teilweise Verbrennungen 3. Grades an ihren Oberschenkeln und musste ins Krankenhaus einge-

---

[224] *Cordewener,* Strafschadenersatz („Punitive Damages") im US-amerikanischen Law of Torts, JA 1998, 168, 172 ff.; US-amerikanische Klagen auf Punitive Damages dürfen in Deutschland zugestellt werden, BVerfGE vom 9.1.2013 Az. 2 BvR 2805/12; dazu bereits *Eidam,* PHi 2013, 136 f.

[225] Grimshaw ./. Ford Motor Co., 119 Cal. App 3d 757 (1981); bzw. 174 Cal. Rptr 348 (ct. App.1981); *Assmann/Bungert/Knapp,* 234, Rn. 126; *Gildeggen/Willburger,* Internationale Handelsgeschäfte, 91, unter Verweis auf einen ähnlich gelagerten Fall, bei dem ein Geschworenengericht in Los Angeles GM zu 4.9 Mio. US-Dollar Strafschadenersatz verurteilt hat, ausweislich der in Fn. 90 zitierten FAZ vom 12.7.1999.

[226] *Assmann/Bungert/Knapp,* 234, Rn. 126.

[227] *Hay,* US-Amerikanisches Recht, 2011, Rn. 1.

[228] *Gildeggen/Willburger,* Internationale Handelsgeschäfte, 91.

[229] *Reif/Kapteina,* Versicherbarkeit von punitive damages, PHi 2000, 193.

[230] Liebeck ./. McDonald's Restaurants, PTS, Inc., Nr. D-202 CV-93 bis 02419, 1995 WL 360309 (D. N. M. 1994) – Heißer Kaffee-Fall.

[231] Vgl. dazu auch *Owen,* Products Liability, 507.

liefert werden. Eine Hauttransplantation wurde notwendig. Es folgten zwei Jahre medizinische Behandlung. Eine Jury hatte McDonald's zur Zahlung von insgesamt 2,9 Mio. US-Dollar verurteilt, ein Richter hatte die Schadenssumme dann reduziert auf einen Betrag von 640.000,00 US-Dollar. McDonald's haftete zu 80 %, Frau Liebeck wurde ein Mitverschulden von 20 % angelastet. Zwar befand sich ein Warnhinweis auf der Kaffeetasse, dieser sei aber nicht – so das Gericht – groß genug gewesen. 2,7 Mio. US-Dollar an punitive damages wurden zunächst festgesetzt, das Gericht reduzierte aber den Strafschadenersatz schließlich auf eine Gesamtsumme von 480.000,00 US-Dollar.[232]

Zur Besonderheit im amerikanischen Recht komme ich noch. Daher hier nur so viel: **171**
Die Jury – bestehend aus Laienrichtern – entscheidet insbesondere (auch) über die Höhe des Anspruchs. Allerdings kann der Richter besonders hohe Schadenersatzsummen herabsetzen (remittitur-Verfahren).[233]

Wegen zunehmend steigender Anzahl von Verfahren, in denen punitive damages in **172**
exorbitanter Höhe verhängt wurden, hat nicht zuletzt der US Supreme Court versucht, Begrenzungen vorzunehmen.[234] Für die Verhängung von punitive damages sollten schon seit 1996 begrenzende Richtlinien gelten, die im Verfahren **BMW of North America Inc. ./. Gore** entwickelt wurden **(sog. 3 Gore-Grundsätze).**[235] Dem Verfahren lag folgender Fall zugrunde: BMW lieferte Modelle der 5er-Serie in die USA. Diese erlitten – während des Transports – Lackschäden. BMW ließ die betroffenen Pkw in den USA zwar nachlackieren, verkaufte die Pkw jedoch ohne jedweden Hinweis an die Kunden auf die Nachlackierung und ohne einen Preisnachlass gegenüber sonstigen Neuwagen. Dr. Ira Gore, Zahnarzt, der einen schwarzen nachlackierten BMW für rd. 40.000,00 US-Dollar gekauft hatte, verlangte von BMW 4.000,00 US-Dollar materiellen Schadenersatz sowie 4 Mio. US-Dollar Strafschadenersatz (punitive damages).[236] Nur klarstellend: Selbstredend handelt es sich nicht um einen „klassischen Produkthaftungsfall". Dennoch ist dieser Fall im Zusammenhang mit punitive damages von großer Bedeutung: Die erste Instanz gab der Klage voll umfassend statt. Der Alabama Supreme Court ging demgegenüber davon aus, dass allenfalls eine Schadenersatzsumme von 2 Mio. US-Dollar für punitive damages verfassungsgemäß sei. BMW legte gegen diese Entscheidung Rechtsmittel zum US Supreme Court ein. Der US Supreme Court hob die Entscheidung des Gerichts von Alabama auf.

---

[232] **Remittitur-Verfahren:** Es handelt sich um ein Verfahren, mit dem eine übermäßig hohe Urteilssumme der Jury durch einen Richter reduziert werden kann; über den Ausgang dieser Verfahren wird die Öffentlichkeit dann häufig mangels Medieninteresses gar nicht mehr unterrichtet. Eine kuriose Besonderheit im amerikanischen Recht: Es gibt sog. „Stella Awards". Darin werden Personen geehrt, die in unberechtigter oder zumindest kurioser Weise gerichtlichen Schadenersatz fordern und zum Teil auch erhalten, vgl. dazu im Internet http://www.stellaawards.com/; http://www.stern.de/wirtschaft/geld/geldanlage/the-true-stella-awards-bizarre-gerichtsfaelle-532451.html.

[233] *Owen*, Products Liability, 509 ff. und Fn. zuvor.

[234] Pacific Mutual Life Insurance Co. ./. Haslip, 499 U. S. 1 (1991): Punitive damages have to be „reasonable in their amount" and „rational in light of their purpose to punish, so that such awards are not grossly out of proportion of the severity of the offense" (strafbare Handlung); besonders dann BMW of North America, Inc. ./. Gore, 517 U. S. 559 (1996), dazu sogleich; aber auch State Farm Mutual Automobile Insurance Company ./. Champell, 538 U. S. 408 (2003); aktueller noch Philip Morris ./. Williams, 549 U. S. 346 (2007) und Exxon Shipping Co. et al. ./. Baker et al. 554 U. S. 471 (2008); *Schwarze,* NZG 2003, 804 ff.; *Göthel,* RIW 2003, 610 ff.; *Buchner,* VersR 2003, 1203 ff.; *Hay,* US-Amerikanisches Recht, 149, Rn. 423.

[235] BMW of North America, Inc. ./. Gore, 517 U. S. 559 (1996); *Owen,* Products Liability, 529 ff.; *ders.*, 524 ff.; siehe dazu weitergehend die Entscheidung in Cooper Industries Inc. ./. Leatherman Tool Group Inc., 532 U. S. 424 (2001) sowie State Farm Mutual Insurance Co. ./. Campbell, 538 U. S. 408 (2003), vgl. dazu *Welker/Wilske,* RIW 2004, 439.

[236] *Owen,* Products Liability, 529 ff.; *Gildeggen/Willburger,* Internationale Handelsgeschäfte, 92.

Dies wurde damit begründet, dass durch das Verhalten von BMW lediglich ein wirtschaftlicher Schaden entstanden sei, der keinen Einfluss auf die Sicherheit für Personen gehabt habe. Zudem stand – und deshalb ist diese Entscheidung von wesentlicher Bedeutung – nach Ansicht des Gerichts die Urteilssumme selbst zum tatsächlich erlittenen Schaden (im Verhältnis 500:1) in **keinem angemessenen Verhältnis.** Unter Berücksichtigung der Grundsätze des 14. Zusatzartikel zur US-Verfassung („Due Process Clause") hielt der US Supreme Court die Höhe des Strafschadenersatzes für zu hoch. Er stellte einige wichtige Grundregeln auf. Die sog. **„3 Gore-Grundsätze"** lauten in etwa dahingehend, dass

- Art und Ausmaß des verwerflichen Verhaltens des Herstellers im Einzelfall zu prüfen sei („degree of reprehensibility")
- dabei dürfe der Strafschadenersatz im Vergleich zum tatsächlichen bzw. potenziellen Schaden nicht außer Verhältnis stehen („ratio between punitive und compensatory damages"), was im Regelfall bei einem Verhältnis von 9:1 aber der Fall ist und
- die Höhe der punitive damages müsse verglichen werden mit etwaig verhängbaren strafrechtlichen Sanktionsmitteln, Bußgeldern und/oder Geldstrafen im konkreten Fall („comparison of sanctions for comparable misconduct").

173 Im Nachgang verurteilte anschließend der Gerichtshof von Alabama BMW – unter Berücksichtigung dieser Grundsätze – (nur noch) zu einem Strafschadenersatz von 50.000 US-Dollar. Zwar bewirkt diese Entscheidung **keine bindende „Obergrenze" für künftige Verfahren über die Höhe der Strafschadenersatzansprüche,** doch wurde sie – jedenfalls zeitweilig – als richtungsweisend (auch) in diesem Sinne verstanden.[237] Verwiesen sei etwa auch auf die Entscheidung Barnett ./. La Societe Anonyme Turbomeca France.[238] Es kam zu einem Helikopterabsturz infolge eines Hersteller-Fehlers, den der Hersteller vor dem Absturz bereits kannte. Die Jury verurteilte den Hersteller zu 175 Mio. US-Dollar punitive damages; der Trial Court zu 87,5 Mio. US-Dollar, der Appellate Court setzte die Strafe weiter herab („remitted") auf 26,5 Mio. US-Dollar.

174 Ein weiterer Schritt zur Begrenzung von zu hohen „punitive damages-Verurteilungen" ergab sich im Jahre 2001 aus einem Verfahren zum unlauteren Wettbewerb.[239] Vielfach hieß es in der Folgezeit, dass jedenfalls das Risiko für Hersteller, exorbitanten Strafschadenersatzansprüchen ausgesetzt zu sein, jedenfalls in Individualprozessen, erheblich reduziert sei,[240] obwohl noch immer **keine klaren Grenzen zur Bemessung** feststanden. Immerhin kommt es zu strengeren Überprüfungen. Insoweit weiterführend war auch die Entscheidung **State Farm Mutual Automobile Insurance Co. ./. Campell,**[241] aus dem Jahre 2003: Beurteilt wurde die Geschäftspraxis eines Versicherers, der zu Lasten seiner eigenen Versicherungsnehmerin in großem Stil ermitteln ließ („bad-faith-failure" = Bösgläubigkeitsversagen). Auch in diesem Urteil hat das Gericht unter Bezugnahme auf die 3-Gore-Grundsätze argumentiert und festgestellt, dass punitive damages in ausgeurteilter

---

[237] Aber es gab auch Kritiker, vgl. etwa *F. Patrick Hubbard,* In Honor of Walter O. Weyrauch: Substantive Due Process Limits on Punitive Damages Awards: „Morals With Technique?", 60 Fla. L Rev. 349, 352 (2008).

[238] Barnett ./. La Societe Anonyme Turbomeca France, 963 S. W. 2d 639 (Mo. Ct.App 1997); *Owen,* Products Liability, 509, 524: „The threat of massive punitive damages is the big stick (Rohrstock) of modern products liability litigation".

[239] **Cooper Industries Inc. ./. Leatherman Tool Group, Inc. 532 U. S. 424 (2001):** Der Supreme Court hatte zu prüfen, ob das 9. Berufungsgericht die im Verfahren herangezogenen Gore-Grundsätze zutreffend angewandt hatte, was nicht der Fall war; *Hay,* US-Amerikanisches Recht, 150, Rn. 423.

[240] So etwa auch *Gildeggen/Willburger,* Internationale Handelsgeschäfte, 93.

[241] State Farm Mutual Automobile Insurance Co. ./. Campell, 538 U. S. 408 (2003); vgl. dazu *Owen,* Products Liability, 531.

Höhe von 145 Mio. US-Dollar unangemessen hoch seien. Dies sei „neither reasonable nor proportionate to the wrong committed, and it was an irrational and arbitrary deprivation of the property of the defendant".[242]

In diesem Zusammenhang stößt der interessierte Leser oder der in das US-amerikanische Produkthaftungsrecht einsteigende Jurist aber nach wie vor auf Entscheidungen mit „horrenden Schadenersatzforderungen", wie etwa auch im Fall **Philip Morris Inc. USA ./. Williams.**[243] Es ging um die Klage einer Witwe eines an Krebs gestorbenen Rauchers, der 800.000,00 US-Dollar kompensatorischen Schaden erhielt; zudem wurde Philip Morris zur Zahlung von 79,5 Mio. US-Dollar **punitive damages** verurteilt. Der Trial Court reduzierte die Summe für punitive damages zwischenzeitlich auf 32 Mio. US-Dollar, der Oregon Court of Appeals versetzte den Fall aber wieder in die Ursprungslage zurück. Der US-Supreme Court hat die Sache schließlich zurückverwiesen zur erneuten Aufklärung an den Oregon Court of Appeals. Ergebnis: 79 Mio. US-Dollar.[244] 175

Trotz aller Bemühungen, insbesondere durch den U.S. Supreme Court, und weil einzelne Bundesstaaten ebenfalls bereits Maßnahmen zur Eindämmung von punitive damages getroffen haben,[245] kann es für Hersteller noch immer keine „Entwarnung" im Zusammenhang mit den enorm hohen punitive damages in anerkannten Produkthaftungsfällen geben. Der Ausurteilung von punitive damages in zwei- oder dreistelliger Millionenhöhe liegen im Regelfall aber nach wie vor **Ausnahmenkonstellationen** – nämlich besonders grobes verwerfliches Verhalten – zu Grunde, so dass die Furcht zahlreicher europäischer Unternehmer vor dem US Markt und vor ruinösen wirtschaftlichen Engagements in den USA in aller Regel unbegründet erscheint und die sich daraus ergebenden Themenkomplexe, insbesondere auch etwaige Exportrisiken in die USA, beherrschbar sind.[246] Grundlage einer Klage gegen ein deutsches Unternehmen wäre immer auch eine Zustellbarkeit an eine US-Tochter oder an eine Muttergesellschaft in Deutschland. Die etwaige Klage kann aber nur dann in den Zuständigkeitsbereich eines US-Gerichts fallen, wenn der Kläger **„minimum contacts"** des Unternehmens im konkreten US-Staat nachweisen kann.[247] Nach neuester Rechtsprechung des U.S. Supreme Court vom 28.6.2011 176

---

[242] So der Auszug id. ad 429; vgl. dazu auch *Owen,* Products Liability, 533; dann ferner auch Campell ./. State Farm, 98 P. 31 (409) Utah 2004: Der Utah Supreme Court reduzierte die Verurteilung auf 9 Mio. US-Dollar unter Beachtung der Gore-Grundsätze; zur Vertiefung *Robyn,* PHi 2003, 131 ff.; *Göthel,* Verfassungsmäßigkeit von punitive damages: Der U.S. Supreme Court spricht ein Machtwort, RIW 2003, 610 ff.; *Reinhard,* Philip Morris ./. Williams – eine neue Leitentscheidung des US-Supreme Court zu den punitive damages im US-amerikanischen Recht, IPRax 2008, 49 ff.; *Thomas/Wilske,* Die Exxon-Valdez-Entscheidung des US Supreme Court und deren Bedeutung für die künftige Höhe von punitive damages, RIW 2008, 668; sowie *Wenglorz/Ryan,* **Die Katze in der Mikrowelle?**, RIW 2003, 598 ff.; siehe auch *Welker/Wilske,* RIW 2004, 439.

[243] Philip Morris USA, Inc. ./. Williams (I), 540 U.S. 801 (2003); das Verfahren wurde zurückverwiesen und 2007 entschieden; dazu *Hay,* US-Amerikanisches Recht, 150, Rn. 423; *Owen,* Products Liability, 534 ff.; *Lenz,* StoffR 2004, 13 ff.; *Thiele,* Die zivilrechtliche Haftung der Tabakindustrie, 2003; *Molitoris,* NJW 2004, 3662.

[244] Vgl. *Owen,* Products Liability, 534 ff.; darüber hinaus wurden Klagen, die im Namen verschiedener geschädigter Raucher gegen die Tabakindustrie erhoben wurden, teilweise aber auch nicht zugelassen, weil sie die Voraussetzungen für eine Sammelklage nicht erfüllten, vgl. dazu Castano ./. American Tobacco Company, 84 F. 3 rd 734 (Fifth Cir. 1996).

[245] Nachweise bei *Hay,* US-Amerikanisches Recht, 151, Rn. 424 und Fn. 290, 291–294.

[246] Ebenso *Dahm-Loraing/Folkersma,* US-Exportrisiken für europäische Unternehmen, PHi 2011, 234 ff.; vgl. zur Entwicklung der punitive damages den Aufsatz von *Klode,* Punitive Damages – Ein aktueller Beitrag zum US-amerikanischen Strafschadenersatz, NJOZ 2009, 1762 ff.; sowie bereits *Mörsdorf-Schulte,* Strafschadenersatz – eine deutsche Hassliebe? NJW 2006, 1184.

[247] *Dahm-Loraing/Folkersma,* PHi 2011, 234 unter Verweis auf die Rechtsprechung.

reicht dafür ein **„stream of commerce"** (Handelsstrom) nicht mehr aus;[248] vielmehr müssen die Unternehmungen gezielt auf diesen Staat gerichtet sein, etwa durch das Eröffnen von Niederlassungen und/oder wenigstens die Einrichtung eines Büros.[249]

d) Einige (weitere) Besonderheiten im amerikanischen (Prozess-) Recht

177 Einige Besonderheiten ergeben sich darüber hinaus auch gegenüber den Europäischen Rechtssystemen im US-amerikanischen **Recht:** Erwähnt werden soll kurz auch die sog. **discovery,** ein Instrument zur Informationsbeschaffung,[250] was aber bisweilen auch als Instrument zur Ausforschung missbraucht wird. Es bezieht sich auf die (vorprozessuale) Beweisermittlung. Die sog. **„pretrial-discovery"**[251] beginnt oft mit der Zustellung der Klageschrift.[252] Anders als beispielsweise in Deutschland liegt die Beweisaufnahme im Amerika nicht in den Händen des Richters, sondern – zumindest die Beweisfindung – bei den Parteien. Verfahren werden nicht selten durch sog. **formelle Parteibefragungen („interrogatories")** eingeleitet: Schriftliche Fragen werden zugestellt und die Antwort hat dann binnen 30 Tagen zu erfolgen. Zugleich ergehen Aufforderungen zur Vorlage von Unterlagen und Gegenständen etc. und/oder auch die Aufforderung zur Abgabe von Anerkenntnissen. Auch schon vorgerichtlich können sog. eidliche Zeugenaussagen **(„depositions")** dokumentiert werden.[253] Der Zweck liegt auf der Hand, es handelt sich – wohlwollend formuliert – um ein wirksames Mittel zur frühzeitigen Aufdeckung falscher oder bloß zum Schein erhobener Ansprüche; die discovery dient gleichzeitig der Tatsachenfeststellung, schützt so zugleich vor Überraschungen, vereinfacht ggf. auch das Lösen von Streitfragen und könnte – immer noch wohlwollend formuliert – auch insgesamt der beschleunigten Abwicklung dienen. Allerdings existieren grundlegende Unterschiede je nach Bundesstaat. Im Einzelfall können Richter die Discovery bei unverhältnismäßigen Inanspruchnahmen beschränken. Das sog. **Anwalts-Privileg („Attorney-Client Privilege")** schützt gegen die Verpflichtung zur Offenbarung von vertraulichen Mitteilungen des Mandanten.[254] Bei Streit darüber im Einzelfall, ob und inwieweit es sich um Dokumente mit rein privatem Inhalt handelt und ob die Privatsphäre gewahrt ist, entscheiden Gerichte.

---

[248] Zur Lehre vom stream of commerce und zur Trendwende durch die Entscheidungen J.Mc Intyre Machinery Ltd. ./. Nicastro, Docket No. 09 – 1343, 546 US (2011) und Goodyear Dunlop Tires Operations, S. A. ./. Brown, Docket No.10–76, 546 US (2011), *Wilske,* PHi 2011, 180 ff.

[249] So zu Recht *Dahm-Loraing/Folkersma,* PHi 2011, 234.

[250] *Junker,* Discovery im deutsch-amerikanischen Rechtsverkehr, RIW 1987, 1 ff.; *Reimann,* IPRax 1994, 152 ff.; *Hay,* US-Amerikanisches Recht, 69 ff., Rn. 184 ff., 189.

[251] Dazu aktuell *Wilske/Ponterlitschek,* PHi 2011, 180, vor allem zu Problemen der Gerichtsbarkeit ausländischer Hersteller.

[252] Zu den **inhaltlichen Voraussetzungen einer Klageschrift** in den USA gibt es zwei beachtliche Entscheidungen, die Fälle **Twombly,** 550 US 544 (2007) und **Ashcroft ./. Iqbal,** 556 US 662 (2009); siehe dazu die Ausführungen bei *Agneshwar/Sharpe,* Twombly und Iqbal zeigen auch in Produkthaftungsfällen Schlagkraft, PHi 2012, 230ff m. w. N. aus der Rechtsprechung zur Abweisung von Klagen wegen Herstellungsfehlern bei künstlichen Hüftgelenken, Funk ./. Stryker Corp, 631 F3d 777 (5th Cir. 2011) und auch den Fall Bailey ./. Janssen Pharmaceutica Inc., 288 Fed Appx. 597 (11th Cir. 2011), in dem das Gericht unter Bezugnahme auf die Verfahren Twombly/Iqbal ebenfalls eine Klage abgewiesen hat, weil der Wortlaut der angeblich fehlerhaften Warnung bei einem Pflaster nicht vorgetragen worden war. Siehe auch Patterson ./. Novartis Pharmaceuticals Corp, 451 Fed Appx 495 (6th Cir. 2011) – Klageabweisung: Die Klägerin hatte behauptet, infolge von Infusionen des Medikaments AREDIA erkrankt zu sein.

[253] Die mündliche Vernehmung unter Eid stellt i. d. R. den Abschluss der discovery dar; dazu auch *Hay,* US-Amerikanisches Recht, 69, Rn. 184.

[254] Upjohn Co. ./. United States, 449 US 383, 389 (1981); Swidler & Berlin ./. United States, 524 US 399, 403 (1998).

Eine weitere Besonderheit ist das sog. **Geschworenengericht („Trial by Jury“).** In nahezu jedem Zivilrechtsstreit besteht die Möglichkeit, eine Entscheidung durch die Jury verlangen zu können.[255] Diese besteht (vor Bundesgerichten) aus 12 (bzw. 6) Mitgliedern aus dem Kreis der registrierten Wähler. Die Zusammenstellung der Jury wird auch „voir dire“ genannt. Allerdings besteht die Möglichkeit, eine bestimmte Anzahl von Kandidaten ohne Gründe abzulehnen („peremptory challenge“)[256] und andere wegen Befangenheit[257] („challenge for cause“). Insoweit ist die Zusammensetzung der Akteure und die Bildung einer Jury letztendlich aus Sicht der amerikanischen Anwälte „eine Mischung aus Kunst und Wissenschaft“. Die Jury entscheidet über Tatfragen (aber auch über die Höhe des Anspruchs) und der Richter über Rechtsfragen. Demnach müssen Klägeranwälte in den USA die Laienrichter überzeugen, in Deutschland den professionell tätigen Richter. Daher kommt der öffentlichen Verhandlung im Zivilprozess nach amerikanischem eine weitaus höhere Bedeutung zu als im deutschen Recht. 178

Eine weitere Besonderheit sind die sog. **Erfolgshonorare** im amerikanischen System („contingency-fees“). Eine gesetzliche Regel fehlte früher gänzlich.[258] Etwa 25–30 % des erwirkten Schadenersatzes erhält der klagende Rechtsanwalt je nach Vereinbarung. Die Verteidiger auf Beklagtenseite rechnen demgegenüber regelmäßig auf Stundenbasis ab (ca. 500 US-Dollar und mehr).[259] 179

Eine weitere Besonderheit: Grundsätzlich trägt **jede Partei ihre eigenen Kosten,** so dass grundsätzlich keine Kostenerstattung durch die unterliegende Partei erfolgt.[260] Die Gerichtskosten trägt allerdings die unterlegene Partei (28 U. S. C., § 1920).[261] Diese sind eher gering.[262] Von diesen Grundsätzen gibt es aber Ausnahmen und neuere Entwicklungen.[263] 180

Als besondere Verfahrensart kennen die Prozessordnungen in Amerika die sog. **class action (Sammel- oder auch Gruppenklage).**[264] Dabei geht es um die Prozessführung für andere mit Rechtskraftwirkung. Der Sammelkläger vertritt die Rechte der übrigen Class-Mitglieder – insbesondere auch die der sog. passiven. Hier werden hohe verfassungsrechtliche Anforderungen an das Erfordernis der Zulassung von Sammelklagen gestellt,[265] aber auch die Möglichkeit gewährt, aus der sog. „class“ aussteigen zu können durch ein einseitig ausgeübtes sog. **„opt out“**, so dass die Rechte danach auch individuell geltend gemacht 181

---

[255] *Hay,* US-Amerikanisches Recht, 73, 74, Rn. 198 ff.: Die Jury entscheidet in der Regel einstimmig.

[256] 28 U. S. C. § 1870.

[257] *Assmann/Bungert/Hay,* 575, Rn. 249.

[258] *Hay,* US-Amerikanisches Recht, 60, Rn. 154.

[259] *Hay,* US-Amerikanisches Recht, 60, Rn. 154, 155.

[260] Vgl. dazu grundlegend im anglo-amerikanischem Rechtssystem *Taylor/Brock,* Überblick zu Richter Lord Jackson´s „Civil Litigation Costs Review“, einer knapp einjährigen Untersuchung zu den Zivilprozesskosten, PHi 2010, 102 ff.; siehe dazu auch www.judiciary.gov.uk/about_judiciary/cost-review/reports.htm; *Hay,* US-Amerikanisches Recht, 60, Rn. 154.

[261] *Assmann/Bungert/Knapp,* 248, Rn. 169.

[262] Etwa 250 US-Dollar, die mit dem Einreichen der Klage fällig sind, *Hay,* US-Amerikanisches Recht, 60, Rn. 154.

[263] *Hay,* US-Amerikanisches Recht, 60, Rn. 154.

[264] Vgl. etwa Klagen, die im Namen „aller geschädigten Raucher“ erhoben wurden gegen die Tabakindustrie. Diese wurden allerdings nicht zugelassen, weil die Voraussetzungen für die Sammelklagen – Homogenität der Gruppe (vgl. dazu *Gildeggen/Willburger,* Internationale Handelsgeschäfte, 94) – nicht erfüllt waren, **Castano ./. American Tobacco Company, 84 F 3rd 734 (5th Cir. 1996);** *Midlige/Waters,* Die US-amerikanische Prozesslandschaft: Neue Entwicklungen in US Class Action-Verfahren, PHi 2012, 224 ff.; dazu auch *Hay,* US-Amerikanisches Recht, 66, Rn. 179 ff.; vgl. auch Sammelklage von 23 Mio. Mitgliedern gegen Ford Motor Company vor dem State Court in Tennesee 1996, dazu *Haston,* u. a. PHi 2013, 129, 130 mit dem Hinweis „US-amerikanische Sammelklagen auf dem Rückzug“.

[265] Wal-Mart Stores ./. Dukes, 131 S. Ct. 2541, 2548; *Midlige/Waters,* PHi 2012, 224, 226 ff.

werden können.[266] Sammelklagen sind in den USA seit Mitte der 80er-Jahre populär geworden,[267] bei **Massenschäden auch im Produkthaftungsbereich.** Voraussetzung einer Sammelklage ist vor allem, dass „vergleichbare Gruppen" von konkreten – regelmäßig fehlerhaften – Serienprodukten geschädigt worden sind. Wenn sich eine „konkret abgrenzbare Gruppe" zusammenfindet, beispielsweise 3.000 Flugbegleiter, die möglicherweise allesamt durch Passivrauchen in den Flugkabinen gesundheitliche Schäden erlitten haben[268] –, kann diese ihre Ansprüche grundsätzlich auf einmal gegen Unternehmen in einer Sammelklage geltend machen.[269] Für das Erfordernis der **„Gemeinsamkeit" für die Zulassung von Sammelklagen** sei auf das Verfahren **Wal-Mart Stores ./. Dukes**[270] verwiesen. Der Sinn liegt auf der Hand: Der Höhe nach geringe Personenschäden oder Schäden einzelner Verbraucher werden – bedingt durch die Zusammenfassung – zu wirtschaftlich interessanten und in der Öffentlichkeit wahrgenommenen Prozessen „hochstilisiert", so dass – nicht zuletzt durch die Medienwirkung – ein extremer Druck zu Lasten der Unternehmen – und auch zu den dahinter stehenden Versicherern – herbeigeführt wird.[271] Kommt es zur Zulassung einer Sammelklage, steigen die Chancen für Verbraucher ganz erheblich, einen für die Hersteller und deren Versicherer sehr teuren Vergleich („settlement") zu erzielen, oft alleine schon wegen der damit verbundenen extremen Kostenlast, die die Vergleichsbereitschaft erhöht.[272] In den USA sind Verfahren im Zusammenhang mit Herzklappen[273] und Kraftfahrzeugen,[274]

[266] Vgl. zu Sammelklagen etwa *Gildeggen/Willburger,* Internationale Handelsgeschäfte, 93.

[267] Dazu *Gildeggen/Willburger,* Internationale Handelsgeschäfte, 93.

[268] Norma Broin, et al. ./. Philip Morris Companies, Inc., et al., 641 So.2d 888, 889 (Fla.App. 3 Dist. 1994); dazu auch *Gildeggen/Willburger,* Internationale Handelsgeschäfte, 94.

[269] Der US Supreme Court hat mit seiner Entscheidung vom 27.4.2011 in Sachen **AT&T Mobility LLC ./. Concepcion** (No. 09–893) die AGB-rechtlich verwandte Klausel mit dem Inhalt eines Verbots von Sammel-Schiedsgerichtsverfahren für wirksam erklärt; *Eidam,* PHi 2011, 92, 93: Den Klägern war für ein Mobiltelefon, welches angeblich kostenlos sein sollte, Umsatzsteuer in Rechnung gestellt worden in Höhe von rd. 30 US-Dollar.

[270] Wal-Mart Stores, Inc. ./. Dukes, 131 S. Ct. 2541, 2547, 2561 (2011), zitiert auch bei *Midlige/Water,* PHi 2012, 226 ff. – Ansprüche von Betty Dukes gegen Wal-Mart als Angestellte wegen Diskriminierung wegen ihres Geschlechts. Letztlich urteilte der Supreme Court, dass Wal-Mart berechtigt sei, die Schäden der Gruppenmitglieder einzeln zu verhandeln; *Midlige/Water,* PHi, 2012, 228. Zur Bindung potentieller Gruppenmitglieder an Entscheidungen vor Zulassung der Sammelklage auch **Smith ./. Bayer Corp.** 131 S. Ct. 2368, 2374 (2011): Diese umfasste zwei Sammelklagen. In beiden wurde geltend gemacht, dass Bayer gegen Verbraucherschutzgesetze beim Inverkehrbringen des angeblich fehlerhaften cholesterinsenkenden Medikaments Baycol verstoßen habe.

[271] *Gildeggen/Willburger,* Internationale Handelsgeschäfte, 93, sprechen von Vorteilen, erwähnen jedoch keine Nachteile. Dabei sind Vor- und Nachteile durchaus allesamt von Gewicht und – sollte sich auch in Deutschland der Gesetzgeber für die Einführung derartiger Klagen erwärmen oder gar in Europa Vorreiter werden – allesamt abzuwägen und bei jedweder Art vor Einführung zu berücksichtigen. Nachdem die EU 2013 Vorschläge zur Erleichterung im Umgang mit Sammelklagen in Europa gemacht hat, wird die Einführung auch in Deutschland – allerdings abweichend vom „Vorbild USA" – diskutiert. Vgl. vertiefend dazu *Brommelmeyer,* Die EU-Sammelklage, ein Tagungsband, 1 ff.

[272] Vgl. insoweit z. B. die am 20.7.2011 ergangene Entscheidung vor dem Norfolk Circuit Court, Virginia: Dort wurde ein weiterer Vergleich wegen mangelhafter Trockenbauwände aus chinesischer Herstellung geschlossen, nach dem rd. 200 Familien insgesamt 13 Mio. US-Dollar erhalten. Die Versicherer lehnen die Begleichung von Chinese Drywall-Forderungen ab; dazu ausführlich PHi 2012, 157 und bereits PHi 2010, 2 ff., 90 ff.; 133 und PHi 2011, 110 ff. und 142; und zum Inkrafttreten des „Drywall Safety Act 2012" am 14.1.2013, PHi 2013, 68; vgl. auch *Haston,* u. a. PHi 2013, 129, 130.

[273] Vgl. etwa Stangvik ./. Shiley, 819 P. 2d.

[274] Toyota sah sich beispielsweise (wie viele andere Kfz-Hersteller auch) mehr als 300 Klagen vor bundes- und einzelstaatlichen Gerichten sowie einer Sammelklage gegenüber ausgesetzt nach diversen Rückrufen, dazu Coughilin u. a., PHi 2011, 195, 201.

vor allem aber auch eine Reihe von Sammelklagen gegen die Tabakindustrie bekannt, die teilweise bereits in Vergleichen endeten,[275] die zum Teil aber auch zurückgewiesen wurden, etwa eine Sammelklage in Florida „von süchtigen Rauchern".[276] Anhängig sind darüber hinaus Sammelklagen in zahlreichen Bundesstaaten auch von Städten und Kreisen auf Ersatz von Kosten von mehreren 100 Mio. US-Dollar,[277] nicht zuletzt wegen etwaiger Regressansprüche aus übergegangenem Recht aufgrund gezahlter Aufwendungen bei Personenschäden wegen erlittener Gesundheitsschäden im Zusammenhang mit Nikotin. Übliche Zielgruppen derartiger Sammelklagen sind aber auch Pharmaunternehmen[278] und neuerdings auch Lebensmittel- und Nahrungsmittelergänzungshersteller[279] bis hin zu Technologieunternehmen.[280] Bei den sog. **Asbest-Sammelklagen** erreicht (wohl) auch das US-Recht seine Grenzen. Derzeit nimmt man an, dass rund 6.000 Unternehmen verklagt werden und Gesamtkosten zwischen 200 und 265 Mrd. US-Dollar im Raume stehen.[281] Allerdings hat der Supreme Court of California die Asbest-Haftung von Armaturen- und Pumpenherstellern (und deren Haftpflichtversicherer) – sog. **periphere Beklagte,** die nur belangt werden, weil die eigentlich haftenden Hersteller insolvent sind – deutlich beschränkt.[282] Das Gericht verwarf die Klagen von Erben angeblich durch Asbeststaub Gestorbener gegen die Pumpen-Hersteller, die vor den Gefahren von asbesthaltigen Dichtungen nicht gewarnt hatten. Hersteller müssten – so das Gericht – vor von ihren Produkten ausgehenden Gefahren, nicht aber vor solchen, die sich von Ersatzteilen und Isoliermaterialien, die lediglich in den Produkten mitverwendet würden, warnen.[283]

Am 31.3.2010 erweiterte der US Supreme Court die Möglichkeit, Sammelklagen vor Bundesgerichten geltend zu machen.[284] Und am 14.11.2011 entschied der U. S. District Court of Louisiana, dass die Bundesstaaten Louisiana und Alabama den **Ölkonzern BP PLC u. a.** durchaus auf Schadenersatz sowie auf punitive damages in Anspruch nehmen können.[285] **182**

---

275 Vgl. etwa Norma Broin, Et Al. ./. Philip Morris Company, Inc., at all 641 SO 2d 888, 889 (FLA. app. 3 DIST 1994); vgl. dazu auch *Gildeggen/Willburger,* Internationale Handelsgeschäfte, 94; *Leichsenring,* PHi 2011, 130, 133.

276 Engle ./. Liggett Group, Inc., Supreme Court of Florida, No. SC 03–1856 vom 21.12.2006; dazu ebenfalls *Gildeggen/Willburger,* Internationale Handelsgeschäfte, 94.

277 FAZ vom 11.5.1998, zitiert nach *Gildeggen/Willburger,* Internationale Handelsgeschäfte, 94, 95.

278 Insoweit sei an die Verfahren gegen Bayer in Sachen Lipobay erinnert, dazu bereits KStA 2002, 31.

279 Hutchins, et al. ./. NBTY Inc., 10-CV-02159; dazu auch *Coughlin,* u. a. PHi 2011, 195, 197 ff.

280 *Midlige/Waters,* PHi 2012, 224 ff.: Sie erwähnen vor allem die derzeit beim US Supreme Court anhängigen Verfahren **Amgen ./. Conneticut Retirement Plans, 11–1085 und Standard Fire Insurance Co. ./. Knowles, 11–01450:** Knowles' Haus war durch Hagel beschädigt worden. Er ließ den Schaden reparieren und verlangte Ersatz, erhielt jedoch keine volle Kostenerstattung. Er erhob Klage im eigenen und im Namen einer angeblichen Gruppe von Personen, die ebenfalls verletzt wurden (5 Mio. US-Dollar).

281 Nachweise bei *Gildeggen/Willburger,* Internationale Handelsgeschäfte, 95.

282 O'Neil ./. Crane Co, 2012 WL 88533 vom 12.1.2012.

283 Dazu ausführlich *Wheeler,* PHi 2012, 109, 110.

284 Vgl. die einschlägigen Nachweise bei *Midlige/Clements,* PHi 2011, 30 ff. und bereits den Class Action Fairness Act von 2005; dazu PHi 2005, 55, und PHi 2007, 240; dazu jüngst nunmehr auch die Entscheidung des US-Supreme Court in Sachen Standard Fire Insurance Co. v. Knowles vom 19.3.2013; dazu *Rufner,* RIW 2013, 337 ff.

285 Vgl. dazu und zu weiteren Details in diesem Zusammenhang, „Aus aller Welt", PHi 2012, 27: Sollte das US-Justizministerium BP grobe Fahrlässigkeit nachweisen (können), könnten Strafzahlungen danach in Höhe von 17,6 Mrd. US-Dollar gefordert werden; siehe dazu auch *Coughlin/Midlige/Moitarty,* PHi 2011, 195 ff. mit zahlreichen Einzelfällen. Aber auch US-Notizen in PHi 2013, 69: BP zahlt 7,8 Mrd. US-Dollar Entschädigung für Ölkatastrophe im Golf von Mexiko.

e) Sonstiges

183 Ferner möchte ich an dieser Stelle noch eine weitere Besonderheit erwähnen, die sog. **Market-Share-Liability-Doktrin,**[286] eine Lehre im US-amerikanischen Recht. Mit ihrer Hilfe sollen schwierige Beweislagen im Zusammenhang mit der Schadensverursachung überbrückt werden. Lässt sich etwa nicht mehr feststellen, welches von verschiedenen, ggf. miteinander auf dem Markt konkurrierenden und möglicherweise ebenfalls fehlerhaften Produkten der Nutzer tatsächlich verwandt hat, oder welches Produkt konkret einen Schaden herbeigeführt hat, soll die Verantwortung an die Gemeinschaft der Hersteller (der in Betracht kommenden Produkte), aber **pro rata** – bezogen auf die Marktanteile der Hersteller im Schädigungszeitpunkt – anknüpfen.[287] Ausgangsfall dieser Lehre war ein Verfahren vor dem **Supreme Court of Carolina:**[288] Frauen machten im Wege einer class action nach Einnahme einer synthetischen Form von Hormonen (Diethylstilbesterol = **DES**) wegen entstandener Schäden Ansprüche geltend. Seit 1940 wurde DES verschrieben. 1971 verbot die FDA den Vertrieb des Medikaments, als Untersuchungen ergaben, dass es Krebs erregen würde. 300 Gesellschaften hatten das Medikament am Markt in völlig identischer Art und Weise angeboten und die betroffenen Frauen wussten nicht, wer seinerzeit konkret Hersteller des von ihnen jeweils eingenommenen Medikaments war. Die Klägerin **Sindell** verklagte verschiedene Medikamentenhersteller. Es gelang ihr nicht, den Hersteller als Passivlegitimierten konkret zu identifizieren. Der Supreme Court in Kalifornien entwickelte daraufhin die sog. **„Market Share Liability"-Doktrin.** Danach sollen Hersteller für „the share of total harm for which they were statistically responsible" haften.[289] Ganz offensichtlich wird diese Lehre aber inzwischen auch in Amerika für falsch gehalten. Anders als dies bisweilen noch immer im Schrifttum in Deutschland dargestellt wird, tendiert nämlich auch die amerikanische Rechtsprechung zu einer sehr restriktiven Handhabe bis hin zur Zurückdrängung dieser Doktrin in Gänze.[290] Mit unserem deutschrechtlichen Gerechtigkeitsverständnis ist der Grundsatz ohnehin kaum vereinbar.[291]

184 Und noch etwas, weil Praktiker – vor allem beratende Ingenieure aber auch Juristen, die sich auf ausländischem Terrain bewegen – häufig danach fragen: Was die Maschinensicherheit angeht, kennt man in den USA einen Mix aus verschiedenen Produktstandards: Die **fire codes (NFPA = National Fire Protection Association), elektrische Codes (NEC)** sowie **nationale Gesetze.**

185 Im Wesentlichen reden wir derzeit über **drei Standards:** Die sog. **OSHA-Standards** (Occupational Safety & Health Organisation). Diese Standards werden von staatlichen Stellen – ähnlich unseren Europäischen Richtlinien – herausgegeben. Sie enthalten weniger abstrakte Vorgaben als vielmehr technische Beschaffenheitsanforderungen. Daneben gibt es den **ANSI-Standard,** herausgegeben vom American National Standard Institute, einer privaten Organisation. Es handelt sich insoweit um sog. freiwillige Industriestandards, die zur Vertragsgrundlage gemacht werden können. Ferner verweise ich auf die **UL** (Un-

---

[286] *Henderson,* u. a. The Torts Process, 2007, 125, 126 ff.

[287] Staudinger/*Oechsler,* § 4 ProdHaftG Rn. 50.

[288] Dazu ausführlich *Ebke,* Massenschäden – Kausalität – Haftung nach Marktanteilen, in FS für Drobnig, 1998, 507–523.

[289] Sindell ./. Abbott Labs., 607 P.2d 924 (Cal.1980) bzw. 163 Cal.Rptr 132; *Owen,* Products Liability, 352; dazu auch *Bodewig,* AcP 185 (1985), 505; *De Lousanoff,* RIW 1983, 143, 148 ff.; *Deutsch,* VersR 1982, 712; Bedeutung könnte dieser Lehre ggf. auch bei Raucherklagen und oder in den Asbest-Fällen zukommen.

[290] Vgl. *Owen,* Products Liability, 352.

[291] Ebenso Staudinger/*Oechsler,* § 4 ProdHaftG Rn. 51: Er befürwortet daher im Zweifel für das deutsche Recht präventiv den Hinweis auf die **Sperrwirkung des § 830 Abs. 1 Satz 2 BGB.** Nach deutschem Recht hätten die Voraussetzungen für die Heranziehung dieser Norm im Fall Sindell ./. Abbott nicht vorgelegen.

derwriters Laboratories), auf veröffentlichte Sicherheitsstandards, die vor allem elektrischen Gefahren begegnen sollen.

Wichtige Behörden im Zusammenhang mit der Produktsicherheit sind die National Highway Traffic Safety Administration (LKW, PKW), das Bureau of Alcohol, Tobacco, Firearms; die Food and Drugs Administration (Nahrungsmittel/Drogen/Medizinprodukte/und teilweise auch Elektroprodukte)[292] sowie das U. S. Department of Labor – Occupational Safety & Health Administration (OSHA), die Environmental Protection Agency (EPA: zuständig für Pestizide) und das United States Department of Agriculture (USDA). Zudem die Consumer Product Safety Commission (CPDC).[293] 186

„Foreseeability Limitation":[294] Im Fall Goodman ./. Stalfort hatte sich der Kläger schwere Verbrennungen zugezogen, als er „charcoal fluid" (flüssigen Grillanzünder) auf den Grill goss, nachdem er – man mag es kaum glauben – die Austrittsöffnung an der Flasche mit der Zinke einer Gartenhake geweitet hatte. „The ways in which a product might be misused are, like the stars, an endless number". 187

Ein letzter Hinweis für den praktisch tätigen Juristen: Bedingt durch das **Case Law System** ist es wichtig, einschlägige Entscheidungen schnell aufzufinden. Dazu existieren verschiedene Systeme. Sog. **legal digests** enthalten Auszüge aus Gerichtsurteilen, darüber hinaus gibt es auch **Zitaten-Sammlungen:** Die wohl bekannteste ist die **Sammlung Shepard.**[295] 188

2. Grundzüge der Produkthaftung und Produktsicherheit in China

a) Grundlagen

Der Bereich der „Produkthaftung" deckt – ähnlich europäischer Modelle – auch in China vor allem die Haftung für fehlerhafte Produkte ab.[296] China hat sich bei der Entwicklung des modernen Produkthaftungs- und Produktsicherheitsrechts sehr stark an 189

[292] Vgl. dazu etwa den Hintergrund zum Fall „Sprint Fidelis Leads", *Brock/Statmann/Taber-Kewene,* PHi 2011, 61.

[293] Vgl. als Beispiel die von der CPSC veröffentlichten Sanierungsempfehlungen für Wohnungen und Häuser mit fehlerhaften Trockenbauwänden, *Kingdollar/Pollack,* PHi 2010, 90; dazu auch *Midlige/Coats,* Neue Welle von Produkthaftungsklagen wegen „Chinese Drywall" in der USA, PHi 2010, 2, 3.

[294] Goodman ./. Stalfort Inc., 411 F. Supp. 889, 894 (D. N. J. 1976); *Owen,* Products Liability, 406.

[295] Vgl. dazu *Debusschere/Kretschmar,* in Graf von Westphalen, Produkthaftungshandbuch, 2. Aufl. (Vorauflage), § 105 Rn. 5; sowie Onlinebanksysteme, wie Westlaw, http.//www.westlaw.com und lexis.

[296] *Binding/Eisenberg,* Produkthaftung der VR China, RIW 2010, 1 ff.; *dies.,* Das neue Produkthaftungsrecht der VR China, RIW 2011, 511 ff.; *Binding/Radjuk,* RIW 2009, 785 ff.; *Brüggemeier,* Neues Gesetz über das Deliktsrecht der VR China, PHi 2010, 92 ff.; *Chen,* Produkthaftung der Volksrepublik China und Taiwan, 47 ff. m. w. N.; *Epstein,* Tortious Liablility for Defective Products, Journal of Chinese Law, 2 (1988), 286 ff.; *Etgen,* Chinesisches Produkthaftungs- und Verbraucherschutzrecht, PHi 1996, 42; *Huck,* Neuere Entwicklungen zum Produkthaftrecht und zur Produktsicherheit in China, PHi 2010, 68 ff., *ders.,* Grundlagen der Produkthaftung in der Volksrepublik China, PHi 2006, 98 ff.; *Kellam/Nottage,* Produkthaftung in Asienpazifik, PHi 2007, 77 ff.; *Qiang Ding,* Produkthaftung nach deutschem und chinesischem Recht, Diss. Münster, 2004; *Riley/Chan,* Product Liability in the People´s Republic of China, Honkong 1993; *Rödl&Partner/Bank,* Volksrepublik China, 342 ff.; *Starck,* Die Entwicklung des Wirtschaftsrechts der Volksrepublik China, NJW 1990, 610 ff.; *Stucken,* Grundzüge der Produkthaftung in China, PHi 1992, 211; *Taschner,* Internationale Entwicklung in der Produkthaftung, PHi 1997, 68 ff.; *Wang,* Neue Entwicklungen im IPR der VR China, PRAX 2007, 265 ff.; vgl. auch *Wolff,* Internationales Produkthaftungsrecht in der Volksrepublik China, VersR 2004, 165 ff. ; *Zheng/Trempel,* RIW 2010, 510 ff.

den Richtlinien der Europäischen Union orientiert.[297] Eine Schwierigkeit für den Rechtsanwender stellt nach wie vor die Systematisierung der Rechtsnormen dar. Das geltende Produkthaftungsrecht ist nicht – westlichen Vorstellungen entsprechend – umfassend kodifiziert.[298] Aufgrund verschiedener neuartiger Gesetze unter gleichzeitiger Nichtaufhebung bestehender Regeln sind diese nicht immer aufeinander abgestimmt und überschneiden sich teilweise.[299]

190 Seit Mitte der achtziger Jahre hat sich die chinesische Regierung mit zunehmender Intensität den Gebieten der Produktsicherheit und -haftung gewidmet.[300] So wurden 1986 zunächst die **Regeln über die Haftung für die Qualität von Industrieprodukten** erlassen und als Anspruchsgrundlage eine **verschuldensunabhängige Haftung** in **Art. 122** der Allgemeinen Grundsätze des Zivilrechts, **AGZ,** eingeführt,[301] nach der Hersteller, aber auch Vertriebshändler zivilrechtlich haften, wenn die Qualität ihrer Produkte nicht den Normen entspricht und dadurch Personen- und/oder Sachschäden hervorgerufen werden.[302]

191 Am 22.2.1993 trat das **Gesetz über die Qualität von Produkten der Volksrepublik China** – in ganz enger Anlehnung an die europäische Produkthaftungsrichtlinie[303] – kurz **„Produktqualitätsgesetz“ (PQG)** in Kraft.

192 Aus dem PQG ergeben sich wesentliche Anspruchsgrundlagen im „klassischen Bereich der Produkthaftung“, z. B. die verschuldensunabhängige Haftung in Art. 29 Abs. 1[304] (vgl. aber auch Artt. 41 – 43 in Fortführung des Art. 122 AGZ). Das PQG umfasst aber auch den zwischengewerblichen Verkehr.[305] Ausgenommen vom Geltungsbereich des PQG sind nur Militärprodukte und Nuklearanlagen sowie Bauprojekte, wiederum aber davon dann ausgenommen Zuliefererprodukte (Baumaterialien, Ausrüstungsgegenstände und sonstige Komponenten),[306] nicht aber Pharmaprodukte. Auch für letztere gilt also das PQG. Der Anwendungsbereich des PQG ist – auch wegen des allgemein gehaltenen Produktbegriffs – deutlich weiter als etwa der des deutschen Produkthaftungsgesetzes.[307] Es bezieht sich auf Personen- und Vermögensschäden. Letztere sind materielle Schäden an Sachen, aber auch Vermögensverluste. Schadenersatzansprüche nach dem PQG verjähren in zwei Jahren ab dem Zeitpunkt der Kenntnis oder dem Kennenmüssen von der Rechts- oder Rechtsgutsverletzung.

193 Das Verhältnis zu den übrigen Regelungen ist nicht abschließend geklärt.[308] Unklar ist bereits, ob das PQG die Regeln über die Haftung für die Qualität von Industrieprodukten (gänzlich) verdrängt.[309] Gesichert scheint nur festzustehen, dass einigen Regelungen auch weiterhin zumindest ergänzende Funktion zukommt,[310] Art 122 AGZ etwa gilt nach in

[297] *Gildeggen/Willburger,* Internationale Handelsgeschäfte, 97.
[298] *Wang,* IPRax 2007, 365.
[299] *Wang,* IPRax 2007, 365.
[300] *Epstein,* Journal of Chinese Law 2 (1988), 286; Staudinger/*Oechsler,* Einl. zum ProdHaftG Rn. 112; *Rienecker,* Produkthaftung der Volksrepublik China, eine Studienarbeit, Norderstedt, 2010, 4.
[301] *Epstein,* Journal of Chinese Law 2 (1988), 286; Staudinger/*Oechsler,* Einl. zum ProdHaftG Rn. 112.
[302] *Binding/Eisenberg,* RIW, 2010, 2; *Chen,* 62 und 91; *Etgen,* PHi 1996, 42 ff.; *Stucken,* PHi 1992, 211 ff.; Staudinger/*Oechsler,* Einl. zum ProdHaftG Rn. 112.
[303] *Taschner,* PHi 1997, 68, 73; es findet sich abgedruckt in Englisch in Law and Practice 5/93, 21 ff.
[304] Staudinger/*Oechsler,* Einl. zum ProdHaftG Rn. 113.
[305] *Rödl&Partner/Bank,* Volksrepublik China, 343.
[306] *Rödl&Partner/Bank,* Volksrepublik China, 343.
[307] *Rödl&Partner/Bank,* Volksrepublik China, 344.
[308] *Rödl&Partner/Bank,* Volksrepublik China, 342.
[309] *Etgen,* PHi 1996, 42 ff.
[310] *Rienecker,* Produkthaftung der Volksrepublik China, 5.

der Literatur aufzufindender Meinung weiter.[311] In Zusammenhang mit dem PQG soll insbesondere auf den **Fehlerbegriff** verwiesen werden in Art. 34 PQG, der auf Produktsicherheitsgefahren rekurriert[312] und auf die Artt. 41 ff. PQG, die den sachlichen Anwendungsbereich der deliktischen Produkthaftung regeln.[313] Als Besonderheit sei ferner erwähnt, dass Art. 28 Abs. 4 PQG **Freizeichnungsmöglichkeiten** eröffnet.[314]

Mit Änderung des sog. **Vertragsgesetzes (VG)**[315] zum **1.1.1994** trat zugleich das **Gesetz zum Schutze der Rechte und Interessen der Verbraucher** – kurz: das **Verbraucherschutzgesetz (VSG)** – in Kraft.[316] Auch dieses Gesetz eröffnet eine Haftung für Produkte sowie **Dienstleistungen,**[317] und (insoweit wohl neu und wohl lückenfüllend) landwirtschaftliche Naturprodukte (Art. 54 VSG). Die Haftung ist in Art. 40 VSG geregelt. **194**

Das **PQG** von 1993 wurde schließlich am 8.7.2000 durch den Beschluss des Ständigen Ausschusses des Nationalen Volkskongresses novelliert und trat **am 1.9.2000** in Kraft.[318] **195**

Am 5.3.2009 ließ die chinesische Regierung in der Regierungserklärung vor dem 11. Nationalen Volkskongress das „Jahr der Qualität und Sicherheit" ausrufen.[319] In der Volksrepublik China wurden die Einführung verbesserter Kontrollen bei der Marktüberwachung und besonderer Rückverfolgbarkeitssysteme – nicht zuletzt wegen einiger Skandalfälle, so unter anderem auch im Fall **„Melamin"**[320] – geplant. Der chinesische Staatsrat verabschiedete am 26. Dezember 2009 – nach knapp siebenjähriger Beratung[321] – ein (neues) „Produkthaftungsgesetz", das am **1.7.2010 in Kraft trat,** das sog. **(Allgemeine) Deliktsgesetz.**[322] Es wird in der Literatur auch **„Gesetz über die deliktische Haftung der Volksrepublik China (GdH)"**[323] genannt. Damit wurde die im Jahr 2000 reformierte und neu geschaffene Grundlagengesetzgebung zum PQG ergänzt. Es ist ein wichtiger Grundstein. Das allgemeine Deliktsgesetz umfasst 12 Kapitel und enthält 92 Artikel. Das Ziel **196**

---

[311] Staudinger/*Oechsler,* Einl. zum ProdHaftG, Rn. 113; *Rödl&Partner/Bank,* Volksrepublik China, 343.

[312] Staudinger/*Oechsler,* Einl. zum ProdHaftG, Rn. 113.

[313] *Rienecker,* Produkthaftung der Volksrepublik China, 7.

[314] *Etgen,* PHi 1996, 42, 44.

[315] Vgl. dazu *Binding/Eisenberg,* RIW 2011, 511.

[316] China Laws for Foreign Businesses, 16–480, 20–081 ff.; Staudinger/*Oechsler,* Einl. zum ProdHaftG Rn. 114; *Rienecker,* Produkthaftung der Volksrepublik China, 4.

[317] Staudinger/*Oechsler,* Einl. zum ProdHaftG Rn. 114.

[318] Einen Überblick über dieses Gesetz findet sich bei *Etgen,* PHi 1996, 42, 43 ff.

[319] *Huck,* PHi 2010, 68, 70; www.martens-prahl-spaichingen.de/content/downloads/Produkthaftung, zuletzt abgerufen am 6.4.2013.

[320] *Huck,* PHi 2010, 68, 70: Mindestens sechs Kinder starben an den Folgen einer Melamin-Verunreinigung von Milchpulver und mehr als 300.000 Menschen erkrankten. Die Hauptverantwortlichen wurden wegen Gefährdung der öffentlichen Sicherheit und Ordnung und anderer Regelungen zu hohen Haftstrafen oder zum Tode verurteilt und im November 2009 hingerichtet; Siehe dazu auch FAZ.net.China vom 4.11.2009: Zwei Verantwortliche für Milchskandal hingerichtet; *Schmitz-Bauerdick,* Das neue Deliktsrecht der VR China, www.gtai.de/GTAI/Navigantion/DE/Trade/Recht-Zollwirtschafts- und, zuletzt abgerufen am 6.4.2013; vertiefend PHi 2010, 21: Auch zivilrechtliche Verfahren wurden eingeleitet.

[321] *Binding/Eisenberg,* RIW 2011, 511.

[322] Vgl. dazu *Binding/Eisenberg,* RIW 2010, 6; *Huck,* PHi 2010, 68, 69, auf S. 70 in Fn. 32 findet sich das Zitat der autorisierten Fassung des Tort Liability Acts („Allgemeines Deliktsgesetz"): *Huck* verweist ferner auf den Entwurf eines Gesetzes zum Rückruf von unsicheren Produkten, der bekanntgegeben wurde und dessen Inkrafttreten ebenfalls bereits für 2010 erwartet worden sei; siehe dazu auch Fn. 25: *Feuerstein,* Rückruf fehlerhafter Produkte, Chinesischer Gesetzgeber plant strengere Vorschriften, Juni 2009, www.2.china.ahk.de/download/newsCI_NL_Rueckruf_fehlerhafter_Produkte; dazu bereits *Galvan,* Neues Rückrufgesetz für die Automobil-und Zuliefererindustrie in China in Kraft, PHi 2005, 184 ff.

[323] So explizit *Binding/Eisenberg,* RIW 2011, 511; oder auch „Gesetz über das Deliktsrecht", *Brüggemeier,* PHi 2010, 92.

war die Vereinheitlichung und die Zusammenfassung der bis dato in verschiedenen gesetzlichen Grundlagen verstreuten deliktsrechtlichen Regelungen und die Zusammenfassung von chinesischem Richterrecht, um die legalen Rechte und Interessen der Zivilrechtssubjekte zu schützen … (und) die Harmonie und Stabilität der Gesellschaft zu fördern" (Art. 1 GdH).[324] So wurden Neuregelungen vor allem im Bereich des Produkthaftungsrechts geschaffen, und Bestimmungen neu gefasst für Sachverhalte, die bis dahin ganz wesentlich dem Anwendungsbereich des PQG unterfielen. Das **Deliktsgesetz** enthält über die Zusammenfassung von Themen hinaus aber auch einige Neuerungen: Eingeführt wurde die gesetzliche Verpflichtung zur Produktbeobachtung. Durchaus positiv erwähnt sei, dass erstmals auch Schadenersatz für psychische und emotionale Belastungen gesetzlich verankert wurde (vormals str.). Ob sich die Regelungen zum **Strafschadenersatz** („punitive damages")[325] bewähren, bleibt abzuwarten.[326]

197 Das **Deliktsgesetz von 2010** ergänzt und erweitert die bis dato geltenden Regeln des PQG. Da es aber nur die zivilrechtliche Produkthaftung regelt, kommt auch nur insoweit eine Konkurrenz in Betracht.[327] Art. 5 des Deliktsgesetzes regelt, dass die speziellen Regelungen anderer Vorschriften in Bezug auf die deliktische Haftung vorgehen sollen, was dafür sprechen könnte, dass das PQG das speziellere Gesetz sein solle, was aber der Zielsetzung, die mit dem Deliktsgesetz verbunden war, zuwiderlaufen würde. Daher wird in der Literatur auch die Ansicht favorisiert, dass die „Produkthaftungsnormen des allgemeinen Deliktsgesetzes die deliktischen Haftungsnormen des PQG verdrängen würden".[328] Andererseits verweist das Deliktsgesetz in wesentlichen Bereichen aber wiederum auf das PQG zurück.[329] Das betrifft vor allem die Bereiche der Begriffsdefinitionen und die Haftungsausschlüsse.[330] Damit wird die Rechtsanwendung im Einzelfall nicht einfacher.[331] Das Produkthaftungsrecht setzt sich nunmehr aber (ganz vorrangig) jedenfalls aus der „Kombination von Deliktsgesetz und PQG" zusammen.[332] Vergleiche zu anderen konkurrierenden Gesetzen weitergehende Spezialliteratur.[333]

b) Fallbeispiele und Beratungsakzente

198 Bisweilen finden sich (noch immer) Stellungnahmen in der europäischen Literatur dahingehend, dass die in China geltenden Rechtsregeln im Verhältnis von geschädigten chinesischen Verbrauchern zu inländischen chinesischen Herstellern eher zurückhaltend angewendet werden, etwa weil der Gang zu Gerichten aufgrund chinesischer Tradition eher zurückhaltend gehandhabt wurde, waren doch zu „Urzeiten" Richter nicht einmal Juristen und Anwälte gar nicht existent, und zum anderen die Gerichte – zudem (jeden-

[324] Ausführlich *Brüggemeier,* PHi 2010, 92.

[325] Vgl. dazu explizit die Ausführungen zum US-amerikanischen Recht sub § 6 V. 1. c) bb), Rn. 168 ff.

[326] Dies aber explizit bejahend: www.martens-prahl-spaichingen.de/content/downloads/Produkthaftung, zuletzt abgerufen am 6.4.2013.

[327] *Binding/Eisenberg,* RIW 2011, 511, 512.

[328] So wohl zu Recht *Binding/Eisenberg,* RIW 2011, 511, 512 m. w. N. in Fn. 21: u. a. *Zheng/Trempel,* RIW 2010, 510, 521.

[329] *Schmitz-Bauerdick,* Das neue Deliktsrecht der VR China, www.gtai.de/GTAI/Navigantion/DE/Trade/Recht-Zollwirtschafts- und, zuletzt abgerufen am 6.4.2013.

[330] *Binding/Eisenberg,* RIW 2011, 511, 512.

[331] So ebenfalls *Huck* im Fazit unter 5. in PHi 2010, 72 und *Binding/Eisenberg,* RIW 2011, 511; *Folkersma/Dahm-Loraing,* PHi 2010, 85, 86; dazu allgemein auch bereits *Binding/Radjuk,* RIW 2009, 785, 790 ff.

[332] Ebenso: *Schmitz-Bauerdick,* Das neue Deliktsrecht der VR China, www.gtai.de/GTAI/Navigantion/DE/Trade/Recht-Zollwirtschafts- und, zuletzt abgerufen am 6.4.2013.

[333] Zum Verhältnis des Deliktsgesetzes zum AGZ, zum VerbraucherschutzG und zum UN-Kaufrecht und zu weiteren Spezialbestimmungen, *Binding/Eisenberg,* RIW 2011, 511, 513 ff.

falls) in der Vergangenheit – nicht – im Verständnis europäischer Rechtsordnungen – unparteiisch und unabhängig und etwaige Schadenersatzforderungen im Ergebnis ohnehin eher bescheiden.[334] Doch auch diese Fälle gibt es heute vor allem aufgrund der rasanten Rechtsentwicklung in China und aufgrund des starken Wachstums gerade des Mittelstandes, aber auch durch die Öffnung und Internationalisierung Chinas gegenüber ausländischen Herstellern.[335] Dies mögen folgende Praxisfälle belegen:

Airbag-Fall bei Mercedes, Volksgericht von Dongguan (statt Dong-Wan), Stadt bei Guangzhou, Südchina:[336] Ein Beifahrer starb 1999, nachdem der Airbag bei einem Verkehrsunfall in China nicht ausgelöst hatte. Das Gericht ging von einem sicherheitsrelevanten Herstellungsfehler aus und verurteilte das herstellende Unternehmen und den Händler in China zu Schadenersatz wegen erlittener materieller Schäden, aber auch zur Zahlung von Schmerzensgeld. **199**

Fall: **Nanjian Industry Group Corp. gegen BMW,**[337] Urteil vom 28.11.2000: Der Kläger wurde durch eine fehlerhaft hergestellte, illegale chinesische Kopie eines BMW geschädigt. Schadenersatzansprüche gegen BMW wurden abgelehnt, weil das Unternehmen nachweisen konnte, dass das Fahrzeug nicht aus dem Hause BMW stammte.[338] **200**

Fall des **Volksgerichts Yangquan** (eine bezirksfreie Stadt in der chinesischen Provinz Shanxi mit rd. 1,5 Mio. Einwohnern), Urteil vom 25.4.2004[339] **wegen fehlerhafter Kosmetik:** Die Klägerin machte materielle Ansprüche und Ansprüche auf Zahlung von Schmerzensgeld (für letzteres in Höhe von rd. 50.000 EUR) wegen erlittener Gesichtsverletzungen nach der Verwendung fehlerhafter Kosmetik geltend. Die erste Instanz hatte den Schmerzensgeldanspruch zurückgewiesen mit der Begründung, dafür gebe es keine gesetzliche Grundlage. In II. Instanz wurde ihr Schmerzensgeld in Höhe von RMB 15.000 (ca. 1.500 EUR) zugesprochen.[340] **201**

Politisch betrachtet ist es erkennbar gewollt, die haftungsrechtlichen Regelungen denen in Europa weitgehend anzupassen. Der Wunsch nach weitergehender Angleichung an europäische Standards ist dabei unverkennbar.[341] Produktsicherheit und auch Produkthaftung werden in China ernster denn je genommen, bisweilen Fehler bei der Herstellung sogar schärfer geahndet – strafrechtlich gar extrem beurteilt. Teilweise drohen drakonische Strafen bei Verstößen gegen strafrechtliche Vorschriften (siehe oben: Zwei vollstreckte Todesurteile im „Milchpulver-Skandal" im Jahre 2009). **202**

Für Unternehmer ist aus produktsicherheitsrechtlichen und/oder Haftungs-Gründen kein Grund (mehr) ersichtlich, dem chinesischen Markt fernzubleiben. Im Gegenteil: Die Praxis zeigt, dass es nicht schwieriger ist, als Endhersteller mit Sitz in Europa Zuliefererregresse in China zu führen als in Europa selbst. Die Urteile sind auch vollstreckbar. Die Einführung der entsprechenden materiellen wie prozessualen Regeln als Voraussetzung für jedes wirtschaftlich sinnvolle Handeln macht – vor allem auch aus chinesischer Sicht – durchaus Sinn: Denn wenn diese Verfahren aus Sicht der europäischen Unternehmen mit Rechtssicherheit geführt werden können, und wenn mangelhafte Produkte des Zulieferers **203**

---

[334] So auch explizit *Gildeggen/Willburger,* Internationale Handelsgeschäfte, 96.

[335] Vgl. dazu auch PHi 2010, 85, generell zum „Schwellenland" China; Focus 2007, 120 ff. „Die neue Gefahr".

[336] Zitiert nach *Huck,* PHi 2006, 105 sowie ebenfalls anschließend bei *Gildeggen/Willburger,* Internationale Handelsgeschäfte, 96.

[337] Zitiert nach BfAI; Produkthaftung China, Stand 15.8.2006.

[338] Zu Produktfälschungen und deren Behandlung nach deutschem Recht, vgl. Ausführungen in § 3 II., Rn. 197 ff.

[339] Zitiert nach *Rödl&Partner/Bank,* Volksrepublik China, 348.

[340] Schmerzensgeld bleibt auch im neuen Deliktsgesetz unerwähnt, ist aber seit 2001 bei Körperverletzung allgemein anerkannt, *Brüggemeier,* Neues Gesetz über das Deliktsrecht der VR China, PHi 2010, 92, 93.

[341] Ebenso *Rienecker,* Produkthaftung der Volksrepublik China, 15.

den Schaden verursacht haben sogar erfolgreich, sind natürlich mehr Unternehmer an weiterer, immer enger werdender Zusammenarbeit mit chinesischen Zulieferern interessiert.

204 Zudem existiert auch in China inzwischen ein Markt für Versicherungsleistungen aller Art,[342] so dass Regressierende mehr und mehr auch auf Leistungen aus Produkthaftpflichtversicherungen zurückgreifen können.

[342] *Folkersma/Dahm-Loraing*, China – Herausforderung oder Risiko, PHi 2010, 85 ff., 87.

§ 7 Absicherungsmöglichkeiten – Versicherungsgrundlagen

Für ein Unternehmen können die finanziellen Folgen aus einer Schädigung Dritter gravierend sein. Die Haftung von Unternehmen für von ihnen verursachte Schäden wurde in den letzten Jahrzehnten im Zuge des Verbraucher- und Umweltschutzes von der Rechtsprechung kontinuierlich ausgeweitet. Ein Serienschaden oder auch ein großer Umweltschaden können selbst größere Unternehmen finanziell überfordern. Haftpflichtversicherungen entlasten die Unternehmen von diesen Risiken. 1

Im Rahmen der Haftpflichtversicherung ist der Versicherer grundsätzlich verpflichtet, den Versicherungsnehmer von Ansprüchen freizustellen, die von einem Dritten auf Grund der Verantwortlichkeit des Versicherungsnehmers für eine während der Versicherungszeit eingetretene Tatsache geltend gemacht werden, und unbegründete Ansprüche abzuwehren, § 100 VVG. Hauptanwendungsgruppen sind die Betriebs-, Produkt-, Umwelt- und Vermögensschadenhaftpflichtversicherung. Diese Versicherungskonzepte bauen – wie grundsätzlich alle Versicherungszweige – auf einem Grundregelwerk nach allgemeinen Bedingungen auf und sehen individuelle Deckungserweiterungen und -beschränkungen, zumeist vereinbart in sog. „Besonderen Bedingungen und Risikobeschreibungen", vor.[1] 2

Haftpflichtversicherungen decken grundsätzlich das Risiko, dass das Unternehmen oder eine unter dem Haftpflichtversicherungsvertrag mitversicherte Person von einem Dritten „aufgrund gesetzlicher Haftpflichtbestimmungen privatrechtlichen Inhalts" auf Schadensersatz in Anspruch genommen werden.[2] Der Haftpflichtversicherungsvertrag gibt dem Versicherten einen Anspruch auf Befreiung von rechtlich begründeten Schadensersatzforderungen sowie auf Gewährung von Rechtsschutz zum Zwecke der Anspruchsabwehr. „Gesetzliche Haftpflichtbestimmungen" sind dabei als Normen zu verstehen, die unabhängig vom Willen der Beteiligten eintreten, in erster Line also deliktische oder quasideliktische Haftungstatbestände sowie Schadensersatzansprüche aus Vertrag. Eine wichtige Ausnahme hiervon bildet indes der sog. „Erfüllungsschadenausschluss", wonach an die Stelle der Erfüllungsleistung tretende Ersatzansprüche (sog. Erfüllungssurrogate) nicht Gegenstand der Haftpflichtversicherung sein sollen. Eine an die Stelle der Erfüllungsleistung tretende Ersatzleistung liegt immer dann vor, wenn der Schadensersatz das unmittelbare Interesse des Gläubigers am eigentlichen Leistungsgegenstand befriedigen soll.[3] Den Gegensatz hierzu bilden Schäden, die über das eigentliche Erfüllungsinteresse hinausgehen; diese sind grundsätzlich gedeckt. Ebenfalls vom Versicherungsschutz der Haftpflichtversicherung ausgenommen sind u. a. die Fälle vorsätzlicher und rechtswidriger Herbeiführung des Versicherungsfalls (sog. Vorsatzausschluss).[4] 3

---

[1] Eingehender zur Entwicklung der Haftpflichtversicherung Looschelders/Pohlmann/ *Schulze/Schwienhorst,* VVG-Kommentar (2010), Einführung vor § 100 Rn. 6 ff.

[2] Zur Definition des „Versicherungsfalls" in der Haftpflichtversicherung vgl. Prölss/Martin/ *Lücke,* VVG, 28. Aufl. 2010, AHB 2008 Nr. 1 Rn. 1 ff.

[3] BGHZ 23, 349; 43, 88.

[4] Hierzu auch *Weitzel,* VersR 2006, 783 ff.; *ders.,* VersR 2008, 955 ff.

I. Betriebshaftpflichtversicherung

4 In der sog. Betriebshaftpflichtversicherung sind die Gefahren eines Betriebes versichert, die in der Privathaftpflichtversicherung grundsätzlich ausgeschlossen sind. Versichert ist zunächst die Haftpflicht des Versicherungsnehmers als Betriebsinhaber, zusätzlich auch die persönliche Haftpflicht der zur Vertretung des Unternehmens befugten Personen sowie der Personen, die in einem Dienstverhältnis zu dem Unternehmen stehen, § 102 VVG.

5 Die klassische Betriebshaftpflichtversicherung auf der Grundlage der „Allgemeinen Versicherungsbedingungen für die Haftpflichtversicherung" (AHB[5]) wird den Versicherungsbedürfnissen gerade des produzierenden Gewerbes aber häufig nicht gerecht. Denn die klassische Haftpflichtversicherung bietet Versicherungsschutz im Rahmen des versicherten Risikos regelmäßig (nur) für den Fall, dass der Versicherungsnehmer (VN) wegen eines während der Wirksamkeit der Versicherung eingetretenen Schadensereignisses, das einen Personen-, Sach- oder sich daraus ergebenden Vermögensschaden zur Folge hat, aufgrund gesetzlicher Haftpflichtbestimmungen privatrechtlichen Inhalts von einem Dritten auf Schadensersatz in Anspruch genommen wird. Für reine Vermögensschäden, also für solche Schäden, denen kein Personen- oder Sachschaden vorausgegangen ist, besteht im Rahmen der klassischen Betriebshaftpflichtversicherung damit kein Versicherungsschutz. Dies ist für viele Unternehmen nicht risikoadäquat, so dass „echte" Vermögensschäden zusätzlich versichert werden müssen.[6] Denn das Risiko, dass es gerade infolge der Lieferung eines fehlerhaften Produkts zu (reinen) Vermögensschäden erheblichen Ausmaßes kommt, ist oftmals größer als die Gefahr eines Personen- oder Sachschadens. Durch Absatzstufen, in deren Verlauf das vom Versicherungsnehmer hergestellte Erzeugnis verarbeitet oder in Produkte Dritter eingebaut wird, wird dieses Risiko zusätzlich erhöht,[7] zumal auch die Herstellung einer mangelhaften Sache von der Rechtsprechung nicht als Sachbeschädigung angesehen wird[8]. Derartige Risiken lassen sich aber mit einer sog. Produkthaftpflichtversicherung abfedern.

II. Produkthaftpflichtversicherung

6 Über eine Produkthaftpflichtversicherung[9] lässt sich das Haftungsrisiko für die Produkte eines Betriebes absichern.

7 Die Produkthaftpflichtversicherung ist mittlerweile Teil der Betriebshaftpflichtversicherung und ergänzt diese. Hintergrund ihrer Einführung war vor allem die Verschärfung der deliktischen Produzentenhaftung durch die Rechtsprechung.[10] 1970 bildete sich eine Ex-

---

[5] Musterbedingungen des Gesamtverbandes der Deutschen Versicherungswirtschaft (GDV), Stand Januar 2008.

[6] Vgl. hierzu *Weitzel*, in Lenz, Die Rechtsabteilung, § 14 Versicherungsrecht, 288.

[7] Vgl. Veith/Gräfe/*Bäcker*, § 14 Produkthaftpflichtversicherung und Rückrufkostendeckung, Rn. 1.

[8] BGH, VersR 2005, 110; BGH, NJW 2005, 1425; OLG Hamm, r+s 1989, 324; OLG Düsseldorf, r+s 1999, 98.

[9] Eingehend hierzu *Lenz*, in van Bühren, § 12, 1289 ff.; Looschelders/Pohlmann/*Lenz*, Anhang D (Produkthaftpflichtversicherung), 1897 ff.

[10] Vgl. hierzu das sogenannte „Schubstreben-Urteil" vom 17.10.1967 (BGH, NJW 1968, 247 ff.), „Kleber-Urteil" vom 29.5.1968 (BGH, NJW 1968, 1622 ff.) sowie die am 26.11.1968 ergangene „Hühnerpest-Entscheidung" zur Umkehr der Beweislast (BGH, NJW 1969, 269 ff.).

pertenkommission, bestehend aus Mitgliedern des HUK-Verbandes, Mitgliedern des DVS[11] und Mitgliedern des BDI[12]. Im Dezember 1972 legte die Kommission den Entwurf einer Produkthaftpflichtversicherung vor und ließ die beteiligten Verbände diesem Modell zustimmen. Schließlich wurden die Modellbedingungen durch das damalige BAV[13] genehmigt und im Jahre 1973 das erste Produkthaftpflichtversicherungsmodell mit Erläuterungen veröffentlicht.[14] In den Jahren 1987, 2000 und 2002 erfolgten Überarbeitungen und Novellierungen des Modells bedingt durch die Fortentwicklung der Rechtsprechung zum Haftungsrecht und insbesondere durch das Inkrafttreten des Schuldrechtsmodernisierungsgesetzes seit dem 1.1.2002. Das aktuelle Produkthaftpflichtmodell hat den Stand August 2008. Wann es konkret zu einer Fortentwicklung des Produkthaftpflichtmodells kommt, bleibt abzuwarten. Eine Änderung im Kernbereich des Modells ist allerdings derzeit nicht abzusehen.

1. Zielsetzung des Modells

Das Produkthaftpflichtrisiko baut auf der „Betriebshaftpflichtversicherung" (§ 102 **8**
VVG) auf und ist als Ergänzung hierzu konzipiert. Entsprechend einer geschäftsplanmäßigen Erklärung aller in der Bundesrepublik zum Betreiben der Haftpflichtversicherung zugelassenen Versicherer wird dieses Deckungsmodell als Baustein innerhalb der Betriebshaftpflichtversicherung, also nicht als isolierte Deckung, angeboten.[15] Will der Versicherungsnehmer auf Grund seiner Risikobeurteilung eine Erweiterung oder Optimierung seines Versicherungsschutzes gegenüber der zu Grunde liegenden Betriebshaftpflichtversicherung, kann er dies durch den Abschluss einer zusätzlichen Produkthaftpflichtversicherung erreichen. Die bestehende Betriebshaftpflichtversicherung kann um die Modellbedingungen oder auch um bestimmte Bausteine des Modells individuell erweitert werden. Die einzelnen Deckungserweiterungen[16] waren bei Schaffung des Modells als sogenannte „Baukastenerweiterung" gedacht, dessen einzelne „Bausteine" von den verschiedenen Produkthaftpflicht-Versicherern entsprechen den Bedürfnissen des jeweiligen Versicherungsnehmers als „Standarddeckung" angeboten werden. Allerdings sieht die Praxis anders aus. Die Deckungserweiterungen (Modellbausteine Ziffer 4.1 bis 4.4) werden regelmäßig als „Gesamtpaket" im Rahmen der Produkthaftpflichtversicherung von Seiten der Versicherungswirtschaft angeboten.[17] Hierbei werden teilweise auch Produktrisiken erfasst, für die bereits auf der Grundlage der allgemeinen Haftpflichtbedingungen Versicherungsschutz besteht.[18] Danach werden Personen- und Sachschäden und sogenannte unechte Vermögensschäden gedeckt, also Vermögensschäden, die Folge eines Personen- und/oder Sachschadens sind. Ziel des Modells ist es, Ansprüche aus sogenannten reinen Vermögensschäden,[19] für die im Rahmen der Betriebshaftpflichtversicherung auf herkömmlicher AHB-Basis kein Versicherungsschutz besteht,[20] zu erfassen und damit auch

[11] Deutscher Versicherungsverband.

[12] Bundesverband der deutschen Industrie; vgl. hierzu auch *Thürmann*, PHi-Jubiläumsausgabe 2002, 24 ff.

[13] Bundesaufsichtsamt für Versicherungswesen, heutige BaFin.

[14] Abgedruckt in VB 1973, 1409.

[15] *Thürmann/Kettler*, Produkthaftpflichtversicherung, 1.

[16] Vgl. Ziffer 4 des Modells: Abgrenzungen und Erweiterungen des Versicherungsschutzes.

[17] Vgl. *W. Müller/Schubring-Giese*, ARGUS 1985, 53 ff.

[18] Sogenannte konventionelle Produkthaftpflichtdeckung.

[19] Also solchen Vermögensschäden, denen kein Personen- oder Sachschaden vorausgegangen ist.

[20] Es sei denn, dass auf Grund besonderer Vereinbarung die Deckung für (bestimmte) Vermögensschäden ausdrücklich mitversichert wurde.

Ansprüche zu sichern, bei denen der Versicherungsschutz auf der Grundlage der AHB-Deckung in der Vergangenheit strittig war. Derartige Schwierigkeiten sollten durch die Einbeziehung von Vermögensschäden in Ziffer 4.2 ff. des Modells beseitigt werden.[21]

2. Die Systematik des Modells

9 Die Produkthaftpflichtversicherung bietet Versicherungsschutz im Hinblick auf bestimmte, enumerativ aufgezählte Vermögensschadenpositionen für bestimmte aufgeführte Typen von Weiterverarbeitungstatbeständen.

10 Versichert ist nach Ziffer 1.1[22] die gesetzliche Haftpflicht des Versicherungsnehmers für Personen-, Sach- und daraus entstandene weitere Schäden, soweit diese durch vom Versicherungsnehmer hergestellte oder gelieferte Erzeugnisse, erbrachte Arbeiten oder sonstige Leistungen verursacht wurden.

11 Während der „Gegenstand" der Versicherung, das „versicherte Risiko" und die unter die Produkthaftpflichtversicherung fallenden „mitversicherten Personen" im Einzelnen in den Ziffern 1 bis 3 des Modells angeführt werden, bildet den eigentlichen Kern des Modells die dortige Ziffer 4 (Abgrenzungen und Erweiterungen des Versicherungsschutzes). So beinhaltet Ziffer 4 des Modells die Deckung der vormaligen Haftung für das Fehlen zugesicherter Eigenschaften (Ziffer 4.1), aber auch Bausteine der Vermögensschadendeckung für bestimmte aufgeführte Typen von Weiterverarbeitungstatbeständen, so etwa wegen „Verbindungs-, Vermischungs- und Verarbeitungsschäden" (Ziffer 4.2) und „Weiterver- oder -bearbeitungsschäden" (Ziffer 4.3). Zentrale Bedeutung hat hierbei der sogenannte „Aus- und Einbaukosten" – Baustein (Ziffer 4.4), der Versicherungsschutz für den Fall bietet, dass das Gesamtprodukt eines Dritten mangelhaft ist, weil ein darin eingebautes Erzeugnis des Versicherungsnehmers seinerseits mangelhaft ist. Die Produkthaftpflichtversicherung ist daher gerade für Hersteller von Maschinenteilen, Zubehörteilen, Kabeln, Leitungen, Dichtungen, etc. von essenzieller Bedeutung. Daneben finden sich im Modell weitergehende Deckungsbausteine, die der Versicherungsnehmer *fakultativ* einkaufen kann, so etwa die sogenannte Maschinenklausel (Ziffer 4.5), die Versicherungsschutz für den Fall bietet, dass mit einer Maschine mangelhafte Produkte hergestellt werden, und die „Prüf- und Sortierkosten" – Klausel (Ziffer 4.6), die sich mit der Deckung des sogenannten Mangelverdachts beschäftigt und Deckungsschutz für Schadensersatzansprüche wegen Kosten der Überprüfung von Produkten mit Mangelverdacht bietet.

12 Ziffer 5 behandelt einen reinen Merkposten zum Thema „Auslandsdeckung". Hintergrund für die Ausklammerung des Versicherungsschutzes für Auslandschäden und des damit verbundenen Erfordernisses einer besonderen Vereinbarung des Deckungsschutzes hierfür ist das kaum überschaubare Risiko für den Versicherer, was grundsätzlich individuelle Vereinbarungen notwendig macht.[23]

13 Ziffer 6 (Risikoabgrenzungen) behandelt „nichtversicherte Tatbestände" (Ziffer 6.1) und „Ausschlüsse" (Ziffer 6.2).

14 Ziffer 7 behandelt die zeitliche Begrenzung des Versicherungsschutzes und regelt, dass bei Beendigung des Versicherungsvertrages Versicherungsschutz für während der Wirksamkeit des Versicherungsvertrages eingetretene Versicherungsfälle nur dann besteht, wenn diese binnen drei Jahren nach Beendigung des Vertrages dem Versicherer gemeldet

---

[21] Vgl. hierzu auch Prölss/Martin/*Voit*, VVG, 28. Auflage 2010, ProdHaftPfl Nr. 1, Rn. 3.

[22] Vgl. Besondere Bedingungen und Risikobeschreibungen für die Produkthaftpflichtversicherung von Industrie- und Handelsbetrieben (Produkthaftpflicht-Modell), Musterbedingungen des GDV (Stand: August 2008).

[23] Vgl. hierzu auch die „Besonderen Bedingungen für den Einschluss von Auslandsschäden", VerBAV 1981, 238.

werden (Ziffer 7.1), bzw., dass für vor Inkrafttreten des Versicherungsvertrages bestehende Ansprüche nach den Ziffern 4.2 ff. Versicherungsschutz nur bei besonderer Vereinbarung besteht (Ziffer 7.2).

In Ziffer 8 (Versicherungsfall und Serienschaden) findet sich die Definition des Versicherungsfalls als das während der Wirksamkeit des Vertrages eingetretene Schadenereignis (Ziffer 8.1). Ziffer 8.2 enthält Konkretisierungen, wann der Versicherungsfall bei den Bausteinen der Ziffern 4.2 ff. in zeitlicher Hinsicht als eingetreten gilt. In Ziffer 8.3 schließlich wird der sogenannte Serienschaden erläutert. **15**

Ziffer 9 enthält Regelungen zu Versicherungssumme, Maximierung und Selbstbehalt. **16**

Ziffer 10 beinhaltet schließlich Regelungen zu Erhöhungen und Erweiterungen des Risikos bzw. der Behandlung neuer Risiken. Hiernach hat der Versicherungsnehmer wesentliche Erhöhungen oder Erweiterungen des Produktions- oder Tätigkeitsumfangs sowie Risiken, die nach Abschluss der Versicherung neu entstehen, zwecks Vereinbarung neuer Prämien und Überprüfung der Bedingungen unverzüglich anzuzeigen. **17**

Im Einzelnen:

3. Deckung für Personen- und Sachschäden (Ziff. 1.1)

Versichert ist nach Ziffer 1.1 des Modells die gesetzliche Haftpflicht des Versicherungsnehmers für Personen-, Sach- und daraus entstandene weitere Schäden, soweit diese durch vom Versicherungsnehmer hergestellte oder gelieferte Erzeugnisse, erbrachte Arbeiten oder sonstige Leistungen verursacht wurden. Der Versicherungsschutz beginnt mit dem Zeitpunkt, in dem der Versicherungsnehmer die Erzeugnisse in den Verkehr gebracht, die Arbeiten abgeschlossen oder die Leistungen ausgeführt hat. Deutlich wird die Deckung zur Betriebsstättendeckung der herkömmlichen Betriebshaftpflichtversicherung sowohl in sachlicher (Haftung durch Erzeugnisse, Arbeiten, Leistungen) als auch zeitlicher Hinsicht (nach Inverkehrbringen der Erzeugnisse bzw. Abschluss der Arbeiten oder Ausführung der Leistungen) abgegrenzt. **18**

Eine Legaldefinition, was unter dem Begriff der „gesetzlichen Haftpflicht" zu verstehen ist, findet sich im Produkthaftpflicht-Modell nicht. Bedingt durch die Präambel kann jedoch auf die allgemeine Regelung in Ziff. 1.1 AHB zurückgegriffen werden. Unter die „gesetzlichen Haftpflichtbestimmungen" privatrechtlichen Inhalts lassen sich daher alle vertraglichen oder vertragsähnlichen, die deliktischen und quasideliktischen sowie sonstigen Ansprüche fassen, die den Ausgleich eines Schadens gewährleisten.[24] Dabei kommt es nicht darauf an, ob die gesetzlichen Ansprüche beispielsweise „Verschulden" voraussetzen, so dass auch sog. Gefährdungshaftungstatbestände (z. B. § 1 ProdHaftG oder § 84 AMG) vom Produkthaftpflichtmodell erfasst sind.[25] In den Anwendungsbereich des Produkthaftpflicht-Modells fallen damit die nach dem Schuldrechtsmodernisierungsgesetz zum 1.1.2002 in Kraft getretenen Vorschriften der §§ 280 ff., 311 Abs. 2 BGB (früher: ungeregelt als „culpa in contrahendo"), ebenso wie die Schadensersatzansprüche aus Vertrag, also Ansprüche nach den §§ 437 Nr. 3, 634 Nr. 4 BGB – wenn auch mit zahlreichen Ausschlusstatbeständen (vgl. Ziff. 7 AHB).[26] Auch das Integritätsinteresse betreffende Ansprüche aus Geschäftsführung ohne Auftrag oder der nachbarrechtliche Ausgleichsanspruch nach § 906 Abs. 2 S. 2 BGB können hierunter zu subsumieren sein.[27] Von **19**

---

[24] Vgl. Prölss/Martin/*Lücke,* § 1 AHB, Rn. 6 ff.; *Späte,* § 1 AHB, Rn. 127 f.

[25] *Späte,* § 1 AHB Rn 130.

[26] Prölss/Martin/*Lücke,* § 1 AHB Rn 7 ff., insb. 9; GDV-Rundschreiben 1339/2002-H28/02 M; vgl. auch *Beuck,* VersR 2003, 1097, 1099; a. A. wohl *Graf von Westphalen,* NVersZ 2002, 241.

[27] Prölss/Martin/*Lücke,* § 1 AHB, Rn. 6.

Bedeutung im Zusammenhang mit der Produkthaftung ist vor allem, dass auch Ausgleichsansprüche nach § 426 Abs. 1 und 2 BGB vom Begriff der gesetzlichen Haftpflicht erfasst sind,[28] ferner auch Ansprüche aus § 839 BGB i. V. m. Art. 34 GG als Schadenersatzansprüche „privatrechtlichen Inhalts".[29]

20 Soweit der Versicherungsnehmer die gesetzlichen Haftpflichttatbestände durch vertragliche Absprachen (Garantien, Verjährungsfristverlängerungen o. ä.) erweitert, ist dies nicht insgesamt „deckungsschädlich". Der Versicherungsschutz besteht insoweit, als die gesetzlichen Haftpflichtbestimmungen reichen. Es ist jeweils gesondert deckungsrechtlich zu prüfen, ob und inwieweit das Begehren des Anspruchstellers neben der Inanspruchnahme aus der Garantie auch aus einer gesetzlichen Haftungsgrundlage abgeleitet, oder aber, ob der Anspruch des Dritten lediglich auf die Garantiezusage des Versicherungsnehmers gestützt werden kann. Wenn sich der Anspruch des Dritten nur aus der reinen – über die gesetzliche Haftung hinausgehenden – Garantieerklärung ergibt, so ist dies deckungsschädlich. Nichts anderes gilt für die Verlängerung von Verjährungsfristen. Gewährt der Versicherungsnehmer über das gesetzliche Maß hinaus Dritten gegenüber Verlängerungen, entfällt der Deckungsschutz nicht insgesamt; vielmehr wird Versicherungsschutz insoweit gewährt, als Ansprüche des Dritten nach den gesetzlichen Regelungen noch nicht verjährt sind (§§ 194 ff., 438, 634a BGB).

21 Sachschäden und Personenschäden sind in den Bedingungen selbst nicht definiert; unter Rückgriff auf die ergänzend geltenden AHB ist unter Sachschaden die Beschädigung oder Vernichtung von Sachen und unter Personenschaden die Verletzung oder Gesundheitsbeschädigung von Menschen zu verstehen.[30] Neben Personen- und Sachschäden sollen auch *daraus entstandene weitere Schäden* versichert sein. Die Abgrenzung von Sachschäden und reinen Vermögensschäden hat für die Produkthaftpflichtversicherung besondere Bedeutung, weil sich nach dieser Abgrenzung entscheidet, ob lediglich die pauschale Deckung der Ziff. 1.1 für Personen- und Sachschäden und alle daraus (adäquat-kausal) entstandenen weiteren Schäden oder die enumerative Deckung der Bausteine Ziff. 4.2 bis 4.6 besteht.[31]

4. Einschluss von Bearbeitungsschäden (Ziff. 1.2)

22 Eingeschlossen sind gemäß Ziffer 1.2 – und insoweit abweichend von Ziffer 7.7 AHB – gesetzliche Haftpflichtansprüche wegen Schäden, die an fremden Sachen durch eine gewerbliche oder berufliche Tätigkeit des Versicherungsnehmers an oder mit diesen Sachen entstanden sind, und alle sich daraus ergebenden Vermögensschäden. Dieser Versicherungsschutz besteht indes nur, sofern die Schäden nach Abschluss der Arbeiten oder Ausführungen der sonstigen Leistungen eingetreten sind.[32]

---

[28] Vgl. LG Hamburg, VersR 1994, 299 – Rettungsinsel, mit Anm. *Harms;* vgl. aber auch BGH, VersR 2003, 901; BGH, r+s 1997, 265 ff.

[29] Prölss/Martin/ *Lücke*, § 1 AHB, Rn. 18; vgl. zur Amtshaftung der EU-Kommission wegen Meldungen über Produktgefahren im EU-Schnellwarn-System auch *Moelle,* StoffR 2004, 237 ff. und zu Ansprüchen analog § 8 Abs. 5 Satz 4 GPSG a. F. (jetzt § 26 ProdSG 2011), *Deckenbrock/Dötsch,* StoffR 2004, 232 ff.

[30] Prölss/Martin/*Lücke,* § 1 AHB, Rn. 22, 30.

[31] MüKo/*Thürmann*, Produkthaftpflichtversicherung, Rn. 33.

[32] Ausgeschlossen bleiben Ansprüche wegen Beschädigung von Kraft-, Schienen-, und Wasserfahrzeugen, Containern sowie deren Ladung; des weiteren Ansprüche wegen Beschädigung von Sachen, die sich beim Versicherungsnehmer zur Lohnbe- oder -verarbeitung, Reparatur oder sonstigen Zwecken befinden oder befunden haben.

5. Der Kern des Modells (Ziff. 4)

23 Mit gutem Grund wird Ziff. 4 als der „Kern des Modells", bezogen auf die Frage des Umfanges des Versicherungsschutzes verstanden.[33] Während das sog. konventionelle Produkthaftpflichtrisiko[34] in den AHB i. V. m. Ziff. 1 des Produkthaftpflicht-Modells geregelt ist, erweitert Ziff. 4 den Versicherungsschutz auf bestimmte, abschließend benannte, vertragliche – zusätzliche – Haftungstatbestände und auch auf sog. „echte" Vermögensschäden. Diese Deckungserweiterungen sind in den einzelnen, zunächst separat zu betrachtenden „Deckungsbausteinen" (4.1–4.6) geregelt. Entsprechend der individuellen Risikosituation des Versicherungsnehmers können die einzelnen Deckungsbausteine für ihn „maßgeschneidert" zusammengestellt werden. Es entspricht allerdings gängiger Praxis, auch wenn die Risiken nicht gänzlich mit der tatsächlichen Situation des Versicherungsnehmers übereinstimmen, zumindest die Deckungsbausteine der Ziff. 4.1 bis 4.4 standardmäßig („en bloc") anzubieten.

a) Ziff. 4.1 (Personen- oder Sachschäden aufgrund von Sachmängeln infolge Fehlens von vereinbarten Eigenschaften)

24 Der Hintergrund der Ziff. 4.1 ist in der Rechtsprechung des Bundesgerichtshofs zur Haftung für Mangelfolgeschäden aus der ehemaligen „Zusicherung von Eigenschaften" nach § 463 BGB a. F. zu sehen.[35] Mit der Streichung des § 463 BGB a. F. ist der Sinn des Deckungsbausteins 4.1 durchaus fragwürdig. Mit guten Gründen lässt sich die These vertreten, dass mit dem Wegfall der Haftung wegen Fehlens zugesicherter Eigenschaften an sich kein zwingender Bedarf mehr für die Deckungserweiterung besteht. Nach neuem Schuldrecht ist die Lieferung einer fehlerhaften Kaufsache nach § 433 Abs. 1 Satz 2 BGB stets eine Pflichtverletzung im Sinne der §§ 437 Nr. 3, 280 BGB. Der Unterschied zwischen der im früheren Recht geregelten Eigenschaftszusicherung und der neuen Haftung aus Pflichtverletzung durch mangelhafte Lieferung hängt mit dem Verschulden zusammen. Für den Käufer besteht unter Umständen das Interesse, für besonders wichtige Eigenschaften der Kaufsache den – nach altem Recht geregelten – Zustand der verschuldensunabhängigen Haftung des Verkäufers herzustellen. Diese Möglichkeit eröffnet der neu gefasste § 276 BGB. Der üblicherweise geltende Maßstab des „Vertretenmüssens" – Vorsatz oder Fahrlässigkeit – kann vertraglich verändert, aber insbesondere auch – wenn es denn dem Käuferinteresse entspricht – vertraglich verschärft werden. Die vom Gesetz ermöglichte Abbedingung des Verschuldenserfordernisses wird in § 276 Abs. 1 Satz 2 BGB „Garantie" genannt, wie auch bis dato – nämlich bis zur Schuldrechtsmodernisierung – die bisherige Eigenschaftszusicherung als eine Art „Garantie" betrachtet wurde. Gerade hier setzt die Rechtfertigung für die infolge des Schuldrechtsmodernisierungsgesetzes im Wortlaut veränderte neue Klausel der Ziff. 4.1 des Produkthaftpflicht-Modells an.[36]

---

[33] Vgl. *Thürmann*, PHi 2000, 163; *Stempfle*, § 15, Rn. 91 spricht vom „Mittelpunkt des Modells".

[34] Unter der konventionellen Produkthaftpflicht-Deckung versteht man die Versicherung der gesetzlichen Haftpflicht privatrechtlichen Inhalts wegen Personen-, Sach- oder daraus resultierender Vermögens-(Folge-)schäden, die durch ein fehlerhaftes (Teil-)Produkt des Versicherungsnehmers, oder durch die Verletzung von Verkehrssicherungspflichten (im Zusammenhang mit der Produktsicherheit) des Versicherungsnehmers an Rechtsgütern Dritter entstehen.

[35] Vgl. dazu das „Kleber-Urteil" des BGH, NJW 1968, 1622 ff.

[36] *Zölch*, PHi 2002, 236; *ders.*, PHi 2005, 16, 17 ff., insbesondere 23.

25 Voraussetzung ist das Vorliegen von „vereinbarten Eigenschaften“. Zu den Deckungsvoraussetzungen der Ziff. 4.1 gehört, dass der Versicherungsnehmer „verschuldensunabhängig einstehen möchte“. Das verschuldensunabhängige Einstehenwollen ergibt sich dann, wenn über den Verschuldensmaßstab des Gesetzes (§ 276 Abs. 1 BGB) hinaus gehaftet werden soll.

26 Ferner setzt Ziff. 4.1 voraus, dass der von dem Dritten geltend gemachte Schadensersatzanspruch auf einen Sachmangel in Verbindung mit der fehlenden vereinbarten Eigenschaft gestützt wird. Es ist zu betonen, dass Ziff. 4.1 nur Schadensersatzansprüche Dritter „in gesetzlichem Umfang“ abdeckt. Damit wird deutlich, dass insbesondere Ansprüche, die über das gesetzliche Sachmängelhaftungsrecht hinausgehen (Beschaffenheits- und Haltbarkeitsgarantien i. S. v. § 443 BGB), nicht vom Versicherungsschutz erfasst werden sollen. Ferner ist zu berücksichtigen, dass Schadenspositionen, die dem deutschen Recht fremd sind (z. B. Ersatz des sog. Affektionsinteresses),[37] nicht erfasst sind. Sind die obigen Voraussetzungen gegeben, wäre das „verschuldensunabhängige Einstehenmüssen“ nach Ziff. 4.1 grundsätzlich gedeckt.

b) Ziff. 4.2 (Verbindungs-, Vermischungs-, Verarbeitungsschäden)

27 Nach Ziff. 4.2 besteht Deckung, wenn durch aus tatsächlichen oder wirtschaftlichen Gründen nicht trennbare Verbindung, Vermischung oder Verarbeitung hergestellter oder gelieferter Erzeugnisse, die mangelhaft sind, mit anderen Produkten ein „Gesamtprodukt“, entstanden ist, das seinerseits mangelhaft ist und durch dessen Mangelhaftigkeit ein Dritter einen Vermögensschaden im Sinne von Ziff. 2.1 AHB erlitten hat, weswegen gegen den Versicherungsnehmer gesetzliche Schadensersatzansprüche erhoben werden.

28 Es sollen alle Weiterverarbeitungsformen erfasst werden, bei denen es zu einer *nicht mehr trennbaren Einheit verschiedener Ausgangsstoffe oder -materialien* kommt. In der Systematik der Ziff. 4.2 bis 4.4 erfasst „Verbindung, Vermischung, Verarbeitung“ alle Formen dauerhafter, nicht mehr (ökonomisch sinnvoll) trennbarer Zusammenführung von Materie[38]. Gedeckt ist nicht nur die Verbindung, Vermischung oder Verarbeitung von Erzeugnissen des Versicherungsnehmers als solchen, sondern auch die Verbindung, Vermischung oder Verarbeitung auf einer *weiteren Verarbeitungsstufe,* wenn also das mangelhafte Erzeugnis des Versicherungsnehmers bereits in einem Vorprozess in ein Gesamtprodukt eingegangen ist und dieses nunmehr verbunden, vermischt oder verarbeitet wird.

29 Durch die Verbindung, Vermischung oder Verarbeitung eines mangelhaften Erzeugnisses des Versicherungsnehmers mit anderen Produkten (Dritter) muss ein mangelhaftes Gesamtprodukt entstanden sein, was dann einen Schaden eines Dritten hervorgerufen hat. Voraussetzung ist also Kausalität zwischen dem Mangel des Gesamtprodukts und dem bei einem Dritten entstandenen Schaden. Erfasst wird die jeweils nächste Verarbeitungsstufe.[39]

30 Gedeckt sind ausschließlich die in Ziff. 4.2.2 genannten Vermögensschäden, namentlich Schäden wegen Beschädigung oder Vernichtung anderer Ausgangsprodukte, (unnütze) Kosten für die Herstellung des Gesamtprodukts (insbesondere Löhne, Energie, Betriebs- und Verbrauchsstoffe (Selbstkosten des Herstellers)), Kosten für eine rechtlich gebotene und wirtschaftlich zumutbare Nachbearbeitung, weitere Vermögensnachteile, weil die Produkte unveräußerlich sind oder nur mit einem Nachlass veräußert werden können, sowie unmittelbare Kosten durch einen Produktionsausfall, der auf die Mangelhaftigkeit der Gesamtprodukte zurückzuführen ist. Erfasst werden auch Kosten für eine fehlgeschlagene Nachbearbeitung. Nach dem Wortlaut kommt es für die Frage der Ersatzfähigkeit der aufgewendeten Nachbearbeitungskosten nicht entscheidend darauf an, ob die Nach-

[37] *Stempfle,* § 15 Rn. 116, Fn. 175.
[38] MüKo/*Thürmann,* Produkthaftpflichtversicherung, Rn. 83.
[39] *Lenz,* in: van Bühren, § 12, Rn. 80.

bearbeitung ganz oder teilweise erfolgreich gewesen ist. Voraussetzung ist allein, dass es sich um eine rechtlich gebotene und wirtschaftlich zumutbare Maßnahme gehandelt haben muss. Nicht anders wird der verständige Versicherungsnehmer die Klausel verstehen.

c) Ziff. 4.3 (Weiterver- oder -bearbeitungsschäden)

Ziff. 4.3 betrifft die *Weiterverarbeitung* der Erzeugnisse des Versicherungsnehmers, *ohne* dass *Produkte Dritter* hinzutreten. Es handelt sich um Fälle der reinen Veredelung der Erzeugnisse. Zu denken ist hier beispielhaft an Fallkonstellationen, in denen etwa mangelhafte Kunststoffe (Zuliefererprodukt) zu Verpackungen (vom Endhersteller) gepresst werden, oder – ganz allgemein – aus einem Zuliefererprodukt gefertigte Produkte unbrauchbar werden, etwa das Spinnen von Garn, wenn das Garn fehlerhaft war, oder die Weiterverarbeitung von Stoffen durch Weben oder Stricken. In der Metallbranche sind zu erwähnen das Pfalzen von Blechen oder auch das Verformen von Stangen. Auch das Aufspielen von Software gehört dazu, weil ohne Hinzutreten anderer physikalischer Komponenten dabei nur die Struktur des Datenträgers verändert wird.[40] Entscheidend ist, dass das gelieferte Produkt des Versicherungsnehmers durch einen Dritten in ein anderes „umgewandelt" oder „umgestaltet" wird. Das zugelieferte Erzeugnis bleibt erhalten, wird aber „verändert", verbessert, veredelt oder sonstig optimiert.[41] 31

Gedeckt sind ausschließlich die in Ziff. 4.3.2 genannten Vermögensschäden, namentlich Kosten für die Weiterverarbeitung oder Bearbeitung der mangelhaften Erzeugnisse, sofern die verarbeiteten oder bearbeiteten Erzeugnisse tatsächlich „unveräußerlich" sind, Kosten für eine rechtlich gebotene und wirtschaftlich zumutbare Nachbearbeitung der verarbeiteten oder bearbeiteten Erzeugnisse oder die für eine andere Schadenbeseitigung aufgewandten Kosten, schließlich weitere Vermögensnachteile (z. B. entgangener Gewinn) unter der Voraussetzung, dass die weiterverarbeiteten oder weiterbearbeiteten Erzeugnisse nicht oder nur mit einem Preisnachlass veräußert werden können. 32

d) Ziff. 4.4 (Aus- und Einbaukosten)

Ziff. 4.4 gewährt Versicherungsschutz für gesetzliche Schadensersatzansprüche Dritter wegen Vermögensschäden, die infolge der Mangelhaftigkeit von Gesamtprodukten entstanden sind. Voraussetzung ist, dass die Mangelhaftigkeit des Gesamtprodukts durch den Einbau, das Anbringen, Verlegen oder Auftragen von mangelhaft hergestellten oder gelieferten Erzeugnissen des Versicherungsnehmers entstanden ist. 33

Ziff. 4.4 kommt in der Praxis die wohl höchste Bedeutung der verschiedenen Bausteine zu. Adressaten dieses Deckungsbausteins sind (End-)Hersteller und Lieferanten von Maschinenteilen, Aggregaten und Zubehörteilen, Rohren, aber auch Kabeln, von Baustoffen, sowie auch von sonstigen Fertigteilen, die im Rahmen der Weiterverarbeitung in andere (Gesamt-)Produkte eingesetzt werden, die aber *austauschbar* bleiben. Im Gegensatz zu Ziff. 4.2 ist in den Fällen der Ziff. 4.4 die Trennung der einzelnen Produkte tatsächlich möglich und wirtschaftlich auch sinnvoll. 34

Gedeckt sind ausschließlich Schadenersatzansprüche wegen Kosten für den Austausch mangelhafter Erzeugnisse (nicht jedoch von deren Einzelteilen), d.h. Kosten für das Ausbauen, Abnehmen, Freilegen oder Entfernen mangelhafter Erzeugnisse und das Einbauen, Anbringen, Verlegen oder Auftragen mangelfreier Erzeugnisse oder mangelfreier Produkte Dritter, Kosten für den Transport mangelfreier Erzeugnisse oder mangelfreier Produkte Dritter mit Ausnahme solcher an den Erfüllungsort der ursprünglichen Lieferung des Versicherungsnehmers. Sind die Kosten für den direkten Transport vom Ver- 35

[40] MüKo/*Thürmann*, Produkthaftpflichtversicherung, Rn. 125.
[41] *Lenz*, in: van Bühren, Rn. 87.

sicherungsnehmer bzw. vom Dritten zum Ort des Austausches geringer als die Kosten des Transportes vom Erfüllungsort der ursprünglichen Lieferung des Versicherungsnehmers zum Ort des Austausches, sind nur die Kosten des Direkttransportes versichert. Für diese Kosten besteht – abweichend von Ziff. 1.1 und 1.2 AHB – Versicherungsschutz auch dann, wenn sie zur Erfüllung einer gesetzlichen Pflicht zur Neulieferung oder zur Beseitigung eines Mangels des Erzeugnisses des Versicherungsnehmers von diesem oder seinem Abnehmer aufgewendet werden.

36 Kein Versicherungsschutz besteht, wenn der Versicherungsnehmer die mangelhaften Erzeugnisse selbst eingebaut oder montiert hat oder in seinem Auftrag, für seine Rechnung oder unter seiner Leitung hat einbauen oder montieren lassen (dies gilt nicht, wenn der Versicherungsnehmer beweist, dass die Mangelhaftigkeit nicht aus dem Einbau, der Montage oder Montageanleitung, sondern ausschließlich aus der Herstellung oder Lieferung resultiert), desweiteren wenn sich die Mangelbeseitigungsmaßnahmen auf Teile, Zubehör oder Einrichtungen von Kraft-, Schienen- oder Wasserfahrzeugen beziehen, soweit diese Erzeugnisse im Zeitpunkt der Auslieferung durch den Versicherungsnehmer oder von ihm beauftragte Dritte ersichtlich für den Bau von oder den Einbau in Kraft-, Schienen- oder Wasserfahrzeugen bestimmt waren.

37 **Im Einzelnen:**

Zunächst muss es infolge des Einbaus, des Anbringens, des Verlegens oder des Auftragens des mangelhaft hergestellten oder gelieferten Erzeugnisses des Versicherungsnehmers zu einem mangelhaften Gesamtprodukt eines Dritten gekommen sein.

38 Insofern ergibt sich zum Begriff des „Mangels" oder auch zum Begriff des „Gesamtproduktes" nichts anderes als bereits bei den Deckungsbausteinen der Ziff. 4.2 und 4.3. Entscheidend ist, dass tatsächlich ein mangelhaftes Gesamtprodukt entstanden sein muss (vgl. § 434 BGB). Der bloße Mangelverdacht ist nicht gedeckt. Erzeugnisse im hier zitierten Sinne sind ausweislich des weit gefassten Wortlauts nicht nur die Produkte des Versicherungsnehmers, sondern auch Produkte Dritter, die Produkte des Versicherungsnehmers enthalten.

39 Mit „Einbau, Anbringen, Verlegen oder Auftragen" sind alle Formen der materiellen Verbindung der Erzeugnisse mit anderen Produkten zu einem Gesamtprodukt gemeint. Es genügt, dass ein mangelhaftes Gesamtprodukt entstanden ist und feststeht, dass eine *Trennung der einzelnen Produkte tatsächlich möglich und wirtschaftlich sinnvoll ist.*

40 Gedeckt sind ausschließlich die in den Ziff. 4.4.2.1 ff. genannten Kosten und enumerativ angeführten Positionen im Rahmen der Austauschkostendeckung. Dies sind zunächst die Kosten des Austauschs mangelhafter Erzeugnisse, d. h. Kosten für das „Ausbauen, Abnehmen, Freilegen oder Entfernen mangelhafter Erzeugnisse *und das Einbauen, Anbringen, Verlegen oder Auftragen mangelfreier* Erzeugnisse oder mangelfreier Produkte Dritter". Hierzu gehören insbesondere die dafür anfallenden Arbeitskosten, desweiteren *alle* notwendigen zusätzlichen Kosten wie Reisekosten oder auch Überstundenzuschläge, Spesen und Übernachtungskosten für Montagepersonal. Es muss sich um den Austausch des Erzeugnisses als Ganzes handeln. Voraussetzung ist weiterhin, dass die aufgewendeten Kosten auch haftungsrechtlich vom Versicherungsnehmer geschuldet sein müssen – ob nun als Teil einer Schadensersatzverpflichtung oder als Teil eines Nacherfüllungsanspruchs –, damit Deckungsschutz gewährt werden kann. Soweit keine gesetzliche Verpflichtung zur Kostentragung besteht, kann auch bei tatsächlicher Übernahme der Kosten kein Versicherungsschutz bestehen.

41 Versicherungsschutz besteht weiterhin für die sog. äußeren Transportkosten. Damit gemeint sind die Kosten für den Weitertransport vom Erfüllungsort der ursprünglichen Leistung des Versicherungsnehmers zum Ort des Austausches selbst. Demgegenüber bleiben die sog. inneren Transportkosten, also die Kosten für den Transport mangelfreier Erzeugnisse an den ursprünglichen Erfüllungsort, nicht versichert. Voraussetzung ist

ferner, dass die in den Ziff. 4.4.2.1 ff. genannten Kosten – gezielt – zum Zwecke des Austauschs entstanden sein müssen. Erforderlich ist ein unmittelbarer Bezug zum versicherten Risiko. Wird etwa eine Fernwärmeleitung lediglich deshalb freigelegt, um eine vermutete Leckage zu suchen, und wird hierbei – quasi als Nebenprodukt und zufällig – entdeckt, dass lediglich ein in der Fernwärmeleitung verbauter Ortungsschalter defekt ist, der sodann ausgetauscht wird, stellen sich die Kosten der Freilegung nicht als im Rahmen des Aus- und Einbau-Tatbestands gedeckte Kostenposition dar, da die Freilegung gerade nicht zum Zwecke des Ausbaus erfolgte.[42] Auch eine Erstattungsfähigkeit unter dem Gesichtspunkt von Schadenermittlungskosten nach § 85 VVG kommt in einer solchen Konstellation nicht in Betracht, da Schadenermittlungskosten zum einen voraussetzen, dass sie vom Versicherungsnehmer – und nicht etwa vom Kunden des Versicherungsnehmers – aufgewendet worden sein müssen, zum anderen deshalb aufgewendet worden sein müssen, um einen vom Versicherer grundsätzlich zu ersetzenden Schaden festzustellen, an welchem es in einer solchen Konstellation aber gerade fehlt.[43]

e) Ziff. 4.5 (Maschinenklausel)

Ziff. 4.5 (sog. Maschinenklausel) bietet Versicherungsschutz für Hersteller von Produktions- oder Verarbeitungsmaschinen, wenn eine Maschine vom Versicherungsnehmer mangelhaft hergestellt, geliefert, montiert oder gewartet wurde und durch die (mangelhafte) Maschine mangelhafte Produkte produziert, be- oder verarbeitet wurden und durch deren Mangelhaftigkeit ein Dritter einen Vermögensschaden im Sinne von Ziff. 2.1 AHB erlitten hat, weswegen gegen den Versicherungsnehmer gesetzliche Schadensersatzansprüche erhoben werden. 42

Versichert sind *Schadenpositionen durch mangelhaft produzierte, ver- oder bearbeitete Produkte.* Die Maschine muss tatsächlich vom Versicherungsnehmer hergestellt worden sein. Nicht ausreichend ist die Lieferung über Zwischenhändler oder einen sonstigen Dritten. 43

Keine Deckung besteht ferner, wenn wegen der Mangelhaftigkeit der Maschinen gar nicht produziert werden kann, denn hierbei handelt es sich um einen dem nicht gedeckten Erfüllungsbereich unterfallenden Nutzungsausfall der Maschine. Mit „Produzieren, Ver- oder Bearbeiten" ist das physische Einwirken auf und Verändern von Materialien erfasst. Es kann um die Behandlung und Weiterbearbeitung bereits vorhandener Produkte, aber auch um das erstmalige Herstellen von Produkten aus Rohstoffen und Zuliefererteilen gehen. 44

Gedeckt sind ausschließlich die in Ziff. 4.5.2 aufgeführten Schadenspositionen, namentlich die Kosten wegen Beschädigung oder Vernichtung der Produkte, sonstiger (unnützer) Kosten der Herstellung der Produkte, Nachbearbeitungskosten, weitere Vermögensnachteile (weil die Produkte unveräußerlich sind oder nur mit einem Preisnachlass veräußert werden können), unmittelbare Kosten durch Produktionsausfall sowie weitere Vermögensnachteile, weil die mittels der Maschinen des Versicherungsnehmers mangelhaft hergestellten, be- oder verarbeiteten Produkte mit anderen Produkten verbunden, vermischt, verarbeitet (Ziff. 4.2) oder weiterverarbeitet oder -bearbeitet (Ziff. 4.3), eingebaut, angebracht, verlegt oder aufgetragen (Ziff. 4.4) werden. 45

[42] LG Aachen, Urt. v. 3.9.2013, Az. 41 O 17/13 – Ortungsschalter.

[43] LG Aachen, Urt. v. 3.9.2013, Az. 41 O 17/13 – Ortungsschalter.

f) Ziff. 4.6 (Prüf- und Sortierkosten)

46 Von den Ziff. 4.2 bis 4.5 werden Prüf- und Sortierkosten – deckungsrechtlich betrachtet – nicht erfasst; Versicherungsschutz besteht grundsätzlich nur für tatsächlich mangelhafte Teile.

47 Ziff. 4.6 betrifft nun den Sachverhalt, dass einer der Weiterverarbeitungstatbestände der vorhergehenden Ziffern 4.2 bis 4.5 vorliegt, aber unbekannt ist, wie viele oder welche der erzeugten Produkte mangelhaft sind. Gerade bei Serienproduktionen mit hohen Stückzahlen (z. B. Dosenabfüllbetrieb) stellen die Überprüfung und Sortierung ein hohes Kostenrisiko dar. Ziff. 4.6 gibt daher – fakultativ – die Möglichkeit, Prüf- und Sortierkosten ebenfalls abzudecken. Deckungsvoraussetzung ist, dass die Mangelhaftigkeit einzelner Produkte tatsächlich festgestellt und aufgrund ausreichenden Stichprobenbefundes oder sonstiger nachweisbarer Tatsachen gleiche Mängel an gleichartigen Produkten zu befürchten sind. Desweiteren muss Versicherungsschutz nach den vorangehenden Ziff. 4.2 bis 4.5 bestehen.[44] Denn Ziff. 4.6 ist lediglich Ergänzungstatbestand für die Deckungsbausteine der Ziffern 4.2 bis 4.5. Soweit der jeweilige Grundtatbestand nicht in der Police vereinbart ist, also keine Deckung für die entsprechende tatsächliche Mangelhaftigkeit besteht, besteht auch keine Deckung für Überprüfungskosten. Deckung für die Überprüfung mangelverdächtiger Produkte gibt es also nur dann, wenn das tatsächlich mangelhafte Produkt bzw. Gesamtprodukt auch versichert ist. Nicht entscheidend ist, ob dem Dritten im Ergebnis auch ein durchgreifender Schadensersatzanspruch gegen den VN zusteht, was etwa dann nicht der Fall ist, wenn die stichprobenartige Überprüfung ergeben haben sollte, dass ein Austausch gar nicht erforderlich ist. Nach dem Wortlaut der Klausel ist nicht Voraussetzung, dass begründete Ansprüche des Dritten vorliegen, sondern lediglich, dass insoweit „Versicherungsschutz", also etwa auch in Form der Abwehrdeckung, besteht.

„Überprüfung" meint hierbei jede sinnvolle Art der Feststellung, ob die Teile tatsächlich mangelhaft sind. Erforderlich ist stets, dass die **Mangelhaftigkeit einzelner Produkte bereits feststeht.** Die Kosten einer **erstmaligen Feststellung** der Mangelhaftigkeit sind **nicht versichert.** Soweit also (auch) Kosten für eine erstmalige Feststellung der Mangelhaftigkeit entstanden sind, wären diese nicht versichert. Weitere Prüfungen im Hinblick darauf, ob der bereits festgestellte Mangel auch bei den anderen – dann mangelverdächtigen – Produkten vorhanden ist oder nicht, sind hingegen grundsätzlich versichert. Die Frage, ob es sich (noch) um eine erstmalige Mangelfeststellung handelt oder aber „die Mangelhaftigkeit einzelner Produkte bereits feststeht", kann im Einzelfall durchaus problematisch sein. Versichert sind Prüf- und Sortierkosten etwa dann, wenn eine **bestimmte Art von Mangel nachweisbar vorgekommen** ist, die bei einer bestimmten Art von Produkten regelmäßig auftritt und auch an **weiteren Produkten derselben Art zu befürchten ist.** Nach den Erläuterungen zum Modell soll die Stichprobe im Einzelfall von der Menge der gelieferten Erzeugnisse, deren Fehlerqualität oder deren Gefahrenrelevanz abhängen.

48 Gedeckt sind gesetzliche Schadensersatzansprüche wegen Kosten der Überprüfung der Produkte mit Mangelverdacht einschließlich der Kosten für notwendiges Vorsortieren zu überprüfender Produkte, für das Aussortieren von überprüften Produkten, aber nicht die Kosten der Stichprobe i. S. d. Ziff. 4.6.1 selbst.

49 Ziff. 4.6.3 begrenzt die gedeckten Schadensersatzansprüche. Die Regelung enthält eine im Modell 2006 nochmals umformulierte Kostenabwägungsklausel. Ist zu erwarten, dass die Kosten der Überprüfung der Produkte mit Mangelverdacht zzgl. der nach Ziff. 4.2 ff. gedeckten Kosten auf Basis der festgestellten oder nach objektiven Tatsachen anzuneh-

---

[44] Dies folgt aus dem Einleitungssatz unter der Überschrift der Ziff. 4.6.

menden Fehlerquote höher sind als die nach Ziff. 4.2 ff. gedeckten Kosten im Falle der tatsächlichen Mangelhaftigkeit aller Produkte mit Mangelverdacht, so beschränkt sich der Versicherungsschutz auf die Versicherungsleistungen nach Ziff. 4.2 ff. In diesen Fällen, oder wenn ein Feststellen der Mangelhaftigkeit nur durch Zerstörung der Produkte möglich ist, bedarf es keines Nachweises, dass die Produkte mit Mangelverdacht tatsächlich Mängel aufweisen.

6. Ausgewählte Risikoabgrenzungen

Das Modell unterscheidet in Ziff. 6 die nicht versicherten Tatbestände aus dem vertraglichen Erfüllungsbereich und die einzelnen explizit ausgeführten besonderen Ausschlüsse wie etwa Ansprüche aus Garantien, Ansprüche aus Rechtsmängeln, Ansprüche des Versicherungsnehmers wegen bewussten Abweichens oder auch solche Ansprüche, die im Zusammenhang mit einem Rückruf geltend gemacht werden (vgl. die einzelnen Sondertatbestände in Ziff. 6.2.1 bis 6.2.8). Im Einzelnen: 50

a) Vertraglicher Erfüllungsbereich

Ziff. 6.1.1 stellt klar, dass *Ansprüche auf Erfüllung von Verträgen* oder an ihre Stelle tretende Ansprüche *(Erfüllungssurrogate),* soweit sie nach Ziff. 4 nicht ausdrücklich mitversichert sind, nicht gedeckt sind. 51

Es handelt sich im Kern um eine deklaratorische Regelung, denn unter die Haftpflicht fallen ohnehin nur Schadensersatzansprüche, nicht auch Ansprüche auf Vertragserfüllung oder an ihre Stelle tretende Ansprüche *(Erfüllungssurrogate).* Ein Erfüllungssurrogat liegt vor, wenn der Vertragspartner des Versicherungsnehmers sein unmittelbares Interesse am eigentlichen Leistungsgegenstand geltend macht. Erfasst werden insbesondere die *nicht versicherte Erfüllungsleistung selbst,* also die geschuldete Leistung in der ursprünglichen oder in modifizierter Form (Nacherfüllung, Selbstvornahme) sowie die gänzliche oder teilweise Rückabwicklung (Rücktritt, Minderung, Schadenersatz statt der Leistung).[45] 52

Hervorzuheben ist, dass – wie es ausdrücklich heißt – der Ausschluss nur insoweit greifen soll, als Erfüllungsansprüche oder –surrogate nicht nach Ziff. 4 ausdrücklich mitversichert sind. Soweit also in den Tatbeständen der Ziff. 4 der vertragliche Erfüllungsbereich mitversichert ist, gehen diese Regelungen der Ziff. 6.1.1 vor. 53

b) Garantie

Ausgeschlossen vom Versicherungsschutz sind nach Ziff. 6.2.1 ferner Ansprüche aus „Garantien“ oder aufgrund sonstiger Haftungserweiterungen, soweit es sich nicht um im Rahmen der Ziff. 4 versicherte Vereinbarungen bestimmter Eigenschaften von Erzeugnissen, Arbeiten und Leistungen bei Gefahrübergang handelt, für die der Versicherungsnehmer verschuldensunabhängig im gesetzlichen Umfang einzustehen hat. 54

Mit der gewählten, weit zu verstehenden Formulierung des Begriffs „Garantie“ sind alle Formen der Garantie, seien es Garantieverträge, einseitige Garantiezusagen oder auch „unselbstständige Garantien“ ausgeschlossen,[46] insbesondere Vereinbarungen i. S. d. §§ 443, 477 BGB. Will der Versicherungsnehmer etwaige Haltbarkeits- oder Verfügbarkeitsgarantien abgeben, sollte er sich vorher mit dem Versicherer besprechen. 55

---

[45] MüKo/*Thürmann*, Produkthaftpflichtversicherung, Rn. 265.
[46] *Zölch,* PHi 2002, 236.

c) Bewusstes Abweichen

56 Nach Ziff. 6.2.4 besteht kein Versicherungsschutz für Ansprüche gegen den Versicherungsnehmer oder jeden Mitversicherten, soweit diese den Schaden durch bewusstes Abweichen von gesetzlichen oder behördlichen Vorschriften sowie von schriftlichen Anweisungen oder Bedingungen des Auftraggebers herbeigeführt haben.

57 Anders als im Rahmen des sog. Vorsatzausschlusses nach § 103 VVG muss sich der Vorsatz nicht auf den Schaden,[47] sondern auf die Tatbestandselemente der Ziff. 6.2.4 beziehen. Erforderlich ist Kausalität zwischen dem Verstoß gegen die Vorschrift und dem Schaden.[48] Entscheidend ist, dass entweder von den gesetzlichen oder behördlichen Vorschriften oder von den schriftlichen Anweisungen oder Bedingungen des Auftraggebers bewusst abgewichen worden ist. Dieses „bewusste Abweichen" setzt voraus, dass dem Versicherungsnehmer die Existenz der Vorschrift tatsächlich bekannt war. Ein bewusster Verstoß lässt sich nur dadurch begründen, dass aufgezeigt wird, wie der Versicherungsnehmer sich hätte verhalten müssen, und dass dargelegt wird, dass der Versicherungsnehmer gewusst hat, wie er sich hätte verhalten müssen, wobei davon auszugehen ist, dass der Versicherungsnehmer jedenfalls die geläufigen Vorschriften und Regeln (sog. Kardinalwissen) kennt. Eventualvorsatz reicht – anders als im Rahmen des § 103 VVG – nicht; erforderlich ist ein „bewusster" Verstoß. Die Beweislast für das Vorliegen der Voraussetzungen trägt nach allgemeinen Beweislastgrundsätzen der Versicherer.

d) Erprobungsklausel

58 Besondere praktische Relevanz kommt der sog. Erprobungsklausel zu.

59 Nach Ziff. 6.2.5 S. 1 sind Ansprüche für Sach- und Vermögensschäden durch Erzeugnisse, deren Verwendung oder Wirkung im Hinblick auf den konkreten Verwendungszweck nicht nach dem Stand der Technik oder in sonstiger Weise ausreichend erprobt waren, vom Versicherungsschutz ausgeschlossen.

60 Gegenstand der Ziff. 6.2.5 ist der Ausschluss des sog. *Experimentier- oder Erprobungsrisikos.*[49] Insbesondere bei immer kürzer werdenden Produktzyklen und abgekürzten Erprobungsphasen kommt es verstärkt zu Entwicklungsmängeln. Es kann aber nicht Aufgabe des Versicherers bzw. der Versichertengemeinschaft sein, Entwicklungsrisiken und daraus resultierende Folgen – also typische Unternehmerrisiken – zu finanzieren.[50] Vor diesem Hintergrund erklärt sich die Klausel. Sie gilt nicht nur bei gänzlichen Neuentwicklungen, sondern auch bei der Weiterentwicklung von Produkten.[51]

61 Voraussetzung für das Eingreifen der Ziff. 6.2.5 ist, dass keine ausreichende Erprobung nach dem „*Stand der Technik*" vorliegt, oder die Erzeugnisse nicht „in sonstiger Weise" ausreichend erprobt waren.

62 Der Ausschluss betrifft Erzeugnisse, deren Verwendung oder Wirkung im Hinblick auf den konkreten Verwendungszweck nicht ausreichend erprobt war. Wird der Einsatzzweck

---

[47] BGH, VersR 1971, 806; BGH, VersR 1983, 477.

[48] *Stempfle,* § 15, Rn 274.

[49] *Littbarski,* Ziff. 6 Rn 78; vgl. zu Produkttests generell und zu deren Notwendigkeit und Haftung, *Leichsenring,* PHi 2011, 130 ff., insbesondere auch zur Schutzwirkung des Vertrags zugunsten der Angestellten des Prüfungsinstituts und den Herstellern, OLG Saarbrücken, MPR 2010, 919 und BGH, NJW 1971, 1931.

[50] So zu Recht ausdrücklich *Fausten,* VersR 1996, 411; vgl. zur Gegensteuerung durch die Unternehmen auch die Neugestaltungen bei den Zuliefererbeziehungen, etwa auch Qualitätssicherungsvereinbarungen oder Konzeptverantwortungsvereinbarungen, vgl. dazu *Lenz,* PHi 2008, 164.

[51] LG Aachen, VersR 1995, 280 ff.

des Erzeugnisses verändert oder erweitert, müssen auch die dafür nach dem Stand der Technik oder in sonstiger Weise ausreichenden Erprobungen stattfinden.

Der Begriff des „Stands der Technik" ist ein feststehender Rechtsbegriff. Dabei sind bei der Überprüfung diejenigen Regeln zugrunde zu legen, die zur Zeit des Inverkehrbringens des Erzeugnisses gelten. In den Erläuterungen des Modells hat man in Anlehnung an den Gesetzeswortlaut des BImSchG festgestellt: Der Begriff „Stand der Technik" sei ein verbreiteter technischer Bewertungsmaßstab, der in verschiedenen Gesetzen Anwendung finde. Bezogen auf die Ausschlussklausel sei dies der aktuelle Entwicklungsstand fortschrittlicher Verfahren, Einrichtungen oder Betriebsweisen zur Erprobung, der die praktische Eignung des Erzeugnisses für den konkreten Verwendungszweck gesichert erscheinen lässt. 63

Ausreichend ist die Erprobung gemeinhin dann, wenn sie dazu dient, sicherzustellen, dass das Testobjekt die in es gesetzten Erwartungen an Gebrauchsfähigkeit und Lebensdauer in der Praxis erfüllen wird. Dabei ist eine systematische Prüfung, die nach einem geregelten Verfahren ablaufen muss, erforderlich. Maßstab für die Erprobung sind die Sicherheitserwartungen des Verkehrs. Die Erprobung muss dazu dienen, vorhandene Sicherheitsmängel zum Schutz der Rechtsgüter Dritter zu beheben. 64

Die Erprobung muss – schon nach dem Wortlaut der Klausel – im Hinblick auf den **konkreten** Verwendungszweck der Erzeugnisse erfolgen. Es reicht **nicht** aus, dass das Erzeugnis lediglich allgemein erprobt und tauglich war.[52] 65

Hingegen ist – zumindest nach dem Wortlaut der Klausel – nicht Voraussetzung, dass die nicht hinreichende Erprobung auch kausal für den durch das Erzeugnis hervorgerufenen Sach- oder Vermögensschaden geworden wäre, oder anders ausgedrückt: Es ist nicht Voraussetzung des Ausschlusses, dass eine hinreichende Erprobung den Schadenfall tatsächlich verhindert oder minimiert hätte. 66

Auch ein Verschulden ist nicht erforderlich. Die Klausel verlangt nur das objektive Fehlen einer hinreichenden Erprobung. Warum nicht hinreichend erprobt wurde, ob der Versicherungsnehmer etwa aus Unkenntnis von technischen Möglichkeiten und Verfahren, aus Fehleinschätzung der Notwendigkeit von Prüfungen oder sogar bewusst nicht hinreichend erprobte Erzeugnisse in Verkehr gebracht hat, ist insoweit unerheblich. Es handelt sich nicht um einen Ausschlusstatbestand, der Vorsatz erfordern würde.[53] 67

e) Rückrufkosten

Rückrufe werden immer häufiger und teurer. Soweit in den ProdHB Schadenpositionen gedeckt sind, die auch in einer Rückrufpolice versichert werden könnten, soll im Fall eines Rückrufs gem. Ziff. 6.2.8 keine Deckung bestehen.[54] Sinn und Zweck des Rückrufkosten-Ausschlusses ist das Vermeiden eines Kumuls mit einer gleichzeitig bestehenden Rückrufkostenversicherung. Die Klausel dient der Abgrenzung zur Produkte-Rückrufkostenversicherung.[55] Dies ergibt sich – auch für den Versicherungsnehmer ersichtlich – bereits aus den Erläuterungen des GDV zu Ziff. 6.2.8 ProdHB: „*(...) ist zur Vermeidung eines Kumuls mit einer gleichzeitig bestehenden Rückrufkostenversicherung (...) erforderlich.*" Das Rückrufkosten-Risiko kann und soll vielmehr durch eigenständige Versicherungskonzepte abgesichert werden, namentlich den Rückrufkosten-Modellen des GDV (Kfz- und Produkt-Rückrufmodell), die in Hinblick auf Versicherungssummen, Selbstbehalte, etc. einer eigenständigen Kalkulation unterliegen. 68

[52] *Thürmann/Kettler*, Produkthaftpflichtversicherung, 288.
[53] So ausdrücklich auch *Thürmann/Kettler*, Produkthaftpflichtversicherung, 291.
[54] Vgl. *Thürmann/Kettler*, Produkthaftpflichtversicherung, 295.
[55] Prölss/Martin/*Voit*, Nr. 6 ProdHaftPfl, Rn. 16 m. w. N.

69 Die Regelung in Ziff. 6.2.8 schließt vor diesem Hintergrund Ansprüche wegen Kosten, die im Zusammenhang mit einem Rückruf von Erzeugnissen geltend gemacht werden, aus, wobei sowohl der Rückruf als auch der Begriff des Erzeugnisses in der Ziff. 6.2.8 selbst definiert sind.[56] Die Regelung korrespondiert mit der Regelung in Ziff. 2 Abs. 2 des Produkte-Rückrufmodells (RR), welche den Rückruf ebenfalls als die *auf gesetzlicher Verpflichtung beruhende Aufforderung des Versicherungsnehmers, zuständiger Behörden oder sonstiger Dritter an Endverbraucher, Endverbraucher beliefernde Händler, Vertrags- oder sonstige Werkstätten* definiert, *die Erzeugnisse von autorisierter Stelle auf die angegebenen Mängel prüfen und die ggf. festgestellten Mängel beheben oder andere namentlich benannte Maßnahmen durchführen zu lassen.*

70 Hintergrund des Rückrufkosten-Ausschlusses in Ziff. 6.2.8 ist das mit einer Haftung für Produktsach-, Produktpersonen- und bestimmte Vermögensschäden nicht vergleichbare Schadenpotential.[57] Es handelt sich letztlich um eine **eigene Rückrufdefinition** vor dem Hintergrund, dass der haftungsrechtliche Rückrufbegriff bislang weder gesetzlich noch richterrechtlich eindeutig normiert worden ist.[58] *Endverbraucher* im Sinne des Modells sind laut den Erläuterungen sowohl *private* als auch *gewerbliche Endverbraucher.* Der Begriff geht damit über den Verbraucherbegriff des BGB hinaus. Rückrufe gegenüber Abnehmern, die die Erzeugnisse lediglich zur Herstellung von Zwischen- und Endprodukten gewerblich weiterbe- oder -verarbeiten oder Rückrufe gegenüber dem nicht direkt Endverbraucher beliefernden Handel, stellen folglich keine Versicherungsfälle im Sinne des Produkte-Rückrufmodells dar.[59] Dies wiederum korrespondiert mit dem Ausschluss in Ziff. 6.1 RR (Vorfeldschäden), wonach *Kosten durch Erzeugnisse, die zum Zeitpunkt des Rückrufs noch nicht an den Endverbraucher oder Endverbraucher beliefernde Händler ausgeliefert bzw. abgegeben worden waren,* nicht versichert sind. Dem Ausschluss liegt die Überlegung zu Grunde, dass die haftungsbegründende Gefahrenlage vor Auslieferung der gefährlichen Erzeugnisse an den Endverbraucher bzw. an den Endverbraucher beliefernde Händler noch nicht besteht.[60]

71 Sofern also ein auf gesetzlicher Verpflichtung beruhender Rückruf tatsächlich durchgeführt wurde – und damit der Ausschluss nach Ziff. 6.2.8 ProdHB grundsätzlich eingreift –, handelt es sich bei sonstigen Kostenpositionen, die in diesem Zusammenhang, etwa bei Großhändlern oder „reinen Weiterverarbeitern", entstehen, – wie immer man derartige oder ähnliche Konstellationen haftungsrechtlich auch bewerten mag –, um Ansprüche, die, wenn auch nicht *„aufgrund"*, jedenfalls *„im Zusammenhang mit"* einem Rückruf geltend gemacht werden, und mithin um Ansprüche, die Gegenstand des Ausschlusses der Ziff. 6.2.8 ProdHB sind.[61]

72 Sofern also Überschneidungstatbestände gegeben sind, nimmt letztlich wegen der Formulierung, wonach Kostenpositionen *„im Zusammenhang mit"* einem Rückruf ausgenommen sein sollen, der Ausschluss nach Ziff. 6.2.8 ProdHB im Ergebnis sämtliche in Zusammenhang mit dem durchgeführten Rückruf stehenden Schadenpositionen aus dem Anwendungsbereich der ProdHB aus.

---

[56] Der Begriff des Rückrufes ist identisch mit dem Wortlaut der Ziff. 2 der Modell-Rückrufkostendeckungen.

[57] Statt aller: *Thürmann/Kettler,* Produkthaftpflichtversicherung, 296

[58] vgl. Veith/Gräfe/*Ollick,* § 14, Produkthaftpflichtversicherung und Rückrufkostendeckung, Rn. 310.

[59] Veith/Gräfe/*Ollick,* § 14, Produkthaftpflichtversicherung und Rückrufkostendeckung, Rn. 320.

[60] Veith/Gräfe/*Ollick,* § 14, Produkthaftpflichtversicherung und Rückrufkostendeckung, Rn. 381.

[61] Vgl. hierzu auch *Thürmann/Kettler,* Produkthaftpflichtversicherung, 300.

7. Serienschaden

Schließlich ist noch auf Ziff. 8.3 des Modells zu verweisen. Ziff. 8.3 enthält die sog. „Serienschadenklausel“: Mehrere während der Wirksamkeit des Vertrages eintretende Versicherungsfälle aus der gleichen Ursache, zum Beispiel aus dem gleichen Konstruktions-, Produktions- oder Instruktionsfehler, es sei denn, es besteht zwischen mehreren Ursachen kein innerer Zusammenhang (Ursachenklausel), oder aus der Lieferung solcher Erzeugnisse, die mit den gleichen Mängeln behaftet sind, gelten unabhängig von ihrem tatsächlichen Eintritt als in dem Zeitpunkt eingetreten, in dem der erste dieser Versicherungsfälle eingetreten ist (Lieferungsklausel).[62] Die Serienschadenklausel führt dazu, dass ausschließlich die Deckungssummen (und die Versicherungsbedingungen) des Jahres, in dem der erste Versicherungsfall eintritt, gelten, und nicht etwa mehrere Jahresdeckungssummen addiert werden können. 73

III. Rückrufkostendeckungen

Die faktisch zunehmende Bedeutung von Rückrufen hat darüber hinaus zur Entwicklung spezieller Rückrufkostendeckungen[63] geführt. Rückrufkostendeckungen sollen das Risiko absichern, wegen eines durch das Erzeugnis des Unternehmens verursachten Rückrufs in Regress genommen zu werden. 74

Auf Wunsch der Automobil- und Zuliefererindustrie hatten die Versicherer zunächst für den Kfz-Bereich 1981 eine Rückrufkosten-Versicherung eingeführt.[64] Diese hatte Vorbildfunktion für andere Industriezweige, vereinzelt auch in der Lebensmittelbranche. Ein Anknüpfungspunkt für die Einführung der Rückrufkosten-Versicherung war die Überlegung, die damit verbundenen erheblichen Risiken jedenfalls nicht kostenlos von dem Produkthaftpflicht-Modell erfasst wissen zu wollen. Andererseits bestand das Bedürfnis zumindest einiger Hersteller, Rückrufkostenrisiken definitiv abzudecken. Entsprechend der Verbandsempfehlung von 1998 für Rückrufkosten-Haftpflichtversicherungen des Gesamtverbandes der Versicherungswirtschaft existieren heute zwei grundlegende Modelle: Zum einen die „Besonderen Bedingungen und Risikobeschreibungen für die Rückrufkosten-Haftpflichtversicherung für Kfz-Teile-Zulieferer“ (Stand: August 2008) sowie die „Rückrufkosten-Haftpflichtversicherung für Hersteller und Handelsbetriebe“ (Stand: August 2008). Beide werden unverbindlich bekannt gegeben als Musterbedingungen des Gesamtverbandes der deutschen Versicherungswirtschaft e. V. (GDV). Es handelt sich um ein Zusatzelement des Risikos im Bereich Produktvermögensschäden. 75

Nach Ziff. 1.1 der Modellbedingungen ist im Rahmen der Allgemeinen Versicherungsbedingungen für die Haftpflichtversicherung (AHB) und der nachfolgenden Bestimmungen die gesetzliche Haftpflicht des Versicherungsnehmers für Vermögensschäden i. S. v. Ziff. 2.1 AHB versichert, die dadurch entstehen, dass aufgrund festgestellter oder nach objektiven Tatsachen, insbesondere ausreichenden Stichprobenbefundes vermuteter Mängel von Erzeugnissen oder aufgrund behördlicher Anordnung zur Vermeidung von Per- 76

---

[62] Siehe dazu auch OLG Oldenburg, r+s 1997, 57 = VersR 1997, 732.

[63] Vgl. zu den einzelnen Rückrufkosten-Versicherungen *Lenz*, in van Bühren, § 12, 1360 ff.; Looschelders/Pohlmann/*Lenz*, Anhang D, 1927 ff.

[64] Vgl. VW 1981, 1573 ff., *Kettler*, PHi 2008, 52.

sonenschäden, ein Rückruf durchgeführt wurde und der Versicherungsnehmer hierfür in Anspruch genommen wird.[65]

77 Versicherungsfall ist – abweichend von den AHB – der während der Wirksamkeit der Versicherung erfolgte Rückruf.[66] Als Rückruf gilt, neben den im Einzelnen angeführten Tatbestandsmerkmalen, auch die Warnung (vgl. Musterbedingungen für Hersteller und Handelsbetriebe) vor nicht sicheren Erzeugnissen, soweit aufgrund gesetzlicher Verpflichtungen zur Vermeidung von Personenschäden eine Warnung ausreichend ist.[67] Im Rückrufkostenmodell für Kfz-Teile-Zulieferer genügt auch die „Benachrichtigung" an die Kfz-Halter.

78 Versichert sind lediglich Vermögensschäden, nicht jedoch Personen- und Sachschäden. Rückrufkosten-Deckungen können den Versicherungsschutz einer Produkthaftpflichtversicherung daher nur ergänzen, nicht aber ersetzen. Versicherungsschutz besteht ferner nur dann, wenn der Rückruf von vornherein nur „zur Vermeidung von Personenschäden" durchgeführt wurde. Soweit der Rückruf also zur Vermeidung erheblicher Sachschäden durchgeführt wurde, besteht kein Versicherungsschutz.

79 Gedeckt sind bestimmte – im Einzelnen enumerativ aufgeführte – Kosten für Abwendungsmaßnahmen, insbesondere die (notwendige) Benachrichtigung der Endverbraucher (etc.), das Vorsortieren der vom Rückruf betroffenen Erzeugnisse, der Transport der Erzeugnisse vom Versicherungsnehmer zu autorisierten Stellen, die Überprüfung, ob tatsächlich ein Austausch oder eine andere wirtschaftlich vertretbare Gefahrabwendungsmaßnahme notwendig ist, ggf. erforderliche Zwischenlagerungen der vom Rückruf betroffenen Erzeugnisse während eines Zeitraums bis zu drei Monaten, der Austausch mangelhafter Erzeugnisse (nicht jedoch: von deren Einzelteilen) des Versicherungsnehmers und der Einbau mangelfreier Erzeugnisse, bestimmte Transport- und Reparaturkosten, die (notwendige) Beseitigung bis hin zur Vernichtung der Erzeugnisse, soweit die Gefahr nicht auf andere Weise zu beseitigen ist, schließlich Kosten für Ablauf- und Erfolgskontrolle.

80 Ob – zusätzlich zur Produkthaftpflichtversicherung – eine Rückrufkostendeckung abgeschlossen werden sollte, ist Frage des Einzelfalls und obliegt letztlich der Risikobewertung eines jeden Unternehmens. Dies hängt sowohl von der produzierten Menge der Produkte, vom Produkt selbst sowie vom Verbreitungsgebiet des Produktes ab. Generell lässt sich aber sagen, dass die Produktsicherheit immer mehr in den Fokus der Öffentlichkeit gerät und die Anzahl der Rückrufe daher auch kontinuierlich zunimmt. Betroffen vom Rückruf-Risiko sind dabei nicht lediglich Endprodukte-Hersteller. Normalerweise wird eine Rückrufaktion zwar vom Hersteller des jeweiligen Endprodukts durchgeführt. Sollte indes ein zugeliefertes Teil für den Fehler verantwortlich oder zumindest mitverantwortlich gewesen sein, können die Kosten oder Teile der Kosten für den Rückruf auch gegen den Hersteller dieses Teils geltend gemacht werden. Unternehmen, die als Hersteller von Produkten fungieren, welche ein Personenschadenrisiko in sich tragen, kann daher nur angeraten werden, sich über die Notwendigkeit einer entsprechenden Rückrufkosten-Versicherung sorgsam zu vergewissern.

---

[65] Im Rückrufkosten-Modell für Kfz-Teile-Zulieferer heißt es „… ein Rückruf von Kraftfahrzeugen i. S. v. Ziff. 2 durchgeführt wurde …".

[66] Vgl. dazu *Lenz,* Die Auswirkungen der Rechtsprechung zum „Rückruf" für den Zuliefererexpress in FS für Meilicke, 417 ff.

[67] Die Abgrenzung kann im Einzelfall äußerst schwierig sein; vgl. dazu *Lenz,* Die Auswirkungen der Rechtsprechung zum „Rückruf" für den Zuliefererregress, in FS für Meilicke, 417 ff.

IV. Anhang

1. Besondere Bedingungen und Risikobeschreibungen für die Produkthaftpflichtversicherung von Industrie- und Handelsbetrieben (Produkthaftpflicht-Modell)*

Unverbindliche Bekanntgabe des Gesamtverbandes der Deutschen Versicherungswirtschaft e. V. (GDV)
Zur fakultativen Verwendung. Abweichende Vereinbarungen sind möglich.
Musterbedingungen des GDV
(Stand: August 2008)

Der Versicherungsschutz für Produkthaftpflichtrisiken von Industrie- und Handelsbetrieben richtet sich nach den Allgemeinen Versicherungsbedingungen für die Haftpflichtversicherung (AHB) und den folgenden Besonderen Bedingungen und Risikobeschreibungen:

1 Gegenstand der Versicherung

1.1 Versichert ist die gesetzliche Haftpflicht des Versicherungsnehmers für Personen-, Sach- und daraus entstandene weitere Schäden, soweit diese durch vom Versicherungsnehmer
– hergestellte oder gelieferte Erzeugnisse,
– erbrachte Arbeiten oder sonstige Leistungen
verursacht wurden.
Dieser Versicherungsschutz beginnt mit dem Zeitpunkt, in dem der Versicherungsnehmer die Erzeugnisse in den Verkehr gebracht, die Arbeiten abgeschlossen oder die Leistungen ausgeführt hat.

1.2 Eingeschlossen sind – abweichend von Ziff. 7.7 AHB – gesetzliche Haftpflichtansprüche wegen Schäden, die an fremden Sachen durch eine gewerbliche oder berufliche Tätigkeit des Versicherungsnehmers an oder mit diesen Sachen entstanden sind, und alle sich daraus ergebenden Vermögensschäden. Dieser Versicherungsschutz besteht nur, sofern die Schäden nach Abschluss der Arbeiten oder Ausführung der sonstigen Leistungen eingetreten sind.
Ausgeschlossen bleiben Ansprüche wegen Beschädigung von
– Kraft-, Schienen- und Wasserfahrzeugen, Containern sowie deren Ladung;
– Sachen, die sich beim Versicherungsnehmer zur Lohnbe- oder -verarbeitung, Reparatur oder sonstigen Zwecken befinden oder befunden haben.

2 Versichertes Risiko

Der Versicherungsschutz bezieht sich auf den in der Betriebsbeschreibung genannten Produktions- und Tätigkeitsumfang.
Im Rahmen dieses Risikos sind mitversichert Ansprüche wegen Schäden aus der Vergabe von Leistungen an Dritte (Subunternehmer). Nicht versichert bleibt die Haftpflicht der Subunternehmer selbst und deren Betriebsangehörige.

3 Mitversicherte Personen

Mitversichert ist die persönliche gesetzliche Haftpflicht

3.1 der gesetzlichen Vertreter des Versicherungsnehmers und solcher Personen, die er zur Leitung oder Beaufsichtigung des versicherten Betriebes oder eines Teils desselben angestellt hat, in dieser Eigenschaft;

* Die jeweils aktuellen Muster-AVB könen auf der Website des Verbandes (www.gvd.de) kostenfrei abgerufen werden.

3.2 sämtlicher übrigen Betriebsangehörigen für Schäden, die sie in Ausführung ihrer dienstlichen Verrichtungen verursachen.
Ausgeschlossen sind Haftpflichtansprüche aus Personenschäden, bei denen es sich um Arbeitsunfälle und Berufskrankheiten im Betrieb des Versicherungsnehmers gemäß dem Sozialgesetzbuch VII handelt.

4 **Abgrenzungen und Erweiterungen des Versicherungsschutzes**

4.1 **Personen- oder Sachschäden aufgrund von Sachmängeln infolge Fehlens von vereinbarten Eigenschaften**
Eingeschlossen sind – insoweit abweichend von Ziff 1.1, 1.2 und 7.3 AHB – auf Sachmängeln beruhende Schadensersatzansprüche Dritter im gesetzlichen Umfang wegen Personen-, Sach- und daraus entstandener weiterer Schäden, wenn der Versicherungsnehmer aufgrund einer Vereinbarung mit seinem Abnehmer über bestimmte Eigenschaften seiner Erzeugnisse, Arbeiten und Leistungen dafür verschuldensunabhängig einzustehen hat, dass diese bei Gefahrübergang vorhanden sind.

4.2 **Verbindungs-, Vermischungs-, Verarbeitungsschäden**

4.2.1 Eingeschlossen sind gesetzliche Schadenersatzansprüche Dritter wegen der in Ziff. 4.2.2 genannten Vermögensschäden im Sinne von Ziff. 2.1 AHB infolge Mangelhaftigkeit von Gesamtprodukten Dritter, die durch eine aus tatsächlichen oder wirtschaftlichen Gründen nicht trennbare Verbindung, Vermischung oder Verarbeitung von mangelhaft hergestellten oder gelieferten Erzeugnissen mit anderen Produkten entstanden sind. Erzeugnisse im Sinne dieser Regelung können sowohl solche des Versicherungsnehmers als auch Produkte Dritter sein, die Erzeugnisse des Versicherungsnehmers enthalten. Mängel bei der Beratung über die An- oder Verwendung der vom Versicherungsnehmer hergestellten oder gelieferten Erzeugnisse sowie Falschlieferungen stehen Mängeln in der Herstellung oder Lieferung gleich.
Versicherungsschutz besteht insoweit auch – abweichend von Ziff. 1.1, 1.2 und 7.3 AHB – für auf Sachmängeln beruhende Schadenersatzansprüche Dritter im gesetzlichen Umfang, wenn der Versicherungsnehmer aufgrund einer Vereinbarung mit seinem Abnehmer über bestimmte Eigenschaften seiner Erzeugnisse, Arbeiten und Leistungen dafür verschuldensunabhängig einzustehen hat, dass diese bei Gefahrübergang vorhanden sind.

4.2.2 Gedeckt sind ausschließlich Schadenersatzansprüche wegen

4.2.2.1 der Beschädigung oder Vernichtung der anderen Produkte, soweit hierfür nicht bereits Versicherungsschutz nach Ziff. 1 oder 4.1 besteht;

4.2.2.2 anderer für die Herstellung der Gesamtprodukte aufgewendeter Kosten mit Ausnahme des Entgeltes für die mangelhaften Erzeugnisse des Versicherungsnehmers;

4.2.2.3 Kosten für eine rechtlich gebotene und wirtschaftlich zumutbare Nachbearbeitung der Gesamtprodukte oder für eine andere Schadenbeseitigung (siehe aber Ziff. 6.2.8). Der Versicherer ersetzt diese Kosten in dem Verhältnis nicht, in dem das Entgelt für die Erzeugnisse des Versicherungsnehmers zum Verkaufspreis der Gesamtprodukte (nach Nachbearbeitung oder anderer Schadenbeseitigung) steht;

4.2.2.4 weiterer Vermögensnachteile (z. B. entgangenen Gewinnes), weil die Gesamtprodukte nicht oder nur mit einem Preisnachlass veräußert werden können (siehe aber Ziff. 6.2.8). Der Versicherer ersetzt diese Vermögensnachteile in dem Verhältnis nicht, in dem das Entgelt für die Erzeugnisse des Versicherungsnehmers zu dem Verkaufspreis steht, der bei mangelfreier Herstellung oder Lieferung der Erzeugnisse des Versicherungsnehmers für die Gesamtprodukte zu erzielen gewesen wäre;

4.2.2.5 der dem Abnehmer des Versicherungsnehmers unmittelbar entstandenen Kosten durch den Produktionsausfall, der aus der Mangelhaftigkeit der Gesamtprodukte herrührt. Ansprüche wegen eines darüber hinausgehenden Schadens durch den Produktionsausfall sind nicht versichert.

4.3 **Weiterver- oder -bearbeitungsschäden**

4.3.1 Eingeschlossen sind gesetzliche Schadenersatzansprüche Dritter wegen der in Ziff. 4.3.2 genannten Vermögensschäden im Sinne von Ziff. 2.1 AHB infolge Weiterverarbeitung oder -bearbeitung mangelhaft hergestellter oder gelieferter Erzeugnisse, ohne dass eine Verbindung, Vermischung oder Verarbeitung mit anderen Produkten stattfindet. Erzeugnisse im Sinne dieser Regelung können sowohl solche des Versicherungsnehmers als auch Produkte Dritter sein, die Erzeugnisse des Versicherungsnehmers enthalten. Mängel bei der Beratung über die An- oder Verwendung der vom Versicherungsnehmer hergestellten oder gelieferten Erzeugnisse sowie Falschlieferungen stehen Mängeln in der Herstellung oder Lieferung gleich.

Versicherungsschutz besteht insoweit auch – abweichend von Ziff. 1.1, 1.2 und 7.3 AHB – für auf Sachmängeln beruhende Schadenersatzansprüche Dritter im gesetzlichen Umfang, wenn der Versicherungsnehmer aufgrund einer Vereinbarung mit seinem Abnehmer über bestimmte Eigenschaften seiner Erzeugnisse, Arbeiten und Leistungen dafür verschuldensunabhängig einzustehen hat, dass diese bei Gefahrübergang vorhanden sind.

4.3.2 Gedeckt sind ausschließlich Schadenersatzansprüche wegen

4.3.2.1 Kosten für die Weiterverarbeitung oder -bearbeitung der mangelhaften Erzeugnisse mit Ausnahme des Entgeltes für die mangelhaften Erzeugnisse des Versicherungsnehmers, sofern die verarbeiteten oder bearbeiteten Erzeugnisse unveräußerlich sind;

4.3.2.2 Kosten für eine rechtlich gebotene und wirtschaftlich zumutbare Nachbearbeitung der weiterverarbeiteten oder -bearbeiteten Erzeugnisse oder für eine andere Schadenbeseitigung (siehe aber Ziff. 6.2.8). Der Versicherer ersetzt diese Kosten in dem Verhältnis nicht, in dem das Entgelt für die Erzeugnisse des Versicherungsnehmers zum Verkaufspreis der weiterverarbeiteten oder -bearbeiteten Erzeugnisse (nach Nachbearbeitung oder anderer Schadenbeseitigung) steht;

4.3.2.3 weiterer Vermögensnachteile (z. B. entgangenen Gewinnes), weil die weiterverarbeiteten oder -bearbeiteten Erzeugnisse nicht oder nur mit einem Preisnachlass veräußert werden können (siehe aber Ziff. 6.2.8). Der Versicherer ersetzt diese Vermögensnachteile in dem Verhältnis nicht, in dem das Entgelt für die Erzeugnisse des Versicherungsnehmers zu dem Verkaufspreis steht, der bei mangelfreier Herstellung oder Lieferung der Erzeugnisse des Versicherungsnehmers nach Weiterverarbeitung oder -bearbeitung zu erwarten gewesen wäre.

4.4 **Aus- und Einbaukosten**

4.4.1 Eingeschlossen sind gesetzliche Schadenersatzansprüche Dritter wegen der in Ziff. 4.4.2 und 4.4.3 genannten Vermögensschäden im Sinne von Ziff. 2.1 AHB infolge Mangelhaftigkeit von Gesamtprodukten Dritter die durch den Einbau, das Anbringen, Verlegen oder Auftragen von mangelhaft hergestellten oder gelieferten Erzeugnissen entstanden sind. Erzeugnisse im Sinne dieser Regelung können sowohl solche des Versicherungsnehmers als auch Produkte Dritter sein, die Erzeugnisse des Versicherungsnehmers enthalten. Mängel bei der Beratung über die An- oder Verwendung der vom Versicherungsnehmer hergestellten oder gelieferten Erzeugnisse sowie Falschlieferungen stehen Mängeln in der Herstellung oder Lieferung gleich.

Versicherungsschutz besteht insoweit auch – abweichend von Ziff. 1.1, 1.2 und 7.3 AHB – für auf Sachmängeln beruhende Schadenersatzansprüche Dritter im gesetzlichen Umfang, wenn der Versicherungsnehmer aufgrund einer Vereinbarung mit seinem Abnehmer über bestimmte Eigenschaften seiner Erzeugnisse, Arbeiten und Leistungen dafür verschuldensunabhängig einzustehen hat, dass diese bei Gefahrübergang vorhanden sind.

4.4.2 Gedeckt sind ausschließlich Schadenersatzansprüche wegen

4.4.2.1 Kosten für den Austausch mangelhafter Erzeugnisse (nicht jedoch von deren Einzelteilen), d. h. Kosten für das Ausbauen, Abnehmen, Freilegen oder Entfernen mangelhafter Erzeugnisse und das Einbauen, Anbringen, Verlegen oder Auftragen mangelfreier Erzeugnisse oder mangelfreier Produkte Dritter. Vom Versicherungsschutz ausgenommen bleiben die Kosten für die Nach- und Neulieferung mangelfreier Erzeugnisse oder mangelfreier Produkte Dritter.

4.4.2.2 Kosten für den Transport mangelfreier Erzeugnisse oder mangelfreier Produkte Dritter mit Ausnahme solcher an den Erfüllungsort der ursprünglichen Lieferung des Versicherungsnehmers. Sind die Kosten für den direkten Transport vom Versicherungsnehmer bzw. vom Dritten zum Ort des Austausches geringer als die Kosten des Transportes vom Erfüllungsort der ursprünglichen Lieferung des Versicherungsnehmers zum Ort des Austausches, sind nur die Kosten des Direkttransportes versichert.

4.4.3 Ausschließlich für die in Ziff. 4.4.2 genannten Kosten besteht in Erweiterung der Ziff. 4.4.1 – und insoweit abweichend von Ziff. 1.1 und 1.2 AHB – Versicherungsschutz auch dann, wenn sie zur Erfüllung einer gesetzlichen Pflicht zur Neulieferung oder zur Beseitigung eines Mangels des Erzeugnisses des Versicherungsnehmers von diesem oder seinem Abnehmer aufgewendet werden.

4.4.4 Kein Versicherungsschutz besteht, wenn

4.4.4.1 der Versicherungsnehmer die mangelhaften Erzeugnisse selbst eingebaut oder montiert hat oder in seinem Auftrag, für seine Rechnung oder unter seiner Leitung hat einbauen oder montieren lassen; dies gilt nicht, wenn der Versicherungsnehmer beweist, dass die Mangelhaftigkeit nicht aus dem Einbau, der Montage oder Montageleitung, sondern ausschließlich aus der Herstellung oder Lieferung resultiert;

4.4.4.2 sich die Mangelbeseitigungsmaßnahmen gemäß Ziff. 4.4.1 bis 4.4.3 auf Teile, Zubehör oder Einrichtungen von Kraft-, Schienen-, oder Wasserfahrzeugen beziehen, soweit diese Erzeugnisse im Zeitpunkt der Auslieferung durch den Versicherungsnehmer oder von ihm beauftragte Dritte ersichtlich für den Bau von oder den Einbau in Kraft-, Schienen- oder Wasserfahrzeugen bestimmt waren;

4.4.4.3 Ziff. 6.2.8 eingreift.

4.5 **Schäden durch mangelhafte Maschinen *(fakultativ)***

4.5.1 Eingeschlossen sind gesetzliche Schadenersatzansprüche Dritter wegen der in Ziff. 4.5.2 genannten Vermögensschäden im Sinne von Ziff. 2.1 AHB infolge Mangelhaftigkeit von Produkten, die durch vom Versicherungsnehmer mangelhaft hergestellte, gelieferte, montierte oder gewartete Maschinen produziert, be- oder verarbeitet wurden. Mängel bei der Beratung über die An- oder Verwendung der vom Versicherungsnehmer hergestellten, gelieferten, montierten oder gewarteten Maschinen sowie Falschlieferungen stehen Mängeln in der Herstellung oder Lieferung gleich. Versicherungsschutz besteht insoweit auch – abweichend Ziff. 1.1, 1.2 und 7.3 AHB – für auf Sachmängeln beruhende Schadenersatzansprüche Dritter im gesetzlichen Umfang, wenn der Versicherungsnehmer aufgrund einer Vereinbarung mit seinem Abnehmer über bestimmte Eigenschaften seiner Erzeugnisse, Arbeiten und Leistungen dafür verschuldensunabhängig einzustehen hat, dass diese bei Gefahrübergang vorhanden sind.

4.5.2 Gedeckt sind ausschließlich Schadenersatzansprüche wegen

4.5.2.1 der Beschädigung oder Vernichtung der mittels der Maschine hergestellten, be- oder verarbeiteten Produkte, soweit hierfür nicht bereits Versicherungsschutz nach Ziff. 1 oder 4.1 besteht;

4.5.2.2 anderer für die Herstellung, Be- oder Verarbeitung der Produkte nutzlos aufgewendeter Kosten;

4.5.2.3 Kosten für eine rechtlich gebotene und wirtschaftlich zumutbare Nachbearbeitung der mittels der Maschinen des Versicherungsnehmers hergestellten, be- oder verarbeiteten Produkte oder für eine andere Schadenbeseitigung;

4.5.2.4 weiterer Vermögensnachteile (z. B. entgangenen Gewinnes), weil die mittels der Maschinen des Versicherungsnehmers hergestellten, be- oder verarbeiteten Produkte nicht oder nur mit einem Preisnachlass veräußert werden konnten;

4.5.2.5 der dem Abnehmer des Versicherungsnehmers unmittelbar entstandenen Kosten infolge eines sich aus Mängeln der hergestellten, be- oder verarbeitenden Produkte ergebenden Produktionsausfalles. Ansprüche wegen eines darüber hinausgehenden Schadens durch den Produktionsausfall sind nicht versichert;

4.5.2.6 weiterer Vermögensnachteile, weil die mittels der Maschinen des Versicherungsnehmers mangelhaft hergestellten, be- oder verarbeiteten Produkte mit anderen Produkten verbunden, vermischt, verarbeitet (Ziff. 4.2) oder weiterverarbeitet oder -bearbeitet (Ziff. 4.3), eingebaut, angebracht, verlegt oder aufgetragen (Ziff. 4.4) werden. Dieser Versicherungsschutz wird im Umfang der vorgenannten Ziff. 4.2 ff. gewährt.

4.6 **Prüf- und Sortierkosten *(fakultativ)***

Besteht Versicherungsschutz nach den vorangehenden Ziff. 4.2 ff., gilt:

4.6.1 Eingeschlossen sind gesetzliche Schadenersatzansprüche Dritter wegen der in Ziff. 4.6.2 und 4.6.3 genannten Vermögensschäden infolge der Überprüfung von Produkten der Dritten auf Mängel, wenn die Mangelhaftigkeit einzelner Produkte bereits festgestellt wurde und aufgrund ausreichenden Stichprobenbefundes oder sonstiger nachweisbarer Tatsachen gleiche Mängel an gleichartigen Produkten zu befürchten sind. Die Überprüfung muss der Feststellung dienen, welche der Produkte mit Mangelverdacht tatsächlich mangelhaft sind und bei welchen dieser Produkte die nach den Ziff. 4.2 ff. versicherten Maßnahmen zur Mangelbeseitigung erforderlich sind. Produkte im Sinne dieser Regelung sind solche, die aus oder mit Erzeugnissen des Versicherungsnehmers hergestellt, be- oder verarbeitet wurden.

4.6.2 Gedeckt sind ausschließlich Schadenersatzansprüche wegen Kosten der Überprüfung der Produkte mit Mangelverdacht. Zur Überprüfung gehört auch ein notwendiges Vorsortieren zu überprüfender und Aussortieren von überprüften Produkten sowie das infolge der Überprüfung erforderliche Umpacken der betroffenen Produkte.

4.6.3 Ist jedoch zu erwarten,

- dass die Kosten der Überprüfung der Produkte mit Mangelverdacht zzgl. der nach Ziff. 4.2 ff. gedeckten Kosten auf Basis der festgestellten oder nach objektiven Tatsachen anzunehmenden Fehlerquote

höher sind,

- als die nach Ziff. 4.2 ff. gedeckten Kosten im Falle der tatsächlichen Mangelhaftigkeit aller Produkte mit Mangelverdacht,

so beschränkt sich der Versicherungsschutz auf die Versicherungsleistungen nach Ziff. 4.2 ff. In diesen Fällen oder wenn eine Feststellung der Mangelhaftigkeit nur durch Zerstörung des Produktes möglich ist, bedarf es keines Nachweises, dass die Produkte mit Mangelverdacht tatsächlich Mängel aufweisen.

Ist eine Feststellung der Mangelhaftigkeit nur nach Ausbau der Erzeugnisse möglich und wäre bei tatsächlicher Mangelhaftigkeit der Austausch dieser Erzeugnisse die notwendige Mangelbeseitigungsmaßnahme nach Ziff. 4.4, so beschränkt sich der Versicherungsschutz ebenfalls auf die Versicherungsleistungen nach Ziff. 4.4. Auch in diesen Fällen bedarf es keines Nachweises, dass die Produkte mit Mangelverdacht tatsächlich Mängel aufweisen.

4.6.4 Ausschließlich für die in Ziff. 4.6.2 und 4.6.3 genannten Kosten besteht in Erweiterung der Ziff. 4.6.1 – und insoweit abweichend von Ziff. 1.1 und 1.2 AHB – Versicherungsschutz auch dann, wenn sie zur Erfüllung einer gesetzlichen Pflicht zur Neulieferung oder zur Beseitigung eines Mangels des Erzeugnisses des Versicherungsnehmers von diesem oder seinem Abnehmer aufgewendet werden.

4.6.5 Auf Ziff. 6.2.8 wird hingewiesen.

5 **Auslandsdeckung**

(Umfang nach besonderer Vereinbarung)

6 **Risikoabgrenzungen**

6.1 Nicht versichert sind

6.1.1 Ansprüche, soweit diese nicht in Ziff. 4 ausdrücklich mitversichert sind,
- auf Erfüllung von Verträgen, Nacherfüllung, aus Selbstvornahme, Rücktritt, Minderung, auf Schadenersatz statt der Leistung;
- wegen Schäden, die verursacht werden, um die Nachbesserung durchführen zu können;
- wegen des Ausfalls der Nutzung des Vertragsgegenstandes oder wegen des Ausbleibens des mit der Vertragsleistung geschuldeten Erfolges;
- auf Ersatz vergeblicher Aufwendungen im Vertrauen auf ordnungsgemäße Vertragserfüllung;
- auf Ersatz von Vermögensschäden wegen Verzögerung der Leistung;
- wegen anderer an die Stelle der Erfüllung tretender Ersatzleistungen.

Dies gilt auch dann, wenn es sich um gesetzliche Ansprüche handelt;

6.1.2 im Rahmen der Versicherung gem. Ziff. 4.2 ff. Ansprüche wegen Folgeschäden (z. B. Betriebsunterbrechung oder Produktionsausfall), soweit diese nicht in den Ziff. 4.2 ff. ausdrücklich mitversichert sind.

6.2 Ausgeschlossen vom Versicherungsschutz sind

6.2.1 Ansprüche aus Garantien oder aufgrund sonstiger vertraglicher Haftungserweiterungen, soweit es sich nicht um im Rahmen der Ziff. 4 versicherte Vereinbarungen bestimmter Eigenschaften von Erzeugnissen, Arbeiten und Leistungen bei Gefahrübergang handelt, für die der Versicherungsnehmer verschuldensunabhängig im gesetzlichen Umfang einzustehen hat;

6.2.2 Ansprüche, die daraus hergeleitet werden, dass gelieferte Sachen oder Arbeiten mit einem Rechtsmangel behaftet sind (z. B. Schäden aus der Verletzung von Patenten, gewerblichen Schutzrechten, Urheberrechten, Persönlichkeitsrechten, Verstößen in Wettbewerb und Werbung);

6.2.3 Ansprüche wegen Schäden gemäß Ziff. 7.8 AHB;

6.2.4 Ansprüche gegen den Versicherungsnehmer oder jeden Mitversicherten, soweit diese den Schaden durch bewusstes Abweichen von gesetzlichen oder behördlichen Vorschriften sowie von schriftlichen Anweisungen oder Bedingungen des Auftraggebers herbeigeführt haben;

6.2.5 Ansprüche aus Sach- und Vermögensschäden durch Erzeugnisse, deren Verwendung oder Wirkung im Hinblick auf den konkreten Verwendungszweck nicht nach dem Stand der Technik oder in sonstiger Weise ausreichend erprobt waren.

Dies gilt nicht für Schäden an Sachen, die mit den hergestellten oder gelieferten Erzeugnissen weder in einem Funktionszusammenhang stehen noch deren bestimmungsgemäßer Einwirkung unterliegen;

6.2.6 Ansprüche aus
- Planung oder Konstruktion, Herstellung oder Lieferung von Luft- oder Raumfahrzeugen sowie von Teilen von Luft- oder Raumfahrzeugen, soweit diese Teile im Zeitpunkt der Auslieferung durch den Versicherungsnehmer oder von ihm

beauftragte Dritte ersichtlich für den Bau von Luft- oder Raumfahrzeugen sowie den Einbau in Luft- oder Raumfahrzeuge bestimmt waren,
- Tätigkeiten, (z. B. Montage, Wartung, Inspektion, Überholung, Reparatur, Beförderung) an Luft- oder Raumfahrzeugen sowie Luft- oder Raumfahrzeugteilen

6.2.7 Ansprüche wegen Vermögensschäden im Sinne von Ziff. 2.1 AHB, die von Unternehmen, die mit dem Versicherungsnehmer oder seinen Gesellschaftern durch Kapital mehrheitlich verbunden sind oder unter einer einheitlichen unternehmerischen Leitung stehen, geltend gemacht werden.

6.2.8 Ansprüche wegen Kosten gemäß Ziff. 4.2.2.3, 4.3.2.2, 4.4 und – soweit vereinbart – Ziff. 4.6 sowie Ansprüche wegen Beseitigungs- bzw. Vernichtungskosten im Rahmen der Ziff. 4.2.2.4 und 4.3.2.3, die im Zusammenhang mit einem Rückruf von Erzeugnissen geltend gemacht werden. Erzeugnisse im Sinne dieser Regelung können sowohl solche des Versicherungsnehmers als auch Produkte Dritter sein, die Erzeugnisse des Versicherungsnehmers enthalten. Rückruf ist die auf gesetzlicher Verpflichtung beruhende Aufforderung des Versicherungsnehmers, zuständiger Behörden oder sonstiger Dritter an Endverbraucher, Endverbraucher beliefernde Händler, Vertrags- oder sonstige Werkstätten, die Erzeugnisse von autorisierter Stelle auf die angegebenen Mängel prüfen, die gegebenenfalls festgestellten Mängel beheben oder andere namentlich benannten Maßnahmen durchführen zu lassen.

7 Zeitliche Begrenzung

7.1 Der Versicherungsschutz gemäß Ziff. 4.2 ff. umfasst die Folgen aller Versicherungsfälle, die dem Versicherer nicht später als drei Jahre nach Beendigung des Versicherungsvertrages gemeldet werden. Unberührt bleiben die vertraglichen Anzeigeobliegenheiten.

7.2 Für Ansprüche nach Ziff. 4.2 ff. wegen Schäden durch Erzeugnisse des Versicherungsnehmers, die vor Inkrafttreten dieses Versicherungsvertrages ausgeliefert wurden, besteht Versicherungsschutz nur bei besonderer Vereinbarung.

8 Versicherungsfall und Serienschaden

8.1 Versicherungsfall ist das während der Wirksamkeit des Vertrages eingetretene Schadenereignis gemäß Ziff. 1.1 AHB. Bei Ziff. 4.4.3 und 4.6.4 ist es für den Versicherungsfall – abweichend von Ziff. 1.1 AHB – unerheblich, dass es sich nicht um Haftpflichtansprüche handelt.

8.2 Der Versicherungsfall tritt ein bei:

8.2.1 Ziff. 4.2 im Zeitpunkt der Verbindung, Vermischung oder Verarbeitung der Erzeugnisse;

8.2.2 Ziff. 4.3 im Zeitpunkt der Weiterbearbeitung oder -verarbeitung der Erzeugnisse;

8.2.3 Ziff. 4.4 im Zeitpunkt des Einbaus, Anbringens, Verlegens oder Auftragens der Erzeugnisse;

8.2.4 Ziff. 4.5.2.1 bis 4.5.2.5 im Zeitpunkt der Produktion, Be- oder Verarbeitung der in Ziff. 4.5 genannten Sachen;

8.2.5 Ziff. 4.5.2.6 in den für Ziff. 4.2 bis 4.4 vorgenannten Zeitpunkten, je nachdem, mit welcher dieser Ziffern die Regelung gemäß Ziff. 4.5.2.6 in Zusammenhang steht;

8.2.6 Ziff. 4.6 in den für Ziff. 4.2 bis 4.5 vorgenannten Zeitpunkten, je nachdem, mit welcher dieser Ziffern die in Ziff. 4.6 geregelte Überprüfung in Zusammenhang steht.

8.3 Mehrere während der Wirksamkeit des Vertrages eintretende Versicherungsfälle
- aus der gleichen Ursache, z. B. aus dem gleichen Konstruktions-, Produktions- oder Instruktionsfehler, es sei denn, es besteht zwischen den mehreren gleichen Ursachen kein innerer Zusammenhang, oder
- aus Lieferungen solcher Erzeugnisse, die mit den gleichen Mängeln behaftet sind,

gelten unabhängig von ihrem tatsächlichen Eintritt als in dem Zeitpunkt eingetreten, in dem der erste dieser Versicherungsfälle eingetreten ist.
Ziff. 6.3 AHB wird gestrichen.

9 **Versicherungssumme, Maximierung und Selbstbehalt**

9.1 Die Versicherungssummen betragen für Personenschäden EUR …, für Sach- und Vermögensschäden EUR …

9.2 Die Höchstersatzleistung für alle Versicherungsfälle eines Versicherungsjahres (Maximierung) ist begrenzt auf EUR … für Personenschäden und EUR … für Sach- und Vermögensschäden.

9.3 Der Versicherungsnehmer hat sich bei jedem Versicherungsfall an den versicherten Schäden in Höhe von EUR … selbst zu beteiligen. Im Falle eines Serienschadens im Sinne von Ziff. 8.3 beträgt der Selbstbehalt für alle Versicherungsfälle dieser Serie EUR …

10 **Erhöhungen und Erweiterungen des Risikos / neue Risiken**

10.1 Der Versicherungsnehmer hat
– wesentliche Erhöhungen oder Erweiterungen des Produktions- oder Tätigkeitsumfanges Ziff. 3.1 (2) AHB,
– Risiken, die nach Abschluss der Versicherung neu entstehen (Vorsorgeversicherung gem. Ziff. 3.1 (3) und 4 AHB)
zwecks Vereinbarung neuer Prämien und Überprüfung der Bedingungen – abweichend von Ziff. 13.1 und 4.1 AHB – unverzüglich anzuzeigen.

10.2 Kommt der Versicherungsnehmer dieser Anzeigepflicht nicht nach, so erhöhen sich die in Ziff. 9.3 genannten Selbstbehalte in Schadenfällen, die mit solchen Erhöhungen oder Erweiterungen oder mit neu entstandenen Risiken in Zusammenhang stehen, auf EUR …

10.3 Für die Vorsorgeversicherung Ziff. 3.1 (3) und 4 AHB betragen die Versicherungssummen je Versicherungsfall EUR … für Personenschäden und EUR … für Sach- und Vermögensschäden und für alle Versicherungsfälle eines Versicherungsjahres EUR … für Personenschäden und EUR … für Sach- und Vermögensschäden.

2. Besondere Bedingungen und Risikobeschreibungen für die Rückrufkosten-Haftpflichtversicherung für Kfz-Teile-Zulieferer*

Unverbindliche Bekanntgabe des Gesamtverbandes der Deutschen Versicherungswirtschaft e. V. (GDV)
Zur fakultativen Verwendung. Abweichende Vereinbarungen sind möglich.
Musterbedingungen des GDV
(Stand: August 2008)

1 **Gegenstand des Versicherungsschutzes**

1.1 Versichert ist im Rahmen der Allgemeinen Versicherungsbedingungen für die Haftpflichtversicherung (AHB) und der nachfolgenden Bestimmungen die gesetzliche Haftpflicht des Versicherungsnehmers für Vermögensschäden i. S. von Ziff. 2.1 AHB 2004 *(§ 1 Ziff. 3 AHB 2002)*, die dadurch entstehen, dass
– aufgrund festgestellter oder nach objektiven Tatsachen, insbesondere ausreichenden Stichprobenbefundes vermuteter Mängel von Erzeugnissen oder
– aufgrund behördlicher Anordnung

* Die jeweils aktuellen Muster-AVB können auf der Website des Verbandes (www.gvd.de) kostenfrei abgerufen werden.

zur Vermeidung von Personenschäden ein Rückruf von Kraftfahrzeugen i. S. von Ziff. 2 durchgeführt wurde und der Versicherungsnehmer hierfür in Anspruch genommen wird.

1.2 Erzeugnisse im Sinne dieser Bedingungen können sowohl vom Versicherungsnehmer hergestellte, gelieferte oder vertriebene Kfz-Teile, -Zubehör und -Einrichtungen als auch derartige Produkte Dritter sein, die Erzeugnisse des Versicherungsnehmers enthalten.

1.3 Für Ansprüche wegen Personenschäden oder Sachschäden und allen sich daraus ergebenden Vermögensschäden i. S. von Ziff. 1.1 AHB 2004 *(§ 1 Ziff. 1 AHB 2002)* besteht im Rahmen dieses Vertrages kein Versicherungsschutz.

2 **Versicherungsfall**

Versicherungsfall ist – abweichend von Ziff. 1.1 AHB *(§ 1 Ziff. 1 AHB 2002 und § 5 Ziff. 1 AHB 2002)* – der während der Wirksamkeit der Versicherung erfolgte Rückruf.

Rückruf ist die auf gesetzlicher Verpflichtung beruhende Aufforderung

– des Kraftfahrzeug-Herstellers oder

– zuständiger Behörden anstelle des Kraftfahrzeug-Herstellers

an Kraftfahrzeug-Halter, ihre Fahrzeuge in das Herstellerwerk, eine Vertragswerkstätte oder sonstige Werkstätte zu bringen, um sie auf die angegebenen Mängel prüfen und die ggf. festgestellten Mängel beheben oder andere namentlich benannte Maßnahmen durchführen zu lassen.

Als Rückruf gilt auch die nicht unmittelbar an Kraftfahrzeug-Halter gerichtete Benachrichtigung von Kraftfahrzeug-Händlern, Vertrags- oder sonstigen Werkstätten, die Kraftfahrzeuge auf die angegebenen Mängel zu überprüfen und diese ggf. zu beheben.

3 **Umfang des Versicherungsschutzes**

Versichert sind ausschließlich die Kosten Dritter für die nachfolgend aufgeführten Gefahrabwendungsmaßnahmen, soweit sie im Rahmen eines Rückrufs notwendig sind. Kann die Gefahr durch verschiedene vom Versicherungsschutz umfasste Gefahrabwendungsmaßnahmen beseitigt werden, besteht Versicherungsschutz nur in Höhe der günstigsten versicherten Gesamtkosten.

Vom Versicherungsschutz umfasst sind die Kosten Dritter für

3.1 die Benachrichtigung der Kraftfahrzeug-Halter, der Kraftfahrzeug-Händler, der Vertrags- oder sonstigen Werkstätten, wozu auch die Kosten für Aufrufe über die Medien gehören;

3.2 die Überführung der Kraftfahrzeuge in Werkstätten oder das Herstellerwerk, falls dies wegen fehlender Verkehrssicherheit erforderlich ist;

3.3 die Überprüfung der vom Rückruf betroffenen Erzeugnisse, wobei die Überprüfung der Feststellung dienen muss, welche der Erzeugnisse mit Mangelverdacht tatsächlich mangelhaft und bei welchen dieser Erzeugnisse die gem. Ziff. 3.4 bis 3.9 versicherten Maßnahmen zur Beseitigung der Gefahr erforderlich sind. Zur Überprüfung gehört auch ein notwendiges Vorsortieren und Aussortieren.

Ist jedoch zu erwarten,

dass die Kosten der Überprüfung der vom Rückruf betroffenen Erzeugnisse zzgl. der nach Ziff. 3.4 bis 3.9 gedeckten Kosten auf Basis der festgestellten oder nach objektiven Tatsachen anzunehmenden Fehlerquote

höher sind

als die nach Ziff. 3.4 bis 3.9 gedeckten Kosten im Falle der tatsächlichen Mangelhaftigkeit aller vom Rückruf betroffenen Erzeugnisse,

so beschränkt sich der Versicherungsschutz auf die Versicherungsleistungen nach Ziff. 3.4 bis 3.9. In diesen Fällen oder wenn eine Feststellung der Mangelhaftigkeit nur durch Zerstörung des Produktes möglich ist, bedarf es keines Nachweises, dass die Produkte mit Mangelverdacht tatsächlich Mängel aufweisen.

Ist eine Feststellung der Mangelhaftigkeit nur nach Ausbau der Erzeugnisse möglich und wäre bei tatsächlicher Mangelhaftigkeit der Austausch dieser Erzeugnisse die notwendige Gefahrabwendungsmaßnahme nach Ziff. 3.5, so beschränkt sich der Versicherungsschutz ebenfalls auf die Versicherungsleistungen nach Ziff. 3.4 bis 3.9. Auch in diesen Fällen bedarf es keines Nachweises, dass die Produkte mit Mangelverdacht tatsächlich Mängel aufweisen. Entsprechendes gilt für den Fall, dass eine Feststellung der Mangelhaftigkeit nur nach Ausbau von Einzelteilen der Erzeugnisse möglich ist und bei tatsächlicher Mangelhaftigkeit der Austausch dieser Einzelteile die notwendige Gefahrabwendungsmaßnahme nach Ziff. 3.6 wäre.

3.4 eine ggf. erforderliche Zwischenlagerung der vom Rückruf betroffenen Erzeugnisse und Kraftfahrzeuge während eines Zeitraums bis zu 3 Monaten;

3.5 den Austausch mangelhafter Erzeugnisse (nicht jedoch von deren Einzelteilen), d. h. Kosten für das Ausbauen, Abnehmen, Freilegen oder Entfernen mangelhafter Erzeugnisse und das Einbauen, Anbringen, Verlegen oder Auftragen mangelfreier Erzeugnisse oder mangelfreier Produkte Dritter. Vom Versicherungsschutz ausgenommen bleiben die Kosten für die Nach- oder Neulieferung mangelfreier Erzeugnisse oder mangelfreier Produkte Dritter.
Unter die versicherten Austauschkosten fallen auch Aufwendungen, die Dritten durch die Verarbeitung, Bearbeitung und Montage der mangelfreien Ersatzteile entstehen;

3.6 den Austausch mangelhafter Einzelteile von eingebauten Erzeugnissen, d. h. Kosten für das Ausbauen, Abnehmen, Freilegen oder Entfernen mangelhafter Einzelteile und das Einbauen, Anbringen, Verlegen oder Auftragen mangelfreier Einzelteile. Vom Versicherungsschutz ausgenommen bleiben die Kosten für die Nach- oder Neulieferung mangelfreier Einzelteile;

3.7 die Reparatur mangelhafter Erzeugnisse im eingebauten Zustand sowie Ersatz- bzw. Nachrüstmaßnahmen im eingebauten Zustand;

3.8 den Transport nach- oder neugelieferter mangelfreier Erzeugnisse i. S. von Ziff. 3.5 oder einzelner Ersatzteile i. S. von Ziff. 3.6 oder mangelfreier Produkte Dritter mit Ausnahme solcher Kosten für den Transport an den Erfüllungsort der ursprünglichen Lieferung des Versicherungsnehmers. Sind die Kosten für den direkten Transport vom Versicherungsnehmer bzw. Dritten zum Ort der Gefahrenabwehr geringer als die Kosten des Transportes vom Erfüllungsort der ursprünglichen Lieferung des Versicherungsnehmers zum Ort der Gefahrenabwehr, sind nur die Kosten des Direkttransports versichert;

3.9 die Beseitigung bzw. Vernichtung der ausgebauten Erzeugnisse, soweit die Gefahr nicht auf andere Weise zu beseitigen ist;

3.10 die Ablauf- und Erfolgskontrolle.

4 **Versichertes Risiko**
Der Versicherungsschutz bezieht sich ausschließlich auf die in der Risikobeschreibung gemäß Versicherungsschein aufgeführten, vom Versicherungsnehmer hergestellten, gelieferten oder vertriebenen Erzeugnisse, soweit es sich um an Kraftfahrzeug-Hersteller oder deren Zulieferer ausgelieferte, zum Einbau in Kraftfahrzeuge bestimmte Erzeugnisse handelt.

5 **Mitversicherte Personen**
Mitversichert ist die persönliche gesetzliche Haftpflicht

5.1 der gesetzlichen Vertreter des Versicherungsnehmers und solcher Personen, die er zur Leitung oder Beaufsichtigung des versicherten Betriebs oder eines Teils desselben angestellt hat, in dieser Eigenschaft und

5.2 der übrigen Betriebsangehörigen aus ihrer Tätigkeit für den Versicherungsnehmer.

6 **Risikobegrenzungen/Ausschlüsse**
Nicht versichert sind Ansprüche

6.1 wegen Kosten durch Erzeugnisse, deren Verwendung oder Wirkung im Hinblick auf den konkreten Verwendungszweck nicht nach dem Stand der Technik oder in sonstiger Weise ausreichend erprobt waren;
6.2 gegen den Versicherungsnehmer oder jeden Mitversicherten, soweit diese den Versicherungsfall durch bewusstes Abweichen von gesetzlichen oder behördlichen Vorschriften, Anordnungen oder Warnungen sowie von schriftlichen Anweisungen oder Bedingungen des Auftraggebers herbeigeführt haben;
6.3 aus Rückrufen infolge behaupteter, angedrohter oder tatsächlicher mut- bzw. böswilliger Manipulation von Erzeugnissen;
6.4 aus Garantien oder aufgrund sonstiger vertraglicher Haftungserweiterungen;
6.5 wegen anderer als der in Ziff. 3 genannten Kosten, insbesondere
- für die Nach- oder Neulieferung mangelfreier Erzeugnisse (auch einzelner Ersatzteile) einschließlich deren Transportkosten vom Versicherungsnehmer zum Erfüllungsort der ursprünglichen Lieferung;
- aus Folgeschäden, wie z. B. aus Betriebsunterbrechung, Produktionsausfall und entgangenem Gewinn;
- für den Ersatz von Mietwagen-, Fahrt- oder sonstigen Kosten, die den Fahrzeug-Haltern im Zusammenhang mit der Rückrufaktion entstehen;
- Geldstrafen oder Bußgelder sowie Kosten für straf- und verwaltungsrechtliche Verfahren; das gilt nicht für Kosten eines verwaltungsrechtlichen Verfahrens, das auf Betreiben des Versicherers geführt wurde;

Entschädigungen mit Strafcharakter;

7 **Maßnahmen und Kosten im Vorfeld der Gefahrenabwehr (Vorfeldschäden) (fakultativ)**

7.1 Die Kosten gem. Ziff. 3.3 bis 3.9 werden, ohne dass es eines Rückrufs bedarf, auch dann ersetzt, wenn die Erzeugnisse bereits ausgeliefert und in für Kraftfahrzeuge bestimmte Teile oder in noch nicht ausgelieferte Kraftfahrzeuge eingebaut wurden. Voraussetzung ist, dass bei einer Auslieferung der Kraftfahrzeuge ein Rückruf i. S. von Ziff. 2 erforderlich geworden wäre; im Übrigen gilt Ziff. 1.1.

Kann die Gefahr im Vorfeld durch verschiedene vom Versicherungsschutz umfasste Maßnahmen beseitigt werden, besteht Versicherungsschutz nur in Höhe der günstigsten versicherten Gesamtkosten.

7.2 Versicherungsfall ist in diesem Falle die während der Wirksamkeit der Versicherung erfolgte innerbetriebliche Weisung
- des Kraftfahrzeug-Herstellers oder
- eines das Erzeugnis des Versicherungsnehmers weiterverarbeitenden Unternehmens

zur Überprüfung von Erzeugnissen des Versicherungsnehmers.

7.3 Die Risikobegrenzungen/Ausschlüsse gem. Ziff. 6 gelten entsprechend.

8 **Aus- und Einbaukosten außerhalb der Gefahrenabwehr (fakultativ)**

8.1 Abweichend von Ziff. 1.1 ist versichert die gesetzliche Haftpflicht des Versicherungsnehmers für Vermögensschäden i. S. von Ziff. 2.1 AHB 2004 *(§ 1 Ziff. 3 AHB 2002)* infolge der Mangelhaftigkeit von Kraftfahrzeugen oder Kfz-Teilen, die durch den Einbau, das Anbringen, Verlegen oder Auftragen von Erzeugnissen (Kfz-Teile, -Zubehör und -Einrichtungen) entstanden sind.
- Versicherungsschutz besteht nur, soweit
- kein Rückruf von Kraftfahrzeugen i. S. von Ziff. 2 erfolgt,
- keine Maßnahmen und Kosten i. S. von Ziff. 7 anfallen und

die Erzeugnisse im Zeitpunkt der Auslieferung durch den Versicherungsnehmer oder von ihm beauftragte Dritte ersichtlich für den Bau von oder den Einbau in Kraftfahrzeuge bestimmt waren.

Insoweit besteht auch Versicherungsschutz – abweichend von Ziff. 1.1, 1.2 und 7.3 AHB 2004 *(§§ 1, 4 Ziff. I 1 und 4 Ziff. 6 Abs. 3 AHB)* – für die auf Sachmängeln beruhenden Schadenersatzansprüche Dritter im gesetzlichen Umfang, wenn der Versicherungsnehmer aufgrund einer Vereinbarung mit seinem Abnehmer über bestimmte Eigenschaften seiner Erzeugnisse, Arbeiten und Leistungen dafür verschuldensunabhängig einzustehen hat, dass diese bei Gefahrübergang vorhanden sind.

8.2 Versicherungsfall ist in diesem Falle die während der Wirksamkeit der Versicherung erfolgte innerbetriebliche Weisung
- des Kraftfahrzeug-Herstellers oder
- eines das Erzeugnis des Versicherungsnehmers weiterverarbeitenden Unternehmens
- zur Überprüfung von Erzeugnissen des Versicherungsnehmers.

8.3 Vom Versicherungsschutz umfasst sind ausschließlich Schadensersatzansprüche Dritter wegen
- Kosten für den Austausch mangelhafter Erzeugnisse (nicht jedoch von deren Einzelteilen), d. h. Kosten für das Ausbauen, Abnehmen, Freilegen oder Entfernen mangelhafter Erzeugnisse und das Einbauen, Anbringen, Verlegen oder Auftragen mangelfreier Erzeugnisse oder mangelfreier Produkte Dritter. Vom Versicherungsschutz ausgenommen bleiben die Kosten für die Nach- oder Neulieferung mangelfreier Erzeugnisse oder mangelfreier Produkte Dritter;
- Kosten für den Transport nach- oder neugelieferter mangelfreier Erzeugnisse oder mangelfreier Produkte Dritter mit Ausnahme solcher Kosten für den Transport an den Erfüllungsort der ursprünglichen Lieferung des Versicherungsnehmers. Sind die Kosten für den direkten Transport vom Versicherungsnehmer bzw. Dritten zum Ort des Austausches geringer als die Kosten des Transportes vom Erfüllungsort der ursprünglichen Lieferung des Versicherungsnehmers zum Ort des Austausches, sind nur die Kosten des Direkttransports versichert.

8.4 Für die Kosten gem. Ziff. 8.3 besteht – abweichend von Ziff. 1.1 und 1.2 AHB 2004 *(§§ 1 Ziff. 1 und 4 Ziff. I 6 Abs. 3 AHB 2002)* – auch dann Versicherungsschutz, wenn sie zur Erfüllung einer gesetzlichen Pflicht zur Neulieferung oder Beseitigung eines Mangels des Erzeugnisses des Versicherungsnehmers von diesem oder seinem Abnehmer aufgewendet werden.

8.5 Die Risikobegrenzungen/Ausschlüsse gem. Ziff. 6 gelten entsprechend; Ziff. 6.4 gilt jedoch nicht für Vereinbarungen i. S. von Ziff. 8.1 Abs. 3.

Kein Versicherungsschutz besteht, wenn der Versicherungsnehmer die mangelhaften Erzeugnisse selbst eingebaut oder montiert hat oder in seinem Auftrag, für seine Rechnung oder unter seiner Leitung hat einbauen oder montieren lassen; dies gilt nicht, wenn der Versicherungsnehmer beweist, dass die Mangelhaftigkeit nicht aus dem Einbau, der Montage oder Montageleitung, sondern ausschließlich aus der Herstellung oder Lieferung resultiert,

Nicht versichert sind ferner
- Ansprüche, die daraus hergeleitet werden, dass gelieferte Sachen oder Arbeiten mit einem Rechtsmangel behaftet sind (z. B. Schäden aus der Verletzung von Patenten, gewerblichen Schutzrechten, Urheberrechten, Persönlichkeitsrechten, Verstößen in Wettbewerb und Werbung);
- Ansprüche wegen Kosten zur Beseitigung von Mängeln, die sich nicht auf die Funktionsfähigkeit der Kraftfahrzeuge oder einzelner Kfz-Teile auswirken (z. B. Farbabweichungen);
- Ansprüche wegen Vermögensschäden i. S. von Ziff. 2.1 AHB 2004 *(§ 1 Ziff. 3 AHB 2002)*, die von Unternehmen, die mit dem Versicherungsnehmer oder seinen Gesellschaftern durch Kapital mehrheitlich verbunden sind oder unter einer einheitlichen unternehmerischen Leitung stehen, geltend gemacht werden.

9 **Versicherungssumme**
Die Versicherungssumme beträgt je Versicherungsfall EUR ... Die Höchstersatzleistung des Versicherers für alle Versicherungsfälle eines Versicherungsjahres beträgt EUR ...

10 **Serienschaden**
Mehrere während der Wirksamkeit des Vertrages eintretende Versicherungsfälle
- aus der gleichen Ursache, z. B. dem gleichen Konstruktions-, Fabrikations- oder Instruktionsfehler, es sei denn, es besteht zwischen den mehreren gleichen Ursachen kein innerer Zusammenhang, oder
- aus Lieferung solcher Erzeugnisse, die mit den gleichen Mängeln behaftet sind,

gelten unabhängig von ihrem tatsächlichen Eintritt als in dem Zeitpunkt eingetreten, in dem der erste derartige Versicherungsfall eingetreten ist.
Ziff. 6.3 AHB 2004 *(§ 3 Ziff. III 2 Abs. 1 Satz 3 AHB 2002)* wird gestrichen.

11 **Selbstbehalt**
Der Versicherungsnehmer hat sich bei jedem Versicherungsfall an den versicherten Kosten in Höhe von EUR ... selbst zu beteiligen.

12 **Zeitliche Begrenzung**
Der Versicherungsschutz umfasst diejenigen während der Wirksamkeit der Versicherung eintretenden Versicherungsfälle, die innerhalb eines Zeitraums von 3 Jahren nach der Auslieferung des Erzeugnisses durch den Versicherungsnehmer eintreten.
Für Ansprüche wegen Kosten durch Erzeugnisse des Versicherungsnehmers, die vor In-Kraft-Treten dieses Versicherungsvertrages ausgeliefert wurden, besteht Versicherungsschutz nur bei besonderer Vereinbarung.

13 **Auslandsrisiken**

13.1 Abweichend von Ziff. 7.9 AHB 2004 *(§ 4 Ziff. I 3 AHB)* bezieht sich der Versicherungsschutz auch auf im Ausland vorkommende Versicherungsfälle durch Erzeugnisse, die der Versicherungsnehmer ins Ausland geliefert hat oder dorthin hat liefern lassen, oder wegen Erzeugnissen des Versicherungsnehmers, die ins Ausland gelangt sind, ohne daß der Versicherungsnehmer sie dorthin geliefert hat oder hat liefern lassen.
Soweit der Versicherungsfall Erzeugnisse betrifft, die sich in den USA, US-Territorien oder in Kanada befinden, besteht Versicherungsschutz nur nach besonderer Vereinbarung.

13.2 Aufwendungen des Versicherers für Kosten werden – abweichend von Ziff. 6.5 AHB 2004 *(§ 3 Ziff. III 4 AHB)* – als Leistungen auf die Versicherungssumme angerechnet.
Kosten i. S. des Abs. 1 sind:
Anwalts-, Sachverständigen-, Zeugen- und Gerichtskosten; Aufwendungen zur Abwendung oder Minderung des m Schadens bei oder nach Eintritt des Versicherungsfalles sowie Schadenermittlungskosten, auch Reisekosten, die dem Versicherer nicht selbst entstehen. Dies gilt auch dann, wenn diese Kosten auf Weisung des Versicherers entstanden sind.

13.3 Bei im Ausland vorkommenden Versicherungsfällen erfolgen die Leistungen des Versicherers in Euro. Soweit der Zahlungsort außerhalb der Staaten, die der Europäischen Währungsunion angehören, liegt, gelten die Verpflichtungen des Versicherers mit dem Zeitpunkt als erfüllt, in dem der Euro-Betrag bei einem in der Europäischen Währungsunion gelegenen Geldinstitut angewiesen ist.

14 **Vorsorgeversicherung**
Die Bestimmungen der*(-s)* Ziff. 3.1 (3) AHB 2004 *(§ 1 Ziff. II 2c AHB 2002)* und der *(-s)* Ziff. 4 AHB 2004 *(§ 2 AHB 2002)* finden keine Anwendung.

15 **Erhöhungen und Erweiterungen des Risikos**

15.1 Der Versicherungsnehmer hat wesentliche Erhöhungen oder Erweiterungen des Produktions- oder Tätigkeitsumfanges (Ziff. 3.1 (2) AHB 2004 *[§ 1 Ziff. 2b) AHB 2002]*) zwecks Vereinbarung neuer Prämien und Überprüfung der Bedingungen – abweichend von Ziff. 13.1, 4.1 AHB 2004 *(§§ 8 Ziff. II 1, 2 Ziff. 1 AHB 2002)* – unverzüglich anzuzeigen.

15.2 Kommt der Versicherungsnehmer dieser Anzeigepflicht nicht nach, so erhöhen sich die in Ziff. 9 genannten Selbstbehalte in Versicherungsfällen, die mit solchen Erhöhungen oder Erweiterungen oder mit neu entstandenen Risiken in Zusammenhang stehen, auf EUR …

16 **Vertragsdauer**

Dieser Vertrag ist für die Dauer von einem Jahr mit Wirkung ab dem im Versicherungsschein genannten Versicherungsbeginn abgeschlossen. Die Unterlassung einer rechtswirksamen Kündigung bewirkt eine Verlängerung des Vertrages jeweils um ein Jahr. Die Kündigung ist rechtswirksam, wenn sie der anderen Vertragspartei spätestens 3 Monate vor dem jeweiligen Ablauf des Vertrages schriftlich zugegangen ist.

3. Besondere Bedingungen und Risikobeschreibungen für die Rückrufkosten-Haftpflichtversicherung für Hersteller- und Handelsbetriebe*

Unverbindliche Bekanntgabe des Gesamtverbandes der Deutschen Versicherungswirtschaft e. V. (GDV)
Zur fakultativen Verwendung. Abweichende Vereinbarungen sind möglich.
Musterbedingungen des GDV
(Stand: August 2008)

1 **Gegenstand des Versicherungsschutzes**

1.1 Versichert ist im Rahmen der Allgemeinen Versicherungsbedingungen für die Haftpflichtversicherung (AHB) und der nachfolgenden Bestimmungen die gesetzliche Haftpflicht des Versicherungsnehmers für Vermögensschäden i. S. von Ziff. 2.1 AHB, die dadurch entstehen, dass
– aufgrund festgestellter oder nach objektiven Tatsachen, insbesondere ausreichenden Stichprobenbefundes vermuteter Mängel von Erzeugnissen oder
– aufgrund behördlicher Anordnung
zur Vermeidung von Personenschäden ein Rückruf i. S. von Ziff. 2 durchgeführt wurde und der Versicherungsnehmer hierfür in Anspruch genommen wird.

1.2 Erzeugnisse im Sinne dieser Bedingungen können sowohl vom Versicherungsnehmer hergestellte, gelieferte oder vertriebene Erzeugnisse als auch Produkte Dritter sein, die Erzeugnisse des Versicherungsnehmers enthalten.

1.3 Der Versicherungsnehmer hat auch dann Versicherungsschutz, wenn er zur Erfüllung seiner gesetzlichen Rückrufverpflichtung unter vorgenannten Voraussetzungen selbst einen Rückruf i. S. von Ziff. 2 durchführt und ihm hierdurch ein Vermögensschaden entsteht.

1.4 Für Ansprüche wegen Personenschäden oder Sachschäden und allen sich daraus ergebenden Vermö-gensschäden i. S. von Ziff. 1.1 AHB besteht im Rahmen dieses Vertrages kein Versicherungsschutz.

2 **Versicherungsfall**

Versicherungsfall ist – abweichend von Ziff. 1.1 AHB – der während der Wirksamkeit der Versicherung erfolgte Rückruf.

---

* Die jeweils aktuellen Muster-AVB könen auf der Website des Verbandes (www.gvd.de) kostenfrei abgerufen werden.

Rückruf ist die auf gesetzlicher Verpflichtung beruhende Aufforderung
- des Versicherungsnehmers,
- zuständiger Behörden oder
- sonstiger Dritter

an Endverbraucher, Endverbraucher beliefernde Händler, Vertrags- oder sonstige Werkstätten, die Erzeugnisse von autorisierter Stelle auf die angegebenen Mängel prüfen und die ggf. festgestellten Mängel beheben oder andere namentlich benannte Maßnahmen durchführen zu lassen.

Als Rückruf gilt auch die Warnung vor nicht sicheren Erzeugnissen, soweit auf Grund gesetzlicher Verpflichtungen zur Vermeidung von Personenschäden eine Warnung ausreichend ist.

3 **Umfang des Versicherungsschutzes**

Versichert sind ausschließlich die Kosten für die nachfolgend aufgeführten Gefahrabwendungsmaßnahmen, soweit sie im Rahmen eines Rückrufs notwendig sind. Kann die Gefahr durch verschiedene vom Versicherungsschutz umfasste Gefahrabwendungsmaßnahmen beseitigt werden, besteht Versicherungsschutz nur in Höhe der günstigsten versicherten Gesamtkosten.

Vom Versicherungsschutz umfasst sind die Kosten für

3.1 die Benachrichtigung der Endverbraucher, Endverbraucher beliefernde Händler, Vertrags- oder sonstige Werkstätten, wozu auch die Kosten für Aufrufe über die Medien gehören;

3.2 das Vorsortieren der vom Rückruf betroffenen Erzeugnisse;

3.3 den Transport der Erzeugnisse zum Versicherungsnehmer oder zu autorisierten Stellen;

3.4 die Überprüfung der vom Rückruf betroffenen Erzeugnisse, wobei die Überprüfung der Feststellung dienen muss, welche der Erzeugnisse mit Mangelverdacht tatsächlich mangelhaft und bei welchen dieser Erzeugnisse die gem. Ziff. 3.5 bis 3.10 versicherten Maßnahmen zur Beseitigung der Gefahr erforderlich sind. Zur Überprüfung gehört auch ein notwendiges Vorsortieren, Aussortieren und Umpacken der Erzeugnisse.

Ist jedoch zu erwarten,

dass die Kosten der Überprüfung der vom Rückruf betroffenen Erzeugnisse zzgl. der nach Ziff. 3.5 bis 3.10 gedeckten Kosten auf Basis der festgestellten oder nach objektiven Tatsachen anzunehmende Fehlerquote

höher sind

als die nach Ziff. 3.5 bis 3.10 gedeckten Kosten im Falle der tatsächlichen Mangelhaftigkeit aller vom Rückruf betroffenen Erzeugnisse,

so beschränkt sich der Versicherungsschutz auf die Versicherungsleistungen nach Ziff. 3.5 bis 3.10. In diesen Fällen oder wenn eine Feststellung der Mangelhaftigkeit nur durch Zerstörung des Produktes möglich ist, bedarf es keines Nachweises, dass die Produkte mit Mangelverdacht tatsächlich Mängel aufweisen.

Ist eine Feststellung der Mangelhaftigkeit nur nach Ausbau der Erzeugnisse möglich und wäre bei tatsächlicher Mangelhaftigkeit der Austausch dieser Erzeugnisse die notwendige Gefahrabwendungsmaßnahme nach Ziff. 3.6, so beschränkt sich der Versicherungsschutz ebenfalls auf die Versicherungsleistungen nach Ziff. 3.5 bis 3.10. Auch in diesen Fällen bedarf es keines Nachweises, dass die Produkte mit Mangelverdacht tatsächlich Mängel aufweisen. Entsprechendes gilt für den Fall, dass eine Feststellung der Mangelhaftigkeit nur nach Ausbau von Einzelteilen der Erzeugnisse möglich ist und bei tatsächlicher Mangelhaftigkeit der Austausch dieser Einzelteile die notwendige Gefahrabwendungsmaßnahme nach Ziff. 3.7 wäre.

3.5 eine ggf. erforderliche Zwischenlagerung der vom Rückruf betroffenen Erzeugnisse während eines Zeitraums bis zu 3 Monaten;

3.6 den Austausch mangelhafter Erzeugnisse (nicht jedoch von deren Einzelteilen), d. h. Kosten für das Ausbauen, Abnehmen, Freilegen oder Entfernen mangelhafter Erzeugnisse und das Einbauen, Anbringen, Verlegen oder Auftragen mangelfreier Erzeugnisse. Vom Versicherungsschutz ausgenommen bleiben die Kosten für die Nach- oder Neulieferung mangelfreier Erzeugnisse oder mangelfreier Produkte Dritter;

3.7 den Austausch mangelhafter Einzelteile von Erzeugnissen, d. h. Kosten für das Ausbauen, Abnehmen, Freilegen oder Entfernen mangelhafter Einzelteile und das Einbauen, Anbringen, Verlegen oder Auftragen mangelfreier Einzelteile. Vom Versicherungsschutz ausgenommen bleiben die Kosten für die Nach- oder Neulieferung mangelfreier Einzelteile.

Für die Kosten des Austauschs mangelhafter Einzelteile besteht jedoch nur dann Versicherungsschutz, soweit sich die Gefahr nicht durch die Nach- oder Neulieferung mangelfreier Erzeugnisse oder mangelfreier Produkte Dritter kostengünstiger beseitigen lässt;

3.8 die Reparatur mangelhafter Erzeugnisse sowie Ersatz- bzw. Nachrüstmaßnahmen, jedoch nur soweit sich die Gefahr nicht durch die Nach- oder Neulieferung mangelfreier Erzeugnisse oder mangelfreier Produkte Dritter kostengünstiger beseitigen lässt;

3.9 den Transport nach- oder neugelieferter mangelfreier Erzeugnisse i. S. von Ziff. 3.6 oder einzelner Ersatzteile i. S. von Ziff. 3.7 oder mangelfreier Produkte Dritter mit Ausnahme solcher Kosten für den Transport an den Erfüllungsort der ursprünglichen Lieferung des Versicherungsnehmers. Sind die Kosten für den direkten Transport vom Versicherungsnehmer bzw. Dritten zum Ort der Gefahrenabwehr geringer als die Kosten des Transportes vom Erfüllungsort der ursprünglichen Lieferung des Versicherungsnehmers zum Ort der Gefahrenabwehr, sind nur die Kosten des Direkttransports versichert;

3.10 die Beseitigung bzw. Vernichtung der Erzeugnisse, soweit die Gefahr nicht auf andere Weise zu beseitigen ist;

3.11 die Ablauf- und Erfolgskontrolle.

4 **Versichertes Risiko**

Der Versicherungsschutz bezieht sich ausschließlich auf die in der Risikobeschreibung gemäß Versicherungsschein aufgeführten, vom Versicherungsnehmer hergestellten, gelieferten oder vertriebenen Erzeugnisse. Hiervon ausgenommen bleiben Kraft- und Luftfahrzeuge sowie ersichtlich für Kraft- oder Luftfahrzeuge bestimmte Teile und Zubehör.

5 **Mitversicherte Personen**

Mitversichert ist die persönliche gesetzliche Haftpflicht

5.1 der gesetzlichen Vertreter des Versicherungsnehmers und solcher Personen, die er zur Leitung oder Beaufsichtigung des versicherten Betriebs oder eines Teils desselben angestellt hat, in dieser Eigenschaft und

5.2 der übrigen Betriebsangehörigen aus ihrer Tätigkeit für den Versicherungsnehmer.

6 **Risikobegrenzungen/Ausschlüsse**

Nicht versichert sind Ansprüche

6.1 wegen Kosten durch Erzeugnisse, die zum Zeitpunkt des Rückrufes noch nicht an den Endverbraucher oder Endverbraucher beliefernde Händler ausgeliefert bzw. abgegeben worden waren;

6.2 wegen Kosten durch Erzeugnissen, deren Verwendung oder Wirkung im Hinblick auf den konkreten Verwendungszweck nicht nach dem Stand der Technik oder in sonstiger Weise ausreichend erprobt waren;

6.3 gegen den Versicherungsnehmer oder jeden Mitversicherten, soweit diese den Versicherungsfall durch bewusstes Abweichen von gesetzlichen oder behördlichen Vorschriften, Anordnungen oder Warnungen sowie von schriftlichen Anweisungen oder Bedingungen des Auftraggebers herbeigeführt haben;

6.4 aus Rückrufen infolge behaupteter, angedrohter oder tatsächlicher mut- bzw. böswilliger Manipulation von Erzeugnissen;
6.5 aus Garantien oder aufgrund sonstiger vertraglicher Haftungserweiterungen,
6.6 wegen anderer als der in Ziff. 3 genannten Kosten, insbesondere
- für die Nach- oder Neulieferung mangelfreier Erzeugnisse (auch einzelner Ersatzteile) einschließlich deren Transportkosten vom Versicherungsnehmer zum Erfüllungsort der ursprünglichen Lieferung;
- aus Folgeschäden, wie z. B. aus Betriebsunterbrechung, Produktionsausfall und entgangenem Gewinn;
- Geldstrafen oder Bußgelder sowie Kosten für straf- und verwaltungsrechtliche Verfahren; das gilt nicht für Kosten eines verwaltungsrechtlichen Verfahrens, das auf Betreiben des Versicherers geführt wurde;
- Entschädigungen mit Strafcharakter;

6.7 aus Rückrufen, die auf Asbest, asbesthaltige Substanzen oder Erzeugnisse zurückzuführen sind;
6.8 aus Rückrufen, die in unmittelbarem oder mittelbarem Zusammenhang stehen mit energiereichen ionisierenden Strahlen (z. B. Strahlen von radioaktiven Stoffen oder Röntgenstrahlen).
6.9 aus Rückrufen, die zurückzuführen sind auf
(1) gentechnische Arbeiten,
(2) gentechnisch veränderte Organismen (GVO),
(3) Erzeugnisse, die
- Bestandteile aus GVO enthalten,
- aus oder mit Hilfe von GVO hergestellt wurden.

7 **Versicherungssumme**
Die Versicherungssumme beträgt je Versicherungsfall EUR … Die Höchstersatzleistung des Versicherers für alle Versicherungsfälle eines Versicherungsjahres beträgt EUR …

8 **Serienschaden**
Mehrere während der Wirksamkeit des Vertrages eintretende Versicherungsfälle
- aus der gleichen Ursache, z. B. dem gleichen Konstruktions-, Fabrikations- oder Instruktionsfehler, es sei denn, es besteht zwischen den mehreren gleichen Ursachen kein innerer Zusammenhang, oder
- aus Lieferung solcher Erzeugnisse, die mit den gleichen Mängeln behaftet sind,

gelten unabhängig von ihrem tatsächlichen Eintritt als in dem Zeitpunkt eingetreten, in dem der erste derartige Versicherungsfall eingetreten ist.
Ziff. 6.3 AHB wird gestrichen.

9 **Selbstbehalt**
Der Versicherungsnehmer hat sich bei jedem Versicherungsfall an den versicherten Kosten in Höhe von EUR … selbst zu beteiligen.

10 **Zeitliche Begrenzung**
Der Versicherungsschutz umfasst diejenigen während der Wirksamkeit der Versicherung eintretenden Versicherungsfälle, die innerhalb eines Zeitraums von 3 Jahren nach der Auslieferung des Erzeugnisses durch den Versicherungsnehmer eintreten.
Für Ansprüche wegen Kosten durch Erzeugnisse, die vor In-Kraft-Treten dieses Vertrages ausgeliefert wurden, besteht Versicherungsschutz nur bei besonderer Vereinbarung.

11 **Auslandsrisiken**
11.1 Abweichend von Ziff. 7.9 AHB bezieht sich der Versicherungsschutz auch auf im Ausland vorkommende Versicherungsfälle durch Erzeugnissen, die der Versiche-

rungsnehmer ins Ausland geliefert hat oder dorthin hat liefern lassen, oder wegen Erzeugnissen des Versicherungsnehmers, die ins Ausland gelangt sind, ohne daß der Versicherungsnehmer sie dorthin geliefert hat oder hat liefern lassen.
Soweit der Versicherungsfall Erzeugnisse betrifft, die sich in den USA, US-Territorien oder in Kanada befinden, besteht Versicherungsschutz nur nach besonderer Vereinbarung.

11.2 Aufwendungen des Versicherers für Kosten werden – abweichend von Ziff. 6.5 AHB – als Leistungen auf die Versicherungssumme angerechnet.
Kosten i. S. des Abs. 1 sind:
Anwalts-, Sachverständigen-, Zeugen- und Gerichtskosten; Aufwendungen zur Abwendung oder Minderung des m Schadens bei oder nach Eintritt des Versicherungsfalles sowie Schadenermittlungskosten, auch Reisekosten, die dem Versicherer nicht selbst entstehen. Dies gilt auch dann, wenn diese Kosten auf Weisung des Versicherers entstanden sind.

11.3 Bei im Ausland vorkommenden Versicherungsfällen erfolgen die Leistungen des Versicherers in Euro. Soweit der Zahlungsort außerhalb der Staaten, die der Europäischen Währungsunion angehören, liegt, gelten die Verpflichtungen des Versicherers mit dem Zeitpunkt als erfüllt, in dem der Euro-Betrag bei einem in der Europäischen Währungsunion gelegenen Geldinstitut angewiesen ist.

12 **Vorsorgeversicherung**
Die Bestimmungen der Ziff. 3.1 (3) AHB und der Ziff. 4 AHB finden keine Anwendung.

13 **Erhöhungen und Erweiterungen des Risikos**

13.1 Der Versicherungsnehmer hat wesentliche Erhöhungen oder Erweiterungen des Produktions- oder Tätigkeitsumfanges (Ziff. 3.1 (2) AHB zwecks Vereinbarung neuer Prämien und Überprüfung der Bedingungen – abweichend von Ziff. 13.1, 4.1 AHB – unverzüglich anzuzeigen.

13.2 Kommt der Versicherungsnehmer dieser Anzeigepflicht nicht nach, so erhöhen sich die in Ziff. 11 genannten Selbstbehalte in Versicherungsfällen, die mit solchen Erhöhungen oder Erweiterungen oder mit neu entstandenen Risiken in Zusammenhang stehen, auf EUR ...

14 **Vertragsdauer**
Dieser Vertrag ist für die Dauer von einem Jahr mit Wirkung ab dem im Versicherungsschein genannten Versicherungsbeginn abgeschlossen. Die Unterlassung einer rechtswirksamen Kündigung bewirkt eine Verlängerung des Vertrages jeweils um ein Jahr. Die Kündigung ist rechtswirksam, wenn sie der anderen Vertragspartei spätestens 3 Monate vor dem jeweiligen Ablauf des Vertrages schriftlich zugegangen ist.

§ 8 Produktsicherheitsrecht – Marktüberwachungsrecht

I. Einleitung

Seit dem Anfang Dezember 2011 gilt in Deutschland das Produktsicherheitsgesetz 1
(ProdSG).[1] Es löst das seit 2004 gültige Geräte- und Produktsicherheitsgesetz (GPSG) ab, das seinerzeit zwei damals geltende Gesetze zusammenführte: das ehemalige Gerätesicherheitsgesetz von 1968 (GSG) und das ehemalige Produktsicherheitsgesetz von 1997 (ProdSG).[2] Diese Historie ist auch heute noch erwähnenswert, weil es bereits zuvor ein bundesrepublikanisches „Produktsicherheitsgesetz" mit gleichem Titel und gleicher Abkürzung gab. Es ist also Vorsicht bei online- und offline-Recherchen geboten: die Fundstelle kann ein längst außer Kraft gesetztes ProdSG a. F. betreffen.

Das ProdSG ist zweifellos die zentrale, nicht aber die einzige Rechtsgrundlage des 2
deutschen Produktsicherheitsrechts für Non-food-Produkte. Zum Produktsicherheitsrecht rechnen all jene gesetzlichen Bestimmungen mit Sicherheitsbezug, die formelle und/oder materielle Anforderungen an Produkte stellen, die in Deutschland vermarktet werden sollen. Diese Anforderungen folgen z. B. für Arzneimittel aus dem Arzneimittelgesetz, für Medizinprodukte aus dem Medizinproduktegesetz, für Kraftfahrzeuge aus der Straßenverkehrszulassungsverordnung, etc.

Inwieweit für bestimmte Produkte das ProdSG von Spezialvorschriften vollständig ver- 3
drängt wird (vgl. § 1 Abs. 3 ProdSG) oder ergänzend anwendbar bleibt (vgl. § 1 Abs. 4 ProdSG), ist oft keine triviale Frage. Dem ProdSG wird insoweit sowohl eine Dachfunktion als auch eine Auffangfunktion attestiert:

Die Dachfunktion bezieht sich darauf, dass das ProdSG auch die Bereitstellung von 4
Verbraucherprodukten auf dem Markt regelt. Dem Gesetzgeber zufolge soll die Dachfunktion des ProdSG immer dann zum Tragen kommen, wenn in anderen Rechtsvorschriften nicht mindestens gleichwertige Bestimmungen enthalten sind.[3] Richtigerweise wird man wohl –entgegen dem Wortlaut, aber im Einklang mit den europarechtlichen Vorgaben – sagen müssen, dass es nicht auf die Gleichwertigkeit ankommt, sondern darauf, ob die anderen Rechtsvorschriften dezidiert spezifische Bestimmungen vorhalten.[4] Mit der Auffangfunktion des ProdSG ist gemeint, dass das ProdSG jedes Produkt einer rechtlichen Regulierung unterwirft, das in der Bundesrepublik Deutschland auf dem Markt bereitgestellt werden soll und für das kein spezielleres (Inverkehrbringens-)Recht anwendbar ist.[5]

All diese Überlegungen lassen sich in § 1 Abs. 3, 4 ProdSG nachlesen: Während § 1 5
Abs. 3 ProdSG im Sinne der Rechtsklarheit eindeutig durch eine Ausschlussklausel regelt, für welche Produkte das ProdSG nicht gilt (z. B. Produkte, die ihrer Bauart nach ausschließlich zur Verwendung für militärische Zwecke bestimmt sind, Lebensmittel, Futtermittel, lebende Pflanzen und Tiere, Medizinprodukte oder Umschließungen für die Beförderung gefährlicher Güter), lautet § 1 Abs. 4 ProdSG wie folgt:

[1*] Der *Verf.* dankt Herrn RA Dr. Carsten Schucht für umfangreiche Unterstützung.
Vgl. dazu u. a. bereits *Honnacker/Moritz,* in sicher ist sicher, 2012, 108 ff.

[2] *Klindt,* GPSG, 2007, Einf. Rn. 38.

[3] BT-Drs. 15/1620, 1, 23.

[4] Vgl. *Klindt,* § 1 Rn. 28, 31.

[5] BT-Drs. 15/1620, 23.

„Die Vorschriften dieses Gesetzes gelten nicht, soweit in anderen Rechtsvorschriften entsprechende oder weitergehende Vorschriften vorgesehen sind. Satz 1 gilt nicht für die Vorschriften in Abschnitt 9 dieses Gesetzes."

6 Diese Normenkollisionsregel gilt also für alle Produkte, die nicht schon in § 1 Abs. 3 ProdSG ausdrücklich aus dem Anwendungsbereich des ProdSG herausgenommenen sind.

II. Überblick über das ProdSG

7 Im Folgenden soll ein Überblick über das Gesetz gegeben werden, der sich am Aufbau des ProdSG orientieren wird. Das ProdSG setzt sich aus insgesamt zehn Abschnitten zusammen.

Gesetz über die Bereitstellung von Produkten auf dem Markt (Produktsicherheitsgesetz – ProdSG)

Abschnitt 1
Allgemeine Vorschriften
§ 1 Anwendungsbereich
§ 2 Begriffsbestimmungen
Abschnitt 2
Voraussetzungen für die Bereitstellung von Produkten auf dem Markt sowie für das Ausstellen von Produkten
§ 3 Allgemeine Anforderungen an die Bereitstellung von Produkten auf dem Markt
§ 4 Harmonisierte Normen
§ 5 Normen und andere technische Spezifikationen
§ 6 Zusätzliche Anforderungen an die Bereitstellung von Verbraucherprodukten auf dem Markt
§ 7 CE-Kennzeichnung
§ 8 Ermächtigung zum Erlass von Rechtsverordnungen
Abschnitt 3
Bestimmungen über die Befugnis erteilende Behörde
§ 9 Aufgaben der Befugnis erteilenden Behörde
§ 10 Anforderungen an die Befugnis erteilende Behörde
§ 11 Befugnisse der Befugnis erteilenden Behörde
Abschnitt 4
Notifizierung von Konformitätsbewertungsstellen
§ 12 Anträge auf Notifizierung
§ 13 Anforderungen an die Konformitätsbewertungsstelle für ihre Notifizierung
§ 14 Konformitätsvermutung
§ 15 Notifizierungsverfahren, Erteilung der Befugnis
§ 16 Verpflichtungen der notifizierten Stelle
§ 17 Meldepflichten der notifizierten Stelle
§ 18 Zweigunternehmen einer notifizierten Stelle und Vergabe von Unteraufträgen
§ 19 Widerruf der erteilten Befugnis
Abschnitt 5
GS-Zeichen
§ 20 Zuerkennung des GS-Zeichens
§ 21 Pflichten der GS-Stelle
§ 22 Pflichten des Herstellers und des Einführers
§ 23 GS-Stellen

Abschnitt 6
Marktüberwachung
§ 24 Zuständigkeiten und Zusammenarbeit
§ 25 Aufgaben der Marktüberwachungsbehörden
§ 26 Marktüberwachungsmaßnahmen
§ 27 Adressaten der Marktüberwachungsmaßnahmen
§ 28 Betretensrechte und Befugnisse
Abschnitt 7
Informations- und Meldepflichten
§ 29 Unterstützungsverpflichtung, Meldeverfahren
§ 30 Schnellinformationssystem RAPEX
§ 31 Veröffentlichung von Informationen
Abschnitt 8
Besondere Vorschriften
§ 32 Aufgaben der Bundesanstalt für Arbeitsschutz und Arbeitsmedizin
§ 33 Ausschuss für Produktsicherheit
Abschnitt 9
Überwachungsbedürftige Anlagen
§ 34 Ermächtigung zum Erlass von Rechtsverordnungen
§ 35 Befugnisse der zuständigen Behörde
§ 36 Zutrittsrecht des Beauftragten der zugelassenen Überwachungsstelle
§ 37 Durchführung der Prüfung und Überwachung
§ 38 Aufsichtsbehörden
Abschnitt 10
Straf- und Bußgeldvorschriften
§ 39 Bußgeldvorschriften
§ 40 Strafvorschriften
Anlage Gestaltung des GS-Zeichens

Auch wenn der Abschnitt 1 mit „Allgemeine Vorschriften" überschrieben ist, enthält er 8
zentrale Aussagen. In diesem Abschnitt wird nicht nur der Anwendungsbereich des ProdSG festgelegt (§ 1 ProdSG), sondern es finden sich daneben 31 grundlegende Begriffsbestimmungen (§ 2 ProdSG).

Von zentraler Bedeutung ist Abschnitt 2. Dort werden in einer Art öffentlich-recht- 9
lichen Warenvertriebsrechts die Voraussetzungen für die Bereitstellung von Produkten auf dem Markt (sowie für das Ausstellen und das erstmalige Verwenden von Produkten) geregelt. Der Hersteller kann aus diesem Abschnitt also entnehmen, wie sein Produkt produktsicherheitsrechtlich beschaffen sein muss, wenn es in Deutschland rechtlich zulässig vertrieben werden soll (§§ 3, 6 ProdSG). Daneben wird in diesem Abschnitt auch die Bedeutung harmonisierter Normen (§ 4 ProdSG) sowie das Recht der CE-Kennzeichnung abgehandelt (§ 7 ProdSG).

Mit den Abschnitten 3 und 4 des ProdSG hat der Gesetzgeber Neuland betreten. Dort 10
finden sich zum einen in Abschnitt 3 Bestimmungen über die sog. Befugnis erteilende Behörde (also die Zentralstelle der Länder für Sicherheitstechnik [ZLS]) und zahlreiche Bestimmungen (§§ 12–19 ProdSG) über die Notifizierung von Konformitätsbewertungsstellen.

In einem eigenen Abschnitt 5 ist das Recht des GS-Zeichens geregelt. Dort ist z. B. 11
festgelegt, welche Produkte mit dem GS-Zeichen versehen werden dürfen (§ 20 ProdSG) und unter welchen Voraussetzungen ein GS-Zeichen zuerkannt werden darf (§ 21 ProdSG).

12 Die praktisch sehr bedeutsame staatliche Marktüberwachung ist in Abschnitt 6 geregelt. Dort finden sich die Aufgaben und die hoheitlichen Befugnisse der jeweiligen Marktüberwachungsbehörden. In Bezug auf die Befugnisse ist im Einzelnen geregelt, welche Befugnisse die Behörden haben (z. B. Bereitstellungsverbot, Rückruf oder Warnung, aber auch „Vorfeldbefugnisse" wie das Betreten von Grundstücken oder das Besichtigen von Produkten) und unter welchen tatbestandlichen Voraussetzungen diese Befugnisse wahrgenommen werden dürfen.

13 Informations- und Meldepflichten sind in Abschnitt 7 geregelt. Zentral ist in diesem Zusammenhang das Schnellinformationssystem RAPEX (Rapid Exchange of Information System), in das Produkte eingestellt werden, von denen eine ernste Gefahr oder ein ernstes Risiko ausgeht.

14 Zu den für die Anwaltsarbeit weniger wichtigen Abschnitten des ProdSG gehört der Abschnitt 8 unter der Überschrift „Besondere Vorschriften". In den beiden Paragraphen 32 und 33 befasst sich der Gesetzgeber mit der Bundesanstalt für Arbeitsschutz und Arbeitsmedizin (BAuA) und dem Ausschuss für Produktsicherheit (AfP).

15 Das Recht der überwachungsbedürftigen Anlagen befindet sich in Abschnitt 9 des ProdSG. Dieser Abschnitt bildet weiterhin die Schnittstelle zum Anlagen- und Betriebssicherheitsrecht.

16 Abschnitt 10 regelt abschließend die produktsicherheitsrechtlichen Straf- und Bußgeldvorschriften.

III. Die ProdSG-Regelungen im Einzelnen

1. Der sachliche Anwendungsbereich des ProdSG: Der Produktbegriff

17 Dass dem Produktbegriff innerhalb eines Produktsicherheitsgesetzes eine zentrale Bedeutung zukommt, liegt auf der Hand. Produkte sind in denkbar weiter Definition gemäß § 2 Nr. 22 ProdSG

„Waren, Stoffe oder Zubereitungen, die durch einen Fertigungsprozess hergestellt worden sind".

18 Wer schon mit dem GPSG gearbeitet hat, muss sich bereits auf den ersten Blick umgewöhnen. Denn das GPSG definierte damals Produkte „lediglich" als entweder technische Arbeitsmittel oder als Verbraucherprodukte.[6] Weil Stoffe und Zubereitungen von der europäischen Verordnung (EG) Nr. 1907/2006 (sog. REACH-Verordnung) erfasst werden, spielen sie im ProdSG keine große Rolle. Das entscheidende Wort ist mithin die Ware. Eine Ware ist ein Handelsgut und dadurch gekennzeichnet, dass es sich um eine bewegliche Sache handelt.[7] (Kein Produkt im Sinne des Produktsicherheitsrechts sind also unbewegliche Sachen wie Grundstücke und bauliche Anlagen).[8]

19 Es führt kein Weg an der Erkenntnis vorbei, dass sich der sachliche Anwendungsbereich des ProdSG damit dramatisch verändert hat: Denn weil nunmehr jede Ware, die durch einen Fertigungsprozess hergestellt worden ist, ein Produkt im gesetzlichen Sinne ist, erfasst der Produktbegriff erstmals die gesamte Zulieferindustrie, wie etwa Komponenten, Bauteile und Baugruppen.[9]

---

[6] Vgl. § 2 Abs. 1 Nrn. 1, 2, Abs. 2, 3 GPSG a. F.

[7] Ausführlich *Wilrich,* Das neue Produktsicherheitsgesetz (ProdSG), 2012, Rn. 62 ff.

[8] *Klindt,* § 2 Rn. 10.

[9] *Klindt/Schucht,* Internationales, europäisches und nationales Technikrecht, in Ehlers/Fehling/Pünder, 3. Aufl. 2012, § 36 Rn. 209; *Kapoor/Klindt,* NVwZ 2012, 719 (720); in diese Richtung tendiert auch *Lenz,* in GS für Hübner, 531, 534 ff.

Unverändert gibt es im ProdSG allerdings Verbraucherprodukte als Teilmenge des Produktbegriffs, d. h. jedes Verbraucherprodukt ist immer auch Produkt. Umgekehrt ist jedoch nicht jedes Produkt immer auch ein Verbraucherprodukt. Damit aus einem Produkt ein Verbraucherprodukt wird, müssen dessen Begriffsmerkmale vorliegen. Gemäß § 2 Nr. 26 ProdSG sind Verbraucherprodukte 20

„neue, gebrauchte oder wiederaufgearbeitete Produkte, die für Verbraucher bestimmt sind oder unter Bedingungen, die nach vernünftigem Ermessen vorhersehbar sind, von Verbrauchern benutzt werden könnten, selbst wenn sie nicht für diese bestimmt sind; als Verbraucherprodukte gelten auch Produkte, die dem Verbraucher im Rahmen einer Dienstleistung zur Verfügung gestellt werden“.

Danach gibt es also unterschiedliche Wege, damit aus einem Produkt ein Verbraucherprodukt im Sinne des ProdSG wird: Zunächst handelt es sich um ein Verbraucherprodukt, wenn der Hersteller dieses ausdrücklich zur Verwendung durch Verbraucher bestimmt. Damit wird dem Hersteller ein Definitionsmonopol eingeräumt: Er selbst kann im Wege einer **„Produktwidmung“** bestimmen, ob sein Produkt für eine private Verbrauchernutzung zur Verfügung gestellt werden soll oder nicht. Diese Widmung kann beispielsweise durch konkrete Herstelleraussagen (z. B. auch in der Gebrauchsanleitung), die Produktbezeichnung, die Wahl entsprechender Vertriebswege und Verkaufsstätten oder durch Werbeaussagen erfolgen. 21

Auch wenn es an einer solchen Herstellerbestimmung in Richtung eines Verbraucherprodukts mangelt, kann das Produkt gleichwohl Verbraucherprodukt sein: Es reicht aus, wenn eine Verwendung durch Verbraucher nach vernünftigem Ermessen vorhersehbar ist. Was nach vernünftigem Ermessen vorhersehbar ist, lässt sich oftmals nur schwer beantworten. Der Gesetzgeber hat diese Schwierigkeiten bei der Gesetzesanwendung bewusst in Kauf genommen, indem er die Abgrenzung zwischen Produkt und Verbraucherprodukt zum Gegenstand einer Wertungsfrage mit mehreren unbestimmten Rechtsbegriffen gemacht hat: Denn darüber, was erstens vorhersehbar ist, und zwar zweitens nach vernünftigem Ermessen, wird der Rechtsanwender im Unklaren gelassen. Im Übrigen müssen hier alle Umstände des Einzelfalles in die Überlegungen einbezogen und am Maßstab der Vorhersehbarkeit einer Verwendung durch Verbraucher unter Berücksichtigung vernünftigen Ermessens beurteilt werden. 22

Schließlich ist ein Produkt auch dann ein Verbraucherprodukt, wenn es dem Verbraucher im Rahmen einer Dienstleistung zur Verfügung gestellt wird. Exemplarisch seien Fitness-, Wellnessgeräte oder Sonnenliegen genannt, die Verbraucher in Fitnesscentern, in Hotels oder in Solarien benutzen können. Ein Haartrockenhaube beim Friseur ist ebenfalls ein solches Verbraucherprodukt (nicht aber der professionelle Haarfön, den allein der Friseur bei der Arbeit benutzt) wie ein Einkaufswagen beim Einzelhändler. 23

Unverändert zählen nach alledem auch die sog. Migrationsprodukte zu den Verbraucherprodukten im Sinne des Produktsicherheitsrechts. Unter Migrationsprodukten versteht man solche Produkte, die zunächst im Sinne von technischen Arbeitsmitteln rein gewerblichen Zwecken dienen, bevor sie dann auch in die Hände von Verbrauchern gelangen. Wesensmerkmal der Produktmigration ist somit der Wechsel von einem B2B-Produkt (engl. Business-to-Business) zu einem (auch) B2C-Produkt (engl. Business-to-Consumer).[10] 24

[10] *Wilrich*, Rn. 85.

2. Der handlungsspezifische Anwendungsbereich des ProdSG: Bereitstellung auf dem Markt, Ausstellen und erstmalige Verwendung

25 Welche Handlungen am Maßstab des ProdSG zu messen sind, hat der Gesetzgeber in § 1 Abs. 1 ProdSG ausgeführt. Dort heißt es:

„Dieses Gesetz gilt, wenn im Rahmen einer Geschäftstätigkeit Produkte auf dem Markt bereitgestellt, ausgestellt oder erstmals verwendet werden.“

26 Erst wenn ein Produkt im Rahmen einer Geschäftstätigkeit auf dem Markt bereitgestellt wird, wenn es ausgestellt wird oder wenn es erstmals verwendet wird, interessiert sich das ProdSG für diesen Vorgang. Umgekehrt gilt damit auch: Alle anderen Handlungsweisen, die wie z. B. das vermittelnde Tätigwerden eines Maklers nicht unter die soeben genannten Tätigkeiten fallen, müssen keiner Prüfung am Maßstab des ProdSG standhalten.

a) Im Rahmen einer Geschäftstätigkeit

27 Zunächst muss es um eine Handlung gehen, die im Rahmen einer Geschäftstätigkeit vorgenommen wird. Es muss gewerbsmäßiges oder geschäftsmäßiges Handeln in Rede stehen, was man unter den Oberbegriff der wirtschaftlichen Unternehmung zusammenfassen kann.[11] Wichtig ist, dass die Entgeltlichkeit keine Voraussetzung der Geschäftstätigkeit ist. Das ProdSG kann also auch bei unentgeltlichen Vorgängen anwendbar sein.[12]

b) Bereitstellung auf dem Markt

28 Aus dem früheren „Inverkehrbringen“ hat der Gesetzgeber des ProdSG im Anschluss an den New Legislative Framework die „Bereitstellung auf dem Markt“ gemacht. Was darunter zu verstehen sein soll, hat der Gesetzgeber in § 2 Nr. 4 ProdSG wie folgt geregelt:

„jede entgeltliche oder unentgeltliche Abgabe eines Produkts zum Vertrieb, Verbrauch oder zur Verwendung auf dem Markt der Europäischen Union im Rahmen einer Geschäftstätigkeit“

29 Dieser Definition kommt überragende Bedeutung zu, weil die beiden anderen Handlungsweisen (das Ausstellen und das erstmalige Verwenden) weniger wichtig sind. Mit anderen Worten kommt das ProdSG regelmäßig dann zur Anwendung, weil Produkte auf dem Markt bereitgestellt werden. Die Bereitstellung auf dem Markt setzt voraus, dass
(1) ein Produkt in Rede steht,
(2) das abgegeben wird, und zwar
(3) zum Vertrieb, Verbrauch oder zur Verwendung sowie
(4) entgeltlich oder unentgeltlich, wobei
(5) die Abgabe auf dem Markt der Europäischen Union sowie
(6) im Rahmen einer Geschäftstätigkeit stattfinden muss.

30 Fehlt es schon an einer dieser sechs Voraussetzungen, liegt keine Bereitstellung auf dem Markt im Sinne des § 2 Nr. 4 ProdSG vor. Freilich sind nicht alle sechs Voraussetzungen in gleicher Weise relevant: So stellt z. B. das Merkmal (4) aufgrund seiner Weite überhaupt keine Hürde dar. Die Voraussetzungen (1) und (6) müssen schon vorliegen, um überhaupt den Anwendungsbereich des ProdSG gemäß § 1 Abs. 1 zu eröffnen. Demgegenüber sind die Voraussetzungen (2) und (3) von erheblicher Bedeutung. Die Fragen, die sich bei der

[11] Vgl. *Wilrich*, GPSG, 2004, § 1, Rn. 26 ff.; *Klindt*, § 1 Rn. 8.
[12] *Klindt*, § 1 Rn. 10.

Subsumtion konkreter Lebenssachverhalte unter die Definition des § 2 Nr. 4 ProdSG in der anwaltlichen Praxis stellen, werden sich regelmäßig auf das Vorliegen einer Abgabe zum Vertrieb, Verbrauch oder zur Verwendung beziehen.

Was die erforderliche Abgabe anbelangt, ist dies als Synonym zum früheren Begriff des Überlassens zu verstehen. Von einer Abgabe in diesem Sinne ist also immer dann auszugehen, wenn es zu einem Wechsel der Sachherrschaft kommt. Entscheidend ist der rein tatsächliche Vorgang des Sachherrschaftswechsels. Vorgänge, die sich im Vorfeld der Abgabe abspielen, weil sie die Abgabe erst vorbereiten, sind demnach keine Abgabe. Wer ein Produkt also z. B. zu Werbezwecken anbietet, aufstellt oder vorführt, stellt es noch nicht auf dem Markt bereit. Eine produktsicherheitsrechtlich relevante Abgabe liegt also z. B. vor, wenn ein Produkt nach Abschluss eines Kaufvertrages vom Verkäufer an den Käufer übergeben wird. Weil es auf die tatsächliche Sachherrschaft ankommt, reicht es allerdings gleichermaßen aus, wenn der Abgabe ein Miet-, Pacht-, Leasing- oder Schenkungsvertrag zugrunde liegt.[13] 31

c) Ausstellen

Neben der Bereitstellung auf dem Markt ist das Ausstellen die zweite Handlung, die den Anwendungsbereich des ProdSG eröffnet. Ausstellen ist gemäß § 2 Nr. 2 ProdSG „das Anbieten, Aufstellen oder Vorführen von Produkten zu Zwecken der Werbung oder der Bereitstellung auf dem Markt". Wenn also Produkte mit der entsprechenden Zweckbestimmung z. B. in Geschäften des Einzelhandels aufgestellt werden oder auf einer Messe vorgeführt werden, ist dies ebenso produktsicherheitsrechtlich relevant wie das Anbieten eines Produkts mit dem Ziel der Bereitstellung auf dem Markt im Internet. Just diesen Internetvertrieb, der immer bedeutsamer wird, hatte der Gesetzgeber im Blick, als er den Begriff des Ausstellens um den Aspekt des Anbietens (zu Zwecken der Bereitstellung auf dem Markt) erweitert hat.[14] 32

d) Erstmaliges Verwenden

Auch wenn ein Produkt erstmals verwendet wird, kommt das ProdSG zur Anwendung. Insofern unterscheidet sich das ProdSG vom GPSG. Der Gesetzgeber hat diese Handlung aufgenommen, um die Eigenherstellung von Maschinen und Aufzügen zu erfassen.[15] Denn wer z. B. eine Maschine für seinen eigenen Gebrauch herstellt, bringt sie mangels Abgabe an einen anderen nicht in Verkehr. Er nimmt sie jedoch in Betrieb, und diese Handlung wird tatbestandlich von der EG-Maschinenrichtlinie 2006/42/EG erfasst. Sie muss mithin notwendigerweise parallel vom ProdSG erfasst werden, weil die EG-Maschinenrichtlinie 2006/42/EG über eine Verordnung zum ProdSG in nationales Recht umgesetzt wird.[16] 33

3. Der persönliche Anwendungsbereich des ProdSG: Hersteller, Bevollmächtigter, Einführer und Händler

Das europäische – und nunmehr auch das deutsche – Produktsicherheitsrecht hat für den persönlichen Anwendungsbereich den Sammelbegriff des Wirtschaftsakteurs geprägt. Wirtschaftsakteur ist gemäß § 2 Nr. 29 ProdSG der Hersteller, der Bevollmächtigte, der Einführer und der Händler. Sie sind es, die von den Marktüberwachungsbehörden grds. in 34

---

[13] Zum Ganzen *Klindt*, § 2 Rn. 58 ff.
[14] BT-Drs. 17/6276, 40.
[15] BT-Drs. 17/6276, 39.
[16] Vgl. die Neunte Verordnung zum Produktsicherheitsrecht (Maschinenverordnung – 9. ProdSV).

Anspruch genommen werden, wenn es darum geht, Verstöße gegen das ProdSG wirksam abzustellen.[17] Wenn ein Produkt ausgestellt wird, ist es entsprechend der Aussteller, der die produktsicherheitsrechtlichen Anforderungen an das Ausstellen erfüllen muss.

a) Wer Hersteller ist, bestimmt der Gesetzgeber in § 2 Nr. 14 ProdSG wie folgt:

„jede natürliche oder juristische Person, die ein Produkt herstellt oder entwickeln oder herstellen lässt und dieses Produkt unter ihrem eigenen Namen oder ihrer eigenen Markt vermarktet; als Hersteller gilt auch jeder, der

a) geschäftsmäßig seinen Namen, seine Marke oder ein anderes unterscheidungskräftiges Kennzeichen an einem Produkt anbringt und sich dadurch als Hersteller ausgibt oder

b) ein Produkt wiederaufarbeitet oder die Sicherheitseigenschaften eines Verbraucherprodukts beeinflusst und dieses anschließend auf dem Markt bereitstellt"

35 Hersteller ist also nicht nur der „tatsächliche" Hersteller (manufacturer), sondern auch der sog. Quasi-Hersteller. Der Quasi-Hersteller stellt das Produkt nicht in eigener Person her, sondern lässt es herstellen. Indem er z. B. seinen Namen an dem Produkt anbringt, gibt er sich nach außen hin für den Markt als Hersteller aus. Dies reicht aus, um ihn tatbestandlich zum Hersteller im Sinne des Produktsicherheitsrechts zu machen. Hersteller (eines neuen Produkts) ist im Übrigen auch, wer ein schon auf dem Markt bereitgestelltes, also gebrauchtes Produkt wesentlich verändert. Von einer solchen wesentlichen Veränderung soll immer dann auszugehen sein, wenn an einem Produkt bedeutende Veränderungen mit dem Ziel der Modifizierung seiner ursprünglichen Leistung, Verwendung oder Bauart vorgenommen worden sind. Wird dieses anschließend einem anderen überlassen, liegt eine erstmalige Bereitstellung auf dem Markt vor.

b) Bevollmächtigter ist gemäß § 2 Nr. 6 ProdSG

„jede im Europäischen Wirtschaftsraum ansässige natürliche oder juristische Person, die der Hersteller schriftlich beauftragt hat, in seinem Namen bestimmte Aufgaben wahrzunehmen, um seine Verpflichtungen nach der einschlägigen Gesetzgebung der Europäischen Union zu erfüllen".

36 Was den Bevollmächtigten auszeichnet, ist also die schriftliche Beauftragung durch den Hersteller. (Gegenstand des Auftrags muss selbstredend die Wahrnehmung just produktsicherheitsrechtlicher Pflichten sein.) Der Bevollmächtigte, der im Europäischen Wirtschaftsraum (EWR) ansässig sein muss, d. h. in der EU, in Liechtenstein, Island oder Norwegen, kann zugleich Einführer im Sinne des Produktsicherheitsrechts sein. Zu unterscheiden ist der Bevollmächtigte insbesondere vom Handelsvertreter, Handelsbevollmächtigten und Händler.

c) Einführer ist gemäß § 2 Nr. 8 ProdSG

„jede im Europäischen Wirtschaftsraum ansässige natürliche oder juristische Person, die ein Produkt aus einem Staat, der nicht dem Europäischen Wirtschaftsraum angehört, in den Verkehr bringt".

37 Den Einführer oder EU-Importeur kennzeichnet also, dass er außereuropäische Produkte in den EWR verbringt, um sie (unverändert) innerhalb des EWR zu vermarkten.

[17] Vgl. § 27 Abs. 1 Satz 1 ProdSG.

d) Händler schließlich ist gemäß § 2 Nr. 12 ProdSG

„jede natürliche oder juristische Person in der Lieferkette, die ein Produkt auf dem Markt bereitstellt, mit Ausnahme des Herstellers und des Einführers“.

Wer ein Produkt auf dem Markt bereitstellt, muss für die Marktüberwachungsbehörden ansprechbar sein. Wenn es sich bei der Person nicht um einen Hersteller und auch nicht um einen Einführer handelt (was also zunächst und vorrangig zu prüfen ist), dann ist diese Person Händler im Sinne des ProdSG. Der textliche Hinweis auf eine Lieferkette ist im Übrigen missverständlich: Denn auch der Leasinggeber oder der Vermieter ist Händler im Sinne des ProdSG, wenn er ein Produkt auf dem Markt bereitstellt. In einer wirklichen Lieferkette stehen diese Personen deshalb freilich noch lange nicht. 38

4. Die allgemeinen Anforderungen an die Bereitstellung von Produkten auf dem Markt

Die für die soeben genannten Wirtschaftsakteure zentrale Frage, unter welchen Voraussetzungen sie ein Produkt im Einklang mit den produktsicherheitsrechtlichen Anforderungen auf dem Markt bereitstellen, beantwortet der Gesetzgeber in Abschnitt 3 des ProdSG, der aus den §§ 3–8 besteht. Dort werden die „Voraussetzungen für die Bereitstellung von Produkten auf dem Markt sowie für das Ausstellen von Produkten“ geregelt. 39

a) Der europäisch-harmonisierte Bereich

Für die Produkte aus dem sog. europäisch-harmonisierten Bereich gilt § 3 Abs. 1 ProdSG. Europäisch-harmonisiert wird der Bereich deshalb bezeichnet, weil zu ihm Produkte wie z. B. elektrische Betriebsmittel zur Verwendung bei einer Nennspannung zwischen 50 und 1.000 V für Wechselstrom und 75 und 1.500 V Gleichstrom, Spielzeug oder Maschinen gehören, die jeweils dezidiert Gegenstand einer europäischen Harmonisierungsrechtsvorschrift (im Beispiel Niederspannungsrichtlinie 2006/95/EG, Spielzeugrichtlinie 2009/48/EG und EG-Maschinenrichtlinie 2006/42/EG) sind. Diese sind wiederum durch eine Verordnung zum ProdSG (im Beispiel Niederspannungsverordnung [1. ProdSV], Spielzeugverordnung [2. ProdSV] und Maschinenverordnung [9. ProdSV]) in nationales Recht umgesetzt und „national gespiegelt“. 40

§ 3 Abs. 1 ProdSG lautet wie folgt: 41

„Soweit ein Produkt einer oder mehreren Rechtsverordnungen nach § 8 Abs. 1 unterliegt, darf es nur auf dem Markt bereitgestellt werden, wenn es

1. die darin vorgesehenen Anforderungen erfüllt und

2. die Sicherheit und Gesundheit von Personen oder sonstige in den Rechtsverordnungen nach § 8 Absatz 1 aufgeführte Rechtsgüter bei bestimmungsgemäßer oder vorhersehbarer Verwendung nicht gefährdet.“

Das ProdSG verweist also im Ergebnis auf die in den ProdSV statuierten formellen und materiellen Anforderungen. Daneben darf das Produkt indes auch nicht die Sicherheit und Gesundheit von Personen und ggf. weitere Rechtsgüter gefährden, wobei dies sowohl für die bestimmungsgemäße als auch für die vorhersehbare Verwendung gilt. Dabei ist unter einer bestimmungsgemäßen Verwendung gemäß § 2 Nr. 5 ProdSG 42

„a) die Verwendung, für die ein Produkt nach den Angaben derjenigen Person, die es in den Verkehr bringt, vorgesehen ist oder

b) die übliche Verwendung, die sich aus der Bauart und Ausführung des Produkts ergibt“

43 zu verstehen. In erster Linie maßgeblich für die bestimmungsgemäße Verwendung ist also die Herstellerbestimmung. Wenn sie fehlt, kommt es in zweiter Linie auf die übliche Benutzungsweise bzw. das übliche Käuferverhalten an.

44 Die vorhersehbare Verwendung ist gemäß § 2 Nr. 28 ProdSG

„die Verwendung eines Produkts in einer Weise, die von derjenigen Person, die es in den Verkehr bringt, nicht vorgesehen, jedoch nach vernünftigem Ermessen vorhersehbar ist“

45 Von der vorhersehbaren Verwendung (engl.: misuse) zu unterscheiden ist zum einen der nicht mehr vorhersehbare, erkennbar unsachgemäße, widmungsfremde Fehlgebrauch. Zum anderen muss selbstredend der absichtliche Missbrauch (engl.: abuse) eines Produkts nicht berücksichtigt werden.[18]

b) Der nicht-harmonisierte Bereich

46 Alle übrigen Produkte, die vom ProdSG erfasst werden, gehören dem sog. nicht-harmonisierten Bereich an. Ihre Bereitstellung auf dem Markt ist am Maßstab des § 3 Abs. 2 ProdSG zu messen:

„[1]Ein Produkt darf, soweit es nicht Absatz 1 unterliegt, nur auf dem Markt bereitgestellt werden, wenn es bei bestimmungsgemäßer oder vorhersehbarer Verwendung die Sicherheit und Gesundheit von Personen nicht gefährdet. [2]Bei der Beurteilung, ob ein Produkt der Anforderung nach Satz 1 entspricht, sind insbesondere zu berücksichtigen:

1. Die Eigenschaften des Produkts einschließlich seiner Zusammensetzung, seine Verpackung, die Anleitungen für seinen Zusammenbau, die Installation, die Wartung und die Gebrauchsdauer,

2. die Einwirkungen des Produkts auf andere Produkte, soweit zu erwarten ist, dass es zusammen mit anderen Produkten verwendet wird,

3. die Aufmachung des Produkts, seine Kennzeichnung, die Warnhinweise, die Gebrauchs- und Bedienungsanleitung, die Angaben zu seiner Beseitigung sowie alle sonstigen produktbezogenen Angaben oder Informationen,

4. die Gruppen von Verwendern, die bei der Verwendung des Produkts stärker gefährdet sind als andere.“

47 Produkte aus dem nicht-harmonisierten Bereich können also immer dann rechtmäßig auf dem Markt bereitgestellt werden, wenn sie die Sicherheit und Gesundheit von Personen nicht gefährden. Dabei ist auch in dieser Konstellation sowohl die bestimmungsgemäße als auch die vorhersehbare Verwendung (s. o.) in die Bewertung einzubeziehen. Ein Produkt ist allerdings nicht schon deshalb gefährlich, weil es die Möglichkeit gibt, einen höheren Sicherheitsgrad zu erreichen, oder weil andere Produkte verfügbar sind, die ein geringeres Risiko darstellen, § 3 Abs. 2 Satz 3 ProdSG.

c) Bagatellgrenze bei Verbraucherprodukten

48 Bei Verbraucherprodukten ist unabhängig davon, ob sie von § 3 Abs. 1 oder von § 3 Abs. 2 ProdSG erfasst werden, eine sog. Bagatellgrenze zu beachten, wenn es um die

[18] *Klindt*, § 2 Rn. 51.

Prüfung der Produktgefahren geht.[19] Denn der europäische Richtliniengeber hat in der allgemeinen Produktsicherheitsrichtlinie 2001/95/EG in Art. 2 lit. b) Satz 1 klargemacht, dass ein Verbraucherprodukt auch dann noch sicher ist, wenn es „keine oder nur geringe, mit seiner Verwendung zu vereinbarende und unter Wahrung eines hohen Schutzniveaus für die Gesundheit und Sicherheit von Personen vertretbare Gefahren birgt". Wenn von einem Produkt also bloß eine solche vertretbar geringe Gefahr ausgeht, ist es immer noch ein sicheres Produkt im Sinne des europäischen Produktsicherheitsrechts und damit auch des nationalen ProdSG. Wann noch von einer vertretbaren Gefahr gesprochen werden kann, kann allerdings nur unter Berücksichtigung aller Umstände des Einzelfalles entschieden werden.

d) Weitere Anforderungen

In § 3 Abs. 3, 4 ProdSG hat der Gesetzgeber weitere Anforderungen statuiert. Sie gelten unabhängig davon, ob das Produkt dem europäisch-harmonisierten oder dem nicht-harmonisierten Bereich angehört. 49

Zum einen ist im Zeitpunkt der Bereitstellung auf dem Markt ausreichend darauf hinzuweisen, wenn der Schutz von Sicherheit und Gesundheit erst durch die Art der Aufstellung eines Produkts gewährleistet ist, § 3 Abs. 3 ProdSG. Zum anderen ist im selben Zeitpunkt eine Gebrauchsanleitung in deutscher (!) Sprache mitzuliefern, falls bei der Verwendung, Ergänzung oder Instandhaltung eines Produkts bestimmte Regeln zu beachten sind. Regelungen in den Verordnungen zum ProdSG gehen selbstredend vor (man denke etwa an die detaillierten Regelungen in der EG-Maschinenrichtlinie 2006/42/EG zur Bedienungsanleitung). 50

5. Zusätzliche Anforderungen an die Bereitstellung von Verbraucherprodukten auf dem Markt

In § 6 ProdSG werden produktsicherheitsrechtliche Anforderungen statuiert, die allein für alle Verbraucherprodukte gelten. Zu beachten ist allerdings, dass für jene Produkte, die dem europäisch-harmonisierten Bereich zuzurechnen sind, häufig speziell(re) Bestimmungen in den Verordnungen zum ProdSV gelten, die dann insoweit vorrangig zu beachten sind. 51

Was die Anforderungen zum Zeitpunkt der Bereitstellung auf dem Markt anbelangt, sind die Absätze 1 und 2 des § 6 ProdSG zu beachten. Sie richten sich allein an die Wirtschaftsakteure Hersteller, Bevollmächtigter und Einführer, nicht auch den Händler. Sie lauten wie folgt: 52

(Abs. 1) „[1]Der Hersteller, sein Bevollmächtigter und der Einführer haben jeweils im Rahmen ihrer Geschäftstätigkeit bei der Bereitstellung eines Verbraucherprodukts auf dem Markt

1. sicherzustellen, dass der Verwender die Informationen erhält, die er benötigt, um die Risiken, die mit dem Verbraucherprodukt während der üblichen oder vernünftigerweise vorhersehbaren Gebrauchsdauer verbunden sind und die ohne entsprechende Hinweise nicht unmittelbar erkennbar sind, beurteilen und sich gegen sie schützen zu können,

2. den Namen und die Kontaktanschrift des Herstellers oder, sofern dieser nicht im Europäischen Wirtschaftsraum ansässig ist, den Namen und die Kontaktanschrift des Bevollmächtigten oder des Einführers anzubringen,

3. eindeutige Kennzeichnungen zur Identifikation des Verbraucherprodukts anzubringen."

[19] *Klindt/Schucht*, § 36 Rn. 220, 224; *Klindt*, § 4 Rn. 5, 29.

[2]Die Angaben nach Satz 1 Nummer 2 und 3 sind auf dem Verbraucherprodukt oder, wenn dies nicht möglich ist, auf dessen Verpackung anzubringen. [3]Ausnahmen von den Verpflichtungen nach Satz 1 Nummer 2 und 3 sind zulässig, wenn es vertretbar ist, diese Angaben wegzulassen, insbesondere weil sie dem Verwender bereits bekannt sind oder weil es mit einem unverhältnismäßigen Aufwand verbunden wäre, sie anzubringen."

(Abs. 2) „Der Hersteller, sein Bevollmächtigter und der Einführer haben jeweils im Rahmen ihrer Geschäftstätigkeit Vorkehrungen für geeignete Maßnahmen zur Vermeidung von Risiken zu treffen, die mit dem Verbraucherprodukt verbunden sein können, das sie auf dem Markt bereitgestellt haben; die Maßnahmen müssen den Produkteigenschaften angemessen sein und reichen bis zur Rücknahme, zu angemessenen und wirksamen Warnungen und zum Rückruf."

53 Der Gesetzgeber hat hier also Informations- und Kennzeichnungspflichten (Abs. 1) sowie die Pflicht zum Aufbau eines sog. Rückrufmanagements (Abs. 2) statuiert. Was die Informationspflichten anbetrifft, ist zu beachten, dass sie sich auf „versteckte" produktbezogene Gefahren bezieht.[20] Sehr umstritten und für die Praxis mit vielen unbeantworteten Fragen versehen ist die Pflicht zur Herstellerangabe: Dabei ist noch klar, dass eine Kontaktanschrift eine zustellfähige Adresse, nicht aber eine email-"Adresse", eine reine web-"Adresse" oder gar nur ein Marken-Logo sein muss.[21] Unklar ist indes noch, wann genau die Anbringung nicht auf dem Produkt selbst, sondern lediglich auf der Verpackung oder gar allein in der beizufügenden Gebrauchsanleitung zulässig ist und wann (und mit welcher Begründung) de jure gänzlich auf die Anbringung verzichtet werden kann. Hier wird die weitere behördliche Vollzugspraxis abzuwarten sein.

54 Daneben hat der Gesetzgeber dem Hersteller, Bevollmächtigten und Einführer Pflichten für die Zeit nach (!) der Bereitstellung auf dem Markt auferlegt. Die genannten Wirtschaftsakteure müssen gemäß § 6 Abs. 3 ProdSG Stichproben durchführen, Beschwerden prüfen und, falls erforderlich, ein Beschwerdebuch führen und die Händler über weitere das Verbraucherprodukt betreffende Maßnahmen unterrichten. Bei Verbraucherprodukten (und nur dort!) gibt es also eine öffentlich-rechtliche Produktbeobachtungspflicht mit integriertem Reklamations- und Beschwerdemanagement (Sicherheitsmonitoring).

55 Die bedeutsamste Nachmarktpflicht ist die behördliche Notifikations- oder Meldepflicht. Mitunter wird sie einprägsam, aber rustikal auch als Selbstanschwärzungspflicht bezeichnet. Sie ist in § 6 Abs. 4 Satz 1 ProdSG geregelt:

„Der Hersteller, sein Bevollmächtigter und der Einführer haben nach Maßgabe von Anhang I der Richtlinie 2001/95/EG (…) jeweils unverzüglich die an ihrem Geschäftssitz zuständige Marktüberwachungsbehörde zu unterrichten, wenn sie wissen oder auf Grund der ihnen vorliegenden Informationen oder ihrer Erfahrung wissen müssen, dass ein Verbraucherprodukt, das sie auf dem Markt bereitgestellt haben, ein Risiko für die Sicherheit und Gesundheit von Personen darstellt"; insbesondere haben sie die Marktüberwachungsbehörde über die Maßnahmen zu unterrichten, die sie zur Vermeidung dieses Risikos getroffen haben."

56 Die Meldepflicht ist an mehrere Voraussetzungen geknüpft. Zunächst betrifft sie nur Verbraucherprodukte und damit nur einen Ausschnitt aus dem sachlichen Anwendungsbereich des ProdSG.

57 Das in der anwaltlichen Handhabung sicher kniffelige Kriterium der Meldepflicht ist das, was das Gesetz mit „ein Risiko für die Sicherheit und Gesundheit von Personen"

---

[20] *Klindt*, § 5 Rn. 14.

[21] *Lenz*, in GS für Hübner, 531, 537.

beschreibt. Ein Risiko ist laut Gesetzgeber „die Kombination aus der Eintrittswahrscheinlichkeit einer Gefahr und der Schwere des möglichen Schadens", § 2 Nr. 23 ProdSG.

Praktisch bedeutsam sind für diese Bewertung der sog. **RAPEX-Leitfaden** bzw. die sog. **RAPEX-Leitlinien.** Die RAPEX-Leitlinien sind Teil einer Entscheidung der Europäischen Kommission vom 16.12.2009 (2010/15/EU). Amtlich heißt das Hilfsmittel „Leitfaden für die Risikobewertung von Verbraucherprodukten". Wer sich in der anwaltlichen Beratung daran orientiert, bekommt am Ende nicht nur ein leidlich klares Ergebnis in Bezug auf die Produktrisiken bzw. -gefahren. Er bekommt darüber hinaus ein Dokument, das europaweit nutzbar ist, weil sich die RAPEX-Leitlinien primär an die europäischen Marktüberwachungsbehörden wenden. Diese sollen anhand der Leitlinien bestimmen können, ob und wenn ja, welche Gefahren von einem Verbraucherprodukt ausgehen. Aus diesem Grund kennen die europäischen Marktüberwachungsbehörden regelmäßig dieses Hilfsmittel aus eigener Erfahrung und Anwendung. Die ausgeklügelte Vorgehensweise,[22] die im RAPEX-Leitfaden beschrieben ist und hier nicht im Einzelnen dargestellt werden kann, beruht im Kern auf der Bildung von Verletzungsszenarien im Zusammenhang mit dem betreffenden Produkt, die unter Berücksichtigung des kürzesten Wegs zur Verletzung jeweils in einzelne Schritte zerlegt werden. Den einzelnen Schritten werden sodann Wahrscheinlichkeiten zugeordnet, die anschließend mit dem zuvor bestimmten Schweregrad der – in dem jeweiligen Verletzungsszenario – (drohenden) Verletzung (die Bandbreite reicht von Schweregrad 1 bis hin zum Schweregrad 4 für besonders gravierende Folgen) mit einer Tabelle abgeglichen werden, die im letzten Schritt das Endergebnis der Risikobewertung „ausspuckt". Zur Illustration ist im Folgenden die Tabelle 4 aus dem RAPEX-Leitfaden abgedruckt: 58

Wahrscheinlichkeit einer Schädigung während der voraussichtlichen Lebensdauer des Produkts		Schweregrad der Verletzung			
		1	2	3	4
Hoch	> 50 %	H	E	E	E
	> 1/10	M	E	E	E
	> 1/100	M	E	E	E
	> 1/1 000	N	H	E	E
	> 1/10 000	N	M	H	E
	> 1/100 000	N	N	M	H
	> 1/1 000 000	N	N	N	M
Gering	< 1/1 000 000	N	N	N	N

Daraus wird sofort ersichtlich, dass das Ergebnis der Risikobewertung von der ermittelten Wahrscheinlichkeit (von > 50 % bis hin zu < 1/1 000 000) einerseits, von dem Schweregrad der Verletzung (1 bis 4) andererseits geprägt wird. Das Ergebnis wird dabei durch einen Buchstaben ausgedrückt: Die Buchstaben E, H, M und N stehen dabei für ernstes (E), hohes (H), mittleres (M) und niedriges (N) Risiko. 59

[22] Siehe auch *Klindt/Wende*, NVwZ 2011, 602 ff.; *Schucht*, PUBLICUS 2012.12, 25 (26 f.); *Polly*, StoffR 2012, 190.

6. Die CE-Kennzeichnung

a) Grundsätze

60 Die allgemeinen Grundsätze der CE-Kennzeichnung sind europaweit vereinheitlicht in Kapitel IV (Art. 30) der Verordnung (EG) Nr. 765/2008 geregelt, weshalb § 7 ProdSG in Abs. 1 hierauf vorweg Bezug nimmt. Zum besseren Verständnis sei diese zentrale Vorschrift im Wortlaut abgedruckt:

Art. 30

Allgemeine Grundsätze zur CE-Kennzeichnung

(1) Die CE-Kennzeichnung darf nur durch den Hersteller oder seinen Bevollmächtigten angebracht werden.

(2) Die CE-Kennzeichnung gemäß Anhang II wird nur auf Produkten angebracht, für die spezifische Harmonisierungsrechtsvorschriften der Gemeinschaft deren Anbringung vorschreiben, und wird auf keinem anderen Produkt angebracht.

(3) Indem er die CE-Kennzeichnung anbringt oder anbringen lässt, gibt der Hersteller an, dass er die Verantwortung für die Konformität des Produkts mit allen in den einschlägigen Harmonisierungsrechtsvorschriften der Gemeinschaft enthaltenen für deren Anbringung geltenden Anforderungen übernimmt.

(4) Die CE-Kennzeichnung ist die einzige Kennzeichnung, die die Konformität des Produkts mit den geltenden Anforderungen der einschlägigen Harmonisierungsrechtsvorschriften der Gemeinschaft, die ihre Anbringung vorschreiben, bescheinigt.

(5) Das Anbringen von Kennzeichnungen, Zeichen oder Aufschriften, deren Bedeutung oder Gestalt von Dritten mit der Bedeutung oder Gestalt der CE-Kennzeichnung verwechselt werden kann, ist untersagt. Jede andere Kennzeichnung darf auf Produkten angebracht werden, sofern sie Sichtbarkeit, Lesbarkeit und Bedeutung der CE-Kennzeichnung nicht beeinträchtigt.

(6) Unbeschadet des Art. 41 stellen die Mitgliedsstaaten die ordnungsgemäße Durchführung des Systems der CE-Kennzeichnung sicher und leiten bei einer missbräuchlichen Verwendung die angemessenen Schritte ein. Die Mitgliedsstaaten sehen auch Sanktionen für Verstöße vor, die bei schweren Verstößen strafrechtlicher Natur sein können. Diese Sanktionen müssen in angemessenem Verhältnis zum Schweregrad des Verstoßes stehen und eine wirksame Abschreckung gegen missbräuchliche Verwendung darstellen.

61 In Anhang II der Verordnung (EG) Nr. 765/2008 ist die Optik der CE-Kennzeichnung mit Schriftbild-Vorgaben geregelt, inklusive eines im Abbild integrierten Rasters, das bei Verkleinerungen oder Vergrößerungen proportional eingehalten werden muss. Es gilt – vorbehaltlich speziellerer Vorschriften einschlägiger Regelungen – eine Mindesthöhe von 5 mm.

b) Bedeutung der CE-Kennzeichnung

62 Die CE-Kennzeichnung ist eines der ältesten und gleichwohl noch immer ein missverstandenes Label innerhalb der Europäischen Union. Sie stand ursprünglich als Abkürzung für *Communauté Européenne,* also die französische Bezeichnung für „Europäische Gemeinschaften". Aus sprachpolitischer Rücksichtnahme auf eine nicht (mehr) gewollte frankophile Sprachherrschaft hat man diesen Abkürzungscharakter indes offiziell aufgege-

ben und sieht das Zeichen heute als markenähnlich geregeltes, gesetzliches Warenverkehrszeichen. Diffus herumgeisternde, andere Lesarten wie „CE = Chinese Export“ sind falsch, als Mythos aber offenbar nicht auszurotten.

Die Regelungsstruktur der CE-Kennzeichnung ist juristisch digital: Bei bestimmten Produkten ist ein Inverkehrbringen ohne CE-Kennzeichnung gesetzlich nicht zulässig; für andere Produkte ist das Zeichen dagegen gesetzlich gar nicht vorgesehen. Diese zwei Welten stehen strikt nebeneinander, sodass „CE-pflichtige“ Produkte ohne CE-Kennzeichnung diesem formellen Mangel unterliegen, umgekehrt aber de jure „CE-freie“ Produkte nicht etwa freiwillig mit einer CE-Kennzeichnung versehen werden dürfen, was im Übrigen auch wettbewerbsrechtlich irreführend wäre.[23] Sieht eine gesetzliche Vorschrift eine zwingende Anbringung der CE-Kennzeichnung vor, darf die Marktüberwachungsbehörde aus der Anbringung die Aussage des Herstellers (bzw. seines Bevollmächtigten) ableiten, dass die dafür einschlägige Rechtsvorschrift in vollem Umfang eingehalten wurde. Gelten für das Produkt parallel mehrere Rechtsvorschriften mit einer Anbringungspflicht für CE-Kennzeichnungen, so ist die Anbringung nur möglich, wenn in der Tat alle gleichzeitig geltenden Rechtsvorschriften auch gleichzeitig eingehalten sind. 63

In der Praxis bietet eine unrichtige CE-Kennzeichnung für die Marktüberwachungsbehörden eine schnelle, erste Indikation dafür, dass ggf. weitere rechtliche Produktvorgaben des EU-Rechts nicht verwirklicht sind: Denn wenn die Marktüberwachungsbehörden im Rahmen ihrer staatlichen Kontrolltätigkeit auf Produkte stoßen, bei denen mit der CE-Kennzeichnung nicht richtig umgegangen wurde (sei es fehlerhaft angebracht, sei es fehlerhafterweise nicht angebracht), so liegt naturgemäß die Vermutung nahe, dass eine intensivere Untersuchung des Produkts etwa im Hinblick auf das technische Sicherheitsdesign weitere Abweichungen von den rechtlichen Vorgaben der Harmonierungsrechtsvorschriften erweisen werden.[24] 64

c) Bußgeld-Bewehrung

Die Anbringung einer mit der CE-Kennzeichnung verwechselbaren Kennzeichnung ist nach § 39 Abs. 1 Nr. 5, Abs. 2 ProdSG mit einem Bußgeld von bis zu € 10.000,00 belegt. Das Bereitstellen eines Produkts auf dem Markt mit „angemaßter“ CE-Kennzeichnung oder ohne die rechtlich gebotene CE-Kennzeichnung ist nach § 39 Abs. 1 Nr. 6, Abs. 2 ProdSG ebenfalls mit einer Geldbuße bis zu € 10.000,00 bebußt. 65

7. Das Recht des GS-Zeichens

Dem Recht des GS-Zeichens[25] hat der Gesetzgeber des ProdSG einen eigenen Abschnitt zur Verfügung gestellt: Abschnitt 5 des ProdSG mit den §§ 20 ff. ProdSG regelt allein und abschließend das GS-Zeichen. Im Unterschied zum Großteil der übrigen Bestimmungen des ProdSG stellt das Recht des GS-Zeichens eine rein nationalrechtliche Materie dar: Ein Vorbild oder gar Pendant auf europäischer Ebene gibt es hierzu nicht. 66

GS steht als Abkürzungslabel für „Geprüfte Sicherheit“. Sodann ist das GS-Zeichen – im Unterschied zur CE-Kennzeichnung – ein echtes Qualitätszeichen, -symbol und Gütesiegel. Denn während die CE-Kennzeichnung allein besagt, dass der Hersteller selbst nach außen bekundet, alle anwendbaren Bestimmungen der CE-Richtlinie(n) einschließ- 67

[23] Dazu auch *Lenz,* in GS für Hübner, 531, 540, 550.

[24] Vgl. auch OLG Frankfurt, GRUR-Prax 2012, 518 – bei irreführender Werbung mit „CE-geprüft“: Die Angabe ist dann irreführend, wenn der Verwender mit dem CE-Kennzeichen lediglich selbst die Konformität seines Produktes mit den einschlägigen Vorschriften bestätigt.

[25] Dazu *Schucht,* StoffR 2013, 29 ff.: vgl. zum GS-Zeichen auch BGH, Urt. vom 5.2.2013, VersR 2013, 469 – Heißwasser-Untertischgerät bei fachwidriger Installation.

lich der Konformitätsbewertungsverfahren eingehalten zu haben, ist das GS-Zeichen ein Testat durch eine dritte, unabhängige Stelle.[26]

a) Die GS-Zeichen-fähigen Produkte

68 Nach § 20 Abs. 1 ProdSG kann nicht jedes Produkt im Sinne des § 2 Nr. 22 ProdSG mit dem GS-Zeichen versehen werden: Allein solche Produkte, die verwendungsfertig sind, dürfen mit dem GS-Zeichen gelabelt werden. In § 2 Nr. 27 ProdSG ist definiert, wann ein Produkt verwendungsfertig ist. Dort heißt es wie folgt:

„sind Produkte verwendungsfertig, wenn sie bestimmungsgemäß verwendet werden können, ohne dass weitere Teile eingefügt zu werden brauchen; verwendungsfertig sind Produkte auch, wenn

a) alle Teile, aus denen sie zusammengesetzt werden sollen, zusammen von einer Person in den Verkehr gebracht werden,

b) sie nur noch aufgestellt oder angeschlossen zu werden brauchen oder

c) sie ohne die Teile in den Verkehr gebracht werden, die üblicherweise gesondert beschafft und bei der bestimmungsgemäßen Verwendung eingefügt werden,"

69 Diese Definition ist aus sich heraus verständlich. Wichtig ist indes die Ausnahme, welche der Gesetzgeber in § 20 Abs. 2 ProdSG statuiert: Falls das verwendungsfertige Produkt mit der CE-Kennzeichnung versehen ist und die Anforderungen an diese CE-Kennzeichnung mit denen nach § 21 Abs. 1 ProdSG mindestens gleichwertig sind, scheidet eine Zuerkennung des GS-Zeichens aus.[27] Von einer Gleichwertigkeit ist auszugehen, wenn im Rahmen des für das betreffende Produkt geltenden Konformitätsbewertungsverfahrens die Module bzw. Modulkombinationen B+D, B+E, B+F, G und H1 zur Anwendung gelangen (Näheres hierzu in Anhang II des Beschlusses Nr. 768/2008/EG).[28]

b) Die Zuerkennung des GS-Zeichens

70 Das GS-Zeichen wird von einer sog. GS-Stelle zuerkannt, und zwar nur auf Antrag des Herstellers oder seines Bevollmächtigten. Unter einer GS-Stelle versteht man eine Konformitätsbewertungsstelle, der von der Befugnis erteilenden Behörde die Befugnis erteilt wurde, das GS-Zeichen zuzuerkennen, § 2 Nr. 11 ProdSG. Bei der Befugnis erteilenden Behörde handelt es sich um die Zentralstelle der Länder für Sicherheitstechnik (ZLS) im Bayerischen Staatsministerium für Arbeit und Sozialordnung, Familie und Frauen. Weil die ZLS der Bundesanstalt für Arbeitsschutz und Arbeitsmedizin (BAuA) die GS-Stellen benennt und die BAuA wiederum die GS-Stellen der Öffentlichkeit auf elektronischem Weg bekanntgibt, kann sich jeder Interessierte auf der Webseite

71 http://www.baua.de/de/Produktsicherheit/Pruefstellenverzeichnisse/Kontrolle-GS-Zertifikate/Suche%20nach%20GS-Pr%C3 %BCfstellen/GS-Pr%C3 %BCfstellen.html[29]

72 darüber informieren, welche Konformitätsbewertungsstellen derzeit als GS-Stellen zur Vergabe des GS-Zeichens befugt sind. Aus der Liste wird ersichtlich, dass es nicht nur deutsche GS-Stellen gibt: Daneben gibt es GS-Stellen aus Dänemark, Finnland, Frankreich, Italien, Österreich und der Slowakischen Republik. Dass dies zulässig ist, folgt unmittelbar aus § 23 Abs. 5 ProdSG.

---

[26] *Klindt,* § 7 Rn. 3.
[27] Näher *Kapoor/Klindt,* 719 (723); *Klindt/Schucht,* § 36 Rn. 234.
[28] BT-Drs. 17/6276, 46.
[29] Zuletzt abgerufen am 25.1.2013.

c) Die Zuerkennungsvoraussetzungen des GS-Zeichens

Der Gesetzgeber hat die Voraussetzungen für die Zuerkennung in § 21 Abs. 1 Satz 1 ProdSG wie folgt statuiert: 73

„Die GS-Stelle darf das GS-Zeichen nur zuerkennen, wenn

1. das geprüfte Baumuster den Anforderungen nach § 3 entspricht und, wenn es sich um ein Verbraucherprodukt handelt, zusätzlich den Anforderungen nach § 6 entspricht;

2. das geprüfte Baumuster den Anforderungen anderer Rechtsvorschriften hinsichtlich der Gewährleistung des Schutzes von Sicherheit und Gesundheit von Personen entspricht,

3. bei der Prüfung des Baumusters die vom Ausschuss für Produktsicherheit für die Zuerkennung des GS-Zeichens ermittelten Spezifikationen angewendet worden sind,

4. Vorkehrungen getroffen wurden, die gewährleisten, dass die verwendungsfertigen Produkte mit dem geprüften Baumuster übereinstimmen.“

Der Gesetzgeber hat die Voraussetzungen somit im Vergleich zur Rechtslage unter dem GPSG in zweierlei Hinsicht verschärft:[30] Erstens müssen bei Verbraucherprodukten nunmehr auch die besonderen Anforderungen an Verbraucherprodukte gemäß § 6 ProdSG berücksichtigt werden. Dazu rechnen insbesondere die produktsicherheitsrechtlichen Kennzeichnungsvorschriften gemäß § 6 Abs. 1 Satz 1 Nrn. 2, 3, Satz 2, 3 ProdSG. Zweitens hat der Gesetzgeber mit der Neuregelung des § 21 Abs. 1 Satz 1 Nr. 3 ProdSG solche Spezifikationen für relevant erachtet, die vom Ausschuss für Produktsicherheit (AfP) ermittelt worden sind.[31] 74

d) Die Gültigkeitsdauer des GS-Zeichens

Die Zuerkennung des GS-Zeichens ist auf höchstens fünf Jahre zu befristen oder auf ein bestimmtes Fertigungskontingent oder -los zu beschränken, § 21 Abs. 2 Satz 2 ProdSG. Die zeitliche Befristung der Zuerkennung des GS-Zeichens auf fünf Jahre ist der gesetzliche Regelfall in Bezug auf die Dauer der Gültigkeit eines zuerkannten GS-Zeichens. Daneben gibt es Ausnahmefälle: Die GS-Stelle hat die Zuerkennung zu entziehen, wenn „die Anforderungen für die Zuerkennung des GS-Zeichens nachweislich nicht mehr erfüllt“ sind, § 21 Abs. 5 Satz 2 ProdSG. In diesem Fall steht der GS-Stelle kein Ermessen zu. Sie kann die Zuerkennung aussetzen, „sofern begründete Zweifel an der rechtmäßigen Zuerkennung des GS-Zeichens bestehen“, § 21 Abs. 5 Satz 4 ProdSG. 75

8. Die Befugnisse der Marktüberwachungsbehörden

Die wichtigsten behördlichen Befugnisse[32] des ProdSG sind in § 26 Abs. 2, 4 ProdSG geregelt: Denn diese Normen ermächtigen die Marktüberwachungsbehörden zu kaufmännisch schneidigen Marktüberwachungsmaßnahmen wie z. B. der Ausstellungsuntersagung (§ 26 Abs. 2 Satz 2 Nr. 1 ProdSG), dem (endgültigen) Bereitstellungsverbot (§ 26 Abs. 2 Satz 2 Nr. 6 ProdSG), der hoheitlichen Rückrufanordnung (§ 26 Abs. 2 Satz 2 Nr. 7 76

---

[30] Vgl. *Kreifels/Weide,* in Foerste/Graf von Westphalen, § 59 Rn. 39; zur rechtspolitischen Debatte um die (gewollte) Verschärfung auch *Lenz,* in GS für Hübner, 531, 540.

[31] Näher *Kapoor/Klindt,* 719 (723).

[32] Ausführlich *Schucht,* StoffR 2012, 115; siehe auch *Klindt/Schucht,* § 36 Rn. 228 ff.; *Kreifels/Weide,* § 59 Rn. 42ff; zur behördlichen Rückrufanordnung umfangreich *Lenz,* in GS für Hübner, 531, 545 ff.

Alt. 2, Abs. 4 Var. 1 ProdSG) oder der hoheitlichen Warnung (§ 26 Abs. 2 Satz 2 Nr. 9 Hs. 2 ProdSG).

77 Was die tatbestandlichen Voraussetzungen anbelangt, setzen die Marktüberwachungsmaßnahmen nach § 26 Abs. 2 ProdSG voraus, dass die Marktüberwachungsbehörden „den begründeten Verdacht haben, dass ein Produkt nicht die Anforderungen nach Abschnitt 2 oder nach anderen Rechtsvorschriften, bei denen nach § 1 Absatz 4 die Vorschriften dieses Gesetzes ergänzend zur Anwendung kommen, erfüllt." Mit dem Abschnitt 2 werden also die §§ 3–8 ProdSG in Bezug genommen. Praktisch relevant sind indes nur die §§ 3, 6 ff. ProdSG; denn sie regeln die allgemeinen Anforderungen an die Bereitstellung auf dem Markt (§ 3 ProdSG), die zusätzlichen Anforderungen an die Bereitstellung von Verbraucherprodukten auf dem Markt (§ 6 ProdSG) und die CE-Kennzeichnung (§ 7 ProdSG). Was die Inbezugnahme der §§ 6 ff. ProdSG anbelangt, ist diese im Vergleich zum GPSG neu.

78 Sobald der Wirtschaftsakteur nachweist, dass er wirksame Maßnahmen getroffen hat, widerruft oder ändert die Marktüberwachungsbehörde gemäß § 26 Abs. 3 ProdSG vorher getroffene Marktüberwachungsmaßnahmen nach § 26 Abs. 2 ProdSG.

79 Daneben hat der Gesetzgeber des ProdSG in § 28 Abs. 1, 2 ProdSG eine Reihe weiterer Befugnisnormen geregelt, die in der Praxis – wie eine gewerbliche Nachschau – häufig im Vorfeld von Marktüberwachungsmaßnahmen zur Anwendung gelangen: Bevor ein Bereitstellungsverbot gemäß § 26 Abs. 2 Satz 2 Nr. 6 ProdSG angeordnet wird, kann die Marktüberwachungsbehörde etwa zunächst die Produktionshallen des betreffenden Herstellers betreten (§ 28 Abs. 1 Satz 1 ProdSG), die Produkte besichtigt (§ 28 Abs. 1 Satz 2 ProdSG), Unterlagen und Informationen angefordert (§ 28 Abs. 2 Satz 1 ProdSG), ggf. eine Probe entnommen oder ein Muster verlangt haben (§ 28 Abs. 2 Satz 1 ProdSG). Zudem ist die Marktüberwachungsbehörde befugt, Produkte z. B. in einer landeseigenen Geräteuntersuchungsstelle in Betrieb nehmen und prüfen zu lassen (§ 28 Abs. 1 Satz 2 ProdSG).

80 Schließlich können die Marktüberwachungsbehörden von den notifizierten Stellen und den GS-Stellen sowie deren mit der Leitung und der Durchführung der Fachaufgaben beauftragtem Personal die zur Erfüllung ihrer Aufgaben erforderlichen Auskünfte und Unterlagen verlangen, § 28 Abs. 3 Satz 1 ProdSG.

81 Adressaten derartiger Marktüberwachungsmaßnahmen sind gemäß § 27 Abs. 1 Satz 1 ProdSG regelmäßig die jeweils betroffenen Wirtschaftsakteure (also Hersteller, Bevollmächtigte, Einführer und Händler) oder Aussteller.

9. Die produktsicherheitsrechtliche Vermutungswirkung

82 Für das Produktsicherheitsrecht kennzeichnend ist die sog. Vermutungswirkung bzw. Konformitätsvermutung. Dieses innovative Rechtsinstitut des EU-Rechts verzahnt Rechtsnormen mit technischen Normen, indem bei der Beachtung bestimmter technischer Normen davon auszugehen ist, dass zugleich die rechtsverbindlichen Anforderungen des Produktsicherheitsrechts eingehalten werden (Normkonformität lässt Rechtskonformität vermuten).[33]

83 Dass es sich bloß um eine Vermutungswirkung handelt, kann man sich gar nicht oft genug in Erinnerung rufen: In der industriellen Praxis gehen insbesondere viele Ingenieure irrig davon aus, dass Normkonformität mit Rechtskonformität gleichzusetzen sei. Diese Gleichsetzung ist produktsicherheitsrechtlich falsch, sodass vor diesem Schluss gewarnt werden muss: Aus der Normkonformität wird immerhin, aber bloß die Vermutung der

[33] *Klindt/Schucht*, § 36 Rn. 39 ff.

Rechtskonformität abgeleitet. Die Marktüberwachungsbehörde kann also nachweisen, dass das Produkt nicht sicher ist. Dies kann z. B. dann der Fall sein, wenn die zugrunde liegende technische Norm unzureichend ist (und damit den Stand der Technik nicht bzw. nicht mehr darstellt) oder wenn sie unvollständig ist, weil sie bestimmte Risiken, die sich ggf. erst später herauskristallisieren, nicht abbildet. Aus dem zuletzt genannten Grund reicht die Konformitätsvermutung konsequenterweise nur so weit, wie die technische Norm produktsicherheitsrechtlich bedeutsame Anforderungen abdeckt. Insgesamt wird im Hinblick auf die Vermutungswirkung auch von einer Beweiserleichterung gesprochen.[34]

Was die Vermutungswirkung anbelangt, muss wiederum – wie schon im Rahmen des § 3 ProdSG mit den allgemeinen Anforderungen an die Bereitstellung auf dem Markt, hier allerdings mit leicht anderer Akzentuierung – danach differenziert werden, ob ein Produkt europäisch-harmonisiert ist oder nicht. Die andere Akzentuierung folgt daraus, dass Verbraucherprodukte, die zwar unter § 3 Abs. 2 ProdSG fallen, aber (wegen der allgemeinen Produktsicherheitsrichtlinie 2001/95/EG) gleichwohl europäisch-harmonisiert sind, hier mit dem „eigentlichen" europäisch-harmonisierten Bereich aus § 3 Abs. 1 ProdSG zusammengefasst werden. Keine Rolle spielt bei der Vermutungswirkung (anders als bei § 6 ProdSG) die Unterscheidung zwischen Produkt und Verbraucherprodukt. Im Ergebnis gilt für den europäisch-harmonisierten Bereich § 4 ProdSG, für den rein nationalen Bereich gilt zusätzlich § 5 ProdSG. 84

a) Der europäisch-harmonisierte Bereich

Produkte, deren sich Brüssel und damit die europäische Ebene angenommen hat, werden – wie oben dargelegt – als europäisch-harmonisiert bezeichnet. Für sie gilt in Bezug auf die Vermutungswirkung § 4 ProdSG. 85

§ 4 Abs. 1, 2 ProdSG lautet wie folgt: 86

(Abs. 1) „Bei der Beurteilung, ob ein Produkt den Anforderungen nach § 3 Absatz 1 oder Absatz 2 entspricht, können harmonisierte Normen zugrunde gelegt werden."

(Abs. 2) „Bei einem Produkt, das harmonisierten Normen oder Teilen dieser Normen entspricht, deren Fundstellen im Amtsblatt der Europäischen Union veröffentlicht worden sind, wird vermutet, dass es den Anforderungen nach § 3 Absatz 1 oder Absatz 2 genügt, soweit diese von den betreffenden Normen oder von Teilen dieser Normen abgedeckt sind."

Im Zentrum der Vermutungswirkung stehen also die sog. harmonisierten Normen. Eine harmonisierte Norm[35] ist vereinfacht gesagt durch drei Merkmale gekennzeichnet: Erstens liegt ihr ein Ersuchen der Europäischen Kommission zugrunde, d. h. der Anstoß zur Ausarbeitung der Norm muss von der Kommission kommen. Dabei wird ein Ausschuss angehört, in dem Vertreter der EU-Mitgliedstaaten angehören („Ständiger Ausschuss"). Zweitens wird die Norm von einem europäischen Normungsgremium ausgearbeitet. Die Norm muss also entweder von dem Europäischen Komitee für Normung (CEN), dem Europäischen Komitee für elektrotechnische Normung (CENELEC) oder dem Europäischen Institut für Telekommunikationsnormen (ETSI) erarbeitet werden. Und drittens wird die Fundstelle der erarbeiteten Norm im Amtsblatt der Europäischen Union veröffentlicht. Aufgrund dieser Pflicht zur Veröffentlichung harmonisierter Normen kann sich theoretisch jedermann darüber informieren, welche technischen Normen europäisch-harmonisiert sind. Die für eine bestimmte europäische Richtlinie wie z. B. die EG-Maschi- 87

[34] *Klindt,* § 4 Rn. 17.
[35] Vgl. auch die Definition in § 2 Nr. 13 ProdSG.

nenrichtlinie 2006/42/EG oder die Niederspannungsrichtlinie 2006/95/EG, aber auch die – nur für Verbraucherprodukte geltende – allgemeine Produktsicherheitsrichtlinie 2001/95/EG maßgeblichen technischen Normen werden dabei jeweils zusammengefasst und nach der jeweiligen Normnummer aufgelistet. Aktuelle Übersichten zu den einzelnen Normen bietet die Webseite

88 http://www.newapproach.org/Directives/Default.asp.[36]

89 Wenn diese drei Voraussetzungen allesamt erfüllt sind, erlangt die betreffende technische Norm „höhere Weihen" und wird zur harmonisierten Norm, die im Falle der Beachtung zur Beanspruchung jener Vermutungswirkung berechtigt.[37] Im Übrigen werden die harmonisierten Normen in sämtlichen Mitgliedstaaten der EU durch entsprechende „Spiegelnormen" flankiert. Darunter versteht man nationale technische Normen, mit denen der Inhalt der europäischen Normen übernommen wird. In Deutschland beginnt diese Normen mit „DIN EN".

b) Der nicht-harmonisierte Bereich

90 In § 5 Abs. 1, 2 ProdSG ist für den nicht-harmonisierten Produktbereich des § 3 Abs. 2 ProdSG Folgendes geregelt:

(Abs. 1) „Bei der Beurteilung, ob ein Produkt den Anforderungen nach § 3 Absatz 2 entspricht, können Normen und andere technische Spezifikationen zugrunde gelegt werden."

(Abs. 2) „Bei einem Produkt, das Normen oder anderen technischen Spezifikationen oder Teilen von diesen entspricht, die vom Ausschuss für Produktsicherheit ermittelt und deren Fundstellen von der Bundesanstalt für Arbeitsschutz und Arbeitsmedizin im Gemeinsamen Ministerialblatt bekannt gegeben worden sind, wird vermutet, dass es den Anforderungen nach § 3 Absatz 2 genügt, soweit diese von den betreffenden Normen oder anderen technischen Spezifikationen oder deren Teilen abgedeckt sind."

91 Der deutsche Gesetzgeber hat also das europäische Konzept des New Approach für solche Produkte übernommen, die (noch) nicht-harmonisiert sind. Die Regelung in § 5 ProdSG kann daher als nationaler New Approach bezeichnet werden.[38] Im Zentrum dieses nationalen New Approach stehen Normen und andere technische Spezifikationen. Unabdingbare Voraussetzung ist indes, dass sowohl die Normen als auch die technischen Spezifikationen vom Ausschuss für Produktsicherheit (AfP) ermittelt und veröffentlicht worden sind.

c) Keine Vermutungswirkung fehlender Rechtskonformität

92 Schließlich ist darauf hinzuweisen, dass sich das Konzept der Vermutungswirkung umgekehrt nicht zulasten eines Wirtschaftsakteurs auswirkt: Wer sich gegen die Einhaltung einer anwendbaren technischen Norm entscheidet – was uneingeschränkt möglich ist, da die Heranziehung technischer Normen freiwillig ist und bleibt –, der muss nicht gegen die Vermutung ankämpfen, sein Produkt verstoße zugleich gegen das Produktsicherheitsrecht.[39] Er muss allerdings auf Anforderung einer Marktüberwachungsbehörde nachweisen können, dass seine Produkte durch die Anwendung anderer Mittel seiner Wahl die produktsicherheitsrechtlichen Anforderungen erfüllt.

---

[36] Zuletzt abgerufen am 25.1.2013.

[37] *Klindt/Schucht,* § 36 Rn. 38.

[38] *Klindt/Schucht,* § 36 Rn. 226; so schon *Klindt,* § 4 Rn. 51, zur vergleichbaren Rechtslage unter dem GPSG a. F.

[39] *Kapoor/Klindt,* 719 (722).

10. Ordnungswidrigkeiten und Straftaten

93 Abschließend soll der Fokus noch auf die Ordnungswidrigkeiten- und Straftatbestände des ProdSG gelenkt werden. Diese sind in den §§ 39 und 40 ProdSG normiert.[40] Namentlich die Ordnungswidrigkeitentatbestände sind praktisch bedeutsam: Der Katalog des § 39 Abs. 1 ProdSG umfasst nicht weniger als 17 Ziffern, wobei die Ziffern z. T. noch weiter untergliedert sind. Aus der Fülle der Ordnungswidrigkeiten in § 39 Abs. 1 ProdSG sollen im Folgenden drei neue Tatbestände in den Fokus gerückt werden, die aller Voraussicht nach in der behördlichen und anwaltlichen Praxis Bedeutung erlangen werden:

94 Erstens handelt seit dem 1.12.2011 gemäß § 39 Abs. 1 Nr. 2 ProdSG ordnungswidrig, wer vorsätzlich oder fahrlässig „eine Gebrauchsanleitung nicht, nicht richtig, nicht vollständig, nicht in der vorgeschriebenen Weise oder nicht rechtzeitig mitliefert." Damit wird die Pflicht aus § 3 Abs. 4 ProdSG, eine Gebrauchsanleitung in deutscher Sprache mitzuliefern, verschärft.

95 Zweitens ist auf § 39 Abs. 1 Nr. 3 ProdSG hinzuweisen, der Verstöße gegen das produktsicherheitsrechtliche Kennzeichnungsrecht in Bezug auf die Herstellerangaben gemäß § 6 Abs. 1 Satz 1 Nr. 2, Satz 2, 3 ProdSG sanktioniert (Verstöße gegen die Vorgaben zur Produkt-Kennzeichnung aus § 6 Abs. 1 Satz 1 Nr. 3, Satz 2, 3 ProdSG sind demgegenüber nicht erfasst).

96 Und drittens handelt ordnungswidrig, wer vorsätzlich oder fahrlässig entgegen § 7 Abs. 2 ProdSG ein Produkt auf dem Markt bereitstellt. In § 7 Abs. 2 Nr. 2 ProdSG ist das Verbot geregelt, ein Produkt ohne die de jure erforderliche CE-Kennzeichnung auf dem Markt bereitzustellen. Unter dem Geräte- und Produktsicherheitsgesetz (GPSG) war demgegenüber nur die „angemaßte" oder „erfinderische" CE-Kennzeichnung, also eine CE-Kennzeichnung, für die es keine rechtliche Grundlage gab, verboten und als Ordnungswidrigkeit ausgestaltet, §§ 6 Abs. 1, 19 Abs. 1 Nr. 3 GPSG. Weil dieses Verbot nunmehr in § 7 Abs. 2 Nr. 1 ProdSG geregelt ist, bleibt es im Falle eines Verstoßes bei einer Ordnungswidrigkeit.

97 Alle drei genannten Ordnungswidrigkeitentatbestände können mit einer Geldbuße bis zu € 10.000 geahndet werden.

98 Dass sich sogar strafbar machen kann, wer seinen produktsicherheitsrechtlichen Pflichten nicht nachkommt, folgt aus § 40 ProdSG. Dabei können freilich nicht alle Ordnungswidrigkeiten aus dem Katalog des § 39 ProdSG zu einer Straftat „hochqualifiziert" werden. Der Gesetzgeber nimmt im Rahmen der Strafvorschriften nur jene Ordnungswidrigkeiten in den Blick, bei denen Geldbußen bis zu 100.000 EUR drohen: Wer diese Tatbestände vorsätzlich verwirklicht und dies beharrlich wiederholt[41] oder durch eine solche vorsätzliche Handlung Leben oder Gesundheit eines anderen oder fremde Sachen von bedeutendem Wert gefährdet, kann mit Freiheitsstrafe bis zu einem Jahr oder mit Geldstrafe bestraft werden. Die praktische Bedeutung dieser Strafvorschrift darf jedoch nicht überschätzt werden.

11. Die nahende Zukunft des europäischen Produktsicherheitsrechts

a) Rechtspolitische Ausgangslage

99 Das europäische Recht der Produktsicherheit und seiner Kontrolle durch staatliche Aufsichtsbehörden ist derzeit durch **drei Regelungscluster** geregelt, nämlich zum einen

[40] Vgl. *Kapoor/Klindt*, 719 (724); *Polly/Lach*, PHi 2011, 220 (224).
[41] Näher *Eidam*, NJW 2005, 1021 (1023).

die historisch gewachsenen und zum Teil nicht aufeinander abgestimmten, **produktspezifischen Harmonisierungsvorschriften** (also das Produktsicherheitsrecht für einzelne Produkttypen), zudem die **EG-Produktsicherheitsrichtlinie 2001/95/EG** (also das Produktsicherheitsrecht nur für Verbraucherprodukte) sowie drittens die **Verordnung (EG) Nr. 765/2008** (also die zentrale verfahrensrechtliche Vorschrift zur Marktüberwachung).

100 Trotz der insbesondere durch die Verordnung (EG) Nr. 765/2008 erfolgten Synchronisation auf europäischer Verordnungsebene erscheint dieses Nebeneinander und zum Teil überlappende Konstrukt von produktsicherheitsrechtlich einschlägigen Vorschriften der Europäischen Kommission noch immer zu kompliziert. Dieser Befund ist gewiss richtig; die Kompliziertheit zeigt sich in anspruchsvollen Abgrenzungs- bzw. Eingrenzungsvorschriften, vor allem aber in einem alles andere als einheitlichen Vollzug innerhalb der europäischen Behördenlandschaft. Das am **13.2.2013** von der Kommission vorgestellte **Produktsicherheits-Marktüberwachungspaket** soll diesen Befund durch verschiedene Maßnahmen therapieren:[42]

- Alle Vorschriften zur Marktüberwachung werden in einer **Marktüberwachungs-VO** gebündelt. Dies soll einen europaweit einheitlichen Vollzug des Produktsicherheitsrechts gewährleisten. Das derzeit dreistufige System wird damit einstufig.
- Eine solche zentrale Marktüberwachungsregel enthalten zwar derzeit schon die Art. 15 ff. der Verordnung (EG) Nr. 765/2008. Es wird indes zukünftig nicht mehr auf eine *Gefahr,* sondern zentral auf den Begriff des ***Risikos*** abgestellt. Für den Fall, dass zwischen den Mitgliedstaaten Uneinigkeit hinsichtlich der Bewertung des Risikopotentials eines Produkts besteht, soll die Unionsfreiheit einheitlicher Marktüberwachung durch ein in Art. 12 erstmals eingeführtes **Einspruchsverfahren** sichergestellt werden.
- Das **vorhandene RAPEX-System** und die dazu vorhandenen Regelungen sollen in der Marktüberwachungs-VO zusammengeführt werden, was insbesondere eine Ausdehnung von der bisherigen b2c-Tatbestandlichkeit auf dann alle produktsicherheitsrechtlich erfassten Produkte (also insbesondere den b2b-Bereich) bedeuten würde. Geplant ist derzeit auch, die Mitgliedstaaten zu verpflichten, nicht nur Produkte mit einem „ernsten Risiko" („serious risk"), sondern vielmehr schlichtweg jegliche Produkte in das RAPEX-System einzustellen, bei denen ein Risiko gesehen wurde.

  Ob diese angestrebte Lösung auch nur annähernd praktikabel ist, darf bezweifelt werden. Insbesondere die Veröffentlichung von Informationen über low risk-Produkte würde zu einem immensen Aufblasen des Systems führen. Wie immer gehen die wirklich wesentlichen Informationen über Produktrisiken (serious risks) in einem System überfluteter Informationsfülle völlig unter. Hinzu kommt, dass der derzeitige RAPEX-Bewertungsleitfaden eine tiefere Stufe als „low risks" bei wahren verkehrsfähigen Produkten schon rechnerisch nicht kennt, da es keine Stufe „no risk" gibt. Ob damit ernsthaft dem intendierten Verbraucherschutz ein Gefallen getan wird, darf schon jetzt mehr als bezweifelt werden.
- Ein intensiverer Austausch der Mitgliedstaaten untereinander via RAPEX und ICSMS soll die stärkere Kooperation sicherstellen.
- Schließlich überführt das neue Kommissionspaket auch die in der Verordnung (EG) Nr. 765/2008 bereits enthaltenen Regelungen zur **Zollüberwachung** des EU-Produktimports in die Marktüberwachungs-VO.

[42] Vgl. dazu auch *Eidam,* Neue Vorschriften für sichere und konforme Produkte in Europa, PHi 2013, 54, 55.

b) Die vorgeschlagene Produktsicherheits-VO

Die Bestimmung des Anwendungsbereichs erfolgt zukünftig anstelle einer abstrakten Kollisionsnorm durch eine klare Definition dessen, welche Produkte **nicht** in den Anwendungsbereich der **Produktsicherheits-VO** fallen (Ausschlussprinzip). Die schon aus der Produktsicherheitsrichtlinie 2001/95/EG bekannte **Sicherheitsvermutung** findet sich in Art. 5 der Produktsicherheits-VO: Sie wird bei den einschlägigen Produkten mit Übereinstimmung mit dem Sicherheitsgebot von Art. 4 der Produktsicherheits-VO vermutet, wenn sie den Vorgaben harmonisierter europäischer Normung entsprechen. 101

Neu ist eine Vermutungswirkung für Produkte, die einschlägigen Harmonisierungsvorschriften genügen. Auch in diesen Fällen wird vermutet, dass sie sicher sind (Art. 5 Abs. 1 lit. a) Produktsicherheits-VO). Dahinter steckt – im Grunde – die rechtspolitische Entscheidung, produktspezifisches Harmonisierungsrecht als abschließende (jedenfalls vermutet abschließende) Aussage über die erwartbare Produktsicherheit dieser Produktgattungen zu verstehen. 102

Völlig neu und im übrigens auffallend systemfremd ist die in Art. 7 der Produktsicherheits-VO vorgesehene **Pflichtangabe des Ursprungslandes,** die durch Hersteller und EU-Importeure zu gewährleisten ist. Die Angabe ist dabei auf dem Produkt selbst, oder falls dies aufgrund der Größe oder Art des Produkts nicht möglich ist, auf der Verpackung oder in einer dem Produkt beigefügten Unterlage anzubringen. Ein genereller Verzicht ist dagegen nicht vorgesehen. Bisher war eine solche **„made-in-Kennzeichnung"** vorrangig aus der Textilkennzeichnungs-Verordnung bekannt. Ihre Ausdehnung auf den allgemeinen produktsicherheitsrechtlichen Vollzug ist problematisch, da zum Einen den vorhandenen Kennzeichnungsvielfalten nur eine weitere Pflichtangabe hinzugefügt wird, die zum Anderen ihre verbraucherschutzrechtliche Stoßrichtung nicht erkennen lässt. Die bisher dem Wettbewerbsrecht zuzuordnende Streitfrage darüber, ob eine *made-in-*Kennzeichnung der Sache nach gerechtfertigt ist, wird so auch von Marktüberwachungsbehörden auszutragen sein. Zur Bestimmung des Ursprungslandes wird dabei auf Art. 23 ff. der VO (EWG) Nr. 2193/92 (Zollkodex) verwiesen. Innerhalb der Union bedarf es keiner länderspezifischen made-in-Aufschlüsselung; hier reicht die Angabe „Union". Der betreffende Mitgliedstaat ist allerdings eine zulässige Angabe (Art. 7 Abs. 3 Produktsicherheits-VO). 103

Die Pflicht der Wirtschaftsakteure in Art. 8 ff. der Produktsicherheits-VO regeln sich nach dem Vorbild von Art. R2 f. von Anhang I Beschluss Nr. 768/2008/EG. Einige Neuerungen sind erwähnenswert: 104

aa) Technische Unterlagen

Der Hersteller hat technische Unterlagen zu erstellen, und zwar in Abhängigkeit von den von einem Produkt möglicherweise ausgehenden Risiken (Art. 8 Abs. 4 Produktsicherheits-VO). Diese hat er (oder sein Bevollmächtigter bzw. der EU-Importeur) **10 Jahre** ab dem Zeitpunkt des Inverkehrbringens des Produkts **aufzubewahren.** 105

Die **technischen Unterlagen** bestehen verkürzt aus 106

- einer allgemeinen Beschreibung des Produkts,
- einer Analyse der möglicherweise mit dem Produkt verbundenen Risiken und der gewählten Lösungen diese Risiken zu verhindern/minimieren,
- ein Verzeichnis der verwendeten technischen Normen oder anderer sicherheitsrelevanter Bestimmungen.

bb) Produktidentifikation

Der Beschluss Nr. 768/2008/EG hat Pate gestanden auch für die Regelungen zur Anbringung einer Kennzeichnung zur Produktidentifikation (Kennnummer) in Art. 8 Abs. 6 107 der Produktsicherheits-Verordnung (vgl. Art. R2 Abs. 5 Anhang I Beschluss Nr. 768/2008/EG). Auf die Verpackung oder auf eine dem Produkt beigefügte Unterlage kann dabei ausgewichen werden, wenn „dies aufgrund der Produktgröße oder der Art des Produkts nicht möglich ist“. Hier wird in der Praxis noch viel Erklärungs- und Regelungsbedarf im Detail bestehen, etwa zu der Frage, wie bei mehrteiligen Produkten (z. B. Werkzeugkasten, Besteck-Set) zu verfahren ist oder wie sich ästhetisch unerwünschte Kennzeichnungen auf Produkten auswirken, die damit der Art nach möglicherweise den Verkauf des Produkts unmöglich machen.

cc) Herstellerkennzeichnung

108 Diese Frage wird sich auch bei der **Herstellerkennzeichnung** stellen, die nach Art. 8 Abs. 7 der Produktsicherheits-VO „entweder auf dem Produkt selbst, oder, falls das nicht möglich ist, auf der Verpackung oder in einer dem Produkt beigefügten Unterlage angebracht sei“. Für Produkte, Produktkategorien und Produktgruppen, die von der Kommission nach Art. 13 Abs. 3 Produktsicherheits-VO mit einem niedrigen Risikograd eingestuft werden, kann generell ein Ausweichen auf die Verpackung oder auf die einem Produkt beigefügte Unterlage festgelegt werden.

109 Eine der Art. 5 Abs. 1 Unterabsatz 4 lit. 1) Produktsicherheitsrichtlinie vergleichbare Vorschrift fehlt indes, sodass ein genereller Verzicht auf die Angabe der Identifikation sowie der Herstellerkennzeichnung nicht mehr möglich erscheinen würde. Die Pflicht zur behördlichen Notifikation ist in Art. 8 Abs. 9 Produktsicherheits-VO insofern unverändert vorgesehen.

110 Hersteller (wie auch Einführer und Händler) können allerdings gem. Art. 13 Abs. 1 Produktsicherheits-VO von dieser Pflicht befreit werden, wenn
- nur in einer begrenzten Anzahl genau identifizierter Produkte nicht sicher ist
- der Hersteller, Einführer oder Händler nachweisen kann, dass das Risiko voll unter Kontrolle ist
- die Ursache des vom Produkt ausgehenden Risikos für Behörden oder die Öffentlichkeit nicht von Nutzen ist.

111 Gem. Art. 13 Abs. 2 Produktsicherheits-VO kann und wird die Kommission konkretisieren, wie die oben genannten drei Umstände zu verstehen sind.

112 Art. 10 Abs. 3 Produktsicherheits-VO schreibt im Übrigen eine eigene Kennzeichnungspflicht des Einführers fest.

dd) Rückverfolgbarkeit

113 Nach Art. 15 Produktsicherheits-VO ist es der Kommission möglich, weitergehende Anforderungen an die **Rückverfolgbarkeit** von Produkten zu stellen. Sie hat dafür Produkte, Produktkategorien oder Produktgruppen mit besonderen Merkmalen oder Vertriebs- oder Verwendungsbedingungen zu identifizieren, die potenziell ein ernstes Risiko für die Gesundheit und Sicherheit von Personen darstellen. Für diese Produkte dann kann die Kommission die elektronische Erfassung und Speicherung von Daten und die Anbringung eines Datenträgers auf den Produkten festschreiben. Kriterien sind die Kostenwirksamkeit der Maßnahme sowie die Kompatibilität der Rückverfolgbarkeitssysteme auf internationaler Ebene. Hier sind im Detail noch viele Fragen, etwa auch des Datenschutz- und Eigentumsrechts offen bzw. wohl zu optimistisch bewertet. Es wird jedenfalls abzuwarten bleiben, wie der Markt solches **„Chip-Tracing“** annimmt.

c) Marktüberwachungs-VO

In der Marktüberwachungs-VO wird jedwede **Unterscheidung** zwischen **Verbraucherprodukten** und **gewerblich genutzten Produkten aufgegeben.** Ebenso obsolet ist die Unterscheidung zwischen harmonisierten und nicht harmonisierten Produkten. Bis auf die vom Geltungsbereich ausgeklammerten Lebensmittel, Arzneimittel und Medizinprodukte (vgl. Art. 3 Abs. 3 Marktüberwachung-VO) soll also für alle Produkte in Europa ein einheitliches Marktüberwachungssystem gelten. 114

Zentraler Begriff der neuen Marktüberwachungs-VO wird das ***Risiko*** werden. Das ist ein Paradigmenwechsel zur bisher in der Produktsicherheitsrichtlinie 2001/95/EG und der Verordnung (EG) Nr. 765/2008 enthaltenen Fokussierung auf den Begriff der „Gefahr" ein mit einem Risiko verbundenes Produkt ist nach Art. 3 Nr. 3c) Marktüberwachungs-VO in sehr anspruchsvoller **Definition** ein Produkt, 115

„das öffentliche Interesse wie Gesundheit und Sicherheit im Allgemeinen, Gesundheit und Sicherheit am Arbeitsplatz, Verbraucher- und Umweltschutz sowie öffentliche Sicherheit stärker negativ beeinflussen kann als bei normaler oder vernünftigerweise vorhersehbarer Verwendung, was auch die Gebrauchsdauer sowie gegebenenfalls die Inbetriebnahme, Installation und Wartungsanforderungen mit einschließt, als vernünftig und vertretbar gilt.

Es ist bereits jetzt absehbar, dass diese Definition auch in vollzugsrechtlichen Einzelfällen zu komplizierten Diskussionen und Abwägungsfragen gesellschaftlich akzeptierter Restrisiken etwa auch unter Einfluss von Produktpreis, Produktvariationen und Innovationscharakteristika bescheren wird. 116

Die Durchführung der Marktüberwachung ist in ihrem Steuerungsmodell nicht neu, wird jedoch an einigen Stellen modifiziert, zumal die Marktüberwachungs-VO die Schritte chronologisch abbilden möchte, in der die Marktüberwachungsprozesse aufgeteilt werden. 117

d) Prüfung der Produkte

Marktüberwachungsbehörden **prüfen** zunächst, ob die Verwendung eines Produkts mit einem Risiko verbunden ist (Art. 9 Abs. 1, 13 Marktüberwachungs-VO) und ob ein Produkt die Anforderungen einschlägiger Harmonisierungsvorschriften erfüllt (Art. 9 Abs. 2 Marktüberwachungs-VO). Es wird nach Art. 13 Abs. 3, 2 Marktüberwachungs-VO vermutet, dass ein Produkt dem in den Vorschriften widergespiegelten öffentlichen Interesse entspricht, wenn es etwaige einschlägigen Harmonisierungsvorschriften, besonderen Vorschriften der Mitgliedstaaten sowie europäischen Normen entspricht. Von dem **Ergebnis der Prüfung** sind die von den Wirtschaftsakteuren etwaig zu ergreifenden (allerdings nicht definierten) Korrekturmaßnahmen abhängig; vgl. Art. 9 Abs. 3, 4 Marktüberwachungs-VO. Wird festgestellt, dass von einem Produkt ein Risiko ausgeht, hat ein Wirtschaftsakteur nach Art. 9 Abs. 3 und Abs. 2 Marktüberwachungs-VO alle erforderlichen **Korrekturmaßnahmen** im Hinblick auf die auf dem Markt bereits bereitgestellten Produkte zur ergreifen, und das europaweit! Die Marktüberwachungsbehörden können nach Art. 10 Marktüberwachungs-VO Maßnahmen ergreifen, wenn der **Wirtschaftsakteur untätig** bleibt. Im Fall von ernsten Risiken sind indes auch unmittelbare Maßnahmen möglich. Schließlich kann sogar die Kommission selbst bei „offenkundigen", ernsten Risiken oder in Fällen „äußerster Dringlichkeit" Maßnahmen ergreifen, Art. 12 Marktüberwachungs-VO. Eine ähnliche Bestimmung fand sich für Verbraucherprodukte schon in Art. Q13 der Produktsicherheitsrichtlinie 2001/95/EG. 118

e) Unionsweites Bewertungsverfahren

119 Um einen **europaweit einheitlichen Vollzug der Harmonisierungsvorschriften** zu gewährleisten, sieht Art. 11 Marktüberwachungs-VO hierfür ein spezielles Verfahren vor. Nach Art. 10 Abs. 1 Satz 1 Marktüberwachungs-VO können Mitgliedstaaten innerhalb einer Frist von 60 Tagen nach Unterrichtung durch die Kommission Einspruch gegen solche Maßnahmen einlegen, die sie via RAPEX erfahren und die in einem anderen Mitgliedstaat ausgelöst wurden. Verstreicht die 60-Tages-Frist ohne Einspruch, hat jeder Mitgliedstaat dafür zu sorgen, dass bezüglich des betreffenden Produkts unverzüglich beschränkende Maßnahmen erlassen werden (Art. 11 Abs. 2 Marktüberwachungs-VO). Im Falle eines Einspruchs durch einen Mitgliedstaat – oder auch bei Zweifeln der Kommission selbst – konsultiert die Kommission die einschlägigen Wirtschaftsakteure und evaluiert die getroffene mitgliedsstaatliche Maßnahme. Am Ende dieser Evaluation steht die Entscheidung der Kommission (Durchführungsrechtsakt), ob die getroffene Maßnahme gerechtfertigt ist oder nicht.

f) Informationsaustausch zwischen Mitgliedstaaten

aa) RAPEX

120 Was schon bisher von RAPEX-Meldesystem galt, wird auf Risiken jedweder Art ausgedehnt. Eine nach Art. 19 Abs. 2 Marktüberwachungs-VO vorgesehene zentrale RAPEX-Kontaktstelle meldet Korrekturmaßnahmen der Wirtschaftsakteure (Art. 9 Abs. 4 Marktüberwachungs-VO), Maßnahmen der Marktüberwachungsbehörden (Art. 10 Abs. 1, 4 Marktüberwachungs-VO) und Ablehnungen der Überführung eines Produkts in den zollrechtlich freien Verkehr.

bb) ICSMS

121 Die Aufgabe von ICSMS soll zukünftig der Erhebung und Strukturierung derjenigen Informationen dienen, die nicht ohnehin unter RAPEX fallen und gleichwohl der Marktüberwachung dienen. Insbesondere soll nach Art. 21 Abs. 2 Marktüberwachungs-VO in ICSMS Prüfergebnisse von Produkten eingestellt werden. Es sollen insbesondere unnötige Doppelarbeiten der einzelnen Mitgliedstaaten vermieden und ein rasches Eingreifen bei unsicheren Produkten ermöglicht werden.

cc) EMSF

122 Das **Europäische Marktüberwachungsforum** (EMSF) ist der Zusammenschluss von Vertretern der Marktüberwachungsbehörden in der Union (vgl. Art. 25 f. Marktüberwachungs-VO). Seine Aufgabe besteht darin, einen europaweit einheitlichen Vollzug des Produktsicherheitsrechts zu fördern. Dies ist ein begrüßenswerter Schritt, weil die Synchronisation der Marktüberwachung eine der größten Herausforderungen in der Praxis von Industrie und Handel ist.

IV. Einfluss des Produktsicherheitsrechts auf die Haftung

123 Das **Produktsicherheitsrecht** verfolgt eine **andere Zielrichtung** als das Produkthaftungsrecht. Das öffentlich-rechtlich strukturierte Produktsicherheitsrecht soll präventiv einen Beitrag leisten, dass eben nur „sichere Produkte" auf den Markt kommen und damit durchaus auch Verbraucherschutz beim Umgang mit Produkten gewährleisten. Entschei-

dend sind die Inverkehrbringensvoraussetzungen. Durch die Anforderungsvoraussetzungen wird ein Sicherheitsstandard mit generalklauselartigen Begrifflichkeiten verbindlich festgelegt. Produkte, die diesen Parametern entsprechen, sind zunächst einmal tolerierbar am Markt.[43]

Demgegenüber soll das **Produkthaftungsrecht** den Ausgleich schaffen, wenn es bereits zu Schädigungen gekommen ist. Insoweit dient das ProdHaftG verbraucherschutzrechtlichen Aspekten und dem Friedensausgleich. Mit zunehmender Internationalisierung und einer strafferen Organisation des Produktsicherheitsrechts, ausgehend von der Richtlinie 2001/95/EG über den Beschluss 768/2008/EG – (New Legislativ Framework) und die EU – Verordnung 756/2008/EG und erst recht nach der Umsetzung des neuen von der EU-Kommission am 13.2.2013 vorgelegten Produktsicherheits- und Marküberwachungspakets gewinnt das **Produktsicherheitsrecht mehr und mehr** an **Einfluss** auf das Verhalten des Herstellers und damit auch auf das Produkthaftungsrecht. Ohnehin gibt es in den Bereichen der Produkthaftung und denen der Produktsicherheit einige Schnittstellen und Berührungspunkte.[44] Es gibt **Überschneidungen** bei den Pflichtenkreisen der Hersteller, bei Fragen des notwendig werdenden Rückrufs, bei Fragen der Durchführung einer Austauschaktion und vieles mehr. Zu den allgemeinen weiter oben bereits ausgeführten Pflichtenkreisen eines Warenherstellers (Konstruktions-, Fabrikations-, Instruktionspflichten und der Pflicht der sog. Produktbeobachtung) werden durch das Produktsicherheitsrecht weitere Pflichten auf den Hersteller übertragen. 124

Hier ist nicht der Raum, die deliktischen Verkehrssicherungspflichten des Herstellers mit den produktsicherheitsrechtlichen Herstellerpflichten und dem **Einfluss** aus dem Produktsicherheitsrecht auf die Haftung der Hersteller abschließend zu beurteilen. Danach stellt sich die eine oder andere Abgrenzungsfrage der Pflichtenkreise untereinander und es scheint so zu sein, als würde **zunehmend** – bedingt durch die bereits zitierten europarechtlichen Vorgaben – das **Produktsicherheitsrecht** maßgeblichen Einfluss auf die Hersteller ausüben und damit einen erheblichen Beitrag leisten, Gefahren zu vermeiden. Die Herstellerpflichten – öffentlich-rechtlich betrachtet – zu konkretisieren, ist nicht zu beanstanden. Da die öffentlich-rechtlichen Vorgaben letztendlich aber keine konkreten und abschließenden Aussagen – etwa auf dem wichtigen Gebiet der Produktbeobachtung – geben, bleibt das Nebeneinander zwischen deliktischen Verkehrspflichten, so wie diese von der Rechtsprechung ausformuliert und bisher verstanden werden, und dem Produktsicherheitsrecht, durchaus bestehen.[45] 125

V. Praxisfall

1. Einleitung zum Praxisfall „Hebebühne"

Mit Kauf- und Übertragungsvertrag wurden die Gesellschaftsanteile der X GmbH von einer verkaufenden Gesellschaft auf die Y GmbH übertragen. Der Unternehmensgegenstand der X GmbH bestand von ihrer Gründung im Jahr 1981 bis Ende 2005 in der Herstellung und dem Vertrieb von Hebebühnen. Nach der Übernahme der GmbH stellte die Y GmbH erhebliche Mängel an noch von der X GmbH ausgelieferten Hebebühnen 126

[43] *Marburger,* BB 1985, Beilage 4, 16; *Hermes,* Wechselwirkungen zwischen Produktsicherheitsrecht und Produkthaftungsrecht, 114; *ders.*, 67.

[44] *Hermes,* Wechselwirkungen zwischen Produktsicherheitsrecht und Produkthaftungsrecht, 67.

[45] Vgl. dazu vertiefend *Hermes,* Wechselwirkungen zwischen Produktsicherheitsrecht und Produkthaftungsrecht, 113.

fest. Die erwerbende Y GmbH hatte – um es vereinfacht auszudrücken – die Produktbeobachtungspflicht „übernommen" und vor allem die Folgen daraus zu tragen. Die Behörde verlangte zunächst die unverzügliche Durchführung einer Austauschaktion, die mehrere Millionen EUR verschlungen hätte und den Erwerb des Unternehmens in Gänze in Frage stellte. Die Erwerberin der X GmbH stand vor der Frage, ob sie den Kauf nach §§ 812, 123 BGB rückabwickeln oder gar Insolvenz anmelden sollte mit dem drohenden Verlust von rund 300 Arbeitsplätzen und entsprechenden Entlassungen von Mitarbeitern und/oder den Austausch nicht durchzuführen und eine Warnung genügen zu lassen.

127 Sicher war dies ein Ausnahmefall.

2. Auszüge der Original-Präsentation vor der zuständigen Marktüberwachungsbehörde als Praxisbeispiel

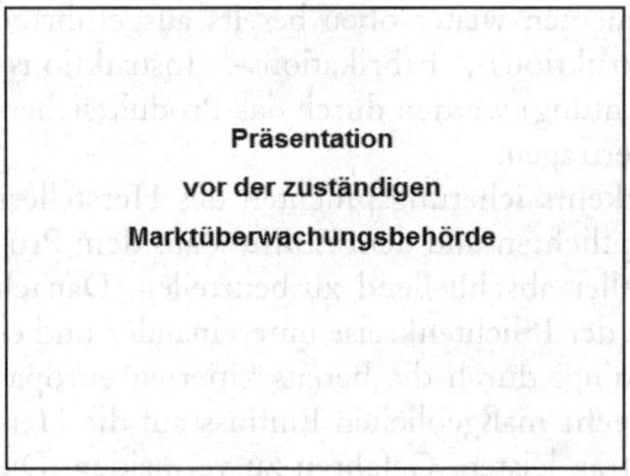

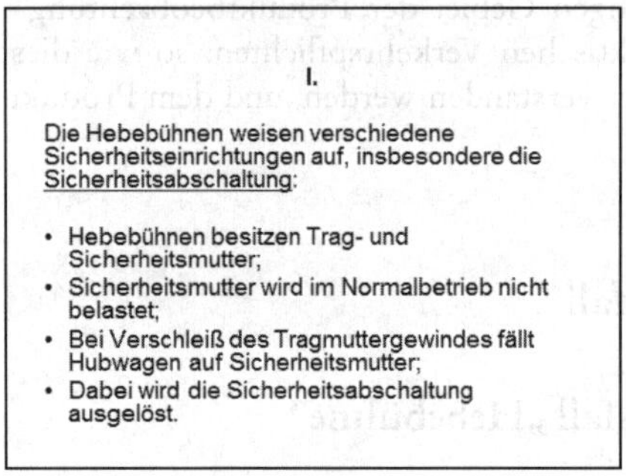

Folge: Der elektrische Kontakt kann nicht ausgelöst werden, so dass die Sicherheitsabschaltung nicht erfolgt.

Zu einer Reklamation bzw. einem Unfall ist es dadurch aber noch nicht gekommen.

II.

Außerdem hat die Mechanik bestimmten Sicherheitsanforderungen zu genügen:

Fahrzeuge werden über „Schwenkarme" auf die Hebebühne aufgenommen.

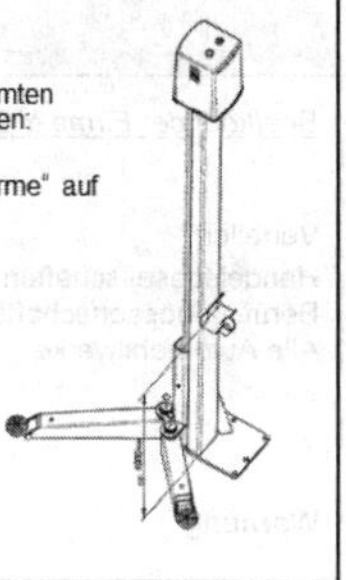

Das Feststellen der Schwenkarme erfolgt durch eine Arretierung.

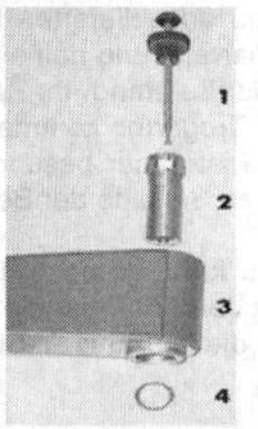

- Bei ordnungsgemäßer Fahrzeugaufnahme werden die Schwenkarme keiner Querkraft ausgesetzt.
- Bei unsachgemäßer Fahrzeugaufnahme kann eine Querkraft entstehen.
- Aus Sicherheitsgründen hat die Schwenkarmarretierung daher einer Belastung von 150 kg standzuhalten (DIN EN 1493).

Nach Übernahme der X GmbH wurde folgendes Problem festgestellt:

Die bis September 2005 ausgelieferten Hebebühnen halten möglicherweise der vorgeschriebenen Belastung nicht in vollem Maße stand.

Folge: Im Falle einer Querkraft kann es zum Wegschwenken der Tragarme kommen.

Über die dargestellten Probleme und Lösungswege wurden die Nutzer der Hebebühnen durch folgenden Warnhinweis informiert:

Briefkopf der Firma Y GmbH

Verteiler:
Handelsgesellschaften
Berufsgenossenschaften
Alle Automobilwerke

Datum

Warnung

X 2-Säulen-Hebebühnen der Baureihe 17 (Typ …)

Mit Kauf- und Abtretungsvertrag wurden die Gesellschaftsanteile der X GmbH von einer verkaufenden Gesellschaft auf die Y GmbH übertragen:

Nach der Firmenübernahme wurde folgendes festgestellt:

1. Die Mechanik – konkret die Schwenkarmarretierung – der bis September 2005 ausgelieferten Hebebühnen genügt nach derzeitigem Kenntnisstand nicht den Sicherheitsanforderungen: Die Schwenkarmarretierung hält einer Querkraft, die bei nicht ordnungsgemäßer Fahrzeugaufnahme entstehen kann, nicht in ausreichendem Maße stand. Im Falle einer Querkraftwirkung kann es zum Bruch des Arretierstücks und damit zu einem Wegschwenken des Tragarms kommen. Dies kann zum Absturz des Fahrzeugs führen. Bei der Aufnahme eines Fahrzeuges auf die Hebebühne ist daher besondere Sorgfalt zu beachten. Der Schwenkarm darf keiner Querkraft ausgesetzt werden. Einzelheiten entnehmen Sie bitte der Bedienungsanleitung.

2. Bei Hebebühnen aus dem Jahr 2005 ist eine Kupferstange (Auslösestange) zu kurz, so dass der elektrische Kontakt zur Sicherheitsabschaltung nicht ausgelöst werden kann. Bei Hebebühnen aus dem Jahr 2005 ist die Kupferstange daher zwingend auszutauschen. Zu diesem Zweck wenden Sie sich bitte umgehend an uns, die Y GmbH, Y-Straße, Y-Stadt.

Aus Gründen der äußersten Vorsicht sprechen wir daher folgende

Warnung

aus: Nach derzeitigem Kenntnisstand ist der gefahrlose Betrieb der Hebebühnen der Baureihe 17 (Typ 1730, 1731, 1735, 1750, 1730 CH, 1735 FI) mit der Tragfähigkeit 3 to., 3,5 to. und 5 to. nicht gewährleistet.

Achtung !

Es besteht die Gefahr, dass es zu einem Absturz von Fahrzeugen von der Hebebühne und damit zu tödlichen Verletzungen kommen kann.

Die genannten Hebebühnen dürfen daher einzig unter folgenden Voraussetzungen weiter betrieben werden:

1. Der Schwenkarm wird keiner Querkraft ausgesezt. Um dies sicherzustellen, erfolgt die Aufnahme eines Fahrzeugs auf die Hebebühne unter strenger Einhaltung der Bedienungsanleitung.
2. Bei Hebebühnen aus dem Jahr 2005 ist die Kupferstange, welche die Sicherheitsabschaltung auslösen soll, auszutauschen. Bis dahin sind Trag- und Sicherheitsmutter wöchentlich zu kontrollieren.

Für weitere Fragen wenden Sie sich bitte an die von uns in der Zeit von montags bis freitags von 9:00 bis 17:00 Uhr eingerichtete Hotline unter der Rufnummer: …

Mit freundlichen Grüßen

Y GmbH
Der Geschäftsführer

§ 9 Besonderheiten einzelner Branchen, Produkte sowie neuartige Risiken und neue Techniken

I. Automobilbranche

1 Die Automobilbranche hat eine Reihe von Spezifika entwickelt, nicht zuletzt die vertraglichen Gestaltungen zwischen Endherstellern und Zulieferern bzw. zwischen Subzulieferern und deren Zulieferern. Vergleiche dazu die bereits erwähnten Besonderheiten in § 5 I. 1. a)–e).

II. Arzneimittel und Pharma

2 Die in Deutschland 1978 in Kraft getretene Haftung nach dem **Arzneimittelgesetz** stellt einen Sonderbereich des deutschen Produkthaftungsrechts dar.[1] Die Schaffung des Arzneimittelgesetzes **(AMG)** war eine Reaktion des Gesetzgebers auf den Contergan-Fall.[2] Die deutsche Gesetzgebung zur Arzneimittelhaftung wurde aber – auch abgesehen von Contergan – von anderweitigen Großschadensfällen geprägt. Auch die Verfahren um virusinfizierte Blutprodukte (1980er Jahre: **HIV/AIDS**)[3] haben zu Reformen der AMG-Haftung geführt.

3 Die wesentliche Anspruchsgrundlage zur Haftung nach dem Arzneimittelgesetz ergibt sich aus **§ 84 AMG.** Die bereits seit 1978 bestehende Haftung nach § 84 AMG wurde durch die spätere Einführung des Produkthaftungsgesetzes im Jahre 1990 nicht berührt. Die amtliche Begründung zum Produkthaftungsgesetz legte besonderen Wert auf die Feststellung, dass § 15 Abs. 1 ProdHaftG genau diesen **Bestandsschutz** für das deutsche AMG enthielt und damit die unbeschränkte Fortgeltung des § 84 AMG gesichert war.[4] Die Haftung nach dem AMG unterscheidet sich in vielerlei Hinsicht von der Haftung nach dem ProdHaftG.[5]

4 Vielfach wird die derzeitige AMG-Haftung – und zwar praktisch aus allen (politischen) Stoßrichtungen heraus – **kritisiert.** Zum Teil wird die Haftung des pharmazeutischen Unternehmers sogar als „überspannt“[6] beurteilt, von anderen demgegenüber als „stumpfes

---

[1] *Kullmann/Pfister/Koyuncu,* Produzentenhaftung, Kza 3807, 1

[2] Vgl. dazu die Ausführungen zur strafrechtlichen Produktverantwortung und den Contergan-Beschluss des LG Aachen vom 18.12.1970, JZ 1971, 507 ff. und dazu auch das Gesetz über die Errichtung der Stiftung „Hilfswerk für behinderte Kinder“ vom 17.2.1971, BGBl. I, 2018.

[3] Mindestens 6000 Hämophilie-Patienten sollen damals an Aids gestorben sein; *Wille/Schönhofer,* Der Internist, 2002, 469, 474; *Kullmann/Pfister/Koyuncu,* Produzentenhaftung, Kza 3807, 1.

[4] Vgl. dazu BR-Drs. 101/88, 67 bzw. BT-Drs. 11/2447, 26 sowie *Kullmann,* § 15 ProdHaftG Rn. 3.; siehe aber auch EuGH, Rs. C-154/00 vom 25.4.2002 zur Auslegung von Art. 13 der Produkthaftungsrichtlinie; und Zweifel äußernd auch BGH, Az. VI ZR 328/11, Hinweisbeschluss vom 15.1.2012.

[5] *Kullmann/Pfister/Koyuncu,* Produzentenhaftung, Kza 3807 ff.; Aktuell zur Frage, ob AMG oder MPG Anwendung finden auf E-Zigaretten, *Hohmann,* StoffR 2013, 90 ff.: Im Zweifel nicht anwendbar das AMG.

[6] *Yoon,* RPG 2004, 46, 50.

Schwert"[7] und als „offensichtlich ungenügend" kritisiert.[8] Ein Richter am BGH meint, dass sich die „Gefährdungshaftung des § 84 AMG bisher nicht als sehr wirkungsvoll gezeigt habe".[9] Wieder andere sprechen gar von „faktischer Rechtlosigkeit der Arzneimittelgeschädigten".[10] Was die faktische Rechtlosigkeit angeht, wird vor allem auf die gesetzestechnische Ausgestaltung des § 84 Abs. 2 AMG abgestellt.[11]

5 Daran ändere, auch dies wird vielfach geäußert, auch der 2002 eingeführte **Auskunftsanspruch nach § 84a AMG** nichts. Mit diesem soll der Geschädigte in die Lage versetzt werden, von dem pharmazeutischen Unternehmer alle notwendigen Fakten zu erlangen, die er zur Darlegung und zum Nachweis der anspruchsbegründenden Tatsachen für einen etwaigen Anspruch nach § 84 AMG benötigt.[12] *Kullmann*[13] etwa meint, der Auskunftserteilungsanspruch nach § 84a AMG werde den gesetzten Erwartungen nicht gerecht. Immerhin: Es gibt eine Reihe von Auskunftserteilungs-Verfahren, die zugunsten von Anspruchsstellern gegen Pharmaunternehmen ausgegangen sind.[14] Betroffen war die haftungsrechtliche Aufbearbeitung des 2004 vom Markt genommenen Schmerzmittels Vioxx. In Folge der Rücknahme kam es zu einer Reihe von Haftungsprozessen. Die novellierte AMG-Haftung steht seitdem auf dem Prüfstand und hat den „Härtetest" noch nicht bestanden.[15] Zudem – auch dies gilt es zu berücksichtigen – kommt es im Bereich der gewerblichen industriellen Haftpflicht – gerade auch auf dem Gebiet der Arzneimittelhaftung – nicht selten zu außergerichtlichen Vergleichen.[16]

III. Die Baubranche

1. Rechtsgrundlagen

6 Die Branche wird – sieht man einmal von den vertraglichen Konstellationen bei Werk-, Werklieferungsverträgen und/oder von der Abgrenzung auch zu Kaufverträgen mit Montageverpflichtungen ab – durch zahlreiche Spezifika, nicht zuletzt durch AGB typisiert. Einzelne vertragliche Besonderheiten, etwa bei Wartungsverträgen, sind bereits im Zusam-

[7] *Ufer/Metzmacher,* JR 2009, 95.

[8] *Ehling,* PatR 2007, 137.

[9] *Wellner,* in Geigel, Haftpflichtprozess, Kapitel 14 Rn. 354.

[10] Vgl. etwa *Deutsch,* NJW 2008, 2995; *Ufer/Metzmacher,* JR 2009, 95.

[11] So etwa *Deutsch,* NJW 2008, 2995: „gesetzlich fehlgeleitete Bestimmung"; vgl. dazu insgesamt Nachweise bei *Kullmann/Pfister/ Koyuncu,* Produzentenhaftung, Kza 3807, 9.

[12] Jäkel, Der Auskunftsanspruch des Geschädigten (aus Verbrauchersicht) in Legal Tribune, vom 30.11.2010, zuletzt abgerufen unter www.lto.de/recht/hintergründe/Haftung am 14.4.2013. Auch äußerte der BGH gemäß Hinweisbeschluss vom 15.1.2012 im Verfahren VI ZR 328/11 Zweifel, ob nicht und ggf. inwieweit die durch das 2. Schadenersatzrechtsänderungsgesetz 2002 vorgenommenen Änderungen des AMG, wozu auch der Auskunftsanpruch gehört, gegen die Produkthaftungsrichtlinie verstößt.

[13] *Kullmann,* in FS für Müller, 253, 260.

[14] OLG Köln, VersR 2011, 1379 – Vioxx; OLG Brandenburg, MedR 2010, 789 – Vioxx; KG Berlin, GesR 2010, 107 sowie LG Köln, Urt. vom 29.7.2009, Az. 25 O 305/08, PharmR 2009, 567 – Auskunftsanpruch bei Einnahme von ZOLOFT; werden Auskunftsanspruch und Schadenersatzanspruch im Wege der objektiven Klagehäufung geltend gemacht, darf über den Auskunftsanspruch grundsätzlich durch Teilurteil entschieden werden, BGH, Urt. vom 29.3.2011, Az. VI ZR 117/10, MedR 2011, 715 ff. .

[15] So aber Wagner, PharmaR 2008, 370 ff.; Wie hier: *Kullmann/Pfister/Koyuncu,* Produzentenhaftung, Kza 3807, 8; vgl. zu den versicherungsrechtlich bedeutsamen Änderungen durch die 16. AMG-Novelle *Achtmann,* PHi 2013, 70 ff.

[16] *Kullmann/Pfister/ Koyuncu,* Produzentenhaftung, Kza 3807, 9.

menhang mit den vertraglichen Ansprüchen dargestellt worden. Darüber hinaus ergeben sich Besonderheiten durch den typischen und oft sehr umfassend im Detail geregelten **Bauvertrag.** Auch soll auf die **Allgemeinen Vertragsbedingungen für die Ausführung von Bauleistungen (VOB/B)** und für Details auf die einschlägigen Kommentierungen verwiesen werden.

Zu verweisen ist zunächst auf die Richtlinie des Rates vom 21.12.1988 zur Angleichung der Rechts- und Verwaltungsvorschriften der Mitgliedstaaten über Bauprodukte **(89/106/EWG),** geändert durch die VO (EG) Nr. 1882/2003 unter dem 29.9.2003. In Deutschland wurde die Richtlinie 89/106/EWG umgesetzt durch Schaffung des **Bauproduktengesetzes (BauPG)** vom 10.8.1992 und dem Gesetz zur Änderung des BauPG vom 28.4.1998. Richtlinie und BauPG sind aber durch die sog. **Bauproduktenverordnung 305/2011 (BauP-VO)** vom 9.3.2011, veröffentlicht am 4.4.2011 (grundsätzlich dann auch bereits in Kraft getreten), wegen der Übergangsvorschift in Art. 68 BauP-VO jedenfalls in Gänze spätestens zum **1.7.2013 abgelöst worden.** Insoweit ist auf das „Gesetz zur Anpassung des Bauproduktengesetzes und weiterer Rechtsvorschriften aufgrund der Verordnung (EU) Nr. 305/2011 zur Festlegung harmonisierter Bedingungen für die Vermarktung von Bauprodukten vom 5.12.2012“ zu verweisen.[17] Die Landesbauordnungen sind entsprechend geändert worden. 7

2. Definition und Beispiele für Bauprodukte

Die (alte) nationale Regelung des BauPG bezog sich – und nichts wesentlich anderes gilt für die von Juli 2013 an in ganz Europa geltende **Bauproduktenverordnung** – auf sog. **Bauprodukte,** also auf Produkte, die dauerhaft in Bauwerke des Hoch- und Tiefbaus eingebaut werden. Mit Bauprodukten müssen Bauwerke errichtet werden können, die gebrauchstauglich sind und die den üblichen technischen Regelungen entsprechen, wie etwa Baustoffe, Bauteile, Anlagen und Einrichtungen, aber auch Teile für Heizungen, Klima, Lüftung, und solche zur Verwendung zu sanitären Zwecken, der elektrischen Versorgung, sowie auch vorgefertigte Bauwerke, die als solche auf den Markt kommen, wie z. B. Fertighäuser, Fertiggaragen u. a. 8

3. Ausland

Beispielhaft sei etwa auf die in Amerika geführten Großverfahren Bezug genommen, bekannt geworden unter der Überschrift **„Drywall-Forderungen“.** In den Jahren 2004 bis 2008 waren in den USA schätzungsweise 60.000 bis 100.000 Häuser mit sog. **mangelhaften chinesischen Trockenbauplatten** gebaut worden.[18] Die stark schwefelhaltigen Trockenbauplatten emittieren Schwefeldioxid, das nach faulen Eiern riecht, Elektroinstallationen und Metallleitungen korrodieren lässt und möglicherweise auch zu Gesundheitsschäden führt. Nach jüngsten Mitteilungen[19] mussten zahlreiche Familien ihre Häuser verlassen, Insolvenz anmelden oder die Häuser zwangsversteigern lassen. Nach wie vor lehnen die Versicherer die Begleichung von Drywall-Forderungen ab.[20] 9

---

[17] Vgl. dazu BGBl. I 2012, 2451 ff.; zu nationalen Anforderungen für Gütezertifikate vgl. EuGH, Urt. vom 1.3.2012 – C – 484/10 (Ascafor ./. Administración del Estado) und Jesmann-Nuissl, InTeR 2013, 54, 55.

[18] PHi 2010, 2 ff.; PHi 2010, 90 ff.; PHi 2010, 133 und PHi 2011, 110 ff. und PHi 2011, 142 sowie PHi 2012, 157.

[19] PHi 2012, 157.

[20] PHi 2012, 157; Besitzern sollen Vergleichszahlungen in Höhe von 13 Mio. bis 24 Mio. Dollar zugesprochen worden sein; *Lach/Burckhardt,* StoffR 2013, 96, 101.

IV. Lebensmittel-, Bedarfsgegenstände- und Futtermittel-Branche

1. Rechtsgrundlagen

10 Die Branche wird im Wesentlichen durch das am 7.9.2005 in Kraft getretene Lebensmittel-, Bedarfsgegenstände- und Futtermittelgesetz **(LFGB)** in der Neufassung vom 3.6.2013 bestimmt und durch eine Reihe von vorrangig geltenden **europäischen Verordnungen,** u. a. der sog. **EU-Basis-Verordnung.**[21] Einige Besonderheiten und Spezifika haben wir bereits in § 5 Zuliefererregress (unter § 5 I. 1. b) cc)) angeführt. Darauf wird im Einzelnen verwiesen.

2. Beispiel

11 Verwiesen sei auf die Entscheidung des OVG NRW[22] und der dort beurteilten Rückrufpflicht hinsichtlich eines Fleischerzeugnisses bei irreführender Produktaufmachung (§ 39 Abs. 2 Satz 1 i. V. m. Satz 2 Nr. 4 LFGB).

V. Maschinen- und Anlagenbau

1. Rechtsgrundlagen

a) Die Maschinenrichtlinie

12 Der **Maschinen- und Anlagenbau** zählt zu den sehr wichtigen Industriebranchen in Deutschland. Regelungen, die sich mit Maschinen befassen, haben daher eine ganz herausragende Bedeutung, nicht zuletzt für die Unternehmen, sondern für die dort tätigen Ingenieure und/oder aber auch für Juristen und Kaufleute. In diesem Zusammenhang ist auf die im **Juni 2006** veröffentlichte **EG-Maschinenrichtlinie 2006/42/EG** zu verweisen. Noch immer sprechen wir von der „neuen" EG-Maschinenrichtlinie 2006, die für Produkthaftungsexperten – in der beschriebenen Branche – höchste Priorität genießt.[23] Für den auf dem Gebiet des Produkthaftungsrechts tätigen Juristen gehört das **Europäische Maschinenrecht** zum alltäglichen Kern dessen, was es in Unternehmen zu beachten gilt.[24]

---

[21] *Wehlau,* Kommentar zum Lebensmittel- und Futtermittelgesetzbuch (LFGB), 2010; *Zipfel/Rathke,* Lebensmittelrecht, Loseblattkommentar in mehreren Bänden, Stand: 39. Ergänzungslieferung am 1.7.2010; *Meyer/Streinz,* LFGB/BasisVO/HCVO, München 2012; *Dannecker/Gorny/Höhn/Mettke/Preuß,* Kommentar zum Lebensmittel- und Futtermittelgesetzbuch, Loseblattsammlung; *Claußen/Murmann/Rützler,* Lebensmittelrechts-Handbuch, Loseblattsammlung; zur Information über nicht gesundheitsschädliche, aber für den Verzehr ungeeignete Lebensmittel, EuGH Urt. v. 11.4.2013; NJW 2013, 1725 ff.; Berger ./. Freistaat Bayern.

[22] OVG NRW, DVBl. 2008, 1262 ff. – Rückruf Fleisch.

[23] Mit Art. 77 der Verordnung (EU) Nr. 167/2013 vom 5.2.2013 über die Genehmigung und Marktüberwachung von land- und forstwirtschaftlichen Fahrzeugen wurde die RiLi 2006 erneut geändert. Diese VO wurde am 2.3.2013 im europäischen Amtsblatt bekannt gemacht (L 60/1). Sie trat mit einer Übergangsfrist bis 31.12.2015 am 22.3.2013 in Kraft.

[24] Vgl. etwa das Vorwort bei *Klindt/Kraus/Locquenghien/Ostermann,* Die neue Maschinenrichtlinie, 2006; ferner *Ostermann/ Locquenghien,* Wegweiser Maschinensicherheit, Köln; Verband Deutscher Maschinen- und Anlagenbau (VDMA), Positionspapier „Maschinenbegriff und Gesamtheit von Maschinen", VDMA, Frankfurt; *Lenz/Otto,* Praxisratgeber Maschinensicherheit; *Hüning/Kirchberg/Schulze,* Die neue EG-Maschinenrichtlinie, 2011.

Die Maschinenrichtlinie regelt vorab den Anwendungsbereich und entsprechende Ausnahmen (Art. 1). Art. 2 enthält sog. Begriffsbestimmungen. Die Richtlinie enthält Anforderungen an das Inverkehrbringen von Maschinen (Art. 3 i. V. m. Anhang I und Art. 9), wie etwa bestimmte Sicherheits- und Gesundheitsschutzanforderungen und stellt klar, welche Normen angewandt werden und welche Anforderungen technische Unterlagen enthalten müssen (Anhang VII). Ein großer Abschnitt nimmt das Konformitätsbewertungsverfahren für Maschinen ein (Art. 12 i. V. m. Anhang IV und Anhang VII).

Zudem enthält die Maschinenrichtlinie Anforderungen an das Inverkehrbringen von 13 sog. **unvollständigen Maschinen** (vgl. dazu Art. 5 Abs. 2 der Richtlinie). Insoweit wird auf Art. 13 der Maschinenrichtlinie verwiesen.

Juristen, die sich erstmals mit diesem Rechtsgebiet beschäftigen, sei empfohlen, ins- 14 besondere die **Erwägungsgründe zur Richtlinie** (30 an der Zahl) zum besseren Verständnis neben den einzelnen Artikeln der Maschinenrichtlinie 2006/42/EG zunächst sorgfältig zu lesen. Besonderes Augenmerk ist dabei auf die **Anhänge I bis XII** zu legen. Von größter Bedeutung ist **Anhang I,** der die **grundlegenden Sicherheits- und Gesundheitsschutzanforderungen für Konstruktion und Bau von Maschinen** enthält. Dabei sind von Herstellern einer Maschine vor allem die sog. **Allgemeinen Grundsätze** zu beachten. So hat der Hersteller einer Maschine oder sein Bevollmächtigter dafür zu sorgen, dass eine **Risikobeurteilung** vorgenommen wird, um die für die Maschine geltenden **Sicherheits- und Gesundheitsschutzanforderungen zu ermitteln.**[25] Die Maschine muss dann unter Berücksichtigung der Ergebnisse der Risikobeurteilung (früher „Gefahrenbeurteilung") konstruiert und gebaut werden. Im Einzelnen werden dann die Verfahren beschrieben. Die Bedeutung dieses Anhangs I ist darin zu sehen, dass die in diesem aufgeführten grundlegenden Sicherheits- und Gesundheitsschutzanforderungen für Hersteller bindend sind (vgl. Anhang I, Ziff. 3 Allgemeine Grundsätze). Der Anhang selbst ist in mehrere Teile gegliedert, wobei nach den „Allgemeinen Hinweisen" und den Begriffsbestimmungen (sub 1.1.1) dann – sehr wichtig! – in Ziffer 1.1.2 die **Grundsätze für die Integration der Sicherheit** aufgeführt sind. Danach ist die Maschine so zu konstruieren und so zu bauen, dass sie ihrer Funktion gerecht wird und unter den vorgesehenen Bedingungen – aber auch unter Berücksichtigung einer vernünftigerweise vorhersehbaren Fehlanwendung der Maschine – Betrieb, Einrichten und Wartung erfolgen können, ohne dass **Personen einer Gefährdung ausgesetzt sind.** Bei der Wahl der angemessensten Lösung muss der Hersteller oder sein Bevollmächtigter die in Ziffer 1.1.2 lit. b) angeführte **Reihenfolge** berücksichtigen, und zwar: Beseitigung oder Minimierung der Risiken so weit wie möglich (Integration der Sicherheit in Konstruktion und Bau der Maschine); Ergreifen der notwendigen Schutzmaßnahmen gegen Risiken, die sich nicht beseitigen lassen, und – als letzte Maßnahme – Unterrichtung der Benutzer über die Restrisiken aufgrund der nicht vollständigen Wirksamkeit der getroffenen Schutzmaßnahmen; Hinweis auf eine eventuell erforderliche spezielle Ausbildung oder Einarbeitung und persönliche Schutzausrüstung[26] (sog. **3-Stufen-Methode: Beseitigung – Schutzmaßnahmen – Restgefahren-Hinweis**).

---

[25] LG Stuttgart, NJW-RR 2012, 1169 ff. Fenster- und Futterstoffeinklebemaschine: Der Hersteller hatte nach Aussagen des Sachverständigen keinerlei Gefährdungs- und Risikoanalyse durchgeführt. Auch gab es keine Prüfprotokolle; siehe auch OLG Celle, VersR 2007, 253 ff. – zur Haftung eines italienischen Herstellers einer Lederschleifmaschine für die Verletzung eines Benutzers für die fehlerhafte Konstruktion auch wegen Verstoßes gegen DIN-(EN-)Vorschriften.

[26] Vgl. dazu auch Feuerwehrstiefel-Entscheidung des OVG Münster, BeckRS 2010, 49305 = VuR 2010, 476 mit Anm. *Bücker;* LG Aachen, BeckRS 2010, 16836 m. Anm. *Lenz/Hammer,* PHi 2010, 204 ff. und VG Köln, BeckRS 2010, 56975 – fehlende Rutschhemmung bei Gummistiefeln.

15 In der Praxis bedeutsam sind auch Sonderregelungen zum **Stillsetzen der Maschine** im Normalfall und im Notfall (Ziff. 1.2.4 des Anhang I der Richtlinie)[27] und auch der Fall der Zusammenfügung mehrerer beweglicher Teile und daraus entstehender neuer Risiken (Ziff. 1.3.7 Anhang I der Maschinenrichtlinie).[28] Der Anhang I enthält ferner in Ziffer 1.4 Anforderungen an Schutzeinrichtungen. Sofern es um Informationen – etwa Warnhinweise an der Maschine – geht, ist auf Ziffer 1.7 des Anhangs I der Maschinenrichtlinie zu verweisen.

16 Am 5.4.2013 hat die europäische Kommission eine Neufassung der Liste der harmonisierten Normen für die neue Maschinenrichtlinie im europäischen Amtsblatt bekannt gemacht.[29] Diese Veröffentlichung ersetzt die bisherigen (vgl. EN 13849-2: 2012 sicherheitsbezogene Teile von Steuerungen).

b) 9. ProdSG-VO (Maschinenverordnung)

17 Nach § 8 Abs. 1 ProdSG hatte der nationale deutsche Gesetzgeber diese Europäische Maschinenrichtlinie 2006 in nationales Gesetz umzusetzen und hat dies getan: Insofern gilt – zuletzt geändert durch Art. 19 des Gesetzes vom 8.11.2011[30] – die sog. **Neunte Verordnung zum Produktsicherheitsgesetz (Maschinenverordnung, 9. ProdSG-VO).** Diese Verordnung gilt für die Bereitstellung auf dem Markt und die Inbetriebnahme von **neuen Produkten,** wie Maschinen, auswechselbare Ausrüstungen, Sicherheitsbauteile, Lastaufnahmemittel, Ketten, Seile und Gurte, abnehmbare Gelenkwellen und unvollständige Maschinen (vgl. § 1 Anwendungsbereich der 9. ProdSG-VO). Sie enthält in § 2 Begriffsbestimmungen und in § 3 Voraussetzungen für die Bereitstellung von Maschinen auf dem Markt oder die Inbetriebnahme von Maschinen. In § 4 werden Konformitätsbewertungsverfahren für Maschinen geregelt[31] und § 5 enthält die Anforderungen an die CE-Kennzeichnung. § 6 enthält – wiederum für unvollständige Maschinen – Sonderregelungen für die Bereitstellung auf dem Markt. Die Marktüberwachung ist in § 7 der 9. ProdSG-VO geregelt.

2. Beispielsfälle

18 Für wesentlich gehaltene Entscheidungen zum Thema Maschinen und Anlagen sind im Rahmen der bisherigen Ausführungen immer dort, wo diese inhaltlich wichtig wurden, angeführt, so dass nachfolgend einige Fälle nur noch einmal der Vollständigkeit halber erwähnt werden: Etwa der Fall Yonemoto[32] und die weitere Strafsache des Korrektionalgerichts Leuven,[33] die Entscheidung des BGH in Sachen Tapetenkleistermaschine,[34] die

---

[27] Vgl. auch die Vorgaben für die Maschinensteuerungen Anhang I Ziff. 1.2 „Steuerungen und Befehlseinrichtungen", EN ISO 138 49-1 SISTEMA.

[28] LG Düsseldorf, NJW-RR 2006, 1033 ff. – Abschälmaschine: Ansprüche nach §§ 1, 8 ProdHaftG wurden bejaht, weil die von der Beklagten hergestellte Abschälmaschine gegen die Vorschriften der (seinerzeit geltenden) Maschinenrichtlinie und gegen § 5 der Unfallverhütungsvorschrift VBG 5 verstieß (heutige Ziffer 1.3.7 Anhang I der Maschinenrichtlinie 2006).

[29] Amtsblatt C 99/1.

[30] BGBl. I, 2178.

[31] Dazu und zu den Folgen der EG-Konformitätserklärung LG Stuttgart, NJW-RR 2012, 1169 ff.

[32] EuGH, Urt. vom 8.9.2005, EuZW 2005, 689 ff. – Strafsache Yonemoto.

[33] Korrektionalgericht Leuven, Urt. vom 26.6.2012, Geschäftsstellennummer: 62, Auditorat: LE 65.97.415-06 – Hebebühnen-Fall mit tödlicher Verletzung von zwei Arbeitern.

[34] BGH, Urt. vom 28.3.2006, BeckRS 2006, 05179 – Tapetenkleistermaschine zu § 823 BGB, GSG und auch zur Haftung des Importeurs.

Entscheidung des LG Düsseldorf in Sachen Abschälmaschine,[35] die Entscheidung des LG Stuttgart in Sachen Fenster- und Futterstoffeinklebemaschine,[36] die Entscheidung des OLG Celle zur Haftung eines italienischen Herstellers einer Lederschleifmaschine für die Verletzung eines Benutzers,[37] den Fall in Sachen „Buschholzhackmaschine"[38] und an ausländischen Verfahren sei etwa erwähnt der Fall eines jungen Arbeiters, Angestellter beim französischen Importeur einer in Deutschland hergestellten Maschine, der mit dem Kopf in einen Zwischenraum der Maschine gelangt und anschließend schwerstgeschädigt war und Schmerzensgeld u. a. von dem Maschinenhersteller und dessen Produkthaftpflichtversicher in zweistelliger Millionenhöhe in Frankreich verlangte. Zudem nahm der Geschädigte den „Zulieferer", der die Pläne für die Maschine erstellt und zudem einige Komponenten gestellt hatte, in Anspruch. Der Fall vor dem zuständigen Gericht in Lyon endete in einem Vergleich. Als weiteres Beispiel für einen Fall mit internationalem Sachverhalt sei folgender Sachverhalt erwähnt: Der Zulieferer aus Korea lieferte Chips, die ein deutscher Hersteller zur Steuerung der Anlage in Druckmaschinen einbaute. Die Maschinen wurden anschließend weltweit ausgeliefert. Die Betreiber der Anlagen stellten fest, dass die Steuerungen nicht funktionierten. Obwohl die Maschinen auf „Stopp" gestellt wurden, konnten diese anlaufen und schwere Rollen bewegen, die dann etwaig sich in der Anlage befindende Arbeiter zerquetschen konnten. Die Betreiber verlangten vom deutschen Hersteller den kostenlosen Austausch der Chips und Schadenersatz wegen des Stillstandes von Maschinen. Soweit Zahlungen erfolgten, begehrte der Hersteller der Druckmaschinen Regress vom Zulieferer in Korea. Auch dieses Verfahren endete in einem außergerichtlichen Vergleich. Nicht selten geht es aber auch im internationalen Rechtsverkehr häufig nur um vertragliche „Nacherfüllungskosten".[39]

Zudem: Die Haftung eines Aufzugbetreibers ist keine Gefährdungshaftung, sondern Verschuldenshaftung.[40] 19

3. Sonderthemen

a) Handel mit Gebrauchtmaschinen

In der Praxis immer wieder auftretende Fragen stehen im Zusammenhang mit dem Handel von sog. **Gebrauchtmaschinen.** Diese werden im Markt gehandelt (zu Eigentum übertragen), aber auch geleast oder verliehen, selten: auch verschenkt.[41] Juristen, die sich mit diesem Thema erstmals beschäftigen, werden schnell feststellen, dass die Maschinenrichtlinie und die 9. ProdSG-VO die neuen Maschinen im Fokus hatte und hat. Dadurch, dass insbesondere die Maschinenrichtlinie grundsätzlich Gebrauchtmaschinen nicht erfasst und diese damit auch nicht Gegenstand der CE-Kennzeichnung sind, sind für Gebrauchtmaschinen (lediglich) **nationale Regelungen** zu beachten. Gebrauchtmaschinen, die **bedeutend verändert** werden[42] – dies sei an dieser Stelle nur kurz erwähnt und auf die damit 20

[35] LG Düsseldorf, NJW-RR 2006, 1033 ff. – Abschälmaschine.

[36] LG Stuttgart, NJW-RR 2012, 1169 ff.

[37] OLG Celle, Urt. vom 10.10.2005, VersR 2007, 253 ff. – Lederschleifmaschine.

[38] OLG Karlsruhe VersR 2003, 1584 ff. und zur fehlenden Haftung des Aufzugbetreibers bei technischen Störungen, OLG Frankfurt, Beschluss v. 24.1.2013, BeckRS 2013, 02399.

[39] BGH, NJW 1991, 1604 ff. – Kosten für in Saudi-Arabien reparierte Maschinen.

[40] OLG München, Urt. vom 27.9.2011, Az. 1 U 1798/11, Mietrecht kompakt 2012, 2 – Lässt der Betreiber die Aufzugsanlage in angemessenen Intervallen warten, genügt er in aller Regel seiner Verkehrssicherungspflicht; dazu auch OLG Frankfurt, BeckRS 2013, 02399.

[41] Dazu *Ostermann/Moritz/Geiß*, Der Handel mit Gebrauchtmaschinen im Rahmen des Produktsicherheitsgesetzes, PHi 2012, 116 ff. = InTeR 2013, 83 ff.

[42] Vgl. dazu etwa den **Binnenmarktleitfaden (Blue Guide)** http://ec.europa.eu/enterprise/policies/single-market-goods/files/blue-guide/guidepublic_de. pdf.

verbundenen Abgrenzungsschwierigkeiten hingewiesen –, werden wie ein **neues Produkt,** also wie eine **neue Maschine,** behandelt. Deshalb müssen diese Art Maschinen auch wiederum eine CE-Kennzeichnung enthalten. Handelt es sich um Verbraucherprodukte, also Maschinen, die in die Hände von Verbrauchern gelangen oder gelangen können durch Migration, sind die zusätzlichen Voraussetzungen des § 6 ProdSG zu beachten. Ansonsten bleibt es im nichtharmonisierten Bereich bei den Anforderungen nach § 3 Abs. 2 ProdSG. Der letzte Satz von § 3 Abs. 2 ProdSG stellt sicher, dass auch **gebrauchte Maschinen,** wenn sie auf dem Markt bereitgestellt werden, immerhin zwar **sicher sein müssen,** zugleich wird aber auch gesagt, dass sie **nicht unbedingt** dem neuesten Stand der Technik entsprechen müssen.[43] Wann aber dann die gebrauchte Maschine tatsächlich sicher ist, ist wiederum im Einzelfall zu entscheiden. Jedenfalls scheint es wohl so zu sein, dass der Anhang I bei Gebrauchtmaschinen nicht der Maßstab sein darf. Ansonsten könnte der Gebrauchtmaschinenhandel auch gänzlich zum Erliegen kommen.[44] *Ostermann/Moritz/Geiß* bieten daher eine Art Anleihe aus der **Betriebssicherheitsverordnung (BetrSichV) zur Lösung der Thematik** an. In den Vorbemerkungen des Anhang 1 zur BetrSichV heißt es u. a., dass der Arbeitgeber zur Erfüllung der Mindestvorschriften nicht die Maßnahmen gemäß den grundlegenden Anforderungen für neue Arbeitsmittel zu treffen hat, wenn bestimmte Voraussetzungen gegeben sind, insbesondere wenn die **„Einhaltung der grundlegenden Anforderungen im Einzelfall zu einer unverhältnismäßigen Härte führen würde und die Abweichung mit dem Schutz der Beschäftigten (dennoch) vereinbar ist".** Viel klarer lässt sich dies kaum formulieren. Aus § 3 Abs. 2 ProdSG wird zudem auch deutlich, dass die Möglichkeit, einen höheren Sicherheitsgrad zu erreichen oder die Verfügbarkeit anderer Produkte, die ein geringeres Risiko darstellen, jedenfalls nicht allein ausreichende Gründe wären, ein Produkt als gefährlich anzusehen. In diesem „Sicherheitsfenster"[45] hat sich der „Handel mit Gebrauchtmaschinen" zu bewegen. Gemeint damit ist nicht bloß der Händler im engeren Sinne, sondern – da sich das Produktsicherheitsgesetz beim Bereitstellen von Produkten auf dem Markt heutzutage an die sog. **Wirtschaftsakteure** richtet – auch Hersteller, Bevollmächtigte und Einführer (vgl. dazu § 2 Nr. 29 ProdSG).

b) Sonstiges

21 Schwierigkeiten in der Praxis bereitet vielfach die Frage, in welcher jeweiligen Landessprache die Betriebsanleitungen beizufügen sind. In diesem Zusammenhang hilft leider nicht immer der Verweis auf § 3 Abs. 4 ProdSG:[46] Die Beifügung einer englischen Version neben einer Gebrauchsanleitung in der Landessprache wird im Regelfall – je nach Betreiber – jedenfalls aber genügen.

22 Zudem ist festzuhalten, dass Maschinenhersteller den sog. „Blueguide" – Binnenmarktleitfaden – zu berücksichtigen haben.[47] Bisweilen übernehmen Unternehmen heutzutage im Rahmen von Compliance-Klauseln oder sonstigen vertraglichen Regelungen Inhalte dieses Blueguides oder führen sie als „interne Richtlinie" zur Einhaltung für die Belegschaft ein. Daneben haben zahlreiche Unternehmen – mehr oder weniger aufeinander abgestimmt – sogenannte **Standards für technische Lieferbedingungen (TL),** sei es für Elektrotechnik, sei es für Mechanik für Maschinen und Anlagen. Damit wird – betriebs-

[43] Vgl. dazu zu Recht *Ostermann/Moritz/Geiß,* PHi 2012, 116, 118; *dies.* InTeR 2013, 83 ff.

[44] Ebenso *Ostermann/Moritz/Geiß,* PHi 2012, 116, 119.

[45] *Ostermann/Moritz/Geiß,* PHi 2012, 116, 120 „Sicherheitsfenster".

[46] Insofern hilft nicht immer der Verweis auf § 3 Abs. 4 ProdSG, nehmen wir das Beispiel des Einkaufs einer Maschine von einem holländischen Hersteller durch einen deutschen Maschinenhändler, der diese sogleich weiter nach Frankreich verkauft.

[47] Abrufbar unter http://ec.europa.eu/enterprise/policies/single-market-goods/files/blue-guide/guidepublic_de. pdf.

intern – sichergestellt, dass jeweils die gleichen Standards gelten, Kunden sich darauf verlassen können und nicht zuletzt den Mitarbeitern die Arbeit enorm erleichtert wird.[48]

VI. Medizinprodukte

1. Rechtsgrundlagen

Die Europäische Union hat – entsprechend der Entwicklung im Bereich der Medizintechnik und der intensiven Forschung über Medizinprodukte – ähnlich wie andere Staaten auch[49] Ende der 80er Jahre begonnen, das Medizinprodukterecht zu „kodifizieren". Erwähnenswert erscheinen die Richtlinie 93/42 EWG über Medizinprodukte, aber auch die Richtlinie 90/385/EWG über **aktive implantierbare medizinische Geräte** und die Richtlinie 98/79 EG über **In-vitro-Diagnostika** sowie schließlich die Richtlinie 2000/70/EG über **Medizinprodukte, die stabile Derivate aus menschlichem Blut oder Blutplasma** enthalten sowie dann schließlich – lediglich zur Neuklassifizierung – von **Brustimplantaten,** 2003/12/EG, und auch 2003/32/EG, eine weitere Richtlinie für **unter Verwendung von Gewebe tierischen Ursprungs** hergestellte Medizinprodukte und die jeweils nachfolgenden Novellierungen. In diesem Zusammenhang möchte ich insbesondere die Richtlinie 2007/47/EG anführen. In all diesen Richtlinien werden die **grundlegenden Sicherheitsanforderungen** festgelegt, technische Details demgegenüber von europäischen Normungsgremien spezifiziert. 23

Auf diesen europarechtlichen Vorgaben basiert das **Medizinprodukterecht in Deutschland.** Das deutsche **Medizinproduktegesetz**[50] diente der Umsetzung der Richtlinie 93/42/EWG des Rates vom 14.6.1993 über Medizinprodukte[51] sowie der Richtlinie zur Angleichung der Rechtsvorschriften über aktive implantierbare medizinische Geräte, Richtlinie 90/385/EWG.[52] Das **Medizinproduktegesetz** trat am 1.1.1995 in Kraft und wurde insbesondere durch vier MPG-Änderungsgesetze jeweils aktualisiert.[53] 24

Daneben soll auf § 37 MPG verwiesen werden, mit dem das Bundesministerium für Gesundheit (teilweise nur mit Zustimmung des Bundesrates, vgl. § 37 Abs. 11 und 12 MPG) ermächtigt wird, zur Umsetzung von Rechtsakten der Europäischen Gemeinschaften durch **Rechtsverordnungen** die Voraussetzungen für die Erteilung der Konformitätsbescheinigungen, die Durchführung der entsprechenden Bewertungsverfahren und ihre Zuordnung zu Klassen von Medizinprodukten sowie Sonderverfahren für Systeme und Behandlungseinheiten zu regeln.[54] Insoweit seien die **„Medizinprodukte-VO"** erwähnt, 25

[48] Vgl. etwa *Scheffler,* Intern. Informationen für Mitarbeiter 06/12, 10; zu Rechtsfragen der Robotik (Softwaregesteuerte Maschinen), *Söbbing,* InTeR 2013, 43 ff. u. zu Haftungsfragen 45 ff.

[49] Zur Haftung für Medizinprodukte in Kanada *Müller,* PHi 2011, 22 ff.; Zur aktuellen Situation in den USA, *Brock/Statmann/Taber-Kewene,* PHi 2011, 61 ff., bezogen vor allem auf Fehler bei Medtronic.

[50] *Anhalt/Dieners,* Handbuch des Medizinprodukterechts; *Schorn/Baumann,* Medizinprodukterecht, Kommentar, 25. Ergänzungslieferung August 2009; *Ratzel/Luxenburger* (Hrsg.), Handbuch Medizinrecht; *Rehmann/Wagner,* MPG-Kommentar; *Di Fabio,* Information als hoheitliches Gestaltungsmittel, JuS 1997, 1 ff.; *Gassner,* NJW 2002, 863 ff.; *Lenz,* „Brennende Pflegebetten" – Sichere Medizinprodukte, PHi 2003, 142 ff.; *ders,* Kein Aufwendungsersatz bei Nachrüstung von Pflegebetten, PHi 2006, 17 ff.; *ders.*, OLG Hamm zum Aufwendungsersatz für die Nachrüstkosten bei Pflegebetten, PHi 2007, 135 ff.

[51] ABl.1993, L 196, 1 ff.

[52] ABl. 1990, L 189, 17 ff.

[53] Vgl. zum 4. MPG-Änderungsgesetz, auch *Dieners/Oeben,* MPR 2009, 121 ff.

[54] Der Gesetzesbegründung zum 2. MPG-Änderungsgesetz ist die Rechtshistorie der einzelnen Verordnungsermächtigungen zu entnehmen, BT-Drs. 14/6281, 37.

die „Verordnung über die Verschreibungspflicht von Medizinprodukten" (MPVerschrV), aber auch die ab 2010 geltende neue **Verordnung über klinische Prüfungen mit Medizinprodukten** (MPKPV), mit der die Regelungen zur klinischen Prüfung geändert und den Bestimmungen der klinischen Prüfung von Arzneimitteln nachgebildet wurden,[55] sowie die „Verordnung über Vertriebswege für Medizinprodukte" (MPVertrV). Daneben können ferner im Einzelfall weiterhin von Bedeutung sein: Die „Verordnung über das Errichten, Betreiben und Anwenden von Medizinprodukten" **(MPBetreibV,** vgl. dazu § 37 Abs. 5 MPG); die Medizinprodukte-Sicherheitsplanverordnung (MPSV), die DIMDI-Verordnung für Dokumentation und Information (§ 37 Abs. 8 MPG) und – je nach Anwendungsfall – auch die Medizinprodukte-Kostenverordnung.

26 Inzwischen existiert ein **„Medizinprodukte-Beobachtungs- und Meldesystem" (MEDDEV)** in der EU.[56]

2. Beispiele für Medizinprodukte

27 Beispiele für Medizinprodukte: Implantate, Prothesen, aber ebenfalls mechanische und elektronische Hilfsmittel zur Aufrechterhaltung und der begleitenden Unterstützung von Körperfunktionen; daneben auch Chips, die eine gezielte Abgabe bei Einnahme von Arzneimitteln unterstützen und/oder auch Software zur Steuerung von Medizinprodukten und – neuerdings – auch zur Diagnoseerstellung. Daneben aber auch elektronische Medien zur Ferndiagnose oder aber – ganz generell – zum Patientenmonitoring.

3. Aktuelle Gerichtsverfahren

28 Häufig ist das Gebiet des Medizinprodukterechts auch Thema von Prozessen. Beispielsweise sei auf die EuGH-Rechtsprechung von 1970 an verwiesen.[57] Aber auch zahlreiche Verwaltungsgerichte haben sich mit dem Thema Medizinprodukterecht beschäftigen müssen.[58] Daneben kommt es im Umgang mit Medizinprodukten auch immer wieder zu zivilrechtlichen Verfahren.[59] Dies hängt auch damit zusammen, dass bestimmte Regeln der

---

[55] *Lehmann/Neumann/Reischl/Tolle,* MPJ 2010, 172 ff.

[56] Vgl. dazu die Leitlinien der EU-Kommission, eine detaillierte Empfehlung, www.ec.europa.eu/enterprise/medical _devices/meddev ; dazu auch *Dahm-Loraing/Koyuncu,* PHi 2010, 142, 146, 147.

[57] EuGH, Urt. vom 14.6.2007, Az. C-6/05, EuZW 2007, 441 – Beschaffung von mit CE-Kennzeichnungen versehenen Medizinprodukten durch ein Krankenhaus, und/oder auch EuGH, Urt. vom 15.11.2007, Az. C-319/05 – Knoblauchkapseln, PharmR 2008, 59 ff. – Abgrenzung Arzneimittel/Medizinprodukt oder auch die EuGH-Entscheidung vom 15.1.2009, Az. C-140/07 NVwZ 2009, 439 – Hecht Pharma zur Abgrenzung Arzneimittel/Nahrungsergänzungsmittel.

[58] Etwa VGH Mannheim, MPJ 2008, 123 ff. – Abgrenzung Medizinprodukte/Kosmetika; Zahnbleichmittel als Medizinprodukt; BayVGH, Urt. vom 15.11.2005, Az. 25 CS 05.2147 – Kombination von Arzneimitteln und Medizinprodukten, Rückruf i. S. d. § 28 MPG; ähnlich OVG Münster, NJW 2000, 891 ff. – Abgrenzung Medizinprodukte/Kosmetika und OVG Münster, ZLR 2004, 208 ff. – Abgrenzung Medizinprodukte/Kosmetika; ebenfalls Abgrenzung Arzneimittel/Medizinprodukt: VG Köln, Urt. vom 14.10.2009, Az. 24 K 4394/08, PharmR 2010, 35 – Gurgellösung; zur unrechtmäßigen CE-Kennzeichnung VG Trier, MPJ 2008, 42 ff.; sowie BGH, GRUR 2005, 875 ff. – zur Abgabe von Medizinprodukten durch Ärzte.

[59] Zur Haftung siehe etwa die Fälle um die sog. **„brennenden" Pflegebetten:** BGH, Urt. vom 16.12.2008, Az. VI ZR 170/07, VersR 2009, 272 ff. – Pflegebetten; vgl. dazu *Lenz,* „Brennende Pflegebetten" – Sichere Medizinprodukte, PHi 2003, 142 ff.; *Lenz,* Kein Aufwendungsersatz bei Nachrüstung von Pflegebetten, PHi 2006, 17 ff.; *Lenz,* OLG Hamm zum Aufwendungsersatz für die Nachrüstkosten bei Pflegebetten, PHi 2007, 135 ff. daneben die jüngeren Urteile im Zusam-

Medizinprodukte-VO und/oder des MPG als Schutzgesetze im Sinne des § 823 Abs. 2 BGB zu qualifizieren sind.[60]

VII. Nanotechnologie

1. Begriff

29 Mit dem technischen Vormarsch der Nanotechnologie werden Haftungs- und Versicherungsrechtler vielleicht schon bald und in hohem Maße auch mit den Kernthemen der damit zusammenhängenden Gebiete befasst. Mit **Nanotechnologie** (altgriechisch Nanos: „Zwerg") werden heute bestimmte Forschungsgebiete der Physik, insbesondere der Oberflächenphysik, aber auch der Halbleiterphysik und auch der Oberflächenchemie bezeichnet (Nanoforschungsgebiete), die alle auf einem Sammelbegriff gründen, nämlich dem der „gleichen Größenordnung vom Einzelatom bis zu einer Strukturgröße von 100 Nanometern (nm)". Ein Nanometer ist ein Milliardstel-Meter (10^{-9}).[61] In den frühen Jahren verstand die Wissenschaft die Nanotechnologie in diesem „engen Sinne", nämlich als die **Veränderung von Materialien,** sei es Molekül für Molekül, oder aber auch Atom für Atom.[62] Heute wird auch **die Herstellung von Nanomaterialien auf chemischem Wege** von dem Begriff umfasst und man versteht unter Nanotechnologie, laienhaft formuliert, auch die Fähigkeit, Materiepartikel zu ordnen und zu verändern, die eben höchstens 100 Milliardstel eines Meters messen.

menhang mit der Verwendung von **Brustsilikonkissen;** LG Karlsruhe, Urt. vom 8.2.2013, Az. 7 O 94/12 – Kein Schadensersatz gegen den behandelnden Arzt nach §§ 611, 280 bzw. 823 BGB u. a.; LG Frankenthal (Pfalz), Urt. vom 14.3.2013, Az. 6 O 304/12 – Kein Schadensersatz gegen den behandelnden Arzt nach § 823 Abs. 1 BGB und § 823 Abs. 2 BGB in Verbindung mit § 7 der Medizinprodukte-VO iVm. Anhang II der Richtlinie 93/42/EWG. Das LG führte u. a. aus, dass „die Medizinprodukte-VO mit der Richtline und deren Anhang II sicherstellen soll, dass die Medizinprodukte gemäß den gesetzlichen Anforderungen hergestellt werden, und dass die dafür bereitgestellten Sicherungsmaßnahmen, nämlich die Vorlage eines Qualitätssicherungssystems durch den Hersteller und dessen Überprüfung, nur vor unbeabsichtigten Herstellungsfehlern schützt, nicht aber vor beabsichtigten Manipulationen durch den Hersteller. Durch das Qualitätssicherungssystem sollen Verunreinigungen, Fehler von Angestellten etc. verhindert werden. Dies schützt jedoch nicht davor, dass der Hersteller beschließt, die Produkte abweichend vom Design-Dossier herzustellen. Diese Gesetzeslage mag auf Grund der Gefahrenträchtigkeit von Medizinprodukten unbefriedigend sein, muss aber de lege lata hingenommen werden". Zur Haftung für Medizinprodukte u. a. auch *Dahm-Loraing/Koyuncu,* PHi 2010, 142, 143 ff.; und dies. PHi 2010, 108 ff. **Zur Abgrenzung Medizinprodukt/Arzneimittel** und zur CE-Kennzeichnung, BGH, GRUR-Prax 2010, 20 ff.; BGH, Urt. vom 15.5.2010, Az. I ZR 185/07, GRUR 2010, 756 – One Touch ultra zum Parallelimport von Medizinprodukten und zum Umverpacken.

[60] Dazu vertiefend *Kullmann,* in Kullmann/Pfister, Kza 7670 und die Ausführungen zu § 823 Abs. 2 BGB; *Lippert,* in: Deutsch, MPG, § 4 Rn. 23.

[61] Vgl. Nanotechnologie, http://de.wikipedia.org/wiki/Nanotechnologie vom 14.12.2011 m. w. N.; im Einzelnen: Als Vater der Nanotechnologie gilt *Feynman,* There's Plenty of Room at the Bottom, in ScI.ENG.23, 1960, 22, Vortrag vom 29.12.1959; Norio Taniguchi gebrauchte aber den konkreten Begriff „Nanotechnologie" 1974 erstmals in *Taniguchi,* On the Basic Concept of Nanotechnology, in Proc.Intl.Conf.Prod.eng.tokio, Part II, Japan Society of Precision Engineering, 1974.

[62] Nanotechnologie, http://de.wikipedia.org/wiki/Nanotechnologie vom 14.12.2011 m. w. N. Zu Recht forderte *Widmer,* Nano-Produkteregister in der Diskussion, PHi 2011, 119 ff. „Klare Regeln und Definitionen ... Diese seien notwendig, um zu entscheiden, was zu kennzeichnen ist und was in (etwaige Melde-) Register gehört". Zugleich kritisiert er die Tendenz zu bisher lediglich freiwilligen Nano-Produkteregistern; Siehe dazu auch *Meili,* Mit der Nano-Informations-Pyramide gegen den Blindflug, PHi 2010, 31 ff.

30 Am 18.10.2011 hat die Europäische Kommission eine Empfehlung u. a. auch zur **Definition** von Nanomaterialien abgegeben.[63] Nach Ziffer 2 der Empfehlung[64] **ist Nanomaterial**

„ein natürliches, bei Prozessen anfallendes oder hergestelltes Material, das Partikel in ungebundenem Zustand als Aggregat oder als Agglomerat enthält, und bei dem mindestens 50 % der Partikel in der Anzahlgrößenverteilung ein oder mehrere Außenmaße im Bereich von 1 nm bis 100 nm haben.

In besonderen Fällen kann der Schwellenwert von 50 % für die Anzahlgrößenverteilung durch einen Schwellenwert zwischen 1 % und 50 % ersetzt werden, wenn Umwelt-, Gesundheits-, Sicherheits- oder Wettbewerbserwägungen dies rechtfertigen.“

31 Diese **Empfehlung** richtet sich ausweislich ihrer Ziffer 7 an die Mitgliedstaaten sowie an deren Wirtschaftsakteure. Hintergrund für diese Empfehlung war die Situation, dass in den jeweiligen nationalen Rechtsinstrumenten auf Einzelfallbasis der Begriff der „Nanomaterialien“ definiert wurde.[65] Die nationalen Definitionen unterschieden sich demzufolge in den jeweiligen Mitgliedstaaten und nach Wirtschaftszweig mit der Folge unnötigen Aufwandes für die Industrie.[66]

32 Die Definition der EU-Kommission soll zunächst bis Dezember 2014 im alltäglichen Gebrauch helfen und anhand bis dahin gewonnener Erfahrungen und bis dahin fortschreitender wissenschaftlicher und technologischer Entwicklungen dann noch einmal überprüft werden (Ziffer 5 der Empfehlung).[67]

2. Beispiele

33 Ursprünglich hob man **Vorbilder in der Natur** als Vorteile der Nanotechnologie hervor. Das bekannteste Beispiel für Nanotechnologie ist die Lotusblume oder besser formuliert der **„Lotuseffekt“**. Nanostrukturen sorgen dafür, dass das Wasser auf dem Blatt der Lotuspflanze tatsächlich im wahrsten Sinne des Wortes „abperlt“ und die Haftung von Schmutzpartikeln minimiert. Ebenfalls macht sich die Wissenschaft zunutze, dass der **Kalk der Muschelschalen** im Nanobereich so eng aneinander gereiht wird, dass Muschelschalen extrem stabil und widerstandsfähig sind (ähnlich wie menschliche Knochen). Zu wichtigen nanotechnologischen Produkten im weiteren Sinne zählen **Pigmente** und **Additive (Zusatzstoffe)** für Lacke und auch für Kunststoffe oder auch **Kieselsäuren.** Es scheint nahezu unbestritten, dass die Nanotechnologie eine Vielzahl wissenschaftlicher und medizinischer Fortschritte hervorbringen wird, die die Gesellschaft nutzbringend verwenden wird. Neuartige Diagnostika und Therapeutika – wie etwa Kontrastmittel bei Computertomographien – werden geschaffen werden können. Auch bei Implantaten wird die neue Technik Einzug finden. In der Landwirtschaft werden Methoden des besseren biologischen Pflanzenschutzes erforscht.[68] Im Bereich der Automobilindustrie werden **selbstreinigende Oberflächen** ermöglicht („Lotuseffekt“). Die Liste der Produkte, die Nanomaterialien enthalten, ist bereits heute zu lang, um hier vollständig aufgelistet zu

---

63 EU-Kommission 2011/696/EU, vgl. dazu PHi 2011, 211.

64 Die Empfehlung stützt sich auf das Gutachten des wissenschaftlichen Ausschusses „Neuauftreten und neuidentifizierte Gesundheitsrisiken“ (SCENIHR), das 2010 tatsächlich auch Gegenstand einer öffentlichen Beratung war; vgl. dazu auch PHi 2011, 211.

65 PHi 2011, 211.

66 PHi 2011, 211.

67 Vgl. PHi 2011, 211; FAQ-Seite der Kommission zum Thema Nanomaterialien; *Lovells* (Hrsg.) International Product Liability Review, Issue 44, Sept. 2011, „Science Feature – Nanomaterials: Devil of man's encase studies“, 2 ff., 7.

68 Nanotechnologie in der Landwirtschaft, Julius-Kühn-Institut, www.jki.bund.de.

werden.[69] Beispiele sind: Kosmetika, Körperpflegeprodukte, Computerchips, Farben und Beschichtungen sowie Reinigungsmittel und Schmierstoffe, Textilien, Baumaterialien, Auto- und Flugzeugteile, Tierfutter, Medikamente oder Lebensmittelerzeugnisse. Nach Angaben des BUND[70] sollen Nanomaterialien auch in Lebensmitteln z. B. als Rieselhilfen in Salz oder Brühe oder zur Verkapselung von Konservierungs- oder Nährstoffen verwendet werden. Neuerdings wird sogar hervorgehoben, dass sich mit einem speziellen Granulat aus belastetem Wasser Trinkwasser gewinnen lasse.[71]

3. Risiken und Gefahren

Wo Chancen liegen, gibt es auch Risiken. Seit 2002 fordern eine Reihe von Wissenschaftlern[72] zum Teil sogar Moratorien für die Nanotechnologie wegen befürchteter unkalkulierbarer Risiken.[73] Vermutungen bestehen, dass Nanotubes ähnlich negative Auswirkungen auf die menschliche Gesundheit haben könnten wie z. B. Asbest.[74] In den USA kam es schon 2006 zu Forderungen nach allgemeinen bundesstaatlichen Regeln oder Bundesregeln zum Arbeitsschutz im Hinblick auf spezifische Gefahren von Nanomaterialien.[75] Inzwischen haben verschiedene Studien auch auf die Gefahr verwiesen, dass Nanopartikel in Gewebezellen die DNA schädigen und Krebs auslösend sein können.[76] *Kingdollar* etwa führt aus, dass einzelne Studien ergeben haben, dass sich kleinste Nanopartikel im Bereich der Nasenhöhlen, aber auch in der Lunge ansammeln könnten. Japanische Studien hätten – so *Kingdollar* – ergeben, dass die Exposition mit mehrwandigen Carbon-Nanotubes (MWCNT) Mesotheliome verursachen könnten und die Exposition mit CNTs würde bewirken, dass sich Fragmente in Leber, Milz, Nieren festsetzen könnten,[77] und dies selbst bei geringer Exposition.[78] Ein Team aus Wissenschaftlern der TU-München konnte nunmehr wohl erstmals sogar direkte Auswirkungen ausgewählter künstlich erstellter Nanopartikel auf Herzfrequenzen und deren Rhythmus nachweisen.[79] 34

In Deutschland haben die Bundesanstalt für Arbeitsschutz und Arbeitsmedizin (BAuA), das Bundesinstitut für Risikobewertung (BfR) und das Umweltbundesamt (UBA) bereits 2007 eine „Forschungsstrategie" erarbeitet.[80] 35

---

[69] *Kingdollar,* Nanotechnologie – Das kleinste große Thema für Haftpflicht-Versicherer, in PHi 2011, 236 ff.; Nanomaterial soll Prothesen fester verankern, dazu Focus 27/2013, 89.

[70] Dies zitieren *Lach/Koester,* PHi 2010, 181: Umweltausschuss des EU-Parlaments nimmt Stellung zu Nanotechnologien im Lebensmittelbereich.

[71] Filter mit Nanotechnologie liefert preiswert Trinkwasser, in: Die Welt am 7.5.2013.

[72] U. a. *Mooney,* bis 2002 beschäftigte er sich bei der Organisation Rural Advancement Fund International (RAFI) mit den sozio-ökonomischen Einflüssen moderner Technologien auf ländliche Gemeinschaften. Seit 2001 arbeitet die Gruppe unter dem Namen ETC Group an ernährungsbezogenen Fragen der Technikfolgenabschätzung weltweit.

[73] Vgl. statt vieler etwa *Mooney,* Nanotechnologie. Aufbruch ins Ungewisse, München 2006.

[74] Swiss-Re (Hrsg.), Nanotechnologie, Kleine Teile – große Zukunft, Zürich 2004; im Juni 2005 veröffentlichte auch die Allianz Versicherungs AG eine Studie über die Chancen und Risiken von Nanotechnologie: Allianz Versicherungs AG (Hrsg.), München am 3.6.2005.

[75] Artikel vom 8.4.2006, „Nanotec raises worker safety questions", in Washington Post, http://www.washingtonpost.com/

[76] *Kingdollar,* Vizepräsident bei der Emerging Issues Unit der Treaty-Abteilung der GenRe, zuständig für die Beobachtung und Analyse neuartiger Risiken, publiziert aus neuen Studien aus den USA, Japan, Italien sowie aus Tunesien, in PHi 2011, 236 ff. insbesondere 241, 242.

[77] „Nanoparticels may cause kidney and brain damages", *Forbes,* am 20.9.2011.

[78] Vgl. die weiteren Nachweise bei *Kingdollar,* 236, 240, 242.

[79] *Stampfl/Nießner,* beide an der TU München tätig, PHi 2011, 193, 194.

[80] Ab April 2013 liegt eine erste Bilanz „Nanotechnologie – Gesundheits- und Umweltrisiken von Nanomaterialien" vor, die mehr als 80 Forschungsprojekte zusammenführt; vgl. dazu Pressemitteilung der BAuA vom 20.3.2013 (020/13).

36 Kanada war Anfang 2009 dann eines der ersten Länder, das eine gesetzliche Mitteilungspflicht über die Nutzung von Nanomaterialien für Hersteller und Verwender, die mehr als 1 kg Nanomaterialien im Jahr verwenden, einführte.[81] In den USA wurde bereits ein Gesetzesentwurf zum Umgang mit Nanomaterialien vorgelegt („Nanotechnology Safety Act of 2010").[82] Auch Russland[83] und die europäische Union[84] haben auf neuere Studien reagiert. Im Juli 2010 wurde ein Bodenversiegelungsmittel („NanoCover") vom dänischen Markt genommen. Dieser Vorgang wurde ins europäische Rapex-System eingestellt, weil das Produkt Fluorisilan enthielt, das als giftig einzustufen war und Risiken beim Einatmen bestanden.[85]

37 In technischer Hinsicht bedarf es insoweit sicher noch der gründlichen Aufklärungsarbeit durch Experten. Doch kann bis heute ein möglicher Zusammenhang zwischen der Exposition verschiedener Nanomaterialien und Gesundheitsschäden jedenfalls auch nicht mit Sicherheit ausgeschlossen werden.[86] Selbst wenn über die Toxizität von Nanomaterialien oder das Potential der Allmählichkeitswirkung von Nanomaterialien noch keine abschließend gesicherten Erkenntnisse vorliegen, dürfte eines aber bereits jetzt haftungsrechtlich von Bedeutung werden: Im Einzelfall sind mögliche Auswirkungen – auf der einen Seite für Arbeitnehmer, nicht zuletzt bei solchen, die in der Nanotechnologiefertigung tätig sind, aber auch bei an sich unbeteiligten Dritten (Innocent Bystanders oder auch Verbraucher) – von Nanomaterialien auf etwaig behauptete Gesundheitsbeeinträchtigungen zu untersuchen. Die Anahme eines hinreichenden Gefährdungspotenzials von Nanomaterialien scheint nicht (mehr) von der Hand zu weisen zu sein.

4. Beteiligte

38 Im Hinblick auf die neuartige Technologie und die zahlreichen bisher vorliegenden noch vagen Gutachten und noch vagen Aussagen im Zusammenhang mit der Kausalität der Exposition von Nanomaterialen und der daraus möglicherweise folgenden Gesundheitsgefahren, körperlichen Beeinträchtigungen oder Gesundheitsschäden, ist zu überlegen, wer mit welchen Auswirkungen ggf. haftungsrechtlich an wen herantreten kann: Unterstellen wir für die nachfolgenden Überlegungen, es käme bei einem Verbraucher, zum Beispiel einem Kind, das häufig und lange einer Schadstoffbelastung ausgesetzt war und vielleicht sogar anfälliger ist, zu Krankheiten oder nach gewisser Zeit zum Entstehen von Krankheiten, könnten sich entsprechende Ansprüche gegen eine Vielzahl von Betroffenen richten, darunter in erster Linie einmal gegen die Hersteller von Endprodukten, in denen Nanomaterialien enthalten sind, aber auch gegen Hersteller von Nanomaterialen selbst sowie ggf. auch gegen Importeure von Nanomaterialien. Insofern als zwischen den Beteiligten häufig keine vertraglichen Beziehungen bestehen werden, wird das Delikts- und Produkthaftungsrecht zur Verfügung stehen. Soweit die Belastungen durch Nanoma-

---

[81] Rsc.org/chemistryworld vom 31.1.2010. slack nano safety; dazu auch *Lach/Koester*, Neue Entwicklungen zu Nanomaterialien auf internationaler Ebene, PHi 2010, 52, 53.

[82] Nanolawreport.com vom 25.1.2010; dazu auch *Lach/Koester*, PHi 2010, 52 ff.: Im Zeitraum von 2011 bis 2015 sollen für die Bewertung von Nanotechnologien rd. 25. Mio. US-Dollar zur Verfügung gestellt werden.

[83] In-Pharmatechnologist.com vom 16.2.2010: Russia invest in cancer nanodrug capacity and safety; dazu *Lach/Koester*, PHi 2010, 53, Fn. 5.

[84] Die EU-Kommission hat das sog. FramingNano-Projekt, eine Governance-Plattform, initiiert, *Lach/Koester*, PHi 2010, 52, 53.

[85] Vgl. Nachweise bei *Widmer*, PHi 2010, 219: Ebenso wie bereits zuvor „Magic Nano"-Versiegelungsspray. Die beiden Produkte sind wohl – soweit feststellbar – bisher die einzigen in der Rapex-Datenbank als „Nano"-Materialien explizit bezeichneten Produkte.

[86] Ebenso *Kingdollar*, PHi 2011, 236.

terialen auch am Arbeitsplatz zu gesundheitlichen Beeinträchtigungen führen würden,[87] könnten etwaige Geschädigte gegenüber ihren Arbeitgebern – und damit aus Vertrag – entsprechende Schadenersatzansprüche geltend machen, auch wenn die Inanspruchnahme – bedingt durch die tatsächlichen Schwierigkeiten beim Nachweis der Beeinträchtigung als solcher oder des Kausalzusammenhanges – nicht immer erfolgreich sein dürfte. Ob möglicherweise sogar im Einzelfall die Grundsätze des Anscheinsbeweises etwaigen Geschädigten zur Verfügung stehen, ähnlich wie dies bei Asbest-Klagen teilweise vertreten wird, bleibt abzuwarten.

5. Auswirkungen für die Versicherungswirtschaft

Versicherer, Haftpflichtversicherer, Produkthaftpflichtversicherer und/oder aber solche, 39
die spartenübergreifende Paketpolicen abschließen, sind gut beraten, sich der Thematik bereits jetzt zuzuwenden.[88] Erste Policen werden angeboten. Die Nanotechnologie wird – so hoffe ich – von großem Vorteil für die Gesellschaft sein und – wie leider auch nicht allzu selten – dürfte sie allenfalls einen kleinen Prozentsatz – wenn überhaupt – an Gesundheitsschäden hervorrufen, weshalb die Technologie an sich sicher nicht – nur weil sie neu und modern ist – zu verteufeln ist. Jedoch ist nach wie vor, was die Auswirkungen und den Kausalzusammenhang angeht, vieles noch im Argen, dies sollte jedoch beim Abschluss künftiger Versicherungsverträge bereits Berücksichtigung finden.

VIII. Erneuerbare Energien

1. Begrifflichkeit

Mehr und mehr etabliert sich der Begriff der sog. **„erneuerbaren Energien"**. Es 40
handelt sich dabei um einen Oberbegriff im Zusammenhang mit der Weiterentwicklung von Technologien zur Erzeugung von Energieträgern, die – orientiert an menschlichen Zeithorizonten – nahezu „unerschöpflich" zur Verfügung stehen oder sich „schnell" erneuern.[89]

Haftungsrechtlich betrachtet ist es eine begriffliche Sammlung von Technologien oder 41
Fortentwicklungen von Technologien zur Erzeugung von Strom auf bestimmten Gebieten. Verwiesen werden kann in diesem Zusammenhang etwa auf das **Gesetz für den Vorrang erneuerbarer Energien (Erneuerbare-Energien-Gesetz, EEG)** in der konsolidierten Fassung vom 1.1.2012.[90] Zweck des EEG ist es, ausweislich seines § 1, insbesondere im Interesse des Klima- und Umweltschutzes eine nachhaltige Entwicklung der Energieversorgung zu ermöglichen, die volkswirtschaftlichen Kosten der Energieversorgung auch durch die Einbeziehung langfristiger externer Effekte zu verringern, fossile Ener-

[87] Vgl. dazu auch *Kingdollar,* PHi 2011, 236, 237 ff.

[88] *Widmer,* Nano-Versicherungspolicen: Große Chance oder Tanz auf dem Vulkan?, PHi 2010, 88, 89; *Meili,* PHi 2010, 31, 32: Viele Versicherer seien bei Nano nicht ausreichend informiert.

[89] *Bechberger/Reiche,* Ökologische Transformation der Energiewirtschaft – Erfolgsbedingungen und Restriktionen, 2006; *Bruns/Ohlhorst/Wenzel/Köppel,* Erneuerbare Energien in Deutschland, 2009. Die Agentur für Erneuerbare Energien, gefördert von der Bundesregierung, stellt regelmäßig fundierte Dossiers in der Reihe „Renews Spezial" zu aktuellen Themen der Erneuerbaren Energien ins Netz.

[90] Grundlage: Entwurf der Bundesregierung vom 6.6.2011 – BT-Drs. 17/6071 und Beschluss des Deutschen Bundestages vom 30.6.2011 – BT-Drs. 17/6363.

gieressourcen zu schonen und die Weiterentwicklung von Technologien zur Erzeugung von Strom aus erneuerbaren Energien zu fördern (§ 1 Abs. 1 EEG). Die EEG-Umlage ist nicht verfassungswidrig.[91]

42 Im Zusammenhang mit dem **Begriff** der erneuerbaren Energien enthält § 3 Nr. 3 EEG eine **Begriffsbestimmung** (wenngleich naturgemäß nur auf die Förderung bestimmter erneuerbarer Energien bezogen): **Erneuerbare Energien sind** Wasserkraft einschließlich der Wellen-, Gezeiten-, Salzgradienten-, Strömungsenergie, Windenergie, solare Strahlungsenergie (Photovoltaik), Geothermie,[92] Energie aus Biomasse einschließlich Biogas, Biomethan, Deponiegas und Klärgas sowie Gase aus dem biologisch abbaubaren Anteil von Abfällen aus Haushalten und Industrie. Dieser Begriffsbestimmung folgend wäre haftungsrechtlich betrachtet im Zusammenhang mit der Vertrags- und Produkthaftung der Themenkomplex zu verstehen, der sich demzufolge u. a. mit Windenergie, Solarenergie, Wasserkraft, Bioenergie, Geothermie etc. befasst. Dazu sogleich:

2. Einzelheiten

a) Windenergie

aa) Mögliche Schadenszenarien

43 Wichtiger Baustein für die propagierte Energiewende ist die Windenergie. Dazu gehört nicht nur die **Windenergie im Wald,**[93] sondern auch die **„Offshore-Energiegewinnung".**[94] Aus der Nutzung von Windenergie ergeben sich zweifelsohne neue – bis dato unbekannte – Haftungssituationen, die aber mit den **grundsätzlich zur Verfügung stehenden gesetzlichen Instrumentarien** gelöst werden können.

44 Denkbare **Haftungs-Szenarien,**[95] insbesondere bei Windparks zu Lande, sind zunächst etwa der Eintritt von etwaigen Körperverletzungen z. B. durch Herabfallen der Rotorenblätter oder durch gekippte Masten, und/oder auch durch Eiswurf (unmittelbare Schädigungen).[96] Denkbar sind auch mittelbare Einwirkungen auf die Gesundheit des Menschen, etwa wegen psychischer Beeinträchtigungen durch Störung der sich drehenden Rotoren, wenngleich i. d. R. wohl eher denktheoretischer Natur.[97] Durch das Herabfallen der Rotoren können darüber hinaus darunter stehende oder weidende Tiere (vgl. § 90a BGB), aber auch Sachen (§ 90 BGB) beschädigt werden. Demgegenüber weniger geschützt durch individuelle Ansprüche wäre das mögliche Sterben oder Verletzen von Wildvögeln – diese Thematik haftet der gesamten Umwelthaftung an.

45 Zudem stellt sich die Frage, ob und inwieweit Eigentümer von Grundstücken, in deren Nachbarschaft eine Windkraftanlage errichtet wurde, Ansprüche geltend machen können,

[91] Vgl. dazu OLG Hamm, Urt. vom 14.5.2013, Az. 19 U 180/12 – nicht rechtskräftig. Der 19. Zivilsenat hat die Revision zum BGH wegen grundsätzlicher Bedeutung dieser Rechtssache zugelassen (zu § 37 Abs. 2 EEG).

[92] *Klöber,* Erneuerbare Energien und alles wird gut? – Das Beispiel Geothermie, PHi 2012, 161 ff.: Geothermie ist jede in Form von Wärme gespeicherte Energie.

[93] Vgl. dazu etwa den Tagungsband der Fachtagung BMU und DNR Windenergie im Wald in Berlin, September 2011.

[94] Vgl. dazu etwa die Konferenz der Bundesregierung: „Partner der Energiewende – Maritime Wirtschaft und Offshore Windenergie", Berlin, 22.9.2011, www.bmwi.de:informationenzurveranstaltung; *Grell,* Rechtsfragen der Windkraft zu Lande und zur See, EWS 2013, 284 ff.

[95] Dazu auch *Danilin,* Haftpflichtversicherung für Windenergieprojekte, PHi 2012, 200 ff.

[96] „Rotorkopf von Windkraft stürzt ab", Nachricht vom 19.6.2011 auf www.hr-online.de/website/rubriken/nachrichten/indexhessen34938; auch *Danilin,* PHi 2012, 200, Fn. 2.

[97] Vgl. dazu aber den NDR-Bericht über die Schrecken der Windkraft von Christian Reinboth vom 31.5.2010, 9:17 Uhr, abrufbar unter www.youtube.com/watch.

etwa gegen Hersteller oder aber gegen die Betreiber.[98] Ein spektakuläres Beispiel ist der **Kollaps einer Windturbine.**[99] Kollabiert ist eine **zehn Jahre alte Anlage,** die während eines Sturms außer Kontrolle geriet und in einer Explosion zerstört wurde, nachdem einer der Rotoren abgebrochen war. Die Wucht der Explosion genügte angeblich, um den 60 Meter hohen Turm in der Mitte auseinander zu reißen und umstürzen zu lassen.[100] Kurz vor dem Auseinanderbrechen bewegten sich die Rotorenblätter mit hoher Geschwindigkeit, so dass die Anlage möglicherweise bereits vor dem Abbruch des Rotorenblatts nicht mehr einwandfrei lief, weil sich der Rotor offensichtlich ungebremst drehen konnte. Angeblich waren bereits einige Tage zuvor – von einem dänischen Hersteller produzierte – Windturbinenräder während eines Sturmes zusammengebrochen. Ob mangelnde Wartung dafür verantwortlich war oder der Kollaps auf konstruktiven oder fabrikativen Mängeln beruhte, blieb seinerzeit ungeklärt. Sowohl Umweltministerium als auch die Hersteller hatten seinerzeit eine genaue Untersuchung der Vorfälle angeregt.[101]

Off-Shore-Risiken bei Windenergieanlagen dürften demgegenüber eine geringere Eintrittswahrscheinlichkeit haben. Bei Off-Shore-Parks wird als Schulbeispiel in der Literatur angeführt, dass es bei nicht funktionierender Notstromversorgung und dadurch fehlender Nachtkennzeichnung der Anlagen zu einer Kollision mit Schiffen und daraus resultierenden Personenschäden und Eigentumsverletzungen kommen könnte.[102] Dasselbe könnte natürlich auch bei manövrierunfähigen Schiffen passieren. Dennoch erscheinen derartige Konstellationen überschaubarer – bezogen auf die Eintrittswahrscheinlichkeit.[103] 46

bb) Rechtsgrundlagen

Wie bereits hevorgehoben, dürfte zur Lösung der (sub aa.) angesprochenen Problemkreise das bekannte **Haftungsregime grundsätzlich** ausreichend sein. Bei mangelnder Wartung könnten durchaus bereits **vertragliche Ansprüche** zur Diskussion stehen. Zu bedenken – aber nach der deutschen Systematik eher zu negieren – wäre zudem ein Anspruch aus **Vertrag mit Schutzwirkung für Dritte** (analog § 328 BGB), beispielsweise wenn zwischen Grundstückseigentümer und Betreibergesellschaft ein Vertrag besteht.[104] Nicht selten verpachtet oder vermietet der Grundstückseigentümer die Fläche ja an eine Betreibergesellschaft. Die Frage ist dann zudem im Einzelfall, ob und inwieweit der 47

[98] In Dänemark erhalten nach dem „Gesetz zur Förderung erneuerbarer Energien", das am 1.1.2009 in Kraft trat, Eigentümer eine Entschädigung für den Wertverlust ihres Grundeigentums. Es gilt eine sog. Ein-Prozent-Grenze. Ansprüche haben nur die Eigentümer von Grundstücken, bei denen der **Wertverlust 1 % überschreitet.** Vgl. dazu PHi 2011, 211 „Aus aller Welt – Dänemark". Dort ist die Rede davon, dass z. B. beim Windpark „Kappel Vindmøllepark" im Süden Dänemarks bei über 50 angrenzenden Grundstücken ein Wertverlust von insgesamt 470.000,00 EUR gezahlt werden musste, und dass die meisten Grundstückseigentümer keine Entschädigung erhielten, da der Wertverlust zwischen 6.718,00 EUR und 20.000,00 EUR lag und daher die Ein-Prozent-Grenze nicht überschritten war, PHi 2011, 211. Vertiefend *Hille/Schröder/Dettmer/Visser,* Offshore-Windkraftanlagen – Haftung und Haftpflichtversicherung, VersR 2010, 585 ff.

[99] Die Copenhagen Post berichtete am 25.2.2008 über den Kollaps einer Windturbine in Hornslet Nahe Århus. Vgl. dazu www.scienceblog.de/frischer-wind/2008/02, spektakuläres Video vom 26.2.2008, 11:46 Uhr.

[100] Wie zuvor.

[101] Wie zuvor.

[102] *Danilin,* PHi 2012, 200; Allgemein zu Rechtsfragen der Windkraft zu Lande und zur See, *Grell,* EWS 2013, 284 ff.

[103] Nachweise bei *Danilin,* PHi 2012, 200, 201, Fn. 5, aber auch Fn. 6.

[104] Vgl. zur restriktiven Handhabe von Verträgen mit Schutzwirkung für Dritte vor allem die Ausführungen zu Qualitätssicherungsvereinbarungen in § 5 I. Rn. 11 ff.

Geschädigte in den „Schutzbereich" dieses Vertrages (mit) einbezogen ist und ob er in den „Nähebereich" des Vertrages fällt.

48 Dass in den dargestellten Haftungsszenarien in Deutschland – jedenfalls bei Geltung deutsch-materiellen Rechts – geschädigte Dritte zunächst Ansprüche gegen den Hersteller aus **§ 1 ProdHaftG** oder **§ 823 Abs. 1 BGB** geltend machen können, bedarf ebenfalls keiner weitergehenden Vertiefung.

49 Neben dem Hersteller der Anlage, der für konstruktive Mängel und Fabrikationsmängel oder Pflichtverletzungen im Zusammenhang mit der ihm obliegenden Beobachtungspflicht haften kann, können aber auch die **Betreiber** von Windkraftanlagen in Anspruch genommen werden. Neben den bereits beschriebenen Schäden durch herabfallende Teile einer Anlage, die – durchaus nicht nur in Ausnahmefällen – (auch) dem Betreiber zuzurechnen sein werden, können weitere haftungsrechtliche Themen auch daher rühren, dass es im Zusammenhang mit den vom Betreiber in Ausübung seines Wegerechtes betriebenen Zufahrten oder auch wegen mangelhafter Absicherung der Anlage oder auch wegen mangelnder Absicherung gegen unbefugtes Betreten zu Schäden Dritter kommt. Hier stellt sich dann im Einzelfall die Frage, ob dafür der Grundstückseigentümer oder der Betreiber die Verantwortung trägt. Nicht selten dürften Grundstückseigentümer im Pachtvertrag (§§ 581 ff. BGB) mit dem Betreiber Vereinbarungen des Inhalts getroffen haben, dass die Betreiber den Grundstückseigentümer im Zweifelsfall sogar (auf erstes Anfordern hin) freizustellen haben und verpflichtet sind, den Schaden auszugleichen.[105] Daneben denkbar sind Flurschäden, die durch die Errichtung, den Betrieb und den Rückbau einer Windkraftanlage auf der landwirtschaftlichen Fläche entstehen können sowie damit verbundene Ernteausfälle oder sonstige Nachteile für Landwirte. Betreiber **sichern** sich nicht selten gegenüber Ansprüchen – zum Beispiel wegen von der Anlage ausgehender Emissionen wie Schattenwurf – von direkt angrenzenden Grundstückseigentümern/Nutzern ggf. durch entsprechende **Verzichtsklauseln** in Verträgen ab. Im Regelfall erhalten die Vertragspartner dafür allerdings dann vom Betreiber eine angemessene Zahlung.[106] **Umgekehrt** können **Betreibern** auch Ansprüche zustehen: Betreiber von Windkraftanlagen können etwa auch Schadenersatz erhalten, wenn der Netzbetreiber diesen einen falschen, zu weit entfernt liegenden Netzverknüpfungspunkt zugewiesen hat und dem Anlagenbetreiber Kosten für den Anschluss an den falschen Netzverknüpfungspunkt entstanden sind.[107] Ersatz des Ertragsausfalls kann u. U. auch vom wartenden Werkunternehmer verlangt werden, selbst wenn dieser über eine Haftungsbegrenzungsvereinbarung in AGB abgesichert zu sein glaubt, aber die Verfügbarkeit sicherstellen sollte.[108]

50 Die sich anschließenden Fragen, ob der Hersteller der Anlage möglicherweise der Haftung entrinnen kann, indem er einen Vertrag mit dem Betreiber schließt und mit diesem ggf. **Haftungsfreistellungsvereinbarungen** wirksam (oder unwirksam) vereinbart, ist davon zu trennen.

---

[105] Vgl. dazu etwa die Hinweise der Grundstückseigentümer und Landwirte zu „Windkraftanlagen", hrsg. vom Sächsischen Staatsministerium für Umwelt und Landwirtschaft, August 2003; vgl. dazu auch www.smul.sachsen.de/lfl.publikationen/download vom 14.12.2011.

[106] BVerwG, Urt. vom 16.6.1994, Az. 4 C 20/93, MDR 1995, 255; *Schulze-Hagen,* Windenergieanlagen in der bauplanungsrechtlichen Rechtsprechung, Agrar- und Umweltrecht, 2003, 138, 139; *Brüggemann,* Windkraftanlagen auf landwirtschaftlichen Flächen, Bauen für die Landwirtschaft, 2002, 6; zur etwaigen Haftung des für die Nordsee zuständigen Übertragungsnetzbetreibers (UNB) nach § 17 EnWG 2012 i. V. m. § 32 EnWG und §§ 280 ff. BGB; vgl. *Grell,* EWS 2013, 284, 286.

[107] OLG Hamm, Urt. vom 3.5.2011, Az. I-21 U 94/10.

[108] LG Kiel, Urt. vom 17.3.2011, Az. 9 O 116/10, RDE 2011, 272 – AGB: unwirksame Haftungsbegrenzung in Wartungsvertrag zu einem Werklieferungsvertrag über eine Windkraftanlage.

In **zivilrechtlicher** Hinsicht sei noch eines angemerkt: § 95 BGB schränkt die §§ 93 und 94 BGB ein. Wenn die Voraussetzungen des § 95 BGB vorliegen, sind die verbundenen oder eingefügten Sachen weder wesentliche Bestandteile noch einfache Grundstücksbestandteile, vielmehr sog. **Scheinbestandteile.**[109] Die Windkraftanlage gehört grundsätzlich nicht zum wesentlichen Bestandteil eines Grundstücks; denn sie wird in der Regel nur vorübergehend mit dem Grund und Boden verbunden (§ 95 BGB). Zwar kann die Annahme eines vorübergehenden Zwecks ausscheiden, wenn nach Ablauf der jeweiligen Mietzeit eine automatische Verlängerung des Vertrages in Aussicht genommen wird,[110] oder wenn die Nutzungsdauer der Sache kürzer ist als die Laufzeit des vertraglichen Nutzungsrechts,[111] doch gilt dies nur eingeschränkt bei Windkraftanlagen wegen der Möglichkeit des Repowering und des Marktes für gebrauchte Anlagen, selbst wenn deren Nutzungsdauer nicht länger als die Laufzeit des Vertrages ist.[112] 51

Im Zusammenhang mit Windkraft greifen – zum Teil verzahnt – zudem eine Reihe **öffentlich-rechtlicher Regelungen, u.a:** Für die Genehmigung von Off-Shore-Windparks enthält die Seeanlagenverordnung (SeeAnlV) die maßgeblichen Vorschriften.[113] Bei sog. On-Shore-Anlagen sind Genehmigungen einzuholen: Windkraftanlagen bis 50m Höhe bedürfen lediglich einer Baugenehmigung, darüber hinausragende einer Genehmigung nach § 4 BImSchG i. V. m. Ziffer 1.6. Spalte 2 Anhang zur 4. BImSchV.[114] Im Übrigen: Baugesetzbuch (BauGB: Vergleiche zur Privilegierung bei der **Errichtung von Windkraftanlagen § 35 Abs. 1 Nr. 1 i. V. m. § 1 Abs. 3 BauGB** und auch die dazu ergangene Rechtsprechung), Erneuerbare-Energien-Gesetz (EEG), Gesetz über die Umweltverträglichkeitsprüfung (UVPG), Raumordnungsgesetz (ROG), Raumordnungsverordnung (RoV), Landesbauordnungen und die Landesplanungsgesetze sowie die Landesnaturschutzgesetze, aber auch die StVO und die StVZO oder das Stromeinspeisungsgesetz und die technischen Anleitungen zum Schutz gegen Lärm.[115] 52

Schließlich musste sich der BGH bereits mit einer immer wieder relevanten Frage beschäftigen, nämlich ob die pflichtwidrige Verzögerung einer Baugenehmigung von Windenergieanlagen Schadenersatz begründen kann. Dazu hat der BGH mit Urteil vom 2.12.2010[116] erwartungsgemäß festgestellt, dass dem Antragsteller gegenüber der Genehmigungsbehörde in der Tat Schadenersatz zusteht, wenn letztere die Erteilung einer Baugenehmigung für (zwei) Windenergieanlagen pflichtwidrig verzögert hat. Die Genehmigungsbehörde darf nicht etwa zuwarten, bis eine Rechtsänderung durch einen geänderten Flächennutzungsplan eingetreten ist. 53

---

[109] Palandt/*Ellenberger*, § 95 Rn. 1.

[110] OLG Köln, NJW 1961, 461.

[111] RGZ 153, 231; dazu Palandt/*Ellenberger*, § 95 Rn. 3.

[112] So OLG Schleswig, WM 2005, 1909; zustimmend *Peters*, WM 2002, 110; *ders.*, WM 2007, 2003; *Witter*, ZfLR 2006, 41; *Nobbe/Fischer/Klindtworth*, §§ 929, 930 Rn. 119 ff.; aber a. A. (bei Übernahmerecht des Grundstückseigentümers) OLG Koblenz, ZflR 2007, 292.

[113] *Grell*, EWS 2013, 284 f.: Die Genehmigung wird durch das Bundesamt für Seeschiffahrt und Hydrographie (BSH) in Form eines Planfeststellungsbeschlusses erteilt.

[114] U. a. auch *Grell*, EWS 2013, 284, 287.

[115] Vgl. dazu die Entscheidung des BVerwG vom 13.12.2012, Az. 4 CN 1.11 und *Grell*, EWS 2013, 284, 287; vertiefend: *Schmitte*, Agrarrecht 2002, 270; *Schwarz*, Rückbaukosten von Windenergieanlagen, Erneuerbare Energien, August 2000; *von Maydell*, Windkraft. Darauf achten bei Pachtverträgen, Top-Agrar, Heft 11/2000; *von Seht*, Windkraftnutzung im Aufwind, Raumforschung und Raumordnung, Heft 1–2/2003; Leitfaden zur Genehmigung von Windkraftanlagen im Freistaat Sachsen, Sächsisches Staatsministerium für Umwelt und Landwirtschaft Dresden, 2001; *Brüggemann*, Heft 1/2002; *Schulze-Hagen*, Heft 5/2003.

[116] BGH, Urt. vom 2.12.2010, Az. III ZR 251/09, VersR 2011, 671.

cc) Versicherungskonzepte

54 Die Lage des Windenergieprojekts und die Tätigkeit des Versicherungsnehmers sind die Merkmale, die das Haftpflichtschadenpotential bestimmen.[117] Auf Basis dieser Umstände werden in der Praxis entsprechende Deckungslösungen angeboten.

b) Solar- und Photovoltaik-Energie

aa) Haftungsszenarien

55 Nicht wesentlich anders als die Probleme im Zusammenhang mit Windkraftanlagen stellen sich Haftungsfragen im Zusammenhang mit Solar- und Photovoltaik-Anlagen dar. Auch hier sind wiederum – ausgehend von möglichen Geschädigten – einige **Haftungsszenarien** denkbar: Fälle, die bekannt wurden, beginnen mit der Haftung bei Beschädigungen während der Montage.[118] Diese typischen im Zusammenhang mit dem Einbau von Photovoltaikanlagen entstehenden Schäden werden regelmäßig über das **Werklieferungs-** oder **Werkvertragsrecht** in Verbindung mit § 280 BGB und ggf. über die Erfüllungsgehilfenhaftung (§ 278 BGB) hinreichend abgesichert. Der Auftraggeber hat also zunächst einmal ggf. **vertragliche Ansprüche** gegenüber dem Auftragnehmer. Der Eigentümer – als Auftraggeber – hat darüber hinaus ggf. Ansprüche gegen den Werkunternehmer aus Deliktsrecht nach § 831 Satz 1 BGB oder auch nach § 823 Abs. 1 BGB.

56 Denkbar sind aber auch Fallkonstellationen, bei denen zum Beispiel der Auftragnehmer – etwa ein Dachdecker – auf dem Dach Arbeiten ausführt und dabei ein blankes Kabel berührt und durch einen Stromschlag verletzt wird (Personenschaden), oder natürlich auch das **Abrutschen der Anlage vom Dach** selbst[119] und das Herbeiführen von weitergehenden Schäden, zum Bespiel die Beschädigung am PKW des Nachbarn, der unter dem Dach geparkt hatte. Eigentümer sind verkehrssicherungspflichtig, wenn Dritte durch herabfallende Gegenstände zu Schaden kommen (§ 823, § 836 BGB). Daneben aber werden Anlagen, zum Beispiel Photovoltaikanlagen, auch auf fremden Grundstücken oder Gebäuden errichtet. Photovoltaikanlagen sind regelmäßig **Zubehör** eines Grundstücks i. S. v. § 97 BGB, sofern sie als Aufdachanlagen konstruiert sind und ihre Nutzungsdauer nicht durch entsprechende Vereinbarungen eingeschränkt ist.[120] Haften können – je nach Sachlage – der wahre Eigentümer und/oder der Besitzer. Der **Pächter der Anlage** oder aber auch der **Betreiber** können ebenfalls oder ausschließlich für etwaige Schäden haften, die Dritten kausal aus Mängeln an der Anlage entstehen.

bb) Rechtsrahmen

57 Insgesamt lässt sich aber – dies zeigen die Szenarien – die Thematik Solar- bzw. Photovoltaik-Haftung mit den **herkömmlichen Kategorien der Vertragshaftung,** der möglichen Haftung für Sachmängel und den daraus resultierenden Folgeschäden (§§ 280 Abs. 1 i. V. m. 249 ff. BGB) sowie über die **Grundsätze der Produkthaftung (§ 1 ProdHaftG)** bzw. **§ 823 Abs. 1 BGB** lösen. Dabei gilt, was bereits bei der vertraglichen Haftung und etwaig übernommenen **Garantien** ausgeführt wurde[121] auch im Zusammenhang mit **„Garantien für Solarmodule".** Zahlreiche Garantieerklärungen der Hersteller

---

[117] *Danilin,* PHi 2012, 200, 204.

[118] Immer wieder erwähnt werden in Foren, u. a. www.photovoltaikforum.com, Beschädigungen bei der Dach-Montage.

[119] *Strassmann,* Das falsche Versprechen, Die Zeit vom 2.5.2013, 35 f.

[120] LG Passau, Beschl. vom 28.2.2012, RNotZ 2012, 511 ff.

[121] Vgl. dazu die Ausführungen zur Garantie.

enthalten keine echten und eigenständigen Ansprüche.[122] Nicht selten wird im Einzelfall zu untersuchen sein, ob und inwieweit eine selbstständige Garantie einen eigenen Anspruch begründet oder aber ggf. nur eine Sollbeschaffenheitsvereinbarung des Herstellers vorliegt, oder ob die Zwei-Jahresfrist der Verjährung lediglich verlängert worden ist (§§ 133, 157 BGB): Viele Hersteller werben etwa damit, dass ihre Module über 20, 25, teilweise sogar 30 Jahre gewisse Leistungen erbringen.[123] Allerdings sind auch zahlreiche dieser „Leistungsgarantien" keine echten Garantien. Sollte dennoch zum Beispiel eine bestimmte Produkt- oder Leistungsgarantie für Solarmodule ausnahmsweise gegeben sein, nützen diese wenig, wenn in der Zwischenzeit der Hersteller – oft handelt es sich nicht um große Unternehmen – zahlungsunfähig wird.[124]

Zudem können einzelne Klauseln in Verträgen über Photovoltaik auch unwirksam sein 58
(§§ 307, 134, 138 BGB). So hat das LG Rottweil in seinem Urteil vom 23.3.2011 eine **Klausel** in einem **Vertrag** für **unwirksam** gehalten, die den Kunden verpflichtete, eine Photovoltaikanlage bereits vor der Lieferung zu bezahlen.[125] Nehmen wir folgendes **Beispiel:** Ein Hersteller für Solarmodule garantiert, dass die „erworbenen Module auch nach 20 Jahren Betriebszeit noch eine bestimmte Leistung, zum Beispiel 80 % der ursprünglichen Werte, erreichen".[126] Es dürfte sich – bei dieser Formulierung – kein eigenständiger Anspruch aus Garantie ergeben (§§ 133, 157 BGB). Damit dürften im Falle des Nichteintritts der Beschaffenheiten die Sachmängelhaftungsansprüche greifen, mit den typischen, im BGB geregelten, Verjährungsregelungen.

Neben der Verkehrssicherungspflicht besteht bei Photovoltaikanlagen – wie auch bei 59
Windkraft – ein Haftungsrisiko durch das **Einleiten von Strom in das Netz eines Energieversorgungsunternehmens.** Sollte es zu Schäden durch schädigende Rückwirkungen auf das **Eigentum des Netzbetreibers** oder das des Energieversorgungsunternehmens kommen, hat der **Betreiber** der Photovoltaikanlage dafür grundsätzlich einzustehen. Beiläufig möchte ich noch erwähnen, dass Installateuren und/oder Werkunternehmern allgemein häufig nicht geläufig ist, dass der Vertrag über die Errichtung von Solaranlagen im Regelfall als ein sog. **Kaufvertrag mit Montageverpflichtung** behandelt wird.[127] Dadurch haftet der Installateur der Solaranlage für die Einzelkomponenten und aufgrund der Montageverpflichtung auch im Falle der nicht fachgerechten Planung und Montage. Nach der Entscheidung des LG Gera[128] aus 2008 müssen Solaranlagen auch während der Montage, und erst recht im späteren laufenden Betrieb, verkehrssicherungsrechtlich so installiert sein, dass selbst bei stärkstem Wind diese nicht vom Dach herabfallen und somit fremdes Eigentum nicht beschädigen können. Ob und inwieweit darüber hinaus der Installateur die Verpflichtung übernommen hat, die Anlage im Hinblick auf die Wirtschaftlichkeit und den Ertrag hinreichend zu planen, ist eine Frage des Einzelfalles und ebenfalls durch Auslegung des konkret geschlossenen Vertrages nach den §§ 133, 157 BGB zu beurteilen. Auch ist ggf. vorab oder im Vertrag zu regeln, wer für die Einholung einer etwaigen Baugenehmigung – öffentlich-rechtlich – verantwortlich ist. Zudem hat der Solarinstalla-

---

[122] Vgl. etwa Photon: Garantien für Solarmodule meist wertlos, vom 3.5.2010; Woche der Sonne: Photon – Das Solarstrom-Magazin hat in seiner Märzausgabe 2010 festgestellt, dass bei Untersuchungen von mehr als 100 Garantiebedingungen diese meist nicht das wert sind, was versprochen wird.

[123] Vgl. *Strassmann,* Das falsche Versprechen, Die Zeit vom 2.5.2013, 35, 36.

[124] Dies kritisiert *Strassmann,* Das falsche Versprechen, Die Zeit vom 2.5.2013, 35, 36 zu Recht.

[125] Vgl. dazu www.pv-recht.de/solar-vertraege.html zur **Vorauszahlungsklausel** im Solar-Energie-Bereich.

[126] *Czech/Binder,* Photovoltaik 2011, 108, 109.

[127] LG Gera, Urt. vom 1.8.2008, Az. 2 O 1288/07; dazu vertiefend www.etagreen.com/archive/966818 – typische Haftungsrisiken bei der Planung und Montage.

[128] LG Gera, Urt. vom 1.8.2008, Az. 2 O 1288/07.

teur natürlich bei der Montage darauf zu achten, dass die bereits vorhandene Unterkonstruktion nicht weiter beschädigt und die Dachhaut nicht etwa mit Feuchtigkeitsschäden überzogen wird.

60 **Gebäudeeigentümer** sind verpflichtet, Warnhinweise aufzubringen, etwa Hinweisschilder mit der Aufschrift „Vorsicht Dachlawine", und eventuell auch Schneefanggitter anzubringen, weil der Schnee sehr leicht von den Glasplatten der Moduloberflächen abrutschen kann. Denn ansonsten wird er – für den Fall, dass sich eine Dachlawine löst – haftungsrechtlich regelmäßig einstehen müssen, auch wenn dies höchstrichterlich noch nicht entschieden ist.[129]

61 Noch ein Satz für Versicherungslösungen für Photovoltaikanlagen: Hier werden üblicherweise sog. **pauschale Deckungszusagen** von Seiten der Versicherungswirtschaft abgegeben.[130]

c) Geothermie[131]

aa) Begriff der Geothermie

62 **Geothermie**[132] ist jede in Form von Wärme gespeicherte Energie unterhalb der festen Oberfläche der Erde.[133] Im Einzelnen wird bei der Geothermie zwischen oberflächennaher (etwa bis 100m Tiefe) sowie darunter liegender Geothermie bzw. **Erdwärmetechnik** unterschieden.[134] Soweit die Erdwärmetechnik in etwa bis zu 10m führt, wird die oberflächennahe Geothermie durch sog. **Erdkollektoren** genutzt, die i. d. R. in einer Tiefe von 2m bis 3m eingebracht werden und dort dann über sog. **Kollektorennetze** oder **Kollektorengitter** den Wärmeaustausch ermöglichen.[135] Soweit in tiefere Gefilde, tiefer als 100m „eingedrungen" wird, kann unter Umständen auch das **Bundesberggesetz (BBergG)** einschlägig sein.[136] Der Charme: Einmal installiert bringt die Anlage ökologisch wertvolle Energie kostenfrei in Häuser oder Gebäude. Doch die Risiken für Bauherrn sind nicht unerheblich, so dass Einsparungseffekte bisweilen (wieder) in Frage gestellt werden.[137]

bb) Potentielle Haftungsrisiken

63 **(1) In der Öffentlichkeit diskutierte Problemfälle.** In der Literatur finden sich bisher nur vereinzelte Stellungnahmen: *Klöber*[138] erläutert eine Reihe von Beispielen aus den Jahren 2006 bis 2011: Er erwähnt unter anderem ein Geothermieprojekt in Basel, bei dem im Dezember 2006 unter hohem Druck Wasser **in das Erdreich gepresst** wurde, was zu

---

[129] Zur Vertiefung zu Hinweisen auf gesammelte Urteile zu Solaranlagen vgl. www.mth-partner.de/rechtsanwaltsblog/erneuerbare-energien vom 16.2.2011.

[130] Vgl. dazu *Klöber*, PHi 2012, 161, 164.

[131] Vgl. zum Begriff § 2 Abs. 1 EEG sowie Art. 2 Satz 2a der EE-Richtlinie 2009.

[132] Zum Begriff siehe auch § 2 Abs. 1 EEG sowie Art. 2 Satz 2a der EE-Richtlinie 2009.

[133] *Klöber*, Erneuerbare Energien und alles wird gut? – Das Beispiel Geothermie, PHi 2012, 161.

[134] Zu den Schwierigkeiten bei der Einteilung *Klöber*, PHi 2012, 161, 162.

[135] So explizit *Klöber*, PHi 2012, 161 ff.

[136] So zu Recht *Klöber*, PHi 2012, 161, 162.

[137] Dementsprechend liegen auch beim Deutschen Bundestag bereits Petitionen vor und Forderungen werden erhoben, der Gesetzgeber möge Haftungsbegrenzungen zugunsten von Betreibern von Tiefengeothermie auf den Weg bringen, vgl. Epetitionen.bundestag.de/petitionen/2010/03/021 zuletzt abgerufen am 18.4.2013.

[138] *Klöber*, Erneuerbare Energien und alles wird gut? – Das Beispiel Geothermie, PHi 2012, 161, 162: Risiken und Schadenfälle unter Ziffer 3.

einem Erdbeben und zu einer Vielzahl von Gebäudeschäden führte.[139] Ferner erwähnt er Erdwärmebohrungen in NRW im Juni 2009, als lediglich für einen Neubau eine entsprechende Erdwärme-Anlage installiert werden sollte. Die Erdwärme-Bohrungen führten zu Rissschäden an mehreren Gebäuden, einige Häuser waren nicht mehr bewohnbar. Zudem wird in der Öffentlichkeit ein Schadensfall in der Stadt Staufen im Breisgau vielschichtig diskutiert. Besonders das Beispiel aus Staufen zeigt, welche – unwägbaren – Problemfelder mit Erdwärmebohrungen verbunden sind: Mehr oder weniger zufällig wurde bei einer Bohrung in etwa 140m Tiefe eine sog. Gipskeuperschicht durchstoßen. Darunter befand sich ein Grundwasserleiter, in dem Wasser unter hohem Druck stand. Die Verbindung zwischen der Keuperschicht und Wasser führte zur Entstehung von Gips, der sich dann ausdehnte.[140] Angeblich steigt der Erdboden der Stadt Staufen nunmehr stetig an. Dies führte bereits zur Beschädigung von mehr als 260 Häusern.[141] Schon diese dankenswerterweise von *Klöber* erwähnten – ganz unterschiedlichen – Fallkonstellationen zeigen die Relevanz, aber auch das Spektrum der möglicherweise eintretenden Risiken dieser **neuen Technologie.**

(2) Rechtliche Rahmenbedingungen. Im Regelfall erteilt ein Eigentümer einem Unter- 64
nehmen einen entsprechenden **Werkvertrag** zur Errichtung von Geothermieanlagen. Betroffen können Architekten, Planer, Baugrundgutachter und ausführende Unternehmen sein. Soweit dieser Vertrag schlecht erfüllt wird, macht sich der Beauftragte ggf. nach den §§ 631, 633, 634 BGB i. V. m. § 280 Abs. 1 BGB schadenersatzpflichtig, wobei das Verschulden nach § 280 Abs. 1 Satz 2 BGB vermutet wird (oder auch nach den Regelungen der VOB/B). Wenn etwa bei der Errichtung der Anlage das Grundwasser beim Bohrvorgang verunreinigt wird, beispielsweise bei Durchbohrungen verschiedener Grundwasserstockwerke, dürfte der Unternehmer in aller Regel für etwaig darauf beruhende Schäden haften. Es stellt sich unter Umständen dann aber auch dem **Eigentümer** die Frage, ob auch er für die Sanierung und die erhöhten Kosten haftet. Dies erscheint denkbar, wenn es sich um ein „zielgerichtetes Handeln" bei dem Eingriff i. S.d § 22 WHG 2.1 handelt. Dies ließe sich im Ausgangsbeispiel annehmen, müsste aber wohl bereits verneint werden, wenn beispielsweise Jahre nach dem Einbau eine Energiesonde nur undicht wird und die Wärmeträgerflüssigkeit Glykol (die Befüllung mit Glykol ist außerhalb von Wasserschutzgebieten nach einigen landesrechtlichen Regelungen zulässig) zufällig ins Grundwasser gelangt.[142] In diesem Fall handelt der Eigentümer nicht zweckgerichtet und muss – im Zweifel – etwaig anfallende Sanierungskosten nicht übernehmen. Zudem stehen etwaig geschädigten Hauseigentümern, deren Häuser Risse durch Erdwärmebohrungen erleiden, unter Umständen Ansprüche aus **Vertrag mit Schutzwirkung für Dritte** (§ 328 BGB

---

[139] *Klöber,* PHi 2012, 161, 162: Gebäudeschäden, die rund 6,5 Mio. Euro Entschädigungszahlungen nach sich zogen, obwohl die Bautiefe nur 140m betragen haben soll. Das Projekt ist im Anschluss an den Vorfall beendet worden.

[140] Erwähnt bei *Klöber,* PHi 2012, 161, 162.

[141] *Englert/Fuchs,* Risiken in der oberflächennahen Geothermie aus juristischer Sicht, Moderne Gebäudetechnik 2011, 56 ff.; Nach *Klöber,* PHi 2012, 162 wurde ein **Entschädigungsfonds** durch das Land Baden-Württemberg eingerichtet, aber eine endgültige Sanierung ist wohl bis heute nicht möglich, weil der Erdboden ständig weiter steige; er berichtet von einem Fall, in dem die Landesregierung von Baden-Württemberg wegen eines Vorfalls im September 2011 in Leonberg alle weiteren Geothermiebohrungen kurzfristig verboten habe: Auch in Leonberg kam es angeblich zu zentimetertiefen Rissen an mehreren Häusern.

[142] Vgl. zu diesen Beispielsfällen auch *Mohr,* Haftungsrisiken für eine Geothermieanlage, www.energieportal.info/praxis/recht, zuletzt abgerufen am 18.4.2013, der zu Recht darauf hinweist, dass allerdings sowohl der Verursacher (der Unternehmer als Handlungsstörer) als auch der Eigentümer als Zustandsstörer aus öffentlichem Recht abhängig vom Gesichtspunkt der Effektivität haften könnten und auch das „Unterlassen" (in der Folge) ein weiterer Anknüpfungspunkt der Haftung sein kann.

analog bzw. § 242 BGB) zur Verfügung, wenn es sich um unmittelbare Nachbarn handelt und diese tatsächlich in den Schutzbereich des Vertrages – was aber nicht immer der Fall sein dürfte – einbezogen wären.

65 Daneben stehen ihnen wegen der Eigentumsverletzung Ansprüche nach **§ 823 Abs. 1 BGB** zu. Es wäre, wie in den Beispielsfällen bereits angeklungen, aber auch an Ansprüche nach **§ 823 Abs. 2 BGB i. V. m. entsprechenden Schutzgesetzen** zu denken. Ob und inwieweit z. B. § 89 Abs. 2 und oder § 22 **WHG** einschlägig sind – oder etwa bei Bodenverunreinigungen – **§ 4 Bundesbodenschutzgesetz (BBodSchG)** und/oder aber auch **§ 6 Umweltschadengesetz (USchadG)** ist im Einzelfall zu beurteilen. Zudem wäre aber auch an ein mögliches Eingreifen von **§ 114 BBergG** (aber auch an §§ 4, 7, 8 BBergG) zu denken.[143]

66 Der Errichter der Anlage (s. o.) oder aber später der private oder gewerbliche Verwender der Anlage, also etwaige **Betreiber,** können ebenfalls in Anspruch genommen werden: Diskutiert wird die Möglichkeit einer Haftung nach den **§§ 906, 1004 BGB analog** bezogen auf den sog. nachbarrechtlichen Gemeinschaftsanspruch.[144] Der gewerbliche Auftraggeber würde nach § 6 USchadG haften können.

67 **(3) Versicherungslösungen.** Einschlägig sind im Zweifel Haftpflichtversicherungen, zunächst einmal entsprechende Betriebshaftpflichtversicherungen. Während der Errichtung von Anlagen könnte auch die sog. Bauherren-Haftpflichtversicherung Deckung gewähren, je nach Ausgestaltung. Im Zweifel könnte auch eine sog. Gewässerschaden-Haftpflichtversicherung abgeschlossen sein. Zu berücksichtigen ist aber, dass alle diese Deckungen ihrerseits Ausschlüsse in mehr oder weniger weitem Umfange vorsehen[145] und die Deckungskonzepte bei einer Inanspruchnahme nach öffentlichem Recht regelmäßig nicht eingreifen. Insoweit greifen unter Umständen nur spezielle Umwelthaftpflichtversicherungen.

IX. Mobiltelefone

1. Problemaufriss

68 Der Vollständigkeit halber sei hervorgehoben, dass – anders als dies zahlreiche Verbraucher schon immer seit der Entwicklung entsprechender Geräte vermutet hatten – bislang keine – jedenfalls keine konkreten – Anhaltspunkte für das Bestehen eines Kausalzusammenhangs bei und im Umgang mit der Nutzung von Mobiltelefonen oder Handys und etwaigen behaupteten Gesundheitsbeeinträchtigungen im haftungsrechtlichen Sinne vorliegen.[146]

---

[143] Dies gerade ist nach h. L. umstritten, vgl. dazu Ausführungen bei *Klöber,* PHi 2012, 161, 162.

[144] BGH NJW 2004, 3701; kritisch dazu *Neuner,* JuS 2005, 487, 491; weitere Nachweise bei Palandt/*Bassenge,* § 906 Rn. 37 f.

[145] Vgl. dazu *Klöber,* PHi 2012, 161, 163: Die Erlaubnis zu Bohrungen in Baden-Württemberg wird zur Zeit nur unter der Voraussetzung erteilt, dass eine Haftpflichtversicherung mit einer Deckungssumme von mindestens 5 Mio. Euro Deckungssumme abgeschlossen wird und die Arbeiten nur von Bohrunternehmen durchgeführt werden, die nach der Norm des deutschen Vereins des Gas- und Wasserfaches (DVGW) W120 zertifiziert sind.

[146] *Meermann,* 42 m. w. N. unter Berufung auf *Schrupkowski,* Haftung für Entwicklungsrisiken, 30; PHi 2011, 141 ff. sowie PHi 2011, 212, 213; vgl. auch die Beiträge zur Informationsveranstaltung „Elektromagnetische Felder bei der Anwendung moderner Mobilkommunikation" vom 7.11.2006 in der Bundesanstalt für Arbeitsschutz und Arbeitsmedizin (BAuA), abrufbar als downloads unter http://www.baua.de/de/Themen-von-A-Z.html.

2. Beispielsfall aus der (italienischen) Kasuistik

Fallbeispiel: Trotzdem verlangte ein potentiell geschädigter Kläger von dem „Istituto Nazionale per l´Assicurazione contro gli Infortuni sul Lavoro (INAIL)“, einem staatlichen Versicherer für Berufskrankheiten, Schadenersatz, weil – so dessen Behauptung – ein gutartiger Hirntumor nach langjähriger Benutzung von Mobiltelefonen und schnurlosen Telefonen während seiner Berufstätigkeit verursacht worden sei. Bei der Beweisaufnahme in der ersten Instanz hatte sich bestätigt, dass er täglich über einen Zeitraum von zwölf Jahren zwischen fünf und sechs Stunden telefoniert hatte. Der Sachverständige kam allerdings zu dem Ergebnis, dass kein Kausalzusammenhang zwischen der Nutzung und dem Tumor festgestellt werden könnte.[147] 69

Das **Berufungsgericht in Brescia** hob im Jahre 2009 das erstinstanzliche Urteil auf und sprach dem Kläger **Schadenersatz zu.** Es stellte fest, dass unbestreitbar ein Risiko existiere und dieses gegebenenfalls mit anderen Faktoren zusammen im Einzelfall auch zur Feststellung eines Kausalzusammenhangs führen könne, und dass im zu beurteilenden Fall das Vorliegen eines Kausalzusammenhangs „wahrscheinlich“ sei. Dann berief sich das Berufungsgericht auf die Rechtsprechung des italienischen Obersten Gerichtshofs (ergangen in anderen Fällen nicht klassifizierbaren Berufskrankheiten), nach der bloße Wahrscheinlichkeitskriterien für die Annahme eines Kausalzusammenhangs ausreichen würden.[148] 70

3. Neuere Entwicklungen

Nach der sog. "**Interphone“ Studie**[149] gab es – alles in allem – kein vergrößertes Risiko beim Gebrauch von Mobiltelefonen. Allerdings fanden sich Hinweise für ein gesteigertes Risiko eines Gliomes (bösartiger Gehirntumor) dann, wenn Personen mehr als 1640 Stunden telefoniert hatten und damit bei dem Personenkreis, der im höchsten Level lag. Aber in der Studie selbst wird bereits auf mögliche Verzerrungen bei der wissenschaftlichen Überarbeitung verwiesen, die die Feststellung eines Kausalzusammenhangs deutlich erschweren würde. 71

Im Mai 2011 trafen sich 30 Wissenschaftler aus 14 Ländern in der internationalen Agentur für Krebsforschung (IARC) der Weltgesundheitsorganisation **(WHO),** um die Karzogenität hochfrequenter elektromagnetischer Felder zu untersuchen.[150] Die WHO kam zu dem Schluss, dass es einen „**bedingten Beweis** für die Karzinogenität beim Menschen“ geben würde. Die WHO stufte damit die Handystrahlung als **„möglicherweise krebserregend“** ein.[151] 72

Am 1.7.2011 wurde nach Mitteilung der General Reinsurance AG aus Köln jedoch eine neue „Meta-Studie“ von Forschern einer internationalen Forschungsgruppe veröffentlicht, 73

---

[147] Vgl. dazu *Rolla/Franke,* PHi 2011, 6 ff. und auch die dort zitierte Entscheidung des Berufungsgerichts in Brescia (Abteilung für Arbeitsrecht), Urt. vom 10.12.2009.

[148] *Rolla/Franke,* PHi 2011, 6, 7, halten die Entscheidung für überraschend, habe doch erstmals ein Gericht einen Kausalzusammenhang zwischen dem Gebrauch von Mobiltelefonen und einer Krebserkrankung bejaht; zudem waren die Autoren erstaunt über das Ergebnis, hatte sich doch der gerichtliche Sachverständige offensichtlich vor allem auf die sog. Hardell-Studien gestützt, die von anderen, etwa der schwedischen Strahlenschutzbehörde und des niederländischen Gesundheitsrates als unzuverlässig eingestuft worden war.

[149] International Journal of Epidemiology, Vol. 39, Issue 3, 675–694 vom 17.5.2010.

[150] PHi 2011, 141, 142: Die Ergebnisse wurden in der Zeitschrift „The Lancet-Oncology“ im Juli 2011, 624 publiziert.

[151] PHi 2011, 141, 142.

die inhaltlich gegen die getroffenen Feststellungen der WHO spricht.[152] Die bisherigen Studien, so die ganz verkürzte Zusammenfassung, hätten methodische Defizite aufgewiesen. Die Meta-Studie kam zu dem Schluss, dass sich „seit Beginn der Mobiltelefonbenutzung **kein Anstieg von Gehirntumoren** bei **Erwachsenen** abzeichne".[153] Für **Kinder,** bei denen auf Grund des geringeren Kopfumfanges die elektromagnetischen Felder in tiefere Gehirnregionen eindringen können, gebe es – so die Meta-Studie – ohnehin noch keine ausreichenden Erkenntnisse.

74 Diese **Forschungslücke** versuchte eine weitere Studie zu schließen: Am 27.7.2011 wurde im Journal of the National Cancer Institute die sog. **Cefalo-Studie** veröffentlicht.[154] Im Rahmen dieser Studie wurden Daten von 352 Patienten im Alter zwischen 7 und 19 Jahren, die zwischen 2004 und 2008 an einem Gehirntumor erkrankten, und Kontrollpersonen aus Dänemark, Norwegen, Schweden sowie aus der Schweiz untersucht.[155] Lediglich bei einer Untergruppe zeigte sich in der Studie zu „Handystrahlung und Gehirntumoren" bei Kindern und Jugendlichen ein – allerdings bisher nur „statistisch signifikanter" – Zusammenhang zwischen der erst seit Beginn der Mobilfunknutzung vergangenen Zeit und dem Risiko, an einem Gehirntumor zu erkranken.[156] Nach Mitteilung der General Reinsurance AG[157] schließen Forscher daraus, dass – trotz des statistischen Zusammenhangs in der Untergruppe – angeblich **kein kausaler Zusammenhang** zwischen Mobiltelefonie und Gehirntumoren bestehe. Allerdings weist die Forschergruppe (nach Angaben der General Reinsurance AG) in ihrer Publikation selbst darauf hin, dass die statistische Aussagekraft der Studie ohnehin begrenzt sei.[158] Weitere Untersuchungen seien angezeigt. Offensichtlich lässt sich, trotz steigender Mobiltelefonie, ein Anstieg von Tumorerkrankungen nicht (oder noch nicht, oder nur noch nicht sicher) feststellen.[159] Aber dies ist nicht zwingend ein Hinweis darauf, dass ein Risiko nicht doch vorhanden ist, da stets eine Latenzzeit bei Gehirntumoren zwischen 10 und 20 Jahren zu berücksichtigen ist.[160]

75 Im März 2013 wurde nunmehr bekannt, dass das israelische Mobilfunkunternehmen Partner Communications Company Ltd., das unter dem bekannten Markennamen „Orange" auftritt, im Rahmen eines außergerichtlichen Vergleichs 400.000,00 NIS (Schekel[161]) an einen Kunden zahlte, der an einem malignem Lymphom erkrankt war.[162] Der Kläger, ein Anwalt von rd. 55 Jahren, hatte das Mobilfunkunternehmen in Israel im Mai 2012 auf mehrere Millionen Schekel verklagt, nachdem er an einem malignem Lymphom neben seinem linken Ohr erkrankt war. Er selbst führte die Erkrankung auf den Gebrauch von Mobiltelefonen zurück. Eine der Besonderheiten war, dass er in einem – im Land Israel durchaus typischen – Sicherheitsraum (ein Raum, der auch als Bunker dienen kann und

---

[152] PHi 2011, 141: Die Ergebnisse der Meta-Studie seien zudem vorab in der Zeitschrift „Environmental Health Perspectives" veröffentlicht worden; vgl. dazu bereits die „Bremer Studie" Sommer et al, Effects of Radiofrequency Electromagnetic Fields (UMTS) on Reproduction and Development of Mice: A multi-generation study 2009, veröffentlicht im Radiation Research 2009, 89–95; zusammenfassend wurde festgestellt, dass es schädigende Effekte einer Langzeitexposition von Mäusen mit UMTS selbst über mehrere Generationen hinweg nicht gab.

[153] PHi 2011, 141: Wegen methodischer Schwachstellen bei allen Studien sei es über Jahre hin nicht möglich, den Kausalzusammenhang sicher zu beweisen.

[154] Nachweise in PHi 2011, 212 f.

[155] PHi 2011, 212 mit weiteren Einzelheiten.

[156] PHi 2011, 212.

[157] PHi 2011, 212.

[158] PHi 2011, 212.

[159] PHi 2011, 212.

[160] PHi 2011, 212, 213.

[161] Schekel ist die Währung Israels; der englische Name ist „New Israeli Sheqel" (NIS). 1 Schekel entsprach am 6.5.2013 0,213 EUR.

[162] Vgl.dazu PHi 2013, 66, 67 – Aus aller Welt.

der in den meisten neueren israelischen Häusern vorhanden ist) vielfach telefoniert hatte. Wegen der verstärkten Wände war der Mobilfunkempfang im Raum selbst schlecht, was die elektromagnetische Strahlung der Mobiltelefone erhöhte. Es ist jedoch ausdrücklich zu betonen, dass das Unternehmen erklärt hatte, die Zahlung aus reiner **Kulanz**[163] erbracht zu haben. Denn – so das beklagte Unternehmen – die Klage hätte an sich abgewiesen werden müssen, da sie jedweder wissenschaftlichen oder medizinischen Grundlage entbehrt hätte. Dennoch bleibt zu erwähnen, dass eine medizinische Stellungnahme in diesem Rechtsstreit von Klägerseite vorgelegt worden war, nach der ein Kausalzusammenhang zwischen dem Mobiltelefongebrauch und der Erkrankung durchaus bestand.[164]

4. Haftungsgrundlagen nach deutschem Recht

Ansonsten wäre nach deutschem Recht – entsprechend den allgemeinen Kategorien – 76
das Eingreifen von deliktischen Haftungsnormen denkbar, vor allem nach § 1 ProdHaftG, § 823 Abs. 1 BGB, aber ggf. auch nach § 823 Abs. 2 BGB. Hersteller könnten sich aber ggf. auf § 1 Abs. 2 Nr. 5 ProdHaftG berufen.

X. Hydraulic Fracturing („Fracking")

1. Begriff

Das Hydraulic Fracturing (engl. to fracture = aufbrechen, aufreißen; auch „Fracking" 77
genannt)[165] ist eine **spezifische Methode** der **Tiefbohrtechnik.** Soweit durch Bohrung eine bestimmte Erdmantelschicht erreicht ist, werden dort durch Einpressen von Flüssigkeiten (sog. Frack-Fluide) Risse erzeugt und diese dann stabilisiert mit dem Ziel, die Gas- und Flüssigkeitsdurchlässigkeit in der Gesteinsschicht so zu erhöhen, dass ein wirtschaftlicher **Abbau von Bodenschätzen** (zum Beispiel **Erdgas** oder **Erdöl**) konkret ermöglicht wird.[166] Hydraulic Fracturing wird auch bei der Nutzung von **Geothermie** angewandt.[167] Beim „Fracking" wird also in Gestein gespeichertes Erdgas, sog. **Schiefergas,** dadurch gefördert, dass eine mit bestimmten Chemikalien versehene Flüssigkeit in den Erdboden gepresst wird. Die Entwicklung der Methode im Bereich der Erdöl- und Erdgasproduktion geht bis in die 1950-Jahre zurück.[168]

2. Mögliche Auswirkungen

Die Bohrungen haben – ganz offensichtlich und wohl kaum noch wirklich bestreitbar – 78
direkte Auswirkungen auf die Umwelt. Teile der Frack-Fluide können sich in den Rissen ablagern. Bekannt geworden sind vor allem – aber nicht nur – Fälle in den USA, in denen

---

[163] *Lenz,* Die Kulanzleistung des Versicherers, 1993, 122.

[164] Vgl. weitergehend PHi 2013, 67, auch dazu, dass nach den vergleichsweise strengen Regeln in Israel jedem Gerät eine Broschüre mit Sicherheitshinweisen beizulegen ist, in der die Benutzung eines Headsets empfohlen und davon abgeraten wird, an Orten mit schlechtem Empfang zu telefonieren. Nach Angaben des Mobilfunkunternehmens Partner Communications telefonieren Kunden mit einer Flatrate rd. 700 Minuten im Monat.

[165] http://www.hydraulicfracturing.com.

[166] Hydraulic Fracturing unter http://www.wikipedia.org.; *Eidam,* PHi 2013, 73.

[167] Siehe dazu spezieller § 9, Rn. 62 ff.

[168] *Howard/Fast,* Hydraulic Fracturing, Monograph, Vol. 2 of the Henry Doherthy Series, Society of Petroleum Engineers New York 1970.

sich das Erdgas über solche Risse mit dem Grundwasser vermischt, sich darin löst und schließlich über Wasserhähne in die Haushalte von Verbrauchern gelangt, die nahe der Förderfelder wohnen.[169] Ob und ggfs. inwieweit diese Methode sogar negative Auswirkungen auf das Klima hat und etwa klimaschädigend wirkt, ist ebenfalls noch nicht abschließend geklärt. Möglicherweise sind – zumindest einige – der beim Fracking eingesetzten Chemikalien (Frack-Fluide) an sich auch nicht nur öko-und humantoxikologisch bedenklich,[170] sondern sogar gesundheitsschädigend.[171]

79 Im November 2010 beauftragte der US-Kongress die „Environmental Protection Agency" (EPA)[172] mit einer Bewertung der potentiellen Kontamination durch den **Frac-Prozess.** Die Ergebnisse dieser Studie werden nicht vor 2013 erwartet.[173] In der Europäischen Union wird die Abbautechnik unterschiedlich von den Mitgliedstaaten bewertet: Förderungen könnten **ab 2015** starten[174]. Ob und inwieweit bestimmte Chemikalien innerhalb der Europäischen Union zum Erdgasabbau überhaupt eingesetzt werden dürfen, ist jedoch noch unklar, wie eine Überprüfung durch die **Europäische Chemikalienagentur (ECHA)** ergeben hat.[175] Auch verschiedene Regierungen in Europa – insbesondere die Deutschlands und Frankreichs – stehen dem Fracking (derzeit) eher skeptisch gegenüber. So hatte etwa das Bundesumweltministerium im Jahre 2012 ein Gutachten zu den Folgen des Frackings in Auftrag gegeben[176] und inzwischen einen Regierungsentwurf vorgelegt (dazu sogleich). Allerdings plant vor allem die polnische Regierung, in die Förderung unkonventionellen Gases in den nächsten Jahren zu investieren.[177] Seit dem 20.12.2012 läuft auf EU-Ebene eine sog. Online-Konsultation.[178] Ziel in der EU muss es sein, die unterschiedliche Haltung der Nationalstaaten zu koordinieren und den Umgang mit Fracking möglichst zu vereinheitlichen.

80 Im Hinblick auf die mit dem Fracking dargestellten Unsicherheiten und im Hinblick auf die sich im Zusammenhang mit dieser Technik ergebenden möglichen Folgen für das Trinkwasser, die damit verbundenen Feuergefahren und die möglichen Auswirkungen von möglicherweise krebserregenden Chemikalien scheint uns – solange ein „Europäischer Rechtsrahmen" noch nicht besteht[179] – in erster Linie der jeweilige nationale Gesetzgeber gefragt.

---

[169] Der im Jahre 2010 von Josh Fox gedrehte und vielfach ausgezeichnete **Dokumentarfilm „Gasland"** berichtete aus Anlass dieser Phänomene über die Fracking-Methode. Zitat „Feuer aus dem Wasserhahn", Artikel auf Spiegel online sowie „Hilfe, mein Wasser brennt", Spiegel-Online-Video, 15.11.2010.

[170] Siehe dazu auch *Eidam,* PHi 2013, 73.

[171] Vgl. dazu den Artikel „US-Konzern presste **giftige Chemikalien** in Niedersachsens Boden", abrufbar unter http://www.spiegel.de/wirtschaft/unternehmen/0,1518,725697,00.html

[172] Die Environmental Protection Agency oder kurz „EPA" ist eine unabhängige Behörde der US-Regierung zum Schutz der menschlichen Gesundheit und der Umwelt.

[173] Vgl. dazu EPA's Draft Hydraulic Fracturing Study Plan; *Sanides,* Amerikas Energiewende, Focus 27/2013, 86 f., zur Frage, ob der boomende Schiefergasabbau künftig fortgesetzt werden wird.

[174] PHi 2011, 211, 212.

[175] Vgl. dazu PHi 2011, 212.

[176] Vgl. dazu *Eidam,* PHi 2012, 177 f.; *Dietrich,* PHi 2013, 152.

[177] Artikel „Polens riskanter Traum vom Gas-Reichtum": Experten rechnen mit 5,3 Billionen Kubikmetern Schiefergas, 500 mal mehr als Polen pro Jahr verbraucht, Die Zeit online, abrufbar unter http://www.zeit.de/wirtschaft/2011-08/energie-polen-gas, vgl. auch http://www.hydraulicfracturing.com, dort FN 14; s. auch „Frankreich mobilisiert gegen Schiefergas-Abbau, Neue Züricher Zeitung, 10/2011; Einschätzung der Schiefergasförderung in Deutschland, Umweltbundesamt, August 2011.

[178] *Eidam,* PHi 2013, 73.

[179] Dazu auch *Eidam,* PHi 2013, 73: Dort wird die Prognose gewagt, ein „Framework" würde noch in 2013 kommen; *Dietrich,* PHi 2013, 152 ff.

3. Rechtsgrundlagen in Deutschland

a) Ausgangslage

Vorab sei bemerkt, dass in Deutschland das Fracking einer Baugenehmigung bedarf (BBergG; Tiefbohrverordnungen der Länder, UVP-VBergbau, Wasserrecht).[180] § 142 BBergG regelt insoweit, dass die Landesregierungen oder von ihnen bestimmte Stellen die für die Ausführung des BBergG zuständigen Behörden bestimmen, soweit nicht Bundesbehörden zuständig sind. Dies sind in NRW nach der „Verordnung zur Regelung von Zuständigkeiten und zur Übertragung von Verordnungsermächtigungen auf dem Gebiet des Bergrechts"[181] die Bezirksregierungen. So hat etwa Exxon Mobil eine Genehmigung – aber zunächst nur für sog. Erkundungsbohrungen – im Kreis Minden erhalten.[182] Entsprechende Genehmigungen sollen aber künftig vorerst nicht mehr erteilt werden. So hat beispielsweise die derzeit amtierende Landesregierung in NRW die Bezirksregierung in Arnsberg angewiesen, Fracking-Vorhaben bis auf weiteres nicht mehr zu genehmigen.[183] Auch die derzeitige Regierung in Baden-Württemberg hat sich gegen den Einsatz des Frackings ausgesprochen, gleichzeitig aber auch das „Fehlen eindeutiger Regelungen" zum Thema Fracking betont.[184] 81

b) Reformbestrebungen

Bundesumweltministerium und Bundeswirtschaftsministerium haben am 25.2.2013 einen gemeinsamen „Gesetzes- und Verordnungsentwurf zum Fracking" vorgelegt.[185] Der Entwurf enthält eine „Verordnung zur Änderung der Verordnung über die Umweltverträglichkeitsprüfung bergbaulicher Vorhaben" und ein „Gesetz zur Änderung des Wasserhaushaltsgesetzes" **(WHG).** Die bestehenden Regelungen sollen dahingehend geändert werden, dass für den Einsatz des Fracking künftig eine **verpflichtende Umweltverträglichkeitsprüfung** vorgesehen wird. Zudem muss der Rahmenbetriebsplan nach § 57a Abs. 2 BBergG künftig auch Angaben zur Behandlung der Frack-Fluide enthalten.[186] Das WHG soll eine Änderung dahingehend erfahren, dass künftig schon frühzeitig ein „Einvernehmen" mit der zuständigen Wasserbehörde herbeizuführen ist. In Wasserschutz- und Heilquellengebieten soll Fracking künftig ohnehin gänzlich verboten sein. Darüber hinaus sind Beschränkungen des Frackings auch außerhalb von Wasserschutzgebieten bei Gefährdungen des Trinkwassers möglich, wobei aber Tiefbohrungen, die vor dem Inkrafttreten bereits bestandskräftig genehmigt waren, Bestandsschutz genießen werden. Einer Reihe von Landesregierungen in Deutschland geht der vorliegende Entwurf aufgrund der Gefahren, die vom Fracking ausgehen, noch immer nicht weit genug und wird von diesen daher abgelehnt.[187] 82

---

[180] Zum aktuellen Rechtsrahmen siehe jüngst *Dietrich,* PHi 2013, 152, 154 ff.; *Frenz,* UPR 2012, 125 f.; *Schink,* AbfallR 2013, 36 ff.

[181] www.recht.nrw.de/imi/owa/br.

[182] www.ksta.de/wirtschaft/fracking-in-nrw-nur-exxon-mobil-hat-bisher-gebohrt.

[183] www.3sat. de. page/?source=/nano/umwelt/159333/index.html; der Landtag in NRW hat sich gegen den Einsatz giftiger und wassergefährdender Chemikalien ausgesprochen: „Einstimmig gegen Fracking" so KStA am 16.5.2013.

[184] www.baden-wuerttemberg.de/de/service/presse/pressemitteilung/pid/untersteller-kein-fracking-solange-risiken-unklar-sind.

[185] Der Entwurf ist abgedruckt unter: http://www.bmu.de/fileadmin/Daten_BMU/Download_PDF/Wasser_Abfall_Boden/vorschlag_bmu_bmwi_fracking_bf. pdf; *Dietrich,* PHi 2013, 152, 157.

[186] Siehe auch die Kommentierung bei *Eidam,* PHi 2013, 73.

[187] http://www.spiegel.de/politik/deutschland/fracking-laender-widerstand-gegen-schwarz-gelbe-vorlage-waechst-a-885915.html; *Dietrich,* PHi 2013, 152, 157.

83 Im Streit über die Förderung von Schiefergas in Deutschland mit Hilfe der Fracking-Technologie haben nunmehr auch die Gewerkschaften Position bezogen. In einem gemeinsamen Schreiben mit dem Bundesverband der Deutschen Industrie (BDI) fordert die Gewerkschaft IG Bergbau, Chemie, Energie (IG BCE) von der Politik tatsächlich eine Kehrtwende. Die Gewerkschaft verlangt, die Nutzung der erheblichen deutschen Schiefergasreserven zuzulassen.[188] Der Grund liegt auf der Hand, zum einen geht es um Wertschöpfung, zum anderen aber um Beschäftigung und Wohlstand in den regionalen Gebieten.[189] Die Gewerkschaft wie aber auch der BDI begrüßen demzufolge den oben erwähnten Gesetzesentwurf als „ausreichendes Potential für einen gängigen regulatorischen Rahmen". Sowohl Arbeitgeber-, als auch Arbeitnehmervertreter fordern daher die Regierung dazu auf, den Gesetzesentwurf umzusetzen. Ob damit dann den Umweltsorgen einiger Bürger hinreichend Rechnung getragen wird, bleibt abzuwarten.[190] Auch in der EU gibt es nunmehr Überlegungen zur Einführung von Rahmenregelungen zum Thema „Fracking".[191]

c) Das allgemeine Haftungsregime

84 Bereits das bestehende allgemeine Haftungsregime kann außerdem, allerdings nur im Falle von nachweisbaren Körperverletzungen, Gesundheitsbeeinträchtigungen und im Falle von kausal auf Fracking zurückführbare Eigentumsverletzungen und sonstige Rechte helfen. Insoweit ist zunächst auf die allgemein bekannten Ansprüche nach § 1 ProdHaftG, § 823 Abs. 1 sowie § 823 Abs. 2 BGB zu verweisen. Ob aber derartige Ansprüche im Zusammenhang mit Fracking im Einzelfall wirklich ausreichen, ist durchaus zweifelhaft.

XI. Verwendung von Parabenen

1. Begriff und Einsatzbereiche

85 **Parabene** sind Ester (Ester bilden in der Chemie eine bestimmte Stoffgruppe chemischer Verbindungen) der para-Hydroxybenzoesäure (kurz PHB-Ester). Sie werden auf Grund ihrer effektiven **antimikrobiellen** und **fungiziden Wirkung** vor allem in der pharmazeutischen Industrie, u. a. zu kosmetischen Zwecken (in Cremes, Lotionen, Make-up, Lippenstiften, Rasierwässern, Deos, Seifen, Sonnenschutzmitteln, Enthaarungsmitteln, Shampoos), bei Arzneimitteln sowohl zur äußeren als auch der inneren Behandlung, aber auch in der Lebensmittelindustrie – dort nicht selten als Konservierungsstoffe und/oder als Geleeüberzug – eingesetzt. In technischen Bereichen bei Ölen, Fetten, Leimen und als Schuhputzpflegemittel.

2. Nebenwirkungen

86 Parabene können beispielsweise über Kosmetika und über Nahrungsmittel in den Körper gelangen. Daher wurde der Einsatz von Parabenen in den vergangenen Jahren mit diversen unerwünschten Nebenwirkungen in Verbindung gebracht. Sie wurden bzw.

---

188 Vgl. dazu Artikel in Die Welt, 26.4.2013: Gewerkschaft macht sich für Fracking stark.

189 *Miersch*, Gewerkschafter treten für Fracking ein, Focus 2013, 103.

190 Fracking Gesetz – Altmaier und der Papiertiger, Spiegel 20/2013, 14; inzwischen wird in Deutschland wiederum über ein Moratorium debattiert.

191 EU plant Regeln für umstrittenes Fracking, Die Welt, 21.5.2013, Titelseite und 5.

werden nicht selten als Auslöser von Allergien kritisiert.[192] Es existiert aber auch eine Stellungnahme zu einer möglichen Krebsgefährdung durch Parabene,[193] in der es heißt, dass sich das tatsächliche Risiko mangels hinreichender Datenlage gegenwärtig (noch) nicht abschätzen lasse.[194]

3. Haftungsgrundlagen

Etwaigen potentiell geschädigten Verbrauchern stehen die allgemeinen Haftungsgrundlagen in Deutschland zur Verfügung. Allerdings dürfte sich der Kausalzusammenhang zwischen der Wirkung der Parabene – in welchem Endprodukt auch immer sie enthalten sind – und den behaupteten Gesundheitsbeeinträchtigungen im Einzelfall (derzeit) aber nur schwerlich beweisen lassen. 87

XII. Schäden durch Biogas-Anlagen

Eine wichtige neue Technologie für die Zukunft ist die sog. **Biogas-Einspeisung.**[195] Die im September 2010 in Kraft getretene **Gasnetz-Zugangs-Verordnung (GasNZV)** hat das Ziel dargelegt, bis 2020 eine Einspeisung von 6 Mrd. Kubikmetern/Jahr zu erreichen. Die Biogas-Einspeisung ist eine der **wichtigsten Zukunftstechnologien.** Dabei ergeben sich vielfältige rechtliche Gestaltungsprobleme, aber auch haftungsrechtliche Fragen. 88

Beschrieben werden als **Schadensszenarien** etwa der reine Behälterbruch mit Verpuffungen in der Anfangsphase, aber auch Explosionen, Brände und Leckagen, die die Gesundheit und das Eigentum von Personen schädigen können.[196] Gehen wir historisch vor: Immer neue Biogas-Anlagen werden errichtet. Während der Bauphase bereits auftretende Schadensfälle dürften in der Regel über etwaige vertragliche Gestaltungen gelöst werden können. Ggf. greifen aber auch in diesem Stadium schon die Grundsätze über die Verkehrssicherungspflichten (§ 823 BGB). Im Zweifel können etwaig Geschädigte Ansprüche aus § 823 Abs. 1 BGB, ggf. aber auch Ansprüche nach § 823 Abs. 2 BGB und Ansprüche über §§ 1, 3 ProdHaftG i. V. m. den Grundlagen der Maschinenrichtlinie bzw. der 9. ProdSG-VO geltend machen. 89

Aber auch während des Betriebs einer Biogas-Anlage können Schäden hervorgerufen werden, teilweise ggf. auch kaum spürbare (Allmählichkeit). Neben den Herstellern der Anlage haften auch **Betreiber** von umweltrelevanten Anlagen für Schäden, die aus diesen Anlagen resultieren (§ 1 UmweltHG). Zudem findet seit 2007 das Umweltschadensgesetz (USchadG) Anwendung (vgl. § 3 Abs. 1 Nr. 1 USchadG). 90

---

[192] *Lange-Ionescu,* S. et al. (1996), Kontaktallergie bei Patienten mit Stauungsdermatitis oder Ekzem der Beine, Dermatologen in Beruf und Umwelt 1996, 14–22; Stiftung Warentest, Heft 12/2012: Allergie gegen Parastoffe.

[193] *Parzefall/Drucker/Erlach/Losert/Mickscher,* erstellt für die Österreichische Krebshilfe am 13.2.2004, www.krebshilfe.net/pdf/newes/parabene, zuletzt abgerufen am 13.4.2013.

[194] Siehe dazu auch Stellungnahme des **Bundesinstituts für Risikobewertung** (BfR) vom 13.4.2005 zu parabenhaltigen Deodorants und der Entstehung von Brustkrebs, in der ein Zusammenhang weder als gegeben und auch nicht für plausibel gehalten wurde. Ferner zur Stellungnahme Nr. 009/2011 des BfR zur Verwendung von Parabenen in kosmetischen Mitteln vom 28.1.2011: Empfehlung für Butyl- und Propylparabenen: Die Anwendung sollte auf 0,19 % beschränkt werden; besonders bedeutsam der Bericht der Eu-Kommission vom 14.12.2010, Opinion on Parabens, des Scientific Committee on Consumer Safety (SCCS).

[195] Vgl. *Degenhart/Hohlbein/Schomerus* (Hrsg.), Einspeisung von Biogas in das Erdgasnetz, Baden-Baden 2012, 5 ff.

[196] *Degenhart/Hohlbein/Schomerus/Thiesen,* 136, 137.

91 Ein wirkliches Problem ist jedoch, dass nahezu jedes Bundesland in Deutschland eigene Verordnungen und Erlasse in diesem Zusammenhang in Kraft gesetzt hat, was zu einer Rechtszersplitterung beiträgt. Auch im Zusammenhang mit Biogasanlagen wäre ein einheitlich von der EU entwickelter Rahmen daher sinnvoll.

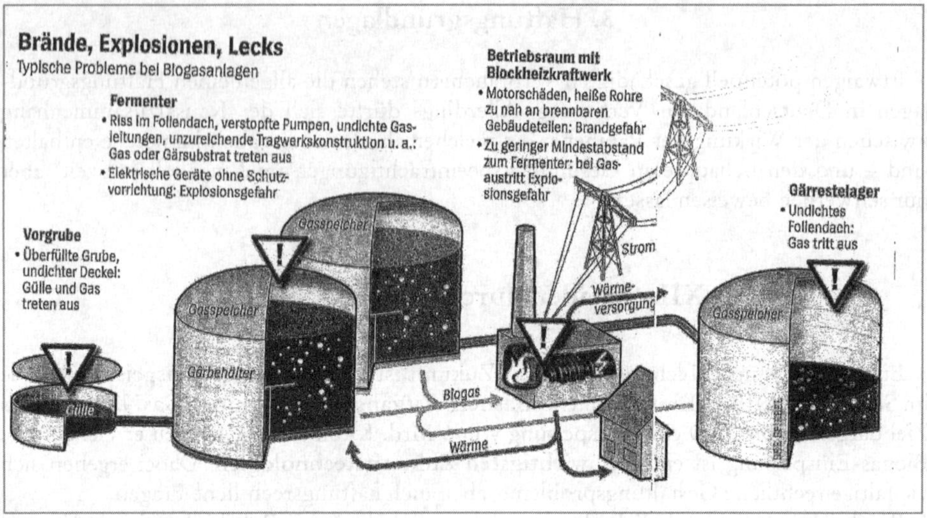

Schaubild aus: Der Spiegel 29/2012 „Die Bauernopfer", S. 122.

§ 10 Prozessuale Besonderheiten im Produkthaftungsrecht

I. Anerkennung und Vollstreckung ausländischer Entscheidungen

1 Entscheidungen eines Gerichts entfalten nur in dem Staat, in dem sie ergangen sind, unmittelbare Rechtswirkungen. Nach allgemeinem Völkergewohnheitsrecht ist kein Staat verpflichtet, ausländische Urteile anzuerkennen. Eine solche Verpflichtung kann nur durch Staatsverträge begründet werden. Gesetzliche Regelungen zur Anerkennung und Vollstreckung finden sich vor allem in der EuGVVO, daneben in einer Reihe weiterer Verordnungen und subsidiär im autonomen Recht.

II. Anerkennung und Vollstreckung ausländischer Entscheidungen nach der EuGVVO

1. Anerkennung

2 Die Anerkennung und Vollstreckung ausländischer Entscheidungen im Rechtsverkehr mit den Mitgliedstaaten der EU ist in Kapitel III der EuGVVO geregelt (Anerkennung Artt. 33 – 37 EuGVVO, Vollstreckung Artt. 38 – 52 EuGVVO). Aus diesen Vorschriften ergibt sich also ob z. B. ein Urteil aus Spanien in Deutschland anerkannt und vollstreckt werden kann.

3 Die Anerkennung ausländischer Entscheidungen erfolgt **ohne ein besonderes Verfahren.** Anerkennungshindernisse sind in Artt. 34, 35 EuGVVO geregelt.[1] Die internationale Entscheidungszuständigkeit wird nicht geprüft (Art. 35 Abs. 3 Satz 1 EuGVVO). Ziel der Regelungen ist es, dass Entscheidungen eines Mitgliedstaates mit möglichst wenig zusätzlichem Aufwand in einem anderen Mitgliedstaat anerkannt (und für vollstreckbar erklärt) werden.

2. Vollstreckung

4 Die Vollstreckung setzt (lediglich) einen Antrag des Berechtigten (Art. 38 EuGVVO) unter Wahrung der Formvorschriften des Art. 53 EuGVVO an das zuständige Gericht (Art. 39 EuGVVO) voraus. Dieses erklärt die Urteile eines Vertragsstaates ohne Anhörung des Schuldners unverzüglich nach Art. 41 EuGVVO für vollstreckbar. Erst in einem zweiten Verfahrensschritt kann die Vollstreckbarerklärung in einem vom Schuldner einzuleitenden Rechtsbehelfsverfahren aus inhaltlichen Gründen nachträglich aufgehoben worden. Dabei sind die in Art. 45 EuGVVO genannten Gründe abschließend, insbesondere unterbleibt eine Prüfung der Gesetzmäßigkeit des ausländischen Urteils. Das ausführende Gericht überprüft daher die Entscheidung auch nicht z. B. auf gravierende Verstöße gegen den eigenen inländischen ordre public (Art. 34 Nr. 1 EUGVVO), sondern erklärt die Entscheidung ohne jegliche materielle Prüfung für vollstreckbar, wenn die Verfahrensvoraussetzungen der Artt. 38 – 40 EuGVVO erfüllt sind. Lediglich der Schuldner kann inhaltlich Einwendungen gegen die Entscheidung im Wege des Rechtsbehelfsverfahrens geltend machen.[2]

---

[1] Vgl. hierzu die Ausführungen unter § 10 Rn. 18 ff.

[2] *Junker*, RIW 2002, 569, 575; *Wagner*, IPRax 2002, 75, 83.

5 Voraussetzung ist, dass die Vollstreckung von Entscheidungen, die in Zivil- und/oder Handelssachen ergangen sind, in Rede steht. Bei der Zuordnung ist allein auf den Streitgegenstand der Entscheidung abzustellen, nicht auf den Gerichtszweig, dem das Erstgericht angehört. Strafurteile unterfallen dem Geltungsbereich der EuGVVO nicht, so dass fraglich erscheint, ob sich die Vollstreckung von Urteilen auch dann nach der EuGVVO richtet, wenn es sich um Entscheidungen in Strafsachen handelt, in deren Rahmen auch über zivilrechtliche Ansprüche entschieden worden ist.[3]

Beispiel: In dem Eternit-Urteil vom 12.3.2012[4] wurden ein ehemaliger Manager und ein ehemaliger Investor der Eternit-Gruppe, von dem Turiner Landgericht zu hohen Haftstrafen und zu einer Zahlung von Schadenersatz in Höhe von insgesamt 250.000.000 EUR verurteilt. Eternit hatte in seinem norditalienischen Werk bis in die 1980er Jahre Wandverkleidungen und Dacheindeckungen unter Verwendung von Asbest-Fasern hergestellt. Das Landgericht hat die Angeklagten für den Tod von 3.000 Menschen wegen der Missachtung von Sicherheitsvorkehrungen verantwortlich gemacht. Etwa 4.000 Parteien hatten von der Möglichkeit Gebrauch gemacht, an dem Strafverfahren als Zivilkläger teilzunehmen.[5]

6 Sowohl im deutschen als auch im italienischen Recht ist indes vorgesehen, das Zivilkläger am Strafverfahren teilnehmen.[6] Zwar erfolgt die rechtliche Qualifikation, ob Ansprüche zivilrechtlicher oder strafrechtlicher Natur sind, im Rahmen der EuGVVO autonom.[7] Entscheidend ist jedoch, ob **Gegenstand** der Klage eine Zivil- oder Handelssache ist, so dass sich auch die Vollstreckbarkeit zivilrechtlicher Ansprüche, die – wie hier – vor einem Strafgericht geltend gemacht werden, nach den Vorschriften der EuGVVO richtet.[8]

7 Der deutsche Gesetzgeber hat sich in der StPO entschieden, eine im Adhäsionsverfahren geltend gemachte Entschädigung zivilrechtlich einzuordnen. Dies ergibt sich aus der Vorschrift des § 406b StPO, nach der sich die Vollstreckung der Entschädigungsansprüche gemäß §§ 404 ff. StPO nach den Vorschriften richtet, die für die Vollstreckung von Urteilen und Prozessvergleichen in bürgerlichen Rechtsstreitigkeiten gelten.

8 Würde der zivilrechtliche Teil der Eternit Entscheidung in Deutschland vollstreckt werden, würde eine materiellrechtliche Prüfung durch das inländische Gericht daher grundsätzlich entfallen. Selbst die Vollstreckung horrender Schadenersatzforderungen durch ein deutsches Gericht wäre daher in diesem Fall möglich.[9]

III. Weitere Verordnungen zur Gleichstellung gerichtlicher Entscheidungen aus EU-Mitgliedstaaten und inländischen Entscheidungen eines Mitgliedstaates

9 Die EU hat weitere Verordnungen erlassen, durch die gerichtliche Entscheidungen aus EU-Mitgliedstaaten den inländischen Entscheidungen eines Mitgliedstaats gleichgestellt werden:

---

[3] Vgl. hierzu *Handorn/Holzapfel*, CCZ 1/2013, 29.
[4] N.24265/04 R. G. notizie di reato, N.5219/09 R. G. Tribunale; berichtet in PHi -2/2012, 53.
[5] Die Entscheidung ist noch nicht rechtskräftig, so dass sich die Frage einer etwaigen Vollstreckbarkeit der Entscheidung in Deutschland (derzeit) nur theoretisch stellt.
[6] Adhäsionsverfahren, §§ 403 ff. StPO.
[7] *Handorn/Holzapfel*, CCZ 1/2013, 30; *Geimer*, in Geimer/Schütze, EuZVR, A. 1 Art. 1, Rn. 2.
[8] *Handorn/Holzapfel*, CCZ 1/2013, 30; *Geimer*, EuZVR, Rn. 35.
[9] *Handorn/Holzapfel*, CCZ 1/2013, 30.

1. Der einheitliche Europäische Vollstreckungstitel

Die EG-Verordnung über den **Europäischen Vollstreckungstitel** (EG) Nr. 805/2004[10] ist am 21.10.2005 in Kraft getreten und stellt eine (weitere) Vereinfachung des Vollstreckungsverfahrens innerhalb der Europäischen Gemeinschaft dar. Die Verordnung macht das Vollstreckbarerklärungsverfahren nach Artt. 38 ff. EuGVVO für bestimmte Titel über unbestrittene Geldforderungen in Zivil- und Handelssachen überflüssig. Darunter fallen insbesondere Vollstreckungsbescheide, Anerkenntnis- und Versäumnisurteile sowie Prozessvergleiche und öffentliche Urkunden. In der Bundesrepublik Deutschland enthalten die Vorschriften der §§ 1079 – 1086 ZPO Durchführungsvorschriften für den Europäischen Vollstreckungstitel. 10

2. Das Europäische Mahnverfahren

Die EG-Verordnung zur Einführung eines Europäischen Mahnverfahrens (EG) 11
Nr. 1896/2006[11] ist am 12.12.2008 in Kraft getreten und auf grenzüberschreitende Zivil- und Handelssachen anwendbar. Die Verordnung schafft erstmals einen Zahlungsbefehl für unbestrittene Geldforderungen, der innerhalb der EU Staaten (mit Ausnahme Dänemarks) anerkannt wird und ohne Vollstreckbarerklärung vollstreckt werden kann.

3. Das Europäische Verfahren für geringfügige Forderungen

Die EG-Verordnung zur Einführung eines Europäischen Verfahrens für geringfügige 12
Forderungen (EG) Nr. 861/2007[12] ist am 1.1.2009 in Kraft getreten und ebenfalls auf grenzüberschreitende Zivil- und Handelssachen anwendbar. Ein auf Basis dieser Verordnung – von der Streitwerte bis 2.000,– EUR erfasst werden – ergangenes Urteil wird EU-weit anerkannt und ist ohne zusätzliche Vollstreckbarerklärung vollstreckbar.

IV. Autonomes Recht – ZPO

1. Anerkennung ausländischer Entscheidungen nach der ZPO

Außerhalb der **EuGVVO,** z. B. bei gerichtlichen **Entscheidungen aus Drittstaaten** 13
(und anderer bilateraler Abkommen, Staatsverträgen und Verordnungen) werden **ausländische Urteile** nach der Vorschrift des § 328 ZPO **anerkannt.** Dabei ist ein besonderes Anerkennungsverfahren nicht vorgesehen. Vielmehr werden erst im sog. **Exequaturverfahren,** in dem die Vollstreckbarkeit ausländischer Urteile geprüft wird, inzidenter die in § 328 ZPO im einzelnen aufgelisteten Anerkennungshindernisse des § 328 ZPO geprüft (§ 723 Abs. 2 ZPO). Mit der Anerkennung entfaltet das anzuerkennende Urteil dieselben rechtlichen Wirkungen wie ein Urteil eines deutschen Gerichts.

---

[10] ABl. EG Nr. L 143 vom 30.4.2004, 15–39. Die EuVTO gilt in allen Staaten der EU mit Ausnahme Dänemarks.

[11] ABl. EG Nr. L 399 vom 30.12.2006, 1–32. Die EuMahnVO gilt in allen Staaten der EU mit Ausnahme Dänemarks.

[12] ABl EG Nr. L 199 vom 31.7.2007, 1–22. Die BagatellVO gilt in allen Staaten der EU mit Ausnahme Dänemarks.

2. Vollstreckung ausländischer Entscheidungen nach der ZPO

14 Aus dem Urteil eines ausländischen Gerichts findet nach § 722 ZPO die **Zwangsvollstreckung nur statt,** wenn ihre Zulässigkeit durch ein Vollstreckungsurteil ausgesprochen ist. Die einem ausländischen Urteil nach dem Recht des Urteilsstaates zukommende Vollstreckbarkeit erstreckt sich nicht eo ipso auf das Inland. Eine Anweisung an Vollstreckungsorgane eines anderen Staates scheidet aus völkerrechtlichen Gründen aus. Die Vollstreckbarkeit im Inland muss einem ausländischen Urteil originär verliehen werden.[13] Voraussetzung für die Verleihung der deutschen Vollstreckbarkeit an ein ausländisches Urteil ist, dass dieses nach dem Recht des Urteilsstaates vollstreckbar ist.[14] Streitgegenstand des Vollstreckbarerklärungsverfahrens, in dem der Gläubiger einen deutschen Vollstreckungstitel erhält, ist der öffentlich-rechtliche Anspruch auf Verleihung der Vollstreckbarkeit. Eine sachliche Nachprüfung des ausländischen Urteils (révision au fond) ist anlässlich des Verfahrens dagegen nicht zulässig.[15]

a) Im Rahmen der Zulässigkeit des Exequaturverfahrens ist zunächst das für die Vollstreckbarerklärung zuständige Gericht zu bestimmen:

aa) Internationale Zuständigkeit

15 Die internationale Zuständigkeit Deutschlands zur Vollstreckbarerklärung ausländischer Titel **im Bereich der Produkthaftung** stützt sich auf § 722 Abs. 2 ZPO. Sie ist auch zu bejahen, wenn der Beklagte im Inland kein Vermögen hat.[16]

bb) Örtliche Zuständigkeit

16 Ausschließlich (§ 802 ZPO) örtlich zuständig ist nach § 722 Abs. 2 ZPO das Amtsgericht oder das Landgericht, bei dem der Schuldner seinen Allgemeinen Gerichtsstand (§§ 13–19 ZPO) hat, in Ermangelung eines Allgemeinen Gerichtsstands das Gericht des Ortes, an dem sich Vermögen des Beklagten befindet. Fehlt eine örtliche Zuständigkeit, so sind die Gerichte am Sitz der Bundesregierung (Berlin) örtlich zuständig, analog §§ 15 Abs. 1 Satz 2, 27 Abs. 2 ZPO.[17]

cc) Die sachliche Zuständigkeit

17 Die sachliche Zuständigkeit richtet sich nach dem Wert des Gegenstandes, für den das Vollstreckungsurteil beantragt wird, d. h. in allen Sachen bis zu einem Streitwert von 5.000,00 EUR das Amtsgericht, darüber hinaus die Zivilkammern des Landgerichts.[18]

b) Gründe, die nach Art. 34 EuGVVO und/oder § 328 ZPO einer Anerkennung entgegenstehen können

18 Art. 34 EuGVVO und § 328 ZPO führen die Gründe auf, die einer Anerkennung entgegenstehen können:

---

[13] BGH, FamRZ 86, 45.
[14] BGH, MDR 2004, 1074; *Zöller/Geimer,* § 722 ZPO Rn. 4.
[15] *Zöller/Geimer,* § 723 ZPO Rn. 1 ff.
[16] *Zöller/Geimer,* § 722 ZPO Rn. 45.
[17] *Zöller/Geimer,* § 722 ZPO Rn. 45.
[18] *Zöller/Geimer,* § 722 ZPO Rn. 45.

aa) Fehlende Zuständigkeit, § 328 Abs. 1 Nr. 1 ZPO

19 Nach § 328 Abs. 1 Nr. 1 ZPO ist die Anerkennung eines Urteils eines ausländischen Gerichts ausgeschlossen, wenn dieses Gericht nach deutschen Gesetzen zur Entscheidung nicht zuständig war. Im Anwendungsbereich der EuGVVO entfällt nach Art. 35 Abs. 3 EuGVVO eine entsprechende Prüfung.

bb) Verletzung rechtlichen Gehörs, § 328 Abs. 1 Nr. 2 ZPO, Art. 34 Nr. 2 EuGVVO

20 Nach § 328 Abs. 1 Nr. 2 ZPO, Art. 34 Nr. 2 EuGVVO ist die Anerkennung des Urteils eines ausländischen Gerichts ausgeschlossen, wenn der deutsche Beklagte bzw. im Rahmen der EuGVVO der Beklagte eines EU-Mitgliedstaates, keine ausreichende Möglichkeit hatte, sich in dem Verfahren zu verteidigen. Das ist insbesondere dann der Fall, wenn dem Beklagten das verfahrenseinleitende Dokument nicht ordnungsgemäß oder nicht so rechtzeitig zugestellt worden ist, dass er sich verteidigen konnte. § 328 Abs. 1 Nr. 2 ZPO trifft vornehmlich, aber nicht nur, auf Versäumnisurteile zu.

21 Nach dem Wortlaut des Art. 34 Nr. 2 EuGVVO ist die **Ordnungsgemäßheit der Zustellung** nach dem Recht des Ursprungsstaates nicht mehr Anerkennungsvoraussetzung. Der Beklagte muss sich vielmehr im Ursprungsstaat durch Einlegung von Rechtsmitteln und Rechtsbehelfen rechtliches Gehör zu verschaffen versucht haben; ansonsten ist er präkludiert. Allerdings verlangt der EuGH nach wie vor eine Zustellung. Nach Auffassung des EuGH ist Art. 34 Nr. 2 EuGVVO dahin auszulegen, dass ein Beklagter „die Möglichkeit", einen Rechtsbehelf gegen ein Versäumnisurteil einzulegen, nur dann hatte, wenn er tatsächlich Kenntnis von dessen Inhalt durch eine **Zustellung** erlangt hatte, die so rechtzeitig erfolgte, dass er sich vor dem Gericht des Ursprungsstaats verteidigen konnte.[19]

cc) Vorrang bei Kollision mehrerer Entscheidungen

22 Nach Art. 34 Nr. 3 und 4 EuGVVO und § 328 Abs. 1 Nr. 3 ZPO hat eine widersprechende inländische oder eine frühere ausländische Entscheidung Vorrang vor der anzuerkennenden Entscheidung.

dd) Der ordre public Vorbehalt

23 Vom Grundsatz der Unnachprüfbarkeit der ausländischen Entscheidung (Verbot der revision au fond) ist dann eine Ausnahme zu machen, wenn höherwertige Interessen oder Rechtsgüter dies dringend erfordern. Nach Art. 34 Ziff 1 EuGVVO wird eine Entscheidung namentlich nicht anerkannt, wenn sie der **öffentlichen Ordnung (ordre public)** des Mitgliedstaates, in dem sie geltend gemacht wird, offensichtlich widersprechen würde. Nach § 328 Abs. 1 Nr. 4 ZPO ist die Anerkennung eines ausländischen Urteils ausgeschlossen, wenn dies zu einem Ergebnis führt, das mit wesentlichen Grundsätzen des deutschen Rechts offensichtlich unvereinbar ist. Das ist insbesondere dann der Fall, wenn die Anerkennung mit den Grundrechten unvereinbar ist.

24 Auch in diesem Zusammenhang stellt sich auf dem Gebiet der Produkthaftung insbesondere die Frage nach der Anerkennung und Vollstreckung von punitive damages Entscheidungen US-amerikanischer Gerichte in Deutschland.[20] Der BGH hat in einer

---

[19] EuGH, 1. Kammer, NJW 2007, 825–827.

[20] Vgl. hierzu die Ausführungen sub § 6 V. 1 c) bb) Rn. 168 ff.; *Baumbach,* Anerkennung und Vollstreckung von punitive damages-Entscheidungen amerikanischer Zivilgerichte vor dem Hintergrund des Verfahrens BMW ./. Gore, RIW 1977, 727 ff.

Entscheidung aus dem Jahr 2006 eine Verurteilung zu punitive damages nach § 328 Abs. 1 Nr. 4 ZPO abgeändert.

Beispiel: In dem der Entscheidung des BGH zugrunde liegenden Fall hatte der Kläger, ein US Staatsangehöriger, beantragt, ein US-amerikanisches Schadensersatzurteil in der Bundesrepublik Deutschland für vollstreckbar zu erklären. Der Beklagte hatte sowohl die deutsche als auch die US-amerikanische Staatsbürgerschaft. Am 30. Mai 1984 verließ der Beklagte die USA und lebte seither in Deutschland. Durch Urteil des Superior Court of California vom 24.4.1985 wurde dem Kläger gegen den Beklagten ein Schadensersatzanspruch in Höhe von 750.260,00 US-Dollar zuerkannt. Das Urteil enthält keine ins Einzelne gehende Darstellung des ihm zugrundeliegenden Sachverhalts und der Entscheidungsgründe. Jedoch erschließt sich aus dem Protokoll der Gerichtsverhandlung vor dem Superior Court, dass der Verurteilung sexuelle Verfehlungen des Beklagten gegenüber dem zur Tatzeit noch nicht 14 Jahre alten Kläger zugrunde lagen und dass sich die dem Kläger zugesprochene Urteilssumme zusammensetzt aus 260,00 US-Dollar als Ersatz für Heilaufwendungen (past medical damages), 100.000,00 US-Dollar für künftige medizinische Versorgung (future medical), 50.000,00 US-Dollar für eine voraussichtlich erforderliche Unterbringung des Klägers (cost of placement), 200.000,00 US-Dollar für erlittene Ängste, Schmerzen, Leiden und sonstige Schäden dieser Art (anxiety, pain, suffering and general damages of that nature) und 400.000,00 US-Dollar Strafschadensersatz (exemplary and punitive damages).

25 Der BGH hat das Urteil (nur), soweit der Beklagte zur Zahlung von „punitive damages" verurteilt worden ist, für nicht vollstreckbar erklärt. Zwar handele es sich nicht um eine Kriminalstrafe, die der Vollstreckbarerklärung gemäß § 722, § 723 ZPO von vornherein entzogen wäre, sondern habe einen zivilrechtlichen Zahlungsanspruch zum Gegenstand. Es sei aber mit wesentlichen Grundsätzen des deutschen Rechts offensichtlich unvereinbar, pauschal zuerkannten Strafschadensersatz von nicht unerheblicher Höhe im Inland zu vollstrecken. Zu den wesentlichen Grundsätzen des deutschen Rechts gehöre der aus dem Rechtsstaatsprinzip folgende Grundsatz der Verhältnismäßigkeit, der auch in der Zivilrechtsordnung Geltung beanspruche. Ihm trage im Zivilrecht unter anderem der Kompensationsgedanke beim Schadensersatz Rechnung. Hingegen würden Sanktionen, die der Bestrafung und Abschreckung – also dem Schutz der Rechtsordnung im Allgemeinen – dienen, nach deutscher Auffassung grundsätzlich unter das Strafmonopol des Staates fallen. Aus deutscher Sicht erscheine es unerträglich, in einem Zivilurteil eine erhebliche Geldzahlung aufzuerlegen, die nicht dem Schadensausgleich diene, sondern wesentlich nach dem Interesse der Allgemeinheit bemessen werde und möglicherweise neben eine Kriminalstrafe für dasselbe Vergehen treten könne.

ee) Verbürgung der Gegenseitigkeit

26 Nach § 328 Abs. 1 Nr. 5 ZPO ist die Anerkennung eines ausländischen Urteils ausgeschlossen, wenn die Gegenseitigkeit nicht verbürgt ist. Im Anwendungsbereich der EuGVVO ist für eine entsprechende Vorschrift kein Raum, da Urteile aus EU-Mitgliedstaaten ohne ein besonderes Verfahren untereinander anerkannt werden (Art. 33 Abs. 1 EuGVVO).

3. Erneute Leistungsklage im Inland

27 Der Kläger kann nach herrschender Meinung – außerhalb der EG Verordnungen – neben einer Klage nach §§ 722, 723 ZPO hilfsweise für den Fall des Nichtvorliegens der Vollstreckbarerklärungsvoraussetzungen (§ 723 Abs. 2 ZPO) den dem ausländischen Ur-

teil zugrunde liegenden Anspruch erneut einklagen,[21] wobei das deutsche Gericht an die Rechtskraft des ausländischen Urteils – sofern die Anerkennungsvoraussetzungen gegeben sind – gebunden ist und deshalb ohne eine erneute Sachprüfung die Verurteilung auszusprechen hat.

Auch eine Klage auf Feststellung, dass das ausländische Urteil nach § 328 ZPO Rechts- 28
kraft oder Gestaltungswirkung im Inland entfalte, ist neben der Klage aus § 722 ZPO zulässig.[22]

V. Internationale Schiedsgerichtsbarkeit

Ein **Schiedsverfahren** ist eine auf einer vertraglichen Einigung der Parteien beruhen- 29
de Streitentscheidung durch einen privaten Schiedsrichter. Der Schiedsspruch ist ein materiellrechtlicher Vertrag über prozessuale Beziehungen.[23] Mit dem wirksamen Abschluss einer Schiedsvereinbarung wird der Rechtsstreit grundsätzlich der Zuständigkeit der staatlichen Gerichte entzogen.[24] Die Entscheidung eines Schiedsgerichts ist wie die eines staatlichen Gerichts – je nach Konstellation und Absprachen – bindend und hat zwischen den Parteien dann die gleiche Wirkung wie ein gerichtliches Urteil. In einigen Vereinbarungen können die Parteien nach Abschluss des Verfahrens und trotz Schiedsspruches weitergehen und die ordentlichen Gerichte zur Überprüfung anrufen.[25]

Die Streitschlichtung durch Schiedsgerichte ist Gegenstand einer Vielzahl internationa- 30
ler und nationaler Regelungen, von denen nachfolgend nur einige – wesentliche – genannt werden sollen:

- Auf internationaler Ebene ist das **UN-Übereinkommen über die Anerkennung und Vollstreckung ausländischer Schiedssprüche vom 10.6.1958** (UNÜ 1958, BGBl. 1961 II S. 122) von Bedeutung. Aufgrund des Übereinkommens, dem zahlreiche Industrie- und Entwicklungsländer beigetreten sind, kann ein Schiedsspruch weltweit vollstreckt werden.[26] Eine aktuelle Liste der Mitgliedsländer ist im Internet einsehbar.[27]
- Auf Europäischer Ebene ist das **Genfer Europäische Übereinkommen über die internationale Handelsschiedsgerichtsbarkeit von 1961**[28] i. V.m dem **Genfer Protokoll von 1962**[29] zu nennen. Das Abkommen ergänzt die Regelungen des UNÜ und regelt in erster Linie die Wirksamkeit von Schiedsvereinbarungen und ihre Auswirkungen auf gerichtliche Verfahren.
- Die EU Richtlinie 93/13/EWG[30] über missbräuchliche Klauseln in Verbraucherverträgen vom 5.4.1993 beinhaltet die Unwirksamkeit von Schiedsvereinbarungen in Allgemeinen Geschäftsbedingungen bei Verbraucherverträgen. Die Richtlinie nennt in Art. 3 iVm Anhang Nr 1 (q) als Beispiel für eine missbräuchliche Klausel eine Schieds-

---

[21] BGH, NJW 1987, 1146; 1979, 2477; *Geimer*, JZ 77, 214; *Zöller/Geimer*, § 722 ZPO Rn. 96 ff.

[22] *Zöller/Geimer*, § 722 ZPO Rn. 78, 79.

[23] Ständige Rechtsprechung, BGHZ 23, 198, 200; 40, 320, 322.

[24] *Lionnet/Lionnet*, Handbuch der internationalen und nationalen Schiedsgerichtsbarkeit, 3. Aufl. 2005, 54 Fn. 1.

[25] Vgl. dazu sub § 10 Rn. 43 f.

[26] *Böckstiegel*, SchiedsVZ 2009, 3, 4.

[27] http://www.uncitral.org/uncitral/en/uncitral_texts/arbitration/NYConvention_status.html.

[28] BGBl. 1964 II, 426.

[29] BGBl. 1964 II, 449.

[30] ABl. EG Nr. L 95 vom 21.4.1993, 29.

vereinbarung, die ein „nicht unter die rechtlichen Bestimmungen fallendes Schiedsverfahren" vorsieht, durch das dem Verbraucher die Möglichkeit genommen wird, „Rechtsbehelfe bei Gericht einzulegen". Dabei ist es Aufgabe der nationalen Gerichte, die Missbräuchlichkeit der Vertragsklausel von Amts wegen festzustellen.[31]

31 Neben diesen Regelungen mit gesetzlicher Verbindlichkeit gibt es noch zahlreiche Schiedsordnungen, die den Ablauf von Schiedsverfahren regeln und deren Inhalt von den Parteien vertraglich vereinbart werden kann. Zu verweisen ist in diesem Zusammenhang auch auf die von der **Kommission der Vereinten Nationen für internationales Handelsrecht (United Nations Commission on International Trade Law, UNCITRAL)**, 1976 verabschiedete Verfahrensordnung für internationale Schiedsverfahren, die die Aufgabe hat, die Vereinheitlichung des internationalen Handelsrechts aktiv zu fördern, von der 2010 eine überarbeitete Version vorgelegt wurde.[32]

1. Das deutsche Recht der Internationalen Schiedsgerichtsbarkeit

a) Verfahrensvorschriften

32 Auch das deutsche Recht der Internationalen Schiedsgerichtsbarkeit ist durch das Gesetz zur Neuregelung des Schiedsverfahrens vom 22.12.1997[33] reformiert worden, das auf einen Entwurf der Kommission zur Neuordnung des Schiedsverfahrensrechts zurückgeht, der sich weitgehend am UNICTRAL-ModellG über die internationale Handelsschiedsgerichtsbarkeit orientiert.[34] Da das ModellG von einer Vielzahl von Staaten als Vorlage genutzt wurde, ist eine internationale Harmonisierung des Schiedsverfahrensrechts in der Praxis eingetreten.[35] Die Neufassung sieht ein einheitliches Gesetz für nationale und internationale Schiedsverfahren vor. Es handelt sich um ein internationales Schiedsverfahren, wenn eine der Parteien im Ausland ansässig ist.[36]

33 Nach der gesetzlichen Regelung der Vorschriften über die Schiedsgerichtsbarkeit in der ZPO sind die §§ 1025 ff. ZPO sowohl auf nationale als auch internationale Schiedsverfahren dann anzuwenden, wenn der Ort des schiedsgerichtlichen Verfahrens im Sinne des § 1043 Abs. 1 ZPO in Deutschland liegt. Ein internationales Schiedsverfahren liegt vor, wenn eine der Parteien im Ausland ansässig ist. Der Verfahrensort ist daher insbesondere von Bedeutung für die Frage nach dem anwendbaren Verfahrensrecht und für die Qualifikation als in- oder ausländischer Schiedsspruch.[37] Es handelt sich bei dem „Verfahrensort" um einen Rechtsbegriff, der sowohl losgelöst ist von dem Streitgegenstand als auch von den Bezügen zu den Parteien wie Staatsangehörigkeit, Wohnsitz, gewöhnlicher Aufenthalt. Er kann willkürlich gewählt werden.[38]

b) Verfahrensgegenstand

34 Die Vorschrift des § 1029 Abs. 1 ZPO enthält eine **Definition** der **Schiedsvereinbarung.** Danach ist eine Schiedsvereinbarung eine Vereinbarung der Parteien, alle oder einzelne Streitigkeiten, die zwischen ihnen in Bezug auf ein bestimmtes Rechtsverhältnis vertraglicher oder nichtvertraglicher Art entstanden sind oder künftig entstehen, der Ent-

---

[31] EuGH-Mostaza Claro/Centro Móvil Milenium SL, SchiedsVZ 2007, 46, 48.
[32] http://www.unictral.org/,dort UNCITRAL Arbitration Rules (as revised in 2010).
[33] BGBl. 1997 I 3224 ff., Änd: BGBl. 1998 I, 1481, 1583.
[34] BT-Drs. 13/5274, 22 ff.
[35] BT-Drs. 13/5274, 24.
[36] *Böckstiegel*, SchiedsVZ 2009, 3, 5.
[37] *Zöller/Geimer*, § 1043 ZPO Rn. 1.
[38] *Zöller/Geimer*, § 1043 ZPO Rn. 1 m. w. N.

scheidung durch ein Schiedsgericht zu unterwerfen. **Hauptvertrag** und **Schiedsvereinbarung** sind dabei nach dem sog. Autonomieprinzip, das inzwischen in § 1040 Abs. 1 Satz 2 ZPO niedergelegt und unter der Bezeichnung „doctrine of separability" auch international allgemein akzeptiert ist[39], **streng voneinander zu trennen.** Begrifflich konsequent sprechen die Vorschriften der §§ 1025 ff. ZPO deshalb von dem materiell-rechtlichen Vertrag (= Hauptvertrag) und dem Vertrag über prozessuale Beziehungen (= der Schiedsvereinbarung).[40] Dabei kann die Schiedsvereinbarung sowohl in Form einer selbstständigen Vereinbarung (**Schiedsabrede,** § 1029 Abs. 2 Alt. 1 ZPO) als auch als eine Bestimmung unter vielen eines einheitlichen Hauptvertrages (**Schiedsklausel,** § 1029 Abs. 2 Alt. 2 ZPO) ausgestaltet sein.

Kollisionsrechtlich ist somit zwischen dem auf dem Hauptvertrag (Statut des Streit- 35 gegenstandes, Festlegung des Umfangs der Entscheidungszuständigkeit des Schiedsgerichts), dem auf das Schiedsverfahren (Schiedsverfahrensstatut, Ernennung der Schiedsrichter etc,) und dem auf die Schiedsvereinbarung (Schiedsvereinbarungsstatut) anzuwendenden Recht zu unterscheiden.[41]

c) Formvorschriften der Schiedsvereinbarung und allgemeine Verfahrensregeln bei der Durchführung des schiedsrichterlichen Verfahrens

Liegt der Ort des Schiedsverfahrens in Deutschland (§ 1043 Abs. 1 ZPO), so unterliegt 36 eine Schiedsvereinbarung zwingend den Formerfordernissen der Vorschrift des § 1031 ZPO, die sich inhaltlich an Art. II des UNÜ anlehnt. Nach der Vorschrift des § 1031 Abs. 1 ZPO bedarf die Schiedsvereinbarung grundsätzlich der Schriftform und muss entweder in einem von den Parteien unterzeichneten Dokument, in einem zwischen ihnen gewechselten Schreiben oder ähnlichem enthalten sein, § 1031 Abs. 1 ZPO. Die Vorschrift des § 1031 Abs. 5 ZPO enthält Sonderregelungen für den Fall, dass ein Verbraucher am Abschluss einer Schiedsvereinbarung beteiligt ist. Wenn das Schriftformerfordernis nicht erfüllt wird, dann ist die Schiedsvereinbarung unwirksam, so dass die Zuständigkeit der staatlichen Gerichte gegeben ist.

Allgemeine Verfahrensregeln enthalten die Vorschriften der §§ 1042 ff. ZPO, die zwi- 37 schen zwingenden Verfahrensregeln (§ 1042 Abs. 1 und 2 ZPO) und solchen, die der Disposition der Parteien unterliegen, unterscheiden. Die Vorschriften des Schiedsverfahrensrechts sind jedoch überwiegend dispositiv, so dass die Parteien das Verfahren weitestgehend frei gestalten können.

d) Anwendbares Sachrecht

Nach deutschem Recht gilt für die subjektive Rechtswahl die Regelung des § 1051 38 Abs. 1 ZPO. Danach richtet sich das einem Schiedsspruch zugrunde liegende materielle Recht nach den Vereinbarungen der Parteien und den Schiedsordnungen institutioneller Schiedsgerichte, auf die die Parteien Bezug genommen haben. Die Parteien können daher für die Schiedsvereinbarung auch ein anderes als das deutsche Recht wählen, das aufgrund des Schiedsortes in Deutschland anwendbar ist. Dabei sind die Parteien nicht auf die Wahl der Gesamtrechtsordnung eines bestimmten Staates beschränkt, sie können auch Vorschriften aus verschiedenen nationalen Rechtsordnungen oder auf internationaler Ebene

---

[39] Vgl. auch Art. 16 Abs. 1 UNCITRAL-ModellG; Art. 21 Abs. 2 UNICTRAL-SchiedsO; *Elsing*, in FS für Graf von Westphalen, 2010, 109, 110.

[40] *Zöller/Geimer*, § 1029 ZPO Rn. 1.

[41] Vgl. hierzu ausführlich *Elsing*, Zur Auslegung von Schiedsvereinbarungen, in FS für Graf von Westphalen, 2010, 109 ff.

erarbeitete Regelwerke wählen.[42] Das Gesetz präzisiert aber die Voraussetzungen und Grenzen einer subjektiven Rechtswahl nicht näher. Diese sind nach herrschender Auffassung den Vorschriften der Artt. 3 ff. ROM I-VO zu entnehmen.[43]

39 Haben die Parteien die anzuwendenden Rechtsvorschriften nicht wirksam bestimmt, so hat das Schiedsgericht im Wege einer objektiven Anknüpfung das Recht des Staates anzuwenden, mit dem der Gegenstand des Verfahrens die „engsten Verbindungen" aufweist (§ 1051 Abs. 2 ZPO). Zur Auslegung ist auf die widerlegbaren Vermutungen des Art. 4 ROM I-VO zurückzugreifen.[44] Auch § 1051 Abs. 2 ZPO bezieht sich auf das Sachrecht, nicht auf das Kollisionsrecht.[45]

e) Rechtswirkungen einer Schiedsvereinbarung

40 Die Schiedsvereinbarung begründet nach § 1032 Abs. 1 ZPO eine Einrede, wenn der Kläger der Schiedsvereinbarung zuwider das staatliche Gericht angeht. Dabei kann die Einrede bis zum Beginn der mündlichen Verhandlung zur Hauptsache erhoben werden mit der Folge, dass die bei einem staatlichen Gericht eingereichte Klage als unzulässig abgewiesen wird.

41 Im Rahmen eines Schiedsverfahrens kann eine Partei auch die Unzuständigkeit des Schiedsgerichts nach § 1040 Abs. 2 Satz 1 ZPO rügen. Die Rüge der Unzuständigkeit des Schiedsgerichts ist gemäß § 1040 Abs. 2 Satz 1 ZPO spätestens mit der Klagebeantwortung vorzubringen. Wenn das Schiedsgericht seine Zuständigkeit bejaht, ergeht regelmäßig ein Zwischenentscheid gemäß § 1040 Abs. 3 ZPO. Jede Partei kann innerhalb eines Monats nach schriftlicher Mitteilung des Entscheids eine gerichtliche Entscheidung beantragen, § 1040 Abs. 3 Satz 2 ZPO. Zuständig für die Entscheidung ist nach der Vorschrift des § 1062 ZPO das Oberlandesgericht, das in der Schiedsvereinbarung bezeichnet ist oder, wenn eine solche Bezeichnung fehlt, in dessen Bezirk der Ort des schiedsrichterlichen Verfahrens liegt. Die Eingangszuständigkeit der Oberlandesgerichte kann nicht durch Zuständigkeitsvereinbarungen abgeändert werden.

f) Schiedsspruch

42 Der zwischen den Parteien bestehende Rechtsstreit wird durch den Schiedsspruch endgültig entschieden und das Verfahren beendet, § 1056 Abs. 1 ZPO. Neben einem Schiedsspruch kann ein Vergleich der Parteien nach § 1053 Abs. 1 Satz 1 ZPO das Schiedsverfahren beenden. Auf Antrag der Parteien hält das Schiedsgericht den Vergleich in Form eines Schiedsspruches mit vereinbartem Wortlaut fest, § 1053 Abs. 1 Satz 2 ZPO. Sowohl ein Schiedsspruch, der einen Vergleich enthält, als auch ein Schiedsspruch zur Sache wirken gemäß § 1055 ZPO unter den Parteien des Rechtsstreits wie ein rechtskräftiges gerichtliches Urteil, gegen den keine Rechtsmittel eingelegt werden können.

43 Die Parteien eines Schiedsverfahrens können bei dem gemäß § 1062 Abs. 1 Nr. 4 ZPO zuständigen Oberlandesgericht einen Antrag auf Aufhebung des Schiedsspruches stellen. Der Antrag ist innerhalb von drei Monaten nach Empfang des Schiedsspruches durch den Antragsteller einzureichen, § 1059 Abs. 3 Satz 1, Satz 2 ZPO. Die möglichen Ausschließungsgründe sind in § 1059 Abs. 2 Nr. 1 und Nr. 2 ZPO abschließend aufgezählt.

44 Die Entscheidung eines Oberlandesgerichts über einen Aufhebungsantrag kann im Wege einer Rechtsbeschwerde zum Bundesgerichtshof angefochten werden, § 1065 ZPO.

---

[42] Strittig, so aber zutreffend *Zöller/Geimer,* § 1051 ZPO Rn. 3 mit Darstellung des Meinungsstreits.

[43] *Zöller/Geimer,* § 1051 ZPO Rn. 2.

[44] *Zöller/Geimer,* § 1051 ZPO Rn. 5, strittig; a. A. *Reithmann/Martiny/Hausmann,* Internationales Vertragsrecht, Rn. 3517.

[45] BT-Drs. 13/5274, 53.

2. Anerkennung und Vollstreckung inländischer und ausländischer Schiedssprüche

a) Inländische Schiedssprüche

Damit ein Schiedsspruch eines deutschen Schiedsgerichts im Inland vollstreckt werden kann, bedarf es einer Vollstreckbarkeitserklärung durch das gemäß § 1062 Abs. 1 Nr. 4 ZPO zuständige Oberlandesgericht, § 1060 Abs. 1 ZPO. Dem Antrag auf Vollstreckbarerklärung ist stattzugeben, wenn ein endgültiger Schiedsspruch vorliegt und keine Aufhebungsgründe, die von Amts wegen zu berücksichtigen sind bzw. nach § 1060 Abs. 2 ZPO nicht präkludiert sind, geltend gemacht werden. Bei dem Vollstreckbarerklärungsverfahren handelt es sich nicht um ein Zwangsvollstreckungsverfahren, sondern um ein Erkenntnisverfahren besonderer Art,[46] für das, soweit §§ 1062 ff. ZPO keine Regelung treffen, die Vorschriften der ZPO gelten. 45

Ein révision au fond findet – ebenso wie im Aufhebungsverfahren – nicht statt. Die materielle Richtigkeit des Schiedsspruches ist nicht zu prüfen.[47] Die internationale Zuständigkeit Deutschlands für die Vollstreckbarerklärung inländischer Schiedssprüche (§ 1061 ZPO) basiert auf § 1062 Abs. 1 Nr. 4 ZPO, für ausländische auf § 1062 Abs. 2 ZPO. Fehlt es an einer örtlichen Zuständigkeit, so ist das Kammergericht in Berlin zuständig. 46

b) Ausländische Schiedssprüche

Ausländische Schiedssprüche bedürfen ebenso wie ausländische Urteile (§ 328 ZPO) der Anerkennung, um im Inland Wirkungen entfalten zu können. Ihre Anerkennung und Vollstreckbarerklärung richtet sich gemäß § 1061 ZPO nach dem UNÜ.[48] Die internationale Zuständigkeit Deutschlands für die Vollstreckbarerklärung ausländischer Schiedssprüche basiert auf § 1062 Abs. 2 ZPO. Fehlt es an einer örtlichen Zuständigkeit, so ist das Kammergericht in Berlin zuständig. 47

c) Immunität ausländischer Staaten bei der Vollstreckbarerklärung von Schiedssprüchen

Da es sich bei dem Verfahren auf Vollstreckbarerklärung eines Schiedsspruchs um ein Erkenntnisverfahren eigener Art[49] handelt, müssen deutsche Gerichte die Immunität ausländischer Staaten berücksichtigen, wenn sie zu deren Lasten Schiedssprüche für vollstreckbar erklären. 48

In diesem Zusammenhang ist auf eine jüngst ergangene Entscheidung des BGH hinzuweisen, in der der BGH[50] sich mit der Frage befasst hat, inwieweit die Berufung eines ausländischen Staates auf seine Immunität die Anerkennung und Vollstreckung eines Schiedsspruchs hindert: 49

Beispiel: Das Kammergericht Berlin hatte einen Schiedsspruch gegen Thailand für vollstreckbar erklärt, den ein internationales Schiedsgericht 2009 gefällt hatte. Der Entscheidung lag ein Streit zwischen der thailändischen Regierung und der inzwischen insolventen Walter Bau zugrunde. Die Walter Bau hatte durch Fusion mit der Dywidag AG Anteile an 50

---

[46] BGH III ZB 40/12, Beschluss vom 30.1.2013; BGH, NJW-RR 2002, 933, *Zöller/ Geimer,* § 1060 ZPO Rn. 3.

[47] BGH, SchiedsVZ 2008, 40, 42 Rn. 18.

[48] Vgl. hierzu die Ausführungen sub § 10 Rn. 30.

[49] BGH III ZB 40/12, Beschluss vom 30.1.2013; BGH, NJW-RR 2002, 933, *Zöller/ Geimer,* § 1060 ZPO Rn. 3.

[50] BGH III ZB 40/12, Beschluss vom 30.1.2013.

der DMT, einer Gesellschaft nach thailändischem Recht, die zur Fortentwicklung der öffentlichen Infrastruktur im Königreich Thailand in den 80er Jahren gegründet worden war, erlangt. Im Jahr 2007 erhob der Insolvenzverwalter der Walter Bau Schiedsklage gegen das Königreich Thailand wegen Verletzung (Entwertung) der Gesellschafterrechte der Walter Bau an der DMT. Mit Schiedsspruch vom 1.6.2009 verurteilte das Schiedsgericht das Königreich Thailand zur Zahlung von Schadenersatz in Höhe von 29.210.000 EUR. Auf Antrag des Insolvenzverwalters erklärte das Kammergericht Berlin den Schiedsspruch für vollstreckbar. Die hiergegen gerichtete Rechtsbeschwerde führte zur Aufhebung der angefochtenen Entscheidung und Zurückverweisung der Sache an das Kammergericht. Zur Begründung verwies der BGH darauf, dass nach den allgemeinen Regeln des Völkerrechts Staaten im Erkenntnisverfahren der Gerichtsbarkeit anderer Staaten nicht unterworfen seien, soweit ihre hoheitliche Tätigkeit und nicht lediglich ihr kommerzielles Handeln betroffen sei. Die mit dem Schiedsspruch vom 1.7.2009 entschiedene Klage betreffe aber die hoheitliche Tätigkeit des Königreichs Thailand mit der Folge, dass die Zulässigkeit des Antrags auf Vollstreckbarerklärung des Schiedsspruchs davon abhänge, ob Thailand sich der deutschen Gerichtsbarkeit unterworfen habe.

51 Im Juni 2002 haben die Bundesrepublik Deutschland und Thailand einen Investitionsschutzvertrag (= im Folgenden: ISV 2002) geschlossen, der am 20.10.2004 in Kraft getreten ist. Der ISV 2002 enthält in Art. 10 eine Schiedsklausel auch für „Streitigkeiten in Bezug auf Kapitalanlagen zwischen einer der Vertragsparteien und einem Investor der anderen Vertragspartei“. Art. 10 Abs. 2 Satz 3 ISV 2002 regelt, dass „der Schiedspruch nach innerstaatlichem Recht vollstreckt wird“. Thailand habe sich damit, so der BGH, im ISV 2002 nicht nur allgemein einem Schiedsverfahren, sondern einem Verfahren auf Vollstreckbarerklärung des Schiedsspruchs nach § 1061 ZPO unterworfen, das in Deutschland als Vorstufe einer späteren Zwangsvollstreckung notwendig sei. Dann widerspräche es aber dem Sinn und Zweck des Übereinkommens, wenn sich der Antragsgegner im insoweit notwendigen Zwischenverfahren auf seine Immunität berufen und damit eine Zwangsvollstreckung von vorneherein vereiteln könnte, obwohl die Zwangsvollstreckung z. B. in nicht hoheitlich genutzte Gegenstände eines fremden Staates grundsätzlich keines Immunitätsverzichtes bedürfe.

52 Diese Unterwerfung erfasse aber nicht auch Sachverhalte, die nicht unter den ISV 2002 fallen. Verkenne ein Schiedsgericht den Anwendungsbereich des Abkommens, binde dies die Vertragsparteien nicht und hindere daher auch nicht den Einwand der Immunität. Das Kammergericht, so der BGH, hätte daher zunächst die zwischen den Parteien streitige Frage klären müssen, ob die streitgegenständliche Investition überhaupt dem ISV 2002 unterfalle. Das gelte auch dann, wenn – wie hier – der Antragsgegner gegen den Teilschiedsspruch des Schiedsgerichts über seine Zuständigkeit kein Rechtsmittel eingelegt habe. Ein Verzicht auf die Immunität sei darin nicht zu sehen.

§ 11 Akzente der produkthaftungsrechtlichen Praxis – Telegrammstil

I. Umgang mit Behörden

1 Für den anwaltlichen Berater von Bedeutung ist es zu wissen, dass er bei den Marktüberwachungsbehörden auf kompetente Mitarbeiter trifft, überwiegend auf Ingenieure, zum Teil auch auf Juristen. Schon deshalb ist es im Regelfall möglich, vernünftige Lösungen gemeinsam mit den Behördenvertretern zu erarbeiten. Die langjährige Erfahrung zeigt, dass – sieht man von Ausnahmefällen ab – der Verwaltungsrechtsweg nicht zwingend aus anwaltlicher Sicht gegangen werden muss. Sieht man vom Einzelfall ab, ist das Beschreiten des Verwaltungsrechtsweges auch eher die Ausnahme. Und dennoch: Der Anwalt muss das Interesse seines Mandanten im Auge haben und entsprechend reagieren.

II. Umgang mit Versicherern

2 Anwälte, die die Interessen von Verbrauchern vertreten, haben nicht selten die Angewohnheit, den Sachbearbeitern in den Versicherungsgesellschaften die Pistole auf die Brust zu drücken, diesen für die Sachverhaltsaufklärung oder zur Prüfung von Rechtsfragen unangemessene Fristen zu setzen, oder diese unter Druck zu setzen, indem angedroht wird, den Gruppenleiter, den Direktor der Abteilung oder gar den Vorstand ansonsten anzurufen. Aus der Sicht des Versichereranwaltes, der nicht selten schon recht früh in Produkthaftpflichtverfahren involviert wird, teilweise (nur) noch nicht nach außen aufgetreten ist, erscheint ein solches Vorgehen nur eine „fast verzweifelte Hilflosigkeit" widerzuspiegeln. Dies gilt insbesondere dann, wenn Sachbearbeiter noch nicht einmal alle Fakten beisammen haben, um eine Entscheidung überhaupt fällen zu können. Augenmaß hilft auch hier jedem Berater. Auch sollten Berater wissen, dass sie im Regelfall mit Juristen sprechen, insbesondere dann, wenn es um größere Produkthaftpflichtfälle geht. Die wenigsten Fälle müssen bis zum Ende prozessiert werden. In den allermeisten Fällen finden sich – wenn auf beiden Seiten Anwälte mit Augenmaß agieren – schon außergerichtliche Lösungen.

III. Einschaltung von versicherten Industrieversicherungsmaklern

3 Anwälte, die für die Versicherungsnehmerin und damit für einen Industriekunden eines Versicherers auftreten, schalten nicht selten Versicherungsmakler ein, um diese an Regulierungsgesprächen zu beteiligen. Diese Anwälte und die Versicherungsmakler stehen somit zunächst einmal in „einem Lager" gegenüber dem Versicherer. Anwälte sind dabei bei der Abwicklung des Schadenfalles freier, weil sie – im Gegensatz zum Versicherungsmakler – nicht stets auf eine bestehende möglicherweise sogar ständige Geschäftsbeziehung zum Versicherer Rücksicht nehmen müssen. Andererseits können große Versicherungsmakler aber auch ihre Marktmacht zum Nutzen des Versicherungsnehmers gegenüber dem Ver-

sicherer einsetzen und bereits dadurch zum Teil gute Ergebnisse erzielen. Der Makler ist – nach der Rechtsprechung des BGH – Sachwalter des Versicherungsnehmers und vertritt gegenüber dem Versicherer durchaus dessen Interessen, auch wenn er seine Courtage vom Versicherer erhalten hat, was sich letztendlich nicht ausblenden lässt, aber in der Praxis zu einer interessanten, vielschichtigen Konstellation führen kann, die von politischen Fragen, aber auch von Interessenskonflikten etc. abhängig sein kann. Im Konzert zwischen Vertretern des Unternehmens, dessen Anwälten und auch unter Beiziehung des Maklers ergeben sich dann in der Praxis häufig Streitbeilegungen, bei denen der Versicherer sich ebenfalls anwaltlich begleiten lässt. Auch hier gilt: Sofern alle Seiten die Sach- und Rechtslage vernünftig einschätzen, lassen sich außergerichtlich im Regelfall sehr gute Ergebnisse erzielen.

§ 12 Liste aktueller Urteile

Aktuelle und wichtige Entscheidungen zur Produkthaftung aus Deutschland, Österreich und der Schweiz sowie Entscheidungen des EuGH, Stand: 30.6.2013: 1

LG Aachen	Urteil vom 3.9.2013	41 O 17/13	Zur erweiterten Produkthaftpflichtversicherung (Ziff. 4.4.2.1)
OLG Hamm	Urteil vom 23.5.2013	21 U 64/12 BeckRS 2013, 08842; PHi 2013, 146	Haftung des Süßwarenherstellers auf Schadenersatz bei Biss auf Fruchtgummi („Cola-Flaschen“)
EuGH	Urteil vom 11.4.2013	C-636/11 GRUR-Prax 2013, 345027 BeckRS 2013, 80747	Art. 10 der Verordnung Nr. 178/2002 steht der Regelung des § 40 Lebensmittel-, Bedarfsgegenstände- und Futtermittelgesetzbuchs nicht entgegen. Eine Information der Öffentlichkeit ist nicht nur bei tatsächlicher Gesundheitsgefahr für Menschen erlaubt, sondern auch dann, wenn es sich nur um für den Verzehr ungeeignete Lebensmittel handelt.
BGH	Beschluss vom 19.3.2013	VI ZR 246/11	Regress eines Herstellers (Feststellanlage für eine Brandschutztüre=Rauchmelder) gegen den Hersteller eines Teilprodukts aufgrund durch eine Rückrufaktion entstandener Kosten aus §§ 840 Abs. 1, 426 Abs. 1 S. 1 BGB.
LG Frankenthal	Urteil vom 14.3.2013	6 O 304/12	Haftung nach § 823 Abs. 1, 823 Abs. 2 i. V. m. § 7 der Medizinprodukteverordnung i. V. m. Anhang II der Richtlinie 93/42/EWG für „Industriesilikon“ enthaltende Brustimplantate.
LG Karlsruhe	Urteil vom 8.2.2013	7 O 94/12	Schadensersatzklage wegen angeblich fehlerhafter Silikone in Brustimplantaten.
BGH	Urteil vom 5.2.2013	VI ZR 1/12 PHi 2013, 66 f. VersR 2013, 469	Heißwasser-Untertischgerät-Explosion. Zur berechtigten Sicherheitserwartung i. S. d. § 3 Abs. 1 ProdHaftG bei fachwidriger Installation.

OLG Frankfurt	Beschluss vom 24.1.2013	IU 169/12; InTeR 2013, 115 = BeckRS 2013, 02399	Keine Haftung des Aufzugbetreibers wenn technische Störungen sich trotz regelmäßiger Wartung und Kontrolle nicht verhindern lassen, diese vielmehr „zufällig“ auftreten.
Amtsgericht Heilbronn	Strafbefehl und Bußgeldbescheid vom 7.1.2013	41 Cs 24 Js 10497/10 (unveröffentlicht)	Fahrlässige Versäumung von Meldepflichten und Unterlassung geeigneter Maßnahmen der Gefahrenabwehr (§ 60 LFGB) sowie fahrlässiges Inverkehrbringen gesundheitsgefährdender Stoffe (§ 58 LFGB) durch Verletzung von Rückrufpflichten („Harzer Käse“).
Brandenburgisches OLG	Urteil vom 5.12.2012	Az. 4 U 118/11 BauR 2013, 509 IBR 2013, 81 mit Anm. *Eidam*	Lieferung mangelhafter Kalksandsteine: „Weiterfresser-Schaden“; Stoffgleichheit; Haftung nach § 823 Abs. 1 BGB, § 1 ProdHaftG und § 823 Abs. 2 i. V. m. § 20 LBauO Nordrhein-Westfalen, § 4 BauPG und § 5 ProdSG.
OGH	Vorlagebeschluss an den Gerichtshof der Europäischen Union gem. Art. 267 AEUV vom 28.11.2012	7 Ob 187/12v PHi 2013, 10	Zum Begriff der unerlaubten Handlung i. S. d. Art. 5 Nr. 1 EuGVVO; auch zur Frage des Handlungsortes bei der Produkthaftung.
BGH	Urteil vom 17.10.2012	VIII ZR 226/11 NJW 2013, 220	Die richtlinienkonforme Auslegung des § 439 Abs. 1 Alt. 2 BGB ist auf den Verbrauchsgüterkauf beschränkt (im Anschluss an EuGH NJW 2011, 2269 und BGH NJW 2012, 1073, s. u.); keine Anwendung auf Kaufverträge zwischen zwei Unternehmern oder zwischen zwei Verbrauchern.
OGH	Teilzwischen-Urteil vom 13.9.2012	6 Ob 215/11b AnwBl 2013,189 EvBl 2013,116 mit Anm. *Spitzer; Huber/Schwaiger*, in: PHi 2013, 51	Explosion einer Mineralwasserflasche nach Anstoß an einem Schrank aufgrund zu hohen CO_2-Drucks. Verletzung der Produktbeobachtungspflicht und Inverkehrbringen eines mit ei-

			nem Fehler nach § 5 PHG belasteten Produkts.
Saarländisches Oberlandesgericht	Urteil vom 11.9.2012	4 U 339/10 – 100, 4 U 339/10 NJW-RR 2013, 271–273	Zu den Sorgfaltspflichten eines Produzenten, dem nach dem Inverkehrbringen von (fehlerhaften) Ölkanistern ein Fehler bekannt wird; auch zu § 1 Abs. 1 S. 2 ProdHaftG bei gewerblicher Nutzung. Zu Warnpflichten vor drohender Leckage.
OLG Koblenz	Urteil vom 24.7.2012	5 U 299/12 GesR 2013, 163–165	Zur Quasiherstellereigenschaft nach § 4 Abs. 1 Satz 2 ProdHaftG beim Herzschrittmacher.
OLG Linz	Urteil vom 10.7.2012	4 R 115/12b PHi 2012, 215 mit Anm. *Eidam*	Zu den Anforderungen an einen Hinweis in der Bedienungsanleitung einer Teleskopleiter, dass deren Sprossen vollständig eingerastet sein müssen, bevor diese genutzt werden kann; §§ 5, 11 PHG, § 1304 AGBG; auch zur Haftung des Importeurs.
OLG Frankfurt	Urteil vom 21.6.2012	22 U 89/10 MPR 2012, 169–173 GuP 2012, 238	Darlegungs- und Beweislast für einen Produktfehler bei einem fehlerhaften Defibrillator. Auskunftsansprüche nach § 84a AMG (analog), § 810 BGB gegen den Hersteller eines Defibrillators.
OLG Frankfurt	Urteil vom 21.6.2012	6 U 24/11 GRUR-Prax 2012, 518	Wettbewerbsverstoß für irreführende Werbung mit „CE-geprüft" (§§ 3 Abs. 2, 5 UWG).
Schleswig-Holsteinisches OLG	Urteil vom 24.4.2012	Az. 11 U 123/11 BeckRS 2012, 15014 SchlHA 2013, 35–37 OLG Report Nord 25/2012 Anm. 6; NJOZ 2013, 1366	Zuordnungsschwierigkeit eines Fehlers an einem Opel Astra zum Organisationsbereich des Herstellers nach Brand; kein Anscheinsbeweis; §§ 1 Abs. 1 Satz 2 (Firmenwagen), 3 ProdHaftG; § 823 Abs. 1 BGB.
LG Paderborn	Urteil vom 18.4.2012	4 O 482/11 BeckRS 2012, 11199	Keine Haftung bei HUS-Erkrankung aufgrund eines mit EHEC-Bakterien verunreinigten Schulessens mangels kausaler Pflichtverletzung nach §§ 1, 8 ProdHaftG, § 823 BGB; kein Vertrag mit Schutzwirkung zugunsten Dritter.

LG Stuttgart	Urteil vom 10.4.2012	Az. 26 O 466/10 NJW-RR 2012, 1169	Zur Herstellerhaftung für Fenster- und Futterstoffeinklebemaschinen; zu den Anforderungen nach der Maschinenrichtlinie und zum Fehler i. S. d. § 3 ProdHaftG sowie zu § 823 Abs. 1 und Abs. 2 BGB i. V. m. § 4 GPSG (a. F.).
OLG Köln	Urteil vom 4.4.2012	Az. I-5 U 99/11, 5 U 99/11 GesR 2012, 507–510 MPR 2012, 99–104	Keine Haftung nach §§ 1 Abs. 1 ProdHaftG, 823 Abs. 1 BGB, wenn sich bei der Materialuntersuchung durch einen Sachverständigen ein Produktfehler trotz Defektes einer Keramik-Hüftprothese nicht nachweisen lässt.
OLG Saarbrücken	Urteil vom 23.3.2012	Az. 8 U 570/10 NJW-RR 2012, 797 ff.	Keine Warnpflicht des Herstellers von Öl über etwaige Gefahren der Selbstentzündung des Sesamöls zur Verwendung von Textilien in einem Wäschetrockner nach § 823 Abs. 1 BGB.
OLG Düsseldorf	Urteil vom 14.3.2012	Az. I-15 U 122/10 PharmR 2012, 354; *Gesmann-Nuissl*, InTeR 2013, 47, 55	Keine Haftung des Vertriebshändlers für fehlerhafte Defibrillatoren nach dem ProdHaftG bzw. § 823 BGB; zur Konkretisierung der Produktbeobachtungspflicht bei Medizinprodukten durch die §§ 29, 37 Abs. 7 MPG i. V. m. der „Medizinprodukte-Sicherheitsplanverordnung – MPSV".
OGH	Urteil vom 28.2.2012	Az. 8Ob21/11p, PHi 2012, 146 ff. mit Anm. *Eidam*	Zur Haftung für einen Konstruktionsfehler am Schalthebel eines Traktors und zum vorhersehbaren Fehlgebrauch.
EuGH	Urteil vom 21.12.2011	Az. C-495/10 NJW 2012, 754; BeckRS 2011, 81941	Keine Anwendbarkeit der Produkthaftungsrichtlinie auf Dienstleister; Patient hatte Verbrennungen während eines chirurgischen Eingriffs durch eine Heizmatratze erlitten.
BGH	Urteil vom 21.12.2011	Az. VIII ZR 70/08 VersR 2012, 623 NJW 2012, 1073	Zur richtlinienkonformen Auslegung des § 439 Abs. 1 Alt. 2 BGB: Die „Lieferung einer mangelfreien Sache" erfasst den Ausbau und den Abtransport der mangelhaften Kaufsache; Das Recht des Verkäufers nach § 439

			Abs. 3 Satz 3 BGB beschränkt sich – bis zur gesetzlichen Neuregelung – auf die Kostenerstattung in Höhe eines angemessenen Betrages.
LG Köln	Urteil vom 21.12.2011	Az. 13 S 253/10 BeckRS 2011, 29507	Zur weitgehenden Mängelbeseitigung am Heck eines Ford Focus Turnier; Sollbeschaffenheit i. S. d. § 434 Abs. 1 S. 2 Nr. 2 BGB: konstruktionsbedingt nicht notwendige (allenfalls aus Designgründen vorgenommene) Lösung der Heckpartie bei Wasseransammlung in der Rille der Stoßstange als „Fehlkonstruktion" (nach Angaben des gerichtlichen Sachverständigen).
LG Dessau-Roßlau	Urteil vom 16.12.2011	Az. 2 O 66/10 BeckRS 2012, 05715	Kein Anspruch nach Explosion einer „Bio-Ethanol-Tischfeuerstelle" nach §§ 8 Satz 2, 4 Abs. 3 ProdhaftG
OLG Köln	Beschluss vom 1.12.2011	Az. 5 U 40/11 NJW-RR 2012, 922–925 MDR 2012, 403 ff.	Kein Anscheinsbeweis für fehlerhaftes Pflegebett bei Brand, wenn für diesen mehrere andere Ursachen ernsthaft in Betracht kommen (§ 1 ProdHaftG, § 823 BGB und § 286 ZPO).
OLG Hamm	Beschluss vom 15.11.2011	Az. I-28 W 36/11 NJW-RR 2012, 355	Keine Haftung des Importeurs von Kabinenroller für Prozesskosten eines Vorprozesses nach §§ 478 Abs. 2 o. 280 Abs. 1 o. 823 Abs. 1 BGB bzw. nach § 1 ProdHaftG. Auch zur (eingeschränkten) Untersuchungspflicht des Importeurs auf fehlerfreie Beschaffenheit oder Konstruktion.
AG München	Urteil vom 24.10.2011	Az. 231 C 7215/11 BeckRS 2012, 12034	Haftung für Metallteil in Pizza nach § 280 Abs. 1 BGB und nach §§ 1, 3 ProdHaftG und § 823 Abs. 1 BGB wegen Fabrikationsfehlers.
OLG München	Beschluss vom 27.9.2011	Az. 1 U 1798/11 Mietrecht kompakt 2012, 2 mit Anm. *Sudau,* IMR 2012, 77	Die Haftung des Aufzugbetreibers ist keine Gefährdungs-, sondern Verschuldenshaftung. Eine Ersatzpflicht wird nicht bereits durch den Defekt des Aufzugs begründet, sondern erst bei (in

			concreto nicht gegebener) schuldhafter Verletzung der Verkehrssicherungspflicht.
LG München	Urteil vom 31.8.2011	Az. 9 O 2457/10 MPR 2011, 204–206 mit Anm. *Mayer-Sandrock*	Keine Fehlerhaftigkeit einer Hüftprothese alleine dadurch, dass eine weitere, später eingeführte Prothese besser und weniger bruchanfällig ist. Kein Anspruch nach §§ 1 Abs. 1, 3 Abs. 1 und 2, 8 Satz 2 ProdHaftG, 823 Abs. 1 und 2 BGB wegen Fehlens eines Fehlers.
OLG Nürnberg	Urteil vom 3.8.2011	Az. 12 U 1143/06; dazu jüngst BGH-Beschluss vom 19.3.2013 – VI ZR 246/11	Brandgefahr am Rauchmeldegerät und Zuliefererregress nach Lieferung eines mangelhaften Transformators. Auch zur Einbeziehung des Folgeschadens nach §§ 249 ff. BGB.
OLG Saarbrücken	Urteil vom 3.8.2011	Az. 1 U 316/10–89 MPR 2011, 156 ff. mit Anm. *Oeben*	Keine Haftung (mangels Nachweises für behauptete Fehler) bei Teleskopmarknägeln; § 4 bzw. §§ 7, 12 iVm § 4 MPG sind Schutzgesetze i. S. d. § 823 Abs. 2 BGB. Fehlende Zertifizierung eines Medizinprodukts führt nicht zwingend zu einem Schadenersatzanspruch.
OLG Rostock	Urteil vom 8.7.2011	Az. 5 U 174/10 ; BeckRS 2011, 19707	Kommt infolge unkoordinierter Wartungs- und Reinigungsarbeiten ein Arbeitnehmer einer Reinigungsfirma zu Schaden, deutet dies bereits nach der Lebenserfahrung auf einen fahrlässigen Mangel im Organisationsbereich des Unternehmens hin. Bei einem solchen Sachverhalt hat sich der Unternehmer zu entlasten.
LG Kleve	Urteil vom 6.7.2011	Az. 5 S 47/11 NJW-RR 2011, 1473	Hackfleisch ist nicht fehlerhaft i. S. d. § 3 ProdHaftG, wenn sich ein Knochenstück darin befindet.
EuGH	Urteil vom 16.6.2011	Az. C-65/09, JuS 2011, 744; PHi 2011, 184 mit Anm. *Lenz.*	Zur Reichweite des Anspruchs auf Ersatzlieferung (§ 439 BGB).
BGH	Urteil vom 21.4.2011	Az. VII ZR 130-10 WM 2011, 1999 ff.	Zur Funktionstauglichkeit eines Rundbogenfensters: Kein Fehler i. S. d. § 3 ProdHaftG bei „bloßer Schwergängigkeit“

LG Köln	Urteil vom 20.4.2011	Az. 25 O 312/06 MPR 2012, 99 ff.	Zur Produkthaftung für fehlerhafte Hüftkopfkugel; zum Fehlerbegriff
Schweizerisches Bundesgericht	Urteil vom 20.4.2011	Az. 9C 985/2010 (in französisch)	Beim Kauf von Packungen mit dem Aufdruck „entsteinte Oliven" kann erwartet werden, dass die Packungen keine Kerne enthalten.
BGH	Urteil vom 13.4.2011	Az. VIII ZR 220/10 NJW 2011, 2278 ff.	Der Erfüllungsort der Nacherfüllung bestimmt sich grundsätzlich nach der Parteivereinbarung; ansonsten nach den Umständen, insbesondere der Natur des Schuldverhältnisses und letztlich ist es der Ort der Niederlassung des Verkäufers (§ 269 Abs. 2 BGB).
Schweizerisches Bundesgericht	Urteil vom 18.3.2011	Az. 4A 16/2011 BGE 137 III 226 (in französisch)	Keine Haftung für angebliche Fehler einer Hüftprothese: Art. 1, 4 Abs. 1 und 5 PrHG. Produktehaftpflicht; ersatzfähiger Schaden (Art. 1 PrHG); Nachweis eines Fabrikationsfehlers (Art. 4 Abs. 1 PrHG); Ausnahme von der Haftung nach Art. 5 Abs. 1 lit. e PrHG.
LG Göttingen	Urteil vom 2.3.2011	Az. 2 O 218/09	Produkthaftung des Importeurs für einen fehlerhaften Ethanol-Kamin wegen Konstruktionsmangels.
OLG Saarbrücken	Urteil vom 16.2.2011	Az. 1 U 574/09 IPRax 2013, 74–80	Produkthaftungsansprüche, die nicht an vertragliche Lieferpflichten anknüpfen, sind solche aus unerlaubter Handlung i. S. d. Art. 5 Nr. 3 EuGVVO; der Ort, an dem der Schaden durch den gewöhnlichen Gebrauch des Produkts für seinen bestimmungsgemäßen Zweck eingetreten ist, ist der Erfolgsort i. S. d. Art. 5 EuGVVO.
OLG München	Urteil vom 11.1.2011	Az. 5 U 3158/10 PHI 2012, 15–17 mit Anm. *Herrman und Schulz*	Haftung des Flaschenherstellers (Hersteller des Teilprodukts) und Abfüllers (Hersteller des Endprodukts) für eine explodierende Piccoloflasche.
OLG Hamm	Urteil vom 21.12.2010	Az. I-21 U 14/08; NJW-RR 2011, 893	Haftung nach § 823 Abs. 1 BGB des Herstellers von Flaschen mit

			Grillbrennpaste – Vorliegen eines Konstruktionsfehlers trotz Einhaltens der einschlägigen DIN-Vorschrift.
OGH	Urteil vom 2.12.2010	2 Ob 162/10b AnwBl 2013,189, EvBl 2013,116 mit Anmerkung *Spitzer*	Keine Anwendung des Vertrages mit Schutzwirkung zugunsten Dritter auf die Produzentenhaftung (Auf den streitgegenständlichen Vertrag fand nach dem damals geltenden Österreichischen IPRG deutsches Recht Anwendung).
OLG Hamm	Urteil vom 26.10.2010	Az. I-21 U 163/08 MPR 2011, 153–156	Produkthaftung des Importeurs nach § 4 Abs. 2 ProdHaftG für einen fehlerhaften Herzschrittmacher.
LG Bielefeld	Urteil vom 22.10.2010	Az. 18 O 14/	Ersatz der Behandlungskosten bei Austausch eines Herzschrittmachers; zur Rückrufpflicht des Vertriebshändlers aufgrund seiner Produktbeobachtungspflicht.
LG Magdeburg	Urteil vom 22.9.2010	Az. 9 O 1822/	Produkthaftung des Herstellers für einen fehlerhaften Defibrillator – Verletzung der berechtigten Sicherheitserwartung; Ersatz der Heilbehandlungskosten bei Austausch wegen Fehlerhaftigkeit.
BGH	Urteil vom 13.7.2010	Az. VI ZR 254/09 VersR 2010, 1666	Produkthaftung des Importeurs nach § 4 Abs. 2 ProdHaftG für einen fehlerhaften Herzschrittmacher – Abgrenzung zwischen Fabrikations- und Konstruktionsfehler.
LG Aachen	Urteil vom 24.6.2010	Az. 8 O 386/09 BeckRS 2010, 16836	Ein persönlicher Schutzausrüstungsgegenstand im Sinne der 8. GPSGV weist nur dann die vertraglich geschuldete Beschaffenheit auf, wenn die Voraussetzungen für sein Inverkehrbringen erfüllt sind.
OLG Frankfurt	Urteil vom 20.5.2010	Az. 1 U 99/09, GesR 2010, 440–441 MPR 2010, 211–212	Produkthaftung der Vertriebsgesellschaft für einen fehlerhaften Herzschrittmacher.
BGH	Urteil vom 10.3.2010	Az. VIII ZR 310/08 NJW 2010, 1448–1449	Der Käufer muss dem Verkäufer die Untersuchung der Sache ermöglichen (§§ 439, 437 BGB).

		ZIP 2010, 931–933 ZGS 2010, 278–280	
OLG Stuttgart	Vergleich vom 18.2.2010	Az. 19 U 123/09	Regressverfahren nach behauptetem Rückruf wegen angeblich gelieferter kontaminierter Farbe für Fruchtsaftverpackungen.
LG Coburg	Vergleich vom 19.1.2010	Az. 1 HK O 109/08	Zuliefererregress nach Rückruf eines italienischen Herstellers unter der Behauptung eines Mangels an Schiebehülsen.
OLG Hamm	Urteil vom 8.1.2010	Az. 21 U 184/09	Kein Anspruch auf Schmerzensgeld oder Schadensersatz aus Produkthaftung wegen behaupteter Verpuffung bzw. Explosion durch das Entzünden eines Feuerzeugs nach Verwendung eines Raumdeos.
EuGH	Urteil vom 2.12.2009	Az. C-358/08 PharmR 2010, 60–65 IPRax 2011, 374–378	§ 12 ProdHaftG: Ablauf der Verjährungsfrist; Unzutreffende Qualifizierung als Hersteller, Gerichtliches Verfahren.
OLG Bamberg	Urteil vom 26.10.2009	Az. 4 U 250/08, OLGR Bamberg, 2009, 886; dazu *Burckhardt/Küppers*, PHi 2010, 28 ff.	Hautverletzungen durch Fertigbeton; Haftung nach §§ 1, 3 ProdHaftG.
OLG Hamm	Urteil vom 24.9.2009	Az. 4 U 117/09	Kein Anspruch auf Unterlassung einer Produktwarnung nach § 823 BGB. Eine solche Warnung vor Billig-Motorrollern aus China ist kein rechtswidriger Eingriff in den eingerichteten und ausgeübten Gewerbebetrieb.
OLG Stuttgart	Urteil vom 24.9.2009	Az. 7 U 89/09 ZWE 2010, 38–40 ZMR 2010, 307–309 NZM 2010, 626–629	§§ 1 Abs. 1 Satz 1 und 2, 2 ProdHaftG i. V. m. § 67 VVG (a. F. jetzt: § 86 VVG): eingebauter Kugelhahn als „andere Sache"-Zurückverweisung.
OLG Düsseldorf	Urteil vom 29.7.2009	Az. I – 22 U 157/08 OLGR Düsseldorf 2009, 349–352	§ 823 BGB: Instruktionspflichten für Händler bei ihnen bekannten Gefahren – Korrodierende Motorhaubenschlösser.
BGH	Urteil vom 23.7.2009	Az. VII ZR 164/08 BauR 2009, 1589–1591 NZBau 2009, 647–648	§ 631 BGB: Zur Beachtung von Wartungsvorschriften des Herstellers durch Fachwerkstätten.

		NJW-RR 2009, 1467–1468	
BGH	Urteil vom 16.6.2009	Az. VI ZR 107/08, PHi 2009, 196 ff. Anm. Lenz.	Zur Herstellerhaftung für die Fehlauslösung von Airbags, §§ 1, 3 und § 1 Abs. 2 Nr. 5 ProdHaftG, § 823 BGB.
OLG Stuttgart	Urteil vom 16.6.2009	Az. 12 U 206/08 NJW-RR 2010, 933–934	Verpflichtung des Käufers nach § 377 Abs. 3 HGB zu erneuter Untersuchung im Rahmen der Zumutbarkeit: Buchsenkontakte bei Kabeln.
EuGH	Urteil vom 4.6.2009	Az. C-285/08 EuZW 2009, 501–503 EWS 2009, 342–344	Brennendes Stromversorgungsaggregat: Verschärfungen zu Lasten des Herstellers im französischen Recht gegenüber der Produkthaftungs-Richtlinie (berufliche Zwecke) rechtmäßig.
Bayerischer Verwaltungsgerichtshof	Beschluss vom 2.4.2009	Az. 20 ZB 08.3013 NuR 2009, 764–765 mit Besprechung Großkopf	Freistellungsbegehren einer Herstellerin von batteriebetriebenen Luxusuhren von der Registrierungspflicht nach ElektroG.
BGH	Urteil vom 17.3.2009	Az. VI ZR 176/08 BGHReport 2009, 673–674 ZfSch 2009, 433–434 VersR 2009, 649	Zur Produktsicherheit eines Gebäckstücks mit einer Kirschfüllung („Kirschtaler") § 3 ProdHaftG und § 823 BGB
OLG Frankfurt	Urteil vom 6.2.2009	Az. 2 U 128/07 OLGR Frankfurt 2009, 478–482	Zur Haftung nach dem GenTG und zur Produktbeobachtungspflicht, § 823 BGB, § 32 GenTG, § 1 ProdHaftG; Rechtsmittelverfahren beim BGH Az. XI ZR 63/09.
BGH	Urteil vom 16.12.2008	Az. VI ZR 170/07 (Vorinstanz: OLG Hamm); JZ 2009, 905 mit Anm. Wagner; vgl. auch VersR 2009, 272 mit Anm. Kettler; Anm. Molitoris, NJW 2009, 1049.	§ 823 BGB; § 1 ProdHaftG: Zur Gefahrabwendungspflicht des Herstellers von Produkten mit Sicherheitsmängeln – „brennende Pflegebetten".
LG Köln	Urteil vom 26.11.2008	Az. 25 O 312/06	Fehlerhafte Hüftoperation durch fehlerhaften Gelenkkopf, §§ 1, 8 ProdHaftG
OLG Koblenz	Urteil vom 31.10.2008	Az. 10 U 1268/07 OLGR Koblenz 2009, 169–172	Keine Produkthaftung für Windschutzanlage; 6 Jähriger

BGH	Urteil vom 15.7.2008	Az. VIII ZR 211/07 BGHZ 177, 224–236 NJW 2008, 2837-284	Keine Verpflichtung zur Neuverlegung mangelfreier Parkettstäbe nach den §§ 437, 439 BGB; zu § 280 BGB
BVerwG	Urteil vom 26.6.2008	Az. 7 C 46/07 GewArch 2008, 412	Durchführung einer sicherheitstechnischen Überprüfung eines Kabelrollers durch das Gewerbeaufsichtsamt. Kostentragungspflicht des Pflichtigen für die Durchführung.
OLG Frankfurt	Urteil vom 19.3.2008	Az. 4 U 167/05	§ 1, 3 ProdHaftG: Fensterflügel/ Scharniere, Konstruktionsfehler
BVerwG	Urteil vom 21.2.2008	Az. 7 C 43/07	Sportschutz mit elektronischer Fersendämpfung ist kein Elektrogerät im Sinne des § 2 I ElektroG.
BGH	Urteil vom 23.1.2008	Az. VIII ZR 246/06	Zum Anspruch des Verkäufers nach unberechtigtem Mangelbeseitigungsverlangen des Käufers; Anspruch aus § 280 BGB wegen unberechtigtem Mangelbeseitigungsverlangen nach § 439 BGB
OLG Koblenz	Urteil vom 22.11.2007	Az. 5 U 1257/06, ZfS 2008, 11 ff.	Deliktische Schadenersatzhaftung eines Großhändlers wg. mangelhafter Bearbeitung und Weiterveräußerung von Weinkorken zu § 377 HGB, § 823 BGB.
Schweizerisches Bundesgericht	Urteil vom 21.11.2007	Az.: 4A 272/2007 BGE 134 III 80	Internationales Zivilprozessrecht; örtliche Zuständigkeit bei unerlaubter Handlung. Art. 129 Abs. 3 Schweizer IPRG erfasst auch die Produkthaftpflicht.
LG Wuppertal	Urteil vom 20.11.2007	Az. 2 O 358/04	Schadenersatz nach Brand an Kaffeemaschine §§ 1, 3 ProdHaftG
LG München	Urteil vom 19.11.2007	Az. 14 HK O 7323/ 07, PHi 2008, 26 ff.	Aufwendungsersatz bei rechtswidrig erteiltem GS-Zeichen nach §§ 311 i. V. m. § 284 BGB, § 7 GPSG
LG Duisburg	Urteil vom 15.11.2007	Az. 1 O 400/05	Brand eines Fernsehgerätes; kein Anspruch nach §§ 1, 3 ProdHaftG; Fehlender Nachweis der Fehlerhaftigkeit (§ 286 ZPO).

OLG Schleswig	Urteil vom 19.10.2007	Az. 17 U 43/07 NJW-RR 2008, 691–693 (Leitsatz und Gründe)	Berechtigte Erwartungshaltung des Benutzers einer Geschirrspülmaschine, dass Defekte des Geräts nicht infolge des Zusammenwirkens von in der Maschine befindlichem Wasser und stromführenden Bauteilen zu erheblichen Gefahren für Gesundheit oder Eigentum führen.
OLG Karlsruhe	Urteil vom 28.6.2007	Az. 9 U 239/06, NJW-RR 2008, 137 ff.	Zum Standard eines Geländewagens – Sachmangeleigenschaft nach § 434 BGB und zum „Stand der Technik"
OGH	Urteil vom 21.6.2007	Az. 6 Ob 162/05 Z, PHi 2007, 224.	Wirkungsloses Holzschutzmittel ist ein fehlerhaftes Produkt (§ 12 PHG)
OLG Hamm	Urteil vom 16.5.2007	Az. 8 U 4/06, BB 2007, 2367.	Brennende Pflegebetten – Keine Pflicht zum Rückruf und zum kostenlosen Austausch der fehlerhaften Produkte (§§ 823, 1004 BGB)
OLG Düsseldorf	Urteil vom 14.5.2007	Az. I – 19 U 41/07	Keine Kaffeevollautomatenherstellerhaftung nach §§ 3, 1 ProdHaftG und § 823 BGB
LG Neuruppin	Urteil vom 27.4.2007	Az. 3 O 72/06, PHi 2008, 5 Fn. 46.	Vioxx: fehlende Darlegung des Klägers zur Verursachung zwischen der Einnahme des Medikamentes und dem Herzinfarkt
OLG Karlsruhe	Urteil vom 27.4.2007	Az. 1 Ss 75/06	Soft-Air-Pistolen sind nicht von der Anwendung des Waffengesetzes ausgeschlossen (< 0,08 Joule), § 2 Abs. 1 WaffG; auch: zur CE-Kennzeichnung von Spielzeugwaffen (fehlende Kongruenz).
OLG Düsseldorf	Urteil vom 16.3.2007	Az. I-17 U 11/06; OLGR 2008, 444; dazu auch Lenz in FS für Meilicke, 417, 429.	Kein Zuliefererregress bei Lieferung von rizinhaltigem Schrot.
Schweizer Bundesgericht (Lausanne)	Urteil vom 19.12.2006	Az. 4C.298/2006	Explodierende Glas-Kaffeekanne; keine vollumfängliche Nachweispflicht des Produktfehlers wie nach deutschem Recht; Ein technischer Fehler liegt schon vor, wenn das Produkt legitime

			Sicherheitserwartungen des Verbrauchers nicht erfüllt (Art. 4 PrHG).
LG Hagen	Urteil vom 7.12.2006	Az. 6 O 7/06, PHi 2008, 5. Fn. 45.	VIOXX; mangelnde Darlegung zur Kausalität.
OLG Frankfurt	Beschluss vom 29.9.2006	Az. 19 W 65/06	Zur Haftung nach § 8 Abs. 2 ProdHaftG für einen fehlerhaften Herzschrittmacher.
LG Coburg	Urteil vom 27.9.2006	11 O 40/06	Hinweispflichten eines Verkäufers nur bei voraussehbaren Missbräuchen.
BGH	Urteil vom 31.10.2006	Az. VI ZR 223/05	Einzelhändler haftet nicht für explodierte Limonadenflasche.
OGH	Urteil vom 19.10.2006	Az. 2 Ob 78/06 PHi 2008, 29	Herstellerhaftung für Verkehrsunfälle infolge fehlerhafter Benzinleitung
LG Berlin	Urteil vom 18.10.2006	Az. 22 O 122/06 und Az. 22 O 75/06, PHi 2008, 5 Fn. 44.	VIOXX: fehlende Kausalität zwischen der Einnahme des Medikamentes und Herzproblemen
OLG Saarbrücken	Urteil vom 12.10.2006	Az. 8 UH 363/06 – 94, BeckRS 2007, 00763	Haftung des Lieferanten bei sog. „anonymen" Produkten, § 4 Abs. 3 ProdHaftG
LG Gießen	Beschluss vom 29.9.2006	Az. 19 W 65/06, StoffR 2007, 189.	Fehlerhafter Herzschrittmacher – § 8 Satz 2 ProdHaftG und zum Quasi-Hersteller
LG Frankfurt	Urteil vom 1.8.2006	Az. 2–19 O 429/04, VersR 2007, 1575 ff.	Reißende Stahlfeder Zur Frage, ob ein Hersteller verpflichtet ist, aufgrund seiner Produktbeobachtungspflicht fehlerhafte Teile oder ganze Produkte kostenlos „alt gegen neu" auszutauschen – auch nach Ablauf der Gewährleistungsfrist.
OLG Zweibrücken	Beschluss vom 19.6.2006	Az. 6 U 2/06, VersR 2006, 1503 ff.	Flex-Verlängerungsschlauch: Keine Auffanghaftung des Lieferanten bei rechtzeitiger Erfüllung der Auskunftsobliegenheit nach § 4 Abs. 3 ProdHaftG
LG Heilbronn	Urteil vom 31.5.2006	Az. 1 O 100/05	Verletzung einer Aufklärungspflicht über die Selbstentzündungsgefahr von Leinölfirnes (rechtskräftig)
OLG Düsseldorf	Beschluss vom 21.4.2006	Az. 3 VA 12/05, NJW-RR 2007, 640	Zustellung einer unbezifferten Strafschadenersatzklage

LG Regensburg	Urteil vom 7.4.2006	Az. 2 HK O 1367/02	Zulieferer-Regress – brennende Rauchmelder bei fehlerhaftem Stromversorgungszuliefererteil
OLG Köln	Beschluss vom 6.4.2006	Az. 3 U 184/05, NJW 2006, 2272; VersR 2007, 1003	Zur Haftung für Gebissschaden durch Biss auf besonders harte Erdnuss – zur Fehlerhaftigkeit eines Naturprodukts; kein Produktfehler i. S. d. § 3 I ProdHaftG
BGH	Urteil vom 28.3.2006	Az. VI ZR 46/05	Zur Haftung eines Importeurs nach § 823 Abs. 2 BGB, § 3 Abs. 1 GSG
OLG München	Urteil vom 9.3.2006	Az. 6 U 4082/05, MDR 2006, 1338 ff.	Sachmangel; unvollständige Bedienungsanleitung
EuGH	Urteil vom 9.2.2006	Az. C-127/04, NJW 2006, 825	Zu den Begriffen des „Herstellers" und „Inverkehrbringens" eines Produktes
LG Krefeld	Urteil vom 6.12.2005	Az. 7 O 70/02 (nicht rechtskräftig)	Keine Haftung des Zulieferers für ggf. geliefertes hochgradig giftiges Rizin
LG Düsseldorf	Urteil vom 30.11.2005	Az. 10 O 144/04, NJW-RR 2006, 1033 ff.	Konstruktionsfehler einer Fußboden-Abschälmaschine
LG Bielefeld	Urteil vom 8.11.2005	Az. 18 O 23/05; vgl. dazu PHi 2006, 18, mit Anm. Lenz, 17.	Keine Haftung auf Aufwendungsersatz des Pflegebettenherstellers für Nachrüstsätze
Hanseatisches Oberlandesgericht	Urteil vom 27.10.2005	Az. 4 W 32/05	Keine Prozesskostenhilfe (PKH) für Klage in Sachen Lipobay
BGH	Urteil vom 13.10.2005	Az. III ZR 346/04 VersR 2005, 1735	Zur Haftung eines Anlagenbetreibers nach § 2 HPflG
OLG Celle	Urteil vom 10.10.2005	Az.: 7 U 155/09 VersR 2007, 253	Haftung des italienischen Herstellers einer Lederschleifmaschine für Verletzungen des Benutzers. Bei einem Produkthaftungssachverhalt mit Auslandsberührung kann der Geschädigte zwischen dem Recht des Handlungsorts und dem des Erfolgsorts wählen.
EuGH	Urteil vom 8.9.2005	Az. C 40/04, StoffR 2005, 227, NJW 2006, 204 ff.	Vorabentscheidungsverfahren in der Strafsache Yonemoto: Zur Pflicht zur Prüfung der Konformität einer mit CE-Kennzeichnung versehenen Ma-

			schine mit den nationalen Sicherheitsnormen
OLG Köln	Urteil vom 7.9.2005	Az. 27 U 12/04 BeckRS 2005, 10720	Kein Warnhinweis erforderlich trotz möglicher Gesundheitsschäden nach Lakritzgenuss
OLG Koblenz	Urteil vom 29.8.2005	Az. 12 U 538/04, NJW-RR 2006, 169 ff.	Produkthaftung für Fehler einer von Fachpersonal genutzten Maschine.
BGH	Urteil vom 21.6.2005	Az. VI ZR 238/03; BGH Report 2005, 1311 mit Anm. Schiemann.	Zu den Voraussetzungen der Haftung als Quasi-Hersteller nach ProdHaftG, Produkthaftung für fehlerhafte Grillanzünder.
BGH	Urteil vom 14.6.2005	Az.: VI ZR 179/04, Juris PR-BGHZivilR 33/2005, Anm. 2, Ebert	Kontaminierte Blutprodukte; zur Anwendung des Anscheinsbeweises für eine HIV-Infektion durch Verabreichung von Blutprodukten; Gesundheitsverletzung im Sinne des § 823 BGB; zur Dokumentationspflicht von Chargennummern; keine Haftung des Herstellers des kontaminierten Blutproduktes für unbekannte Entwicklungsfehler.
OLG Düsseldorf	Urteil vom 8.6.2005	Az. I-3 U 12/04, NJW 2005, 2235 ff.	Fehlerhafter Türschluss bei Kleinwagen als unerheblicher Mangel, § 323 Abs. 5 Satz 2.
LG Essen	Urteil vom 12.5.2005	Az. 16 O 265/01	Keine Schmerzensgeldansprüche und SE-Ansprüche nach Coca-Cola-Konsum.
Hanseatisches Oberlandesgericht	Urteil vom 24.2.2005	Az. 5 U 75/04, StoffR 2005, 227.	Brandrisiko von OP-Abdecktüchern zu: Inländische o. europäische DIN bzw. EN (im Übrigen Wettbewerbsrecht).
LG Köln	Urteil vom 23.2.2005	Az. 10 S 273/04, NJW 2005, 1199 ff.	Falsch platzierte Getränkebecherhalter im Fahrzeug als Konstruktionsfehler des Ford Galaxy.
Schlussanträge des Generalanwaltes	vom 20.1.2005, Vorabentscheidungsersuchen des dänischen Rechtsmittelgerichts	Az. C 402/03	Haftung des Händlers eines fehlerhaften Produkts wie ein Hersteller-Salmonellenvergiftung durch Verzehr von Eiern.

Bay. VGH	Beschluss vom 23.11.2004	Az. 25 CS 03.717, StoffR 2005, 95 ff.	Gefahr des Verschluckens von Dekosteinen durch Kleinkinder, Verstoß gegen § 8 Nr. 3 LMBG und fehlende Eignung des Warnhinweises.
BGH	Beschluss vom 19.10.2004	Az. VI ZR 236/03	Zurückweisung der Beschwerde gegen die Nichtzulassung der Revision gegen OLG München Motorrad-Hersteller, NZV 2005, 145, OLG: Motorradfahrer verlangte vom Hersteller Schadenersatz, weil es am ‹ 5 Monate alten Vorderreifen wegen fehlender Ventilklappe zu einem plötzlichen Druckverlust gekommen war und er dadurch verunglückte.
LG Dortmund	Urteil vom 15.10.2004	Az. 3 O 292/03, NJW-RR 2005, 678 ff.	Gebrochener Spaten, Fabrikationsfehler; Haftungsentlastung durch technische Normen.
OLG Karlsruhe	Urteil vom 7.10.2004 (nicht rechtskräftig)	Az. 12 U 145/04, VersR 2005, 213 ff.	Zur Reichweite des Risikoausschlusses nach § 4 I Nr. 6b AHB
BGH	Beschluss vom 29.9.2004	Az. IV ZR 162/02, VersR 2005, 110 ff.	Herstellung einer mangelhaften Sache ist keine Sachbeschädigung i. S. d. § 1 AHB.
OLG Braunschweig	Urteil vom 13.9.2004	Az. 6 U 3/04, VersR 2005, 417 ff.	Keine Befundsicherungspflicht des Herstellers bei Einwegflaschen.
OLG Karlsruhe	Urteil vom 2.9.2004	Az. 12 U 144/04, MDR 2005, 135, 136.	„Fliesenkauf 1. Wahl" – zu Ein- und Ausbaukosten i. S. d. § 439 Abs. 2 BGB.
OLG Hamm	Beschluss vom 14.7.2004	Az. 3 U 16/04; EWIR 2004, 935 ff.; NJW 2005, 295 ff.	Keine Haftung des Zigarettenherstellers.
OLG Köln	Urteil vom 9.7.2004	Az. 6 U 48/04; StoffR 2004, 197.	Produktidentität bei Pflanzenschutzmitteln.
BGH	Beschluss vom 8.6.2004	Az. VI ZR 20/03	Schokoladenriegel: Die gegen die Nichtzulassung der Revision eingelegte Beschwerde (Vorinstanz: OLG Düsseldorf, Urteil vom 20.12.2002) wurde zurückgewiesen.

BGH	Urteil vom 2.6.2004	Az. VIII ZR 329/03, VersR 2005, 231 ff.	Reichweite der Beweislastumkehr beim Verbrauchsgüterkauf
LG Bonn	Urteil vom 2.6.2004	Az. 13 O 5/03	Weichmacher in Elektrokabeln (Fabrikationsfehler) – Weiterfresserschaden i. S. d. § 823 Abs. 1 BGB; Verletzung des Integritätsinteresses bejaht; §§ 249 ff. BGB; klassischer Fall zur Produkthaftung.
BGH	Urteil vom 18.5.2004	Az. X ZR 60/03, NJW-RR 2004, 1427 ff.	Überprüfungspflicht des Kfz-Vertragshändlers bei Herstellerwarnungen.
BGH	Beschluss vom 11.5.2004	Az. VI ZR 326/03, OLGR 2004, 191.	Kinder-Tee zu OLG Frankfurt vom 15.3.2003; BGH hat die Beschwerde gegen die Nichtzulassung der Revision zurückgewiesen.
BGH	Beschluss vom 11.5.2004	Az. VI ZR 350/03 BeckRS 2004, 04987	Holzschutzmittel-Fall neu: Zurückweisung der gegen die Nichtzulassung der Revision eingelegten Beschwerde (Vorinstanz: OLG-Zweibrücken, Urteil vom 18.11.2003).
LG Bonn	Urteil vom 19.4.2004	Az. 9 O 603/03, StoffR 2004, 142.	Übermäßiger Konsum von Lakritze; Produktmissbrauch bei täglicher Einnahme von 400-gr Lakritze mit der Folge der Herzschädigung (Herzkammerflimmern); siehe Urteil OLG Köln vom 7.9.2005.
EuGH	Urteil vom 10.3.2004	Az. T – 177/02, StoffR 2004, 237 ff.	Amtshaftung der EU-Kommission wegen Meldungen über Produktgefahren im EU-Schnellwarnsystem
LG Osnabrück	Urteil vom 2.3.2004	Az. 7 O 2613/02, VersR 2005, 276 ff. (vgl. auch PHi 2005, 53 und VP 2005, 70).	Abgabe des CE-Zeichens verpflichtet Hersteller zur Einhaltung der Sicherheitsbestimmungen –Papiermaschinen.
LG Kiel	Urteil vom 12.2.2004	Az. 7 S 145/03	Kein Anspruch auf Schmerzensgeld in Sachen Lipobay.
BGH	Urteil vom 11.2.2004	Az. VIII ZR 386/02, BGH-Report 2004, 581 mit Anm. Lenz = (VersR 2004, 1015 ff.; NJW 2004, 1032).	Ferrari-Vertragshändlerin Haftung nach § 823 BGB wegen unterlassenen Hinweises des Händlers; Verjährung der vertraglichen Ansprüche; zudem auch deliktische Ansprüche ge-

			prüft und bejaht; auch hier „Weiterfresserschaden" arg: Sicherungspflicht beim Inverkehrbringen von Waren.
AG Nürnberg	Urteil vom 8.1.2004	Az. 20 C 8192/02, NJW 2004, 3123 ff.	Abschleppstangen, Instruktionspflichten, Haftung nach § 1 ProdHaftG; falsche Einschätzung der Benutzerkenntnisse.
OLG Zweibrücken	Urteil vom 18.11.2003	Az. 8 U 53/03	Holzschutzmittel-Fall, Produktbeobachtungsbereich zitiert nach Kullmann, NJW 2005,1908, keine Haftung des Beklagten: Produktbeobachtungspflicht besteht nicht grenzenlos. Das Gericht vermochte nicht zu erkennen, dass die Beklagte schon vor 1974 ernsthafte Verdachtsmomente hätte haben müssen.
LG Arnsberg	Urteil vom 14.11.2003	Az. 2 O 294/02, NJW 2004, 232 ff.	Ernte 23-Raucherklage; zur Instruktionshaftung.
OLG Frankfurt	15.10.2003	Az. 23 U 3/97, OLGR 2004, 191 ff.	Mängelhaftung, Kinderteeproblematik: es wird ein Warnhinweis verlangt; Haftung der Mitarbeiter des Herstellers; „Lassen Sie ihr Kind seinen Durst immer zügig löschen und halten Sie das Fläschlein selbst" genügt den Anforderungen an einen Warnhinweis nicht.
OLG Frankfurt	Urteil vom 3.7.2003, Vorinstanz zu BGH Urteil vom 21.6.2005		Zu den Voraussetzungen der Haftung als Quasi-Hersteller nach ProdHaftG; Produkthaftung für fehlerhafte Grillanzünder.
OLG München	Urteil vom 30.6.2003	Az. 31 U 5458/02 VersR 2006, 712	Glasflasche, Umsatzverlust als Schadenersatz; BGH hat die Beschwerde gegen die Nichtzulassung der Revision mit Beschluss vom 7.12.2004 zurückgewiesen; (vgl. dazu Kullmann, NJW 2005, 1908)≠ OLG Stuttgart: Schaden besteht nicht nur im Wert des vergeudeten Materials, sondern auch und gerade darin, dass als Folge der Verwendung des fehlerhaften Zuliefererproduktes an

			Stelle eines verkäuflichen nur unverkäufliche Produkte produziert wurden » also auch Umsatzverlust = entgangener Gewinn = Schaden.
LG Halle	Urteil vom 30.5.2003	Az. 7/0 2/7/01, zitiert nach *Heuer,* Praxissofortware und Produkthaftungscheck, 25	Glasfaserheizöltank; Haftung für Fabrikationsfehler; Gegenbeweis der Fehlerfreiheit.
OLG Celle	Urteil vom 28.5.2003	Az. 9 U 7/03, VersR 2004, 1010 ff.	Substantiierungslast des Geschädigten bei Unfall mit GSG-zertifiziertem Spielgerät.
OLG München	Urteil vom 12.5.2003	Az. 31 U 1956/03, NZV 2005, 145 ff.	Keine Haftung des Herstellers bei Druckverlust im Motorradvorderreifen.
LG Arnsberg	Urteil vom 6.5.2003	Az. 5 S 176/02	Zur Produkthaftung für fehlerhafte Pflegebetten, zur Produktbeobachtungspflicht des Herstellers.
OLG Koblenz	Urteil vom 24.4.2003 (nicht rechtskräftig)	Az. 5 U 1089/02, VersR 2004, 659 ff.	Anforderungen an Hersteller und Lieferant bei der Transportsicherung von angelieferten Steinen.
OLG Frankfurt	Urteil vom 10.4.2003	Az. 3 U 30/00, VersR 2004, 209 ff.	Zur Beweiserleichterung zur Ursächlichkeit von Amalgam für multiple Sklerose.
OLG Karlsruhe	Urteil vom 28.2.2003	Az. 17 U 71/02, OLGR 2003, 260 ff.	Schienendämmmaterial, zur Ungeeignetheit des Schienenlagersystems.
OLG Frankfurt	Urteil vom 30.1.2003	Az. 3 U 4/99 BeckRS 2003, 30304219	Beweislast für die Schadensursächlichkeit von Produktfehlern (Holzschutzmittel)
OLG Celle	Urteil vom 29.1.2003	Az. 9 U 176/02, VersR 2004, 864 ff.	Verätzungsgefahr durch Frischbeton
OLG Düsseldorf	Urteil vom 20.12.2002	Az. 14 U 99/02, VersR 2003, 912 ff. = ZLR 2003, 340.	Schokoriegel: Keine Hinweispflicht des Herstellers; Selbstverantwortung des Einzelnen – Beschwerde gegen die Nichtzulassung der Revision wurde durch den BGH per Beschluss vom 8.6.2004 zurückgewiesen.
OLG Bremen	Urteil vom 6.12.2002	Az. 4 U 15/01, VersR 2004, 207 ff.;	Schäden durch Faltschachtelanlage: Anlage hatte einen Sicherheitsmangel; Beklagte hatte eine

		OLGR Frankfurt 2004, 191.	Abänderung an der Bedieneinrichtung (gegenüber dem Original) vorgenommen; Hand des Prokuristen wurde gegen eine Heißluftdüse gedrückt, wodurch es zu schweren Verletzungen kam; englische Bedienungsanleitung – so OLG Bremen – genüge nicht, „deutsche" sei notwendig. Konstruktions- und Instruktionspflichten und Zurückweisung der Beschwerde gegen die Nichtzulassung der Revision durch den BGH vom 15.7.2003 – VI ZR 11/03; § 823 I, 823 II BGB i. V. m. §§ 3 I, III GSG = heute: § 4 I, IV Nr. 2 GPSG und auch Verstoß gegen § 1 und 3 ProdHaftG
OLG Köln	Urteil vom 9.10.2002	Az. 5 W 66/02, 16 O 90/02	Lipobay – keine PKH für Klagen auf Schmerzensgeld
OLG Köln	Urteil vom 27.8.2002	Az. 3 U 116/00 NJW-RR 2003, 387 ff.	Bruch der Gabelbrücke beim Mountainbike als Fabrikationsfehler.
OLG Zweibrücken	Urteil vom 15.8.2002	Az. 4 U 178/01, VersR 2003, 255 ff.	Pflanzenstärkungsmittel: Instruktionspflichten auf Fortbildungsveranstaltungen; Produktbeobachtungspflichten
OLG München	Urteil vom 5.8.2002	Az. 17 U 2297/02, VersR 2004, 866 ff.	Nichtbelehrung des Kfz-Käufers über mögliche Umprogrammierung der Zentralverriegelung von manuell auf automatisch
OLG Köln	Urteil vom 24.7.2002	Az. 13 U 146/01 VersR 2003, 1587; BeckRS 2003, 10624	Zur Produkthaftung des Importeurs und des Herstellers für in einem Toast eingebackene Schraubenmutter; zum Umfang der Kontrollpflicht des Importeurs und zum Umfang der Konstruktions-, Produktions- und Instruktionspflicht des Herstellers
BGH	Beschluss vom 16.7.2002	Az. VI ZR 386/01, VersR 2003, 1584, Anm. d.Redaktion.	Nichtannahme der Revision durch BGH gegen das Urteil des OLG Karlsruhe (10.10.2001) – Buschholzhackmaschine
LG München II	Urteil vom 4.7.2002	Az. 10 O 1324/02	Lipobay

OLG Düsseldorf	Urteil vom 14.6.2002	Az. 14 U 248/99, r+s 2004, 36 ff.	Segelflugzeug; Hinweispflichten bei gefährlichen Produkten; Fachkenntnisse der Produktbenutzer
OLG Celle	Urteil vom 7.11.2001	Az. 9 U 162/01, VersR 2003, 467 ff.	Unterspannbahnen zur Noteindeckung mehrmonatige Verwendbarkeit (rkr.)
OLG Karlsruhe	Urteil vom 10.10.2001	Az. 7 U 117/99, VersR 2003, 1584 ff.	Buschholzhackmaschine Konstruktion/Instruktion (rkr.)
OLG Celle	Urteil vom 15.8.2001	Az. 20 U 24/01, VersR 2002, 905 ff.	Pflanzenschutzmittel „T" zu herabgesetzter Instruktions- und Warnpflicht im gewerblichen Bereich (rkr.)
OLG Frankfurt	Urteil vom 17.7.2001	Az. 8 U 6/01	Ein Hersteller haftet nicht wegen fehlender Warnhinweise vor Überdosierung auf Beipackzetteln, wenn das Präparat als Tablettenkärtchen und ohne die zugehörige Packung mit Beipackzettel überreicht worden ist.
EuGH	Urteil vom 10.5.2001	C 203/99, EuZW 2001, 379.	Haftung des Krankenhauses für fehlerhaftes Produkt (Spenderorgan mangelhaft)
OLG Stuttgart	Urteil vom 26.9.2000	Az. 14 U 32/00, VersR 2002, 577 ff.	Blutplasma § 84 AMG – Klage abgewiesen mangels Beweises (rkr.)
OLG Düsseldorf	Urteil vom 22.9.2000	Az. 22 U 208/99 VersR 2001, 1570	Keine Produkthaftung bei Neuverpackung in Teilmengen
OLG Hamm	Urteil vom 23.2.2000	Az. 3 U 133/99 NJW-RR 2001, 1539	Produkthaftung eines Medizinunternehmens für einen fehlerhaften Katheter

§ 13 Wichtige Internetadressen im kommentierten Überblick

I. Schiedsverfahren[1]

1. Internationales Schiedsgericht (www.iccwbo.org)

Die Seiten stehen auf Englisch, Französisch und Spanisch zur Verfügung. Den Volltext der neuen Schiedsgerichtsordnung findet man jedoch ebenfalls in Deutsch und in weiteren Sprachen unter der Rubrik „Rules and Clauses". Zusätzlich bietet das deutsche Nationalkomitee einen ausführlichen Internetauftritt an (www.icc-deutschland.de). Der Bereich zum Schiedsverfahren findet sich unter der Rubrik „ICC Regeln / Richtlinien" und dort wiederum unter „ICC-Streitbeilegung". 1

2. Kommission der Vereinten Nationen für internationales Handelsrecht (www.uncitral.org)

Die UNCITRAL-Schiedsgerichtsordnung ist eine umfassende Verfahrensordnung für Ad-hoc-Schiedsverfahren und steht in der Fassung vom 25.6.2010 zur Verfügung (UNCITRAL-SchGO 2010). Die relevanten Informationen finden sich in der Arbeitsgruppe II für das Internationale Schieds- und Schlichtungsverfahren (International arbitration and consiliation). 2

3. Weltorganisation für geistiges Eigentum (www.wipo.int)

Die schiedsrechtlich relevanten Informationen werden im „Arbitration and Mediation Center" der Weltorganisation für geistiges Eigentum (WIPO/OMPI) aufbereitet. Der Weg zum AMC führt über den Reiter „IP Services" im oberen, sehr schmalen Navigationsframe. Bekannt geworden sind vor allem die Domainverfahren. 3

4. Deutsches Institut für Schiedsgerichtsbarkeit e. V. (DIS) (www.dis-arb.de)

Der Verein bietet ein Schiedsgerichtsverfahren nach der DIS-Schiedsgerichtsordnung und weitere Verfahren alternativer Streiterledigung (ADR) an. Hier stehen u. a. Musterklauseln, Materialien sowie ein Gebührenrechner zur Verfügung. Die Rubrik „Datenbanken" bietet eine Literatur-, und Rechtsprechungssuche. Volltexte werden allerdings nur den Mitgliedern angeboten. 4

---

[1] Die folgenden Punkte 1–7 sind zitiert aus *Janine Dietscheid,* Schiedsverfahren, AnwBl 1/2012 Mantel, 34.

5. Industrie- und Handelskammern und DIHK (http://www.dihk.de/themenfelder/recht-steuern/eu-internationales-recht/aussergerichtliche-streitbeilegung)

5 Der Deutsche Industrie- und Handelskammertag (DIHK) bietet unter dem Themenfeld „Recht und Fair Play" grundlegende Informationen zum Aufbau der Schiedsstellen in Deutschland. Zur außergerichtlichen Streitbeilegung von Wirtschaftskonflikten gibt es neben den Schiedsgerichten auch Einigungsstellen zur Beilegung von Wettbewerbsstreitigkeiten, Schlichtungsstellen und Mediation. Die Navigation ist auf den Webseiten der einzelnen Handelskammern i. d. R. vergleichbar: Informationen zur Mediation und Schiedsrecht sind meist in dem Geschäftsbereich Recht & Fair Play oder Recht & Steuern unter einer eigenen Rubrik angesiedelt (vgl z. B. IHK Schwaben: www.schwaben.ihk.de oder Hamburg: www.hk24.de). Die IHK München und Bayern (www.muenchen.ihk.de) bietet z. B. neben der Verfahrens- und Kostenordnung auch Musterklauseln und eine Liste mit über 100 Mediatoren an.

6. Richterliche Mediation (www.justiz.sachsen.de)

6 Zunehmend mehr Gerichte bieten gerichtliche Mediation an. Die die Mediation grundsätzlich nicht öffentlich und streng vertraulich ist, bietet sie den Beteiligten u. a. ein hohes Maß an Diskretion. Auf ihren Internetseiten weisen die Gerichte häufig auf diese Möglichkeit der einvernehmlichen Streitbeilegung hin. Als Beispiel dienen hier die Seiten des Oberverwaltungsgerichts Sachsen (www.justiz.sachsen.de/ovg/content/1029.htm) sowie die des sächsischen Landessozialgerichts (http://www.justiz.sachsen.de/lsg/content/733.htm).

7. Weitere Schiedsgerichte

7 Schiedsrechtliche Instanzen bestehen auch für einzelne Branchen oder bestimmte klar definierte Rechtsbereiche, wie folgende Beispiele zeigen: Schiedsgericht Logistik (www.schiedsgericht-logistik.de) oder das Familienschiedsgericht (www.familienschiedsgericht.de). Auf diesen Seiten wird immer auch die jeweilige Schiedsordnung in der aktuellen Fassung angeboten.

II. Produkthaftung

1. Baua.de

8 Sichere und gesunde Arbeitsbedingungen stehen für sozialen Fortschritt und eine wettbewerbsfähige Wirtschaft. Die Bundesanstalt für Arbeitsschutz und Arbeitsmedizin (BAuA) forscht und entwickelt im Themenfeld Sicherheit und Gesundheit bei der Arbeit, fördert den Wissenstransfer in die Praxis, berät die Politik und erfüllt hoheitliche Aufgaben – im Gefahrstoffrecht, bei der Produktsicherheit und mit dem Gesundheitsdatenarchiv. Die BAuA ist eine Ressortforschungseinrichtung im Geschäftsbereich des Bundesministeriums für Arbeit und Soziales. Siehe: http://www.baua.de/de/Startseite.html.

2. CPSC

9 Die Consumer Product Safety Commission (CPSC) ist eine US-amerikanische Behörde, die für den Schutz der US-amerikanischen Gesellschaft vor möglichen Risiken wie Verletzung oder Tod durch verschiedenste Verbraucherprodukte verantwortlich ist. Die CPSC ist verpflichtet, Verbraucher und Familien vor Produkten zu schützen, die eine feuerpolizeiliche, elektrische, chemische oder mechanische Gefahr darstellen oder Kinder verletzen können. Die Arbeit der CPSC soll die Sicherheit von Verbraucherprodukten, wie etwa Spielsachen, Kinderbetten, elektrisches Handwerkzeug, Feuerzeuge oder auch Haushaltsreiniger, sicherstellen. Sie hat entscheidend dazu beigetragen, dass Todesfälle oder Fälle von Verletzung in Verbindung mit Verbraucherprodukten im Laufe der letzten 30 Jahre um geschätzte 30 % zurückgegangen sind. Siehe: http://www.cpsc.gov/en/Regulations-Laws-Standards.

3. BIICL

10 Es gibt das Product Liability Forum of the British Institute of International and Comparative Law, welches Informationen über die Gesetzgebung, die Rechtsprechung in Bezug auf die Richtlinie in allen Mitgliedstaaten unterhält. Siehe: http://www.biicl.org/plf/.

4. Rapex

11 Das Rapid Exchange of Information System (RAPEX) ist ein Schnellwarnsystem der EU für den Verbraucherschutz. Über RAPEX werden Informationen aus den Mitgliedstaaten über gefährliche oder potentiell gefährliche Verbrauchsgüter (ausgenommen Lebensmittel und pharmazeutische Produkte sowie Medikamente) ausgetauscht. Darunter fallen beispielsweise Produkte wie Kleidung, Schuhe, Kosmetik, Schmuck oder Kinderspielzeug mit gesundheitsschädlichen Bestandteilen oder Beschaffenheit oder auch Produkte mit technischen Mängeln wie Elektrogeräte, bei denen Stromschlag- oder Entflammungsgefahr besteht.

12 RAPEX ermöglicht einen schnellen EU-weiten Informationsaustausch über Maßnahmen wie Rückhol- oder Rückrufaktionen, ganz gleich, ob es sich um Maßnahmen der einzelstaatlichen Behörden oder um freiwillige Maßnahmen der Hersteller und Händler handelt. Zur Überwachung der Maßnahmen werden europaweit den örtlich und sachlich zuständigen Behörden wie beispielsweise der Lebensmittelüberwachung entsprechende Lieferlisten übermittelt.

13 Grundlage für die Errichtung von RAPEX ist die Produktsicherheitsrichtlinie 2001/95/EG (RaPS), eine EG-Richtlinie über die allgemeine Produktsicherheit, die am 15. Januar 2004 in Kraft getreten ist.

14 Die Generaldirektion Gesundheit und Verbraucher der Europäischen Kommission veröffentlicht wöchentlich einen Bericht über aktuelle RAPEX-Warnungen.[2] Siehe: http://ec.europa.eu/consumers/safety/rapex/index_en.htm.

---

[2] Wortwörtlich nach Wikipedia, siehe http://de.wikipedia.org.

5. Wichtige Internetadressen / Datenbanken zur Produkthaftung USA:

15 www.saferproducts.gov: SaferProducts.gov ist eine öffentlich zugängliche Informations-Datenbank zur Produktsicherheit der U.S. Consumer Product Safety Commission (CPSC). Mehr zur U. S. Consumer Product Safety Commission siehe auch unter „CPSG" (Kapitel M. II. 2); zuletzt abgerufen am 15.4.2013.

16 www.safercar.gov: Diese Website hat Sicherheits-Standards entwickelt, die Verbrauchern helfen sollen, sichere Autos mit sog. „5-Star Safety Ratings" zu finden bzw. verschiedene Fahrzeuge in Bezug auf Sicherheit zu vergleichen, um sich beispielsweise vor dem Kauf eines PKW über dessen Sicherheitseinrichtungen zu informieren. Zuletzt abgerufen am 15.4.2013.

17 www.cpsc.gov: Diese Seite der Consumer Product Safety Commission (CPSC), eine US-amerikanische Behörde, bietet Verbrauchern die Möglichkeit, über ein Formular fehlerhafte Produkte zu melden und/oder sich vor dem Kauf über Produkte zu informieren. Zur U. S. Consumer Product Safety Commission siehe auch unter „CPSG" (Kapitel M. II. 2); zuletzt abgerufen am 17.4.2013.

18 www.nhtsa.org: Die Seite „National Help to stop Accidents" bietet Verbrauchern Informationen speziell für die Sicherheit von PKW Motorrädern oder auch Sicherheitsgurten. Hier werden jedoch keine Fahrzeugtypen miteinander verglichen wie bei www.safercar.gov oder über eventuelle Produktfehler informiert. Vielmehr werden in kurzen Artikeln Tipps gegeben, etwa zum sich verändernden Fahrverhalten von älteren Bürgern, zum Thema Fahranfänger, warum eine Kfz-Versicherung wichtig ist oder warum man in Wohngebieten seine Fahrgeschwindigkeit anpassen sollte. Zuletzt abgerufen am 17.4.2013.

19 www.usrecallnews.com: Die Seite „US Recall News" wird nicht von einer Regierungsbehörde betrieben. Sie stellt viele Informationen über den Rückruf von Produkten in den USA übersichtlich zusammen. Obwohl man sehr bemüht ist, immer auf dem neuesten Stand zu sein, wird keine Vollständigkeit garantiert und es wird empfohlen, im Zweifelsfall immer die entsprechende Organisation zu kontaktieren. Die dazugehörigen Links werden direkt genannt, als da sind:

- United States Department of Agriculture (USDA): http://www.usda.gov (Lebensmittel wie Fleisch, Geflügel, Obst & Gemüse)
- US Food and Drug Administration (FDA): http://www.fda.gov/ (andere Lebensmittel, Medikamente, Medizinprodukte, Nahrungsergänzungsmittel)
- Consumer Product Safety Commission (CPSC): http://www.cpsc.gov/ (Spielwaren, Werkzeug, Möbel, Kleidung)
- National Highway Traffic Safety Administration (NHTSA): http://www.nhtsa.dot.gov/ (Autos, Motorräder)
- Environmental Protection Agency (EPA): http://www.epa.gov/ (Produkte, die die Umwelt gefährden, wie giftige Chemikalien)
- US Coast Guard: http://www.uscg.mil/ (Wassersport-Produkte, Boote, Rettungswesten)

20 Darüber hinaus kann man einen „Alarm"-Newsletter abonnieren, der einen umgehend per E-Mail über Produktrückrufe informiert. Zuletzt abgerufen am 17.4.2012.

21 www.gpoaccess.gov: Das Hauptanliegen von GPO (U. S. Government Printing Office) ist „Keeping America Informed". Im Jahr 1813 hat der U. S. Kongress beschlossen, Informationen, die die Arbeit der drei Regierungszweige betreffen, für alle US-Amerikaner zugänglich zu machen. Das U.S Government Printing Office (GPO) dient der Verbreitung offizieller Regierungspublikationen für Kongress, Bundesbehörden, Bundes-Archive und -Bibliotheken und die amerikanische Öffentlichkeit.

www.census.gov: Das United States Census Bureau sammelt Daten zu Bürgern und Wirtschaft in den USA. 22

6. Zum Rückruf speziell

www.produktrueckrufe.de: Dieses Rückrufportal für Deutschland enthält Verbraucherinformationen zu Rückrufaktionen, Produktwarnungen, Sicherheitshinweise, teilweise sogar getrennt nach konkreten Produktkategorien nach der Art der Gefährdung und nach Gefahrstellen (Food/Non Food). 23

http://www.kba.de/cln_016/nn_124384/DE/Fahrzeugtechnik/Produktsicherheit__Rueckrufe/Kodex/kodex__pdf: Kodex des Kraftfahrtbundesamtes zur Ausführung des Produktsicherheitsgesetzes (ProdSG) bei Straßenfahrzeugen. 24

http://www.rueckrufe.de: Rückruf-Formular der Bundesanstalt für Arbeitsschutz und Arbeitsmedizin (BAuA). 25

Sachregister

Fette Zahlen bezeichnen die Paragrafen, magere die Randnummern